Schadoma 1978

HEINZ HAPP · HYLE

HEINZ HAPP

HYLE

STUDIEN ZUM ARISTOTELISCHEN MATERIE-BEGRIFF

WALTER DE GRUYTER · BERLIN · NEW YORK
1971

Gedruckt mit Unterstützung der Deutschen Forschungsgemeinschaft

ISBN 3 11 001796 2

Printed in Germany

Satz und Druck: Walter de Gruyter & Co., Berlin 30

CARISSIMAE MATRI

Vorwort

Die folgenden Untersuchungen lagen 1965/1966 der Philosophischen Fakultät der Universität Tübingen als Habilitationsschrift vor und wurden 1967—1969 überarbeitet und erweitert. Literatur, die nach dem Abschluß des Manuskriptes (Frühjahr 1969) in meine Hände gelangte (so z. B. die Monographie von Lauri Routila), konnte nicht mehr eingearbeitet werden. Da es unmöglich und wohl auch nicht erstrebenswert war, die Überfülle der Aristoteles-Literatur mit lückenloser Vollständigkeit heranziehen, habe ich mich bemüht, bei jedem Problem ein möglichst repräsentatives Bild der verschiedenen Forschungspositionen zu geben.

Ursprünglich war es meine Absicht, eine Geschichte des griechischen Materiebegriffs bis in den Hellenismus hinein zu schreiben. Jedoch erwies es sich als notwendig, zuerst einmal den Materiebegriff des Aristoteles und seine Beziehungen zu Platon und zu der Akademie gründlich zu untersuchen und dabei auch gewisse Ausführlichkeit der Darstellung nicht zu scheuen, damit auf diesem so kontroversen Gebiet auch Forscher, die ganz anderer Meinung als der Verfasser sind, sich aus dem vorgelegten Quellenbefund ein eigenes Bild der Sachlage machen können. Trotz des Umfangs der Arbeit wird der Leser darin manches vermissen (z. B. einen besonderen Abschnitt über ‚Hyle und Substanz' u.a.m.), auf dessen Ausarbeitung ich verzichten mußte, um das Erscheinen des Buches nicht noch weiter zu verzögern. Doch gedenke ich auf diese und andere einschlägige Themen später zurückzukommen.

Meine Hyle-Studien wurden von Johannes Hirschberger (Frankfurt) angeregt und in Frankfurt 1962—1965 in engem Kontakt mit ihm und seinem Kreis (vor allem mit Kurt Flasch) ausgearbeitet. Ich habe versucht, Hirschbergers ideengeschichtliche Betrachtungsweise für die Beurteilung der aristotelischen Hyle fruchtbar zu machen, und kann nur hoffen, daß diese Arbeit ein wenig von den reichen Belehrungen und Anregungen, die ich dort erhalten habe, widerspiegelt.

Im Laufe meiner Untersuchungen habe ich mich absichtlich lange auf Aristoteles selbst beschränkt. Als jedoch der inner-aristotelische Befund immer gebieterischer auf seine platonisch-akademischen Ursprünge zurückverwies, verknüpfte ich (besonders in den Abschnitten **2** und **4**) Aristoteles mit Platons Dialogen, seiner innerschulischen Lehre und der Alten Akademie überhaupt. Dabei ging ich so weit wie möglich selbständig vor, um ein Urteil aus erster Hand zu gewinnen, stützte mich aber natürlich ebenso auf die seit Léon Robin in diesem Bereich schon erarbeiteten Ergebnisse. Wenn deshalb neben L. Robin, H. Gomperz, C. J. de Vogel und anderen vor allem die Arbeiten H. J. Krämers und K. Gaisers ausgiebig herangezogen wurden, so geschah das aus dem Zwang der Sachen, nicht etwa aus Solidarität mit dem vermeintlichen ‚Tübinger Platon'. Denn die auf den ‚esoterischen Platon' als ihr gemeinsames Dogma eingeschworene ‚Tübinger Schule' ist eine Fiktion einiger Kritiker, der in der Wirklichkeit nichts, aber auch gar nichts entspricht. Tatsächlich besteht in Tübingen — in Platonicis wie auch sonst — ein reger Austausch zwischen uns jüngeren Kollegen, dem ich sehr viel verdanke, und eine Verbundenheit gemeinsamen Lernens zwischen uns Jüngeren und Wolfgang Schadewaldt, wie sie Konrad Gaiser im Vorwort zur ‚Synusia' (Festgabe für Wolfgang Schadewaldt zum 15. März 1965) treffend charakterisiert hat.

Es bleibt mir nur noch, mich zu bedanken: Wolfgang Schadewaldt hat mich durch seine Arbeiten, Übungen und viele Gespräche zu komplexem Anschauen und Verstehen geistiger Phänomene angeregt und mich auch sonst vielfach bereichert. Hiervon ist in die folgenden Untersuchungen viel mehr eingegangen, als ausdrücklich bezeugt werden kann. Er hat mir die Anfertigung dieser Studien ermöglicht, indem er mir ein mehrjähriges Stipendium der Deutschen Forschungsgemeinschaft vermittelte und in der langen Zeit der Ausarbeitung mir immer wieder mit fachlichem Rat, menschlicher Anteilnahme und souveränem Vertrauen beistand. Johannes Hirschberger und sein Frankfurter Kreis schufen sachlich und menschlich die Art von Atmosphäre, in der ich die Schwierigkeiten der Sachprobleme zu überwinden vermochte. Die Deutsche Forschungsgemeinschaft machte es durch ihr — mit verständnisvoller Geduld immer wieder verlängertes — Stipendium möglich, daß ich mich einige Jahre frei von beruflichen Verpflichtungen ganz auf die Arbeit konzentrieren konnte, und gewährte einen bedeutenden Druckzuschuß. Zu danken habe ich meinen Tübinger Kollegen Konrad Gaiser, Wolfgang Haase und Hans Joachim Krämer für das Durchlesen des Manuskriptes und detaillierte Kritik, den Herren Alexander Gassmann, Hans Holderbach, Albrecht Lörcher und Ulrich Schmitt für Mithilfe bei den Korrekturen sowie für das Anfertigen der Stellen- und Namen-Indices, schließlich dem Verlag und seinen Mitarbeitern, besonders Herrn Prof. H. Wenzel, für angenehme Zusammenarbeit.

Die Widmung dieses Buches an meine Mutter soll einen Dank kundtun, der sich nicht in Worte fassen läßt: Sie hat mir durch ihre nie versagende Liebe die langen Jahre der Ausarbeitung hindurch in guten und schlimmen Zeiten Tag um Tag die Kraft gegeben, weiterzumachen. Dieses Buch ist deshalb im vollen Sinne des Wortes *ihr* Buch.

Tübingen, Herbst 1970 Heinz Happ

Inhaltsverzeichnis

EINLEITUNG

1 Die Problemsituation

Über Methode zu reden statt sie anzuwenden, ist ein zwiespältiges Unterfangen, und der Leser mag sich mit einem gewissen Recht wünschen, hierüber nur von einem älteren Forscher oder gar nicht belehrt zu werden. Gleichwohl müssen hier einige methodische Bemerkungen folgen, um Mißverständnisse zu vermeiden:

Vorliegende Untersuchung ist eine philologische Arbeit und will auch als solche verstanden werden. Trotzdem werden im Verlauf der Darstellung nicht selten spezifisch philosophische Fragen gestreift oder erörtert. Diese philosophischen Bemerkungen sind nicht ein leidiger Fremdkörper im Ganzen einer Arbeit, die ‚rein philologisch' sein zu können oder zu müssen glaubt, sondern sie wurden mit bewußter Absicht verfaßt:

Erstens sind, wie man schon öfter betont hat, bei der Deutung antiker philosophischer Texte philologische und philosophische Interpretation untrennbar miteinander verquickt. Der Schwerpunkt kann auf einer der beiden Seiten liegen, aber die andere darf nicht fehlen. Das ist ganz selbstverständlich, denn warum sollte ein philosophischer Text weniger spezielle ‚Sachkenntnis' abverlangen als z. B. ein mathematischer?

Zweitens: Manche Philologen meinen, sie könnten einen philosophischen Text wie sonst einen Prosatext philologisch untersuchen, das heißt durch Ausklammerung des Philosophischen gleichsam ‚voraussetzungslos' arbeiten. Dies ist ein folgenschwerer Irrtum, denn nirgendwo ist die Textdeutung so von der subjektiven Einstellung des Interpreten abhängig wie gerade bei philosophischen Texten. Wenn daher der philologische Interpret nicht bewußt über sich und seine Denkmittel reflektiert, fällt er — und damit zugleich seine Untersuchung — derjenigen philosophischen Einstellung anheim, die er unbewußt in sich trägt: etwa dem naiven Realismus des ‚gewöhnlichen Lebens', oder abgesunkenen Philosophemen der Vergangenheit (z. B. Neukantianismen), oder Einzelteilen der gerade modischen Tagesphilosophie und dergleichen mehr. Solch eine scheinbar ‚voraussetzungslose' Philologie klärt den Sinn des betreffenden Textes vielleicht weniger als eine einseitige philosophische Interpretation, die einen deutlich bezeichneten vorgefaßten Standpunkt einnimmt und bewußt über den antiken Text hinausgeht, aber dabei neue Einsichten schafft.

Im Gegensatz dazu wollen wir versuchen, durch kritische Reflexion die Voraussetzungen unserer Arbeit aufzudecken. Dadurch möchten wir einerseits die Bedingtheiten des eigenen Standorts so weit wie möglich überwinden und andererseits dem Leser ermöglichen, die Angemessenheit unseres Standpunkts ständig nachzukontrollieren. Denn vorliegende Untersuchung bemüht sich als *philologische* Arbeit darum, Aristoteles ‚aus sich' zu verstehen und historisch möglichst adäquat zu erfassen. Dies kann sie aber erst, nachdem sie ihre eigenen Voraussetzungen bedacht hat[1]. Da hierfür die im Laufe der Darstellung gemachten Bemerkungen nicht ausreichen, wird die Einleitung sich ausdrücklich damit befassen, indem sie zuerst die über die aristotelische Hyle handelnde Literatur durchmustert (1.1), dann kurz unsere Arbeit charakterisiert (1. 2) und schließlich die mit den aristotelischen ἀρχαί zusammenhängende Problematik skizziert (1.3).

1.1 Die Literatur zur aristotelischen Hyle

Der folgende kritische Bericht berücksichtigt nur Monographien und Aufsätze, welche speziell die Materie in der griechischen Philosophie und bei Aristoteles zum Thema haben. Diese Abgrenzung auf Grund eines ganz äußerlichen Kriteriums ist von der Sache her gerechtfertigt, weil die — meist nur kurzen — Erörterungen über die aristotelische Hyle, die in andere thematische Zusammenhänge eingebettet sind, für Hyle insgesamt kaum soviel ausgeben, daß ihre Behandlung in diesem mehr aufs Prinzipielle gerichteten Überblick zu vertreten wäre[2]. Dies gilt selbst für so ausführliche und vorzügliche Darstellungen wie die Zellers[3], oder für die entsprechenden Abschnitte z. B. bei Robin und Ross.

[1] Gute Bemerkungen über dieses hermeneutische Problem bei W. Wieland, Gnomon 35 (1963) 625f. — Die methodische Reflektiertheit von Wielands eigenem Ansatz erleichtert es sehr, ihn kritisch nachzuprüfen und, wie ich meine, über ihn hinauszukommen (u. 1.18).

[2] Natürlich werden sie im weiteren Verlauf der Untersuchungen jeweils da angeführt, wo sie sachlich Förderung bringen.

[3] Zeller II 2^4 313—351 bietet nicht nur eine gründliche Materialsammlung, sondern auch eine Interpretation, die ziemlich frei von jenen Einseitigkeiten ist, wie sie in den Hyle-Deutungen der Zeit nach ihm immer wieder begegnen (s. das Folgende). Trotzdem brauchen wir nicht speziell auf ihn einzugehen, weil das Richtige an seiner Darstellung (und das meiste davon ist richtig) Gemeingut der Forschung geworden ist und das Unrichtige nicht — wie bei Hertling, Baeumker usw. — Anlaß zu prinzipiellen Erörterungen bietet.

Als Grenze nach rückwärts wurde das Erscheinungsjahr von Georg von Hertlings Buch (1871) festgelegt, weil vorher keine nennenswerten Spezialarbeiten erschienen sind[4], so daß Hertlings Arbeit die wissenschaftliche Erforschung des aristotelischen und überhaupt des griechischen Materiebegriffes praktisch inauguriert hat. Die Gründlichkeit und das hohe Niveau dieses ersten Beginns hat Clemens Baeumker erreicht und noch überboten, als er 1890 sein Buch über den griechischen Materiebegriff veröffentlichte. Hertling und Baeumker sind, jeder auf seine Weise, Vertreter des sogenannten ‚kritischen Realismus' und werten von daher die aristotelischen Anschauungen einseitig ab. Da besonders Baeumkers Werk bis heute unentbehrliche Grundlage aller weiteren Forschung ist und mit Recht bedeutende Geltung genießt, sehen wir zum Teil heute noch die aristotelische Hyle unwillkürlich durch die Brille des ‚kritischen Realismus'. Deshalb muß auf Hertling und Baeumker ausführlicher eingegangen werden. Beide Forscher im gleichen Abschnitt zusammenzunehmen erwies sich als undurchführbar, und so sind bei der Ähnlichkeit ihrer Grundhaltungen Wiederholungen unvermeidlich.

1.11 Georg von Hertlings ‚kritischer Realismus': Die aristotelische Hyle als ‚hypostasierte Möglichkeit' und das ‚technomorphe' Denken des Aristoteles

1.111 Die Grundgedanken seines Buches

Wie alle philosophiegeschichtlichen Arbeiten Hertlings[5] will auch seine Untersuchung über ‚Materie und Form bei Aristoteles'[6] sich

[4] Wenigstens erwähnt sei G. Engel, *Über die Bedeutung der ὕλη bei Aristoteles*, Rh. Mus. 7 (1850) 381—418 (wenig ertragreich). Kurz nach Hertlings Arbeit erschien die kurze Untersuchung von Johannes Scherler, *Darstellung und Würdigung des Begriffs der Materie bei Aristoteles*, Diss. Jena 1873 (Aristoteles von Kant aus oberflächlich abgewertet; historisch ganz unergiebig). — Was sonst noch an Einzelergebnissen aus der Zeit vor 1890 wichtig ist, hat Baeumker sorgfältig gebucht.

[5] Über Georg Freiherr von Hertlings (1843—1919) philosophische Schriften vgl. C. Baeumker, DLZ 39 (1918) 3—7 (Die Fortsetzung ib. Sp. 35—40 handelt über die beiden Festschriften für Hertling); ders., Jahrbuch Bayer. Ak. Wiss. 1919, 16—25; eine kurze Notiz bei Hirschberger II² 511. Zum Biographischen vgl. Hertling, *Erinnerungen aus meinem Leben* I/II, 1919/20 (u. a. I 190f. Verhältnis zu Lotze; 220f. Buch ‚*Materie und Form*'; 258ff. Kritik am Materialismus; II 1f. Hertlings philosophische Grundanschauungen); *Reden, Ansprachen und Vorträge des Grafen G. v. H*,. Köln 1929, 155—236 (Erinnerungen verschiedener Autoren an G. v. H.); W. Szylkarski, *Jugendgeschichte Adolf Dyroffs*, Bonn ²1947, 70—72 (s. auch den Index s. v. Hertling).

[6] *Materie und Form und die Definition der Seele bei Aristoteles. Ein kritischer Beitrag zur Geschichte der Philosophie*, Bonn 1871. Die Darlegung gliedert sich, wie im Titel angegeben, in zwei Teile: a) *Materie und Form*, 9—106; b) *Die Definition der Seele*, 107—178. Den zweiten Teil lassen wir im folgenden unberücksichtigt.

nicht im rein Geschichtlichen erschöpfen, sondern durch die kritische Betrachtung des Vergangenen die philosophischen Probleme der Gegenwart einer Lösung näherbringen. Das erfordert zwei Schritte, nämlich erstens das, „was wirklich gedacht worden ist", herauszuarbeiten, mit Unterscheidungsvermögen für das philosophisch Relevante, jedoch ohne daß durch das Herantragen eines fertigen Systems „die unbefangene Würdigung des Tatsächlichen Not leiden" würde; zweitens dann die so eruierten antiken Lehren auf ihre Tragfähigkeit zu prüfen und in ihrer Bedingtheit zu erkennen[7].

Bereits hier melden sich Bedenken, weil in jede scheinbar ‚objektive' Erarbeitung des ‚Tatsächlichen' doch ganz unvermeidlich eine ‚subjektive' Deutung miteingeht, auch bei Forschern wie Hertling und Baeumker, die sich sehr um ‚Objektivität' bemühen und auch in bezug auf Vollständigkeit und Genauigkeit der Dokumentation vorbildlich verfahren. Wir werden sehen, daß beide Gelehrte schon beim Referieren der aristotelischen Gedanken bestimmte Vorentscheidungen treffen.

Hertling geht von der Analyse des Werdens in Physik α aus: Das von Aristoteles hier aufgewiesene Materie-Prinzip sei „nicht irgendein bestimmter Stoff und auch nicht die allgemeine Natur des Körperlichen" (20), d. h. nicht ‚Materie' im (damals) modernen Sinn (20), sondern „ein an sich völlig bestimmungsloses und passives" Prinzip (25), also Materie als ‚(reine) Möglichkeit' des Werdens. Dies hält Hertling für die „ursprüngliche" Bedeutung der aristotelischen Materie, aus welcher sich alle anderen Bedeutungen in etwa dieser Reihenfolge ‚entwickelt' haben (Übersicht S. 79f):

Materie = a) „bloße substantielle Möglichkeit", zugleich Grund von Kontingenz und mangelnder Erkennbarkeit;

= b) „Subjekt, an sich schon wirklicher Träger einer an ihm sich vollziehenden Umwandlung";

= c) „das wirkliche Ding, aus welchem sich ein anderes wirkliches Ding unter dem Einfluß einer äußeren Ursache entwickeln kann" (z. B. Homoiomere als Hyle der Lebewesen)[8].

[7] Diese schon durch den Untertitel des Buches angedeutete Methode des Vorgehens spricht Hertling 6—8 klar aus. S. 8 das hübsche (von ihm mehrfach verwendete) Zitat aus Lotze (*Mikrokosmus* III[4] S. 118) über diejenigen, die, „von dem edlen Rost des Altertums bestochen", die Irrtümer der antiken Philosophie kritiklos weitertradieren (dazu u. S. 10f). Vgl. auch seine *Erinnerungen* I 220f, II 1f und Baeumker DLZ 39 (1918) 4.6; ders., Jahrb. Bayer. Ak. Wiss. 1919, 20—23.

[8] Hertling erwähnt noch als Ergebnis eines ganz anderen Gedankenganges eine vierte Bedeutung d) Materie = „das selbst wirkliche Substrat, an welchem der allgemeine Begriff im konkreten Einzelfalle zur Erscheinung kommt" (z. B. an den Steinen der Begriff des Hauses). Für uns hier ist diese Bedeutung nicht wichtig, und wir können sie übergehen.

Die Hyle hat also nach Hertling sich aus der absolut qualitätslosen und passiven Möglichkeit zu immer größerer Determiniertheit entwickelt[9].

Wie man sich diese Bedeutungsverschiebung von Hyle näherhin vorstellen soll, ist nicht ersichtlich: Hertling meint natürlich nicht eine ‚Entwicklung' des aristotelischen Denkens, wie wir sie seit Werner Jaeger verstehen, sondern denkt offensichtlich an einen inneren Richtungssinn, eine Denktendenz des aristotelischen ‚Systems'[10]. Da nun die Texte hierfür keinen Anhalt bieten, indem die ‚abstraktere' und die ‚konkretere' Bedeutung von ὕλη in den gleichen Textpartien — ‚frühen' sowohl wie ‚späten' — durcheinandergehen[11], scheint Hertling aus Bedeutungsdistinktionen des Hylebegriffs[12] ein logisches ‚Nacheinander' konstruiert zu haben, das vom fast leeren Begriff zur immer konkreteren Erscheinung führt. Ein solcher ‚Fortschritt' von extrem begriffsrealistischer Spekulation (wie bei Platon) zur ‚empirischen' Anpassung ans ‚Konkrete' war offensichtlich in sich plausibel und paßte zu dem Bild, das man sich von Aristoteles machte[13].

Diese Konstruktion trifft historisch u. a. deshalb nicht zu, weil die ‚konkrete' Bedeutung von ὕλη schon in ‚frühen' Aristoteles-Texten anzutreffen ist[14] und von der Tradition (Vorsokratiker, Akademie) vorgegeben war[15]. Andererseits tritt die — gleichfalls schon in der

[9] Hertling 88f wird die Bedeutungsverschiebung nochmals in drei Stufen expliziert.

[10] Vgl. u. a. die Formulierungen Hertling 74 „Daß der Materie *im Verlaufe des Aristotelischen Systems* eine weit positivere Wirksamkeit angewiesen werde, als mit der *ursprünglichen Bedeutung* des Begriffes verträglich sei, hat Zeller . . . hervorgehoben". 98: Auf das Hyle-Prinzip „mußten Züge . . . *übertragen* werden, welche sich aus der *ursprünglichen Ableitung* nicht ergaben . . . . Noch auf der ersten unter den Stufen, die der Begriff der Materie *im Fortgange des Aristotelischen Systems* zu *durchlaufen* schien, *wird so* aus der bloßen Möglichkeit des Andersseins der Grund der mangelhaften Erkennbarkeit . . . . Viel weiter aber noch mußte die *Verdichtung des Begriffes* fortschreiten, . . .". 104: „Was sich bei Aristoteles *im Verlaufe des Systems* und wie abgenötigt herausstellte, die *fortschreitende Verdichtung* dessen, was *ursprünglich nur* die *hypostasierte Möglichkeit* war, . . ." (Kursive von mir).

[11] Vgl. z. B. phys. α und met. ΖΗΘ. — Von ‚isoliertem' Gebrauch einer der beiden Komponenten kann man allenfalls in den biologischen Schriften sprechen, wo ὕλη nur in ‚konkreter' Bedeutung vorkommt (desgl. — mit der gewichtigen Ausnahme von Kap. 12 — in meteor. 4); alles Nähere u. **6**.

[12] So besonders Hertling 79f.

[13] Vgl. Hertling 102.

[14] Man denke etwa an ὕλη = ‚konkretes Material' in den Techne-Beispielen von phys. α 7, also in einem allgemein als ‚früh' geltenden Text; die Belege lassen sich leicht vermehren. Auch der *Terminus* ὕλη, der ja eigentlich ‚Bauholz' bedeutet und dem Zimmermannshandwerk entstammt (u. **2**.61), zeigt, daß die aristotelische Hyle von allem Anfang an einen stark ‚konkreten' Einschlag hat.

[15] Bei den vorsokratischen ἀρχαί handelt es sich mindestens teilweise um ‚stoffliche' Gegebenheiten. Bei der Akademie kann man an den Einfluß des ‚Timaios' denken, der direkt oder über das kosmologische System des Xenokrates stark auf Aristoteles einwirkte (vgl. u. S. 130 und S. 269f.). Dabei ist es nicht so wichtig, wieweit das

Akademie begegnende[16] — ‚abstrakte' Bedeutung auch noch in ‚späten' Partien unvermindert stark auf[17]. Man muß eben beide Seiten in einem komplexen Phänomen ‚Hyle' zusammen sehen und kann sie nicht als Pole einer logischen oder historischen Entwicklung auseinandernehmen und gegeneinander ausspielen[18].

Doch nehmen wir Hertlings Schema einstweilen hin. Hertling nennt zwei Gründe, die Aristoteles bewogen haben sollen, die ‚reine Möglichkeit' als Hyle im Ursinn zu bestimmen: 1. Die „realistische Denkweise" des Aristoteles; 2. seine „anthropomorphe Deutung alles Werdens und Wirkens"[19]. So verschieden beide Faktoren auch sein mögen, sie kommen darin überein, daß Aristoteles — nach Hertling — Seinsstrukturen zu sehen glaubt, wo „in Wahrheit, in Wirklichkeit"[20] gar keine sind, und dadurch das ‚Sein' verfehlt.

1.112 Das ‚technomorphe' Denken des Aristoteles

Mit „anthropomorpher Deutung" meint Hertling den Umstand, daß Aristoteles das natürliche Werden nach dem Modell menschlicher Hervorbringung in der τέχνη beurteile[21]. Hieran ist soviel richtig, daß Aristoteles die beiden Bereiche von Physis und Techne durch strikte Analogie miteinander verbindet, wobei offenbar die Techne mehr der gebende Teil ist[22]. Hertling deutet das so, daß Aristoteles die drei

Materie-Prinzip des Timaios (d. h. die χώρα) oder des Xenokrates *direkt* die aristotelische Hyle beeinflußte (dazu u. 2.225 und 2.52), es genügt, daß der *kosmologische Seins-Entwurf* des Aristoteles als solcher auf den Timaios und Xenokrates zurückgeht. Indem die aristotelischen Prinzipien sich in diesem von der Akademie vorgegebenen kosmischen Rahmen entfalten, werden sie von ‚Seins-Prinzipien' auf ‚kosmische' Prinzipien eingeengt und dadurch irgendwie ‚konkretisiert'.

[16] Gemeint ist das platonisch akademische ‚zweite Prinzip' im Rahmen des akademischen ‚Ableitungssystems': Näheres u. 2.5.

[17] Z. B. met. ZHΘ. Ein ‚früher' Text ist z. B. α 7, wo ja von der ‚konkreten' Bedeutung κατ' ἀναλογίαν auf die ‚abstrakte' zurückgeschlossen wird.

[18] Deshalb sollte man auch vermeiden, auf Grund der genannten ‚konkreten' Tendenzen der ὕλη (s. o. S. 5 A. 14 u. 15) nun eine umgekehrte Entwicklung vom ‚Konkret-Stofflichen' zum ‚Abstrakt-Geistigen' erschließen zu wollen, wie es etwa Oggioni versuchte (‚konkrete Materie' > ‚reine Potenz'; dazu u. S. 33). Dafür fehlt jeder Anhalt, denn auch die ‚abstrakte' Bedeutung war ja von der Akademie vorgegeben (o. S. 6 Anm. 16) und kommt bei Aristoteles schon ‚früh' vor (vgl. nur phys. α). Aus dem *Wort* ὕλη läßt sich auch hier kein Beweis dafür entnehmen, denn Aristoteles verstand, als er das Wort ὕλη aufgriff, seine Materie mit Sicherheit schon als ‚geistiges' Prinzip (im ‚akademischen' Sinne des ‚Ableitungssystems'); die ‚Grundbedeutung' von ὕλη ist denn auch nirgends spürbar (Näheres u. 2.6).

[19] Hertling 104 u. ö., s. im Folgenden.

[20] Diese Ausdrücke verwendet Hertling sehr oft, um dem aristotelischen ‚Schein' das von ihm selber unzweideutig aufweisbare ‚Sein' gegenüberzustellen.

[21] Hierüber spricht Hertling öfter, bes. 60—63. 95—97. 104.

[22] Die Belege hierfür sind bekannt und bedürfen keiner weiteren Erörterung. Vgl. Hertling a. O., die Arbeiten von Klaus Bartels (u. S. 7 A. 24) und u. 7.823c.

Komponenten, welche er aus der Analyse des menschlichen Schaffensprozesses gewinnt — den Plan des Objektes im Geiste des Erschaffenden (Form bzw. Telos); das Material (causa materialis); den Verfertiger selbst (causa efficiens)[23] — auf das natürliche Werden ‚übertrage'. Die unberechtigte und willkürliche ‚Übertragung' habe vielerlei Auswirkungen auf die gesamte aristotelische Philosophie: Sie schaffe zwar nicht neu, verfestige aber stark die vorhandene Lehre der zwei Arten von Ursachen, bei welcher den Ursachen zweckmäßiger Gestaltung *(causa formalis, finalis* und *efficiens)* die Ursache des Gestaltetwerdens *(causa materialis)* gegenübersteht. Die Techne präge auch den Charakter der einzelnen Ursachen: Die Form als Prinzip der Einzelsubstanz und als Begriff gehen ineinander über. Die Materie werde teils als toter, zu bearbeitender Stoff gefaßt, teils als aktiveres Etwas, das durch seine vorgegebene Beschaffenheit den Fertigungsprozeß mitbestimmt (συναίτιον); insgesamt lege die Techne nahe, an körperlichen Stoff zu denken, nicht an etwas Unkörperliches.

Die Techne habe also dazu geholfen, daß Aristoles trotz aller sachlichen Schwierigkeiten und Bedenken die Materialursache als besondere Form der Ursächlichkeit beibehielt und sie an die Nachwelt weitergab.

Die aristotelischen Stellen, um die es hier geht, sind so bekannt und in ihrem Sinn scheinbar so eindeutig, daß Hertlings Argumentation sich wie selbstverständlich daraus ergibt. Diese Deutung liegt also immer wieder nahe, und so hat man denn auch in unserer Zeit von einem ‚technomorphen' Denken der Griechen gesprochen (E. Topitsch).

Das ‚Techne-Modell' und die ‚Analogie' zwischen ‚Techne und Physis' bzw. die ‚Übertragung' von der Techne auf die Physis ist aber nur solange unproblematisch, wie man sich auf das ‚daß' beschränkt. Fragt man weiter nach dem ‚warum', so erheben sich vielerlei Schwierigkeiten, auf welche die Literatur mit wenigen Ausnahmen keine Antwort gibt, vielleicht u. a. deshalb, weil auch Aristoteles darüber schweigt. Und doch hängt an dieser Frage der gesamte philosophische Sinn der aristotelischen Gedanken. Daher soll, obgleich der umfangreiche Komplex des Techne-Physis-Themas in unseren Untersuchungen nicht aufgerollt werden kann[24], doch wenigstens die Aporie angedeutet werden:

[23] Klarste Analyse des Herstellungsprozesses der Techne und Belege bei Bartels 5—19 u. ö.; ders., *Synusia* 275—286.

[24] Vgl. Sach-Index s. v. *Denkmodell 4*. Aus der umfangreichen Literatur nenne ich zur Techne (und zum Verhältnis Techne—Physis) verschiedene Aufsätze W. Schadewaldts aus den letzten Jahren (z. T. abgedruckt in: *Hellas und Hesperien*, 1960), sowie die beiden Arbeiten von K. Bartels, *Das Techne-Modell in der Biologie des Aristoteles*, Diss. Tübingen 1963 (erschienen 1966) und *Der Begriff Techne bei Aristoteles, Synusia* (Festgabe Schadewaldt), 1965, 275—286. Zu Physis bei Platon vgl. jetzt die gedankenreiche und tiefe Arbeit von Dietrich Mannsperger, *Physis bei Platon*, 1969 (Lit.), die auch allgemein für den griechischen Physis-Begriff bedeutsam ist. S. auch

Für Aristoteles haben die *beiden* Bereiche von Physis und Techne *gleiche* Seinsstruktur, so daß er vom einen auf den anderen verweisen kann: Bei Vorgängen der Natur nennt er Beispiele der Techne[25], andererseits aber „ahmt die Techne die Physis nach"[26]. Hertlings Deutung ist nun wie gesagt die, daß Aristoteles die an der Techne (vielleicht ‚richtig') abgelesene Struktur fälschlich auf die Physis ‚übertragen' habe, bei welcher doch ‚in Wahrheit' ganz andere Gesetze gültig seien. Prägnant gesagt: Aristoteles habe ‚subjektivistisch' von der Techne aus ein bestimmtes Ursachen-Schema ‚hypostasiert' und anderen Bereichen aufgezwungen[26a]. An dieser Beurteilung hat sich, obwohl man seit Hertling viel differenzierter die Entwicklung innerhalb des Aristoteles berücksichtigt und stets auf Platon und die Vorsokratiker zurückgeht, vielerorts kaum etwas geändert[27].

Jedoch trifft diese Interpretation des Verhältnisses von Physis und Techne bei (Platon und) Aristoteles nicht zu, weil sie — meist unbewußt — auf manchen modernen Umdeutungen beruht, z. B. auf einem geistfremden, ‚naturalistischen' Physisbegriff, und auf den modernen Gegensätzen ‚Natur—Technik', ‚Natur—Kunst' und ‚Natur—Geist'. Hat man sich davon erst einmal losgelöst und mit dem platonischen eidetischen Naturbegriff auch bei Aristoteles ernst gemacht, dann gilt erstens: Die Techne ist nichts ‚Naturfremdes', Sekundäres, Abgeleitetes, sondern Schaffen ‚aus der Idee heraus', genau wie die Natur schafft, ob man an den Demiurgen Platons oder an die φύσις δημιουργοῦσα des Aristoteles denkt. Zweitens: Durch den je *unmittelbaren* Bezug der Techne und der Physis auf die ‚Idee' bzw. das ‚Telos' werden beide Bereiche als Manifestationen ein und desselben Geistes verstanden, der in der Natur wirkt und auf den der τεχνίτης — unabhängig von der ‚Natur' — zurückgreift[28].

Es kann deshalb im Grunde keine sekundäre ‚Übertragung' von einem Bereich auf den andern geben, sondern beide Bereiche sind — obschon natürlich jeder von beiden seine Eigenart hat — auf dem

Gaiser 104—106. 543ff. Aus der sonstigen Literatur bes. wichtig die über das Nur-Philologische und Konventionell-Vordergründige ins philosophisch Wesentliche vorstoßenden Arbeiten M. Heideggers und seines Schülers K. Ulmer: M. Heidegger, *Der Ursprung des Kunstwerks, Holzwege* [1]1950, 7—68; ders., *Vom Wesen und Begriff der Physis. Aristoteles Physik B* 1, Il Pensiero 3 (1958); K. Ulmer, *Wahrheit, Natur und Kunst bei Aristoteles*, 1953. Wichtig auch Krämer, *Theologie* 489ff. Vgl. u. S. 9 A. 30.

[25] So oft, z. B. an der berühmten Physikstelle 191a 7—12, über die u. 3.12, 7.823c.

[26] Phys. β 2, 194a 21 u. ö.

[26a] So der Sinn der Ausführungen Hertlings 60—63. 95—97. 104.

[27] Vgl. z. B. aus neuester Zeit Solmsen, Festschrift Albareda, 404f.

[28] Vgl. zum Prinzipiellen K. Flasch, *Ars imitatur naturam. Platonischer Naturbegriff und mittelalterliche Philosophie der Kunst* in: *Parusia* (Festschrift J. Hirschberger), 1965, 265—306.

Boden der platonisch-akademischen und der aristotelischen Geistphilosophie[29] letztlich identisch. So gesehen ist es keine logische Manipulation des Aristoteles, sondern Ausdruck der ,Wahrheit' des Sachverhaltes, wenn er zwischen beiden Bereichen eine strikte ,Analogie' bestehen läßt[30].

In dieser Richtung liegt, so scheint es, die plausibelste Deutung des Problems, eine Deutung, die sich wieder mit Nachdruck auf den Geistcharakter der platonisch-akademischen und der aristotelischen Philosophie zu besinnen versucht.

1.113 Der ,naive Begriffsrealismus' des Aristoteles und die Materie als ,hypostasierter Möglichkeitsbegriff'

Die „realistische Denkweise" des Aristoteles beruht nach Hertling auf einer „angenommenen völligen Parallelität zwischen Denken und Sein" und kommt dadurch zu einer „Objektivierung dessen, was doch in Wahrheit nur ein Erzeugnis des vergleichenden Gedankens" ist, d. h. für Aristoteles werden „die Erzeugnisse des von ihnen (den Dingen) nur angeregten und der lebendigen Anschauung entfremdeten Denkens zu selbständigen Realitäten"[31].

Das zeige sich besonders an den aristotelischen Hauptprinzipien ,Form' und ,Materie', die beide ursprünglich nur rein subjektive begriffliche Hilfsmittel seien, um die Mannigfaltigkeit der Sachverhalte zu ordnen[32], dann aber von Aristoteles zu ,Realitäten' verdichtet würden[33]. So sei das Materialprinzip, wie es Aristoteles in Physik α aus

[29] Was ich hier unter ,Geistphilosophie' verstehe, habe ich in ,Weltbild und Seinslehre' zu skizzieren versucht.

[30] Dieser Sachverhalt ist klar gesehen und präzise dargestellt bei Bartels 1—4. 20—47 (Kap. 2 *Die Analogie Physis-Techne*), bes. 20—22 und 43—47; vgl. auch 107—121 (Kap. 6 *Das Techne-Modell in Aristoteles' Zeugungslehre*) und die Zusammenfassung 123f, 126f; s. ferner die knappen Andeutungen *Synusia* 276f. Vorliegende Arbeit war vor dem Erscheinen von *Synusia* abgeschlossen, so daß ich Bartels' Auffassung erst nachträglich kennenlernte (seine Dissertation von 1963 erschien erst 1966; seinen Bemerkungen in *Synusia* konnte man noch nicht genügend entnehmen). Die Übereinstimmung, die eine erfreuliche Bestätigung darstellt, ist um so gewichtiger, weil sie sich von ganz verschiedenen Problemstellungen und Positionen her ergab.

[31] Diese Zitate finden sich alle Hertling 97f inmitten des Abschnitts über *Materie und Form als Erzeugnisse des philosophischen Realismus* (94—106). Auch vorher kommt Hertling allenthalben darauf zu sprechen, s. die folgenden Anmerkungen.

[32] In diesem Punkt trifft sich der ,kritische Realismus' eines Hertling und eines Baeumker mit der von ganz anderen Voraussetzungen (Heidegger, neopositivistische Sprachanalyse) ausgehenden Deutung der aristotelischen Prinzipien durch W. Wieland; vgl. u. 1.18, dazu S. 62. 290ff. Diese Übereinstimmung beruht auf einem gemeinsamen Erbe, das (vereinfacht gesagt) u. a. vom Nominalismus, Empirismus und Positivismus bestimmt wird.

[33] Über die Form Hertling bes. 63—65. 98—104. 98: „Die Kritik (sc. Hertling) fand in ihr (sc. der Form) freilich nur einen abstrakten Begriff, die im Gedanken vollzogene

der Analyse des Werdens zu gewinnen glaube, eigentlich nichts weiter als der leere Begriff der ,Möglichkeit (des Werdens)', den Aristoteles zu etwas ,Realem' „hypostasiere"[34]. Von den ,wirklichen Gegebenheiten' gezwungen, statte er diesen leeren Begriff dann nach und nach mit allerlei Bestimmungen aus, die zum Teil diesem ,ursprünglichen' Ansatz zuwiderliefen[35], könne sich aber — vom technomorphen und begriffsrealistischen Denken verführt — unglücklicherweise nicht entschließen, besagten ursprünglichen Ansatz völlig aufzugeben und somit die ,Materie als Prinzip', d. h. als eine besondere Art der Ursächlichkeit, ganz und gar zu beseitigen[36]. Hertling hält also das Ursachenpaar Materie—Form für eine Fiktion des Aristoteles, welcher nichts in der ,Wirklichkeit' entspreche.

Die prinzipielle Kritik Hertlings am aristotelischen Materiebegriff leugnet zugleich, daß es eine ,Möglichkeit' als seinskonstitutiven Faktor des Werdens gebe. Hertling kann sich nur vorstellen, daß auf Grund der „wirklichen Natur" eines Dinges durch die Mithilfe weiterer Faktoren ein neues Etwas, ein neuer Zustand entsteht. Aus schon Wirklichem entstehe also neues Wirkliches, und es sei unsinnig, von etwas Wirklichem aus zurückprojizierend eine ,Möglichkeit' zu erschließen[37].

Hertling macht sich dabei die Einwände zu eigen, die Hermann Lotze gegen den antiken Begriffsrealismus und vor allem auch gegen den aristotelischen Möglichkeitsbegriff vorgebracht hatte[38]. Über-

Zusammenfassung der hauptsächlichsten Merkmale, durch welche wir die Dinge voneinander unterscheiden, in der Absicht des Aristoteles ist sie dagegen so sehr ein Reales, daß in ihr jedes Mal der Grund aller Realität liegen soll". 101: „Die Aristotelische Form (ist) ein unhaltbares Mittelding zwischen einer bloßen Abstraktion und einer wirksamen Realität".

[34] Über das Materie-Prinzip als leeren Begriff der ,bloßen Möglichkeit' Hertling öfter, z. B. 79—94 (bes. 86—88. 93f). 97f. 104. Bezeichnend die Formulierungen Hertling 88: Die Materie sei „die gleichsam hypostasierte logische Möglichkeit des Zustandekommens eines bestimmten Dinges"; 104: „Bei Aristoteles im Verlaufe des Systems . . . die fortschreitende Verdichtung dessen, was ursprünglich nur die hypostasierte Möglichkeit war".

[35] Hertling 74. 98, zum Teil oben S. 5 A. 10 zitiert.

[36] Hertling 94. 97 u. ö.

[37] Hertling 86f. S. 86 das in der folgenden Anmerkung erwähnte Zitat aus Lotze.

[38] H. Lotze, *Mikrokosmus (Ideen zur Naturgeschichte und Geschichte der Menschheit)* III⁴, 1888, 204—244, bes. 211—218. Formulierungen: 213 „Die berühmten Begriffe von Dynamis und Energie, als Potenz und Actus noch jetzt Schoßkinder des philosophischen Dilettantismus, führen die Unfruchtbarkeit solcher (d. h. begriffsrealistischer) Betrachtungen systematisch in die Untersuchung aller Gegenstände ein". 214 „Die Möglichkeit oder Dynamis des späteren Zustands ist in dem früheren auf keine tiefsinnigere Weise enthalten. Die wahre Aufgabe, die das Erkennen bei der Vergleichung beider zu lösen hat, ist die bestimmte Bezeichnung dessen, was der frühere Zustand war, und der Nachweis, daß er um deswillen, was er war, ein Teil jenes Kreises von Bedingungen war, welcher durch den Hinzutritt anderer Be-

haupt beruht Hertlings erkenntnistheoretische Einstellung, die seiner Kritik an der aristotelischen Ursachenlehre in ‚Materie und Form' zugrunde liegt, im wesentlichen auf Lotzeschen Anregungen[39]. Hertling gebraucht für seine eigene Erkenntnistheorie den Ausdruck „kritischer Realismus"[40], der trotz einer gewissen Vagheit[41] doch recht gut bezeichnet, was gemeint ist: Scharfes Gegenüber von ‚Dingen, Sachverhalten, Konkretem, Realem, Wirklichem' und ‚menschlicher Erkenntnis', die zwar eine gewisse Korrespondenz mit den Dingen hat, aber erst Vertrauen verdient, wenn sie sehr genau an der ‚Erfahrung' und an den Ergebnissen der ‚realen' Einzelwissenschaften geprüft worden ist; alles ‚Nur-Logische', welches dem ‚Wirklichen' nicht gerecht wird oder über es hinausgeht, wird als ‚leerer Begriff', ‚hypostasierter Begriff' oder dergleichen entlarvt und abgelehnt, so daß Metaphysik — wenn man von der Ethik absieht — nur mehr auf in-

dingungen vervollständigt, später den ganzen Grund des zweiten Zustandes bilden half, später daher diesen Zustand verwirklichen konnte, früher nicht konnte, solange jene ergänzenden Bedingungen fehlten. Eine völlig nutzlose, die eigentlichen Aufgaben der Erkenntnis hinwegtäuschende Rede ist es dagegen, zu jeder spätern Wirklichkeit nur eine entsprechende Möglichkeit überhaupt vorauszusetzen, ohne nachzuforschen, welche wirklichen bereits bestehenden Tatsachen es sind, auf denen dies Eintretenkönnen des Späteren beruht". Vgl. auch Lotze, *Metaphysik* (zuerst 1879, nach Hertlings Buch, erschienen; herausg. von G. Misch, Meiner 1912) 89—91 über Dynamis/Energeia, 334—386 über Materie, bes. 334—337.

39 Hertling zitiert *Materie und Form* 89 Lotze (*Mikrokosmus* III 214, s. d. vorst. Anm.); auch im Vorwort 8 ein Zitat aus ihm. *Erinnerungen* I 190f schildert er, wie er um 1868 den *Mikrokosmus* zum ersten Male durchstudierte, davon sehr beeindruckt war und „Lotze auch später noch treu blieb", vgl. ib. I 260. Über Lotzes Einfluß auf Hertling zusammenfassend Baeumker, Jahrb. Bayer. Ak. Wiss. 1919, 22f, bes. 23: „Lotzesche Anregungen sind aber auch sonst vielfach bei Hertling zu verfolgen. So schon in der Kritik der aristotelischen Ursachenlehre, die in seine erste größere historische Schrift ‚Materie und Form usw.' eingefügt ist und die einen dauernd wertvollen Bestandteil derselben bildet. Aristotelische und Lotzesche Elemente verbinden sich in Hertlings erkenntnistheoretischer Auffassung, die er als ‚kritischen Realismus' bezeichnet". Seine erkenntnistheoretische Einstellung legt Hertling dar in seinem (gleichfalls von Lotze beeinflußten) Buch *Über die Grenzen der mechanischen Naturerklärung*, 1875, Kap. VIII *Über Empirismus, Kritizismus und kritischen Realismus* (124—162). Über den ‚kritischen Realismus', seine Herkunft (Fechner, Lotze, E. v. Hartmann), seine Beziehung zu Neukantianismus und Phänomenologie bis hin zu N. Hartmann sehr instruktiv E. Becher, *Die Philosophie der Gegenwart*, in: *Deutsche Philosophen*, 1929, 281—306, bes. 292—294. Zum ‚kritischen Realismus' in der neuesten Zeit historische und systematische Darlegungen bei F. van Steenberghen, *Erkenntnistheorie* (Philosophia Lovaniensis II), 1950, 298—324.

40 S. vorst. Anm. das Zitat aus Baeumker. Wo Hertling diese Formulierung gebraucht, habe ich nicht feststellen können. — Die aristotelische Philosophie nennt Hertling ‚Realismus': Damit meint er im Gegensatz zu seinem eigenen ‚kritischen' Realismus einen ‚naiven, unkritischen' Realismus bzw. einen Ultra-Realismus.

41 Dies zeigt sich vor allem darin, daß man ihn sowohl auf John Locke (Hirschberger II² 193) wie auf manche Neuscholastiker (s. o. S. 11 A. 39 Ende) anwenden kann.

duktive Weise möglich scheint[42]. Obgleich Hertling — wie Lotze — gegen den Materialismus für die ‚Philosophia perennis' eintritt, ist doch in der trockenen Nüchternheit seiner Auffassung ein starker empiristisch-positivistischer Grundzug unverkennbar, an dem manchmal, u. a. in der Kritik an der alten Metaphysik und ihren ‚hypostasierten Begriffen', auch Einflüsse Kants beteiligt zu sein scheinen[43]. Hierin spricht sich eine Zeit aus, die nach dem Zusammenbruch des Deutschen Idealismus im Zeichen der ‚realen, exakten' Wissenschaften steht und von unüberwindlichem Mißtrauen gegenüber aller ‚Begriffsdichtung' erfüllt ist.

Eine solche philosophische Einstellung vermochte freilich die aristotelische δύναμις als konstitutiven Faktor des Noch-nicht-seins, der Seinsmöglichkeit und der Kontingenz nicht zu würdigen, sondern mußte in ihr ein Hirngespinst spekulativer Phantasien erblicken, dem man künstlich Leben eingehaucht habe.

Etwa zur gleichen Zeit wie Lotze und vor Hertling kam Friedrich Albert Lange[44] in seiner berühmten ‚Geschichte des Materialismus'[45] bei der kritischen Überprüfung der aristotelischen Philosophie zu fast denselben Ergebnissen wie jene beiden Forscher, obschon er im wesentlichen von anderen Voraussetzungen ausging, denn er hat ja gerade durch dieses Buch den Neukantianismus mitbegründet[46].

Lange sieht gemäß seiner Kant-Deutung in den Begriffen aller Wissenschaft und Philosophie, z. B. im Materiebegriff, nur Produkte der physisch-psychischen Organisation des Menschen: „Die Materie ist unsere Vorstellung"[47]. Ob hinter den Erscheinungen, welche Erzeugnisse unseres Geistes sind, noch ein ‚transzendentes Objekt' (das

[42] Hertling hat diesen Standpunkt, in welchem er durchaus nicht ein „eigenartiges philosophisches System" sehen wollte, immer festgehalten, vgl. u. a. *Erinnerungen* II 1 f.

[43] Im einzelnen ist es oft schwierig, diese Strömungen exakt zu unterscheiden, zumal ja auch Kant selbst in seinem Denken eine ‚empiristische' Komponente hat. Vgl. auch u. S. 12—14 die Bemerkungen über F. A. Lange.

[44] Über F. A. Langes Leben, Denken und Werke vgl. H. Cohens biographisches Vorwort zur *Geschichte des Materialismus*, Leipzig 1887 (und weitere Auflagen); ferner die schöne und tief eindringende Charakteristik Langes von Erich Becher, *Deutsche Philosophen*, 1929, 75—123.

[45] *Geschichte des Materialismus und Kritik seiner Bedeutung in der Gegenwart*, [1]1865, [2]1873—75; danach viele Auflagen. Zitiert wird nach der einbändigen Ausgabe, herausg. von H. Cohen, Leipzig 1887 u. ö.

[46] Vgl. H. Cohen IX—XII; E. Becher 79—97.

[47] Cohen IX: Nach Lange haben „alle Handhaben der Forschung, die Materie, die Atome, die Kräfte und mechanischen Prinzipien ihre Wurzel und ihren Bestand in der physisch-psychischen Organisation des Menschen. Die Materie mit ihren Kräften und Gesetzen ist nicht ein Selbständiges neben uns, sondern die Ausgeburt unseres eigenen Geistes. Dessen Gesetze, dessen Elemente spiegeln sich in jenen scheinbar uns fremden Dingen. Die Materie ist unsere Vorstellung".

Kantsche ,Ding an sich') stehe, sei nicht zu erkennen[48]. Diese Radikalisierung Kants auf das Rein-Subjektive hin wird dann aber doch nicht konsequent durchgeführt: Wie bei Kant gibt es Wissenschaft und Erkennen im Bereich der ,Erfahrung', die durch das Ineinander von ,Anschauung' und ,Denken' zustandekommt; über die ,Erfahrung' hinaus fingiert sich der Mensch die Gedankendichtungen der (ethischen und aesthetischen) ,Ideale'. Neben diesen neukantianischen durchziehen pragmatistische und zum Teil auch empiristische Gedankengänge das Werk, vor allem an Stellen, wo es um die Kritik an der alten Philosophie geht.

Von Langes Ansichten über Aristoteles ist uns hier folgendes wichtig: a) Aristoteles habe von der menschlichen Techne aus durch „rücksichtslosesten Anthropomorphismus" die Ursächlichkeit von Form, Stoff und Telos auf die Natur übertragen[49]. Diese Kritik gründet sich auf die Kantschen Lehren, wonach die Teleologie kein konstitutives, sondern nur regulatives Prinzip unseres Naturerkennens ist; sie darf vom Bereich menschlichen Wirkens, wo sie zu Hause ist, nicht anderswohin übertragen werden[50]. b) Die aristotelische Materie ist kein körperliches Substrat wie in der ,Moderne', sondern ein Relationsbegriff: „Sie ist Materie in Beziehung auf das, was durch Hinzukommen der Form aus ihr werden soll", mit anderen Worten: sie ist identisch mit ,Seinsmöglichkeit'[51]. Lange wendet sich nun scharf gegen diesen Möglichkeitsbegriff, in welchem er „die Quelle der meisten und schlimmsten metaphysischen Irrtümer" sieht[52]: Denn „in der äußeren Natur gibt es nur Wirklichkeit, keine Möglichkeit". Wie Lotze verweist er darauf, daß zum Eintreten eines neuen Zustandes stets mehrere Ursachen bzw. Bedingungen erforderlich sind (von denen wir oft nur einen Teil kennen). Solange die Bedingungen nicht alle vorhanden sind, ist das Eintreten des Zustandes unmöglich; sobald sie alle vorhanden sind, tritt er mit Notwendigkeit ein. Zwischen Unmöglichkeit

[48] Becher 81. Auch die anderen Neukantianer haben — systemkonsequent — das Kantsche ,Ding an sich' beseitigt.

[49] Prägnant die Formulierung *Gesch. d. Mat.* 63: „Die Einheit seiner Weltanschauung erreicht Aristoteles durch den rücksichtslosesten Anthropomorphismus. Die schlechte, vom Menschen und seinen Zwecken ausgehende Teleologie bildet einen der wesentlichsten Bestandteile seines Systems. Wie für das Wirken und Schaffen des Menschen . . . stets die Idee des Ganzen als Zweck der Tätigkeit zuerst auftritt und sodann diese Idee durch Ausführung der Teile sich im Stoffe verwirklicht, so muß notwendig auch die Natur verfahren, weil ihm (Aristoteles) eben diese Folge von Zweck und Ding, Form und Stoff für alles Existierende mustergültig ist".

[50] *KdU* B XXXIII f. B 267—270. 292—295. 300—304. 313—319 (319 wird das Prinzip der Teleologie „Idee" genannt). 329—373 u. ö.

[51] *Gesch. d. Mat.* 143f. Vgl. hierzu die ,monistische' Hyle-Interpretation Jaegers und Stenzels (u. 1.15).

[52] *Gesch. d. Mat.* 147.

und Wirklichkeit = Notwendigkeit gibt es keinen Zwischenzustand der ‚Möglichkeit'. Die Begriffe der ‚Möglichkeit' und der ‚Materie als Möglichkeit' seien allenfalls noch als rein subjektive Annahmen zu rechtfertigen, mit Hilfe derer wir uns die ‚Wirklichkeit' zurechtlegen, aber es sei falsch, diese Annahmen „in die Dinge hineinzutragen", wie es Aristoteles tue[53].

Lange kritisiert also an Aristoteles genau wie Hertling erstens die falsche Analogie von der Techne aus, zweitens die ‚Hypostasierung' des Möglichkeitsbegriffes. Da Hertling und Lange sich gegenseitig nicht beeinflußt zu haben scheinen[54], beruhen die Gemeinsamkeiten offensichtlich auf einer Zeitströmung, der damals gar manche der nicht-materialistisch eingestellten Kreise anhingen, und wir ersehen aus Langes Buch, daß wir auch bei Autoren, die Kant ferner zu stehen scheinen (Hertling), mit einem nicht geringen Einfluß Kantischer Gedanken zu rechnen haben.

Die besprochene Kritik am aristotelischen Möglichkeitsbegriff kehrt bei Clemens Baeumker (s. u.), W. A. Heidel[55], Paul Natorp[56],

[53] *Gesch. d. Mat.* 143—147. Weitere Formulierungen: 144 „Aristoteles verlegt in der Tat diese Beziehungen zu unserem Denken in die Dinge". Aristoteles hat „völlig übersehen, daß die hier verwandten Begriffe (sc. Materie, Form, Telos) von vorneherein solcher Natur sind, daß sie ohne Fehler zu ergeben nicht für wirklich erkannte Eigenschaften der objektiven Welt genommen werden dürfen, während sie ein wohlgegliedertes System subjektiver Betrachtung gewähren können". 145 „Es muß vielmehr unerläßlich geschlossen werden: wenn es keine ungeformte Materie gibt, wenn dieselbe nur angenommen, nicht einmal vorgestellt werden kann, so gibt es auch in den Dingen keine Möglichkeit. Das δυνάμει ὄν, das Seiende der Möglichkeit nach, ist, sobald man den Boden der Fiktion verläßt, ein reines Unding, gar nicht mehr vorhanden. In der äußeren Natur gibt es nur Wirklichkeit, keine Möglichkeit". 150 Der „Irrwahn von Möglichkeit und Wirklichkeit". 153 „Jene Verwechselung von Sein und Denken, welche sich bei dem Begriff der ‚Möglichkeit' so folgenschwer gezeigt hat", Vgl. insgesamt 147—155; aus den späteren Teilen z. B. 226f (‚causa materialis' durch mathematisches Gesetz zu ersetzen). 804f.

[54] In den zitierten Schriften beider Gelehrter und der Sekundärliteratur finde ich keinen Hinweis darauf, daß sie in dem uns interessierenden Zeitraum (Hertling bis 1871, Lange bis 1875) einander gekannt und beachtet haben. In *Über die Grenzen der mech. Naturerklärung*, 1875, weist Hertling natürlich auf Lange hin (z. B. 128. 154).

[55] William Arthur Heidel, *Necessary and Contingent in the Aristotelian System*, Chicago 1896, lehnt den aristotelischen δύναμις- und ὕλη-Begriff ab, weil er, obwohl „merely an abstraction" (30f) und „purely relative" (31), doch dann „becomes hypostatized as an objective entity" (31, vgl. 40). Mit dem Chorismos von Begriff und Sache, dem modernen Abstraktionsbegriff und der Vorstellung, die aristotelische Seinsmöglichkeit sei vom (ontisch bedeutungslosen) Begriff zu einer festen Sache objektiviert worden, steht er in einer Linie mit Lange, Lotze, Hertling, Baeumker u. a. Der Ausdruck „purely relative" zeigt, daß er — wie andere Interpreten (o. 1.113; u. 1.16) — besonderen Anstoß an der ‚reinen' Möglichkeit nimmt und demgemäß in der Hyle (∼ δύναμις) einen bloßen Relationsbegriff, aber nicht ein Seins-Prinzip, sieht (u. 8.27 u. ö.).

[56] *Platos Ideenlehre*, ²1921, 404 über den aristotelischen Dynamis-Begriff: „Man hat ihn genannt das Allheilmittel für die Schäden des Systems, die großen wie die

in unseren Tagen unter anderm[57] bei Nicolai Hartmann wieder, welcher nur eine ‚Realmöglichkeit' gelten läßt, die materialiter mit ‚Wirklichkeit' und ‚Notwendigkeit' zusammenfällt[58]. Da Hartmanns systematische Konzeption des Möglichkeitsbegriffes von Heinrich Beck[59], seine Deutung des aristotelischen Möglichkeitsbegriffes von Josef Stallmach[60] widerlegt worden ist, kann damit zugleich die gesamte Kritik am aristotelischen Möglichkeitsbegriff von seiten Lotzes, Langes, Hertlings, Baeumkers und anderer als widerlegt gelten. Wir brauchen daher weder hier noch im Folgenden detailliert auf den Möglichkeitsbegriff des Aristoteles einzugehen[61] und können, ohne den Vorwurf eines naiven Begriffsrealismus fürchten zu müssen, die aristotelische δύναμις wieder ernstnehmen: als seinskonstitutive Komponente des Werdens, welche die Seinsmöglichkeit ebenso repräsentiert wie die Kontingenz alles Wirklichen.

So fällt Hertlings Kritik an Aristoteles und am aristotelischen Materiebegriff zugleich mit den philosophischen Voraussetzungen dahin, auf denen sie aufgebaut ist, und wir müssen heute aus seinen Belegen, welche dazu noch kaum über Zeller hinausgehen, ganz andere Schlüsse ziehen.

1.12 Clemens Baeumkers ‚kritischer Realismus': Die aristotelische Hyle als ‚hypostasierte Möglichkeit' und das ‚technomorphe' Denken des Aristoteles

Schon die Überschrift bringt zum Ausdruck, daß Baeumkers philosophische Anschauungen in zentralen Punkten denen Hertlings

kleinen. Es ist vielmehr die Rumpelkammer, in die dieser ordnungsliebende Geist die störenden Probleme abschob, die er nicht zu erledigen wußte".

57 Vgl. u. 1.16.

58 N. Hartmann, *Der Megarische und der Aristotelische Möglichkeitsbegriff*, SB Berlin 1937 = Kl. Schr. 2, 85—100; eine Zusammenfassung davon in seinem systematischen Werk *Möglichkeit und Wirklichkeit*, ²1949, 1—14, 181—189.

59 H. Beck, *Möglichkeit und Notwendigkeit*, Pullach 1961.

60 Alles Nähere in meiner Besprechung von Stallmachs Buch, Gnomon 35 (1963) 556—559.

61 Vgl. außer der Inhaltsangabe Gnomon 35 (1963) 557 noch die Bemerkungen u. 8.123, 8.23 u. ö. — Das von Stallmach Erarbeitete reicht jetzt für die Zwecke unserer Untersuchungen im ganzen aus, kann und muß aber weitergeführt und vertieft werden: a) zu Aristoteles und der Antike selbst vgl. die Andeutungen Gnomon 559. b) Die Auseinandersetzung mit der modernen Kritik darf sich nicht mit N. Hartmann begnügen, sondern sollte, wie oben angedeutet, z. B. Lange, Lotze, Hertling, Baeumker einbeziehen und schließlich auf Kant zurückgehen, vgl. G. Schneeberger, *Kants Konzeption der Modalbegriffe*, Basel 1952. c) Eine Umschau in der modernen Philosophie über N. Hartmann hinaus ist vonnöten: Hierbei sollte auch Ernst Blochs Philosophie der Seinsmöglichkeit bzw. Ontologie des Noch-nicht-Seins berücksichtigt werden (vgl. Kap. 18 *Die Schichten der Kategorie Möglichkeit* in: *Prinzip Hoffnung*, 1959, 258—288; ders., *Zur Ontologie des Noch-Nicht-Seins*, 1961).

gleichen: Wie dieser ist er ‚kritischer Realist'[62], wie dieser betrachtet er philosophiegeschichtliche Untersuchungen nicht als Selbstzweck, sondern als Mittel für seine eigenen systematischen Anliegen[63]. Dies gilt auch, wie er selber sagt[64], von seinem Werk über den Materiebegriff in der griechischen Philosophie[65], in welchem er, sich teilweise an Hertling anschließend[66], den aristotelischen Materiebegriff kritisch bespricht[67]. Ansatzpunkte der Kritik sind auch bei ihm erstens „der eigentliche Ausgang" für die aristotelische Theorie der ersten Materie, nämlich die „anthropomorphistische Gleichsetzung des Naturgeschehens mit dem künstlerischen Gestalten", in welcher er „einen

[62] Über Leben, philosophische Anschauungen und Schriften Clemens Baeumkers (1853—1924) vgl. seine *Selbstdarstellung*, in: *Die deutsche Philosophie der Gegenwart in Selbstdarstellungen*, II (1921) 31—60 (hier 50—58 system. Darlegung seiner eigenen Philosophie, 58—60 Schriftenverzeichnis); kurze, aber einfühlsame Würdigung Baeumkers bei E. Becher, *Deutsche Philosophen*, 1929, 243—250 (z. T. an die *Selbstdarstellung* angelehnt).

[63] *Selbstdarst.* 49f; Becher 248f. — Allerdings hat Baeumker nur wenige ausschließlich systematische Arbeiten veröffentlicht, vgl. *Selbstdarst.* 50 (dazu das Schriftenverzeichnis), Becher 249f.

[64] *Selbstdarst.* 41, Becher 245. Vgl. auch den Untertitel seines Werkes (s. folg. Anm.).

[65] *Das Problem der Materie in der griechischen Philosophie. Eine historisch-kritische Untersuchung*, Münster 1890 (nachgedruckt Frankfurt/M 1963; Minerva). Vgl. C. Baeumker, *Herr Fr. Gundisalv Feldner und mein „Problem der Materie in der griechischen Philosophie"*, Philos. Jb. 11 (1898) 182—189; Baeumker stellt dort in einer Erwiderung auf Feldners unsachliche Polemik nochmals kurz einige Grundgedanken seines Buches dar. Interessante Besprechung von Baeumkers Werk durch B. Adlhoch, Philos. Jb. 4 (1891) 172—185: Adlhoch kritisiert mit Recht, daß Baeumker im Denken des Aristoteles eine Kluft zwischen ‚reiner Möglichkeit' und ‚konkretem Stoff' aufreiße, sucht aber dann das Problem so zu lösen, daß er die ‚reine Möglichkeit' (d. h. das Hyle-Prinzip) auf den ‚konkreten Stoff" reduziert. Also weiß auch Adlhoch mit der ‚reinen δύναμις' nichts anzufangen. — Von der Untersuchung von J. Reitz, *Die Aristotelische Materialursache*, erschienen nur die beiden ersten Teile: Philos. Jb. 7 (1894) 281—294. 8 (1895) 158—171. Statt den Schluß abzudrucken, veröffentlichte die Redaktion der Zeitschrift in Bd. 9 (1896) 120 folgende „Erklärung: Von der Fortsetzung der im Jahrgang 1894 dieser Zeitschrift begonnenen Abhandlung von J. Reitz ‚Die Aristotelische Materialursache' wurde Abstand genommen, da eine auffallende Übereinstimmung derselben mit Prof. Baeumkers ‚Problem der Materie in der griech. Philosophie' sich herausgestellt hat. Die Redaction."

[66] *Problem der Materie* XI, dazu die Zitate im Laufe der Darstellung, z. B. 253 A. 2. Vgl. auch Baeumker, Jahrb. Bayer. Ak. Wiss. 1919, 23.

[67] S. *Problem der Materie* 6f und dort den Abschnitt ‚Kritik des aristotelischen Begriffs der Materie' 247—261. *Selbstdarst.* 41 heißt es, das Werk wolle neben der „sachlichen Würdigung der aristotelischen Lehre" „zugleich eine kritische Auseinandersetzung mit der begriffsphilosophischen Behandlung naturphilosophischer Probleme innerhalb des Aristotelismus überhaupt sein und die Grenzen dieser darlegen. Das ist von solchen, an die die Kritik sich richtete, auch sehr wohl vermerkt und hat später gelegentlich zu scharfen Zusammenstößen geführt". Über diese Auseinandersetzungen wüßte man gern Näheres.

nicht völlig zutreffenden Analogieschluß" sieht[68]. Zweitens die „Hypostasierung der Möglichkeit", die u. a. „es dem Aristoteles gestattet, die Analogie des künstlerischen Gestaltens auf die Entstehung der Natursubstanzen anzuwenden"[69]. Aristoteles schwanke nun dauernd zwischen dem theoretisch scharf herausgearbeiteten Materieprinzip der ‚reinen passiven Möglichkeit' und einem für die Erklärung der Einzelvorgänge in praxi erforderlichen Materiebegriff, der weder „bloße Möglichkeit" noch „bloß passiv" sei[70].

Es ist deutlich, daß sich Baeumkers Kritik in den gleichen Bahnen bewegt wie die oben geschilderte Lotzes, Langes und Hertlings; für den Vorwurf der ‚hypostasierten reinen Möglichkeit' beruft sich Baeumker auch auf scholastische Denker[71]. Diese von genauer Kenntnis des Aristoteles getragenen Ausführungen sind in mancher Hinsicht wertvoll, weil sie immer wieder zu möglichst scharfem Erfassen der aristotelischen Gedanken zwingen, sie treffen jedoch sachlich nicht zu, wie o. *1.11* hinsichtlich Hertlings Buch gezeigt wurde. Dem dort Gesagten ist hinzuzufügen, daß Baeumker — wie alle anderen besprochenen Forscher — nicht klar genug zwischen einem Seinsprinzip (‚Materie') und den (in den einzelnen Seinsschichten analog abgewandelt auftretenden) Manifestationen dieses Prinzips unterscheidet, ja überhaupt auf Grund seines ‚kritischen Realismus' für wesentliche Seiten eines aristotelischen Seinsprinzips kein rechtes Verständnis aufzubringen vermag. Gerade der Begriff des ‚Seinsprinzips' aber ist von entscheidender Wichtigkeit, wenn man der aristotelischen Hyle historisch gerecht werden will, und so werden wir im Folgenden näher zu bestimmen versuchen, was ‚Hyle als Seinsprinzip' bedeutet. Eine ganz andere Frage, die nicht — wie manchmal bei Baeumker — mit der historischen

[68] *Problem der Materie* 252f.

[69] *Problem der Materie* 253f. Die bezeichnenden Formulierungen auf S. 253 müssen wir hersetzen: „Die Möglichkeit dieses neuen Zustandes ist, abgesehen von der bewirkenden Ursache, *in nichts anderem* begründet als in der *wirklichen Natur*, den *wirklichen* Zuständen des bestehenden Körpers. *Nur unser Denken*, welches von der Wirkung rückwärts zur Ursache schaut, hebt diese Möglichkeit zu einem Neuen, obschon sie *nur* in der *wirklichen Natur* des Bestehenden begründet ist, als etwas Gesondertes, Eigentümliches heraus. Solange das Denken sich dabei bewußt bleibt, daß dieses Gesonderte *nur* seiner eigenen *Abstraktion* angehört, liegt darin keine Irreführung. Anders aber Aristoteles. Sein begriffsrealistisches Denken gibt der Möglichkeit unvermerkt die Geltung einer *eigenen Realität*. Nicht so sehr in der *wirklichen* Natur des Bestehenden, als in der *hinzugedachten* Möglichkeit, erblickt er den Grund des Neuen . . . weil die Möglichkeit für ihn zu einer *selbständigen Realität* und damit zu einem Realgrund geworden ist, . . ." (meine Kursive). Wichtig auch 251, wo u. a. die Bemerkung fällt: „(Die erste Materie) ist ein unmögliches Mittleres zwischen Sein und Nichtsein".

[70] 257f.

[71] 252 Anm. nennt er Belege aus Heinrich von Gent, Duns Scotus und Franz Suárez. Vgl. die Bemerkungen u. S. 31f.

Würdigung des Aristoteles verquickt werden darf, ist die, ob ὕλη als die aristotelische Lösung des Problems von Sein und Werden uns heute philosophisch noch etwas zu sagen hat: Hier werden wir heute nicht mehr so rasch negativ urteilen, wie es damals Hertling und Baeumker, vom ‚Fortschritt' der ‚realen' Naturwissenschaften geblendet, getan haben[72].

Das aus dem ‚kritischen Realismus' erwachsende übergroße Mißtrauen Baeumkers gegen alles ‚Nur-Begriffliche' führt dazu, daß er der ‚gedachten Materie' (ὕλη νοητή) und dem gesamten Problem von ‚Materie und Erkenntnis' nur ganz wenig Aufmerksamkeit widmet[73]. Indem wir diesen Aspekt des Materieproblems besonders eingehend behandeln, wird der Hyle über ihre Rolle als Prinzip des natürlichen Werdens hinaus — so sieht sie Baeumker ganz überwiegend — eine umfassende Bedeutung zurückgegeben, die es erst begreiflich macht, wie die aristotelische Hyle aus dem platonisch-akademischen ‚zweiten Prinzip' hervorgehen konnte[74]. Und so lassen sich noch mehr wesentliche Schwächen der Baeumkerschen Darlegungen aufzeigen[75].

Baeumkers Werk, vor 80 Jahren erschienen, ist bereits selber ‚Geschichte'. Schon daraus erklären sich viele der Ausstellungen, die wir im Prinzipiellen und im Einzelnen zu machen hatten: Die geistige Situation hat sich eben völlig gewandelt[76], und die Kluft, die uns von damals trennt, scheint unüberbrückbar. Die ‚Geschichtlichkeit', in welcher das Buch steht, gestattet uns aber auch, seine sehr bedeutenden Vorzüge ungeschmälert zu würdigen: Die Vollständigkeit des Belegmaterials[77] und die Genauigkeit und Umsicht, mit welcher die Belegstellen kritisch aufbereitet werden. In beiden Hinsichten ist

[72] Vgl. u. 9.

[73] Bezeichnend ist die Äußerung Baeumkers IX: „So mußte die Frage nach der sogenannten intelligibeln Materie und dem Verhältnis der Körpermaterie zu ihr, die bei Plato, von seiner spätesten Zeit abgesehen, und bei Aristoteles nicht sonderlich hervortritt und darum bei der Besprechung ihrer Theorien anhangsweise behandelt werden konnte (!), bei den Neuplatonikern, dem emanatistischen Charakter ihres Systems entsprechend, viel mehr in den Vordergrund gerückt werden". Diese Haltung ist um so erstaunlicher, als Baeumker seit etwa 1875 mit einer Arbeit über den aristotelischen νοῦς beschäftigt war (*Selbstdarstellung* 36f), die ihn auf ὕλη νοητή und ‚Abstraktion' hätte hinführen können: Wenn es nicht geschah, so lag dies wiederum am ‚kritischen Realismus' und einer daraus erwachsenen empiristischen Deutung der aristotelischen Abstraktion; s. das Zitat aus Baeumker o. S. 17 Anm. 69.

[74] Hierüber u. 2.5 und 4.6.

[75] Z. B. die viel zu knappe Behandlung der Äthermaterie (u. 5.3) und überhaupt des kosmologischen Einschlags in der aristotelischen Metaphysik (darüber ‚Kosmologie und Metaphysik') u. a. m.

[76] Darüber etwas mehr u. 1.2, wo der Standort vorliegender Arbeit umrissen wird.

[77] Baeumker VIII sagt: Es ist meine Absicht gewesen, „das historische Material mit der mir erreichbaren Vollständigkeit, durchaus auf Grund eigener Sammlungen unter Nachprüfung nach den Angaben Anderer zusammenzustellen".

Baeumkers Werk neben dem Zellers noch heute unentbehrlich. Dies wird es auch bleiben, denn — und damit kommen wir wieder auf die historische Distanz zurück — ein Buch von kompendiösem Charakter wie das Baeumkers kann heute wohl nicht mehr geschrieben werden: Da die Methoden historischer Forschung sich stark differenziert und verfeinert haben, können nur noch beispielhaft Ausschnitte aus dem Ganzen vorgeführt werden. Diese begrenzten Teile wollen in bezug auf die Sammlung der Belege und ihre Deutung den entsprechenden Partien Baeumkers gleichkommen und sie übertreffen, er bleiben aber Ausschnitte — freilich solche, die das Ganze hoffentlich besser sehen lassen als es die Akribie von Baeumkers ‚kritischem Realismus' vermochte.

1.13 ‚Materie' und ‚Werden': Albert Rivaud

Das Werk von Albert Rivaud[78] läßt, wie schon der Titel zeigt, den Begriff der ‚Materie' hinter dem des ‚Werdens' zurücktreten, weil der Verfasser den modernen Begriff ‚Materie' als sachlich unangemessen nicht auf die griechische Philosophie anwenden zu können glaubt: Während der moderne Materiebegriff eine gewisse Konsistenz und inhaltliche Einheitlichkeit habe, fehle den Griechen ein vergleichbarer Materiebegriff, pointiert so ausgedrückt: „Das Problem der Materie existiert nicht in der antiken griechischen Philosophie" (2). Der modernen ‚Materie' entspreche vielmehr etwa das antike ‚Werden'. Rivaud hat bei dieser Festlegung, in welcher er die „zentrale Hypothese" seines Buches sieht (3), einen sehr dynamischen Begriff von Materie vor Augen, dem er selbst anhängt. Neben diesem geht innerhalb der Darlegungen ständig einher der (von Rivaud abgelehnte) materialistische Materiebegriff, der Materie mit ‚physikalischem Körper' gleichsetzt. Beide Begriffe scheidet der Verfasser nicht streng genug. Auch das ‚Werden' ist bei Rivaud ein recht vager und komplexer Terminus, welcher das Werdende, die Bedingungen des Werdens und den Vorgang des Werdens einschließt.

Diese Unklarheiten und fragwürdigen Vorentscheidungen beeinträchtigen das Buch viel weniger, als man erwarten sollte: Es ist eine

[78] A. Rivaud, *Le problème du devenir et la notion de la matière dans la philosophie grecque depuis les origines jusqu' à Théophraste* (Thèse Paris), Paris 1905. Rivaud ist Schüler Victor Brochards, der (unter dem Einfluß von Charles Renouvier) dem Kritizismus nahesteht; bei Rivaud tritt jedoch weder diese kritizistische noch eine andere philosophische Tendenz so stark hervor, daß man ihn einer bestimmten ‚Schule' zuordnen könnte. Im Folgenden können nur ganz wenige Charakteristika des umfangreichen Buches gestreift werden. — Von der ‚*Histoire de la philosophie*' Rivauds behandelt I² (Paris 1960) Antike und Mittelalter: Die sehr summarischen Darlegungen enttäuschen stark, auch im Abschnitt über Aristoteles; über Materie nur S. 275f kurze, wenig förderliche Bemerkungen.

gründliche und anregende Untersuchung über ‚Materie und Werden', also „über die Entwicklung der griechischen Physik" (1), von den frühsten mythisch-legendären Anfängen und Homer bis zu ihrem Höhepunkt Aristoteles und weiter Theophrast, mit gelegentlichen Ausblicken in die Spätzeit. Dabei wird erkennbar, wie durch alle Divergenzen und individuellen Ausprägungen sich unverändert ein Thema durchhält: Die Polarität eines Prinzips der Ordnung und eines der Unordnung, die aufeinander einwirken und sich durchdringen[79]. So spannt sich ein Bogen von den mythischen Kosmogonien bis zum Höhepunkt der Philosophie, und man kann, sofern man Rivauds Bedenken hinsichtlich der Terminologie beiseiteläßt, dieses kontinuierlich Beharrende ohne weiteres als das ewige Wechselspiel von ‚Materie' und ‚Form' oder von ‚Stoff' und ‚Geist' bezeichnen.

Rivaud meint, seine Untersuchung unterscheide sich von derjenigen Baeumkers — den er hochschätzt — in bezug auf Thema und Methode. Das trifft nicht ganz zu: Da er nur einen Teil — wenn auch den Hauptteil — des Baeumkerschen Themas behandelt, nämlich die Hyle als Faktor des Werdens, vermag er ausführlicher als jener zu sein und manche Ergänzungen anzubringen. Er bietet jedoch für Platon und Aristoteles im Grunde nicht mehr als Baeumker und hilft — trotz anregender und wertvoller Einzelbemerkungen — für die Frage nach dem Wesen der aristotelischen Hyle kaum weiter. Deshalb haben wir ihn nur in ganz seltenen Fällen ausdrücklich herangezogen.

Aus dem gleichen Grund ist es auch nicht nötig, zu anfechtbaren philosophischen Thesen Rivauds, die hin und wieder im Laufe der Darstellung begegnen, ausführlich Stellung zu nehmen, zumal da der solide doxographische Unterbau des Werkes dadurch so wenig erschüttert wird wie durch die oben besprochene terminologische Streitfrage. Nur *ein* Punkt sei kurz gestreift, weil das hier berührte Problem uns unten wieder begegnen wird[80]: Es handelt sich um eine aus Kantischen Elementen erwachsene und mit ihnen verquickte, ans Positivistisch-Empiristische streifende Denktendenz. Sie engt die ‚Realität' auf das Raum-Zeitliche ein, so daß die Hyle eigentlich keine ‚Realität', sondern nur ‚Grenzbegriff' ist, freilich in einem gegenüber dem Kantischen Grenzbegriff stark abgeblaßten Sinn: Gemeint ist kein ‚objektives' Noumenon, sondern ‚Begriff' als rein subjektives Hilfsmittel zur Zusammenfassung des Mannigfaltigen in einer Einheit[81]. Die Einzelmaterien sind ‚real' und deren Erkenntnis ist exakt, während dem

[79] Z. B. 457. 459—461. Vgl. bes. das zusammenfassende Kap. VII (*La conception grecque du devenir*) 454—466.

[80] Unten 1.15. Vgl. auch oben 1.11/12 über Hertling und Baeumker.

[81] 432f (daneben auch wieder vieles Zutreffende). Diese Tendenz, im Hyle-Prinzip das ‚Nur-Begriffliche' zu sehen, ist verwandt mit W. Wielands Deutung der aristotelischen Prinzipien als ‚Topoi' (unten 1.18, ferner S. 62. 290ff).

Nachdenken über die Prinzipien (also auch über ,Hyle insgesamt') etwas „Phantastisches" anhaftet[82]. Wenn auch Rivaud im einzelnen wie im ganzen nicht so vorgeht, wie es diese extremen Äußerungen vermuten lassen, so verbaut er sich doch letztlich die Möglichkeit, die aristotelische Hyle als ,Seinsprinzip' im vollsten Sinn des Wortes zu verstehen, d. h. sie in ihrem Wesen zu erfassen.

1.14 David Neumark und Isaac Husik: Ein Gelehrtenstreit ohne Ergebnis

In den Jahren 1907 bis 1913 wurde zwischen den beiden jüdischen Gelehrten David Neumark und Isaac Husik[83] über das Thema ,Materie und Form bei Aristoteles' ein heftiger Streit ausgefochten, der sich in zahlreichen Äußerungen und Gegenäußerungen mit großer Schärfe entlud. Ausgangspunkt war ein Kapitel über ,Materie und Form bei Aristoteles' in Neumarks ,Geschichte der jüdischen Philosophie des Mittelalters', das Husik mehrfach kritisch rezensierte, woraufhin Neumark antwortete, Husik replizierte und Neumark in einer weiteren Erwiderung nochmals das Wort ergriff[84].

[82] Rivaud 435: „Bref, le principe de la'spécialité des matières' va corriger heureusement, dans la pratique, les fantaisies de l'analyse logique et téléologique (sc. des Ganzen). Vgl. die Formulierung 453 (etwas anderer Zusammenhang): „Le philosophe semble s'être donné la tâche d'unir, par la force des analyses sophistiques, en une synthèse durable, les données de l'expérience, les inductions de la raison etc."

[83] Über David Neumark vgl. die kurzen Bemerkungen im posthum erschienenen Band II 2 seiner *Geschichte der jüdischen Philosophie des Mittelalters*, Berlin 1928, III—VI. Seine gesammelten *Essays in Jewish Philosophy*, Wien 1929, enthalten nichts über seine Persönlichkeit; die ebd. 369—376 beigefügte Bibliographie ist in bezug auf die uns hier interessierende Kontroverse unvollständig. — Eine Würdigung Isaac Husiks findet sich in seinen *Philosophical Essays*, Oxford 1952, VII bis XLII; dort XVIf fast lückenlose Lit.-Angaben und weitere Einzelheiten über die Kontroverse mit Neumark. Für den Nichtspezialisten ist von Husiks Werken am wichtigsten seine *History of Mediaeval Jewish Philosophy*, New York 1916 (viele Nachdrucke, zuletzt in den Meridian Books, New York 1960).

[84] Hier, soweit erreichbar, die Akten des Streites: a) D. Neumark, *Geschichte der jüd. Philosophie des Mittelalters nach Problemen dargestellt*, I (Berlin 1907), bes. 295—380: *Materie und Form bei Aristoteles*. Mehrmals rezensiert von I. Husik, der das Buch insgesamt günstig beurteilt, aber das Aristoteles-Kapitel für verfehlt hält: b) I. Husik, Rezension von a), in The Philosophical Review (Cornell Univ.) 17 (1908) 554—556 = I. Husik, *Philos. Essays*, Oxf. 1952, 68—70 (summarisch). c) Husik, Rez. von a), in: Jewish Exponent (Philadelphia) vom 8. 5. 1908 (ausführlicher). d) siehe e). e) Husik, *A Recent View of Matter and Form in Aristotle*, Arch. Gesch. Philos. 23 (1910) 447—471 (detaillierte Kritik von a). Einen Teil dieser Ausführungen hatte Husik bereits 1909 beim 3. Internationalen Kongreß für Philosophie vorgetragen, vgl. Bericht über den III. Internat. Kongreß f. Philosophie, Heidelberg 1909, 227—232. f) Neumark, *Materie und Form bei Aristoteles. Erwiderung und Beleuchtung*, Arch. Gesch. Philos. 24 (1911) 271—322. 391—432 (Antwort auf b—e, die er 271f ausdrücklich nennt). g) Husik, *Matter and Form in Aristotle*, Beiheft (zu

Obwohl die Aristoteles-Forschung, soviel ich sehe, bislang von diesen Veröffentlichungen keine Notiz genommen hat[85] und der Streit als solcher heute ohne Bedeutung ist, war, da die Auseinandersetzungen sich speziell auf den Materiebegriff des Aristoteles richten, hier wenigstens in knapper Form auf sie hinzuweisen: Sachlich hat eindeutig Neumark unrecht, denn seine Aristoteles-Deutungen sind insgesamt[86] und im Detail[87] nicht nur sehr eigenwillig, ja verstiegen, sondern nicht selten nachweisbar unrichtig. Husik stellt demgegenüber jeweils nüchtern und besonnen das Richtige fest[88], meist im Anschluß an Alexander, Simplicius und Bonitz.

Wir können also Neumarks Interpretationen und damit die ganze Kontroverse auf sich beruhen lassen, ohne in irgendwelche Einzeluntersuchungen eintreten zu müssen[89].

1.15 Hyle als ‚Grenzbegriff' (Jaeger, Stenzel)?

1.151 Werner Jaeger kommt im Schlußkapitel seines Aristoteles-Buches[90] auch auf Materie und Form zu sprechen:

Der Verdinglichung des Allgemeinen, die Aristoteles Platon vorwirft, stellt Aristoteles „seine Lehre von der Bestimmung der Materie

Heft 3 des) Arch. Gesch. Philos. 25 (1912), 93 Seiten (Antwort auf f). h) Neumark, *Wiederentgegnung*, Arch. Gesch. Philos. 26 (1913) 195—196 (kurzer Hinweis auf i). i) Neumark, *Materie und Form bei Aristoteles*, Berlin 1913, 108 Seiten; als gesonderter Anhang seiner *Gesch. d. jüd. Philos. d. Mittelalters* Bd. I beigebunden (Erwiderung auf g; im Vorwort III—V die Literatur der Kontroverse referiert). — Während Husik nach 1912 wie angekündigt (1912, 91) schwieg, hat Neumark auch nach 1913 (s. o. i) offenbar seiner Verärgerung in seiner Besprechung von Husiks *History of Med. Jew. Philos.* nochmals Ausdruck gegeben (Hebrew Union College Monthly 1916, zitiert bei Husik, *Essays* XVII).

85 Vgl. jedoch unten A. 88.

86 Husik 1910, 448f zählt die Hauptthesen Neumarks auf und stellt 449—452 dem seine eigenen Hauptpunkte entgegen.

87 Überzeugend Husik 1910, 452—471 und 1912 gegen Neumark 1911 und 1913.

88 Die ganz wenigen Stellen, bei denen Husiks Deutungen nicht annehmbar scheinen, übergehen wir. — Wie ich aus Husik, *Essays* XVII erfahre, hat damals neben anderen Gelehrten auch Baeumker Husiks Kritik an Neumark zugestimmt; in welcher Form Baeumker seine Äußerung tat und wo sie eventuell publiziert ist, konnte ich nicht feststellen. Cencillo zitiert gelegentlich aus den oben S. 21 A. 84 zitierten Arbeiten Neumarks und Husiks, geht aber auf den Streit nicht weiter ein.

89 Unberührt von diesem negativen Urteil über seine Aristoteles-Interpretationen bleibt die Anerkennung, die man im Ganzen Neumarks Gelehrsamkeit und spekulativer Kraft schuldet; dies hebt auch Husik mehrmals hervor, sogar noch 1912, 91. Vielleicht würde eine nochmalige minutiöse Durcharbeitung von Neumarks Aristoteles-Erörterungen doch noch die eine oder andere anregende Einzelheit zutage fördern, aber das muß — wenn überhaupt — der Zukunft vorbehalten bleiben.

90 S. 408, die im folgenden bewußt fast ganz wörtlich wiedergegeben wird. Die Kritik an Jaegers Darlegungen richtet sich nicht so sehr direkt gegen ihn wie gegen den

durch die Form gegenüber. Durch sie hebt er die ‚Dinge' des naiven Realismus in der Tat auf und macht sie begrifflich. Alles, was Gegenstand der sinnlichen Erfahrung ist, kommt zur Erkenntnis des denkenden Subjekts nur, soweit es begriffliche Form wird, aber es ist auch nur, soweit es Form ist". In den folgenden Worten grenzt sich Jaeger dann noch bestimmter gegen Kant ab: „Die durchgängige Determiniertheit der Wirklichkeit durch die Formen des Verstandes und die kategoriale Mannigfaltigkeit ihrer begrifflichen Schichtung hat ihren Grund nicht in einer transzendentalen Gesetzlichkeit des erkennenden Bewußtseins, sondern in der Struktur des Seienden selbst". Die — an sich berechtigte — Korrektur an Kant hat hier fast wieder zu einem Realismus geführt, der unbefangen an seine ‚Objekte' glaubt. „Hier steckt ein schweres Problem, wie nicht verkannt werden darf, aber dem Aristoteles kommt alles darauf an, das Einzelsein durch das Eidos zu erfassen, was nur so für ihn denkbar war, daß man durch das Eidos dasjenige am Ding erfaßte, was es eigentlich war (τὸ τί ἦν εἶναι)".

Damit geht Jaeger zur Hyle über, was wir zusammenhängend zitieren müssen: „Die ὕλη ist der an sich unerkennbare logosfremde Rest, der bei diesem Prozeß der Läuterung des Dinges zur Form und zum Begriff übrig bleibt, das Nichtseiende. Aber dieses Nichtseiende ist weder, noch ist es nicht: es ist ‚noch' nicht, d. h. es erlangt Realität nur, insofern es Träger irgendwelcher begrifflicher Bestimmtheit wird. Keine Materie ist daher Materie schlechthin, wie dies die Physiker annahmen: sie ist Materie für diese bestimmte Form, aber auch von der Form abgesehen und für sich betrachtet, ist sie schon ein irgendwie Geformtes. Denn nichts schlechthin Formloses und Bestimmungsloses ‚ist' überhaupt. Der Begriff einer letzten, absolut ungeformten und unbestimmten Urmaterie ist zwar ein Grenzbegriff unseres Denkens, aber er bezeichnet keine dingliche Realität. Alles ist Form, die Form selbst aber wird wieder zur Materie höherer Form. So drängt die aristotelische Ansicht vom Sein zu einer abschließenden Form hin, die alles andere determiniert, selbst aber von nichts anderem determiniert wird. Die Physik der immanenten Formen kommt zum Ziele erst in der transzendenten Form der Metaphysik".

Hierzu ist unter anderem Folgendes zu bemerken[91]:

Zeitgeist, der hier aus ihm spricht. Hierfür ließen sich aus Jaegers Buch noch mehr Beispiele beibringen, vgl. z. B. seine Auffassung von ‚Metaphysik' 215ff. Diese philosophischen Vorentscheidungen, von denen Jaegers Aristoteles-Interpretation (wohl dem Autor unbewußt) bestimmt ist, hat unter Jaegers Kritikern Endre von Ivánka wohl am klarsten aufgezeigt: *Die Behandlung der Metaphysik in Jaegers ‚Aristoteles'*, Scholastik 7 (1932) 1—29, bes. 25—29.

[91] Z. B. lassen wir unerörtert, ob einige Vorsokratiker wirklich an eine ‚Materie schlechthin' dachten, wie Aristoteles sagt und auch Jaeger zu glauben scheint.

1. ‚Realität' gibt Jaeger im Sinne der aristotelischen ἐνέργεια nur dem Geformten (und wohl auch den reinen Formen). Durch die Gleichsetzung mit „dinglicher Realität" wird sie dann weiter im Sinne Kants verengt, der nur die raumzeitliche Dingwelt als Objekt der Erfahrung und Erkenntnis und damit als ‚real' ansieht.

2. Was nicht „dingliche Realität" hat[92], kann nach Jaeger dann nur „Grenzbegriff unseres Denkens" sein, ein Drittes gibt es nicht. Was heißt hier ‚Grenzbegriff'?

Jaeger orientiert sich an dem für Aristoteles zentralen Modell der Seinsstufung und beschreibt die Hyle als ‚Relationsbegriff'[93]. Gewiß ist sie das, es fragt sich nur, in welchem Sinne und wie weit. Jaeger versteht alles Sein panlogistisch als ‚Form' und nennt ‚Materie' allein die niedere Form im Gegensatz zur nächsthöheren. Die Erkenntnis kommt aber, wenn sie zu immer niedrigeren Formen hinabsteigt, dann schließlich zum absolut Ungeformten (*prima materia* oder allgemeinstes Hyleprinzip); welches Sein hat dieses völlig Amorphe? Jaeger sagt es eindeutig: Es hat keine „dingliche Realität" und ‚ist' daher überhaupt nicht. Jaeger schreibt das ‚ist' noch mit Anführungszeichen, spricht aber doch, das zeigt der Zusammenhang, der völlig amorphen Hyle jegliches Sein schlechthin ab.

Auch sein Ausdruck ‚Grenzbegriff' besagt nichts anderes: Denn es handelt sich, nach der Formulierung „(Grenzbegriff) unseres Denkens" zu urteilen, um eine subjektive Setzung, deren ‚Sein' fraglich ist. Bei Kant hatte der Terminus immerhin noch recht positiv einen Begriff bezeichnet, mit dem die Vernunft über die Erfahrung hinaus auf ein Seiendes verweist, das sich zwar nicht positiv bestimmen läßt, also keine Erfahrungs-‚Gegebenheit' ist, gleichwohl aber hinter den Erscheinungen steht und nicht geleugnet werden kann, sondern — als ‚Aufgegebenes' — von der Vernunft erstrebt wird (Noumena)[94]. Im Neukantianismus hat man die Noumena, sofern man sie überhaupt bestehen ließ, nur noch als zweckmäßige ‚Fiktionen' des Subjekts ohne jedes ‚objektive' Sein angesehen, als Begriffsdichtungen[95]. In Ethik und Ästhetik beließ man ihnen noch eher eine Spur von Sein (z. T.

[92] Ob Jaeger den unbewegten Beweger zu den ‚Dingen' rechnet oder auch als ‚Grenzbegriff' auffaßt, wird nicht recht deutlich. Seiner monistischen Aristoteles-Deutung gemäß (vgl. das Folgende, bes. S. 25f) sollte er zu Ersterem neigen. Andererseits enthalten seine Ausführungen über die aristotelische ἀκίνητος οὐσία so viel an Kantschen Denktendenzen, daß der aristotelische Gott fast zu einem ‚Noumenon', d. h. ‚Grenzbegriff' zu werden scheint.

[93] Über *Hyle als Relationsbegriff* unten **8**.27.

[94] *Prolegomena* A 163—175 (vgl. A 104—109). *KdrV* B 294—315, bes. B 310—312. Vgl. *KdrV* B 332—334. Das wichtigste Noumenon ist der Gottesbegriff.

[95] Fiktionen sind es z. B. bei Vaihinger und F. A. Lange. Vgl. auch oben **1**.13 über Rivaud. — Die Geschichte des Bedeutungsfeldes ‚Grenzbegriff' scheint noch nicht geschrieben zu sein: Sie dürfte viel Ertrag bringen.

,Geltung' genannt), aber in der Ontologie waren sie ganz unverbindliche Hilfsmittel der Wissenschaft, die je nach Bedarf fallengelassen oder durch andere, ebenso unverbindliche Begriffe ersetzt werden konnten.

Wie der Zusammenhang deutlich macht, verwendet Jaeger den Terminus ,Grenzbegriff' im selben völlig verblaßten Sinn wie die Neukantianer, d. h. das schöne Wort ,Grenzbegriff' ist hier nur ein *flatus vocis*, hinter dem sachlich das blanke ,Nichts' steht.

Jaeger ordnet sich damit in die — o. *1.113*, *1.12* geschilderte — Denktendenz ein, die von der zweiten Hälfte des vorigen Jahrhunderts bis in das unsere herüberreicht und in verschiedenen Schulen anzutreffen ist (z. B. Neukantianer F. A. Lange, ,kritische Realisten' Hertling und Baeumker)[96]. Sie kennt nur die Alternative zwischen ,dinglicher Realität' und ,leerem Begriff' und sieht im Hyle-Prinzip, da es kein ,Ding' ist, einen ,hypostasierten Begriff'. Immerhin wird mit dieser negativen Kennzeichnung noch anerkannt, daß Aristoteles — wenn auch fälschlich — unter Materie ein ,Seiendes' verstanden wissen will. Jaeger möchte Aristoteles vor diesem Vorwurf bewahren, indem er das Seinsprinzip ,Hyle' schon bei Aristoteles selber zu einem ,Grenzbegriff' modernisiert, aber er verstellt dadurch die philosophische Intention des Aristoteles noch mehr.

Diese Abwertung des aristotelischen Materieprinzips zu einem ,hypostasierten Begriff' müßte an sich in gleicher Weise auch für den Formbegriff gelten, der seit der Antike nicht weniger umstritten ist als der Materiebegriff. Von den Neueren hat aber nur Hertling neben der Hyle auch das Eidos kritisch untersucht[97], die anderen beließen — aus welchen Gründen auch immer[98] — dem Eidos seine ,Realität' und negierten nur das Sein des Hyleprinzips. Das führt eo ipso zum Monismus[99], genauer, zum Panlogismus: ,Alles ist Form', wie es bei Jaeger wörtlich heißt[100].

Sobald man aber die Hyle als Seinsprinzip[101] erkennt, das — wie alles ,Idealsein' — ,Realität' besitzt, ohne ein ,Ding' zu sein, wird die falsche Alternative ,Ding'—,leerer Begriff' aufgehoben. Dann macht

[96] Dieselbe Alternative werden wir auch bei Wolfgang Wieland (u. 1.18) und Philip Merlan (u. 4.12 u. ö.) feststellen.

[97] o. S. 9f.

[98] Vielleicht schloß man sich teilweise einfach dem Formdenken der antiken Philosophie an. Der Hauptgrund dürfte aber der gewesen sein, daß man sich ,reine Möglichkeit' nicht als Seinsprinzip vorstellen konnte, wohl aber ,reine Wirklichkeit'.

[99] Bei Baeumker wird der Monismus nicht direkt ausgesprochen, aber er ist in seiner Aristoteles-Interpretation latent enthalten.

[100] Wenn Jaeger daneben noch von einem „logosfremden Rest", also einer Art ,Bodensatz' des Seins, spricht und einen Augenblick das ,Noch-nicht' der Dynamis ernstzunehmen scheint, so fällt das angesichts des eindeutig monistischen Gesamtcharakters seiner Ausführungen nicht ins Gewicht.

[101] Vgl. Sach-Index s. v. *Hyle 4b*.

der panlogistische Monismus einem ‚dynamischen' Dualismus Platz, in welchem die Materie als Gegenprinzip von eigener Realität, Macht und Geltung zusammen mit der Form das Sein aufbaut. Die Materie ist ‚Relationsbegriff', aber in einem anderen Sinn, als man es gewöhnlich versteht: Denn erstens ist die Form genau so relativ zur Materie wie diese zur Form; sogar die ‚reine Form' erfordert die ‚reine Materie', die Energeia die Dynamis, die Einheit die Vielheit usw. Und zweitens — was hier noch wichtiger ist — gründen alle bereits ‚überformten' Arten von Materie in einem letzten, obersten Materie-Prinzip, das selber nicht mehr überformt ist[102].

1.152 Auch auf Julius Stenzels Interpretation der aristotelischen Hyle ist noch kurz einzugehen[103]: Stenzel stellt dar, wie Aristoteles die platonische Diairesis weiterdenkt und sich, anders als Platon, auf das unterste Glied der diairetischen Ordnung, nämlich das Atomon Eidos, konzentriert. Das Atomon Eidos enthält als Monade das Ganze in sich, „Aristoteles' Begriff der ersten Wesenheit ... ist die letzte Erfüllung des platonischen Syndesmos" (129).

Aristoteles hat dieses Enthaltensein der höheren genera im Atomon Eidos und die Unentfaltetheit der höheren genera im Vergleich zum Art-Eidos mit seinem Begriff der (logischen) ὕλη νοητή ausgedrückt, welcher besagt, daß alles ‚Höhere' im untersten Eidos ‚aufgehoben' ist[104]. Freilich ist dieses ‚potentielle' Sein der höheren genera etwas höchst Geheimnisvolles, und es könnte hier der Punkt sein, an welchem die aristotelische Bevorzugung des Einzelnen vor dem Allgemeinen wieder teilweise oder gar ganz rückgängig gemacht wird. Man kann und muß daher hier weiterfragen[105]. Aber die Lösung liegt gewiß nicht in der Richtung, welche Stenzel einschlägt (s. u.).

Das nächste, und noch wichtigere, Problem ist, wie sich das Atomon Eidos, die unterste Stufe der Form-Diairesis, zur Hyle verhält, in welcher es sich verwirklicht und mit welcher zusammen es das Synolon bildet. Stenzel wehrt mit Recht entschieden jene Deutung der Hyle ab, die in ihr einen soliden ‚Stoff' sieht[106]. Auch die folgenden Untersuchungen werden immer wieder zeigen, wie weit Hyle als umfassendes, unkörperliches Seinsprinzip über alle handgreifliche Stofflichkeit hinausgeht. Indessen leitet sich diese Vergröberung und Verfestigung des Materiebegriffs nicht, wie Stenzel meint, von der Popularphilosophie des 19. Jhs. her, sondern bereits von der antiken Philosophie, nämlich

[102] Vgl. dazu u. 8.27 u. ö.

[103] *ZuG* Kap. VI (*Aristoteles' Wendung*) 127—141 passim.

[104] Ausführlicher darüber der Abschnitt 7.71, bei dessen Ausarbeitung die Stenzelschen Erörterungen über ὕλη νοητή absichtlich nicht herangezogen wurden.

[105] Vgl. die Bemerkungen u. 7.71.

[106] S. 130.

der Stoa und Straton[107]. Und selbst dort ist sie nichts völlig Neues, sondern sie erwächst aus einer Weiterführung und Vereinseitigung aristotelischer Denktendenzen und Lehren[108].

Stenzel beschreibt nun bes. 129f in tiefsinnigen und plastischen Formulierungen, die im ganzen nachgelesen werden müssen, die Materie als das ‚geistige' Gegenüber der Form, das in dialektischem Widerspiel dem Eidos zur Gestaltung verhilft. Stenzel ist dabei in souveräner Weise frei von jener nicht selten etwas kleinlichen Einseitigkeit, mit welcher die meisten modernen Interpreten in der aristotelischen Hyle Widersprüche (z. B. ‚metaphysische'—‚physische' Hyle) und Unzulänglichkeiten gefunden haben. So wird unter seinen Händen die aristotelische Hyle, das Prinzip des Ungestalteten, unversehens selber zu einem Ganzen, das man fast ‚Gestalt' nennen könnte.

Stenzel schreitet jedoch dann zu einer Gesamtdeutung der aristotelischen Hyle fort, welche die Weite und Unvoreingenommenheit seines Denkansatzes und seines Vorgehens wieder verengt:

Ausgehend von der Präformiertheit der Hyle auf das Eidos hin und ihren Relationscharakter ist er nahe daran, die Hyle panlogistisch ganz in Form aufzulösen[109]: „Der Sinn der aristotelischen Hyle ist von ihrer ursprünglichen Bedeutung vom Eidos her zu verstehen; sie ist das Eidos als Potenz, sie ist vorgeformt bereits auf ein bestimmtes Wesenswas"[110]. Das trifft zu, wenn man die *Kor*relation von Eidos und Hyle nicht nur einseitig von der Hyle auf das Eidos hin betrachtet, sondern auch umgekehrt. „Das Eidos zieht die Hyle herauf, es gleicht sie sich bereits an in einem unaufhörlich sich wiederholenden Syndesmos"(131). Auch dieser Formulierung kann noch zugestimmt werden, sofern man ‚Syndesmos' weit faßt als ‚Stufenfolge von Überformungen' und das ‚Heraufziehen' als ‚Streben' der Hyle versteht. Aber Stenzel geht noch weiter:

„Die Hyle ist der Grenzbegriff der gestalteten Wirklichkeit, der Bezug auf Nichtgestaltetes, der notwendig ist, damit von Gestalt gesprochen werden kann, das μὴ ὄν der Gestaltung"(131). Das μὴ ὄν soll wohl auf den Sophistes anspielen, wo es ja mit dem ἕτερον identisch ist, also nicht das Nichtsein schlechthin meint. Die Hyle als Folie des Gestalteten, als dasjenige, wodurch erst die Gestalt zur Gestalt wird und als solche gedacht werden kann — welch schöner Gedanke! Stenzel

107 Hierauf hat schon N. Hartmann, Kl. Schr. 2, 140 Anm. hingewiesen.

108 Vgl. u. 9.

109 Stenzel deutet ja auch Platon auf einen Monismus hin; z. B. spricht er *ZuG* 130 von „der obersten schöpferischen Einheit, die aus sich heraus den Stoff gestaltend schafft, indem sie sich selbst bewegt und entfaltet". Vgl. dagegen u. S. 91—143 (ff).

110 S. 131. Hierfür zitiert er die berühmte Hyle-Definition Η 1, 1042a 27 (ὕλην δὲ λέγω ἣ μὴ τόδε τι οὖσα ἐνεργείᾳ δυνάμει ἐστὶ τόδε τι) und Η 6, 1045b 18, worüber gleich unten.

drückt diesen auch so aus: Die Hyle „ist die Voraussetzung für die Entfaltung ... der gestalteten Räumlichkeit, Leibbezogenheit, kurz die Summe dessen, was zum Begriff hinzutreten muß, um in voller und klarer Abhebung gegen diesen Gestalt zu heißen"(130f.), kurz, „sie ist ein dialektisches Moment des Gestaltdenkens"(131). Vieles davon trifft sich mit den innersten Intentionen unserer Darstellung, welche die Hyle als ‚das Andere' herausheben will, dem die ‚Form' begegnet, durch welches sie sich einerseits differenzierend in die Vielheit entläßt und andererseits sich selber als Einheit wiederfindet und begreift. Trotz dieser tiefliegenden Verwandtschaft und der Suggestivkraft Stenzelschen Denkens erheben sich starke Einwände:

Da Stenzel entschiedener Gegner der neukantianischen Platon- und Aristoteles-Interpretation ist, fällt der Terminus ‚Grenzbegriff' auf. Diesem Wort allein kann natürlich nicht die gesamte Beweislast aufgebürdet werden. Gleichwohl hilft es, die Gesamtrichtung unseres Abschnitts zu erkennen: ‚Grenzbegriff' meint hier nicht einfach einen ‚leeren Begriff', sondern — das zeigt u. a. der Verweis auf das μὴ ὄν — die (negative) Abgrenzung, welche die Gestalt erst zur Gestalt werden läßt (s. o.). Stenzel verwendet mithin ‚Grenzbegriff' offensichtlich nicht in der ganz abgeblaßten Weise wie die Neukantianer, sondern eher mit den positiven Konnotationen, welche der Terminus bei Kant selber hat. Aber auch damit ist nichts gewonnen, wenn man die großen Schwierigkeiten bedenkt, welche der ‚Grenzbegriff' Kants der Deutung bereitet[111]. Wie nun auch Stenzels Terminologie ideengeschichtlich beurteilt werden muß, das, was er sachlich damit sagt, wird der aristotelischen Hyle nicht gerecht: Sie ist nicht nur ‚relativ' zur Form, womöglich noch von dieser geschaffen, sondern auch ‚absolute' Seinskomponente eigener Geltung[112], genau so viel und so wenig ‚Grenzbegriff' wie die Form. Es empfiehlt sich daher, diesen Terminus ganz wegzulassen und unmißverständlich von ‚Seinsprinzip' zu sprechen, mit einem Ausdruck, den Stenzel bezeichnenderweise nicht auf Hyle anwendet und der, soviel ich sehe, in seinen Schriften auch sonst kaum erscheint.

Die Auffassung Stenzels läuft also — trotz aller Differenziertheit der Gedankenführung — am Ende auf den gleichen Monismus hinaus, den wir bei Jaeger fanden (o. *1.151*).

Stenzel geht jedoch noch weiter. Seine Äußerungen lassen keinen Zweifel daran, daß er die aristotelische Hyle ganz mit der ὕλη νοητή, d. h. den höheren Genera, gleichsetzen will. Er spricht im Anschluß

[111] Vgl. z. B. den Streit der Meinungen um den Grenzbegriff des ‚Dinges an sich'; ein interessanter Beitrag bei N. Hartmann, Kl. Schr. 2, 306—311 (*Diesseits von Idealismus und Realismus*).

[112] Vgl. dazu erneut u. 8.27 und Sach-Index s. v. *Hyle 4b*.

an den oben zitierten Satz (Hyle als „das μή ὄν der Gestaltung“) vom relativen Charakter der Hyle[113] und fährt dann fort: „So gelangt Aristoteles folgerichtig zu dem Begriff der letzten Hyle, *d. h.* dem letzten vor dem Atomon Eidos anzusetzenden noch nicht zur Wirklichkeit gestalteten, also dem höheren Genos, *dem genus proximum*“(131). Ein paar Seiten weiter bekräftigt er seine Auslegung: „Wie S. 131 gezeigt wurde, versteht Aristoteles unter Hyle auch im Bereich des Sichtbaren die höheren Arten, die in der letzten Besonderung (διαφορά) erst ihre Gestaltung erfahren“(141)[114].

Diese Interpretation der aristotelischen Hyle geht nicht nur über das Beweisbare hinaus, sondern ist unrichtig:

a) Die Stellen über das ‚Genos als Hyle‘ werden unten *7.71* besprochen und erklärt: Diese Lehre bezeichnet einen Aspekt der Hyle des Aristoteles neben anderen und kann unmöglich mit der mathematischen ὕλη νοητή, der ὕλη αἰσθητή des Werdens und Vergehens und dem Hyle-Prinzip von Z 3 identifiziert werden[115]. Die Hyle ist ein ‚geistiges‘ Prinzip und als solches nicht ‚wahrnehmbar‘, ‚solid‘ usw., aber deswegen geht sie noch lange nicht in der ὕλη νοητή der höheren Genera auf.

b) Schon Nicolai Hartmann hat gegen Stenzels Deutung der aristotelischen Hyle, bei welcher „von dem Form-Materie-Dualismus nichts übrigbleibt“, so daß „ὕλη nichts ist als das unselbständige Element des Eidos, das im Aufbau des letzteren ganz verschwindet“, folgende „ernste Bedenken“ vorgebracht: „Wie reimt sich z. B. hiermit die Lehre vom σύνολον als dem aus Materie und Form zusammengesetzten Typus der οὐσία? Wie soll man die Individuation durch die ὕλη verstehen, und wie sollen auf ihr die συμβεβηκότα des Einzelfalles beruhen, wenn die ὕλη nicht Selbständigkeit als eigenes Prinzip neben den Elementen der Form hat?“[116] Diese Einwände, denen — wie auch Hartmann sagt — noch weitere hinzugefügt werden

[113] 131: „Damit gewinnt die Hyle des Aristoteles den eigentümlich relativen Charakter: immer dem jeweils gemeinten Eidos zugeordnet ist etwa der Ziegel Hyle für das Haus, er selbst Gestalt des Lehmes, dieser wieder seiend durch sein Eidos als Lehm, als bestimmte Form der Erde“. Während Stenzel hiermit noch nichts Ungewöhnliches sagt, ändert sich das sofort mit dem folgenden Satz (s. o. im Text).

[114] Auf den Seiten zwischen 131 und 140 drückt sich Stenzel nicht eindeutig aus, wie denn überhaupt der gesamt Abschnitt über Aristoteles neben tiefen Einsichten auch nicht wenige Unklarheiten enthält, weil Stenzels von der Lebensphilosophie beeinflußtes komplexes Gestalt-Denken nicht selten zu viele Beziehungen auf einmal sehen will und so ans Irrationale streift.

[115] Vgl. auch das Schema der doppelten Pyramide u. S. 701: Weder kann die doppelte Pyramide durch Umklappen der beiden Flügel (um das Atomon Eidos als Symmetrieachse) zu *einer* Pyramide vereinigt noch die Doppelpyramide mit den beiden anderen Pyramiden (u. S. 700) ohne weiteres zur Deckung gebracht werden.

[116] *Zur Lehre vom Eidos bei Platon und Aristoteles*, Kl. Schr. 2, 139/140 Anm.

könnten, widerlegen Stenzels kühne Interpretation in allen wesentlichen Punkten[117].

Die Hyle läßt sich also weder in einen ‚Grenzbegriff' verflüchtigen, noch — etwa als letzter Ausläufer von ‚Form' — in die Form auflösen[118], sondern es bleibt beim Dualismus von Form und Hyle, wobei die Hyle als umfassendes Seinsprinzip weit über alle ‚Stofflichkeit' hinausreicht.

1.16 Zur neuscholastischen Literatur über die aristotelische Hyle

Die Autoren der hier zu besprechenden vier Untersuchungen gehören sämtlich der Societas Jesu an, gehen also von nahezu derselben ideengeschichtlichen ‚Tradition' aus, der sogenannten ‚aristotelisch-scholastischen' Philosophie. Trotzdem sind die Arbeiten nach Methode und Ergebnis recht verschieden voneinander — ein Zeugnis für das Bestreben der Neuscholastik, das Überzeitliche an dieser ‚Tradition' mit den Erfordernissen moderner Philosophie und Naturwissenschaft zu verbinden.

In der zeitlich frühesten Untersuchung von Franz Šanc (1928)[119] wird versucht, die aristotelische Lehre von der ὕλη gegen die kritischen Einwände z. B. Zellers und Baeumkers zu verteidigen und als widerspruchsfrei zu erweisen. Šanc ist noch ganz unbeeinflußt von Jaegers Aristoteles-Bild und setzt deshalb, ohne historisch jeweils auf Platon

[117] Die von Stenzel, *ZuG* 140 als Beleg für seine These herangezogene Stelle H 6, 1045a 33—35 hat Hartmann a. O. richtig im Sinne der allgemein angenommenen Interpretation (s. z. B. Ross) gedeutet, d. h. in ihr einfach nur die Aussage gesehen, daß in jeder Definition ein ‚Hyle'-Element (Genus) und ein ‚Form'-Element (Differentia) vorhanden ist — also nichts Ungewöhnliches. — Auch H 6, 1045b 17—19 ἔστι δ' . . . ἡ ἐσχάτη ὕλη καὶ ἡ μορφὴ ταὐτὸ καὶ ἕν, ⟨τὸ μὲν⟩ δυνάμει, τὸ δὲ ἐνεργείᾳ (Stenzel *ZuG* 131. 140) hat auf jeden Fall nichts mit Stenzels Deutung zu tun (der sich auch Jaeger, Apparat zu b 18, anzuschließen scheint; richtig Ross zu b 18). Für das Individuationsproblem (schön darüber Hartmann, Kl. Schr. 2, 136ff u. ö.) ist die Stelle ganz bezeichnend und wichtig, aber sonst enthält sie keinen metaphysischen Tiefsinn (etwa eine umfassende Identitätsthese): ‚Im Individuum bilden Atom und Eidos und spezialisierte Hyle eine Einheit (oder: ‚fallen . . . zusammen'), wobei ersteres aktuell das ist, was die letztere potentiell ist' (sc. die betreffende Substanz). Vgl. Ross z. St. und Hartmann, Kl. Schr. 2, 137 (evident).

[118] Auch Ross, *Aristotle* 73f betont den Relationscharakter der Hyle zu stark, ihre eigene ‚Geltung' zu wenig. Eine ähnliche Tendenz zeigen auch noch andere Aristoteles-Arbeiten, z. B. die von Owens (dazu u. 8.27 und S. 805 A. 628).

[119] Franciscus Šanc S. J., *Sententia Aristotelis de compositione corporum e materia et forma in ordine physico et metaphysico in elementis terrestribus considerata*, Zagreb 1928. Die Besprechung von K. Grimm S. J., Scholastik 4 (1929) 269—270 enthält u. a. eine gute Inhaltsangabe von Šancs Arbeit, der wir manches entnehmen.

und die aristotelischen Frühschriften zurückzugehen, mit großer Gewissenhaftigkeit mosaikartig die Aristoteles-Belege zusammen. Wo diese einander widersprechen oder zu widersprechen scheinen, sucht er durch überraschende neue Deutungen und Begriffsdistinktionen weiterzukommen. Von seinen anregenden Thesen trifft fast keine sachlich zu, wie zwei ebenfalls von der Neuscholastik herkommende Kritiker von Šancs Untersuchung, Johannes B. Schuster und Josef de Vries, nachgewiesen haben[120]. Nur *eine* Einzelheit verdient Erwähnung, weil sie uns auf die Aristoteles-Kritik Hertlings und Baeumkers zurückführt: Šanc sucht die in der aristotelischen Hyle enthaltene Polarität von ‚reiner Möglichkeit' und ‚aktiver Konkretheit' u. a. dadurch zu beseitigen, daß er die Materie als ‚reine Möglichkeit' leugnet; deshalb muß er neben anderen Belegen sogar die berühmte Stelle met. Z 3, 1029a20 f in unzulässiger Weise völlig umdeuten[121]. Durch diese Art des Vorgehens fällt seine Arbeit hinter den bei Hertling und Baeumker erreichten Stand zurück, die zwar diese Polarität sahen und kritisierten, sie aber nicht durch gewagte Textdeutungen gewaltsam auszugleichen versuchten.

Josef de Vries' Aufsatz von 1957[122] bespricht zuerst die beiden aristotelischen Definitionen der Materie in phys. α 9,192a31f und met. Z 3, 1029a31 f, von denen die erste aus einer Analyse des Werdens erwächst, also gleichsam mehr ‚naturphilosophisch' ist, während die zweite in mehr ‚logischen' Gedankengängen aus der Urteilsstruktur gewonnen wird[123]. Die in der Physik als das Substrat (das ‚Woraus') des Werdens definierte Materie (von de Vries abgekürzt ‚physischer Materiebegriff' genannt) und die Materie als letztes Subjekt aller Aussagen von Z 3 (‚metaphysischer Materiebegriff') haben nicht nur die Bezeichnung ὕλη, sondern auch sachlich einiges gemeinsam (167). „Und doch führt der Versuch, die beiden Materiebegriffe . . . gleichzusetzen, zu immer neuen Schwierigkeiten. Diese Problematik hat Aristoteles ungelöst seinen Ausdeutern hinterlassen"(167).

De Vries verfolgt demgemäß die Auslegung der aristotelischen Lehre von Materie und Form bei den Scholastikern unter dem Ge-

[120] Johann B. Schuster S. J., *Eine neue Deutung des Aristotelischen Hylebegriffs*, Schol. 10 (1935) 31—54; Josef de Vries S. J., *Zur aristotelisch-scholastischen Problematik von Materie und Form*, Schol. 32 (1957) 161—185, bes. 184f. Die Unterscheidung von ‚*materia physica*' und ‚*materia metaphysica*' bei Šanc ist auch nach Schusters und de Vries' Ausführungen nicht klar, dazu werden die beiden Termini von de Vries selbst in einem anderen Sinne gebraucht als von Šanc.

[121] Z 3 bespricht sehr präzise de Vries 1957, 164—167. 184 (dazu de Vries 1958 [Titel u. S. 32 A. 125] 484 A. 12), weniger ertragreich Schuster 41—47. Schuster und auch de Vries haben die Struktur der kategorialen Subtraktionsmethode von Z 3, die für die Deutung der Stelle wichtig ist, nicht scharf genug herausgearbeitet; vgl. u. 7.823a.

[122] Titel oben A. 120.

[123] De Vries 1957, 162—167.

sichtspunkt, wie diese jeweils zu den beiden Materiebegriffen stehen: a) Weiterentwicklung auf Grund des ‚physischen' Materiebegriffes: Roger Bacon, Duns Scotus, Scotisten, Suárez, Moderne wie J. Donat und K. Frank (167—172); b) Weiterentwicklung auf Grund des ‚metaphysischen' Materiebegriffes: Ibn Gebirol, Bonaventura, Thomas und die Thomisten (172—176); c) Identität von ‚physischer' und ‚metaphysischer' Materie?: Suárez, Conimbricenses, Thomas, A. G. van Melsen (176—178); d) Verschiedenheit von ‚physischer' und ‚metaphysischer' Materie?: Thomas, Scotus, Roger Bacon (178—183). Am Schluß des sehr klaren und instruktiven Überblicks[124] läßt de Vries es offen, ob „die beiden Materiebegriffe tatsächlich Verschiedenes meinen", d. h. letztlich miteinander unvereinbar sind oder nicht (185). In einem zweiten Aufsatz hat de Vries 1958[125] seine historische Untersuchung nach der systematischen Seite hin vertieft, wobei er mehr auf die Differenz zwischen den beiden Materiebegriffen (und den ihnen entsprechenden Formbegriffen) abhebt als auf ihre Einheit oder gar Identität. Für Aristoteles selber erbringt dieser zweite Aufsatz kaum Neues.

Es wird sich aus unseren Untersuchungen ergeben[126], daß diese beiden Begriffe eine Einheit bilden: Aristoteles schlägt in Physik α, met. Z 3 und anderswo jeweils verschiedene Wege ‚zum Materie-Prinzip hin' ein, aber das Ziel dieser Reduktionen ist immer dasselbe: die ‚Hyle' als Seinsprinzip im umfassenden Sinn. Ihre Bedeutungen ‚reine Möglichkeit', ‚Substrat alles Werdens', ‚aktive Mitursache des Werdens' sind nur scheinbar heterogen, weil sie sich ohne Zwang und Künstelei als verschiedene Stufen derselben Seins-‚Gegebenheit' verstehen lassen: Prinzip (‚reine Möglichkeit') und Prinzipiate bzw. Manifestationen des Prinzips (‚Substrat des Werdens', ‚aktives συναίτιον')[127]. Ein zusätzlicher Blick auf das platonisch-akademische ‚zweite Prinzip' und dessen Abwandlungen macht die Einheit des aristotelischen Hyleprinzips über jeden Zweifel gewiß[128].

Obwohl nicht zur neuscholastischen Literatur zählend, möge Emilio Oggionis Arbeit[129] aus sachlichen Gründen hier noch angefügt

[124] Es wäre interessant, auch die Renaissance-Aristoteliker, z. B. Zabarella, zu dieser Frage zu hören.

[125] *Zur Sachproblematik von Materie und Form*, Schol. 33 (1958) 481—505.

[126] Vgl. Sach-Index s. v. *Hyle 4b*.

[127] Vgl. dazu unten **8**.245, **8**.25 u. ö., ferner Sach-Index s. v. *Hyle 6c*.

[128] Näheres dazu u. **2**, bes. **2**.5.

[129] *Aristotele, La metafisica trad. da P. Eusebietti; con una introduzione storica analitica e filosofica a cura di E. Oggioni*, Padova 1950. Die ‚Introduzione' ist ein Buch von 423 Seiten. Oggioni, früher der Neuscholastik nahestehend (*La filosofia prima etc.*, 1939), ist in diesem Buch von ihr abgekommen: Ob er hinsichtlich des Hyle-Begriffs noch neuscholastisch beeinflußt ist oder nicht, sei dahingestellt. — Vgl. u. **4**.11.

werden. Auch Oggioni geht von der Doppelheit ‚konkrete Materie' — ‚reine Potenz' aus, deutet nun aber erstere als die genuin aristotelische, letztere als die platonische Komponente im Aristoteles, läßt beides unversöhnt nebeneinanderstehen und ordnet es einem Entwicklungsverlauf ein[130]. Während nach Hertlings *logisch* konstruierter Entwicklung (s. o. *1.111*) Aristoteles mit der ‚reinen Potenz' beginnt und sie dann zur Konkretheit verfestigt, versteht nach Oggioni Aristoteles umgekehrt gemäß seinem ‚empiristischen Realismus' die Hyle primär als konkrete Gegebenheit und vollgültigen Faktor von Sein und Werden, fällt aber dann in die extrem ‚idealistische' Begriffsphilosophie Platons zurück und verflüchtigt — zugunsten der ‚reinen Form' — die Materie zu einer nichtssagenden ‚reinen Potenz', d. h. er eliminiert sie de facto[131]. Wie Oggionis Gesamtdeutung des Aristoteles[132], so läßt sich auch diese These nicht aufrechterhalten, sobald man — wie bereits gesagt — ‚konkretes' Hyle-Prinzipiat und ‚abstraktes' Hyle-Prinzip zusammendenkt und die ‚reine Möglichkeit' nicht als leeren Begriff, sondern als Seinsgrund in der aristotelischen ‚Ordnung' des Seins versteht[133].

Oggionis Kritiker Soleri macht gegen Oggionis Interpretation des aristotelischen Hyle-Begriffes u. a. geltend[134], daß Oggioni die Kluft zwischen Hyle als ‚elemento fisico' und als ‚principio metafisico' übersteigere und, indem er nur die physische Seite betrachte, das ‚metaphysische Prinzip' aus dem Auge verliere; er betont des weiteren richtig die „fundamentale und wesenhafte *Einheit* der aristotelischen Metaphysik". Allein er vermag selber von der genannten Alternative ‚konkrete'—‚abstrakte' Materie nicht freizuwerden[135] und gewinnt auch dem Begriff der ‚reinen Möglichkeit' bei Aristoteles offenbar keinen genügenden Sinn ab[136]. An diesem aristotelischen Gedanken der ‚reinen δύναμις' nehmen auch noch andere Autoren Anstoß[137].

[130] Im Anschluß an Jaeger, aber mit anderem Richtungssinn als bei diesem.

[131] Zitate aus Oggioni bei Soleri, *Evoluzione e struttura* 469—471.

[132] Vgl. u. 4.11.

[133] Vgl. Sach-Index s. v. *Hyle 6 Anf., 6a, Möglichkeit 2b, c, 4.*

[134] Soleri, *Evoluzione e struttura* 475—477.

[135] ib. 475f.

[136] ib. 475f. Dazu u. 8.232.

[137] Die ‚reine Möglichkeit' der ὕλη wird klar besprochen und recht überzeugend begründet von Norbert Luyten, *Matter as Potency*, in: *The Concept of Matter* 102 bis 113 (vgl. dazu Einwände, Antwort und Diskussion ib. 114—123). Gegen Luyten wendet sich wieder Merlan, *ZB* 14 A. 36, wo u. a. steht: „Versucht man nun zu sagen, ὕλη sei letztlich *schiere* δύναμις (Merlans Kursive), so hat man einfach δύναμις hypostasiert. Möglichkeit wird dem Aristoteles unvermerkt eigene Realität, sagt Baeumker (S. 253) ganz mit Recht." Merlan geht nicht so weit, den aristotelischen δύναμις-Begriff insgesamt abzuwerten, sondern er kritisiert nur die ‚reine δύναμις', aber er hegt, wie schon der Verweis auf Baeumker zeigt, das gleiche moderne Vorurteil gegenüber der ‚Seins-Möglichkeit' wie die ‚Realisten' usw. (s. o.

Die Monographie über Hyle von Luis Cencillo (1958) erfordert eine gesonderte Besprechung.

1.17 Die Hyle ist „Realität, aber nicht Ding“ (Luis Cencillo)

1.171 Eine förderliche Untersuchung über die aristotelische Hyle stellt Cencillos Buch von 1958 dar[138]. Wir übergehen hier die Kapitel I/II[139] und setzen bei Kap. III (‚Hyle in prägnanter Bedeutung‘

1.11—1.12). So erschöpft sich ihm denn auch die ὕλη allein in ihrer *Relationalität zur Form*, und ὕλη als umfassendes Seins-Prinzip (ἀρχή) eigener Geltung kommt nicht in den Blick (vgl. dazu Sach-Index s. v. *Hyle 4b*).

[138] Luis Cencillo, *Hyle. Origen, concepto y funciones de la materia en el Corpus Aristotelicum*, Madrid 1958. Meine Besprechung Gnomon 35 (1963) 462—465, die nicht im Gesamturteil, wohl aber in den Einzelheiten der Modifikation bedarf, wird durch das Folgende ersetzt. Einschlägige Aufsätze des Verfassers: a) *Funciones del concepto de ‚materia‘ en el Corpus Aristotelicum*, Revista de Filosofía (Madrid) 15 (1956) 209—226 (*Funciones*). b) *Cuestiones sistematicas entorno a tres nociones de materia prima en el Corpus Aristotelicum*, Pensamiento 12 (1956) 473—484 (*Cuestiones*). c) *Tres problemas planteados por el concepto aristotelico de hyle*, Emerita 25 (1957) 1—13 (*Tres problemas*). Diese Aufsätze sind zwar in das Buch eingegangen, werden aber jeweils ergänzend zitiert. Auf die vielfältigen *systematischen* Arbeiten des Verfassers kann hier nur pauschal hingewiesen werden: Zwei davon werden *Hyle* XII A. 1, XVII A. 2 zitiert. Interessant für unser Thema sind: d) *Nivel ontologico de la forma*, Vortrag 1957, knapp resümiert in: Revista de Filosofía 16 (1957) 575 im Rahmen eines Gesamtberichtes über die ‚Cuarta Semana Española de Filosofía‘, die ‚*La Forma*‘ als Haupt-Thema hatte (ib. 567—602). e) *Filosofía fundamental.* Tomo II: *Historia de los sistemas filosóficos*, Madrid 1968. — C.s Buch hat nicht ganz die Beachtung gefunden, die es verdient: Es wurde in wenigen, kurzen Besprechungen angezeigt (Année philol. 1959, 18; 1960, 19; 1961, 19; 1962, 19) und sonst wenig verwertet, z. B. nur von J. de Vries, Scholastik 33 (1958) 481f. J. G. Deninger, ‚*Wahres Sein‘ in der Philosophie des Aristoteles*, 1961. Merlan, *ZB* 11 A. 29. 12 A. 31. 13 A. 34/35. 14 A. 37. Übergangen ist es z. B. in Reale, *Concetto*, Indice bibliografico (im Lit.-Verz. S. 473 seines Metaphysik-Kommentars erwähnt er ihn), im Sammelband *The Concept of Matter* und in der Arbeit von Winner (s. u. S. 46 A. 202).

[139] I. ‚Der Schwerpunkt in der metaphysischen Spekulation des Aristoteles‘ (1—13) handelt über ‚das Objekt der ersten Philosophie‘ (1—9) und über ‚das Substanz-Problem‘ (9—13). In bezug auf das Metaphysik-Objekt glaubt C. zwar im Gegensatz zu Jaeger, daß Aristoteles die ‚transzendenten reinen Formen‘ neben dem ‚Sein als solchem‘ zeit seines Lebens beibehalten habe, daß aber beide Auffassungen doch irgendwie unverbunden nebeneinander stünden (C. 5. 9). Damit wird er weder dem Befund bei Aristoteles selbst noch dem platonisch-akademischen Hintergrund der aristotelischen Lehren gerecht (Näheres dazu unten 4.1). Hinsichtlich ‚Substanz‘ glaubt C., Aristoteles habe mit dem Zwiebegriff von δύναμις — ἐνέργεια die beiden Prinzipien Materie—Form komplementär miteinander verbunden und so die Substanz-Aporien seiner Vorgänger (Eleaten, Atomisten, Akademie) gelöst (Zusammenfassung 12f): Obwohl daran etwas Richtiges ist, muß man doch bedenken, daß wichtige Aporien der vor-aristotelischen Philosophen (z. B. der ‚Chorismos‘) bei Aristoteles ungelöst stehenbleiben (vgl. den Hinweis Gnomon 35, 1963, 559). — II. ‚Historischer Ursprung‘ (15—31) bespricht die vor-aristotelische Geschichte des

33—78) ein, das der ‚materia prima' gewidmet ist[140]. Da es von der *prima materia* keine Wesensdefinition im strengen Sinn (mit genus und differentia) geben kann, sondern nur ‚beschreibende' Definitionen (35), bespricht Cencillo phys. α 9, met. Z 3 und H 1, wo Aristoteles in jeweils verschiedener Weise sich dem Phänomen ὕλη nähert und dabei zu drei ‚Hyle-Definitionen' gelangt[141].

Man fragt sich indes, wieweit diese Stellen speziell etwas über die ‚*prima* materia' des Aristoteles zu lehren vermögen: α 9, 192a 31 *πρῶτον* ὑποκείμενον meint das schon hochdifferenzierte ‚oberste' Substrat einer Substanz (‚erstes' von der Substanz aus), also gerade nicht πρώτη ὕλη als das ‚unterste' Substrat alles Werdens[142]. Natürlich steht hinter den gesamten Erörterungen von α 9 (und der vorausgehenden Kapitel) letztlich die ‚prima materia'[143], aber es ist mißverständlich, wenn C. 36 im Zusammenhang mit α 9 undifferenziert von ‚prima materia' spricht. Dasselbe gilt für H 1, 1042a 27f und die im Zusammenhang mit H 1 von Cencillo genannten Stellen (40f), die in erster Linie auf ein *differenziertes* Substrat abheben. Diese mangelnde Unterscheidung zwischen der ‚reinen Materie' und den *überformten* Erscheinungsweisen der Materie (also zwischen Prinzip und Prinzipiaten) begegnet immer wieder bei Cencillo.

Auch die Einordnung von Z 3 in diesen Zusammenhang befriedigt nicht recht: Denn die ‚Definition' 1029 a 20f hängt zwar sehr eng mit dem ὑποκείμενον-Begriff zusammen, erwächst aber nicht aus einer Untersuchung des ‚Werdens', sondern aus einer Kategorial-Analyse. Da sie zudem sehr ‚allgemein' gefaßt ist, ist es durchaus möglich, daß sie sich nicht auf die prima materia (d. h. das unterste Substrat des Werdens) bezieht, sondern auf das noch allgemeinere Hyle-

Materie-Problems (Vorsokratiker, Platon) sowie des Wortes ὕλη. Der ganze Abschnitt ist viel zu kurz, um die angeschnittenen Probleme hinreichend untersuchen zu können. Das gilt besonders für die Behandlung Platons (20—27), die trotz wertvoller Einzelbemerkungen und treffender Gesamttendenz zu summarisch bleibt und deshalb kein überzeugendes Bild vom platonisch-akademischen Materie-Begriff und seinem Einfluß auf Aristoteles zu entwerfen vermag.

140 C. beginnt 33f damit, die verschiedenen Bedeutungen von ὕλη in *vier* Gruppen zu ordnen, führt aber dann diese Einteilung in Kap. III nicht weiter aus, sondern geht erst in Kap. IV näher darauf ein. Deshalb werden auch wir sie erst an Hand von Kap. IV besprechen.

141 35—41, vgl. *Cuestiones* 473—481, bes. 478—481. Die drei Definitionen sind unten 3.15 zusammengestellt; dort auch weitere Verweise.

142 Vgl. die Erklärer z. St. (bes. Wagner und Ross).

143 Spürbar z. B. in α 7, 191a 7ff (worüber unten 3.122). Auch in α 9 meint der Kontext der ‚Definition' wohl auch die πρώτη ὕλη mit, aber das wird nicht explizit gemacht und ist für die Argumentation auch nicht notwendig. — Jedenfalls kann man nicht wie C. 36 an die Definition noch den Satz εἴτε φθείρεται, εἰς τοῦτο ἀφίξεται ἔσχατον anschließen; vgl. die Interpunktion in Ross' Text.

Prinzip (‚Materie an sich' o. dgl.)[144]. Wie es nun auch um die Deutung von Z 3 steht, man muß auf jeden Fall — um diesen Nachweis bemühen sich die folgenden Untersuchungen — genau zwischen dem allem Werden entzogenen obersten Hyle-Prinzip (das auch die ὕλη νοητή und τοπική umfaßt) und der πρώτη ὕλη (die als Substrat von Gegensätzen allem Werden zugrunde liegt und nur im sublunaren Bereich gilt) unterscheiden[145]. Diese Unterscheidung, die in bezug auf Aristoteles (zumal wenn man Platon und die Akademie vergleicht)[146] selbstverständlich scheint, ging im Thomismus verloren, als man die Geltung von *materia* auf die raum-zeitliche Wirklichkeit einengte, und diese Verengung hat bis heute insofern nachgewirkt, als man die aristotelische πρώτη ὕλη oft für *das* aristotelische Hyle-*Prinzip schlechthin* hält; so auch Cencillo[147].

Es wäre also besser gewesen, zum Aufweis von πρώτη ὕλη auf andere aristotelische Stellen zurückzugreifen, z. B. auf gen.corr.[148].

Cencillo spricht von *drei* ‚Gesichtspunkten', und zwar dem ‚genetisch-physischen' (α 9), dem ‚logischen' (Z 3) und dem ‚ontologischen' (H 1). Das hat solange seine Berechtigung, als man nicht die einzelnen Aspekte isoliert und verabsolutiert: Denn die ‚physische' Untersuchung des γένεσις-Problems ist zugleich eine ‚ontologische' bzw. ‚metaphysische' Frage[149] und die ‚logische' Annäherung zugleich eine ‚ontologische'[150]. Cencillo geht nun aber einen Schritt weiter, indem er die drei Aspekte als *drei zeitlich verschiedene Entwicklungsphasen* des Aristoteles interpretiert[151]: In phys. α herrsche noch ganz „die platonische Konzeption vom Werden als einem Eintreten der εἴδη in die Materie und Austreten aus ihr, wobei sich die εἴδη von der Materie

[144] In diesem Sinn haben wir Z 3 gedeutet und ausgewertet, vgl. u. 7.823a.

[145] Vgl. dazu u. 3.26, 5.1, 8.13, 8.21/22.

[146] Bei Platon z. B. ist χώρα das Materie-Prinzip der raumzeitlichen Wirklichkeit, aber selbst nur *eine* Ausprägung unter mehreren des umfassenden ‚zweiten Prinzips' (ἀόριστος δυάς o. ä.). Im Blick auf die Seinsstufen der Akademie und ihre mannigfach abgestuften (und doch in sich einheitlichen) zwei Universalprinzipien (dazu u. 2.51) bietet sich die genannte Unterscheidung bei Aristoteles von selber an, sie drängt sich geradezu auf.

[147] Das zeigt sich besonders bei seinem Versuch, die vielfachen Bedeutungen von ὕλη zu ordnen (u. S. 39ff). — Auch Winner trifft diese Unterscheidung nicht (u. S. 46 A. 202).

[148] Näheres u. 3.23. C. verwendet zwar einige dieser Stellen im Folgenden — aber warum gerade hier nicht, wo die *prima materia* aufgewiesen werden soll?

[149] Die Tatsache, daß Aristoteles diese Fragen in der Physik behandelt und für weitergehende Untersuchungen sogar auf die πρώτη φιλοσοφία verweist (192a 34 bis 192b 1), ändert nichts an der engen Verflechtung beider Bereiche: Vgl. etwa nur die Entwicklung des triadischen Werde-Schemas aus dem Begriff der μεταβολή Λ 1/2 (dazu u. 3.16).

[150] Das zeigt sich gerade an Z 3, wo ja die ‚logische' Erörterung inmitten einer durch und durch ‚ontologischen' Partie steht und ihr dient — was hinwiederum nicht heißt, daß der logische Aspekt als solcher nicht etwas Besonderes für sich wäre.

[151] *Hyle* 36. 135; vgl. *Cuestiones* 473. 479.

real unterscheiden"(36) und „die Materie (als Substrat) mit aktueller Subsistenz ausgestattet" sei (135). In der zweiten Phase (Z) verbinde sich ein εἶδος wie das der ersten Phase mit Materie = Dynamis zu einem immer noch *statischen* Ganzen (135). In der dritten entfalte sich das Akt-Potenz-Schema ganz und werde nun *dynamisch* aufgefaßt: Es handele sich nicht mehr um ein statisches, simultanes Zusammensein, sondern um jeweils zwei zeitlich verschiedene Phasen (135).

Dazu kurz nur Folgendes: *Erstens* ist das δύναμις-ἐνέργεια-Schema schon in phys. α vorhanden, wenn es dort auch nicht in den Vordergrund gerückt wird; es läßt sich ja überhaupt keine Frühphase des aristotelischen Denkens feststellen, in welcher er den Zwiebegriff noch nicht gekannt hätte[152]. *Zweitens* ist die in α 8 von Aristoteles vorgeschlagene Lösung des Werdeproblems zwar anders ponderiert als δύναμις-ἐνέργεια-Stellen wie met. Θ u. dgl., aber darum kann man noch lange nicht von einem ‚platonischen' Begriff des Werdens sprechen[153]. *Drittens* ist die Differenz zwischen den Phasen 2 und 3 kaum nachvollziehbar. Somit ist Cencillos Hypothese einer Drei-Phasen-Entwicklung des Hyle-Begriffs schon an sich nicht stichhaltig und überzeugend. Es kommt hinzu, daß Cencillo bei seinen Vermutungen sich offensichtlich stark auf die Ergebnisse von Nuyens stützt[154], die keineswegs sicher sind[155].

Von diesen fraglichen Entwicklungshypothesen wird aber der Wert von Cencillos Untersuchung kaum beeinträchtigt. Denn er interpretiert in dem Bestreben, die bis in unser Jahrhundert herrschende Vorstellung vom ‚starren Systemdenker Aristoteles' zu überwinden, Aristoteles dynamisch[156] und entwicklungsgeschichtlich[157], behält

[152] Vgl. u. 3.141.

[153] C. 36. Dieses Urteil ist in bezug auf phys. α noch teilweise verständlich (vgl. Wagner zu α 8), aber überhaupt nicht mehr hinsichtlich gen.corr. (vgl. Joachim passim, z. B. Index s. v. δυνάμει).

[154] Vgl. C.s Index 191 s. v. *Nuyens*.

[155] Warum Nuyens' Entwicklungsschema so viel Zustimmung (z. B. bei Mansion, Ross, Gauthier) gefunden hat, vermag ich nicht zu verstehen, und ich halte Dürings (leider nur kurz angedeutete) Einwände (561) für durchschlagend.

[156] C. denkt, wie auch seine systematischen Arbeiten zeigen, in Anlehnung an den Existentialismus selbst stark dynamisch und deutet auch Aristoteles so. Seine Emphase in diesem Punkt (der Klappentext des Buches spricht sogar von „Wiederentdeckung des authentischen, problematischen Aristoteles") erklärt sich wohl daher, daß die spanische Neuscholastik sehr konservativ lange an der traditionellen Vorstellung vom ‚Systematiker' Aristoteles festhielt — mindestens noch zu der Zeit, als C.s Buch erschien. — Hierzulande ist die ‚dynamische' Interpretation des Aristoteles hauptsächlich durch Werner Jaeger inauguriert worden. Daneben sollte man aber auch Nicolai Hartmann nicht vergessen, der im Erscheinungsjahr von Jaegers Werk in seinem Vortrag ‚Aristoteles und Hegel' schön die ‚Aporetik' des Aristoteles charakterisierte (Kl. Schr. 2, 214—252, bes. 219f).

[157] *Hyle* passim; vgl. bes. 137—168 Apéndice cronológico, wo die Aristoteles-Analysen u. a. von Jaeger, Ross, v. Arnim, Owens, Oggioni und Nuyens kritisch referiert werden.

aber doch unter dem Einfluß der neuscholastischen Tradition den Blick für die Konvergenzen des aristotelischen Denkens, die sich dann doch schließlich zu einem Ganzen zusammenschließen — mag man es ‚System' nennen oder anders[158]. Das heißt, in Cencillos Darstellung spielt trotz allem die chronologische Betrachtungsweise letztlich keine tragende Rolle, so daß wir die folgenden Punkte ohne Rücksicht auf entwicklungsgeschichtliche Fragen behandeln können:

1.172 Cencillo geht jetzt auf die (bes. in phys. α vorgeführten) ‚Prinzipien des Werdens' ein, d. h. Substrat, Form, Steresis (41—44) und behandelt dann die ‚Entdeckung der Realität der Materie' in den physikalischen und metaphysischen Schriften (44—50). Er kritisiert dabei mit Recht das moderne Verfahren, alle begrifflichen Unterscheidungen, die sich nicht konkret-*dinglich* verifizieren lassen, für *‚rein-logisch'* zu halten, also ihnen die *ontologische* Relevanz abzusprechen (45)[159]; bei solcher Einstellung werde freilich die prima materia, die kein Ding sei, nicht als eigenständige ‚Realität' erkannt, sondern zu einem ‚Grenzbegriff' bzw. ‚Relationsbegriff' entleert (Jaeger, Ross, Zürcher)[160]. Demgegenüber zeige der aristotelische Aufweis der Materie bzw. prima materia in gen.corr. und met. (N 1, Λ 1/2. 10), daß sie für Aristoteles kein ‚bloß logisches Postulat' à la Kant, keine ‚abstrakte Fiktion' sei, sondern — trotz ihrer Unbestimmtheit — ein realexistierendes Etwas[161].

1.173 Nachdem die ‚Realität' der (prima) materia nachgewiesen ist, beschreibt er ihre einzelnen Wesenszüge und zwar ‚Nicht-sein' (51—55), ‚reine Möglichkeit' (55—62), ‚Ungewordensein und Unvergänglichkeit' (62—66), ‚Unbegrenztheit und Unbestimmtheit' (ἄπειρον, ἀόριστον; 66—76), ‚Unerkennbarkeit' (76—78). Hierauf können wir nur ganz wenige Bemerkungen verwenden:

Um die rigorose eleatische Dichotomie von ‚absolutem Sein' und ‚absolutem Nicht-sein' zu überwinden, unterscheidet Aristoteles

[158] Dieser ‚traditionelle' Einschlag in C.s Aristoteles-Deutung verhindert, daß C. wie Aubenque völlig modernistischen Befangenheiten verfällt und Aristoteles unangemessen als absoluten Aporetiker interpretiert. — Vgl. u. S. 57. 81.

[159] Damit meint er die vordergründige Alternative ‚Ding' — ‚leerer Begriff', die in vorliegender Untersuchung mehrfach kritisch behandelt wird. Vgl. Sach-Index s. v. *Begriff 1*. — Ob es einen Sinn hat, wie C. 45 in Anlehnung an Heidegger terminologisch das ‚Ontische' (d. h. das tatsächlich Seiende) vom ‚Ontologischen' (dem es gründenden Sein) zu unterscheiden, lasse ich dahingestellt. In vorliegender Untersuchung wird jedenfalls beides unterschiedslos verwendet.

[160] 43—45. Wichtig u. a. 45 A. 8 die Bemerkung über Jaeger. Vgl. oben 1.15 über Jaeger, Stenzel und Ross, unten 8.27 über ‚Hyle als Relationsbegriff' (dazu Sach-Index s. v. *Hyle 4b*).

[161] 45. 47f. 49. Dort jeweils noch weitere bezeichnende Formulierungen. — Auf diesen Seiten beachtet C. genau die Schichtenfolge der Überformungen (47; ~ gen. corr.) und sieht, daß der ‚physische' und der ‚metaphysische' Weg zu den Prinzipien genau dasselbe meinen (49).

nicht nur bei „Sein", sondern auch bei ‚Nicht-sein' mehrere Bedeutungen und teilt davon der ὕλη das „Nicht-sein" κατὰ δύναμιν zu: Die Hyle ‚ist nicht κατ' ἐνέργειαν', sondern ‚ist κατὰ δύναμιν'[162].

Dieser Begriff der ‚Möglichkeit' ist in der Tat „der Schlüssel zum Problem der prima materia und sogar der Schlußstein des ganzen aristotelischen Gebäudes"(55). Cencillos Behandlung der δύναμις befriedigt nicht[163], aber es gelingt ihm doch, die eigenartige Seinsweise der ‚reinen Möglichkeit' in ihrem Schweben zwischen ‚substantiellem Existieren' (Subsistieren) und ‚Nichts' recht zutreffend zu charakterisieren[164], einprägsam in der Formel: Die ‚reine Möglichkeit' „ist Realität, aber nicht Ding" (es realidad pero no cosa; 62)[165].

Wir übergehen die folgenden Erörterungen von Kap. III (62—78)[166] und wenden uns gleich Abschnitt IV zu:

1.174 Cencillo führt in Teil IV ‚Semantische Entfaltung der Hyle im Corpus Aristotelicum' (79—136) die Differenzierung des Hyle-Begriffs durch, die er skizzenhaft schon am Beginn von Teil III (33—35) vorgenommen, aber zunächst nicht weiter verfolgt hatte. Aristoteles ord-

[162] Am besten sieht man dies an N 2, 1089a 15ff, bes. a28—31. Über diese Fragen handelt umfassend Reale, *L'impossibilità*. — Auf die Verbindung dieser aristotelischen Gedanken mit dem platonischen Sophistes (C. 51—53) gehen wir hier nicht ein: Es besteht jedenfalls kein Zweifel, daß die Überwindung des eleatischen Monismus durch eine Differenzierung des ‚Nicht-Sein'-Begriffes schon von Platon (im Sophistes, aber bestimmt auch in den innerschulischen Diskussionen) entscheidend angebahnt wurden. — Hervorzuheben C. 54: Sofern nur die von der Wesensform vollbestimmte Substanz ‚wirklich' ‚existiert', existiert die Materie nicht. Trotzdem ist sie nicht ein reiner Relationsbegriff ohne ontologische Realität, sondern eine metaphysische Realität mit ontischer Funktion (eben als ‚Möglich-Seiendes').

[163] Die Erörterung folgt nicht straff genug einer einzigen Linie, sondern besteht mehr aus Aperçus, wobei die Einzelheiten öfter Anlaß zur Kritik geben. Statt dem hier im einzelnen nachzugehen, verweisen wir auf die neuere Literatur zum Gegenstand, bes. Stallmach und Reale, *La dottrina* (vgl. u. 8.23); vgl. zu den von C. verwendeten Stellen der Metaphysik jetzt auch Reale, *Komm.* (z. B. II 78 zu 1048b 6ff).

[164] Freilich bleibt auch dabei manches offen: C. sieht die ‚reine Möglichkeit' als etwas „Passives", als „schwächste Entität unter den Realitäts-Ebenen" an (61), fragt sich aber nicht, wie man von diesem ‚passiven' Prinzip zu seinen ‚aktiven' Prinzipiaten kommt (vgl. dazu u. 8.232, 8.245, 8.251). Auch kann man sich kaum eine „unausschöpfliche passive Virtualität der Materie" (60) vorstellen, ohne ihr zugleich eine aktive Kraft zuzubilligen. Auch die modernistische Unterscheidung von ‚Realität' und ‚Existenz' (61 u. ö.) hilft nicht weiter. — Für die Frage ‚Materie und Erkenntnis', die bei C. immer wieder in den Blick kommt, vgl. u. 7. und gleich anschließend 1.174—1.179.

[165] Instruktiv 62 A. 27 das Zitat aus Hans Driesch: Driesch warnt davor, die Bilder, die unser Denken des Unbildlichen notwendig begleiten, mit dem Gedachten zu verwechseln, Vgl. dazu u. 1.35 und *Weltbild und Seinslehre*, ferner unten 7.

[166] Hier steht neben Zutreffendem (‚Unvergänglichkeit') manches weniger Gelungene, bes. das, was er über die ‚Unerkennbarkeit' der Materie sagt. Hierfür darf ich — statt langwieriger Einzelerörterung — wiederum auf Abschnitt 7 verweisen.

net, wie Cencillo meint, die verschiedenen Bedeutungen von ὕλη *de facto* nach *vier* Gesichtspunkten, auch wenn er *theoretisch* diese Einteilung nicht reflektiert und auch den Zusammenhang der 4 ‚Rubriken' miteinander nicht explizit bedenkt[167]:

a) Eine *funktionale* Betrachtungsweise, die „den Bereich der Physis nicht verläßt", führt zur viergliedrigen Einteilung

ὕλη πρώτη — ὕλη οἰκεία καὶ ἴδιος
ὕλη γεννητή — ὕλη τοπικὴ καὶ κινητή.

Die beiden nächsten Verfahren sind Abstraktions-Methoden, mit deren Hilfe man von der „Ebene des Physischen" auf verschiedene „erkenntnistheoretische Ebenen" gelangt:

b) Bei der einen sieht man von den qualitativen Bestimmungen eines Gegenstandes ab und gelangt so zur ‚reinen Dimension' der Mathematik, d. h.

ὕλη αἰσθητή → ὕλη νοητή.

c) Man läßt an einem Einzelding die individuellen Bestimmungen (*materia individuans* im Mittelalter) weg und erhält dadurch z. B. ‚den' Menschen als Species mit Wesensform und Materie *(materia communis)*.

d) Auf der ‚línea de la especificación'[168] verlassen wir die Ebene des Physischen wie bei b) und c), aber nicht auf dem Wege der Abstraktion' wie dort, sondern auf dem der ‚información" (= ‚Überformung')[169]. Hierdurch gelangt man „zum Niveau der prima materia, die absolut frei von jeglicher formalen Bestimmung und deshalb unerfahrbar und dem Formalobjekt der Physik fremd ist"(34).

Diese vier Aspekte werden jetzt an Hand von Teil IV noch genauer vorgeführt:

1.175 Die ‚funktionale' Betrachtung

a) Die Antithese von ὕλη γεννητὴ καὶ φθαρτή[170] — ὕλη τοπικὴ καὶ κινητή (C. 79—82) meint folgendes Problem[171]: Da die Sterne nur eine ‚Materie der Ortsveränderung' (ὕλη τοπική) kennen, die nichts mit Werden und Vergehen zu tun hat, und andererseits die sublunare

[167] *Hyle* 33—35, ausgeführt in Teil IV (79—136). Vgl. *Funciones* 210—220, *Tres problemas* 11—13, auch *Cuestiones* 477f.

[168] Warum hier C. von ‚Spezifizierung' spricht und was überhaupt mit d) gemeint ist, wird erst weiter unten deutlich werden, wenn wir näher auf d) eingehen (1.178).

[169] Zur Bedeutung von ‚información' vgl. C. 120 mit Umgebung. Zur *prima materia* führt dieser Weg d) allerdings nicht, vgl. u. 1.178 und 1.179.

[170] C. 80 schreibt φθαρτική, was sprachlich anginge, aber von Aristoteles m. W. nirgends mit ὕλη verbunden wird, während eine ὕλη γεννητὴ καὶ φθαρτή in H 1, 1042 b 6 belegt ist.

[171] Hierzu u. 8.272a, ferner Sach-Index s. v. *Hyle 3eγ*.

prima materia Substrat eben gerade des Werdens und Vergehens ist, fragt sich, was beide Materien verbindet. Cencillo ist geneigt, eine „radikale Verschiedenheit" beider Materien anzunehmen, läßt aber doch die Antwort auf diese Frage letztlich in der Schwebe (82). Cencillo wird hierbei — wohl unter dem Einfluß der neuscholastischen Schultradition — dem Phänomen der ὕλη τοπική in sich nicht gerecht[172] und übersieht auch, daß zwischen ihr und der sublunaren prima materia trotz ‚generischer' Verschiedenheit doch eine Verbindung besteht: Sie gehören nämlich beide einer ‚reihenhaften' Ordnung an[173]. Die richtige Einschätzung der ὕλη τοπική und ihrer Beziehung zur sublunaren Materie ergibt sich fast von selber, wenn man die platonisch-akademische Seinsstufung, ihre noetische Materie und die Einheit ihrer nach den Stufen vielfach differenzierten Prinzipien im Auge hat[174].

b) Das Paar πρώτη ὕλη — ὕλη οἰκεία καὶ ἴδιος deutet auf die Vielfalt der Seinsschichten im sublunaren Bereich, z. B. *prima materia* — Elemente — Homoiomere — Anhomoiomere — Gesamtkörper — Seele, wobei man z. T. noch untergliedern kann. Cencillo weist richtig darauf hin, daß bei Werden und Vergehen nicht jeweils auf die unterste Stufe (die *prima materia*) zurückgegangen wird[175], sondern nur bis zu einer der nächstniederen Stufen (also einer mehr oder weniger stark überformten, ‚differenzierten' Materie). Demgemäß ist auch die beim einzelnen Werde-Vorgang ins Spiel kommende δύναμις nicht die weit gefaßte δύναμις der *prima materia*, sondern die spezifische δύναμις einer spezifischen Materie[176].

1.176 ‚Abstraktion' der qualitativen Bestimmungen[177]

Cencillo behandelt die beiden Bedeutungen von ὕλη νοητή (1 = ‚reine Extensio' der Geometrie; 2 = Genus proximum usw.) und stellt dann fest, daß der Terminus ὕλη in diesen Fällen nicht univok, son-

[172] Näheres darüber u. 5.325.

[173] Vgl. u. 8.22, ferner 5.42 über die ‚teleologische' Ordnung des Kosmos. C. behandelt zwar met. I 10, aber nicht die Stellen aus Λ 4/5 und schenkt u. a. deshalb der Verbindung zwischen beiden Bereichen keine Aufmerksamkeit.

[174] Vgl. u. 2, bes 2.5 (2.51). Im selben Sinne jetzt auch Merlan, *ZB* 12 (wie immer präzis und anregend). — Selbst wenn Platon (wie C. 88f unter Berufung auf Heinze annimmt) keine Idealmaterie gekannt hätte (dazu u. 2.243a u. ö.), wäre sie zur Genüge in der Akademie bezeugt (Speusipp; vgl. 2.3).

[175] So in der thomistischen Tradition, auf die auch C. 85 anzuspielen scheint: Vgl. Jos. Gredt, *Elementa philosophiae Aristotelico-Thomisticae* I ([7]1937) § 253, 2.

[176] Vgl. hierzu neben den von C. 82—85 genannten Belegen Sach-Index s. v. *Hyle 3e*, *Möglichkeit 1, 2*. Über die *Abstufungen* der δύναμις und die Rolle der jeweils *spezifischen* δύναμις instruktiv Stallmach.

[177] *Hyle* 85—102; vgl. *Funciones* 212—214, *Tres problemas* 12. Die chronologischen Erwägungen, die C. z. B. 87 anstellt, lassen wir unberücksichtigt.

dern ,analog' verwendet werde; und zwar bestehe a) zwischen Genus = ὕλη und ὕλη αἰσθητή eine *äußere Proportionalitäts*-Analogie, weil sie beide vom Atomon Eidos bestimmt werden, also dieselbe ,Funktion' besitzen[178]. b) Dagegen bestehe zwischen den beiden Arten von ὕλη νοητή eine *innere Attributions*-Analogie, weil sie beide ,Abstraktionsprodukte' seien (87f).

Mit dem Hinweis auf den ,analogen' Gebrauch des Wortes ὕλη sucht Cencillo einen Zusammenhang zwischen diesen verschiedenen Verwendungsweisen von ὕλη aufzuzeigen, um ihnen so philosophisches Gewicht zu geben[179]. Es fragt sich nur, ob die von ihm verwendeten Termini hilfreich sind[180]: Bei γένος = ὕλη / ὕλη αἰσθητή erklärt der Hinweis auf dieselbe ,Funktion' schon etwas, und man mag eine Proportionsgleichung bilden[181]. Der Sinn der Attributionsanalogie jedoch leuchtet nicht ein: Denn erstens: Welches von beiden ist hier das erste Analogat, von dem die Bestimmung νοητόν dann auf das andere Analogat ,übertragen' wurde? Zweitens sind eigentlich alle Arten der Hyle νοητά, sogar die αἰσθητή usw.[182]. Und drittens gibt es über den Hyle-Begriff hinaus noch viele νοητά, die dann alle qua Produkte der νόησις aufeinander bezogen werden könnten. Mit anderen Worten: Cencillos Versuch, die beiden Arten von ὕλη νοητή miteinander zu verknüpfen, überzeugt ebensowenig wie alle anderen derartigen Bemühungen[183].

Nach einer Art Exkurs über die Kritik des Aristoteles an der platonischen Ideenmaterie, die Nachwirkung dieser Kritik bei Plotin und den Materie-Begriff Plotins (88—92)[184] behandelt Cencillo den

178 Sie lautet vielleicht so: γένος : εἶδος = ὕλη αἰσθητή : εἶδος.

179 C. 87f. So weit wie Hamelin, der γένος = ὕλη als ,Metapher' abtut, geht so schnell niemand, aber die Modernen befinden sich doch immer wieder gegenüber diesen Lehren in einer gewissen Verlegenheit (bes. bei γένος = ὕλη).

180 Vgl. u. 4.211 und Brugger, *Philos. Wörterb.* s. v. *Analogie* (dort sind die ,klassischen' Stellen aus Thomas, Caietan und Suárez aufgeführt). Einen wichtigen Versuch, durch den Rückgang auf Thomas selbst die von Caietan eingeführten Schematismen der thomistischen Analogielehre zu überwinden, stellt dar G. P. Klubertanz, *St. Thomas Aquinas on Analogy*, Chicago (Loyola UP) 1960. Eine weitere ideengeschichtliche Klärung bis zur Antike hin ist von J. Hirschberger zu erwarten. Angesichts dieses Strebens nach historischer Differenzierung hätte C. die Schultermini nicht ungeprüft verwenden sollen.

181 Die gemeinsame Funktion besteht nach C. in der Bestimmbarkeit (δυνάμει εἶναι); dazu kann man noch (was fast dasselbe meint) ὑποκείμενον nennen (vgl. u. 7.71). — Die Proportionalitätsanalogie (aristotelisch ἀναλογία) ist zunächst aus methodischen Gründen genau von der Ähnlichkeits-(Attributions-)Analogie (aristotelisch πρὸς ἕν) zu unterscheiden; es zeigt sich aber dann, daß jede Proportionalitätsanalogie, sofern sie philosophisch wesentlich sein soll, sich auf eine Pros-hen-Beziehung gründen muß (Näheres u. 8.123).

182 Dazu u. 7.12, vgl. 8.132.

183 Vgl. u. 7.72.

184 Wir übergehen den wenig förderlichen Plotin-Abschnitt (der anhand der modernen Plotin-Literatur, z. B. Krämer *UGM*, neu zu schreiben wäre), aber auch die Bemerkungen 92 über Individuation bei den aristotelischen μαθηματικά (dazu u. 7.461).

‚Zugang zur Materie auf dem Weg der Abstraktion' (93—102): Es geht also um die Frage, wie man sich entsprechend der Via abstractionis zur reinen Form einen solchen Weg zur Materie hin denken soll. Um vorab die Via abstractionis zur Form genauer zu erfassen, bespricht Cencillo die Ausdrücke πρόσθεσις, ἀφαίρεσις und χωριστός und ordnet sie den drei Wissenschaften Physik, Mathematik und Metaphysik zu (93—102): a) Die Objekte der Physik können wegen ihrer „hylo-morphischen Zusammengesetztheit nicht durch eine rein abstraktive Erkenntnis in ihrer inneren Konstitution erkannt werden, sondern nur durch einen komplexen Erkenntnisakt, der in ihnen die substantielle Vereinigung von Materie und Form erfaßt. Dieser ‚synthetische' Prozeß erlaubt jedoch wirkliche Definitionen von allgemeiner Geltung zu formulieren. Diese Definitionen gehen nicht nur aus einer ‚Addition' hervor, sondern aus einer Kombination zweier Vorgänge": Absehen (Abstrahieren) vom Individuellen und ‚Addieren' der Materie (93 f). b) Die ἀφαίρεσις ist charakteristisch für die Abstraktion der Mathematik, die aus den Sinnendingen ihre Gegenstände heraushebt und ihnen so „ein autonomes Sein verleiht" (94). c) Die Erkenntnisweise der Metaphysik zu bestimmen ist schwierig, weil das Objekt der Metaphysik umstritten ist. Nach K 3 (∼ Γ 1) zu schließen, betrachtet die Metaphysik ihr Material-Objekt ebenso unter einem bestimmten Aspekt (= Formal-Objekt) wie es die Mathematik tut (95 f), nur daß bei der Metaphysik keine „rein logische Abstraktion", sondern eine „*formale* Abstraktion" vorliegt, welche das im σύνολον potentiell anwesende εἶδος in dem und durch den Erkenntnisvorgang aktualisiert (96)[185]. Eine kurze Durchmusterung der aristotelischen χωριστόν-Belege (97—100)[186] bestätigt dies Ergebnis (100—102). Bei dieser ‚formalen Abstraktion' der Metaphysik kommt die Materie nur als „negativer Gegenpol", als „Kontrast zur reinen Intelligibilität der Form" in den Blick (102).

Dazu wiederum nur wenige Bemerkungen[187]:

α) Aristoteles geht nur auf die Abstraktion der Mathematik näher ein, aber man kann aus einzelnen Hinweisen, die er gibt, auch Abstraktionsstufen der Physik und der Metaphysik erschließen. Diese drei Stufen werden aber nicht, wie es den Anschein hat und wie Cencillo meint, jeweils *speziell* durch πρόσθεσις oder ἀφαίρεσις oder χωριστόν charakterisiert. Denn alle drei Ausdrücke hängen ganz eng zusammen

[185] 96 ff kommen auch erneut chronologische Erwägungen ins Spiel (∼ Nuyens), die wir wieder übergehen.

[186] Die Durchsicht der χωριστόν-Stellen erfolgt viel zu summarisch, auch ist die sehr wichtige Arbeit von Chen, *Chorismos* dabei nicht verwertet.

[187] Ich darf mich hier unter Verweis auf die ausführliche Darstellung der aristotelischen Abstraktionslehre (u. 7) auf knappe Andeutungen beschränken, ohne sie jeweils im einzelnen belegen zu müssen.

und betreffen ‚dasselbe' Phänomen: Wenn man nämlich in einer Seinsstufung, deren Schichten von ‚oben' nach ‚unten' jeweils ein ‚Mehr' an Materie aufweisen, aufsteigt, wird das jeweils zu Erkennende ‚Obere' abgetrennt (χωρίζειν) und so erkannt (νοεῖν, θεωρεῖν; νόησις) und zugleich die erkenntnishindernde Materie ‚subtrahiert' (ἀφαιρεῖν). Geht man umgekehrt den Weg von ‚oben' nach ‚unten', so kann man jedesmal die nächstniedere Stufe durch ‚Addition' (πρόσθεσις) eines materiellen Faktors ‚deduktiv' wiederherstellen.

β) Die aristotelische ‚Abstraktion' ist νόησις, Wesensschau. Das gilt — mindestens zunächst — für *alle* νοητά, welchen ‚objektiven' Rang auch Aristoteles ihnen gibt. Wir können also nicht (mit C. 96) bei den Mathematica (die nach Aristoteles keine οὐσίαι sind) von ‚logischer' Abstraktion sprechen, bei den Formen der Körperdinge (die οὐσίαι sind) von ‚formaler' Abstraktion (welche offensichtlich ein mehr ‚ontologisches' Verfahren meint). Denn eine ‚logische' Abstraktion, die von einer modernen (empiristisch beeinflußten) Abstraktion nicht mehr weit entfernt wäre, läßt sich bei Aristoteles nicht nachweisen. Man muß also eher von der νόησις her auch den nicht-substantiellen νοητά ein ‚Ideal-sein' zubilligen (was wir im Fall der Mathematica getan haben) als umgekehrt von der Nicht-Substantialität bestimmter νοητά aus die entsprechende νόησις zu einer ‚logischen' Abstraktion verflüchtigen.

γ) Hinter der aristotelischen Abstraktionslehre steht das platonisch-akademische ‚Ableitungssystem', dessen Stufen von ‚oben' nach ‚unten' jeweils ein materielles Plus aufweisen, so daß man auf dem ‚reduktiven, analytischen' Weg ‚zu den Prinzipien' (ἐπὶ τὰς ἀρχάς) eine Bestimmtheit nach der anderen wegnimmt (ἀφαίρεσις) und sie beim ‚deduktiven' Weg ‚von den Prinzipien her' (ἀπὸ τῶν ἀρχῶν) wieder zufügt (πρόσθεσις).

Die unter α)—γ) skizzierten Probleme und Lösungen treten in Cencillos Erörterungen nicht genügend hervor[188].

1.177 Línea abstractiva de la Individuación (102—114)

Diese Betrachtungsweise überkreuzt sich mit dem, was soeben entwickelt wurde, weil die Abstraktion der Mathematik zum Teil, die der Metaphysik stets ein Absehen von den individuellen Bedingtheiten einschließt, verdient aber doch eine gesonderte Untersuchung (102). Es handelt sich um zwei Klassen von Materie,

materia individuans und
materia communis (communiter sumpta)[189].

[188] Auf den platonischen Hintergrund spielt C. 87 einmal kurz an, denkt aber offenbar mehr an den ‚Staat' als an das System der innerschulischen Lehre.

[189] Beide Ausdrücke sind mittelalterlich, können aber auf den aristotelischen Befund angewendet werden.

a) Sooft die Materie in der Definition eines Gegenstands miterwähnt werden muß (sog. λόγος ἔνυλος), kann es natürlich nicht die individuelle Materie sein, sondern eine allgemein gefaßte (z. B. ,Holz', nicht ,dieses bestimmte einzelne Holzstück da'), eben die *materia communis* (102—104)[190].

b) Die Erörterung über die *materia individuans* (104—114) enthält viel Zutreffendes, kann aber hier nicht näher besprochen werden[191].

1.178 Der Gesichtspunkt der ,Spezifizierung' (*Línea de la Especificación*; 114—136) führt Cencillo zur Behandlung folgender Fragen: a) Meinen ἐσχάτη ὕλη *(materia ultima)* und ὕλη οἰκεία καὶ ἴδιος *(materia propria)* dasselbe oder nicht? Cencillo spricht sich mit Recht für einen Unterschied aus: οἰκεία καὶ ἴδιος heißt die ,spezifische' Materie, aus der ein Gegenstand entsteht bzw. in die er vergeht, ἐσχάτη die individuelle Materie der betreffenden Substanz (115—117)[192]. b) Welches Verhältnis besteht in einer Substanz zwischen ihrer individuellen Materie und ihrer Form? Cencillo durchmustert die verschiedenen Ansichten über dieses Problem[193] und einige Aristoteles-Stellen (darunter auch das berühmte Kapitel Z 3), ohne zu einer eindeutigen Entscheidung zu kommen (117—126)[194]. Hier hätte eine Berücksichtigung der ,biologischen' Schriften (im weitesten Sinne)[195] weiterhelfen können, wo an instruktiven Beispielen (Toter, Auge eines Toten usw.)[196] deutlich gezeigt wird, daß ἐσχάτη ὕλη und εἶδος zwar ,real' (= raum-zeitlich) untrennbar beieinander sind, aber doch ganz verschiedene Prinzipien darstellen (wie immer man auch diese Verschiedenheit faßt).

Cencillo spricht anschließend über die Substantialität des εἶδος (c; 126—129) und versucht dann d) eine Zusammenfassung und Auflösung der Schwierigkeiten zu geben, indem er das schon o. *1.171* vorgeführte Schema einer Entwicklung in drei Phasen entwirft (130—136, prägnant 135), das wiederum in keiner Weise überzeugt.

190 Vgl. dazu u. 7.34/35 und 7.33.

191 Vgl. die Andeutungen u. 8.253.

192 Vgl. *Funciones* 219f. *Tres problemas* 13.

193 Auch wenn man angesichts der Überfülle der Spezialliteratur keinerlei Vollständigkeit hierin verlangen kann, fällt es doch auf, daß C. die Abhandlung N. Hartmanns über das aristotelische Eidos und die von Hartmann ib. bekämpfte Ansicht J. Stenzels nicht erwähnt; vgl. o. 1.152 und bes. S. 30 A. 117.

194 Z. B. bleiben die Überlegungen über εἶδος = πάθος (124 f) viel zu summarisch, und der Hinweis auf eine angeblich ,ältere' (= platonische) Konzeption des Werdens in Z 3 (126) überzeugt in keiner Weise (vgl. nachstehend zu d).

195 Aus meteor. 4 zitiert er ab und zu Belege, ohne die Echtheitsfrage zu erwähnen und ohne dem spezifischen ,Kontext' der Stellen gerechtzuwerden (vgl. u. **6**.222b).

196 Einige Stellen u. **6**.222c. Am prägnantesten scheinen mir die Beispiele aus meteor. 4 zu sein, die in keiner Beziehung unaristotelisch sind.

1.179 Cencillo hat viele Probleme, die mit der aristotelischen ὕλη zusammenhängen, angeschnitten und wichtige Anregungen zu ihrer Lösung gegeben. Vielleicht am eindrucksvollsten ist sein Versuch, die verschiedenen Bedeutungen von ὕλη zu ordnen, wobei er auch auf die drei Abstraktionsstufen (der Physik, Mathematik, Metaphysik) eingeht[197]. Doch wird dieser Versuch unter anderm[198] dadurch beeinträchtigt, daß Cencillo hier — wie auch sonst öfter — zu früh innehält und überhaupt nichts darüber sagt, ob es einen spezifischen Erkenntnisweg zur Hyle als Hyle gibt und wie dieser etwa auszusehen hätte[199].

Trotz seiner Skizzenhaftigkeit[200] bedeutet Cencillos Werk einen merkbaren Fortschritt, vor allem, was die philosophische Beurteilung der ὕλη angeht: Cencillos eigener Begriff von ‚Realität' fluktuiert[201], aber er sieht doch besser als seine Vorgänger, daß die Hyle zwar kein dinghaftes Substanzsein hat, aber doch Sein und Geltung sui generis besitzt[201a]. Freilich hat Cencillo — unter anderm wegen zu geringer Berücksichtigung des akademischen Hintergrundes — letzten Endes ὕλη doch wieder zu eingeschränkt und partikulär betrachtet und so nicht das übergreifende Hyle-Prinzip herausgearbeitet, das im Anschluß an die Akademie die bei den Vorsokratikern anhebende ἀρχή-Problematik fortführt und zum Teil abschließt.

Auf die Arbeit von Karl-Heinz Winner über die aristotelische ὕλη weisen wir nur hin, ohne näher auf sie eingehen zu können[202], und wenden uns gleich der Aristoteles-Interpretation von Wolfgang Wieland und Ingemar Düring zu.

[197] Wenn auch die einschlägigen Texte des Aristoteles spärlich sind, kann man doch einiges über das Problem ‚Hyle und Abstraktion' ausmachen, wie Abschnitt 7 zeigt (zu skeptisch Merlan, *ZB* 11 A. 29).

[198] Die o. 1.175 besprochene ‚linea funcional' schließt einen Abstraktionsvorgang ein (wie die in 1.176 und 1.177 erörterten Abstraktionswege), nur daß er, wenn er zur *prima materia* führt, ‚umgekehrt' verläuft wie in 1.176 und 1.177. Auf diesem Weg überschreitet man genau so die ‚Ebene des Physischen' wie in 1.176 und 1.177.

[199] Die Andeutungen 34 f genügen nicht. Näheres dazu u. 7.823.

[200] C. s Buch bietet auch sonst noch Anlaß zur Kritik, worauf wir nicht weiter eingehen wollen. Nur *ein* Punkt sei angedeutet: C. verwertet die Schriften des Aristoteles ungleichmäßig, da er außer phys. und gen.corr. die ‚naturwissenschaftlichen' Schriften (im weitesten Sinne) nicht heranzieht.

[201] Wo ‚Realität' bei C. auf die raumzeitliche Körperwelt eingeengt wird, dürfte dies von einem ‚realistisch' (d. h. im angeblichen Sinne des Aristoteles) vereinseitigten Thomas-Verständnis herrühren, das ihm von seiner neuscholastischen Schultradition übermittelt wurde.

[201a] Vgl. o. S. 39.

[202] Karl-Heinz Winner, *Die dualistische Interpretation des Seienden, aufgezeigt am aristotelischen Verständnis der* πρώτη ὕλη, Diss. München 1967. W.s Untersuchung hat „vorwiegend aporetischen und kritischen Charakter, — besonders dann, wenn sie versucht, den Nachweis zu erbringen, daß das aristotelische System in seinem Grundansatz unhaltbar ist, ja Aristoteles sich selbst widerspricht" (1). Der Verf. macht sich seine Aufgabe nicht leicht, sondern stellt, bevor er zur *Kritik* fort-

1.18 Hyle als ‚Funktionalbegriff' und ‚Reflexionsbegriff' (W. Wieland, I. Düring)?

Viel radikaler als alle besprochenen Interpretationen ist der Deutungsversuch, den Wolfgang Wieland in seinem Physik-Buch vorgelegt hat[203]: Unter dem Einfluß des Neopositivismus, besonders seiner Sprachanalyse, sucht er zu erweisen, daß die aristotelischen Prinzipien nur Hilfsmittel der Forschung seien, „Einteilungsgesichtspunkte . . ., mit Hilfe deren sich die Tatsachen der Erfahrung in eine Ordnung fügen lassen", eben τόποι. Ihr Wert bemißt sich nicht nach

schreitet (E 111—136, auch F 136—147), erst in fünf Kapiteln (A—D, G; 2—111. 147—153) die aristotelische Hyle-Konzeption als *historisches Phänomen* dar. Dabei geht er durchaus selbständig auf die aristotelischen Texte (bes. met., phys., gen. corr.) zurück, die er intensiv mit großem Scharfsinn auf ihren Sinn befragt. Trotzdem läßt die Arbeit viele Wünsche offen: *Philologisch* fällt *unter anderem* auf, daß W. unzuverlässige Ratgeber wie Gohlkes Aristoteles-Übersetzung benutzt, dafür aber manche unentbehrlichen Hilfsmittel wie Joachims Kommentar zu gen.corr. und die Oxford-Translation des Aristoteles nicht herangezogen hat und deshalb eine Reihe von Textstellen (bes. aus gen.corr.) in sich sowie in ihrem Zusammenhang ungenau auffaßt. Die umfangreiche einschlägige Sekundärliteratur neuerer Zeit hat der Verf. mit ganz wenigen Ausnahmen (z. B. Bröcker, Owens[1], Gaiser, Solmsen) übergangen, also weder die Problemsituation noch die bisher erreichten Ergebnisse hinreichend berücksichtigt. Wie will man aber z. B. etwas über Aristoteles' Kritik der Vorsokratiker sagen, ohne sich u. a. mit Cherniss auseinanderzusetzen, etwas über die Metaphysik des ὂν ᾗ ὄν, ohne z. B. auf Merlan, Patzig, Reale einzugehen? usw. usw. Diese Versäumnisse konnte W. durch sein (imponierendes) Bemühen, die Aristoteles-Texte gleichsam ab ovo neu zu betrachten, nicht ausgleichen, und so gelangt er zu unzutreffenden Schlüssen: Die *prima materia* sei „raumerfüllende Materialität, Stofflichkeit" (94. 97 u. ö.), „Urstoff, der als στερεόν (= unbestimmte Masse, ‚schwerende Schwere') durch das jeweilige εἶδος ein verschiedenes Verhältnis zum κενόν eingeht" (111); sie erstrecke sich auch auf den Äther-Bereich (109). Von diesem quantitativ-„mechanistischen Weltbild" (109) des Elementarbereichs und seines „Urstoffs" führt, zumal da W. die ὕλη τοπική (, die ὕλη νοητή der Mathematik usw.) zu wenig bedenkt und den platonisch-akademischen Hintergrund der aristotelischen Hyle-Konzeption (bes. die Seins-Stufung) nur knapp berücksichtigt und unrichtig beurteilt, dann freilich kein Weg zu einem *‚geistigen' Seins-Prinzip Hyle* umfassender Wirksamkeit, wie wir es in vorliegender Untersuchung herauszuarbeiten versuchen. Da W.s historische Darstellung der aristotelischen Lehre nicht zutrifft, wird auch seine philosophische Kritik am aristotelischen System (bes. an den aristotelischen Prinzipien, die er — wie etwa Owens, u. 4.12 — als ‚Hypostasierungen', d. h. ‚Dinge' ansieht) fragwürdig: Auch uns liegt eine *‚kritische* Ideen-Geschichte' sehr am Herzen (vgl. nur *Kosmologie und Metaphysik* und *Weltbild und Seinslehre*). Sie muß sich jedoch auf eine exakte historisch-philologische Basis stützen, sonst verliert sie ihren Sinn und gleitet ins Unverbindliche ab. Diese knappen Bemerkungen müssen hier genügen, da eine wirkliche Auseinandersetzung mit W.s Thesen (und sie verdienten eine solche Auseinandersetzung) seiner Untersuchung Seite um Seite folgen müßte, also den Rahmen vorliegender Arbeit sprengen würde. Dasselbe gilt für die folgenden Kapitel, so daß W. dort nicht berücksichtigt werden kann.

203 Wolfgang Wieland, *Die aristotelische Physik*, 1962.

ihrer ‚Wahrheit', sondern nach ihrer „Leistungsfähigkeit". Das heißt, sie sind sachlich unverbindlich und werden nur solange beibehalten, wie sie brauchbar sind, andernfalls durch andere, ebenso unverbindliche, aber leistungsfähigere, ersetzt.

Da in Ernst Tugendhats und Hans Wagners Besprechungen von Wielands Buch hierzu bereits alles Nötige gesagt worden ist[204], können wir uns sehr kurz fassen:

Wieland geht von der Alternative aus, daß man die Prinzipien des Aristoteles nur entweder als Dinge oder als τόποι auffassen könne[205], und kommt, da er — mit Recht — die verdinglichende Deutung der aristotelischen Prinzipien ablehnt[206], folgerichtig dazu, in ihnen ‚*Topoi*' oder — was bei Wieland dasselbe bedeutet — ‚*Reflexionsbegriffe*' zu sehen; auch ‚*Funktionalbegriffe*' nennt er sie[207].

Hier kehrt bei einem neopositivistisch beeinflußten Autor in etwas anderem Gewand die gleiche Alternative wieder, die wir schon bei Neukantianern und ‚kritischen Realisten' feststellten[208]: Es gibt nur die Wahl zwischen ‚realem Ding' und dem ‚Rein-Begrifflichen'. Jene Gelehrte unterscheiden sich aber von Wieland in der Haltung, die sie gegenüber der Alternative einnehmen:

Neukantianer und ‚kritische Realisten' halten — jeder auf seine Weise — an drei Punkten fest:

a) ‚Prinzipien' sollten Seinsstrukturen wiedergeben. b) Aristoteles hat seine Prinzipien auch so konzipiert. c) Die aristotelischen Prinzipien erreichen jedoch das ‚Sein' nicht und sind deshalb leere Begriffe, Fiktionen.

Wieland nimmt nun wie gesagt an, daß Aristoteles von vorneherein mit seinen Prinzipien gar nicht Seinsstrukturen erfassen wollte, sondern sie nur als brauchbare ‚begriffliche Hilfsmittel auf Zeit' ansah. Wenn seine Interpretation sich bewahrheitete, wären alle Vorwürfe gegen die mangelnde Seinsbezogenheit der aristotelischen Prinzipien hinfällig.

204 Ernst Tugendhat, Gnomon 35 (1963) 543—555; darauf sei für das Folgende durchweg verwiesen. Hans Wagner, Physik-Kommentar 337—360 (wichtig). — Mit Recht kritisiert auch Klaus Oehler, *Ein Mensch zeugt einen Menschen*, Sonderdruck 1963, 1—36 die Anwendung der neopositivistischen Sprachanalyse auf Aristoteles, wobei er freilich selber in einen erkenntnistheoretischen ‚Realismus' verfällt, der gleichfalls unangemessen ist (vgl. u. S. 51 mit A. 217). Zu Wieland vgl. auch S. 62 und 3.13.

205 Tugendhat 550.

206 Eine solche ‚dinghafte' Deutung der aristotelischen Prinzipien vertreten z. B. J. Owens (u. 4.12) und K.-H. Winner (o. S. 46 A. 202).

207 ‚Topoi' Wieland 75. 203 f. ‚Reflexionsbegriffe' Wieland 89ff. 187. 202ff. 261. 337. ‚Funktionalbegriffe' Wieland 173—187. Zum ‚Funktionalbegriff' Tugendhat 549 f und Wagner 351 f, zum ‚Reflexionsbegriff' Wagner 352 f. Zum ‚Funktionalbegriff' vgl. auch die Bemerkungen u. 8.273.

208 Vgl. o. 1.11—1.12. 1.15; weitere Stellen im Sach-Index s. v. *Begriff 1*. Vgl. auch Wagner 351.

Dieser in Wielands Deutung liegende Ausweg ist indes nicht gangbar[209], weil Aristoteles völlig eindeutig die ἀρχαί (zumindest die ‚klassischen' vier Ursachen) nicht als τόποι, sondern als *Seins*-Prinzipien verstand, welche den Aufbau des Seins ausdrücken[210]. An diesem *historischen Faktum* als solchem gibt es nichts zu deuteln, und man kann höchstens — wie z. B. die kritischen Realisten — in einem *zweiten* Schritt die aristotelische Konzeption vom *modernen* Standpunkt aus *philosophisch kritisieren* und fragen: Hat sich Aristoteles getäuscht, als er mit seinen ἀρχαί, besonders dem Hyle-Prinzip, das Sein zu erfassen vermeinte?

Wielands Deutung der aristotelischen Prinzipien als ‚Funktional-' bzw. ‚Reflexions-Begriffe' hat Ingemar Düring in seinem Aristoteles-Buch im wesentlichen uneingeschränkt übernommen. Somit gelten die gegen Wieland vorgebrachten Einwände auch für ihn, das heißt: Seine Beurteilung der aristotelischen Prinzipien insgesamt und des Hyle-Prinzips im besonderen trifft nicht zu[211].

Damit beenden wir unseren Überblick über die wichtigste Literatur zur aristotelischen Hyle[212] und gehen dazu über, den Standort vorliegender Arbeit kurz zu skizzieren.

1.2 Der Standort vorliegender Arbeit

Im Vorstehenden hat sich ergeben, daß weder der Neukantianismus noch der ‚kritische Realismus' dem Denken des Aristoteles ins-

209 Er ist genau so wenig gangbar wie der von Jaeger gesuchte Ausweg (o. 1.151).

210 Alles Nähere bei Tugendhat und Wagner.

211 Hyle als Funktional-(Reflexions-)Begriff bei Düring z. B. 26. 31. 265f. 317 mit A. 175. 371f. 519. 536. 545; er faßt 387 sogar das πρῶτον κινοῦν als ‚Reflexionsbegriff' auf (!). Vgl. weiter seinen Index 667 u. — Dürings Buch enttäuscht auch sonst oft an den Stellen und bei den Problemen, die über das Nur-Philologische hinaus ins Philosophische hineinführen.

212 Kurz erwähnt seien hier noch: a) G. Voisine, *Le système de la matière et de la forme*, Revue de philosophie 22ème année (tome 29)/1922, 586—607 (systematische Arbeit, die nur nebenbei auf Aristoteles eingeht). b) Raphael Demos, *Aristotle's Conception of Matter*, Class. Weekly 39 (1945/46) 134—136 (unergiebig). c) Donald C. Williams, *Form and Matter*, Philos. Review 67 (1958) 291—312. 499—521: Diese Untersuchung ist ganz Aristoteles gewidmet, geht aber nicht historisch vor, sondern befragt Aristoteles erklärtermaßen vom modernen Standpunkt aus (sozusagen ‚in systematischer Absicht') und sieht dabei in ihm den Problem-Denker, welcher immer verschiedene (und oft nicht zusammenstimmende) Problem-Lösungen vorschlägt, aber kein zusammenhängendes ‚System' bietet (520f). d) Von den im Band *The Concept of Matter in Greek and Medieval Philosophy* (ed. by E. McMullin, Univ. of Notre Dame Press, 1963; Paperback-Edition 1965) zusammengestellten Arbeiten befassen sich drei Aufsätze des historischen ersten Teils speziell mit Aristoteles

gesamt und damit seinem Materiebegriff gerecht zu werden vermochte. Es wurde gezeigt, daß beide Richtungen zu Unrecht in Aristoteles einen naiven Realisten sehen, dessen Begriffshypostasierungen man entlarven zu können meint. Diese Fehldeutungen liegen heute ganz offen auf der Hand, und man muß sie durch eine angemessenere Deutung ersetzen. Hierfür leisten freilich die Hyle-Arbeiten nach Baeumker nur wenig Hilfe, weil sie auf methodische Reflexionen prinzipieller Art weitgehend verzichten und sich sehr speziell auf die Hyle beschränken[213]. Auch die systematische Stellungnahme von Josef de Vries[214] geht leider auf diesen wichtigen Punkt nicht ein.

Kann man die Einseitigkeiten des Neukantianismus und des ‚kritischen Realismus' vermeiden und doch weiterhin von einem ‚Realismus' des Aristoteles sprechen, statt ihn vorschnell zu kritisieren? Man könnte ihn dann vielleicht einen ‚gemäßigten' oder ‚kritischen' Realismus nennen, um den Verdacht kritikloser Naivität abzuwehren. So hat man nicht selten von neuscholastischer Seite Aristoteles als ‚gemäßigten' Realisten betrachtet, welcher letztlich Ahnherr des modernen ‚kritischen Realismus' neuscholastischer Prägung sei[215]. Bestechend an dieser Denkrichtung ist die kritische Besonnenheit, mit der man, allen Extremen abhold, möglichst sämtlichen Seiten der aristotelischen Philosophie gerecht zu werden versucht, sowohl der ‚empir(ist)ischen' wie der ‚idealistischen' usw. Die Betonung liegt jedoch, da man sich scharf gegen Kant und den Deutschen Idealismus abgrenzen will, eindeutig auf der ‚empirischen' Seite, bei den ‚Dingen', die „sich dem Subjekt aufdrängen, Grenze und Maß seiner aktuellen jeweiligen Erkenntnis bestimmen"[216]. Infolge dieser anti-‚idealistischen' Tendenz — wobei man ‚Idealismus' mißversteht und sich von einem empiristisch vereinseitigten Thomas-Bild leiten läßt — wird alles scheinbar ‚Rein-Subjektive' an der aristotelischen Philosophie, ins-

(J. J. Fitz Gerald 59 ff. J. Owens 79 f. N. Luyten 102 ff); sie werden zum Teil suo loco zitiert. Die Aufsätze des systematischen zweiten Abschnitts (173—319) gehen immer wieder auf Aristoteles zurück und bieten sehr viel Interessantes, können aber in vorliegender Untersuchung nur ausnahmsweise genannt werden. e) Weitere Arbeiten im Folgenden an gegebener Stelle z. B. S. 279 A. 4 (O'Donoghue, Doebele), S. 302 A. 111 (King, Solmsen).

213 Dies gilt auch für die neuscholastische Literatur (s. auch A. 214): Z. B. hat Cencillo in seinen systematischen Arbeiten eine ganz prägnante eigene Philosophie entwickelt. In seinem Hyle-Buch dagegen verfällt er in ein anderes Extrem, will ‚rein historisch' sein und vermeidet es, methodisch reflektiert und exakt den eigenen Standort gegen den seiner Vorgänger abzugrenzen. Dadurch bringt er seine Untersuchungen um einen großen Teil ihres Wertes und ihrer Wirkung.

214 Schol. 33 (1958) 481—505. — Über die Erkenntnistheorie von de Vries vgl. van Steenberghen, *Erkenntnislehre*, 1950, 34—36. 333—336.

215 Van Steenberghen, *Erkenntnislehre* 75 f, wo neben vorzüglichen Bemerkungen auch nicht wenige konventionelle Vorurteile über Aristoteles stehen; ib. 339.

216 Van Steenberghen 131.

besondere die Spontaneität des menschlichen Geistes (νοῦς ποιητικός), unterbewertet oder ganz übergangen. In ähnlicher Weise ‚realistisch‘ wird Aristoteles auch von Klaus Oehler interpretiert, der gegenüber allen extrem subjektivistischen Deutungen die bei Aristoteles vorliegende strikte Subjekt—Objekt-Relation dadurch aufzeigen will, daß er sich auf die Seite der ‚Dinge‘ stellt: Sie drängen auf den (fast ganz passiv gesehenen) menschlichen Geist herein[217].

Niemand wird Aristoteles auf einen extremen und überspannten Idealismus hin interpretieren wollen[218], niemand wird leugnen, daß es bei Aristoteles eine Korrespondenz Denken—Sein, Subjekt—Objekt gibt[219]. Die Frage ist nur, wie man all diese Begriffe, ‚Subjekt‘, ‚Objekt‘ usw. fassen muß, damit nicht wesentliche Absichten der aristotelischen Philosophie verstellt werden. Auf die ‚realistische‘ Weise geht es jedenfalls nicht, weil hierbei — trotz aller Kautelen, welche die Interpreten anbringen — durch das Übergewicht der ‚Dinge‘ eine ‚Verdinglichung‘ der gesamten Philosophie des Aristoteles herbeigeführt wird, die den von Platon herkommenden Geistcharakter des aristotelischen Philosophierens überdeckt. Gewiß gab es Verdinglichungstendenzen bei Aristoteles (Substanz als ἀρχή; kosmologischer Einschlag der Metaphysik usw.), aber es ist unrichtig, sie auf den gesamten Aristoteles zu übertragen.

217 Vgl. von den Schriften Oehlers u. a.: *Ein Mensch zeugt einen Menschen. Über den Mißbrauch der Sprachanalyse in der Aristoteles-Forschung* (zuerst in: *Einsichten.* Festschrift für G. Krüger, 1962; Sonderdruck 1963), dazu die Bemerkungen W. Wielands, Gnomon 35 (1963) 625f, der Oehlers ‚realistische‘ Aristoteles-Deutung richtig charakterisiert. Zu Oehlers Buch *Die Lehre vom noetischen und dianoetischen Denken bei Platon und Aristoteles* (1962) vgl. die wichtige Rezension von E. Tugendhat (Gnomon 38, 1966, 752—760). Dem von Tugendhat Gesagten kann man hinzufügen, daß Oehler seinem (von Gerhard Krüger übernommenen) ‚Objektivismus‘ gemäß den zentral wichtigen *intellectus agens* bewußt aus der Betrachtung ausschließt (also das ποιεῖν des νοῦς übergeht und sein πάσχειν verabsolutiert, statt beides zusammenzusehen) und auch nur ganz wenig über die aristotelische ‚Abstraktion‘ sagt, die doch in νόησις besteht (u. 7) und in welcher das noetische Denken vielleicht seine bedeutendste Ausprägung zeigt. Vgl. auch *Weltbild und Seinslehre* 89—91.

218 Ein solches Zerrbild von ‚Idealismus‘ haben nicht nur manche neuscholastischen Interpreten vor Augen (s. o.), sondern auch Oehler dürfte an Ähnliches denken, wenn er sich gegen einen ganz einseitig verstandenen modernen ‚Subjektivismus‘ wendet (richtig hierzu die schönen Ausführungen von Tugendhat, Gnomon 38, 1966, 757—759). Auch Lugarini wendet sich — an Heidegger orientiert — heftig gegen einen von ihm unrichtig gedeuteten ‚Idealismus‘ und ‚Intellektualismus‘ (vgl. bes. Vor- und Schlußwort seines Buches).

219 Daß die verwendeten Termini (oder andere, wie ‚Parallelität‘, die man auch gebrauchen könnte) sämtlich modern vorbelastet sind, ist unvermeidlich. Vor allem suggerieren sie, daß man zwei getrennte Bereiche nachträglich wieder vereinigt, obwohl doch hier eine vorgängige Einheit gemeint ist. Über diese Einheit sind sich fast alle Interpreten verschiedenster Richtung einig, z. B. Lugarini, Oehler, Owens, Tugendhat, Wieland und viele andere.

Mit der Ablehnung alles ‚Realismus' haben wir uns gleichzeitig von Nicolai Hartmann distanziert. Dies zu betonen ist wichtig, weil in unseren Darlegungen immer wieder Hartmanns Name genannt wird. Obwohl ich Hartmanns dem Phänomenalismus und Empirismus nahekommende, anti-idealistische Ontologie ablehne, habe ich, was durch diese Zitate bekundet wird, aus seinen philosophiegeschichtlichen und zum Teil auch aus seinen systematischen Arbeiten viel für die Beurteilung des Aristoteles gelernt[220].

Der ‚Realismus' stellt überscharf eine Antithese von ‚Ding' und ‚Begriff' (der oft die Nuance des ‚leeren' Begriffs erhält) heraus und betont die ‚Ding'-Seite. In neuester Zeit hat nun, von der gleichen Antithese ausgehend, Wolfgang Wieland sich im umgekehrten Sinne entschieden und die ‚Begriffs'-Seite verabsolutiert: Diese Interpretation hat sich indessen ebensowenig bewährt wie die ‚realistische', und so bleibt es für Aristoteles beim ‚Ineinander' von Denken und Sein.

Diese Korrelation von Denken und Sein, von Subjekt und Objekt ist jedoch bei der aristotelischen Hyle und ihren Ausprägungen besonders problematisch:

Einmal deshalb, weil Erkennen und Sein auf der Form beruht und die Hyle als das ihrem Wesen nach Unerkennbare und Unbestimmte sich dem Erkennen weitgehend entzieht und auch in ihrem Seinsmodus (δυνάμει ὄν) hinter der ‚Wirklichkeit' der Form zurücksteht. Mit dieser Schwierigkeit hatte schon Platon zu ringen[221].

Zweitens: Während Platon (nach Aristoteles' Darstellung) einen ganzen κόσμος νοητός von ‚Substanzen' (οὐσίαι) annimmt, spricht Aristoteles fast dem gesamten Bereich des Idealen das ‚Substanzsein' (οὐσία) ab und läßt nur drei Stufen von ‚Substanz' bestehen: sublunare Körper, Himmelskörper, unbewegte(n) Beweger. Alles übrige — μαθηματικά, reine Extensio, die *genera* oberhalb des ἄτομον εἶδος usw. — ist nur ‚der Möglichkeit nach' (δυνάμει). Es handelt sich dabei um eine ganz besondere Art von ‚Möglichkeit', die deutlich von der ‚Möglichkeit' im Bereich des natürlichen Werdens unterschieden ist: Während im Werdensprozeß das ‚Mögliche', wenn nicht gerade Störfaktoren es hindern, normalerweise zu dem entsprechenden ‚Wirklichen' wird, also gleichsam von selbst aktuell wird, bedürfen jene geistigen, idealen δυνάμει ὄντα des subjektiven Erkenntnisaktes (νόησις), durch den und in dem sie allein ‚aktuell' werden. Soweit ausdrücklich Aristoteles. Wie sind diese ‚Objekte' zu deuten?: Man könnte meinen, Aristoteles sehe in ihnen reine Vernunftdinge, *entia*

[220] Hartmanns Einfluß dürfte sich vor allem bei den Begriffen zeigen, die zur Beschreibung der akademischen und aristotelischen Seinsstufung verwendet werden (z. B. ‚Überformung'). Doch hoffe ich mich dabei von den *Inhalten* der Hartmannschen Philosophie freigehalten zu haben (vgl. dazu *Scala naturae* 241 f).

[221] Näheres hierüber u. S. 93f u. ö.

merae rationis; dann wären sie im modernen Sinne nominalistisch ‚bloße Begriffe', nur Setzungen des Verstandes. Das ist bereits von vorneherein unwahrscheinlich, zudem sagt uns Aristoteles mit aller Deutlichkeit, daß diese Objekte ‚in' den Substanzen — die μαθηματικά und die reine Extensio ‚in' den Naturkörpern, die *genera* ‚im' Art-Eidos — ‚latent vorhanden sind', so daß sie der Geist ‚aus' ihnen herausholen kann. Mit anderen Worten: Sie sind dem erkennenden Geist a priori vorgegeben. Und doch leben sie andererseits von der Gnade eben dieses Geistes, der allein ihnen ‚Aktualität', ‚Wirklichkeit' zu verschaffen vermag; durch die νόησις werden sie ἐνεργείᾳ ὄντα, sind aber nach wie vor keine οὐσίαι. Es handelt sich bei diesen ὄντα — andere könnten hinzugefügt werden, z. B. alle ‚Formalobjekte' — um einen Bereich idealen Seins, das in einem Subjekt-Objekt-Verhältnis steht, an dessen Sein aber doch das ‚Subjekt' in überragender Weise beteiligt ist.

Dieser Befund ist so lange verwirrend, wie man Platon und Aristoteles nur im Lichte der aristotelischen Platon-Kritik sieht, nach welcher Aristoteles die ‚abgetrennten, transzendenten, subsistierenden Wesenheiten' (οὐσίαι) Platons in ‚immanente, nur begrifflich abtrennbare, nicht-subsistierende' umgewandelt hat. Demgemäß mag es so aussehen, als bleibe für Aristoteles nach der Ablehnung der platonischen ‚subsistierenden Objekte' nur noch die Wahl zwischen (den wenigen Arten von) ‚substantiellen Objekten' (‚ideale' Substanzen sind nur die Himmelskörper und die unbewegten Beweger) und dem großen Bereich des ‚subjektiven Nur-Begrifflichen', dem die μαθηματικά und alle übrigen ‚Abstraktions-Objekte' angehören. Jedoch ist diese Antithese nicht haltbar: Aristoteles grenzt sich zwar scharf gegen Platon ab, indem er den κόσμος νοητός ‚entsubstantiiert', beläßt ihm aber doch — mit Hilfe des unbefriedigenden δύναμις-Begriffes — ein von der Willkür des Subjekts unabhängiges ‚An-sich-sein', ein Apriori vor aller νόησις. Wir werden im Kapitel über die aristotelische ‚Abstraktion' (u. 7) zeigen, daß damit Aristoteles trotz seiner Platon-Kritik und teilweise verschiedener Nuancierung und Formulierung der Gedanken sachlich genau dasselbe wie Platon meint, nämlich die ‚objektive' Vorgegebenheit des idealen Seins. Diesen Zusammenhang wird man um so besser erkennen, wenn man die philosophisch höchst fragwürdige ultra-realistische Deutung der platonischen Idee und ihrer ‚Transzendenz' aufgibt und den Chorismos als das ‚völlige Anderssein' der gleichwohl ‚im' Einzelding ‚anwesenden' Idee versteht[222].

[222] Diese besonders in der philologischen Platon-Literatur immer wieder anzutreffende vergröbernde Auffassung der platonischen Idee wurde von Philosophen öfter bekämpft, z. B. von Hegel (*Gesch. d. Philos.*, Werke ed. Glockner 18, 190), in neuerer

Freilich liegt bei Aristoteles offenbar das Gewicht viel mehr auf der ‚subjektiven' Seite, weil trotz allen ‚potentiellen', ‚latenten' Enthaltenseins der idealen ὄντα ‚in' den Substanzen es doch allein das ‚Subjekt' ist, welches sie durch die νόησις aktualisiert, ihnen also letztlich ‚Wirklichkeit' und damit volles ‚Sein' verbürgt. Aber auch hiermit steht Aristoteles nicht allein, wenn wir vergleichend auf Platon blicken und auf die ‚subjektive' Seite seiner Ideenlehre.

Die neukantianische Platon-Auslegung, welche das ‚Sein' der Ideen ganz in eine Setzung des Bewußtseins verflüchtigen wollte, ist eindeutig als falsch erwiesen worden, und heute denkt niemand daran, die Interpretation z. B. Natorps ganz oder modifiziert wiederaufleben zu lassen. Jedoch hat die berechtigte Kritik am Neukantianismus nun zum umgekehrten Extrem geführt, indem sie über dem ‚objektiven' Aspekt der Ideenlehre den ‚subjektiven' zurückdrängt oder ganz vergessen läßt. Damit widerspricht sie berühmten Äußerungen Platons (z. B. im Phaidon), daß der Mensch die Wahrheit der Dinge erkennt, indem er sich gerade von den Dingen abwendet und in den λόγοι seines eigenen Inneren diejenigen Ideen erschaut, welche den ‚Dingen' zugrunde liegen, wobei diese λόγοι den ὄντως ὄντα viel näher stehen als die ‚Dinge' außen, die ihrerseits nur ganz unvollkommene Abbilder jener ὄντως ὄντα sind. Im Absehen von den ‚Dingen' wird das Wesen der ‚Dinge' erfaßt[223].

Da Aristoteles das ‚objektive' Sein seiner νοητά weniger stark unterstreicht, kommt die ‚subjektive' Seite (die νόησις) stärker in den Blick. Das ist kein ‚Subjektivismus', genausowenig wie bei Platon, denn es geht hierbei nicht um empirische Subjekte, sondern um die ideale Menschennatur, man darf sagen, das transzendentallogische Subjekt[224]. Auf dieses kann aber Aristoteles ebenso wie Platon das ‚wahre Sein' gründen, denn der νοῦς des überempirischen Subjekts (des σοφός, aristotelisch gesprochen) trifft, sobald es zur νόησις kommt, stets ohne Ausnahme das ‚wahre Sein' idealer Strukturen, die er nicht willkürlich setzt, sondern ‚entbirgt'[225]. So gesehen sind — trotz aller deutlichen Unterschiede zwischen platonischem und aristo-

Zeit von Nicolai Hartmann (*Zur Lehre vom Eidos* usw., Kl. Schr. 2, 142—144) und Johannes Hirschberger (vgl. das Platon-Kapitel in *Gesch. d. Philos.* I). Vgl. zum Chorismos-Problem neben der kurzen Andeutung Gnomon 35 (1963) 559 noch besonders *Kosmologie und Metaphysik* passim.

223 Gute Darlegung dieser Fragen bei N. Hartmann, *Das Problem des Apriorismus in der Platonischen Philosophie*, SB Berlin 1935 = Kl. Schr. 2, 48—85, bes. 55—73. Vgl. auch *Weltbild und Seinslehre* 88—91.

224 Daß dieser Terminus weder Kantische noch neukantianische Fragestellungen und Lösungen mit sich bringen soll, ist selbstverständlich.

225 Dasselbe Problem begegnet auch im Bereich der aristotelischen Ethik, wo man gemeint hat, nach Ablehnung der ‚Idee des Guten' bleibe der aristotelischen Ethik keine allgemeingültige ‚objektive' Norm mehr, und mit dem Hinweis auf die θεωρία

telischem Idealsein und seiner Bedeutung für die Körperdinge — die aristotelischen νοητά in genau derselben Weise ‚objektiv, real, seiend, a priori vorgegeben' wie der platonische κόσμος νοητός. Diese Deutung von νοῦς und νόησις (= aristotelischer ‚Abstraktion') ermöglicht es, die aristotelischen νοητά, besonders die einzelnen Manifestationen der Hyle und das Hyle-Prinzip selbst, aus ihrem Schattendasein zu befreien, in das sie sowohl der ‚Realismus' wie der (neukantianische) ‚Idealismus' versetzt haben, und ihnen ‚Sein' und ‚Realität' zurückzugeben. Hierbei wird auch das ideengeschichtlich so ungemein fruchtbare platonische Modell der Seinsstufung von den ultra-realistischen Verzeichnungen gereinigt und neu verstanden[226].

Mithin nehmen die folgenden Untersuchungen ihren Platz ‚diesseits' eines Idealismus ‚bloßer Begrifflichkeit' und eines Realismus ‚der Dinge' ein, die beide auf der gleichen falschen Antithese ‚Ding'—‚leerer Begriff' beruhen. Dieser Standort ist im Grunde identisch mit dem (recht verstandenen) Idealismus Platons und erlaubt es, im platonischen Sinne die ‚Realitäten' nicht nur ‚draußen' finden zu wollen, sondern ebenso und noch mehr ‚innen' im Innern des (überempirischen) Subjekts, das nicht passiv den ‚Dingen' ausgeliefert ist, sondern ihr wahres Sein ‚mitbestimmt'[227].

Diese überwiegend philosophische Stellungnahme war notwendig, obgleich unsere Darlegungen philologisch orientiert sind, oder viel-

des σπουδαῖος gleite Aristoteles in ‚Subjektivismus' ab. Daß gerade in der ‚Wertschau' des σπουδαῖος eine ‚objektive' Norm gegeben ist, habe ich Gnomon 37 (1965) 361 anzudeuten versucht.

226 Alle im Vorstehenden berührten Fragen werden im Folgenden, bes. in Abschnitt 7 über die aristotelische ‚Abstraktion', ausführlicher behandelt und begründet werden. Einige Wiederholungen waren nicht zu vermeiden, da sonst in der Einleitung der Standort vorliegender Arbeit nicht klar genug hätte bestimmt werden können.

227 Dieser Standpunkt hat sich mir im Verlaufe der Hyle-Untersuchungen besonders bei Behandlung der aristotelischen ‚Abstraktion' ergeben; für die aristotelische Ethik vgl. den schon genannten Hinweis Gnomon 37 (1965) 361. Ich bin überzeugt, daß diese Denktendenz, mit Vorsicht und Takt angewendet und stets nüchtern auf die Textbelege bezogen, nicht wenige Schwierigkeiten der Aristoteles-Deutung klären helfen kann. — Sehr anregend für die prinzipielle Klärung meiner Position waren mir viele Gespräche mit Kurt Flasch. Wenn trotz der Verschiedenheit unserer Ausgangslage und Forschungsgegenstände unsere Ansichten im Prinzipiellen immer mehr konvergierten, so ist dies vielleicht doch ein Indiz dafür, daß man sachlich berechtigt ist, auch in der antiken und mittelalterlichen Philosophie transzendentallogische Denksätze anzuerkennen, statt sie zu unterdrücken. Ich darf deshalb zur prinzipiellen Intention meiner Arbeit auch auf zwei Aufsätze von Kurt Flasch verweisen: a) *Zum Begriff der Wahrheit bei Anselm von Canterbury*, Philos. Jb. 72 (1965) 322 bis 352. b) *Ars imitatur naturam. Platonischer Naturbegriff und mittelalterliche Philosophie der Kunst*, in: *Parusia* (Festschrift J. Hirschberger), 1965, 265—306 (vgl. ders., ib. Vorwort VI f). In beiden Fällen zeigt sich unter anderem, welch bedeutsame Folgen es hat, wenn man den platonischen Wahrheits- bzw. Naturbegriff nicht nur obenhin, sondern mit allem Nachdruck auf die Deutung mittelalterlicher Texte anwendet.

mehr: sie war notwendig, damit die Arbeit philologisch sein kann, ohne unbewußt irgendwelchen Alltagsphilosophemen zu erliegen (o. 1 Anfang). Was nun die eigentlich philologische Aristoteles-Forschung angeht, so befindet sie sich in einem Stadium des Umbruchs[228]: Seit Werner Jaegers auch heute noch wegweisendem Aristoteles-Buch hat die Aristoteles-Analyse sich intensiv um die Chronologie der aristotelischen Schriften und die Entwicklung des Aristoteles bemüht. Mittlerweile steht im ganzen fest, daß das Jaegersche Entwicklungsbild nicht zutrifft und Aristoteles vom Anfang bis zum Ende seines Lebens sowohl Platoniker wie Empiriker gewesen ist[229]. Auch Einzelnes wie die Reihenfolge EE—EN scheint sicher. In den meisten chronologischen Fragen ist man jedoch noch weit von allgemein anerkannten Ergebnissen entfernt, heute weiter denn je[230].

Obwohl der Ertrag im Verhältnis zur Unsumme der auf die Analyse verwendeten Arbeit sehr bescheiden ist, wird man nicht so weit gehen, die gesamte Forschungsrichtung als verfehlt abzulehnen[231], weil philologische Akribie und Vorsicht — das zeigen z. B. die Arbeiten Franz Dirlmeiers — eben doch auch auf diesem Gebiet noch etwas zu erreichen vermögen. Solange aber die Ergebnisse der Analyse derart umstritten und unsicher sind, ist es unmöglich, auf Grund von analytischen Vorentscheidungen (z. B. von einer bestimmten Chronologie aus) systematische Arbeiten am aristotelischen Text zu lenken und zu beeinflussen, sondern umgekehrt muß die Analyse warten, ob — ohne Rücksicht auf die Analyse angestellte — systematische Untersuchungen gleichsam ‚von selbst' auch analytische Ergebnisse zeitigen. Diese Vorsicht ist um so notwendiger, als die Analyse bei Aristoteles — anders als bei Platon — fast ganz auf höchst subjektive Kriterien angewiesen ist[232]: Wer will entscheiden, wie sich Aristoteles

[228] Vgl. außer dem Aristoteles-Kapitel in Albin Leskys Lit.-Geschichte Paul Wilpert, *Die Lage der Arist.-Forschung*, Zeitschr. philos. Forschung 1 (1946/47) 123—140; Franz Dirlmeier, *Aristoteles*, Jahrb. Bistum Mainz 5 (1950) 161—171; ders., *Zum gegenwärtigen Stand der Aristoteles-Forschung*, W. Stud. 76 (1963) 52—67; H. Flashar, *Die Kritik der plat. Ideenlehre in der Ethik des Aristoteles*, in: *Synusia* (Festgabe W. Schadewaldt), 1965, 223 f mit A. 1—11.

[229] Dirlmeier 1950 und 1963, 60 f.

[230] Ob und inwiefern sich Dürings Chronologie (zusammengefaßt 48—52) durchsetzen wird, bleibt abzuwarten (vgl. dazu u. a. Dirlmeier 1963 und Solmsen, Gnomon 39, 1967, 667—672).

[231] Vgl. K. Oehler, *Der Entwicklungsgedanke als heuristisches Prinzip der Philosophiehistorie*, Z. philos. Forsch. 17 (1963) 604 f.

[232] Sprachliche und stilistische Beobachtungen sind bei dem Überlieferungszustand der Pragmatien kaum analytisch verwertbar; wie wenig man auch mit den scheinbar solidesten Indizien ausrichten kann, hat sich am ‚wir'-‚sie'-Argument der Metaphysik gezeigt. Die zur Zeit weit verbreitete Hyperkritik gegenüber den Querverweisen teile ich nicht, andererseits sind sie allein aber auch keine feste Basis für weitreichende Folgerungen. Auch Inkonzinnitäten der Komposition sind bei Ari-

entwickelt haben muß, welche gegensätzlichen Motive in seinem Denken miteinander vereinbar waren oder nicht und dergleichen? So lebt, um nur ein einziges Beispiel zu nennen, die immer wieder aufflammende Kontroverse um das ‚Objekt' der aristotelischen Metaphysik samt ihren analytischen Konsequenzen größtenteils von den oft anfechtbaren Ansichten der verschiedenen Gelehrten über ‚Sein', ‚Ontologie', ‚Metaphysik' usw.[233]. Trotz dieser vielen Schwierigkeiten ist jedoch eine Rückkehr zum unhistorischen Systematisieren der Forschungsperiode vor Werner Jaeger undenkbar.

Aus diesem Grund schlagen die folgenden Darlegungen einen Mittelweg ein: a) Ihre Intention ist hauptsächlich ‚systematisch', indem sie die ‚Einheit' des aristotelischen Hyle-Denkens herausarbeiten wollen, anders gewendet: die ‚innere Form' seines Hyle-Denkens. ‚Einheit' und ‚System' werden dabei nicht starr und statuarisch verstanden, sondern flexibel und dynamisch, freilich wiederum nicht so flexibel, daß ein ‚offenes Philosophieren' nach moderner Weise daraus würde[234]. Dieses dynamische System begreift auch die ‚Aporetik' des Aristoteles ein[235], eine Aporetik, die allerdings nicht verabsolutiert werden darf und die nichts zu tun hat mit jener fast agnostizistischen Aporetik eines Nicolai Hartmann oder mit der existentialistischen von Pierre Aubenque. b) Die früher alleinherrschende Methode, unter einem bestimmten sachlichen Gesichtspunkt aristotelische Belege aus verschiedenen Schriften und Büchern unterschiedslos nebeneinanderzustellen, wird nachstehend zwar noch vielfach angewendet[236], daneben werden aber in einer Art ‚isolierender' Methode auch immer wieder kleinere, abgerundete Textpartien des Aristoteles zuerst in sich und aus sich erklärt, bevor sie dann mit anderen Belegen verglichen und in einen größeren Zusammenhang gestellt werden[237].

stoteles keine sicheren Handhaben der Analyse. Vgl. die sehr lehrreichen Ausführungen von Dirlmeier 1963, 56—59.

[233] Vgl. hierzu u. 4.1, 4.24 u. ö.

[234] Zum ‚systematischen' Aspekt des aristotelischen Denkens Dirlmeier 1963, 65. Näheres u. 1.34. Vgl. auch Gnomon 35 (1963) 558.

[235] S. vorst. Anm.

[236] Z. B. im Abstraktions-Kapitel 7 u. ö.

[237] S. z. B. Abschnitt 4, wo erst Partien aus met. Γ und aus met. K getrennt interpretiert werden, bevor ein Vergleich beider Stellen und eine systematische Auswertung versucht wird. Und so noch öfter. — Freilich sind wir auch in diesen mehr ‚analytischen' Partien noch weit von einer Analyse entfernt, wie sie G. A. Seeck in seinen Arbeiten durchgeführt hat. Seecks Untersuchungen sind mit vorbildlicher methodischer Bewußtheit durchgeführt und deswegen sehr wichtig, gehen aber mit ihrem sezierenden Scharfsinn öfter über das Beweisbare und sogar über das Wahrscheinliche hinaus, indem sie Schichten unterscheiden und Widersprüche bloßlegen, wo eine unbefangene Deutung *zusammengehörige* Textpartien und Gedankengänge sieht (vgl. z. B. Solmsen, Gnomon 39, 1967, 13—17). Da eine einläßliche Erörterung dieser Probleme zu weit geführt hätte, konnten im Folgenden Seecks Ergebnisse nicht berücksichtigt werden.

Beide Methoden führen nicht selten auf Diskrepanzen in den Gedanken des Aristoteles, die man vielleicht entwicklungsgeschichtlich erklären mag[238]. Hinsichtlich unseres Gesamtthemas jedoch kann man keine ‚Entwicklung' des Aristoteles feststellen: Es gibt keine frühe Stufe der aristotelischen Schriften, in welcher der Hyle-Begriff noch nicht vorhanden wäre oder fehlen könnte[239]. Auch lassen sich nicht die verschiedenen, zum Teil fast polar gegensätzlichen Charakteristika der ὕλη entwicklungsgeschichtlich auseinanderlegen und so ausgleichen. Vielmehr ist, soviel wir sehen, der Hyle-Begriff mit all seinen Aspekten von der ‚frühen' bis zur ‚späten' Zeit des Aristoteles ziemlich konstant geblieben[240]. Man darf also sagen, daß für unsere Darstellung der Entwicklungsgedanke keine große Bedeutung hat[241].

1.3 Zur Problematik der aristotelischen ἀρχαί

Wir haben soeben in 1.2 versucht, den philosophischen Standort unserer Arbeit anzudeuten. Indes genügt das bisher Gesagte noch nicht, weil die Frage nach dem Wesen der aristotelischen Hyle so komplex ist, daß sie nahezu alle Bereiche aristotelischen Philosophierens erfaßt. *Jedes* dieser Teilprobleme mit der sachlich notwendigen Ausführlichkeit zu behandeln, hieße den Rahmen des Buches sprengen und ist deshalb nicht möglich. Aber es scheint doch von der Sache her nötig zu sein, die Probleme hier in der Einleitung wenigstens kurz zu erwähnen, d. h. die Fragen immerhin zu *stellen*[242]. *Beantwortet* werden einige davon mit näherer Begründung in den folgenden Kapiteln des Hauptteils, andere werden nur hier in der Einleitung — notgedrungen — in apodiktischer Kürze entschieden oder auch offengelassen. Die angesprochenen Probleme gehören ganz verschiedenen Ebenen an[243], kreisen aber letztlich doch um einen gemeinsamen Punkt, den aristotelischen Begriff der ἀρχή. Wieso gerade um diesen?

[238] Vgl. in dem ‚systematisierenden' Kapitel über ὕλη νοητή das Schwanken des Aristoteles hinsichtlich Materie und Form der μαθηματικά (7.46), in dem mehr an einzelnen Textpartien orientierten Abschnitt über die Äther-Materie die Divergenzen der aristotelischen Äther-Lehre (5.321c).

[239] Vgl. die u. S. 276 A. 1006 zitierte Ansicht Dürings, der den Hyle-Begriff schon für den Protreptikos voraussetzt.

[240] Vgl. o. 1.111, 1.16, 1.17 und über das Verhältnis von met. Γ zum Hyle-Begriff etwa von ZHΘ u. 4.64 Ende.

[241] Vgl. noch Gnomon 35 (1963) 465 mit A. 2.

[242] Natürlich kann ein solcher ‚Katalog' von Fragen nicht ‚vollständig' sein, denn jeder Leser, jede Zeit wird andere, neue Fragen zu stellen haben. Wir hoffen aber, daß wir doch die allerwichtigsten Gesichtspunkte berücksichtigt haben.

[243] Deshalb kann im Folgenden auch nicht ganz streng und folgerichtig gegliedert werden, sondern die Fragen werden mit gleitenden Übergängen auseinander entwickelt.

1.31 Wenn man einen Begriff wie ὕλη bestimmen will, empfiehlt es sich, nach erprobtem lexikographisch-philologischem Brauch[244] immer wieder zunächst von dem auszugehen, was Aristoteles ‚positiv' und ‚negativ' über Hyle sagt. *Positiv,* indem er sie direkt definiert[245] oder durch ‚Synonyma' erklärt[246] oder phänomenologisch an Hand ihrer Wirkungen beschreibt[247]. *Negativ,* indem er sie durch Abgrenzung von ihren ‚Opposita' und von deren Wesenseigenschaften zu fassen sucht[248]. Beide Arten von Aussagen werden im Folgenden allenthalben berücksichtigt[249].

Von den Begriffen, durch welche die Hyle ‚positiv' charakterisiert wird, ist nun derjenige des ‚Prinzips' (ἀρχή) deshalb ganz besonders wichtig, weil, wie u. a. das Schlußkapitel über die ‚Hyle als Seinsprinzip' zeigen wird, im Arche-Begriff die verschiedenen Aspekte der Hyle zu einer Einheit konvergieren. Auch der Begriff der ‚Ursache' (αἰτία, αἴτιον), an den man im Zusammenhang mit ὕλη und ἀρχή gleich denkt, fügt sich diesem Rahmen zwanglos ein und kann dabei mitbehandelt werden[250]. Hingegen erfassen andere Begriffe, z. B. der des ‚Substrats', jeweils nur einen Einzel-Aspekt der Hyle[251] und können deshalb jetzt außer Betracht bleiben. Somit konzentrieren wir uns auf die Frage: Worin besteht das Wesen der aristotelischen ἀρχαί und wie gelangt Aristoteles zu ihnen?

1.32 Läßt sich ein Prinzip ‚beweisen'?

Dem Wortsinn entsprechend ist ἀρχή etwas ‚Anfängliches', Unabgeleitetes: „Die Prinzipien hängen weder voneinander noch von

244 Diese Methoden werden seit der Antike bei semantischen Fragen (in Philosophie Lexikographie u. dergl.) immer wieder angewendet und erscheinen in etwas verwandelter Form (als ‚collocation' und ‚opposition') auch heute noch in der strukturalistischen Semantik.

245 Die berühmten drei Hyle-‚Definitionen' (α 9, 192a 31 f, Η 1, 1042a 27 f, Ζ 3, 1029a 20 f) sind u. 3.15 zitiert.

246 Z. B. ὕλη ~ δυνάμει ὄν ~ ὑποκείμενον usw. Bei der Betrachtung der mit Hyle irgendwie verwandten Begriffe, die hier kurz ‚Synonyma' genannt werden, ist nicht nur das wichtig, worin sie mit Hyle übereinkommen, sondern vor allem auch, worin sie davon abweichen. Verweise Sach-Index s. v. *Hyle 2b* β.

247 Man denke nur an α, Ζ 3, gen.corr. Α 3, 317b 13 ff, Β 1, 328b 31 ff und viele andere Stellen, die im Hauptteil besprochen werden.

248 Zusammengestellt Sach-Index s. v. *Hyle 2b* γ.

249 Die Beispiele sind so zahlreich, daß sie nicht einzeln erwähnt werden können. Vgl. wiederum Sach-Index s. v. *Hyle 2b* die ‚Synonyma' und ‚Opposita'. Einen Hinweis verdient aber die ‚negative' Methode in Θ 6, wo die δύναμις nicht direkt, sondern durch ihren Bezug zur ἐνέργεια erklärt wird (u. 8.124).

250 Vgl. die Stellen, an denen ἀρχή und αἰτία (αἴτιον) ‚synonym' miteinander verbunden werden, wobei aber letztlich doch ἀρχή gegenüber αἴτιον als etwas Übergeordnetes, ‚Ursprünglicheres' erscheint (Bonitz 112a 49—60).

251 Vgl. Sach-Index s. v. *Hyle 2—4* passim.

etwas anderem ab, wohl aber hängt von ihnen alles andere ab"[252]. Das gilt für die beiden Hauptarten von Prinzipien, die sich bei Aristoteles unterscheiden lassen: a) Die obersten Prämissen der Wissenschaften; b) die vier Ursachen samt der στέρησις[253]. Ob beide Arten miteinander zusammenhängen und wie, müßte eine genaue Spezialuntersuchung zeigen[254]; für uns genügt es, die zweite Art herauszunehmen und für sich zu betrachten.

Die vier Prinzipien können, weil unabgeleitet, nicht von einem Übergeordneten her bestimmt werden, lassen also weder eine streng logische Definition noch eine strikte ἀπόδειξις zu. Das bedeutet aber natürlich nicht, daß sie damit der Unverbindlichkeit anheimgegeben wären: Wenn man sie schon nicht deduktiv, *more geometrico, be*weisen kann, so kann man sie doch sehr wohl *auf*weisen, um deutlich zu machen, warum just *diese* Prinzipien angenommen werden und keine anderen[255]. Zwar stellt Aristoteles öfter die vier Prinzipien einfach als

[252] α 5, 188a 27f δεῖ γὰρ τὰς ἀρχὰς μήτε ἐξ ἀλλήλων εἶναι μήτε ἐξ ἄλλων, καὶ ἐκ τούτων πάντα. Weitere Stellen Bonitz 112a 42 ff.

[253] Die erste Art nennt Bonitz ‚principia cognoscendi' (111b 58 ff), die zweite ‚principia realia' (112a 41 ff). Wenn auch die Gegenüberstellung von *cognitio* und *res* philosophisch nicht haltbar ist, so bietet sich doch diese Einteilung vom Text her an. — Dafür, daß auch die στέρησις als ἀρχή bezeichnet wird, ein paar Belege: α 7, 191a 13 f. Λ 2, 1069b 34. 4, 1070b 18 f.

[254] Die Untersuchung von G. Morel, *De la notion de principe chez Aristote*, Archives de philosophie 23 (1960) 487—511 u. 24 (1961) 497—516 beleuchtet gut einige Aspekte des aristotelischen Prinzipien-Begriffes, bleibt aber viel zu skizzenhaft und bezieht andererseits manches nicht Hergehörige ein. Die uns hauptsächlich interessierende Frage, wie Aristoteles näherhin zu seinen Prinzipien kommt, wird nur kurz behandelt. Deshalb ist eine Spezialarbeit über ‚ἀρχή bei Aristoteles', die auch die Hinweise von E. Tugendhat, Gnomon 35 (1963) 550 f verwerten müßte, weiterhin ein dringendes Bedürfnis.

[255] Wie Aristoteles sich einen solchen nicht-apodeiktischen ‚Aufweis' vorstellt, beleuchtet (unter Erläuterungen der einschlägigen Stellen aus An. post.) Lugarini 201—205 (vgl. E. Berti, Giornale di metafisica 18, 1963, 273). Instruktiv hierzu auch Reale, *L'impossibilità* 291 ff. Die falsche Alternative zwischen strikt deduktivem ‚Beweis' und ganz hypothetischer Unverbindlichkeit, die in der Diskussion über die aristotelischen Prinzipien immer wieder Verwirrung stiftet, sollte aufgegeben werden. Sie findet sich z. B. bei Ross (u. A. 256); Owens 284—286 (vgl. 205—207) zeigt richtig, wie Aristoteles auf das ‚Faktum' der Prinzipien einfach ‚hinweist', spricht aber dann doch wieder mißverständlich von ‚demonstrate' (304). Wieland sagt zutreffend, daß Prinzipien nicht abgeleitet werden können (217), schließt aber dann daraus, daß sie unverbindliche Topoi seien, die sich im Bereich der δόξα (nicht der ἐπιστήμη) bewegen (217 ff) — d.h. auch er bleibt der genannten Alternative verhaftet. Von ihr geht auch Aubenque aus: Weil die aristotelische Metaphysik keine *apodiktische* Wissenschaft ist (sein kann), kann sie ihren Gegenstand *überhaupt nicht wissenschaftlich* erfassen (richtig dazu die Kritik von E. Berti, Giornale di metafisica 18, 1963, 271). Überwunden ist sie u. a. bei Morel 1960, 497—499, Tugendhat 1963, 552 (mit Umgebung), Lugarini und Berti (s. o.). Ein Modellfall dafür, welche Mißverständnisse die Alternative hervorruft, ist der Streit um die sogen. ‚Gottesbeweise', die ursprünglich (z. B. auch bei Aristoteles) als ‚Gottes-Aufweise' konzipiert wurden; vgl.

gegeben hin[256], aber es fehlt auch nicht an Ansätzen zu solchen ‚Aufweisen': So gewinnt er offenbar die ‚vier' ἀρχαί z. B. in phys. α aus der Art und Weise unseres Sprechens, in met. Α (u. ö.) aus der Betrachtung seiner Vorgänger, in met. Λ 1/2 aus „einer bloßen phänomenologischen Analyse dessen, was der Begriff der μεταβολή impliziert"[257]. Viel deutlicher ist der ‚Aufweis' bei den ‚Wegen zur reinen Form', die unter den verschiedensten Überschriften behandelt werden (Beweise für den unbewegten Beweger; Gottesbeweise; usw.). Sprechen wir zuerst über phys. α und met. Α, wo Aristoteles etwas ihm ‚Vorgegebenes' ‚deutet'. Wie ist das zu verstehen?

1.33 ‚Hermeneutik' des ‚Vorgegebenen'[258] *?*

Die Überschrift zeigt die zwei Aspekte des Problems: Erstens, *was* ist ihm vorgegeben? Und zweitens, *wie* deutet er das Vorgegebene und *woraufhin?*

Vorgegeben ist ihm die *‚Tradition'* im weitesten Sinne: a) Das, was die Menschen so gemeinhin über die betreffende Frage, die Aristoteles gerade behandelt, gedacht haben und noch denken, also die *communis opinio* aus Vergangenheit und Gegenwart; b) speziell *die Theorien der bisherigen Philosophie*[259]; c) die *Sprache*, in der sich Tradition niedergeschlagen hat und die Medium unseres Denkens ist. Diese *drei* Formen von Tradition bezieht Aristoteles intensiv und bewußt in sein Philosophieren ein — viel stärker als sonst ein antiker Philosoph vor oder nach ihm: Der *Consensus omnium* ist für ihn „ein gültiges Kriterium der Wahrheit"[260]. In den berühmten doxographischen Ab-

Hirschberger, *Gottesbeweise* passim und u. 7.822. Die künftige Diskussion dieser Fragen sollte außer den platonisch-aristotelischen ‚Wegen zu den Prinzipien' (u. 1.36) auch die von Aristoteles in De ideis referierten akademischen ‚Ideen-Beweise' heranziehen, über die wir dank Wilpert (*Zwei arist. Frühschriften über die plat. Ideenlehre*, 1949; vgl. auch Lugarini 63 A. 24, wo weitere Verweise) jetzt recht gut Bescheid wissen.

256 Z. B. β 3, 194b 16—195a 3 (dazu Ross). gen.corr. Α 3, 318a 1 f. met. Α 3, 983a 24—b 1 (dazu Schwegler 3, 28 und Ross I 126 f). Ross Met. I 126: „Here, as in the Physics, the doctrine of the four causes is introduced quite abruptly. Aristotle nowhere shows us how he reached it, nor offers any logical deduction of it". ‚Logische Deduktion' ist sachlich ausgeschlossen (vgl. oben), aber das ‚how he reached it' möchte man schon gern wissen.

257 Tugendhat, Gnomon 35 (1963) 548; dazu die Bemerkung u. 3.16.

258 Vgl., auch zum Folgenden, Tugendhat 555.

259 Termini für a) sind ὑπόληψις und τὰ ἔνδοξα (Bonitz s. vv.), z. B. top. Α 1, 100b 21 f ἔνδοξα δὲ τὰ δοκοῦντα πᾶσιν ἢ τοῖς πλείστοις ἢ τοῖς σοφοῖς. Tugendhat 555 (der indes ὑπόληψις etwas zu eng faßt: es kann auch die *philosophische* Ansicht meinen).

260 K. Oehler, *Der Consensus omnium als Kriterium der Wahrheit in der antiken Philosophie und der Patristik*, Antike u. Abendl. 10 (1961) 103—129, bes. 105—108 (das Zitat 105). Vgl. auch die in der folg. Anm. genannte Lit.

schnitten seiner Pragmatien befragt er die Ansichten seiner philosophischen Vorgänger problemgeschichtlich und sieht in der Vielfalt ihrer Theorien ein kontinuierliches ideengeschichtliches Fortschreiten, das teleologisch bestimmt ist und in seiner eigenen Philosophie gipfelt sowie zugleich sich in ihr vollendet[261]. Und an Stellen wie phys. α 7 gewinnt er, wie gesagt, offenbar seine Prinzipien aus der Art und Weise unseres Sprechens[262].

Das klingt so, als erschöpfe sich sein Philosophieren in — mehr oder weniger ‚passiver' — Anpassung an diese vorgegebene Tradition. Und doch verhält es sich ganz anders: Aristoteles ist mit der Tradition verbunden und hört auf sie, aber er ist ihr nicht hörig, sondern bleibt stets ihr überlegen. Dies läßt sich am besten am letztgenannten Punkt, der *Sprache*, zeigen: Aristoteles philosophiert in ihr und aus ihr, mißt sie jedoch immer an der gemeinten ‚Sache' und geht über die Sprache hinaus, sobald sie gegenüber der ‚Sache' defizient ist[263].

Auch die problemgeschichtlichen Partien sind mitnichten so aufzufassen, als ergebe sich für Aristoteles die eigene Philosophie mit fast zwangsläufiger Notwendigkeit aus der — gleichsam ‚unpersönlichen' — Denkbewegung der Philosophiegeschichte[264]. Vielmehr ist ihm um-

[261] Vgl. außer den Kommentaren (z. B. Schwegler 3, 113 f; Bonitz 135 f) O. Gigon, *Die Geschichtlichkeit der Philosophie bei Aristoteles*, Archivio di filosofia 1954, 1, S. 129 bis 150. K. Oehler, *Die Geschichtlichkeit der Philosophie*, Zeitschr. philos. Forsch. 11 (1957) 504—526, bes. 506 f. 512 A. 9. 514 f. 518. 525. Die zahlreiche Literatur, die sich speziell mit der Kritik des Aristoteles an Platon und den Vorsokratikern befaßt, lassen wir beiseite. — Interessant für unsere Frage auch K. Gaiser, *Platon und die Geschichte*, 1961, bes. S. 18.

[262] Nach Le Blond, *Logique et méthode* (S. 308—328 *Schèmes du langage*) und Aubenque (*Être et langage* 94—250) umfassend und extrem entwickelt in W. Wielands Physik-Buch.

[263] Vgl. o. 1.18.

[264] Diese von Hegel in faszinierender Weise entwickelte Auffassung von Philosophiegeschichte lehnt Schwegler mit Recht für Aristoteles ab, wenn er (3, 27; vgl. 30) sagt: „Die modern-philosophische Ansicht [sc. die Hegelsche] von der Geschichte der Philosophie ist dem Aristoteles völlig fremd. Er sieht in ihr so wenig einen gesetzmäßigen, mit begrifflicher Notwendigkeit verlaufenden Entwickelungsprocess, daß er sie vielmehr nur von der pädagogischen Seite, als Übungsschule für das Denken, als brauchbares Gedankenmaterial auffaßt usw." (dort weitere Verweise). Die genannte hegelsche Sehweise kommt wieder zum Tragen bei Joachim Ritter, *Aristoteles und die Vorsokratiker*, Felsefe Arkivi 3 (1954) 17—37 (jetzt auch in Joachim Ritter, *Metaphysik und Politik. Studien zu Aristoteles und Hegel*, 1969, 34—56; vgl. ders., *Das bürgerliche Leben. Zur aristotelischen Theorie des Glücks*, Viertelj. Schr. f. wiss. Pädagogik 32, 1956, 60—94, bes. 64—66 mit A. 12 [= *Metaphysik und Politik* 57—105, bes. 64—68 mit A. 12]). Diese ganz hervorragende Arbeit, der ich viel verdanke, philosophiert mit und an Aristoteles, deutet ihn aber historisch nicht zutreffend: Je mehr man nämlich glaubt, daß Aristoteles ähnlich wie Hegel das ‚Gegebene', besonders das geschichtlich Gegebene, eo ipso für vernünftig und wahr hält und deshalb ‚hinnimmt', um so mehr macht man ihn dem Gegebenen untertan. Durch eine solche Auffassung wird seine aus souveränem, apriorischem Denken

gekehrt die Problemgeschichte nur *Bestätigung* der *vorher* auf *anderem* Weg schon aufgefundenen Prinzipien[265]. Er philosophiert also *geschichtsverbunden*, jedoch aus *geschichtsüberlegener* Haltung[266]. Etwas Ähnliches gilt vom *Consensus omnium:* Aristoteles bezieht sich auf ihn und nimmt ihn ernst, betrachtet ihn aber letztlich doch nur als einen *zusätzlichen* Beweis für die mit anderen Mitteln bereits erreichte Lösung eines Problems[267]. Kurz: Aristoteles bewegt sich natürlich in der „vorgegebenen philosophischen Problemsituation mit ihren Aporien"[268], aber sein Denken erschöpft sich nicht in ihr.

Hat man einmal die Spannung zwischen ‚Tradition' und Eigenständigkeit erkannt und stehengelassen, statt sie aufzuheben, kann man unbefangen würdigen, wieviel Aristoteles seinen Vorgängern verdankt, gerade was den Hyle-Begriff angeht. In *dreierlei* Form nimmt er die ‚Materie'-Tradition auf: Die Vorsokratiker direkt; die Vorsokratiker über Platon und die Akademie; Platon und die Akademie. Hiervon wird im Folgenden die Beziehung zu Platon und zur Akademie näher dargestellt[269] und die direkte Einwirkung ‚vorsokratischer' Theorien auf Aristoteles an einem wichtigen Einzelfall exemplarisch

kommende Eigenleistung ebenso verdeckt, wie wenn man ihn andererseits empiristisch deutet, d. h. ihn a posteriori die Dinge assoziativ summieren läßt.

[265] Auch wenn man Aristoteles' Haltung gegenüber den Lehren der Vorsokratiker und Platons nicht mehr so streng verurteilt wie Cherniss, bleibt doch bestehen, daß er seine Vorgänger unter seine eigenen (schon vorhandenen) Begriffe subsumiert, aber nicht seine Begriffe aus ihnen entnimmt. Typisch dafür sind Α 3, 983a 24—b 6 (dazu Schwegler, Bonitz, Ross) und weitere Bemerkungen im Verlaufe des Α, z. B. Α 5, 986a 13—15. b 4—6. Α 10, 993a 11—16 (dazu jeweils die Erklärer). Wie er zu seinen *eigenen* ἀρχαί kommt, die er als Maßstab an die Lehren seiner Vorgänger heranträgt, ist wieder eine Frage für sich, die erst weiter unten behandelt wird.

[266] Das ist richtig gesehen in dem methodisch sehr wichtigen und anregenden Aufsatz von O. Gigon (o. S. 62 A. 261).

[267] Oehlers lehrreiche Arbeit über den Consensus omnium hebt zunächst richtig hervor, wie Aristoteles sich immer wieder anhand von Geschichte und Tradition philosophisch vergewissert, gibt aber dann der ‚Tradition' im Denken des Aristoteles ein zu starkes Übergewicht. Der mißverständliche Ausdruck vom „kumulativen Wahrheitsverständnis" des Aristoteles (107) rückt gar — was (nach dem Zusammenhang zu urteilen) Oehler bestimmt nicht gewollt hat — Aristoteles in die Nähe eines Empirismus. Der Wahrheitsbegriff des Aristoteles ist idealistischer Apriorismus und von der (richtig verstandenen) Nus-Lehre her zu deuten. Das muß besonders deshalb betont werden, weil neuerdings Düring die aristotelische Formel ὡς ἐπὶ τὸ πολύ mit „das statistisch Normale" (239) oder sogar „die statistische Wahrheit" (491. 518) wiedergibt. Solche von der Soziologie beeinflußten modernistischen Termini verfehlen das von Aristoteles Gemeinte, wenigstens in Ontologie und Naturphilosophie: Er zieht nicht additiv-assoziativ eine Summe aus der Erfahrung, sondern denkt trotz einer Art ‚größerer Lebensnähe' das Naturgeschehen doch vom platonischen Eidos und der teleologischen ‚Ordnung' der εἴδη aus. — Ob man im Zusammenhang mit der aristotelischen Politik von ‚Summierungstheorie' sprechen soll (Düring 498 f nach Braun), lasse ich dahingestellt.

[268] Formulierung von Tugendhat 555.

[269] Vgl. 2 und 4.

aufgezeigt[270]. Und da die neueren Untersuchungen über Platons innerschulische Lehre den engen Zusammenhang zwischen dem vorsokratischen Prinzipiendenken und der Prinzipienlehre Platons deutlich erkennen lassen[271], schließt die Beziehung der aristotelischen Hyle zur platonisch-akademischen ‚Materie' zugleich auch die vorsokratische ‚Materie'-Tradition mit ein. Die obengenannten drei Traditionsstränge sind also eng ineinander verschlungen, und die aristotelische Hyle ist als wahrhaft umfassendes Seinsprinzip[272] letztes Glied *kontinuierlichen Arche-Denkens*, das bei den Vorsokratikern beginnt und über Platon bis zu Aristoteles führt[273]. *Letztes Glied* und zugleich *entscheidender Neuanfang:* Denn Aristoteles prägt nicht nur den Terminus ‚Materie' (ὕλη)[274], sondern bestimmt den Begriff auch inhaltlich in ideengeschichtlich sehr folgenreicher Weise[275]. Also Anverwandlung des bereits Vor-Gedachten und zugleich neue ‚Setzung'[276].

1.34 System und Aporetik, Philosophie und Dialektik

Wenn Aristoteles die ihm vorliegenden ‚Meinungen' aus Geschichte und Gegenwart (die ἔνδοξα) prüft, diskutiert er auf Grund allgemeiner Wahrscheinlichkeitserwägungen das Für und Wider jedes einzelnen Problems durch, ohne sich festzulegen oder zu einer Entscheidung zu drängen. Man nennt dieses Vorgehen ‚aporetisch' oder

270 u. **6**.

271 Hier sind besonders die Arbeiten H. J. Krämers zu nennen.

272 Vgl. hierzu den Sach-Index s. v. *Hyle 4b, 7*.

273 Die Kontinuität des Arche-Denkens von den Vorsokratikern des Aristoteles wird gut erkannt von J. Ritter, *Aristoteles und die Vorsokratiker* (vgl. o. S. 62 A. 264). Ritter nimmt aber 35—37 (= *Metaphysik und Politik* 54—56) — offenbar unter dem Eindruck von Aristoteles' Darstellung in met. A — u. a. Platon (Akademie) und die Eleaten aus dieser Tradition heraus und verbindet so Aristoteles über Platon (Akademie) und die Eleaten hinweg direkt mit den ionischen Arche-Denkern. Man muß jedoch mit der neueren Forschung über alle polemisch zugespitzten Kritiken des Aristoteles hinweg sehen, wie schon Platon in seiner Prinzipienlehre die vorsokratische Arche-Problematik aufgreift und Aristoteles (trotz scharfer Platon-Kritik) in diesem zentralen Punkt ganz eng an Platon anknüpft (u. **2**.52). Platonischer ‚Vermittlungsbegriff' zwischen der parmenideischen Alternative von Sein und Nichtsein ist nicht nur die ‚Teilhabe' (Ritter 36), sondern vielmehr auch das ‚zweite Prinzip', das im Körperbereich u. a. die γένεσις εἰς οὐσίαν, bei den Ideen deren Vielheit ermöglicht (u. **2**.51 u. ö.). In gleicher Weise entwickelt Aristoteles seinen ὕλη/ δύναμις-Begriff, um zwischen der schroffen Alternative des Parmenides zu vermitteln.

274 Vgl. u. **2**.6.

275 Hierfür muß pauschal auf alles Nachstehende verwiesen werden.

276 Wenn man den Ausdruck ‚Setzung' nicht im Kantischen Sinne mißversteht, kann man ihn durchaus verwenden, um die Selbständigkeit des Aristoteles gegenüber der Tradition hervorzuheben. Anders Ritter 34 (= *Metaphysik und Politik* 53 f) im Sinne seiner Auffassung vom ‚hypoleptischen' Charakter aristotelischen Philosophierens.

auch — was hier ungefähr dasselbe bedeutet — ‚dialektisch'. Die Frage ist nun, ob ‚Aporetik' bzw. ‚Dialektik' das gesamte Wesen der aristotelischen Philosophie ausmachen oder ob sie nur die erste, vorbereitende Stufe auf seinem Wege zur Lösung des Problems und zur ‚eindeutigen' Wahrheit sind. Da die zweite Möglichkeit zu sehr nach etwas wie ‚Systematik' aussieht, hat die moderne Systemfeindlichkeit sich öfter für die erste Möglichkeit entschieden, was man u. a. so begründen kann[277]: Aristoteles sei es gar nicht auf die Lösung angekommen, sondern auf die „Totalität der Probleme"[278]; die Wahrheit liege für Aristoteles gerade nicht in der Eindeutigkeit, sondern im dialektischen Widerspruch, den er scharf herausarbeite, um ihn dann unüberbrückt stehenzulassen[279].

Was die ‚Aporetik' betrifft, so sucht unsere Darstellung, wie bereits angedeutet, vor allem die ‚systematische Einheit' der aristotelischen Hyle auf, versteht aber ‚Einheit' und ‚System' als *lebendige Denkbewegung*, etwa als ‚Konvergenz' der mit verschiedenen Denkansätzen in den Einzeluntersuchungen gewonnenen Ergebnisse. Ein solch dynamisches System kann man auch ‚Seinsentwurf' nennen, sofern man nicht ein ganz ‚offenes Philosophieren' damit meint, das wahrheits-indifferent Problemlösungen weder erreicht noch erstrebt[280]. In einem derartigen System ‚gegenstrebiger Fügung' ist auch Platz für die ‚Aporetik' des Aristoteles, mit welcher er unerbittlich jeder ‚Problemkonsequenz' nachgeht, um aus der ἀπορία durch konsequentes Austragen der Schwierigkeiten (διαπορεῖν) zur Problemlösung (εὐπορία) zu gelangen[281]. Also ist die Aporetik im ‚Systematischen', das

[277] Hierbei wird natürlich vorausgesetzt, daß Aristoteles das, was er über Metaphysik sagen wollte, tatsächlich fixiert hat und daß uns hiervon auch das Wesentliche erhalten ist. Spekulationen darüber, ob Aristoteles durch den Tod an der Fertigstellung seiner Metaphysik gehindert worden sei oder die Überlieferung uns um wichtige Teile der Metaphysik gebracht habe, sind nutzlos, weil wir dafür keinerlei Anhaltspunkte haben. Wir dürfen auch nicht das Problem ‚System—Aporetik' durch eilfertigen Rekurs auf den historischen Zufall verharmlosen, sondern müssen ihm ins Auge sehen.

[278] So Jaeger 401: „Wenn es eine Totalität gibt, nach der Aristoteles strebt, so ist es nicht die der fertigen Erkenntnis, sondern die Totalität der Probleme" (vgl. 399 „Deshalb bleibt sein ‚System' nach jeder Richtung provisorisch und offen" und die Umgebung der Stellen). Diesen Satz Jaegers greifen auf z. B. P. Wilpert, *Die wissenschaftliche Persönlichkeit des Aristoteles*, Blätter f. deutsche Philosophie 12 (1938/39) 303. K. Oehler, Zeitschr. philos. Forsch. 11 (1957) 512 A. 9. Dirlmeier 1963, 65 (der es aber dann einschränkt, vgl. u.).

[279] So Aubenque mit seiner Aristoteles-Deutung.

[280] In einem für uns akzeptablen Sinn wird ‚Seinsentwurf' gebraucht bei Martin, *Allgemeine Metaphysik*, 1965, Kap. 2 (im Anschluß an Heidegger, *Sein und Zeit* 324. 362). Obwohl Martin die antike Philosophie manchmal recht summarisch und nicht immer zutreffend behandelt, ist sein Buch auch in dieser Hinsicht wichtig und anregend.

[281] Das ergibt sich so klar aus den Belegen, daß es nie zu den modernen Umdeutungen der aristotelischen Aporetik hätte kommen sollen. Wichtig B 1, 995a 24—b 4, aus

sie übergreift, ‚aufgehoben'. Diesem ‚Ineinander' werden diejenigen modernen Deutungen nicht gerecht, die einem extrem verstandenen System-Begriff[282] einen ebenso einseitigen Aporie-Begriff[283] alternativ gegenüberstellen und dann eine der beiden Seiten verabsolutieren[284].

dem nur zitiert sei a 27—30 ἔστι δὲ τοῖς εὐπορῆσαι βουλομένοις προὔργου τὸ διαπορῆσαι καλῶς· ἡ γὰρ ὕστερον εὐπορία λύσις τῶν πρότερον ἀπορουμένων ἐστι, λύειν δ' οὐκ ἔστιν ἀγνοοῦντας τὸν δεσμόν κτλ.; dazu die Erklärer, bes. Schwegler 3, 113—115. Noch prägnanter gen.corr. A 5, 321 b 11—13 ἐπεὶ δὲ διηπόρηται περὶ αὐτῶν ἱκανῶς, δεῖ καὶ τῆς ἀπορίας πειρᾶσθαι λύσιν εὑρεῖν, ... Richtige Beurteilung z. B. bei Lugarini 123—147, bes. 134—137, Owens 211—219 (u. ö., s. Index s. v.), Wieland 29—33 (der nur 32 die Konstanz der Probleme in der Geistesgeschichte zu gering veranschlägt) und Dirlmeier 1963, 65—67 (trotz mancher Konzessionen an existentialistisches ‚offenes Philosophieren' und ‚offenen Horizont' 64 f), ferner Reale 91—98.

282 Die Geschichte des Begriffs ‚System' von der Antike an müßte noch geschrieben werden: Zum griechischen Gebrauch ein Hinweis bei Jaeger 400 A. 1. Mehr oder minder starre ‚Systeme' gab es seit Hellenismus und Kaiserzeit immer wieder (vor allem bei den Schulphilosophien), im strikten Sinne aber wohl erst seit Beginn der Neuzeit: Bezeichnend hierfür sind schon die *Disputationes metaphysicae* des Franz Suárez (1548—1617), welcher nicht mehr kommentierend den Texten des Aristoteles folgt, sondern *doctrinae ordine* eine „apriori deduzierende, streng systematische Metaphysik" verfaßt und deshalb auch mit der aristotelischen Aporetik nichts anfangen kann. Suárez reißt zum erstenmal bewußt eine Kluft auf zwischen (systemloser) Aporetik und (aporieloser) Systematik und stellt sich sogleich entschieden auf die Seite des Systems, worin ihm die zünftige Philosophie bis ins 19. Jahrhundert folgt. Die ‚Aporetik' fand zunächst nur fern von den ‚Kathedern' bei wenigen wie Montaigne (der deshalb auch auf die aristotelische Aporetik achtet) und Pascal eine Heimstatt, bis sie dann mit Nietzsche, der Lebensphilosophie und dem Existentialismus auch von der ‚Zunft' selber übernommen und gleich verabsolutiert wurde. Vgl. K. Flasch, *Metaphysik und Skepsis in der frühen Neuzeit*, Philos. Jb. 73 (1966) 285—305. — Die undifferenzierte Rede vom ‚starren, toten' System dürfte bei den modernen System-Gegnern aufgekommen sein; vgl. etwa Nietzsches Ausspruch, daß „der Wille zum System ein Mangel an Rechtschaffenheit" sei, oder an das Bild vom starren „Gehäuse" (Jaspers). Diese Verzeichnung des Begriffs hat dazu geführt, daß man ihn heute nicht mehr auf Aristoteles anzuwenden wagt, selbst nicht ein so besonnener Forscher wie J. Owens (23. 79. 131. 202 f). Doch ist zu hoffen, daß der in Frankreich aufgekommene philosophische ‚Strukturalismus' hierin demnächst eine Änderung bewirkt, d. h. den ‚System'-Begriff wieder unbefangener zu sehen ermöglicht.

283 ἀπορητικός, bei Aristoteles noch nicht belegt, kommt erst später bei Sext. Emp. usw. vor; aber auch da scheint man nicht von ἀπορητική (sc. μέθοδος) oder dergleichen gesprochen zu haben. Das Wort ‚Aporetik', das eine Gesamthaltung bzw. eine Gesamtmethode suggeriert, ist also offenbar ein moderner Kunstausdruck (zuerst bei N. Hartmann ?), der zumindest auf Aristoteles sachlich nicht zutrifft.

284 Der Überbetonung des Systematischen seit Suárez folgte die Vereinseitigung der Aporetik in Lebensphilosophie und Existentialismus. Von ersterer ist offenbar Werner Jaeger 399—402 beeinflußt, vielleicht auch N. Hartmann, der im Erscheinungsjahr von Jaegers Buch 1923 die ‚Aporetik' des Aristoteles gut charakterisierte und doch überbetonte (Kl. Schr. 2, 219f; vgl. ebd. 15 A. 1. 30 A. 1). Bei Hartmann vermag das Subjekt nur einen Teil des Seins zu erkennen, und außerhalb der Erkennbarkeitsgrenze erstreckt sich der unendliche Bereich des nicht-erkennbaren

Hiermit ist auch schon unsere Stellung zur ‚dialektischen' Methode des Aristoteles umrissen: Aus den wenigen knappen Äußerungen des Aristoteles über seine ‚Dialektik'[285] läßt sich immerhin soviel entnehmen, daß sie — wie oben schon angedeutet — ein Argumentieren ἐξ ἐνδόξων ist, also innerhalb der Metaphysik mit dem διαπορεῖν zusammenfällt[286]. Wie weit man nun auch die Grenzen der Dialektik stecken mag[287], sie macht keineswegs das Wesen der aristotelischen Philosophie schlechthin aus[288], sondern sie bleibt etwas Vorläufiges[289],

‚transobjektiven' Seins (*Grundzüge Met. Erkenntnis* 57; *Einführung in die Philosophie*, 1949, 84). Die so zugunsten des Irrationalen eingeschränkte Erkenntnis verfällt der Wahrheit gegenüber in eine Art müder Skepsis, die Aporie wird zur Grundverfassung des Menschen, der immer wieder vergeblich an die Grenzen der Erkennbarkeit stößt. Weder dieser Seinsbegriff noch diese skeptische Aporetik (um weitere Wesenszüge der Hartmannschen Philosophie beiseite zu lassen) haben etwas mit Aristoteles zu tun. Vgl. auch Wielands (29—33) Einwände gegen Hartmanns Beurteilung der aristotelischen Aporetik. — Ganz extrem übersteigert ist (unter dem Einfluß der Existenzphilosophie) die ‚aporetische' Aristoteles-Deutung bei Aubenque, *Problème* (über das Buch vgl. die kurze Bemerkung u. 4.11) und besonders in seinen beiden Aufsätzen *Sur la notion aristotélicienne d'aporie*, in: *Aristote et les problèmes de méthode*, 1961, 3—19; *Aristoteles und das Problem der Metaphysik*, Zeitsch. philos. Forsch. 15 (1961) 321—333. Richtig dagegen die Kritik von Owens 23—25.

285 Die wichtigsten Belege bei Bonitz s. v. διαλεκτικός.

286 So richtig schon Schwegler 3, 113—116. 157—159. Bonitz, Met. S. 136. Vgl. auch Joachim zur Nik. Ethik 28—30.

287 So betrachtet etwa Owens sogar Γ/Ε (304) und ΖΗΘ (415f) noch als ‚dialektisch', nimmt also eigentlich nur den Komplex über die ‚Separate Entity' (ΜΝΛ) von der Dialektik aus. Wie man daraus ersieht, faßt er Dialektik in einem weiten Sinn („well within the Realm of Wisdom itself", „not ‚introductory' in the modern sense" 304) und versteht sie trotzdem noch als etwas Vorläufiges (z. B. 205—207), weil gemäß seiner Metaphysik-Deutung die Frage nach dem ‚Sein' ja erst bei der ‚separate Entity' eigentlich zum Austrag kommt (416; vgl. 4.12).

288 So in neuerer Zeit Wieland 216—229, Aubenque 251—302 (weitere Stellen in seinem Index). Zu Wieland vgl. Tugendhat, Gnomon 35 (1963) 551, zu Aubenque den wichtigen Aufsatz von Jacques Brunschwig, *Dialectique et ontologie chez Aristote. A propos d'un livre récent*, Revue philosophique (de la France et de l'Étranger) 154 (1964) 179—200 bes. 186—190. — Weitere Literatur über die aristotelische Dialektik bei Aubenque 519—523, dazu Livio Sichirollo, *Limiti e significato di una ricerca intorno alla dialettica aristotelica*, Studi Urbinati 1959, 15—23. Ders., *Dialettica aristotelica e storia della dialettica*, Festschrift H. J. de Vleeschauwer (Pretoria 1960) 58—65. Ders., *Dialegesthai — Dialektik. Von Homer bis Aristoteles*, Hildesheim 1967. Wagner, Kommentar 397 f.

289 Neben der o. Anm. 286, 287 und 288 zitierten Literatur vgl. Lugarini, *Aristotele*, 148—172, bes. 158 A. 29, wo er die These seiner früheren Arbeit (*Dialettica e filosofia in Aristotele*, Pensiero 4, 1959, 48—69), daß bei Aristoteles Dialektik und Philosophie schlechthin identisch seien, ausdrücklich modifiziert: „L'ulteriore approfondimento della questione, alla luce dell'argomento del presente volume, mi ha successivamente convinto della necessità di circoscrivere alquanto la tesi prospettata in quel saggio. Per Aristotele, in effetti, la dialettica (intesa pur sempre come metodo discutivo) entra soltanto nei due primi momenti del filosofare: in quello aporetico ed in quello diaporetico. A motivo del suo andamento dialogico essa rimane per contro

das dann ‚aufgehoben' wird in die eigentlich *philosophische* Problembetrachtung, welche auf *Wahrheit* ausgeht und die angesprochenen Probleme zu *lösen* unternimmt.

1.35 Denkformen, Denkmodelle und philosophische Intention

Die ἔνδοξα und die Sprache als Medium des Philosophierens betrachtet Aristoteles bewußt als etwas ‚Vorgegebenes', mit dem er sich auseinandersetzt (o. *1.33*). Vielleicht gibt es aber darüber hinaus noch mehr ‚Vorgegebenes', nämlich verschiedene ‚*Denkformen*' und ‚*Denkmodelle*'. Sie hier wenigstens kurz zu erwähnen scheint um so mehr angebracht, als Aristoteles (anders als bei den ἔνδοξα) zumeist nicht kritisch auf sie reflektiert, sondern sie ungeprüft verwendet. Zu fragen ist also: Werden die philosophischen Intentionen des Aristoteles durch bestimmte ‚Denkformen' und ‚-modelle', in denen er sich bewegt und deren er sich bedient, gehemmt oder gefördert?

Bevor eine Antwort auf die Frage versucht wird, ist zu überlegen, ob und wieweit die Frage als solche überhaupt berechtigt ist. Denn es ist zwar hermeneutisch legitim, ja sogar notwendig, das antike Denken aus seinen *Voraussetzungen* verstehbar machen zu wollen; jedoch bleibt es zweifelhaft, ob dies gerade an Hand der Begriffe ‚Denkform' und ‚Denkmodell' geschehen kann, die beide vorbelastet sind: ‚Denkform' entstammt dem Bereich der Psychologie und Lebensphilosophie, ‚Denkmodell' dem der ‚Technik', so daß man Gefahr läuft, mit den zwei Begriffen zugleich moderne Befangenheiten (eben moderne ‚Denkformen') an das Material heranzutragen. Dem läßt sich aber durch methodische Reflektiertheit begegnen. Mit dieser kritischen Einschränkung hat die Suche nach Denkformen und Denkmodellen, mit der man sich in der ersten Hälfte unseres Jahrhunderts intensiver beschäftigte[290], auch heute noch ihre Berechtigung, zumindest als heuristische Methode für die Philosophiegeschichte[291]. Man darf dabei

esclusa da quella fase più strettamente epistematica del filosofare e in genere della ricerca scientifica che è il momento euporetico e nella quale si tratta di formulare un ‚logo' esprimente le cose stesse, nelle guise che siano loro connaturate".

[290] Repräsentativ hierfür ist das Werk von Hans Leisegang, *Denkformen* ¹1928, ²1951 (dort alle weiteren Verweise). Wie man an Leisegang sieht, ging man dabei offenbar meist von der Lebensphilosophie und der Psychologie aus.

[291] Nach einigen Ansätzen etwa bei Julius Stenzel zeigen wohl die Arbeiten Hermann Fränkels am schönsten, wie man in historisch und philologisch adäquater Weise die Denkformen einer bestimmten Epoche und einzelner Autoren erforschen und darstellen kann (*Dichtung und Philosophie des frühen Griechentums*, ²1962; *Wege und Formen frühgriechischen Denkens*, ²1960). — Methodisch wichtig der (von Topitsch 96 A. 3 genannte)Aufsatz von Heinrich Gomperz, *Problems and Methods of Early Greek Science*, Journ. Hist. Ideas 4 (1943), auch in: H. Gomperz, *Philosophical*

durchaus über die Probleme hinausgehen, welche die Antike ausdrücklich thematisiert hat (z. B. τέχνη — φύσις), muß aber freilich erstens vermeiden, vom heutigen Standpunkt aus Denkformen in die Antike hineinzuverlegen, die es dort gar nicht gab (s. u. h). Und man muß zweitens Denkform und *philosophische Intention* scharf trennen und gegeneinander abwägen: Denn weder erschöpft sich die Intention in den Denkformen, welche sie verwendet[292], noch kann sie sich unabhängig von diesen unmittelbar zum Ausdruck bringen[293]. Sobald nur *eine* der beiden Seiten bedacht wird, läßt sich die antike Philosophie nicht historisch zutreffend beurteilen, und sie läßt sich dann auch nicht, indem man das nur Zeitbedingte an ihr abstreift und dadurch ihren überzeitlichen Gehalt heraushebt, auf das heutige Denken hin ‚entmythologisieren'.

Die nachstehend in Auswahl aufgeführten ‚Denkformen' und ‚Denkmodelle'[293a] sind nach Eigenart und Bedeutung sehr verschieden[294]. Da aber eine exakte Untergliederung nicht möglich ist, werden sie in zwangloser Folge besprochen.

a) An erster Stelle ist zu nennen das *aristotelische Weltbild*, nach dem die Welt als begrenzter, axiologisch gestufter Kosmos verstanden

Studies, Boston 1953, 72 ff. Gomperz unterscheidet im wesentlichen drei Denkformen (thought-patterns): a) ‚biological', b) ‚political' bzw. ‚a well- or an ill-ordered household', c) ‚artistic creativity' bzw. ‚mechanic'. Das entspricht ungefähr den ‚biomorphen', ‚soziomorphen' und ‚technomorphen' Modell-Vorstellungen, wie sie Ernst Topitsch (s. folgende Anm.) schildert. — Hierher gehört auch der Begriff des ‚Weltmodells' (der Griechen), den Wolfgang Schadewaldt einführte (vgl. W. Sch., *Das Weltmodell der Griechen*, 1955, in: *Hellas und Hesperien*, 1960, 426—450) und der seitdem vielerorts verwendet wird.

292 Dies nicht gesehen zu haben, ist der Fehler von Ernst Topitsch, *Vom Ursprung und Ende der Metaphysik. Eine Studie zur Weltanschauungskritik*, Wien 1958. Topitsch weist in seiner stark soziologisch bestimmten Untersuchung instruktiv auf verschiedene Denkformen der antiken Philosophie hin, glaubt aber damit zugleich schon ihren *Gehalt* erfaßt zu haben und kommt so zu einer oberflächlichen Abwertung der antiken Metaphysik. Indem er das von den Denkformen *Gemeinte* vernachlässigt, veräußerlicht er sie zu unverbindlichen Leerformen, mit denen man sich die Welt ordnet, also fast im Sinne Wielands Metaphysik als Topologie. Zum ‚techno-morphen' Denkmodell vgl. o. 1.112 und gleich unten, zur ganzen Frage vgl. das Nachstehende.

293 Das gilt vor allem für Aristoteles, der ja mehr als Platon mit bestimmten Denk-Schemata arbeitet.

293a Nicht besprochen wird hier das ‚Inhärenzschema' des Substanzbegriffes, das anläßlich Z 3 (7.823a) und auch sonst (3.1 u. ö.) auch für den Hyle-Begriff wichtig wird.

294 Wenn hier inhaltliche und formale Tatbestände unterschiedlichen Charakters nebeneinandergestellt werden, so rechtfertigt sich das einmal daraus, daß das komplexe Phänomen des ‚Prinzips' nur durch vielfachen Wechsel der Aspekte erfaßt werden kann, und zum andern daraus, daß die von uns gegebene knappe Skizze nicht ausreicht, die einzelnen Gesichtspunkte noch genauer zu gliedern. Hierfür wäre eine Monographie erforderlich.

wird[295]. Die kosmologische Ponderierung des aristotelischen Denkens beeinflußt so stark die gesamte aristotelische Metaphysik und Philosophie, daß man fast von einer ,kosmo-morphen' Denkform des Aristoteles sprechen könnte[296]. Sie droht natürlich auch den Hyle-Begriff zu ,verfestigen' und auf die körperliche Welt des Werdens einzuengen[297], vermag aber dann letztlich doch nichts gegen die Denk-Intention des Aristoteles auszurichten, die sich eindeutig auf ein unkörperliches, ,geistiges' Hyle-Prinzip von genereller Wirksamkeit richtet[298].

b) Damit hängt eng zusammen, daß wie für Platon, so auch für Aristoteles das Sein eine *hierarchische Stufenfolge*, eine Wert-Pyramide ist[299]. Woher auch immer das Bild der Seins-Hierarchie stammen mag[300], es soll die aristotelische Gesamtauffassung des Seins verdeutlichen. Dabei besteht nun — wie bei jedem schematischen Modell — die Gefahr, daß sich das Schema selbständig macht, d. h. daß die ,Schichten' der Seinsschichtung zu starrer ,Konkretheit' verdinglicht und voneinander isoliert werden. Mindestens vier solcher χωρισμοί treten bei Aristoteles auf, die den Zusammenhang des Seins ernsthaft gefährden[301]. Und doch gelingt es Aristoteles, das Sein in einer über-

295 Die meisten Elemente dieses Weltbilds entstammen der Tradition, aber die Konzeption insgesamt ist typisch aristotelisch. Vgl. vorläufig *Kosmologie und Metaphysik* (Lit.) und *Weltbild und Seinslehre*.

296 Damit ist nur gesagt, daß Aristoteles bei Behandlung metaphysischer Fragen immer wieder den Kosmos miteinbezieht, ihn gleichsam als ,Modell' betrachtet. Aus welchen Elementen sich dann wieder sein Bild vom Kosmos letztlich zusammensetzen mag, ist eine weitere Frage: Topitsch z. B. betrachtet die kosmische Hierarchie als (,soziomorphes') Abbild der menschlichen Familie; Leisegang würde das Vorbild eher in der Begriffspyramide sehen.

297 Vgl. bes. u. 8.262c.

298 Die Überwindung der ,kosmo-morphen' Denkform beginnt schon innerhalb des Kosmos selber bei dem Begriff der ὕλη τοπική (s. z. B. 5.325) und setzt sich dann fort über verschiedene andere Ausprägungen der Hyle (wie die ὕλη νοητή) bis hin zur berühmten Hyle-Definition von met. Z 3 (vgl. etwa 8.21/22).

299 Vgl. u. 8.271 über ,Seinsstufung' (mehr Sach-Index s. v. *Stufung*) und die Schemata S. 700.

300 Leisegang leitet es von der Begriffspyramide her, Topitsch von der menschlichen Familie (,soziomorph'); vgl. o. A. 296. Für beides lassen sich Gründe anführen: a) Die Begriffspyramide beeinflußt zumindest seit Platon das philosophische Denken außerordentlich stark und ist gängiges Traditionsgut, an dem Aristoteles festhält. Natürlich könnte man im Sinne Topitschs auch die Begriffspyramide letztlich auf ,soziomorphe' Ur-Vorstellungen zurückführen, aber das ändert ja nichts daran, daß sie qua Begriffspyramide auf Aristoteles eingewirkt hat. b) Daß das Bild der Seinshierarchie seit frühgriechischer Zeit (vgl. etwa H. Fränkel, *Dicht. u. Philos.*[2] 600) ,soziomorph' beeinflußt ist, steht außer Frage: Bei Aristoteles braucht man nur an Λ 10 zu erinnern, wo die Seinsordnung (τάξις!) mit einem Heer und einem Hauswesen verglichen wird. Aber diese Überlegungen helfen sachlich doch nicht weiter: Selbst wenn — über das rein Zufällige hinaus — die formale Herkunft der ,Denkform' richtig bestimmt sein sollte, ist damit überhaupt noch nichts über ihren philosophischen Gehalt und ihre Relevanz ausgesagt.

301 Es sind dies die Verhältnisse Gott—Welt, Äther—sublunarer Bereich, Lebendiges—tote Stoffe, ἐσχάτη ὕλη—ἄτομον εἶδος. Hinweise Sach-Index s. v. *Chorismos*.

greifenden Ordnung — nach dem ‚Mehr und Weniger' gestuft — zusammenzufassen[302].

c) In ‚Kosmos' und ‚Wertpyramide des Seins' zeigt sich eine Denkweise, die man als *‚horror infiniti'* bezeichnet hat. Dieses Verlangen nach Begrenztheit führt dazu, daß auch die Ursachen von Werden und Sein nicht in einer unendlichen Kette immer weiter zurückverfolgt werden, sondern einen Abschluß finden in einer Ursache, die ihrerseits nicht wieder verursacht ist. Am klarsten wird ein ungegründeter Grund als Abschluß gesetzt in der Reihe der Zweckursachen: der ‚unbewegte Beweger' als Quelle aller Bewegung. Aber auch hinsichtlich des Hyle-Prinzips läßt sich ein solches Streben erkennen, den infiniten Regreß zu vermeiden, d. h. die reine Hyle, aus welcher alles hervorgeht, aber welche selber nicht mehr aus etwas anderem hervorgeht, in den Blick zu bekommen[303].

d) Aristoteles erläutert öfter seine vier Ursachen mit Beispielen, die dem Bereich des menschlichen Herstellens entnommen sind, ja er scheint sie ganz am *Techne-Modell* abzulesen, so daß man bis heute von der ‚techno-morphen' Befangenheit des aristotelischen Denkens überzeugt ist. Indes sollte man nicht beim Techne-Modell und dem typisch modernen Gegensatz von (geistfremder) ‚Natur' und (naturfremdem) ‚Geist' stehenbleiben, sondern dahinter die ‚geistige' Einheit von φύσις und τέχνη sehen. Die Techne ist kein Modell-Bereich, aus dem etwas ‚übertragen' wird, sondern es werden an ihr, die besonders klare Beispiele liefert, diejenigen Phänomene aufgezeigt, welche infolge der Einheit von φύσις und τέχνη eo ipso für *beide* Bereiche gelten[304]. Nur in diesem sehr eingeschränkten Sinn kann man auch in Zukunft noch vom ‚Techne-Modell' des Aristoteles sprechen.

e) Eng verbunden mit dem Stufen-Modell des Seins ist bei Aristoteles das *‚Gegensatz-Substrat-Schema'*, das seine Lösung des Werdeproblems augenfällig machen soll: Werden als Wechsel von Gegensätzen, die an einem beharrenden Substrat einander ablösen. Wenn Aristoteles diese seine ‚Triade' scharf der ‚reinen Gegensatzlehre' (Dyade) seiner Vorgänger gegenüberstellt, so trifft das historisch nicht ganz zu[305], aber es bleibt bestehen, daß er als erster die Triade systematisiert und schematisiert hat. Sie ist so eng mit dem Hyle-Begriff verbunden, daß wir sie für ein Stück Wegs zum Leitfaden unserer

302 Über das ‚Mehr und Weniger' Sach-Index s. v. *Mehr und Weniger*, über den τάξις-Gedanken Sach-Index s. v. *Ordnung*.

303 Vgl. u. 7.823 über die ‚Wege zum Hyle-Prinzip'. Bestätigt wird diese empirisch aus den Texten gewonnene Auffassung durch met. α 2. — Die Aufdeckung dieses Denk-Schemas darf nun freilich nicht dazu führen, das Hyle-Prinzip etwa als ‚rein formalen Grenzbegriff' verstehen zu wollen (dazu o. 1.15, u. 8.273).

304 Vgl. o. 1.112, wo weitere Hinweise.

305 Über das Verhältnis des aristotelischen ‚Vermittlungsbegriffes' Substrat/Steresis zu den entsprechenden platonischen Lehren vgl. u. 2.25, 3.14, 4.64.

Untersuchung nehmen können. Dabei werden sich bald die Grenzen des Schemas zeigen: α) Es läßt sich an der akzidentellen ‚Veränderung‘ (ἀλλοίωσις) leicht ablesen und aufzeigen, schwer oder gar nicht jedoch am (allein wichtigen) substantiellen ‚Werden und Vergehen‘ (γένεσις, φθορά). Wenn nun Aristoteles in einer Art ‚Analogieschluß‘ von der ‚Veränderung‘ auf das ‚Werden‘ schließt[306], besteht unter dem Zwang des Schemas die Gefahr, daß analog dem (körperlichen, substantiellen) Substrat der ἀλλοίωσις auch das (z. T. unkörperliche) Substrat der γένεσις allgemein ‚körperlich‘ und substantiell gedacht wird und entsprechend die Wesensform zu einem Akzidens herabsinkt[307]. β) Die Triade ist auf den sublunaren Bereich beschränkt[308] und sagt deshalb nichts über diejenigen Arten von Materie aus, die sich außerhalb dieses Bereiches befinden (Äther-Materie) oder überhaupt nichts mit dem Kosmos zu tun haben (ὕλη νοητή). Gleichwohl drängt sich das Schema bei Aristoteles doch scheinbar so vor, daß die ‚Hyle als Substrat des Werdens‘ oft mit dem aristotelischen Materie-Begriff überhaupt gleichgesetzt wird[309]. Das entspricht, wie wir zeigen zu können glauben, nicht der Intention des Aristoteles, und so darf man sagen, daß das von ihm geschaffene triadische Gegensatz-Substrat-Schema den von ihm intendierten umfassenden Hyle-Begriff eher verstellt als verdeutlicht.

f) Die Betonung der ‚Triade‘ bedeutet nicht, daß Aristoteles die traditionellen Gegensatz-Lehren aus seinem Denken verbannt. Vielmehr spricht er außerhalb der Stellen, an denen er (z. B. in polemischer Absicht) die Triade mit Nachdruck schematisch hervorhebt, öfter ‚*dyadisch*‘ wie Platon und die Vorsokratiker: Das Werden ist ihm dann ein Konflikt zweier Prinzipien, die fast in urtümlicher Weise miteinander um die Vorherrschaft ringen[310] und doch andererseits sich zu vereinigen drängen[311]. Das Sein aus dem Widerspiel zweier gegensätz-

[306] Vgl. u. **3**.12 und **3**.13 über phys. α 7.

[307] Näheres u. **6**.222b, **6**.4, **9**.

[308] Auch da ist es ja nicht lückenlos durchgeführt, vgl. u. **6**.

[309] Die Interpreten, welchen sich derart vom Gegensatz-Substrat-Schema beeindrucken lassen, beachten nicht, wie oft Aristoteles ‚dyadisch‘ spricht (vgl. nachstehend f).

[310] Zum ‚Kampf‘ der beiden Prinzipien (und zum Ausdruck κρατεῖν) u. S. 537 A. 82. Die ‚agonale‘ Komponente im Denken des Aristoteles betont richtig Düring 545. Sie ist ein Bestandteil aller ‚dualistischen‘ Welterklärungen zu jeglicher Zeit und bei jedem Volk. Zum polaren Denken des frühen Griechentums Fränkel, *Dicht. u. Philos.*² Index 603—605 (wo weitere Hinweise).

[311] Das Streben der Materie nach der Form vergleicht Aristoteles α 9, 192a 22 f (vgl. 192a 14 μήτηρ) mit dem Verlangen des Weiblichen nach dem Männlichen. Sofern man diesen Vergleich überhaupt auswerten will (er denkt ja 192a 23 auch an das Streben des Häßlichen nach dem Schönen!), so zeigt sich in ihm entweder das ‚biologische‘ Denken des Aristoteles insgesamt (dazu u.) oder es wird auf die mythischen Vereinigungen z. B. zwischen Uranos und Gaia angespielt (letzteres nennt Topitsch ‚biomorph‘, z. B. S. 10. 18 u. ö.); vgl. auch **3**.14 Ende.

licher Prinzipien zu begreifen — dieses Denken kann man dualistisch, polar, antithetisch, antinomisch oder sogar ‚dialektisch' nennen, sofern man nur nicht die ‚Einheit', die ‚Harmonie' zwischen beiden Prinzipien leugnet und die Polarität verabsolutiert[312].

g) Im Vorstehenden ist neben dem techno-morphen auch immer wieder das *‚bio-morphe'* Denkmodell gestreift worden, das nunmehr noch einmal kurz für sich betrachtet werden möge, und zwar verengt auf den eigentlich ‚biologischen' Bereich: Die quantitativ und qualitativ bedeutende Leistung des Aristoteles auf dem Gebiet der Biologie legt die Frage nahe, ob er nicht seine Prinzipien an spezifisch biologischen Zusammenhängen abgelesen und von da aus verallgemeinert habe: Man denkt zunächst an den εἶδος-Begriff, der unter dem Aspekt der ἐντελέχεια etwas Ähnliches meint wie ‚geprägte Form, die lebend sich entwickelt'; dementsprechend könnte man auch δύναμις und ὕλη primär als biologisches ‚Angelegtsein' verstehen[313] usw. Nun hat Aristoteles ganz gewiß nicht panpsychistisch oder vitalistisch im heutigen Sinne gedacht, so daß man also seine Philosophie und seine Prinzipien nicht vordergründig ‚biologistisch' deuten kann. Dies geht — um von allem andern abzusehen — schon deswegen nicht, weil man so den typisch modernen Gegensatz von Natur und Geist (s. o. unter d) und einen ebenso modernen Irrationalismus in Aristoteles hineinträgt. Jaeger war mithin sachlich im Recht, als er die ‚biologistische' Aristoteles-Deutung ablehnte[314], wobei er sie freilich durch die nicht minder

[312] D. h., man darf nicht, um einer ‚monistischen' Aristoteles-Interpretation zu entgehen, nun zwischen den beiden Prinzipien eine unüberbrückbare Kluft auftun (und dabei vielleicht Aristoteles zu einem absoluten ‚aporetischen Dialektiker' wie in der Deutung Aubenques machen), sondern muß auch all das bedenken, was es an ‚Vermittlungen' zwischen ihnen gibt. Vgl. Sach-Index s. v. *Vermittlung*.

[313] Dieser Gesichtspunkt kommt bei Erörterung von δύναμις und ὕλη gewöhnlich zu kurz.

[314] *Aristoteles* 410f. Vielleicht wendet Jaeger sich hier u. a. gegen die lebensphilosophische Neuprägung und Umdeutung der aristotelischen ἐντελέχεια durch Hans Driesch (1909), die ein Jahr nach dem Erscheinen von Jaegers Buch Paul Gohlke aufgriff und in die Deutung der aristotelischen ἐνέργεια einführte. Vgl. W. Jaeger, Rez. verschiedener Schriften Paul Gohlkes, Gnomon 4 (1928) 625—637. Berti, *La filosofia* 58f. Weitere Hinweise auf ‚Biologismen' im Denken des Aristoteles bei Léon Brunschwicg (verwertet von Le Blond, *Logique et méthode* z. B. 72. 347. 354 u. ö., Ausgabe von part. an. A S. 9; seine Schriften zusammengestellt *Logique et méthode* XV und Ausgabe 196); Le Blond, *Logique et méthode* 72 f. 346—370 (*Les schèmes biologiques*); ders., Ausgabe von part. an. A (Untertitel *Philosophe de la vie*!) Einl. passim (sehr anregend und wichtig, wenn auch Aristoteles insgesamt etwas zu nahe an Henri Bergson herangerückt wird, der auch z. B. *Logique et méthode* 363. part. an. A S. 51 direkt zitiert ist); Aubenque 7 A. 4. 351—355. 359 A. 2. 364, der sich mit Recht dagegen wendet, gelegentlich bei Aristoteles auftretende ‚biologische' (bzw. ‚soziologische' oder ‚technologische') Bilder extrem überzubewerten und daraus weittragende Schlüsse zu ziehen (vgl. auch noch u. S. 75 A. 324). Reserven auch bei Owens 472 A. 51. Die Herkunft wichtiger Grundkategorien der aristote-

einseitige ‚techno-morphe' Deutung ersetzte[315]. Seitdem erforschte man zwar die biologischen Schriften nach Inhalt und besonders Methode viel genauer[316], zog aber von der Biologie keine Fäden zur Metaphysik. Vielleicht stand man dabei immer noch unter dem Eindruck von Jaegers Urteil, obwohl sich doch seit Jaeger die Situation völlig gewandelt hat: Zum einen wissen wir heute sicher, daß die biologischen Forschungen des Aristoteles, die Jaeger auf Grund seines Entwicklungsschemas spät datierte[317], mindestens bis in die Zeit von Assos hinaufreichen[318]. Und zum andern sind philosophische Strömungen wie Lebensphilosophie und Vitalismus, gegen die Jaeger sich damals abgrenzen mußte, uns heute so ferngerückt, daß wir eine biologische Komponente des aristotelischen Denkens, falls sie sich aus den Belegen ergibt, wieder unbefangen würdigen könnten. Was spricht nun für einen solchen biologischen ‚Einschlag' in der aristotelischen Philosophie[319]?

Die Wendung des Aristoteles zum ‚Kosmos'[320] bringt zugleich eine stärkere Betonung des Biologischen mit sich:

Der Ätherbereich wirkt in zweifacher Weise auf die sublunare Welt ein, aktiv-mechanisch und ‚passiv'-teleologisch. Die *mechanische* Wirkung (z. B. der Sonnenwärme) regelt nicht nur die Elementenbewegung, sondern auch den gesamten biologischen Lebensrhythmus von Tier und Mensch (Lebensdauer usw.). Ebenso umfaßt der Kreislauf des sublunaren Geschehens, mit dem die Welt unter dem Mond die vollkommene Kreisbewegung der Äthergestirne ‚nachahmt' (‚teleologische' Wirkung), zwar zunächst (und primär) den wechselseitigen Übergang der (anorganischen) vier Elemente ineinander, wird aber dann auch besonders sichtbar in der Kette von Zeugung und Tod der lebenden Wesen. Dieser Kreislauf des Lebens findet prägnanten Ausdruck in der überaus bedeutsamen aristotelischen Formel ἄνθρωπος ἄνθρωπον γεννᾷ[321], welche unter anderem besagt, daß durch Geburt und Tod vergänglicher Individuen hindurch die Wesensform als etwas

lischen Biologie aus der platonisch-akademischen Metaphysik weist überzeugend nach H. J. Krämer, *Grundbegriffe akademischer Dialektik in den biologischen Schriften von Aristoteles und Theophrast*, Rhein. Mus. 111 (1968) 293—333, bes. 331—333.

315 s. o. unter d), wo weitere Verweise.

316 Vgl. die einschlägigen Abschnitte bei Düring.

317 *Aristoteles* 352 f.

318 Düring 12. 510; vgl. auch Dirlmeier 1963, 61.

319 Vgl. zum folgenden ständig Le Blond, *Logique et méthode* 346—370; ders., part. an. A S. 196. S. auch Owens 472 A. 51. Dort jeweils weitere Lit.

320 Vgl., auch zum Folgenden, *Kosmologie und Metaphysik* und *Weltbild und Seinslehre.*

321 Den philosophischen Sinn der aristotelischen Formel hat K. Oehler wieder verstehen gelehrt: K. Oehler, *Ein Mensch zeugt einen Menschen*, Sonderausgabe 1963 (zuerst in: Festschrift Gerhard Krüger, 1962), 37—65.

Ewiges erhalten bleibt. Es kann also nicht bezweifelt werden, daß Eidos- und Telos-Begriff zumindest eine *biologische Komponente* in sich schließen. Nimmt man hinzu, daß Aristoteles nicht selten Telos, οὐσία usw. an ‚biologischen' Beispielen demonstriert[322] und daß er den Bereich des Anorganischen von dem des Organischen her beurteilt[323], dann läge die Vermutung nahe, er habe manche seiner Grundbegriffe im wesentlichen ‚biologisch' konzipiert.

Indes sollte man die biologische Komponente seines Denkens, so wichtig sie auch ist, weder überschätzen noch gar seine Fundamentalbegriffe ohne weiteres von dort herleiten. In seiner ‚ersten Philosophie' ist er von solchen Einseitigkeiten genau so frei wie Platon, auf den ja auch seine Lehren von Eidos, Telos u. dgl. letztlich zurückgehen; wie dieser denkt er ‚philosophisch' schlechthin, ‚ontologisch' oder wie man sonst sagen will[324]. Das gilt besonders für die Materie, die dem Wort nach überhaupt nicht[325] und der Sache nach nicht sehr viel[326] ‚biologisch' gedacht wird.

h) Nach Denkformen und Denkmodellen fragen heißt annehmen, daß ein Tatbestand in einem bestimmten Einzelbereich erkannt und von dort dann (‚modellhaft') auf andere Bereiche *übertragen* wird. Während wir bisher mehr von den Denkmodellen ausgingen, die über-

[322] Vgl. nur das Beispiel von der ‚Hand' (Bonitz 848a 47—52) u. dgl. mehr.

[323] Wenn man meteor. 4, wo dies am deutlichsten ist, nicht heranziehen will, kann man nur auf wenige Stellen wie gen.corr. 321b 28—32 verweisen. Trotz der geringen Anzahl unzweifelhaft ‚echt-aristotelischer' Belege dafür ist aber die Tatsache als solche völlig sicher, weil sie sich bruchlos aus den Verhältnissen damaliger Naturforschung ergibt, die ohne chemische Analyse nach dem Augenschein gehen mußte und der deshalb das Lebendige (natürlich oberhalb einer bestimmten Größenordnung und nur in einer bestimmten Hinsicht) leichter zugänglich war als das Anorganische. Vgl. **6**.222a/b.

[324] Der von D. M. Balme, Phronesis 7 (1962) 91—104 hervorgehobene Umstand, daß die biologischen Forschungen des Aristoteles in seinen sonstigen Schriften (z. B. in der Metaphysik) keinerlei konkrete Spuren hinterlassen haben, gibt für unsere Frage wenig aus, weil Aristoteles auch sonst ‚isolierend' denkt, so daß er aus anderen Spezialbereichen nichts in seine Ontologie aufnimmt (sondern — etwa in den Vergleichen und Beispielen — lieber die gängigen Meinungen zitiert).

[325] ὕλη ist kein vitalistisch sprossender ‚Wald', sondern ‚Holz' als Rohstoff, Material technischer Prozesse, gehört also noch eher zum ‚techno-morphen' Aspekt des aristotelischen Philosophierens (alles Nähere u. **2**.6).

[326] Ihre *Aktivität* hat, wenn auch vielleicht nur der Formulierung nach, unleugbar einen gewissen ‚biologischen' Einschlag (vgl. **3**.14 Ende, **8**.245/6, **8**.25), beruht aber im Grunde auf der Aktivität des zweiten platonisch-akademischen Prinzips (vgl. nur **2**.51d, dazu Sach-Index s. v. *Aktivität* 2), also auf ‚ontologischen' Gedankengängen. Sonst sind bei der Hyle kaum biologische Einflüsse festzustellen: Natürlich werden je nach dem thematischen Zusammenhang auch einmal ‚Materien' aus dem Bereich des Lebendigen genannt, aber das besagt nichts Grundsätzliches. Im übrigen herrscht bei der Betrachtung der Hyle, wenn man überhaupt eine bestimmte Denkform nennen will, eher die ‚techno-morphe' Betrachtungsweise (s. o. **1**.112 und vorst. Anm.).

tragen werden, wenden wir uns jetzt dem Denkmittel der *Übertragung* selber zu. Zwei Fragen stellen sich: 1. Liegt tatsächlich eine ‚Übertragung' vor oder nicht? 2. Wenn ja, wie ist sie philosophisch zu beurteilen?

α) Es ist stets mit der Möglichkeit zu rechnen, daß Aristoteles zwei Bereiche, die wir in der Moderne zu trennen gewohnt sind, als Einheit sah, so daß die von uns vermutete ‚Übertragung' gar nicht vorliegt, weil er sich eben innerhalb ein und desselben Sinnbereiches bewegt. Deshalb ist beim Aufspüren von Denkmodellen und ‚Übertragungen' äußerste Vorsicht geboten. Natürlich kann der moderne Forscher trotzdem seine eigenen Kategorien anwenden, von ‚Übertragung' sprechen und Aristoteles kritisieren, aber er muß dabei stets bedenken, wieweit Aristoteles selber gegangen ist. So scheint Aristoteles z. B. die hierarchische Gliederung von Familie, Staat, Kosmos und Sein überhaupt nicht als sekundäre Übertragung von der Familie aus εἰς ἄλλο γένος (soziomorph), sondern als verschiedene Ausprägungen, gleichsam Variationen, des gleichen Seins-Tatbestandes verstanden zu haben.

β) Aber auch da, wo Aristoteles selbst zwei Bereiche klar trennt, wie bei τέχνη und φύσις, sollte man nicht dabei stehenbleiben, den ‚Übergang' aus dem einen in den anderen Bereich als ganz vordergründige ‚Übertragung' (etwa von der τέχνη auf die φύσις) aufzufassen: Denn damit leugnet man, daß die von Aristoteles vorgenommene ‚Übertragung' in der *seinsmäßigen* Strukturverwandtschaft beider Bereiche gründe, d. h. man leugnet, daß Aristoteles mit seinem Philosophieren nicht auf ein regulatives Sich-Zurechtlegen der Umwelt mit Hilfe von Topoi, sondern auf *Wahrheit* ausgeht. Solche Deutung der aristotelischen Philosophie wird in vorliegender Darstellung mehr als einmal zu widerlegen gesucht[327]. Und was speziell das τέχνη—φύσις-Problem angeht, so dürfte die Lösung darin liegen, daß Aristoteles den modernen Gegensatz von ‚Natur' und ‚Geist' nicht kennt, sondern beide Bereiche als Teile derselben Geiststruktur betrachtet[328]. Die ‚Analogie' als Verbindung beider Bereiche ist weder bei τέχνη—φύσις noch sonst ein sachlich unverbindliches, rein formales Leer-Schema, sondern Ausdruck der inneren Verwandtschaft verschiedener Seinsbereiche, die der menschliche νοῦς ans Licht hebt, indem er über die scheinbare Differenziertheit der uns umgebenden ‚Dinge' zurückgreift auf ihren geistigen Zusammenhang, in welchem sie gründen[329]. Diese, auf Platon zurückweisende, philosophische Haltung ist eine ganz andere als die, welche der logische Positivismus und die z. T. aus den

[327] Vgl. z. B. o. 1.18.
[328] Vgl. Sach-Index s. v. *Denkmodell 4, 9.*
[329] Vgl. dazu vorläufig u. 7.823c.

gleichen Quellen gespeiste moderne Soziologie[330] Aristoteles zuschreiben möchten, daß er nämlich willkürlich, ohne nach der ‚Wahrheit' zu fragen, ‚anthropomorph' und vordergründig sich die Welt eingeteilt und etikettiert habe.

Damit wird auch deutlich, daß das Problem der Denk-Formen und Denk-Schemata sehr viel komplizierter ist, als es zunächst den Anschein hatte. Wenn man nicht mit großer methodischer Vorsicht und philosophisch differenziert an die Frage herangeht, ist die Gefahr groß, daß die Eigenart aristotelischen Denkens und aristotelischer Prinzipienfindung nicht erleuchtet, sondern verdunkelt wird. Soviel wir sehen konnten, ist durch alle Denkformen u. dgl., die man aufspüren mag, die philosophische Intention des Aristoteles unbeirrt auf die ‚Sache' gerichtet, mit anderen Worten: ‚sachgerecht'. Was bedeutet ‚Sache' und ‚sachgerecht'?

1.36 Die ‚Sachen selbst'

Woraufhin interpretiert Aristoteles das ‚Vorgegebene' (vgl. *1.33*)? Wohin zielt im Bunde mit und im Gegensatz zu den eben (*1.35*) aufgezeigten Denkformen und Denkmodellen seine philosophische Intention? Sie intendiert zweifelsohne die ‚Wahrheit'. Was ist aber wiederum mit ‚Wahrheit' gemeint?

Eine erste Antwort könnte lauten: ‚die Sache(n) selbst'. Aristoteles beruft sich ja öfter auf die ‚Sachverhalte', an die man beim Widerspruch der Meinungen appellieren kann und die als ‚Wahrheit' sich zwingend geltend machen[331]. Diese ‚Sachverhalte', welche sich uns als φαινόμενα zeigen[332], können wir ‚phänomenale Gegebenheiten', ‚phänomenale Tatbestände' o. dgl. nennen und demgemäß von einer ‚phänomenologischen' Methode des Aristoteles sprechen[333]. Aristoteles würde also sein Philosophieren ganz auf den ‚phänomenalen Tatbestand' gründen.

Diese Bestimmungen sind aber immer noch recht vorläufig und unscharf, so daß sie weiterer Präzisierung bedürfen:

330 Gemeint sind die Arbeiten Wolfgang Wielands (o. 1.18) und Ernst Topitschs (o. S. 69 A. 292).

331 Die Stellen sind bekannt: A 3, 984a 18 f αὐτὸ τὸ πρᾶγμα ὡδοποίησεν αὐτοῖς καὶ συνηνάγκασε ζητεῖν. Vgl. A 3, 984b 10 πάλιν ὑπ' αὐτῆς τῆς ἀληθείας, ὥσπερ εἴπομεν (wohl Rückverweis auf 984a 18), ἀναγκαζόμενοι (α 5, 188b 29 f. part. an. A 1, 642a 18—20 ἀγόμενος ὑπ' αὐτῆς τῆς ἀληθείας . . . ἀναγκάζεται). Vgl. Bonitz s. v. πρᾶγμα 629a 59—b 21, s. v. ἔργον 286a 37 ff. Lugarini 38—42, bes. 41.

332 A 5, 986b 31 ἀναγκαζόμενος δ' ἀκολουθεῖν τοῖς φαινομένοις. Vgl. Bonitz s. v. φαίνεσθαι 808b 37—809b 7 und dazu Lugarini 38 A. 18.

333 Diese Termini verwendet z. B. Tugendhat, Gnomon 35 (1963) 547. 552 f.

1.361 Erstens bedeutet ,phänomenal' nicht, daß diese Tatbestände uns ohne weiteres empirisch gegeben seien und etwa wesentlich durch die Sinne erfaßt würden. Vielmehr muß die Erkenntnis, je prinzipielleren Charakter die φαινόμενα haben, desto tiefer durch die unmittelbar gegebenen Sinnesdaten hindurch zu den ideellen Gründen der Sinnendinge vordringen[334], was sich näherhin etwa so beschreiben läßt:

Von den platonischen Wegen ,zu den Prinzipien hin' (ἐπὶ τὰς ἀρχάς; Analysis, Reduktion) und ,von den Prinzipien her' (ἀπὸ τῶν ἀρχῶν; Synthesis, Deduktion)[335] greift Aristoteles die Reduktion besonders auf und stellt sie dar als den Weg vom ,für uns Bekannteren' zum ,an sich, der Natur nach Bekannteren'[336]: Wir setzen mit der Analyse bei dem ,für uns Deutlicheren (Bekannteren)' an, d. h. bei den konkreten, zusammengesetzten Dingen und Tatbeständen unserer Umwelt, und gehen dann zurück auf die den Konkreta zugrunde liegenden Prinzipien, die ,an sich (von Natur) deutlicher (bekannter)' sind. Was ,an sich (von Natur) deutlicher (bekannter)' eigentlich meine und wie demgemäß der Rückgang auf die Prinzipien zu verstehen sei, darüber ist schon viel verhandelt worden. Zweifellos ist die herkömmliche Deutung, es handele sich um den Gegensatz von Erkenntnisordnung *(ordo cognoscendi)* und Seinsordnung *(ordo essendi)* zu schematisch und nicht angemessen: Denn dabei trennt man — unaristotelisch — die Subjektseite von der Objektseite und stellt ,realistisch' beide Seiten einander ,gegenüber'. Vielmehr liegen hier zwei subjektiv-objektive Weisen des Bekanntseins und zugleich des Seins vor: In den ,für uns deutlicheren' Tatbeständen sind deren Prinzipien schon implizit, zunächst ,undeutlich', mitgegeben. Wir erfassen sie auf Grund eines apriorischen ,Vorverständnisses', explizieren sie und bringen sie so uns zur Deutlichkeit[337]. Der menschliche νοῦς ist einerseits (infolge

[334] Ähnlich sagt auch Lugarini 113—117, daß der νοῦς die Wahrheit der Dinge ,entberge' (*La funzione rivelativa del pensare*). Das ist aber nur eine sehr eingeschränkte Aktivität, da bei Aristoteles (nach Lugarini, der hierin Heidegger folgt) die ,Sachen' sich uns manifestieren und unser Denken bestimmen (vgl. z. B. 41 f und, mit interessanten Vorbehalten, 262—64).

[335] EN A 4, 1095a 30—b 3 (= TP Nr. 10, vgl. Gaisers Komm.) schildert Aristoteles diese beiden Wege als platonisch. Sehr wahrscheinlich bezieht er sich nicht nur auf die Dialoge, sondern vor allem auch auf die Lehrvorträge. Aus der Stelle kann man — was sachlich ohnehin klar ist — ersehen, daß Aristoteles in diesem Punkt an Platon anknüpft und ihn zugleich weiterdenkt. Vgl. auch u. 7.543, 7.61.

[336] Stellen bei Bonitz 159a 33—49. 675a 3 f. 839b2—9.

[337] Soweit kann ich Wieland 69—85 folgen. Tugendhat 545f stimmt ihm gleichfalls hierin zu, mit folgender Formulierung: „Ebenso stehen sich natürlich das γνωριμώτερον πρὸς ἡμᾶς und τῇ φύσει nicht als Erkenntnis- und Seinsordnung gegenüber, sondern als zwei Pole unseres eigenen Kennens: das Kennen, worin wir uns zunächst undurchsichtig befinden, und auf der anderen Seite dasjenige, was darin schon impliziert ist und in dem wir, wenn wir es explizieren, zur Durchsichtigkeit kommen".

seiner Kontingenz gegenüber dem göttlichen Geist) dinggebunden, weil er (nicht direkt, sondern) nur im Durchgang durch die Erfahrung (d. h. von den σαφέστερα ἡμῖν aus) zu den Prinzipien gelangt und das heißt: *seine eigenen apriorischen Gehalte aktualisiert.* Er ist andererseits ‚ding-enthoben', weil er durch das unmittelbar Gegebene hindurch hinter es zurückgreift auf die Seinsgründe dieses Gegebenen und ‚dann' von den Gründen aus (welche er ebenso ‚draußen' wie ‚in sich selbst' vorfindet) das Gegebene durchleuchtet. Er ‚liest' somit das unmittelbar Vorhandene bzw. konkret Erfahrbare von den Prinzipien aus, die vor ihren Prinzipiaten (eben diesem Vorhandenen) Vorrang dem Sein und zugleich der Erkenntnis nach haben[338].

Beispiele für solche Reduktionen ‚auf die Prinzipien hin' finden sich am deutlichsten da, wo Aristoteles die ‚reine Form' des unbewegten Bewegers aufweisen will, also an den Stellen, die als Vorstufen der späteren ‚Gottesbeweise' viel diskutiert worden sind[339]. Man pflegt sie methodisch als kinesiologischen Beweis (*ex parte motus*; phys. θ, met. Λ usw.)[340], Beweis aus den Vollkommenheitsstufen (*ex gradibus perfectionum*; vgl. De philos. fr. 16 Ross) und teleologischen Beweis (vgl. De philos. fr. 13 Ross) zu sondern, aber sie gehören natürlich der Sache nach eng zusammen: Der Bewegungsbeweis beruht auf der Wert-Hierarchie der Bewegungen und damit der Seinsschichten und führt zum unbewegten Beweger als dem obersten Telos der Welt, der als vollkommenes Gutes von der Welt erstrebt wird. Hinter dieser axiologischen Hierarchie und dem ‚Aufstieg' zum Prinzip steht letztlich überall die platonische Auffassung von Sein und Erkennen[341].

In diesen Zusammenhang gehört auch die Pros-hen-Methode von Γ/K, die — wie auch immer man über das Objekt der aristotelischen Metaphysik denken mag — eine Analyse des Seins ‚auf die Prinzipien hin' darstellt[342]. Wenn man Γ/K mit den aristotelischen Aussagen über ‚Abstraktion' verbindet, gewinnt man auch einen Einblick in die Art und Weise, wie der Pros-hen-Aufstieg vonstatten ging: noetisches Er-

[338] Wieland 69—85 setzt zunächst richtig an (s. o.), übersieht jedoch den platonischen Hintergrund der Prinzipienreduktion (dazu etwa Hirschberger I⁴ 173 f, Tugendhat 546 A. 1) und erfaßt deshalb das Wesen der φύσει γνωριμώτερα nicht zutreffend (61—85; dagegen richtig Tugendhat a. O.).

[339] Die Stellen verzeichnen z. B. Eugen Rolfes, *Die aristotelische Auffassung vom Verhältnisse Gottes zur Welt und zum Menschen*, Berlin 1892, 17—65; Konrad Elser, *Die Lehre des Aristoteles über das Wirken Gottes*, Münster 1893, 7—11; Zeller II 2⁴ 359—362; vgl. auch Eugen Rolfes, *Die Gottesbeweise bei Thomas von Aquin und Aristoteles*, ²1927. Die Belege müßten möglichst nüchtern neu durchinterpretiert werden, philologisch wie philosophisch; ein erster ertragreicher Vorstoß ist J. Hirschberger, *Gottesbeweise. Vergängliches—Unvergängliches*, in: *Denkender Glaube* (Frankfurt 1966) 101—149.

[340] Zum Beweis ‚aus der Bewegung' vgl. auch u. 5.22, *Weltb. u. Seinsl.* 90 A. 78.

[341] Vgl. hierzu bes. Hirschberger, *Gottesbeweise* (s. o. A. 339).

[342] Vgl. u. 4.21 und S. 390ff.

fassen des Wesentlichen und zugleich ‚Eliminierung' (ἀφαίρεσις) des Unwesentlichen[343].

Entsprechend den eben genannten ‚Wegen zur reinen Form' (= Telos) lassen sich umrißhaft auch ‚Wege zur reinen Materie' gewinnen, einer κατ' ἀφαίρεσιν, ein zweiter κατ' ἀναλογίαν[344].

1.362 Die ‚Wege zu den Prinzipien' machen deutlich, daß die φαινόμενα durchaus nicht nur an der Oberfläche der ‚Dinge' liegen und daß die menschliche Erkenntnis sie keineswegs passiv hinnimmt[345], sondern sich *aktiv* ihrer bemächtigt. Wie diese Aktivität beschaffen ist, wurde schon oben angedeutet[346]: Sie ist kein willkürliches ‚Setzen'[347], sie ist aber auch nicht einfaches Hinzeigen auf etwas Seiendes, das — vom Geist unabhängig — *fertig vorhanden* wäre. Vielmehr erfaßt die menschliche Erkenntnis die Seinsgründe des ‚außen' Vorgegebenen dadurch, daß sie sich nach innen wendet und ihre eigenen apriorischen Gehalte aktualisiert. Dadurch läßt sie die Seinsgründe überhaupt erst sichtbar werden, d. h. sie macht sie zu φαινόμενα. In diesem Zusammenwirken von spontaner Erkenntnis und objektiv Vorgegebenem liegt das Wesen der aristotelischen Prinzipienfindung. Wenn man die πράγματα *so* deutet, kann man von ‚phänomenalen Tatbeständen' und ‚phänomenologischer' Methode des Aristoteles sprechen[348].

1.37 Folgerungen

Die methodischen Folgerungen aus dem Gesagten sind entweder schon vorhin ausgesprochen worden oder sie ergeben sich von selber, so daß sie keiner weiteren Erörterung mehr bedürfen. Nur auf *einen* Punkt muß zur Vermeidung von Mißverständnissen nochmals hingewiesen werden:

[343] u. 7.6, 7.822.

[344] u. 7.823a—c.

[345] Vgl. u. A. 347.

[346] Vgl. o. 1.33, 1.361.

[347] In diesem Sinne müssen auch die oben zitierten Belege aus met. A usw. verstanden werden, wo bildhaft (vgl. ὥσπερ phys. 188b 29) vom Sich-Aufdrängen der Wahrheit gesprochen wird: Zum Sich-Aufdrängen kommt es nur, wenn man — wie die Vorgänger des Aristoteles (um die allein geht es bei den genannten Belegen) — noch unvollkommen und unmethodisch philosophiert. Von sich selber sagt Aristoteles natürlich nie, daß er von der ‚Wahrheit selbst gezwungen' werde. Auf jeden Fall aber sagen die Belege so viel, daß es eine ‚Konsistenz des Objektiven' gibt, an welche der Geist gebunden ist.

[348] Günter Patzig, *Bemerkungen über den Begriff der Form*, Archiv f. Philosophie 9 (1959) 93—111, betont 101. 103ff vielleicht etwas zu stark, daß die Prinzipienfindung des Aristoteles bei der Wahrnehmung anhebt, und läßt das apriorische Moment seines Denkens zu sehr in den Hintergrund treten. Aber er hebt richtig hervor, daß Aristoteles zwar beim sinnlichen Sehen *ansetzt*, aber nicht dabei *stehenbleibt.*

Vorliegende Arbeit bemüht sich, sofern die Ergebnisse der Einzelinterpretationen zu einem Sinnganzen konvergieren, die aristotelische Philosophie als ‚Einheit' zu verstehen, also nicht um jeden Preis Pluralität, unlösbaren Widerspruch usw. zu konstatieren. Das bedeutet aber keineswegs, daß sie nun um einer vermeintlichen Einheit willen den einzelnen Text geringschätzt, umbiegt o. dgl., im Gegenteil: Die Widersprüche und Unklarheiten werden als solche in aller Schärfe aufgezeigt und gewürdigt[349]. Wenn dann hin und wieder (aber erst in einem zweiten Schritt!) versucht wird, auch diese Diskrepanzen zu erklären und womöglich noch auf eine Einheit zu beziehen, geschieht das mit aller Vorsicht. Der Leser, der von diesen Lösungsvorschlägen nicht überzeugt wird, mag sie ignorieren und den Widerspruch unerklärt stehenlassen. Nur kann er nicht — das scheint sachlich ausgeschlossen — den Widerspruch bei Aristoteles verabsolutieren und Aristoteles zum dialektischen Aporetiker schlechthin machen[350].

[349] In diesem Punkt hofft der Verfasser genau so textgetreu zu verfahren wie die ‚Anti-Systematiker' (diese Sammelbezeichnung sei einmal erlaubt), also z. B. wie N. Hartmann (Kl. Schr. 2, 31 Anm.), Düring, Aubenque und Seeck.

[350] Vgl. o. 1.34.

2 ‚Materie' in der alten Akademie und die aristotelische Hyle

2.1 Vorbemerkungen

Während Hertling sich ganz eng auf die aristotelische Hyle beschränkt und weder die Vorsokratiker noch Platon vergleichend heranzieht, ordnet Baeumker den aristotelischen Hyle-Begriff bewußt in die Gesamtentwicklung des griechischen Materiebegriffes ein. Auch Cencillo stellt seinen Untersuchungen einen kurzen Überblick über Materie bei den Vorsokratikern und Platon voran[1]. Natürlich ist ohne ständigen Blick auf Platon und die Akademie der Materiebegriff des Aristoteles letztlich nicht zu verstehen, und wie eng die platonisch-akademische Philosophie mit den Vorsokratikern zusammenhängt, dessen sind wir uns heute mehr denn je bewußt. Trotzdem wurde von einer Geschichte des griechischen Materiebegriffes seit den frühesten Anfängen, wie sie Baeumker gibt, aus mehreren Gründen abgesehen:

Baeumkers Abschnitt über die Vorsokratiker[2], zu einer Zeit verfaßt, da die Erforschung der Vorsokratiker noch ganz in den Anfängen steckte, muß heute, nachdem über die Vorsokratiker so hervorragende Arbeiten erschienen sind[3], völlig neu geschrieben werden[4]. Dies hätte den Rahmen unserer Aristoteles-Untersuchungen gesprengt, um so mehr, als über einen Hauptpunkt, nämlich die Kritik des Aristoteles an den Vorsokratikern, noch nicht genügend Klarheit besteht: Cherniss' grundlegendes Werk[5] bedarf einiger Modifikationen, die wiederum nur nach langwieriger Prüfung vieler Detailfragen vorgenommen werden können. So haben wir uns damit begnügt, in einem einzigen Fall,

[1] Cencillo 15—27. Dieser Abschnitt ist nicht nur zu knapp, sondern befriedigt sachlich auch sonst nicht.

[2] S. 8—109.

[3] Beispielhalber seien nur H. Diels, H. Fränkel, W. Jaeger und K. Reinhardt genannt.

[4] Hierbei müßten, was ja schon Rivaud angeregt hat (o. 1.13), auch die dichterischen Kosmogonien mit einbezogen werden, z. B. Hesiod, dessen philosophische Bedeutung nach Cornford H. Fränkel im Hesiod-Kapitel von *Dichtung und Philosophie* aufgezeigt hat. — Vgl. dazu Joachim Klowski, *Das Entstehen der Begriffe Substanz und Materie* (sc. bei den Vorsokratikern), Arch. Gesch. d. Philos. 48 (1966) 2—42 und jetzt Theo G. Sinnige, *Matter and Infinity in the Presocratic Schools and Plato*, Assen 1968 (wo auch reiche Lit.).

[5] *Aristotle's Criticism of Presocratic Philosophy*, Baltimore 1935.

nämlich bei der ‚Hyle im Elementarbereich', die Beziehungen des Aristoteles zu den Vorsokratikern zurückzuverfolgen[6]. Dieses eine Beispiel ist allerdings exemplarisch wichtig, weil sich zeigt, daß der ‚aktive, konkrete' Aspekt der aristotelischen Hyle (also das meiste von dem, was man ‚zweite Materie' nennt) im wesentlichen von vorsokratischer Tradition herkommt und sich hierin ungebrochen eine philosophische Denkweise und Begrifflichkeit durchhält und kundgibt, welche weder durch die platonisch-akademische noch durch die aristotelische Philosophie (z. B. die Substanzlehre) hindurchgegangen ist und deshalb bei und nach Aristoteles noch einen gleichsam ‚voraristotelischen' — d. h. von aristotelischen Schemata und Begriffseinteilungen freien — Zustand philosophischen Denkens bewahrt.

Für alle weiteren Fragen kann auf Friedrich Solmsens Werk verwiesen werden, das in ausgezeichneter Weise die aristotelische Naturphilosophie an Platon und die Vorsokratiker anknüpft und dabei auch immer wieder den Materiebegriff bespricht[7].

Während also die vorsokratischen Äußerungen über ‚Materie', sofern sie herangezogen werden müssen, im Laufe der Einzelerörterungen zur Sprache kommen, geht dies für Platon und die Akademie nicht an[8]. Denn die folgenden Abschnitte über die aristotelische Hyle können weder historisch noch auch systematisch recht gewürdigt werden, wenn nicht zuvor die platonisch-akademischen Gedanken über Materie in aller Kürze skizziert worden sind[9].

[6] Abschnitt **6**.

[7] F. Solmsen, *Aristotle's System of the Physical World. A Comparison with his Predecessors*, Ithaca 1960. Der Untertitel zeigt die Themastellung.

[8] Die außerhalb der Akademie lebenden Zeitgenossen Platons (Kyrenaiker, Megariker, Kyniker) geben für unsere Frage nichts aus und können außer Betracht bleiben (vgl. Baeumker 207—209; erneuerungsbedürftig).

[9] Dabei wird vorausgesetzt, daß Aristoteles mit seinem Hyle-Begriff nicht etwa hauptsächlich die Vorsokratiker fortsetzt und auch nicht radikal neu beginnt und mit der Vergangenheit völlig bricht, sondern — was die historischen Umstände dringend nahelegen — an die Akademie anknüpft und daß deshalb ein Vergleich der aristotelischen Hyle mit der platonisch-akademischen ‚Materie' notwendig und fruchtbar ist. Diese Vorentscheidung kann erst durch die folgenden Einzeluntersuchungen begründet und gerechtfertigt werden. Im übrigen ist die sehr enge ideengeschichtliche Verbindung von platonisch-akademischer ‚Materie' und aristotelischer Hyle schon immer gesehen und betont worden (in unserem Jahrhundert seit Robin; zuletzt von Merlan, *ZB*). — Beim Vergleich der platonisch-akademischen Materie mit der aristotelischen Hyle mußten natürlich die Ergebnisse dessen, was die Abschnitte **3—8** über die aristotelische Hyle erarbeiten werden, schon vorausgesetzt werden: Diese Unbequemlichkeit ließ sich nicht vermeiden, wenn man nicht — was sich aus praktischen Gründen verbot — das Kapitel über die platonisch-akademische Materie ganz an den Schluß der Untersuchungen (also an das Ende von Abschnitt **8**) stellen wollte. — In der folgenden Darstellung findet, indem allzu spezielle Streitfragen sämtlich übergangen werden, nur das Berücksichtigung, was die Entwicklung von Platon und der Akademie zu Aristoteles beleuchten kann.

Hierbei weichen wir nun von der bisher üblichen Praxis[10] darin ab, daß wir erstens Platons innerschulische Lehre gebührend berücksichtigen und zweitens — was damit zusammenhängt — nicht nur Platon zum Vergleich heranziehen, sondern auch die Mitschüler des Aristoteles in der Akademie, soweit sie sachlich wichtig und überlieferungsgeschichtlich greifbar sind: also Speusipp und Xenokrates. Denn die Forschung der letzten Jahrzehnte[11] hat immer mehr gezeigt, daß Aristoteles seine Philosophie weniger an den Platon der Dialoge als an Platons mündlich entwickeltes Zweiprinzipien-System anknüpft und daß er dabei stets die Lehren des Speusipp sowie des Xenokrates mitbedenkt und von ihnen beeinflußt ist. Dieser Einfluß kann so weit gehen, daß Aristoteles bei bestimmten Problemen offensichtlich weniger Platon fortsetzt als vielmehr Xenokrates[12] oder Speusipp[13]. Demgemäß stellen wir nacheinander getrennt die Materiebegriffe Platons, Speusipps und des Xenokrates dar und heben dann das ihnen Gemeinsame heraus, also eine Art akademischer κοινή hinsichtlich der ‚Materie'[14]. Dann vergleichen wir die aristotelische ὕλη mit diesem Befund und fragen, ob Aristoteles mit seiner ὕλη die platonisch-akademische ‚Materie' fortsetzt und, wenn ja, welche Fassung von ihr er dabei berücksichtigt: Nur die platonische, oder auch die des Xenokrates und Speusipp, oder umgekehrt *nicht* die platonische, sondern die xenokratische bzw. speusippische, oder vielleicht eine andere?

Solche Beschränkung ist möglich, weil die neuere Literatur viele der einschlägigen Probleme bereits mit hinreichender Genauigkeit durchdiskutiert hat.

[10] Baeumker 206 f weist nur in wenigen Sätzen auf die alte Akademie hin, deren Materie-Denken „ohne weiteren Einfluß auf die geschichtliche Fortentwicklung, ohne Wert auch für das sachliche Problem als solches" gewesen sei. Auch Cencillo geht (außer den wenigen Bemerkungen S. 24) auf Speusipp und Xenokrates nicht ein. Über die Einstellung Baeumkers und Cencillos zu *De bono* vgl. u. 2.21.

[11] Näheres über die verwendete Literatur bei den einzelnen Abschnitten.

[12] Auf Xenokrates als Vorbild des Aristoteles weist — nach dem Vorgang anderer — Krämer, *UGM*, *GS* 323—332. 346—348, *Theologie* 481ff (sowie in der *GS* 348 A. 118 angekündigten Untersuchung über die aristotelische Eidos-Lehre) besonders hin. So zu fragen liegt historisch sehr nahe, ist prinzipiell völlig richtig und die Ergebnisse leuchten größtenteils ein (wenn auch Krämer manchmal — z. B. in *GS* — Gefahr läuft, zu schematisch zu verfahren und dabei seine Betrachtungsweise zu überanstrengen). Es ist auch nicht zu fürchten, daß die Bedeutung des Aristoteles herabgemindert wird, wenn manche seiner neuen Denkansätze schon von Xenokrates (oder Speusipp) teilweise oder ganz vorweggenommen sind. Statt den Verlust der scheinbaren Originalität des Aristoteles zu beklagen, die nur auf einer unhistorisch isolierenden Betrachtungsweise beruhte, sollte man daran gehen, ihn — was an sich selbstverständlich ist — in seiner historischen geistigen Umgebung zu sehen und so seine wirkliche Originalität neu verstehen zu lernen. In bezug auf die ‚Materie' wird sich jedenfalls zeigen, daß trotz aller Verbindungen zu Platon und der Akademie Hyle eine völlig eigenständige Schöpfung des Aristoteles ist.

[13] Vgl. z. B. Krämer, *GS* 341.

[14] Die anderen ‚Mitschüler' des Aristoteles in der Akademie bleiben für uns infolge mangelhafter Bezeugung schemenhaft (z. B. Hestiaios) oder sie sind, so viel wir

2.2 Das Materie-Prinzip Platons

2.21 Die Dialoge und ,De bono'

Baeumker stützt seine Darstellung der platonischen Materie[15] fast ganz auf den Timaios und hält die Zeugnisse der anderen Dialoge[16] sowie von *De bono* für unwichtig[17]: „Sachlich wertvoll ist vor allem die im Timaios dargestellte Lehre. Zugleich ist sie historisch die bedeutsamere. Hauptsächlich an sie knüpft Aristoteles an und durch Vermittlung des letzteren auch die Stoiker. Die alte Academie dagegen übernimmt die *abstrusere* Lehre (Hervorhebung von mir) des greisen Plato, kann ihr aber nur geringe Nachwirkung verleihen. Erst der neupythagoreische und neuplatonische Syncretismus hat auch diese Elemente wieder hervorgezogen" (114f).

Dieser Auffassung, welche nicht nur die seit Schleiermacher herrschende Platon-Auffassung, sondern auch den ,kritischen Realismus' von 1890 verrät, kann heute niemand mehr beipflichten. Gewiß spielt der Timaios bei jeder Untersuchung der platonischen Naturphilosophie und des platonischen Materiebegriffs eine wichtige Rolle[18] und seine ungeheure Auswirkung auf die Seinslehre der Akademie (bes. des Xenokrates), des Aristoteles und der gesamten Folgezeit wird immer deutlicher erkennbar[19], aber er steht durchaus nicht mehr stellvertretend für die platonische Lehre von Materie überhaupt: Durch die Forschungen unseres Jahrhunderts belehrt, wissen wir heute in vertiefter Weise um die große philosophische Bedeutung der Spätdialoge insgesamt und der innerschulischen Lehre[20] sowie um die enge

wissen, für unser Materie-Problem nicht besonders wichtig (z. B. Eudoxos). Deshalb beschränken wir uns auf Speusipp und Xenokrates, haben aber Grund zur Annahme, daß diese beiden die akademischen ,Materie'-Lehren so gut repräsentieren, wie es für die Herleitung des aristotelischen Hyle-Begriffs notwendig ist.

15 Baeumker 110—206. — Die einzige nach Baeumker erschienene Spezialbehandlung des gesamten platonischen Materie-Begriffes (also nicht nur der Materie im Timaios) ist m. W. der interessante, aber viel zu kurze und summarische Aufsatz von L. J. Eslick, *The Material Substrate in Plato*, in: *The Concept of Matter* 39—58.

16 Bezeichnend ist die Überschrift Baeumker 189: „Die *angebliche* Materie in Republik, Sophistes, Parmenides und Philebus". Er behandelt sie denn auch nur auf 7 Seiten (189—196) gegenüber den fast 100 Seiten seines Timaios-Kapitels.

17 *De bono* stellt er etwas ausführlicher dar als die Dialoge außer dem Timaios (196 bis 206), zieht aber keine Folgerungen daraus.

18 Deshalb haben wir auch von den Dialogen allein dem Timaios eine ausführlichere Spezialuntersuchung gewidmet (u. 2.22).

19 Zuletzt darüber zusammenfassend und weiterführend Krämer, *Theologie* passim. Vgl. die Bemerkungen u. 2.52 Ende.

20 Dieser neutrale Ausdruck soll Mißverständnisse vermeiden helfen: Denn es handelt sich natürlich weder um eine ,Sonderlehre' oder gar ,Geheimlehre' Platons (die

Beziehung zwischen den Spätdialogen und der platonischen Prinzipienlehre[21]. Daher ist es nun möglich, die verschiedenen Äußerungen der einzelnen Dialoge über ‚Materie' als *Denkansätze* zu betrachten, die alle auf ein übergreifendes und umfassendes ‚zweites Prinzip' abzielen, wie es in *De bono* erscheint. Die χώρα des Timaios ist also nur *ein* Aspekt dieses Prinzips neben anderen[22].

Nun hat es jedoch in der sehr lebhaften Diskussion der letzten 25 Jahre über die innerschulische Lehre Platons[23] nicht wenige Stimmen gegeben, die dieser platonischen Prinzipienlehre jede über die Dialoge hinausgehende Relevanz absprachen[24] oder zumindest ihre

Diskussion hierüber darf als beendet gelten; vgl. Krämer, *GF* 124. 150), noch ist die innerschulische Lehre mit *De bono* umkehrbar identisch: Freilich gelten die Bemühungen um die platonische Prinzipienlehre größtenteils der Rekonstruktion von *De bono*, und wir behandeln auch die platonische Prinzipienlehre unter dieser Überschrift (vgl. u. 2.24), aber die (einmal oder öfter gehaltene) Vorlesung ‚*De bono*' war nur eine unter mehreren Formen des Lehrens in der Akademie. Daher kommt z. B. der Aristoxenos-Stelle nur sekundäre Bedeutung zu, und der Versuch, mit *De bono* zugleich auch die platonische Prinzipien-Lehre genau an einem bestimmten Punkt der platonischen Entwicklung zu fixieren, ist schon aus diesem Grund verfehlt: Näheres Krämer, *GF* 110—115. 143 A. 123a. Vgl. auch Gaiser, *QP* 33.

[21] Natürlich kann man die Spätdialoge auch ohne *De bono* erforschen und dabei gute Ergebnisse erzielen (zahlreiche Arbeiten), und man kann umgekehrt *De bono* für sich untersuchen (so Robin 1908 in *La Théorie platonicienne des idées et des nombres d'après Aristote*). Aber diese Isolierung hat nur dann einen Sinn, wenn man sie aus methodischen Gründen vornimmt und als etwas Vorläufiges ansieht, dagegen nicht, wenn man sie prinzipiell versteht und absolut setzt (vgl. Krämer, *GF* 136). Es ist denn auch kein Zufall, wenn die Erforschung der Spätdialoge immer wieder Hand in Hand ging mit der von *De bono* und umgekehrt, angefangen bei Robin (spätere Arbeiten) und Stenzel über Gomperz, Merlan, de Vogel bis zu Krämer und Gaiser. In Krämers und Gaisers Untersuchungen nimmt der Vergleich der Dialoge mit der Prinzipienlehre stets einen so breiten Raum ein, daß der gelegentlich geäußerte Vorwurf, die Tübinger Platon-Forschung widme den Dialogen zu wenig Aufmerksamkeit, unberechtigt ist. Vgl. u. 2.22—23 und Krämer, *GF* 108—110. 133 A. 96. 136 A. 102; ders., *'Επέκεινα* passim (bes. 24 A. 69).

[22] Das vergißt z. B. Düring, Gnomon 1955, 156, wenn er die aristotelische Hyle einseitig nur mit dem Timaios verbindet und das platonisch-akademische zweite Prinzip außer acht läßt. Ebenso sieht Solmsen in seinen — wie immer kenntnisreichen und wichtigen — Ausführungen über die Beziehung der aristotelischen Hyle zur platonischen Materie (*System* 86. 118—135; vgl. Index 466f s. v. *matter*) das Problem zu ausschließlich vom Timaios aus. Nicht anders auch M. Isnardi Parente, Riv. filol. 96 (1968) 143, obwohl die Verf. sonst in ihrem Aufsatz die Testimonia von *De bono* intensiv heranzieht und an anderer Stelle sich in diesem Problembereich als Spezialforscherin ausgewiesen hat. — Die ‚Aspekthaftigkeit' gilt natürlich genauso für entsprechende Lehren anderer Dialoge; vgl. u. 2.23.

[23] Die einschlägige Literatur ist bibliographisch am vollständigsten erfaßt bei Wippern. Vgl. ferner die Lit.-Angaben in Krämers Arbeiten, zuletzt *GF* und *'Επέκεινα*, im Nachwort von Gaiser[2] und bei M. Isnardi Parente, *Studi e discussioni recenti sul Platone esoterico, l'Accademia antica e il neoplatonismo*, in: De Homine (Istituto di filosofia della Università di Roma) 22/23 (1968) 217—244 (dazu Krämer, *GF* 108 A. 9).

[24] Z. B. Cherniss, Bröcker und Hager, vgl. unten.

Bedeutung stark einzuschränken versuchten[25]. Ein Teil der Kritik richtete sich dabei besonders auf die Belege für das ‚zweite Prinzip'[26].

Wie weit wird von diesen Einwänden unser Thema, nämlich die geschichtliche Verknüpfung der ὕλη nach rückwärts, berührt? Das hängt davon ab, was man sich unter ‚Vorgeschichte' der aristotelischen Hyle denkt. Prinzipiell sind *zwei* Einstellungen möglich:

1. Man begnügt sich mit dem, was Aristoteles über die Materie Platons und der Akademie sagt, und fragt nicht nach der ‚objektiven' Richtigkeit seiner Angaben. 2. Man versucht über Aristoteles hinaus zum ‚historischen' Platon und zur ‚historischen' Akademie zu gelangen.

Beide Möglichkeiten sind jetzt etwas näher zu prüfen:

1. Die Frage nach der historischen Zuverlässigkeit der aristotelischen Referate bewußt offenzulassen, ist methodisch nicht so abwegig, wie es zunächst scheinen könnte. Denn uns geht es hier ja nicht um Platon und die Akademie, sondern um Aristoteles und die aristolische Hyle. Aristoteles läßt aber seine Hyle — *falls* er sie an Platon anknüpft — nicht von einem ‚historisch objektiven' Platon ausgehen, sondern von einem Platon, *wie er ihn deutet*, d. h. von ‚seinem' Platon[27], dessen Verhältnis zum historischen Platon vorerst unklar bleibt. Wir müssen daher seine Deutung (d. h. sein ‚Vor-Urteil')[28] vorerst als *Faktum*, das Quellenwert hat, positiv in unsere Überlegungen einbeziehen.

Es ist jedoch nicht angebracht, bei dieser ‚immanenten' Methode stehenzubleiben und das von Aristoteles Berichtete einfach hinzu-

[25] Die meisten Vertreter dieser Meinung sind aufgeführt und besprochen in Krämers epikritischen Arbeiten (bes. *Die plat. Akademie*, *Retraktationen*, *GF*, *'Επέκεινα*); vgl. auch Krämers Besprechung von E. Dönts Abhandlung im Anz. f. die Altertumswiss. 1969, 221—225; s. ferner das Nachwort von Gaiser[2].

[26] So bei Cherniss und vor allem bei Hager. Das beschränkt sich aber durchaus nicht nur auf Gegner des ‚esoterischen' Platon: Auch Merlan, der ja selber an der Erforschung von Platons Prinzipien-Lehre maßgebenden Anteil hat, ihr also keinesfalls ablehnend gegenübersteht, scheint gelegentlich so zu sprechen, als sei der Dualismus der platonischen Prinzipien-Lehre nicht ursprünglich, sondern womöglich erst durch eine umdeutende Interpretation des Aristoteles entstanden. Falls Merlan wirklich dies meint, setzt er sich damit in Widerspruch zu einer Reihe von Fakten, u. a. den außeraristotelischen Testimonia für *De bono*. — Es ist auch nicht möglich, zwar die Historizität der *De bono*-Referate anzuerkennen, aber dann doch letztlich den Prinzipien-Dualismus wieder in einen Monismus einmünden zu lassen (de Vogel). Denn *entweder* referieren die Testimonia — trotz mancher kleinerer Unsicherheiten — historisch korrekt, dann muß man sich (auch philosophisch) mit einem Dualismus abfinden, *oder* Platon war historisch ‚Monist', dann müssen die Testimonia eine Umdeutung erfahren haben; tertium non datur. Alles Nähere unten.

[27] Die Bezeichnung ‚Platon' schließt in diesem Zusammenhang (auch im Folgenden) jeweils die Platon-Schüler, also die ‚Akademie', mit ein.

[28] Für die hermeneutischen Probleme, die hier anklingen, sei auf das Werk von H. G. Gadamer, *Wahrheit und Methode*, [2]1965, verwiesen.

nehmen, weil so die Möglichkeit, aufschlußreiche Ergebnisse zu erzielen, recht gering bleibt, dagegen aber die Gefahr von Irrtümern ziemlich naheliegt: Denn der ‚immanente‘ Befund bleibt letztlich bedeutungslos, solange er nicht von ‚außen‘ kritisch auf seine historische Zuverlässigkeit befragt wird. Erst dann wird klar, ob und wieweit er mit den objektiven Gegebenheiten übereinstimmt bzw. von ihnen abweicht. Das bedeutet, auf unseren konkreten Fall angewendet:

a) Wenn die Referate historisch zutreffen, d. h. wenn aristotelischer und historischer Platon im wesentlichen identisch sind, besitzen wir eine einigermaßen feste Basis, von der aus wir die ideengeschichtliche Herkunft der ὕλη untersuchen können[29].

b) Ergeben sich dagegen stärkere Unterschiede zwischen dem ‚aristotelischen‘ und dem ‚wirklichen‘ Platon, dann ist zu fragen, wie die Umdeutung zustandegekommen ist. Wenn sie auf einer *ganz bewußten* Umbiegung der historischen Fakten beruhen sollte[30], wäre eine Verknüpfung der ὕλη mit den von Aristoteles referierten Lehren von vorneherein nutzlos (und man müßte sich allein an die außeraristotelischen Testimonia halten). Handelt es sich dagegen um eine eher *unbewußte* Um-Interpretation — erst eine solche wäre für uns als ‚Vor-Urteil‘ relevant, s. o. — dann bleibt zu prüfen, wie weit sie geht, aus welchen Motiven sie erfolgt ist u. dgl.

Nun hat bisher niemand behauptet[31], daß sowohl Platon wie die Akademiker einen ‚Monismus‘ vertreten hätten und Aristoteles *sie alle* ‚dualistisch‘ umgedeutet habe[32]; dies kann der Sachlage nach auch in Zukunft nicht behauptet werden[33]. Vielmehr ist man fast einhellig

[29] Diese Möglichkeit wird sich u. S. 91ff als die richtige erweisen. Trotzdem müssen wir aus methodischen Gründen auch die anderen Möglichkeiten noch besprechen.

[30] Eine solche Annahme wird in der Forschung so gut wie nie direkt ausgesprochen. Sie scheint mir aber unumgänglich, wenn Cherniss mit seinen Thesen recht haben sollte (was nicht zutrifft, vgl. u. S. 91f u. ö.). Denn eine Umdeutung von so ungeheuerem Ausmaß, wie Cherniss sie annimmt, die dazu noch sich weithin in ein Gewand historischer Redlichkeit kleidet, kann man nicht mehr als unbewußten Vorgang erklären.

[31] Selbst nicht die schärfsten Kritiker des Aristoteles, Cherniss und Hager. Vgl. u. S. 90f u. ö.

[32] *Theoretisch* wäre so etwas nicht undenkbar und nicht ganz uninteressant: Man könnte daraus auf jeden Fall eine starke dualistische Denkweise des Aristoteles entnehmen, was für die Deutung der Hyle eine willkommene Hilfe wäre. Aber um eine dualistische Denktendenz des Aristoteles zu erweisen, genügt schon die Tatsache, daß er den Dualismus der Akademie aufgegriffen und historisch fortgesetzt hat.

[33] Man müßte dann die Ablehnung von Platons dualistischer Prinzipienlehre u. a. durch Cherniss und Hager (dazu u. 2.241) mit Dörries monistischer Xenokrates-Deutung (vgl. u. 2.41) verbinden und dazu noch Speusipps Dualismus — der nicht allein von Aristoteles, sondern auch von Iamblich bezeugt wird (u. 2.3) — monistisch uminterpretieren. Das hieße aber so viele Unwahrscheinlichkeiten häufen und sich über so viele außeraristotelische Belege hinwegsetzen, daß eine derartige Annahme ganz abwegig erscheint.

der Meinung, daß zumindest Speusipp und Xenokrates ein dualistisches (‚Ableitungs-‘)System besaßen und Aristoteles sie in diesem Punkt korrekt referiert[34]. Gewisse Zweifel bestehen also nur in bezug auf *Platon*. Und da für die ideengeschichtliche Anknüpfung der aristotelischen Hyle die Lehren Speusipps und des Xenokrates, d. h. der ‚Akademie‘, völlig ausreichen[35], könnte man die Entscheidung über Platons Lehre offenlassen und sagen: Ob die aristotelischen Berichte über *Platons* dualistische Prinzipienlehre zutreffen oder nicht, sie spiegeln auf jeden Fall Lehrmeinungen *der frühen Akademie* wider. Mit anderen Worten: Man könnte sich für *Platon* auf die ‚immanente‘ Methode beschränken, aber auch *nur deshalb*, weil sie durch die historisch-kritische Methode von ‚außen‘ kontrolliert wird, die uns sagt, daß in den Platon-Referaten auf jeden Fall ein historischer Kern, nämlich ein *‚akademischer‘* Kern, steckt. Immerhin böte eine solche Beschränkung den großen Vorteil, daß sie uns alles Streits um das ‚richtige‘ Platon-Verständnis enthöbe[36]. Obgleich dies verlockend wäre[37], können wir doch auch hinsichtlich *Platons* nicht bei einem ‚isolierenden‘ Verfahren stehenbleiben:

Denn wie bereits die voraufgehenden Bemerkungen allgemein zeigten, ist die immanente Betrachtungsweise nur als allererster Schritt akzeptabel und weist sogleich über sich hinaus. Für Platon gilt das in besonderem Maß: Hier sind die Dialoge nun einmal überliefert und die Belege für *De bono* gehen weit über Aristoteles hinaus, so daß sich die Frage, wie sich diese Zeugnisse insgesamt zueinander verhalten, nicht abweisen läßt.

Aus all den angeführten Erwägungen muß die vorliegende Untersuchung, obwohl sie im Prinzip ausschließlich auf Aristoteles gerichtet ist, doch prüfen, was der ‚historische‘ Platon und die ‚historische‘ Akademie über ‚Materie‘ lehrten. Erst in der Spannung zwischen dem — möglichst exakt festgestellten — historischen Vorbild, einer Umdeutung dieses Vorbilds (sofern eine solche stattgefunden hat) und der eigenen Lehre des Aristoteles wird sichtbar, was Aristoteles mit seinem Hyle-Begriff wirklich geschaffen hat.

2. Was die historische Zuverlässigkeit der Zeugnisse betrifft, in denen für Platon und die Akademiker eine Zwei-Prinzipien-Lehre überliefert ist, so hat man im wesentlichen nur die auf *Platon selbst*

34 Vgl. u. S. 89—91 und 2.3, 2.4.

35 Vgl. erneut u. S. 90ff, wo weitere Verweise.

36 Weder müßten wir uns für die Dialoge gegen *De bono* entscheiden — um dann vielleicht die aristotelische Hyle mit einzelnen Dialogen zu verknüpfen, was doch keine befriedigenden Resultate erbringt (vgl. u. 2.52 Anf.) — noch umgekehrt für *De bono* gegen die Dialoge noch für eine Verbindung zwischen beiden.

37 Merlan, *ZB* denkt offenbar an so etwas, wenn er im Schlußsatz schreibt: „ob nun dieser Aristotelische Plato der wahre Plato ist oder nicht“ (15).

gehenden Zeugnisse angezweifelt[38]. Es empfiehlt sich, die beiden Möglichkeiten, daß diese Zweifel berechtigt (a) oder nicht berechtigt sind (b), getrennt zu durchdenken. Dabei wird sich — wie schon angedeutet — zeigen, daß *von Aristoteles aus* schon im Fall a) eine exakte Anknüpfung der aristotelischen Hyle an akademische Vorbilder möglich ist. Mit anderen Worten: *Vorliegende Untersuchung ist von jeglicher Entscheidung über den ‚esoterischen Platon' völlig unabhängig.* Wenn der Verfasser trotzdem in der Überzeugung, daß eine ablehnende Haltung wie die von Cherniss und Hager unberechtigt ist (s. u.), die platonischen Gedanken hier in 2.2 bespricht und auch in den folgenden Abschnitten berücksichtigt, so tut er das nicht aus gedankenloser Übernahme der Tradition, die Platon ganz stark in den Vordergrund stellt, sondern weil gerade die *platonische* Materie-Konzeption als letzter Ausgangspunkt aller ‚akademischen' Materie-Begriffe (auch des aristotelischen) zentrale Bedeutung besitzt: An ihr kann man oft besser als an ihren Fortbildungen erkennen, was ‚Ableitungssystem', ‚Elementen-Metaphysik', ‚Materie' als Gegenprinzip des Einen, Identität des Prinzips in der Vielfalt seiner Abwandlungen, ‚Ideal-Materie' u. dgl. bedeuten[39]. Trotzdem ist nochmals zu betonen: *Für die ideengeschichtliche Herleitung des aristotelischen Hyle-Begriffs ist die Prinzipienlehre Platons nicht erforderlich, und jeder Leser, der ihr skeptisch gegenübersteht, mag im Folgenden alles, was sich speziell auf Platons innerschulische Lehre bezieht, beiseitelassen, ohne daß sich dadurch an unseren Ergebnissen das Geringste ändern würde.*

a) Nehmen wir also an, die Einwände gegen die platonische Prinzipienlehre träfen zu[40], d. h. Platon selbst hätte zu keiner Zeit oder erst im höchsten Alter eine dualistische Prinzipienlehre vertreten. Dann bleibt immer noch bestehen, daß Platons Schüler Speusipp und Xenokrates[41] eine solche Lehre besitzen, was auch die entschiedensten Gegner des ‚esoterischen' Platon nicht bestreiten[42]. Gleichfalls ist allgemein anerkannt, daß Xenokrates und Speusipp einen Stufenbau

[38] Vgl. die Andeutungen o. S. 88f.

[39] Das einzige Testimonium, das an Informationswert den Platon-Belegen gleichkommt, ja sie sogar übertrifft, ist das Speusipp-Referat bei Iamblich (ausführlich besprochen u. 2.3).

[40] Es wird gleich im Nachstehenden S. 91ff ausgesprochen werden, daß und warum wir sie nicht für zutreffend halten.

[41] Selbst wenn man, was ich für ausgeschlossen halte, Xenokrates monistisch deutet (u. 2.4), bleibt Speusipp übrig (2.3). Zudem könnte man dann die bei Aristoteles und anderswo überlieferten Belege für eine akademische dualistische Prinzipienlehre, wenn man sie schon Platon abspricht, wenigstens auf Platons Schüler beziehen, was ein zusätzliches Indiz für ‚dualistische' Denktendenzen in der frühen Akademie wäre.

[42] Vgl. Cherniss z. B. *Riddle* 46 f. 52. 59. 73 (= deutsche Ausgabe 59 f. 65. 73. 88 f). Hager 104—108.

des Seins lehrten. Wir finden somit als eine Art ‚gemeinsames Lehrgut' der Akademie ein ‚zweites Prinzip' (Materie) vor, das zusammen mit dem ‚ersten' Prinzip in mannigfachen Abwandlungen eine Stufenfolge von Seinsschichten strukturiert[43]. Derselbe Befund ergibt sich aus der Untersuchung der aristotelischen Hyle[44]. Da nun die Belege für ὕλη nicht speziell auf *Platon* zurückverweisen[45], reicht die Verknüpfung mit der genannten akademischen Lehre völlig aus, die aristotelische ὕλη ideengeschichtlich herzuleiten[46].

b) Es ist jedoch sehr unwahrscheinlich, daß die Einwände gegen Existenz und Bedeutung von Platons innerschulischer Lehre im wesentlichen richtig sind. Denn die oben angeführte Diskussion um Platon und die Akademie hat im Für und Wider doch zu einer Reihe von Ergebnissen geführt, die Bestand haben dürften, u. a. folgende: Neben den platonischen Dialogen ist die innerschulische Prinzipienlehre Platons eine unabhängige hochbedeutsame Quelle für unsere Kenntnis der platonischen Philosophie. An dieser *philologischen Tatsache* kann niemand vorbeisehen, wenn er nicht gegen wichtige — auf anderen Gebieten längst anerkannte und strikt eingehaltene — Grundsätze philologischer Quellenverwertung verstoßen will[47]. Natürlich bleibt auf diesem Gebiet philologisch und philosophisch noch viel zu tun[48],

[43] Vgl. dazu das Nähere u. 2.24, 2.3, 2.4 und 2.51. Dort auch über die Problematik eines solchen Stufenbaus und der zu seiner Beschreibung verwendeten Begriffe.

[44] Vgl. die folgenden Kapitel, bes. die Zusammenfassung 8.

[45] Die viel behandelten Hinweise des Aristoteles auf die χώρα des Timaios u. dgl. (vgl. u. 2.225 u. ö.) könnte man dann mit Cherniss als unwesentlich abtun. — Im übrigen beweisen diese Stellen, selbst wenn man sie gegen Cherniss ernst nimmt, kaum etwas für eine spezielle Beziehung der aristotelischen Hyle zu Platon; vgl. u. S. 269. — Auch die ‚Idealmaterie' des Aristoteles, die ὕλη τοπική (vielleicht auch noch Teile der ὕλη νοητή), setzt nicht eine *platonische* Form von Ideen-Materie oder dgl. voraus, sondern besitzt an den entsprechenden ‚idealen' Materien des Speusipp und Xenokrates genügend Anhalt. Vgl. auch u. 2.52.

[46] Vgl. erneut u. 2.52.

[47] Vgl. dazu die bei aller Entschiedenheit doch sehr ausgewogenen Darlegungen von Krämer, *GF*, des weiteren Gaiser, *QP* und Nachwort zu Gaiser².

[48] *Philologisch* muß Gaisers Sammlung der TP neu herausgegeben, kritisch durchanalysiert und kommentiert werden; vgl. die Bemerkungen über Quellenkritik im Nachwort von Gaiser² und Gaiser, *QP* 31—35. Wie man in dieser Richtung weiterkommen kann, zeigt Gaiser besonders instruktiv am Sextus-Bericht (*QP* 63—83), der nun als ein im ganzen zuverlässiges Referat altakademischer Lehre, vielleicht sogar von *De bono*, gesichert ist. Seine Analyse von met. N 3 und an. A 2 (*QP* 39—63) zeigt u. a., wie die Methoden, nach denen die Gedanken Platons von denen seiner Schüler abgehoben werden können, noch weiter zu verfeinern sind: Sie haben ja bisher schon ausgereicht, die wichtigsten Unterscheidungen durchzuführen, und es trifft einfach nicht zu, wenn man gelegentlich meint, man könne (etwa in den aristotelischen Referaten) das (innerschulische) Lehrgut Platons nicht von den Lehren z. B. Speusipps und des Xenokrates unterscheiden (vgl. dazu u. a. 2.3, 2.4). — *Philosophisch* müssen die Begriffe, mit denen das platonisch-akademische ‚System' beschrieben wird, kritisch untersucht und so vor Schematisierung und Erstarrung

aber es gibt jetzt keine Rückkehr mehr zur absoluten Skepsis von Cherniss[49]. Auch dürfte es nunmehr ausgeschlossen sein, die innerschulische Lehre als ‚punktuelles' Faktum — einmalige Vorlesung o. dgl. — an einer bestimmten Stelle der platonischen Entwicklung (etwa im höchsten Alter) zu fixieren, zu isolieren und sie so zu einem einzelnen Beleg unter anderen herabzumindern[50]. Vielmehr steht sie offensicht-

bewahrt werden: Vgl. u. 2.24 zu ‚Ableitungssystem', ‚Deduktion', ‚elementarisierende' — ‚generalisierende' Reduktion auf die Prinzipien, ‚Seinsstufe' u. dgl.; zu ‚Monismus' — ‚Dualismus' einige vorläufige Bemerkungen u. S. 169 A. 479. Über die Konsequenzen der ‚systematischen' Platondeutung für die Interpretation von Platons *politischer* Philosophie gedenke ich an anderer Stelle zu handeln. Vieles zur philosophischen Problematik bei Krämer, *GF* (bes. 149 f), wo aber nicht deutlich genug herausgehoben wird, daß bereits in unsere *Beschreibung* des platonischen ‚Systems' ein bestimmtes *philosophisches Vorverständnis* eingeht (mit bestimmten Begriffen), das kritischer Reflexion bedarf; die philosophische *Kritik* an dem so beschriebenen Objekt ist erst ein zweiter, später kommender Schritt.

49 Einwände gegen Cherniss wurden schon in den Rezensionen seiner Werke vorgebracht: Neben den von Krämer, *APA* 386 A. 13 genannten Besprechungen wichtig D. J. Allan, Mind 55 (1946) 263—272, wo das uns hier vor allem interessierende Kapitel *The Material Substrate* (*Criticism* 83—173) kritisch geprüft wird. Während das Buch von P. Wilpert, *Zwei aristotelische Frühschriften* usw. (erschienen 1949, aber verfaßt schon 1942, also gleichzeitig mit Cherniss und ohne Kenntnis von diesem) Cherniss nur implizit widerlegte, setzten sich explizit mit ihm auseinander C. J. de Vogel, *Problems Concerning Later Platonism*, Mnemos. IV 2 (1949) 197—216. 299—318 und (ohne de Vogels Arbeit zu kennen, vgl. *APA* 386 A. 14) Krämer, *APA* Kap. IV *Das Problem des esoterischen Platon* 380—486, bes. 380—454. Damit waren Cherniss' Thesen definitiv als unhaltbar erwiesen, ein Ergebnis, an dem alle Einwände gegen den sogenannten ‚esoterischen Platon' seitdem nichts zu ändern vermochten (über Cherniss zuletzt, mit neuen Gesichtspunkten, Krämer, *GF* 106—108; vgl. auch Berti, Riv. critica di Storia della Filosofia 20, 1965, 231—235, deutsch bei Wippern). Deshalb gehen wir weder hier noch im Folgenden auf Cherniss' Thesen ein. Zu dem verfehlten Versuch F. P. Hagers (*Zur philosophischen Problematik der sogenannten ungeschriebenen Lehre Platons*, Studia Philosophica 24, 1964, 90—117), Cherniss' Position wieder aufzunehmen, hat Krämer, *GF* 107 A. 9 (vgl. 149 A. 138) in Kürze vieles Wichtige gesagt.

50 Da dies die Meinung der meisten Platon-Forscher seit Schleiermacher war, muß hier ein allgemeiner Hinweis genügen. Gegen solche Deutungen zuletzt Krämer, *GF* passim (zum Prinzipiellen besonders 129 A. 77, 134 A. 99, 143 A. 123a). Das Richtige sah H. Gomperz schon 1928 mit unübertrefflicher Klarheit (*Platons Selbstbiographie*, 41—46): Platon habe die Prinzipienlehre „zum allermindesten die letzten zwanzig Jahre seines Lebens" vertreten (45); noch präziser ders., *System*, 1931, 431 (= *Ph. St.* 123; auch bei Wippern): „Platons philosophisches System wird in den Gesprächen nicht ausdrücklich entwickelt, allein es steht, zumindest seit dem *Staat*, hinter ihnen". Dies hat sich seitdem immer mehr bestätigt. Vgl. zur Interpretation der Dialoge auf die ungeschriebene Lehre hin Krämers Arbeiten, zuletzt *GF* und *'Επέκεινα* passim. Ob und wieweit man auch *vor* dem Staat (bzw. Symposion) die Prinzipienlehre nachweisen kann, ist vorerst unsicher: Vgl. dazu die Andeutungen von H. Gomperz, *Platons Selbstbiographie* 46, *System* 430f (= *Ph. St.* 123f); ferner K. Gaiser, *Platons Menon und die Akademie*, Arch. Gesch. Philos. 46 (1964) 241—292 (auch bei Wippern); Krämer, *GF* 134f (methodisch besonnen). Für unser Thema brauchen wir, sofern wir die Dialoge überhaupt berücksichtigen wollen

lich mindestens seit dem ‚Staat' hinter den Dialogen, deren vielfältige Aspekte und Ansätze sich erst durch die und in der Prinzipienlehre zu einer Einheit zusammenschließen und eine Erfüllung finden[51].

Während nunmehr Existenz und Bedeutung der innerschulischen Lehre und ihr Zusammenhang mit den Dialogen durch die moderne philologisch-kritische Forschung *im ganzen* neu gesichert sind, scheint für das *zweite* Prinzip (d. h. für das Materie-Prinzip), um das es uns hier geht, eine gewisse Unsicherheit bestehenzubleiben: Wie wir bereits andeuteten, konzentriert sich die Kritik von Cherniss und Hager weniger auf das erste als auf das *zweite* Prinzip[52]. Das ist bis zu einem gewissen Grad verständlich, weil die *De bono*-Referate hinsichtlich ihrer Angaben über das zweite Prinzip manche Probleme aufgeben und die Dialoge erst spät (nach dem ‚Staat') bestimmte Lehren aufweisen, die man auf das zweite Prinzip beziehen könnte, die aber doch auch wieder ziemlich stark voneinander abzuweichen scheinen.

Trotzdem ist es unmöglich, Platon das zweite Prinzip ganz abzusprechen bzw. es bis zur Bedeutungslosigkeit einzuschränken. Denn 1. bieten uns nun einmal die Testimonia von *De bono* ein umfassendes zweites Prinzip dar, das auch durch schärfste historische Kritik nicht beseitigt werden kann: Es ist also — wie die Prinzipienlehre insgesamt — ein *philologisches Faktum* jenseits alles Für und Wider der Interpretation[53]. Und 2. zeigt sich bei ungezwungener Deutung dieses klar überlieferten Etwas, daß sämtliche sachlichen Schwierigkeiten aus seinem *Wesen* entspringen: a) Es wandelt sich auf den verschiedenen Stufen des platonischen ‚Derivationssystems' ab und bleibt doch ein und dasselbe Prinzip; dieses Problem der Identität des Nicht-Identischen o. ä. gilt genauso für das erste Prinzip[54]. b) Das zweite Prinzip erklärt, warum das Sein nicht ein absolut parmenideisches ἕν ist: Ohne es gäbe es nicht ‚Welt', Einzelnes, Werden und Vergehen usw., ja das ἕν selbst wäre sinnlos. Obwohl somit das zweite Prinzip vom ersten unabhängig ist und ein wahrhaftes ‚Gegenüber' des Einen darstellt, wird es doch zugleich bei Platon (und dann auch in der nachplatonischen Deutung Platons) immer wieder dem ἕν nachgeordnet,

(u. S. 94f), keinesfalls über den Staat hinaus zurückzugehen, ja können uns sogar auf die eigentlichen Spätdialoge seit dem Parmenides beschränken; vgl. o. im Text.

[51] Das bedeutet nicht im geringsten eine Abwertung der Dialoge, sondern nur eine Einschränkung ihres seit Schleiermacher vom Großteil der Forschung gegen alle historischen Fakten behaupteten Absolutheitsanspruches. Über das Verständnis zwischen Dialogen und mündlicher Lehre ausgewogen und umsichtig Krämer, *GF* 136—181; vgl. auch ders., *'Επέκεινα*.

[52] S. o. S. 85ff.

[53] u. 2.24.

[54] Vgl. dazu neben 2.24 noch 2.51c.

dem Nichtsein angenähert, abgewertet u. dgl., weil eben Platons Idealismus das Schwergewicht von Sein, Erkennbarkeit, Gutheit usw. ganz auf das ἕν legt. Deshalb wird in *De bono* und in den Dialogen viel seltener und knapper vom zweiten als vom ersten Prinzip gesprochen, so daß manchmal der Eindruck entstehen kann, es fehle ganz. Aber diese Schwierigkeit besteht in jedem dualistischen Idealismus — der von der ‚Form' her gedacht wird —, auch in dem des Aristoteles[55].

Wie weit kann man das zweite Prinzip von *De bono* auch in den *Dialogen* nachweisen und welches Gewicht hat dieser Nachweis?

Wenn wir im folgenden zunächst einige Äußerungen der Dialoge betrachten, die man schon längst mit dem Thema ‚Materie' in Verbindung gebracht hat (Tim., Phileb., Soph.), wird sich ergeben, daß sie *isoliert* für sich nur wenig zu unserem Thema beizutragen vermögen, weil die einzelnen Denkansätze recht zusammenhanglos nebeneinanderstehen. Das ändert sich erst, wenn man sie dann allesamt auf die innerschulische Lehre bezieht und die vorher vereinzelten Lehren nun als *Aspekte* des gleichen ‚zweiten Prinzips' verstehen kann[56]. Dabei zeigt sich auch, daß die Dialoge zwar inhaltlich viel differenziertere und reichere Aussagen machen, aber im wesentlichen nichts zum zweiten Prinzip sagen, was nicht schon aus *De bono* ersichtlich wäre[57], und darüber hinaus viele Lücken und Defizienzen aufweisen, die erst von *De bono* her behoben werden können. Somit mündet die Betrachtung der Dialoge letzten Endes wieder in die umfassende Prinzipienlehre ein.

Aus diesem Grund unterliegen die Dialoge demselben Vorbehalt, den wir oben zunächst für die platonische Prinzipienlehre aussprachen: Sie sind für die historische Herleitung der aristotelischen Hyle nicht erforderlich, und wir ziehen sie (wie die innerschulische Lehre Platons) nur deshalb heran, weil wir den akademischen Hintergrund, welchem die Hyle entstammt, in all seiner Vielfalt möglichst konkret erfassen wollen[58].

[55] Vgl. die Zusammenfassung 2.5, wo nähere Hinweise.

[56] s. o. S. 85f.

[57] Auch die Chora des Timaios macht da keine Ausnahme, vgl. u. 2.223d.

[58] Hiermit ist auch genug Spielraum für sämtliche Entwicklungstheorien gelassen, die einen Umbruch (bzw. mehrere Umbrüche) in Platons Denken konstatieren, *De bono* spät ansetzen und nicht als *Voraussetzung*, sondern als *Ergebnis* der in den Dialogen niedergelegten Denkansätze betrachten u. dgl. mehr. Ich sehe solche und ähnliche Theorien mindestens für die Zeit seit Platons mitlerer Periode (bes. seit dem Staat, vgl. u. A. 63) als unzutreffend an (vgl. o. S. 91) — wodurch natürlich Platons lebendige Denkbewegung keineswegs dogmatisch verknöchert wird und erstarrt —, aber sie würden, auch wenn sie richtig wären, unsere Untersuchung nicht beeinträchtigen: Wir betrachten ja, wie mehrfach ausdrücklich betont, Platons Lehre (das zweite Prinzip von *De bono* und die Ansätze dazu in den Dialogen) nur als *Folie* zum ‚allgemein-akademischen' Prinzipien-Dualismus, die auch wegfallen kann. Es ist also für unsere Fragen letztlich belanglos, wie man die innerschulische Lehre und ihre Beziehung zu den Dialogen beurteilt und ob man über die im Folgenden besproche-

Dieser Vorbehalt wäre in dem Augenblick ungültig, wenn sich nachweisen ließe, daß ein *bestimmter* Dialog die Ausgestaltung des ὕλη-Begriffes maßgebend beeinflußt hat: So verknüpft man immer wieder einmal das ἕτερον des Sophistes oder die χώρα des Timaios mit der ὕλη[59]. Eine Nachprüfung zeigt jedoch, daß diese Verbindungen nicht beweisbar[60] oder gar falsch sind[61]. So bleibt es also beim eben festgestellten Befund[62].

Welche Dialoge kommen in unserem Zusammenhang überhaupt in Frage? Für die Dialoge vor dem ‚Staat' und für den ‚Staat' selbst ist angesichts der Quellenlage ein ‚zweites Prinzip' bestenfalls zu vermuten, aber nicht zu erweisen[63]. Von den Dialogen nach dem ‚Staat' werden die einschlägigen Stellen des Theaitet und Politikos, die gesonderter Behandlung bedürfen, übergangen. Nach dem Timaios, der wegen seiner sachlichen Bedeutung vorangestellt und ausführlicher behandelt wird, werden Parmenides, Sophistes und Philebos sehr knapp und in ganz vorläufiger Weise durchmustert.

2.22 Der Timaios[64]

Im Timaios tritt ‚Materie'[65] vor allem innerhalb *dreier* Gedankengänge auf: a) als Prinzip der ‚Differenz, Andersheit' (θάτερον) bei

nen ‚Materie'-Stellen einzelner Dialoge zum Teil oder insgesamt anderer Meinung ist. Die Indifferenz vorliegender Untersuchung gegenüber all diesen Fragen hindert nicht, daß wir doch ein Gesamtbild der platonischen Lehre, wie wir es für richtig halten, zu skizzieren versuchen. Wer anders darüber denkt, mag (ohne Schaden für das historische Verständnis der Hyle) die betreffenden Abschnitte überlesen. Vgl. o. S. 90.

59 Vgl. dazu u. 2.22 und 2.23. Wie man am Timaios-Buch Claghorns (der die platonische Prinzipienlehre nicht oder kaum anerkennt) sieht, ist es auch heute noch nicht ausgeschlossen, daß ein Forscher isoliert einen Dialog mit der Hyle vergleicht, ohne die Akademie zu berücksichtigen (vgl. u. 2.225).

60 Z. B. im Falle des Sophistes, vgl. u. 2.23.

61 So beim Timaios, u. 2.225.

62 Diese Feststellung wird natürlich in keiner Weise von der Tatsache beeinträchtigt, daß *neben* der innerschulischen Lehre stark der Timaios auf Xenokrates (und Aristoteles) einwirkte (vgl. z. B. u. S. 269f), was bei Xenokrates ja sogar zu zwei verschiedenen System-Entwürfen führte (von denen der eine auf den Timaios, der andere auf die innerschulische Prinzipienlehre zurückgeht); vgl. u. 2.42.

63 Über die gesamte Frage zuletzt Krämer, *GF* 111. 129 A. 77. 134 f mit A. 99—101. 139. 142 m. A. 122. Natürlich ist das ‚erste Prinzip' (oder eine Vorstufe davon) sogleich nicht ohne ‚Gegenüber' denkbar, aber es kommt eben darauf an, wie weit dieses ‚Gegenüber' dann thematisiert, zu einem zweiten Prinzip ausgebildet und schließlich in einem Dialog erwähnt wird. — Über das Symposion vgl. u. 2.25.

64 Von der zahlreichen Lit. über den Timaios und sein Materie-Problem (vgl. H. Cherniss, Lustrum 4, 1959, 208—227 und 5, 1960, 606 f zum Timaios, Lustrum 4, 577 u. 5, 615 zur Chora; Friedländer I^3, 1964, 31. III^2, 1960, 494) wird hier nur das für

Erschaffung der Weltseele[66]; im Mittelteil des Dialogs (47E3—69A5), welcher ja die Elementenlehre behandelt, einmal bei Erörterung der χώρα (b)[67], zum andern bei der Lehre von den elementaren Dreiecken und Körpern (c)[68]. Wir übergehen die Psychogonie[69] und behandeln die beiden anderen Abschnitte erst einmal getrennt[70], um dann zu überlegen, welcher Zusammenhang zwischen ihnen besteht.

unseren Zusammenhang Wichtigste angeführt: Baeumker 115—188. León Robin, *Études sur la signification et la place de la physique dans la philosophie de Platon*, Revue philosophique de la France et de l'Étranger 43 (1918) 177—220. 370—415, wieder abgedruckt in: *La pensée hellénique des origines à Epicure* (1942, ²1967) 231—336 (wesentliche Auszüge daraus bei Wippern). Stenzel, *ZuG* 78. 84—88 (¹1924, ³1959). A. E. Taylor, *A Commentary on Plato's Timaeus*, Oxford 1928. H. Gomperz, *System* 427f (= *Ph. St.* 120f). Léon Robin, *Les rapports de l'être et de la connaissance d'après Platon*, Paris 1957 (Vorlesungen 1932—1933), 48—78. F. M. Cornford, *Plato's Cosmology. The Timaeus of Plato translated with a running commentary*, London 1937. Paul Wilpert, *Die Stellung des Timaios im platonischen Korpus*, Proceedings 11th Internat. Congress of Philosophy vol. 12 (1953) 71—76. G. S. Claghorn, *Aristotle's Criticism of Plato's ‚Timaeus'*, Den Haag 1954. B. Fehrenbach, *Chora und Aisthesis im platonischen Timaios*, Diss. Freiburg 1954 (nicht eingesehen). Friedländer I³ (1964; ²1954) 260—275. 391—396. III² (1960) 329—355. 494—502. Cencillo 20—31. 43 A. 5. 49—53. 68—77. J. T. Reagan, *The Material Substrate in the Platonic Dialogues*, Diss. Saint Louis-University, Saint Louis 1960 (Mikrofilm UB Bonn; nicht eingesehen). J. B. Skemp, *ὕλη and ὑποδοχή*, in: *Aristotle and Plato in the Mid-fourth Century*, Göteborg 1960, 201—202 (Lit.; wenig ergiebig). Solmsen 40ff. F. P. Hager, *Die Materie und das Böse im antiken Platonismus*, Mus. Helv. 19 (1962) 73—103. Gaiser, Teil 1 (*Mathematik und Ontologie*) passim. F. P. Hager, *Zur philos. Problematik* 90—117, bes. 99. D. J. Schulz, *Das Problem der Materie in Platons ‚Timaios'* (Abh. zur Philos., Psych. u. Päd. 31), Bonn 1966 (Lit.). Dönt 40—42. 47f. Krämer, *GS* 328—331; vgl. ders., *Theologie* 484 ff. Siehe jetzt auch Sinnige, 196—216. Weitere Lit. Angaben und nähere Charakterisierung der Literatur im Folgenden.

65 Das Wort ‚Materie-Problem' steht hier abkürzend für alle Fragen, die sich an die genannten Lehren des Timaios knüpfen. Wie weit diese platonischen Lehren etwas mit der aristotelischen Hyle und unserer ‚Materie' zu tun haben (prinzipielle Erwägungen dazu bei Schulz 7—14, der aber das θάτερον der Psychogonie übersieht), wird dann erst im Folgenden allmählich erörtert.

66 Tim. 35 A.

67 48 E 2—52 D 1; vgl. auch 52 D 1—53 C 3.

68 53 C 4—55 C 6 und 55 D 7 ff.

69 Es mag bedenklich scheinen, diese Erörterungen wegzulassen, die — wie man immer deutlicher erkennt — im Timaios eine überaus wichtige Funktion haben. Aber sie erfordern, wenn man ihnen gerecht werden will, eine gesonderte Behandlung, die den Rahmen unseres (ohnehin schon zu umfangreichen) Timaios-Abschnitts vollends sprengen würde. Zudem wird das, was mit θάτερον sachlich gemeint ist, im Zusammenhang mit dem zweiten Prinzip von *De bono* (u. 2.24) ausreichend behandelt. Wichtig ist folgende Literatur: Robin, *La physique*, 370—379 = *Pensée hellénique* 282—293. Gomperz, *System* 428 (= *Ph. St.* 121). Claghorn Kap. VII: *Aristotle's Criticism of Soul*, 99—120. Krämer, *APA* Index 590 z. St. Gaiser, Index 555 z. St.; ders., *QP* 62. Mannsperger, *Physis bei Platon*, 1969, 272—283.

70 Die Hauptstellen müssen, auch wenn sie schon oft behandelt wurden, doch erneut kurz vorgeführt werden. Dabei wird Cornfords Kommentar ständig vorausgesetzt.

2.221 *Keine Letztbegründung der δι᾽ ἀνάγκης γιγνόμενα (47E3—48E1)*

Nachdem er im ersten Teil des Dialogs ‚die Werke des νοῦς' behandelt hat (47E3 f), will Platon nun im zweiten die Wirkungen der ἀνάγκη hinzufügen (47E4 f). Denn das Werden (und damit: Wesen)[71] des Kosmos erklärt sich aus beiden Ursachen, wobei freilich der νοῦς ein Übergewicht über die ἀνάγκη besitzt, so daß die Sinnhaftigkeit des Ganzen im wesentlichen gesichert bleibt[72].

Um nun die ‚Notwendigkeit' gebührend beurteilen zu können[73], müssen Eigenart und Verhalten[74] von Feuer, Wasser, Luft und Erde *vor* dem Entstehen des Kosmos untersucht werden. Denn bisher hat man die vier Stoffe, ohne ihr Wesen zu erklären, als bekannt vorausgesetzt und sie als Prinzipien (ἀρχαί) bzw. Elemente (στοιχεῖα) des Alls betrachtet[75]. Das hier anklingende Bild von den ‚Buchstaben' (στοιχεῖα)[76] dient Platon gleich anschließend dazu, seine Bedenken gegen die Prinzipienhaftigkeit der vier Stoffe vorzubringen, die noch nicht einmal den Status von *Silben* (geschweige denn von Buchstaben) hätten[77]. Auf die Seinsanalyse übertragen bedeutet dies, daß wir mit der Reduktion noch mindestens zwei Schritte ‚hinter' die vier Stoffe zurückgehen können, bevor wir an ein ‚Prinzip' im strengen Sinne kommen. Wenn im Timaios nur *ein* Schritt geschildert wird[78], weist

[71] In den seit der Alten Akademie hin und her gehenden Streit der Ausleger, ob das zeitliche Entstehen des Kosmos (Kosmogonie) im Timaios wörtlich aufzufassen sei (so Aristoteles) oder nicht (so Xenokrates), brauchen wir hier nicht einzugreifen (vgl. Gaiser 188. 269. 393. 408. 550f). Denn auf jeden Fall ist die *Darstellung* des *Entstehens im Zeitlichen* zugleich eine *Wesensdeutung im Prinzipiellen*, worauf es uns allein ankommt. Deshalb können wir im Folgenden immer ‚Werden' und ‚Wesen' gleichsetzen und das Präsens gebrauchen.

[72] 47D 5—48A 5. Wichtig die Formulierung 48A 2 f νοῦ δὲ ἀνάγκης ἄρχοντος τῷ πείθειν αὐτὴν τῶν γιγνομένων τὰ πλεῖστα ἐπὶ τὸ βέλτιστον ἄγειν . . . Dieses deutliche Übergewicht des Teleologischen darf indes nicht dazu verleiten, die Eigenbedeutung der ἀνάγκη und der Chora ‚monistisch' herabzumindern oder ganz aufzuheben (vgl. u. **2.** 223).

[73] Er nennt die ‚Notwendigkeit' τὸ τῆς πλανωμένης εἶδος αἰτίας, worüber unten. Daß von dieser Art Ursache eine aktive Wirkung ausgeht, ergab sich schon aus dem Bild vom Wettstreit zwischen νοῦς und ἀνάγκη (48A 2—4), dann aber auch aus 48A 7 ᾗ φέρειν πέφυκεν ‚in what manner its nature is to cause motion' (so richtig Cornford 160 gegen andere Übersetzungen).

[74] 48B 4 φύσιν, 5 τὰ πάθη. Der Gesamtsinn dieser Ausdrücke ist eindeutig, wenn man auch über ihre Übersetzung verschiedener Ansicht sein kann. Zu πάθη Cornford 160 A. 3.

[75] 48 B 5—8.

[76] Vgl. dazu Gaiser an den im Komm. zu TP 32 genannten Stellen.

[77] 48 B 8—C 2.

[78] Man könnte freilich schon den Rückgang von den konkret erscheinenden vier ‚Elementen' auf ihre Elementarkörper als ersten Abstraktionsschritt verstehen, dann den Übergang von den elementaren Körpern zu den (größeren und dann den ele-

Platon bereits mit dieser Bemerkung über den Timaios hinaus. Dazu paßt der nächste Satz, in welchem Platon das weitere Vorgehen festlegt: Über das *erste Prinzip* bzw. die *ersten Prinzipien* solle nicht gesprochen werden, weil dies bei der gewählten Methode des εἰκὼς λόγος zu schwierig sei[79]. Wie auch immer die Begründung von der ‚Wahrscheinlichkeit' der Rede her aufzufassen ist[80], der Verzicht auf eine Letztbegründung der δι' ἀνάγκης γιγνόμενα ist deutlich. Wir werden deshalb sowohl bei der χώρα wie bei den Elementar-Dreiecken über die Aussagen des Timaios hinaus nach den ersten Prinzipien fragen, zumal Platon bei den Elementar-Dreiecken zu einem solchen Vorgehen geradezu auffordert[81].

2.222 *Die χώρα*[82]

Platon führt neben den schon früher unterschiedenen zwei Seinsbereichen, dem noetischen des ewig Unwandelbaren (Ideen) und dem sinnlich wahrnehmbaren der γιγνόμενα[83], nun einen dritten, schwierig zu erfassenden[84] Bereich ein, nämlich πάσης γενέσεως ὑπο-

mentaren) Dreiecken als zweiten (und vielleicht dritten), aber das schiene mir gekünstelt (zumal im Hinblick auf den folgenden Satz, s. o. im Text). Anders Claghorn 21.

79 48 C 2—D 4. 48 C 2 f τὴν ... περὶ ἁπάντων εἴτε ἀρχὴν εἴτε ἀρχάς bezieht sich unzweideutig auf das oberste Prinzip bzw. die obersten Prinzipien.

80 Über die ‚Wahrscheinlichkeit' der Rede 48 C 5—D 6 mehrfach, mit Rückverweis auf 29 CD. Natürlich ist der Hinweis auf die ‚Wahrscheinlichkeit' kein Freibrief, alle größeren Deutungsschwierigkeiten mit dem Wort ‚mythisch' aus dem Weg zu räumen (dagegen richtig Schulz 18 f; mit bezeichnenden Beispielen); er meint auch nicht nur eine ‚subjektive' (vgl. 29 CD) oder ‚objektive' (alle αἰσθητά im Fluß) Beschränktheit der Naturerkenntnis (vgl. Cornford 28—32; Schulz 19), sondern hat (zumindest: unter anderem) *methodischen* Charakter: Platon weiß zwar um die ersten Prinzipien (das gibt er ja im Timaios mehrfach zu erkennen, z. B. 48 C 6 τὰ δοκοῦντα), will aber (wie sonst in den Dialogen, so auch) hier im Timaios nur einen Teil davon mitteilen. Dieser *methodische* Verzicht auf letzte Stringenz (über dessen Gründe man weiter mutmaßen kann) dient ihm 48 C 4—6 als Begründung dafür, weshalb er nicht über die ersten Prinzipien spricht.

81 53 D, vgl. u. **2**.224. Bei der Chora steht kein solcher Hinweis.

82 48 E 2—53 C 3. — Wenn wir hier aus praktischen Gründen einfach den geläufigen Terminus χώρα in den Titel setzen statt ὑποδοχή oder sonst einen der Ausdrücke, mit denen Platon die dritte Gattung des Seins beschreibt, so bedeutet das natürlich keineswegs schon eine Vorentscheidung zugunsten einer bestimmten Deutung. Im Gegenteil, wir werden im folgenden möglichst lange unsere Formulierungen bewußt ‚offen' halten, um vorzeitige Festlegungen zu vermeiden (die Ausleger verfahren in der Regel leider anders, sogar Cornford, vgl. z. B. S. 176 f). Um möglichst allen Aspekten der Chora gerecht zu werden, halten wir uns streckenweise eng an den platonischen Text und nehmen dessen gewundenen Gedankengang in Kauf. Gute Nachzeichnung des Gedankengangs bei Robin, *La physique* 188 ff = *Pensée hellénique* 244 ff.

83 27 D 5 ff.

84 49 A 3 f χαλεπὸν καὶ ἀμυδρὸν εἶδος. Über die Erkenntnis der Chora u. **2**. 223 c.

δοχὴν οἷον τιθήνην (49A5 f)[85]. Um dieses Etwas, welches alles Werden ermöglicht, näher zu erläutern, weist Platon darauf hin, daß die vier ‚Elemente' Erde, Wasser, Luft und Feuer ständig ineinander übergehen und verschiedene Zustände annehmen, d. h. sich in ihrer Erscheinungsweise dauernd verändern (49B1—C7). Aus diesem ständig Fluktuierenden kann man nicht distinkte (‚individuelle') Einheiten herausheben und fixierend benennen (‚dies ist Feuer, Wasser usw.') — weil sich ja das Benannte im Augenblick des Benennens schon wieder in etwas anderes gewandelt hat —, vielmehr läßt sich nur dasjenige eindeutig als ‚Feuer usw.' bestimmen, was über die Unstetigkeit der ‚individuellen' Einzelerscheinung hinaus in allen Fällen seines Auftretens sich selber gleichbleibt (49C7—E7)[86]. Bei diesem Versuch einer Fixierung handelt es sich also nicht etwa, wie man öfter meint, um einen Übergang vom ‚Substantiellen' zu ‚Qualitäten' (d. h. zu etwas ‚Akzidentellem')[87], sondern vom instabilen Einzelfall zu einem (relativ) beharrenden ‚Allgemeineren'[88]. Man denkt dabei natürlich gleich an die zentrale platonische Lehre, daß das Einzelne nur ‚ist' und erkannt wird durch den Bezug auf die Idee. Dieser Bezug liegt auch insofern vor, als die in den schwankenden Erscheinungsformen beharrenden ‚allgemeineren' Stoffe wie Erde, Wasser usw. etwas später ‚Nachahmungen' der Ideen o. ä. genannt werden[89]. Es handelt sich mithin — auf den Elementarbereich angewendet — um dasselbe Problem, das Platon auch in anderen Dialogen immer wieder angeht: Die Labilität des Einzelnen anzuerkennen und doch nicht in einen erkennt-

[85] Schon diese Charakterisierung ist nicht ganz eindeutig, denn ὑποδοχή läßt als ‚Aufnehmendes' mehr an ein passives Substrat denken, τιθήνη erinnert u. a. an eine aktiv nährende Kraft. Vgl. das Folgende. Ausdrücke mit δέχεσθαι noch öfter (u. S. 101 A. 100), τιθήνη noch 52 D 5.

[86] In der Auffassung von 49 C 7—50 B 5 folge ich (abgesehen von den wenigen Punkten, die Solmsen 43 A. 91 mit Recht modifiziert) H. Cherniss, *A Much Misread Passage of the Timaeus* (*Timaeus 49 C 7—50 B 5*), Amer. Journ. Philol. 75 (1954) 113—130, bes. 128—130; wichtig auch von demselben, *The Relation of the Timaeus to Plato's Later Dialogues*, Amer. Journ. Philol. 78 (1957) 225—266, bes. 241—247. Dort die Einzelheiten und die Literatur. — Die Formeln für das sich Gleichbleibende, Beharrende lauten τὸ τοιοῦτον ἑκάστοτε (49 D 5 f), τὸ τοιοῦτον ἀεί (49 D 6 f), τὸ τοιοῦτον ἀεὶ περιφερόμενον ὅμοιον (49 E 5), τὸ διὰ παντὸς τοιοῦτον (49 E 6 f), dazu Cherniss 1954 Anm. 3. 9. 11—13.

[87] Diese Auffassung beruht auf einer Fehldeutung der o. A. 86 aufgeführten Ausdrücke, vgl. Cherniss 1954, bes. 129. Vgl. zum Problem ‚Qualität und Wesensform' gerade bei den elementaren Stoffen u. **6**.222 b und **9**.

[88] Oder anders ausgedrückt: Es liegt ein ‚Abstraktions'-Schritt vor, bei dem von den individuellen Besonderheiten abgesehen und so das Allgemeine herausgehoben wird. Über das Wesen der platonischen und aristotelischen ‚Abstraktion' u. 7.

[89] 50 C 4 f τὰ τῶν ὄντων ἀεὶ μιμήματα. 51 A 2 τῶν ἀεὶ ὄντων ἀφομοιώματα. 52 A 5 ὁμώνυμον ὅμοιόν τε ἐκείνῳ (der Idee). 52 C 2 εἰκόνι (der Ideen). Vgl. Cherniss 1954, 128.

nistheoretischen und ontologischen Relativismus zu verfallen[90]. Wie verhält sich nun die Chora zu diesen Stoffen und ihren Fluktuationen?

Während man die Stoffe als solche nicht individuell, sondern nur ,allgemeiner' festlegen kann, ist das bei der Chora[91] möglich, in welcher die Stoffe[92] auftreten und aus welcher sie wieder verschwinden. Auf sie kann man mit ,dies' (τοῦτο, τόδε) hinweisen (49E7—50A2)[93]. Platon denkt dabei nicht an Aussagen über die Chora (z. B. ,dies ist die Chora' bzw. ,dies ist der und der Teil der Chora')[94], sondern über die in ihr befindlichen Stoffe (z. B. ,dies ist Feuer, Wasser usw.'), die keinen Sinn haben, wenn sie auf die *Stoffe* als solche zielen (vgl. das oben Gesagte), wohl aber dann, wenn sie die Chora (oder einen Teil von ihr) meinen, ,worin' sie sich befinden. Denn die Chora (bzw. jeder ihrer Teile) bleibt stets mit sich selbst identisch, d. h. fixierbar, während die Stoffe in ihr wechseln[95]. Man kann und darf also keinesfalls die Chora mit den in ihr auftretenden Stoffen verwechseln. Immerhin ist dieses Mißverständnis nicht ausgeschlossen, weshalb es Platon im zweiten Teil des Satzes ausdrücklich abwehrt (50A2—4)[96], wiederholt in noch präziserer Formulierung 51A5 f.: τὴν . . . ὑποδοχὴν μήτε γῆν μήτε ἀέρα μήτε πῦρ μήτε ὕδωρ λέγωμεν, μήτε ὅσα ἐκ τούτων μήτε ἐξ ὧν ταῦτα γέγονεν.

Die bisher genannten Merkmale der Chora legen nahe, sie als ,*Raum*' zu betrachten[97]. Auch im Folgenden sprechen vor allem die-

[90] Anders ausgedrückt: Es geht um das Verhältnis zwischen Werden und Sein, philosophiegeschichtlich zwischen ,Heraklit' und Parmenides. Die Fäden von diesem Gedankengang des Timaios zu den anderen Dialogen zieht Cherniss 1954, 128—130, 1957, 236 ff. Vgl. auch Aristoteles met. A 6 über Platons Begegnung mit der Lehre Heraklits und Aristoteles' eigene Behandlung des Relativismus met. Γ 3 ff.

[91] Daß mit ἐκεῖνο, ἐν ᾧ . . . φαντάζεται καὶ . . . ἀπόλλυται (umgestellt; zu ἐκεῖνο Cherniss 1954, A. 14) die Chora gemeint ist, wird allgemein anerkannt. Die Bestimmung ,ἐν ᾧ' wird uns noch beschäftigen (u. S. 101 A. 98. 127).

[92] E 8 ἕκαστα αὐτῶν, übersetzt von Cherniss 1954, 114: „these severally distinct characteristics" (Dazu Cherniss A. 13). Gemeint sind die in ihrer verallgemeinerten Form unterscheidbaren und relativ beharrlichen Stoffe.

[93] Vgl. Cherniss 1954, 114 u. A. 14. Schulz 105.

[94] In Frage kommt wahrscheinlich nur die eingeschränkte (also zweite) Aussage, denn ob sich die Chora *insgesamt* überhaupt erfassen und mit τόδε oder ähnlich benennen läßt, ist zweifelhaft, und außerdem dreht sich der ganze Zusammenhang um *punktuelles* Hinweisen.

[95] Vgl. Cherniss 1954, 128.

[96] Dazu Cherniss 1954, 114 mit A. 15. Objekt zu A 4 καλεῖν ist ἐκεῖνο (d. h. die Chora), Prädikativa ὁποιονοῦν τι, expliziert durch θερμὸν . . . ἐκ τούτων und wieder aufgegriffen durch μηδὲν τούτων. Daß nicht nur ,Qualitäten' gemeint sind, wie eine oberflächliche Betrachtung meinen könnte, sondern auch ,Substanzen', zeigt die obengenannte Parallele 51 A 5 f.

[97] 49 E 7 ἐν ᾧ. Auch die Bestimmbarkeit durch τόδε und τοῦτο (49 E 7 ff) läßt sich eher am ,Raum' begreiflich machen (Raumpunkt, gleichsam durch Koordinaten fixiert) als an einer ,Stofflichkeit', die sich gerade einem hinweisenden τόδε entzieht.

jenigen Ausdrücke dafür, welche die Chora als das ‚Worin' des Werdens kennzeichnen[98]. Andere Wendungen wie ‚formlos'[99] und ‚aufnehmen'[100] sind indifferent, denn sie können sowohl etwas Raumartiges meinen als auch ein formloses Substrat ähnlich der *prima materia* des Aristoteles[101]. Einige weitere Charakteristika stimmen aber wenig zu dem, was wir uns unter ‚Raum' vorstellen:

Das beginnt mit dem Gold-Vergleich, welcher unmittelbar an die oben genannte Stelle anschließt (50A5—B5)[102]. Denn wie man auch die übrigen Einzelheiten beurteilen mag, das Gold entspricht der Chora: Wie das Gold bleibt auch die Chora stets sich selber identisch[103]. Sie wird von den Dingen, die in sie eintreten, zwar bewegt und differenziert, so daß sie dadurch mal so, mal anders ‚*erscheint*'[104], aber sie gleicht sich in ihrem inneren *Wesen* keinem der eintretenden Dinge an, sondern bleibt stets ein jeglicher Formung zugängliches *plastisches Material* (ἐκμαγεῖον)[105]. Platon gebraucht dann einen zweiten Vergleich — diesmal ‚biologischer' Art — von Vater (Ideen), Mutter (ὑποδοχή) und Kind (γιγνόμενον); auch hierbei denkt man weniger an ‚Raum', sondern eher an ein Prinzip des Hervorbringens nach Art eines Materieprinzips[106]. Danach betont er von neuem, daß die Chora

[98] Das ἐν ᾧ von 49E 7 wiederholt sich 50D 1 τὸ δ' ἐν ᾧ γίγνεται (sc. γένος), vgl. D 6 ἐν ᾧ. Hierher gehört auch das Bild vom ‚Eintreten' der Stoffe in die Chora: 50C 1. C 4 f τὰ δὲ εἰσιόντα καὶ ἐξιόντα τῶν ὄντων ἀεὶ μιμήματα. E 1. Vgl. auch 50E 5 ἐν αὐτῷ. Der Terminus χώρα selbst: 52A 8. D 3 (anders, = τόπος, 53A 6). Wichtig der Ausdruck 52E 2 ἐμπίμπλασθαι.

[99] 50B 6 ff. 50D 7 ἄμορφον. E 1 ff. 51A 3 ff. A 7 ἄμορφον.

[100] δέχεσθαι und seine Ableitungen: 49A 6 ὑποδοχή. 50B 6 ἡ τὰ πάντα δεχομένη τὰ σώματα φύσις. B 8. D 3. E 1. 3. 5. 51A 3. A 5. ὑποδοχή. A 7 πανδεχές. B 6. 52D 6. 53A 3 δεξαμενή. Vgl. 52B 1 ἕδραν παρέχον ὅσα ἔχει γένεσιν πᾶσιν.

[101] Es hat keinen Zweck, einzelne Stellen davon überscharf auf eine Disjunktion ‚Raum' — ‚Stoff' hin zu befragen (und dann z. B. 50B 6 wegen τὰ σώματα mehr an ‚Raum' zu denken u. dgl.), denn die Zwiespältigkeit von ἄμορφον und δέχεσθαι bleibt im ganzen erhalten. Dies zeigt sich sehr deutlich an der Polemik des Aristoteles, die ja gerade das ‚δέχεσθαι' zum Anlaß nimmt, Platons Chora und seine eigene Hyle zu identifizieren (vgl. u. **2**.225).

[102] Zutreffend übersetzt und erläutert von Cherniss 1954, 125—128. — Vgl. zum ‚Techne-'Denken o. **1**.35d.

[103] 50B 6—8 ταὐτὸν αὐτὴν ἀεὶ προσρητέον· ἐκ γὰρ τῆς ἑαυτῆς τὸ παράπαν οὐκ ἐξίσταται δυνάμεως.

[104] 50C 2—4 κινούμενόν τε καὶ διασχηματιζόμενον ὑπὸ τῶν εἰσιόντων, *φαίνεται* δὲ δι' ἐκεῖνα ἄλλοτε ἀλλοῖον. Vgl. Cornford 185 A. 1. διασχηματίζεσθαι wird 53B 4 von der ordnenden Einwirkung der Gottheit auf das planlos bewegte ‚Chaos' gebraucht.

[105] 50B 8—C 2. Mit ‚*Wesen*' (was ja nicht dasteht) habe ich sinngemäß den Gegensatz zu φαίνεσθαι wiedergeben wollen. — Welche Art von ‚Offenheit' (Indifferenz) gegenüber jeder Formung der Raum besitzt, wird im Folgenden erörtert.

[106] 50D 2—4 καὶ δὴ καὶ προσεικάσαι τὸ μὲν δεχόμενον μητρί, τὸ δ' ὅθεν πατρί, τὴν δὲ μεταξὺ τούτων φύσιν ἐκγόνῳ. 51A 4 f τὴν τοῦ γεγονότος ὁρατοῦ καὶ πάντως αἰσθητοῦ μητέρα καὶ ὑποδοχήν. Dieses ‚biologische' Bild (vgl. auch τιθήνη)

an sich (zeitlich ausgedrückt: solange noch kein Stoff in sie eingetreten ist) völlig eigenschaftslos ist: Denn wenn sie irgendwie präformiert wäre, könnte sie ja nicht ausnahmslos *alle* Stoffe in sich aufnehmen (50D4—E5). Platon will mit diesen Hinweisen offenbar eine wesentliche Schwäche des Goldbeispiels korrigieren, die darin besteht, daß Gold ja schon vor aller näheren Ausprägung ein bestimmter Stoff von spezifischer Eigenart ist[107]. Während Platon dies zu verbessern sucht, gebraucht er freilich zwei weitere Vergleiche, die genau dieselbe Schwäche wie das Goldbeispiel zeigen, weil sie *vorgeformte,* also nicht mehr völlig ‚neutrale‘ Stoffe nennen: Wie a) als Basis parfümierter Salben nur völlig geruchsfreie Öle dienen (50E5—8)[108] und b) eine knetbare Masse erst glatt gestrichen werden muß, bevor man eine bestimmte Form in sie eindrücken kann (50E8—51A1), genauso ‚neutral‘ ist die ὑποδοχή gegenüber allen in ihr enthaltenen Stoffen, mit denen sie deshalb auf keinen Fall verwechselt werden darf (51A1—6)[109]. Die Formulierung für ‚alle Stoffe‘ ist beachtlich umfassend: ‚Weder Erde Luft Feuer Wasser noch deren Zusammensetzungen‘ μήτε ἐξ ὧν ταῦτα γέγονεν (A5f). Davon sind für uns wichtig die Bestandteile, aus denen sich die vier Stoffe zusammensetzen und somit herleiten (ἐξ ὧν ταῦτα γέγονεν). Dem Ausdruck ist nicht anzusehen, um was es sich konkret dabei handelt: Cornford denkt an bestimmte Grundqualitäten und schließt die Elementar-Dreiecke aus, weil sie bisher in der Darstellung noch nicht vorgekommen seien[110]. Ein solcher ‚Vorgriff‘ Platons ist aber durchaus nicht unwahrscheinlich, verweist doch Platon im Zusammenhang unserer Stelle sogar zweimal auf ἀρχαί, die im Timaios überhaupt nicht behandelt werden sollen, sondern nur vom Gesamt der platonischen Ontologie und Prinzipienlehre her beurteilt werden können[111]. Das zeigt uns, daß wir die Einzelerörterun-

klingt etwas an mythische Kosmogonien an (z. B. Uranos-Gaia). Auch Aristoteles verwendet noch solche Vorstellungen im Zusammenhang mit seinem Materie-Begriff, vgl. o. **1**. 35g, u. **3**. 14 Ende, **8**. 253; vgl. ferner dessen Lehre, daß das weibliche Tier qua δεκτικόν *causa materialis* sei (Cornford 187; u. **8**. 246a).

107 Cornford 185. Aristotelisch gesprochen: Er ist bereits geformt und wird nur noch weiter überformt. Man muß sich nur hier (wie auch sonst) davor hüten, das Substanz-Akzidens-Schema, welches sich sofort einstellt, auf die Chora anzuwenden. Daß auch bei Aristoteles die Techne-Beispiele in dieser Hinsicht Schwierigkeiten bereiten, wird u. **3**.12 erörtert. — Eine weitere Defizienz des Gold-Beispiels erwähnt Cornford 182 A. 1: Während die Goldfiguren ‚aus‘ Gold gemacht sind und bestehen, sind die ‚in‘ der Chora erscheinenden Formen nicht ‚aus‘ ihr gemacht. Das gilt auch für die beiden anderen Vergleiche 50E 5 ff.

108 Das für die Griechen so naheliegende Öl-Beispiel wurde vielleicht auch von Heraklit (in anderem Zusammenhang) verwendet; vgl. H. Fränkel, *Wege und Formen* 237 bis 250, *Dichtung und Philos.* ²442.

109 Vgl. o. S. 100.

110 186 A. 3 unter Berufung auf 50A 3 usw. Bei Aristoteles würde man an die vier Elementar-Qualitäten Warm, Kalt, Feucht und Trocken denken.

111 Vgl. o. S. 97f, u. S. 117.

gen des Timaios nicht zu punktuell betrachten dürfen. Wird nun mit dem Ausdruck ἐξ ὧν κτλ.[112] alles irgendwie Konkret-,Stoffliche' vom Wesen der ὑποδοχή ausgeschlossen? Platon scheint dies wirklich so gemeint zu haben[113].

Das vereinbart sich jedoch — um von allen mißverständlichen Vergleichen und Bildern abzusehen — weder mit der schon besprochenen Stelle 50C2—4, wonach die Chora ,bewegt' und ,differenziert' wird und deshalb an verschiedenen Stellen andersartig ,erscheint'[114], noch mit dem Folgenden: Nachdem Chora und die in ihr enthaltenen Stoffe strikt auseinandergehalten worden waren (51A4—6), heißt es, man könne zusammenfassend über die Natur der Chora begründet etwa dies sagen (51B2—4), daß ,der Teil von ihr, der feurig gemacht (worden) ist (αὐτοῦ τὸ πεπυρωμένον μέρος), jeweils als Feuer erscheint, der wäßrig gemachte (ὑγρανθέν) als Wasser, und genauso bei Erde oder Luft' (51B4—6)[115]. Wie soll man sich dies vorstellen, ohne ein Affiziert-, ja sogar Durchdrungenwerden der Chora anzunehmen?

Dasselbe gilt für die Beschreibung des sogenannten ,Chaos'[116], die wir gleich anschließen[117]: Platon schildert hier, wie *vor* Entstehung der Welt, d. h. vor der ordnenden Einwirkung des Demiurgen und der Ideen auf die χώρα, diese ein ungeordnetes, planloses Gewoge von Kräften aller Art darstellte: Sie wurde bewegt und setzte ihrerseits wieder in Bewegung. Dabei kam es immer wieder zu einem Zusammentreten von Ähnlichem und zu ,Spuren' (ἴχνη) einzelner Stoffe, z. B. der vier sog. ,Elemente' (53A2—B4), aber zu nichts weiter, bis erst die Gottheit eingriff. Das hier dargestellte ,Chaos', das der Demiurg vorfand, war schon an der berühmten Stelle 30A erwähnt worden,

112 Für den Zusammenhang, um den es uns im Augenblick geht, ist es nicht so wichtig, was mit ,ἐξ ὧν' im einzelnen gemeint ist: Es sind auf jeden Fall ,Stoff-Elemente' oder ,Prinzipien des Stofflichen'.

113 Die 51 A 7 genannten Epitheta der Chora (neu ἀνόρατον) bestätigen zusätzlich die ,Neutralität' der Chora, tragen jedoch letztlich zu ihrer Bestimmung insofern kaum etwas bei, als sie sowohl auf den leeren Raum als auch auf eine *prima materia* zutreffen (u. S. 125ff).

114 Obwohl κινούμενον und διασχηματιζόμενον mit dem Prädikatsnomen ἐκμαγεῖον kongruieren statt mit dem femininen Subjekt φύσις, gehören sie natürlich zum Subjekt, sind also nicht Bestandteil des Bildes. Der optische Ausdruck des ,Erscheinens' läßt noch ein In-sich-selbst-ruhen der Chora zu (man kann an einen Spiegel denken [Cornford], der die Gegenstände wiedergibt, ohne von ihnen geprägt zu werden), nicht mehr aber κινεῖσθαι und διασχηματίζεσθαι.

115 Vgl. 52 D 4—6.

116 52 D 4—53 C 3. Cornford 197—210, wo aber die Selbstbewegung der Chora noch nicht richtig beurteilt ist, vgl. 2.223b.

117 Wir übergehen 51 B 6—E 6 über die Ideen der vier sog. Elemente Erde, Wasser, Luft, Feuer (Cornford 188—191) und lassen auch die Zusammenfassung über die drei Seinsbereiche Ideen, Werden, Chora (51 E 6—52 D 1; Cornford 191—197) beiseite.

worauf unsere Stelle zurückgreift[118]. Wie er es u. a. mit den Elementar-Dreiecken ordnet, untersuchen wir später *(2.224)*, nachdem wir erst die Chora noch näher erläutert haben.

2.223 Deutung der Chora

Wir behandeln vier Punkte: a) Was besagt die Tatsache, daß die Chora bewegt und geformt werden kann? b) Besitzt die Chora Selbstbewegung und worauf gründet sich diese? c) Die Erkenntnis von der Chora. d) Chora und platonische Prinzipienlehre.

a) Aus dem Gesagten ist klar, daß Platon mit der Chora nicht ‚Materie' im vordergründigen Sinne (etwa einen ‚realen' Stoff) meint[119]. Nun sagt aber Platon mehrmals unzweideutig, daß die Chora, obgleich sie gegenüber den in sie eintretenden Formen Indifferenz und Selbstidentität bewahrt, doch bewegt und ‚durchformt' werden kann[120]. Wie man sich dies auch im einzelnen zu denken hat, Affiziert- und Bewegtwerden sind mit dem herkömmlichen Begriff von ‚Raum', der strikte Homogenität einschließt (vgl. etwa Aristoteles, Newton), unvereinbar, weil Affektion und Bewegung stets Inhomogenität verursachen[121]. Erst die heutige Physik hat das Verständnis für einen inhomogenen ‚Raum' geweckt, dem — ohne die Vermittlung irgendeines ‚materiellen' Mediums — Strukturen aufgeprägt und Bewegungen mitgeteilt werden können. Wenn auch natürlich diese modernen Vorstellungen weit über den platonischen Text hinausgehen, so geben sie doch die Richtung an, in der man die Lösung suchen muß. Es ist jedenfalls nicht nötig, die Schemata von Substanz-Akzidens oder Materie-Form als Hilfsvorstellungen heranzuzuziehen[122], um Bewegtwerden und ‚Formung' des Raumes zu verstehen.

b) Wird der Raum allein durch Ideelles geprägt und bewegt, oder besitzt er schon *als solcher* Kräfte und Bewegungen? Schulz möchte Bewegung, Materialität und Sinnesqualitäten ohne Rest aus dem Wirken der Elementar-Dreiecke im leeren Raum (d. h. in der reinen Dimensionalität) ableiten und lehnt es ab, außer Dreiecken und leerem

[118] 30 A πᾶν ὅσον ἦν ὁρατὸν παραλαβὼν οὐκ ἡσυχίαν ἄγον ἀλλὰ κινούμενον πλημμελῶς καὶ ἀτάκτως, εἰς τάξιν αὐτὸ ἤγαγεν ἐκ τῆς ἀταξίας. Zwischen 30 A 3 ὁρατόν und 51 A 7 ἀνόρατον darf man keinen Gegensatz sehen: Die Chora ‚zeigt sich' in vielfacher Weise nach außen, auch schon im Urzustand des ‚Chaos', ist aber ‚an sich' unsichtbar — ohne daß dabei an die aristotelischen Schemata von Substanz-Akzidens oder Wesen-Erscheinung gedacht werden soll.

[119] Hierin haben also die meisten modernen Ausleger seit A. Boeckh recht. Vgl. Baeumker 151 ff (dort auch die ältere Lit.). Robin, *La physique* passim. Cornford usw.

[120] 50 C 2—4. 51 B 4—6. 52 D 4—E 4. Vgl. o. 2.222.

[121] Vgl., auch zum Folgenden, Schulz 87—93. — Merkwürdig wenig beachtet das Problem Robin, *La physique*.

[122] Nicht frei davon sogar Robin, *Les rapports* 51 f.

Raum noch eine dritte Komponente (z. B. Sinnesqualitäten, welche den Raum als solchen erfüllen, o. dgl.) anzunehmen, welche Realität konstituieren helfen soll[123]. Platon erwähnt auch 53C ff bei der Konstitution der Elemente und sämtlicher Sinnesqualitäten aus den Dreiecken kaum die Chora und ihre δυνάμεις[124], d. h. er leitet offenbar alles stoffliche Sein (einschließlich Schwere und Dichte, d. h. aller ‚Materialität') rein geometrisch ab. Darauf insistiert Schulz mit Recht, denn wir dürfen nicht voreilig ‚moderne' Denkgewohnheiten in die Deutung dieser Gedankengänge einmengen[125] und, wenn schon nicht von Substanzen, so doch noch von ‚Qualitäten' im Raum sprechen[126].

Wie vereinbart sich nun aber diese geometrische (‚ideelle') Ableitung mit der regellosen Eigenbewegung der χώρα und ihrer δυνάμεις, die 30A und im ‚Chaos'-Abschnitt 52D4 ff ausgesprochen wird[127]?

Man versuchte die Selbstbewegung der Chora zu leugnen, indem man den leeren Raum (χώρα) als sich nicht bewegende ‚primäre Materie' einer sich chaotisch bewegenden ‚sekundären Materie' gegenüberstellte und in letzterer nur eine mythische Ausdrucksweise Platons sah, die dieser nicht philosophisch wörtlich genommen wissen wollte[128]; oder indem man die planlose Materiebewegung *seelischen* Ursachen zuschrieb, sei es einer zweiten, bösen Weltseele oder unerwünschten Weiter- und Nebenwirkungen rationaler Bewegungen der einzigen, guten Weltseele[129]. All diese Deutungen stimmen jedoch nicht zum Text[130] und können nicht vor der allein richtigen Erklärung bestehen,

123 Schulz 93ff. Näheres zu den Elementar-Dreiecken u. 2.224.

124 Vgl. u. 2.224, S. 119ff.

125 Vgl. u. 2.224 u.ö. über diese mathematisch-*quantitative* Naturbetrachtung Platons, die so gar nicht ins übliche Bild von der ‚eidetisch-*qualitativen*' Philosophie Platons zu passen scheint.

126 Die Rede von den Qualitäten ist um so fragwürdiger, als sie (mindestens zum Teil) auf einem Mißverständnis der τοιοῦτον-Stellen (o. S. 99) beruht.

127 Vgl. dazu noch 69B 2—C 3.

128 So z. B. Baeumker 115—188, bes. 139—141. 142—151; 142 ff werden auch die Ansichten der Timaios-Ausleger seit der Antike referiert. Wesentlich im gleichen Sinne Zeller II 1⁵ 723—744. — Ähnlich trennt auch Robin (nach Martin) „a) une matière nue qui est la χώρα, b) une matière déjà déterminée par les formes, qui est constituée par les matériaux sur lesquels travaille l'Ouvrier" (*Les rapports* 59).

129 An eine ‚böse Weltseele' dachte man hierbei schon in der Antike (Baeumker 145 bis 148); Nebenwirkungen der guten Weltseele vermutete Cherniss, vgl. dazu Herter (u. A. 131) 331—333. Robin läßt trotz mancher Ansätze, die Eigenbewegung der Chora anzuerkennen (*La physique* z. B. 187f. 207. 212. 214. 388. 413 = *Pensée hellénique* 243 f. 266. 273 f. 303 f. 333) und das Verhältnis zwischen νοῦς und ἀνάγκη ausgewogen darzustellen (*La physique* 200. 213 f = *Pensée hellénique* 258. 273 f), schließlich doch die Bewegung allein von der Form ausgehen (z. B. *La physique* 414 = *Pensée hellénique* 334 f).

130 Es steht ja deutlich da, daß dieser Zustand der Chora *als solcher* und zwar *vor* aller (bzw. *ohne* alle) Einwirkung des Ideellen eigen ist. Gerade diese Abschnitte ‚mythisch' zu verstehen, d. h. philosophisch nicht ernst zu nehmen, ist methodisch unerlaubt (gegen solche Methode z. B. Solmsen 42 A. 90, Schulz 18f).

nein! Reagieren, nicht Selbst-bewegung!

daß die Chora *als solche ohne Einwirkung eines anderen Faktors sich regellos bewegt*[131]. Hierin liegt kein Widerspruch zur platonischen Lehre, daß die *Seele* Ursprung der Bewegung sei, denn die *geordnete* Selbstbewegung der Seele ist fundamental von der *chaotischen* Bewegung der Chora verschieden[132]. Dieses Ergebnis läßt sich noch zusätzlich durch den Vergleich der Chora mit der ‚Bewegtheit‘ des ‚zweiten platonischen Prinzips‘ und der aristotelischen Hyle[133] erhärten, bedarf aber dieser Bestätigung nicht, weil es schon auf Grund immanenter Interpretation des Timaios (und weniger anderer Dialogstellen) genügend sicher ist.

Kennzeichnungen wie ‚chaotisch‘ u. dgl. für die Bewegung der Chora entsprechen den Schilderungen des Textes[134], erwecken aber leicht schiefe Vorstellungen. Denn sinn- und maßlos[135] sind diese Bewegungen natürlich nur, sofern sie der von *Ideen* und der *Seele* garantierten Ordnung, des ‚ideellen‘ Sinnes und Maßes entbehren[136]. Sie folgen aber doch — sämtlich oder jedenfalls zum größten Teil — Regeln eigener Art, nämlich denen des Kausalmechanismus, welche in der Neuzeit seit dem Schwinden der Form-Metaphysik und dem Aufkommen der klassischen Physik die eidetische ‚Ordnung‘ verdrängt haben und zum ‚Naturgesetz‘ par excellence geworden sind[137]. Man könnte freilich annehmen, die Chora sei *an sich* doch *völlig chaotisch* und erhalte erst durch das Eingreifen des Demiurgen (Dreiecke usw.) zusammen mit distinkter Stofflichkeit auch kausalmechanische Regularität. Eine solche Annahme[138] widerspricht aber völlig der 47E3 ff

[131] Die Frage ist definitiv entschieden durch die vorzügliche Arbeit von H. Herter' *Bewegung der Materie bei Platon*, Rh. Mus. 100 (1957) 327—347 (dort die ältere Lit. in bewundernswerter Vollständigkeit); zustimmend Gaiser 390. Vgl. auch Friedländer I² (1954) 286 f (mit Kontext), III² (1960) 499. Schulz hat (merkwürdigerweise) Herters Aufsatz übersehen und unterschätzt deshalb die Tragweite dieser platonischen Gedanken.

[132] Dieses vielfach unzutreffend beurteilte Problem hat Herter eindeutig gelöst.

[133] Vgl. u. **2**.243d, **2**.25; **8**.25 u. ö.

[134] Vgl. z. B. 52E ff mehrfach σείειν u. a. m., ferner die bekannte Formel 48A 6 f τὸ τῆς πλανωμένης εἶδος αἰτίας.

[135] 53A 8 ἀλόγως καὶ ἀμέτρως. Vgl. 30A 4 f πλημμελῶς καὶ ἀτάκτως.

[136] Z. B. 30A 5 f εἰς τάξιν αὐτὸ (sc. τὸ πλημμελῶς κινούμενον) ἤγαγεν (sc. ὁ θεός) ἐκ τῆς ἀταξίας, ἡγησάμενος ἐκεῖνο (sc. τάξιν) τούτου (sc. ἀταξίας) πάντως ἄμεινον. Vgl. 53B 4—C 1.

[137] Dem entsprechen genau die δυνάμεις ἄλογοι des Aristoteles. Vgl. Sach-Index s. v. *δύναμις 3*. — Etwas anders verwendet Robin den Begriff: ‚mécanisme‘ bildet (da er letztlich von der Idee herrührt) keinen Gegensatz zur teleologisch-formalen Ursächlichkeit des νοῦς und bezeichnet nicht nur das sinnliche Werden, sondern auch das intelligible ‚Werden‘ der Ideen (aus den beiden Prinzipien). Auch der Begriff der ‚nécessité‘ wird bei Robin etwas weiter gefaßt als sonst üblich (z. B. *La physique* 212 = *Pensée hellénique* 271 f). Über diese Gedanken Robins vgl. u. d).

[138] Sie liefe de facto auf dasselbe hinaus wie die oben zitierte Deutung u. a. Baeumkers und Robins, der Chora als solcher überhaupt jede Bewegung abzusprechen. Und sie läge in der gleichen Linie wie Cherniss‘ Annahme, die Selbstbewegung des Raumes

im betonten Gegensatz zum νοῦς eingeführten ἀνάγκη (vgl. 68E 1—69C 3). Diese muß der χώρα *als solcher* zukommen, nicht ihrer ideellen ‚Überformung' (durch die Dreiecke des Demiurgen), weil sonst die gesamte Erörterung 47 ff (68E ff) sinnlos wäre. Und sie muß ferner über ein — letztlich irrelevantes — Irrlichtern der Chora hinausgehen und einen ‚Zwang' besonderer Geltung meinen, der nur in einer Art Kausalmechanismus liegen kann. So deutet man denn jetzt auch allgemein[139] die ἀνάγκη im Timaios als den im Wesen der Chora liegenden (überwiegend) kausalmechanischen ‚Zwang', d. h. als wirkliche Gegenkraft zum νοῦς[140]. Damit erhält auch das Bild, daß der νοῦς die ἀνάγκη durch ‚Überredung' beherrscht (48A2—5. 56C5 f), erst volles Gewicht: Der Nous muß die ἀνάγκη überreden, weil er sie, die eine eigenständige Macht ist, weder ignorieren noch gegen ihren Willen zu etwas zwingen kann.

Das Bild hat aber wohl noch eine zweite Bedeutung: Denn ‚überredet' werden kann nur derjenige, welcher trotz vieler Abweichungen mit dem Partner doch in einem gewissen Maß übereinstimmt. Hier wird also offensichtlich darauf hingewiesen, daß beide Prinzipien (νοῦς — ἀνάγκη) bei aller fundamentalen Gegensätzlichkeit doch zureichend aufeinander bezogen sein müssen, wenn sie überhaupt zusammenwirken sollen. Diese Gemeinsamkeit liegt u. a. vielleicht darin, daß die Chora selber schon Ansätze und Tendenzen zur ‚ideellen' Ordnung zeigt, wie 52E5 ff (vgl. 69B6) geschildert ist[141]. Hier denkt Platon — dies sei mit aller Vorsicht gesagt — an dasjenige ‚Streben' des Ungeordneten, Unvollkommenen zu Ordnung und Vollkommenheit, welches in manchen seiner Dialoge (z. B. im Sym-

sei ein Nebenprodukt der von der Weltseele ausgehenden rationalen Bewegung (o. S. 105 A. 129). All diese Interpretationen sind letzten Endes ‚monistisch' wie die Hartmanns und in gewissem Sinne auch die von Schulz; sie müssen denn auch folgerichtig die ἀνάγκη relativieren oder umdeuten: So erklärt z. B. Baeumker ohne Anhalt im Text die ἀνάγκη der Chora als ‚hypothetische Notwendigkeit' (darüber u. 8.241); manche Formulierungen Robins (*La physique* 198. 414 = *Pensée hellénique* 256. 335) klingen ähnlich.

139 Alles weitere u. 8.241 Nr. 3.

140 Diese aus Platon selbst gewonnene Deutung bestätigt sich, wenn man die ideengeschichtliche Fortsetzung des platonischen Gedankens, die *mechanische Notwendigkeit* der aristotelischen Hyle, vergleichend heranzieht (Näheres u. 8.24, bes. 8.245/6), die — um dies noch einmal zu betonen — nicht mit der (8.244 beschriebenen) ‚hypothetischen Notwendigkeit' identisch ist.

141 Es ist im Rahmen des Timaios nicht verwunderlich, wenn diese Ansätze (ἴχνη) schon geometrischer Natur sind. Nur darf man nicht mit Aristoteles (dem sich Robin, *La physique* 214 f = *Pensée hellénique* 274 f anzuschließen scheint; noch entschiedener *Les rapports* 72—77) diesen Gedanken übersteigern und die Chora *an sich* zu stark geometrisch betrachten, weil sonst der im Text deutlich bezeichnete Unterschied zwischen der *regellosen* Bewegung des Raumes (die nur zu *Spuren* von — geometrischer — Formung führt) und seiner *erst durch den Demiurgen* bewirkten geometrischen Gestaltung verwischt wird. Vgl. Solmsen 46 A. 101.

posion) beschrieben wird und in der aristotelischen δύναμις/στέρησις fortlebt[142].

Die Eigenbewegung der Chora wird auch nicht von der Frage berührt, ob die im Timaios geschilderte Weltentstehung wörtlich zu verstehen sei oder nicht[143]. Denn wie immer man sich da entscheidet, die ἀνάγκη bleibt auch in der vom νοῦς bewirkten Ordnung als ständig weiterwirkender Faktor erhalten, also ‚aufgehoben‘ in dem bekannten mehrfachen Sinn.

Es ergibt sich somit, daß die Chora (samt ihrer ἀνάγκη) als Gegenprinzip zum νοῦς anzusehen ist und eigene ateleologische, ‚mechanische‘ Bewegung (vielleicht daneben auch ein ‚teleologisches‘ Streben) besitzt. Wer trotzdem den Timaios mehr auf einen ‚Monismus‘ hin interpretiert, hat eindeutig den Text gegen sich[144]. Die Eigenbewegung der Chora ist auch im Folgenden bei der Theorie der Elementar-Dreiecke zu bedenken (*2.224*)[145].

c) *Die Erkenntnis von der Chora*[146]: Für die Charakteristik der Chora sind auch jene Äußerungen Platons wichtig, die sich mit der Art und Weise ihrer Erkennbarkeit beschäftigen. Sie ist zwar in gewisser Hinsicht mit sich selbst identisch[147] und kann auch durch hinweisende Bezeichnungen irgendwie ‚fixiert‘ werden[148], aber dieses ihr Beharren gegenüber dem Wechsel der ein- und austretenden γιγνόμενα beruht nicht auf einer positiven Bestimmung, sondern negativ auf dem *Freisein* von allen Bestimmungen[149], kurz, auf ihrer *Formlosigkeit*

142 Vgl. u. 2.25 und Sach-Index s. v. *Liebesstreben*.

143 Vgl. o. S. 97 A. 71.

144 Er dürfte bei seiner Deutung auch nicht ganz frei von ‚modernen‘ oder ‚traditionellen‘ Befangenheiten sein. So ist die modernistische Ansicht, der Raum sei *an sich* etwas Passives und werde erst *sekundär* durch Felder u. dgl. dynamisiert, sachlich nicht weniger bedenklich als die traditionelle (bes. von der Scholastik geförderte) Meinung, jedes ‚Gegenüber‘ der Form (z. B. hier die Chora, anderswo die Materie) müsse seinem Wesen nach *absolut passiv* sein. Letztere Meinung, (die sich etwa bei Baeumker zeigt) besprechen wir an den im Sach-Index s. v. *Aktivität* genannten Stellen. — Auch Hagers (philologisch nicht zutreffender) Versuch, Platon insgesamt und auch den Timaios ‚monistisch‘ zu deuten (*Zur philos. Problematik* 99), gründet sich philosophisch auf eine unangemessene Vorstellung von ‚Dualismus‘ und ‚Monismus‘: Dazu vorläufig Krämer, *GF* 107 A. 9.

145 Aus sachlichen Gründen müssen manche Bemerkungen über die Chora-Deutung von Hartmann, Schulz und Dönt dort ihren Platz finden.

146 Obwohl unsere Timaios-Stelle u. 7.823d im Rahmen der platonisch-aristotelischen Abstraktions-Lehre behandelt wird, mußte doch auch hier dem Zusammenhang zuliebe weniges darüber gesagt werden, wobei Wiederholungen nicht ganz zu vermeiden waren. — Die richtige Auffassung des λογισμὸς νόθος bieten z. B. Baeumker 137 f, Cornford 193 f, Schulz 49—57. 62 f (der auch die aristotelische ‚Abstraktion‘ der Hyle vergleicht). In diesen Untersuchungen ist aber die Eigenart der aristotelischen ἀφαίρεσις und ihr prinzipieller Unterschied von moderner ‚Abstraktion‘ noch nicht mit genügender Deutlichkeit erfaßt (vgl. u. 7).

147 50BC u. ö.

148 50A 1 f τοῦτο, τόδε. Vgl. dazu o. S. 100.

149 50A—51A passim.

(ἄμορφον 50D7. 51A7). Deshalb ist sie, sofern Erkennbarkeit bei Platon (wie auch sonst in der antiken Philosophie) auf dem *Geformtsein* beruht, schwer erkennbar[150], weder dem Denken[151] noch der Wahrnehmung[152] direkt zugänglich, sondern, wie es zusammenfassend heißt, μετ' ἀναισθησίας ἁπτὸν λογισμῷ τινι νόθῳ, μόγις πιστόν (52B2). Bei diesem λογισμός handelt es sich wohl um einen Subtraktionsvorgang (ἀφαίρεσις)[153], der nicht wie sonst üblich zur ‚Form' führt, sondern umgekehrt von allem Formalen absieht und dadurch zum Formlosen gelangt; insofern heißt er νόθος. Welche Schritte dabei vollzogen werden, läßt sich, da Platon nichts darüber sagt, natürlich nur vermutungsweise angeben. Man kann zunächst das aristotelische von den αἰσθητὰ σώματα zur reinen Extensio führende Abstraktionsverfahren vergleichen[154] und für den Timaios etwas Ähnliches annehmen, ein schrittweises Absehen von allen qualitativen Bestimmtheiten bis zu einer Art Extensio, eben der χώρα. Will man hierin noch weiterkommen, so empfiehlt es sich, nicht nur speziell unsere Stelle zu betrachten, sondern die gesamte Elementenlehre einzubeziehen und zu fragen: Was hat die ἀφαίρεσις ‚zur Chora hin' mit der dort bei den Elementar-Einheiten begegnenden ‚dimensionalen Reduktion'[155] zu tun und worin unterscheiden sie sich von jener? Ähnlichkeiten bestehen nur scheinbar: Beide Wege[156] sehen in einem ersten Schritt von den Sinnesqualitäten ab und gelangen zu etwas ‚Dreidimensionalem'. Damit ist jedoch die Ähnlichkeit schon zu Ende. Denn im Falle der Chora ist das Dreidimensionale unbegrenzt und voller

150 49 A 3 f χαλεπὸν καὶ ἀμυδρὸν εἶδος ἐπιχειρεῖν λόγοις ἐμφανίσαι. 51 B 1 δυσαλωτότατον.

151 51 B 1 μεταλαμβάνον ἀπορώτατά πῃ τοῦ νοητοῦ, richtig erklärt von Cornford 187 f im Anschluß an Archer-Hind.

152 51 A 7 ἀνόρατον (zur scheinbaren Diskrepanz mit 30 A 3 ὁρατόν vgl. o. S. 104 A. 118).

153 Verwandt sind neben einschlägigen Stellen aus dem ‚Parmenides' (u. 2.231) die u. 7.823a besprochenen aristotelischen Reduktionen, während der ‚Analogie-Schluß' von phys. α 7 schon ferner liegt (u. 7.823c) und ein Analogie-Schluß im modernen Sinne überhaupt nicht in Frage kommt (u. 7.823 d α). — Wie Robin (*La physique* 198 f = *Pensée hellénique* 256 f) sich näherhin den λογισμὸς νόθος denkt, wird nicht ganz klar. Auch Solmsen 42 f äußert sich nicht deutlich über die Natur des ‚unechten Schlusses' und meint außerdem unzutreffend, für Platon sei die Materie *schlechthin* undenkbar.

154 Vgl. u. 7.42, 7.823a Anfang.

155 Näheres darüber u. 2.224.

156 Belegt ist dieser erste Schritt so nur für die ‚dimensionale Reduktion' (u. S. 116). Den Weg ‚zur Chora hin' lassen wir exempli gratia auch einmal so verlaufen. Es gibt bestimmt noch andere Möglichkeiten, ihn sich vorzustellen: z. B. könnte man die im Timaios geschilderte geometrische Formung der Chora schrittweise rückgängig machen und nur im letzten Teil von den Elementar-Körpern nicht zu deren πέρατα (den Elementar-Dreiecken) übergehen, sondern zu ihrem ‚Worin', der Chora. Aber diese und andere Denkmöglichkeiten würden am Charakter der ἀφαίρεσις ‚zur Chora hin', wie sie oben beschrieben ist, nichts ändern.

δυνάμεις[157], bei der dimensionalen Reduktion ‚begrenzt‘[158] und völlig frei von ‚Kräften‘ o. dgl. In diesem Gegensatz von ‚begrenzt‘ und ‚unbegrenzt‘ liegt der *fundamentale Unterschied* zwischen beiden Verfahren: Das erste führt zu formloser ‚Unbestimmtheit‘ (d. h. der χώρα), das zweite zur ‚Form‘ und schließlich zum ἕν als dem obersten formgebenden πέρας. Sie verlaufen also in genau entgegengesetzter Richtung.

Wie auch immer sich die Chora zum ‚Materie‘-Begriff verhält[159], hinsichtlich der Erkennbarkeit gehört sie eng mit ihm zusammen: Denn wie die Materie ist sie als ‚Formloses‘ (ἄμορφον) dem Denken (νόησις) nicht direkt und positiv zugänglich, sondern nur negativ durch Subtraktion (ἀφαίρεσις) der sie begrenzenden Bestimmungen. Es handelt sich also um einen ἀφαίρεσις-Vorgang, dem nicht — wie bei Erkenntnis der Form — eo ipso komplementär eine νόησις beigegeben ist[160].

Freilich ist die Chora nicht absolut bestimmungslos, da sie Eigenbewegung und Dimensionalität besitzt. Die erste Kennzeichnung kommt auch dem obersten Materie-Prinzip Platons und des Aristoteles zu[161], jedoch nicht die zweite, so daß sie die Chora (mindestens) durch ihre Dimensionalität vom platonischen zweiten Prinzip und der aristotelischen Hyle unterscheidet[162]. Ihre Beziehung zum zweiten Prinzip Platons wird gleich anschließend näher geprüft (d), ihr Verhältnis zur aristotelischen Hyle weiter unten *(2.225)*.

d) *Die Chora und das zweite Prinzip von ‚De bono‘:* Wie wir gesehen haben, ist die Chora nur mit Schwierigkeit eindeutig in ihrem Wesen zu bestimmen und demgemäß terminologisch festzulegen. Diese Unsicherheit der Beurteilung macht sich natürlich auch dann bemerkbar, wenn man sie mit der Prinzipienlehre von *De bono* in Zusammenhang bringen und ihr in jenem Systemganzen einen Platz geben will. Trotzdem ist der Vergleich mit der platonischen Prinzipienlehre nicht nur möglich, sondern auch aufschlußreich, weil er die Chora aus ihren textlichen Bedingtheiten herausnimmt und auf das Relevante reduziert:

157 Die oft begegnende Identifikation χώρα = reine Extensio (z. B. auch bei Robin, *La physique* passim, etwa 199 = *Pensée hellénique* 257) ist ja, wie oben bemerkt, nur dann möglich, wenn man gegen den Text der Chora jede Eigenbewegung abspricht.

158 Man braucht hierbei nicht an eine Begrenzung im engen Sinne zu denken, sondern nur daran, daß (geometrische) ‚Körper‘ von ‚Flächen‘ als πέρατα konstituiert werden.

159 Vgl. anschließend d) und u. 2.225.

160 Alles Nähere über ἀφαίρεσις/νόησις u. 7, über den Weg κατ' ἀφαίρεσιν zum Hyle-Prinzip 7. 823a.

161 Vgl. Sach-Index s. v. *Aktivität.*

162 Während die Nicht-Ausgedehntheit des platonischen zweiten Prinzips in der Forschung allgemein anerkannt wird, ist hinsichtlich des Aristoteles der Hinweis nicht überflüssig, daß nicht nur das Hyle-Prinzip, sondern auch die (mit diesem

Natürlich gehört die Chora als chaotisch bewegtes Gegenprinzip des Nous zum zweiten platonischen Prinzip, und man könnte sie als Ausprägung des zweiten Prinzips im Bereich des ‚Dimensionalen' verstehen[163], neben der dann noch weitere Ausprägungen zu denken wären[164]. Diese aus sachlichen Gründen sehr naheliegende und evidente Zuordnung wird wahrscheinlich sogar für Platon direkt bezeugt: Theophrast sagt[165], die Vertreter von ἕν und ἀόριστος δυάς — unter die er bestimmt auch Platon rechnet[166] — leiteten u. a. τόπος καὶ κενὸν καὶ ἄπειρον von der ἀόριστος δυάς her[167]. Ross schlägt vor, daß die drei Bezeichnungen dasselbe meinen, nämlich die Chora des Timaios, und daß somit die χώρα (‚Raum') eine (den Zahlen nachgeordnete) Ausprägung des zweiten Prinzips ist[168], und man kann dieser Deutung trotz leichter Bedenken[169] zustimmen. Da kein Grund vorliegt, Theophrasts Angaben zu mißtrauen, muß Platon in

nicht identische, sondern ihm nachgeordnete) *prima materia* unausgedehnt ist (vgl. Sach-Index s. v. *Hyle 6d α*).

163 Robin, *La physique* passim (vgl. u.). Gaiser 27. 390. 533 (zu TP 53).

164 Vgl. u. 2.243d über die mannigfaltigen Wirkungsweisen des zweiten Prinzips. Hier im Timaios ist es ja zweifach im Spiel, einmal als Chora, zum andern innerhalb der Dimensionen-Folge (u. 2.224); vgl. o. 2.281 Ende.

165 Met. 6a 24—b 1, dazu den Kommentar von Ross (bes. 54 f). — Die Stelle wird u. 2.4 für Xenokrates ausgewertet.

166 So Ross a. O., Tricot, *Théophraste, La Métaphysique* (1948) z. St., Gaiser 493 f (zu TP 30) u. ö. Bei dieser Auslegung bleibt mißlich, daß Platon dann zweimal besprochen wird: Erstens anonym in der Gruppe der Vertreter von ἕν und ἀόριστος δυάς, die nur unvollständig deduzieren (6a 24 ff), zweitens gesondert und namentlich als jemand, der wesentliche Ansätze zu einer Deduktion zeigt (6b 11—15). Deshalb will Reale, *Teofrasto* 176—180, an der ersten Stelle Platon ausschließen. Aber die doppelte Erwähnung Platons läßt sich erklären (vgl. etwa Gaiser a. O.) und Reales Ansicht ist nicht ausreichend begründet, so daß die herkömmliche Deutung den Vorzug verdient. Vgl. auch u. S. 161f mit A. 442/443, S. 244 A. 833.

167 6a 28 f ὅτι τὰ μὲν ἀπὸ τῆς ἀορίστου δυάδος, οἷον τόπος καὶ κενὸν καὶ ἄπειρον (sc. ἐστίν oder γεννῶσιν, vgl. a 25 γεννήσαντες).

168 Kommentar 54 f (eine der von Ross zitierten Aristoteles-Stellen kommt u. 2.225 zur Sprache).

169 Die Bedenken beziehen sich auf die Termini, die Theophrast hier gebraucht. Sind es austauschbare ‚Schultermini' (wohl nicht schon der Akademie, sondern) des frühen Peripatos für die platonische Chora? Warum sagte man nicht einfach χώρα? Denn jeder der drei Begriffe läßt sich mit der Chora des Timaios in Verbindung bringen (Belege bei Ross), aber spezifisch treffend sind sie auf den ersten Blick nicht: Weder τόπος, obwohl dies auch bei Platon mit χώρα wechselt (Raible 51), noch ἄπειρον, das nur über das μέγα καὶ μικρόν mit χώρα gleichgesetzt werden kann (Ross), noch κενόν: Denn die Chora ist kein ‚Leeres' und enthält auch keines (vgl. Claghorn 14 f). Aber κενόν ist hier im weiteren Sinn = ‚Raum', d. h. „die von der Größe der Körper unabhängige Ausdehnung (διάστημα), die im Fall des *leeren* Raumes als schiere Ausdehnung existiert, im Fall des *vollen* Raumes die Körper durchdringt" (instruktiv Raible Kap. 5, bes. 101—103, Zitat 103). Wir brauchen also das κενόν von M 8, an das sich schwierige Fragen knüpfen (u. A. 174), nicht heranzuziehen.

seiner innerschulischen Lehre explizit die Chora des Timaios vom zweiten Prinzip hergeleitet haben[170]. In der Schuldiskussion pflegte man demnach die Chora als ‚Raum‘ (τόπος, κενόν) zu bezeichnen, aber auch als ἄπειρον, womit vielleicht u. a. die Selbstbewegung der Chora und ihrer δυνάμεις erfaßt werden sollte. Offenbar besaß die Chora mit all ihren Aspekten, wie sie im Timaios erscheinen, einen festen Platz in der platonischen Prinzipienlehre unter den Erscheinungsformen der ἀόριστος δυάς. Das wird sich als wichtig erweisen, wenn wir die Chora mit der aristotelischen Hyle vergleichen (*2.225*).

Während vorstehende Bemerkungen sich absichtlich auf das einigermaßen Wahrscheinliche beschränken, greift Robin in seiner bedeutenden Arbeit von 1918, in welcher er zum erstenmal entschieden den Timaios mit Platons innerschulischer Lehre verband und so im Rahmen des platonischen Gesamtsystems sah, viel weiter aus und geht allzu spekulativ nicht nur über das Belegte und Beweisbare, sondern auch über das Plausible hinaus[171]. So konstruiert er erstens analog zur teilbaren Extensio = χώρα (in der sich die Sinnendinge befinden) eine unteilbare intelligible Extensio, in welcher die Bewegung der νοητά stattfinde[172], und läßt zweitens die Ideen von den Idealfiguren bestimmt sein, wie die Sinnendinge durch Elementar-Körper und -Dreiecke konstituiert werden[173]: Eine ideale Extensio ist jedoch nur für die Dimensionenfolge der Idealfiguren nachzuweisen, deren Platz in der platonischen Seinshierarchie nicht festlegbar ist[174], und die Ideen enthalten zwar eine Ideenmaterie, aber keine Ausdehnung[175]. Daher kann man nicht mit Robin eine Abfolge Prinzipien—Idealzahlen und Idealfiguren—Ideen (alles sich in idealer, unteilbarer Extensio bewegend) annehmen und symmetrisch einer Reihe Ideen — mathematische Zahlen und Figuren — αἰσθητά (alles sich in teilbarer

170 6a 28 δηλοῦντες.

171 Hier nur wenige Bemerkungen, die den schwachen Punkten an Robins Ausführungen gelten, also notgedrungen sehr einseitig sind. Robins Arbeit, die in Deutschland bisher so gut wie unbeachtet geblieben ist (Ausnahme: Herters Aufsatz Rh. Mus. 100, 1957, 327—347), aber jetzt durch Jürgen Wipperns Sammelband (Wege der Forschung, Darmstadt 1970) mit fünfzigjähriger Verspätung endlich zur Wirkung kommen dürfte, müßte einmal ausführlicher gewürdigt werden.

172 Ähnliche Gedanken bei Gaiser 116. 186 mit A. 159.

173 Belege für beides u. A. 176.

174 Zu den Idealfiguren u. **2**.242, **2**.243a—c. — Von den bei Robin, *La physique* 202 A. 1 = *Pensée hellénique* 260 A. 1 (dort weitere Verweise) aufgeführten Zeugnissen zwingt keines dazu, den κόσμος νοητός in einer intelligiblen Extensio anzusiedeln, weder die (eben besprochene) Theophrast-Stelle noch Arist. met. M 8, 1084a 33 (= TP 61; dazu Ross). Vielleicht ist das in M 8 genannte κενόν ein Paradeigma aller anderen κενά (Ps. Alex. z. St., 771, 23 ff; anders κενόν bei Theophrast, vgl. o. A. 169), aber wir wissen einfach nicht genug über seine Funktion und seine Bedeutung, um so weittragende systematische Folgerungen ziehen zu können, wie es Robin tut.

175 u. **2**.243a.

Extensio = χώρα bewegend) zuordnen[176]. Vielmehr reduziert sich bei nüchterner Betrachtung dieser faszinierende Entwurf auf die oben vermerkte Tatsache, daß die χώρα eine der verschiedenen Ausprägungen des zweiten Prinzips ist, die zwar zum Gesamt-Prinzip und dessen anderen Manifestationen (z. B. dem ἄπειρον in den Ideen) enge Beziehungen hat, aber doch nicht strikt in feste systematische Relationen eingeordnet werden kann und sollte.

2.224 *Elementar-Dreiecke und Chora*

Die Lehre von den Elementar-Dreiecken (53C ff) kann hier nur in sehr wenigen Punkten angedeutet werden[177]: Platon geht in einem Eliminierungsverfahren von den vier ‚physikalischen Körpern' Feuer, Erde, Wasser und Luft über ‚geometrische' Körper und die sie begrenzenden (und somit konstituierenden) ‚Flächen' auf Dreiecke zurück, die — weil von der geringstmöglichen Anzahl von Linien begrenzt — als ‚Elementarflächen' gelten dürfen[178]. Aus bestimmten (Elementar-)Dreiecken baut er nun umgekehrt die regelmäßigen Elementar-Körper und damit die vier ‚Elemente' sowie die gesamte Stoffwelt mit allen ‚materiellen' d. h. physikalischen Eigenschaften auf[179]. Ist an diesem Seinsaufbau ‚Materie' beteiligt (und wenn ja: wo und inwieweit)? Und zwar ‚Materie' nicht eingeengt als konkreter ‚Stoff' verstanden, sondern als umfassendes ‚zweites Seinsprinzip', wie wir es aus *De bono* kennen[180]?

Wir haben oben vereinfachend von einer Reduktion ‚physikalischer' auf ‚geometrische' (bzw. ‚mathematische') Körper gesprochen. Das bedarf der Erläuterung und Modifikation: Denn während man mindestens seit Aristoteles beim Übergang von physikalischen Gegebenheiten zur nächsten Abstraktionsstufe (sc. der Mathematik) zusammen mit den Sinnesqualitäten auch Bewegung und Raum-Lage

[176] *La physique* passim, z. B. 200—202. 206. 216—220, bes. wichtig 388—390 und 411—414 = *Pensée hellénique* 258—261. 265. 277—282. 303—306. 330—335. *Les rapports* 71—77.

[177] Neben den Erklärungen von Cornford 210—281 (die im Folgenden vorausgesetzt werden) wichtig Gaiser an den Index S. 565 genannten Stellen, bes. 145—150 (mit Anmerkungen).

[178] 53C 4—8. Ob man den Schritt vom ‚physikalischen' zum ‚geometrischen' Körper (diese Ausdrücke einmal so hingenommen, s. u.) explizit macht oder nicht, ist gleichgültig; jedenfalls ist er in Platons Gedankengang sachlich enthalten, vielleicht auch in C 4—6 ausdrücklich formuliert. Vgl. Gaiser 146 f. — Das jetzt nur kurz erwähnte Subtraktionsverfahren (ἀφαίρεσις) wird im Folgenden näher erläutert und mit dem in 2.223c genannten verglichen.

[179] Die einzelnen Tatsachen sind bekannt und brauchen hier nicht wiederholt zu werden. Vgl. Robin, *La physique* 207—210 = *Pensée hellénique* 266—270; Cornford; Gaiser; Schulz §§ 4.12—15 (dazu unten).

[180] Vgl. u. 2.24, ferner die Zusammenfassung u. 2.51.

eliminiert[181], sieht Platon hierbei zwar von *allen* Sinnesqualitäten ab[182], nicht aber von Bewegung und Lage im ‚Raum'. Die Elementar-Dreiecke sind zweidimensionale reine Extensio, zugleich aber ‚individuelle' Gebilde, die sich an einer bestimmten Stelle im Raum befinden, sich in ihm bewegen und zu größeren Einheiten zusammensetzen. Sie besitzen mithin einen ‚Zwischen-Status', der mit dem geläufigen Begriffspaar ‚physikalisch'/‚mathematisch' nicht zureichend erfaßt werden kann[183]. Erkenntnistheoretisch sind sie nicht αἰσθητά, weil sie wegen ihrer Kleinheit unterhalb der Seh-Schwelle liegen und nur in größeren Anhäufungen sichtbar werden (56B7—C2), sondern νοητά, freilich nicht νοητά im gleichen Sinne wie die Ideen oder auch die mathematischen Gegenstände, sondern auf einer etwas ‚tieferen' Abstraktionsstufe[184].

Problematisch bleibt hieran der Übergang von ‚Stofflichkeit' zu ‚mathematischer' Dimensionalität: Die Dreiecke konstituieren Sinnesqualitäten, die sie selbst nicht besitzen[185]. Einen solchen Übergang empfindet der moderne Beurteiler, zumal wenn er an den populären Materie-Begriff (Materie = fester Stoff) oder die Materie der klassischen Physik (Masse) denkt, als μετάβασις εἰς ἄλλο γένος[186]. Um dem zu entgehen, haben manche Interpreten ohne den geringsten

[181] Über die Abstraktionsstufe der Mathematik bei Aristoteles und ihre Ursprünge in der Akademie u. 7.4. Befremdlich die vage Information über diesen Punkt bei Schulz 101 mit A. 309.

[182] Auch von ‚Schwere' und ‚Festigkeit' (bzw. ‚Undurchdringlichkeit'); richtig Schulz § 14.

[183] Vgl. Schulz § 13 *Der ontologische Status der Elementarfiguren*. — Die von Schulz 102 A. 315 genannte Stelle Arist. met. A 9, 992b 13—18 geht zwar mit Sicherheit auf Platon, gibt aber für die Elementarkörper des Timaios nichts aus, weil Aristoteles mit μεγέθη die ‚idealen' geometrischen Größen meint (dazu Gaiser *QP* 41).

[184] Schulz 79 ff (vgl. 102 A. 316) ist insofern im Recht, als er sich gegen die schematische Anwendung einer Dichotomie αἰσθητόν/νοητόν wendet. Er übersieht jedoch dabei die Stufung der νοητά bzw. der νόησις (d. h. die ‚Abstraktionsstufen'). Wie diese Stufen für den Timaios etwa anzusetzen wären, zeigt Gaiser 147. Die von Wilpert, *Elementenlehre* 56 (und zum Teil auch von Gaiser 146) in diesem Zusammenhang herangezogene Stelle Sext. Emp. 10, 250—255 gehört zur ‚Einleitung' des Sextus-Berichtes (10, 249—257), welche trotz mancher Anklänge an Platon nicht aus *De bono* stammt (zuletzt darüber Gaiser, *QP* 71 f. 74—77); zudem passen die platonischen (Elementar-Dreiecke und) Elementar-Körper nicht in Sextus' Schema, denn sie sind weder ἄδηλα *σώματα* (Sextus meint damit offenbar nur Körper mit bestimmten *physikalischen* Eigenschaften, z. B. Festigkeit) noch στερεὰ *σχήματα* (die keine Bewegung und Raum-Lage haben), sondern etwas dazwischen. Das hindert jedoch nicht, die Elementen-Lehre des Timaios mit *De bono* zu verknüpfen, weil dafür diese §§ aus Sextus sowieso nicht benötigt werden (s. u.).

[185] Vgl. z. B. 55D ff (wo die unstofflichen Elementar-Körper auf einmal ‚spitz' sind, ‚scharfe Ecken' haben und dgl.), 61C ff (Ableitung der Tast-Qualitäten). Schulz § 4 *Die Ableitung der Qualitäten*, § 14 *Schwere und Undurchdringlichkeit*.

[186] Vgl. Schulz § 10: *Die Reduktion der Materialität als μετάβασις εἰς ἄλλο γένος*.

Anhalt im Text die Dreiecke als Stücke zwar sehr dünnen, aber doch festen Materials (Prismen, Folien o. dgl.) betrachten wollen[187]. Davon ist man längst abgekommen, und man nimmt die μετάβασις als solche heute allgemein hin, freilich ohne rechtes Verständnis[188]. Dabei ist ein ‚Übergang' dieser Art nicht so vereinzelt, wie man auf den ersten Blick glaubt: Er findet generell überall da statt, wo man von physikalischen Körpern auf deren ‚unphysikalische' und dann auch unkörperliche Prinzipien zurückgeht[189]. Die speziellere Form des Weges über die Dimensionenfolge ist uns zunächst in umgekehrter Richtung (als ‚Deduktion') in Nomoi 894A bezeugt, wonach Entstehen oder Werden (γένεσις) der Prozeß vom Ursprung (ἀρχή) in der Dimension der linearen Erstreckung ist, zunächst zur Dimension der Fläche und weiter zur körperlichen Dimension, in der die Dinge schließlich sinnlich wahrnehmbar werden[190]; der Übergang von der reinen Dreidimensionalität (mathematischer Körper) zur physikalischen Erscheinung wird hierbei weder deutlich markiert[191] noch besonders erklärt. Die bei Alex.Aphr.

187 Dagegen Gaiser 372 A. 124, Schulz 28 f.

188 Vgl. die bei Schulz 77 f zitierten Urteile, von denen er dasjenige von Solmsen als besonders charakteristisch heraushebt. Solmsen sagt in seinem (sonst sehr ausgewogenen und lehrreichen) Abschnitt über den Timaios (*System* 40—52 *Genesis in the Timaeus*): „When Plato builds the solid units out of triangles which actually only compose their surfaces, we may feel that he skips a step and that this is the point in his reasoning where he could have discovered *matter*" (42 f). Die Einführung von ‚Materie' = ‚fester Stoff' hätte Platon wieder auf den schon überwundenen Atomismus Demokrits zurückgeworfen, die Einführung von ‚Materie' = ‚unstoffliche reine Formbarkeit' (= aristotelische *prima materia*; Solmsen denkt anscheinend eher hieran) die geometrisch-*quantitative* Seinsableitung Platons in eine *qualitative* umgewandelt (vgl. das Folgende, wo auch die Rolle der Chora bedacht wird). Ein ‚Materie-Begriff' wäre mit dem spezifischen Seinsentwurf des *Timaios* unvereinbar gewesen, und man kann deshalb auch nicht sagen, daß Platon bei der Seinsableitung vielleicht eine Stufe übersprungen habe (genau so wenig wie bei der ‚dimensionalen Reduktion' von *De bono*, vgl. oben im Text). Trotzdem steht, wie die Beziehungen der Chora und der Dreiecke zum zweiten Prinzip von *De bono* zeigen (vgl. 2.223d und gleich unten S. 115ff), auch hinter dem Timaios ein ‚Materie'-Prinzip, und das im Dialog Gesagte ist natürlich nicht Platons letztes Wort (genau so wenig wie bei den Dreiecks-Atomen, die doch weiter ‚teilbar' sind, und der *quantitativen* Seinsableitung, die durch eine *qualitative* ergänzt wird). Nur wer diese Beziehungen außer acht läßt, kann Solmsen 43 zustimmen: „For Plato matter is and remains in the full sense of the word something ‚unthinkable'".

189 So ist auch das Werden eines qualitativ bestimmten Körpers aus der unkörperlichen qualitätslosen πρώτη ὕλη trotz aller Hilfsbegriffe (δύναμις, εἶδος) ein geheimnisvoller ‚Sprung' (vgl. Schulz S. 89; anderer Zusammenhang).

190 Formulierung von Gaiser 175. Nähere Erklärung der Stelle bei Gaiser 50 f. 187—189. 388 A. 160. 431 A. 290. 503. 551. Dort weitere Hinweise auf die Bedeutung der Dimensionenfolge.

191 Wie weit schon das Erreichen der dritten Dimension eo ipso zur Wahrnehmbarkeit (d. h. zur physikalischen Realität) führt oder nicht, läßt sich dem Partizip ἐλθοῦσα nicht entnehmen.

und Sextus Empiricus überlieferten Referate von *De bono*[192] sprechen ausführlicher über die ‚dimensionale Reduktion' von den Erscheinungen zu den Prinzipien, erwähnen aber den uns wichtigen ersten Schritt vom ‚Physikalischen' zum ‚Mathematischen' entweder gar nicht (Alex.)[193] oder konstatieren ihn nur, ohne ihn zu erläutern (Sext. Emp.)[194]. Auch andere einschlägige Zeugnisse[195] helfen da nicht weiter, ja sie werfen neue Probleme auf: Sie behandeln die sog. ‚idealen Raumgrößen', eine Lehre, die zwar mit der — eben besprochenen — dimensionalen Reduktion (bzw. Deduktion) eng zusammenhängt, aber nicht mit ihr identisch ist[196]. Aristoteles sagt ausdrücklich[197], daß die Seinsweise dieser Raumgrößen und ihre Beziehung zu den drei Seinsbereichen Platons (Ideen — Mathematika — φθαρτά) unklar ist. Deshalb kann man zwar von ihnen aus κατ' ἀφαίρεσιν zu den Prinzipien gelangen[198], aber sie haben keine präzise Verbindung (nach Art der dimensionalen Reduktion) untereinander[199] und mit den drei Seinsschichten, obwohl

192 Alex. in Arist. met. p. 55, 20 ff H. = TP 22 B; Sex. Emp. adv. math. 10, 259 ff = TP 32. Über den Quellenwert der Sextus-Stelle u. **2**.241 b. Beide Stellen werden unten 7.61 für die platonisch-akademische Abstraktionslehre ausgewertet.

193 p. 55, 22 H. geht er kurzerhand von ‚Körpern' (d. h. wohl: *physikalischen* Körpern) zu Flächen über: τῶν δὲ σωμάτων πρῶτα τὰ ἐπίπεδα εἶναι.

194 Nachdem §§ 257/8 von ‚unkörperlichen' Prinzipien der σώματα gesprochen worden war, heißt es (nach dem Einschub § 258 über die platonische Ideenlehre, der nicht zum *De bono*-Referat gehört) § 259 καὶ τὰ στερεὰ σχήματα προεπινοεῖται τῶν σωμάτων, ἀσώματον ἔχοντα τὴν φύσιν· . . . προάγει . . . καὶ τούτων κατὰ τὴν ἐπίνοιαν τὰ ἐπίπεδα σχήματα (vgl. auch § 283). Wenn man die starke Betonung der ‚erkenntnistheoretischen' Seite bei Sextus (προεπινοεῖσθαι, ἐπίνοιαν; vgl. ἐπίνοια im Vorbau und Janáčeks Index s. v. ἐπίνοια) mit der offenbar mehr ‚ontologischen' Betrachtungsweise Alexanders (siehe p. 55, 20 ff H. = TP 22 B ‚früher sein' und μὴ συναναιρεῖσθαι wohl ‚ontologisch' verstanden; ferner Alex. bei Simpl. p. 454, 22 ff D. = TP 23 B εἶναι, εἶναι δύνασθαι) vergleicht, könnte man geneigt sein, die Explikation des Schrittes von den physikalischen zu den mathematischen Körpern bei Sextus für spätere Zutat zu halten (vgl. die Systematik des ‚Vorbaus' §§ 250 ff). Dabei würde man aber vergessen, daß die gesamte Reduktion trotz ihres ‚ontologischen' Bezugs ein *geistiger* Vorgang ist (vgl. u. 7.61), und Platon gerade die allererste, bedeutsame Stufe (d. h. die vom αἰσθητόν zum νοητόν) wohl kaum weggelassen hat.

195 TP 25—31, dazu 33—35 a (mit der Vorbemerkung 503 f). Zu den Zeugnissen aus De anima (TP 25 A) und N 3 (TP 28 b) vergleiche jetzt Gaiser, *QP* 39—63.

196 Vgl. auch Gaiser, *QP* 46 f.

197 A 9, 992 b 13—18. N 3, 1090 b 20—27. b 32 ff (dazu Gaiser, *QP* 39—49, bes. 41. 45 f; vgl. auch A. 200).

198 Man braucht nur die (vertrauenswürdige) Angabe des Aristoteles, sie würden durch das Zusammenwirken von Zahl (2, 3, 4) und ὕλη (bzw. μέγα καὶ μικρόν) erzeugt, umzukehren: Wenn man ihre Hyle (= Dimensionalität) subtrahiert, ergeben sich — außer Eins — die Zahlen der Tetraktys, von da aus weiter die zwei Prinzipien (oder, in anderer Richtung, die auch denkbar ist: Ein Subtrahieren der ‚formenhaften' Zahlen würde zur ὕλη = μέγα καὶ μικρόν führen).

199 Man darf aber mit Sicherheit annehmen, daß die Raumformen eine (πρότερον/ὕστερον-)Reihe bilden genau wie die Idealzahlen, die an ihrer Bildung beteiligt sind. Vgl. dazu u. **2**.244 b und c, ferner **4**.213.

sie doch offensichtlich deren Stufung irgendwie modellhaft widerspiegeln. So bleibt also vorerst Zurückhaltung im Urteil geboten[200].

Der Übergang von Stofflichkeit zu Dimensionalität ist mithin — was auch immer wir Modernen darüber denken — eine geläufige Anschauung Platons. Kann man nun nicht aber doch die dreiseitig begrenzte Zweidimensionalität, die nach der Reduktion übrigbleibt, als etwas ‚Materielles' (im weiteren Sinn) ansprechen und sagen: Die Stoffwelt Platons besteht aus ‚materiellen' Atomen?

Dies wäre allenfalls dann gerechtfertigt, wenn die Elementar-Dreiecke wirklich letzte Einheiten wären. Der Timaios bleibt auch bei ihnen stehen, und Platon hat zweifellos mit seinen Erörterungen einen ‚mathematisierten Atomismus' entwerfen wollen[201]. Und doch sagt Platon selbst, daß die Reduktion eigentlich noch weitergeht: Über den Elementar-Dreiecken gebe es noch ‚höhere' ἀρχαί, „die Gott kennt und von den Menschen derjenige, der ihm lieb und zugehörig ist"[202]. Welche ἀρχαί meint Platon mit dieser Bemerkung, die sich den Andeutungen 28C und 48C an die Seite stellt[203]? Er verweist damit natürlich nicht auf Nomoi 894A, eine Stelle, die selbst der Erläuterung aus *De bono* bedarf[204], sondern auf innerschulische Lehren[205]. In Frage kommen zwei Denkansätze, die auf den ersten Blick einander ausschließen: Die ‚unteilbaren Linien' (ἄτομοι γραμμαί)[206] und die dimensionale Reduktion auf die Prinzipien, die mit der räumlichen Teilbarkeit des Kontinuums und dem unausgedehnten Punkt rechnet[207]. Beide Lehren sind gut für Platon bezeugt und werden außer-

200 Man kann also nicht etwa die Seinsstufe der ‚Erscheinungen' mit den idealen Körpern verbinden. Das geht selbst dann nicht, wenn man sich eine Abstraktionsstufe zwischen beidem hinzudenkt. Auch von den Mathematika geht keine Beziehung zu den ‚idealen μεγέθη' aus.

201 Vgl. Gaiser 149 f. Die Verbindung von Atomlehren und dimensionaler Reduktion im Bericht des Sextus (‚Vorbau' §§ 248—257) geht wohl doch letzten Endes auf platonische Anregungen zurück, auch wenn die betreffenden Paragraphen wie erwähnt (o. S. 114 A. 184) im ganzen kein Zeugnis für *De bono* sind.

202 Nach Gaiser 148.

203 Vgl. Gaiser 337 A. 5. Krämer, *GF* 130 mit A. 84/85.

204 So gegen Dönt 53 f richtig Gaiser, *QP* 63 A. 81. Krämer, Rezension von Dönt, Anz. f. d. Alt. 1969, 223 und *GF* 130 A. 85.

205 Das ist heute allgemein anerkannt, vgl. nur Robin, *La physique* 215 f. 411 = *Pensée hellénique* 275—277. 331. *Les rapports* 71 f. Cornford 162. 212 f. W. Kranz, *Die Entstehung des Atomismus*, in: *Convivium* (Festschrift K. Ziegler), 1954, 32 f (= Kl. Schr., 1967, 240 f). Solmsen 47 mit A. 102. Gaiser 372 A. 125, *QP* 63 A. 81. Krämer, *GF* 130 A. 85.

206 Gaiser 158—163. 355 A. 64. 487. 510 f. Dort jeweils auch weitere Verweise.

207 Zuerst von Wilpert, *Elementenlehre*, auf Grund von Sextus für die Erklärung unserer Timaios-Stelle verwendet. Gaiser 46—51. 81 ff, wo alles Nähere. Vgl. zur dimensionalen Reduktion oben 2.223c und u. 7.61.

dem von Aristoteles zusammen erwähnt[208], so daß sie bei Platon neben- und miteinander bestanden haben müssen[209]. Vermutlich waren die ‚unteilbaren Linien' (als Variante zum Punkt) irgendwie in die *eine* ‚dimensionale Reduktion' eingefügt, stellten also keine absolut letzte Instanz dar, sondern wiesen über sich hinaus auf die Zahlen und die beiden Prinzipien[210]. Es hat deshalb wenig Wert, hier für 53D ausschließlich an *eine* von beiden Lehren zu denken[211] und zu meinen, nur bei den Atom-Linien bleibe der ‚Atomismus' des Timaios gewahrt, im Falle einer weiteren Reduktion dagegen werde er aufgelöst. Denn Platon kommt es bei seiner Atom-Theorie nicht darauf an, irgendwelche unteilbaren Stückchen ‚Materie' aufzufinden, die zwar mathematisiert wären, aber doch qua (Zwei-)Dimensionalität immer noch etwas ‚Materielles' in sich hätten — damit unterschiede er sich trotz allem nur graduell von Demokrit —, sondern die Körperwelt auf ihre gestaltgebende *Grenze* (πέρας) zu reduzieren und von daher auch wieder aufzubauen[212]. Dies schließt ein, daß hier im Timaios nur *vorläufig* bei Elementar-Flächen innegehalten wird[213] und die Reduktion ohne weiteres bis zu den Zahlen (als πέρατα) und zum ἕν, dem obersten πέρας, fortgesetzt werden kann[214]. Es handelt sich also, aristotelisch gesprochen, um eine Zurückführung auf die *Form* (und schließlich auf die reine Form), nicht auf die Materie[215]. Eine Reduktion auf das

[208] Arist. met. A 9, 992a 10 ff = TP 26A; vgl. Gaiser 487. 510 f.

[209] Um den Nachweis, daß zwischen beiden Lehren kein unaufhebbarer Widerspruch besteht, hat sich vor allem Gaiser bemüht (vgl. 349 A. 45. 355 A. 64. 510).

[210] Vgl. Gaiser 147 f (über die ‚Elementar-Einheiten', zu denen auch die Atomlinien gehören dürften) und sein Schema S. 170.

[211] Nur Atomlinien: Kranz a. O. Schulz 27 A. 94 (unbestimmter 67). — Linien und Zahlen: Robin, *La physique* 215 f. 411 = *Pensée hellénique* 275—277. 331. *Les rapports* 71 f. Cornford 162. 212 f. Gaiser 148. 372 A. 125 (leicht anders ponderiert 510), *QP* 62 f.

[212] Solmsen 42 A. 90 (der weiter auf Stenzel hinweist). Gaiser 373 A. 127 (zur Terminologie 349 A. 46). — Vorliegendes Verfahren, das man als ‚Elementar'-Analyse bezeichnet und als Charakteristikum der danach benannten platonischen ‚Elementen-Metaphysik' ansieht (Näheres u. 2.244b), hat schon Wilpert, *Elementenlehre*, klar erkannt und beschrieben (dabei allerdings die Bedeutung der πέρατα noch nicht genügend berücksichtigt).

[213] Cornford 213: „Plato's reason for stopping short at triangles was perhaps the need to keep his exposition within reasonable bounds" (vgl. auch das Folgende).

[214] Über die Bedeutung des πέρας-Gedankens in der platonischen Ontologie und den Weg zum ἕν als höchstem πέρας (μέτρον) vgl. Krämer, *Prinzipienlehre und Dialektik* 59 A. 5. 62—67 (zur dort gegebenen Darstellung der platonischen Elementen-Metaphysik vgl. 2.244b, der platonisch-aristotelischen ἀφαίρεσις S. 630 A. 363).

[215] Vgl. Solmsen 42 A. 90. — Dieses Ergebnis bleibt auch dann bestehen, wenn man die ‚unteilbaren Linien' als nicht mehr reduzierbare Einheiten auffaßt, denn sie gelten offenbar nicht als ‚Materie-Stückchen', sondern als ‚Maß' d. h. ‚Grenze' der Linien (und damit der Flächen und der Körper), vgl. Arist. met. A 9, 992a 21 f ἀλλ' ἐκάλει (sc. Πλάτων) ἀρχὴν γραμμῆς . . . τὰς ἀτόμους γραμμάς.

zweite Prinzip dagegen, die jeweils umgekehrt von den Begrenzungen des drei-, zwei- oder eindimensionalen Etwas absehen müßte[216], faßt Platon hier gar nicht in den Blick.

Diese Ableitung der Stofflichkeit *more geometrico* ist somit ein ‚eidetischer' Atomismus[217], bei dem ‚Materie' nicht vorzukommen scheint. Oder doch?

Schulz erkennt an, daß die Chora schon *vor* aller Formung von den verschiedensten δυνάμεις bewegt war[218], meint aber dann, diese δυνάμεις spielten bei der geometrischen Formung der Stoffe keinerlei Rolle[219]. Noch entschiedener hatte bereits Nicolai Hartmann[220] nicht nur die Bewegtheit des ‚Raumes' und seine ἀνάγκη übergangen[221], sondern die Chora selbst dem Ideenbereich angenähert[222], eine mißglückte Deutung, die auch jetzt, nachdem Dönt sie wieder aufgegriffen und weitergedacht hat, nicht überzeugt[223].

216 Vgl. dazu u. 7.823d α—γ.

217 Vgl. H.-G. Gadamer, *Antike Atomtheorie* (1935), wieder abgedruckt in: *Um die Begriffswelt der Vorsokratiker*, Darmstadt 1968, 512—533, bes. 532.

218 Schulz 96, vgl. 106. Zur Bewegtheit der Chora s. o. 2.223b.

219 § 12 Die ontologische Priorität der ‚geometrischen' Bestimmungen, bes. 97: „In der Platonischen Ableitung oder Konstitution der ‚Realität' werden außer dem Raum und den Dreiecken, der Zusammensetzung und Bewegung (γένεσις) keine weiteren Voraussetzungen verwendet. Es sind keine weiteren ‚Prinzipien' beteiligt, weder eine vom Raum verschiedene materia prima noch Sinnesqualitäten. Das bedeutet: Das Körperlich-Materielle beruht primär auf der geometrischen Formung des Raumes".

220 Auf Hartmann beruft sich Schulz u. a. am Schluß seiner Untersuchung, S. 127.

221 Hartmann, *Zur Lehre vom Eidos*, Kl. Schr. 2, 136 „Die Begrenzung des Raumes durch Flächen macht die Grundtypen der physischen Körper aus. Es ist eine Art rein eidetischer Atomistik, die Platon hier durchführt, ohne materielles Substrat, freilich auch ohne einen Ansatz dynamischer Vorstellungsweise (!), wohl aber in grundsätzlicher Spannweite für die Mannigfaltigkeit eben derjenigen stofflichen Unterschiede, für die ein einheitliches Materie-Prinzip den Spielraum nicht hergeben kann". Vgl. hierzu Kranz, *Die Entstehung des Atomismus* 35 A. 37 = Kl. Schr. 242 A. 37 (nach Erwähnung der δυνάμεις): „Es bleibt unverständlich, daß ein Kenner der Platonischen Philosophie wie N. Hartmann ... hierüber sagen kann: ‚Es ist eine Art ... Vorstellungsweise' ".

222 Hartmann a. O. 135 f: „An Stelle der Materie tritt das Prinzip des Raumes (χώρα), das selbst ein Eidos ist, ... dem Werden entrückt, der Wahrnehmung unzugänglich, wie jedes Eidos, dem Schließen aber gerade noch faßbar. Hier wird die Teilhabe eine homogene zwischen Gleichartigem, eine solche zwischen Eidos und Eidos". Hartmann übersieht, daß εἶδος 48 A. E. 49 A unterminologisch für ‚Seinsgattung' oder dgl. (s. z. B. 50C 7 γένη) steht und gerade auch die Gattung des Werdenden bezeichnet (48E 6 f); vgl. Cornfords Übersetzung.

223 Dönts Erörterungen über den Timaios (40—42) kann ich in fast keinem einzigen Punkt zustimmen. Eine ausführliche Widerlegung ist hier nicht möglich; deshalb erwähne ich nur wenige für unser Thema wichtige Punkte: Da Dönt im Anschluß an Hartmann die Eigenbewegung der Chora völlig übergeht (Herters Arbeit ist offenbar nicht verwertet) und die Chora als εἶδος mißversteht (wiederum 49 A 4 εἶδος terminologisch gedeutet; ähnlich auch 51 A 3. 52 D 6), sieht er das Verhältnis

Deutungen wie diese mögen philosophisch noch so anregend sein, philologisch lassen sie sich nicht vertreten. Denn wenn auch bei der Elementarkörper-Theorie die χώρα nur indirekt und selten genannt wird, anwesend ist sie ständig, und alle Vorgänge mit Elementar-Dreiecken und Elementar-Körpern spielen sich in ihr und in Auseinandersetzung mit ihr ab[224]. Und da sie nun einmal nicht nur ‚leerer Raum' ist[225], ist zu fragen, ob und wie sich die (offenbar lückenlose) ‚geometrische' Ableitung der Stoffe und Sinnesqualitäten mit den der Chora eigenen δυνάμεις verträgt[226]. Zwei Deutungen sind wenig wahrscheinlich: a) Platon habe beide Denkansätze letztlich nicht zusammengedacht, sondern isoliert nebeneinander bestehen lassen. Dies wird schon durch das von Platon betonte *Zusammenwirken* von νοῦς und ἀνάγκη widerlegt[227]. b) Die Elementarkörper umschlössen nicht leeren Raum, sondern (gleichsam als ‚Behälter') fluktuierende Qualitäten, eben die δυνάμεις der Chora[228]. Daran ist der Versuch richtig, beide Theorien zusammenzunehmen, aber er bewegt sich noch zu sehr im Konkret-Anschaulichen. Demgegenüber scheint mir folgende Annahme möglich: Platon will mit dem Bild vom ‚Chaos', welches durch den Demiurgen geordnet wird, im ganzen auszudrücken, daß die Formung nicht auf etwas Passives trifft, sondern auf etwas Aktives, welches einerseits die Formung erstrebt (ἴχνη u. dgl.), andererseits aber ihr auch Widerstand leistet und deshalb die Formung verzögern oder gar vereiteln kann, d. h. Quelle aller dysteleologischen Vorgänge ist. Wenn man somit Platons Aussagen über ἀνάγκη und ihr ‚Überredet-

der Chora zu den Ideen in jeder Hinsicht (Bewegung, Teilhabe) unzutreffend und kommt so infolge der angeblich „durch die Idealität des Raumes gesicherten Überwindung des Chorismos" (!) zu einem fast ‚monistischen' Einerlei der verschiedenen Seinsarten (αἰσθητά, Ideen; die auf den Ideenbereich gehende Aussage 39 E 7 ff bezieht er irrtümlich auf die αἰσθητά). Am Schluß zieht er noch befremdliche Folgerungen aus 53 B.

224 Vgl. die oben 2.223 b schon herangezogenen Stellen über das Zusammenwirken von νοῦς und ἀνάγκη 47 ff. 56 C 5 f. 68 E ff, ferner Cornford 239—241 u. ö. Obwohl diese Belege bekannt sind und die Chora theoretisch stets mitbedacht wird, zieht man doch praktisch recht selten die Folgerungen daraus, weil man oft den Komplex ‚Chora' oder ‚Elementar-Körper' isoliert für sich betrachtet, statt beides miteinander zu verbinden. Vgl. u. S. 123.

225 Vgl. oben 2.223 a/b und vorst. Anm. — Die undifferenzierte Bezeichnung ‚leerer Raum' trifft auf keinen Fall zu, ob man darunter nun einen ‚mathematischen' oder (so z. B. Schulz 107 f) einen ‚physikalischen' Raum versteht.

226 Man könnte auch im Hinblick auf die Verbindung des Timaios mit der platonischen Prinzipienlehre (oben 2.223 d) fragen: Warum erscheint das zweite Prinzip hier in zweifacher Weise, einmal bei den Elementar-Dreiecken, d. h. bei der Dimensionenfolge (die ja nur mit Hilfe des zweiten Prinzips abgeleitet werden kann), zum andern bei der Chora, und wie verhalten sich beide ‚Aspekte' zueinander?

227 Vgl. o. 2.223 b, dazu die Bemerkungen gleich anschließend.

228 So vor allem Cornford; vgl. dagegen Solmsen 42 A. 90 und Schulz 94—97.

werden' durch den νοῦς so gewichtig nimmt, wie sie offenbar gemeint sind[229], enthält der Timaios eine ganz klare Gesamt-Aussage: Von den beiden Prinzipien ist keines ohne das andere denkbar und möglich. Freilich hat nun Platon diesen Gesamtrahmen nicht überall bis in die Details ausgefüllt und so gerade das wichtige Problem, *wie* ἀνάγκη und νοῦς *konkret im einzelnen* zusammenwirken, offengelassen. Und da das Wirken des νοῦς in mathematisch-*quantitativer* Weise beschrieben ist[230], dasjenige der ἀνάγκη eher *qualitativ*, heißt dies, daß hier im Timaios quantitative und qualitative Naturerklärung aspekthaft nebeneinanderstehen, aber nicht miteinander verschmolzen sind[231]. Mutmaßungen darüber sind, wie wir sahen, in reicher Anzahl vorgebracht worden, ohne daß beim Stand der Lage jemals eine Sicherheit zu erreichen wäre. Nur das eine läßt sich sagen, daß Deutungen, die nicht von einem *Miteinander zweier* (‚dualistisch' gedachter) Prinzipien ausgehen, von vorneherein verfehlt sind.

2.225 Die Chora des Timaios und die aristotelische Hyle

Obwohl die Beziehung zwischen der Chora des Timaios und der aristotelischen Hyle ständig über sich hinausweist auf das Problem, wie sich Platons zweites Prinzip *insgesamt* zur Hyle des Aristoteles verhält, und letztlich auch nur von dorther angemessen beurteilt werden kann[232], wollen wir doch jetzt die ‚Materie' des Timaios isoliert mit Aristoteles vergleichen und dabei *De bono* nur, soweit es unbedingt nötig ist, heranziehen. Diese punktuelle Betrachtungsweise empfiehlt sich deshalb, weil nun einmal in der Diskussion um den

229 Vgl. o. 2.223b.

230 Die Dimensionenfolge und überhaupt die (von Gaiser untersuchte) ‚mathematische' Seins-Erklärung geben der platonischen Ontologie einen ‚quantitativen' Aspekt, der sich mit den ‚qualitativen' Zügen der Ideenlehre nicht ohne weiteres verträgt Schulz 95. 99); vgl. die nachstehende Anm. In dieser Hinsicht ist Aristoteles konsequenter als Platon, weil er die quantitative Betrachtungsweise hinter der qualitativen ganz in den Hintergrund treten läßt (vgl. indes 8.262).

231 Robin, *La physique* (vgl. auch *Les rapports* 68 ff) unterscheidet gut ‚quantitative' (Elementar-Körper und -Flächen, mathematische Zahlen; dagegen sind Ideal-Zahlen und -Körper trotz ‚quantitativer' Aspekte unter sich [weil ἀσύμβλητοι] wieder ‚qualitativ' verschieden) und ‚qualitative' Züge (Ideen) der platonischen Ontologie und hat auch im ganzen nicht unrecht, wenn er abwechselnd Qualitatives und Quantitatives aufeinander folgen läßt (die zweifelhaften Teile von Robins Hierarchie sind ausgelassen): αἰσθητά (qualitativ) — Elementkörper — Ideen — Idealzahlen — Prinzipien. Hinzunehmen muß man noch das quantitative zweite Prinzip nebst seinen Besonderungen und die (‚qualitative') kategoriale Reduktion. Dieses Nebeneinander erklärt jedoch nichts, sondern ist gerade das Problem — sofern die Alternative ‚qualitativ' — ‚quantitativ' überhaupt zutrifft.

232 Vgl. u. 2.52 über das zweite Prinzip von *De bono* und die aristotelische Hyle.

platonischen Materiebegriff von der Akademie und Aristoteles an[233] der Timaios eine besonders große Rolle gespielt hat[234].

Man hat immer wieder einmal versucht, in der ‚Materie' des Timaios Vorbild und Ausgangspunkt der aristotelischen *prima materia* zu sehen[235]. Das ist jedoch, falls überhaupt, nur mit erheblichen Einschränkungen richtig: Denn man kann weder die Äußerungen des Aristoteles über die Chora des Timaios als ausreichende Zeugnisse dafür betrachten, noch lassen sich die gewichtigen Diskrepanzen zwischen Chora und πρώτη ὕλη übersehen.

a) Aristoteles geht oft auf den Timaios ein[236] und zieht mehrmals Verbindungen zwischen der ‚Materie' des Timaios und seiner eigenen Hyle[237], am deutlichsten gen. corr. B 1 und phys. δ 2. In gen. corr. kritisiert er zweierlei: α) Platon mache nicht deutlich, ob das πανδεχές ‚getrennt' von den Elementen vorkomme[238] oder ob es — bleibt zu

[233] Claghorn Kap. II (5—19; *Aristotle's Criticism of the Receptacle*). III (20—38; *Aristotle's Criticism of the Simple Bodies*), dazu Düring, Gnomon 27 (1955) 154—157. Da die Arbeiten z. B. von Robin, Cherniss und de Vogel auf unser spezielles Thema kaum eingehen und ganz stark die platonische Prinzipien-Lehre in den Vordergrund rücken, brauchen wir sie hier nicht zu berücksichtigen. — Vgl. zur antiken Timaios-Interpretation von den o. S. 95 A. 64 genannten Untersuchungen bes. Baeumker und Krämer, *Theologie*.

[234] Außerdem kann so im Folgenden die Behandlung des zweiten platonischen Prinzips und seiner Beziehung zu Aristoteles von einigen Spezialfragen entlastet werden, die sich besonders an den Timaios knüpfen.

[235] So zuletzt Claghorn 19, zustimmend Düring, Gnomon 27 (1955) 156: „Although there would be much to say about Claghorn's argumentation, he may well be right in his conclusion that Aristotle developed his πρώτη ὕλη from Plato's conception of χώρα, a conclusion which by the way is nothing new". Auch Schulz, der themagemäß die Entwicklung zu Aristoteles hin nur nebenbei streift (z. B. 49—57), stellt Chora und *prima materia* einander gegenüber (56; Kritik daran weiter unten) und scheint eine ideengeschichtliche Beziehung zwischen ihnen nicht für ausgeschlossen zu halten.

[236] Vgl. Bonitz 598a 60—b 19 und Claghorn.

[237] Außer den im Text behandelten Stellen vgl. zur Chora cael. 306b 18f (und Claghorn 5—19), zu den Elementar-Dreiecken Belege bei Bonitz 598b 8—11 (und ff) sowie Claghorn 20—38. Aus all diesen Stellen ergibt sich nichts, was auf die Beziehung der aristotelischen Hyle zum Timaios weiteres Licht werfen könnte. — Das zitierte Kapitel über die Elementar-Dreiecke bei Claghorn (20—38) enthält neben manchen Anregungen nicht wenige Schiefheiten und Fehldeutungen, mit denen wir uns hier nicht auseinandersetzen können: Es ist jedenfalls unmöglich, mit Claghorn die aristotelische Kritik an den Elementar-Körpern teilweise auf jemanden anders als Platon zu beziehen, in der aristotelischen Lehre vom τόπος eine Fortbildung der platonischen Elementarkörper-Theorie zu sehen und die aristotelische Naturerklärung (sowie den Hyle-Begriff) letztlich auf ‚quantitative' Bestimmungen zu reduzieren (vgl. auch u. S. 126 A. 257). Vor einer solchen weithin auf Mißverständnissen beruhenden Annäherung zwischen Platon und Aristoteles muß ich gerade deshalb warnen, weil ich in der vorliegenden Untersuchung besonders auf die Kontinuität zwischen beiden Denkern geachtet habe.

[238] Da er gleich anschließend von ‚Substrat' spricht, hat man bei ‚getrennt' wohl eher an ein getrenntes ὑποκείμενον zu denken als an einen ‚umfassenden Raum' o. ä.

ergänzen — als konstitutiver Faktor nur *in* den Elementen existiere (329 a 13—15). Er sage mit Hilfe des — nach Aristoteles nicht passenden[239] — Goldvergleichs lediglich, daß das πανδεχές als Substrat den Elementen ‚vorgeordnet' (πρότερον) sei (329 a 15—17), mache aber dann β) philosophisch keinen Gebrauch von seinem πανδεχές, da er ja die Elemente aus geometrischen Elementarflächen aufbaue und dadurch das πανδεχές beiseitestelle, weil ja beides (ἐπίπεδα, τιθήνη) nicht identisch sein könne (329 a 15—24)[240]. Unmittelbar anschließend entwickelt dann Aristoteles seine eigene Theorie von πρώτη ὕλη[241].

329 a 23 f bezeichnet nun Aristoteles Platons ‚Amme' des Werdens direkt als πρώτη ὕλη[242]. Dies bedeutet aber bei der Gewohnheit des Aristoteles, die Lehren anderer Philosophen unbedenklich in seine eigene Begriffssprache zu übersetzen, zunächst nur so viel, daß die τιθήνη bei Platon nach Aristoteles' Auffassung eine ähnliche Rolle spielt wie die aristotelische πρώτη ὕλη[243]. Auch das, was er gleich danach über seine eigene πρώτη ὕλη sagt, trägt nichts zu unserer Frage bei.

In phys. δ 2[244] prüft Aristoteles die Frage, ob der τόπος mit (εἶδος oder mit) ὕλη identisch sei: Sofern man nämlich τόπος als die innere Abmessung (Dimension) einer Körpergröße betrachte, könne er mit ὕλη identisch sein[245]; denn wenn man sich die äußere Begren-

[239] 329a 17—21 macht er gegen das Gold-Beispiel denselben Einwand, den wir auch heute noch vorbringen würden: Da von vorneherein schon ein vollbestimmter Stoff (Gold) vorhanden ist, kann das Beispiel nur die akzidentelle ‚Veränderung' illustrieren, nicht aber das substantielle ‚Werden'. Das Gleiche gilt natürlich für das Salben-Beispiel im Timaios. Dieser Übergang in eine andere Art von μεταβολή wird von der Natur der Sache erzwungen, weil die bei der γένεσις beteiligte absolut formlose ‚Materie' (oder dergl.) sich als solche nun einmal nicht greifen läßt, so daß man bei Paradeigmata usw. zur ἀλλοίωσις ausweichen muß. Das tut auch Aristoteles, wenn er die γένεσις mit Techne-Beispielen erläutert (u. 3.12) oder an der Sprachstruktur abliest (u. 3.13).

[240] Aristoteles artikuliert hier aus seiner Sicht das Ungenügen, das auch der moderne Leser empfindet, wenn er im Abschnitt über die Bildung der Elemente aus den Dreiecken kaum mehr etwas über die Chora und ihre Mitwirkung hört, als ob die beiden Denkansätze nichts miteinander zu tun hätten (o. 2.224).

[241] 329a 24 (ἡμεῖς δὲ φαμὲν κτλ.)-b3, besprochen u. 3.231.

[242] 329a 23 f ἀδύνατον δὲ τὴν τιθήνην καὶ τὴν ὕλην τὴν πρώτην τὰ ἐπίπεδα εἶναι. καί kann nur explikativ sein (so auch Joachim, Kommentar und Oxford-Übersetzung).

[243] Der in der vorstehenden Anm. zitierte Satz heißt also etwa: „Es ist aber unmöglich, daß die ‚Amme' des Werdens (d. h. Platons πρώτη ὕλη) mit den ebenen Figuren identisch ist".

[244] Über den gesamten Zusammenhang von δ 1 an Raible 41—61; vgl. auch Wagner, Komm. 533 ff (wo Raible offenbar nicht mehr berücksichtigt werden konnte).

[245] 209b 6—9. Der Gesamtsinn der Stelle ist klar und in keiner Weise kontrovers. Nur eine Einzelheit: 209b 7 das zweite τοῦτο beziehen Raible 50 und Wagner 85 Zeile 10 (anders und richtig die Erklärung 537) nicht — wie das erste τοῦτο — auf διάστημα,

zung und die αἰσθητὰ πάθη eines Körpers wegdenke, bleibe nur die ὕλη übrig (209 b 6—11). Damit meint er ὕλη als reine Extensio in drei (zwei, einer) Dimension(en), also die ὕλη νοητή der Geometrie[246]. Aristoteles fährt fort: διὸ καὶ Πλάτων τὴν ὕλην καὶ τὴν χώραν ταὐτό φησιν εἶναι ἐν τῷ Τιμαίῳ· τὸ γὰρ μεταληπτικὸν καὶ τὴν χώραν ἓν καὶ ταὐτόν (209 b 11—13)[247].

Worauf gründet Aristoteles diese Gleichsetzungen? Aristoteles führt für seine Behauptung, Platon identifiziere im Timaios ‚Materie‘ und ‚Raum‘, zwei Gründe an: Zum *einen* verweist er mit διό auf die vorhergehenden Zeilen b 6—11, in denen vom διάστημα τοῦ μεγέθους gesprochen wird, welches περιεχόμενον ὑπὸ τοῦ εἴδους καὶ ὡρισμένον sei und daher — wie auch das Beispiel von der Kugel zeige — mit ἡ ὕλη καὶ τὸ ἀόριστον verglichen werden könne. Das Fazit hieraus (*sofern* der τόπος = διάστημα τοῦ μεγέθους sei, sei er auch = ὕλη) wird nicht explizit gezogen, dient aber als Grundlage für den Satz, daß ‚auch‘ Platon ὕλη und χώρα gleichsetze. Nehmen wir den unvermittelten Übergang von τόπος zu χώρα einmal so hin[248] und fragen wir danach, worin Aristoteles das Verbindende zwischen χώρα und dem sieht, was in den Zeilen vorher steht: Nicht nur in der Begrenzbarkeit und damit *Bestimmbarkeit*, sondern auch darin, daß es sich um *reine Ausdehnung* (ohne physikalische Eigenschaften) handelt[249]. Der *zweite*, mit τὸ γάρ eingeführte Grund für die Gleichsetzung von ὕλη und χώρα (209 b 12 f) hebt gleichfalls auf die *Bestimmbarkeit* der χώρα ab[250].

sondern auf μέγεθος. Damit verliert aber die Argumentation ihre Kraft: Denn ob man μέγεθος auch als etwas Unbegrenztes fassen kann oder nicht — hier jedenfalls werden διάστημα ‚Extensio‘ und μέγεθος ‚Größe‘ unterschieden, und der Zusammenhang zwischen b 6 f und b 9 bleibt nur gewahrt, wenn auch zwischendurch von διάστημα gesprochen wird (so auch z. B. Simplic. 537, 12—18. 538, 8—12; Oxf. Transl.; Ross zu b 6).

[246] Vgl. u. 7.451 c α, wo die Stelle näher besprochen wird.

[247] Gleich anschließend b 13—16 und 209 b 33—210 a 2 bringt Aristoteles auch noch das zweite Prinzip von *De bono* ins Spiel, was wir aus praktischen Gründen hier so weit wie möglich beiseite lassen und erst u. 2.24 ausführlicher besprechen. Vgl. zu den Stellen Ross 565—567.

[248] Der Übergang mag sich u. a. daraus erklären, daß beide Termini bei Platon durcheinander gehen (vgl. Raible 51; für Aristoteles s. Bonitz s. v. χώρα 859 a 35—38) und daher für Aristoteles ein solcher Schritt nahelag; zudem war im Vorhergehenden τόπος durch die Betonung des ‚Unbegrenzten‘ bereits mit *raum*artigen Charakteristika ausgestattet worden.

[249] Letzteres zeigt nicht nur der sachliche Zusammenhang, sondern auch das Kugelbeispiel: Der Kugel wird nicht nur die Begrenzung weggenommen, sondern auch die πάθη, d. h. ihre ‚physikalischen‘ Eigenschaften. Vgl. oben.

[250] μεταληπτικόν, vgl. b 14 nochmals τὸ μεταληπτικόν, 210 a 1 τὸ μεθεκτικόν. Ross 565 f zeigt, daß μεταληπτικόν zwar als *Ausdruck* wohl aus einem Mißverständnis von Tim. 51 A 7 f entstanden ist, aber *inhaltlich* die ‚aufnehmende‘ Funktion der χώρα (ὑποδοχή, δέχεσθαι usw.) korrekt wiedergibt. Vgl. auch Düring, Gnomon

b) Inwiefern hat Aristoteles recht, wenn er ὕλη (bzw. πρώτη ὕλη, vgl. o. gen. corr. 329 a 13 f) mit Platons χώρα gleichsetzt, und was dürfen wir daraus für den ideengeschichtlichen Zusammenhang zwischen beiden Begriffen schließen?

Wenn man die einzelnen Charakteristika beider Begriffe miteinander vergleicht[251], scheinen sich nicht wenige Ähnlichkeiten zu ergeben[252], während demgegenüber Differenzen zwar vorhanden sind, aber nur schwer namhaft gemacht werden können[253] und auch sachlich längst nicht soviel Gewicht besitzen wie die Ähnlichkeiten[254]. So hat man denn schon mehrfach beide Begriffe prinzipiell gleichgesetzt und dabei auch die aristotelische ὕλη ideengeschichtlich von der χώρα hergeleitet[255]. Die Identifikation bereitet jedoch Schwierigkeiten, die — scheint mir — unüberwindlich sind:

27 (1955) 155 f. Übersetzen kann man es wörtlich mit ‚das (an der Form) Teilhabende' (‚participant' Hardie-Gaye, ‚participative' Ross), mehr sachlich ausdeutend mit ‚das Bestimmungsfähige' (Wagner). — Ob man in b 13 εἶναι (so Ross, Analysis und Kommentar; Wagner) oder ἐστίν (so z. B. Oxford-Translation) ergänzt, macht sachlich kaum einen Unterschied.

251 Vgl. Claghorn 5—19 (bes. 18 f), Schulz 56. — Die folgende Analyse war vor dem Erscheinen von Schulz' Arbeit in allem Wesentlichen abgeschlossen.

252 Folgende Gemeinsamkeiten zählt Claghorn im Inhaltsverzeichnis auf: Non-being = ‚weiter bestimmbar'; unintelligible (an sich); filled with potencies; ‚unbegrenzt' (im Sinne der Addition und Teilbarkeit von Körpern); Great and Small; extended; weitere Punkte kann man aus Claghorn 5—19 zufügen. Die Liste bei Schulz 56 enthält: Beide sind πρῶτον ὑποκείμενον alles Körperlichen; an sich formlos, nehmen sie Formen auf und konstituieren dadurch das Körpersein; man könnte sie δυνάμει σώματα nennen; beide sind nicht wahrnehmbar, sondern können nur durch Abstraktion von *jeder* Form erfaßt werden; sie existieren nicht für sich als Ungeformte, denn sie sind immer schon geformt. — Im ganzen ist Schulz' Liste vorzuziehen, weil er anfechtbare Punkte (‚extended', ‚unbegrenzt', auch ‚Great and Small'; vgl. u.) meidet und sich auf den ‚Substrat'-Charakter in allen Aspekten beschränkt (diese Punkte — auch Schulz' letzter, vgl. Schulz 56 A. 180 — sind ja schon bei Claghorn vorgebildet). Bezeichnend für seine Deutung der Chora ist, daß er die Eigenschaft ‚filled with potencies' wegläßt, vgl. unten.

253 Schulz 56: „Als einziges sicheres Kennzeichen der Materie, das sie nicht mit der Hypodoche Platons teilen muß, bleibt vorerst lediglich ihre Unterschiedenheit vom Raum". 57: „Die materia prima der aristotelischen Tradition wird ausdrücklich vom Raum unterschieden, und gerade darin weicht sie prinzipiell von der platonischen Hypodoche ab, die mit dem Raum identisch ist". Diese negative und rein formale Kennzeichnung möchte Schulz dann im Folgenden durch positive, inhaltliche Unterscheidungen ersetzen; vgl. nachstehend.

254 Claghorn 19, Zitat u. A. 255.

255 So neuerdings Claghorn bes. 19: „On seven major counts, Aristotle's ‚prime matter' may rightfully be said to resemble Plato's ‚Receptacle'. The differences cannot be denied; but they are not insuperable, and can be accounted for. The two entities must surely be the same. Our conclusion is, therefore, that Aristotle did understand his master's view of the Receptacle, and that he adopted it and developed it in his own view of prime matter". Vgl. dazu das trotz einiger Einschränkungen zustimmende Urteil von Düring (zitiert o. S. 122 A. 235).

Erstens treffen auch diejenigen Ähnlichkeiten, die man noch gelten lassen könnte, größtenteils nur oberflächlich zu: Eine genauere Prüfung, die hier nicht möglich ist, würde zeigen, daß z. B. die Funktionen der χώρα im Werden (‚Substrat', δυνάμει σώματα, Formen aufnehmend, unbegrenzte Potentialität u. dgl.) mit den entsprechenden der ὕλη zwar nach außen hin (gleichsam ‚formal') identisch sind, aber im Grunde (‚inhaltlich') doch von ihnen wesentlich abweichen[256]. Es gibt aber auch *zweitens* Punkte, bei denen die Unterschiede bereits an der Oberfläche sichtbar werden:

Wie man das πανδεχές auch im einzelnen deutet, es ist etwas *Ausgedehntes:* Die πρώτη ὕλη des Aristoteles ist aber mit Sicherheit *unausgedehnt*[257]. Im Bereich des Werdens gibt es bei Aristoteles außer der unkörperlichen πρώτη ὕλη sonst nur noch die vollbestimmte ὕλη der einzelnen Körper, die nicht allein Extensio, sondern gleichzeitig auch eo ipso weitere primäre (warm, kalt, feucht, trocken) und sekundäre (fest, elastisch usw.) Sinnesqualitäten besitzt. Aristoteles kennt also kein Substrat des Werdens, das nur ‚ausgedehnt' wäre, ohne sonst noch fixe Qualitäten zu enthalten. Die Ausgedehntheit eines physikalischen Körpers rührt (wie alle seine anderen *spezifischen* Qualitäten[258]) allein von der Form her, d. h. sie ist *qualitativ-eidetischer* Natur.

[256] Die Unterschiede lassen sich teilweise auf die Paare ‚ausgedehnt — unausgedehnt', ‚quantitativ — qualitativ' reduzieren; hinzu kommt — wie bei allen Einzelpunkten — der ‚Raum'-Charakter der Chora (über beides im Folgenden; vgl. auch o. 2.223). Recht gut vergleichen läßt sich immerhin die ‚ungeordnete Aktivität' von Chora und Hyle (o. 2.223b; Claghorn 11, von Schulz übergangen). — Auch die Erkenntniswege sind nur mit erheblichen Einschränkungen als ‚identisch' zu bezeichnen: Die gleiche Erkenntnis*methode* (κατ' ἀφαίρεσιν zu etwas Amorphen hin) sagt natürlich weder *inhaltlich* etwas über das Erkenntnisobjekt aus, noch garantiert sie eine enge Verwandtschaft oder gar Gleichheit der Objekte, weil man ja beim Subtrahieren *Verschiedenes* subtrahieren und auf *verschiedenen* Stufen stehen bleiben kann; was hier auch geschieht, denn bei der Chora werden nur quantitative Bestimmungen subtrahiert und Extensio bleibt bestehen, bei der Hyle wird auch Qualitatives subtrahiert bis zu etwas Unausgedehntem (vgl. o. 2.223c und u. 7.823a). — Claghorns Darstellung und seine Belege bedürfen sehr genauer Nachprüfung.

[257] Näheres u. 8.26. Es ist kaum begreiflich, wie Claghorn 13 (vgl. das Inhaltsverzeichnis) ohne einen einzigen Beleg (er mag an phys. 209b 6ff gedacht haben, nennt es aber nicht; z. St. vgl. unten) der aristotelischen πρώτη ὕλη Ausgedehntheit zusprechen kann. Auch Düring, der Claghorns Identifikation von Chora und Hyle ja im wesentlichen anerkennt, scheint den Anstoß nicht als so schwer empfunden zu haben. Und doch hängt an diesem speziellen Faktum, wie das Folgende noch zeigen wird, die richtige Deutung der aristotelischen πρώτη ὕλη und ihre Beziehung zur Chora. Schulz erkennt im ganzen den Tatbestand richtig, spricht ihn aber nicht deutlich genug aus. Vgl. auch o. S. 46 A. 202 über Winners Arbeit.

[258] Zwar lassen sich — *die Ausgedehntheit ausgenommen* — alle Eigenschaften (also die sogenannten ‚physikalischen' Qualitäten) auf die vier Elementar-Qualitäten (Warm, Kalt, Feucht, Trocken) zurückführen, die als unreduzierbares ‚Materielles' stets

Bei der χώρα hingegen beginnt die Einwirkung des Eidetischen (Werk des νοῦς, vom Demiurgen vollbracht) erst bei denjenigen Qualitäten, die zur Extensio *hinzukommen*. Diese Qualitäten werden nicht — wie bei Aristoteles — rein ‚qualitativ' durch das εἶδος konstituiert, sondern ‚*quantitativ*-mechanisch' durch die Elementar-Dreiecke, wobei die Ideen mitwirken, aber im Hintergrund bleiben[259].

Man kann also nur eine solche Art von ὕλη vergleichend heranziehen, die Ausdehnung besitzt. Die Überformungen von πρώτη ὕλη sind ausgedehnt, haben aber dazu noch weitere festumrissene physikalische Eigenschaften, während die χώρα ‚an sich' in ihrem chaotischen Ur-Zustand nur Vorformen physischer Bestimmungen enthält.

Die ὕλη νοητή der Geometrie ist zwar reine Extensio, kommt aber aus zwei Gründen nicht in Frage: Zum einen ist sie strikt auf die Mathematik beschränkt[260], dem Bereich des Werdens und Vergehens entrückt und — abgesehen von der Extensio — absolut frei von ‚physikalischen' Eigenschaften. Dagegen ist die χώρα — wie mehrfach gesagt — ein das Werden und Vergehen wesentlich konstituierender Faktor, der als solcher bereits ‚Spuren' von physikalischen Qualitäten besitzt[261]. Zum andern paßt die ὕλη νοητή auch in einer zweiten Hinsicht nicht zum platonischen πανδεχές: Selbst wenn man dessen ‚stofflichen' Aspekt gelten läßt, so bleibt doch der ‚räumliche' Charakter voll gewahrt. Platon betont mehrfach, die χώρα sei dasjenige, ‚worin' sich das Werden ereignet[262], und es liegt nahe, das πανδεχές in bezug auf diese Eigenschaft ‚Raum als Behälter der Dinge' zu nennen[263]. Dieser Wesenszug fehlt aber der ὕλη νοητή: Sie ist ein

‚vorhanden sind' (vgl. dazu u. **6**.222b und bes. **8**.245), aber das Mischungsverhältnis der vier Elementarqualitäten und damit die spezifische Eigenart eines Körpers beruht auf der Form (dazu u. **6**.222); vgl. Sach-Index s. v. *Hyle 6d α*.

259 Zum ‚quantitativen' Charakter der Seinsableitung im Timaios, den u. a. Robin, Gaiser und Schulz herausgearbeitet haben, vgl. o. **2**.224.

260 Darauf, daß sie erst durch einen Abstraktionsvorgang ‚konstituiert' wird, möchte ich nicht viel Gewicht legen, denn sie ist jedenfalls kein reines ens rationis (u. **7**.4), und auch die πρώτη ὕλη sowie die Chora können nur durch ‚Abstraktion' isoliert werden (u. **7**.823aα, o. **2**.223c). Für die Frage, worin sich genau die drei Abstraktionsgegenstände voneinander unterscheiden, ist auf die genannten Abschnitte zu verweisen. Da es sich jedoch um diffizile Unterschiede handelt, sollen sie hier nicht herangezogen werden.

261 In dieser Hinsicht kann man, wie gleichfalls schon betont wurde, die Chora nicht als ‚mathematischen' oder ‚geometrischen' Raum ansprechen (darüber scharfsinnig, aber nicht zutreffend Raible 6f; richtig Schulz 100—111, bes. 104—106). Wenn also im Folgenden die ὕλη νοητή mit dem (mathematischen) Raum verglichen und ihre Identität abgelehnt wird, so heißt dies, daß die ὕλη νοητή auf *zweifache* Weise von der Chora getrennt ist: Die ὕλη νοητή ist nicht mathematischer Raum, und selbst wenn sie es wäre, wäre sie immer noch nicht mit Chora identisch.

262 Tim. 49E 7. 50D 1. E 5, vgl. 52B 4. Cornford 181.

263 Vgl. zu diesem Ausdruck Albert Einstein bei Jammer, *Raum* XIII.

ποσὸν καὶ συνεχές, das zwar zu einem Raumbegriff tendiert, wie ihn die Modernen als ‚dreidimensionales Kontinuum' bezeichnen, ihn aber nicht erreicht. Vielmehr ist und bleibt sie die ‚Raumerfüllung' eines mathematischen Raumes, das Medium ‚im' Raum, aber sie ist nicht der Raum, ‚worin' sich das Erfüllende befindet. Und für das geometrische Synolon ist die ὕλη νοητή, aristotelisch gesprochen, nicht das ἐν ᾧ, sondern allein das ἐξ οὗ, genau wie es sich im Bereich der ὕλη αἰσθητή und des αἰσθητὸν σύνολον verhält. Die Abstraktion von allen physischen Bedingtheiten, u. a. vom engen τόπος-Begriff, hätte sehr wohl zu einem mathematischen Raumbegriff führen können, aber dies trat nicht ein. Die Gründe hierfür kann man nur vermuten: a) Die Einführung eines ‚mathematischen Raumes' hätte indirekt eine Anerkennung des κενόν bedeutet, welches Aristoteles ja ablehnt. b) In dem Augenblick, da Aristoteles für die reine Extensio den Ausdruck ὕλη wählte, waren die Beziehung zur Form und die Parallelität zur Körpersubstanz gegeben, also die Entwicklung zu einem Raumbegriff ausgeschlossen. Anders ausgedrückt: Die ὕλη νοητή koexistiert mit dem leeren mathematischen Raum, ist aber nicht jener selber, sondern gewissermaßen dessen Erfüllung, wenn man auch die Natur dieses raumerfüllenden, unbestimmten Quantums sonst nicht weiter beschreiben kann[264]. Diesen Unterschied zwischen dem ἐξ οὗ (‚Materie') und dem ἐν ᾧ (‚Raum') eines Körpers sollte man nicht dogmatisch vergröbern[265], aber auch nicht bagatellisieren[266], denn er ist und bleibt wesentlich.

Die ὕλη νοητή läßt sich also nicht mit der χώρα in enge Verbindung bringen oder gar gleichsetzen. Aber auch die πρώτη ὕλη ist,

[264] Näheres u. 7.45.

[265] Schulz 108 hat recht, wenn er sich gegen die schematische Anwendung der ‚worin'-‚woraus'-Antithese (und damit z. B. gegen Zeller, Baeumker, Cornford) wendet. Aber es läßt sich in keiner Weise daran rütteln, daß das (von Platon nachdrücklich verwendete) Bild des ‚Worin' die Chora kennzeichnet, aber keine einzige Form von Hyle; es hat also großen distinktiven Wert. Hinsichtlich des ‚Woraus' könnte man zweifeln: Es gilt für die Hyle, kann aber der Chora nicht so eindeutig abgesprochen werden, wie man manchmal (z. B. Schulz 92 f. 108 A. 338) anzunehmen geneigt ist; das hängt von der Deutung der Chora, besonders ihrer δυνάμεις, ab.

[266] Claghorn 16—18 versucht in gewagten Gedankengängen ‚Platz' (τόπος) und ‚Raum' (χώρα) einander anzunähern, um so die Identifikation mit der aristotelischen Hyle (so wie er sie versteht) zu erleichtern. Der aristotelische τόπος ist aber deutlich vom ‚Raum' unterschieden (vgl. Raibles Arbeit), und die Tatsache, daß Aristoteles selbst gelegentlich seinen τόπος-Begriff als zu eng empfindet und zu einem Raum-Begriff tendiert (Raible 113—121), verwischt diese Unterschiede nicht, sondern macht sie noch fühlbarer. Auch Platon schwankt zwar *terminologisch* zwischen τόπος und χώρα (Raible 51), hat aber *sachlich* ‚Platz' und ‚Raum' nicht identifiziert (vgl. Raible 6—8 u. ö.) und die Stelle phys. 209b 11—17, auf die sich Claghorn 18 beruft, ist anders zu übersetzen (Näheres bei Raible 51f, wo auch Lit.; über die Physikstelle vgl. unten).

wie gezeigt, nicht identisch mit ihr. Und doch wird man πανδεχές und πρώτη ὕλη nicht ganz voneinander trennen können, denn immerhin sind *beide* eine Art ‚Urgrund' des Werdens, in welchem ‚potentiell' alles Werdende enthalten ist[267]. Zudem identifiziert ja Aristoteles beide Begriffe an der Stelle phys. 209b 6 ff, von der wir ausgegangen sind, und zwar offenbar aus dem Grund, weil er ὕλη und χώρα sowohl für *bestimmbar* wie auch für *ausgedehnt* hält. Die Bestimmbarkeit kann auch jetzt, nachdem wir die Eigenschaften von χώρα und ὕλη kurz überblickt haben, noch als Bindeglied gelten, nicht dagegen die Extensio. Da man unmöglich — allen sonstigen Belegen zuwider — der (‚physikalischen') πρώτη ὕλη Ausdehnung oder der ausgedehnten ὕλη νοητή (der Mathematik) ‚physikalische' Bestimmbarkeit zusprechen darf, wie es für eine Identifikation mit der platonischen χώρα nötig wäre, muß man für unsere Physik-Stelle eine andere Erklärung versuchen. Sie scheint sich auch ungezwungen zu ergeben: Aristoteles kommt es im Zusammenhang seiner Untersuchung über τόπος allein auf ‚Grenze', ‚Unbegrenztes', ‚Dimension', ‚Größe' usw. an, aber überhaupt nicht auf weitere ‚physikalische' Eigenschaften und auf alle Probleme, die mit Werden und Vergehen zu tun haben. Deshalb kann er ohne weiteres mit einem sehr allgemeinen Begriff von ὕλη arbeiten (ὕλη = etwas Umgrenzbares) und diesen nacheinander mit ‚Dimensionalität' und mit χώρα gleichsetzen, ohne auf den spezifischen Gehalt seiner eigenen Lehren über πρώτη ὕλη und ὕλη νοητή Rücksicht nehmen zu müssen.

Aristoteles mag demnach an das πανδεχές des Timaios (oder eine entsprechende mündliche Erörterung innerhalb der Akademie) gedacht haben, als er seine Theorie der πρώτη ὕλη konzipierte[268], aber er hat

[267] Die Ähnlichkeiten zwischen beiden Begriffen reichen zwar nicht aus, eine engere Verbindung zwischen ihnen zu knüpfen (o. S. 125ff), sie können aber auch nicht als absolut zufällige Äußerlichkeiten abgetan werden. Man könnte also bewußt paradox von einer ‚Verbundenheit des Nicht-Verwandten' sprechen.

[268] Düring weist Gnomon 27 (1955) 156 auf eine chronologische Schwierigkeit hin: Der Timaios sei *nach* dem Protreptikos publiziert worden (Protr. vor 353, Tim. also etwa 350) und im Protreptikos komme wohl schon der aristotelische Hyle-Begriff vor (aus fr. 14 Ross = B 79 Düring erschlossen, wo δύναμις/ἐνέργεια belegt ist). Es spricht in der Tat vieles dafür, daß der aristotelische Hyle-Begriff im wesentlichen schon in der Frühzeit des Aristoteles konzipiert wurde (vgl. o. S. 58), und auch über die Spätdatierung des Timaios besteht weitgehend Einigkeit (gegen die Frühdatierung von G. E. L. Owen überzeugend H. Cherniss 1957, 225—266; vgl. auch Skemp 201 f), so daß eine zeitliche Überschneidung nicht ausgeschlossen ist. Andererseits kann Aristoteles, worauf Düring hinweist, die Theorien des Timaios schon eine Zeitlang *vor* der Publikation des Dialogs aus mündlichen Diskussionen in der Akademie kennengelernt haben. Wie dem auch sei: Die aristotelische Hyle knüpft, wie wir sahen, nicht direkt an die Chora des Timaios an, und im weiteren Rahmen der platonischen Prinzipienlehre verliert sowieso die isolierte Gegenüberstellung Hyle — Chora ihre Relevanz (s. oben im Text).

bestimmt die πρώτη ὕλη nicht direkt aus dem πανδεχές heraus entwickelt. Hier — wie auch bei den gleich zu behandelnden Dialogstellen — ist nachdrücklich das oben eingangs Gesagte festzuhalten: Die Äußerungen Platons in den einzelnen Dialogen dürfen nicht absolut gesetzt werden, sondern sind je und je Aspekte auf ein umfassendes Ganzes hin, dessen Grundzüge in der Prinzipienlehre von *De bono* erscheinen. So gesehen ist das πανδεχές des Timaios eine Besonderung des zweiten Prinzips im Bereich der (‚physikalischen') Räumlichkeit[269], neben der — vielleicht sogar auch im Raum-Zeitlichen — noch weitere Erscheinungsweisen stehen. Damit wird der isolierte Vergleich zwischen πανδεχές und πρώτη ὕλη, der wenig Gesichertes erbracht hat und erbringen wird, erweitert zu einem Gegenüber von platonischem zweiten Prinzip und aristotelischem Hyle-Prinzip, das zu mehr Einsichten führen wird[270].

Mit diesen einschränkenden, ja negativen Feststellungen in bezug auf den ‚*Materie-Begriff*' des Timaios soll in keiner Weise der bedeutende Einfluß unterschätzt oder gar geleugnet werden, welchen, wie man immer mehr erkennt, die kosmische Drei-Prinzipienlehre des Timaios als *Seinsentwurf* insgesamt — direkt oder indirekt über Speusipp und Xenokrates — auf Ontologie und Ursachenlehre des Aristoteles ausgeübt hat[271]. Man darf aber auch umgekehrt bei aller Würdigung dieses Einflusses nicht vergessen, wie wenig im speziellen der ‚Materie-Begriff' des Timaios für eine ideengeschichtliche Herleitung der aristotelischen Hyle leistet.

2.23 Die ‚Materie' in den übrigen Dialogen

Kurz vorgeführt werden die ἑτέρα φύσις τοῦ εἴδους des ‚Parmenides', das μὴ ὄν = ἕτερον des Sophistes und das ἄπειρον des Philebos[272].

[269] Näheres o. 2.223d.

[270] S. u. 2.52. Dort wird auch die bisher nur zum Teil behandelte Physikstelle 209b 6—16 (zusammen mit 209b 33—210a 2) weiterbesprochen. — Claghorn verzichtet darauf, Platons innerschulische Lehre heranzuziehen (18 mit A. 24, wie er denn überhaupt Robin [bes. *La physique*] und Stenzel, obwohl er sie im Lit.-Verzeichnis aufführt, kaum verwertet [de Vogel nennt er nicht]). Diese Beschränkung war schon damals bedenklich und ließe sich heute überhaupt nicht mehr vertreten.

[271] Zuletzt darüber — zusammenfassend und weiterführend — Krämer, *Theologie* 481—505, bes. 494. Vgl. dazu die Bemerkungen u. 2.52 Ende. Die chronologische Schwierigkeit, auf die soeben (A. 268) hingewiesen wurde, steht diesen Verknüpfungen nicht ernsthaft im Wege.

[272] Außer Betracht bleiben wie gesagt mögliche Spuren des zweiten Prinzips im ‚Staat' (skeptisch Baeumker 189—191; von Neueren vgl. Gomperz, *System* 429 f = *Ph. St.* 122 f. Gaiser 94. Krämer, *GF* 135 A.101) und in den Dialogen vor dem ‚Staat' (z. B. im Menon, Gaiser, Arch. f. Gesch. Philos. 46, 1964, 241 ff), wozu insgesamt Krämer, *GF* 135 mit A. 101 zu vergleichen ist. Siehe zu Theaitet 185 f und Politikos 273. 285 Robin, *La physique* 203 A. 1 = *Pensée hellénique* 261 A. 1 (über Politikos 283—285). Krämer, *APA* Index zu den genannten Stellen. Zum Symposion vgl. u. 2.25.

2.231 Parmenides

Obgleich der ‚Parmenides' auch heute noch Rätsel aufgibt, haben die modernen Untersuchungen über die Spätdialoge und *De bono* doch gezeigt, daß auch die dialektischen Erörterungen des zweiten Dialogteiles ernstgemeinte Aussagen von ontologischer Relevanz sind, die deutlich auf die Prinzipienlehre von *De bono* hinweisen[273]. Es beginnt schon in der Einleitung, in welcher die Ideenlehre des Phaidon rekapituliert wird[274], und setzt sich dann über das ‚Programmkapitel' 135D ff[275] in die einzelnen Hypothesen fort, zuerst in der zweiten[276], dann deutlicher in der dritten, wo 158BC folgendes Thema behandelt wird: ‚Wenn von einem Ganzen (bzw. von einem Teil) das einheitsstiftende Moment — das eben dieses Etwas zur Einheit abgrenzt — subtrahiert wird, dann bleibt ein Faktor unbestimmter Vielheit übrig'[277]. Das hier durch eine Subtraktionsmethode[278] ge-

[273] Obwohl die unübersehbare Fülle der Parmenides-Literatur und der darin enthaltenen Deutungen (zur Lit. bis etwa 1960 Hinweise bei Friedländer III², 1960, 459; vgl. den Lit.-Bericht für 1950—57 von H. Cherniss, Lustrum 4, 1959, 118—127. 5, 1960, 597 f) eine extreme Skepsis wie bei Baeumker 192 f nahegelegt, bespreche ich im Anschluß an Cornfords Kommentar (ohne dessen Gesamtdeutung zu übernehmen) möglichst kurz die Stellen, an denen Platon so etwas wie eine Manifestation des zweiten Prinzips erwähnt. Dabei halte ich mich etwa in der Mitte zwischen Versuchen, aus dem Parmenides eine völlig systematische und kohärente Lehre zu gewinnen, und den Deutungen, die alles zur παιδιά relativieren, wobei ich mehr zu einer ‚systematischen' Deutung neige. Für unsere Thematik besonders wichtig H. Gomperz, *System* (1930) 429 (= *Ph. St.* 122). J. Stenzel, *Metaphysik des Altertums* (1931) 128—139 (auch bei Wippern). Robin, *Les rapports* (1932/33) 89—101 (93. 96 f. 101 über die Verbindung mit dem zweiten Prinzip von *De bono*). M. Wundt, *Platons Parmenides*, 1935. E. F. R. Hardie, *A Study in Plato*, 1936. Marino Gentile, *Nuovi studi intorno alla dottrina platonica delle idee numeri*, Annali della Scuola Norm. Sup. di Pisa, Ser. II, 6 (1937) 111—127. H. Gomperz, Rez. von Cornfords Kommentar (1941), jetzt in *Ph. St.* 129—134. R. E. Höflich, *Die Prinzipienlehre des platonischen Dialogs Parmenides*, masch. Diss. München 1954. Für das zweite Prinzip im Parmenides ist weitere Klärung von H. J. Krämers Arbeit *Platons Parmenides in seinem Verhältnis zur ungeschriebenen Lehre* zu erwarten (angekündigt *Retraktionen* 165 A. 92, *Prinzipienlehre und Dialektik* 67 A. 2). Vgl. vorläufig von dems., *APA* (Stellen s. u.). *UGM* 365—367 A. 638. *Prinzipienlehre und Dialektik* 67 A. 2. — Auf Dönts Erörterungen zum Parmenides (35—37) kann hier nicht eingegangen werden.

[274] 129 D 8 f ὁμοιότης — ἀνομοιότης, πλῆθος — ἕν, στάσις — κίνησις καὶ πάντα τὰ τοιαῦτα.

[275] 136 B ὁμοιότης — ἀνόμοιον, κίνησις — στάσις, γένεσις καὶ φθορά (!), εἶναι — μὴ εἶναι.

[276] Außer 145 E f κίνησις — στάσις besonders wichtig die Erörterung 146 A ff über ταὐτόν — ἕτερον, die Cornford 154 ff mit Hilfe der 3. Hypothesis und durch Verweise auf das zweite Prinzip von *De bono*, das ἄπειρον des Philebos und das ἕτερον des Sophistes erklärt.

[277] Cornford 208—210.

[278] Dieses Verfahren κατ' ἀφαίρεσιν, das zur Materie führt statt zur Form, wird u. 7.823 d β besprochen und in größere Zusammenhänge eingeordnet.

wonnene Element der unbestimmten Vielheit (πλῆθος C4 ∼ ἄπειρον πλήθει C6 f; vgl. ἀπειρία D6) tritt als ἑτέρα φύσις τοῦ εἴδους (C6) dem begrenzenden Einen gegenüber. Wie radikal die Unbegrenztheit dieses Prinzips der Bestimmbarkeit gefaßt wird, zeigt das Gedankenexperiment C2—7: Solange ich die ‚Einheit' vom πλῆθος fernhalte und es rein an und für sich betrachte (C5 f σκοποῦντες αὐτὴν καθ' αὑτὴν τὴν ἑτέραν φύσιν τοῦ εἴδους), wird jeder ‚Teil' des πλῆθος, den ich isolierend zu betrachten versuche (C2 f ἀφελεῖν ... ὅτι ὀλίγιστον; τὸ ἀφαιρεθὲν ἐκεῖνο), seinerseits wieder nur unbestimmte Vielheit sein: ὅσον ἂν αὐτῆς (sc. τῆς ἑτέρας φύσεως) ἀεὶ ὁρῶμεν ἄπειρον ἔσται πλήθει (C6 f).

Das πλῆθος-Prinzip konstituiert also zusammen mit dem ἕν (bzw. πέρας D1.5) das Einzelding und ist dadurch zugleich, wie im Folgenden (158CD) gesagt wird, Mitursache für die Vielheit der ὄντα, d. h. für die Individuation[279].

Die überaus enge Beziehung des πλῆθος-Elements im Parmenides zu den entsprechenden Prinzipien des Sophistes, Philebos und von *De bono* springt in die Augen: Sein Wesen insgesamt kann geradezu durch die Bezeichnungen ἄπειρον (Philebos) und μέγα καὶ μικρόν (*De bono*) charakterisiert werden, seine ausgliedernde Funktion durch das μὴ ὄν = ἕτερον des Sophistes. Das Zusammenwirken des Unbestimmten und des begrenzenden Einen bei der Entfaltung des Seins verweist auf den Philebos und besonders *De bono*[280].

Die Hypothesis VII greift das Thema der Hypothesis III wieder auf und führt es weiter, indem sie — anders als die ‚positive' Hypothesis III — von Anfang an das ‚Eine' (d. h. die Begrenzung) negiert und das Gegenprinzip der ‚Unbestimmtheit an sich' isoliert in den Blick faßt (164B—165D). Das πλῆθος widersetzt sich dem bestimmenden Erkennen[281] und erscheint als irrlichterndes Fluktuieren, das sich in gegensätzlichster Weise bald so, bald so zeigt, ohne im geringsten festgelegt werden zu können: Es erscheint als Eines und Vieles, Großes und Kleines, Gerades und Ungerades, Ähnliches—Unähnliches, ist aber ‚an sich' nichts von alledem, sondern eben πλήθει ἄπειρον (165 C 2). Die Seinsweise des πλῆθος und die ihm zugeordnete Erkenntnisweise sind mit Timaios 52 A ff. D ff zu verbinden. Hier im Parmenides ist aber nicht allein das raum-zeitliche Sein gemeint, sondern auch ideales Sein wie die Zahlen (164 DE), und es ist nicht ausgeschlossen, daß die 3. Hypothesis sogar den Ideenkosmos einbezieht[282]. Das πλῆθος

279 Diese etwas pointierte Wiedergabe von 158 CD ist mit Cornford 210 f zu vergleichen.

280 Vgl. Cornford 208 f, dazu Krämer, *APA* 261 f. 324 f. 430 f (Weiteres Index 583). Siehe gleich unten.

281 Die erkenntnistheoretische Seite der Hypothesis VII wird u. 7.823 d β besprochen.

282 Krämer, *APA* 430 f. Indes muß die Frage erneut sehr genau geprüft werden, da gerade 158 C 2 ff auf ein räumliches Kontinuum weist.

des Parmenides ist mithin ein umfassendes ‚zweites Prinzip', das den entsprechenden Lehren des Sophistes und Philebos nicht nachsteht und in wesentlichen Punkten auf die ἀόριστος δυάς von *De bono* hindeutet.

2.232 *Sophistes und Philebos*

Die bekannten Erörterungen des Sophistes über Sein und ‚Nichtsein', die zu den fünf Grundkategorien ὄν, στάσις, κίνησις und ταὐτὸν θάτερον (= μὴ ὄν) führen, gehen hinsichtlich des ἕτερον (254D ff) kaum über den Parmenides (146 A ff) hinaus und erhalten erst Profil, wenn man sie einerseits mit Parmenides und Theaitet, andererseits mit *De bono* und dessen Nachwirkungen bei Aristoteles vergleicht. Im Anschluß an Stenzel hat Krämer[283] die Grundlinien gezogen und dargetan, daß das ἕτερον des Sophistes als Faktor der Differenz und Individuierung ein Aspekt, eine Erscheinungsweise des ‚zweiten Prinzips' ist, durch welches das Eine in den Ideenkosmos und die raum-zeitliche Welt entfaltet wird.

Philebos 23 C 8 ff[284] werden in dem Gegensatz von τὸ ἄπειρον — τὸ πέρας die beiden Prinzipien sichtbar: Das Seiende beruht auf vier obersten ‚Gattungen'[285]: α) πέρας, β) ἄπειρον, γ) τὸ τρίτον ἐξ ἀμφοῖν τούτοιν ἕν τι συμμισγόμενον, δ) ἡ αἰτία τῆς συμμείξεως[286]. Hiervon sucht Platon die ersten beiden, besonders das ἄπειρον, aus seinen Besonderungen und Manifestationen als etwas Einheitliches zu begreifen (εἰς ἓν συνάγειν, ἐπισφραγίζειν)[287]. Hauptcharakteristikum des ἄπειρον[288]

[283] Robin, *La physique* 204 = *Pensée hellénique* 262 f (Verbindung des ἕτερον mit dem ἄπειρον des Philebos, dem zweiten Prinzip von *De bono*, implizit auch mit der Chora des Timaios). Stenzel, *ZuG* 20 f. 152—155. Robin, *Les rapports* 101 ff. 149 f (150 ἕτερον ~ Chora, ~ ἄπειρον, ~ zweites Prinzip von *De bono*). Krämer, *APA* 262—264. 309 ff. Auf das ἕτερον des Sophistes als Vorbild für die aristotelische Hyle weist Merlan 206 Anm. hin. — Weitere Lit. zum Sophistes bei Friedländer III^2 (1960) 471. H. Cherniss, Lustrum 4 (1959) 177—189, 5 (1960) 604 f. — Vgl. jetzt auch Sinnige 211 ff.

[284] Wichtig ist schon 14 C ff die Erörterung über Eines-Vieles, die wir hier übergehen wollen. — Lit.-Hinweise bei Friedländer III^2 (1960) 482. H. Cherniss, Lustrum 4 (1959) 141—145, 5 (1960) 601. Dazu Krämer, *APA* an den im Index 584 (zu 24 A ff) genannten Stellen.

[285] εἴδη 23 D 2. — γένος 23 D 5 u. ö. bis etwa 26 D 2. — Wichtig der Terminus φύσις: 24 E 4 ἡ τοῦ ἀπείρου φύσις (ebenso 25 D 1. D 5). 25 A 4. C 10 f τῆς τὸ μᾶλλόν τε καὶ ἧττον δεχομένης . . . φύσεως.

[286] 23 C 9—D 8.

[287] 23 E 4—6 (Die zwei Gattungen des πέρας und ἄπειρον) πολλὰ ἑκάτερον ἐσχισμένον καὶ διεσπασμένον ἰδόντες, εἰς ἓν πάλιν ἑκάτερον συναγαγόντες, νοῆσαι πῇ ποτε ἦν αὐτῶν ἓν καὶ πολλὰ ἑκάτερον. 25 A 1 f εἰς τὸ τοῦ ἀπείρου γένος ὡς εἰς ἓν δεῖ πάντα ταῦτα τιθέναι. A 2—4 ὅσα διέσπασται καὶ διέσχισται συναγαγόντας . . . μίαν ἐπισημαίνεσθαί τινα φύσιν. 25 C 10 f ὁπόσα ἐν τῷ πρόσθεν τῆς τὸ μᾶλλόν τε καὶ ἧττον δεχομένης ἐτίθεμεν εἰς ἓν φύσεως. D 5 f καθάπερ τὴν τοῦ ἀπείρου (φύσιν)

ist das ‚Mehr und Weniger' (24 A 9. B 5. C 2f. D 1. E 7), das kein τέλος kennt (24 A 9 f): Wenn ihm ein τέλος gesetzt würde, wäre es eo ipso als ἄπειρον aufgehoben (24 B 2). Einzelbeispiele des unter dem Oberbegriff von ‚Mehr und Weniger' Zusammengefaßten sind: θερμότερον — ψυχρότερον (24 A 7 ff), σφόδρα — ἠρέμα καὶ τὸ λίαν καὶ ὅσα τοιαῦτα πάντα (24 E 8 f), ξηρότερον — ὑγρότερον, πλέον — ἔλαττον, θᾶττον — βραδύτερον, μεῖζον — σμικρότερον (25 C 8—10); ὀξύ — βαρύ (26 A 2) u. dgl. mehr. All diese verschiedenen Erscheinungsformen müssen im Sinne des eingangs Gesagten auf das eine, umfassende Vielheitsprinzip bezogen werden[289]. Diesem tritt nun — ebenso umfassend — das πέρας-Prinzip gegenüber (25 A 6 ff, D 2 ff bis 26 D 10), welches in das ἄπειρον ‚Maß', ‚Ordnung' und ‚Gesetz' hineinbringt[290]. Aus der Vereinigung von πέρας und ἄπειρον entsteht dann das Seiende[291].

Die enge Verwandtschaft der zwei Prinzipien des Philebos mit den beiden ἀρχαί von *De bono* liegt auf der Hand und ist längst gesehen[292]. Es ist also durchaus geboten, beide Lehren aufeinander zu beziehen und durch den wechselseitigen Vergleich miteinander aufzuhellen. Es hat auch tiefe Bedeutung, wenn Porphyrios gerade in seinem Philebos-Kommentar ausführlicher auf *De bono* zu sprechen kommt. Trotzdem darf man die Bedeutung des Philebos für unsere Kenntnis der Prinzipienlehre nicht überbewerten und schon gar nicht die Prinzipien des Philebos einfach mit denen von *De bono* gleichsetzen[293]. Denn *De bono* geht nicht nur extensiv über den Philebos hinaus (System mit ausgeführten Reduktionen; Zahlencharakter der intelligiblen Dinge; u. dgl.), sondern weicht auch inhaltlich ab: Die Prinzipien von *De bono* gelten auch für die Ideen, die des Philebos vermutlich nur für den Bereich des Werdens[294].

In welchem Verhältnis stehen die einzelnen ‚Materie-Begriffe' der verschiedenen Dialoge zueinander? Die Frage ist berechtigt, aber

συνηγάγομεν εἰς ἕν. 26 C 9—D 2 πολλά γε καὶ τὸ ἄπειρον παρέσχετο γένη, ὅμως δ' *ἐπισφραγισθέντα* τῷ τοῦ μᾶλλον καὶ ἐναντίου γένει *ἓν ἐφάνη*.

288 Das Wort ἄπειρον 23 C 9. 24 A 2. B 8. D 6. E 4. 25 A 1. D 1. D 5. 26 A 2 ff.

289 S. oben A. 287.

290 Z. B. 25 E 1 σύμμετρα, 26 A 7 ἔμμετρον, 26 B 9 f νόμον καὶ τάξιν πέρας ἔχοντα.

291 26 D 8 f γένεσις εἰς οὐσίαν (vgl. dazu 54 A—C) ἐκ τῶν μετὰ τοῦ πέρατος ἀπειργασμένων μέτρων.

292 Vgl. besonders Robin, *La physique* 202—206 = *Pensée hellénique* 261—265. Stenzel, *ZuG* 68 f. Gomperz, *System* 428 f = *Ph. St.* 121 f. Robin, *Les rapports* 144—151, bes. 150. Krämer, *APA* 503 f u. ö. Theiler, *Einheit* 95.

293 In dieser Richtung gehen z. B. Robin, Stenzel und Theiler (s. vorst. Anm.) zu weit.

294 So Krämer, *GF* 111 A. 21 (vgl. *APA* 184 f u. ö.). An eine umfassende Geltung von πέρας/ἄπειρον des Philebos auch im noetischen Bereich denkt dagegen Robin, *La physique* 202—206 (bes. 204 f) = *Pensée hellénique* 261—265 (bes. 263). *Les rapports* 149—151, wohl auch Gomperz, *System* 428 f = *Ph. St.* 121 f. Weitere Untersuchung notwendig.

man nimmt sie heute nicht mehr so wichtig wie zu Baeumkers Zeit, weil die übergreifende Einheit von Platons innerschulischer Prinzipienlehre die Äußerungen der Dialoge relativiert: Sie sind Teile eines größeren Ganzen, nicht das Ganze selbst. Wenn daher Überschneidungen, ja sogar kleinere Unstimmigkeiten zwischen den Dialogen auftreten mögen, so besitzen sie — falls überhaupt richtig beobachtet — längst nicht das Gewicht, das man ihnen ehedem beimaß. Hinsichtlich des Materiebegriffs sind zudem so gut wie keine Widersprüche zu bemerken[295]:

Baeumker 194 f sieht eine gewisse Schwierigkeit darin, daß das ἄπειρον im Philebos qualitativ bestimmt und quantitativ unbestimmt sei, während die ‚sekundäre' Materie des Timaios qualitativ unbestimmt sei. Als Lösung schlägt er gemäß seiner Timaios-Deutung vor, auch im Timaios alles Qualitative auf quantitative Unbestimmtheit zurückzuführen. Dieser Ausweg scheint weder gangbar noch notwendig: Erstens liegen beim Timaios sowohl qualitative wie quantitative Betrachtungsweisen vor[296] und zweitens muß man bei den quantitativen Termini des Philebos gleich die Qualität mitdenken. Denn der Parmenides — den wir zum Vergleich heranziehen wollen — zeigt in Hypothesis II, III und VII[297], wie das ἄπειρον zwischen quantitativer *und* qualitativer Unbestimmtheit hin und her gleitet, obwohl die Unbestimmtheit im ganzen nur quantitativ πλῆθος benannt wird[298]. Die Terminologie darf hier und sonst nicht irreführen: Wie *De bono* vollends deutlich macht, bezeichnet jeder Begriff, welcher eines der beiden Prinzipien charakterisiert, zugleich konnotativ das von dem betreffenden Prinzip umfaßte Sinn- und Bedeutungsfeld mit. In akademischer Schulsprache: Es ist jeweils die erste bzw. zweite Systoichie ganz (oder zum größten Teil) gemeint, wenn auch nur ein einziger Begriff der Systoichie gleichsam als ‚Etikett' genannt wird[299].

295 Wenn Dönt 44 A. 61 „die Identifizierungen Bröckers, Platos Gespräche 489 (Unbegrenztes [des Philebos] = der Raum des Timaios = das ‚Andere' des Parmenides . . .) für völlig verfehlt" hält, so hat er nur insofern recht, als natürlich keinerlei *Identität* im strengen Sinne vorliegt, sondern ganz verschiedene Denkansätze, die aber sämtlich auf ein Gemeinsames, eben das ‚zweite Prinzip', abzielen. Dafür ist es gleichgültig, ob man sich das zweite Prinzip als bereits hinter diesen Ansätzen stehend und sie tragend denkt oder (wie Dönt) als Ergebnis einer Entwicklung, zu welchem die Dialogentwürfe konvergieren. Insofern darf man die obengenannten Stellen doch wieder irgendwie ‚gleichsetzen' (dazu noch u. a. das ἕτερον des Sophistes), wie Bröcker es meint.

296 Vgl. o. 2.224 u. ö.

297 Cornford 154—167. 208—213 und besonders 238—241.

298 Auf die Frage der qualitativen und quantitativen Seins- und Naturerklärung komme ich zurück.

299 Vgl. hierüber vorläufig den schönen und gedankenreichen Aufsatz von D. Mannsperger, *Zur Sprache der Dialektik bei Platon*, in: *Synusia* (Festgabe W. Schadewaldt), 1965, 161—171.

2.24 Zum Materie-Begriff in De bono[300]

2.241 Die Quellenlage

Das ‚zweite Prinzip' von Platons innerschulischer Lehre ist uns mit hinreichender Sicherheit überliefert[301]: Denn man kann allenfalls das, was Aristoteles selbst in seinen Schriften davon berichtet[302], als tendenziöse Umdeutung hinstellen[303], nicht aber die anderen Zeugnisse: Dazu gehören die *De bono*-Referate Alexanders und anderer Aristoteles-Kommentatoren[304], die direkt oder indirekt[305] auf die aristotelische Nachschrift von *De bono* zurückgehen. Selbst wenn diese Nachschrift neben dem Bericht auch noch kritische Teile enthielt[306], ist es sehr unwahrscheinlich, daß Aristoteles in den referierenden Partien Platons Lehre in wesentlichen Punkten gröblich entstellt hätte. Mit anderen Worten: Wir müssen die aristotelische

[300] Für die allgemeine Problematik von *De bono*, die hier nicht aufgerollt wird, sind die oben 2.21 vorgebrachten prinzipiellen Erwägungen (ebd. auch Lit.) zu vergleichen. Wir beschränken uns auf das Wichtigste und einigermaßen Sichere und geben auch nur die notwendigste Literatur an. In Klammern werden jeweils die Nummern von Gaisers T(estimonia) P(latonica) angeführt, wozu Gaisers Kommentar einzusehen ist. — Im Folgenden greife ich bei Behandlung des platonisch-akademischen Systems, obwohl mir die Fragwürdigkeit graphischer Schemata voll bewußt ist, die Komplexes vereinseitigen und die lebendige Denkbewegung zu dürrem Schematismus erstarren lassen, doch öfter zu diesen Hilfsmitteln, weil sie zu größerer Genauigkeit zwingen und insofern unentbehrlich sind. Denn die Tiefendimension des platonisch-akademischen Systems — für die sich der Verfasser sowieso nicht kompetent fühlt — kann im Nachstehenden nicht erfaßt werden, und für die Oberflächendimension (Beschreibung der doxographischen Fakten und allererste Schritte zu deren Verknüpfung und Erklärung) ist schematische Genauigkeit kein Nachteil.

[301] Zur Überlieferungskritik Gaiser, *QP* 31—39. Man muß sich immer wieder neu bewußt machen (was man gern vergißt), daß uns *De bono* unvergleichlich viel besser bezeugt ist als viele andere Schriften antiker Philosophen (z. B. Vorsokratiker, hellenistische Philosophen), über welche die Forschung gleichwohl (und oft mit Recht) ganz entschiedene Meinungen hat (vgl. Krämer, *GF* 146—148, auch Gaiser, *QP* 31).

[302] Met. A 6, 987b 18—22. b 33—988b 17 (22A). A 9, 992b 1—7 (26A). phys. γ 4, 202b 34—203a 16 (23 A). γ 6, 206b 16—33 (24). γ 6, 207a 18 ff (nicht ergiebig; 53A mit wichtiger Anm.). δ 2, 209b 11—17 (54 A). δ 2, 209a 33—210b 2. u. ö.

[303] So Cherniss und die von ihm beeinflußte Forschung, bes. Hager. Vgl. o. S. 92 A. 49 und einzelne Bemerkungen im Folgenden.

[304] Alex. met. 55, 20—56, 35 (22B; p. 113—115 Ross); Simplic. phys. 453, 22—455, 11 (23B; p. 115—118 Ross); Simplic. phys. 503, 10—18 (53B; p. 112 Ross); die Kommentare zu phys. δ 2, 209b 11—17 (54B und 54B'; p. 111/112 Ross); weitere Stellen bei Gaiser 533 f.

[305] Man nimmt allgemein an, daß Alexander die aristotelische Nachschrift von Περὶ τἀγαθοῦ noch selbst einsah und alle späteren Aristoteles-Kommentatoren hierin von Alexander abhängen. Vgl. Gaiser, *QP* 35—39.

[306] Da in den Testimonia nur Referate zitiert werden, spricht vieles dafür, daß Aristoteles' Περὶ τἀγαθοῦ (anders als z. B. Περὶ ἰδεῶν) keine Kritik enthielt.

Spezialschrift Περὶ τἀγαθοῦ quellenkritisch anders behandeln als die in die Lehrschriften eingesprengten Referate platonischer Lehren. Während letztere durchaus eine Umdeutung erlebt haben mögen[307], dürfen wir in der Schrift Περὶ τἀγαθοῦ eine historisch nahezu getreue Wiedergabe von Platons innerschulischer Lehre sehen[308]. Wieweit die inhaltlich interessanten Angaben Theophrasts[309] von Aristoteles beeinflußt sind[310], weiß man nicht: Man möchte aber doch meinen, daß Theophrast, der die doxographische Forschung begründete, sich unabhängig von Aristoteles über Platon zu informieren vermochte und dies auch getan hat[311].

Außer den eben genannten Zeugnissen, die von Aristoteles beeinflußt sind oder mindestens sein können, kommen noch *vier* weitere Stellen in Betracht, welche von Aristoteles *unabhängig* sind[312].

a) Am wichtigsten davon ist die über zwei Zwischenquellen bei Simplicius erhaltene Äußerung des Platonschülers Hermodor[313], in der für Platon eindeutig ein ‚Gegenüber' des ἕν, also eine ‚Materie', bezeugt wird[314]. Im letzten Teil des von Simplicius ausgehobenen

307 Das bliebe im einzelnen zu prüfen.

308 Gegen Cherniss' letzlich unbegründete Verwerfung der *De bono*- Referate (*Criticism* 166—169, *Riddle* 28 f) richtig Krämer, *APA* 418 f. Hager streift die Berichte mehrfach (z. B. 93. 95 f. 100. 106 f), lehnt sie aber dann, ohne sie näher zu analysieren, als pythagoreisierende Umdeutungen ab (vgl. Krämer *GF* 107 A. 9). Zu Hermodor und Sextus vgl. die folgenden Anmerkungen.

309 Neben der meist herangezogenen Stelle 6a 15—b 17 (= TP 30) ist für unser Thema genauso wichtig (vielleicht noch wichtiger) 11 b 2—12 (bei Gaiser nur in der Anm. zu TP 30 erwähnt), wo für Platon (der namentlich genannt ist) ein entschiedener Dualismus von ἕν und ἀόριστος δυάς bezeugt wird; s. u. S. 169 A. 478. Vgl. auch Theophr. fr. 48 W. = Simplic. phys. 26, 7—13 D. (auch = phys. opin. fr. 9, Doxogr. 484, 19).

310 Dieser Einfluß könnte sich aus mehreren ‚Quellen' gespeist haben: Aristoteles' Vorlesungen (mündlich); deren schriftliche Form, d. h. die Lehrschriften; die Schrift Περὶ τἀγαθοῦ.

311 Man sollte also Theophrasts Quellenwert für Platons innerschulische Lehre nicht so gering veranschlagen, wie es meist geschieht (z. B. bei Krämer, *APA* 416 A. 72. Gaiser, *QP* 36). — Ob Theophrast schon vor Platons Tod nach Athen kam und Schüler der Akademie war, ist zweifelhaft, so daß wir nicht damit argumentieren können.

312 Das erkennt selbst Hager (95) für Hermodor und Sextus an.

313 Simplic. phys. 247, 30—248, 18 (vgl. 256, 35—257, 4 = 248, 13—18, wo der Schluß des Zitats wiederholt wird). Gaiser druckt (wie andere vor ihm, z. B. Robin 646, de Vogel, *Problems* 207) in TP 31 den Text nur bis 248, 15 ab, was nicht angeht (s. u.). Literatur z. St. bei Festugière, *Révélation* IV (1954) 308 (dort 308—310 auch eine Übersetzung mit kurzen Anmerkungen) und bei Gaiser, Komm. zu TP 31; vgl. auch Gaiser, *QP* 70 A. 86.

314 Dieser zweite Seinsfaktor umfaßt alle Arten von μᾶλλον — ἧττον (248, 1. 6. 11—13) und wird unter dem Begriff μέγα καὶ μικρόν zusammengefaßt (vgl. 248, 5 mit Simplicius' Worten 248, 1). Siehe Festugières Übersetzung und Anmerkungen (380 f).

Zitats[315] wird nun diese platonische ,Materie' in einer Weise charakterisiert, als ob sie ontologisch kaum Bedeutung habe: Sie sei nicht nur ,labil' u. dgl. (ἄστατον, ἄμορφον, ἄπειρον, ἐν ἀκρισίᾳ τινὶ φέρεται), sondern sogar ,nicht-seiend' (οὐκ ὂν . . . κατὰ ἀπόφασιν τοῦ ὄντος; τῷ τοιούτῳ δὲ οὐ προσήκειν . . . οὐσίας), so daß ihr der Rang eines ,Prinzips' (ἀρχή) abgesprochen werden müsse (τῷ τοιούτῳ δὲ οὐ προσήκειν . . . ἀρχῆς; ἡ δὲ ὕλη οὐκ ἀρχή). Man kann diese Äußerungen nicht zum Anlaß nehmen, die gesamte Hermodor-Stelle für belanglos zu halten und zu verwerfen[316] oder doch zumindest ihren Dualismus monistisch zu interpretieren[317], weil erstens in ihnen nicht die *Existenz* der platonischen ,Materie' bestritten wird, nur ihre philosophische *Relevanz*[318]. Zweitens enthält dieser letzte Teil der Stelle (bes. 248, 13 ff), selbst wenn er im Prinzip noch den Charakter eines *Referats* haben sollte[319], doch zugleich unzweifelhaft viel *Deutung* in sich; und Deu-

[315] 248, 13—18, wiederholt 256, 35—257, 4.

[316] Cherniss, *Criticism* 171 A. 96 vergleicht οὐκ ὂν u. dgl. mit den platonischen Dialogen (Sophistes, Philebos, Timaios) und schließt dann, daß die Stelle „contradicts the words of Plato himself and cannot be taken as evidence for his doctrine of the ,material substrate'". Das mag allenfalls für den Teil 248, 13 ff gelten, aber nicht für die Zeilen 248, 1 ff mit der Zusammenfassung des Simplic. 247, 34—248, 1: Aus dem Hermodor-Zitat ergebe sich, ὅτι τὴν ὕλην ὁ Πλάτων κατὰ τὸ ἄπειρον καὶ ἀόριστον ὑποτιθέμενος ἀπ' ἐκείνων αὐτὴν ἐδήλου τῶν τὸ μᾶλλον καὶ τὸ ἧττον ἐπιδεχομένων, ὧν τὸ μέγα καὶ τὸ μικρόν ἐστιν. Aber auch diesen ersten Teil verwirft Cherniss 286 f A. 192.

[317] Hager 95 f: „Auch die beiden von Aristoteles und seiner Vorlesungs-Nachschrift unabhängigen Quellen, nämlich Hermodor und Sextus Empiricus, kennen diesen Dualismus zweier entgegengesetzter höchster Prinzipien, allerdings mit der bezeichnenden Einschränkung, daß der Plato-Schüler Hermodor dem sogenannten Materialprinzip um seiner Unstetigkeit, Formlosigkeit und Unbegrenztheit willen den Charakter eines Prinzips und einer selbständigen Wesenheit im Namen Platos abspricht, . . .". Das ist in sich richtig, wird aber dann zu unzulässigen Folgerungen benutzt, vgl. oben im Text.

[318] Vgl. o. A. 316. Auch die im Text genannten Bestimmungen οὐκ ὂν u. dgl. leugnen nicht ihr Vorhandensein, sondern nur ihre Bedeutung. Vgl. über οὐκ ὂν weiter unten.

[319] 248, 2—5 ist Referat, abhängig von 2 λέγει (sc. Πλάτων). 5 ἐπάγει (sc. Ἑρμόδωρος). Danach wieder 5 καὶ τὰ μέν — 7 φερόμενα und 8 τὰ δέ — 10 ἔχειν Referat im AcI, abhängig von zu ergänzendem λέγει Πλάτων. Die im Indikativ stehenden Sätze 7 f (s. Diels' Apparat) und 10 f kann man noch zum Referat ziehen (plötzlicher Übergang in direkte Rede wie oft im Griechischen) oder auch als erläuternde Bemerkung des Referenten (wohl des Hermodor, vgl. u.) verstehen. Schwieriger wird es 11 ff, weil man die Infinitive der ὥστε-Sätze (zu Zeile 13 vgl. unten) nicht als oratio obliqua zu erklären braucht, der Infinitiv προσήκειν in der Parallelfassung nicht steht (256, 36 προσήκει) und 15 φέρεσθαι ja nicht von einem ergänzenden λέγει oder dgl. abzuhängen braucht, sondern von προσήκει(ν) (vgl. auch Festugière). 15 ff bis zum Schluß steht der Indikativ. — Soll man nun 11 ff ganz oder teilweise noch zum Referat rechnen oder als Deutung ansehen und wessen Deutung ist es dann? Zwar läßt sich an diesem Text keine Vermutung wirklich *beweisen*, aber man könnte durchaus (u. a. mit Festugière) annehmen, das Referat gehe bis zum Schluß

tung ist für uns, sogar wenn sie vom Platonschüler Hermodor selbst herrühren sollte[320], natürlich weniger wichtig als ein Referat. Freilich kommen auch die referierenden Teile Hermodors (248, 2—10) nicht an *ipsa verba Platonis* heran[321], aber wir können das, was er 248, 5—10 über Platons μᾶλλον καὶ ἧττον (bzw. μέγα καὶ μικρόν) äußert, für zutreffend halten[322].

Wieviel ist nun von dem, was im zweiten Teil über Platons ‚Materie' gesagt wird, als *historisch authentisch* anzusehen und wieviel als Hermodors *Interpretation*, die wir vernachlässigen dürfen? Während sich die meisten Angaben Hermodors unschwer mit dem ‚zweiten Prinzip' der Dialoge und von *De bono* verbinden lassen[323], bereiten

(Subjekt zu 15 δηλοῖ also Platon). Dafür spricht auch die Zusammenfassung des Simplicius 248, 18—20, der die in dem fraglichen Passus stehende Charakterisierung der ὕλη durch ‚nicht-seiend' ohne weiteres als Lehre *Platons* hinstellt (vgl. 256, 31—35). Dagegen ist es unwahrscheinlich, daß irgendwo in der Mitte ohne deutlichen Hinweis das *Hauptsubjekt* gewechselt hätte (von Hermodor zu Derkyllides oder gar zu Porphyrios) und somit die abhängigen Sätze (ob sie im Infinitiv oder im Indikativ stehen) nicht mehr die Meinung Platons, sondern die Hermodors (oder sogar die des Derkyllides) wiedergäben. Auch Simplicius scheint nicht an eine solche Möglichkeit gedacht zu haben (256, 31—35 geht nicht in diese Richtung). Wir dürfen also annehmen, daß Hermodor bis zum Schluß Hauptsubjekt ist (ob auch im allerletzten Satz διὸ κτλ., hängt davon ab, wie weit man einem Platon-Schüler den distanzierten Ausdruck τοῖς περὶ Πλάτωνα zutrauen darf). — In Zeile 12 f kann πάντα Subjekt, τὸ μᾶλλον καὶ τὸ ἧττον Objekt zu δεδεγμένον sein; es ist aber genausogut möglich, daß (wie Festugière vorschlägt) πάντα Objekt und τὸ μᾶλλον καὶ τὸ ἧττον Subjekt ist. Dem Kontext entsprechend erwartet man nach ὥστε hier syntaktisch eher einen Infinitiv statt eines Indikativs: 1. δεδέχθαι; 2. δεδεγμένον ⟨εἶναι⟩, periphrastischer Infin. Perf. Medium, am besten mit τὸ μᾶλλον καὶ τὸ ἧττον als Subjekt; will man πάντα zum Subjekt nehmen, muß man entweder in δεδεγμένα oder in πᾶν korrigieren. 3. δεδεγμένον ⟨ἔχειν⟩ (Gaiser, *QP* 70 A. 86), δεδεγμένον Part. Perf. Passiv, prädikativ aufs Objekt bezogen; nimmt man τὸ μᾶλλον καὶ τὸ ἧττον als Objekt (so Gaiser), braucht man keine weiteren Änderungen mehr.

320 S. A. 319. Cherniss und de Vogel, *Problems* 209 denken daran, daß die fraglichen Sätze erst von Derkyllides hinzugefügt worden seien. Aber das halte ich nach dem in der vorst. Anm. Gesagten nicht für wahrscheinlich.

321 Wir besitzen ja von Platons innerschulischer Lehre praktisch keine wörtlichen Fragmente (sozusagen B-Fragmente), sondern nur indirekte Referate (A-Fragmente). Vgl. Gaiser, *QP* 33.

322 Wenn der Schlußteil 248, 13 ff von Hermodor selbst stammt (vgl. o. A. 319), wird dadurch die Authentizität des ersten Teils bekräftigt, weil der zweite Teil sich ja auf das im ersten Teil Referierte bezieht. — Zum ersten Teil vgl. vor allem de Vogel, *Problems* 205—216 und Krämer, *APA* an den im Index 591 (Simplicius 248, 2 ff) genannten Stellen.

323 Gemeint ist: Sie lassen sich *sachlich* mit Platon verbinden. Ob auch die *Termini* Hermodors bei Platon belegt sind (ἄπειρον, ἄμορφον) oder nicht (ἄστατον), ist nicht so wichtig, zumal wir die innerschulische Lehre ja nur hinsichtlich ihres *Inhalts* rekonstruieren können, nicht in bezug auf ihren Wortlaut (von ganz wenigen Ausnahmen abgesehen). — Vgl. auch de Vogel, *Problems* 299—301.

zwei Punkte auf den ersten Blick Schwierigkeiten: α) Hermodor sagt, Platons ‚Materie' sei kein ‚Prinzip', und β), sie sei ‚nicht-seiend'. Zu α): Es ist kaum glaublich, daß Platon selbst seiner ἀόριστος δυάς den Prinzipiencharakter direkt abgesprochen haben sollte, da die übrigen Testimonia von *De bono* eher auf das Gegenteil weisen[324]. Wir müssen deshalb annehmen, daß Hermodor die in jedem Idealismus (also auch in Platons Philosophie) spürbare Tendenz, das zweite Prinzip hinter dem ersten zurücktreten zu lassen (vgl. z. B. 248, 15—17), zuspitzte und so dazu kam, Platons ‚Materie' als ‚Nicht-Prinzip' zu kennzeichnen[325]. Zu β): Auch ‚nicht-seiend', das mit ziemlich starken Ausdrücken beschrieben wird (14 κατὰ ἀπόφασιν τοῦ ὄντος), trifft natürlich in *absolutem* Sinne auf Platons zweites Prinzip nicht zu. So etwas ist aber hier auch nicht gemeint: Vielmehr hat Hermodor eine bereits *platonische* Denk*tendenz*, gegenüber dem Einen als der Ursache von (wahrem, vollkommenem) ‚Sein' die Dyas dem Nicht-Sein anzunähern, monistisch übersteigert und pointiert formuliert[326].

Deshalb ist Cherniss' Versuch gescheitert, vor allem auf Grund der letztgenannten Bestimmungen[327] den Quellenwert des Hermodorberichtes insgesamt zu leugnen.

b) Die seit Wilpert vieldiskutierte Sextus-Stelle[328] enthält im Kern mit Sicherheit altakademische Tradition[329], läßt sich aber aus zwei Gründen nur mit Vorsicht auswerten: *Erstens* spricht zwar vieles dafür, daß das Referat auf Platon selbst zielt und nicht auf seine Schüler, d. h. nicht auf die ‚Akademie'[330]. Aber es bleibt vorerst noch einige Unsicherheit, und es ist nicht ausgeschlossen, daß wir auch in Zukunft nicht über die unbestimmte Quellenangabe ‚alte Akademie'

[324] Nicht nur die von Aristoteles abhängigen Zeugnisse, sondern auch Theophrast (s. o.), Sextus (vgl. u.) und die Fortwirkungen des platonischen Systems bei Speusipp und Xenokrates legen es sehr nahe, daß Platon die ἀόριστος δυάς ausdrücklich als ἀρχή (στοιχεῖον) anerkannt und auch so bezeichnet hat. Auch die Materie-Stellen der Dialoge gehen in dieselbe Richtung.

[325] Daß es sich um einen Schluß Hermodors, nicht Platons, handle, nimmt auch Merlan, *Beiträge* 43 A. 6 an.

[326] Vgl. de Vogel, *Problems* 209. 299—301.

[327] Cherniss hebt *Criticism* 171 A. 96 vor allem auf das οὐκ ὄν ab, das er als *absolutes* Nichtsein versteht und worin er einen eklatanten Widerspruch zum *relativen* Nichtsein des platonischen Sophistes sieht. Seine Argumente wurden aber von de Vogel, *Problems* 299–301 widerlegt. Vgl. Hager, *Die Materie und das Böse* 76 (dessen Erörterungen allerdings durch eine einseitige Auffassung von ‚Dualismus' beeinträchtigt sind, vgl. u. S. 169 A. 479). — Einen ähnlichen Widerspruch sieht Cherniss auch in den aristotelischen Referaten über das zweite Prinzip Platons (*Criticism* 92—96. 384. *Riddle* 19—26 [29—37]), was gleichfalls nicht zutrifft (Allan, Mind 55, 1946, 268 f. Krämer, *APA* 419 f).

[328] adv. math. 10, 248—283 (= TP 32).

[329] Das hat Gaiser, *QP* 63—83 überzeugend gezeigt.

[330] Die Indizien dafür stellt Gaiser, *QP* 70 f. 78 f zusammen.

hinauskommen. Deshalb können wir die im Sextus-Bericht enthaltenen Angaben über das zweite Prinzip nicht ohne weiteres für Platon selbst in Anspruch nehmen, wohl aber — und darauf kommt es bei unserem Thema allein an[331] — für die Akademie. *Zweitens* ist das, was Sextus über das akademische Materieprinzip sagt, nicht eindeutig: Er spricht immer wieder von zwei Prinzipien[332], ‚leitet' aber gleich bei der ersten Erwähnung der Prinzipien das zweite Prinzip aus dem ersten ‚ab'[333]. Wie auch immer diese ‚Ableitung' gemeint sein mag[334], sie trägt einen ‚monistischen' Zug in das Referat. Welche der beiden Denktendenzen ist hier ursprünglich?

Wenn man den Bericht 257—283 im Zusammenhang überblickt, so zeigt sich, daß er — wie die mit ihm verwandten Referate[335] — im wesentlichen auf einen *Dualismus* abgestellt ist: Zumindest die kategoriale Reduktion (263—275) und die Deduktion (276 ff) sind nicht ohne zweites Prinzip denkbar. Demnach erweist sich die Bemerkung in § 261 als ein späterer Zusatz, der den (platonisch-)akademischen Dualismus monistisch umbiegt[336]. Wir treffen ja auch sonst in der platonistischen Tradition monistische Denktendenzen an, die ganz offensichtlich eine *sekundäre Umdeutung* bzw. Vereinseitigung eines ursprünglichen Dualismus (Platons bzw. der Akademie) darstellen.

Demgegenüber ist eine zweite Erklärung, welche umgekehrt den Monismus der Sextus-Stelle als ursprünglich betrachtet und eine

331 Vgl. die methodischen Absicherungen o. 2.21.

332 §§ 262. 271–277. 282. Die genannten Paragraphen erstrecken sich über beide Arten von Reduktion (dimensionale, kategoriale) sowie über die Deduktion.

333 261 καὶ ταύτην (sc. τὴν μονάδα = τὸ ἕν) κατ' αὐτότητα μὲν ἑαυτῆς νοουμένην μονάδα νοεῖσθαι, ἐπισυντεθεῖσαν δ' ἑαυτῇ καθ' ἑτερότητα ἀποτελεῖν τὴν καλουμένην ἀόριστον δυάδα.

334 Der Ausdruck ἐπισυντίθημι (auch als Terminus technicus in der Mathematik gebraucht) deutet auf ein mechanisch-additives Verfahren, das aus dem Hen durch eine Addition des Hen mit sich selbst die ἀόριστος δυάς *herstellen* soll. Diese nicht gerade tiefsinnige Erklärung schließt eine regelrechte *Ableitung* des zweiten Prinzips ein. Vgl. die neupythagoreischen Parallelen u. A. 336.

335 Hermodor, Theophrast und Alexander über Περὶ τἀγαθοῦ.

336 Gaisers Anmerkung (356 A. 67, wo auch Lit.), daß dieser Paragraph vielleicht doch letztlich platonisches Gedankengut enthalte, überzeugt nicht, zumal wenn man die dimensionale Reduktion bei Alexander (zu met. A 6 = TP 22 B) vergleicht. Ein späterer monistischer Zusatz ist umso wahrscheinlicher, als nach den neuen (überzeugenden) Ergebnissen der Quellenanalyse (bei der unser § 261 keine Rolle spielte) außer dem altakademischen Referenten nur noch ein zweiter neupythagoreischer Bearbeiter in Frage kommt (Gaiser, *QP* 74. 76 f. 80). Denn der Neupythagoreismus zeigt — im Gegensatz zu den alten Pythagoreern — stark monistische Denktendenzen und die Erzeugung der unbegrenzten Zweiheit aus dem Einen wird in anderen neupythagoreisch beeinflußten Texten genau in derselben Weise und mit den gleichen Ausdrücken beschrieben wie hier in § 261 (darauf hätte Gaiser *QP* 79 deutlicher hinweisen müssen); vgl. außer der bei Gaiser 356 A. 67 genannten Lit. Krämer, *UGM* 297 A. 410. 320 A. 478. 330—332.

dualistische Umdeutung annimmt, ausgeschlossen. Denn man kann sich erstens nicht vorstellen, wie die akademische Vorlage in den schon genannten Partien (263—275. 276 ff) ‚monistisch' verfahren, d. h. ohne zweites Prinzip ausgekommen sein sollte, zumal wenn man auch noch die Parallelberichte vergleicht[337]. Zweitens ist es dann unklar, wer den ‚Dualismus' hineinbrachte. Denn der von der Quellenanalyse zu Recht postulierte neupythagoreische Bearbeiter des Berichtes kann es kaum gewesen sein, da der Neupythagoreismus überwiegend ‚monistisch' dachte[338]. Und einen weiteren — dritten — Redaktor ad hoc anzunehmen, ist sehr mißlich. Außerdem hätte dieser Bearbeiter bei der ‚dualistischen' Umformung des Referates dann doch merkwürdigerweise den ‚monistischen' Passus in § 261 stehengelassen, also gerade jene Stelle, die sich so leicht aus dem Zusammenhang lösen läßt. Man sieht, eine Häufung von Unwahrscheinlichkeiten. Man darf deshalb die Sextus-Stelle — von dem monistischen Einsprengsel in § 261 abgesehen — als Zeugnis für das akademische (vielleicht sogar für das platonische) ‚zweite Prinzip' betrachten.

c) Ein erst 1953 bekanntgewordenes Speusipp-Fragment[339] bezeugt eine dualistische Prinzipienlehre der *antiqui* (παλαιοί)[340], womit überwiegend (oder gar ausschließlich) Platon gemeint sein muß: Denn erstens wird ein über dem Sein stehendes Eines außer von Speusipp nur von Platon gelehrt, sonst von keinem Akademiker[341]. Zweitens ist der Terminus ἀόριστος δυάς *(interminabilis dualitas)* nicht für Speusipp, wohl aber für Xenokrates und Platon charakteristisch. Da nun Xenokrates nicht in Frage kommt[342], bleibt allein Platon übrig.

[337] Vgl. das Vorstehende mit A. 335/336.

[338] Vgl. o. A. 336.

[339] Es ist in Proklos' Parmenides-Kommentar erhalten: Proclus, In Platonis Parmenidem (interprete G. de Moerbeka) p. 38,25—41,10 Klibansky-Labowsky (Plato Latinus III, 1953) = TP 50. Vgl. Merlan 132 f. Gaiser zu TP 50. Krämer, *UGM* 54 (s. auch 209 A. 46). Ders., *'Επέκεινα* 4 f.

[340] Das Wort *antiqui* erscheint nicht in dem von Proklos ausgehobenen Speusipp-Zitat, wohl aber zweimal in dem Kontext des Proklos und dürfte (wenigstens sinngemäß) auf Speusipp zurückgehen (vgl. auch *tamquam* sowie den AcI).

[341] Auch die Pythagoreer, die in dem Fragment offenbar mit den Akademikern zusammengenommen werden (vgl. Gaiser zu TP 50), kommen für diesen Lehrpunkt nicht in Frage.

[342] Es ist jedoch schwierig, exakte Indizien zu finden, auf Grund derer man Xenokrates ausschließen kann: Denn die Chronologie bietet uns keine Handhabe, und die von Proklos aufgeführten Lehren kann man Xenokrates nicht mit Sicherheit absprechen: Zwar hören wir nichts davon, daß er ein ‚überseiendes Eine' gelehrt habe, aber das mag Zufall der Überlieferung sein, weil man im allgemeinen Lehrpunkte, die Platon und Speusipp gemeinsam sind, auch Xenokrates zuweisen darf (Krämer, *GS* 327 A. 47). Andererseits wird aber auch in unserem Fragment keine der für Xenokrates charakteristischen Lehren erwähnt, und es ist im ganzen sehr wahrscheinlich, daß Speusipp hier — zumindest a parte potiori — an Platon denkt. Dies ist auch die einhellige Meinung der Forschung.

Somit dürfen wir, selbst wenn wir die Lückenhaftigkeit der Überlieferung berücksichtigen, mit ziemlicher Gewißheit die von Speusipp hier referierte Prinzipienlehre Platon zuschreiben[343].

Die ‚unbestimmte Zweiheit' ist ein von der Eins unabhängiges Seinsprinzip[344], ohne welches die Eins, auf sich beschränkt, nichts hervorbringen[345], d. h. von nichts Prinzip sein kann und somit absolut sinnlos wird. Es handelt sich also trotz der Überhöhung des Einen um einen eindeutigen Dualismus.

d) Wie wir hauptsächlich aus Aristoteles wissen[346], argumentiert in dem Streit um den ἡδονή-Begriff Speusipp gegen Eudoxos von einem ‚akademischen' Prinzipiendualismus aus. Da nun diese Gedanken Speusipps *im Philebos* berücksichtigt werden, ist damit die akademische Zwei-Prinzipien-Lehre bereits für die Zeit *vor dem Philebos* gesichert[347]. Natürlich ist damit noch nichts für Platon selbst bewiesen, aber es ist unwahrscheinlich, daß bei dieser Diskussion, die in vertrautem Kreis stattfand, die beiden eng miteinander verbundenen Partner Platon und Speusipp in der für das Thema fundamentalen Frage des zweiten Prinzips ganz verschiedene Lehren vertreten haben sollten. Also darf man schließen, daß durch die Hedone-Diskussion ein ‚zweites Prinzip' Platons für die Zeit vor dem Philebos wahrscheinlich gemacht wird.

Nimmt man, vom Sicheren zum weniger Sicheren fortschreitend[348], die genannten Belege zusammen, so ergibt sich im wesentlichen ein einheitliches Bild, nämlich folgendes[349]:

343 Proklos nennt im Kontext außer den *antiqui* ausdrücklich *Plato*, verbindet aber Platons Namen nur mit der Überseiendheit des Einen, nicht ausdrücklich mit der *interminabilis dualitas*.

344 Dies ergibt sich aus der Formulierung *interminabilem dualitatem entium principium induxerunt* (etwa τὴν ἀόριστον δυάδα τῶν ὄντων ἀρχὴν εἰσήγαγον), vgl. *apponens*. Demgegenüber bedeutet Proklos' Wiedergabe im Kontext *post unum interminabilis dualitas* (wenn man nicht *post* zeitlich versteht oder sonst irgendwie abschwächt) eine monistische Vereinseitigung, die keinen Anhalt an dem Speusipp-Fragment hat (und bestimmt auch nicht an Bemerkungen außerhalb der von Proklos zitierten Passage).

345 *nichil utique fiet aliorum.*

346 Obwohl die im Folgenden angeführte antike Kontroverse über ἡδονή uns größtenteils durch Aristoteles bekannt ist, gehört sie natürlich nicht zu denjenigen Zeugnissen der (platonisch-)akademischen innerschulischen Lehre, die von *Aristoteles* abhängig sind.

347 Nach Philippsons Datierung kommt man sogar bis in die erste Hälfte der sechziger Jahre des 4. Jhs. zurück. Alles Weitere bei Krämer, *GF* III, dem wir bis in die Formulierungen verpflichtet sind.

348 Hierbei muß man mindestens *zwei* Gesichtspunkte berücksichtigen: Erstens sind — nach den üblichen Grundsätzen der Quellenkritik — diejenigen Zeugnisse am wertvollsten, die dem zu untersuchenden ‚Archetypus' zeitlich am nächsten stehen und/oder durch möglichst wenige und/oder möglichst zuverlässige Zwischenquellen von ihm getrennt sind. Danach wäre Aristoteles wertvoller als alle nach ihm usw.

2.242 *Die Stufen der platonischen Seinsstufung*

Die ‚Wirklichkeit‘ ist für Platon nicht homogen, sondern in verschiedene Seinsweisen differenziert, z. B. die raum-zeitlichen Sinnendinge und die Ideen. Man kann von ‚Stufen‘ bzw. ‚Schichten‘ des Seins sprechen, sofern man die bei diesen Termini naheliegenden Mißverständnisse vermeidet, d. h. die ‚Stufen‘ weder zu starr und fest versteht noch ihre Beziehungen zueinander in räumlichen Bildern denkt[350].

Was die *Anzahl* der Schichten betrifft[351], so spricht Aristoteles Platon mehrfach eine *Drei*-Stufung zu: Sinnendinge — mathematische

Diese Art von Quellenkritik steht beim ‚esoterischen‘ Platon noch in ihren Anfängen (vgl. zum Prinzipiellen zuletzt Gaiser, *QP* 31—39). Zweitens sind, wenn Cherniss mit seiner Kritik an Aristoteles recht haben sollte, die Testimonia umso zuverlässiger, je ferner sie Aristoteles und der aristotelischen Tradition stehen, in etwa folgender Reihenfolge (vom Unzuverlässigen zum Zuverlässigen fortschreitend): *Kritische Referate* von Platons innerschulischer Lehre in den aristotelischen Schriften, besonders in der Metaphysik — in aristotelischer Tradition stehende Zeugnisse der aristotelischen *Nachschrift* von *De bono* — von Aristoteles unabhängige Testimonia. Obwohl wir Cherniss' Schlußfolgerung im Prinzip für unrichtig halten (o. S. 92 A. 49 u. ö.), muß aus methodischen Gründen auch dieser zweite Gesichtspunkt beachtet werden.

349 Die nachstehend versuchte Darstellung von Platons ‚Ableitungssystem‘ behält auch dann ihren Wert, wenn man im Sinne des oben **2**.21 Gesagten Historizität oder philosophische Relevanz von Platons innerschulischer Prinzipienlehre ganz oder teilweise leugnet. In diesem Falle möge man das nun Folgende als eine Art prinzipielle Einleitung zu den ‚Ableitungssystemen‘ des Speusipp und des Xenokrates betrachten, deren Historizität ja außer Frage steht (u. **2**.3 und **2**.4).

350 Eine ausführlichere Erörterung der Frage, wieweit man den Begriff der ‚Stufung‘ (bzw. ‚Schichtung‘) auf die antike Philosophie anwenden muß und darf und in welchem Sinne, erfolgt an anderer Stelle (einige Andeutungen *Scala naturae* **6**.1 sowie im Folgenden). Dabei ist vor allem die Schichtungsontologie N. Hartmanns (zusammenfassend M. Brelage, *Die Schichtenlehre N. Hartmanns*, Stud. Gen. 9, 1956, 297—306) kritisch zu durchmustern, die zwar stark zur historischen Erforschung des Stufengedankens anregte, aber zugleich durch ihre systematischen Vorentscheidungen (z. B. Blickrichtung ‚von unten‘, Ablehnung der axiologischen (Hierarchie, Verfestigung von ‚Schicht‘) eine historisch gerechte Beurteilung der einschlägigen antiken (und mittelalterlichen) Gedanken erschwerte oder gar verhinderte. Die neuscholastisch beeinflußte Literatur zur antiken Seinsstufung beurteilt den historischen Befund angemessener als N. Hartmann (s. Mainbergers Bemerkung über Hartmann, 3 f A. 4), bringt aber dann doch auch wieder die eigenen Voraussetzungen mit ins Spiel (dies tut sogar die gründliche Arbeit von Mainberger). — Über die Gefahr, bei der Modalanalyse des Seins (und damit bei der Seinsstufung) sich durch Raum-Metaphern irreführen zu lassen, vgl. vorläufig *Kosmologie und Metaphysik* sowie *Weltbild und Seinslehre*. — Wir verwenden im Gegensatz zu Hartmann die Termini ‚Schichtung‘ und ‚Stufung‘ unterschiedlos und sprechen nur von ‚Überformung‘ (ohne wie Hartmann davon die ‚Überbauung‘ abzugrenzen).

351 Die *genaue* Zahl der Schichten festzulegen ist natürlich erst dann möglich, wenn man definiert hat, wodurch die einzelne Stufe als solche bestimmt und damit von anderen Stufen abgegrenzt wird. Man kann jedoch auch schon ohne Wesensbestimmung

Gegenstände — Ideen[352]; die Prinzipien stehen ,über' den Ideen an der ,Spitze' der Seinsstufung[353]. Nach Aristoteles unterscheiden sich die Seins-Bereiche dadurch voneinander, daß die Ideen unvergänglich sind und jeweils nur in einem einzigen Exemplar existieren, die mathematischen Objekte auch unvergänglich sind, aber mehrfach vorkommen (z. B. mehrere Quadrate), die Sinnendinge sowohl vergänglich wie auch numerisch viele sind[354]. Je nach der Blickrichtung müssen also die Bestimmungen ,Pluralität' und/oder ,Vergänglichkeit' hinzu- oder weggedacht werden.

Während diese Drei-Schichtung nicht allzu problematisch ist[355], bereitet es Schwierigkeiten, weitere Seinsarten, welche uns überliefert sind, einzuordnen, ob man sie nun einer der drei Stufen zuweist (die dann zu unterteilen wäre) oder sie für sich rechnet, also zu vier (oder mehr) Stufen gelangt. Es handelt sich wesentlich um vier Arten: die Ideen-Zahlen[356], die idealen geometrischen Größen[357], die Elementar-Größen des Timaios[358] und die Weltseele[359]. Die Ideenzahlen drücken die Ideen zahlenmäßig aus, ob sie nun über den Ideen stehen, die auf die Ideenzahlen zurückgeführt werden (Theophrast), oder ob sie mit den Ideen identisch sind (Aristoteles); es ist für uns auch nicht wichtig, um welche Art von ,Zahlen' es sich dabei handelt und wie man sich ihre ,Erzeugung' aus den Prinzipien vorstellen soll[360]. Die genaue

dessen, was ,Schicht' innerhalb der platonischen Seinsstufung bedeutet (eine solche wird u. 2.244b versucht), sich empirisch an das halten, was die Testimonia uns über platonische Seinsschichten mitteilen, d. h. man kann unreflektiert Bestand aufnehmen.

352 Die einschlägigen Stellen sind oft behandelt worden z. B. von Robin 203—206 (und ff). Ross, *Met.* I 165 ff. Merlan, *Movers* 3 ff. Ders., *PN* 59 ff. Gaiser 89—95 (dort auch die hierher gehörenden Stellen aus dem ,Staat').

353 Das gilt sicher für das Hen, vielleicht aber auch für die Dyas. Näheres über Wesen und Wirkung der Prinzipien vgl. u. 2.243 und 2.244.

354 A 6, 987b 14—18.

355 Sie ist nicht nur für die innerschulische Lehre gut bezeugt, sondern auch — trotz Cherniss — in den Dialogen klar erkennbar (Gaiser 89—95). Natürlich schließt sie prinzipiell dieselben Sachprobleme ein wie eine reicher ausgestattete Stufenfolge, aber ihr Aufbau ist doch viel leichter zu durchschauen als der einer komplizierten Schichtung. — Von den Neueren hat diese Dreistufung am intensivsten wohl Merlan durchdacht (Zitate s. o. A. 352; zuletzt darüber in *ZB*; anders noch in *Beiträge* 202, zitiert u. 2.244a).

356 Belege bei Robin 267—286. — Es bedarf eigentlich keiner Bemerkung, daß die Ideenzahlen weder mit den Ideen *von Zahlen* (z. B. der Idee der Zwei, Drei usw.) noch mit den *mathematischen* Zahlen etwas zu tun haben.

357 Robin 286—293. Auch sie bilden — abseits von den Ideen und den bei Rechenoperationen vorkommenden geometrischen Größen (die teilbar und numerisch viele sind) — einen Bereich sui generis (vgl. auch das Nachstehende).

358 Vgl. darüber das Timaios-Kapitel o. 2.224.

359 Robin 479—498.

360 Nach der umfassenden Darstellung der Ideenzahlen-Lehre bei Robin 267—468 wurde viel über dieses Thema geschrieben: Letzte Zusammenfassung und neue Er-

Stellung der geometrischen Idealgrößen im Seinsaufbau ist nicht nur uns Heutigen unklar, sondern war offenbar auch von Platon absichtlich unbestimmt gelassen worden[361]. Deshalb läßt sich nicht exakt genug bestimmen, welche Rolle sie bei dem für Platon wichtigen dimensionalen Strukturmodell und bei der dimensionalen Reduktion der Prinzipienlehre spielen[362] und wie sie sich zu den Elementarkörpern des Timaios verhalten[363]. Struktur und Stellung der Weltseele sind durch neuere Forschungen besser erkennbar geworden, aber der Zustand der Quellen verhindert eine eindeutige, abschließende Klärung[364].

Wenn somit auch hinsichtlich einiger Schichten Unklarheiten bestehen, so reicht doch der Befund aus, um die *Gesetze* dieser platonischen Seinsstufung zu erkennen:

Die erste und wichtigste Frage betrifft *Identität* und *Differenz der Stufen*[365]: Wenn die Identität überwiegt oder alleinherrschend wird, löst sich die Schichtung in die All-Einheit des Parmenides auf, die Platon durch seinen Seinsentwurf doch gerade überwinden will[366]; immerhin scheint Platon die Einheit der Schichtung noch so stark

gebnisse bei Gaiser 115—145 (mit A. 92—120; Lit.), wo auch die Arbeit von de Vogel, *La dernière phase*, eine Erwähnung verdient hätte.

361 Vgl. außer Robin 286—293. 294—313. 363—371. 468—478 Gaiser zu A 9 = TP 26 A, M 9 = TP 27 A, M 6 = TP 59, ferner Gaiser 46 ff mit A. 40. Die bezeichnendsten Äußerungen, daß Stellung und Funktion dieser μεγέθη innerhalb der Seinsstufung undeutlich seien, finden sich A 9, 992 b 13—18 (dazu Ross, *Met.* I 202 f. 209) und N 3, 1090 b 24—27 (dazu Gaiser, *QP* 39—49, bes. 41. 45—47).

362 Gaiser 246 A. 40 (dort weitere Hinweise) versucht, a) die in der ,Transzendenz' als *besonderer Seinsbereich* angesiedelten Idealgrößen und b) die Raumformen als Modellbereich der gesamten Seinsstufung zusammenzudenken. Ein Zusammenhang dürfte auch vorliegen, aber es bleiben doch zwischen diesen verschiedenen Denkansätzen Diskrepanzen bestehen, die wohl über ,Aspektverschiedenheiten' hinausgehen.

363 Robin 468—478 und *La physique* passim konstruiert analog der sinnlichen (teilbaren) χώρα, in der die Elementarkörper sind, einen (unteilbaren) Ideal-Raum, ,in' welchem sich die Idealgrößen befinden, also eine genaue Entsprechung von Urbild und Abbild. Obwohl Robin dafür einige Text-Indizien vorbringen kann und sein Entwurf etwas Faszinierendes hat, geht er über das beim heutigen Stand der Quellenlage Beweisbare und Wißbare eindeutig hinaus, vgl. o. 2.223 d Ende. Über die ontologische Stellung der Elementarkörper des Timaios o. 2.224.

364 Gaiser 41—66. 153—157; ders., *QP* 61—63. Vgl. neben der dort genannten Literatur Robin 479—498; ders., *La physique* 370—379 = *Pensée hellénique* 282—293. Weiteres o. S. 96 A. 69.

365 Prinzipiell sehr wichtige Erörterungen über dieses Problem, die auch auf Platon Licht werfen, finden sich im Speusipp-Referat bei Iamblich (ausführlich besprochen u. 2.3, bes. 2.32).

366 Zuletzt darüber Krämer, *GF* 135 A. 101 (Lit.), der mit Recht Merlans Aufstellungen (*Τὸ ἀπορῆσαι ἀρχαϊκῶς* [Arist. Met. N 2, 1089 a 1], Philol. 111, 1967, 119—121) zurückweist, Platon habe erst in den letzten (etwa) achtzehn Jahren seines Lebens den Eleatismus in seinen Interessenkreis gezogen.

betont zu haben, daß ihn Speusipp deswegen tadeln konnte[367]. Nimmt jedoch die Differenz überhand, dann zerfällt die Seinsstufung in ein Konglomerat einzelner Schichten, die ohne Zusammenhang und Beziehung nebeneinanderstehen. So etwas lag aber bei Platon nicht vor, wie wir mit Sicherheit schon aus der Akademie-Kritik des Aristoteles entnehmen können: Aristoteles kritisiert Zusammenhanglosigkeit der Stufen speziell an *Speusipp*[368], fand also bei den anderen Akademikern und Platon keinen Anlaß, einen solchen Vorwurf zu erheben. Bei diesen müssen sich demnach Gleichheit und Verschiedenheit der Schichten in einem ausgewogeneren Verhältnis befunden haben[369].

Deshalb führen wir zunächst die Differenziertheit der Seinsstufung an Hand des zweiten Prinzips vor (*2.243*): In wievielfacher Weise manifestiert sich und wirkt die ‚unbestimmte Zweiheit' und wie sehen diese Wirkungen im einzelnen aus? Wie stark unterscheiden sich die Manifestationen voneinander (Grade der Verschiedenheit)? Dann suchen wir die *Einheit* in der Vielfalt der Prinzipienwirkungen zu ergründen, d. h. die Aufbau- und Strukturgesetze dieser Seinsstufung zu bestimmen (*2.244*). Dabei wird sich eine Antwort auf die Frage ergeben, ob und wieweit man trotz der Mannigfaltigkeit ihrer Erscheinungsweisen von ‚denselben' Prinzipien sprechen darf (Grade der Einheit).

Da hier ‚Einheit' und ‚Verschiedenheit' nur zwei Seiten desselben Problems darstellen und stets dialektisch aufeinander verweisen, versteht es sich von selbst, daß die beiden folgenden Abschnitte sich gelegentlich überschneiden, d. h. bei der Verschiedenheit die Einheit erwähnt wird und umgekehrt.

2.243 Die Differenziertheit der Seinsstufung

Wie vielfältig wirken die beiden Prinzipien[370], das Eine und die ‚unbestimmte Zweiheit'[371], in der platonischen Seinsstufung und wie ist ihre Wirkung im Einzelfall beschaffen? Wir beschränken uns auf

[367] Näheres u. 2.32 (S. 212—218), ferner 2.52b (S. 265—268).

[368] Vgl. u. 2.32.

[369] Vgl. auch o. A. 367.

[370] Es empfiehlt sich, in Anlehnung an griechisch ἀρχαί von ‚Prinzipien' zu sprechen. Auch ‚Urgründe', ‚Urfaktoren' (so Gomperz, *System*), ‚Urprinzipien' (z. B. Merlan, *ZB* 1) u. dgl. kann man natürlich sagen, sofern man dadurch das Wesen dieser ἀρχαί nicht umbiegt (vgl. die nachstehende Anm.)

[371] Auch hier kann man im Ausdruck variieren: die Eins, das Eine, Hen, erstes Prinzip; Dyas, Zweiheit, zweites Prinzip, Groß-und-Kleines u. dgl. Zur griechischen Terminologie des ‚zweiten Prinzips': τὸ μέγα καὶ τὸ μικρόν ist sicher platonischer Ausdruck (Näheres bei Ross zu met. 987b 20; vgl. Robin 635—641), ebenso ἀόριστος δυάς (zu skeptisch Ross ib., vgl. Robin 641—654, Gaiser 497). Die anderen Termini sind bei Robin 654—660 und Ross a. O. zusammengestellt. Vgl. auch Theiler, *Einheit* 95—98. — Das Begriffspaar ‚Form' — ‚Materie' könnte Assoziationen an spezi-

die ‚unbestimmte Zweiheit'[372] und beginnen mit einer vielverhandelten Einzelfrage, an welcher in nuce die gesamte Problematik der Prinzipiendifferenziertheit deutlich wird: Wie ist es möglich, daß nicht nur in den αἰσθητά, sondern auch in νοητά, z. B. in den Ideen (bzw. den Ideen-Zahlen), ‚Materie' enthalten ist?

a) ‚sinnliche Materie' — ‚geistige Materie'

Die beiden Bereiche der raum-zeitlichen Dinge und der Ideen sind in ihrer Seinsweise derart verschieden, daß jedwede ‚Identität' der Prinzipien zwischen ihnen — und sei sie auch noch so gering — undenkbar scheint. Bei raum- und zeitlosen νοητά versagen auch alle landläufigen Vorstellungen von ‚Materie'[373]. So hat man denn immer wieder einmal die Belege, in welchen das zweite Prinzip auch für den noetischen Bereich bezeugt ist, angezweifelt[374]. Dabei sah man Platon,

fisch aristotelische Gedankengänge hervorrufen, wurde aber trotzdem nicht ängstlich vermieden. Dagegen helfen die von Merlan, *ZB* 1 ff (eine Vorstufe davon schon Merlan, *Monismus* 143 A. 5 und ders., Gymn. 72, 1965, 544) gebrauchten Ausdrücke ‚Konstanz'/‚Variabilität' (symbolisiert K und V) nicht weiter, weil sie auch nur *einen* Aspekt dieser ἀρχαί treffen, ja sie stiften vielmehr noch Verwirrung: Da wir uns ‚Konstanz'/‚Variabilität' unserer Sprachgewohnheit entsprechend nicht substantiell, sondern nur als Akzidens *an* etwas anderem vorstellen, Platon aber (nach Aristoteles) dabei an etwas Substantielles gedacht hat (auf dies alles weist Merlan a. O. hin), müßten wir stets ‚(Prinzip von) Konstanz (bzw. Variabilität)' hinzudenken. Wir können aber auch nicht, um dies zu vermeiden, ‚Konstante' und ‚Variable' sagen (von Merlan a. O. als Alternative gestreift), weil diese beiden Wörter von der Logistik terminologisch in völlig anderem Sinne verwendet werden: ‚Variable' = ‚Leerstelle' in einer logischen Funktion (z. B. „‚S' ist groß"), ‚Konstante' = ein an einer Leerstelle eingesetzter bestimmter Ausdruck (z. B. „‚$S_{1,2}$ . . .' ist groß" oder „das Haus ist groß" usw.). Daß diese Merlanschen Ausdrücke nichts mit Logistik zu tun haben, betone ich umso stärker, als Merlan durch seine symbolisierenden Abkürzungen (K, K_1, K_2 usw.; V, V_1, V_2 usw.) und durch manche Formulierungen an ‚logistische' Gedankengänge erinnert. Dadurch gerät er aber in Gefahr, das Wesen der platonischen ἀρχαί zu mißdeuten. — Der von G. Patzig der Illustration halber beiläufig vorgeschlagene Ausdruck ‚Axiomen-System' kann zur *Illustration* dienen, darf aber nicht als *Wesenskennzeichnung* der platonischen Prinzipienlehre betrachtet werden (vgl. u. S. 183 A. 540); anders vielleicht Krämer, *GF* 144 A. 124.

[372] Diese Beschränkung ist von unserem Thema her geboten. Trotzdem werden wir stets nebenbei darauf zu achten haben, wie es um die Verschiedenheit oder die Identität des Hen bestellt ist. Vgl. 2.244 (bes. b), 2.32 (bes. S. 219).

[373] Bei geometrischen Gegenständen (selbst denen ‚idealer' Natur) glaubt man sich ja noch eher berechtigt, über den Begriff einer ‚reinen Extensio' oder dgl. eine Brücke zur konventionellen Anschauung von ‚Materie' zu schlagen. Wie weit man dies darf, kommt gleich nachstehend zur Sprache.

[374] So z. B. Zeller II 1, 750—760 (vgl. 998). Cherniss, *Riddle* 21—26 (= 31—37), bes. 25 f (= 36 f); dazu *Criticism* 109 f. 479—487. Dagegen richtig u. a. Robin 635—660 (Belege). Merlan 195 ff (Belege). Krämer, *APA* 417—423. Merlan, Ph. R. 97—100.

indem man seine innerschulische Lehre vernachlässigte, einseitig nur von den Dialogen her und trennte ihn zugleich scharf von der Akademie (Speusipp, Xenokrates) und vom späteren Platonismus. Sobald man diese Einseitigkeiten meidet, erweisen sich die Einwände als unbegründet, und es wird sofort deutlich:

Es gibt auch bei den Ideen neben einem begrenzenden Prinzip des Maßes und der Ordnung (Hen) ein zweites der Unbegrenztheit, Bestimmbarkeit, Pluralität u. dgl.[375], kurz, eine ,intelligible Materie', die mit dem vielerorts gängigen Begriff von Materie = ,festem Stoff' nichts zu tun hat.

Diese Ideenmaterie unterscheidet sich in ihrer Wirkung beträchtlich von der Materie der αἰσθητά[376]: Während die letztere Werden, Vergehen und Ortsbewegung hervorruft, geht von der Ideen-Materie nur eine Art ,geistiger Bewegung' aus, aber kein Werden und Vergehen[377]. Nimmt man diese Differenz mit weiteren Unterschieden[378] zusammen, so wird man notwendig zur Annahme geführt, daß *der Sache nach* beide Arten von Materie *wesentlich* voneinander verschieden sind, schematisch ausgedrückt[379]:

Ideen	(H_1)	D_1
Aistheta	(H_2)	D_2

106f. *ZB* 4—9. Vgl. zum Prinzipiellen ferner de Vogel, *Apeiron*. Gaiser 340. 533. Krämer, *UGM* (passim, vgl. Index 468 s. v. *Dyas* a α).

375 Vgl. über den noetischen Bereich insgesamt Robin 267—286 (Idealzahlen und ihre Erzeugung). 286—293 (Idealgrößen und ihre Erzeugung). 294—313 (Erzeugung des übrigen κόσμος νοητός). 635—660 (Prinzipien der Idealzahlen). Von all den dort genannten Stellen vgl. bes. Arist. met. A 6, 987b 18—22, b 33—988a 1 und 988a 8—14 (TP 22A); Alex. met. 55, 20—56, 35 passim (22b); Arist. phys. γ 4, 203a 8—10; Simplic. phys. 453, 25—28. 454, 9—16. 454, 22—455, 11, bes. 455, 2—11 (alles in 23B enthalten). Wie das zweite Prinzip im einzelnen bei der Ausgliederung der νοητά mitgewirkt haben mag, hat man seit Robin mehrfach zu schildern versucht; über die Erzeugung der Ideenzahl und Ideen zuletzt Gaiser 115—145 (zusammenfassend und zugleich weiterführend).

376 Wir gebrauchen absichtlich diesen unbestimmten Ausdruck, statt einfach χώρα zu sagen: Denn die χώρα ist gewiß *eine* Erscheinungsweise des zweiten Prinzips im Raum-Zeitlichen, aber es ist nicht gesagt, daß sie die *einzige* ist (vgl. o. 2.223d).

377 Vgl. über die κίνησις im Ideenbereich u. 2.243d.

378 Vgl. u. 2.243d über das κακόν. — Auch die Verschiedenheit der Individuierung könnte man erwähnen: Die Ideen kommen jeweils nur in einem einzigen Exemplar vor, bei den αἰσθητά gibt es viele Individuen derselben Art. Aber das ist kein spezifischer Unterschied zwischen αἰσθητά und Ideen, weil auch die mathematischen Gegenstände innerhalb der gleichen Art numerisch viele Individuen aufweisen. Deshalb wird hier auf diesen Punkt verzichtet.

379 Ich folge hier dem von Merlan, *ZB* angewandten Verfahren, ersetze aber seine Termini ,K(onstanz)' und ,V(ariabilität)' — über deren Nachteile o. S. 147 A. 371 — durch die neutraleren ,H(en)' und ,D(yas)', wobei ,Dyas' unspezifisch gebraucht nicht nur das *platonische* Materieprinzip meint, sondern auch das der Akademiker insgesamt. — Die Klammer um das jeweilige H bedeutet hier und im Folgenden, daß

Platon gebrauchte vielleicht — wenn wir nach dem Timaios gehen dürfen — für D_2 die Spezialbezeichnung χώρα o. dgl.[380], unterschied aber sonst D_1 und D_2 *terminologisch* nicht voneinander[381]. Sollen wir nun von der Identität des Wortes auf die der Sache schließen (also $D_1 = D_2$ setzen) oder umgekehrt annehmen, daß die sachliche Verschiedenheit sich nicht in der Terminologie niedergeschlagen hat (also sachlich $D_1 \neq D_2$, aber mit gleichem Namen benannt)?

Schon in dieser Frage als solcher stecken schwierige Probleme: *Erstens* können wir aus mannigfachen Gründen[382] oft nicht sehen, welcher Grad von Identität bzw. Diversität sachlich vorliegt. *Zweitens* kann ein moderner Beurteiler meist nicht leicht entscheiden, ob ein bestimmter Grad von Verschiedenheit so *wesentlich* ist, daß er tatsächlich einen ‚neuen' Seinsmodus (d. h. eine neue Stufe) begründet hat. *Drittens* kann er aus einer (hypothetisch angenommenen) *wesenhaften* Differenz nur schwer die Forderung ableiten, der antike Philosoph hätte sie unbedingt durch einen besonderen Terminus kennzeichnen müssen. Denn die terminologische Differenzierung kann unbewußt oder bewußt unterlassen worden sein: Unbewußt, weil die Verfeinerung und Präzisierung der Nomenklatur oft mit dem Weiterdenken des Sachproblems nicht Schritt hält[383]; bewußt, wenn der Autor, um die Einheit des Gesamtprinzips zu betonen, auf Spezialtermini verzichtet. Man kann also aus dem Fehlen spezifischer Termini in keinem Falle schließen, hier liege kein wesentlicher Unterschied (d. h. kein besonderer Seinsmodus) vor. *Viertens* läßt sich aber auch wieder nicht umgekehrt aus der Verschiedenheit der Begriffe eine Andersartigkeit der Seinsweise ersehen: Denn es mag unter bestimmten Umständen[384] zu Unterteilungen und Spezialisierungen der Begriff-

das Verhältnis von H_1 und H_2 (die nur rein mechanisch mit Index versehen wurden) untereinander und mit dem Prinzip H (bzw. H_0) vorläufig offenbleibt und erst u. 2.244 besprochen wird.

380 Statt χώρα kann man natürlich auch einen anderen der im Timaios begegnenden Termini (z. B. ὑποδοχή) einsetzen. Wenn χώρα nur *einer* von *mehreren* Aspekten von D_2 war (was möglich ist), müßten wir noch mit weiteren Spezial-Termini für D_2 rechnen, von denen wir nichts wissen. — Ob χώρα noch auf weitere Gegebenheiten, z. B. einen ‚idealen Raum' der νοητά, angewandt wurde, wie Robin vermutet, ist *sehr* fraglich (vgl. o. 2.223d Ende).

381 *Insoweit* zutreffend Cherniss 480. Wieweit in anderer Hinsicht seine Aufstellungen problematisch sind, ergibt sich aus dem Folgenden.

382 Der antike Autor mag den betreffenden Punkt nicht deutlich genug durchdacht und ausgedrückt haben; oder es liegt eine Überlieferungslücke vor; oder die modernen Interpreten haben den Quellenbefund nicht genügend exakt erfaßt. Es können natürlich auch zwei oder drei Gründe zusammenwirken.

383 Hierfür bietet die Entwicklung der griechischen Philosophie-Sprache instruktive Beispiele, auf die hier nicht eingegangen werden kann.

384 Manche Autoren lieben es, neue Termini einzuführen. Der Schulbetrieb ist auf Begriffsdistinktionen angewiesen und verleitet außerdem zu mancher Übertreibung.

lichkeit kommen, die *nicht* auf wesenhaften Unterschieden der Sache beruhen. *Fünftens* vermögen Wechselfälle der Überlieferung unsere Kenntnisse der Nomenklatur so einseitig zu beeinflussen[385], daß notwendig dann auch unsere Schlüsse daraus schief und ungenau werden.

Trotz all dieser Schwierigkeiten ergibt sich in bezug auf die für unser Hyle-Thema wichtigen Punkte ein hinreichend sicheres Bild:

b) Das platonisch-akademische Materie-Prinzip ‚multipliciter dicitur'

α) Auf Grund der oben vorgebrachten methodischen Erwägungen fragen wir zuerst und hauptsächlich nach der *sachlichen* Differenziertheit dieses Prinzips, erst in zweiter Linie — zusätzlich und zur Ergänzung — nach der entsprechenden *Terminologie*. β) Wir beschränken uns dabei nicht auf *Platon*, sondern ziehen auch die anderen *Akademiker* heran[386], weil gerade die für unsere spezielle Frage beweiskräftigsten Testimonia in ihrer Zuweisung umstritten sind und weil man *Platons* Dyas die Vielfältigkeit schon abgesprochen hat[387], nicht aber den Materie-Prinzipien der Akademiker[388] und dies der Sachlage nach auch in Zukunft nicht tun kann: Denn dafür sind die Zeugnisse zu klar. γ) Wir stellen jetzt nur die Differenziertheit als *Faktum* fest und verschieben alle weitergehenden Fragen auf nachher[389].

Wenn wir die drei Verfahrensregeln (α—γ) anwenden, ergibt sich:

1. Das zweite Prinzip wurde in der Akademie allgemein als etwas *Vielfältiges* aufgefaßt, d. h. man nahm für jede Seinsstufe jeweils eine *‚andere'* Materie an. Es gab infolgedessen nicht nur eine Materie des raum-zeitlichen Werdens, sondern auch mehrere Materien der anderen Schichten, die man vereinfachend unter der Bezeichnung ‚ideales' Sein zusammenfassen kann.

2. Diese vielen ‚Materien' wurden trotz ihrer Verschiedenheit jeweils als *zusammengehörig* betrachtet[390], d. h. als Abwandlungen eines *übergreifenden zweiten Prinzips*. Wie die Zusammengehörigkeit im einzelnen beschaffen ist, wird u. *2.244* geprüft.

Wie wichtig dieses Ergebnis für unser Gesamtthema ist, sei gleich vorweg gesagt:

[385] Vgl. hierzu das Folgende, nicht nur das Platon-Kapitel, sondern auch die Abschnitte über Speusipp (2.3) und Xenokrates (2.4).

[386] Auch hier verdient das Speusipp-Referat bei Iamblich (dazu u. 2.3) wegen seiner prinzipiellen Aufschlüsse besondere Erwähnung.

[387] Cherniss 479 f. 483.

[388] Cherniss 481—485 gesteht der alten Akademie ausdrücklich ein ‚differenziertes' Materieprinzip zu und bespricht die einschlägigen Stellen. (Speusipps Lehre steht natürlich auf einem anderen Blatt.)

[389] Z. B.: Wie kommt es überhaupt zur Differenzierung? Wie verhalten sich die einzelnen Manifestationen zum Gesamtprinzip? Differenziert sich auch das Hen in den einzelnen Schichten und auf welche Weise?

[390] Das gilt selbst für Speusipp, vgl. u. 2.3.

An das — in zwei Punkten soeben stichwortartig resümierte — *zweite Prinzip der Akademie knüpft Aristoteles mit seiner ὕλη an, ja er übernimmt es im wesentlichen:* Auch bei ihm gibt es *in verschiedenen Seins-Schichten'*, — bei den *vergänglichen* Dingen wie auch in *mehreren ,Ideal'-Bereichen* — jeweils *,andere'* und *recht unterschiedliche Materien*, die sich doch *zur Einheit ein und desselben umfassenden ὕλη-Prinzips zusammenordnen*. Diese sehr enge, wesenhafte Verbindung des akademischen Materie-Prinzips mit dem aristotelischen Hyle-Prinzip im einzelnen nachzuweisen und zugleich die Modifikationen aufzuzeigen, die Aristoteles an der akademischen Konzeption angebracht hat, wird eine Hauptaufgabe der folgenden Erörterungen, ja der vorliegenden Untersuchung insgesamt sein[391].

Wir gehen nun einige der Stellen durch, in denen eine Mehrzahl von Materien bezeugt wird:

1. Als ,Arten' des Materie-Prinzips (εἴδη des μέγα καὶ μικρόν) werden genannt:

für	μήκη	μακρὸν καὶ βραχύ
	ἐπίπεδα	πλατὺ καὶ στενόν
	ὄγκοι	βαθὺ καὶ ταπεινόν[392].

Da es sich um ,denselben' Seinsbereich, nämlich die Idealgrößen, handelt, wird man genauer von *einer* besonderen (in drei Unterarten geteilten) Materie der Idealgrößen sprechen, die auch speziell benannt ist[393]. Also D_1 mit den Unterarten D_{1a} D_{1b} D_{1c}[394].

2. Die Materie der (Ideen-)Zahlen wird manchmal speziell

πολὺ καὶ ὀλίγον

genannt[395]: D_2.

[391] Vgl. bes. u. 2.5. Daß die aristotelische Hyle ideengeschichtlich aus dem platonisch-akademischen zweiten Prinzip erwächst, hat man schon mehrfach nebenbei vermutet, aber bisher noch nicht eigentlich näher geprüft und verifiziert. Gute Einzelbemerkungen vor allem prinzipieller Art über den Zusammenhang zwischen akademischem zweiten Prinzip und aristotelischer Hyle jetzt bei Merlan, *ZB*, der aber trotz seines richtigen Ansatzes die Hyle in den wesentlichsten Punkten unzutreffend beurteilt, vgl. den Sach-Index s. v. *Möglichkeit 4* u. ö.

[392] M 9, 1085a 9—12 = TP 27A, wozu Gaisers Kommentar. Sämtliche Parallelstellen nebst Erörterung bei Robin 290—292 (n. 271). Vgl. auch Ross zu 1085a 9.

[393] Aus den Parallelstellen vgl. die Formulierung A 9, 992a 11 f (26A) μήκη μὲν τίθεμεν ἐκ βραχέος καὶ μακροῦ, *ἔκ τινος μικροῦ καὶ μεγάλου* ,,d. h. von einer Art des μέγα καὶ μικρόν". Hierher gehört wohl auch N 3, 1090b 37 f, wenn man im Text liest ἐξ ἄλλου δέ τινος μικροῦ καὶ μεγάλου τὰ γὰρ μεγέθη ποιεῖ (δέ τινος Gaiser, *QP* 39 A. 22 nach Ross; δὲ τίνος Cherniss, Jaeger, Gaiser noch TP 28b; was man mit γάρ macht, ist weniger wichtig) und übersetzt: ,,aus einer anderen Art des μέγα καὶ μικρόν läßt er (Platon) die Raumgrößen hervorgehen".

[394] Auf die *Reihenfolge* der Materien und die entsprechende Index-Zahl kommt es nicht so sehr an: Wer eine andere Abfolge wünscht, mag es umnumerieren.

[395] Stellen Robin 656f. Auch hier vgl. Ross zu 1085a 9; s. ferner Krämer, Rhein. Mus. 111 (1968) 325 A. 117.

Beide Arten von Materie darf man miteinander kombinieren[396] und ein System beginnen:

Idealgrößen	D_1	oder auch Ideenzahlen	D_1
Ideenzahlen	D_2	Idealgrößen	D_2

In diesem System besitzen die beiden ‚noetischen' Schichten im engeren Sinne jeweils eine spezielle Materie. Kann man nun auch für die übrigen Stufen des platonischen oder sonst eines akademischen Systems analog Spezialmaterien ansetzen? Explizit im einzelnen überliefert sind sie uns nicht, aber eine Reihe von Indizien spricht dafür:

3. So hören wir, daß es außer den genannten ‚noch weitere Arten' von Materie im platonisch-akademischen System gab[397]. Das Gegenteil davon wäre ja auch undenkbar gewesen, wenn man sich die Differenziertheit dieses Systems und die Funktion des Materie-Prinzips vor Augen hält: Ferner konnte Speusipps Konzeption einer Art von ‚Konglomerat'-System mit Sonderprinzipien für jede Einzelschicht auch nicht ganz voraussetzungslos entstehen, sondern ihm muß eine gewisse ‚Gespaltenheit' des akademischen Materie-Prinzips (und desgleichen des Hen) bereits *vorgegeben* gewesen sein. Und schließlich zeigt Xenokrates, wenn er bei Erklärung der Gestirne deren Materie als ‚erstes Dichtes', ‚zweites Dichtes' und ‚drittes Dichtes' beschreibt[398], wie er Materie aufspaltet — was Rückschlüsse auf die Auffächerung seines zweiten Prinzips insgesamt zuläßt[399].

Die erwähnte Lehre des Xenokrates gibt übrigens auch noch wertvollen Aufschluß über die *Terminologie:* Demnach bestand außer der Alternative, entweder die einzelne Besonderung namenlos zu lassen und einfach den Oberbegriff auf sie anzuwenden (z. B. μέγα καὶ μικρόν für die Materie der Idealzahlen) *oder* einen Spezialterminus neben dem Oberbegriff bzw. statt seiner einzuführen (z. B. πολὺ καὶ

[396] Ob sie schon bei Platon so konzipiert waren (wahrscheinlich) oder nicht, es besteht jedenfalls kein triftiger Grund, sie voneinander zu trennen und verschiedenen System-Varianten zuzuweisen. Vermutlich kamen auch die *Termini* zusammen vor (bereits bei Platon?). Vgl. Robin a. O. — Wer meint, daß die zwei Stufen allzu speziell mit *Platon selber* verbunden (sie sind es jedoch nicht) und deshalb der Kontroverse um den ‚esoterischen' Platon ausgesetzt seien, mag stattdessen die ersten beiden Stufen Speusipps nehmen:

math. Zahlen:	μονάς	H_1	πλῆθος	D_1
geom. Größen:	στιγμή	H_2	διάστασις	D_2

(ich habe das Bild vereinfacht; Näheres bei Merlan 130f, Krämer, *UGM* 211 A. 50 und u. 2.3.)

[397] N 2, 1089b 8—15, bes. 14 (= TP 29) καὶ ἔτι δὴ πλείω εἴδη λέγουσι τοῦ πρός τι. Vgl. die in A. 393 genannten Stellen (bes. N 3) und Robin 292. 656.

[398] fr. 56 Heinze, dazu Merlan, *ZB* 2 f. Vgl. u. 2.43.

[399] Darüber u. 2.43.

ὀλίγον neben bzw. statt μέγα καὶ μικρόν), noch eine *dritte* Möglichkeit, den Oberbegriff durch den Zusatz von ‚Indexzahlen' zu unterteilen und so an seine Besonderungen anzupassen. Mit Derartigem müssen wir also immer rechnen, wenn die Überlieferung uns für zwei verschiedene Sachbereiche denselben Terminus angibt[400]. Merlan hat denn auch ein umstrittenes Fragment des Xenokrates mit einer solchen Annahme zu erklären versucht[401]. Auch Platon selber mag schon so verfahren sein (nicht erst seine systematisierenden Schüler): Trifft dies zu, dann ist die Kritik des Speusipp und des Aristoteles, die beide offenbar von der — zum Teil unleugbaren — Undifferenziertheit der platonischen *Terminologie* auf *sachliche* Ungeschiedenheit von Platons zweitem Prinzip schließen, noch weniger gerechtfertigt, als sie es sonst wäre[402].

4. Man darf also den oben begonnenen Systementwurf sinngemäß fortsetzen, zuerst in der Weise *Platons*[403]:

Ideenzahlen	D_1
Idealgrößen	D_2
mathematische Zahlen	D_3
geometrische Größen	D_4
αἰσθητά	D_5

Bei *Xenokrates* könnte es so aussehen[404]:

Nous-Monas mit Zahlen	D_1
Himmel = Weltseele	D_2
sublunarer Kosmos	D_3

Schließlich wollen wir auch noch *Speusipp* beiziehen[405]:

mathematische Zahlen	D_1
geometrische Größen	D_2

400 Bei der Kargheit unserer Überlieferung besteht natürlich die Gefahr, daß wir das Vorgehen des Xenokrates, welches vielleicht ganz speziell gemeint war, allzu sehr ins Prinzipielle wenden und in seiner Wichtigkeit überschätzen. Aber das muß man in Kauf nehmen.

401 Merlan, *ZB* 3 f über fr. 15 Heinze. Dazu wiederum u. 2.43 (bes. S. 254 mit A. 872 bis 875).

402 Daß Platon tatsächlich naiv und unreflektiert die Materie seiner verschiedenen Seinsstufen *schlechthin* für ‚dieselbe' angesehen habe, halte ich für ausgeschlossen: Es widerspricht auch allen Indizien der Überlieferung, vgl. gleich anschließend Abschnitt c).

403 Die Materie der αἰσθητά ist schon durch die Chora des Timaios genügend repräsentiert. Die mathematischen Zahlen und die geometrischen Größen unterscheiden sich sachlich unzweideutig von den Ideenzahlen und Idealgrößen, müssen also eine gesonderte Materie erhalten.

404 Nähere Begründung für diesen System-Aufriß u. 2.4, bes. 2.43.

405 Vgl. dazu u. 2.3, bes. 2.31 und das Schema S. 223.

Seele	D_3
Körperwelt	D_4

Zur Abrundung wollen wir aus den drei vorgeführten Systemen unter Berücksichtigung der einschlägigen Indizien einen ‚gemein-akademischen' Seins-Entwurf erschließen:

intelligibler Bereich	D_1
Mittelbereich	D_2
αἰσθητά	D_3

Trotz der Formalisierung ist dieses Schema keine künstliche, unhistorische Abstraktion. Vielmehr gibt es diejenige Dreistufung des Seins wieder, die — mit wechselnden Inhalten — von Platon bis zum Ausgang der Antike einen wesentlichen Teil der platonistischen Tradition ausmacht. Und wenn man die — in anderem Zusammenhang höchst wichtige[406] — Unterscheidung von Dreistufung (ἕν dem intelligiblen Bereich ‚immanent') und Vierstufung (ἕν *über* den Intelligibilia) hier vernachlässigt und alles auf eine Dreistufung wie die obige zurückführt, kann man sogar sagen: Die Dreistufung bildet *den* wesentlichen Teil der platonischen Tradition und damit — vom Hellenismus abgesehen — der gesamten philosophischen Tradition in der Antike.

Mit welchen Inhalten *Aristoteles* seinerseits die Dreistufung erfüllt und wie er sie strukturiert — wobei er zwar von Platon ausgeht, aber dann doch (im Anschluß an Xenokrates und Speusipp) stark von ihm abweicht und so zu seiner eigenen Anschauung kommt — insbesondere wie er D_1 D_2 D_3 konzipiert, das wird später gezeigt[407].

c) Die Abwandlungen von *Platons* zweitem Prinzip

Im vorstehenden Abschnitt b) wurde in Form eines Resümees *dasjenige Minimum an ‚akademischer' Lehre von der Differenzierung des Materie-Prinzips vorgeführt, welches einerseits in der Forschung im wesentlichen unumstritten ist und andererseits für die ideengeschichtliche Anknüpfung der aristotelischen Hyle nach rückwärts ausreicht.* Dabei wurde Platon selbst zwar erwähnt, aber nur so vorsichtig, daß die Argumentation auch ohne ihn schlüssig bleibt.

Obwohl also für unser Gesamtthema das bereits Gesagte genügt, wollen wir doch jetzt noch einmal speziell *Platons* Prinzip auf seine Vielfalt hin betrachten, weil wir dabei detailliertere Aufschlüsse erhalten als bei Speusipp und Xenokrates und Lehrpunkte erfahren, die

[406] Von grundsätzlicher Bedeutung ist sie z. B. für Krämer, *UGM*; vgl. z. B. dessen Index s. v. *System*.

[407] u. 2.52, wo weitere Hinweise.

wir in den folgenden Kapiteln immer wieder heranziehen müssen[408]. Wie stets erneut zu betonen ist, behält das für Platon Festgestellte im Rahmen unseres Themas auch dann seinen Wert, wenn man dem esoterischen Platon sehr skeptisch gegenübersteht; man muß dann eben nur die aufgezeigten Fakten — die man *als Fakten* nicht leugnen kann — einem bestimmten Platonschüler (Speusipp, Xenokrates) oder ‚der Akademie‘ insgesamt zusprechen[409].

Kann man bei Platon überhaupt von einer *Vielfalt* des zweiten Prinzips sprechen? Speusipp und Aristoteles — der sich in seiner Argumentation deutlich an Speusipp anschließt — werfen Platon vor, seine beiden Prinzipien seien so undifferenziert und homogen, daß sie die Eigenständigkeit der verschiedenen Seinsschichten nicht zureichend zu erklären vermöchten[410]. Dieser Vorwurf richtet sich natürlich vor allem gegen das Materie-Prinzip, welches offensichtlich für Differenzierung und Ausgliederung der einzelnen Seinsbereiche verantwortlich zeichnet. Wenn Speusipp und Aristoteles hierin recht hätten, wäre Platons Versuch, die starre All-Einheit des Parmenides zu überwinden, im wesentlichen mißlungen.

In der Tat sind Belege, die für Platon explizit und unzweideutig eine Differenziertheit seiner Dyas bezeugen, kaum zu finden. Selbst die in ihrem Seinsmodus so verschiedenen Bereiche der αἰσθητά und der Ideen enthielten, wenn wir Aristoteles glauben, ‚dieselbe‘ Materie[411]. Es fällt auch auf — und zwar an *De bono* noch mehr als an den Dialogen —, wie leicht Platon von einer Seinsstufe zur anderen übergeht; er scheint also gar nicht die Schwierigkeit zu empfinden, die wir Moderne als μετάβασις εἰς ἄλλο γένος bezeichnen: Besonders charak-

[408] Ich denke vor allem an die Wege ‚zu den Prinzipien hin‘ und ‚von den Prinzipien her‘ (Reduktion/Deduktion), die Kernbegriffe des platonisch akademischen Systems darstellen und auch für Aristoteles zentral wichtig sind: Besprochen werden sie z. B. u. 2.244a und 7.61.

[409] Ganz einfach wird das freilich nicht immer sein, weil die *De bono*-Referate mindestens teilweise spezifisch ‚platonisches‘ Kolorit an sich haben, aber methodisch ist dieser Weg doch gangbar. — Daß wichtige Stücke dieser platonischen Lehren in der Akademie (vielleicht modifiziert) *fortlebten*, nehmen ja auch wir im Folgenden an: Z. B. ist die Reduktion/Deduktion bestimmt ‚gemeinakademisch‘ (u. 7.6).

[410] Speusipp bei Iambl. c.m.sc. 16, 18 ff bes. 25 ff διὰ τί . . . οὐκ ἀεὶ τὸ αὐτὸ γένος (ἐγεννήθη) ἀπό γε τῶν ὁμοίων . . . στοιχείων. Vgl. Merlan 111. Den gleichen Vorwurf erhebt auch Aristoteles, met. Β 4, 1001 b 19—25 (worauf Merlan 111 hinweist; s. auch Robin 292. 639) und Ν 3, 1090 b 32—1091 a 5, wovon die zweite Stelle mit Sicherheit auf Platon geht. Der Vergleich zwischen Speusipp und Aristoteles (der uns ja erst seit Merlans Nachweis des Speusipp-Referats bei Iamblich möglich ist) läßt vermuten, daß Aristoteles in diesem Punkt an Speusipp anknüpft (so auch Krämer, *UGM* 211 A. 51). Speusipps Argumente (präzis wiedergegeben bei Merlan 111) sind durchaus nicht oberflächlich, sondern rühren an wesentliche Punkte des Problems. Deshalb werden wir noch einige Male auf sie zurückkommen, bes. u. 2.3.

[411] Vgl. o. unter a), ferner Cherniss 479 ff, bes. 485—487.

teristisch dafür ist die von Gaiser herausgestellte innige Verflochtenheit von Mathematik und Ontologie[412].

Trotzdem ist es unmöglich, Platons Sein als ein im wesentlichen ‚homogenes' Etwas zu verstehen. Die überlieferten Seins-Bereiche des platonischen Systems (vorgeführt o. *2.242*) hob Platon vielleicht nicht sämtlich mit gleicher Entschiedenheit voneinander ab, aber mindestens zwischen Ideen und αἰσθητά legt er einen scharfen Schnitt[413]. Auch der Mittelbereich der Mathematika steht deutlich für sich[414]. Die übrigen Bereiche lassen wir beiseite[415].

Wenn nun den sehr klaren Unterschieden zwischen Sinnendingen, Mathematika und Ideen anscheinend nicht eine ebenso klare Differenziertheit der Dyas entspricht[416], so kann man daraus natürlich nicht schließen, Platon habe unreflektiert in all diesen Schichten *schlechthin* ‚dieselbe' Dyas angesetzt, sondern man muß annehmen: Platon betrachtete die Dyas trotz ihrer Einheit (die ihm wichtig war) als ein Etwas, das sich in den einzelnen Schichten abwandelt und so die Differenzen der Seinsmodi ermöglicht[417]. Er hat aber die Abwandlungen der Dyas — vielleicht weil sie ihm selbstverständlich waren — nicht mit pedantischer Systematik stets explizit hervorgehoben und sie auch nicht *terminologisch* fixiert. Mit anderen Worten: Platon hat hier — wie auch sonst in seinem ‚System' — zwar die Hauptlinien gezogen, aber sich dann doch wieder von schulhafter Festlegung und verknöcherter Dogmatik freigehalten, *sachlich* und *sprachlich*[418]. Das haben seine systematischeren Schulnachfolger bzw. Schüler Speusipp und Aristoteles nicht mehr verstehen können oder wollen und deshalb — sich wohl überwiegend nur an die Terminologie, also an etwas

[412] Gaiser glaubt ja, mit seiner Platon-Deutung die spezielle Kontroverse um ‚Chorismos' und ‚Teilhabe' prinzipiell auflösen zu können. — Vgl. in den *De bono*-Berichten vor allem die dimensionale und kategoriale Reduktion.

[413] Das zeigen nicht nur die klassischen Stellen über die Ideenlehre in den Dialogen, sondern auch die schulmäßigen Erörterungen in De ideis. Ergänzend tritt Aristoteles' Ideenkritik hinzu, die zwar fälschlich die *partielle* ‚Abtrennung' der Ideen zu einer *absoluten* übersteigert, aber doch eben dadurch die partielle Abtrennung, d. h. das *Anderssein* der Idee, bezeugt.

[414] Belege o. **2**.242.

[415] Vgl. außer den Belegen o. **2**.242 die Bemerkung von Krämer, *UGM* 211 A. 50.

[416] Die Mangelhaftigkeit der Überlieferung dafür allein verantwortlich zu machen, ist angesichts der o. S. 156 A. 410 zitierten Belege aus Speusipp und Aristoteles unmöglich.

[417] Daß der Begriff der ‚Abwandlung' natürlich nicht alle Schwierigkeiten löst, sondern Probleme in sich birgt, zeigt wiederum gut die (bei Merlan 111 referierte) Kritik des Speusipp an Platon.

[418] ‚Offenheit' und ‚Entwurfscharakter' von Platons ‚System' hat Gaiser schön gezeigt. Hinsichtlich der Sprache sind Mannspergers tiefsinnige Beobachtungen über *Platons Sprache der Dialektik* wohl auch auf *De bono* anwendbar — trotz der Verschiedenheit des literarischen Genos und der geistigen Situation.

Äußerliches, haltend — diese ‚Unvollkommenheiten' gerügt und — so z. B. Speusipp — mit Ordnungssinn ausgebessert[419].

In diesem Sinne betrachten wir die Indizien für eine Differenziertheit der platonischen Dyas:

Auf die schon oben erwähnten Stellen aus A 9, M 9 und N 3 weisen wir nur kurz nochmals hin[420] und wenden uns den *De bono*-Referaten zu: Denn einen gewissen Einblick in die Vielfalt der Prinzipien geben die dort beschriebenen Wege der Erkenntnis (und der Seinsbegründung) von den konkreten Erscheinungen zu den Prinzipien hin (ἐπὶ τὰς ἀρχάς) und von dort wieder zurück (ἀπὸ τῶν ἀρχῶν)[421], die man ‚Analysis'—‚Synthesis'[422], ‚Aufstieg'—‚Abstieg'[423]

[419] Wie die Schüler die an Platon empfundenen Schwierigkeiten *sachlich* durch ihre eigenen Systementwürfe zu vermeiden suchten, wird später erörtert (2.51, wo Verweise). Zu ihrem Weiterarbeiten an der *Terminologie* vgl. o. 2.243b, u. 2.43. Die Modifikationen, die sie anbrachten, bestanden nicht nur darin, daß man zu weite Begriffe verengte, sondern zum Teil auch darin, daß man zu enge Begriffe verallgemeinerte (N 1, 1087b 4—12 = TP 49). ‚zu enge' Begriffe meint hier nicht spezielle Termini für die einzelnen Seins*stufen* (wie weit die Platon schon besaß, ist unsicher), sondern Ausdrücke, die nur *einen* Aspekt des Gegenstands herausheben und insofern zu eng sind (allerdings sind die in N 1 vorgeführten Beispiele hierfür nicht gerade instruktiv; weitere Behandlung erwünscht). S. auch Sach-Index s. v. *Sprache 2*.

[420] Vgl. Gaiser 47 f. 486 f (zu A 9). 488 f (zu M 9) und *QP* 39—49 bes. 42—46 (zu N 3). Vgl. ferner erneut Cherniss 481 ff (der ja bekanntlich die Vielfalt der platonischen Dyas bestreitet und die Belege auf jemanden anders bezieht) und die grundlegende Behandlung Robins 635—660 (Materieprinzip der Idealzahlen). 290—292. 368—370. 468 f) der Idealgrößen); 213 f. 453 f. 464—468 (der mathematischen Größen); ferner 416—421. Für den Bereich des Werdens und Vergehens kommen vor allem die Äußerungen des Timaios in Frage (Chora). S. auch zu den von Robin besprochenen Metaphysik-Stellen Ross' Kommentar.

[421] Die zwei Ausdrücke gebraucht Arist., EN A 4, 1095a 30—63 (= TP 10), wo die beiden Erkenntniswege für Platon bezeugt und sehr knapp, aber treffend gekennzeichnet werden. Gaiser zu TP 10 registriert die einschlägigen Dialogstellen, meint aber dann zu Recht, daß Aristoteles hier auf die entsprechenden Punkte der innerschulischen Lehre anspiele, die wir gerade behandeln. Aristoteles bringt dann noch andeutend diese Gedanken Platons in Verbindung mit seiner eigenen Lehre vom γνωριμώτερον φύσει — γνωριμώτερον πρὸς ἡμᾶς, die ja für seine Metaphysik zentral wichtig ist (vgl. o. 1.36, bes. 1.361, u. 7.543, 7.61). Weitere Beziehungen zwischen diesen beiden Lehren Platons und des Aristoteles im Folgenden.

[422] Diese Ausdrücke empfehlen sich deshalb, weil sie nicht bestimmte ontologische Vorentscheidungen einschließen, also neutral genug sind. Zur Verwandtschaft dieser Erkenntniswege von *De bono* mit Verfahrensweisen der Mathematik s. die interessante Bemerkung von Gaiser zu TP 18.

[423] Auch diese Begriffe sind noch angemessen, sofern man das in ihnen enthaltene Bild einer hierarchischen Seinspyramide *zunächst* aus methodischen Gründen *wertneutral* betrachtet (also nicht z. B. den ‚Aufstieg' für etwas Positives ansieht, den ‚Abstieg' für etwas Negatives). Natürlich ist die platonische Seinsstufung zugleich auch Wertstufung, und so wird später zu überlegen sein, wie weit hier auch ein axiologischer ‚Aufstieg' und ‚Abstieg' gemeint ist; vgl. u. S. 189f und 2.25.

oder — weniger zutreffend — ‚Zurückführung' / ‚Ableitung' bzw. ‚Reduktion' / ‚Deduktion'[424] nennt.

Die Analyse wurde in zwei verschiedenen Formen durchgeführt, als ‚dimensionale' und als ‚kategoriale' Analyse[425]. Bei der ‚dimensionalen' Reduktion[426] führt der Weg vom Körper[427] über Fläche—Linie—Punkt—Zahl bis zu den Prinzipien der Zahl Hen und Dyas. Diese Art der Analyse gilt als für das platonische System charakteristisch und sie mag auch dafür besonders lehrreich sein[428], aber in bezug auf die Vielgestaltigkeit des zweiten Prinzips lehrt sie nicht viel, weil sie auf ihrem Gang nicht alle oder die meisten Stufen durchmißt, sondern nur wenige davon (Figuren — Zahlen — Prinzipien)[429], so daß sie sich auf einen ziemlich begrenzten Bereich beschränkt[430].

[424] Während ‚Reduktion' trotz mancher Vorbehalte (es erinnert an Gedankengänge Husserls) akzeptabel scheint, ist ‚Deduktion' bedenklich, weil es den Eindruck erweckt, als könne man tatsächlich alles Seiende more geometrico aus den Prinzipien ‚ableiten'. Platon führte aber den Weg ἀπὸ τῶν ἀρχῶν ohne jede Spur von Rigorismus nur andeutend durch (vgl. unten), was schon Theophrast kritisierte (met. 6a 15 bis b 17 = TP 30). Offenbar ist die ‚Synthese' also nur die Kehrseite der ‚Analyse', d. h. eine Art skizzenhafte ‚Gegenprobe' zur Vergewisserung, daß die Analyse richtig war. Die ‚Deduktion' weist somit nach, daß und wie die Prinzipiate vom Prinzip *abhängig sind* und in ihm *gründen*, nicht mehr, aber auch nicht weniger. Freilich wird in den (ja nicht wörtlich zitierenden) Referaten von ‚erzeugen'/γεννᾶν, ‚entstehen'/γίγνεσθαι oder dgl. gesprochen (TP 22A. 22B. 28. 29. 30. 32. 49 usw.), aber das kann man keinesfalls ganz wörtlich und vordergründig als ein *Hervorbringen in der Zeit* verstehen (vgl. zum gesamten Problem Gaiser 550 f, wo weitere Hinweise). — S. auch die Kritik am Terminus ‚Ableitungssystem' u. 2.244a, ferner 4.21 (bes. 4.213, 4.214d) und 4.23.

[425] Sie werden auch oft ‚elementarisierende' und ‚generalisierende' Reduktion genannt: Über Vorzüge und Nachteile dieser Bezeichnungen vgl. u. 2.244b.

[426] Alex. met. 55, 20—26 H. = TP 22B (S. 478 f); auf Platon geht vielleicht auch Sext. Emp. 10, 257—262 = TP 32 (S. 498 f). Vgl. ferner TP 33—38 (35c ist zu streichen, vgl. Gaiser[2] 578 A. 3). Zur Bedeutung der dimensionalen Betrachtungsweise bei Platon anregend Gaiser 46—51. 81—88 (Sextus). 107f. Vgl. aber auch o. 2.224.

[427] Man muß als erste Stufe einen Übergang von physikalischem Körper (mit physikalischen Sinnesqualitäten) zu ‚mathematischem' Körper (ohne solche) annehmen, der sachlich notwendig ist und wenigstens bei Sextus 259 auch explizit durchgeführt wird. Vgl. o. 2.224 (bes. S. 116) und u. 7.61.

[428] Folgende Punkte lassen sich an der dimensionalen Reduktion gut exemplifizieren: a) ‚elementarisierende' Betrachtungsweise bzw. ‚Elementen'-(Stoicheion-)Metaphysik; b) gleitendes Hervorgehen der Schichten auseinander: ‚Ableitungs'-(Derivations-)System; c) ‚Reihung' nach dem Gesetz von ‚Früher' und ‚Später'; d) ‚Mitaufgehobensein'; e) Subtraktions-(‚Abstraktions'-)Verfahren; f) Pros-hen-Methode. Vgl. den Sach-Index unter diesen Stichwörtern, auch unter *Teil, ἀφαίρεσις — πρόσθεσις*.

[429] Die Stufe der αἰσθητὰ σώματα mag uns notwendig scheinen, um die Reduktion sinnvoll zu machen (o. A. 427), aber sie wurde von Platon vielleicht doch nicht so wichtig genommen, sonst wäre sie in den Referaten deutlicher markiert.

[430] Regelrechte ‚Übergänge' (in unserem Sinne) könnte man ansetzen zwischen ‚Figuren' (mit Dimensionalität) — Punkt (ohne Dimensionalität), Punkt (mit Lage) —

Zudem wird bei den Dimensionen nicht direkt von ihrer ‚Materie' gesprochen. Man kann also nur vermuten, daß hier (mindestens) zwei Arten von ‚Materie', die der Dimensionen und die der Zahlen, unterschieden und dann in der Analyse miteinander verbunden sowie auf die Dyas bezogen werden. Das stimmt zu den bereits erwähnten Stellen, an denen für Platon eine besondere Materie der idealen μεγέθη bezeugt wird[431]; denn diese μεγέθη sind ja wohl mit den Stufen der dimensionalen Reduktion nah verwandt.

Kaum günstiger steht es mit der zweiten Art, der sog. ‚kategorialen' Reduktion[432]. Sie führt alles Seiende auf die Prinzipien zurück, indem sie alles, was ‚selbständig' ist (τὸ καθ' αὑτό), dem Hen zuordnet, alles ‚Relative' (im weitesten Sinne; πρὸς ἕτερα bei Hermodor) aber entweder über die Gleichheit auch auf das Hen bezieht oder über die Ungleichheit auf die Dyas[433]. Für welche Seinsstufen gibt es die logisch-kategoriale Analyse?

Gegen die Auffassung, daß unter καθ' αὑτά und πρὸς ἕτερα die das gesamte Sein durchziehende Gegensätzlichkeit von ‚An-sich' und ‚Bezogen-sein' zu verstehen sei[434], wandte sich Krämer, der in den καθ' αὑτά die Ideenwelt, den πρὸς ἕτερα die Erscheinungswelt sehen wollte[435]. Da nun aber im Parmenides und Sophistes[436] eine kategoriale Gliederung vorliegt, bei welcher sowohl das ‚An-sich' wie das ‚Relative' *beide* Seinsschichten (Erscheinungen — Ideen) durch-

Zahl (ohne Lage), Zahl (mit ‚Pluralität') — Prinzip (ohne ‚Pluralität'). Je nachdem wie man Zwischenglieder verändert (z. B. den Punkt durch die ‚unteilbare Linie' ersetzt), ergeben sich kleinere Modifikationen, aber keine prinzipiellen Wandlungen der ‚Übergänge' als solcher. Innerhalb der ‚Figuren' bestehen natürlich Unterschiede zwischen ein-, zwei- und dreidimensionalen Gebilden (was sich sogar in der Terminologie des zweiten Prinzips niederschlägt: Robin 290 f u. ö.), über deren Relevanz sich nur schwer etwas sagen läßt: Man wäre geneigt, sie für weniger tiefgehend zu halten als die anderen obengenannten Unterschiede (vgl. die zusammenfassende Bezeichnung μεγέθη für die Idealfiguren, die doch wohl etwas mit der dimensionalen Reduktion zu tun haben), darf aber nicht vergessen, daß auch der Schritt vom Zwei- zum Dreidimensionalen einschneidend sein kann (vgl. den Timaios).

431 Vgl. o. S. 145, 152. Von den Belegen geht N 3 sicher auf Platon und ist sachlich (trotz der kleinen Textschwierigkeit) eindeutig.

432 Alex. met. p. 56, 13—20 = TP 22 B (S. 479). Hermodor bei Simplic. phys. 247, 30—248, 18 (bes. 248, 2—11) = TP 31 (Lit.; vgl. auch o. 2.241 a). Sext. Emp. 10, 262—276 = TP 32 (S. 499—501; bedarf genauer Quellenkritik). TP 39—48. Vgl. Gaiser zu den Stellen (bes. auch die Vorbemerkungen zu Nr. 22—32 u. Nr. 39—48) und S. 24 (Hinweise). 73—81. 353 f.

433 Die Unterschiede zwischen den Belegen (z. B. zwischen Hermodor und Sextus) lassen wir hier beiseite; vgl. die in der vorst. Anm. genannte Lit., dazu Krämer, *Retraktationen* 158—160.

434 Wilpert, Hermes 76 (1941) 241 mit A. 3.

435 *APA* 386 A. 95. 302 ff. 311 ff.

436 Vgl. dazu auch die Gegensatz-Systoichien in met. Γ/K, die u. 4.44, 4.61 besprochen werden.

wirken[437], ist Krämer gezwungen, eine Doppeldeutigkeit der Begriffe καθ' αὑτά und πρὸς ἕτερα anzunehmen und *zwei* Kategorienschemata — ein ,engeres' in *De bono*, ein ,weiteres' im Sophistes und Parmenides — zu unterscheiden, die er dann doch wieder zusammenfügt[438]. Deshalb überzeugt trotz mancher beachtenswerter Gründe Krämers Deutung der Kategorialanalyse von *De bono* nicht[439]. καθ' αὑτά und πρὸς ἕτερα bezeichnen also im weiteren Sinn die *alle* Seinsstufen in analoger Abwandlung[440] durchwaltende Gegensätzlichkeit von ,Ansich-sein' und ,bezogenem Sein'. Ist doch ausnahmslos alles Sein — auch das ἕν selbst, welches der δυάς bedarf, um als ἕν ,zu sich selbst zu kommen' — in wechselseitige Abhängigkeit verstrickt, so daß es nur in bestimmter Hinsicht ,an sich', in anderer Hinsicht aber wieder ,bezogen' ist: Man denke an Idee — Prinzip, die Ideen für sich und untereinander, Idee — Erscheinungswelt, Substanz — Akzidens, die Substanzen bzw. die Akzidentien für sich bzw. untereinander. Die beiden Seinsmodi sind also in Verhältnissen wie Idee — Erscheinung, Substanz — Akzidens am deutlichsten faßbar, beschränken sich aber nicht darauf, sondern wirken, die beiden Prinzipien verkörpernd, in wahrhaft universaler Weise überall.

Wenn diese Deutung zutrifft[441], wird bei den αἰσθητά, den mathematischen Gegenständen, den Ideen usw. mit Hilfe der Kategorialanalyse ,Individualität' (als *Verschiedensein* von allem andern), Differenziertheit, Ungleichheit, Unmaß u. dgl. als *Wirkung der Dyas* erklärt und auf sie zurückgeführt.

Obwohl der den Reduktionen entgegengesetzte Weg ,von den Prinzipien her', d. h. die *Synthese*, von Platon offenbar nicht bis in alle Einzelheiten entwickelt worden war[442], wurden in ihm doch — im

437 Krämer, *APA* 313 ff.

438 *APA* 313f.

439 Vgl. Gaiser 75 mit A. 58. — Die Erläuterungen, die Sextus 10, 263. 270 zu καθ' αὑτά gibt, sprechen sehr stark für raumzeitliche Substanzen und somit gegen den Versuch, in ihnen Ideen zu sehen. — Krämers Deutung verträgt sich auch schwer damit, daß Alexander im Kommentar zu Arist. met. Γ (wo das ,weitere' Schema belegt ist) auf das zweite Buch von *De bono* verweist, in welchem wahrscheinlich die kategoriale Reduktion stand (Näheres u. 4.61 Ende).

440 Über Analogie vgl. Bemerkungen im Folgenden, z. B. 2.3 (bes. 2.32), 2.51c. S. auch Sach-Index s. v. *Analogie*.

441 Wenn man dagegen die πρὸς ἕτερα auf den Bereich von Werden und Vergehen beschränkt, bliebe die — gut bezeugte — Wirksamkeit der Dyas in allen anderen Schichten unberücksichtigt. Es fragt sich jedoch, ob dadurch nicht die kategoriale Reduktion (die anders als die dimensionale Reduktion auf Umfassendheit angelegt scheint) ihren Sinn verliert, ,Weg zu den Prinzipien' zu sein.

442 Über die Unvollständigkeit von Platons ,Deduktion' berichtet Theophr. met. 6a 15—6b 5 (schon dieser erste Teil der insgesamt einschlägigen Stelle 6a 15—b 17 = TP 30 handelt von Platon, vgl. o. S. 111 A. 166, u. S. 244 A. 833). Etwas Ähnliches könnte man ja auch von den Reduktionen sagen, die (soweit man den stark ver-

Rahmen eines skizzenhaften Gesamtentwurfes des Seins — so gut wie *alle* Seinsbereiche berücksichtigt. Wenn wir die Angaben Theophrasts[443] mit einigen spezielleren Belegen[444] verbinden, erhalten wir etwa folgendes Bild: Von den Prinzipien werden erzeugt die Ideen-Zahlen (zugleich damit oder — direkt? — danach die Ideen) — Dimensionen (‚ideale' Raumformen) — Kosmos (= Gesamtheit der αἰσθητά), dazu noch die — irgendwo in der ‚Mitte' stehende — Seele; im Zusammenhang mit dem Kosmos wird vielleicht auch die Zeit erzeugt. Wie bei der ‚Erzeugung' dieser Seinsstufen die Dyas im einzelnen wirkt, wird der nachfolgende Abschnitt (d) zeigen. Wir dürfen aber nach allem bisher Festgestellten als sicher annehmen, daß die Dyas sich jeweils dabei *abwandelte*.

Eine Reihe weiterer Phänomene hat Platon nicht mehr im Zusammenhang seiner Seinsstufung regelrecht ‚abgeleitet', wohl aber noch angegeben, wie sie sich zu den beiden Prinzipien verhalten: So gehört z. B. der ‚Raum' ganz zur Dyas[445]. Man mußte nämlich in der Akademie, als man die gesamte ‚konkrete' Wirklichkeit philosophisch

kürzten Testimonia trauen kann) nur gewisse Hauptlinien herausheben. Aber man tritt wohl an eine ‚Synthese' mit anderen Erwartungen heran als an eine Analyse (dies tut anscheinend auch Theophrast), und auf jeden Fall wird uns eben durch Theophrasts Bemerkungen die andeutende Art der platonischen ‚Deduktion' stärker bewußt gemacht. — Zur ‚Synthese' Gaiser 84 f. 86. 88. 476 ff. 529 ff.

443 *Zusammenfassende* Referate (TP 22—32): Theophrast (met. 6a 15—b 17 = TP 30) erwähnt einerseits (6a 25—b 4) die ‚Erzeugung' (6a 25 γεννήσαντες) von Zahlen—Raumgrößen (d. h. Flächen und Körper)—Raum—Seele—Zeit—Gesamtkosmos (ob ‚Zeit' und ‚Kosmos' dazugehören, hängt davon ab, wie man in b 3 liest: Vgl. Ross und Reale z. St.) u. a.; andererseits (6b11—15) läßt er aus den Prinzipien ‚entstehen' (6b 15 γένεσις) Zahlen—Ideen—αἰσθητά (letztere nicht direkt genannt, aber sicher aus b 13 zu erschließen). Vgl. Gaiser zu TP 30, Ross und Reale z. St. (Näheres an anderem Ort). — Sext. Emp. 10, 276—283 (über dessen Quellenwert o. 2.241b) führt folgende ‚Deduktion' (γίγνεσθαι, ἀποτελεῖσθαι, συνίστασθαι; γεννᾶν, συνίστασθαι, ἀποτελεῖν, ποιεῖν, τεκταίνειν) vor: Zahlen — Raumdimensionen (Linie, Fläche, Körper) — sinnlich wahrnehmbare Körper (d. h. Kosmos und alles, was in ihm ist). Vgl. Gaiser 88. — Die übrigen Referate (unter den ‚zusammenfassenden') berichten nur von der Erzeugung der Idealzahlen oder Dimensionen (TP 22 A. 22 B. 26 B. 27 A. B. 28 b. 29); weitergehende Andeutungen 26 A und 28 a (dazu Gaiser).

444 TP 49—72; alles Nähere dazu bei Gaiser 529. Erwähnt wird dort die Ableitung der Ideen, der Seele und der Dingwelt.

445 Theophr. met. 6a 26—b 3 σχεδὸν τἆλλα παραλείπουσιν πλὴν ὅσον ἐφαπτόμενοι καὶ τοσοῦτο μόνον δηλοῦντες, ὅτι τὰ μὲν ἀπὸ τῆς ἀορίστου δυάδος, οἷον τόπος καὶ κενὸν καὶ ἄπειρον, τὰ δ' ἀπὸ τῶν ἀριθμῶν καὶ τοῦ ἑνός, οἷον ψυχὴ καὶ ἄλλ' ἄττα. Mit τόπος καὶ κενὸν καὶ ἄπειρον ist wahrscheinlich ein und dasselbe Etwas gemeint, nämlich die uns durch den Timaios bekannte Chora (vgl. o. 2.223d). Wenn Theophrast hier auch die Seele unter die von Platon nicht genau ‚lokalisierten' ὄντα rechnet, so widerspricht das nicht den anderen Stellen über die ‚Mittelstellung' der Seele (vgl. Gaiser zu TP 66 u. 67), denen wir oben im Text gefolgt sind.

zu durchdringen und so ‚aufzuarbeiten' versuchte[446], natürlich auch bestrebt sein, das einzelne Seiende auf die zwei Prinzipien zu beziehen und von da her zu begründen. So kann man sich durchaus vorstellen, daß die Phänomene fast listenartig in Systoichien den Prinzipien zugewiesen wurden[447].

Anläßlich der Synthese dürfen wir am ehesten darauf hoffen, etwas über die Wirkungsweisen der Dyas auf den verschiedenen Stufen zu erfahren.

d) Die Wirkungsweisen der Dyas

Bei den Ideenzahlen wird die Dyas sowohl als passiver ‚Stoff' verstanden, ‚aus' dem etwas erzeugt wird bzw. der ‚begrenzt' wird[448], wie auch als aktiv mitwirkendes, ja sogar hervorbringendes Etwas[449].

446 Diese ‚phänomenologische' Seite der Akademie ist in der letzten Zeit immer deutlicher erkannt worden. Vgl. TP 1—21 mit Gaisers Komm.; Krämer, *APA* über die phänomenologische Erfassung der Einzelwerte bei Platon und in der Akademie (z. B. 174. 200; mehr Index s. v. ἀρεταί); Gaiser 515 f über die in der Akademie vorgenommenen ‚Einteilungen' der Wirklichkeit (handbuchartige Gegensatztabellen), an denen ständig weitergearbeitet wurde (über die dort erwähnten Stellen der EE Gaiser jetzt anders in: *Zwei Protreptikos-Zitate in der Eudemischen Ethik des Aristoteles*, Rhein. Mus. 110, 1967, 314—345).

447 So schwer vereinbar uns Modernen auch eine Katalogisierung der Wirklichkeit mit dem Geist echten (‚lebendigen') Philosophierens erscheint, im Schulbetrieb der Akademie gehörte es zur Philosophie dazu, vgl. außer der vorst. Anm. bes. die auf die zwei Prinzipien angelegten Systoichien bei Arist. met. Γ/Κ (mit Alexanders Kommentar; = TP 39—42), welche bestimmt auf akademische Anregungen und Vorbilder zurückgehen.

448 Arist. met. Α 6 (TP 22 A): ἐξ ἐκείνων (= ἐκ τοῦ μεγάλου καὶ μικροῦ; vgl. ἐξ οὗ) εἶναι (987 b 21 f). ἐξ αὐτῆς γεννᾶσθαι ὥσπερ ἔκ τινος ἐκμαγείου (987 b 34 f). Alex. zu met. Α 6 (TP 22 B): ὁρισθεῖσαν δὲ τῷ ἑνὶ τὴν ἀόριστον δυάδα (56, 20). ὁρισθέντα τὸ ὑπερέχον τε καὶ ὑπερεχόμενον (56, 26 f; vorher waren sie ἀόριστα). Simplic. phys. γ 4 (TP 23 B): Die Zweiheit καθ' αὑτὴν μὲν ἀόριστος, ὡρίσθη δὲ τῇ τοῦ ἑνὸς μετοχῇ (454, 13 f). Jede der Zahlen καθόσον μὲν ὅδε τίς ἐστι καὶ εἷς καὶ ὡρισμένος, τοῦ ἑνὸς μετέχει, καθόσον δὲ διαιρεῖται καὶ πλῆθός ἐστι, τῆς ἀορίστου δυάδος . . . οὐχ ὥρισται τὸ μέγα καὶ μικρὸν ἤτοι τὸ μεῖζον καὶ ἔλαττον, ἀλλ' ἔχει τὸ μᾶλλον καὶ ἧττον, ἅπερ εἰς ἄπειρον πρόεισιν (455, 6—11). Ν 3, 1090 b 36—1091 a 5 (TP 28 b; sicher auf Platon gehend) ἐκ τοῦ μεγάλου καὶ μικροῦ ποιεῖν (sc. τὸν ἀριθμόν) o. ä. Ν 4, 1091 a 25 (28 b) τοῦ μεγάλου καὶ μικροῦ ἰσασθέντων. Ν 2, 1089 b 12 (29) πολὺ ὀλίγον, ἐξ ὧν οἱ ἀριθμοί. Sext. Emp. 10, 276 ff (32) nicht eindeutig, vgl. u. A. 449; unter die hier besprochene Gruppe paßt 282 ἐκεῖνοι (Platon) ἐκ δυεῖν ἀρχῶν, τῆς τε μονάδος καὶ τῆς ἀορίστου δυάδος, ἐποίουν τοὺς ἀριθμούς. Ν 1, 1087 b 7 f (49) γεννῶνται . . . οἱ ἀριθμοὶ . . . ἐκ τῆς τοῦ ἀνίσου δυάδος, τοῦ μεγάλου καὶ μικροῦ. Μ 7 mehrfach (60; zum Ausdruck δυοποιός u. A. 449). Μ 8 andeutend (61). — Das Eine wirkt in all diesen Fällen περαῖνον καὶ εἰδοποιοῦν (23 B; p. 454, 16 Diels).

449 Μ 7, 1082 a 13—15 (60) ἡ γὰρ ἀόριστος δυάς, ὥς φασι, λαβοῦσα τὴν ὡρισμένην δυάδα δύο δυάδας ἐποίησεν· τοῦ γὰρ ληφθέντος ἦν δυοποιός; ebenso Μ 8, 1083 b 35 f. Zu Alex. met. 57, 3 ff Gaiser 479. Nicht eindeutig Sext. Emp. 10, 277 τοῦ

Bei den idealen Raumformen[450], den mathematischen Gegenständen[451], der Seele[452] und der Körperwelt[453] erscheint die Dyas als näher zu bestimmende ‚Materie', ohne daß ihre Aktivität besonders betont würde.

μὲν ἑνὸς ἀεὶ περατοῦντος, τῆς δὲ ἀορίστου δυάδος δύο γεννώσης καὶ εἰς ἄπειρον πλῆθος τοὺς ἀριθμοὺς ἐκτεινούσης; dies zeige — heißt es merkwürdigerweise gleich darauf — τὸν τῆς πασχούσης ὕλης (λόγον ἐπέχειν) τὴν δυάδα. Es fällt schwer, diese Stelle als Einheit zu nehmen, also γεννώσης ... ἐκτεινούσης ‚passivisch' zu verstehen; viel eher wird man in der zweiten Bemerkung eine sekundäre, vom Aristotelismus beeinflußte Interpretation sehen. Auch N 3, 1091 a 11 (28b) γεννῆσαι ist kein verläßliches Zeugnis für eine besondere Aktivität, vgl. die Umgebung (a 10 ἑλκόμενα sc. τὸ μέγα καὶ τὸ μικρόν). Selbst wenn man aber die letztgenannten Stellen wegläßt, reichen die Belege aus M 7 und M 8 hin, die Aktivität des zweiten Prinzips bei der Erzeugung der Idealzahlen zu bezeugen und somit ein Licht auf die (u. S. 166 ff. 2.25. 2.51 d behandelte) dynamische Gesamtnatur der ‚unbegrenzten Zweiheit' zu werfen.

450 Auf die *idealen* Raumformen im Gegensatz zu den *mathematischen* (zur Unterscheidung M 6, 1080b 23—25 = TP 59, vgl. A 9, 992b 13—18 = TP 26A; Robin 226 ff. 286—293) sind von den Testimonia etwa folgende zu beziehen: A 9, 992a 10—13 (= TP 26A) βουλόμενοι δὲ τὰς οὐσίας ἀνάγειν εἰς τὰς ἀρχὰς μήκη μὲν τίθεμεν ἐκ βραχέος καὶ μακροῦ, ἔκ τινος μικροῦ καὶ μεγάλου (!), καὶ ἐπίπεδον ἐκ πλατέος καὶ στενοῦ, σῶμα δ'ἐκ βαθέος καὶ ταπεινοῦ (dazu Alexanders Kommentar 117, 28—118, 1 = 26B); ebenso M 9, 1085a 9—12 (= TP 27A) mit Ps.-Alex. z. St. (= TP 27B), N 2, 1089b 12—14 (= TP 29); vgl. auch M 8, 1084a 37 bis b 2 (61). N 3, 1090b 20—27 (= 28b; wohl auch auf Platon zu beziehen, vgl. Gaiser, *QP* 39 ff) wird nur allgemein gesagt: ποιοῦσι γὰρ τὰ μεγέθη ἐκ τῆς ὕλης καὶ ἀριθμοῦ (b 21 f); ib. b 37 f (mit Sicherheit auf Platon gehend) ἐξ ἄλλου δέ τινος μικροῦ καὶ μεγάλου τὰ [γὰρ] μεγέθη ποιεῖ. Falls er nicht (wie Idealzahl und mathematische Zahl [§ 277], so auch) ‚ideale' und mathematische Raumformen zusammenwirft, gehört hierher auch Sext. Emp. 10, 278—282 (32), wo allerdings bei der Erzeugung der Raumformen die ‚Materie' praktisch überhaupt nicht in Erscheinung tritt. — TP 27B enthält interessante Angaben über zwei Lehren, welche die Mitwirkung des Hen bei der Ausgliederung der Raumformen verschieden auffassen (Gaiser z. St.). — Über die mathematischen Raumformen u. A. 451.

451 Ein Teil der Belege wurde bereits in den vorstehenden Anmerkungen zitiert. Vollständig sind sie zu finden bei Robin 203—266, bes. 214—217 über das Materialprinzip der mathematischen Zahlen, 234 der geometrischen Größen: Aus N 3, 1090b 32—1091a 5 scheint hervorzugehen, daß das Materieprinzip der mathematischen Zahlen von dem der Idealzahlen *terminologisch* nicht unterschieden ist. Das heißt aber noch lange nicht, daß *sachlich* kein Unterschied besteht und somit ideale und mathematische Zahlen zusammenfallen (vgl. o. 2.243b). Über die Materie der geometrischen Dimensionsformen verlautet nichts Sicheres: Man mag sie sich wie eine Abwandlung der Materie der Idealgrößen (A. 450) vorstellen oder auch wie die reine Extensio der aristotelischen γεωμετρικά (u. 7.4).

452 Über die Seele im platonischen Seinsaufbau und ihre Beziehung zu den Prinzipien Gaiser zu TP 25A. 66—67 (wo weitere Hinweise); über die De anima-Stelle (= TP 25A) zuletzt Gaiser, *QP* 49—63. Wieviel auch im einzelnen an diesen Beziehungen unsicher sein mag, eine Erklärung der Psychogonie des Timaios von der innerschulischen Prinzipienlehre her ist sachlich dringend geboten (wie schon H. Gomperz sah) und erbringt plausible Ergebnisse (Lit. o. S. 96 A. 69).

453 Die Prinzipien gelten ausdrücklich für *alle* Dinge (z. B. A 6, 987b 19 f = 22A; Alex. met. 56, 34 = 22B), und die αἰσθητά werden bei der ‚Deduktion' gelegentlich

Die Dyas wirkt aber nicht nur bei der Ausgliederung der verschiedenen Seins*stufen* als deren jeweiliges ‚Material' mit (also ‚Wirkungsweise' im *einen* Sinne)[454], sondern sie tritt auch noch anders in Erscheinung, indem sie bestimmte fundamentale Gegebenheiten des Seins hervorruft (‚Wirkungsweisen' im zweiten Sinne), die teilweise nur in ganz wenigen Schichten auftreten, teilweise ‚transzendental' viele Schichten durchwirken. Solche Phänomene zu registrieren war der Sinn listenartiger Seins-Rubriken (Systoichien), über die wir uns auf Grund verschiedener Quellen ein ziemlich gutes Bild machen können: Die Spätdialoge analysieren das gesamte Sein auf die beiden Prinzipien hin und weisen dabei eine Reihe von mehr oder minder allgemeinen ‚Grundbegriffen' auf, die in Gegensatzpaaren angeordnet werden können, wobei jeweils das eine Gegensatz-Glied dem ersten, das andere dem zweiten Prinzip zugehört: ταὐτόν — θάτερον, ἴσον — ἄνισον usw.[455].

Diese mehr vereinzelten Angaben der Spätdialoge weisen auf die den ‚Gegensätzen' gewidmete Begriffsarbeit im innerakademischen Schulbereich hin, die zu einer regelrechten systematischen ‚Gegensatz-Lehre' geführt zu haben scheint. Jedenfalls wurden die ‚Gegensätze' im zweiten Buch von *De bono* erörtert, und die Reflexe in den ‚Divisiones Aristoteleae' und in aristotelischen Frühschriften (Περὶ ἐναντίων, Topik usw.) geben uns einen deutlichen Einblick in die Diskussionen der platonischen Schule über die Gegensätze und ihre Zuordnung zu den Prinzipien. Allmählich ging man dann — vermutlich schon in der Akademie, sicher im Peripatos unter Aristoteles' Leitung — dazu über, nach pythagoreischem Vorbild die gegensätzlichen Begriffe in jeweils zwei Kolumnen (συστοιχίαι) zu ordnen und solche Listen handbuchartig zusammenzustellen[456].

mehr oder minder deutlich erwähnt (Theophr. met. 6b 11—13 = TP 30; A 9, 992b 15—17 = TP 26A; Z 2, 1028b 20 f = TP 28a; Sext. Emp. 10, 277. 283 = TP 32; γ 6, 207a 17ff = TP 53A mit Simplicius' Komm. = 53B; vgl. o. S. 162 A. 443). Dazu kommen noch die Stellen, wo der *teilbare Raum*, der Schauplatz von Werden und Vergehen, mit den Prinzipien verbunden wird: Theophr. met. 6a 28—b 1. Porphyr. bei Simplic. phys. 453, 36 ff = TP 23B (Beispiel der Ellenteilung; vgl. Gaiser z. St.). δ 2, 209b 11—17 mit den Kommentaren (= TP 54A. B. B'). δ 2, 209b 33—210a 2, dazu die Kommentare (genaue Stellenangaben Gaiser 533 f). Vgl. o. 2.223b über das Verhältnis von Chora und Prinzipienlehre (wo auch über die Theophrast-Stelle).

454 Vgl. darüber u. 2.244b.

455 Zusammengestellt bei Krämer, *APA* 309 f, vgl. auch 261 ff.

456 Alles Nähere bei Gaiser 515—519, wo auch die wertvolle Arbeit von E. Hambruch, *Logische Regeln der platonischen Schule in der aristotelischen Topik*, 1904, noch besondere Erwähnung verdient hätte (vgl. Krämer, *APA* 266—268 u. ö., s. den Index). Vgl. u. 4.6 über συστοιχίαι in met. Γ und ihre Bedeutung für die aristotelische Hyle.

Die Systoichien erwähnten wir bereits und hoben als Beispiel den Begriff des ‚Raumes' heraus, den Platon der Dyas zuordnet[457]. Der Raum gehört ja, weil sich in ihm Werden und Vergehen ereignet, zum Bereich der αἰσθητά, kann aber doch nicht als deren ‚Materie' angesprochen werden[458], d. h. er ergibt sich nicht automatisch aus der Schichtenfolge. Wie der Timaios deutlich zeigt, ist die χώρα ein *aktiver* Faktor des Werdens[459], was zu den oben genannten Belegen für den *dynamischen* Charakter der Unbestimmten Zweiheit paßt.

In den Systoichien erscheinen nun ferner — was vielleicht noch wichtiger sein dürfte — ‚transzendentale' Begriffe wie die obengenannten ταὐτόν — ἕτερον, ἴσον — ἄνισον, ὅμοιον — ἀνόμοιον[460], die fast nur umschreibende Variationen von Hen und Dyas darstellen, aber doch wertvolle Angaben über allgemeine Wesensmerkmale der Prinzipien enthalten: Das zweite Prinzip bewirkt demnach ‚Differenz' (Andersartigkeit, Individuation), ‚Ungleichheit', ‚Unähnlichkeit' usw.

Mindestens ebenso bedeutsam sind zwei weitere Begriffspaare, die den Prinzipien zugeordnet werden: στάσις — κίνησις und ἀγαθόν — κακόν.

‚Ruhe' vom Hen, ‚Bewegung' von der Dyas herzuleiten[461] bedeutet natürlich nicht, daß das Hen *passiv* ist, sondern, daß von der Dyas jeweils *ungeordnete Bewegtheit* ausgeht, die durch Gegenkräfte *geordnet* wird. In diesem Ordnen auf ‚Stetigkeit' hin liegt natürlich auch wieder etwas *Aktives*, und so verträgt sich die Verbindung von Dyas und ‚Bewegung' durchaus mit Platons Lehre vom Hen als ‚demiurgischer' Form-Ursache und von der Seele als Bewegungsursprung[462].

Da diese Zeugnisse es unmöglich machen, die Dyas als Prinzip von Passivität zu deuten[463], ist weiter zu fragen, *wie* sie Bewegung verursacht. Nimmt man ‚Bewegung' im herkömmlichen Sinn als Bewegtsein raum-zeitlicher Dinge, so ist das zweite Prinzip Ursache regelloser Bewegtheit bei Werden, Vergehen, Veränderung und Ortsbewegung[464]. Das stimmt zu dem, was die Chora im Timaios be-

457 Vgl. o. 2.223d, 2.243c Ende, ferner o. S. 164 A. 453.

458 Vgl. o. 2.222, 2.223 (bes. a, d), 2.225.

459 Vgl. o. 2.223b.

460 Näheres über die Transzendentalbegriffe der Systoichien u. 4.44, 4.61. Sie decken sich zum Teil mit den Begriffen, die in der ‚kategorialen' Reduktion (o. 2.243c, u. 4.62) erscheinen.

461 Belege bei Gaiser 536; vgl. auch TP 40A.

462 Hierin folgen wir Gaiser 536 (wo weitere Hinweise). Vgl. Krämer, *UGM* 326—329.

463 Dabei setzt man die Dyas mit ‚Materie' gleich und versteht unter ‚Materie' etwas rein Passives. Welche Vorurteile hierbei mitspielen, wird u. 8.25 (bes. 8.254) besprochen.

464 Es wäre also etwa all das einbegriffen, was Aristoteles unter μεταβολή bzw. κίνησις versteht.

deutet[465]. Man kann aber auch bei den Intelligibilia, sofern sie ‚hervorgebracht' werden und in ständiger Wechselwirkung miteinander stehen, von ‚Bewegung' sprechen und diese dem zweiten Prinzip zuordnen, das ja zur Erzeugung und Differenzierung jedes einzelnen νοητόν verhilft[466]. Ein anderer Aspekt dieser von der Unbestimmten Zweiheit hervorgerufenen Bewegung ist das αἰσθητά wie νοητά durchwirkende Streben des Unvollkommenen nach ‚oben' zum Vollkommenen, das wir im nächsten Abschnitt *2.25* gesondert betrachten wollen.

Die vielleicht wichtigsten Transzendentalbegriffe, die den Prinzipien zugesprochen werden[467], sind ‚gut' (ἀγαθόν) und ‚schlecht' (κακόν)[468]. Während die Verbindung von ‚Einheit' und ‚Gutheit' im großen und ganzen ziemlich leicht nachvollziehbar ist — sie hat ja auch in der Transzendentalienlehre dann weitergewirkt[469] —, bereitet die Verknüpfung vom zweiten Prinzip und κακόν Schwierigkeiten[470]:

465 Vgl. o. 2.223b.

466 Dies hat zuerst Robin gezeigt: 679 Index s. v. *mouvement* (dans la sphère idéale), bes. 459 f. 491—494 (dort Verweise). 515 f. 593. Wenn auch nicht weniges an seinen Ausführungen spekulativ ist (was er selbst sagt), so zeigt er doch überzeugend auf Grund der obengenannten Testimonia, was ‚Bewegung' im κόσμος νοητός bedeutet. Vgl. auch ders., *Les rapports* 148 ff. *Platon*, 144—146. 150—152 u. ö. Robin aufgreifend und ihn weiterführend de Vogel, *Examen critique de l'interprétation traditionelle du Platonisme*. Revue de Métaph. et de Morale 56 (1951) 249—268, bes. 253—259; dies., *Platon a-t-il ou n'a-t-il pas introduit le mouvement dans son monde intelligible?*, Proceed. 11th Internat. Congress of Philos., vol. XII (1953) 61—67; dies., *A la recherche des étapes précises entre Platon et le Néoplatonisme*, Mnemos. IV 7 (1954) 111—122, bes. 118ff (vgl. 114ff). Zuletzt darüber Krämer, *UGM* 326—329 (mit weiterer Lit. 327 A. 500), vgl. auch 193ff; Krämer bezieht auch das ‚Streben' des Unvollkommenen zum Vollkommenen in seine Betrachtung ein, auf welches u. 2.25 eingegangen wird.

467 Ob es sich um ‚Verbindung' oder ‚Identität' handelt, wird erst unten näher geprüft.

468 Die Übersetzung ‚schlecht' paßt besser als ‚böse', weil sie κακός nicht unzulässig einengt (bei ‚böse' denkt man eher an die Gesinnung, zum Teil auch an Christliches). Vgl. dazu Theiler zu Plotin I 8 [51] (πόθεν τὰ κακά;) S. 402—404, wo auch kurz über das Problem des ‚Schlechten' bei Platon und in der Folgezeit gehandelt wird (dabei wird der Begriff des ‚Dualismus' zu eng gefaßt, s. u.).

469 Vgl. zuletzt darüber Gaiser zu TP 51; Krämer, *Prinzipienlehre und Dialektik* 49 ff. 62 ff. *GF* 141 f mit A. 120/121. 143 A. 122 Ende (über Bröcker). Die dabei immer wieder behandelte Frage, ob man die gegenseitige Beziehung zwischen ἕν und ἀγαθόν mehr vom ἀγαθόν oder vom ἕν aus verstehen soll, braucht hier nicht erörtert zu werden, da der enge Zusammenhang der beiden Begriffe sowieso feststeht. Auch das (zum Teil in der Wertphilosophie artikulierte) moderne Unbehagen gegenüber der starken Formalisierung des Guten (*bonum = unum*) kann übergangen werden, da es hier ja um das *historische* Verständnis eines *historischen* Faktums geht.

470 Grundlegend Robin 563—568. 573—580 (Belege und Erörterung). Zusammenstellung der Haupt-Belege auch bei Gaiser zu TP 51. Aus der zahlreichen Literatur über das Thema nenne ich nur: H. Herter, *Bewegung der Materie bei Platon*, Rh. Mus. 100 (1957) 327—347 (von erstrangiger Wichtigkeit; Lit.). F. P. Hager, *Die*

Diese erwachsen sämtlich aus der prekären Stellung, die das ‚Schlechte' in einem idealistischen System wie dem Platons einnimmt: Sofern das Sein vom Hen = ἀγαθόν her bestimmt und gedacht wird, darf das Schlechte kein eigentliches Sein, keine selbständige Realität besitzen, sondern nur soviel wie *Abwesenheit des Guten, Seinsdefizienz* bedeuten. Wenn man aber der in dieser Auffassung liegenden Gefahr, das Schlechte in der Welt zu verharmlosen oder ganz zu leugnen, entgehen möchte und deshalb dem Schlechten eigene Geltung zuerkennt, ja es sogar dem Gegenprinzip des Hen beigibt, droht das im Prinzip ‚gute' und in dieser Hinsicht recht ‚homogene' Sein in einem Konflikt zwischen ‚Gut' und ‚Schlecht' aufgespalten zu werden. Das gilt besonders für den intelligiblen Bereich (z. B. die Ideen), der ja von *beiden* Prinzipien (also auch von der Dyas) konstituiert wird und somit — wenn man die Gleichung Dyas = κακόν rigoros durchführte — trotz seiner Idealität ‚Schlechtes' enthalten würde[471]. Man sieht, daß die mit einem Materie-Prinzip in einem idealistischen System (nach Art des platonisch-akademischen) sowieso verbundenen Probleme noch viel schwieriger werden, wenn man von einer (weitgehend) wertneutralen zur axiologischen Betrachtung übergeht[472] — und dies muß man, denn die platonisch-akademische Seinsstufung ist nun einmal eine Werthierarchie, die Seinsprinzipien sind Wertprinzipien.

Platon sucht einen Mittelweg zu gehen. So meidet er einerseits einen extremen ethischen Dualismus[473] und interpretiert das Sein auf das Hen = ἀγαθόν hin, wodurch das Schlechte eo ipso an das ‚Nichtsein' heranrückt, also ontologisch nahezu irrelevant wird. Diese Haltung kennzeichnet die meisten seiner Dialoge und macht sich auch in den *De bono*-Referaten deutlich bemerkbar[474]. Trotzdem löst er andererseits das Schlechte nicht in das Gute auf. Er erkennt sogar manchmal ausdrücklich ein *Gegenüber* des Hen-Agathon an, welches nicht auf das Hen reduzierbar ist, sondern ein Etwas sui generis darstellt. Das zeigt sich weniger an Nomoi 896 D, wo Platon einen Augen-

Materie und das Böse im antiken Platonismus, Mus. Helv. 19 (1962) 73—103. *Die Vernunft und das Problem des Bösen im Rahmen der platonischen Ethik und Metaphysik*, 1963 (Noctes Romanae 10). Hager hat Herters Untersuchung leider erst in seiner zweiten Arbeit (*Die Vernunft und das Problem des Bösen* 238 f) herangezogen.

471 Ähnliche Gedanken äußert schon Aristoteles in seiner Kritik am axiologischen Aspekt der platonischen Prinzipienlehre, vgl. wiederum Robin 563—568. 573—580.

472 Darauf weist Merlan, *Monismus* mit Recht hin.

473 Die Betonung liegt auf ‚extrem': Gemeint ist ein Dualismus, wie er etwa im Manichaeismus vorliegt. Wenn auch Platon so etwas nicht vertritt, ist seine Philosophie trotzdem als ‚dualistisch' zu bezeichnen (vgl. u. S. 169 A. 479).

474 Belege hierfür anzuführen ist überflüssig, zumal die Forschung in diesem Punkt ziemlich einhelliger Meinung ist. Was *De bono* betrifft, so genügt ein Blick auf die zusammenfassenden Referate, um den Vorrang des Hen (und der ihm verwandten Begriffe) vor der Dyas zu erkennen.

blick mit der Vorstellung einer schlechten Weltseele spielt, als vielmehr am Politikos-Mythos, in welchem die Zerfallstendenzen des kosmischen Geschehens und der Geschichte dem ‚zweiten Prinzip' zugeschrieben werden[475], und ganz besonders am Timaios (48): Die der Chora eigene Bewegung und ἀνάγκη leitet sich nicht vom νοῦς her, sondern ist ein völlig selbständiger Faktor des Weltgeschehens[476].

Im Sinne dieser letzten Stellen (vor allem des Timaios) müssen wir auch die Beziehung zwischen κακόν und zweitem Prinzip in der innerschulischen Lehre beurteilen: Die von der Dyas ausgehende Differenziertheit, unbegrenzte Quantität und ungeordnete Bewegtheit des Seins können nicht überall durch das Hen in eine strikte Ordnung gebracht werden, sondern bewirken *Störungen* des Weltablaufes, die sich — gemessen an der Gesamtharmonie des Seins — als das ‚Schlechte' darstellen[477]. Die Unbestimmte Zweiheit besitzt also eine Wirksamkeit sui generis, die den vom Hen hervorgerufenen Wirkungen zuwiderlaufen kann. Im Bild gesprochen: Der νοῦς muß die ἀνάγκη ‚überreden', sich seinem vernünftigen Wirken ein- und anzupassen. Oder anders formuliert: Gott kann die Welt nicht *absolut* gut machen, sondern nur so gut *wie möglich*, weil die Dyas mit ihren Wirkungen ihm nun einmal unabänderlich *vorgegeben* ist und er diese Zwiefältigkeit des Seins nicht aufheben kann, ohne das Sein insgesamt aufzuheben[478]. Platons System ist also trotz aller ‚monistischen' Tendenzen doch ‚dualistisch'[479].

[475] Grundlegend H. Herter, dann Gaiser 205 ff. Richtig auch z. B. Hager, *Die Materie und das Böse* 76 (offensichtlich anders ders., *Zur philos. Problematik* 98).

[476] Vgl. o. 2.223d.

[477] Hiermit folgen wir zum Teil Robin 573—580, geben aber dem zweiten Prinzip mehr Selbständigkeit gegenüber dem ersten Prinzip. Vgl. auch die in der nächsten Anm. zitierte Theophrast-Stelle.

[478] Zu beiden Bildern vgl. die bekannten Erörterungen des Timaios (o. 2.223b, dazu Tim. 53B u. ö. Ausdrücke wie ᾗ δυνατόν). Daß sich sogar die Gottheit nicht über die dem Sein wesenhaft innewohnende Gegensätzlichkeit hinwegsetzen, also nur κατὰ τὸ δυνατόν Gutes schaffen kann, bezeugt für Platon an einer wichtigen Stelle Theophr. met 11 b 2—12 (dazu Ross und Reale).

[479] ‚Dualismus' bedeutet: ‚Es gibt neben dem ersten noch ein zweites Prinzip, das nicht aus dem ersten abgeleitet ist, sondern selbständige Geltung besitzt'. Gewiß ist das eine ‚Minimal'-Definition, aber dafür ist sie bestimmt auch praktikabel. Legt man sie zugrunde, dann vertritt Platon eindeutig einen *Dualismus* (vgl. dazu o. 2.241). Wenn dagegen F. P. Hager (*Die Materie und das Böse* 76 f. *Die Vernunft und das Problem des Bösen* 11 f. 14. *Zur philos. Problematik* 97. 99) als Dualismus nur das Gegenüber „zweier *gleichberechtigter* höchster Prinzipien" (so öfter; „gleichwertig" *Die Materie und das Böse* 80 beim Referieren von met. 1075a 35) gelten lassen will und dann natürlich einen *solchen* Dualismus bei Platon nicht finden kann, so ist das historisch unangemessen: Denn wirklich ‚gleichberechtigt' oder gar ‚gleich*wertig*' könnten ein Prinzip des Maßes, der Ordnung und ein solches der Unbegrenztheit, Unordnung nur in einem System sein, das die Welt und den Menschen *radikal* spaltet. So etwas hat aber in der antiken Philosophie *niemand* vertreten (auch keiner

Wird damit aber nicht doch wieder die Dyas fast zu einem ‚Ur-Schlechten', das nicht recht zur platonischen Seinsstufung, besonders nicht zum noetischen Bereich stimmen will? Platon hat dem vermutlich durch die Bestimmung entgegengewirkt, daß das zweite Prinzip sich nicht auf allen Stufen als κακόν zeigt, vor allem nicht bei den νοητά, wo das ‚Schlechte' gleichsam ‚suspendiert' ist: Die Dyas bewirkt dort Bewegtheit und Differenziertheit in einer gegenüber dem Bereich des Werdens abgewandelten Form, so daß im Zusammenwirken mit dem Hen (das natürlich auch seinerseits dort anders auftritt als bei den αἰσθητά) nur *geordnete*, geistige Bewegung und Individualität entsteht, die kein ‚Versagen' wie das raum-zeitliche Werden und Vergehen kennt[480].

Diese Vermutung, das zweite Prinzip wirke gerade hinsichtlich des κακόν *besonders differenziert*, läßt sich nicht direkt durch Belege stützen, im Gegenteil: Die Testimonia von *De bono* reden so, als gelte die Gleichung ‚Unbestimmte Zweiheit' = κακόν wahrhaft ‚transzendental' für *alle* Seinsbereiche. Aber es besteht Anlaß zum Verdacht, daß diese Berichte tendenziös zugespitzt sind[481]. Auf jeden Fall zwingt nun einmal der ideale Charakter des κόσμος νοητός zur Annahme einer *deutlich abgestuften* Wirksamkeit des zweiten Prinzips, ob man an das Prinzip als solches denkt (‚Ideenmaterie') oder die von ihm herrührende Bewegung (‚geistige Bewegung')[482] oder jetzt an das ‚Schlechte'. Wenn man es von den νοητά nicht völlig fernhalten will, so kann κακόν nur bedeuten, daß z. B. die Ideen nicht *absolute Vollkommenheit* besitzen, sondern irgendwie *‚defizient'* sind: Sie sind ja keine Letztursachen *(causae primae)*, sondern ihrerseits von den Prinzipien abhängig; nicht mehr einfach wie jene, sondern zur Pluralität entfaltet u. dgl.

Vielleicht läßt sich diese Deutung durch ein weiteres Indiz stützen: Speusipp hebt in seinem Seinsaufbau die *Abwandlung* der

von den bei Hager, *Die Materie und das Böse*, besprochenen Autoren). Es empfiehlt sich daher, einen wertindifferenten Ausdruck zu wählen und von zwei *‚gleichursprünglichen'* Prinzipien zu sprechen (so Krämer, *UGM* 334 A. 529, der sich mit Recht gegen Hager wendet; ib. hätte er sich aber von der monistischen Parmenides-Deutung Wyllers distanzieren müssen [vgl. o. 2.231]). Dabei sollte man stehen bleiben und die Spannung zwischen den Prinzipien weder aufzulösen trachten (z. B. nicht in einer Art ‚Über-Prinzip', wie es Gaiser 200 hypothetisch erwägt; nicht überzeugend auch Krämer, *UGM* 334 mit A. 529) noch modernistisch überhöhen (hiervon ist auch die Rede vom ‚Ur-Paradoxon' [Merlan, Gymn. 72, 1965, 544 nach Gaiser 201] nicht ganz frei). Vgl. u. 2.51.

480 Vgl. erneut Robin 563—568. 573—580.

481 Vgl. Robin a. O. Daß man gerade hinsichtlich des κακόν die (vorwiegend aristotelischen) Zeugnisse stärker anzweifelt als bei anderen Punkten der platonischen Prinzipienlehre, ist methodisch mißlich, aber nicht zu ändern.

482 Zu beidem vgl. o. 2.243a und S. 166f.

Prinzipienwirkung viel deutlicher hervor als Platon und schließt die κακία ausdrücklich aus dem noetischen Bereich aus[483]. Wenn er damit nicht nur eine Schwäche des platonischen Systems selbständig ausgleicht, sondern auch platonische Denkansätze fortbildet, kann man von ihm auf Platon zurückschließen — im Sinne des oben Vorgetragenen[484].

Es bleibt jetzt noch zu klären, wie man zwei Wirkungen der Dyas in eins denken soll, die zunächst unvereinbar scheinen: dysteleologisches Verhalten und Streben nach dem Telos. Den Zusammenhang zwischen beidem zeigt deutlich der Timaios: Die Chora bewegt sich chaotisch-ungeordnet, gestaltet sich aber zugleich (ohne Einwirkung des νοῦς) auch schon zu ‚Vorformen' der Elemente. Mit anderen Worten: Sie ist auf die Form angelegt und erstrebt sie — was freilich wiederum nicht hindert, daß sie sich bei und nach der Formung störend bemerkbar macht[485]. Das an der Chora beobachtete Ineinander der zwei Komponenten gilt nicht nur für den Bereich des Werdens und Vergehens[486], sondern auch für die Intelligibilia: Denn dort ruft das zweite Prinzip nicht nur Pluralität und jene anderen Bestimmtheiten hervor, durch welche die Ideen usw. gegenüber den Prinzipien als *defizient* erscheinen, sondern sie teilt jenem Bereich auch das Streben zum Vollendeten, d. h. zum Hen-Prinzip mit[487].

Wie bei der κίνησις[488] wollen wir auch jetzt hinsichtlich des κακόν von Platon aus gleich einen Blick auf die alte Akademie und anschließend sogar auf Aristoteles werfen: *Speusipps* Fassung des Verhältnisses von Prinzip und Wert wurde oben schon kurz gestreift, weil sie etwas über die Rolle des κακόν in Platons κόσμος νοητός zu lehren vermag. Obgleich Speusipp hierin wohl platonische Gedanken fortsetzt, fällt seine eigenwillige Konzeption des Wertproblems insgesamt vielleicht doch aus dem Rahmen — vor allem, weil er die Prinzipien über ἀγαθόν und κακόν hinausrückt[489]. ‚Typischer' für die akademische κοινή mag dagegen die Lehre des *Xenokrates* sein, der

483 Vgl. u. 2.33.

484 Speusipp trennt ja in axiologischer Hinsicht die Prinzipien ganz von ihren Prinzipiaten, indem er das erste Prinzip (nicht nur als ‚überseiend', sondern auch) als ‚über-gut' versteht, das zweite Prinzip als ‚über allem κακόν stehend' (vgl., wie gesagt, 2.33). Wenn man diese Lehre (wenigstens für das zweite Prinzip) auf Platon zurückbeziehen dürfte, wäre damit ein weiterer Anhalt gegeben, die Gleichung δυάς = κακόν zu modifizieren. Da aber Platon das ἕν nicht über das ἀγαθόν hinausrückt, ist es unerlaubt, für das zweite Prinzip etwas Derartiges zu vermuten.

485 Näheres o. 2.223b.

486 Die Chora ist *eine* Ausdrucksform der Dyas im Bereich der αἰσθητά, braucht aber deshalb nicht die *einzige* zu sein.

487 Vgl. o. 2.243a und S. 167, wo jeweils weitere Hinweise.

488 Vgl. bes. u. 2.25.

489 Vgl. außer 2.33 noch Krämer, *UGM* 221.

ähnlich wie Platon das erste Prinzip als ἀγαθόν faßt, das zweite als κακόν. Leider wissen wir nichts Näheres darüber, wie das κακόν in den einzelnen Seinsschichten auftritt, vor allem in den ‚überkosmischen' νοητά. Wie denn überhaupt die Wirksamkeit von Xenokrates' ‚Unbestimmter Zweiheit' in der Stufe der Intelligibilia so spärlich bezeugt ist, daß man immer wieder versucht ist, sie zu leugnen[490]. Dies ist aber nicht möglich, wie wir später sehen werden, und so wird man sich denken müssen, daß das κακόν als Aspekt des zweiten Prinzips sich wie bei Platon in den Intelligibilia nur in idealisierter Form als Faktor der Individuierung und Bewegung äußert, eben als bestimmte Art von ‚Defizienz'. Auch ein Streben der ὄντα zur Vollkommenheit, welches als ‚Kehrseite' der vom zweiten Prinzip ausgehenden κακία diese Defizienz voraussetzt, bezeugt und zugleich überwinden will, muß für Xenokrates angenommen werden; es wäre direkt belegt — und zwar für den noetischen Bereich, sogar mit axiologischer Ponderierung —, wenn man die bekannte Stelle aus EE A 8 auf Xenokrates beziehen dürfte[491]. Auf jeden Fall geht diese Stelle auf die alte Akademie[492] und das reicht, wie schon öfter betont[493], für die Verknüpfung der Hyle nach rückwärts aus[494].

Aristoteles kritisiert zwar heftig die Verbindung zwischen dem platonisch-akademischen zweiten Prinzip und κακόν[495], setzt aber mit seiner Hyle diese Tradition fort[496]: Die Eigenbewegung und selbständige Aktivität richtet sich einerseits als ‚Streben' auf das τέλος[497], verfährt aber andererseits zielindifferent (ateleologisch) und sogar zielwidrig (dysteleologisch). Ausdruck dieser ihrer Wesenszüge ist der δύναμις-Begriff, der ebenso das ‚Angelegtsein' auf die höhere Form

[490] So nicht nur Dörrie, der Xenokrates *im ganzen* monistisch auslegen will, sondern auch Krämer. Näheres u. 2.41/42.

[491] Vgl. u. 2.25 und 2.43.

[492] Es spricht sogar vieles dafür, daß hier Platon selber gemeint ist: Vgl. Gaiser, *Das zweifache Telos bei Aristoteles*, in: *Naturphilosophie bei Aristoteles und Theophrast* (4. Symposium Aristotelicum, 1966), Heidelberg 1969, 101 A. 13; ausführlich in diesem Sinne jetzt J. Brunschwig in seinem beim 5. Symposium Aristotelicum (1969) gehaltenen Vortrag.

[493] Vgl. die methodischen Erwägungen o. 2.21.

[494] Die von Hager, *Die Materie und das Böse* 80, genannten Stellen Λ 10, 1075a 35 f und N 4, 1091b 31 f. 35 (besprochen z. B. schon bei Robin 564—567 n. 520—522) lassen sich auf Platon, Speusipp und Xenokrates beziehen (vgl. außer den Kommentaren, z. B. Ross S. 489, noch Krämer, *UGM* 30 A. 40) und sind deshalb im Vorstehenden schon berücksichtigt worden. Über die Wirksamkeit des zweiten Prinzips qua κακόν bei den νοητά lehren sie nichts.

[495] Alle hergehörigen Stellen bespricht, wie mehrfach gesagt, Robin 563—568. 573—580 (zu den dort genannten Stellen sind jeweils die Kommentare einzusehen; vgl. auch Gaiser zu TP 51).

[496] Näheres u. 8.245/246 und 8.25 (wo weitere Hinweise).

[497] Vgl. u. 2.25 Ende (Verweise), dazu den Sach-Index s. v. *Teleologie 1 d*.

und (verbunden mit στέρησις) das Streben dorthin bezeichnet wie auch die ‚Möglichkeit' des Mißlingens, die ‚Kontingenz'. Insofern ist es (meist) Wirkung der Hyle, wenn ein substantielles ‚Werden' oder eine akzidentelle ‚Veränderung' nicht oder nur teilweise zustandekommt, wenn ein Seiendes Einbuße leidet oder ganz vergeht usw. Mit anderen Worten: *Die ὕλη ist Ursache des Schlechten in der Welt*[498]. In diesem Punkt unterscheidet sie sich nicht vom platonisch-akademischen Materie-Prinzip. Und wie bei jenem stellt sich auch hier die Frage: Wie äußert sich die Dysteleologie der Hyle bei den νοητά? Denn auch Aristoteles kennt ja mindestens eine Idealmaterie, die ‚Ortsmaterie' (ὕλη τοπική) der Äthergestirne[499]. Diese besteht *allein* darin, daß Bewegungsrichtung oder Geschwindigkeit der einzelnen Äthersphären individuell verschieden sein können, sie schließt aber weder die Möglichkeit des Stehenbleibens noch sonst irgendeine Kontingenz mehr ein[500]. Es handelt sich also um eine äußerst eingeschränkte Kontingenz, die für etwas ‚Schlechtes' keinerlei Raum mehr läßt. Wenn wir diese Konzeption auch nicht auf die Akademie anwenden dürfen, weil dort das zweite Prinzip bei den νοητά ganz offensichtlich eine gewichtigere Rolle spielt als hier, so kann Aristoteles doch lehren, wie eine abgestufte Wirkung des zweiten Prinzips aussieht und wie die κακία = Unvollkommenheit bei den Intelligibilia zu etwas Harmlosem neutralisiert wird.

Während alle bisher geschilderten Wirkungsweisen und Eigenschaften des zweiten Prinzips nach moderner Ansicht mehr ‚ontologischer' Natur sind[501], wollen wir zum Schluß noch ein erkenntnistheoretisches Charakteristikum anführen: Die Dyas ist wegen ihrer Ungeformtheit und Unstetigkeit ‚unerkennbar' (ἄγνωστον)[502]. Ähnliches sagen auch die Äußerungen, welche Platon im Timaios über die Erkenntnis der Chora macht[503]. Dazu hier nur eine kurze Bemer-

498 In demselben Sinne (obgleich mit Einschränkungen) auch Hager, *Die Materie und das Böse*, 78. 80.

499 Über die ὕλη τοπική der Sterne u. 5.325, über die ὕλη νοητή der Begriffe u. 7.71; vgl. auch 8.27.

500 Aristoteles erwähnt ja außer der ὕλη τοπική keine Mitwirkung der Hyle bei den Äthersphären (oder gar bei den unbewegten Bewegern) und schließt dadurch gleichzeitig auch die entsprechende δύναμις aus.

501 Wie diese ‚ontologischen' Bestimmungen jeweils mit dem ‚Subjektiven' (Seele, Geist, Erkenntnis) zusammenhängen, wird anläßlich des Vollkommenheits-Strebens hervorgehoben werden (u. 2.25). Über dieses Problem kann man am meisten aus Robin lernen, vgl. etwa dessen Bemerkungen zur κίνησις bei den νοητά (s. o. S. 167. 170).

502 Aristoteles phys. γ 6, 207a 29—32 (= TP 53A; ἄγνωστον καὶ ἀόριστον); dazu Simplicius' Kommentar (53B), wo sich der Satz πάντα τὰ αἰσθητὰ . . . ἄγνωστα εἶναι διὰ τὸ ἔνυλον καὶ ἄπειρον καὶ ῥευστὴν ἔχειν τὴν φύσιν (503, 14f; als platonische Lehre aus *De bono* zitiert) zwar zunächst auf die αἰσθητά bezieht, aber deutlich über diese auf das zweite Prinzip zurückverweist (ἔνυλον).

503 o. 2.223c, u. 7.823 dα.

kung[504]: Wie der Seinsmodus der Materie in der idealistischen Philosophie Platons und seiner Schüler schwierig festzulegen ist, so auch die Art und Weise, wie sie *erkannt* wird. Denn die Erkenntnis beruht allein auf der Geformtheit, d. h. der vom Hen ausgehenden Wirkung, und die Dyas ist demgegenüber nicht nur *an sich* unerkennbar, sondern sie verleiht auch den ὄντα, die sie mitkonstituiert, ein gewisses Maß von Unerkennbarkeit, d. h. sie wirkt insofern erkenntnis*hindernd*. Trotz alledem müssen Platon und seine Schüler[505], da sie nun einmal ein solches Prinzip annehmen, Möglichkeiten aufzuzeigen versuchen, das zweite Prinzip erkenntnistheoretisch einzugrenzen und festzulegen. Und so erfahren wir denn auch von manchen — ausgebildeten oder auch nur im Ansatz vorhandenen — ‚Wegen zum zweiten Prinzip', die später zu besprechen sind[506].

Im Rahmen unseres jetzigen Themas interessiert wohl am meisten ein Problem, dem wir bei anderen Wesenszügen des zweiten Prinzips schon mehrfach begegnet sind. Wie kann in den Ideen, welche — als νοητά — Prinzipien höchster wissenschaftlicher Erkenntnis (ἐπιστήμη) sind[507], ein Faktor der Unerkennbarkeit wirksam sein[508]? Die Antwort kann nur lauten: Wie das zweite Prinzip bei den νοητά keine Kontingenz und Instabilität im Sinne der raum-zeitlichen Vorgänge bewirkt (vgl. das Vorstehende), so vermag es auch nicht dieselbe ‚Unerkennbarkeit' wie bei den αἰσθητά hervorzurufen. Vielmehr ist die Dyas als Element der Ideen zwar einerseits etwas *Bestimmbares*, das durch das Hen präzisiert wird, andererseits aber *selbst* schon eine Art νοητόν. Wenn man damit die verschiedenen Ausprägungen von ‚Geistmaterie' bei Aristoteles vergleicht, die jeweils durch die Form bestimmt und gleichsam ‚aktualisiert' werden, aber schon *als solche* νοητά sind, ja sogar vom νοῦς ‚konstituiert' werden[509], darf man wohl auch der in den Intelligibilia enthaltenen ‚Unbestimmten Zweiheit' eine gewisse geistige ‚Geformtheit' zuschreiben. Somit läßt sich von einem

[504] Ausführlich darüber u. 7.823, bes. 7.823d.

[505] Hinsichtlich der Platon-Schüler gibt es so gut wie keine Zeugnisse über den erkenntnistheoretischen Aspekt des zweiten Prinzips. Aber wenn man die vorgeführten Stellen über *Die Erkenntnis der Hyle bei Platon und im Platonismus* (u. 7.823d) vergleicht und die Ausprägung dieser Gedanken beim Platon-Schüler Aristoteles, scheint es schon deswegen unmöglich, daß Speusipp, Xenokrates und die übrigen Akademiker dieses Problem nicht behandelt hätten.

[506] Vgl. erneut u. 7.823(d).

[507] S. dazu die klassischen Dialogstellen über die Ideenlehre (bes. auch die Anamnesislehre); manche Ideenbeweise in De ideis, die von der Erkenntnislehre ausgehen; die berühmte Äußerung des Aristoteles in A 6 über die Entstehung der platonischen Ideenlehre.

[508] Die gleiche Frage gilt auch für die anderen Intelligibilia, die zwar in der Erkenntnistheorie keine so große Rolle spielen wie die Ideen, aber doch qua νοητά schwerlich ein Element der Unerkennbarkeit in sich enthalten dürften.

[509] Vgl. dazu 7, bes. 7.12; vgl. auch S. 692.

Moment des ‚Unerkennbaren' in den Ideen entweder überhaupt nicht oder doch nur in sehr eingeschränkter und modifizierter Weise sprechen. Vielleicht kann man dies noch etwas an Hand des Stufenmodells verdeutlichen, in welchem von ‚unten' nach ‚oben' die Hen-Bestimmtheit zu-, die Dyas-Bestimmtheit abnimmt, so daß man durch schrittweises Eliminieren (*per subtractionem*, κατ' ἀφαίρεσιν) der ‚materiellen' Charakteristika schließlich zum ἕν selber gelangt[510]. In den obersten Stufen ist demgemäß vom ‚Unerkennbar-sein' der Dyas (ähnlich wie vom ‚Schlecht-sein') nur noch ein ‚Rest' zu bemerken, eben die *Differenziertheit* und *Vielheit* der νοητά, welche von der Erkenntnis *per subtractionem* überwunden werden muß, wenn sie zum reinen νοητόν an sich, das nur *eines* ist, gelangen will[511]. Aus dieser fortschreitenden Subtraktion darf man nun freilich nicht schließen, die Dyas wirke in

	Erstes Prinzip	Zweites Prinzip
1. ontologisch	Sein	Nicht-Sein
2. kategorial	Identität	Verschiedenheit
	Einheit	Vielheit
	Gleichheit	Ungleichheit
	An-sich-sein	Relativität
	Grenze	Ausdehnung
	Geformtheit	Ungeformtheit
	Unteilbarkeit	Teilbarkeit
3. axiologisch	gut (Arete)	schlecht (Kakia)
	Ordnung	Unordnung
4. kosmologisch	Stasis: Ruhe, Beständigkeit	Kinesis: Bewegung, Veränderung
	Leben/Göttlichkeit	Tod/Sterblichkeit
	Demiurgos: planmäßige Gestaltung	Ananke: ‚regelloser' Zwang
5. psychol./erkenntnistheoretisch	Nus-Episteme, Logos	Doxa-Aisthesis, Epithymia

[510] Vgl. über diesen Aufstieg *per subtractionem* Sach-Index s. v. *Weg zum Prinzip 5a*.

[511] Dieses νοητόν kann man nur bei Xenokrates mit dem Hen identifizieren (νοῦς—μονάς), desgleichen bei Aristoteles, während bei Platon das Hen als Über-Sein auch zugleich über dem νοῦς stehen dürfte (Krämer, *UGM* 194 ff. 214—218; vgl. schon Robin, *Les rapports* 155) und bei Speusipp das Hen ausdrücklich dem νοῦς übergeordnet wird (Krämer, *UGM* 214—218; vgl. auch u. 2.3). Daraus ergibt sich für Platon und Speusipp eine besondere Unerkennbarkeit des Hen, und man fragt sich, wie von den vielen νοητά die Erkenntnisbewegung weiter ‚aufwärts' geht (vgl. u. 7.6, 7.822). Obwohl sich bei Xenokrates und Aristoteles der letzte Schritt leichter verifizieren läßt, entzieht sich doch auch bei ihnen das Hen dem erkennenden Zugriff (vgl. 7.543, 7.6, 7.822).

den oberen Schichten nur noch ganz ‚schwach': Sie betätigt sich im Ideellen *anders* und entfaltet sich inhaltlich nicht so reich wie im Raum-Zeitlichen, steht aber damit an Wirkungskraft nicht im geringsten hinter dem Bereich der αἰσθητά zurück, im Gegenteil[512].

Hiermit haben wir im wesentlichen die verschiedenen Wirkungsweisen der ‚Unbestimmten Zweiheit' durchmustert[513]. Man könnte natürlich eine noch ausführlichere Phänomenologie des platonischen zweiten Prinzips zu geben versuchen, aber für die vorliegende Untersuchung genügen die aufgezeigten Hauptzüge, die wir nach Gaiser 19 noch einmal tabellarisch zusammengefaßt haben (s. o. S. 175).

2.244 Der Zusammenhang der Seinsstufung

Während der vorhergehende Abschnitt das Schwergewicht auf die *Vielfalt* der Seinsstufung und der Prinzipienwirkungen legte, fragen wir jetzt dagegen nach dem *Zusammenhang*: Was gibt uns das Recht, die als ‚Wirkungen des zweiten Prinzips' beschriebenen Erscheinungen wirklich *demselben* Prinzip zuzuordnen? Auf die Seinsschichtung angewendet: Worin hängen die einzelnen Stufen miteinander zusammen? Wir untersuchen also die *Einheit* des Prinzips und die *Strukturgesetze* der Seinsstufung bzw. die in ihr herrschende Kausalität. Obwohl diese Probleme fließend ineinander übergehen und komplex zusammenhängen, greifen wir aus praktischen Gründen einzelne Aspekte heraus und behandeln sie getrennt nacheinander.

Bei (fast) jedem dieser drei Aspekte bzw. Strukturgesetze ergibt sich nun dieselbe Schwierigkeit: Sie lassen sich ziemlich leicht formulieren (bzw. verifizieren), solange man sich auf den Bereich des *Mathematischen* beschränkt, dem Platon — als einer Art ‚Modellbereich' — für seine Philosophie viel Gewicht beimaß[514]. In dem Augenblick aber, da man von der Dimensionenfolge oder sonst einem mathematischen Sachverhalt[515] zu den anderen Seinsbereichen, d. h. zur ‚normalen' Seinsstufung, übergeht, werden die Aufbaugesetze undeutlicher, d. h.

[512] Vgl. u. S. 191 u. ö.

[513] Eine knappe Zusammenstellung bietet neuerdings Krämer, *GF* 142 A. 122.

[514] Die Bedeutung der Mathematik für Platons Philosophie hat Gaiser in umfassender Weise überzeugend herausgearbeitet. Gewiß wird man an seinem Bild in Einzelheiten noch Abstriche machen müssen, aber im Gesamten wird es Bestand haben. So kann man z. B. daran zweifeln, ob man Stufen der Dimensionenfolge und Seinsstufen so einander zuordnen darf, wie es Gaiser versucht; aber an der Wichtigkeit der Dimensionenfolge für Platon insgesamt ist kein Zweifel möglich, wie schon die ‚dimensionale Reduktion' in *De bono* zeigt. Über die durch Gaisers Buch in der Forschung hervorgerufene Diskussion vgl. jetzt das Nachwort von Gaiser².

[515] Zu denken ist etwa noch an die Zurückführung der Zahlen auf die Tetraktys, vgl. Krämer, *UGM* 150 (dort 151 A. 76 das interessante Zitat aus Jaeger).

sie stimmen nicht mehr exakt. Man kann nun die Schwierigkeit nicht dadurch beheben, daß man den mathematischen Einschlag in Platons Seinslehre bagatellisiert (oder gar leugnet) und dann für die platonische Seinsschichtung andere — weniger ‚mathematisierende' — Gesetze aufsucht. Denn beides würde der Überlieferung widersprechen, welche sowohl die große Bedeutsamkeit der Mathematik für Platons Philosophieren bezeugt wie auch soviele Indizien für die ‚Strukturgesetze' an die Hand gibt, daß man kaum von subjektiven Konstruktionen der modernen Interpreten sprechen kann. Wir müssen also anders fragen: Sollen wir durch eine ganz enge und strikte Verbindung zwischen dem mathematischen ‚Modellbereich' und den anderen Seinsschichten das platonische System rigoros mathematisieren und ihm somit eine schematische Exaktheit verleihen? *Oder* sollen wir die Analogie zwischen Mathematik und Ontologie lockerer fassen und in Kauf nehmen, daß dann — außerhalb des Mathematischen — in der Seinsstufung keine absolut strenge Konsequenz mehr herrscht? Vermutlich trifft das Letzte zu, weil das platonische System nach allem, was wir wissen, ein ‚Seinsentwurf' war, den Platon bewußt nach vielen Seiten ‚offenhielt'[516]. In diesem Sinne gehen wir nun die einzelnen Wesenszüge des platonischen ‚Systems' durch.

a) ‚Ableitungssystem'?

Während Léon Robin, der 1908 als erster das platonische Zwei-Prinzipien-System umfassend darstellte[517], und andere Forscher nach ihm[518] von ‚Hierarchie des Seins' oder ‚Seinsstufung' sprechen, führte

[516] Vgl. Gaiser, der konsequent die mathematische Komponente von Platons Philosophie herausarbeitet und doch wieder die Analogie zwischen Mathematik und Ontologie so wenig starr und schematisch versteht, daß er den Entwurfscharakter des platonischen Systems (mit seinen bewußt offengelassenen Antinomien) richtig zu erkennen und zu würdigen vermag.

[517] Robin Index s. v. *hiérarchie*. In diesem Werk sind bereits fast alle Wesenszüge der platonisch-akademischen Seinsstufung erkannt und mit vorbildlicher Akribie dargestellt. Da man aber leider in der deutschen Literatur bis in allerneueste Zeit Robins Untersuchung (und seine späteren Arbeiten) viel zu wenig beachtete, blieben entweder seine Ergebnisse ungenutzt oder man erarbeitet sie — als angeblich ‚neu' — zum zweiten Male. (Vgl. alles Vorstehende von Kap. 2.2, z. B. S. 86 A. 21; 2.22, bes. S. 112; und passim). Gebührend berücksichtigt wurde Robin z. B. von Merlan (schon *Beiträge* 41 A. 4. 202, dann so fort, zuletzt Gymn. 72, 1965, 544, Ph. R. 97 f, *Ἀπορῆσαι* 121 A. 1, *ZB* 8 A. 25), H. Gomperz (*System*) und de Vogel (s. die nächste Anm.). — Zur ‚Hierarchie' vgl. auch Robin, *La physique* 332. 335 u. ö. (weitere Zitate allenthalben o. 2.22). *Les rapports* 47. 150 u. ö. *Platon*, 109. 158 (dort auch *l'échelle de l'être*). 160. 168. 186 (mehr Index s. v. *hiérarchie*). Wie weit Robin auch schon die Stufen der ‚Hierarchie' regelrecht ‚ableitet', d. h. ‚hervorgehen läßt', wird nachstehend (s. auch u. b) besprochen.

[518] Hier sind vor allem Frau de Vogels Arbeiten zu nennen (in denen allenthalben Robins Anregungen aufgegriffen und fruchtbar weitergedacht werden): *La dernière*

Heinrich Gomperz 1930 den Terminus ,Ableitungssystem' ein, mit folgenden Worten[519]: ,,(Das ,Eine' und die ,Unbestimmte Zweiheit') stellen ,Urgründe' dar (the ultimate principles), aus denen ,alle Dinge' abzuleiten sind (may be derived). Und in der Tat, Platons philosophisches System ist ein *Ableitungssystem (system of derivation)*. Ihm ist die Aufgabe gestellt, darzutun, daß die Dinge durch die Ideen, die Ideen (und die Seelen ...) durch die Zahlen (einschließlich der ,Größen'), diese durch die Urfaktoren bedingt sind. ,A ist aus B ableitbar' (derived from) oder dadurch bedingt (generated by), bedeutete für Platon ohne Zweifel soviel wie ,,es läßt sich darauf zurückführen als auf etwas, was ,der Natur und dem Wesen nach' früher ist, weil es ,ohne das andere gedacht werden kann, dies aber nicht ohne jenes'" (Arist. met. Δ 11). Allein bedeutete nun dies ,Frühersein' nur logische Priorität oder auch wirkliche Abhängigkeit des ,Späteren'[520] oder gar dessen Hervorgang in der Zeit? Eine schwere Frage! Doch möchte ich glauben, daß, was Platon im Aug' hatte, vor allem logische Priorität war,

phase 167. 170. 174—176. 178. *Problems* 312. 317. *Neoplatonic Character* passim, bes. 53 f (55. 58). *Platon a-t-il* usw. 63 A. 12 (*degrés d'Être*). *Étapes* 111 f. 113 (dort auch *échelle*). *Apeiron* 25 (*l'échelle hiérarchique de l'être, l'échelle de l'être*). 28 (*l'échelle de l'être*).

519 *System* 427 f = *Ph. St.* 121. Dieser Vortrag faßt nur thesenartig die Ergebnisse langjähriger Arbeit zusammen (vgl. dazu Merlan, *Beiträge* 41 A. 4. 202 f; daraus ergibt sich, daß Gomperz seine Auffassung unabhängig von Stenzel entwickelt hat und zeitlich mindestens parallel, wenn nicht sogar vor ihm) und war als Vorläufer einer größeren Arbeit gedacht (H. Gomperz, *Platons Selbstbiographie*, 1928, Vorwort), welche Gomperz infolge seines leidvollen Schicksals (Emigration) nicht mehr zu vollenden und publizieren vergönnt war (die autobiographischen Bemerkungen des bedeutenden Forschers und Menschen in *Ph. St.* 15—28 kann wohl niemand ohne tiefe Bewegung lesen). Der Vortrag (zu dem man die wichtigen Bemerkungen in *Platons Selbstbiographie* 42—46 hinzunehmen sollte, auf die mich J. Wippern aufmerksam machte) ist in seiner gedrängten Knappheit epochemachend. Denn hier entwirft Gomperz nicht nur nach Robin als erster wieder das gesamte System in prägnanter Skizze, sondern er weist nach, daß dieses System mindestens seit dem ,Staat' hinter den Dialogen steht, und interpretiert einige Dialog-Stellen auf das System hin. (Robin hatte 1918 in *La physique* zwar den Timaios und andere Spätdialoge mit *De bono* verknüpft, aber keine so weitgehenden, prinzipiellen Konsequenzen für den mittleren Platon und Platon insgesamt daraus gezogen [vgl. 2.22]. In den folgenden Arbeiten — für uns greifbar seit 1932 — bezieht dann Robin noch Parmenides, Theaitet und ,Staat' ein. Vgl. Merlan, *Beiträge* 201 f. Ph. R. 97 f.) Damit nahm er in nuce jenes Platonbild vorweg, das — ohne Kenntnis von Gomperz — dann Krämer seit 1959 in seinen Arbeiten umfassend zu gewinnen suchte. Gomperz Vortrag (gedruckt 1931 in den Kongreßakten, 1953 in den *Philosophical Studies*, d. h. seinen Kleinen Schriften) blieb trotz Merlans Hinweisen (*Beiträge* 41 A. 4. *PN* 195) fast vierzig Jahre unbekannt und ohne jede Wirkung und wurde erst 1967 — auf meinen Hinweis hin — von Krämer, *GF* und Gaiser, *QP* verwertet sowie in Jürgen Wipperns Sammelband aufgenommen.

520 But what did this ,,natural and essential" priority imply? Simply that A precedes B from a logical point of view? Or also that B actually depends on A for its being and its reality?

freilich eine solche, die einen Zug von wirklicher Abhängigkeit des ‚Späteren' in sich schloß (und so verstand es Plotin), jedoch auch ein Hervorgehen in der Zeit nicht ganz und gar ausschloß (man erinnere sich des Ausdrucks ‚Erzeugen' sowie der kosmogonischen Bildersprache des Timaios, die zwar Xenokrates, nicht aber Aristoteles als *bloße* Bildersprache beurteilt hat)"[521]. Da auf Gomperz' Platon-Konzeption die Begriffe ‚platonisches Ableitungssystem' bzw. ‚Derivationssystem' zurückgehen, die in den letzten Jahren immer häufiger gebraucht werden[522], ist es nötig, seine eben zitierte Äußerung — die einzige, an die wir uns halten können — etwas näher zu prüfen[523]:

Die Befragung der ‚Wirklichkeit' (zunächst der raum-zeitlichen Dinge) auf ihr ‚Warum' (Analyse, Reduktion, Weg ἐπὶ τὰς ἀρχάς)[524] führt zurück zu Ursachen, Prinzipien (αἰτίαι, ἀρχαί), die ‚früher' sind als das Verursachte, die Prinzipiate[525]. Hängt nun das Prinzipiat (das ‚Spätere') vom Prinzip (dem ‚Früheren') a) nur *logisch* oder auch b) *dem Sein nach* ab oder c) *geht es* sogar *zeitlich* aus ihm *hervor*[526]? Für a) und b) läßt sich ziemlich leicht eine Antwort finden: Die Prinzipien besitzen bei Platon nicht nur *logische*, sondern eo ipso auch *Seins*priorität, d. h. sie begründen die Prinzipiate *in ihrem Sein*. So sind z. B. die Ideen *Seins*prinzipien ihrer Ideate, Hen und Dyas *Seins*-

[521] Die in *Ph. St.* gedruckte englische Version des Vortrags, aus der einige Wendungen zitiert wurden, ist die Urfassung, welche dann erst sekundär ins Deutsche übersetzt wurde; vgl. ‚Editor's (d. h. Merlans) Note' *Ph. St.* 119.

[522] ‚Ableitungs-System' z. B. Merlan, *Beiträge* 201 f. *PN* 195. 197 (deutsch im englischen Text), vgl. Ph. R. 100. ‚Derivations-System' z. B. Merlan, *PN* 204. 226 f. Sehr oft gebraucht beide Termini Krämer, bes. in *UGM* und in den Aufsätzen danach (bei ihm ist ‚Derivationssystem' fast ein Schlüsselbegriff, s. nur *UGM* Index s. v. *System* IIb, dazu u. 2.244b). Gaiser nennt den in *De bono* geschilderten Weg ἀπὸ τῶν ἀρχῶν richtig ‚Ableitung' (z. B. 529), hält sich aber sonst frei von der Verfestigung des ‚Ableitungs'-Begriffes, wie er denn überhaupt den ‚Entwurfs'-Charakter und die ‚Offenheit' des platonischen Systems gut heraushebt.

[523] Die Probleme des platonischen Systems müßten eigentlich sehr viel ausführlicher entwickelt werden, als es nachfolgend geschehen kann. Trotzdem konnte im Interesse des Hyle-Themas nicht darauf verzichtet werden, sie wenigstens andeutend zu behandeln.

[524] Am deutlichsten greifbar in den Reduktionen von *De bono* (o. S. 158—160). Bei Aristoteles entspricht dem der Weg vom σαφέστερον πρὸς ἡμᾶς zum σαφέστερον τῇ φύσει (o. 1.36, wo Verweise).

[525] Von den zahlreichen Behandlungen der πρότερον-ὕστερον-Stellen erwähne ich außer den Kommentatoren zu Δ 11 (bes. jetzt auch Reale, Komm. I 447—450, wo 450 auf die wichtigsten aristotelischen Parallelstellen verwiesen wird) und Robin 612—626 (mehr Index s. v. *Antérieur et Postérieur*) noch die philosophisch eindringliche Besprechung durch J. G. Deninger, *‚Wahres Sein' in der Philosophie des Aristoteles*, 1961, 41—62.

[526] Vgl. o. das Zitat aus Gomperz. Daß er mit „wirklicher Abhängigkeit" die *Seins*abhängigkeit meint (b), ergibt der Zusammenhang und zeigt die englische Fassung. — Aristotelisch formuliert würde die Frage lauten: Ist das Prinzip a) πρότερον λόγῳ oder b) πρότερον φύσει, οὐσίᾳ, τῷ εἶναι oder c) πρότερον γενέσει?

prinzipien der Ideen und aller ὄντα. Allgemeiner formuliert: In der platonischen Seinsstufung herrscht von ‚oben' nach ‚unten' eine strikte Abhängigkeit *dem Sein nach.*

Gomperz hat also gewiß recht, wenn er — vorsichtig formulierend — von einer ‚logischen Priorität' spricht, „die einen Zug von wirklicher Abhängigkeit des ‚Späteren' in sich schloß", und insoweit dürfte auch die Forschung ziemlich einhelliger Meinung sein[527].

Problematisch wird es aber, wenn die Seinspriorität des Prinzips ins Extrem übersteigert wird. Dies geschieht bei folgenden zwei Annahmen, die — mindestens zunächst — nichts miteinander zu tun haben: 1. Das ‚Frühere' *kann ohne* das ‚Spätere' *existieren.* 2. Das ‚Spätere' *geht zeitlich* aus dem ‚Früheren' *hervor.*

Zu 1.: Würden Hen und Dyas existieren, auch wenn kein einziges ihrer Prinzipiate existierte? Gäbe es Ideen ohne Ideate? Die Fragen stellen heißt offensichtlich sie zugleich verneinen, denn ein Grund ohne etwas Begründetes scheint sinnlos. Trotzdem neigte man zu allen Zeiten immer wieder einmal dazu, die Prinzipien von ihren Prinzipiaten loszulösen und ‚ultra-realistisch' zu verselbständigen[528], und schon bei Platon deutet manches in diese Richtung, am stärksten das Denk-Schema des ‚Mitaufhebens': Ein Etwas (A) ist dem Sein nach ‚früher' als ein anderes (B), wenn durch die Aufhebung des Ersten (A) auch das Zweite (B) aufgehoben wird (συναναιρεῖται), aber nicht umgekehrt[529]. ‚Aufheben' meint hier durchaus nicht einen logisch-erkenntnistheoretischen Vorgang, sondern das Aufheben der *Existenz*: κατὰ φύσιν καὶ οὐσίαν ist dasjenige ‚früher', ὅσα ἐνδέχεται *εἶναι* ἄνευ ἄλλων (= τῶν ὑστέρων), ἐκεῖνα (τὰ ὕστερα) δὲ ἄνευ ἐκείνων (τῶν προτέρων) μή. ᾗ διαιρέσει ἐχρῆτο Πλάτων[530]. Mit anderen Worten:

527 Belege hierfür anzuführen ist unnötig, da es sich um die communis opinio handelt. Diese Frage ist übrigens unabhängig vom Streit um den ‚esoterischen' Platon, weil schon in den Dialogen z. B. das Verhältnis (Idee des Guten — übrige) Ideen — Ideate das Problem in aller Schärfe zeigt. — Ein Versuch, von der neopositivistischen Sprachanalyse aus die platonischen ἀρχαί als rein subjektive ‚Einteilungsgesichtspunkte' (‚Topoi') zu erklären (wie ihn W. Wieland für Aristoteles unternahm, o. 1.18), ist bisher m. W. noch nicht gemacht worden.

528 Beobachten läßt sich das an manchen Neuplatonikern, im Mittelalter z. B. an den Ultra-Realisten der Zeit Abälards. Dabei handelt es sich fast immer um Seitenwege, welche die meisten Philosophen (vor allem die großen) gerade *nicht* einschlugen. Speziell an diese ultra-realistisch überspitzten Fassungen der klassischen Metaphysik hielt sich oft die moderne Metaphysik-Kritik, z. B. diejenige Kants.

529 Belege und Lit. Gaiser zu TP 33. Vgl. auch Krämer, *UGM* an den im Index s. v. συναναιρεῖν genannten Stellen.

530 Arist. met. Δ 11, 1019a 2—4 = TP 33a. Die Stelle meint, wie schon der Vergleich mit Δ 8, 1017b 17—21 = TP 33b zeigt, mit Sicherheit das Verfahren des συναναιρεῖν (so auch Gaiser zu TP 33), wenn auch das Wort hier zufällig nicht erscheint. Auch die anderen Zeugnisse (mindestens die, welche auf Platon gehen) verstehen unter (συν)αναιρεῖν offensichtlich ein (Mit-)Aufheben des *Seins.* Gomperz, *System* 428

Die Prinzipiate sind für ihr Sein auf die Prinzipien angewiesen, die Prinzipien dagegen verhalten sich gegenüber dem Vorhandensein ihrer Prinzipiate *indifferent*.

Zweifellos enthält diese für moderne Anschauungen ungewohnte Denkweise den Ansatz eines ‚Ultra-Realismus', zumal wenn man den mathematischen Bereich vor Augen hat: Denn dort ‚existiert' die frühere Dimension (Zahl), auch wenn es die spätere nicht gibt. Aber das läßt sich nicht ohne weiteres auf die anderen Seinsstufen übertragen, und Platon ist — soviel wir wissen — doch nicht den letzten Schritt gegangen. Das heißt, er läßt die Welt (die Prinzipiate) *de facto* und philosophisch bestehen und löst sie nicht in das Ideale auf.

Zu 2.: Ein zusätzliches Indiz dafür, daß das συναναιρεῖν-Schema bei Platon nicht eine extreme Verneinung des kontingenten Seins einschließt, ergibt sich aus dem Umstand, daß in *De bono* nach der Analyse des Seins auf die Prinzipien hin (Reduktion) dann umgekehrt alles Sein — wenigstens in groben Zügen — ‚von den Prinzipien' (ἀπὸ τῶν ἀρχῶν) hergeleitet wird (‚Deduktion'); und im Timaios — um nur diesen zu nennen — sehen wir vor unseren Augen den Kosmos aus den Prinzipien entstehen. Meinen die dabei gebrauchten Wendungen wie γεννᾶν, γίγνεσθαι, γένεσις u. dgl.[531] nur ‚bildlich' die strukturelle (unzeitliche) Seinsabhängigkeit des Kontingenten vom Prinzip oder ‚wörtlich' ein zeitliches Hervorgehen aus dem Prinzip (s. o. c)? Die Deduktion in *De bono* sowie die Kosmogonie des Timaios verstand man schon in der Antike teils wörtlich (z. B. Aristoteles), teils bildlich (z. B. Xenokrates), und diese Divergenz der Meinungen schien bis in neueste Zeit weder entschieden noch überbrückt werden zu können[532]. Und doch hängt an einer Klärung der Frage nicht wenig:

Während bei der bildlich-strukturellen Deutung Platons Seinsschichtung zwar ‚von oben her' begründet wird, aber doch zwischen ‚unten' und ‚oben' ausgewogen bleibt, erhält sie bei der zeitlich-genetischen Deutung die Züge eines *Emanations*-Systems, bei dem — gleichsam ‚notwendig' und ‚more geometrico' — das Untere aus dem Oberen ‚hervorgeht'[533]. Damit würde jetzt, da die vordergründigen Vorstellungen vom ‚Hervorfließen' u. dgl. bei der Interpretation des *Neuplatonismus* immer mehr überwunden werden[534], in der *Platon-*

biegt also die genannte Stelle aus Δ 11 unzulässig im modernen Sinne um, wenn er für das εἶναι des Textes ‚denken' setzt: „weil es ‚ohne das andere *gedacht* werden kann, dies aber nicht ohne jenes'" (Zitat s. oben).

[531] Belege aus *De bono* o. S. 163 A. 448/449. Für den Timaios erübrigen sich Hinweise.

[532] Antike Belege, Lit. und Erörterung bei Gaiser zu TP 68.

[533] Das Obere (A) wäre also für das Untere (B) nicht mehr nur *notwendige* Bedingung der Existenz (so bei der strukturellen Deutung), sondern *hinreichende* Bedingung, d. h. es läge nicht mehr A ← B, sondern A → B vor.

[534] Z. B. bei der Interpretation Plotins und des Proklos.

Forschung wieder fast ‚emanationistisch‘ vom *zeitlichen* ‚Erzeugtwerden‘ und ‚Entstehen‘ der Prinzipiate aus dem Prinzip geredet.

Nun, soweit geht die Forschung letztlich doch nicht; im Gegenteil, man unterscheidet scharf zwischen akademischem ‚Derivations‘- und neuplatonischem ‚Emanations‘-System[535]. Ob man die Differenzen zwischen beiden Arten von System richtig bestimmt hat, ja ob überhaupt diese scharfe Unterscheidung berechtigt ist oder nicht[536], kann hier außer Betracht bleiben: Jedenfalls spricht man richtig dem System Platons ein regelrechtes ‚Hervorgehen‘ in der Zeit ab. Diese Interpretation läßt sich noch durch Gaisers Hinweis stützen, „daß Platon den Prozeß der γένεσις grundsätzlich unter Eliminierung des Zeitmoments als dimensional-strukturelle Entfaltung und Formierung bestimmte“[537]. Damit ist jede unreflektiert-wörtliche Deutung des Timaios und der im ‚deduktiven‘ Teil von *De bono* berichteten ‚Erzeugung, Entstehung‘ der Welt aus den Prinzipien als gegenstandslos erwiesen[538].

Es ist daher empfehlenswert, den mißverständlichen Ausdruck ‚Ableitungssystem‘ durch einen neutraleren zu ersetzen[539]. Dadurch

[535] Charakteristisch hierfür ist Krämer, *UGM*, z. B. 335 f (s. auch Index 471 s. v. *System* II bα *Derivationssystem*, β *Emanationssystem*). Hierin stimmt ihm Merlan, dessen Auffassung vom platonischen ‚Ableitungssystem‘ ja auch gelegentlich ‚emanationistisch‘ mißverstanden werden könnte (s. u.), ausdrücklich zu (Ph. R. 110).

[536] Die bisherige Forschung (zuletzt Krämer, *UGM*) hat zahlreiche Unterschiede festzustellen geglaubt, welche die Trennung zu rechtfertigen scheinen. Aber es fragt sich, ob sich nicht, sobald man einmal die Urteilskriterien kritisch überprüft hat, diese Differenzen eher als *graduell* denn als *essentiell* erweisen werden. Kann man z. B. wirklich „zwischen dem *statischen* Charakter des akademischen Schemas und dem *dynamischen* Plotins“ unterscheiden (Merlan, Ph. R. 110 zustimmend zu Krämer, *UGM* 335—337)? Man muß nur die *dynamischen* (wenn auch nicht ‚emanativen‘) Züge des platonischen Systems (vgl. darüber gerade Krämer selbst, dazu besonders Robin; o. S. 166f u. ö.) vor Augen haben und das ‚emanare‘ Plotins bildlich verstehen, um den Unterschied relativ zu finden. — Vgl. o. A. 534.

[537] Gaiser zu TP 68, S. 551 (weniger klar Gaiser 269). Hier hat also offenbar (das mathematische Modell und besonders) die Dimensionenfolge, die ja kein dynamisches ‚Erzeugen‘ des Nachgeordneten kennt (schon gar nicht ein ‚zeitliches‘ und/oder ‚notwendiges‘), dazu beigetragen, daß Platon sich von wörtlich verstandener Kosmo*gonie* (und überhaupt γένεσις des Seins) freimachte.

[538] Robin streift bei seiner dynamischen Interpretation von Platons System in der ‚Conclusion‘ 598 f deutlich und bewußt an ‚neuplatonische‘ Vorstellungen, wenn er nicht nur von ‚génération‘ und ‚une longue série de dégradations‘, sondern sogar von „‚procession‘ de l'Être“ spricht. Er versteht aber, wie der Zusammenhang zeigt, diese Bilder bei Platon (und vielleicht sogar bei den Neuplatonikern) nicht naiv-wörtlich. (Freilich bleibt, wie bei dem Hegelianer Robin nicht anders zu erwarten, ein Rest übrig, ein Rest, der vielleicht schon in der platonischen Lehre und in dem Problem *an sich* steckt.)

[539] Möglich z. B. ‚Seinsschichtung‘, ‚Seinsstufung‘ (zu beiden Ausdrücken o. S. 144 A. 350).

würde übrigens noch eine weitere unzutreffende Assoziation vermieden, nämlich die, daß es sich bei der ‚Deduktion' in *De bono* (d. h. beim Weg ἀπὸ τῶν ἀρχῶν) um eine *strikte Ableitung ‚more geometrico'* handele[540]: Vielmehr wird dort als ‚Gegenprobe' zur Reduktion πρὸς τὰς ἀρχάς die Seinsabhängigkeit des ‚Unteren' vom ‚Oberen' durch eine unzeitliche γένεσις aufgewiesen, nicht weniger, aber auch nicht mehr.

Obgleich wir soeben gegenüber Gomperz' Charakteristik des ‚Ableitungssystems' einige Vorbehalte anbringen mußten, bleibt doch festzustellen, daß sie — wie es meist bei Neuprägung eines Begriffs geschieht — die Problematik des Begriffs von allen Seiten bedenkt und sich nicht einseitig festlegt. Dieses ‚Offenbleiben' nach allen Seiten hin wird in der Folgezeit eingeschränkt, schon bei Merlan, dessen klassische Definition des Ableitungssystems wiederum wörtlich zitiert sei. „Die Hauptpunkte dieses Ableitungssystems sind folgende: Der gesamte Seinsbereich zerfällt in Sphären, die untereinander in enger Verbindung stehen und kontinuierlich ineinander übergehen. Die oberste Sphäre bilden die Urprinzipien jegliches Seienden überhaupt, die Eins und die unbestimmte Zweiheit; die unterste das Konkret-Sinnliche. Die dazwischenliegende Sphäre — die unterzuteilen ist — bilden die idealen mathematischen Gebilde (Zahlen und geometrische Körper), die übrigen Ideen und endlich nichtideale mathematische Gebilde. Die Strukturen sämtlicher Sphären sind analog, indem in jeder ein

540 Bei diesem Ausdruck denkt man nicht nur an die rationalistischen Ontologien des 18. Jahrhunderts (Christian Wolff u. a.), sondern auch an das metaphysische System des Franz Suárez. Es wäre historisch jeweils zu fragen, ob diese Ontologen wirklich so schematisch verfuhren, wie ihre Gegner behaupteten und wie es auch in den gängigen Handbüchern steht, aber für uns hier genügt das herkömmliche Bild vom *deduktiven Rigorismus more geometrico*. — Eine strikte Ableitung begegnet uns heutigentags in den (von der Mathematik herkommenden) Systemen der formalen Logik, wo aus möglichst wenigen angenommenen Grundsätzen (Axiomen) mit Hilfe bestimmter, möglichst weniger Verfahrensregeln (die auch angenommen sind) sämtliche logischen Sätze abgeleitet werden, wobei allein die *innere Widerspruchsfreiheit* Kriterium für die Richtigkeit des Gesamtsystems ist. Die platonische Prinzipienlehre bietet uns nicht nur *quantitativ* z. T. weniger (kaum richtige ‚Grund'-Sätze belegt), z. T. mehr als ein Axiomensystem (auch die ‚abgeleiteten' Tatbestände sowie die Verfahren der ‚Ableitung' bzw. umgekehrt der Analyse sind ausgiebig berücksichtigt), sondern auch *qualitativ* etwas anderes (als ein Axiomensystem bzw. als ein formallogisches Gesamtsystem), weil es Platon ja nicht um die innere Widerspruchslosigkeit, sondern um die *Wahrheit* seiner Prinzipienlehre geht, mit welcher er die *Strukturen des Seins* aufzeigen will. Platons Prinzipienlehre hat also mit ‚Ableitung' weder im Sinne rationalistischer Ontologie noch im Sinne der formalen Logik (Mathematik) etwas zu tun. Die Abgrenzung gegen bestimmte mathematische Verfahrensweisen ist um so wichtiger, als in der neueren Zeit die enge Beziehung Platons und seiner Philosophie zur Mathematik immer deutlicher geworden ist (zuletzt durch K. Gaiser, wo auch weitere Lit.); diese Abgrenzung vollzieht nicht scharf genug Krämer, *GF* 140 A. 118 (wo sonst vieles Treffende über die Anwendung des ‚System'-Begriffs auf Platon steht), 144 A. 124.

formales, gestaltendes und ein materiales, gestaltetes Prinzip vorhanden ist, jenes letztlich auf die Eins, dieses letztlich auf die unbestimmte Zweiheit zurückführbar; in jeder nachgeordneten Sphäre tritt als das formale Prinzip die vorgeordnete Sphäre auf, während das hyletische Prinzip ein Plus darstellt. Dies bewirkt den kontinuierlichen Übergang der Sphären ineinander. Die mittlere Sphäre verhält sich zur ersten, wie die dritte zur mittleren"[541].

Inhalt und Anordnung der Sphären sind hier richtig wiedergegeben, und die Beschreibung des Stufenzusammenhanges ist frei von Anklängen an ‚emanationistische' Vorstellungen, wie sie Merlan später nicht immer ganz vermieden hat[542]. Auch die Behauptung, daß in jeder Stufe ‚dieselben' Prinzipien Hen und Dyas in ‚analoger' Abwandlung vorkommen, können wir im Vorgriff auf spätere Erörterungen als zutreffend bezeichnen, ohne daß wir sie jetzt erörtern müssen[543]. Eine nähere Betrachtung erfordert aber das von Merlan aufgestellte Strukturgesetz, daß jeweils in der nachgeordneten Sphäre die vorgeordnete als Formalprinzip auftrete, während das Materie-Prinzip ein Plus darstelle:

b) ‚Elementen-Metaphysik'?

Merlan sucht hiermit — über Gomperz hinausgehend — ein (oder: das) Aufbaugesetz der platonisch-akademischen Seinsschichtung ans Licht zu heben. Da seine Auffassung bis heute stark nachwirkt[544], ist sie genauer zu prüfen. Zunächst eine Skizze[545]:

541 Merlan, *Beiträge* 202.

542 *PN* 181—183. 193 u. ö. Im Hinblick u. a. auf die zitierte Stelle der *Beiträge*, die o. S. 182 A. 536 angeführte Äußerung in Ph. R. und die *ZE* (s. u.) ist unwahrscheinlich, daß Merlan wirklich die unteren Sphären konkret aus den oberen hervorgehen lassen will, aber er hat dieses mögliche Mißverständnis nicht genügend abgewehrt, ja es durch manche Formulierungen in *PN* eher noch befördert. Auch Krämer entgeht, weil er ‚Derivation(ssystem)' oft als Terminus verwendet und nicht genug kritisch absichert, dieser Gefahr nicht ganz.

543 Eine kurze Bemerkung darüber u. 2.244c.

544 Teilweise hat Merlan an dem, was er in den *Beiträgen* vorbringt, nicht festgehalten: Die These etwa, die obere Schicht sei Form der nächstniederen, wird in seinen späteren Arbeiten m. W. nirgends mehr wiederholt, und der kurze Hinweis *ZB* 2 A. 5 zeigt vielleicht, daß er sie aufgegeben hat. Trotzdem halten wir uns zunächst an die *Beiträge*. Denn Merlans Erörterungen haben nun einmal — unabhängig von seiner eigenen Einstellung — in dieser Fassung weitergewirkt und zwar im einzelnen (vom ‚hyletischen Plus' spricht z. B. Krämer, *UGM*, womit er offensichtlich auch die Gleichung ‚höhere Schicht = Form' übernimmt) und besonders im ganzen: Denn Merlan formuliert hier zum erstenmal jenes ‚Enthaltensein' der oberen Schichten in den niederen, das dann später — nachdem die *De bono*-Referate besser bekannt wurden — zum Begriff der ‚Elementen'-(Stoicheion-)Metaphysik führte, zu jenem Begriff also, dessen Problematik uns hier beschäftigt.

545 Wir lassen hierbei zunächst unberücksichtigt, wie sich $D_1, D_2 \ldots D_n$ zueinander verhalten (s. u.). — Auch die Frage bleibt beiseite, wie weit die Verbindung eines

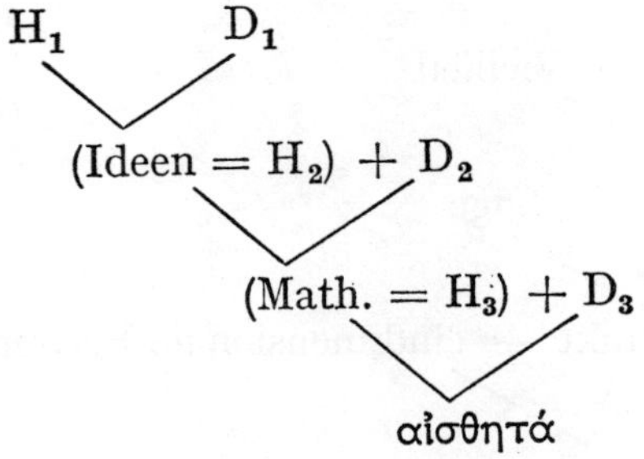

Dies mutet zunächst unplatonisch an: ein überkonstruierter Schematismus, der dazu noch eine starke Tendenz zum *Quantitativ-Additiven* hat. Aber beide Züge, das Schematische wie das Quantitative, sind dem System Platons — so wie es uns in den Referaten entgegentritt — keineswegs fremd[546]. Und zudem läßt sich das Schema tatsächlich in den Texten nachweisen:

Am klarsten zeigt es sich wieder an mathematischen Gegebenheiten, vor allem an der *Dimensionenfolge* (s. S. 186).

Hieran kann man *erstens* ablesen, wie von Stufe zu Stufe ein ‚hyletisches Plus' hinzukommt. Nach ‚oben' wird es also immer ‚einfacher', nach ‚unten' ‚differenzierter'. Da nun ‚einfacher' mit 'vorgeordnet, grundlegend' usw. gleichgesetzt wird[547], ist die obere Stufe der nächst-

H und eines ‚hyletischen Plus' in der nächsten Stufe zu einer ‚Gestalt' sui generis zusammenwächst, d. h. ein *qualitatives* Novum wird, oder (mindestens teilweise) ein quantitativ-additives ‚Konglomerat' bleibt.

546 Den jedem Betrachter auffallenden ‚Schematismus' in Platons System hat z. B. schon Gadamer, *Dialektik und Sophistik im siebenten platonischen Brief*, SB Heid. 1964, 2, 31 richtig beurteilt. Dagegen hat man den Umstand, daß Platons Ontologie, besonders die Prinzipienlehre, neben den geläufigen qualitativen Zügen auch zum Teil überraschend ‚quantitativen' Charakter besitzt, in neuerer Zeit nur wenig beachtet, obschon bereits Robin darüber vieles Wesentliche sagte (Index 682 s. v. *qualité, quantité*; ders., *La physique* passim; ders., *Platon*, Index 358 s. v. *qualité, quantité*; vgl. außer der Spezialliteratur zum Timaios noch die kurzen Bemerkungen Gaisers, Arch. Gesch. Philos. 46, 1964, 251 A. 20, und Krämers, *GS* 343. 351—353. Der quantitative Charakter der platonischen ‚Elementen'-Metaphysik wird durch den Hinweis darauf, daß der platonische Zahlenbegriff mehr qualitative Züge enthalte, als der moderne, höchstens etwas eingeschränkt, aber keineswegs aufgehoben: Denn qualitativer Charakter eignet nur den *Ideal*-Zahlen, und ‚elementarisierende' Reihungen (dazu u. 4.21) erstrecken sich auch auf *mathematische* Zahlen und *nicht-ideale geometrische* Figuren; vgl. Robin 624 f. — Zu den quantitativen Tendenzen bei Aristoteles, den man durchweg als Denker des ‚Qualitativen' betrachtet (so z. B. Gaiser 319. Krämer, *GS* 343. 351. 353), vgl. Sach-Index s. v. *Qualität 1 b*.

547 Krämer, *UGM* 156—158. Ders., *Prinzipienlehre und Dialektik* 65 A. 2 (vgl. auch 52—55 und dazu u. 7.53, 7.61).

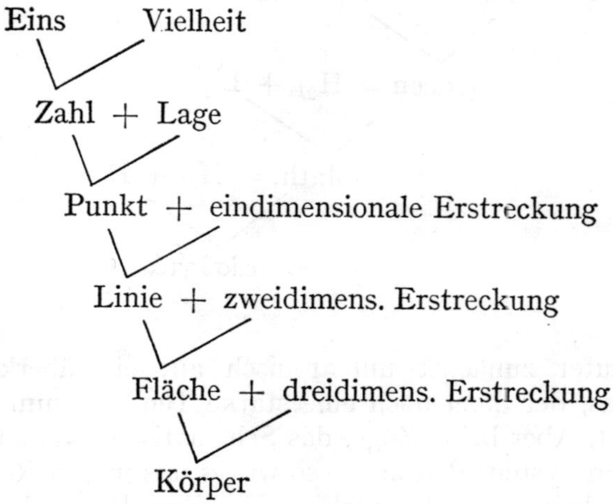

niederen jeweils ‚vorgeordnet'. Und zwar handelt es sich mit Sicherheit um *Seins*-Priorität, wie das συναναιρεῖν-Verfahren zeigt, das gerade an der Dimensionenfolge demonstriert wird[548]. *Zweitens* bildet in der Dimensionenfolge die jeweils ‚höhere' Stufe die ‚Grenze' (πέρας) für die nächstniedere und konstituiert dadurch deren Sein (aber nicht umgekehrt), d. h. sie ist ‚Form' in jeder Beziehung[549]. Auch in dieser Hinsicht ist die jeweils höhere Stufe *ontisch* vorgeordnet. Und *drittens* ist zugleich die höhere Stufe in der niederen ‚enthalten', so daß von ‚oben' nach ‚unten' ein lückenloses *Ineinander* entsteht[550].

Der letztgenannte Punkt, das *Enthaltensein des ontisch Vorgeordneten, Wesenskonstitutiven* ‚im' Nachgeordneten, macht nun das Wesen der sogenannten ‚*Elementen*'-Metaphysik aus. Dieser Terminus lehnt sich an antiken Sprachgebrauch an, denn Platon verwendet ja — den Atomisten folgend — das Symbol des ‚Buchstabens' (στοιχεῖον; lat. *elementum*) bei der Analyse des Seins auf dessen Prinzipien hin[551]. Es ist also gut platonisch, zu sagen: Wie der Buchstabe Bestandteil

[548] Vgl. o. 2.244a.

[549] Über die Bedeutung des πέρας Gaiser, Arch. Gesch. Philos. 46 (1964) 249—254 und Krämer, *Prinzipienlehre und Dialektik* 62 f, bes. 63 A. 1.

[550] Wie man sich das ‚Ineinander' bzw. das ‚Enthaltensein' *näherhin* denken soll, ist freilich schwer zu sagen. Deshalb verbietet sich auch eine Symbolisierung (man könnte neben der Implikation auch an die mengentheoretische ‚Inklusion' denken), die zudem ihrerseits noch spezielle Probleme aufwerfen würde (vgl. o. S. 181 A. 533 den Versuch mit der Implikation). Deshalb beschränken wir uns oben im Text auf andeutende Bemerkungen. Weitere Behandlung notwendig.

[551] Gaiser 168 mit A. 144. Krämer, *UGM* 150f.

der Silbe ist und sie zugleich in ihrem Sein konstituiert, so ist in der Stufenfolge die übergeordnete Stufe ‚Bestandteil' der untergeordneten und zugleich deren Seinsprinzip.

Die ‚Stoicheion'-(‚Elementen'-)Methode ist gewiß ein charakteristisches Merkmal der platonischen Ontologie, und man verwendet deshalb mit Recht diesen Lehrpunkt als ‚Leitfossil', wenn es aus der Tradition der Folgezeit platonische Lehren herauszusondern gilt[552]. Auch sachlich leistet die ‚elementarisierende' Betrachtungsweise insofern viel, als sie sowohl die *Abstufung* der Prinzipienwirkung (u. a. das Auftreten ‚neuer' Bestimmungen) wie auch den *strukturellen Zusammenhang* der Stufen untereinander gleich gut erklärt[553].

Trotz alledem bleibt der Begriff der ‚Elementen'-Metaphysik so problematisch, daß man ihn vorsichtiger und weniger häufig anwenden sollte als bisher[554].

Die Schwierigkeiten liegen *einmal* darin, daß man bei näherem Zusehen keinen so eindeutigen Gegensatz zwischen ‚elementarisierender' und ‚generalisierender' Betrachtungsweise finden kann, wie es zunächst den Anschein hat. Freilich besteht ein Unterschied zwischen α) der dimensionalen Reduktion von *De bono*[555] und β) dem Aufstieg in der Begriffspyramide zu den höchsten Gattungen[556], also zwischen α) dem Verfahren, an Hand der Dimensionenfolge ‚elementarisierend' nach den ‚Bausteinen' des Seins zu fragen, und β) der ‚generalisieren-

552 Vgl. Krämer, *UGM* auf den im Index s. v. *στοιχεῖον-Metaphysik b*) genannten Seiten.

553 Ja es könnte sogar scheinen, als sei in der ‚Elementen'-Metaphysik das viel verhandelte Problem von ‚Chorismos' und ‚Teilhabe' zwar nicht gelöst, aber doch entschärft (vgl. Gaiser 23. Krämer, *GS* 352). Dies müßte — auch dann, wenn man den angeblichen Chorismos der Ideen nur als partielle ‚Trennung' auffaßt und dem Terminus ‚Elementen-Metaphysik' kritisch gegenübersteht (vgl. o. im Text) — bei Erörterung des ‚Teilhabe'-Gedankens beachtet werden, was leider bis heute zu wenig geschieht.

554 Krämer gebraucht — vielleicht nach Ansätzen bei Jaeger (*Aristoteles* 197 f mit A. 2), Stenzel (*ZuG* 17 f. 153 f. 164) und Merlan (z. B. *PN* 172 f) — ‚elementarisierend' und ‚Elementen'-(‚Stoicheion'-)Metaphysik terminologisch, z. B. *UGM* (Index s. v. *στοιχεῖον-Metaphysik*). *Prinzipienlehre und Dialektik* 51—67. *GS* 320. 345 ff. *GF* 139 mit A. 114. Dabei entgeht er nicht immer der Gefahr, den Begriff fast klischeeartig zu verfestigen (z. B. durch die überscharfe Antithese von ‚generalisierend' und ‚elementarisierend', s. o. im Text; so besonders deutlich *GS* 352) und dadurch u. a. auch die historische Entwicklung von Platon über die Akademie (z. B. Xenokrates) zu Aristoteles allzu schematisch zu betrachten.

555 Über diese Näheres o. S. 159 f.

556 Der Aufstieg in der γένος-εἶδος-Pyramide hängt mit der sog. ‚kategorialen' Reduktion von *De bono* irgendwie zusammen, ist aber keineswegs mit ihr identisch. Denn beim genus-species-Verhältnis hält man sich innerhalb *einer* Kategorie (meist derjenigen der Substanz), die ‚kategoriale' Reduktion dagegen verfährt (zumindest: *auch*) *transkategorial* (d. h. *transzendental*), vgl. o. S. 160 f. — Deshalb muß man übrigens auch den Terminus ‚kategorial' bei der ‚kategorialen' Reduktion in einem

den‘ Methode. Aber der Unterschied wird durch die Begriffe ‚elementarisierend‘ und ‚generalisierend‘ nicht zureichend erfaßt: Denn die ‚Bestandteile‘ sind ja gar keine untergeordneten Teile, sondern Seinsprinzipien, Wesensformen desjenigen Ganzen, als dessen Teile sie dargestellt werden. Die Suche nach den teilhaften ‚Bausteinen‘ ist also zugleich eine Suche nach dem *umfassenderen* Seinsprinzip, das ‚elementarisierende‘ Verfahren zugleich ‚generalisierend‘. Diese im Elementen-Modell enthaltene Paradoxie kritisierte schon Aristoteles[557], und auch die modernen Interpreten sind sich durchaus ihrer bewußt.

Während die ‚elementarisierende‘ Methode eo ipso ‚generalisierend‘ verfährt, hat umgekehrt die ‚generalisierende‘ Methode etwas ‚Elementarisierendes‘ an sich: Denn die Oberbegriffe sind ja jeweils im Unterbegriff irgendwie ‚enthalten‘[558] und werden aus ihm ‚herausgelöst‘, wenn man vom Einzelding aus auf die Prinzipien zurückgeht.

Die genannten Schwierigkeiten treten deutlicher hervor und neue kommen hinzu, wenn man von der Dimensionenfolge (und überhaupt vom mathematischen Gebiet) auf die anderen Seinsbereiche übergeht[559]:

1. Beginnen wir mit der Seinsschichtung Platons, die man etwa so darstellen kann[560]:

Hen (und Dyas?)
Ideen (+ Pluralität)
Mathem. (+ numer. Vervielfältigung)
αἰσθητά (+ raum-zeitliches Werden u. Vergehen)

Natürlich müßte man eigentlich in diese Stufung noch mehr Schichten einfügen[561] und pro Stufe noch weitere Bestimmungen anführen[562],

nicht gewöhnlichen Sinn verstehen. Es handelt sich nicht (nur) um ‚aristotelische‘ Kategorien, sondern (auch) um solche, welche sich quer über die ‚aristotelischen‘ Kategorien hinwegerstrecken.

557 Vgl. Robin 392—401. 433. 520. 522. 548. 560.

558 Vgl. Platon Parm. 128E—130A und Soph. 251Aff (zu beiden Stellen Cornford; s. auch Gaiser 166 mit A. 143). Aristoteles formuliert das Problem, das Platon durch die κοινωνία τῶν γενῶν zu lösen versucht hatte, dann in seinem eigenen Sinne um, indem er fragt, wie die Einheit des Art-Eidos garantiert werden könne, da doch jeweils verschiedene Oberbegriffe und Differentiae in ihm ‚enthalten‘ seien (vgl. u. 7.71). — Außerdem muß man bedenken, daß die ‚synonymen‘ Art-Ideen (Mensch, Pferd usw.), an die man bei der ‚generalisierenden‘ Methode vorzugsweise denkt (bewußt oder unbewußt), erst von Aristoteles so stark in den Vordergrund gerückt werden, während Platon selbst oft Ideen von Relationen und Transzendentalbegriffen nennt, die nicht ‚generalisierend‘ im üblichen Sinne sind. Das bedarf noch weiterer Untersuchung.

559 Vgl. o. 2.244 Anfang.

560 Vgl. etwa A 6, 987b 14—22. 988a 8—14 und o. 2.242/243.

561 Die Idealgrößen, Idealzahlen (falls nicht mit den Ideen identisch) und die Weltseele, um nur diese drei zu nennen. Ob man auch den Elementarfiguren des Timaios eine besondere Stufe zuteilen soll, wäre noch besonders zu prüfen.

562 Z. B. Idealbewegung, Dimensionalität.

um den Textbelegen gerecht zu werden[563]. Aber auch eine größere Differenziertheit würde prinzipiell am Befund nichts ändern, daß nämlich jede nachfolgende Schicht sich von der vorhergehenden durch ein ‚hyletisches' Plus unterscheidet, d. h. durch eine Bestimmung, welche von der ‚Unbestimmten Zweiheit' ausgeht.

Die fortschreitende Addition erweckt den Eindruck, als ob nach unten zu das Hen ‚abnehme', die Dyas ‚zunehme', so daß die Unbestimmte Zweiheit unten ‚lokalisiert' werden müsse. Diesem Eindruck folgen diejenigen Darstellungen der platonischen Ontologie, welche das zweite Prinzip *ausdrücklich* am ‚Fuß' der Seinspyramide plazieren, nach folgendem Schema[564]:

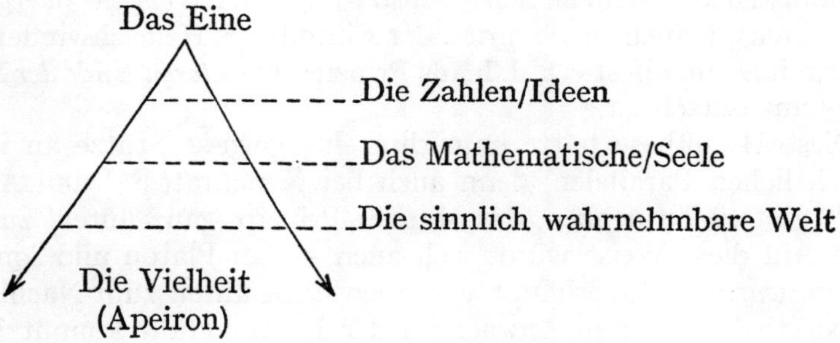

Dasselbe meinen indirekt z. B. im vorigen Jahrhundert Chr. Fr. Weisse, nach dem „dasselbe materielle Prinzip im Ideenbereich von

[563] Näheres o. 2.243c/d.

[564] Von Gaiser 21 gezeichnet nach der Darstellung von de Vogel, *Neoplatonic Character* 53, *Étapes* 113, *Apeiron* 28 (vgl. aber u. S. 192 A. 576 über eine wichtige Modifikation, die Frau de Vogel jetzt an ihrer Deutung vorgenommen hat). Dieses Schema reicht, was die Zahl der Schichten betrifft, für unsere Betrachtung aus. Interessante Weiterbildungen und Differenzierungen der Pyramide bei Gaiser 93. 97 und bes. 170. — Die Schemata bei de Vogel, *La dernière phase* 174 f sind speziell der Idealzahlenlehre gewidmet und lassen nicht erkennen, wo das Apeiron lokalisiert wird (wahrscheinlich ‚unten'). — Wie üblich es ist, sich das Materieprinzip ‚unten' zu denken, zeigen auch die Schemata bei Krämer, *UGM* 91 (vgl. dazu u. 2.43); daß Krämer indes sich die akademische Seinsstufung insgesamt anders vorstellt, zeigt z. B. *UGM* 336, wo er das ‚altakademische Derivationssystem' so resümiert:

ἕν (δυάς)
νοῦς { ἀριθμοί / μεγέθη }
ψυχή
σώματα

Die Klammer um δυάς zeigt, welche Verlegenheit das zweite Prinzip den Interpreten bereitet.

den Ideen gemeistert ist, während es im Sinnlichen das Übergewicht erlangt hat“[565], in diesem Jahrhundert Léon Robin, welcher — ohne Weisse zu kennen — die Seinsstufen nach dem Verhältnis (der Proportion) beurteilt, in welchem jeweils die Prinzipien zueinander stehen: Während im idealen Bereich ihre Proportion ‚exakt‘ ist, wird sie nach unten zu stets ‚inexakter‘[566]. Wenn man sich diese gleitende Skala vom Exakten zum Inexakten mathematisch als Übergang vom Rationalen zum immer Irrationaleren vorstellt[567], ergeben sich überraschende Verbindungen mit der von Stenzel und Gaiser herausgearbeiteten platonischen Lehre, nach der Platon den Weg vom ersten zum zweiten Prinzip durch eine Abfolge von immer irrationaler werdenden Proportionen zu präzisieren versuchte[568]. Wie dem auch sei, aus Robins Theorie schiene sich (ebenso wie aus der Weisses) zu ergeben, daß die Dyas, je mehr nach unten der Einfluß des Hen schwindet, sich immer ‚reiner‘ manifestiert, d. h. als Prinzip am *unteren Ende der Seinsstufung* anzusetzen ist.

Diese Hypothese hätte immerhin eine gewisse Stütze an ideengeschichtlichen Parallelen, denn auch bei Xenokrates[569] und Aristoteles[570] gibt es Tendenzen, das Materie-Prinzip ‚ganz unten‘ zu denken[571]. Auf diese Weise würde sich auch — bei Platon und sonst — erklären, *warum* es überhaupt von oben nach unten zum Nachlassen der Exaktheit und zum Anwachsen der Irrationalität kommt[572]: Je

[565] So die Formulierung Merlans, Ph. R. 98 f (dort auch 99 A. 4 weitere Verweise). Wenn Weisse aber diesen Unterschied dann aus einem ‚Abfall‘ (ähnlich einem Sündenfall der Engel) erklärt, so können wir das hier auf sich beruhen lassen; vgl. dazu Merlan, *ZB* 6—8, der gerecht abwägend den philosophischen Kern von Weisses etwas phantastischen Ausführungen herausschält.

[566] In *Théorie platonicienne des idées et des nombres* sind höchstens Ansätze dazu vorhanden (462 ?). Ausgeführt dann *Les rapports* z. B. 46 f. 150. 155. *Platon* 166 f. 169 f. Vgl. Merlan, *ZB* 8 A. 25, der auch auf Cherniss 485 f hinweist.

[567] So auch Merlan, *ZB* 8, der mit seinen Beispielen ($2:3$; $2:\sqrt{10}$; $\sqrt{2}:\sqrt{10}$) offenbar zugleich die quantitative Zunahme der Dyas und die Zunahme an Irrationalität in der Proportion verdeutlichen will. Es fragt sich aber, ob man dann nicht im Anschluß an Gaiser 24 (weitere Stellen in der nächsten Anm.) anders fortschreitet, von der Quadratwurzel zur Kubikwurzel usw.

[568] Gaiser 23—25. 71 f. 143 f. Anm. 54. 59. Komm. zu TP 35a/b. Vgl. auch u. 7.823dγ.

[569] Vgl. u. 2.43.

[570] Vgl. u. 8.252aα.

[571] Die Chora des Timaios kann man sich nicht ‚unten‘ vorstellen, denn sie ist ja innerhalb des Kosmos allgegenwärtig. Trotzdem mag sie (in ihrer ‚chaotischen‘ Bewegtheit) die Neigung befördert haben, die Materie ‚unten‘ bei den gestaltlosen Stoffen zu suchen.

[572] Diese Frage nach dem ‚Warum‘ stellt Merlan, *ZB* 8 mit Recht. Die im Text exempli gratia vorgeschlagene Antwort rechnet implizit mit *zwei* Wirkungen der Dyas: Die Dyas konstituiert zusammen mit dem Hen die Stufen und sorgt zugleich für eine (nach unten) fortschreitende Unbestimmtheit ihres Zusammengehens mit dem Hen. An dieser Doppelheit der Wirkung ist nichts Anstößiges.

mehr sich die Stufung dem Pol der Unbestimmtheit ‚näherte', desto inexakter würde sie.

Mit der — sowieso ganz hypothetischen — Festlegung der Dyas ‚unten' wäre aber nur die *eine* Hälfte der Problematik gelöst. Denn das zweite Prinzip konstituiert ja zusammen mit dem Hen bereits die erste Stufe der Seins-Schichtung, den *mundus intelligibilis*. Ihre Wirkung bei den νοητά kann man in keiner Weise gegenüber der im sinnlichen Bereich bagatellisieren:

Die intelligible Materie stellt keine Randerscheinung dar, keine ‚uneigentliche' Verwendung des Materie-Begriffes, der ‚primär' auf die αἰσθητά angewendet und von dort dann ‚sekundär' auf νοητά übertragen worden wäre, sondern die Dyas ist ein umfassendes Seinsprinzip[573], das gleichermaßen Intelligibles wie Sinnliches umgreift. Sie erscheint — wie wir sahen — in den zwei (oder mehr) Bereichen jeweils *anders*, aber sie wirkt bei den Sinnendingen nicht ‚mehr' oder ‚wesentlicher' als im Noetischen, im Gegenteil: Die Spannung zwischen dem ‚Einen' und dem μέγα καὶ μικρόν, sofort mit dem Vorhandensein der beiden Prinzipien als solchem gegeben, war bei der Erzeugung der ersten Idealzahl eher ‚intensiver' als bei der weiteren Ausgliederung des Noetischen, im Noetischen eher ‚stärker' als im Raum-Zeitlichen. Vielleicht sind auch so die Belege gemeint, welche die zwei Prinzipien in *erster* Linie als ‚Elemente' der Zahlen (Ideen) auffassen, in *zweiter* Linie als Prinzipien aller anderen Dinge[574].

Denn wenn man schon mit Schemata und räumlichen Bildern arbeitet, kann man sagen: Je ‚näher' man einem Prinzip kommt, desto ‚stärker' wird die Wirkung gerade dieses Prinzips. — Freilich ist diese Antwort nicht nur hypothetisch, sondern auch für den Fall, daß sie zutrifft, nicht vollständig, weil man die Dyas ja auch ‚oben' lokalisieren muß: Deshalb die modifizierenden Bemerkungen nachfolgend im Text.

573 Dies ist sie an allen Stellen, wo wir sie bei Platon fassen können (selbst im Timaios). Daß Platon dabei ursprünglich vom begrenzten Aspekt der ‚sinnlichen' Materie ausging, ist unwahrscheinlich, weil er sein zweites Prinzip in der Auseinandersetzung mit der umfassenden Ontologie der Eleaten konzipierte und weil die Ideenlehre oder/und das ebenso umfassende Hen-Prinzip vielleicht schon vorlag(en).

574 Vgl. die prägnanten Formulierungen Arist. met. A 6, 987b 18—21 ἐπεὶ δὲ αἴτια τὰ εἴδη τοῖς ἄλλοις, τἀκείνων στοιχεῖα πάντων ᾠήθη τῶν ὄντων εἶναι στοιχεῖα. ὡς μὲν οὖν ὕλην τὸ μέγα καὶ τὸ μικρὸν εἶναι ἀρχάς, ὡς δ' οὐσίαν τὸ ἕν. 988a 9—14: Es ist deutlich, daß Platon δυοῖν αἰτίαιν μόνον κέχρηται, τῇ τε τοῦ τί ἐστι καὶ τῇ κατὰ τὴν ὕλην (τὰ γὰρ εἴδη τοῦ τί ἐστιν αἴτια τοῖς ἄλλοις, τοῖς δ' εἴδεσι τὸ ἕν), καὶ (es ist gleichfalls deutlich) τίς ἡ ὕλη ἡ ὑποκειμένη καθ' ἧς τὰ εἴδη μὲν ἐπὶ τῶν αἰσθητῶν, τὸ δ' ἓν ἐν τοῖς εἴδεσι λέγεται, ὅτι (daß nämlich) αὕτη δυάς ἐστι, τὸ μέγα καὶ τὸ μικρόν (enthält nicht, wie Cherniss 109 meint, einen Widerspruch zu 987b 18—22). Alex. bei Simplic. phys. 455, 2—5 ἐπεὶ οὖν πρῶτος ἀριθμῶν ἡ δυάς, ταύτης δὲ ἀρχαὶ τὸ ἓν καὶ τὸ μέγα καὶ μικρόν, καὶ παντὸς ἀριθμοῦ ταύτας ἀρχὰς εἶναι ἀνάγκη. οἱ δὲ ἀριθμοὶ στοιχεῖα τῶν ὄντων πάντων. ὥστε καὶ πάντων ἀρχαὶ τὸ ἓν καὶ τὸ μέγα καὶ μικρὸν ἤτοι ἡ ἀόριστος δυάς. — Daß die zwei Prinzipien nicht nur für die Idealzahlen oder den κόσμος νοητός gelten, sondern für das

Vielleicht lösen sich diese Schwierigkeiten, wenn man an dem o. S. 189 aufgeführten Schema einen Zusatz anbringt[575] und das Apeiron nicht nur ‚unten', sondern auch ‚oben' lokalisiert[576]? Nun erhebt sich die Frage, ob es dem Einen neben- oder untergeordnet werden soll, und in welcher Weise. Platons System trägt teilweise ‚monistische' Züge an sich (Überhöhung des Einen u. dgl.), zeigt aber im ganzen eindeutig ‚dualistischen' Charakter[577]: Es besteht ständig eine Spannung zwischen den beiden Prinzipien, die nicht aufeinander reduziert werden. Wie man diesen Befund angemessen beschreiben soll, ist ein Problem für sich[578], jedenfalls kann man weder den Dualismus noch die Überhöhung des Einen aufheben. Das μέγα καὶ μικρόν wirkt also von ‚oben' selbständig in die Seinspyramide hinein[579].

Wenn wir mithin dem Apeiron ‚unten' noch ein solches ‚oben' hinzufügen, so bedeutet das nicht, daß Platon zwei getrennte ‚zweite' Prinzipien gehabt habe: Natürlich kannte er nur ein *einziges* Apeiron[580], welches eben infolge der Starrheit der Schemata ‚zweifach' gezeichnet werden muß:

gesamte Sein, ergibt sich aus diesen und aus allen anderen o. 2.243 besprochenen Stellen. Es ist daher ausgeschlossen, mit Bröker und Verdenius die Prinzipien nun umgekehrt nur auf die Idealzahlen-Lehre zu beschränken und damit ihre ontologisch umfassende Geltung zu leugnen (richtig dagegen Krämer, *GF* 142 A. 122).

575 Gaiser hat diesen (notwendigen) Zusatz nicht gemacht, obgleich er das involvierte Sachproblem völlig richtig beurteilt (z. B. 340).

576 Wie Frau de Vogel in der Diskussion der Heidelberger Platon-Tagung (Sept. 1967) zu erkennen gab, ist sie (anders als in ihren früheren Arbeiten) heute der Meinung, man müsse das zweite Prinzip Platons sowohl ‚oben' wie ‚unten' ansetzen. Damit stimmt sie jetzt mit der von uns vertretenen Auffassung überein. Wie sie die Stellung des zweiten Prinzips zum Hen nunmehr beurteilt, kann erst geprüft werden, wenn ihre neue Deutung publiziert vorliegt.

577 Vgl. o. 2.223b (zu den monistischen Timaios-Deutungen), 2.241 (bes. zu Hermodor und Sextus) und o. S. 169 A. 479.

578 De Vogel, *Apeiron* 28 spricht von einem ‚faible dualisme'. Merlan 135 nennt, ‚um diese paradoxe Situation auszudrücken', Platons zweites Prinzip „subordinated but independent".

579 Anders de Vogel, *Apeiron* 28: Die Verfasserin betont richtig, daß das zweite Prinzip völlig unabhängig vom ersten sei (also weder aus dem Hen ‚hervorgehe' noch direkt ‚unter' ihm rangiere), aber in Platons idealistischem System an Seinsrang hinter dem Hen = Übersein zurückstehe. Sie zieht daraus aber den falschen Schluß, das zweite Prinzip gehöre nur an den Fuß der Seinspyramide (s. o.) und besitze nicht denselben ‚valeur ontologique' wie das erste. Hierbei verkennt sie u. a., daß es schon sofort für die Erzeugung der ersten Idealzahl, also im ‚intelligibelsten' Bereich, unentbehrlich ist. Trotz seines minderen ‚Ranges' steht es nämlich an ontologischer Bedeutung und Wirkung in keiner Weise hinter dem Hen zurück.

580 So richtig Gaiser 340 gegen de Vogel, *Apeiron* 32ff; vgl. auch Merlan 195. — Wenn wir hier und auch sonst von ‚ein und demselben' Prinzip oder dgl. sprechen, nehmen wir schon das Ergebnis von 2.244 vorweg, daß es sich tatsächlich um das ‚gleiche' Prinzip handelt (s. u.).

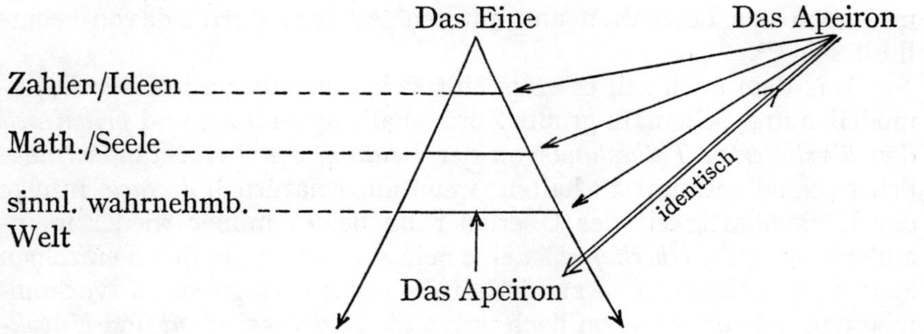

Ein ‚doppeltes' Apeiron im Schema gibt die Sachlage immerhin angemessener wieder als ein ‚einfaches' am Fuß der Pyramide, bleibt jedoch auch nur ein Notbehelf, aus zwei Gründen:

Erstens, was soll das *zwei*fache Apeiron darstellen? Das *Prinzip* kann es nicht meinen (denn dies ist nur *ein*fach), die *Erscheinungsweisen* des Prinzips aber auch nicht, weil es deren *mehr als zwei* gibt (mindestens drei)[581].

Zweitens: Warum läßt man nicht das untere Apeiron weg und beschränkt sich auf das obere? Denn die vorhin angeführten Indizien dafür[582], daß man in der Akademie selber das Apeiron ‚unten' angesiedelt habe, sind zu schwach, als daß sie ins Gewicht fallen würden, und die Zunahme der ἀταξία in den unteren Schichten der Seinsstufung läßt sich auch anders erklären (s. u.). Wenn man trotzdem das ‚untere' Apeiron beibehält, folgt man entweder der konventionellen Vorstellung vom ‚Stoff', der sich ‚unten' befindet, oder der plotinschen Lehre von den ‚zwei Materien', die — bewußt oder unbewußt — bei manchen Deutungen von Platons zweitem Prinzip hereinspielt. Bei Plotin geht nämlich a) die Dyas ganz oben in der Schichtung (in einer Art ‚Urakt') aus dem Einen hervor, und b) befindet sich am unteren Ende der Stufung das reine Apeiron, sei es als *Endergebnis des* fortlaufenden *‚Hervorgehens'*, sei es — Plotin schwankt hierin — als etwas *schon immer Vorgegebenes*[583]. In Anlehnung daran suchen nun einige Interpreten die platonische Dyas — entgegen den Belegen — doch letztlich noch in das Hen zurückzunehmen[584],

[581] Man kann natürlich zur Verdeutlichung festsetzen: „Das doppelte Apeiron (mit dem Identitäts-Pfeil) soll darauf hinweisen, daß in allen ‚noetischen' und ‚sinnlichen' Bereichen jeweils abgewandelt ‚ein und dasselbe' Materieprinzip wirksam ist". Aber was soll dann ein Schema, das weniger klar ist als der Tatbestand, den es verdeutlichen soll?

[582] o. S. 190 mit A. 569—571.

[583] Vgl. Krämer, *UGM* 333 f mit A. 527.

[584] Vgl. o. S. 169 A. 479 über Hager (Weiteres im Namenindex s. v.). Als ganz hypothetisch erwogen von Krämer, *UGM* 334. Auch in de Vogels Deutung scheint diese Tendenz spürbar zu sein.

und auch das Festhalten am ‚unteren' Apeiron dürfte davon beeinflußt sein[585].

Wie dem auch sei, es empfiehlt sich gegenüber all diesen Denkmodellen und Schemata größte Zurückhaltung zu üben und *prinzipiell* den *überlieferten Tatbestand* von der *Deutung* des Tatbestandes möglichst scharf getrennt zu halten, wenn auch natürlich *de facto* infolge der Lückenhaftigkeit der Überlieferung beides immer wieder ineinander überfließt. *Überliefert* ist eine Seinsschichtung, in deren einzelnen Stufen die Prinzipien — zumindest die Dyas — *abgewandelt* vorkommen und bei der von oben nach unten die *Differenziertheit* und *Unvollkommenheit* zunimmt. Um dies zu *konstatieren*, bedarf es keiner Schemata (mit ‚doppeltem' Apeiron u. dgl.), und um es wirklich zu *erklären*, reicht — da uns nichts darüber überliefert ist — kaum ein Denkmodell aus.

Wie fragwürdig es ist, so komplexe Tatbestände durch Modelle und Schemata darzustellen, zeigt sich auch noch an einem weiteren Deutungsversuch, den man vorschlagen könnte: Man könnte sich nämlich eine *einzige* Dyas ‚oben neben' dem Hen denken, die von oben in die Schichten hineinwirkt und dabei a) *sich schrittweise entfaltet*, d. h. jeweils eine neue Bestimmung (‚ein hyletisches Plus') zufügt; und b) *im Durchgang durch die Schichten* und *infolge* dieses Durchgangs — *wie das Hen*[586] — sich nicht nur differenziert, sondern auch *unvollkommener wird*. Das sähe — wenn man trotz starker Bedenken nun doch eine Skizze zeichnen will — etwa so aus:

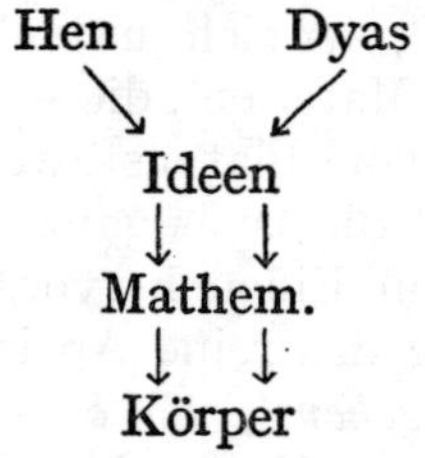

Und entsprechend dem platonischen Seinsaufbau könnte man auch Xenokrates' System so darstellen[587]:

[585] Auch hierfür sind als Beispiele wieder de Vogel und Krämer zu nennen, vgl. o. S. 189 A. 564.

[586] Wie sich das Hen bei *Platon* abgewandelt haben mag, zeigt die von Merlan 106 referierte Ansicht Speusipps. Speusipp unterschied ‚Eins' als Gesamtprinzip (ἕν) von den Prinzipiaten ‚Eins' in der Zahl (μονάς) und ‚Punkt' in der Geometrie (vgl. u. 2.32/33). Diese Unterscheidung ist schon bei Platon angelegt, vor allem natürlich die von ‚Eins' und ‚Punkt', aber nicht weiter ausgeführt (vgl. Robin 171. 289. 398 f und den Index s. v. *un*, wo weitere Hinweise). Andere ‚Arten' von Hen sind weder für Platon noch für die Akademie bezeugt.

[587] Näheres u. 2.4.

μονάς ↘ ↙ ἀόριστος δυάς

νοητά (+ Plural., Ausdehn.)

↓ ↓

Himmel (+ Ortsbewegung)

↓ ↓

Körper (+ Werden/Vergehen)

Und Speusipp[588]:

ἕν ↘ ↙ πλῆθος

μαθηματικοὶ ἀριθμοὶ χωριστοί (+ Seiendheit, Vielh.)

↓ ↓

μαθηματικὰ μεγέθη χωριστά (+ Ausdehnung)

↓ ↓

Weltseele (+ Ortsbewegung)

↓ ↓

αἰσθητά (+ Werden/Vergehen).

In dieser Interpretation wäre Merlans Auffassung vom ‚hyletischen Plus' (s. o.) mit Robins bestrickender Deutung vereinigt, nach welcher sich die fortschreitende Unvollkommenheit[589] aus dem Hindurchgehen der Prinzipien durch die Schichten erklärt[590]. Es bliebe dabei jedoch unklar, *auf Grund welcher Ursache sich die beiden Prinzipien in die Stufenfolge hinein entfalten*, d. h. warum überhaupt der Entfaltungsprozeß in Gang kommt, warum er nicht schon bei der ersten Stufe aufhört usw. Gewiß schreibt man die Ausgliederung der Stufen dem Wirken des zweiten Prinzips zu, d. h. man meint, das zweite Prinzip müsse etwas ‚Weiterdrängendes' haben. Wie soll es das aber haben, wenn es sich (unserem Schema gemäß) nur von ‚oben' her entfaltet? Denn es kann doch nicht von sich aus dazu drängen, immer unvollkommener zu werden! Diesen Konsequenzen entgeht man nur, wenn man sich das zweite Prinzip auch ‚unten' am ‚Fuß' der Seinsstufung denkt, also das zweite Prinzip — trotz der oben angedeuteten Schwierigkeiten — ‚doppelt' ansetzt, schematisch etwa so (Platons System):

588 Zur Problematik von Speusipps Stufung vgl. u. 2.3.

589 Diese Unvollkommenheit faßt Robin in seinen späteren Schriften ja als Inexaktheit der Proportion, in welcher die beiden Prinzipien zueinander stehen (vgl. o. S. 190 A. 566).

590 Robin 595—598.

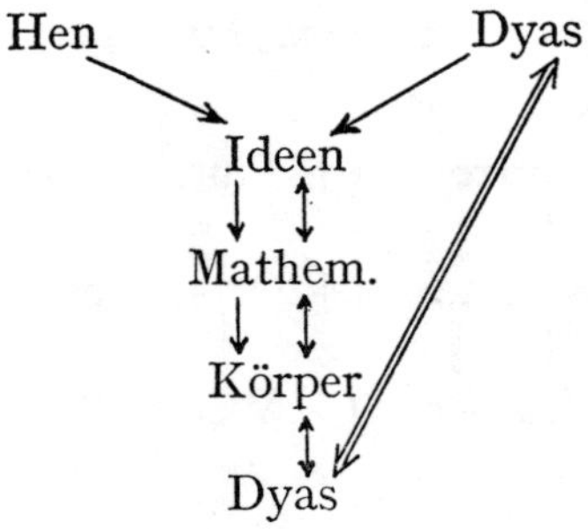

2. Wie steht es mit Merlans These, daß die obere Schicht jeweils ‚Form' der nächstniederen sei (Schema o. S. 185)[591]? Für die Abfolge Prinzipien — Ideen — αἰσθητά ist dergleichen auch bezeugt, denn es heißt, Prinzipien der Ideen seien Hen und Dyas, Prinzipien der αἰσθητά die Ideen (= Form) und etwas Materielles (z. B. die Chora?)[592]. Über die mathematischen Gegenstände hören wir nichts von dieser Art, und es ist auch nicht wahrscheinlich, daß Platon sie als ‚Form' der Sinnendinge verstand. Der mittlere Seinsbereich umfaßt aber nicht nur das Mathematische, sondern zugleich auch — wofür der Timaios recht deutlich spricht — das Seelische. Und das Seelische kann man sich sehr gut als ‚Form' des Körperlichen denken. Merlans These, die jeweils obere Seinsschicht sei ‚Form' der nächstniederen, läßt sich also bei Platon nicht nur an der Dimensionenfolge verifizieren (s. o. S. 185 f), sondern auch — zumindest in wesentlichen Ansätzen — an der Seinsstufung im ganzen. Da das Hen bestimmt nicht auf alle Stufen *direkt* und *in gleicher Weise* einwirkt (dann beruhen die Unterschiede der Schichten allein auf der Dyas), sondern *abgewandelt*, müssen wir uns vorstellen, daß das Hen — ebenso wie die Dyas — sich von oben nach unten infolge des Durchgangs durch die einzelnen Stufen schrittweise verändert, auch wenn das Wesen dieses Vorgangs im einzelnen für uns natürlich dunkel bleibt[593].

Ziehen wir nun die Platon-Schüler heran: Da wir nicht wissen, wie Speusipp über diesen Punkt gedacht hat, bleiben noch Xenokrates und Aristoteles zu prüfen. Bei Aristoteles stellt die Lehre, daß das Vorgeordnete sich zum Nachgeordneten stets wie ‚Form' zu ‚Materie' verhält, ein umfassendes Aufbaugesetz der aristotelischen Seinsstufung

[591] Wie schon o. S. 184 A. 544 betont, hat Merlan in seinen späteren Arbeiten diese These nicht mehr ausdrücklich vertreten, vielleicht sogar aufgegeben. Trotzdem soll sie hier als *eine* Möglichkeit, das platonische System zu erklären, kurz behandelt werden, da Merlans damalige Auffassung im Ganzen weitergewirkt hat und für die spezielle These einige Indizien der Quellen sprechen (s. o. im Text).

[592] Vgl. etwa A 6, 987b 18—22, 988a 8—14.

[593] Vgl. o. S. 194 A. 586.

dar[594]. Aristoteles ist dabei zwar deutlich von der akademischen πέρας-Vorstellung beeinflußt, wenn er das, was jeweils ‚außen herum' ist, als ‚Form' bezeichnet (dies ist im Kosmos oft identisch mit dem ‚Oberen')[595], aber er ordnet diese Anregungen so sehr in seine eigene Begriffswelt ein, daß man daraus wohl nichts für die Akademie und Platon entnehmen darf. Auch Xenokrates' Seinslehre, dessen kosmische Dreistufung — mit welcher er den kosmologischen Seinsentwurf des Aristoteles in wesentlichen Punkten vorwegnimmt — scheint sehr geeignet für ein Weiterwirken des akademischen πέρας-Gedankens. Aber wir wissen einfach nichts darüber, und zudem hat Xenokrates eben doch noch nicht das ὕλη-εἶδος-Schema ausgebildet[596], wie es bei Aristoteles vorliegt und dort konsequent auf die Seinsstufung angewendet wird.

Es besteht also Grund zur Annahme, daß Platon durchgängig die obere Stufe als ‚Form' der nächstniederen betrachtet hat. Ob Speusipp und Xenokrates etwas Derartiges lehrten, wissen wir nicht.

Mithin bleibt vom Begriff der ‚Elementen-Metaphysik' etwa Folgendes bestehen: a) Die ‚elementarisierende' Betrachtungsweise im mathematischen Bereich (besonders bei der Dimensionenfolge), der als ‚Modellbereich' in einer Analogie zur Seinsstufung steht, aber doch nicht schematisch mit ihr identifiziert bzw. ihr aufgenötigt wird. Deshalb lassen sich b) von den Gesetzen der Elementen-Metaphysik in der Seinsstufung (außerhalb des Mathematischen) nur feststellen: 1. Das ‚hyletische Plus', welches wohl keine eigentliche (gleichsam von ‚außen' kommende) ‚Addition', sondern ein schrittweises Sich-Entfalten des Prinzips darstellt (o. 1, S. 188 ff). Im übrigen müßte man strenggenommen entsprechend dem ‚hyletischen Plus' auch von einem ‚Form-Plus' sprechen, weil auch das formale Prinzip (das Hen) von oben nach unten sich offensichtlich differenziert (vgl. o. S. 194 A. 586, u. **2**.3). 2. Die Seinsstufen hängen wohl in der Weise miteinander zusammen, daß die oberen Schichten jeweils ‚Form' der unteren sind (o. 2, S. 196—197). 3. Vielleicht darf man zudem — analog dem mathematisch-geometrischen ‚Enthaltensein' des *Einfachen* (und somit Vorgeordneten) im Komplizierten — ein ‚Ineinander' der Stufen annehmen, so daß das Vorgeordnete, obwohl es natürlich einen anderen

[594] Vgl. u. **8**.27 und Sach-Index s. v. *Hyle 3b*.

[595] Außer **4**.214b, c4 und **5**.431 vgl. Raible 26—28. 46 f. 49—51.

[596] Zwar hat Xenokrates bereits die Verlagerung des ontischen Schwergewichtes auf das Art-*Eidos* vorgenommen und somit die aristotelische Position entscheidend vorbereitet (S. Pines, Trans. Am. Philos. Society n. s. 51,2 [1961] 1—34; dazu u. a. H. Rahn, Oriens 16, 1963, 301—306, Krämer, *GS* 346—348), aber wohl nicht dementsprechend auch den Materiebegriff schon so prägnant gefaßt wie Aristoteles (vgl. **2**.61); auf keinen Fall führt er einen festen Zwiebegriff Form — Materie (womöglich noch verbunden mit den Modi Wirklichkeit und Möglichkeit) *systematisch* durch.

Seinsmodus als das Nachgeordnete hat (also diesem gegenüber ‚transzendent‘ ist), doch wieder im Nachgeordneten ‚immanent‘ ist (vgl. o. S. 186–188)[597].

c) Die ‚Kausalität‘ in Platons Seinsstufung

Bei Betrachtung der ‚Elementen-Metaphysik‘ (b) wurden schon viele der Probleme erörtert, welche den Zusammenhang bzw. die ‚Kausalität‘ in der platonischen Seinsordnung betreffen[598]. Denn seine Stufung stellt eine *Reihenfolge* des ‚Früher‘ und ‚Später‘ dar, sowohl im ganzen wie auch innerhalb der einzelnen Stufen (z. B. Zahlen, Figuren), und solche Reihen orientieren sich stark an der mathematisierenden Betrachtungsweise der ‚Elementen-Metaphysik‘[599]. Der Zusammenhang der Reihe besteht nun — abgesehen von der Struktur der Reihung *als solcher* — in einer gewissen Art von *Implikation* des ‚Früheren‘ im ‚Späteren‘[600]. Diese ‚Kausalität des Enthaltenseins‘ reicht, zumal außerhalb des Mathematischen, nicht zu, einen Zusammenhang zu garantieren[601], und so wird sie ergänzt durch das teleologische *Streben* des Unvollkommenen zum Vollkommenen, d. h. des Nachgeordneten zum Vorgeordneten[602].

Inwiefern liegen — um auf unsere Ausgangsfrage zurückzukommen — in den einzelnen Stufen immer wieder *dieselben* zwei Prinzipien vor, inwiefern *andere?* Nach allem Gesagten[603] läßt sich feststellen: Trotz der Differenzen — ohne die es keine Stufen, sondern nur eine All-Einheit gäbe — sind es im Wesen die gleichen Prinzipien. Ihre Identität zeigt sich daran, daß sie zwar *inhaltlich* jeweils verschieden wirken, aber doch in ihrer *Funktion* immer dieselben bleiben: So die *Dyas als unbestimmte Bestimmbarkeit, die zur Bestimmtheit des ἕν drängt und doch sich wieder gegen sie wehrt*[604]. Wie Platon diese Identi-

[597] Weiteres zur Elementen-Metaphysik nachstehend c) und Sach-Index s. v. *Elementen-Metaphysik*.

[598] Vgl. hierüber schon Robin an den im Index s. vv. *causalité, finale, formelle, materielle, motrice* genannten Stellen.

[599] Näheres u. 4.213.

[600] Vgl. o. 2.244b.

[601] Deshalb fragt auch Aristoteles z. B. in N 3, was die ‚früheren‘ Seinsstufen denn eigentlich zur Begründung der ‚späteren‘ leisten (συμβάλλεσθαι; über N 3 zuletzt Gaiser, *QP* 39 ff). Vielleicht ist die Lockerung des Seinszusammenhangs bei Speusipp (darüber u. 2.3) u. a. auch auf eine gewisse ‚Labilität‘ der platonisch-akademischen Reihe zurückzuführen? Über die Fortbildung der ‚Reihe‘ bei Aristoteles u. 4.212, 4.214.

[602] Über das ‚Streben‘ ausführlicher u. 2.25. Im Motiv des Strebens treffen sich Ideenlehre und mathematisierende Reihung und bilden zusammen einen *ordo amoris*.

[603] 2.243 über die Unterschiede, unser Abschnitt 2.244 über das Gemeinsame.

[604] Man könnte noch weitere ‚funktionale‘ Charakteristika nennen, vgl. o. 2.243d. Der Begriff der ‚Funktion‘ darf nicht dazu verleiten, in Platons Prinzipien rein formale Leerschemata ohne ontologische Relevanz und Wahrheitsanspruch zu sehen; es

tät in der Verschiedenheit erkenntnistheoretisch erfaßt hat, wissen wir nicht: Vielleicht durch den Begriff der ‚Analogie‘[605]?

2.25 Das Streben des unvollkommenen Seins zum Vollkommenen: Eros und ‚Unbestimmte Zweiheit‘

Ob Platons System ‚statisch‘ oder ‚dynamisch‘ zu deuten sei, ist seit der Antike umstritten: Während Aristoteles immer wieder das Fehlen der Bewegungsursache und der Zweckursache bei Platon kritisiert[606], billigen die Peripatetiker Eudemos und Alexander von Aphrodisias Platon beide Ursachen ohne weiteres zu[607]. Auch in der Neuzeit blieben die Auffassungen zwischen einer ‚dynamischen‘ und einer ‚statischen‘ Platon-Interpretation geteilt, je nachdem wie man unter anderm den Demiurgen des Timaios und Sophistes 248 E ff beurteilte und Platon mit dem ‚Neuplatonismus‘ verband oder ihn davon abrückte[608].

sind also keine ‚Funktionalbegriffe‘ im Sinne von Wielands neopositivistischer Sprachanalyse (vgl. o. 1.18 und u. 8.273). Wenn man diese und ähnliche Mißverständnisse meidet, kann man ohne weiteres die platonischen Prinzipien ‚Funktionalbegriffe‘ nennen und ihre stark ‚formale‘ Abstraktheit anerkennen: So spricht z. B. Merlan, *ZB* 2 richtig von der ‚Funktion‘ des Hen bzw. der Dyas. Vgl. auch Bemerkungen wie die Gaisers zu TP 30 (und zu TP 61—62), daß die platonische Prinzipienlehre sich auf das Herausheben *allgemeiner Strukturen* beschränkt (also stark formal verfährt).

605 Auf die ‚Analogie‘ bei Platon werde ich eigens zurückkommen (vgl. u. 7.823c, 8.123). Wichtige, aber bisher wenig beachtete Monographie von Paul Grenet, *Les origines de l'analogie philosophique dans les dialogues de Platon*, 1948. Gut über die ‚analoge‘ Funktion der platonischen Prinzipien Robin, *Les rapports* 148 ff.

606 Stellen und Lit. bei Gaiser 480.

607 Eudemos fr. 31 Wehrli. Alex. met. 59, 28—60, 2 H. = TP 22 B'. Vgl. Gaiser a. O.

608 Die überaus zahlreiche Lit. zu diesem Thema kann hier nicht besprochen werden. Genannt seien nur die wichtigen Untersuchungen von Léon Robin, der den dynamischen Charakter von Platons intelligiblem Bereich überzeugend herausarbeitete: So schon 1908 in *La théorie plat. des idées et des nombres*, 679 Index s. v. *mouvement* (dans la sphère idèale); dann in *La physique* 388 ff = *Pensée hellénique* 304 ff, *Les rapports* 155 ff und *Platon* 144—146. 154. 197 u. ö. Weiterführend C. J. de Vogel, *Examen critique* 253—259. Dies., *Platon a-t-il* 61—67. Zuletzt Krämer, *UGM* 193—201. 326—329 (Lit.!). Außer den bei Krämer genannten Gegnern einer ‚dynamischen‘ Ideenauffassung vgl. noch die bezeichnende Interpretation von Ernst Hofmann, Anhang zu Zeller II 1^5 (1922) 1089—1098. Ders., *Platon* (Zürich 1950; zitiert nach rde 1961) 41. 44 f. 47. 52 f. 60: Hofmann trennt Platon zu stark von der neuplatonischen ‚Mystik‘, wobei er sowohl Platon (Seinsstufung und Relativierung der Ideen durch die Prinzipienlehre ist noch nicht gesehen) wie auch den Neuplatonismus (Plotins bildliches Reden von der ‚Emanatio‘ wird zu konkret gefaßt, die rationale Komponente in Plotins Denken zu unbedeutend veranschlagt und der Terminus ‚Mystik‘ in einer — sogar für die sog. ‚Mystiker‘ — unangemessenen Weise verwendet) einseitig beurteilt.

Wie wir oben sahen, ist die für Platons innerschulische Prinzipienlehre bezeugte Verbindung von ,Bewegung' und zweitem Prinzip so zu deuten, daß die Dyas nicht nur im Bereich des raumzeitlichen Werdens, sondern auch bei den Intelligibilia Ursprung der Bewegtheit ist[609]. Und zwar ist sie dies wohl als Prinzip des Ausgliederns, Differenzierens, Individuierens[610]. Hierin liegt natürlich keinerlei ,*emanatio*' im vordergründigen Sinn beschlossen[611], sondern es bedeutet: Das *Faktum der Differenziertheit* (die auf das zweite Prinzip zurückgeht) schafft Bewegung, Leben, weil die nicht aufgehobene und nicht aufhebbare Spannung zwischen dem Gebundensein an die zwei Prinzipien und dem Abweichen von ihnen (d. h. zwischen Einssein und Verschiedensein) sich als *Bewegung* kundgeben muß. Dabei braucht man nicht nur an die Differenzen *innerhalb* der einzelnen Stufen zu denken, sondern auch an die *zwischen* den Schichten, d. h. an alle Besonderungen, welche der ,deduktive' Teil der *De bono*-Referate aus den Prinzipien ,entstehen' läßt. Die dabei im Bild eines zeitlichen Nacheinander dargestellte Bewegung des mit Hilfe des zweiten Prinzips bewirkten ,Erzeugens' *aus* etwas soll offenbar ausdrücken, welche Bewegtheit durch die Unbestimmte Zweiheit *in* der differenzierten Seinsstufung *immer* vorhanden ist[612].

Im Folgenden soll nun eine *zweite* Art von Bewegung im platonischen Seinsaufbau betrachtet werden[613], nämlich der ,*Aufstieg*', welcher in mehreren Formen begegnet: a) Alle raum-zeitlichen Dinge ,wollen sein wie' die Idee, erreichen sie aber nicht[614]. b) Die vom Eros beflügelte Seele schwingt sich ,ekstatisch' vom Bedingten zum Unbedingten auf[615]. c) In der Prinzipienlehre werden die αἰσθητά auf ihre Prinzipien zurückgeführt (Analysis)[616]. d) Der Dialektiker gelangt über die ὑποθέσεις zum ἀνυπόθετον[617]. Daß der streng methodische Aufstieg der Dialektik (d) und der erotische Aufschwung der Seele zum ἐραστὸν πάγκαλον bzw. zum Ideenreich des ὑπερουράνιος τόπος (b) nicht nur zum gleichen Ziel führen, sondern im Grunde — wenn

609 Vgl. o. S. 166f, wo Lit.; s. auch Sach-Index s. v. *Bewegung 3*.

610 Hierin sind wir der Auffassung Léon Robins gefolgt.

611 Vgl. o. S. 181f.

612 Selbst diejenigen, die hier (wie beim Timaios) ein zeitliches Nacheinander nicht ganz ausschließen möchten, gestehen zu, daß im zeitlichen Nacheinander *auch* immerwährende strukturelle Gesetzlichkeiten versinnbildlicht werden.

613 Wir beschränken uns auf sehr knappe Andeutungen. Eine ausführliche Arbeit über das Thema wird Jürgen Wippern vorlegen.

614 Phaidon 74D—75B.

615 Symposion 210—212; vgl. Phaidros 246D ff, ferner auch das Höhlengleichnis des Staates.

616 Belege o. S. 158—160.

617 Phaidon 101DE. 107B. Staat 511B ff. 533C ff. Hier ist auch Symposion 211C noch einmal zu erwähnen (vgl. o. A. 615). Die knappen Andeutungen von ,Aufstiegen' in anderen Dialogen (z. B. im Politikos) können wir übergehen.

auch jeweils mit anderer Ponderierung — dieselbe Methode darstellen, hat man schon längst bemerkt[618]. Und als die Prinzipienlehre von *De bono* mit ihren Reduktionen (c) in das Blickfeld der Forschung trat, wurde es klar, daß diese innerschulischen Wege ‚auf die Prinzipien hin' (ἐπὶ τὰς ἀρχάς) nichts anderes sind als die systematisierte Erscheinungsform jener ‚Aufstiege', wie sie im Symposion, Phaidon, Staat und Phaidros vorliegen[619].

Wenn man nun die Dialogstellen noch genauer mit *De bono* vergleicht und sich etwa fragt, ob jeweils mehr eine ‚generalisierende' Methode (wie bei der kategorialen Reduktion) vorliegt oder eine ‚elementarisierende' (wie bei der dimensionalen Reduktion), könnte man für Symposion, Phaidon und Staat einen ‚generalisierenden' Weg konstatieren, der Staat 534 B mit Verfahrensweisen der ‚elementarisierenden' Methode gekoppelt ist[620]. Aber man sollte hier wie auch sonst mit diesen Distinktionen nicht zu schematisch verfahren[621]: So läßt sich z. B. ein Aufstieg, bei dem stufenweise die zu eliminierenden Bestimmungen ‚subtrahiert' werden (ἀφαιρεῖν), am glattesten an der Dimensionenfolge (d. h. an der ‚elementarisierenden' Reduktion) vollziehen und beispielhaft darstellen, und er hat wohl dort auch seinen ideengeschichtlichen Ursprung, aber man darf ihn nicht einseitig auf jenen Bereich allein beschränken wollen[622]. Denn auch jeder ‚generali-

[618] So Léon Robin (zuerst 1908) und R. G. Bury (1909), zitiert und verwertet in dem (auch heute noch sehr lehrreichen) Aufsatz J. Hirschbergers, *Wert und Wissen im platonischen Symposion*, Philos. Jb. 46 (1933) 201—227, bes. 222 A. 3. Vgl. von Robins Arbeiten außer der Einleitung in die Budé-Ausgabe des Symposions XCII—XCVI (bei Hirschberger schon genannt) noch die Einleitung zur Budé-Ausgabe des Phaidros LXXXII ff (zu 246 D ff). CXXXV—CXLII (Platons Theorie des Eros; Vergleich mit dem Symposion; wenig zum ‚Aufstieg'). *Les rapports* 152—155 (*l'Amour philosophique* in Symposion und Phaidros und seine Verbindung mit der Dialektik von Politikos und Philebos). *Platon*, 1938, 74—79 (Eros und ‚Aufstieg' in Symposion und Phaidros). Über das Symposion (und — unter anderem — über den dort geschilderten Aufstieg) neuerdings zusammenfassend und weiterführend J. Wippern, *Eros und Unsterblichkeit in der Diotima-Rede des Symposions*, in: *Synusia* (Festgabe Schadewaldt), 1965, 123—159 (Lit.). Über den Aufstieg des Dialektikers zum ἀνυπόθετον in (Phaidon und) Staat ist schon viel verhandelt worden, worauf hier nicht näher eingegangen zu werden braucht; genannt sei nur die an neuen Erkenntnissen reiche Arbeit von Krämer, *Prinzipienlehre und Dialektik* 35—70 (Lit.).

[619] So jetzt auch Krämer, *Prinzipienlehre und Dialektik* 45 ff (mit genauerem Einzelnachweis), vorbereitet in der von Krämer 39 mit A. 1. 58 mit A. 1 genannten Lit. (zuerst Cornford 1932). Jedoch beschränken sich diese Untersuchungen themagemäß auf die Beziehungen zwischen Staat und Prinzipienlehre; Phaidon und Symposion werden erwähnt (z. B. von Krämer 41 f. 43), aber nicht ausgewertet.

[620] Jetzt scharf herausgearbeitet von Krämer, *Prinzipienlehre und Dialektik* 41—43. 51—61 (und ff).

[621] Vgl. o. 2.244 b die kritischen Bemerkungen über eine zu unbedachte und weitgehende Anwendung der Termini ‚generalisierend' und ‚elementarisierend'.

[622] Die enge Verbindung der *per subtractionem* verfahrenden *Via negativa* mit dem

sierende' Aufstieg schließt eine fortlaufende Subtraktion ein, weil nur durch das Ausscheiden der nachgeordneten Stufen (bzw. der bedingten ὑποθέσεις) und der jeweiligen Besonderungen ein Rückgang auf die Prinzipien überhaupt möglich ist[623]. Im Symposion etwa ist das Fortschreiten in der Stufung (schöne) Körper—Bestrebungen—Wissenschaften—Idee des Schönen gleichzeitig ein Eliminieren der jeweils überwundenen Stufe[624]. So vollziehen sich mithin der dialektische Rückgang zum ἀνυπόθετον und — was ja nur ein anderer Aspekt derselben Dialektik ist — der erotische Aufschwung der Seele beide *per subtractionem*. Und umgekehrt muß man bei den Reduktionsbewegungen von *De bono* zugleich an die ‚Aufstiege' der Dialoge denken, vor allem auch an das sehnende Streben zum Höchsten hin. In dieser Zusammenschau der Aspekte wird dann erst deutlich, was die Reduktionen von *De bono* eigentlich meinen: Sie sind Reduktionen ‚objektiver' Seinsstufen auf ihre Prinzipien hin und zugleich *innerseelische* ‚dialektische' Aufstiege, mit welchen das Unvollkommene im Drang, sich selbst zu transzendieren, liebend das Vollkommene erstrebt[625]. Hier fließt vieles ineinander, was wir zu trennen gewohnt sind: Innen und Außen, Logik und Ontologie, methodisch nüchterne Rationalität und ‚mystische Ekstase'.

Wenn wir uns dies vor Augen halten, scheint es nicht mehr abwegig, nun auch noch die oben erwähnte *vierte* Form von Aufstieg beizuziehen: das Vollendungsstreben der Dinge, die sein wollen wie die Idee (a)[626].

Man muß also bei Platon die *teleologisch-erotischen* und die *methodisch-strukturellen Aufstiege* in eins zusammensehen. Ob und wieweit dieses Ineinander *direkt* belegt ist, mag hier auf sich beruhen; jedenfalls ergibt es sich mit ziemlich großer Wahrscheinlichkeit aus der Gesamtheit der platonischen Aufstiegsmotive und überhaupt der plato-

mathematischen Bereich (d. h. bes. mit der ‚dimensionalen' Reduktion) ist nachgewiesen u. 7.6, wo aber zugleich auch betont wird, daß die *Via negativa* von Anfang an über die mathematisierende Ontologie hinausgreift.

623 Auch die kategoriale Reduktion geht natürlich nicht ohne Subtraktion des Unwesentlichen vor sich. Vgl. u. 4.62 mit 7.61.

624 Wie die Seele die Seinsstufen bis zur Idee des Schönen emporsteigt, darüber alles Wesentliche bei Robin, Einleitung zur Budé-Ausgabe des Symposions XCIV ff (dort weitere Verweise auf seine *Théorie platonicienne de l'Amour*). Über die *subtractio* spricht er nicht; sie ergibt sich aber automatisch aus dem Aufstieg in der Stufung (vgl. im Text).

625 Die *innerseelische* Komponente dieser Aufstiege wird meist nicht genügend beachtet, auch nicht von Krämer, *Prinzipienlehre und Dialektik*: Wie denn auch Krämers Interpretationen in *UGM*, die uns so viel Neues über die antike νοῦς-Philosophie lehren (glänzend z. B. 194 ff über Platon; dgl. öfter), insgesamt an einem über das sachlich vertretbare Maß hinausgehenden Objektivismus kranken (ein Beispiel ist seine Plotin-Deutung).

626 Vgl. o. S. 200.

nischen Denktendenzen[627]. Auf weniger festen Boden geraten wir jedoch, wenn wir jetzt noch einen Schritt *weitergehen* und fragen, *welcher Ursache das oben skizzierte Streben des Unvollkommenen zum Vollkommenen zuzuschreiben ist*. Eine Reihe von Indizien spricht dafür, daß es von der ‚*Unbestimmten Zweiheit*' verursacht wird, aber es bleiben Unsicherheiten[628]:

Wie wir sahen[629], wird in den Belegen für die innerschulische Lehre die *Bewegung* generell der Dyas zugewiesen und zwar offensichtlich nicht nur die Bewegung im raum-zeitlichen Bereich, sondern auch diejenige der Intelligibilia. Was man sich unter ‚Bewegung' (vor allem der des κόσμος νοητός) näherhin vorzustellen habe, blieb offen: Vielleicht individuierende Wirkung der Unbegrenzten Zweiheit und die in der Differenziertheit liegende Spannung und Bewegtheit (Robin)? Vielleicht kann man aber ebensogut — oder zusätzlich — unter ‚Bewegung' das Vervollkommnungsstreben verstehen. Wenn das zutrifft, wäre das zweite Prinzip nicht nur für das ‚deduktive' Sich-Ausgliedern der Stufen und ihrer einzelnen ὄντα verantwortlich[630], sondern auch für die ‚reduktive' Gegen-Bewegung. Diese zwei Wirkungsweisen schließen einander nicht aus, sondern ergänzen sich: Die Ursache der Differenziertheit (d. h. des jeweiligen Grades von Unvollkommenheit) ist zugleich der Antrieb, diese Unvollkommenheit zu überwinden[631].

Natürlich ist das nur *eine* Seite des Vorgangs. Denn der Aufstieg wäre sinnlos ohne ein Ziel, das erstrebt wird; d. h. das Etwas, ‚worum willen' (οὗ ἕνεκα) man aufsteigt, ist der eigentliche Antrieb der Auf-

[627] Vgl. o. S. 172 A. 492.

[628] Die anschließenden Bemerkungen über ‚Streben und zweites Prinzip' waren im wesentlichen vor dem Erscheinen von Krämers *UGM* formuliert und wurden dann an Hand von Krämers Nachweisen (*UGM* 326—329) noch präzisiert. Über στέρησις (dazu u. 2.25 Schluß und u. 4.64) spricht Krämer im *UGM* nicht. — Für das Folgende vgl. die Eigenbewegung der Chora im Timaios (darüber ausführlich o. 2.223b), Arist. phys. α 9, 192a 16—25, met. Ν 4, 1091b 35—1092a 5 (dazu jeweils die Kommentare). Nimmt man diese drei Stellen mit den oben im Text vorgetragenen Erwägungen zusammen, so scheint es wenn schon nicht wahrscheinlich, so doch immerhin möglich, das Vollkommenheitsstreben des Unvollkommenen auf das zweite Prinzip zurückzuführen. Ich glaube nicht, daß die beiden Aristoteles-Stellen eine Umdeutung von seinem eigenen Hyle-Begriff aus enthalten, sondern den akademischen Befund im wesentlichen korrekt wiedergeben.

[629] o. S. 166f.

[630] Der ‚erkenntnistheoretische' Weg ἀπὸ τῶν ἀρχῶν beschreibt diese Deduktion des ‚Realen', ja er *ist identisch* mit ihr, sofern man nicht Inner- und Außer-Seelisches, Subjekt und Objekt in unplatonischer Weise scharf voneinander trennt.

[631] Diese Spannung innerhalb des zweiten platonischen Prinzips (das ja sogar Ursache des κακόν in der Welt ist!) läßt sich genau so wenig wie bei der aristotelischen Hyle aufheben, vgl. o. 2.243d, u. 8.25. Sie erwächst notwendig aus einem Dualismus, der dann doch sein Schwergewicht auf dem ersten Prinzip (Hen, Gutes, Form) hat und von daher gedacht wird.

wärtsbewegung. So gesehen setzt jeder Aufstieg eine ‚Teleologie' voraus, eine Stufung der Zwecke[632] ausgehend von bedingten Zwecken, die ihre Legitimation jeweils von einem übergeordneten τέλος erhalten, bis zum obersten, unbedingten οὗ ἕνεκα[633]. Dies übersah man bisher, und so sprach man im Zusammenhang mit der platonischen Prinzipienlehre und dem ‚Ableitungssystem' merkwürdigerweise fast nie von ‚Teleologie'[634].

632 Wie die ‚Hierarchie' der Zwecke näherhin aussieht, bleibt noch zu prüfen: Man kann sich zunächst an die Stufung des Symposions halten und jede übergeordnete Stufe als Telos der untergeordneten ansehen. Im weiteren Verfolg dieses Gedankens müßte man dann auch die Seinsstufung von *De bono* als Stufung von τέλη verstehen. Damit wäre die aristotelische Seinsstufung als Schichtenfolge teleologischer Überformungen (vgl. u. 8.271) im Prinzip schon bei Platon vorgegeben. — Natürlich gehören im weiteren Sinne alle jene Reihungen von Zwecken hierher, mit denen Platon seit den Frühdialogen dem Wertproblem beizukommen sucht (darüber Hirschberger mehrfach, vgl. *Gesch. d. Philos.* I[4] 77—83), aber die lassen wir beiseite, weil es uns hier vor allem um die teleologische Deutung der für Platons innerschulische Lehre tradierten *Seinsstufung* geht.

633 Diese teleologische Seite der ‚Aufstiege' ist klar gesehen und herausgestellt bei Hirschberger, *Wert und Wissen im platonischen Symposion*, Philos. Jb. 46 (1933) 201—227, bes. 221—223. Robin hatte schon 1908 in seiner *Théorie platonicienne des idées et des nombres* die Teleologie des platonischen Ableitungssystems erkannt (s. nächste Anm.) und im gleichen Jahr in seiner *Théorie platonicienne de l'amour* die ‚erotischen' Aufstiege philosophisch zutreffend erfaßt und eingeordnet (213 ff u. ö.; so auch in seinen späteren Schriften, vgl. o. S. 201 A. 618), aber merkwürdigerweise die Verbindung zwischen beidem nicht ausdrücklich thematisiert (vgl. z. B. Robin, *Platon*, an den im Index s. v. *finalité* genannten Stellen).

634 Zur Teleologie Platons auch heute noch wichtig Theiler, *Zur Geschichte der teleologischen Naturbetrachtung*, 1924, 62—82. Eine Monographie, die Theilers Buch insgesamt oder mindestens in bezug auf Platon ersetzt, fehlt bisher. Einschlägig sind viele Abhandlungen über den Timaios (d. h. den Demiurgen) und über das Physis-Techne-Problem (z. B. F. Solmsen, *Nature as Craftsman in Greek Thought*, Journ. Hist. Ideas 24, 1963, 473—496, bes. 480—485). Keine dieser Arbeiten geht jedoch — soviel ich sehe — auf Platons ‚Ableitungssystem' ein. Umgekehrt bezieht offenbar — außer Robin 580—584 — keine der Untersuchungen über Platons innerschulische Lehre die ‚Teleologie' mit ein. Gründe für diese Zurückhaltung lassen sich folgende vermuten: Man glaubt Aristoteles' Behauptung, in Platons System fehle die *causa finalis* und die *causa efficiens*, um so lieber, weil die Testimonia für *De bono* die beiden Ursachen nicht erwähnen und stark eine mathematisch-*statische* Betrachtungsweise hervorkehren (Näheres bei Gaiser 480f). Vielleicht trug auch die in der Lit. oft anzutreffende Überbetonung der ‚Ableitung' bzw. ‚Deduktion' (d. h. des ‚Abstiegs') dazu bei, die Strebebewegung von ‚unten' nach ‚oben' nicht gebührend einzuschätzen. Wie dem auch sei, man übergeht hinsichtlich der Teleologie das — sowieso mit Reserve betrachtete — ‚Ableitungssystem' ganz und hält sich an die Dialoge, z. B. den Timaios (s. o.). Zudem sucht man herkömmlicherweise (vielleicht von Aristoteles beeinflußt) eine voll entwickelte Teleologie nur bei Aristoteles, aber nicht bei Platon. Deshalb wird die platonische Teleologie nicht als Gesetz des *gesamten* Seins erkannt, das auch den Ideenbereich einschließt, und man wird nicht gewahr, daß die engen Verbindungen zwischen platonischer und aristotelischer Teleologie sich nicht nur auf eher ‚spezielle'

Man darf nun freilich nicht die Teleologie gegen das zweite Prinzip ausspielen und meinen, für den Abstieg in die Unvollkommenheit sei die Dyas verantwortlich, für die ‚Rückkehr' allein das Hen als erstrebtes Gutes. Natürlich ist der Aufstieg ein mit Seele oder Geist verbundener Vorgang, der auch zu etwas Geistigem hinführt. Aber das Hen wäre als Telos wirkungsohnmächtig, wenn ihm nicht ein dem Unvollkommenen schon innewohnendes Streben korrespondierte.

Bei der Erklärung dieses Strebens von der Dyas her könnte man, um einer allzu undifferenzierten Betrachtungsweise[635] zu entgehen, versucht sein, prinzipiell zwischen a) der Dyas im Einzelding als solchem, b) der Dyas in der Seele dieses Einzeldinges und c) der Dyas in der Weltseele zu unterscheiden und ferner zu überlegen, ob die Dyas als Bewegungsprinzip selbst Züge von Seelischem an sich trägt oder nicht. Platon macht auch im Timaios einen deutlichen Unterschied zwischen der ungeordneten Bewegtheit des ‚Raumes' (~ ‚Unbestimmte Zweiheit'), die gleichwohl nach Ordnung drängt, und der geordneten Bewegung der Weltseele[636]. Aber diesen Unterschied verwischt er in anderen Zusammenhängen dann doch wieder, besonders wenn er den intelligiblen Bereich als ‚Lebewesen' und ‚Geist' faßt[637], d. h. dort Bewegung und Seelisches irgendwie zusammenfallen läßt. Man kann also im Sinne Platons undifferenziert sagen: Das zweite Prinzip ist Ursprung des Strebens zum Vollkommenen.

Wer vorstehenden Gedankengang nicht anerkennt und somit die Verbindung von ‚Unbestimmter Zweiheit' und erotischem Aufstieg für Platon leugnet, kann seine Skepsis keinesfalls auf die Platon-Schüler, d. h. auf die Akademie, ausdehnen, weil hier eindeutige Belege vorhanden sind:

Fragen wie Physis-Techne beschränken (vgl. etwa Solmsen 485), sondern auf einen *umfassenden teleologischen Dynamismus* Platons und des Aristoteles. — Das in 2.25 aufgezeigte Ineinander von platonischer Teleologie und platonischem ‚Ableitungssystem' wird jetzt auch von K. Gaiser, *Das zweifache Telos bei Aristoteles* (in: *Naturphilosophie bei Aristoteles und Theophrast*. 4. Symposium Aristotelicum 1966, Heidelberg 1969) 101 angedeutet und von J. Brunschwig in seinem Beitrag zum 5. Symposium Aristotelicum (1969) ausführlicher nachgewiesen.

635 Hierzu neigt Krämer, *UGM* 326—329, mit gewissem Recht, weil schon bei Platon, bes. aber dann nach ihm in der platonistischen Tradition viele dieser Unterschiede nicht beachtet werden. Trotzdem dürfte der Versuch einer Differenzierung nützlich sein, damit nicht von vorneherein alles mit allem kombiniert wird. Vgl. das Folgende.

636 Näheres o. 2.223b (u. 4.64). Da Krämer die dort zitierte grundlegende Abhandlung Herters nicht verwertet hat, übersieht er den von Platon im Timaios gemachten Unterschied (s. o. im Text) und beurteilt er die Bewegtheit der Chora einseitig (326 „passives κινεῖσθαι").

637 Über die einschlägigen Stellen aus Sophistes, Staat, Parmenides, Timaios vorzüglich Krämer, *UGM* 193—201.

Xenokrates nennt nicht nur sein Materie-Prinzip „ewig-fließend"[638], sondern bezeichnet es auch als δαίμων, d. h. ordnet es in seine Dämonologie ein[639]. Daran zeigt sich, daß er es nicht nur einfach als etwas ‚*Aktives*' versteht, sondern ihm auch *Leben* verleiht. Man kann vermuten, daß sich diese Lebendigkeit nicht nur gegen das erste Prinzip richtet (∼ τὸ κακόν!), sondern sich auch in einem *Streben zur* νοῦς — μονάς *hin* äußert[640]. Die Dyas geht aber auch als Bestandteil in die Weltseele ein[641], und wenn die Weltseele ‚erotisch' die transzendente νοῦς — μονάς ‚erstrebt'[642], dann liegt dies zweifellos an ihrer Materie-Komponente.

Das zweite Prinzip bei Xenokrates erstreckt sich nicht nur — wie man oft meint — auf den sichtbaren Kosmos, sondern auch auf die νοητά[643]. Weil einschlägige Zeugnisse fehlen, können wir nichts Näheres über das Wirken der xenokratischen Dyas im intelligiblen Bereich sagen, vor allem nicht, wie weit sie dort Bewegung oder gar *Streben* auslöst. Das zu wissen wäre für unser Thema besonders wichtig, zumal für Platons νοητά zwar Bewegung, aber nicht Streben direkt bezeugt ist (weshalb es *erschlossen* werden muß) und Speusipp in dieser Hinsicht nichts ausgibt.

Diese Lücke hilft die vielbesprochene Stelle Arist. EE 1218a 24ff schließen. Dort ist nämlich für die alte Akademie eine Lehre bezeugt, nach welcher die (Ideal-)Zahlen das ἕν ‚ersehnen' bzw. ‚erstreben' (ἔφεσις, ὄρεξις)[644]. Es liegt nahe, das Streben der Zahlen letztlich

638 fr. 28 Heinze (dazu u. 2.4, z. B. 2.41).

639 Aetios I 7, 18 (= Dox. Gr. 302a 6ff. b 17ff), als xenokrateisch bestimmt von Krämer, *UGM* 56—59, bes. 57f. Im gleichen Referat wird auch (ähnlich wie bei Platon, s. o. S. 167ff) τὸ κακόν mit der ἀόριστος δυάς gleichgesetzt (vgl. u. S. 249). Bestätigend und ergänzend tritt noch Plut. Is. Os. 369 D. F. 380C hinzu, wo (Xenokrates') ‚unbestimmte Zweiheit' als κακὸς δαίμων bestimmt wird (Krämer, *UGM* 326; 327 auch über die Typhon-Gestalt in Plut. Is. Os. als mythische Einkleidung von Xenokrates' ‚unbestimmter Zweiheit'). — Die von Krämer, *UGM* 326 herangezogenen Numenios-Stellen lassen wir außer Betracht, da die (von Krämer, *UGM* Kap. I 3 versuchte) Verknüpfung zwischen Xenokrates und Numenios mir bis auf weiteres noch zu unsicher vorkommt (vgl. Merlan, Ph. R. 102—107).

640 Diese Folgerung ergibt sich auch ohne Beleg fast selbstverständlich aus der ‚Aktivität' und ‚Lebendigkeit'. Belegt wäre das ‚Streben', wenn man die von Krämer, *UGM* 326 zitierten Numenios-Fragmente wirklich auf Xenokrates beziehen dürfte. Aber auch bei Numenios steht nichts darüber, *wohin* das Streben geht.

641 fr. 68 H. (Über die ‚Seelenschöpfung'). Xenokrates folgt hierin Platon (vgl. o. S. 96 A. 69, S. 205 mit A. 636/637).

642 Plut. Is. Os. passim, bes. 376 B. C. D. 375 C. D. Plutarch folgt hierin sehr wahrscheinlich Xenokrates: Krämer, *UGM* 328, dem auch die Formulierung verdankt wird. Die von Krämer ebd. auch genannte Albinos-Stelle möchte ich erst dann verwerten, wenn die Beziehung Xenokrates — Albinos noch besser gesichert sein wird (vgl. Merlan, Ph. R. 104f).

643 Nachweis u. 2.4.

644 Krämer denkt — nach dem Vorgang von Arnims — an Xenokrates (*UGM* öfter, z. B. S. 44; s. Index S. 451), was Merlan (Ph. R. 108 A. 24) zurückweist. Neuerdings

auf die in ihnen enthaltene ‚Unbestimmte Zweiheit' zurückzuführen und die Angaben der EE mit dem über Platon und Xenokrates Gesagten zu kombinieren. Spätere Deutungen des platonischen Eros, z. B. bei Plutarch und Plotin[645], stellen natürlich keine Belege für die alte Akademie dar, stützen aber doch zusätzlich die Kombination und runden das Bild ab. Ergebnis:

Im akademischen ‚Ableitungssystem' erstrebt überall das Unvollkommene (‚unten') das Vollkommenere (‚oben'), um es zu erreichen, z. B. die αἰσθητά die Ideen, die Ideen die Prinzipien. Dieser umfassende ‚erotische' Aufschwung des Seins, den man einen *ordo amoris* nennen darf[646], erwächst aus der Faszination des erstrebten Vollkommenen (d. h. der Ideen und des Hen) und dem von der Materie ausgehenden Transzendierungsdrang des Seins-Defizienten, das vollkommen werden will.

Dieselbe Doppelheit liegt auch der teleologischen Seinsordnung des Aristoteles zugrunde: Einerseits die Stufung der τέλη, auf die das Streben jeweils hinzielt, bis zum obersten, sich selbst genügenden τέλος, dem unbewegten Beweger[647]; andererseits das Streben des Unvollkommenen, welches — ob mit Seele verbunden oder nicht — auf der ὕλη (dem δυνάμει ὄν) gründet. Denn die Hyle ‚sehnt sich nach' der Form[648].

Es ist möglich, daß Aristoteles das Formverlangen der Hyle mit dem Begriff der στέρησις ausdrückt[649], welcher also nicht etwa nur im Rahmen des Gegensatz-Substrat-Schemas[650] rein ‚*logisch*' ein

versucht man mit beachtenswerten Gründen, die Stelle sogar auf Platon selbst zu beziehen (Gaiser, Brunschwig); vgl. o. S. 172 A. 492. Da es für uns nur darauf ankommt, daß die Lehre *altakademisch* ist (und dies ist völlig sicher, wird auch allgemein anerkannt), können wir die genauere Zuweisung auf sich beruhen lassen.

645 Plut. Is. Os. 374 D wird Πενία, die Mutter des Eros, mit ὕλη identifiziert (vgl. auch das Typhon-Motiv in derselben Schrift, dazu Krämer, *UGM* 327). Im gleichen Sinne Plotin in seiner Eros-Abhandlung III 5 [50], bes. 6, 24 ff. 9, 42 ff (dazu Theiler Anm. S. 398 f. 402). Krämer, *UGM* 328 hat recht, wenn er Plotins Abhandlung im ganzen nicht für die platonisch-akademische Tradition im strengen Sinne auswertet, sondern als ad-hoc-Interpretation ansieht. Für unser spezielles Problem liegt immerhin, wie die Plutarch-Parallele zeigt, eine gewisse Tradition der Auslegung vor, die den ursprünglichen platonisch-altakademischen Gedankengang etwas schärfer akzentuierte und begrifflich schematisierte, aber inhaltlich nicht verfälschte.

646 Den Ausdruck habe ich *Kosmologie und Metaphysik* 169 versuchsweise auf die Strebebewegung im aristotelischen Kosmos angewendet. Er paßt natürlich auf die geschilderten Gedanken Platons und seiner Schüler noch besser.

647 Vgl., auch zum Folgenden, neben *Kosmologie und Metaphysik* 167—170 die Sach-Index s. v. *Teleologie 1* genannten Stellen.

648 Vgl. u. 8.25.

649 Zu στέρησις u. 4.64. — Daß Aristoteles in α 9 στέρησις anders charakterisiert, habe ich bedacht (vgl. u. 3.14).

650 Über dieses Schema, welches wir zu einem Leitfaden vorliegender Untersuchung gewählt haben (auch andere wären möglich gewesen, o. 1.35e), vgl. u. 3, bes. 3.1.

statisches ‚Fehlen' der Form bezeichnen, sondern *ontologisch* angeben würde, daß die ὕλη, noch im Besitz der einen Form, bereits eine neue Form *erstrebt*[651]. Da — wie oben bemerkt — Aristoteles mit seiner Deutung der ὕλη als einer *aktiven* Kraft, welche sich nach der Form ‚sehnt', platonische Gedanken fortsetzt, wäre zugleich auch der Begriff der στέρησις *sachlich* bei Platon bereits vorhanden. Ob er in der Akademie auch schon *terminologisch* fixiert wurde, können wir aus Mangel an Belegen nicht sagen[652], aber es wäre durchaus möglich, daß man den Tatbestand, den wir in Symposion und Phaidros mythisch als Liebes-Aufschwung der Seele vor uns sehen, im Schulbetrieb der Akademie nüchtern mit dem Terminus στέρησις faßte und mehr oder minder schematisch-schulmäßig verwendete[653].

2.3 Das Materie-Prinzip Speusipps

Nachdem die Metaphysik Speusipps bis vor kurzem keine gründliche Gesamtbehandlung erfahren hatte[654], vermehrte Merlan 1953 die Materialgrundlage um ein längeres Speusipp-Referat bei Iamblich, De communi mathematica scientia Kap. IV[655], welches — von Aristoteles unabhängig — über Speusipps System im einzelnen wie im ganzen wichtige Aufschlüsse gibt, wertete das von ihm entdeckte Fragment aus und skizzierte dabei die Seinslehre Speusipps ganz neu[656]. Im

[651] Diese ontologische Relevanz und der dynamische Charakter des Steresis-Begriffes werden oft übersehen (richtig darüber Davis, s. die folgende Anm.) und wären noch besonders herauszuarbeiten, was hier nicht geschehen kann; vgl. o. S. 200 A. 613.

[652] Vgl. dazu u. 4.64.

[653] Die nüchtern-begriffliche Seite der ‚erotischen' Aufstiege wird ja schon daran kenntlich, daß sie mit den dialektischen Aufstiegen von Phaidon und Staat identisch sind (vgl. das Symposion, wo ja beides vorkommt); s. o. S. 200. Im übrigen wird die Erhabenheit der Gedanken des Symposions und des Phaidros nicht dadurch herabgemindert, daß man sie in einem Schulterminus ‚hantierbar', ‚griffig' macht und schematisiert; genau so wenig wie die Ideenlehre deshalb an Bedeutung einbüßt, weil sie, wie De ideis zeigt, durch die und für die mündlichen Diskussionen eine schulmäßig verfestigte Form erhielt.

[654] Einen Ersatz dafür boten noch am ehesten die wie immer auf vorbildlichem Niveau stehenden Bemerkungen Zellers (II 1^4 996—1010), während der bedeutende RE-Artikel *Speusippos* von J. Stenzel (1929) sich so einseitig auf das Problem von Diairesis und Proportion beschränkt, daß die Seinslehre insgesamt kaum behandelt wird (1663—1666, also nur auf 4 von 33 Spalten); zudem leidet die Klarheit der Gedankenführung unter der bekannt schwierigen Formulierungsweise Stenzels.

[655] p. 15, 6—18, 12 Festa.

[656] *PN* Kap. 5 *Speusippus in Iamblichus* (96—140), dazu Einzelbemerkungen an anderen Stellen (vgl. Index S. 250); diese wie immer ideenreichen, interessanten und klaren Erörterungen eröffneten einen neuen Abschnitt in der Speusipp-Forschung.

Anschluß an Merlan legte dann Krämer eine wohlfundierte Darstellung von Speusipps Ontologie vor[657], an die wir uns für den folgenden Überblick über Speusipps Metaphysik anschließen[658].

2.31 *Speusipps System*

Das Sein stellt nach Speusipp eine Schichtung folgender Seinsbereiche (γένη)[659] dar:

1. ἕν (überseiend) — πλῆθος (überseiend)
2. μαθηματικοὶ ἀριθμοὶ χωριστοί
3. μαθηματικὰ μεγέθη χωριστά
4. ψυχή (= ἰδέα τοῦ πάντῃ διαστατοῦ)
5. σώματα αἰσθητά[660].

Im Folgenden gehe ich davon aus, daß Iamblich nicht nur die positiven Lehrpunkte Speusipps korrekt wiedergibt, sondern auch die theoretischen Erörterungen, warum man eine Vielfalt von Prinzipien annehmen muß u. dgl., im wesentlichen aus Speusipp entnommen und nicht selber zugefügt hat (vgl. Merlan 120. 131).

657 *UGM* 31 f. 207—218. 351—358. 409 f, bes. 211 f (vgl. auch den Index 479); dort Belege und Lit. — Die Kritiker von Krämers *UGM* haben angesichts der Überfülle der darin enthaltenen Ergebnisse sich meist auf andere Fragen (Xenokrates, Aristoteles' Nus-Theologie, Plotin) beschränken müssen, so daß die förderlichen Darlegungen über Speusipp zu unrecht etwas in den Schatten traten.

658 Krämers in A. 657 genannte Erörterungen setze ich stets voraus, auch wenn das nicht für jede Einzelheit durch ausdrückliches Zitat notiert werden kann. — Ich nenne jeweils nur die wichtigsten Belegstellen und schreibe nur das Notwendigste aus; z. T. mehr bei Krämer. — Zu Speusipp vgl. auch Krämer, *GS* 349. *GF* 111 mit A. 22—24. Gaiser, *QP* 32 A. 6. 37. 39—49. 57. 78. Keine Förderung bringen die Bemerkungen über Speusipp in der Arbeit von Eugen Dönt (vgl. dessen Index S. 84). Nicht mehr berücksichtigt werden konnte F. Ravaisson-Mollien, *Las opiniones de Espeusipo acerca de los primeros principios de las cosas examinadas a la luz de los textos aristotélicos*, Revista de estudios clas. 11 (1967) 28—64.

659 γένος p. 15, 16. 16, 22. 27. 17, 4. 19. 23. εἶδος 16, 16. φύσις 16, 26.

660 Z 2, 1028b 21—24 (fr. 33a L.): ἕν, ἀριθμοί, μεγέθη, ψυχή. Λ 10, 1075b 37 bis 1076a 1 (fr. 33e L.) heißt es allgemein: ἀριθμοί „und so jeweils ein Seinsbereich sukzessive nach dem andern". N 3, 1090b 15—19 (fr. 50 L.): ἀριθμός, μεγέθη, ψυχή, σώματα αἰσθητά. Iambl. c.m.sc. p. 18, 3—11 Festa ἕν — πλῆθος, ἀριθμός, γεωμετρικὴ οὐσία (= Linien, Flächen, stereometrische Körper, wie p. 16, 26 f. 17, 16 f. 24—27 zeigt), ‚vierter Seinsbereich' (τέταρτα) und ‚fünfter Seinsbereich' (πέμπτα; gemeint sind Seele und Körperwelt, vgl. o. Z 2 und N 3; Iambl. p. 18, 14—18 gehört nicht mehr zum eigentlichen Speusipp-Referat, läßt sich also höchstens indirekt für Speusipp auswerten, und erwähnt neben den ‚Körpersubstanzen' die Seele nur mit der vagen Formulierung τὰ κατὰ τὴν ζωὴν θεωρούμενα). Die Stelle Theophr. met. 6a 24—b 5 bezieht sich nicht nur auf Platon, sondern auch auf Speusipp (6b 5 f ὡσαύτως δ' οἱ περὶ Σπεύσιππον) und bestätigt *im ganzen* die vorstehenden Belege, aber man kann keinen bestimmten Lehrpunkt daraus *speziell* für Speusipp vindizieren. — Stellen zur ‚Überseiendheit' des ἕν

Die fünf Seinsbereiche stehen im Verhältnis des ,Früher' und ,Später' zueinander[661], und jede ,spätere' Schicht weist gegenüber der ,früheren' ein *Mehr* an Bestimmung auf[662]:

1.
2. Vielheit, ,Sein' (πλῆθος, οὐσία)
3. Ausdehnung (μέγεθος)
4. (Orts-)Bewegung (κίνησις)
5. physikalische Körperlichkeit (σῶμα), Werden und Vergehen[663].

Krämer, *UGM* 209 A. 46, zur ,Transzendenz' der Zahlen und Figuren ib. 209 A. 47, zur Weltseele ib. 209 A. 48. Die beiden folgenden Schemata stehen ib. 210; das Materie-Prinzip πλῆθος setze ich der Einfachheit halber schon jetzt ein, obwohl seine genaue Stellung erst im nächsten Abschnitt **2**.32 geklärt wird.

661 N 3, 1090b 15 f τὸ μηθὲν συμβάλλεσθαι ἀλλήλοις *τὰ πρότερα τοῖς ὕστερον*. Z 2, 1028b 22 ἀρξάμενος. 23 ἔπειτα (auch 23 ἄλλην ... ἄλλην heißt dem Zusammenhang nach soviel wie πρώτην ... δευτέραν). Λ 10, 1075b 37 πρῶτον (vgl. 38 ff ἀεὶ ἄλλην ... ἄλλας ... ἡ ἑτέρα τῇ ἑτέρᾳ συμβάλλεται, was hier auch alles eine Reihenfolge einschließt). Ebenso das gesamte Speusipp-Referat Iamblichs p. 15, 6—18, 12 passim, bes. 15, 6 f πρωτίστας καὶ ἀνωτάτω. 15, 16 πρῶτον. 16, 11 ὑπεράνω. 12 προϊούσης. 13 πρῶτον ... δεύτερον. 15 πρώτη. 26 μετά. 17, 9 πρῶτον. 23 δεύτερον. 25 πρώτη. 26 δευτέρα. 18, 5 πρώτοις. 6 ἐφεξῆς (zu diesem Terminus vgl. u.). 9 ἐπ' ἐσχάτῳ δὲ ἐν τοῖς τετάρτοις καὶ πέμπτοις. 10 τελευταίων (vgl. auch das oft vorkommende ἀρχή bzw. στοιχεῖον). Zu allem Überfluß sagt Iamblich in der Einleitung zu seinem Referat (p. 14, 23—15, 5) ganz ausdrücklich, daß es sich um eine Reihenfolge des ,Früher' und ,Später' handele und daß er in seiner Darstellung beim ,Früheren' beginne und von da zum ,Späteren' fortschreite (Iamblich spricht 14, 18—23 zunächst mehr prinzipien- und erkenntnistheoretisch, geht aber dann 23 ff zu den einzelnen *Seins*-Stufen über, vgl. 24 ff die Neutra, 22 f πάντων τῶν ὄντων; beides gehört ja für Iamblich — und Speusipp — eng zusammen). Die Frage ist nun, *in welchem Sinne* das ,Früher' gemeint ist, als *Seins*-Priorität oder anders: Darüber kann erst weiter unten geurteilt werden, nachdem der *Zusammenhang* von Speusipps Seinsschichtung besprochen worden ist (vgl. u. S. 226 f).

662 Vgl. die Formulierung Iamblichs p. 15, 1 f (in der Einleitung), die späteren Seinsstufen stünden den früheren ,an Einfachheit' (ἁπλότητι) nach; im Referat selber wird nicht ausdrücklich von ,Zufügung' oder dgl. gesprochen (es kommt auch weder πρόσθεσις noch umgekehrt ἀφαίρεσις vor), obwohl in der Seinsstufung als solcher das ,additive' Moment ganz deutlich ist; s. nachstehend S. 211 und u. S. 224 f. — Den Hartmannschen Ausdruck ,kategoriales Novum', den Krämer, *UGM* 210 verwendet (vgl. auch 210 A. 49), möchte ich lieber vermeiden, weil sonst die Gefahr besteht, daß man mit dem Terminus auch bestimmte Lehren Hartmanns mit einfließen läßt; vgl. zum Prinzipiellen *Scala naturae* bes. **3** und **6**. Eher kann man noch mit Merlan von einem ,hyletischen Plus' sprechen (s. o. **2**.244 b).

663 Welche Bestimmungen jeweils hinzutreten, darüber besteht kein Zweifel: Die Bewegung der Seele (Stufe 4) hat Krämer, *UGM* 209 A. 48 zu Recht „aus ihrer weltimmanenten Stellung und dem Vergleich mit Platons ,Timaios' und der xenokratischen Seelendefinition" erschlossen. — Wenn man Zahlen und Figuren — wofür einiges spricht — zusammennimmt, kommt man schließlich zu vier Stufen (vgl. Krämer, *UGM* 210).

Zunächst sieht es so aus, als sei diese Schichtung ganz nach Art der mathematisierenden platonischen ‚Elementen-Metaphysik' aufgebaut, besitze also folgende Merkmale: In strikter Reihung werde durch ‚Addition' einer Bestimmung (πρόσθεσις) ein nachgeordnetes Glied nach dem anderen ‚erzeugt' (‚abgeleitet'); dementsprechend finde ein Aufstieg durch ‚Subtraktion' (ἀφαίρεσις) von den Erscheinungen zu den Prinzipien statt; schließlich könne das jeweils vorgeordnete Glied ‚ohne' die nachgeordneten ‚sein', aber nicht umgekehrt (Methode des συναναιρεῖν)[664].

Hieran ist soviel richtig, daß eine Schichtung des ‚Früher' und ‚Später' vorliegt, die Stufen ziemlich stark mathematisch-additiv verstanden werden und tatsächlich nach ‚unten' fortlaufend ein ‚Plus', nach ‚oben' ein ‚Minus' aufweisen[665]. In den Zeugnissen begegnen auch manchmal Termini, die eine Art von ‚Ableitung' nahelegen[666]. Dem steht jedoch gegenüber, daß Speusipp, um die individuelle Eigenart der einzelnen Seinsschicht zu garantieren, jeder Stufe ‚besondere' Prinzipien zuweist[667]. Zwar können wir nicht für jede Stufe genau

[664] Ein solches konsequentes Elementen-System (dessen Grundbegriffe o.2.244b kritisch besprochen sind) schreibt Krämer zunächst Speusipp zu (*UGM* 210), schränkt es aber dann richtig durch den Hinweis auf die ‚Sonderprinzipien' und die ‚episodische' Ontologie Speusipps ein (210 f). Vgl. nachstehend. — Die Bemerkung Iambl. p. 14, 24—26 über Priorität und συναναιρεῖν ‚dem Sein nach' (συνεπιφέρει κτλ. verstehe ich so nicht; wenn es von ‚Implikation' im Sinne der *alt*-akademischen Elementen-Metaphysik handelt, sollte man συνεπιφέρει und συνεπιφέρεται umtauschen) gehört zu Iamblichs Einleitung, also nicht zum Speusipp-Referat.

[665] Vgl. das Vorstehende. Allerdings lassen sich die Bestimmungen καλόν/αἰσχρόν und ἀγαθόν/κακόν nicht glatt in eine additive Skala einordnen, wie sich im Folgenden zeigen wird.

[666] N 4, 1091a 35 (fr. 34 f L.) προελθούσης τῆς τῶν ὄντων φύσεως (d. h. die Stufung Speusipps ‚schreite' vom ἕν aus ‚fort'). Iambl. p. 15, 6 ff passim, z. B. 15, 15 ἀποτελεῖσθαι. 17 συντιθεμένων. 16, 12 f προϊούσης πορρωτέρω ἀπὸ τῶν ἐν ἀρχῇ τῆς φύσεως πρῶτον . . . ἐφάνη, δεύτερον . . . 22 ἀποτελεῖσθαι. 28 συμπλεκομένων. 17, 4 ἀποτίκτειν. 7 ἐμφαίνοντος. 18 f φανῆναι, παραδιδόναι. 23 ἀποτετελεσμένον. 18, 3 f ἐκ συνθέσεως . . . ὑφίσταται. 5 φαίνεται. 7 φανείσης. 11 γενέσθαι (mehrfach ἐκ). Von den Größen speziell M 9, 1085a 32 (fr. 49 L.) ἕτεροι δὲ (sc. τὰ μεγέθη γεννῶσιν) ἐκ τῆς στιγμῆς κτλ. (gilt mit Sicherheit auch für die gesamte Stufung). Vgl. Theophr. met. 6a 24 ff γεννήσαντες . . ., was auch auf den anschließend genannten Speusipp zutrifft, denn der ganze Zusammenhang handelt ja von der ‚Deduktion' aus den Prinzipien. Z 2, 1028b 22 (fr. 33a L.) ἀπὸ τοῦ ἑνὸς ἀρξάμενος. Die Ausdrücke haben natürlich nicht gleiches Gewicht, bezeugen aber zusammengenommen für Speusipp eine ‚Ableitung', die nicht viel hinter der ‚Deduktion' Platons zurückstehen dürfte (vgl. u. S. 225 ff und die Bemerkungen zum Begriff der ‚Deduktion' o.2.244a).

[667] Z 2, 1028b 21—24 Σπεύσιππος δὲ καὶ πλείους οὐσίας ἀπὸ τοῦ ἑνὸς ἀρξάμενος, καὶ ἀρχὰς *ἑκάστης* οὐσίας, *ἄλλην* μὲν ἀριθμῶν *ἄλλην* δὲ μεγεθῶν, ἔπειτα ψυχῆς. Λ 10, 1075b 37—1076a 1 οἱ δὲ λέγοντες τὸν ἀριθμὸν πρῶτον τὸν μαθηματικὸν καὶ οὕτως ἀεὶ ἄλλην ἐχομένην οὐσίαν καὶ ἀρχὰς *ἑκάστης ἄλλας* (vgl. a 3 ποιοῦσιν . . . ἀρχὰς πολλάς). Die lange Erörterung Speusipps (bei Iambl. 16, 18—17, 29) über die

angeben, wie Speusipp die spezifischen Prinzipien formulierte, aber das liegt gewiß an der Lückenhaftigkeit der Überlieferung[668] und berechtigt nicht dazu, die gut bezeugte Tatsache des Prinzipienpluralismus *als solche* zu bezweifeln.

Wie sie näherhin zu *deuten* und zu *beurteilen* ist, wird im nächsten Abschnitt zu prüfen sein.

2.32 *Einheit und Vielheit der Prinzipien: Die Kausalität der Seinsstufung*

Die akademische Konzeption einer hierarchischen Stufung von Seinsschichten trachtet einen Ausgleich zu finden zwischen rigoroser All-Einheit und extremem Pluralismus, also gleichsam zwischen Par-

Frage, wie man die individuelle Eigenart (διαφοραί 16, 24. 17, 2. 10 f. 19) jeder einzelnen Seinsschicht garantieren könne, führt zu dem Schluß 17, 13 ff: Man muß für jede Seinsschicht ‚andere‘ Prinzipien annehmen, besonders ein jeweils anderes *Materie-Prinzip* (eine οἰκεία ὑποδοχή = οἰκεία ὕλη, s. 17, 28 f). Näheres über diesen wichtigen Passus im nächsten Abschnitt.

668 Benannt werden können die Prinzipien nur für die beiden obersten Schichten: a) Zahlen: Aristoteles nennt ἕν-πλῆθος (M 9, 1085 b5. N 1, 1087b 6. b 8 f. b 27. b 30 f. N 4, 1091 b 31. N 5, 1092a 35 f. Iambl. 15, 6—11. 15, 15—17. 18, 3 f), sagt aber M 8, 1083a 24 f (= fr. 42d L.), daß Speusipp das *oberste* ἕν-Prinzip vom ἕν-Prinzip *der Zahlen* unterschieden und ihm vorgeordnet habe; Iambl. 17, 15 nennt nun statt des ἕν exakter die μονὰς κατὰ τὸ ἕν, d. h. Speusipp hat die Eins als Prinzip der Zahlenreihe (κατὰ τὸ ἕν ‚gemäß dem ἕν‘ bedeutet, daß es sich nicht um eine beliebige μονάς handelt, sondern um μονάς als das *dem ἕν entsprechende Prinzip* der Zahlen: κατά ‚entsprechend‘ öfter in Vergleichen, s. Liddell-Scott κατά B IV 3; vgl. auch οἷος in der anschließend aufgeführten Aristoteles-Stelle met. M 9) unterschieden vom überseienden ἕν als dem obersten Seins-Prinzip. Vgl. Merlan 106. b) Geometrische Größen: Auch hier ist Aristoteles weniger detailliert als Iamblich. M 9, 1085a 31—34 (fr. 49 L.) οἱ μὲν οὖν (andere Akademiker) τὰ μεγέθη γεννῶσιν ἐκ τοιαύτης ὕλης (vorgeführt 1085a 9 ff), ἕτεροι δὲ (d. h. Speusipp) ἐκ τῆς στιγμῆς (ἡ δὲ στιγμὴ αὐτοῖς δοκεῖ εἶναι *οὐχ ἓν* ἀλλ' *οἷον τὸ ἕν*) καὶ ἄλλης (sc. als der vorher in a 31 genannten τοιαύτη) ὕλης *οἵας τὸ πλῆθος*, ἀλλ' *οὐ πλήθους*. Iambl. 17, 16 ff nennt ‚Punkt‘ (στιγμή) und ‚Örtlichkeit‘ im weitesten Sinne (θέσις, διάστασις, τόπος). c) Die ‚Sonder‘-Prinzipien der (Welt-)Seele (vgl. in der vorst. Anm. das Zitat aus Z 2) sind nicht überliefert. Krämer ordnet richtig der Seele die *Kreisbewegung* zu (*UGM* 211 A. 50 mit Verweis auf *UGM* 176 f), aber man kann sie wohl nicht, wie er vorschlägt, als ‚Element‘ der Seele ansetzen, sondern als ihre Erscheinungsweise bzw. Wirkung. ‚Elemente‘ (d. h. Prinzipien) der Seele dürften bei Speusipp — ähnlich wie bei Platon (Tim. 35) — Besonderungen der zwei Prinzipien ἕν und πλῆθος gewesen sein, wobei ‚Bewegung‘ und ‚Streben‘ auf das Konto des zweiten Prinzips gingen. d) Von den Prinzipien der Körperwelt wissen wir nichts, und Vermutungen darüber sind müßig. Daß die Aufzählungen der Sonder-Prinzipien in Z 2 (s. vorst. Anm.) beim Bereich der Seele einhält, ist bestimmt Zufall (Aristoteles hatte hier wie auch sonst keinen Anlaß, die Seinsbereiche *vollständig* aufzuführen), denn Speusipp kann trotz unvollständiger ‚Deduktion‘ den Körperbereich nicht völlig übergangen haben. Vgl. das Nachstehende. — Wie man sieht, sind über Speusipps Prinzipien kaum mehr Details bekannt als über die Platons, bei dem ja auch (z. B. bei den Raumgrößen) Spezial-Prinzipien auftreten (o. 2.243).

menides und Heraklitismus. Dieser Ausgleich ist natürlich stets von den Extremen her bedroht, die er miteinander zu versöhnen sucht: Wenn die *Verschiedenheit* der Stufen und ihrer Prinzipien zu sehr betont wird, löst sich die Stufung in Einzelteile auf. Hebt man jedoch die *Einheit* stark hervor, dann laufen die individuellen Schichten Gefahr, in ein homogenes Ganzes aufgehoben zu werden[669].

Speusipp wendet sich gegen die Überbetonung der Einheit, weil er dadurch die individuelle Besonderheit der einzelnen Seinsschicht gefährdet sieht[670]. Er lehnt zwei Konzeptionen (a, b) ab, um dann seine eigene Lehre zu entwickeln (c)[671]:

a) Wenn man für das gesamte Sein (16, 19 ἅπαντα; vgl. 16, 21 f διὰ παντός) die gleiche Materie annimmt (16, 19 μία; 16, 21 ὁμοία ‚dieselbe', vgl. 16, 27 ff)[672], kann sie unter der Einwirkung des Einen[673] stets nur dasselbe hervorbringen, also nicht verschiedene Seinsarten (γένη) wie Zahlen, Größen usw., sondern immer nur *eine* Seinsart, nämlich Zahlen[674]. Diese Hypothese vermag also nicht die Unterschiede (διαφοραί) zwischen den Seinsbereichen zu erklären[675].

b) Wenn man ein einziges oberstes Materieprinzip annimmt[676] und es, damit es fähig werde, trotz der Homogenität des ἕν-Prinzips[677]

[669] Obwohl auf diese Problematik bereits hingewiesen wurde (vgl. o. S. 146f u. ö.), mußte sie hier noch einmal erwähnt werden, damit Speusipps Ansatz besser erkennbar wird. Das Problem wird in den antiken Texten klar gesehen, am ausführlichsten im Iamblich-Kapitel (s. nachstehend), knapp aber deutlich in den Bemerkungen des Aristoteles über Speusipp (etwa M 9, 1085a 31—b 4).

[670] p. 16, 18—17, 29. Der Abschnitt ist für unser Gesamtthema prinzipiell so wichtig, daß wir ihn ganz vorführen. Nach den Ergebnissen Merlans (vgl. o. S. 208 A. 656) ist es ausgeschlossen, daß diese Erörterungen ganz oder im wesentlichen Iamblich zuzuschreiben sind; vielmehr gehören sie Speusipp selber (vielleicht von winzigen Retuschen abgesehen). Zum Folgenden vgl. Merlan 111 f. 120.

[671] a) 16, 18—17, 1; b) 17, 1—13; Merlan hat hier zwei Gedankengänge unterschieden aber das läßt sich nicht glatt durchführen, vgl. unten. c) 17, 13—29.

[672] 16, 21 εἴπερ ὁμοία διὰ παντός auf das etwas weiter entfernte τῆς ⟨τοῦ⟩ ἑνὸς ἰδέας ἐγγιγνομένης zu beziehen, ist rein syntaktisch natürlich möglich, aber sachlich sinnlos.

[673] 16, 20 f τῆς ⟨τοῦ⟩ ἑνὸς ἰδέας ἐγγιγνομένης ἐν αὐτῇ (sc. ἐν τῇ ὕλῃ). Hier wird das ἕν als undifferenziertes Prinzip verstanden (wie auch 16, 27—17, 1 bestätigt). Wieweit es bei Speusipp Abwandlungen und Differenzen einschließt, wird u. S. 219 erörtert.

[674] 16, 22—17, 1. Instruktiv die Formulierung 16, 27—17, 1 ἀπό γε τῶν ὁμοίων καὶ κατὰ τὸν αὐτὸν τρόπον ἀλλήλοις συμπλεκομένων στοιχείων.

[675] Den Gegenbegriff zu ‚Identität' bildet das öfter begegnende διαφορά.

[676] 17, 1 f εἰ δέ τις μίαν μὲν ὑποθήσεται τὴν ἅπαντος πλήθους τε καὶ μεγέθους αἰτίαν πρώτην: μίαν zeigt die Einheit an; πρώτην besagt, daß dieses Prinzip sich nicht in einzelnen Bereichen erschöpft, sondern etwas Umfassendes, Übergeordnetes darstellt. ἅπαντος πλήθους τε καὶ μεγέθους deutet zwei Hauptwirkungen der Materie an (Vielheit, Größe) und bestimmt dadurch, welche αἰτία gemeint ist. Dem Wort ἅπαντος kann man, sofern man es nicht pressen will, nichts weiter entnehmen.

[677] 17, 5 καίπερ τοῦ ἑνὸς ὁμοίου ἐγγιγνομένου διὰ παντός.

die verschiedenen Schichten des gesamten Seins hervorzubringen[678], mehrfache Differenzen *in sich einbegreifen* läßt[679], dann wird dadurch vielleicht die Differenzierung des Seins erklärlich, aber man gerät dafür in andere Schwierigkeiten: Denn die Annahme, daß das oberste (Materie-)Prinzip[680] in soviele Differentiae ‚aufgeteilt' sei[681], widerspricht dem Charakter eines Prinzips, das etwas ‚ganz Einfaches' ist[682].

In diese Erörterung b) ist ein Nebengedanke eingeschoben, angehängt an die Erwähnung des ἕν, das ‚überall identisch auftritt': „wobei aber auch dieses (sc. das ἕν) wegen der groben Massigkeit der Materie nicht immer exakt seine Natur zum Ausdruck bringt, genauso wenig wie man in schlecht ausgewählten Holzstücken eine bestimmte Figur präzis ausprägen kann"[683]. Die ‚Ungleichmäßigkeit' der Materie, die nicht immer qualitativ so gut vorliegt, wie man es sich wünschen möchte, und deshalb unter der Einwirkung derselben Form qualitativ ganz verschiedene Produkte hervorbringt, diese ‚Ungleichmäßigkeit' (παχύτης) meint offensichtlich etwas anderes als die 17, 2 f genannten ‚Unterschiede', die (gleichsam als ‚differentiae specificae') von vorneherein dem Materie-Prinzip innewohnen. Aus diesem Grund setzt Merlan 111 hier einen *dritten* Gedankengang an (also c nach unserer Notierung), der etwa so lautet: ‚Zur Erklärung der Seins-Vielfalt reicht

678 17, 3 f δι' ὅπερ ἄλλα καὶ ἄλλα γένη κατὰ πᾶσαν τὴν φύσιν ἀποτίκτειν πεφυκέναι. Infinitivkonstruktion von 17, 1 τις . . . ὑποθήσεται abhängig, zu πεφυκέναι als Subjekts-Akkusativ zu ergänzen τὴν αἰτίαν.

679 17, 2 f διαφορὰς δὲ πολλὰς ἐν αὑτῇ παρεχομένην (sc. τὴν αἰτίαν).

680 Zwar ist 17, 5—9 vom ἕν die Rede, aber das geschieht gleichsam in Parenthese, und mit 17, 9 τὸ δὲ πρῶτον στοιχεῖον geht die Haupt-Erörterung weiter, die sich fast ausschließlich um den Materie-Begriff dreht. Also ist hier (wenn auch das Argument genauso gut auf das ἕν zutreffen würde) wohl allein oder zumindest vorzugsweise an das Materie-Prinzip gedacht.

681 17, 9 f τὸ δὲ πρῶτον στοιχεῖον εἰς τοσαύτας διαφορὰς διαιρέσεις ἔχειν.

682 17, 12 f τὸ γὰρ ἁπλούστατον πανταχοῦ στοιχεῖον εἶναι. Die Argumentation geht, wie auch die Termini zeigen, von der platonisch-akademischen ‚Elementen'-Metaphysik aus (vgl. o.2.244b, ferner u. S. 224 Nr. 3), gilt aber auch darüber hinaus: Denn kein Prinzip ist ‚zusammengesetzt'. Freilich ist Speusipps Einwand insofern sophistisch, als jedes Prinzip seine ‚Prinzipiate' (wozu auch seine Abwandlungen zu rechnen sind) irgendwie unentfaltet ‚in sich' trägt; vgl. u. — Wie man den Satz 17, 11 f ἄλλως τε καὶ κτλ. deuten soll, ist nicht klar: Dem Sinn von διήκειν (vgl. Liddell-Scott) scheint es mehr zu entsprechen, mit Vitelli διῆκον (sc. τὸ στοιχεῖον) zu schreiben; aber was bedeutet παραδείγματα?

683 17, 5—8 οὐδὲ μὴν οὐδὲ τούτου διὰ τὴν παχύτητα τῆς ὕλης ἀκριβῆ τὴν ἑαυτοῦ φύσιν ἐμφαίνοντος ἀεί, καθάπερ ἔν τισιν εἰκαίοις ξύλοις σχῆμα. παχύτης bezeichnet nicht nur die Dicke oder Dichte, sondern auch die Grobheit, Unebenheit, ‚Ungeschlachtheit' eines Stoffes, eben das, was der Formung Schwierigkeiten bereitet (vgl. Liddell-Scott s. v. παχύς). Gut Merlan 111: „because the material principle is coarse-grained, the One does not always equally well succeed in expressing itself adequately in such a medium (just as happens when we attempt to impress some form on timber of poor quality)".

es auch nicht, auf die Unebenheit der Materie zu verweisen usw.'. Es spricht jedoch einiges dafür, daß es sich nur um einen *Zusatz* zum *zweiten* Gedankengang (b) handelt: Erstens ist 17, 5—8 (ebenso 8 f) syntaktisch in den größeren Argumentationszusammenhang von 17, 1—13 eingebettet, und der 17, 5—8 angedeutete Vorgang wird 17, 8 f ausdrücklich als möglich bezeichnet, während die 17, 1—5 entwickelte Hauptthese 17, 9—13 abgelehnt wird. Zweitens ergibt sich aus 17, 5—9 selbst sowie den Parallelstellen dazu[684], daß es hier nicht um *Ausgliederung* und *Differenzierung* des Seins in die großen Seinsstufen (vielleicht auch dann die εἴδη) geht, sondern vielmehr um *Unregelmäßigkeiten* anderer Art, die sich durchaus auch *innerhalb desselben* Seinsbereiches (bzw. *desselben* εἶδος) abspielen können[685]. Anders gewendet: In 17, 1—5 sind *Wesensunterschiede* zwischen Seins-Bereichen (und εἴδη?) gemeint, welche also neue Sinneinheiten konstituieren, hier in 17, 5—9 gewisse Schwankungen und Varianten der bereits vorausgesetzten Sinn-Einheiten, die bald besser, bald schlechter ‚ausfallen', manchmal ganz mißlingen. Es geht also um die von Speusipp auch 18, 11 f gestreifte Vorstellung, daß die Form sich jeweils an der Materie durchsetzen muß und dabei sie ‚bezwingt' oder nicht[686].

c) Wenn also weder ein streng einheitliches (a) noch ein trotz der Einheitlichkeit in sich gegliedertes und differenziertes Materie-Prinzip (b) Vielzahl und Unterschiedlichkeit der Seinsbereiche und des Seins überhaupt genügend erklären können, bleibt nur übrig, für jeden Seinsbereich ein ‚anderes' Prinzip anzunehmen (τινὰ ἑτέραν αἰτίαν), für den Bereich der Größen (dem *zweiten* nach den Zahlen) als Formalprinzip den ‚Punkt' (entsprechend der μονὰς κατὰ τὸ ἕν bei den Zahlen), als Materie-Prinzip θέσις, διάστασις τόπων, τόπος (entsprechend dem πλῆθος der Zahlen)[687]. Genauso muß man auch für die übrigen Seinsschichten jeweils eine ‚eigene' Materie ansetzen[688].

684 Vgl. dazu Sach-Index s. v. *ἀνώμαλος*, *Notwendigkeit 1*. Merlan 114 nennt einschlägige Aristoteles-Belege, erwähnt aber dabei nicht unsere Stelle 17,5—9. Vgl. das Folgende oben im Text.

685 Ja man kann sie sogar *vorzugsweise* innerhalb eines εἶδος feststellen, wie sich sachlich denken läßt (s. auch die Parallelen). So wird man auch letztlich unsere Stelle aufzufassen haben (vgl. das Holz-Beispiel), wenn sie auch nur unspezifisch vom ‚ἕν' spricht, offenbar deshalb, weil die Unregelmäßigkeiten als ein Phänomen des *gesamten* Seins, also sämtlicher Seins-Bereiche und εἴδη, charakterisiert werden sollen. Trotz der Allgemeinheit der Aussage von 17, 5—9 bleibt der Unterschied zum Hauptgedanken 17, 1—5 ganz scharf und deutlich bestehen: S. oben den Text.

686 Vgl. dazu erneut Sach-Index s. v. *Agon*, *ἀπειρία*.

687 17, 13—19, zitiert und übersetzt bei Merlan 130. Ich möchte aber den Anfang der Stelle ein wenig anders ponderieren als Merlan. Speusipp hat soeben die zwei Versuche, mit einem einheitlichen Materie-Prinzip durchzukommen, abgelehnt und kommt nun zu dem Schluß: „Es bleibt also nur übrig, für den Seinsbereich der Größe (also Nr. 2 nach den Zahlen) eine *andere* Ursache anzunehmen (sc. als für die Zahlen) und deshalb (als Formursache) — entsprechend der μονὰς

Um Speusipps Einstellung zu würdigen, muß man zunächst möglichst genau bestimmen, welcher Art diejenigen Lehren sind, von denen er sich kritisch absetzt:

Die erste (oben a) nimmt ein einziges, ganz undifferenziertes Materie-Prinzip an (dazu ein ebensolches Form-Prinzip) und kann damit nach Speusipps Ansicht nicht deutlich machen, wie es zu einer Verschiedenheit von Seinsbereichen kommt. Eine zweite Konzeption (oben b) beläßt zwar das Form-Prinzip in einem undifferenzierten Zustand (17, 5), legt aber in das eine, umfassende Materie-Prinzip Differenzen hinein und sucht so die Ausgliederung der Seinsstufen zu ermöglichen. Trotzdem wird auch sie von Speusipp abgelehnt, mit einer anderen Begründung als die erste These: Die innere Differenzierung eines Prinzips (= eines ‚Einfachsten‘) sei ein Widerspruch in sich selbst (17, 9 bis 13). Ob dieser Einwand gut begründet ist oder nicht[689], er zeigt, daß Speusipp natürlich nicht die Differenzierung des Prinzips *als solche* ablehnt, sondern daß sie ihm nur nicht weit genug geht: So tut er denn auch offensichtlich in seiner eigenen Lehre (oben c) konsequent den letzten Schritt und gibt das *eine* Materie-Prinzip auf, das als Klammer die Differenzierungen übergreift und zusammenfaßt[690].

Soviel gibt der Text zunächst her. Damit ist jedoch über den Charakter der kritisierten Lehren und zugleich der Kritik an ihnen noch recht wenig gesagt. Eigentlich müßte man nun *sachlich-systematisch* weiterfragen, ‚Was bedeutet strikte Identität des Prinzips?‘ (a) oder ‚Wie verhalten sich die inneren Differenzierungen zur Einheit des Gesamtprinzips?‘ (b). Das würde aber kaum etwas nützen, weil der Text

κατὰ τὸ ἕν bei den Zahlen — für die Linien den Punkt anzusetzen. (Als Materialursache) erscheint hier (AcI wohl kaum noch von λοιπόν abhängig, sondern indirekte Rede wie auch andere Teile des Referats) bei den Linien, Flächen und Körpern zuerst Raumlage und Ausdehnung, dann aber auch Raum." 17, 17 κατὰ τὰ αὑτά: κατά meint vielleicht dasselbe wie vorher περί ‚im Bereich von‘; αὑτά könnte sich dann vorzugsweise auf στερεά beziehen, wenn τόπος (mehr als διάστασις τόπων) die *Drei*dimensionalität betont, andernfalls auf den gesamten geometrischen Bereich. Der Satzteil 17, 18 f παρὰ τὸ τὴν κτλ. ist schwierig zu verstehen: Im überlieferten παρὰ τὸ τὴν (17, 18) läßt sich τὸ weder mit ἴδιον τι noch mit παραδιδόναι verbinden, ist also zu streichen (so stillschweigend auch Merlan, der παρὰ τὴν übersetzt; παρὰ τὸν in seinem Text-Zitat muß Druckfehler sein); jetzt kann man παρὰ τὴν verbinden und παραδιδόναι als finalen Infinitiv verstehen (vgl. Merlan), etwa „um über den Unterschied der Materie hinaus (‚in accordance with‘ für παρά Merlan) noch etwas Besonderes zu dem von ihr (der Materie) ausgehenden Seinsbereich beizutragen". Was das sachlich meint, weiß ich nicht. Es hängt auch für unser Thema nichts davon ab.

688 17, 25—29, bes. 27—29 καὶ τῶν ἄλλων μαθημάτων . . . *τὰς οἰκείας ὑποδοχὰς* προϋποθετέον. Speusipp meint hier natürlich ‚Seinsbereiche‘, wenn er von Erkenntnisarten und ihren Objekten spricht (Näheres darüber u. S. 239f und 7. 61). Über die Zwischenbemerkung 17, 20—22 gleich anschließend.

689 Darauf kommen wir unten noch einmal zurück.

690 Auch das bedarf noch weiterer Nachprüfung (s. u.).

darauf keine direkte Antwort gibt, so daß man auf umständliche indirekte Beweisgänge angewiesen wäre. Vielleicht hilft daher die Frage weiter, ob Speusipp bei seiner Kritik bestimmte *historisch* fixierbare Lehren im Auge hatte oder nicht. Da sich der sprachlichen Formulierung nichts Sicheres entnehmen läßt[691], müssen wir von anderen Indizien ausgehen:

Es ist nicht unmöglich, aber auch nicht wahrscheinlich, daß Speusipp hier ganz unhistorische und rein fiktive Positionen erschließt. Und er wird auch nicht auf Konzeptionen eingegangen sein, die überhaupt keine Aktualität mehr besaßen. Denn er war ja nun einmal in eine ganz konkrete philosophische Situation und Problemlage hineingestellt, die ihm sachlich gute Ansatzpunkte bot, die Schuldiskussionen der platonischen Akademie. Auf die Akademie weisen auch zwei Voraussetzungen der beiden angegriffenen Lehren hin, die Speusipp bezeichnenderweise auch nicht in Zweifel zieht: Stufenbau des Seins und Zweiprinzipienlehre[692]. Er spielt mithin die Problematik von Einheit und Vielfalt des Prinzips im Rahmen des *akademischen* Seinsentwurfes und an Hand der *akademischen* Prinzipienlehre durch.

Über die allgemeinere Bestimmung ‚Akademie' hinaus noch einzelne *Namen* feststellen zu wollen, ist weder dringend erforderlich noch einfach: Wir müssen ja mit der Möglichkeit rechnen, daß Speusipp gewisse *allgemeine Denktendenzen* der damaligen Akademie heraushebt oder bestimmte Lehren andeutet, die wir mit Hilfe der kargen Überlieferung nicht verifizieren können. Immerhin läßt sich doch soviel sagen:

Die zweite These (b) kann man mit Platon verbinden, der ein einziges umfassendes Materie-Prinzip konzipiert, es aber nicht als etwas starr Identisches schematisch durchführt, sondern es nach den einzelnen Seinsstufen ‚abwandelt' — was genau den hier bei Speusipp genannten ‚inneren' Differenzen entspricht[693]. Dieser Auffassung folgt ja auch Xenokrates[694].

Schwieriger ist es, die erste Lehre (a) zu lokalisieren. Ja, man kann sich überhaupt kaum vorstellen, wie ein Akademiker, der doch das Sein als eine Vielfalt von Schichten verstand, zugleich das Materie-

[691] Es steht beide Male eine Bedingungs-Periode im sog. ‚Eventualis': Das Futur kann aber hier wie auch sonst in philosophischen Erörterungen (vgl. Aristoteles und die Literatur nach ihm) eigentlich nur *irrealen* Sinn haben, so daß Speusipp also die beiden Lehren als *fiktive* Beispiele hinzustellen scheint. Selbst wenn dieser Schluß stimmt, braucht er sachlich nicht viel zu besagen: Denn Speusipp kann ja hypothetisch-irreal gesprochen und doch an ganz spezifische *historische* Lehren gedacht haben, die seine Leser erkannten.

[692] Natürlich könnte er auch die Lehre anderer Denker (z. B. eines Vorsokratikers) in das akademische Schema gepreßt haben (so wie es dann Aristoteles und Theophrast mit ihren Vorgängern tun), aber dafür spricht nichts.

[693] Vgl. o. 2.243 und 2.244c.

[694] Vgl. u. den gesamten Abschnitt 2.4.

Prinzip so starr einheitlich gefaßt haben sollte, wie Speusipps Kritik voraussetzt. Wenn man nicht an einen Philosophen außerhalb der Akademie denken möchte — das widerspräche dem gesamten Kontext unserer Stelle —, darf man vielleicht vermuten, daß Speusipp einseitig kritisiert: Er hatte wohl eine Lehre vor Augen, in welcher die Differenzen des Materie-Prinzips nicht explizit genug besprochen und vor allem nicht *terminologisch* unterschieden wurden. Mit dieser Annahme darf man auch die Lehre a) auf Platon beziehen, der zwar manche Ansätze zu einer Differenzierung des Materie-Prinzips aufweist (s. o. zu b), aber doch wohl auch wieder an wichtigen Stellen der Seinsstufung die Unterschiede so wenig ausdrücklich macht, daß ihn Aristoteles wegen der Undifferenziertheit seines ‚zweiten Prinzips‘ scharf tadelt[695]. Da Aristoteles offensichtlich mit dieser Kritik an Speusipp anknüpft[696], scheint es umgekehrt möglich, daß schon Speusipp (wie dann Aristoteles) *Platon* zum Objekt seiner Kritik nahm. So verkörpern die beiden von Speusipp kritisierten Lehren Denktendenzen, die in der Akademie öfter bestanden haben mögen, aber für uns am ehesten bei Platon faßbar sind. Platon liegt denn auch von der historischen Situation her am nächsten.

Die vermutete Anknüpfung an Platon bringt uns jedoch nicht viel weiter, weil der Befund bei Platon nicht eindeutig genug ist und selbst mehr der Erläuterung bedarf, als daß er zur Erklärung anderer Texte beitragen könnte. Man kann daher auch kaum etwas darüber sagen, inwiefern Speusipps Kritik angemessen ist.

Wenden wir uns nun Speusipps eigener Lehre zu:

Schon in den bisher betrachteten Erörterungen von 16, 18 an insistierte Speusipp auf den ‚Unterschieden‘ (διαφοραί) zwischen den Seinsschichten. Wie ernst es ihm damit ist, sahen wir daraus, daß er die zweite Lehre (b) ablehnt, obwohl diese anscheinend mit der Differenzierung des Materie-Prinzips schon ziemlich weit gegangen war. Wenn er also nun 17, 13 ff ausdrücklich im eigenen Namen sagt, daß jede Seinsschicht eine ‚andere‘ (17, 14 ἑτέραν), d. h. eine ‚eigene‘ Materie (17, 28 οἰκείας) erhält, dann meint er keineswegs eine oberflächliche Differenzierung etwa nur in den Termini[697], sondern eine

[695] Vgl. o. 2.243, wo alles Nähere. Besonders deutlich wird ja das Problem bei der Frage, ob und wie Platon die ‚Ideen-Materie‘ und die Materie der Sinnendinge voneinander unterschied.

[696] Merlan 111. Krämer *UGM* 211 A. 51.

[697] Man könnte einen Augenblick daran denken, daß Aristoteles, wie er bei Platon offenbar zum Teil von der Einheitlichkeit des *Terminus* ausgeht (vgl. o. S. 154), so auch hier in seiner Speusipp-Kritik (s. u.) sich vielleicht an der Vielfalt der Spezial-*Termini* orientiere und von da vorschnell auf Zusammenhanglosigkeit der von diesen Begriffen gemeinten *Sachverhalte* schließe. Eine solche Vermutung wäre schon auf Grund der früher bekannten Speusipp-Testimonia nicht wahrscheinlich; durch das neue Speusipp-Referat erweist sie sich als unmöglich.

wirklich tiefgehende[698]. Wie seine Kritik an der These b) impliziert, will er offenbar sogar *jegliches* übergreifende (Materie-)Prinzip beseitigen, also nur für jede Stufe spezielle Prinzipien ansetzen und nichts weiter.

Speusipp beschränkt sich hier ganz überwiegend auf das Materie-Prinzip, und man könnte von daher sowie aus manchen Äußerungen des Aristoteles den Eindruck gewinnen, als hänge die Differenziertheit der Seinsstufung Speusipps (und damit auch ihr ‚episodischer' Charakter) allein am Materie-Prinzip[699]. Ein solcher Schluß wäre jedoch einseitig, denn aus Aristot. met. M 9, 1085a32 f und Iambl. 17, 14—16 ergibt sich klar, daß oberstes Formprinzip, Formprinzip der Zahlen und dasjenige der Größen genau wie die entsprechenden Materien voneinander unterschieden sind[700]. Und wie wir für die beiden übrigen Seinsstufen besondere Materien ansetzen (gestützt auf 17, 27—29), so gilt dies natürlich auch für die Form: Jede Schicht besitzt ihr besonderes Form-Prinzip[701]. Dieser Umstand ist für das Urteil über Speusipp wichtig, aber auch für das über Platon, Xenokrates und Aristoteles[702]. Auf jeden Fall setzt Speusipp wie bei der ‚Materie' so auch bei der ‚Form' Sonderprinzipien an, ohne ein übergreifendes Form-Prinzip zu erwähnen.

So gesehen könnte Aristoteles recht haben mit seinem Vorwurf, Speusipps Stufung zerfalle in zusammenhanglose Teile, sie sei ein ‚episodisches' Konglomerat[703]. Dem widerstreiten jedoch *drei* Punkte,

698 Auch die Bemerkung des Aristoteles, daß Speusipp ἐπεκτείνει τὰς οὐσίας (Z 2, 1028b 24), kann nur so gemeint sein: Er *vermehrte nicht* die *Zahl* der Stufen gegenüber Platon (im Gegenteil: er *verminderte* sie), sondern *differenzierte* die einzelnen Schichten, so daß sie nicht mehr so leicht wie bei Platon in größere Einheiten zusammengefaßt werden konnten (vgl. Platons Dreistufung). Krämer, *UGM* 211 A. 50.

699 Theiler, *Entstehung* 102 A. 58: „Schuld am Episodenhaften ist die Vielzahl der ὕλαι; M 1085b 1; Iambl. c. m. sc. 17, 25; Cherniss 484".

700 Ja sie besitzen sogar noch eine Differenzierung mehr: Während oberstes Materie-Prinzip πλῆθος (Stufe I) und Materie-Prinzip der Zahlen πλῆθος (Stufe II) mindestens dem Terminus nach ‚gleich' sind, sind ἕν als oberstes Formprinzip (Stufe I) und μονάς als Formprinzip der Zahlen voneinander unterschieden, offenbar, damit die Überseiendheit des Hen deutlich hervortritt. — Zur ‚Gleichheit' von πλῆθος in Stufe I und II s. u. 2.33.

701 Dies haben wir o. S. 212 A. 668 bei der Aufzählung der Sonderprinzipien bereits als selbstverständlich vorausgesetzt.

702 Vgl. Sach-Index s. v. *Form, Prinzip 3b*.

703 Λ 10, 1076a 1—3 ἐπεισοδιώδη τὴν τοῦ παντὸς οὐσίαν ποιοῦσιν (οὐδὲν γὰρ ἡ ἑτέρα τῇ ἑτέρᾳ συμβάλλεται οὖσα ἢ μὴ οὖσα) καὶ ἀρχὰς πολλάς. N 3, 1090b 15—20: In der akademischen Seinsstufung ‚trägt das Frühere zum Späteren nichts bei' (συμβάλλεσθαι)· μὴ ὄντος γὰρ τοῦ ἀριθμοῦ οὐδὲν ἧττον τὰ μεγέθη ἔσται τοῖς τὰ μαθηματικὰ μόνον εἶναι φαμένοις, καὶ τούτων μὴ ὄντων ἡ ψυχὴ καὶ τὰ σώματα τὰ αἰσθητά· οὐκ ἔοικε δ' ἡ φύσις ἐπεισοδιώδης οὖσα ἐκ τῶν φαινομένων, ὥσπερ μοχθηρὰ τραγῳδία. Ross zu Λ 10, 1076a 1 verweist auf poet.

die für einen *Zusammenhang* der speusippischen Seinsschichtung sprechen[704]. Soweit sie konventionelles Lehrgut der Akademie enthalten, ist zu prüfen, ob Speusipp nur Tradiertes weitergibt oder auch selbst dahintersteht:

1. Speusipp faßt mehrfach die Sonder-Prinzipien der verschiedenen Seinsstufen unter einer gemeinsamen Bezeichnung zusammen: ὑποδοχή, μέγεθος, ὕλη (alle bei Iamblich)[705]. Dagegen muß es zweifelhaft bleiben, ob auch πλῆθος in diesem Sinne verwendet wird[706]. Natürlich könnten solche Termini von Iamblich zugesetzt worden sein[707]. Aber das ist schon wegen Iamblichs Arbeitsweise ganz unwahrscheinlich[708]. Zudem kann man die genannten Termini nicht ein-

1451 b 34 f λέγω δ' ἐπεισοδιώδη μῦθον ἐν ᾧ τὰ ἐπεισόδια μετ' ἄλληλα οὔτ' εἰκὸς οὔτ' ἀνάγκη εἶναι. Vgl. Theophr. met. 4a 14 εὐλογώτερον δ' οὖν εἶναί τινα συναφὴν καὶ μὴ ἐπεισοδιῶδες τὸ πᾶν, ἀλλά . . .

704 Die drei Punkte haben verschiedenen Charakter und Wert, sollen aber trotzdem einfach nebeneinandergestellt werden. — Im Folgenden wird meist nur von der Materie gesprochen, weil Speusipp sich im Text auf sie beschränkt. Es besteht aber sachlich *kein* Grund, weshalb die Überlegungen nicht sämtlich auch für das ‚Formprinzip' gelten sollten.

705 16, 15 f ἢ . . . πρώτη ὑποδοχή τε καὶ μέγεθος, ἢ ὅ τι δήποτε δεῖ προσαγορεύειν αὐτήν. 17, 18 f τὴν τῆς ὑποδοχῆς διαφοράν. 17, 25 f πρώτη . . . ὕλη, δευτέρα δέ (ὕλη). 17, 28 f τὰς οἰκείας ὑποδοχάς. Noch allgemeinere Bezeichnungen wie ἀρχαί, στοιχεῖα brauchen wir nicht zu registrieren. — Nichts lehren die Bemerkungen über die von Speusipp abgelehnten ‚unitarischen' Anschauungen (z. B. 16, 19 f μίαν ἄπειρον . . . ὕλην τε καὶ ὑποδοχήν. 17, 1 f μίαν . . . τὴν ἅπαντος πλήθους τε καὶ μεγέθους αἰτίαν πρώτην); deshalb brauchen wir nicht weiter darauf einzugehen.

706 Die Metaphysik-Stellen (gesammelt und besprochen bei Ross zu 1085a 9) bezeugen πλῆθος neben ἕν als Speusipps Prinzip der Zahlen, desgleichen im Iamblich-Referat die Belege 15, 10f. 15 f. 18, 3 f (zitiert u. S. 222 A. 713; vgl. o. S. 212 A. 668). Man könnte versucht sein, πλῆθος (wie Platons ἀόριστος δυάς) von den Zahlen auf die gesamte Seinsstufung zu übertragen, wobei es — Speusipps ‚episodischer' Ontologie entsprechend — nur als loserer Sammelbegriff zu verstehen wäre. Dem widerspricht aber M 9, 1085a 33, wo es ausdrücklich heißt, daß die zweite Seinsstufe (der geometrischen Größen) zum Materie-Prinzip nicht πλῆθος habe, sondern eine andere Materie, die dem πλῆθος analog sei ([ἐξ] ἄλλης ὕλης οἵας τὸ πλῆθος, ἀλλ' οὐ πλήθους). Trotzdem hat πλῆθος eine Vorzugsstellung: Es ist nicht nur Prinzip der Zahlen (= der ersten *Seins*-Stufe), sondern es macht zusammen mit dem ἕν die noch über den Zahlen liegende, oberste Stufe (jenseits des Seins) aus (vgl. u. 2.33). Auf jeden Fall ist es somit das erste Glied einer Reihe, und soweit die speusippische Seinsschichtung noch akademischen Reihencharakter besitzt (darüber u. S. 224 ff), ist πλῆθος zugleich eine Art ‚Allgemeines' der nachgeordneten Glieder. In diesem Sinne mag es dann doch wieder erlaubt sein, undifferenziert von πλῆθος als ‚dem' Materie-Prinzip Speusipps zu sprechen.

707 Dann würde also auch eine Bemerkung wie 16, 15 f ἢ ὅ τι δήποτε δεῖ προσαγορεύειν αὐτήν Iamblich gehören, der dem Inventar seiner Schulsprache mehrere gleichbedeutende Begriffe entnehmen kann.

708 Eine genaue terminologische Untersuchung (und damit quellenkritische Feinanalyse) unseres Speusipp-Referates steht noch aus. Aber man darf doch schon sagen, daß der Text nicht nur fast völlig frei ist von späteren Termini (ganz im

fach streichen, ohne den Gedankengang empfindlich zu stören, der doch nach Merlans Nachweis in allem Wesentlichen auf Speusipp zurückgeht. Bliebe nur noch die Möglichkeit, daß Iamblich für speusippsche Termini (welche?) andere *Wörter* gleicher oder ähnlicher Bedeutung eingesetzt hätte. Eine Entscheidung darüber ist für die *Sach*-Frage, um die es hier vor allem geht, unerheblich[709], aber es spricht nichts für eine solche Annahme:

ὑποδοχή kann Speusipp von Platon übernommen haben, entweder direkt aus dem Timaios oder aus den Schuldiskussionen, die dem Timaios voraufgegangen (und gefolgt) sein müssen[710]. Auch ὕλη deutet nicht auf spätere Zeit, denn Speusipp war 20 Jahre mit Aristoteles in der Akademie zusammen und kann natürlich den Terminus von diesem übernommen haben, wenn nicht sogar umgekehrt — was keineswegs auszuschließen ist — Speusipp den Begriff ‚erfand' und an Aristoteles weitergab[711]. Über μέγεθος läßt sich nichts Spezifisches sagen[712].

In jeder Seinsschicht trägt also eines der beiden Prinzipien seine spezifische Bezeichnung (z. B. διάστασις), und es wird jeweils auch

Gegensatz zum Referat platonisch-akademischer Lehre bei Sextus), sondern mit einigen Eigenheiten sogar auf die Zeit der alten Akademie weist (vgl. Merlan 120—122). Das stimmt ja auch genau zu der Art des Iamblich, in De comm. math. scientia (wie im Protrepticus) seine Quellen fast wörtlich zu exzerpieren (sehr instruktiv Merlan 155—157 zum Protrepticus, 157 f zu De comm. math. sc.).

709 Denn Speusipp hätte auch dann auf jeden Fall die Sonderprinzipien unter zusammenfassende Begriffe subsumiert: Und eben darum handelt es sich hier ja.

710 Cherniss' These, daß Platons Schüler den Timaios nur in seiner publizierten Form gekannt und über die Lehren des Timaios nie mündlich mit Platon diskutiert hätten, ist wie seine Gesamtauffassung über die alte Akademie unhaltbar. Richtig z. B. Düring, Gnomon 27 (1955) 156 „the obvious possibility, that the main theories presented in the Timaeus had taken form and been discussed in the Academy before the Timaeus was written". Diesen Diskussionen oder ähnlichen (denn ὑποδοχή ist ja nicht notwendig mit der Problematik des Timaios verbunden) mag Speusipp den Begriff ὑποδοχή verdanken (falls er ihn nicht selber dazu beisteuerte). Aber auch wenn Cherniss' Meinung richtig wäre, bleibt zwischen der Publikation des Timaios (vielleicht 360) und Speusipps Tod (ca. 339) noch genügend Zeit, in der Speusipp den Terminus rezipieren konnte. Vgl. o. S. 129f A. 268, A. 271.

711 Vgl. Merlan 122. Zum Terminus ὕλη u. 2.6. Chronologische Schwierigkeiten gibt es nicht, denn Aristoteles hatte seinen Hyle-Begriff schon früh entwickelt, wohl schon zur Zeit des Protreptikos (um 353, vgl. Düring, Gnomon 27, 1955, 156, dazu u. S. 276 A. 1006). Auf jeden Fall besteht kein Anlaß zur Vermutung, daß Aristoteles seinen Hyle-Begriff (samt Terminus) erst nach 339 (also nach Speusipps Tod) entwickelt habe.

712 Es fällt auf, daß μέγεθος in unserem Text relativ oft vorkommt: Sollte Speusipp eine Vorliebe für dieses Wort haben (wie für πλῆθος)? — Wenn μέγεθος schon als Prinzip für die Zahlen genannt wird (16, 15), welche doch noch gar keine ‚Größe' = Ausdehnung besitzen, so muß μέγεθος hier in einem weiteren Sinne stehen, also auch die *numerische* Vervielfachung einschließen.

noch ‚allgemeiner' ὕλη oder ὑποδοχή oder sonstwie genannt. Sind die letzteren Bezeichnungen leere Begriffe, die Speusipp aus Anhänglichkeit an die platonische Tradition noch mitschleppt bzw. aus irgendwelchen praktischen Gründen verwendet, oder verbirgt sich hinter ihnen doch eine *sachliche* Gemeinsamkeit zwischen den Sonder-Prinzipien? Einen für alle Seinsstufen *einheitlichen* Materie-Begriff lehnt Speusipp auch dann ab, wenn er innerlich differenziert ist (s. o.), und wir dürfen ihm nicht einen solchen zuschreiben. Das bedeutet aber noch nicht, daß wir zu leeren Begriffen kommen. Vielmehr darf man eine etwa in der Mitte liegende Möglichkeit vermuten: Speusipp faßt die trotz aller Differenzierung zwischen den Sonderprinzipien bestehenden Gemeinsamkeiten (darüber gleich mehr) formelhaft in Begriffen zusammen, die eine Art lockerer Sammel-Begriffe darstellen, keine Allgemein-Begriffe im strengen Sinne.

Der Charakter dieser Begriffe hängt von den Gemeinsamkeiten der Sonderprinzipien ab, die sich in *zweierlei* Zusammenhängen zeigen:

2. Ein Gemeinsames besteht darin, daß in jeder Seinsstufe eines der beiden Prinzipien πλῆθος, μέγεθος, διαίρεσις bewirkt, also dieselbe *Funktion* ausübt. Diese durchgehende Funktion meint nun Speusipp offensichtlich mit seinen zusammenfassenden Termini πλῆθος, ὑποδοχή usw.[713], welche man — mit bestimmten methodischen Absicherungen — sogar ‚Funktionalbegriffe' nennen darf[714].

Für dieses Ineinander von *Identität* (der Funktion) und *Differenz* (der jeweiligen konkreten Erscheinungsweise) bietet sich der Begriff

[713] 15, 10—12 ἄλλην . . . ἀρχὴν τὴν τοῦ πλήθους, ἣν καὶ διαίρεσιν οἷόν τ' εἶναι καθ' αὑτὸ παρέχεσθαι. 15, 15 f τῆς τοῦ πλήθους ἀρχῆς. 15, 24 f ᾧ συμβαίνει μεγέθους τε καὶ διαιρέσεως, ἔτι δὲ αὔξης, καθ' ἑαυτὸ αἰτίῳ εἶναι. 17, 1 f μίαν . . . τὴν ἅπαντος πλήθους τε καὶ μεγέθους αἰτίαν πρώτην. 17, 13 f τινὰ ἑτέραν μεγέθους αἰτίαν. 18, 3 f τῆς τοῦ πλήθους αἰτίας ὕλης (‚als Hyle'). Hiervon steht in 15, 10f. 15f. 18, 3 f der Genetiv πλήθους wohl explikativ (πλῆθος bezeichnet also nicht die Wirkung, sondern ist Name des Prinzips selber; vgl. o. S. 220 A. 706 und gleich nachstehend), in 17, 1 f meint Speusipp eine von ihm abgelehnte ‚unitarische' These, und in 17, 13 f ist μεγέθους Bezeichnung der zweiten Seinsstufe (der geometrischen Größen), so daß nur 15, 12 und 15, 24 f übrigbleiben. Vgl. auch 15, 18 f διαίρεσιν . . . μέγεθος. 16, 17 πλήθει. Trotzdem reichen die Stellen aus, um πλῆθος, μέγεθος und διαίρεσις als umfassende (d. h. in allen Seinsschichten auftretende) *Wirkungen* der speusippschen Materie anzusetzen. Von den vorhin (o. S. 220 A. 705) genannten Sammelbegriffen für Speusipps Materie ὑποδοχή, μέγεθος, ὕλη zeigt ὑποδοχή keine Bildkraft (ist also vielleicht schon stark formalisiert), während μέγεθος von seiner gleichnamigen Wirkung her gewisse inhaltliche Wesenszüge empfängt (vgl. dieselbe Doppelheit bei πλῆθος, das sowohl das Prinzip wie seine Wirkung bezeichnet; s. o.) und vollends ὕλη durch eine Reihe von Epitheta und Charakteristika sehr plastisch bestimmt, also von Speusipp keineswegs nur als etwas Formales gedacht wird (vgl. u. 2.33).

[714] ‚Funktionalbegriff' meint auf keinen Fall eine rein formal gefaßte ‚Leerstelle' oder dgl., wie sie W. Wieland in seiner Aristoteles-Deutung vertritt. Näheres darüber o. 1.18.

der ‚Ähnlichkeit' an[715]. Speusipp scheint denn auch, wie schon Stenzel hervorhob[716], die verschiedenen Arten von Materie- und Formprinzip durch den Begriff der ‚Ähnlichkeit' miteinander verbunden zu haben. ὅμοιον war für Speusipp nicht eine „verschwommene ‚unvollkommene Gleichheit', sondern eine logisch streng fixierbare Beziehung zwischen ταὐτόν und ἕτερον"[717], dargestellt als ἀναλογία, d. h. als ‚Gleichung' zwischen Proportionen (λόγοι)[718]. Wie die ἀναλογία für die Prinzipien aussah, ist nicht überliefert: Man darf aber wohl vermuten, daß jeweils Formprinzip und Materieprinzip *ein und derselben* Stufe als Proportion gefaßt und mit der entsprechenden Proportion einer anderen Stufe ‚gleichgesetzt' wurde: μονάς : πλῆθος[719] (Zahlen) = στιγμή : θέσις usw. (Größen) = Form der Seele : Materie der Seele = Form der φθαρτά : Materie der φθαρτά[720]. Legitimiert wird die ‚Gleichsetzung' dadurch, daß alle Proportionen der Gleichung auf eine *paradigmatische Ur-Proportion*[721], in unserem Fall ἕν : πλῆθος, bezogen sind. Damit sind natürlich auch die Glieder der Proportionen unter sich und mit dem Ur-Glied verbunden, alle Form-Prinzipien → ἕν, alle Materie-Prinzipien → πλῆθος. Schematisch[722]:

1. Ur-Prinzipien	ἕν	:	πλῆθος	bzw.	$H(en)_1$	:	$P(lethos)_1$
2. Zahlen	μονάς	:	πλῆθος[723]		H_2	:	P_2
3. Größen	στιγμή	:	θέσις usw.		H_3	:	P_3
4. Seele	Form der Seele	:	Materie der Seele		H_4	:	P_4
5. φθαρτά	Form der φθαρτά	:	Materie der φθαρτά		H_5	:	P_5

[715] Vgl. die o. S. 212 A. 668 zitierte Stelle aus M 9 und deren Wendungen *οἷον* τὸ ἕν, *οἷας* τὸ πλῆθος.

[716] RE *Speusippos* 1663—1665, bes. 1664. S. auch Krämer, *UGM* 211 A. 50 (wo ‚Sp. 1064' Druckfehler ist).

[717] Stenzel 1664.

[718] Grundlegend Stenzel 1641 ff, bes. 1644—1646. Vgl. auch u. 7.823 c.

[719] Inwieweit das πλῆθος-Prinzip der Zahlen mit dem obersten πλῆθος-Prinzip nicht nur terminologisch, sondern auch sachlich identisch ist, wird u. 2.33 geprüft.

[720] Den λόγος zunächst *innerhalb* der Stufe festzustellen und erst dann die Verbindung zur nächsten Stufe einzubeziehen, scheint dem Sachproblem angemessen (vgl. Aristoteles, u. 8.123) und dürfte auch Speusipps ‚episodischem' Vorgehen eher entsprechen als eine Formulierung, bei der sofort schon *in der Proportion selbst* die Verbindung zwischen den Bereichen hergestellt wird (μονάς : στιγμή = πλῆθος : θέσις oder auch μονάς : στιγμή = στιγμή : ‚Form der Seele' = ‚Form der Seele' : ‚Form der φθαρτά' bzw. πλῆθος : θέσις = θέσις : ‚Materie der Seele' = ‚Materie der Seele' : ‚Materie der φθαρτά'). Die platonischen Parallelen scheinen beides zu ermöglichen (vgl. Stenzel 1645 f).

[721] Zum παράδειγμα Stenzel 1646 f. 1664. Stenzels Ausführungen bedürfen aber noch weiterer Präzisierung, wobei Grenets Buch über die Analogie bei Platon heranzuziehen ist.

[722] Zur Formalisierung solcher Schemata vgl. Merlan, *PN* 100; ders., *ZB*.

[723] Vgl. o. A. 719.

Das heißt, die beiden Systoichien von ‚Form' und ‚Materie' sind ‚reihenhaft'[724] auf ihre ersten Glieder bezogen, aber auch ihre Verknüpfung (d. h. der λόγος als solcher) ist reihenhaft auf die ‚erste' (und damit ‚prinzipielle') Proportion hingeordnet. Auch das von Speusipp angestrebte Ziel, die ‚Ähnlichkeit' möglichst *exakt* zu bestimmen, ist in diesem Aufbau insofern erreichbar, als — im Sinne einer durchlaufenden ‚Implikation' — das jeweils hinzutretende ‚hyletische Plus' das ἕτερον darstellt, welches zum ταὐτόν hinzukommt: Z. B. ist στιγμή = ‚μονάς + Örtlichkeit', ‚Form der Seele' = ‚στιγμή + Bewegung' usw., entsprechend in der zweiten Systoichie θέσις = ‚πλῆθος + Örtlichkeit', ‚Materie der Seele' = ‚θέσις + Bewegung' u. dgl.[725]. So erklärt sich nicht nur die Differenzierung der Materie (die ja eo ipso auf ‚Verschiedenheit' angelegt ist), sondern auch der Form, die als Prinzip der Identität eigentlich einer Differenzierung widerstrebt. ταὐτόν der gesamten Reihe ist das erste Glied; also ist auch πλῆθος das die zweite Systoichie konstituierende ‚Ur-Identische', obwohl es Prinzip der Differenz ist und von ihm das die einzelnen Stufen jeweils differenzierende Plus herrührt.

3. Wir haben im Vorstehenden schon mehrfach den Begriff der ‚Reihe' gestreift und wollen nun erneut den Blick auf ihn richten. Die typischen Merkmale einer akademischen ‚Reihe' werden an anderer Stelle erörtert, so daß wir sie hier nicht zu wiederholen brauchen[726]. Einige davon kehren, wie schon betont, in Speusipps Schichtenfolge wieder, z. B. quantitativ-mathematische Züge, ‚hyletisches Plus'[727]. Ferner deutet Speusipp eine Art von ‚Implikation' des Früheren im Späteren an, indem er das oberste Prinzip als στοιχεῖον und ἁπλούστατον bezeichnet[728]. Die Reihen-Natur der Gesamtschichtung setzt

[724] Vgl. u. 4.21 über Reihe und Pros-hen bei Aristoteles; über die Reihe bei Speusipp s. gleich anschließend.

[725] Vgl. dazu o. 2.244b. Die Ableitung als solche wird von Speusipp nicht vollzogen (vgl. u. S. 225), läßt sich aber dem Textbefund ohne Zwang ablesen.

[726] Vgl. o. 2.244 (bes. c) und bes. u. 4.21.

[727] S. o. 2.31. Krämer, *GS* 349 nennt das System Speusipps geradezu „Prototyp reihenhafter Derivation": ‚reihenhaft' trifft zu; den Ausdruck ‚Derivation' (der sowieso Bedenken erregt, o. 2.244a) sollte man hingegen bei Speusipp ganz vermeiden (vgl. gleich nachstehend).

[728] 17, 12 f τὸ γὰρ ἁπλούστατον πανταχοῦ στοιχεῖον εἶναι. Dieser vom Standpunkt der platonischen Elementen-Metaphysik aus gesprochene Satz erscheint zwar in einem (wenig überzeugenden) Gedankengang polemischer Natur, wird aber trotzdem Speusipps eigene Meinung wiedergeben: Denn nach allem, was wir sonst wissen (vgl. auch o. den Text), rückt Speusipp nicht prinzipiell von der Elementen-Metaphysik ab. Deshalb wird man auch die Bezeichnung des ἕν als ἁπλοῦν (15, 7) und die der Prinzipien als στοιχεῖα (16, 14. 17, 1. 17, 9 πρῶτον στοιχεῖον. 18, 2. 6. 10; daneben gleich oft αἰτία, viel häufiger ἀρχή) nicht nur als bedeutungsloses Mitschleppen konventioneller Termini verstehen, sondern aus einer gewissen sachlichen Affinität zur platonischen Elementen-Metaphysik erklären.

sich *innerhalb* der beiden obersten Stufen, d. h. der Zahlen und Größen, fort: Sie sind deutlich *in sich* reihenhaft aufgebaut[729]. Der Gesamt-Reihe der Stufen entspricht offenbar das reihenhafte Verhältnis, in welchem die ‚analogen' Prinzipien der einzelnen Schichten zueinander stehen[730].

Es fragt sich indessen, was die ‚Reihenhaftigkeit' für den Zusammenhang der speusippischen Seins-Schichtung leistet: Wird nicht die ohnehin schon sehr schwierig zu fassende Kausalität der Reihe *als solcher*[731] durch Speusipps ‚episodische' Seinsauffassung entwertet? Was besagt eigentlich der Vorwurf des ‚Episodischen'?

Die aufgezeigte Funktions-Analogie (oben 2) ist unleugbar ein Band zwischen den Sonder-Prinzipien verschiedener Schichten, verklammert also die gesamte Stufung miteinander. Aber von der ‚Reihe' her läßt sich diese ‚Klammer' nicht exakt genug verifizieren: Speusipp spricht zwar vom ‚Erzeugen' einer Seinsschicht nach der andern[732], sagt aber nicht, wie er sich das im einzelnen denkt; besonders erstaunt es, daß er nicht auf das ‚materielle Plus' hinweist, das dem Modernen doch an Speusipps Stufung sogleich ins Auge fällt[733]. Merlan hat denn auch mit Recht vermutet, daß dieses Fehlen des ‚Wie' (d. h. der genauen Verifikation) in der Seinsableitung des Speusipp Aristoteles zu seiner Kritik an Speusipps ‚episodischer' Ontologie veranlaßte[734].

Dadurch scheint nun aber der Begriff der ‚Erzeugung' den letzten Inhalt zu verlieren[735], d. h. er würde nicht einmal eine lockere Form von Kausalität mehr bezeichnen. Diese extreme Konsequenz ergibt sich offenbar auch daraus, daß Speusipp ein einheitliches Materie-Prinzip auch dann ablehnt, wenn es innere Differenzen in sich birgt (17, 1—13; vgl. o. S. 213ff. 218). Denn in einer solchen Konzeption

729 Vgl. für Zahlen und Größen Iambl. 18, 3 ff, für Größen allein M 9, 1085a 32 (Fr. 49 L.); beide Stellen zitiert o. S. 211 f A. 666. 668 u. ö. Wie weit auch bei den vergänglichen Körpern reihenhafte Ordnungen vorliegen, können wir aus Mangel an Belegen nicht feststellen. — Das 18, 6 stehende ἐφεξῆς ist sonst eine Art Leitbegriff für (mathematisierende) ‚Elementen'-Metaphysik (vgl. u. 4.21); hier braucht man es jedoch nicht so gewichtig zu nehmen, sondern kann es durch ‚anschließend, danach' (fast = δέ) übersetzen.

730 (S. o. Nr. 2). Es läge nahe, ‚Objektives' (Reihe der Stufen) und ‚Subjektives' (Analogie) einander gegenüberzustellen, aber das ergäbe ein schiefes Bild: Beide Arten von Ordnung sind subjektiv (erkenntnistheoretisch) und objektiv (ontisch) zugleich.

731 Vgl. dazu erneut u. 4.21, dazu den Sach-Index s. v. *Reihe 2b, 6b—d*

732 Belege o. S. 211 A. 666.

733 Wichtigste Indizien für Speusipps Schweigen über diesen Punkt sind: a) das Fehlen der Termini ἀφαίρεσις — πρόσθεσις (s. o. S. 210 A. 662); b) die Verkümmerung der (kaum angedeuteten) Implikation des Späteren im Früheren (s. o. A. 728). — Das ‚materielle Plus' bei Speusipp ist registriert 0.2.31 und o. S. 224 f.

734 Merlan 118 f; ebenso Krämer, *UGM* 211 A. 51.

735 Daß er von Speusipp nicht ‚zeitlich' gemeint ist, versteht sich fast von selbst; vgl. Merlan 119.

liegt, wenn nicht gar die einzige, so mindestens die beste Möglichkeit, Differenzierung *und* Zusammenhang miteinander zu vereinigen, weshalb denn auch Platon und Xenokrates eine Lösung in dieser Richtung versuchen. Fällt somit nicht doch Speusipps Stufenfolge radikal auseinander?

Einen gewissen Schutz vor dieser Konsequenz bietet Speusipps schon mehrfach erwähnter Analogie-Begriff. Denn wie gezeigt[736] müssen auch bei Speusipp — wenn seine Analogie überhaupt einen Sinn haben soll — die analogen Begriffe eine Reihe bilden, in welcher alle nachgeordneten Glieder auf das erste als auf einen ‚Inbegriff‘ der ganzen Reihe bezogen sind: Das erste Glied ist τῷ πρότερον εἶναι ein καθόλου (ἕν τι, κοινόν)[737]. So betrachtet ist das Materie-Prinzip der Zahlen, πλῆθος, als oberster Bezugspunkt der speziellen Materie-Prinzipien doch so etwas wie ein ‚umfassendes‘ Materie-Prinzip Speusipps.

Wenn auch diese Überlegung zutreffen mag, so bleibt doch wieder ein erheblicher Rest, nicht nur infolge der Lückenhaftigkeit der Überlieferung, sondern auch wegen der Ambivalenz von Speusipps Konzeption: Denn es hält schwer, das Bezogensein der Analogie-Reihe auf das erste Glied nun wirklich exakt nachzuweisen. Vom akademischen *Elementen*-Denken aus geht es nicht, weil dieses nicht stark genug auf Speusipps System einwirkt[738]. Bei Platon und Xenokrates (sowie Aristoteles) wird zudem das Elementen-System ergänzt von einer *Teleologie,* welche Defizienzen der elementarisierenden Seins-Konzeption ausgleicht und auf jeden Fall den kausalen Zusammenhang der Seinsstufung garantiert[739]. Da nun aber Speusipp im Gegensatz zu diesen drei Denkern die Gleichsetzung des obersten Formprinzips mit dem ἀγαθόν aufgegeben hat[740], geht es nicht an, Speusipp eine umfassende Teleologie zuzuschreiben. Damit entfällt die Möglichkeit, die Vorzugsstellung des ersten Reihen-Gliedes etwa *teleologisch* zu begründen[741].

Von dieser Unklarheit werden auch die restlichen Fragen betroffen, die noch zu erwähnen sind: a) In Λ 10 und N 3 führt Aristoteles als Symptom für Speusipps ‚episodische‘ Ontologie den Umstand an, daß in dessen Seins-Schichtung die ‚früheren‘ Stufen nichts zu den ‚späteren‘ *beitragen*[742]. „Denn wenn auch die Zahl nicht be-

[736] Vgl. o. S. 223—225.

[737] Über diese Lehre ausführlich u. 4.21.

[738] Vgl. S. 225.

[739] Vgl. o. 2.25 und Sach-Index s. v. *Teleologie.*

[740] Zuletzt darüber Krämer, *UGM* 212—214. Vgl. auch u. S. 230 ff über das Verhältnis zwischen Wert und Prinzip bei Speusipp.

[741] Bei der Materie-Reihe, deren oberstes Glied ja per definitionem kein ἀγαθόν ist, ist eine teleologische Erklärung sowieso ausgeschlossen.

[742] N 3, 1090 b 15 f τὸ μηθὲν συμβάλλεσθαι ἀλλήλοις τὰ πρότερα τοῖς ὕστερον: τὰ πρότερα τοῖς ὕστερον ist offensichtlich nähere Erklärung zu ἀλλήλοις, und

steht, bestehen trotzdem die geometrischen Größen ..., und wenn die Größen nicht bestehen, bestehen die Seele und die sinnlich wahrnehmbaren Körper"[743]. Das ‚Frühere' ist mithin so wenig Ursache für das ‚Spätere', daß sein Nicht-Existieren keineswegs die Existenz des Späteren berühren würde. Darin ist b) impliziert, daß nach Aristoteles' Ansicht bei Speusipp das Frühere keine Seins-Priorität vor dem Späteren hat und es nicht ontologisch ‚mitaufhebt' (συναναιρεῖ).

Ob man diese Auffassung des Aristoteles teilt, hängt davon ab, wie man über seine Kritik am ‚Episodischen' Speusipps insgesamt denkt. Über sie kann nach dem zweideutigen Quellenbefund, den wir absichtlich mit all seinem Für und Wider schilderten, kein dezidiertes Urteil gefällt werden, sondern es muß bei einer dialektischen Aussage bleiben: Speusipps Seinsordnung ist nicht *schlechthin* unzusammenhängend. Andererseits fehlen ihr wesentliche Züge, die der Stufung einen klar aufweisbaren Kausalzusammenhang verschaffen. Unter diese Defizienzen würde ich auch den letzterwähnten Punkt rechnen, also keine Seinspriorität des ‚Früheren' im Sinne des συναναιρεῖν für Speusipp anzunehmen[744].

2.33 *Speusipps Materie-Prinzip*

Obgleich im Vorhergehenden Speusipps Materie-Prinzip schon einläßlich behandelt wurde, müssen wir erneut auf es eingehen, um die noch offenen Fragen zu untersuchen und dabei zu einer gewissen Abrundung des Gesamt-Befundes zu kommen.

1. Wir beginnen mit dem Verhältnis des πλῆθος zum ἕν. Speusipp betont die Transzendenz des ἕν noch stärker als Platon. Denn er rückt das ἕν nicht nur über das Sein, sondern auch über den Wert hinaus. Es ist Prinzip von Sein und Wert, steht aber selbst über beidem[745]. Schon diese Fassung des ἕν legt die Frage nahe, ob nicht Speusipps

ἀλλήλοις drückt das von oben nach unten ständig *weiterlaufende* Abhängigkeitsverhältnis aus (meint also wohl nicht eine Abhängigkeit in zweierlei Richtung); vgl. das von Aristoteles gleich anschließend genannte Beispiel (zitiert o. im Text). Auch Λ 10, 1076a 2 οὐδὲν γὰρ ἡ ἑτέρα (sc. οὐσία ‚Seinsschicht') τῇ ἑτέρᾳ συμβάλλεται οὖσα ἢ μὴ οὖσα meint wohl nur die Richtung von oben nach unten (vgl. auch den Kontext).

743 1090b 16—19. Ich habe das ‚irreale' ἔσται hier einfach indikativisch wiedergegeben.

744 Wenn Iambl. 14, 24 ff in der Einleitung *vor* dem Referat von Seinspriorität und συναναιρεῖν spricht, so stellt er gewiß nur seine eigene Meinung dar, die keinen Rückschluß auf Speusipp zuläßt. — Natürlich heben bei Speusipp auch die ‚späteren' Stufen nicht die ‚früheren' auf: Das hat jedoch nach dem Gesagten keinerlei Beweiskraft.

745 Nachgewiesen von Merlan 97. 99—111. 132 f (dort auch jeweils die Belege); ebenso auch Krämer, *UGM* 208 A. 40. 209 A. 46. Ein Zweifel an dieser Deutung scheint mir unmöglich.

Zwei-Prinzipien-Lehre zu einem Monismus tendiert, bei dem etwa nach einer nur vom ἕν repräsentierten Stufe I dann erst in Stufe II bei der Erzeugung der Zahlen *zwei* Prinzipien, nämlich μονάς und πλῆθος, erscheinen würden. Dergleichen wäre immerhin denkbar, denn Platon als Speusipps Vorgänger in der Konzeption eines stark überhöhten ἕν vertritt zwar selbst ein dualistisches System, konnte aber in der Folgezeit monistisch interpretiert werden[746]; und die späteren Vertreter eines transzendenten ‚Einen', z. B. Plotin, lehren einen Monismus[747], wobei sie teilweise ein doppeltes Eines annehmen, das überseiende ἕν allein für sich, dann in der nächsten Stufe ein ἕν mit Gegenüber[748].

Unsere Speusipp-Zeugnisse bieten jedoch keine Handhabe für eine ‚monistische' Deutung, von welcher Art der Monismus auch sein mag[749]: Es heißt da stets, daß die erste *Seins*-Stufe (πρῶτον γένος), die der Zahlen, von den *zwei* Prinzipien ἕν (μονάς) und πλῆθος konstituiert wird[750], und es wird nirgends — weder explizit noch implizit — der geringste Eindruck erweckt, als sei die Prinzipienzweiheit etwas Sekundäres, das weiter auf eine Einheit zurückgehe. Vielmehr sprechen die langen Erörterungen über das Wesen des Materie-Prinzips[751] sowie einzelne Formulierungen[752] eindeutig dafür, daß πλῆθος (oder wie man sonst das Materie-Prinzip nennen will) *unabgeleitet neben* dem ἕν steht. Schematisch könnte das etwa so aussehen: In der

[746] Die Unterscheidung zwischen dem Dualismus des historischen Platon und der monistischen Platon-*Deutung* nach-platonischer Zeit ist o. 2.241 durchgeführt.

[747] Wir vergleichen hier nur Systemformen miteinander, nehmen also zur historischen Frage, wie weit Speusipp auf den Neuplatonismus Plotins eingewirkt hat, nicht Stellung. Wir betrachten auch Plotin undifferenziert als ‚Monisten', trotz der ‚dualistischen' Züge seines Systems (ausgewogene Behandlung bei Merlan 122 ff).

[748] So etwa Iamblich, der Referent von Speusipps Lehre, vgl. Merlan 101 (daß das transzendente Eine bei Iamblich nochmals einem ‚unsagbaren' Prinzip untergeordnet wird, lassen wir hier beiseite, vgl. Merlan). Interessant und prinzipiell wichtig Merlan, *Monismus* 145—147. 149 f; 152 A. 35 zeigt er in Schemata, auf wie viele Weisen man sich das Verhältnis des ἕν zur Prinzipiendualität der zweiten Stufe vorstellen kann.

[749] Das gilt sowohl für die Aristoteles-Stellen wie für Iamblich. Da aber die Bemerkungen des Aristoteles nur sehr knapp sind und deshalb keinen Einblick in die Problematik geben, kommt im Folgenden wieder allein Iamblich zur Sprache.

[750] 15, 6—17 (ἕν — ἄλλη ἀρχὴ ἡ τοῦ πλήθους). 17, 13—25 (μονὰς κατὰ τὸ ἕν; πλῆθος ist als selbstverständlich zu ergänzen). 18, 3 (ἕν — ἡ τοῦ πλήθους αἰτία). Zur Frage, ob πλήθους hier jeweils explikativer Genetiv ist oder nicht, vgl. o. S. 222 A. 713.

[751] Ich hebe besonders die schon ausführlich vorgeführten Erörterungen über Einheit und Differenziertheit des Materie-Prinzips (16, 18 ff) hervor. Für unsere Frage wichtig ist auch das Verhältnis zwischen Materie-Prinzip und κακόν, welches weiter unten besprochen wird (vgl. u. A. 763, wo die wichtige Stelle 18, 1—3 zitiert ist).

[752] 15, 6 ff τῶν δὴ ἀριθμῶν τῶν μαθηματικῶν δύο τὰς *πρωτίστας* καὶ *ἀνωτάτω* ὑποθετέον ἀρχάς (nämlich ἕν und πλῆθος).

obersten — noch über den Zahlen als dem ersten *Seienden* anzusetzenden — Stufe des Schichtenbaus die Prinzipien ἕν — πλῆθος, darunter in Stufe II (= *erster* Stufe mit *Sein*) die Zahlen mit ihren Prinzipien μονάς (κατὰ τὸ ἕν) und πλῆθος[753], danach die anderen (drei) Stufen mit ihren Prinzipien; so wurde ja auch bereits zu Beginn des Abschnitts Speusipps Seins-Aufbau schematisch dargestellt (o. S. 209).

Die Unterscheidung der ersten beiden Stufen darf man weder über- noch unterbewerten. Nimmt man sie *einerseits* genau, so soll sie offensichtlich besagen, daß die ‚Seinsweise' der Prinzipien nicht in der Seinsweise der Zahlen aufgeht (und damit erst recht nicht in der Seinsweise der folgenden Schichten)[754]. Dafür hätte es freilich — möchte man meinen — nicht einer Differenzierung in *zwei* Schichten und in zwei Arten von Prinzipien bedurft — d. h. in ‚oberste' Prinzipien und in Sonder-Prinzipien der Zahlen, mit teilweiser Unterscheidung der Termini —, sondern es hätte genügt, einfach nur Sonder-Prinzipien der Zahlen anzunehmen und diese zwar von den Zahlen ontologisch abzuheben, sie aber dann (wie es bei den anderen Schichten und deren Sonderprinzipien geschieht) innerhalb *derselben* Stufe wie ihre Prinzipiate zu belassen. Mit der Teilung in zwei Stufen betont nun Speusipp nicht nur die Transzendenz der Prinzipien überscharf, sondern er schafft auch in den ‚obersten' Prinzipien (d. h. Stufe I) so etwas wie Gesamtprinzipien seiner Seinsstufung: Denn wie sollte man sie anders charakterisieren, wo sie doch mit allem Nachdruck in einer Eigen-Stufe herausgehoben werden und mit keinen Sonderprinzipien iden-

753 Die Ansetzung einer obersten Extra-Stufe für die beiden Prinzipien allein entspringt nicht moderner Kombination, sondern der Angabe Iamblichs 18, 9, der die beiden *nach* den geometrischen Größen kommenden Stufen als Nr. 4 und 5 zählt, also (rechnet man rückwärts die Größen als Nr. 3, die Zahlen als Nr. 2) eine Stufe über den Zahlen annimmt: Diese kann nichts anderes enthalten haben als die beiden Prinzipien, welche ausdrücklich noch über die Schicht der Zahlen hinausgerückt werden (18, 1—5 u. anderswo; vgl. über die Transzendenz des ἕν o. S. 227 A. 745, über die des Materie-Prinzips gleich anschließend). Diese Einteilung der Stufen verträgt sich durchaus mit der Bezeichnung der Zahlen als ‚erster' Stufe (15, 16 πρῶτον γένος; dementsprechend werden 17, 23 die geometrischen Größen γένος δεύτερον genannt; vgl. überhaupt die Verwendung von πρῶτος im ganzen Abschnitt, das sich stets auf die Zahlen bezieht, wozu o. S. 210 A. 661), denn πρῶτος heißt hier ‚das Erste *nach* den Prinzipien' bzw. ‚das Erste, in dem Sein (ὄν) und Schönheit (κάλλος) erscheinen' (s. z. B. 16, 12 f. 18, 5). — Gegen diese Erklärung von 18, 9 kann man nicht einwenden, die Bemerkung (mit den Zahlen 4 und 5) stamme von Iamblich — der sich womöglich noch geirrt habe —, denn sie verträgt sich, wie gesagt, gut mit allem, was wir sonst über Speusipp wissen.

754 Natürlich sind auch die jeweiligen Sonderprinzipien in ihrem modus essendi von ihren Prinzipiaten verschieden, aber darum geht es jetzt nicht. Nur über die Sonderprinzipien der Zahlen wird gesprochen, weil sie mit den ‚obersten' Prinzipien eng verbunden sind.

tisch sind (auch nicht mit denen der Zahlen), also etwas ‚Autarkes‘ darstellen? Solche ‚Gesamt-Prinzipien‘ tragen natürlich dazu bei, den problematischen Zusammenhang der speusippschen Stufung besser zu garantieren[755], sie beeinträchtigen dadurch aber gerade die für Speusipp charakteristische Denktendenz: den Ansatz der Sonder-Prinzipien[756]. Und durch die Verdoppelung der Prinzipien im oberen Bereich wird auch die ‚Reihung‘ der Stufen nicht gerade klarer[757].

Gegen diese Überlegungen spricht *andererseits*, daß in beiden Stufen offensichtlich *dasselbe* Materie-Prinzip πλῆθος auftritt[758]. Dieser Umstand beruht gewiß nicht auf einer Lücke der Überlieferung, welche uns eine Differenz der Termini (wie sie beim ἕν bezeugt ist) vorenthalten hätte, und man darf auch nicht vermuten, hinter der Gleichheit der Termini verberge sich ein tiefgehender Unterschied in der Sache. Vielmehr zeigt sich daran, daß man die Differenzierung beider Schichten nicht überbetonen sollte.

Wie dem auch sei, der Dualismus von Speusipps System ist unaufhebbar und unbezweifelbar. Und es bleibt festzuhalten, daß dieser Dualismus keineswegs nur durch Aristoteles überliefert wird, sondern auch im Iamblich-Referat, das von Aristoteles unabhängig ist, sehr deutlich in Erscheinung tritt[759].

2. Um jetzt die Wesenszüge von Speusipps Materie herauszustellen, beginnen wir mit der Frage: Inwiefern verbindet Speusipp πλῆθος und κακόν? Die Antwort darauf ist für Speusipps Ontologie insgesamt wichtig und gibt vielleicht auch weiteren Aufschluß über das eben behandelte Problem von Speusipps ontologischem Dualismus: Denn jede Stellungsnahme über Werthaftigkeit bzw. Wertfreiheit der beiden Prinzipien wirkt sich eo ipso einschneidend auf die Seinslehre des betreffenden Denkers aus[760].

[755] Vgl. o. 2.32.

[756] Vgl. auch darüber o. 2.32.

[757] Wie man es auch berechnet, für die Reihung sind entweder die Sonderprinzipien der Zahlen oder die beiden darüberstehenden Prinzipien überflüssig.

[758] Die Indizien dafür, daß πλῆθος auch in der obersten Stufe neben ἕν steht, also nicht erst in der Schicht der Zahlen *sekundär* hinzukommt, sind o. S. 228 f gesammelt.

[759] Der Dualismus Speusipps ist in der Forschung bis heute nicht angezweifelt worden: vgl. zuletzt Merlan, *PN* 123. Krämer, *UGM* 207 ff. Merlan, Ph. R. 100 f und *ZB* 2. Merlan hat ja als erster das Iamblich-Referat für Speusipp gesichert, den Dualismus des Referats herausgehoben (*PN* 101; implizit *PN* 101 ff, vgl. auch 123) und Iamblichs Unabhängigkeit von Aristoteles festgestellt (*PN* 102). Deshalb ist es wohl ein lapsus calami, wenn er gerade Ph. R. 101 A. 14 schreibt: „Immerhin sind wir auch über Speusipps Prinzipien-Dualismus nur durch Aristoteles und Theophrast unterrichtet". Der unbestreitbare Dualismus Speusipps ist bedeutsam für die Beurteilung der Akademie und ihres Verhältnisses zu Aristoteles.

[760] Das hat außer Hager vor allem Merlan, *Monismus* anregend dargetan. Zu den Arbeiten Hagers vgl. o. S. 169 A. 479.

Die bei Platon und Xenokrates zu findende Gleichsetzung von Seinsprinzip und Wert[761] gibt Speusipp auf: Das ἕν wird so transzendent gefaßt, daß es sich nicht nur über das Sein, sondern auch über den Wert erhebt; es verursacht zwar Sein und Wert, ist aber selbst keines von beiden[762]. Dementsprechend steht auch πλῆθος nicht nur vor bzw. über dem Sein[763], sondern auch über Wert bzw. Unwert: τὰ δὲ στοιχεῖα, ἐξ ὧν οἱ ἀριθμοί, οὐδέπω ὑπάρχει οὔτε καλὰ οὔτε ἀγαθά (18, 1—3), was sinngemäß bedeutet, daß πλῆθος nicht κακόν und αἰσχρόν ist, sondern beides transzendiert. πλῆθος wird also hier — analog dem ἕν — als wertneutral angesehen[764], mit der impliziten, wenn auch nicht ausgesprochenen Begründung, daß das Prinzip *qua* Prinzip von den Eigenschaften seiner Prinzipiate frei sei[765].

Neben diesen knappen Andeutungen steht ein ausführlicherer Gedankengang 15, 23—16, 10, der offensichtlich anders argumentiert. Hier wird nämlich an *zwei* Beispielen dargelegt, daß die *Wirkungen* des πλῆθος-Prinzips nicht ‚schlecht' seien und daß demgemäß auch das Prinzip selber nicht ‚schlecht' (und ‚häßlich') genannt werden dürfe: a) Man darf nicht die Ursache von μέγεθος, διαίρεσις, αὔξη als ‚κακόν' oder ‚αἰσχρόν' ansehen, weil diese drei Erscheinungen sonst auch nicht zum ‚Schlechten' gerechnet werden und es ja auch Fälle gibt, in denen ein quantitativer Zusatz etwas *Besseres* hervorbringt[766].

b) Das ‚Eine' steht zwar über aller Gutheit, ist aber wegen seiner Selbstgenügsamkeit (αὐτάρκεια) und als Ursache des Schönen und

[761] Wie Platon, Xenokrates und Aristoteles über diesen Punkt denken, wird an den Sach-Index s. v. *gut, schlecht, Wert* verzeichneten Stellen geprüft.

[762] Alles Nähere bei Krämer, *UGM* 212—214, wo die Belege.

[763] 18, 1—5 τὰ δὲ στοιχεῖα, ἐξ ὧν οἱ ἀριθμοί, οὐδέπω ὑπάρχει οὔτε καλὰ οὔτε ἀγαθά· ἐκ δὲ τῆς συνθέσεως τοῦ ἑνὸς καὶ τῆς τοῦ πλήθους αἰτίας ὑφίσταται μὲν ὁ ἀριθμός, πρώτοις δὲ ἐν τούτοις τὸ ὂν φαίνεται καὶ κάλλος. Aus dem Schluß des Zitats darf man entnehmen, daß πλῆθος nicht-seiend ist. Merlans Bemerkung, Speusipps πλῆθος stehe ‚über dem Nicht-sein' (127 f. 229), ist interessant wie immer, läßt sich aber, sofern er ein *absolutes* Nicht-sein meint (127f) weder explizit noch implizit den Texten entnehmen. Vielmehr ist πλῆθος, wie Krämer, *UGM* 212 A. 55 richtig sagt, „μὴ ὄν im Sinne der Hyle", d. h. *relatives* Nicht-sein = ‚δύναμις' (damit bedienen wir uns der aristotelischen Differenzierung von μὴ ὄν, z. B. N 2, 1088 b 35 ff, dazu Schwegler 4, 345 ff). Es ist nun durchaus denkbar, daß Speusipp πλῆθος zwar Prinzip von δύναμις sein ließ, es aber doch über das ‚δυνάμει'—εἶναι hinausrückte (ähnlich dem Hinausragen des ἕν über das [ἐνεργείᾳ] εἶναι), wie man das auch immer philosophisch fassen soll (vgl. u.).

[764] Ob die Aristoteles-Stellen Λ 10, 1075 a 36 f (vgl. N 4, 1091 b 34 f) ganz genau so gemeint sind oder nur in allgemeinerer Weise besagen, daß das πλῆθος-Prinzip nicht κακόν sei (vgl. die nachstehenden Erörterungen), läßt sich nicht entscheiden. — Zum Folgenden grundlegend Merlan 97 A. 112—114; vgl. Krämer, *UGM* 212 A. 55.

[765] Für das ἕν ist es ja, wie schon gesagt, 15, 7—10 ausgesprochen.

[766] 15, 23—16, 2. Der Schlußsatz lautet ὥστε πολλοῦ δέον ἂν εἴη κακὸν προσαγορεύεσθαι αὐτό. Zur Sacherklärung alles Nähere bei Merlan 112 f.

Guten im Nachgeordneten selber etwas Preisenswertes (ἐπαινετόν)[767]. Deshalb wird es auch der συστοιχία der ἀγαθά zugerechnet — was sich durchaus mit seiner Transzendenz verträgt[768]. Da nun πλῆθος seiner Natur nach darauf angelegt ist, die Form ‚aufzunehmen‘ (δεκτικὸν κατὰ φύσιν τοῦ τοιούτου πράγματος), kann man es nicht κακόν und αἰσχρόν nennen, denn: τὸ δεκτικόν τινος ἐπαινετοῦ καὶ αὐτὸ δεῖ ἐπαινετὸν προσαγορεύειν[769].

Der Gedanke, daß dasjenige, was etwas Gutes aufnimmt, selbst nicht schlecht sein kann, findet sich bei Platon (Symp. 203E. Lysis 217B). In etwas anderer Weise verwendet ihn auch Aristoteles, wenn er gegen die Gleichsetzung der beiden obersten Prinzipien mit ‚gut‘ und ‚schlecht‘ u. a. dies einwendet, daß dann das ‚Schlechte‘, da es ja am ‚Guten‘ teilhat und nach ihm strebt, seine eigene Vernichtung erstreben müßte oder daß das ‚Schlechte‘ der Möglichkeit nach (δυνάμει) gut sei[770]. Um derartigen Einwänden zu entgehen, hat also Speusipp offensichtlich sein Materie-Prinzip wertneutral konzipiert.

Wichtiger als die Argumentation als solche sind jedoch die philosophischen Lehren, von denen Speusipp dabei ausgeht:

Der Gedanke, daß die ‚Materie‘ das ἕν ‚aufnimmt‘ (δεκτικόν), mag sich irgendwie auch an die ὑποδοχή des Timaios anlehnen, steht aber schon dem aristotelischen Begriff des ‚Substrats‘ (ὑποκείμενον) sehr nahe, das die Formen aufnimmt (δεκτικόν), wenn auch bei Speusipp der Gedanke noch nicht so verfestigt vorliegt wie beim aristotelischen Gegensatz-Substrat-Schema[771]. ‚Aufnehmend‘ kann nun nicht bedeuten, daß Speusipps Materie als absolute *tabula rasa* das Hen empfängt, denn sonst hätte der Zusammenhang keinen rechten Sinn. Vielmehr muß darin eingeschlossen sein, daß die Materie irgendwie auf das ἕν hin *angelegt* ist. Aristoteles oktroyiert also in N 4 Speusipp nicht willkürlich seinen eigenen δύναμις-Begriff auf, sondern er faßt nur, was bei Speusipp *sachlich* bereits vorliegt, in eigene Worte. Vielleicht darf man sogar noch weitergehen und vermuten, daß dieses Angelegtsein auf die Form bei Speusipp *nichts Passives*, sondern ein

767 16, 2—4. Speusipp spricht zwar nur von καλῶν τινων ἐν τοῖς ἀριθμοῖς αἴτιον εἶναι (τινων abschwächend, wie die Anwendung des Potentialis usw. im gesamten Abschnitt, vgl. Merlan 120), meint aber gewiß auch das καλόν bzw. ἀγαθόν in den übrigen Seinsschichten. Denn die Bestimmung ‚schön‘ bzw. ‚gut‘ geht offensichtlich in der einzelnen Stufe vom jeweiligen Formprinzip aus, und man kann (mit Hilfe einer Funktions-Analogie, s. o. S. 222 ff) diese Bestimmungen zusammenfassen und als ‚gemeinsamen‘ Wesenszug ‚des‘ speusippschen Form-Prinzips verstehen (s. u. S. 235).

768 Vgl. fr. 34a L. und dazu Merlan 110 und Krämer, *UGM* 212 A. 55.

769 16, 2—9, dazu Merlan 113 f.

770 So Merlan 114. Die von ihm zitierte Aristoteles-Stelle N 4, 1091b 30—1092a 5 ist insgesamt eine wichtige Illustration zu unserem Problem ‚Materie und κακόν‘.

771 Über dieses Schema u. 3 u. ö.

aktives Streben zur Form hin meint. Darauf deutet Aristoteles' Ausdruck ὀρέγεσθαι in N 4; man könnte ebensogut von στέρησις sprechen, die wir als ‚Formverlangen' deuten[772]. Wir sahen ja auch bereits bei Platon, wie sich das Angelegtsein des Materiellen auf das Eidos in einem Vollendungsstreben zum Eidos hin äußert, d. h. δύναμις und ὀρέγεσθαι miteinander verbunden sind[773]. Eines jedenfalls steht fest, daß Speusipps Materie nichts Passives, sondern etwas Aktives ist[774].

Dem fügen wir c) den Schluß des Speusipp-Referates hinzu, in welchem zusammenfassend über die Rolle des κακόν in der Seinsstufung gesprochen wird (18, 1—12). Während die obersten Prinzipien weder καλά noch ἀγαθά sind (Stufe I; 18, 1—3), erscheint bei den Zahlen und Größen κάλλος, aber — wie es ausdrücklich heißt — οὔτε αἰσχρὸν οὔτε κακόν (Stufe II und III; 18, 3—9); man darf hinzufügen: auch ἀγαθόν tritt hier noch nicht auf[775]. In den beiden folgenden Stufen nun, d. h. bei der Weltseele (Stufe IV) und den physischen Körpern (Stufe V), zeigen sich κακία (18, 9—11) und dementsprechend ἀγαθόν (vgl. 16, 12—14)[776].

Die Frage ist nun, was die κακία hier bedeutet und ob sie von der Materie verursacht wird. Dazu heißt es im Text: „In der vierten und fünften Stufe entsteht Schlechtes, aber nicht als etwas Wesentliches, sondern als akzidentelles Nebenergebnis des Umstandes[777], daß manche Dinge (τινα)" ἐκπίπτειν καὶ μὴ κατακρατεῖν τοῦ κατὰ φύσιν (18, 11 f). Was das bedeutet, ergibt sich aus einem Vergleich mit den aristotelischen Stellen, die Werden und Vergehen in der Natur schildern[778]: Das Werden bzw. Sich-Behaupten eines Dinges hängt davon ab, ob sich die Wesensform (εἶδος) an ihrer Materie ‚durchsetzt' (κρατεῖ) oder nicht (d. h. κρατεῖται); im zweiten Fall verliert das betreffende Ding sein Wesen (ἐξίσταται τῆς φύσεως, χωρίζεται τῆς φύσεως). Auf unsere Stelle angewandt: Zu ἐκπίπτειν ist zu ergänzen (ἐκ) τῆς αὐτῶν φύσεως o. dgl. (vielleicht sogar ἀπὸ κοινοῦ der gleiche

772 Vgl. Sach-Index s. v. *Steresis.*

773 Dazu Sach-Index s. v. *Liebesstreben 2, Teleologie 2.*

774 Vgl. gleich anschließend c).

775 Dies ergibt sich schon e silentio aus dem Kontext unserer Stelle und wird zusätzlich durch 16, 12—14 bestätigt.

776 Natürlich muß man hier auch αἰσχρόν erwarten und als Gegensatz dazu καλόν, aber das wird nicht ausgesprochen und kann beiseite bleiben.

777 κακίαν γενέσθαι AcI, indirekte Rede des Referats. προηγουμένως ‚hauptsächlich, wesentlich' steht anderswo im Gegensatz zu κατὰ συμβεβηκός, das hier ergänzt werden muß: Die κακία ergibt sich *nebenbei* anläßlich des ἐκπίπτειν usw. ἐκ τοῦ substantivierter AcI (Akkusativ: τινα, Infinitiv: ἐκπίπτειν καὶ μὴ κατακρατεῖν), der die Ursache für das κακίαν γενέσθαι angibt. Zur weiteren Konstruktion s. o. im Text.

778 Vgl. u. S. 537 f mit A. 82/83 (κρατεῖν-Motiv) und S. 539 A. 88 (φθορά, ἀπεψία = die Natur verlieren' u. ä.). S. auch Merlan 114 f.

Ausdruck: τοῦ κατὰ φύσιν, s. u.) ‚aus ihrem jeweiligen Wesen', worunter also die φθορά (= ἀπεψία, σῆψις) eines Seienden zu verstehen ist; das nach κατακρατεῖν stehende τοῦ κατὰ φύσιν kann sich aber nur auf die Materie beziehen: ‚manche Seiende werden ihrer natürlichen Materie nicht Herr', womit die φθορά eines schon bestehenden oder das Werden eines noch nicht bestehenden Dinges gemeint ist; φύσις wird somit hier in verschiedenem Sinn verwendet, zuerst als ‚Wesensform', dann als ‚Materie'[779].

Speusipp will also sagen, daß in den beiden letzten Stufen das Schlechte nicht direkt als Schlechtes auftritt, sondern indirekt im Gefolge von φθορά, ἀπεψία (u. dgl.) der Einzeldinge. Speusipp scheint diese Vorgänge generell (auch dann, wenn sie — wie die φθορά — absolut regelmäßig auftreten) als ein ‚Mißlingen', eine ‚Fehlleistung' der an sich tadelfrei funktionierenden Natur betrachten zu wollen, so daß bei ihm das Schlechte fast nur eine Art ‚Abfallprodukt' des Guten ist.

Zur Bestätigung darf Speusipps Bemerkung 17, 5—8 dienen[780], daß das Eine wegen der ‚Dichte' (Dicke, Unebenheit; παχύτης) der ὕλη seine Natur nicht immer genau ausdrücken könne. Das stimmt genau zu Äußerungen des Aristoteles wie der, daß die Natur ihre Ordnung „nicht genau durchführen kann, weil die Materie schwer formbar ist"[781].

Résumé von a)—c): Das Hyle-Prinzip an sich ist wertneutral und wirkt sich weder bei den Zahlen noch bei den Größen axiologisch aus. Erst bei der Seele[782] und bei den Körpern führen die Wirkungen der Materie *nebenbei* zu Schlechtem.

Speusipp hat also seinem klaren *ontologischen* Dualismus nicht einen ebenso deutlichen *axiologischen* Dualismus beigesellt. Vielleicht darf man für seine Wert-Konzeption an Platon erinnern, der ja auch das Schlechte nur als ‚Defizienz' des Guten sieht (d. h. als Mangel an Vollkommenheit), ohne es allerdings ganz ins Gute hinein aufzuheben[783]. Nicht weit davon liegt die Lösung des Aristoteles ab, wie wir noch sehen werden[784].

[779] Man denke an die aristotelische Unterscheidung von φύσις = Form und φύσις = Materie, die bestimmt schon in der Akademie angelegt war. Vgl. dazu jetzt D. Mannsperger, Physis bei Platon, 1969.

[780] Alles Nähere zu dieser Stelle s. o. S. 214 f, u. S. 236; vgl. auch u. 9 (παχύτης).

[781] gen. an. Δ 10, 778b 6 οὐκ ἀκριβοῖ δὲ διὰ τὴν τῆς ὕλης ἀοριστίαν. Das Wort ἀοριστία bezeichnet hier wohl nicht nur neutral die ‚Unbestimmtheit', sondern den Umstand, daß sie nicht leicht bestimmbar ist. Oxf.-Tr.: „because matter cannot be easily brought under rule". Vgl. u. 8.246a.

[782] Wie eine negative Wirkung im Bereich der (Welt-)Seele etwa aussieht, läßt sich nicht sagen.

[783] Vgl. o. S. 167ff.

[784] Vgl. u. 8.245—8.247, 8. 252.

Angesichts dieser Auffassung Speusipps ist erneut zu fragen, ob nicht doch bei ihm eine Teleologie vorliegt:

Eine Gesamt-Teleologie, die alle Seinsstufen durchwirkte und im obersten ἕν ihren Zielpunkt fände, läßt sich nicht durchführen, da man das ἕν eben nicht als ἀγαθόν und damit als τέλος verstehen kann[785]. Wohl aber ist eine Teil-Teleologie möglich, nicht nur beim einzelnen Seienden bzw. seiner Art (Elemente, Pflanzen, Tier-Arten, Menschen usw.), sondern innerhalb jeder Seinsschicht. So könnten also durchaus alle αἰσθητὰ σώματα, Größen, Zahlen auf ihre jeweiligen Sonder-Prinzipien als ihr Telos bezogen sein. Doch bleibt das Vermutung.

3. Obwohl im Vorstehenden die Wirkungen von Speusipps Materie-Prinzip bereits mehrfach gestreift wurden[786], ist es nützlich, sie jetzt noch einmal besonders zu überblicken:

Schon die für das Prinzip gebrauchten Namen πλῆθος, ὑποδοχή, μέγεθος[787] mögen eine gewisse Vorstellung von den *Funktionen* des Prinzips geben: Demnach wäre es ‚Substrat' der Form und bewirkte ‚Vervielfachung' sowie ‚Ausgedehntheit'. Aber es bleibt unsicher, wieweit die Namen wirklich das Prinzip in seinem Wesen charakterisieren können und sollen[788]. Auf festerem Boden sind wir, wenn Speusipp sich direkt über die Wirkungen äußert: Das Prinzip verursacht διαίρεσις, μέγεθος, αὔξη, πλῆθος, es ist δεκτικόν der Formbestimmtheit[789]. Damit bestätigt sich das oben an den Namen abgelesene Bild.

Die einzelnen Bestimmungen fallen nicht aus dem Rahmen dessen, was sonst über das akademische Materie-Prinzip Platons oder des

[785] Daran ändert die soeben (S. 231) erwähnte Tatsache nichts, daß das ἕν als ἐπαινετόν bezeichnet und der συστοιχία der ἀγαθά zugerechnet wird.

[786] S. vorstehend Nr. 2, und o. S. 222 — 224.

[787] Vgl. dazu o. S. 220 f. — Auch der im Iamblich-Abschnitt öfter erscheinende Terminus ὕλη könnte, falls er schon von Speusipp selbst verwendet wurde, noch bildkräftig als ‚Baumaterial' o. ä. aufgefaßt worden sein (vgl. u. 2.6).

[788] Abgesehen davon, daß man nicht weiß, wie ‚sprechend' die einzelnen Begriffe noch waren, scheint sie Speusipp (Iamblich?) ziemlich locker angewendet zu haben: ἡ τοίνυν πρώτη ὑποδοχή τε καὶ μέγεθος, ἢ ὅ τι δήποτε δεῖ προσαγορεύειν αὐτήν (16, 15 f).

[789] 15, 11 f ἣν καὶ διαίρεσιν οἷόν τ' εἶναι καθ' αὑτὸ παρέχεσθαι. 15, 18—20 διαίρεσιν . . . ἅπασαν . . . καὶ μέγεθος . . . ταύτην τὴν φύσιν παρέχεσθαι. 15, 24 f ᾧ συμβαίνει μεγέθους τε καὶ διαιρέσεως, ἔτι δὲ αὔξης, καθ' ἑαυτὸ αἰτίῳ εἶναι. 16, 5 und 8 δεκτικόν. Vgl. 16, 19 μίαν ἄπειρον ὕλην und 17, 1 f τὴν ἅπαντος πλήθους τε καὶ μεγέθους αἰτίαν πρώτην in Referaten von Lehren, die Speusipp *ablehnt*; ferner 17, 16—18 θέσις, διάστασις τόπων, τόπος. S. auch o. S. 222 A. 713. Über die Formulierungen bei Iamblich, die eine ‚handfeste' Körperlichkeit von Speusipps Materie nahelegen, s. gleich anschließend.

Xenokrates bekannt ist: unbestimmte Vielheit und Größe (Ausdehnung), Ausgliederung, d. h. *Individuation*[790].

Wir haben bisher einige Formulierungen des Iamblich-Referates noch nicht berücksichtigt, die wegen ihrer Bedeutung gesondert besprochen werden müssen:

4. Wir stellen zuerst die drei einschlägigen Belege zusammen: a) 15, 11—14: Das πλῆθος-Prinzip vermag seinem Wesen nach ‚Aufteilung‘ zu bewirken, „und deshalb könnten wir, indem wir es so angemessen wie uns möglich beschreiben, wohl aufzeigen, daß es (das πλῆθος-Prinzip) einer *ganz und gar feuchten und geschmeidigen Materie* gleich (oder: ähnlich) ist“[791]. b) 17, 5—8: Beim Erzeugen der Seinsschichten ist das ἕν immer dasselbe, „wobei aber auch dieses (sc. das ἕν) wegen der Ungleichmäßigkeit der Materie nicht immer sein Wesen genau zum Ausdruck bringen kann, genau so wenig wie auf einigen planlos ausgewählten Holzstücken eine Figur (sich stets exakt ausprägt)“[792]. c) 17, 20—22 (bei Erzeugung der geometrischen Größen): „Man wird wohl nicht fehlgehen, wenn man die Dimensionalität und die gegenüber den Zahlen größere ‚Dichte‘ und ‚Rohheit‘ der geometrischen Größen auf sie (die ὕλη) zurückführt“[793].

[790] Daß Speusipps Materie-Prinzip *individuiert*, ist deshalb erwähnenswert, weil man bei *Platons* Materie-Prinzip gelegentlich — zu Unrecht — bezweifelt hat, daß es für die Individuation zuständig sei (vgl. S. 361 A. 245).

[791] ἄλλην . . . ἀρχὴν τὴν τοῦ πλήθους, ἣν καὶ διαίρεσιν οἷόν τ᾽ εἶναι καθ᾽ αὑτὸ παρέχεσθαι, καὶ διὰ τοῦτο ὑγρᾷ τινι παντάπασι καὶ εὐπλαδεῖ (= πλαδαρός die Scholien p. 100 f Festa) ὕλῃ, προσηκόντως εἰς δύναμιν παραδεικνύντες, ἀποφαίνοιμεν ἂν ὁμοίαν εἶναι. Wir folgen der Übersetzung von Merlan 122. εἰς δύναμιν wie auch sonst = κατὰ δύναμιν (sc. ἡμῶν), als einschränkende Erläuterung zu παραδεικνύντες.

[792] Vgl. die Paraphrase Merlans 111. Text: καίπερ τοῦ ἑνὸς ὁμοίου ἐγγιγνομένου διὰ παντός, οὐδὲ μὴν οὐδὲ τούτου διὰ τὴν παχύτητα τῆς ὕλης ἀκριβῆ τὴν ἑαυτοῦ φύσιν ἐμφαίνοντος ἀεί, καθάπερ ἔν τισιν εἰκαίοις ξύλοις σχῆμα. Die schon zweimal (o. S. 214 f. 234) zitierte Stelle steht zwar in einem Kontext, mit dem Speusipp eine von ihm abgelehnte Lehre beschreibt, gehört aber (als eine Art Parenthese) nicht zu der bekämpften Lehre (vgl. o. S. 214 f) und gibt — auf jeden Fall — eine Ansicht wieder, die auch Speusipp selber vertritt. παχύτης würde man wegen des normalen Wortsinns (der z. B. auch bei Zenon VS 29 B 1 vorliegt), der gängigen Hyle-Vorstellung und der neuplatonischen Parallelen (s. u. 9) mit ‚Dichte‘ oder ‚Dicke‘ übersetzen, aber der dabeistehende Vergleich läßt eher an die *Unebenheit* beliebig ausgewählter (und daher qualitativ schlechter) Holzstücke denken; vgl. Merlan 111.

[793] ἔτι δὲ καὶ τὸ συνεχὲς καὶ τὸ συμμεμολυσμένον μᾶλλον τῶν ἀριθμῶν καὶ παχύτερον ἐκ ταύτης ἄν τις αἰτιώμενος καὶ λέγων ἴσως οὐ διαμαρτάνοι. Zu συμμεμολυσμένον (wohl ‚un-gar, halb-roh‘ oder dgl.) Merlan 120 f, wo auch eine Paraphrase: „Along with the words συνεχής and παχύς, all of which describe the hyletic principle of geometricals, it (sc. συμμεμολυσμένον) seems to express the comparative impenetrability of solids. In comparison with numbers, geometricals are ‚dense‘ and in this sense of the word ‚underdone‘.“ Der zu allen drei Bestimmungen (συνεχές, συμμεμολυσμένον, παχύς) zugehörige Genetiv τῶν μεγεθῶν ist

Man fragt sich angesichts dieser drei Äußerungen *erstens*, wieweit es sich dabei um *Metaphern* oder um *direkte philosophische Aussagen* über das Wesen der Materie handelt; *zweitens*, ob hier allein Speusipp spricht oder auch spätere Lehren eingeströmt sind.

Zur *ersten* Frage: Eine klare Antwort läßt sich nicht geben, weil die Indizien in beide Richtungen weisen[794]. Auf jeden Fall scheint es unmöglich, die betreffenden Wendungen als *reine Metaphern* zu betrachten und damit ihre philosophische Relevanz einzuschränken. Ja, selbst wenn es nur ‚Bilder' wären, wären sie philosophisch bedeutsam, und dies aus zwei Gründen: α) Immer wieder kann man bemerken, wie in der antiken Philosophie Denkformen, Denkmodelle, sprachliche Gegebenheiten usw., die eigentlich nur *Instrumente* im Dienst der philosophischen Intention sind, sich verselbständigen, übermächtig werden und zurückwirkend diese Intention beeinflussen[795]. Diese Gefahr läge auch hier nahe: Eine ‚feuchte, geschmeidige ὕλη', die ‚dicht' und ‚(von der Hitze) nur halb durchgekocht' ist[796], erwartet man nur bei den αἰσθητά, welche dem Werden und Vergehen unterworfen sind, aber die Ausdrücke werden zum Teil schon auf die *geometrischen* Größen angewendet[797] und sollen offensichtlich für das

als selbstverständlich weggelassen. τῶν ἀριθμῶν ist Genetivus comparationis und steht offenbar (ganz ungewöhnlich) statt ἤ mit *Genitiv*. αἰτιώμενος fast = λέγων, mit AcI (zu ergänzen εἶναι).

794 Speusipp drückt sich an Stelle a (und c) sehr zurückhaltend und höflich aus, aber das tut er im ganzen Abschnitt (Merlan 120), also auch bei *direkten* philosophischen Aussagen: Man kann daraus also nicht generell schließen, er selbst habe seine bildhaften Wendungen für gewagt gehalten. Und wenn man trotzdem mit Merlan 122 für Beleg a) annimmt, daß Speusipp hier seine Formulierungen dem Leser empfehle, so gilt das allenfalls für den (damals noch neuen) Terminus ὕλη, aber nicht unbedingt auch für die Attribute εὔπλαδεῖ und ὑγρᾷ. In Stelle a) deutet zudem προσηκόντως εἰς δύναμιν παραδεικνύντες darauf hin, daß er direkt das Wesen des Materie-Prinzips wiedergeben möchte. ὁμοίαν kann sowohl ‚ähnlich' wie ‚gleich' heißen. — Der Techne-Vergleich an der Stelle b) kann, je nachdem wie Speusipp diese Analogie auffaßt, strikte Erkenntnis vermitteln oder nur eine Art Redeschmuck sein. — An der Stelle c) distanziert er sich nicht von den ‚bildhaften' Wendungen als solchen.

795 Vgl. die wenigen Bemerkungen in der Einleitung o. 1.35, desgleichen den Sach-Index s. v. *Bild* und *Tradition* (Verweise). Siehe zum Prinzipiellen auch *Weltbild und Seinslehre*.

796 Vgl. zu συμμεμολυσμένον erneut Merlan 121 und u. 6.221.

797 Merlan 121 sagt erst richtig, die Ausdrücke συνεχής, παχύς und συμμεμολυσμένον bezögen sich auf die Materie der *geometrischen* Dinge, fügt aber dann hinzu, die drei Wörter schienen „the comparative impenetrability of solids" auszudrücken. Merlan meint, wie das Folgende zeigt, gewiß nicht, daß Speusipp die *geometrischen* Körper für etwas *Festes* hält, aber es muß zur Vermeidung von Mißverständnissen doch noch einmal betont werden: Es gibt keinen Anhalt dafür, daß Speusipp den *geometrischen* Raumformen (d. h. dem Körper an sich) außer der Dimensionalität (d. h. außer dem συνεχές) noch eine andere Qualität (etwa ‚solidity' wie John Locke) zugesprochen hätte (auch vom geometrischen Atomismus des Timaios aus, der

Materie-Prinzip *aller* Seinsbereiche gelten. In die gleiche Richtung zielt das τέχνη-Beispiel, das ein solides ‚Material‘ voraussetzt (die Holz-Stücke) und somit für das πλῆθος-Prinzip insgesamt Solidität suggeriert[798].

Von solchen ‚Bildern‘ begleitet sind auch die Materie-Prinzipien Platons[799], des Xenokrates[800] und des Aristoteles[801]: Dadurch wird bei Xenokrates und Aristoteles, bei denen die ‚Idealmaterie‘ nicht mehr einen ganz so breiten Raum einnimmt wie bei Platon, die ‚Verfestigung‘ des Materie-Prinzips befördert[802]. Vielleicht hat zu dieser Verfestigungstendenz auch Speusipp durch seine Materie-Konzeption und die Weise, wie er sie beschrieb, beigetragen.

β) Natürlich ist es kein Zufall, wenn sich im Zusammenhang mit den Problemen des Materie-Prinzips derartige Formulierungen einstellen. Denn es ist von der *Sprache* her einfach nicht möglich, ein Prinzip von Formbarkeit, Seinsmöglichkeit, Formstreben und dgl. anders zu beschreiben, als daß man nolens volens das Prinzip von seinen *konkreten Wirkungen* her angeht und zudem bei ‚ideellen‘ Bereichen (Zahlen, Geometrika usw.) die entsprechenden Wendungen der Welt des *Sinnlichen* entnimmt. Ähnliches gilt für das *Denken* dieses unkörperlichen Prinzips, das auch nicht gewisser ‚plastischer‘ Bilder entraten kann. So ist bei jedem Materie-Prinzip, und sei es auch noch so unkörperlich-geistig intendiert, die Gefahr der Verfestigung eo ipso mitgegeben. Wie weit ihr Speusipp erlegen ist, läßt sich nur schwer sagen: Die betrachteten, ziemlich ‚kräftigen‘ Ausdrücke sprechen dafür, aber der stark mathematische Einschlag von Speusipps System, das offensichtlich von den Pythagoreern beeinflußt ist[803], widerrät eine solche Annahme.

Zu Punkt *zwei:* Innerhalb der fraglichen Äußerungen erscheint kein Terminus, der aus der Zeit *nach* Speusipp stammen müßte. Nur παχύς verdient besondere Erwähnung: Es ist zwar an sich kein ‚später‘ Begriff, kommt aber im Neuplatonismus öfter in bezug auf ‚Materie‘ vor[804]; es ist daher nicht ausgeschlossen, daß dieses *Wort* von Iam-

sowieso in sich höchst umstritten ist, läßt sich keinerlei Rückschluß auf *Speusipp* ziehen). Um so stärker sind Ausdrücke wie παχύ oder gar συμμεμολυσμένον für einen geometrischen Körper = reine Raumausdehnung.

798 Wie weit die ‚Parallelität‘ von Physis und Techne, die bei Aristoteles vorliegt (o. 1.112 u. ö.), auch für Speusipp gilt, wissen wir nicht und ist auch für unsere Überlegungen nicht besonders wichtig. Man kann sich aber nicht vorstellen, daß bei ihm beide Bereiche strikt voneinander getrennt waren.

799 Vgl. o. 2.222/223, auch 2.225.

800 Vgl. u. 2.4.

801 Vgl. Sach-Index s. v. *Bild*.

802 Vgl. zu Xenokrates u. 2.4, für Aristoteles u. 8.26, zur ganzen Frage u. 9.

803 Vgl. Krämer, *UGM* 211 f.

804 Vgl. u. 9.

blich zugesetzt wurde. Inhaltlich besteht kein Anlaß, an den Einfluß späterer Lehren (etwa der Stoa) zu denken: Denn alle Vorstellungen lassen sich im Umkreis der Akademie anknüpfen: ‚geschmeidige und feuchte ὕλη' an das ὑγρόν = ὕλη in den biologischen Schriften des Aristoteles, zugleich an das ἀέναον des Xenokrates; συμμεμολυσμένον ebenso an die ‚biologische Materie' des Aristoteles (vgl. Merlan), wovon auch παχύ der Sache nach nicht weit abliegt. Neu ist die Bewußtheit und Radikalität, mit der Speusipp diese Wendungen gebraucht und auf die Materie insgesamt, insbesondere die der ‚idealen' Seinsstufen, anwendet. Auf diese Weise tritt bei ihm die Tendenz zur ‚Verfestigung' besonders augenfällig in Erscheinung. Die Materie ist hier auf dem besten Wege, eine Art von unzerstörbarem ‚Urschleim' zu werden.

5. Wieweit darf man der Materie Speusipps *Aktivität* zubilligen? Die Frage ist berechtigt, weil wir schon bei Platons Materie sahen, daß sie keineswegs etwas rein Passives ist, sondern in mehrfacher Hinsicht Eigenbewegung besitzt[805]. Etwas Ähnliches darf man auch für Speusipp annehmen: Schon die Gesamtdarstellung vom Ineinanderwirken der beiden Prinzipien vermittelt den Eindruck, als besäßen *beide* Prinzipien Aktivität. Es kommt hinzu, daß die Materie einerseits die Form = das Gute ‚aufnimmt', also auch — ähnlich wie bei Aristoteles — die Form aktiv zu *erstreben* scheint[806]; andererseits leistet sie der Form einen gewissen *Widerstand*, so daß diese sich erst an ihr (der Materie) *durchsetzen* muß[807]. Diese Indizien sind nicht sehr deutlich, dürften aber doch im Hinblick auf Platon (und Xenokrates, Aristoteles) ausreichen, der Materie Speusipps *Aktivität* zuzuschreiben.

6. Das Speusipp-Referat macht trotz gelegentlicher Hinweise auf das die Prinzipien bestimmende Subjekt (ὑποτιθέναι, τιθέναι u. dgl.) durchaus den Eindruck einer *ontologischen* Erörterung: Es scheint nur um die zwei Prinzipien des Seins, nicht der Erkenntnis zu gehen.

Dieser Eindruck ist jedoch trügerisch. Denn unser Referat steht in einem *wissenschaftstheoretischen* und damit erkenntnistheoretischen Zusammenhang. Die Schrift *De communi mathematica scientia* setzt sich, wie schon der Titel andeutet, zum Ziel, die allen Zweigen der Mathematik gemeinsamen Prinzipien zu untersuchen[808]. Dabei geht Iamblich in Kapitel III (p. 12, 18 ff) auf die Nachbardisziplinen der Mathematik und deren Prinzipien ein, um aus dem Zusammenhang der Seins- und Wissenschaftsstufung (gleichsam e contrario) die Eigenart der (Gesamt-)Mathematik zu bestimmen, und kommt auch ganz kurz darauf zu sprechen, wie man die betreffenden Prinzipien

[805] Vgl. o. 2.223b. S. 166f. 2.25.
[806] Vgl. o. S. 232f.
[807] Vgl. o. S. 233f.
[808] Merlan 103.

erkennt[809]. Das in Kapitel III angeschnittene Thema wird nun noch in Kapitel IV weiterbehandelt, wie Vorspann p. 14, 18—15, 5 und Schlußteil p. 18, 13—23 sagen, die beide wohl von Iamblich zugefügt wurden[810]; Kapitel V lenkt dann wieder speziell zur Mathematik zurück. Im Speusipp-Referat (Kap. IV, p. 15, 6—18, 12) findet sich nun ein einziger, aber wichtiger Satz, der auf Wissenschaftstheorie und Erkenntnis eingeht[811]: Nachdem Speusipp die Materie-Prinzipien der beiden ersten Seinsstufen, d. h. der Zahlen (17, 25 πρώτη μὲν οὖν ἡ τῶν ἀριθμῶν ἐστιν ὕλη) und der Größen (17, 26 f δευτέρα δὲ ἡ τῶν γραμμῶν τε καὶ τῶν ἐπιπέδων καὶ στερεῶν σχημάτων), bestimmt hat, fügt er hinzu: καὶ τῶν ἄλλων δὲ ὡσαύτως μαθημάτων, ὅσα ἂν καὶ ὁποῖα ἂν εὕρῃ ὁ λόγος, τὰς οἰκείας ὑποδοχὰς προϋποθετέον (17, 27 bis 29). Man muß also für jede einzelne Wissenschaft, ,,wie viele und welche Wissenschaften auch immer der λόγος findet", ein eigenes Materie-Prinzip (ὑποδοχάς = ὕλας) ansetzen. Das Auffinden der Wissenschaften durch den λόγος (λόγος heißt hier offenbar soviel wie ‚akademische Dialektik') meint weder eine Willkür des Subjekts noch ist es nur eine belanglose Umschreibung dafür, daß Speusipp die übrigen (fest bestimmten) Wissenschaften nicht alle aufzählen möchte, sondern es besagt, daß der νοῦς immer wieder sachlich (d. h. als Sachstruktur) vorgegebene Wissens- und Wissenschaftsobjekte auffinden kann, bei denen er dann jeweils neben einem Form-Prinzip ein Materie-Prinzip feststellt. Zunächst ist dabei natürlich an ‚kanonische' Wissenschaften wie die φυσική gedacht, aber bestimmt nicht nur daran. Obwohl hier nähere Angaben fehlen (z. B. über die Natur des λόγος und somit des εὑρεῖν), darf mit aller Vorsicht an die aristotelische νόησις = ‚Abstraktion' erinnert werden, die bestimmte Wissenschafts-Objekte ‚konstituiert' (nicht in freier Willkür, sondern sachgebunden), und dabei auf den Zwiebegriff von ‚Materie' und ‚Form' stößt[812].

Nicht dagegen ist hier bei Speusipp von einer anderen Wirkung der Materie die Rede, die bei Aristoteles stark hervortritt: die Materie als das Erkenntnishindernde und deshalb beim Aufstieg der Erkenntnis κατ' ἀφαίρεσιν zu Eliminierende[813]. Zwar können wir aus der

[809] Vgl. 13, 7 f (die Gegenstände der Mathematik) κριθήσονται διανοήσει ἑτέρᾳ οὔσῃ παρὰ τὴν κρίνουσαν δύναμιν τὰς ἁπλᾶς καὶ ἀμερίστους καὶ νοερὰς οὐσίας (d. h. die Gegenstände der Metaphysik). Vgl. 13, 21 f. 14, 3. 14, 12—16.

[810] Merlan 98.

[811] Wie oben schon erwähnt, wird der Anteil des Subjekts an der Konstituierung der Wissenschaften und ihrer Objekte auch sonst in Kap. IV spürbar, aber es geht da nur um einzelne Wörter und Andeutungen, aus denen sich nichts Sicheres für eine Wissenschaftstheorie entnehmen läßt. Deshalb beschränken wir uns auf den im Text genannten Satz.

[812] Vgl. u. 7.543, 7.823 u. ö.

[813] Dazu u. 7.543, 7.61 u. ö.

Seinsschichtung des Speusipp, soweit sie mathematisch-additiv aufgebaut ist, eine solche Lehre herauslesen[814], aber zu sicheren Aussagen reicht das karge Quellen-Material nicht zu.

2.4 Das Materie-Prinzip des Xenokrates

Die seit Heinzes grundlegender Darstellung[815] lange von der Forschung vernachlässigte Philosophie des Xenokrates ist in den letzten Jahren so intensiv untersucht worden[816], daß wir uns hier damit begnügen können, die für den Materie-Begriff relevanten Punkte des Systems herauszugreifen und in aller Kürze darzustellen[817].

2.41 Wir sehen von den Brechungen xenokratischer Lehren im späteren Schrifttum (Neupythagoreer, Numenios, Mittelplatoniker) ab[818] und greifen aus den Fragmenten[819] zuerst fr. 26 H. (Theophrast)

[814] S. o. 2.32, z. B. S. 224.

[815] Richard Heinze, *Xenokrates. Darstellung der Lehre und Sammlung der Fragmente*, Leipzig 1892 (Nachdruck Hildesheim 1965).

[816] Sehr knappe Darstellung bei H. Dörrie, RE s. v. *Xenokrates* 1512—1528 (1959; Gesamtband erschienen 1967). Gaiser 310 f (Weiteres Index S. 567) und *QP* bes. 39—49 sowie 49—63 (die umstrittenen Stellen N 3, 1090b 13—1091a 5, bes. b 20 bis 27, und an. A 2, 404b 16—30 werden erneut einleuchtend für Platon gesichert, wobei sich auch für Xenokrates viel ergibt), ferner 78 (Xenokrates' Beziehung zum Sextus-Bericht). Großen Fortschritt bedeutet Krämer, *UGM* Teil I (*Die Nus-Monas als Weltmodell. Das System des Xenokrates aus seinen Fortwirkungen*, 21—126) und II (*Struktur und geschichtliche Stellung der aristotelischen Nus-Metaphysik. Xenokrates und Aristoteles*, 127—191), zusammengefaßt und fortgeführt von dems., *GS* 323 ff und *Theologie* passim, besonders 481—505 (wichtige neue Ergebnisse; dort auch Stellungnahme u. a. zu Merlan, Rez. von Krämers *UGM*, Ph. R. 97—110, und zu Merlan, *ZB* 2—4). Das Kapitel *Die Zeugnisse über die Lehre des Xenokrates* bei Dönt 68—75 bringt keine Förderung (vgl. die Rez. von Dönts Arbeit durch H. J. Krämer, Anz. f. d. Alt. 1969, 224 f m. A. 9—11) und wird deshalb im Folgenden beiseite gelassen. Die Lit. zu Xenokrates ist zusammengestellt bei Dörrie. Krämer, *UGM* 30 A.33. *GS* a. O. *Theologie* a. O.

[817] Die in vorstehender Anmerkung 816 genannten Arbeiten, besonders die Krämers, werden dabei ständig vorausgesetzt, auch ohne daß dies überall durch ausdrückliche Zitate gekennzeichnet würde.

[818] Darüber Krämer, *UGM* Kap. I 2—4. *GS* a.O. *Theologie* a.O. In diesen anregenden Verknüpfungen sind neben Gesichertem auch einige Unsicherheiten enthalten, mit denen wir unsere Darstellung nicht zu belasten brauchen, da die von uns herangezogenen Testimonia zur Rekonstruktion von Xenokrates' System und Materie-Begriff ausreichen. — Etwas Ähnliches gilt auch für Krämers These von der Immanenz der Zahlen in der Nus-Monas des Xenokrates, vgl. unten.

[819] Ob fr. 9 Heinze, wie man lange glaubte, wörtliches Zitat (also ‚B-Fragment') ist, ist unsicher, vgl. Burkert 57 A. 68. Alle anderen Fragmente (auch die durch Krämer/Theiler hinzugewonnenen Referate aus Aetios und die Pines'schen Fragmente, vgl.

heraus[820]. Theophrast sagt hier, Xenokrates habe die ,Deduktion'[821] der Seinsbereiche und Dinge aus den Prinzipien bis ins einzelne durchgeführt und so im Universum (κόσμος) verteilt ὁμοίως αἰσθητὰ καὶ νοητὰ καὶ μαθηματικὰ καὶ ἔτι δὴ τὰ θεῖα. Zwei Punkte sind hieran wichtig, *erstens* die Prinzipien und die ,Deduktion', *zweitens* Zahl und Art der Seinsbereiche. Wir beginnen mit dem zweiten[822]: Sextus Empiricus[823] bezeugt für Xenokrates drei Seinsbereiche, a) den ,innerhalb des Himmels' (οὐσία αἰσθητή), b) den ,aller Dinge außerhalb des Himmels' (νοητή), c) den ,des Himmels selbst' (οὐσία σύνθετος). Da οὐρανός wohl den Sternbereich meint (Fixsterne, Planeten, Sonne und Mond), ,innerhalb des Himmels' den Raum unter dem Mond, entsprechen diese beiden xenokratischen οὐσίαι genau den zwei aristotelischen οὐσίαι ,unter' und ,über' dem Mond. Der räumliche Ausdruck πάντα τὰ *ἐκτὸς* οὐρανοῦ bedeutet wohl wie entsprechende Wendungen des Aristoteles[824] in übertragenem Sinn ,außerhalb des Raumes (und der Zeit)', besagt also, daß die νοητά eine unräumliche und überzeitliche Seinsweise haben[825]. Von den bei Theophrast ge-

Krämer, *GS* 327 A. 45. 346 f) sind nur Erwähnungen (,A-Fragmente'), besitzen mithin recht unterschiedlichen Wert, über den von Fall zu Fall entschieden werden muß. Namentliche Bezeugung verdient den Vorzug, muß aber natürlich mit anderen Kriterien (zeitliche Nähe, Zwischenquellen usw.) abgestimmt werden: So nennt z. B. Aristoteles in der Metaphysik Xenokrates nirgends mit Namen (für ontologische Themen auch außerhalb der Metaphysik nicht, vgl. Bonitz 493a 54 ff), ist aber doch – trotz der bekannten Eigenwilligkeiten seiner Referate – eine vorzügliche Quelle. Mehrere Vorzüge (zeitliche Nähe, Namentlichkeit) kommen zusammen in fr. 26 Heinze aus Theophrast, mit dem wir beginnen. — Zur Quellenlage vgl. Dörrie 1517 f.

820 = Theophr. met. 6a 23—b9. Es empfiehlt sich jedoch, des Zusammenhanges wegen ein größeres Stück, met. 6a 15—b 17 (= TP 30), auszuheben. Vgl. den Komm. von Ross z. St., Gaiser zu TP 30 und S. 427 A. 282. 490. 529.

821 Gemeint ist mit diesem abkürzenden Wort der dem ,Weg zu den Prinzipien hin' (ἐπὶ τὰς ἀρχάς) entsprechende ,Weg von den Prinzipien her' (ἀπὸ τῶν ἀρχῶν), über den o. **2**.243c u. ö.

822 Vgl. *Kosmologie und Metaphysik* 177 f.

823 fr. 5 H. = adv. math. 7, 147—149 Ξενοκράτης δὲ τρεῖς φησιν οὐσίας εἶναι, τὴν μὲν αἰσθητὴν τὴν δὲ νοητὴν τὴν δὲ σύνθετον καὶ δοξαστήν, ὧν αἰσθητὴν μὲν εἶναι τὴν ἐντὸς οὐρανοῦ, νοητὴν δὲ ⟨τὴν⟩ πάντων τῶν ἐκτὸς οὐρανοῦ, δοξαστὴν δὲ καὶ σύνθετον τὴν αὐτοῦ τοῦ οὐρανοῦ· ὁρατὴ μὲν γάρ ἐστι τῇ αἰσθήσει, νοητὴ δὲ δι' ἀστρολογίας (im Folgenden dann noch mehr über die Stufung der Erkenntnisarten, zu der u. 7.2 u. ö.). In diesem Fragment scheint noch manches vom ursprünglichen Wortlaut bewahrt zu sein.

824 *Kosmologie und Metaphysik* 173—177, bes. 174 A. 79.

825 So auch Ross zu Theophr. met. 6b 6—9. — Natürlich ist nicht ausgeschlossen, daß ἐκτός wörtlich gemeint ist (von Sextus oder von Xenokrates selbst) und Xenokrates eine ,räumliche' Transzendenz vertritt, was ganz der Neigung seiner Philosophie zu schematischem Systematisieren und plastischem Konkretisieren entspräche. Selbst wenn das nicht der Fall ist, waren im kosmologisch ponderierten Seinsaufbau des Xenokrates (dazu noch u. **2**.5) solche ,außerhalb' befindlichen

nannten Seinsweisen kann man νοητά und αἰσθητά mit der νοητή οὐσία (wenigstens zum Teil, s. u.) und αἰσθητὴ οὐσία des Sextus identifizieren; auch die Gleichsetzung der θεῖα mit οὐρανός läßt sich glatt vollziehen[826]. Die Stellung der μαθηματικά pflegt man mit dem Hinweis auf Arist. met. Z 2, 1028b 24—27[827] zu verdeutlichen, wo eine Abfolge εἴδη (= ἀριθμοί) — γραμμαὶ καὶ ἐπίπεδα — οὐρανός — αἰσθητά bezeugt ist, so daß man nun Theophrasts μαθηματικά mit Aristoteles' γραμμαὶ καὶ ἐπίπεδα gleichsetzen und als Untergliederungen der νοητά betrachten kann[828]. So ergibt sich eine *Dreistufung:* 1. ἡ νοητὴ οὐσία (πάντα τὰ ἐκτὸς οὐρανοῦ), welche die Ideen = Zahlen und die intelligiblen geometrischen Figuren enthält; 2. ἡ σύνθετος οὐσία (αὐτὸς ὁ οὐρανός), die göttlichen Himmelskörper; 3. ἡ αἰσθητὴ οὐσία (τὰ ἐντὸς οὐρανοῦ), die Sinnendinge unter dem Mond[829].

Diese Bemerkungen über die xenokratische Dreistufung des Seins, bei denen wir uns absichtlich auf längst Anerkanntes beschränkt haben, genügen fürs erste. Bevor wir uns weiter unten noch näher mit den Seinsstufen befassen — und dabei auch auf kontroverse Fragen zu sprechen kommen —, kehren wir zum Theophrast-Text

νοητά, zumal da sie irgendwie als ‚Beweger' des räumlichen Kosmos fungierten (vgl. Krämer, *UGM* 177 ff, wo auch über Eudoxos), stets der Gefahr der Verräumlichung ausgesetzt. Trotzdem hat Xenokrates (mit Platon und anderen Akademikern) zum räumlich mißverstandenen Transzendenz-Begriff der Folgezeit wohl viel weniger beigetragen als Aristoteles (*Kosmologie und Metaphysik* 179), der nicht nur in cael. Α 9 und phys. Θ 10 das Unräumliche mit schiefen Raumbildern beschreibt (darüber *Kosmologie und Metaphysik* 173—177; *Weltbild und Seinslehre* 73—76), sondern auch an der wenig beachteten Stelle motu an. 3/4 noch viel extremer verfährt: Dort wird von der physikalischen Prämisse aus, daß jedes bewegte System (klein oder groß) einen unbewegten Stützpunkt außerhalb seiner selbst habe, geschlossen, daß das bewegte System des Kosmos diesen Stützpunkt im unbewegten Beweger außerhalb des Kosmos besitze (bes. 699b 31—700a 6). Mit dieser Verabsolutierung der Mechanik, die bei Aristoteles (und in der Folgezeit?) ihresgleichen sucht, denkt Aristoteles nur seinen kosmologischen Seinsentwurf zu Ende, hebt damit aber zugleich jedes philosophisch wesentliche Denken über ‚Transzendenz' auf.

826 So Ross zu Theophr. met. S. 57 unter Berufung auf fr. 15 H. θεὸν δ' εἶναι καὶ τὸν οὐρανὸν καὶ τοὺς ἀστέρας πυρώδεις Ὀλυμπίους θεούς. Krämer, *UGM* 34.

827 Fr. 34 H. — Die Erwähnung von Xenokrates' Lehren in der Metaphysik stellt Ross, *Met.* I, LXXIV—LXXVI zusammen, dessen Belege durchweg mit Gaisers TP zu vergleichen sind (z. B. mit Nr. 28a. 28b. 56. 57. 59. 61, mehr Index S. 567 unter Xenokrates); zu Ν 3 (= TP 28b) bes. Gaiser, *QP* 39—49.

828 Ross zu Theophr. met. 56 f. Krämer, *UGM* 34. — Man könnte auch Theophrasts Ausdrücke νοητά und μαθηματικά jeweils weiter fassen (denn die ‚Linien und Flächen' sind auch νοητά, die Ideenzahlen = mathematische Zahlen auch μαθηματικά), aber das ist für unser Beweisziel unwichtig.

829 Schema bei Ross zu Theophr. met. 57, fortgeführt bei Krämer' *UGM* 122 (vgl. u.). — Mit der Dreiteilung läßt sich auch fr. 18 H. vereinigen, vgl. *Kosmologie und Metaphysik* 178 A. 101.

zurück, um nun den *zweiten* in ihm enthaltenen Punkt zu behandeln, die *Prinzipien* und die *‚Deduktion'* aus ihnen. Welche Prinzipien werden hier Xenokrates zugeschrieben?

Da die Prinzipien des Xenokrates nicht direkt genannt werden[830], fragt sich, wieviel man dem Textzusammenhang entnehmen darf. Der Anfangssatz des Abschnitts zeigt, daß es Theophrast hier speziell um das Problem der *Ableitung* der Seinsbereiche aus *einem* oder *mehreren* Prinzipien geht, aber nicht darum, *wieviele* oder *welche* Prinzipien angenommen werden[831]. Man kann also aus Zusammenordnung bzw. Trennung der Philosophen nichts für Zahl und Art der Prinzipien erschließen. Das zeigt sich auch an den Gedankenschritten[832]: Denn wenn Theophrast als Beispiel für Philosophen, die nur unvollständig deduzieren, *erstens* οἱ τὸ ἓν καὶ τὴν ἀόριστον δυάδα ποιοῦντες, womit Platon gemeint sein dürfte[833], *zweitens* die Schule Speusipps[834] und *drittens* ‚die anderen Philosophen' nennt, nimmt er offenbar ohne weiteres ‚Dualisten' (Platon, Speusipp)[835] mit ‚anderen' zusammen, die vielleicht zum Teil ‚monistisch' gedacht haben mögen. Deshalb kann man auch daraus, daß er nun diesen drei Gruppen Xenokrates gegenübertreten läßt (mit syntaktischem Anschluß an ‚die anderen Philosophen')[836], keinen Aufschluß über Xenokrates' Prinzipienlehre entnehmen. Es ist also denkbar, daß Xenokrates die genannten vier Seinsarten aus einem Einheitsprinzip deduziert, indem er das Gegenprinzip ganz beiseite läßt oder es als etwas Nachgeordnetes aus dem Einheitsprinzip ableitet. Es ist aber auch genau so gut denkbar, daß

[830] 6b 6—9.

[831] 6a 15—18.

[832] Einen Gedanken-Aufbau darf man voraussetzen, auch wenn Platon (wie man gewöhnlich annimmt) zweimal erscheint, was erklärt werden kann (vgl. Gaiser zu TP 30), aber doch irgendwie mißlich bleibt.

[833] Ross zu 6a 25: „Since Theophrastus later distinguishes Speusippus and Xenocrates (b 6 f) from the thinkers he is at present speaking of, we may assume that he is now speaking of Plato and his orthodox followers". Gaiser zu TP 30 (vgl. auch Gaiser 529 u. ö.) denkt nur an Platon (der Plural spricht natürlich nicht dagegen). Das stimmt auch durchaus zu dem, was wir sonst von der platonischen ‚Deduktion' wissen. — Bei οἱ . . . ποιοῦντες Platon auszuschließen (so Reale, *Teofrasto* 176 bis 180) und damit nur an andere Akademiker außer Platon (und natürlich außer Speusipp, Xenokrates) zu denken, die ein ganz strikt platonisches System besessen hätten (eben ‚orthodox followers'), bereitet u. a. folgende Schwierigkeiten: Selbst wenn man derart ‚orthodoxe' Akademiker ausfindig machen könnte, bliebe unerklärt, warum Theophrast ausgerechnet solche ‚obscuri viri' an die Spitze seiner Kritik stellt und ihnen dazu noch so viele Worte widmet (6a 24—6b 5). Vgl. dazu o. S. 111 A. 166, S. 161 f m. A. 442/443. — 6a 24 καί in καὶ οἱ τὸ ἓν heißt wohl ‚auch' im Sinne von ‚zum Beipiel, unter anderen', meint somit dieselben Philosophen wie 6b 6 οἱ ἄλλοι.

[834] 6b 5 f ὡσαύτως δ' οἱ περὶ Σπεύσιππον.

[835] Zu Platon vgl. 2.2 (bes. 2.21 S. 93 f; 2.223bd; 2.241; S. 169 A. 479 u. ö.), zu Speusipp 2.3. S. auch Sach-Index s. v. *Dualismus*.

[836] 6b 6 f οὐδὲ τῶν ἄλλων οὐδεὶς πλὴν Ξενοκράτης· οὗτος γὰρ κτλ.

Xenokrates wie die im Text vorhergehenden Platon und Speusipp einen ‚Dualismus' zweier gleich ursprünglicher Prinzipien vertrat.

Während uns somit das Theophrast-Zeugnis *für sich allein* in dieser Hinsicht nicht weiterhilft[837], sagt eine doxographische Nachricht des Aetios eindeutig, daß Xenokrates ‚das All' aus zwei Seinsgründen, dem Einen und seinem Gegenprinzip, herleite[838] und das Gegenprinzip, weil es Ursache der Vielheit sei (διὰ τὸ πλῆθος), ‚Immerfließendes' (ἀέναον) nenne[839]. Dadurch wird für den Kosmos, d. h. den Sternbereich und alles ‚innerhalb des Himmels', das Gegründetsein in *zwei* Prinzipien garantiert. Wie steht es nun aber um die Seinsstufe des Noetischen ‚außerhalb des Himmels'?

Zum Noetischen bei Xenokrates gehören, wie sich aus dem bereits Gesagten ergibt, Zahlen (= Ideen) und intelligible geometrische Größen. Die geometrischen Größen läßt Xenokrates, wie Aristoteles mitteilt, jeweils aus dem Zusammenwirken des *Stoffprinzips* (ὕλη) mit einer *Zahl* (als Formprinzip) entstehen[840]. Auch der nächste Schritt weiter, nämlich die *Erzeugung der Zahlen* (Ideen) aus den Prinzipien, läßt sich, selbst wenn die vielbehandelte Stelle aus De anima A 2

[837] Heinze 10 meint zu optimistisch, Theophrast nenne hier „Xenokrates unter denen . . ., die das Eins und die unbestimmte Zweiheit als Principien angenommen hätten" (vgl. auch 67).

[838] fr. 28 H., zweifach überliefert: Aetius plac. I 3, 23 p. 288b 15—18 Diels (Stob. ecl. phys. I p. 123 W.) Ξενοκράτης συνεστάναι τὸ πᾶν ἐκ τοῦ ἑνὸς καὶ τοῦ ἀενάου, ἀέναον τὴν ὕλην αἰνιττόμενος διὰ τοῦ πλήθους. Theodoret. Graec. affect. curat. IV 12 Ξενοκράτης δὲ ὁ Καλχηδόνιος ἀέναον τὴν ὕλην, ἐξ ἧς ἅπαντα γέγονε, προσηγόρευσε. Die ursprünglichere Fassung bei Stobaios spricht von τὸ πᾶν, worunter man der üblichen Bedeutung gemäß das All = den Kosmos verstehen wird (vgl. Heinze 14. Krämer, *UGM* 40. 57 f).

[839] διὰ τὸ πλῆθος ist, wie Heinze 14 f gesehen hat, nicht Zusatz des Doxographen, sondern Wiedergabe xenokratischer Gedanken (vgl. Krämer, *UGM* 58 mit A. 129). ἀέναος heißt das zweite Prinzip „als das unbestimmte, stetig zwischen Gegensätzen schwankende" (Heinze 14; vgl. Cherniss 485 und Krämer, *Theologie* 485 A. 83), das starke Aktivität besitzt (Krämer, *UGM* 326, vgl. 80; Näheres u.). — Das Wort ὕλη haben erst die Doxographen hereingebracht, wie Stobaios zeigt. Vgl. zur Terminologie des zweiten Prinzips bei Xenokrates weiter unten, und zur Frage, ob er vielleicht schon das Wort ὕλη eingeführt hat, u. 2.61.

[840] N 3, 1090b 20—27. Nach der neuesten, gründlichen Behandlung von N 3, 1090b 13—1091a 5 durch Gaiser (*QP* 39—49) steht fest, daß in 1090b 20—27 neben Xenokrates auch Platon gemeint ist. Ob Xenokrates die geometrischen Größen mit der von Aristoteles genannten Tetraktys (1—2—3—4) oder mit anderen Zahlen (Gaiser denkt auf Grund der z. T. xenokratisch beeinflußten Epinomis versuchsweise an 1—2—4—8) erzeugt hat, ist für uns hier nicht wichtig, weil die vervielfältigende Wirkung des zweiten Prinzips in beiden Fällen dieselbe ist. — Da N 3 als Beleg genügt, brauchen wir die anderen Stellen, an denen Aristoteles die ‚akademische' Ableitung der Raumformen kritisiert und dabei Xenokrates mitmeint (vgl. Ross zu 1084a 37—b 2), nicht heranzuziehen, zumal offenbar an keiner von ihnen das zweite Prinzip direkt so genannt wird wie in N 3 (1090b 22 ὕλη); sie alle bedürfen jetzt erneuten Durchdenkens (zu Z 11, 1036b 12—17 vgl. Gaiser, *QP* 44f).

allein auf Platon bezogen werden muß[841], für Xenokrates noch hinreichend sicher belegen[842]. Bestätigend treten Indizienbeweise hinzu: Denn man kann sich nicht vorstellen, daß Xenokrates zwar die intelligiblen Raumformen aus den zwei Prinzipien herleitet, nicht aber die den Raumformen parallelen Zahlen (wenigstens die ersten vier), zumal da er nach Theophrast insgesamt strikt und lückenlos ‚deduziert'. Ein ‚Bruch' des Systems in diesem Punkt ist also an sich schon unwahrscheinlich, und er wird es noch mehr, wenn man bedenkt, wie eng sich Xenokrates in seiner gesamten Philosophie an Platon anschließt: Er gibt manche Lehrpunkte auf und gestaltet andere um, aber er reißt nirgends einen Lehrpunkt, den er übernimmt[843], aus dem überkommenen Ableitungs-Zusammenhang heraus, im Gegenteil. Und da ferner Speusipp die Ableitung der noetischen Zahlen und Raumformen aus den Prinzipien kennt[844], darf man sie mit Gewißheit auch für Xenokrates annehmen[845].

In den bisher vorgeführten Zeugnissen wird von dem, was sich ‚oberhalb' der Zahlen und intelligiblen Geometrika abspielt, also von der Stellung beider Prinzipien zueinander, direkt nicht gesprochen. Trotzdem besteht keinerlei Grund zur Vermutung, Xenokrates habe das zweite Prinzip aus dem ersten deduziert, also doch einen ‚Monismus' vertreten. Demgemäß sieht auch die Forschung nahezu einhellig

841 an. A 2, 404b 16—30; darüber einleuchtend Gaiser, *QP* 49—63.

842 Wie sich aus Plut. an. proc. 1 p. 1012d (fr. 68 H.) ergibt, hat Xenokrates seine Definition der Seele als einer ‚sich selbst bewegenden Zahl' (fr. 60—65 H.) u. a. so aus dem Timaios zu begründen versucht, daß er ἕν und ἀόριστος δυάς, die Prinzipien der Zahl (also auch der Seele qua Zahl), mit den Seelen-Elementen μεριστόν und ἀμέριστον des Timaios (35A) identifiziert (vgl. Heinze 10. 65 f. Krämer, *UGM* 33 A. 43. 39. 76. 328. ders., *Theologie* 485 A. 83; zur Timaios-Stelle Gaiser an den im Index 565 genannten Stellen; anders — jedoch nicht einleuchtend — über fr. 68 H. Merlan, *ZB* 3 A. 9, der meint, hier spreche Xenokrates nur als Ausleger Platons, nicht jedoch im eigenen Namen). Daraus ergibt sich eindeutig, a) daß Xenokrates die Zahl(en) von ἕν und ἀόριστος δυάς ableitete, und b) daß die Weltseele ebenfalls aus ἕν und ἀόριστος δυάς zusammengesetzt ist. Vgl. unten. Auch Ps.-Alex. met. 819, 37 ff (= fr. 33 H.) spricht über Xenokrates zunächst nur als Interpreten und Verteidiger Platons, impliziert dabei aber, daß Xenokrates selber die Ideen-Zahlen von den zwei Prinzipien her begründet hat.

843 Gemeint ist natürlich eine Übernahme in *spezifischem* Sinne: Xenokrates läßt den Zahlencharakter der Transzendenz und die intelligiblen γεωμετρικά bestehen und wird deshalb, wenn er die γεωμετρικά wie Platon ableitet, auch die Zahlen wie Platon abgeleitet haben. Anders steht es um Aristoteles: Er schafft die intelligiblen Geometrika und die Zahlenhaftigkeit der Transzendenz ab und man darf schon deshalb bei ihm eine ‚Deduktion' (etwa der Beweger) aus den Prinzipien nicht ohne weiteres voraussetzen.

844 Vgl. o. 2.3, z. B. S. 212 A. 668.

845 Krämer hat mit Recht die Faustregel aufgestellt, „daß jede philosophische Doktrin, in der Platon und Speusipp übereinstimmen, auch Xenokrates gehört" (*GS* 327 A. 47).

die Philosophie und Prinzipienlehre des Xenokrates als ‚dualistisch' an, näherhin, als ‚dualistisches Ableitungssystem'[846].

2.42 In dieses Bild scheinen nun einige andere Belege nicht recht zu passen, vor allem das vielbehandelte fr. 15[847], das wir bisher absichtlich übergangen haben. Fr. 15 nennt außer einer μονάς (πατήρ, Ζεύς, περιττός, νοῦς, πρῶτος θεός), welche ἐν οὐρανῷ herrscht, nicht ein Gegenprinzip, das etwa zusammen mit der μονάς die — nicht erwähnten — νοητά, den Himmel und den sublunaren Bereich hervorbringen würde, sondern eine δυάς (μήτηρ θεῶν, ψυχὴ τοῦ παντός; vielleicht auch Δίκη), welche den Bezirk unter dem Mond lenkt. In dieser νοῦς—μονάς, welche mit religiösen Bezeichnungen benannt wird und ‚am Himmel' herrschen soll[848], kann man nur schwer das umfassende Gesamt-Prinzip μονάς erblicken, das über den νοητά (Zahlen, Größen) steht. Noch weniger läßt sich die Weltseelen-Dyas als oberstes Materie-Prinzip ‚Dyas' deuten. So haben denn auch Versuche, unsere νοῦς—μονάς als Universal-Prinzip aufzufassen und die Seinsstufung von fr. 15 mit dem u. a. aus Theophrast bekannten umfassenden ‚Ableitungssystem' des Xenokrates (vgl. o. *2.41*) zu identifizieren, kein befriedigendes Ergebnis erbracht, und die Forschung neigt mit Recht immer mehr dazu, auf voreilige Harmonisierungen mit anderen Testimonia zu verzichten und fr. 15 erst einmal in seiner Eigenart zu verstehen[849]: Es handelt sich um eine in sehr enger Anlehnung an den ‚Timaios' konzipierte *kosmologische* Seinsstufung mit *kosmischen* Prinzipien[850]: a) Die νοῦς—μονάς steht ontologisch auf

846 So neuerdings z. B. Merlan, Ph.R. 100. Zur abweichenden Deutung Dörries vgl. u. 2.42. Was unter einem ‚Ableitungssystem' zu verstehen ist, wird o. 2.244a erörtert.

847 Fr. 15 H. = Aetius plac. I 7, 30 p. 304b 1 ff D. (Stob. ecl. phys. I 1, 29b p. 36 f W.). Vgl. zum Text Krämer, *UGM* 35 f, zur Erklärung Krämer, *UGM* 36—41 und (weiterführend) *Theologie* 481—486 (Lit.). — Die im Zusammenhang mit diesem Fragment und anderen Zeugnissen diskutierte Frage, ob die Zahlen und Ideen, also der ganze ideale Bereich der παραδείγματα, der νοῦς-μονάς ‚immanent' sind und von ihr als ihre Inhalte gedacht werden — quasi ‚Ideen im Geiste Gottes' — (so überzeugend Krämer, *UGM* 41 ff und — mit neuen Argumenten — *Theologie* 486—496) oder nicht (Merlan, Ph. R. 102 ff), lassen wir hier beiseite, weil für unser Thema kaum etwas darauf ankommt (vgl. u. 2.42 Ende).

848 So wird man ἐν οὐρανῷ ungezwungen übersetzen; was es genau sachlich bedeutet, wird u. A. 850 besprochen.

849 Vgl. dazu und zum Folgenden jetzt Krämer, *Theologie* 481—485 (wo Belege und Lit.); vgl. auch Krämer ebd. 486 ff.

850 Der Terminus ‚Prinzipien' präjudiziert nichts, denn die δυάς von fr. 15 kann man auch dann ‚Prinzip' nennen, wenn sie nur Weltseele ist. — ‚kosmisch' meint den *Wirkungsbereich* der Prinzipien (ebenso fr. 15 ἐν οὐρανῷ bzw. ὑπὸ τὸν οὐρανόν), nicht ihre eigene ‚Lokalisation': Die νοῦς—μονάς ist mit Sicherheit welttranszendent, die Weltseele ist zwar wohl irgendwie ‚innerhalb' des Kosmos anzusiedeln, aber nicht im Bereich ‚unter dem Himmel'. Vgl. Krämer, *Theologie* 485 mit A. 81/82.

der Stufe der Ideenwelt und wirkt als demiurgisches Form-Prinzip des Kosmos, analog dem δημιουργός des Timaios. b) Die δυάς von fr. 15 entspricht der Weltseele des Timaios und fungiert auch bei Xenokrates offensichtlich als Weltseele, zumindest primär[851]. Ob und wieweit sie darüber hinaus auch die Funktionen eines *kosmischen Materie-Prinzips* erfüllt, ist unsicher[852].

Wenn wir in der Weltseelen-Dyas von fr. 15 nicht zugleich auch ein kosmisches Materie-Prinzip sehen wollen — und es spricht in der Tat einiges dagegen —, stellt sich die Frage, warum hier nicht eindeutig ein Materie-Prinzip aufgeführt wird. Gewiß ist darauf nicht leicht eine Antwort zu finden, und man kommt nicht über Vermutungen hinaus[853]. Trotzdem ist es unmöglich, Xenokrates generell ein Materie-Prinzip abzusprechen, und Dörries Versuch, auf Grund von fr. 15 und anderer Indizien Xenokrates einen ‚Monismus' zuzuschreiben, ist nicht geglückt[854], wie sich schon an den bisher bekannten

[851] Darüber zuletzt Krämer, *Theologie* 484 f.

[852] Zuletzt über dieses Problem Krämer, *Theologie* 481 A. 73 (wo Belege und Lit.). Es wird kaum möglich sein, auf der Basis der bisher bekannten Testimonia hierin zu einer eindeutigen Entscheidung zu kommen. Für unser Thema hängt auch nicht viel davon ab, vgl. o. im Text. Deswegen brauchen wir uns auch nicht auf die Frage einzulassen, weshalb die δυάς von fr. 15 nun gerade δυάς heißt: Dazu schon Heinze 33—37, bes. 35; neuerdings Krämer, *UGM* 68. 120 und *Theologie* 481 A. 73 (dort über Merlans und Oehlers Vorschläge). 484 A. 80. 485 A. 83.

[853] Vgl. z. B. Krämer, *UGM* 58.

[854] 1520, 6—46. Zu dieser Deutung kommt er, weil er den Befund von fr. 15 unzulässig verallgemeinert (s. o. im Text), fr. 26 (aus Theophrast) ungenau auffaßt (es beweist nichts *für* einen Dualismus, besagt aber auch nicht das, was Dörrie daraus entnehmen möchte; vgl. o. 2.41) und den doxographischen Nachrichten fr. 28 sowie den Mitteilungen, die Aristoteles in der Metaphysik macht, nicht genügend Gerechtigkeit widerfahren läßt (vgl. wiederum o. 2.41). Außerdem hätte fr. 68 (über die Seelen-Schöpfung) mindestens eine Erwähnung verdient (s. o. 2.41). Seit dem Erscheinen von Dörries Artikel hat man zudem weitere doxographische Notizen für Xenokrates erschlossen (s. nachstehend im Text), die einen Dualismus bezeugen. — Auch Dörries Hinweis auf die Hermodor-Stelle, an welcher Platons Materie-Prinzip ‚abgewertet' wird, hilft nicht weiter. Denn wie auch immer Hermodors Äußerung gemeint ist und sich auf die Platon-Interpretation auswirkt (vgl. o. 2.241 a), *Xenokrates* vertritt keinen Monismus, sondern einen Dualismus zweier voneinander unabhängiger Prinzipien. Freilich werden in einem solchen dualistischen System, sofern es ‚idealistisch' das erste Prinzip (das Eine, die Idee, die Form o. ä.) betont und Sein und Erkennen von daher sieht, immer wieder ‚monistische' Tendenzen spürbar, welche das σκάνδαλον des zweiten Prinzips (der ‚Materie') beseitigen möchten, aber das schließt einen echten Dualismus keineswegs aus. Vgl. zu dieser Frage o. S. 169 A. 479 u. ö. (Sach-Index s. v. *Dualismus*). — Gegen Dörries monistische Xenokrates-Deutung wendet sich mit Recht auch Krämer, *UGM* 40 mit A. 68. Zur Vermeidung von Mißverständnissen sei betont, daß die Gültigkeit von Krämers Einwand in keiner Weise von kontroversen Punkten der Krämerschen Xenokrates-Deutung (Immanenz-These; Brechungen xenokratischer Lehre bei den Neupythagoreern und Numenios) abhängt, also auf jeden Fall bewahrt bleibt.

(bei Heinze gesammelten) Testimonien zeigen läßt[855]. Neuerdings hat man nun weitere vier doxographische Referate für Xenokrates gesichert[856], von denen drei übereinstimmend *zwei* Prinzipien nennen, μόνας und ἀόριστος δυάς[857]. Die μονάς identifizieren sie mit dem transzendenten göttlichen νοῦς, der zugleich Gutes, Form- und Wirkursache ist. Die ἀόριστος δυάς wird als Prinzip des ὑλικὸν πλῆθος bezeichnet und dem sichtbaren Kosmos angenähert[858]. Das bedeutet natürlich nicht, daß sie mit dem körperhaften Kosmos zusammenfällt[859], sondern nur, daß sie im Kosmos in Erscheinung tritt. Wie die μονάς mit τὸ ἀγαθόν, so wird die ἀόριστος δυάς mit τὸ κακόν identifiziert. Schließlich wird die ‚unbegrenzte Zweiheit' — ein typisch xenokratischer Zug — auch noch in die Götter- und Dämonenlehre eingeordnet: Da sie als Gegenprinzip der ‚ersten Gottheit' νοῦς — μονάς nicht auch θεός sein kann, nennt man sie δαίμων ‚Dämon'[860].

855 Vgl. vorst. Anm.

856 Aet. I 3, 8 (Dox. Gr. p. 281a 6—12. b 4—10). I 7, 18 (p. 302a 6—10. b 17—21). I 7, 31 (p. 304a 2—6. b 23—27). Galen. hist. philos. 35 (p. 618, 12—14). Nachdem schon Cherniss 571 Spuren xenokratischer Lehre in Aet. I 3, 8 erkannt hatte, gelangten, offenbar ohne von Cherniss zu wissen, vor wenigen Jahren drei Forscher unabhängig voneinander für dieses und andere doxographische Stücke zu ähnlichen Ergebnissen: Burkert, *Weisheit und Wissenschaft* 51ff (Aet. I 3, 8. I 7, 18 und Galen, hist. philos. 35 altakademisch); Theiler, *Einheit* 104 (Aet. I 3, 8 und I 7, 18 xenokratisch); Krämer, *UGM* 56—60 (alle vier Stücke xenokratisch). Vgl. Krämer, *GS* 327 A. 45.

857 Aet. I 7, 31 spricht nicht explizit von einem zweiten Prinzip, und die Erwähnung von ὕλη und Körperlichkeit 304a 7—9 = 304b 27—31 gehört wohl nicht mehr zum eigentlichen Xenokrates-Referat, sondern ist doxographisches Interpretament. Das darauf folgende 304b 31—305b 8 fällt sowieso aus dem Rahmen (vgl. Diels' App. zu 305b 5) und muß außer Betracht bleiben.

858 Aet. I 7, 18 περὶ ἣν (sc. ἀόριστον δυάδα) ἐστι ὑλικὸν πλῆθος. Galen. hist. philos. 35 περὶ ἣν ἐστιν ὁ ὁρατὸς κόσμος.

859 Aet. I 3, 8 heißt es: ἡ δὲ (ἀόριστος δυάς) ἐπὶ τὸ παθητικόν τε καὶ ὑλικόν (sc. σπεύδει), ὅπερ ἐστὶν ὁ ὁρατὸς κόσμος. Die Wendung σπεύδειν ἐπί (‚tendieren zu' o. ä.) bezeichnet zwar im Satz vorher de facto eine Identifikation, meint aber hier bestimmt nichts anderes als das, was Galen. hist. philos. 35 (s. vorst. Anm.) gesagt wird, nämlich den *Wirkungsbereich* des Prinzips. Die Ausdrucksweise dieser Referate ist teilweise recht unscharf (z. B. hätte man auch Aet. I 7, 18 und Galen. 35 die Präposition περί lieber mit dem *Objekt* verbunden gesehen als mit dem *Prinzip*), so daß man über ein ‚Ungefähr' nicht hinauskommt. Man muß zudem immer damit rechnen, daß Einflüsse anderer Philosophenschulen (z. B. der Stoa) eingewirkt haben und den Befund unklar machen: So weist Krämer, *UGM* 57 A. 124 auf das ‚stoisierende' Begriffspaar ποιητικόν — παθητικόν in Aet. I 3, 8 hin. Vgl. auch Aet. I 7, 31 und Diels' App. Ob hier nicht auch *inhaltlich* stoische Denktendenzen eingewirkt, die Kosmologisierung des Seinsaufbaus verstärkt und den bei Xenokrates deutlichen Unterschied zwischen Prinzip und Prinzipiat zum Teil verwischt haben?

860 Aet. I 7, 18 τὴν δ' ἀόριστον δυάδα δαίμονα (so Plutarch; bei Stobaios durch Haplographie ausgefallen; auch in Galen. hist. phil. 35 μόνην steckt, wie Diels

Die neu hinzugekommenen Referate enthalten denselben *kosmologischen* Seinsentwurf wie fr. 15[861], lehren also nichts über die Wirkung des zweiten Prinzips im *noetischen* Bereich, lassen aber deutlich erkennen, daß bei Xenokrates ein unaufhebbarer *Dualismus* vorliegt.

Wir haben also bei Xenokrates prinzipiell *zwei* Denkansätze vor uns: a) eine *kosmologische* Seinsstufung (fr. 15, Doxographen), die am *Timaios* orientiert ist und nicht über die zwei ‚*kosmischen*‘ Prinzipien (νοῦς/μονάς; kosmische ἀόριστος δυάς) hinaus bis zu höchsten Universalprinzipien zurückfragt; b) ein ‚*Ableitungssystem*‘, das sich an Platons *innerschulischem* System orientiert und *zwei universale* Prinzipien (μονάς; ἀόριστος δυάς) besitzt. Schematisch wäre das etwa so darzustellen[862]:

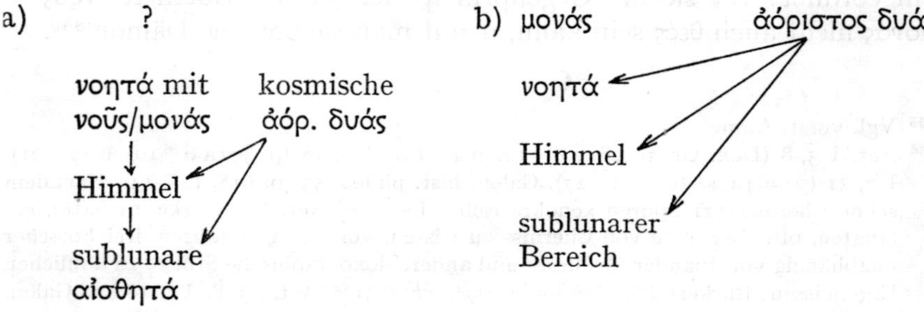

Nachdem wir diese beiden Komponenten in Xenokrates' Seinsdenken, die ja auch ideengeschichtlich an zwei verschiedene Vorbilder anknüpfen, jeweils isoliert betrachtet und in ihrer Eigenart gewürdigt haben, müssen wir danach fragen, in welchem *Zusammenhang* sie miteinander stehen. Natürlich könnte man sich bei der Annahme beruhigen, Xenokrates habe die zwei Ansätze unverbunden nebeneinander stehen lassen, aber eine solche Hypothese ist nicht einleuchtend: Denn Xenokrates' ‚Ableitungssystem‘ ist — das zeigt besonders die Theophrast-Stelle — kosmologisch ponderiert[863], begreift also offensichtlich eine Seinsstufung von der Art ein, wie sie in fr. 15 (und bei den

ansprechend vermutet, δαίμονα. — Vielleicht ist die ‚dämonische‘ Natur der ἀόριστος δυάς ein Grund dafür, daß sie in dem auf die θεοί beschränkten ‚theologischen‘ fr. 15 nicht genannt ist (vgl. Krämer, *LGM* 58)?

861 Die axiologische Bewertung der beiden Prinzipien als ἀγαθόν bzw. κακόν spricht nicht dagegen, denn Ansätze dazu finden sich schon im Timaios: Vgl. zum Demiurgen ~ ἀγαθόν Krämer, *Theologie* 485 A. 82, für die ἀόριστος δυάς etwa die Beschreibung von ἀνάγκη/χώρα als des dysteleologisch wirkenden Gegenprinzips.

862 Natürlich sind die Pfeile, welche die Prinzipien-Wirkung anzeigen, willkürlich gesetzt: Wir wissen nicht, ob die Prinzipien ‚indirekt‘ (also durch andere Seinsstufen ‚hindurch‘) oder ‚direkt‘ wirken. Vgl. auch u. 2.43.

863 Vgl. o. 2.41 über die Theophrast-Stelle.

Doxographen) geschildert ist. Umgekehrt schließt die kosmologische Systemvariante keineswegs aus, daß über der νοῦς/μονάς noch ein (zwei) Universalprinzip(ien) steht (stehen), im Gegenteil: Denn auch bei Speusipp stehen über dem νοῦς/θεός Universal-Prinzipien[864]. Beide Stufen können selbst dann übereinander existieren, wenn man mit Krämer für Xenokrates eine ‚Immanenz' der Ideen-Zahlen in der νοῦς/μονάς annimmt[865]. Es spricht also sachlich nichts dagegen, wenn wir für unsere Zwecke beide Ansätze des Xenokrates zu einer *einzigen* Seinsstufung zusammensehen[866]. Eine andere Frage ist allerdings, ob Xenokrates *in praxi* stets und überall die zwei Komponenten miteinander vereinigte: Sie stellen nun einmal *verschiedene* Wege einer Ontologie dar, und es ist gut denkbar, daß er bei dem mehr ‚universal-dialektischen' Weg des Ableitungs-Systems die νοῦς-Theologie samt allen theologischen Einzellehren beiseite ließ und umgekehrt bei der kosmologisch-theologischen Variante nicht immer bis auf die Universal-Prinzipien zurückging. Trotzdem dürfte er beide Ansätze letztlich als Aspekte *ein und derselben* Seinslehre angesehen und so miteinander vereinigt haben[867].

[864] Zuletzt dazu Krämer, *Theologie* 486. Vgl. auch den Neuplatonismus, auf den Krämer, *Theologie* 496 A. 117 kurz hinweist.

[865] Vgl. wiederum den Neuplatonismus (Krämer, *Theologie* 496 A. 117).

[866] Vgl. das Schema u. zu Beginn von 2.43.

[867] Krämer, *Theologie* 496 A. 117 stellt beide Ansätze deutlich einander gegenüber und sagt, sie stünden zueinander „im Verhältnis der Ausschließlichkeit, da sich beide auf verschiedenen Ebenen bewegen". Damit meint er, daß die universale und die kosmologische Prinzipienlehre nicht *gleichzeitig* benutzt und gleichsam *ineinandergearbeitet* worden sein können, d. h. daß Xenokrates wahrscheinlich, wo er mit der kosmologischen Prinzipienlehre operierte, *nicht zugleich auch* die universale hereinzog, wofür auch kein Beleg vorliegt (Krämer brieflich). Gewiß tut man gut daran, die zwei Konzeptionen *zunächst einmal* möglichst exakt auseinanderzuhalten (was auch den Xenokrates-Belegen entspricht). Aber dann sollte — in einem *zweiten* Schritt — überlegt werden, ob nicht beide Entwürfe zu einer Einheit im Sinne eines *xenokratischen Gesamtsystems* konvergieren (auf diese Einheit kommt es ja auch Krämer an, *UGM* 122 f. 390 ff u. ö.) und ob sie nicht von Xenokrates letztlich doch *direkt* miteinander *harmonisiert* wurden. Das scheint mir bei *Xenokrates* (anders als bei *Platon*) keineswegs ausgeschlossen: Krämers Hinweis (*Theologie* 496 A. 117), daß Platons Timaios und Phaidros, an die Xenokrates anknüpft, keine Reduktion auf die Prinzipien vollziehen, hat deshalb kein sehr großes Gewicht, weil der bei *Platon* bestehende deutliche Unterschied zwischen Schriftwerk (keine Reduktion) und innerschulischer Lehre (Reduktion; den Unterschied betont Krämer für Platon ganz zu Recht *GF* 144 A. 123a, wo er statt von ‚Ausschließlichkeit' glücklicher von ‚Komplementärverhältnis' spricht) bei *Xenokrates* weitgehend aufgehoben ist. Zudem lag es für seine systematisierende Denkweise wohl nahe, den kosmologischen Entwurf des Timaios nicht nur unverändert zu adaptieren (vgl. fr. 15. 30 und die Nachwirkungen bei Plut., Porph., Aetios; Krämer, *Theologie* 496 A. 117), sondern gelegentlich auch zu ‚ergänzen'. — Der Verweis auf Arist. met. A 6 bei Krämer ebd. soll gleichfalls die Differenz der zwei platonischen Denkansätze unterstreichen (Krämer brieflich): „Aristoteles legt A 6 nicht

2.43 *Xenokrates' System*

Wir können auf Grund des vorstehend Erörterten Xenokrates' System schematisch so skizzieren[868]:

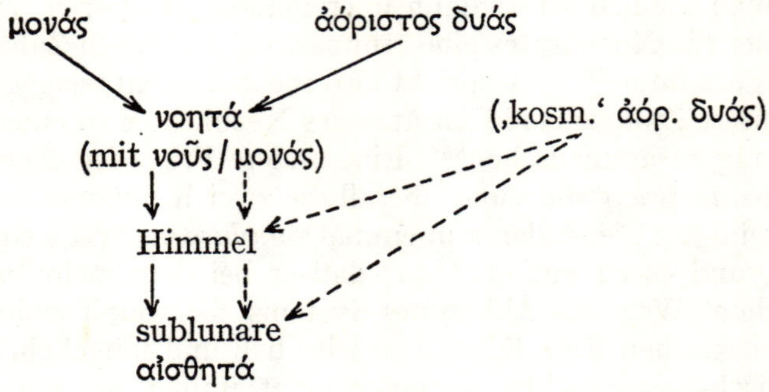

Unser Schema weicht von dem Krämers[869] insofern ab, als die ἀόριστος δύας nicht ‚unten', sondern ‚oben' lokalisiert wird: Denn es besteht von den Zeugnissen her kein Anlaß, die Wirkung der ἀόριστος δυάς

die Drei- oder Vierprinzipienlehre des Timaios und Philebos zugrunde, von der er selber herkommt, sondern die übergreifende von Hen-Dyas und kann *daher* Platon die ἀρχὴ κινήσεως absprechen (ganz anders die ‚Timaios'-Prinzipienlehre bei Theophrast fr. 48 W. mit dem Demiurgen als κινοῦν!)". Hierzu nur wenige Bemerkungen: Man sollte klar unterscheiden a) die doxographischen, kritischen Referate, in denen Aristoteles seine eigenen Lehren explizit zu denen seiner Vorgänger in Beziehung setzt, und b) die historische Herleitung der aristotelischen Lehren, die wir Moderne auf Grund unserer Beobachtungen und Methoden vollziehen. Zu a): Aristoteles knüpft in den Referaten, sooft er von der Vier-Ursachen-Lehre *im ganzen* spricht, *immer* an Platons innerschulische Lehre an, welche für ihn ja ‚die' Philosophie Platons schlechthin darstellt. Auf den Timaios greift er nur in anderen Zusammenhängen und für speziellere Probleme zurück. Man kann sich fragen, warum er so verfährt, und verschiedene Antworten geben, kommt aber um das *Faktum* als solches nicht herum. Zu b): In unserer Darstellung versuchen wir die aristotelische Ursachen-Lehre (vor allem den Hyle-Begriff) eng mit der platonisch-akademischen Prinzipienlehre zu verbinden und in wesentlichen Punkten aus ihr herzuleiten (vgl. 2 und 4 passim, bes. 2.5 und 4.6). Dabei wird die starke (direkte oder indirekte) Einwirkung des Timaios auf Aristoteles und seine Ursachenlehre jeweils in Rechnung gestellt, aber nicht überbewertet, sondern nur als *zweiter* Traditionsstrang *neben* der innerschulischen Lehre betrachtet (vgl. u. 2.52 Ende und die S. 260 A. 912 aufgeführten Arbeiten von Gentile und Berti). In diesem Sinne (das zum Timaios Gesagte gilt entsprechend natürlich auch für den Philebos) möchten wir die eben zitierte Äußerung Krämers einschränken.

[868] Über weitere Unterteilungen der Seinsstufen und ihrer Prinzipien vgl. nachstehend. — Gaisers Versuch, bei Xenokrates die Raumgrößen mit dem sichtbaren Kosmos zu parallelisieren (*QP* 48), ist trotz Arist. met. Z 2, 1028b24—27 (= TP 28a) und Theophr. met. 6b 7—9 (= TP 30) nicht recht überzeugend. — Auf die Fragwürdigkeit der Pfeile, welche die Prinzipienwirkungen symbolisieren, sei auch hier hingewiesen.

[869] *UGM* 91.

im noetischen Bereich zu leugnen oder sie doch mindestens stark einzuschränken[870].

Wie steht es um die *Differenziertheit* von Xenokrates' zweitem Prinzip in den einzelnen Seinsstufen? Gemäß der Tendenz des Xenokrates, das platonische System — soweit er es übernimmt — schematisierend auszubauen, sollte man erwarten, daß er das Materie-Prinzip jeder Seinsschicht in seiner spezifischen Abwandlung feststellt und benennt. Jedoch können wir aus Mangel an Belegen nicht sagen, ob er tatsächlich so verfahren ist[871]. Immerhin wird auf seine Methode

870 Die Einschränkungen Krämers, *UGM* 124, die unbestimmte Zweiheit des Xenokrates sei im intelligiblen Bereich zu einem „bloß begrifflichen Strukturmoment der Transzendenz neutralisiert", (ib. A. 344) „in der Transzendenz gleichsam aufgezehrt und vollständig in die von der μονάς bestimmte intelligible Ordnung eingegangen" (ebenso 168 f, vgl. 334 A. 528), sind jetzt durch *Theologie* 481 ff überholt und stillschweigend ersetzt: Denn wenn die Nus-Monas nicht das überseiende Hen, sondern ‚nur' den ‚Demiurgen' darstellt — der wie die Ideen aus Hen und Dyas abgeleitet werden kann —, ist die Frage nach der Stellung der Dyas *innerhalb* des Nus-Monas kaum mehr ein Problem. — Da aber die Bemerkungen *UGM* 124 wichtige Sachfragen aufwerfen, die — über das spezielle Problem hinaus — sich auch in anderen Zusammenhängen und bei anderen Interpreten immer wieder stellen, sei es gestattet, auf (die heute aufgegebene Position) *UGM* 124 doch noch einige Worte zu verwenden: Krämer versuchte damit offenbar die Tatsache, daß Xenokrates' System auch bei den Intelligibilia deutlich dualistisch ist (so auch Krämer, *UGM* 124. 333 A. 526), mit seiner vom Mittelplatonismus (Numenios) bestimmten Xenokrates-Deutung zu vereinigen, daß die νοῦς-μονάς die νοητά als Denkmomente ‚immanent' in sich enthält. Aber auch eine Immanenz-Hypothese (über deren Richtigkeit hier nicht zu befinden ist; auch unser Schema ist in diesem Punkt *neutral* gemeint!) läßt sich durchaus mit ontologischer Eigenständigkeit und Einwirkung der unbestimmten Zweiheit verbinden, weil die Vielheit der νοητά (und ihr — hyletisches — Streben?, s. u. S. 255) auf jeden Fall erhalten bleibt und von der δυάς her erklärt werden muß. Xenokrates weicht also mindestens in *dieser* Hinsicht vom Mittelplatonismus ab. Die Rede vom ‚bloß Begrifflichen' hilft da nicht weiter, es handelt sich selbstverständlich um eine *Seins*-Struktur. Daß bei Xenokrates der Bereich der νοητά und das Wirken der ἀόριστος δυάς in ihm nicht mehr so ausdrücklich thematisiert wird wie bei Platon (vgl. Krämer, *UGM* 124), ist kein Grund, die Relevanz *beider* Prinzipien für die oberste Seinsstufe zu bezweifeln — genau so wenig wie bei Aristoteles, dessen ‚dualistisches System' eine ‚Ideal-Materie' kennt und der doch von Krämer auf ‚sinnliche Materie' und ‚Monismus' hin interpretiert wird (u. S. 439 A. 662). Mit anderen Worten: Man darf die platonisch-akademische und die aristotelische Seinsstufung nicht zu schematisch betrachten.

871 Cherniss 484 schließt aus N 3, 1090b 20—32, daß Xenokrates für Ideen (= Zahlen) und geometrische Größen ein und dieselbe Materie angenommen habe. Dagegen ist mehreres einzuwenden (vgl. über N 3 auch o. S. 245 A. 840): a) Aristoteles geht es bei seiner Kritik allein um das Verhältnis von Zahl und geometrischer Größe. Die *Materie* der Größen wird nur nebenbei und *generell* erwähnt, ohne daß damit etwas über Differenziertheit oder Homogenität dieser ‚Hyle' gesagt wäre (auch 1090b 24 f trägt — entgegen Cherniss' Meinung — nichts bei). Sie könnte also trotz der Abwandlungen des Formprinzips (der Zahl: Zwei, Drei, Vier) durchaus auch ihrerseits differenziert gewesen sein. b) Es steht gar nicht fest, ob

ein bezeichnendes Streiflicht durch die Nachricht geworfen, daß nach Xenokrates Sterne und Sonne aus Feuer und dem ‚ersten Dichten' bestehen, der Mond aus einer besonderen Art von Luft und dem ‚zweiten Dichten', die Erde aus Wasser und dem ‚dritten Dichten'[872]. Ob man Feuer, Luft und Wasser, die Xenokrates ebenda unter dem Begriff des ‚Zarten' (μανόν) subsumiert, als etwas ‚Formartiges' erklärt oder nicht, jedenfalls ist das Dichte soviel wie *Materie*. Xenokrates hat also im kosmischen und sublunaren Bereich die Materie differenziert, aber nicht jeweils mit speziellen Termini benannt, sondern sie gleichsam mit ‚Indexzahlen' unterschieden[873]. Dieses numerische Vorgehen läßt an eine ‚Reihe' denken, und es ist durchaus möglich, daß Xenokrates sich die Arten des πυκνόν als Reihe dachte[874]. Wie dem auch sei, die vorgeführte Lehre läßt darauf schließen, daß Xenokrates die Materie auch sonst differenzierte, vermutlich ohne daß er jeweils Spezialbezeichnungen einführte: Vielleicht unterschied er auf diese Weise auch die *universelle* ἀόριστος δυάς von der *kosmischen* ἀόριστος δυάς[875]?

Welcher *Zusammenhang* besteht zwischen den Stufen? Das System zeigt insofern Züge einer Elementen-Metaphysik, als die Schichten jeweils ein ‚hyletisches Plus' aufweisen (νοητά: Pluralität; Himmel: Ausdehnung und Ortsbewegung; sublunare Dinge: Werden und Vergehen)[876] und von den Stufen mindestens die νοητά auch *in sich* ‚reihenhaft' gegliedert sind[877]. Alles Weitere scheint zunächst unsicher: Da nämlich Xenokrates zwar die Zahlenhaftigkeit der obersten Seinsschicht beibehält, sonst aber von Platons mathematisierender Ontologie deutlich abrückt und da wir sonst von ‚Reihen' bei ihm nur

Aristoteles an unserer Stelle nur Xenokrates meint. Vielmehr hat man eben erst wieder neu wahrscheinlich gemacht, daß Aristoteles hier Platon zumindest mitmeint, vielleicht sogar in erster Linie an ihn denkt (Gaiser, *QP* 39—49). Also läßt sich der Stelle nur das entnehmen, daß Xenokrates die Raumgrößen aus Materie und Zahl konstituiert hat. — (Übrigens verträgt sich die Lehre unserer Stelle durchaus mit den o. 2.243b genannten Belegen dafür, daß Platons Materie-Prinzip im Bereich der Raumformen differenziert war, ja sie darf sogar von da aus erklärt werden, ob N 3 nun auf Platon oder Xenokrates oder beide geht.)

872 fr. 56 H., wobei das sinnlose καὶ πυρός (Element der Erde) mit Cherniss zu athetieren ist (vgl. Merlan, *ZB* 2 A. 7). Zur Erklärung Heinze 70. 124 f. 138 f. Cherniss 485. Merlan, *ZB* 2f.

873 Dies der treffende Ausdruck von Merlan, *ZB* 3. Da die ontologische Rolle von Feuer Luft Wasser nicht ganz klar ist, weiß ich nicht, ob man mit Merlan annehmen darf, der Unterschied in der Differenziertheit der Terminologie (beim ἕν Spezialtermini — bei der Materie nur Index-Zahlen) deutet darauf, daß die *sachlichen* Unterschiede des ἕν jeweils geringer gewesen seien als bei der δυάς.

874 Vgl. u. 4.213, wo weitere Hinweise.

875 Zur universalen ἀόριστος δυάς vgl. o. 2.41, zur kosmischen o. 2.42.

876 Vgl. die Skizze o. 2.244b (S. 195).

877 Zu den ‚Reihen' Näheres u. 4.21 (z. B. 4.213).

wenig hören[878], sieht es so aus, als habe sein System keine *durchgehende* Reihung gekannt, ja, als sei sein Zusammenhang überhaupt recht schwach. Dieser Eindruck ist jedoch unrichtig und kommt allein von der Lückenhaftigkeit unserer Überlieferung, denn Theophrasts eindeutige Äußerung, daß Xenokrates das gesamte Sein konsequent und detailliert aus den beiden Prinzipien hergeleitet habe[879], bezeugt den durchgehenden *Zusammenhang* von Xenokrates' Seinsschichtung. Es liegt nahe, ihn als ‚Reihung' zu deuten[880], freilich weniger als mathematisch-quantitative Reihe nach der Art Platons[881], sondern eher als qualitative, wie sie dann bei Aristoteles vorherrscht[882].

Daß diese Seinsordnung durchgehend *teleologisch* bestimmt war, ist von vorneherein sicher. Freilich haben wir nur wenige direkte Belege dafür[883]: Bezeugt wäre sie für die Schicht der νοητά, wenn man die vieldiskutierte Stelle EE A 8 über das Streben der Zahlen zum ἕν auf Xenokrates beziehen dürfte[884]. Immerhin wissen wir, daß die Welt-Seele nach Xenokrates die νοῦς—μονάς erstrebt[885]. Und schließlich darf man auch die mythisch-dämonologischen Aussagen des Xenokrates hierfür auswerten[886]: Götter sind Monas, Himmel, Weltseele und Sterne[887], während die Region unter dem Mond von verschiedenartigen Dämonen belebt ist, die zwischen Menschen und

[878] Ob das ‚erste Dichte', ‚zweite Dichte' usw. eine Reihe bilden? Vgl. das Vorstehende mit A. 874.

[879] met. 6b 7—9.

[880] Darauf weist schon die Umgebung der eben genannten Theophrast-Stelle.

[881] Vgl. dazu erneut u. 4.213.

[882] Auch in diesem Punkt vermittelt Xenokrates zwischen Platon und Aristoteles.

[883] Vgl. auch o. 2.25.

[884] Der Bezug auf Xenokrates ist möglich (vgl. Krämer, *UGM* an den Index 451 für EE 1218a 24 ff genannten Stellen; skeptisch Merlan, Ph. R. 108 A. 24), aber es spricht auch vieles für Platon selbst (vgl. o. S. 172 A. 492). Auf jeden Fall handelt es sich um einen *Akademiker*, womit die ἔφεσις der νοητά für das platonisch-akademische ‚Ableitungssystem' gesichert ist, das Aristoteles vorlag und von dem er ausgeht (vgl. u. 2.5).

[885] Auch wenn man fr. 68 H. nicht heranzieht (zu skeptisch Merlan, *ZB* 3 A. 9), läßt sich dieses Lehrstück für Xenokrates sichern: Näheres o. 2.25 S. 206.

[886] Nach Dörrie 1524 f hat Krämer Xenokrates' mythisch-religiöse Lehrpunkte eindringlich auf ihren philosophischen Gehalt befragt (zuletzt *GS* 324 f; damit ist die *UGM* 125 A. 348 erwogene Einschränkung, daß diese Denktendenzen vielleicht eine *Alters*-Lehre des Xenokrates seien, aufgegeben). Xenokrates kleidet also philosophische Gedanken in mythische Form, wie man es vor ihm (Pythagoreer, Platon) und nach ihm (Stoa) tat. Bei der Deutung dieser Lehren muß man also nicht nur Dämonologie, sondern auch Allegorie und Mythendeutung der Antike (vgl. das *Lexikon der Alten Welt* s. v. *Allegorie* und *Mythendeutung*, wo weitere Lit.) im Auge behalten. Vgl. auch Merlan, *Monismus* 154 und Krämer, *GS* 329.

[887] fr. 15 H., dazu Heinze 72 f. Krämer, *UGM* 35—42. 68. 82 f. 120—124. *Theologie* 482 ff.

Göttern vermitteln[888]. Die göttlich-dämonische Hierarchie, die nicht nur eine Rangstufung darstellt (‚Reihung‘), sondern wohl auch einen *ordo amoris*[889], bezeugt also auf ihre Weise, daß die xenokratischen Seinsstufen reihenhaft und teleologisch in enger Kausalität miteinander verbunden sind. Das entspricht dem Wesen der xenokratischen Philosophie, die durch einen Hang zum schematischen Systematisieren gekennzeichnet ist[890].

Über den Einfluß der xenokratischen System-Variante auf Seins-Stufung und Hyle-Prinzip des Aristoteles wird u. 2.5 gesprochen.

2.5 Das Materie-Prinzip der Akademie und das Hyle-Prinzip des Aristoteles

2.51 Das ‚akademische‘ Materie-Prinzip[891]

Wir haben nacheinander den Materiebegriff Platons, des Speusipp und des Xenokrates vorgeführt und fragen nun zusammenfassend nach den Gemeinsamkeiten und Unterschieden der drei Konzeptionen. *Gemeinsam* ist ihnen

a) schon die Tatsache, daß man von einem ‚zweiten Seinsprinzip‘ sprechen kann. Alle drei fassen das Sein als hierarchische Stufenfolge mehrerer Seinsschichten[892] und lassen es von *zwei* Prinzipien bestimmt sein, einem Formprinzip (ἕν, μονάς u. dgl.) und einem ‚zweiten Prinzip‘[893]. Das akademische Zwei-Prinzipien-System stellt eine Vermitt-

888 fr. 15. 23—25, dazu Heinze 72 f. 75 ff. 83 f. 94—96 u. ö. (vgl. etwa 138 f). Krämer behandelt das Problem nur ziemlich kurz, *UGM* 37 A. 59. 58 A. 128, *GS* 324. — Auch die unbestimmte Zweiheit wird ja δαίμων genannt, vgl. o. S. 249.

889 In fr. 23—25 ist zwar nicht von einem teleologischen Streben innerhalb der Götter- und Dämonen-Hierarchie die Rede, aber man kann sich diese Ordnung nicht ohne ‚erotische‘ Bindungen (z. B. zwischen ‚guten‘ Dämonen und Göttern) denken. Vgl. wiederum o .2.25 S. 206.

890 Wie weit der xenokratischen Seinsstufung auch eine *Erkenntnis*stufung entspricht, wird andernorts besprochen. — Zum Systematisieren des Xenokrates Heinze passim (z. B. 139), Dörrie und Krämer, *UGM* passim.

891 Im folgenden Résumé kann nicht jede einzelne Feststellung durch genauen Rückverweis belegt werden, sondern wir müssen uns mit einem generellen Hinweis auf das oben Gesagte begnügen. In Zweifelsfällen mag der Sach-Index zu Rate gezogen werden.

892 Meist drei (Platon, Xenokrates), und zwar Körperwelt, κόσμος νοητός und Zwischenbereich. Auch Speusipp läßt sich u. U. so deuten, wenn man Zahlen und Größen zusammennimmt und die Weltseele als Zwischenstufe versteht.

893 Die Versuche, das Zwei-Prinzipien-System monistisch zu deuten, haben bei keinem der drei Denker zum Erfolg geführt. Und selbst wenn man für Xenokrates (o. 2.4, z. B. 2.42) oder gar für Platon (o. S. 169 u. ö., s. Sach-Index s. v. *Dualismus*) einen solchen ‚Monismus‘ annehmen dürfte — bei Speusipp geht dies keinesfalls. Speusipps

lung dar zwischen absolutem Pluralismus (der Schule Heraklits und der Atomisten) und starrer All-Einheit (Parmenides), und zwar sowohl ‚horizontal' (Seinsstufen) wie ‚vertikal' (zwei Prinzipien). Die Differenzierung der Stufen voneinander und jeder Stufe in sich beruht auf der individualisierenden Wirkung des ‚zweiten Prinzips'. Das akademische Konzept der von zwei Prinzipien durchwirkten Seinsstufung birgt mancherlei Schwierigkeiten in sich[894], ist aber als Vereinigung der Extreme ein bedeutender Neuansatz gegenüber allen vorangegangenen philosophischen oder nicht-philosophischen Welt-Erklärungen[895] und hat in geradezu ungeheurem Maße auf die Folgezeit gewirkt, zunächst auf Aristoteles (s. u.).

b) Das ‚zweite Prinzip' der Akademie nennt man öfter ‚Materie'-Prinzip. Darin liegt eine Vorentscheidung, weil die Akademiker ihr zweites Prinzip zwar mit den verschiedensten Bezeichnungen versahen (ἀόριστος δυάς, μέγα καὶ μικρόν, πλῆθος usw.), aber es wohl nicht ὕλη nannten[896]. Sollen und dürfen wir also dem Sprachgebrauch des Aristoteles und Späterer folgen, die von der ‚ὕλη' Platons und der Akademiker sprechen? Dies hängt davon ab, was man unter ὕλη versteht. So oft man — unter dem Einfluß eines ganz bestimmten *modernen* Materie-Begriffs — in der aristotelischen ὕλη überwiegend oder ausschließlich das ‚konkrete Material' und den ‚festen Stoff' sah, bestand keine Möglichkeit, bei Platon und der Akademie von ὕλη bzw. ‚Materie' zu sprechen, und es schien, als beginne erst mit Aristoteles die eigentliche ‚Materie'-Problematik[897]. Nachdem man aber *erstens* die ὕλη des Aristoteles immer mehr als *umfassendes*, ‚geistiges' *Seins-Prinzip* versteht, das in *alle* Schichten der aristotelischen *Seins-Stufung* hineinwirkt, und *zweitens* immer deutlicher das philosophische System der Akademie und seinen Einfluß auf Aristoteles erkennt, erweist es sich nicht nur als möglich, sondern sogar als berechtigt, das akademische zweite Prinzip ‚Materie'-Prinzip zu nennen. Mit anderen Worten: *Das philosophische Nachdenken über ‚Materie' beginnt nicht bei*

Dualismus (der zudem nicht nur bei Aristoteles belegt ist) reicht nun aber, wie oft gesagt, für die Anknüpfung des *aristotelischen* Dualismus an die Akademie völlig aus. — Auch der Prinzipienpluralismus Speusipps läuft ja darauf hinaus, daß es sich in jeder Stufe um ‚dieselben' (= funktionsgleichen) beiden Prinzipien handelt; deshalb können wir von den Speusippschen Sonder-Lehren hier zunächst absehen und generell von *einem* Prinzipien-Paar sprechen.

894 Sie beruhen darauf, daß die in ihm ‚aufgehobenen' polaren Gegensätze (All-Einheit; absolute Pluralität) sich immer wieder bemerkbar machen und es zu sprengen drohen. Vgl. bes. o. 2.32.

895 Dies ist einer der wichtigsten Gründe dafür, daß wir uns berechtigt fühlen, mit vorliegenden Untersuchungen bei der Akademie zu beginnen und nicht schon vorher. Vgl. o. S. 83f.

896 Es ist nicht ausgeschlossen, daß Speusipp sein zweites Prinzip schon ὕλη nannte, aber es läßt sich nicht beweisen (vgl. u. 2.61).

897 So noch Lejewski, *Concept of Matter* 25; zutreffender dagegen Eslick, ib. 39.

Aristoteles, sondern bei Platon und in der Akademie[898]. Das hat gewichtige Folgen für die gesamte weitere Geschichte des Materie-Begriffs: Da am Anfang dieser Geschichte ein umfassendes Materie-Prinzip steht, das auch alle Bereiche des ‚idealen' Seins einbegreift[899], sind universale Materie-Prinzipien der Folgezeit nicht etwa durch ‚Übertragung' von einer ‚konkreten' Materie auf den Idealbereich erst ‚sekundär' entstanden, sondern sie stellen Weiterwirkungen dieses ersten akademischen Entwurfes dar, und umgekehrt setzen Philosophien, bei denen ‚Materie' mit ‚festem Stoff' identifiziert wird, nicht einen ‚ursprünglichen' (‚echten') Materie-Begriff fort, sondern sie *engen* gerade das originäre, *viele* Seins-Schichten durchwirkende Materie-Prinzip auf eine *einzige* Seinsschicht *ein*[900].

c) Hauptproblem dieser akademischen Lehren ist folgendes: Wie kann ich *Vielzahl* und *Verschiedenheit* der Seinsstufen und der in ihnen auftretenden Prinzipienwirkungen mit dem Umstand vereinigen, daß es letztlich doch *eine* Seins-Stufung und *ein* Materie-(Form-)Prinzip ist? Platon und Xenokrates betonen mehr die Einheit, Speusipp mehr die Vielheit, aber keiner verlagert das Schwergewicht so stark, daß das Wesentliche an der akademischen Seinsstufung, nämlich zwischen den Extremen zu *vermitteln*, aufgehoben würde[901]. Die Einheit in der Differenz oder — was fast dasselbe ist — die *Kausalität* der Seinsschichtung gründet sich bei den drei Denkern α) auf den — in Anlehnung an mathematisch-quantitative Vorstellungen konzipierten — *‚reihenhaften'* Aufbau der Seins-Stufung (sog. ‚Elementen'-Metaphysik[902]); β) auf die von ‚unten' nach ‚oben' gerichtete *Teleologie*[903]; γ) mit α) hängt eng zusammen der Begriff der ‚Analogie', der gleichfalls noch als Klammer der Seinsstufung wirkt[904].

d) Die *Funktionen* des Materie-Prinzips sind größtenteils von der Sache her vorgegeben und somit ‚gemein-akademisch': Vervielfachen nach Zahl und räumlicher Quantität, ausgliedern, differenzieren und individuieren. Die Materie nimmt als Prinzip der Bestimmbarkeit die

[898] Wie weit man schon in der Zeit vorher von ‚Materie' in einem spezifischen Sinn sprechen kann, braucht jetzt nicht näher erörtert zu werden; vgl. o. S. 82 f.

[899] Obwohl die Idealmaterie des Xenokrates doxographisch nur spärlich bezeugt ist, läßt sich sein Materie-Begriff nicht auf den Bereich der Sinnlichkeit einschränken (o. 2.4, z. B. S. 245 f u. ö.). So kann man, ohne dem geschichtlichen Befund Gewalt anzutun, den oben geschilderten umfassenden Materiebegriff als ‚gemeinakademisch' bezeichnen.

[900] Ich habe hier den Tatbestand stark vereinfacht und schematisiert. Vgl. dazu vorläufig u. 9.

[901] Näheres o. 2.243 und 2.3.

[902] Auf dieses schwierige Problem gehen wir öfter ein, vgl. Sach-Index s. v. *Elementen-Metaphysik*.

[903] Vgl. Sach-Index s. v. *Teleologie 2*. Am schwierigsten zu fassen ist sie bei Speusipp.

[904] Sach-Index s. v. *Analogie 3*.

Form auf und wirkt zugleich aktiv bei der Erzeugung des Seienden mit, sie strebt nach der Form und widerstrebt ihr zugleich, weil sie Quelle aller ungeordnet-chaotischen Bewegtheit ist. Ferner ist die Materie das Erkenntnishindernde, das jeweils subtrahiert werden muß, sobald die Erkenntnis die Form erfassen möchte[905].

Gewisse Unterschiede zwischen den drei Philosophen bestanden vielleicht hinsichtlich der Frage, wie die genannten *ontologischen* Funktionen der Materie *axiologisch* zu deuten seien: Während Speusipp scharf Materie und κακόν trennt und das κακόν nur auf späteren Seinsstufen und auch da nur akzidentell erscheinen läßt, waren Platon und Xenokrates offenbar geneigt, Materie und κακόν näher zusammenzurücken[906].

e) Die akademischen ἀρχαί, also auch das Materie-Prinzip, sind alles andere als vordergründige Hypostasierungen von etwas Sinnlich-Konkretem, sondern sehr allgemein und ‚*formal*' (teilweise von ihrer ‚*Funktion*' her) gefaßte Seins-Prinzipien von umfassender Wirksamkeit[907]. Das zeigt sich zur Genüge schon an den Dialogen Platons (vor allem den späten), noch mehr aber an den Testimonia von *De bono* und an dem, was wir sonst über die Schuldiskussionen der Akademie wissen[908]. Trotz ihres stark formalen und un-dinglichen Charakters sind die akademischen Prinzipien aber *genausowenig wie die aristotelischen Prinzipien* ‚Leerschemata' im Sinne der modernen sprachanalytischen Philosophie, sondern ‚Seinsfülle'[909].

Diesem Ineinander von ‚Logik' und ‚Ontologie' entspricht ein ebensolches von ‚*Seinslehre*' und ‚*Gotteslehre*': Die Frage nach den obersten *Seins*-Prinzipien ist immer zugleich Frage nach dem θεῖον und umgekehrt. Alles Nachdenken über das Sein bleibt also *letztlich* stets auf die Gottheit bezogen: In diesem — weit gesteckten und ganz undogmatischen — Rahmen kann der Philosoph den ontologischen Problemen bis ins einzelne nachgehen, ohne gleich vordergründig ‚theologisieren' zu wollen oder zu müssen. Wenn man die Komplexität des akademischen Seins-Entwurfs bedenkt, der ‚Ontologie' wie ‚Theologik' ist[910], erscheint es unbegreiflich, wie man bei der *aristotelischen*

905 Zur Frage ‚Materie und Erkenntnis' vgl. u. 7.

906 Vgl. Sach-Index s. v. *schlecht 1—3*.

907 Die immer noch nicht ausgestorbene Anschauung, Platons Prinzipien seien eine bildhafte Verdopplung der sinnlichen Welt, orientiert sich ausschließlich an den Ideen von Dingklassen, die bei Platon gar keine so große Rolle spielen (er nennt viel mehr Ideen von Relationen und Transzendentalien), und läßt die gesamte Prinzipienlehre (mit Kategorial-, Elementar-Analyse usw.) beiseite.

908 Vgl. bes. Hambruch, Stenzel, Krämer und Gaiser über die Wechselwirkung zwischen Logik, Mathematik und Ontologie in der Schule Platons.

909 Vgl. darüber Sach-Index s. v. *Prinzip 2ca, 3a*.

910 Die Verbindung von Ontologie, Prinzipienforschung und Theologik braucht für Platon nicht belegt zu werden (zu den beiden erstgenannten Komponenten

Metaphysik (besonders des Buches Γ) bis zum heutigen Tage sich erbittert über die Frage streiten konnte, ob sie Ontologie oder Theologik oder beides sei. Das war nur möglich, weil man bei diesen Diskussionen Platon und die Akademie völlig vergaß (so meistens) oder sie ganz einseitig deutete (z. B. Jaeger).

Soweit eine grobe Skizze des ‚gemein-akademischen‘ Materie-Prinzips. Die Sonderlehren der drei Akademiker und weitere Einzelheiten kommen zur Sprache, wenn wir nunmehr die Beziehung der aristotelischen ὕλη zur akademischen Materie umreißen.

2.52 Akademische Materie und aristotelische ὕλη

Man hat schon öfter versucht, den ‚Materiebegriff‘ einzelner Dialoge, z. B. des Timaios und des Sophistes[911], als Ausgangspunkt der aristotelischen Hyle zu erweisen, kam aber dabei kaum über das Abwägen von Wahrscheinlichkeiten hinaus. Da sich nun, wie gezeigt, die einschlägigen Äußerungen der Dialoge im Blick auf *De bono* zur übergreifenden Einheit des platonischen ‚zweiten Prinzips‘ zusammenfügen und da ferner diese platonische Lehre von Speusipp und Xenokrates weitergedacht und umgestaltet wurde, ist die Frage neu zu formulieren: Wie weit wirkt das akademische zweite Prinzip im ganzen wie im einzelnen bei Aristoteles weiter, oder umgekehrt, wie stark ist das aristotelische Hyle-Prinzip vom akademischen Materie-Begriff abhängig?

Nach allem, was wir heute über Platon, die Akademie und die philosophischen Anfänge des Aristoteles wissen[912], ist es a priori sicher, daß Aristoteles seine Hyle aus dem zweiten Prinzip der Akademie herausentwickelt hat; d. h. die enge ideengeschichtliche Verbindung zwischen den ‚beiden‘ Materiebegriffen *insgesamt* ist über allen Zweifel erhaben[913]. Das wollen wir jetzt noch im einzelnen zu begründen ver-

vgl. Philopon. TP 25 B). Für Xenokrates vergleiche das interessante fr. 6 H. τὴν σοφίαν ἐπιστήμην τῶν πρώτων αἰτίων *καὶ* τῆς νοητῆς οὐσίας εἶναί φησιν (dazu Krämer, *UGM* 35 A. 48): Die Lehre des Xenokrates bildet eine ausgezeichnete Illustration zu den umstrittenen Aussagen von Arist. met. Γ über das Metaphysik-Objekt.

[911] Zum Timaios vgl. o. 2.225. Auf das ἕτερον des Sophistes weist nachdrücklich Merlan 206 Anm. hin.

[912] Vgl. dazu besonders Marino Gentile, *La dottrina platonica delle idee numeri e Aristotele,* Annali R. Scuola Normale Superiore di Pisa, Classe di Lettere XXX 3 (1930) 1—216, vor allem 105 ff (Herleitung der aristotelischen Ursachenlehre aus *De bono* über phys. α usw.). Berti, *La filosofia* 310 ff. Krämer, *GS* passim. Ders., *Theologie* passim.

[913] Die Bemerkung Gaisers 429 „Während die platonische Deszendenz des aristotelischen Eidos- und Hylebegriffs besonders durch die Untersuchungen von Stenzel und N. Hartmann ... klar aufgezeigt worden ist, ...“ trifft also zu, nur muß man jetzt statt von ‚platonischer‘ von ‚akademischer‘ Deszendenz sprechen (s. nachstehend).

suchen, wobei wir alle entwicklungsgeschichtlichen Fragen beiseitelassen[914], also die drei Materie-Begriffe der Akademiker und denjenigen des Aristoteles als quasi ‚statuarisch' starr gefaßte Phänomene miteinander vergleichen[915]:

Die zum Teil einschneidenden Umformungen, die der akademische Seinsaufbau und sein zweites Prinzip von Platon zu Speusipp und Xenokrates erlebt haben, lassen *keine schematisch genauen Entsprechungen* zwischen der aristotelischen ὕλη einerseits und Platon oder Speusipp oder Xenokrates andererseits erwarten. In der Tat sieht von der Akademie her betrachtet der aristotelische Befund heterogen aus. Man kann in ihm grob *vier* Bestandteile unterscheiden: α) Die oben skizzierte platonisch-akademische κοινή, also diejenigen Lehren, die zuerst von Platon konzipiert und dann von Speusipp und Xenokrates relativ unverändert übernommen wurden; β) speusippische und γ) xenokratische Lehrpunkte; δ) spezifisch aristotelische Gedanken. Da es unpraktisch wäre, das Material nach diesen vier Kategorien aufzuteilen, kommen wir erst unten auf sie zurück und gehen zunächst an Hand der *Sachproblematik* des Materie-Begriffes vor:

a) Aristoteles denkt sich wie die Akademie das Sein als eine *Schichtenfolge* hierarchisch geordneter Stufen[916]: Er folgt Xenokrates darin — und beide sind hierin vom Timaios beeinflußt[917] —, daß er — gegen Platons innerschulisches System und Speusipp — die Zahl der Seinsschichten auf drei reduziert und dabei die Seinslehre stark ins Kosmologische wendet: Bereich unter den Sternen — Sterne — Idealbereich ‚außerhalb' des Kosmos[918]. Wie Xenokrates ‚verkürzt' Aristoteles den mehrschichtigen κόσμος νοητός Platons (Ideen/Zahlen, Idealgrößen) und auch noch Speusipps (mathematische Zahlen, mathematische Größen) zu einer einzigen Stufe der χωριστὰ καὶ ἀκίνητα[919].

[914] Näheres dazu u. 2.53.

[915] Mit dem Vergleich zwischen der aristotelischen Hyle und *Platon* hat Stenzel begonnen (*ZuG* mehrfach, s. seinen Index s. v. *Hyle*), ohne indes über kurze Anregungen hinauszugehen. Zudem beeinträchtigt er diese wichtigen Ansätze durch seine einseitige Deutung der aristotelischen Hyle (Näheres o. 1.15). Immerhin bleibt so viel übrig, daß die prinzipielle Richtigkeit der gesamten Fragestellung untermauert wird.

[916] Vgl. Sach-Index s. v. *Stufung 1—4*, zu Aristoteles ferner *Kosmologie und Metaphysik* passim sowie *Scala naturae* passim.

[917] Zum Einfluß des Timaios auf die Akademie (bes. Xenokrates) und Aristoteles jetzt Krämer, *Theologie* passim. Auch im Folgenden ist, wenn Xenokrates erwähnt wird, öfter der Timaios hinzuzudenken. ‚Platon' meint immer Platons innerschulisches System.

[918] Vgl. dazu o. 2.4 (Lit.), ferner *Kosmologie und Metaphysik* 177—179. Merlan, Ph. R. 108. Krämer, *GS* 324 f. Zum Einfluß des Xenokrates auf Aristoteles ist Krämer, *GS* und *Theologie* passim zu vergleichen.

[919] Zuletzt Krämer, *GS* 335—337. — Zwar gibt es im Idealbereich des Xenokrates Zahlen *und* Größen, aber sie werden in den Zeugnissen zu einer *einzigen* Schicht

Und wenn Aristoteles das oberste Prinzip als νοῦς faßt, folgt er wiederum eher Xenokrates als Speusipp[920], und so wohl auch noch in anderen, teilweise wesentlichen Punkten seiner Theologik[921]. Als Zwischenbereich übernimmt er entweder die platonischen μαθηματικά, vermindert aber ihren ontologischen Status, indem er ihnen den Substanz-Rang abspricht, oder er setzt dafür die substantiellen Sterne ein[922]; wieweit er auch hierin von Xenokrates beeinflußt ist, bleibt unsicher[923].

Demgemäß nimmt Aristoteles eine ὕλη *erstens* der sublunaren Dinge an[924], *zweitens* der Sterne[925], *drittens* der Mathematika[926]. Und da die Stellung des Aristoteles hinsichtlich des Mittelbereichs nicht eindeutig ist, bilden die drei Materien zwei Arten von *Stufung*, die sich nicht miteinander zur Deckung bringen lassen: die Stufung Sternenmaterie — sublunare Materie mit *ontologischer* Priorität der Sternenmaterie als der aristotelischen ‚Ideal'-Materie und die Stufung mathematische Materie — sublunare Materie mit *gnoseologischer* Priorität der mathematischen Materie[927].

zusammengefaßt (**2**.41), anders als bei Platon (**2**.243) oder gar Speusipp (**2**.3). Alle weiteren Einzelheiten bleiben hier außer Betracht, vgl. u. **4**.214a (reihenhafte Ordnung der νοηταὶ οὐσίαι bei Aristoteles) und **4**.41—43, **4**.45 (Struktur der obersten Seinsschicht in ΓΕΚ), wo jeweils auch Krämers ‚Immanenz'-These erwähnt wird.

920 Zuletzt Krämer, *GS* 327 f.

921 So vor allem in der „kosmologischen Funktion des transzendenten Gottes als eines *Weltbewegers*" (Krämer, *GS* 326 f), und der „Gemeinsamkeit der *theologischen* Ausgestaltung" (Krämer, *GS* 325 f). Die Frage, ob die nachgeordneten νοητά der νοῦς/μονάς (Xenokrates) bzw. dem *ersten* unbewegten Beweger (Aristoteles) ‚innewohnen', wird hier nicht erörtert; vgl. zuletzt darüber Krämer, *Theologie* passim.

922 Näheres *Kosmologie und Metaphysik* 170—173.

923 Ich kann Krämer, *GS* 324 f nicht zugeben, daß hierin Aristoteles an Xenokrates anknüpft: Denn immerhin werden bei Xenokrates die mathematischen Größen nicht ontologisch abgewertet wie bei Aristoteles, sondern sie sind im Idealbereich erhalten (sozusagen als οὐσίαι), so daß Xenokrates' System sehr viel ‚mathematischer' ist als das des Aristoteles. Und wenn man davon spricht, daß bei Xenokrates „die mathematischen Zahlen und Größen in den transzendenten verschwinden" (Krämer, *GS* 325), so gilt das cum grano salis auch für Speusipp. In den ontologischen Diskussionen der Akademie traten eben die einzelnen platonischen Lehrpunkte in immer neuen Verwandlungen zu immer neuen Kombinationen zusammen, und wir können in dieser Fluktuation zwar eine Reihe von Fixpunkten bestimmen, aber nicht immer und überall genaue Entsprechungen feststellen. Immerhin sind Krämers Beobachtungen bemerkenswert; vgl. auch noch Krämer, *GS* 325. 328 über weitere Berührungspunkte zwischen der xenokratischen und der aristotelischen Konzeption von Seinsstufung. — Zusammenfassend über das Verhältnis zwischen den beiden Seinsentwürfen des Xenokrates und Aristoteles Krämer, *GS* 328—332.

924 Vgl. u. **3**; über das Verhältnis dieser sublunaren Materie zu den anderen Arten von Materie u. **5** (bes. **5**.1), **8**.21 und **8**.22.

925 u. **5**, bes. **5**.3.

926 u. **7**.4.

927 Näheres u. **8**.22. Die Stufung der Materien wird anschließend unter b) noch einmal erwähnt.

Problematisch steht es um die oberste Seinsstufe: Hier erwartet man von Platon (Materie der Ideen-Zahlen und Idealgrößen) oder Speusipp her (Materie der *transzendenten* mathematischen Zahlen und Größen) eine Materie, welche die Vielzahl der νοηταὶ οὐσίαι hervorruft, aber Aristoteles hat diese Art ὕλη nicht thematisiert[928]. Man könnte vielleicht auch hier Xenokrates vergleichen, dessen Materie-Prinzip im ‚obersten' (‚überkosmischen') Seinsbereich nicht sehr stark in Erscheinung zu treten scheint; aber dieser Eindruck rührt wohl nur von der Dürftigkeit unserer Überlieferung her, und so halten wir uns im Urteil zurück[929].

Noch schwieriger ist es offenbar, die Stellung des aristotelischen obersten Hyle-Prinzips im Seins-Aufbau genau zu fixieren[930]. Diese Schwierigkeit kommt nicht von ungefähr, sondern hängt mit der ambivalenten Stellung des Materie-Prinzips in einem auf die Form (das ἕν) ausgerichteten ‚idealistischen' Seinsaufbau zusammen: So war denn bei Platon und Xenokrates zu fragen, ob das zweite Prinzip gleichberechtigt *neben* dem ersten steht oder ihm *untergeordnet*, aber *unabhängig* ist oder gar aus ihm *hervorgeht*, ferner — was nur teilweise mit den eben gestellten Fragen zusammenfällt — ob es mehr an die ‚Spitze' oder an die ‚Basis' der Seinspyramide gehört u. dgl. Bei Speusipp ist das Materie-Prinzip wie das ἕν über Sein und Wert erhaben, also eindeutig ‚von gleichem Rang', und doch steht es irgendwie hinter ihm zurück[931]. Ähnlich ist auch das aristotelische System ohne Zweifel ‚dualistisch'[932] und doch wissen wir nicht exakt, ‚wo' Aristoteles das Hyle-Prinzip in der Seinsstufung ‚lokalisiert' hat, weil er sich an keiner Stelle darüber äußert[933] und weil auch die Untersuchung des πλῆθος-Begriffes von Γ/Κ in dieser Hinsicht nicht über Mutmaßungen hinausführt[934]. Immerhin darf man vermuten, daß er es sowohl ‚unten' an die Basis der Seins-Pyramide wie auch ‚oben neben' den unbewegten Beweger setzte, und so haben wir das Schema u. S. 700 gezeichnet[935].

928 Vgl. u. 4.452.

929 Vgl. o. 2.4.

930 Vgl. u. 4.453, dazu 8.22.

931 Ein Indiz dafür ist wohl, daß das *oberste* Materie-Prinzip nicht (wie es beim Formprinzip der Fall ist) terminologisch vom Materie-Prinzip der ersten Seinsschicht unterschieden wird. Auch tritt, wenn nicht alles täuscht, das Hinausgehobensein über alle positiven Bestimmungen beim ἕν viel eindeutiger hervor als beim πλῆθος.

932 Dazu Sach-Index s. v. *Dualismus 2*.

933 Die in meteor. 4 ausgesprochene Vorstellung, daß die Hyle sich ‚unten' befinde (vgl. 6.222b), gehört in den biologischen Zusammenhang und kann vielleicht nicht als ontologisch-metaphysische Gesamt-Aussage betrachtet werden — ganz abgesehen von der Frage der Verfasserschaft. Vgl. indes 8.252aα.

934 Vgl. hierzu erneut 4.453.

935 Damit ist natürlich noch nicht die Frage geklärt, wie weit man das Hyle-Prinzip ‚transzendent' nennen darf: Darüber Sach-Index s. v. *Hyle 4b*.

Von der untersten Seinsstufe des Aristoteles, also der *sublunaren* ὕλη, erwähnen wir zwei Einzelfragen, bei denen eine Anknüpfung an die Akademie zur Debatte steht:

Erstens hat man schon oft die aristotelische πρώτη ὕλη, d. h. das Materie-Prinzip des *sublunaren* Bereichs, und die Chora des Timaios miteinander verbunden[936]. Natürlich kann man nicht ganz leugnen, daß der Timaios irgendwie bei der Ausgestaltung des aristotelischen Hyle-Begriffes mitgewirkt haben mag, zumal wenn man bedenkt, wie oft Aristoteles auf den Timaios eingeht[937] und welch ungeheure Wirkung der Timaios schon auf die alte Akademie ausübte[938]. Eine genauere Nachprüfung zeigt jedoch, daß keine spezifische Verbindung zwischen Timaios und aristotelischer ὕλη nachweisbar ist[939]. Damit mündet die spezielle Frage wieder in die allgemeinere Frage nach dem Verhältnis zwischen ὕλη und *platonisch-akademischem Materie-Prinzip* ein.

Zweitens versuchte man in neuerer Zeit nachzuweisen, daß der typisch aristotelische εἶδος-Begriff im wesentlichen schon bei Xenokrates vorliege[940]. Wenn das zutrifft[941], müßte man fragen, ob nicht auch bestimmte Ausprägungen der aristotelischen Hyle, die mit dem aristotelischen εἶδος-Begriff zusammenhängen — so γένος als ὕλη und ἐσχάτη ὕλη als Individuationsprinzip[942] —, bereits in der Akademie (d. h. bei Xenokrates) vorgegeben waren. Aber dies ist eine rein theoretische Erwägung, denn es ist weder überliefert noch wahrscheinlich, daß Xenokrates (oder ein verwandter Akademiker?)[943]

936 Zum Unterschied von *prima materia* (sublunarer Bereich) und umfassendem Hyle-Prinzip (gesamtes Sein) bei Aristoteles vgl. u. 5.1 und 8.21. Dieser Unterschied wird von vielen Interpreten nicht beachtet, auch von denen nicht, welche πρώτη ὕλη und Chora des Timaios verbinden, so daß daraus unversehens eine Herleitung der *gesamten* aristotelischen Hyle vom Timaios wird.

937 Vgl. die Arbeit von Claghorn.

938 Wie wichtig diese Fortwirkung für die Beurteilung der Akademie, des Aristoteles und der hellenistischen Philosophie ist, beginnt die Forschung immer klarer zu erkennen. Vgl. Krämer, *GS* 328 f. 331 und *Theologie* passim.

939 Vgl. o. 2.225.

940 Krämer, *GS* 346—348 im Anschluß an Pines.

941 Die Deutung des Xenokrates-Fragmentes scheint mir in philologischer Hinsicht bis jetzt noch nicht genügend gesichert. Doch möchte ich, zumal für unseren Zusammenhang nichts darauf ankommt, meine Bedenken zurückstellen, bis die von Krämer, *GS* 348 A. 118 angekündigte Abhandlung erschienen ist.

942 Über γένος als ὕλη u. 7.71. — Die Materie ist natürlich überall in der Akademie Individuationsprinzip (vgl. Sach-Index s. v. *Individuation 2*), aber das problematische Konzept der ἐσχάτη ὕλη scheint doch für Aristoteles charakteristisch zu sein; vgl dazu die knappen Bemerkungen an den im Sach-Index s. v. *Individuation 1a, Hyle 3eβ* genannten Stellen.

943 Dieser andere Akademiker müßte dann allerdings die xenokratische Auffassung vom Eidos-Begriff geteilt oder übernommen haben. Ganz ausgeschlossen ist so etwas nicht, wenn man mit Krämer, *GS* 352 auch bei Speusipp „eine Entmächtigung der Gattungspyramide durch das Elementendenken" feststellen zu können meint.

wesentliche Teile des aristotelischen Hyle-Begriffes (oder gar diese bestimmten Ausprägungen) vorweggenommen hatte[944].

b) Wenn man die eben genannten Arten der ὕλη betrachtet — dazu noch andere, die man zufügen könnte[945] —, stellt sich die gleiche Frage wie bei den drei Akademikern[946]: Wie verhalten sich die verschiedenen Materie-Prinzipien hinsichtlich ihrer *Einheit* und *Differenz* zueinander? Das mündet dann gleich in die zweite Frage ein: Welche *Kausalität* besteht in der aristotelischen Seinsstufung?

Aristoteles betont die Selbständigkeit der einzelnen Wissenschaftsgebiete und Seinsstufen so stark, daß Begriffe wie ἴδιοι, οἰκεῖαι ἀρχαί, οἰκεία μέθοδος usw. als typisch aristotelisch gelten[947]. Diese Neigung zum Differenzieren und Aussondern stellt auch zweifellos einen wesentlichen Zug des aristotelischen Denkens dar. Da dieselbe Denktendenz für Speusipp charakteristisch ist, liegt die Frage nahe, ob man hier einen Einfluß Speusipps bemerken kann, und so hat man denn auch längst in diesem Punkt und in anderen Hinsichten Beziehungen zwischen Speusipp und Aristoteles aufgedeckt[948]. Auf die ὕλη angewendet muß also jetzt die Frage lauten: Sieht Aristoteles die ὕλη eines einzelnen Seinsbereiches als ‚Sonderprinzip' im Sinne Speusipps an und denkt er sich demgemäß auch die Kausalität seiner eigenen Seinsstufung ähnlich wie jener?

Eine Antwort hierauf ist nicht einfach, weil der Maßstab, an dem gemessen werden soll, nämlich die Lehre Speusipps, selbst nicht ganz eindeutig ist[949]. Trotzdem kann man zu einigen sicheren Feststellungen kommen, aus denen sich ergibt, daß sowohl die Seinsstufung des Aristoteles wie auch sein Hyle-Prinzip eine striktere Einheit bilden als die Seinsschichtung Speusipps oder sein ‚zweites Prinzip'.

α) Aristoteles sagt mehrfach, daß jedes γένος, jedes εἶδος usw. eine ‚andere' ὕλη habe[950], aber damit meint er zunächst nur die selbstverständliche Tatsache, daß *konkret* in jedem Einzelfall eine ‚verschiedene' Materie vorliegt. Dies betont er deshalb, weil es ihm — wie wir sahen — darauf ankommt, statt voreiliger und unbegründeter Verallgemeinerungen dem Einzelfall in seiner Eigenart gerecht zu

[944] Dies kann man zuversichtlich behaupten, obwohl die Aussonderung des Individuell-Aristotelischen aus dem Gemein-Akademischen sich heute viel schwieriger ausnimmt als noch vor wenigen Jahrzehnten; vgl. Krämer, *GS* 353 mit dem treffenden Zitat aus Jaeger (A. 135).

[945] Vgl. Andeutungen darüber u. 7.72 und 8.27; vgl. auch Sach-Index s. v. *Hyle 3*.

[946] Vgl. Sach-Index s. v. *Prinzip 3*.

[947] Vgl. etwa Bonitz 339b 10—15 (mit Umgebung) und 499a 55 ff.

[948] Stenzel, RE s. v. *Speusippos* 1665. Merlan 119 f. Krämer, *UGM* 211.

[949] o. 2.3, bes. 2.32.

[950] Vgl. hierzu und zum Folgenden u. 8.27 und 8.28; dort auch die Belege, die wir hier nicht im einzelnen vorführen wollen und können.

werden, also statt allgemeiner Ursachen die jeweils *spezifischen* ἀρχαί herauszuheben[951]. Inwiefern steht nun für Aristoteles hinter diesen spezifischen Materien eine allgemeinere Materie und welche ontologische Geltung besitzt jene allgemeine Materie?

β) Aristoteles läßt keinen Zweifel daran, daß im Bereich des *Werdens und Vergehens* alle besonderen Materien schließlich auf ein und dieselbe ‚erste' Materie (πρώτη ὕλη) zurückgehen[952]. Unter den Erkenntniswegen von den speziellen Materien zur ‚ersten' Materie[953] erfordert die in Λ 4/5 geschilderte ‚via analogica' eine kurze Bemerkung, weil es so aussieht, als sei dort für Aristoteles die sublunare πρώτη ὕλη nur ein ‚leeres Abstraktum'[954]. Eine nähere Prüfung zeigt jedoch, daß das ‚Analogie'-Verfahren in Λ 4/5 (wie auch sonst bei Aristoteles) auf ein gemeinsames Hyle-Prinzip zunächst des sublunaren Bereiches führt[955]. Diese ‚erste' Materie als unterstes Substrat alles Werdens ist natürlich nichts Konkret-Inhaltliches mehr, sondern sie wird stark ‚formal' gefaßt. Das zeigt auch das Verfahren von Λ 4/5 (und Θ), wo ja ὕλη (bzw. δύναμις) nicht durch bestimmte inhaltliche Merkmale, sondern mit Hilfe einer *Funktions-Analogie* fixiert wird. Trotzdem ist ὕλη nicht, wie man gemeint hat, ein ‚Funktionalbegriff' im modernen Sinn, d. h. subjektiv gesetzte ‚Variable' einer Funktion, purer Hilfsbegriff der Forschung, sondern ‚objektiv' gegebenes *Seins*-Prinzip und als solches trotz aller Formalheit kein ‚Leerschema', sondern etwas ‚Inhaltliches'[956]. Freilich ist es schwer, diese ‚konkrete Allgemeinheit' und ‚inhaltliche Formalheit' eines Seinsprinzips begrifflich zureichend auszudrücken[957].

Wie verhält sich nun das Hyle-Prinzip des sublunaren Bereiches zu den anderen Arten von ὕλη?

951 Vgl. o. S. 265 mit A. 947, dazu Bonitz s. v. ὅδε 495b 37 ff und τὶς 763a 31 ff. Am instruktivsten für Aristoteles' Denktendenz ist wohl H 4, 1044a 32 ff.

952 Das ergibt sich aus den Stellen, an denen er die *prima materia* ableitet; vgl. u. 3.2. Auch hierfür ist met. H 4 (1044a 15 ff, dazu Schwegler 4, 146 f) besonders lehrreich. — Weil die Aussagen des Aristoteles über diesen Punkt eindeutig sind, brauchen wir hier den Weg von der οἰκεία ὕλη zur πρώτη ὕλη nicht im einzelnen zu verfolgen (vgl. dazu u. 3.21, 8.271, ferner Sach-Index s. v. *Hyle 3e α, β*) und auch nicht die Frage zu prüfen, inwiefern jeweils die Materien voneinander *numerisch-quantitativ* oder *qualitativ* verschieden sind (dazu Sach-Index s. v. *Hyle 6d*; vgl. auch *Scala naturae* 236 mit A. 66).

953 Vgl. u. 7.

954 So Merlan 119, dem auch hier wieder ein modernistischer Abstraktionsbegriff unterläuft (kritisch darüber u. 4.12, 4.24 und 7).

955 Näheres hierzu und zum Folgenden u. 8.12. Wir versuchen dort auch wahrscheinlich zu machen, daß die Fragestellung von Λ 4/5 noch über den sublunaren Bereich hinausgeht, wollen aber hier aus methodischen Gründen darauf nicht insistieren.

956 Kritik an Wielands (und Dürings) Deutung der Hyle als eines Funktional-Begriffes o. 1.18.

957 Über die Schwierigkeit, die obersten Seinsprinzipien angemessen zu beschreiben, s. u. 7.543b, 7.822/823, 8.273 u. ö.

γ) Mit der ὕλη τοπική der Sterne läßt sich die sublunare πρώτη ὕλη zu einer Stufung vereinigen, die im obersten Hyle-Prinzip (der ὕλη αὐτὴ καθ' αὑτήν) gipfelt[958]. Obschon einerseits der Ätherbereich und seine ὕλη scharf vom Raum unter dem Mond und dessen πρώτη ὕλη unterschieden werden[959], werden andererseits doch beide Bereiche wieder zusammengebunden und zwar *erstens* durch eine *Teleologie* von ‚unten' nach ‚oben' und *zweitens* dadurch, daß sie eine mathematisierende ἐφεξῆς-*Reihe* nach Art der akademischen Elementen-Metaphysik bilden[960]. *Beide* Formen von Kausalität verklammern nicht nur die Seins-Schichten, sondern auch die Stufen der ὕλη miteinander[961].

Die anderen Arten von ὕλη lassen sich dieser Stufung nicht ohne weiteres einfügen, stehen aber auch nicht zusammenhanglos nebeneinander, sondern sind durch (Funktions-)Analogie und ‚Reihung' miteinander verknüpft[962]. Sie alle sind letztlich auf die ‚Hyle an sich' als ihr ἕν τι καὶ κοινόν bezogen und finden sich darin zu einer Einheit zusammen. Diese Einheit wird dadurch noch sinnfälliger, weil Aristoteles den Seinsmodus der Hyle, die δύναμις, als transzendentale Bestimmung alles Seins umfassend konzipiert und durchgeführt hat[963]. Schließlich ist es bestimmt auch kein Zufall, daß Aristoteles für alle Arten von Materie *denselben Terminus* ὕλη verwendet und allenfalls durch zusätzliche Adjektive (αἰσθητή, νοητή, τοπική, πρώτη usw.) die Differenzen kennzeichnet[964].

Man darf also aus α)—γ) schließen, daß Aristoteles trotz seiner auf Differenzierung gerichteten Philosophie weder Sonderprinzipien noch eine ‚episodische' Seinsstufung wie Speusipp lehrte. Die Hyle des Aristoteles ist vielmehr *ein* einziges Prinzip, das viele διαφοραί in sich schließt und sich demgemäß in jeweils verschiedener Weise mani-

[958] Näheres u. 8.21/22.

[959] Vgl. u. 5.3.

[960] Vgl. u. 4.212 und 5.4.

[961] Wie nicht nur die Formen auf die oberste Form, sondern auch die Materien ‚teleologisch' auf die oberste Materie bezogen sind, wird u. 8 passim (vgl. 4.214 Ende) dargelegt.

[962] Vgl. dazu erneut u. 8 passim. Diese aristotelischen Reihen bilden jeweils nicht nur eine mathematisch-quantitative Abfolge, sondern schließen zugleich — platonisch-akademischem Vorbild folgend — ein *teleologisches* Streben ein; vgl. 4.21.

[963] Vgl. u. 8.23. Den anderen Seinsmodus der Hyle, die ἀνάγκη (dazu u. 8.24), übergehen wir hier, weil er zu unserem gegenwärtigen Thema nicht viel beitragen kann.

[964] Bei Platon konnte man noch vermuten, hinter der *Einheit der Terminologie* verberge sich womöglich eine tiefgehende *sachliche Vielfalt* der Prinzipien (2.243), aber für Aristoteles will eine solche Erklärung nicht mehr einleuchten, nachdem Speusipp die Differenzierung mit solcher Bewußtheit auch terminologisch vollzogen hat (vgl. o. 2.3). Der Befund bei Xenokrates stützt sich auf zu wenige Indizien, als daß mit ihm hier argumentiert werden könnte (vgl. o. 2.4).

festiert — eine Konzeption, die der von Speusipp bei Iamblich. c. math. sc. p. 17, 1 ff abgelehnten Lehre ähnelt. Und die Seinsstufung des Aristoteles enthält weniger mathematisierend-quantitativen Reihen-Aufbau als die Speusipps, wird dafür aber — im Gegensatz zu Speusipp — von einer Gesamt-Teleologie durchwirkt. Somit hat auch die ‚Analogie', die Aristoteles von Speusipp übernommen haben kann, einen anderen Stellenwert als bei jenem.

c) Wir haben im Vorstehenden die wichtigsten Charakteristika des akademischen Materie-Prinzips resümiert (o. *2.51* d), die auch in Gaisers Liste S. 19 bequem überschaubar sind[965]. Sie kehren fast alle bei der aristotelischen ὕλη wieder. Dies im einzelnen hier vorzuführen ist nicht möglich und auch nicht notwendig, weil in den folgenden Kapiteln von Aristoteles aus immer wieder die Fäden zur Akademie hin geknüpft werden, vor allem bei den wichtigen Einzelpunkten ‚Hyle und Notwendigkeit' (*8.24*)[966], ‚Aktivität der Hyle' und ‚Hyle und κακόν' (*8.25*)[967] sowie ‚Hyle und Körperlichkeit' (*8.26*)[968]; auf diese Weise ließen sich noch weitere Züge der aristotelischen Hyle und der akademischen Materie miteinander verbinden[969].

Diese Koinzidenzen bestätigen erneut den ‚akademischen' Charakter der aristotelischen Hyle: Freilich gibt Aristoteles, wie wir sahen (o. S. 261 ff), im Zusammenhang mit seiner Umschichtung der platonisch-akademischen Seinsstufung wichtige Erscheinungsformen und Wirkungsbereiche des akademischen Materie-Prinzips auf (z. B. die Materie des Idealbereichs) und ersetzt sie zum Teil durch eigene Hyle-Arten (ὕλη τοπική als Idealmaterie)[970], er schafft neue Ausprägungen des Hyle-Prinzips, die der Akademie ganz oder teilweise fremd sind (ὕλη νοητή der Mathematik und Begriffe)[971] und strukturiert den Hyle-Begriff zu etwas unverwechselbar Eigenem, Neuem, Origina-

[965] Gaisers o. S. 175 wiedergegebene Zusammenstellung bezieht sich zwar auf *Platon*, kann aber mit einigen Modifikationen (z. B. hinsichtlich des κακόν) als ‚gemein-akademisch' aufgefaßt werden.

[966] Vgl. auch Sach-Index s. v. *Notwendigkeit*.

[967] S. ferner Sach-Index s. v. *schlecht*.

[968] Vgl. auch die Beziehungen bei der Frage ‚Materie und Erkenntnis' (u. 7.6, 7.823 u. ö.).

[969] Davon ist der Vergleich der ‚Hyle als Individuations-Prinzip' mit seinen platonischen Parallelen, u. a. dem μὴ ὄν = ἕτερον, am wichtigsten und interessantesten, weil in diesem scheinbar peripheren Problem der aristotelischen Ontologie in Wirklichkeit zentrale Fragen zum Austrag kommen: die Zwiespältigkeit des aristotelischen Formbegriffs, die Hyle als Prinzip der Differenz und der Geschichtlichkeit überhaupt, d. h. als das dialektische Prinzip schlechthin — alles Fragen, die gerade einer auf die individuelle, geschichtliche Existenz gerichteten Tendenz modernen Denkens höchst bedeutsam sind.

[970] Vgl. u. 5.3.

[971] Vgl. u. 7.4, 7.7.

lem[972] — und doch ist die aristotelische Hyle als Ganzes ein so enger Abkömmling des akademischen zweiten Prinzips, daß sie ohne dieses nicht hätte gedacht werden können[973].

Abschließend kehren wir zu der o. S. 261 gestellten und zwischendurch immer wieder kurz behandelten Frage zurück, *welchem* platonisch-akademischen Traditionsstrang Aristoteles bei seiner Hyle-Konzeption im ganzen und im einzelnen folgt: 1. Es ist klar, daß alle Diskussionen über ‚Materie' in der Akademie von *Platons* zweitem Prinzip ausgingen, in Zustimmung und Ablehnung. Deshalb dürfen wir bei allen Akademikern, auch bei Aristoteles, direkten Einfluß platonischer Lehren oder direkte Auseinandersetzung mit Platon erwarten. Genau nachweisen läßt sich das aber nur an den Punkten, wo Platons Lehre nicht in die gemein-akademische ‚κοινή' eingegangen ist, oder wo sonst der spezifisch platonische Einschlag der betreffenden Anschauungen erkennbar wird. So betrachtet scheint die kausal-mechanische ‚Notwendigkeit' der ὕλη mit der ἀνάγκη des Timaios zusammenzuhängen[974], und auch der Gedanke, daß die ὕλη die Form ‚aufnimmt' (ὑποδοχή; δεκτικόν u. dgl.) dürfte letztlich von daher stammen — und dies alles, obwohl Aristoteles die ὑποδοχή des Timaios als philosophische Lehre *nicht* übernommen hat[975]. 2. Ebenso klar ist auch, daß Aristoteles neben Platon auch die älteren Platon-Schüler, vor allem Speusipp und Xenokrates, berücksichtigt: Wir haben denn auch hinsichtlich der kosmologischen Seinsstufung und des obersten Seinsbereiches den Einfluß des Xenokrates bemerkt (o. S. 261 f), in bezug auf Differenzierung der Seinsschichten und Analogie-Begriff den Einfluß Speusipps (o. S. 265—268).

Ferner müssen wir noch einmal auf den Timaios zurückkommen, den wir in 2.5 bisher nur kurz gestreift haben. Denn der Timaios hat, wie die Forschung zunehmend erkennt[976], neben Platons innerschuli-

972 Man könnte meinen, Aristoteles' Ontologie sei mehr auf *qualitative* Bestimmungen gerichtet, die der Akademiker mehr auf *quantitative* (vgl. Sach-Index s. v. *Qualität*). Diese Beobachtung läßt sich jedoch, selbst wenn sie zutrifft, nicht auf die Hyle und ihre Beziehung zur Akademie anwenden, denn auch die akademische Materie hat qualitative Bestimmungen, und umgekehrt finden sich auch bei Aristoteles quantitativ bestimmte Materie-Arten (z. B. die ὕλη νοητή der Mathematik); vgl. auch u. 8.26. — Trotz des letztlich ‚akademischen' Charakters der Hyle-Konzeption wird weder geleugnet, daß Aristoteles gemäß seinem Interesse an der sinnlichen Einzelsubstanz manchmal den Vorrang der ὕλη αἰσθητή betont, noch daß er die Relationalität der Hyle stark hervorhebt, aber er hat eben beide *Aspekte* nicht *verabsolutiert*; vgl. u. 8.27.

973 Dies betont jetzt auch Merlan, *ZB*, dessen Aufstellungen im einzelnen jedoch zum Teil anfechtbar sind (vgl. z. B. o. S. 33 A. 137, u. S. 648 A. 431).

974 Vgl. u. 8.24, bes. 8.241 Nr. 3/4.

975 Vgl. o. 2.225.

976 Zuletzt darüber — zusammenfassend und weiterführend — Krämer, *Theologie* passim.

schem System in bedeutendem Maße auf die Metaphysik der Akademiker (besonders des Xenokrates) und des Aristoteles eingewirkt, auf die des Aristoteles sowohl direkt wie auch indirekt (vor allem über Xenokrates), so daß sich hier verschiedene Überlieferungs-Stränge miteinander verschlingen. Der Timaios-Einfluß zeigt sich weniger im Konkret-Speziellen — z. B. am ὕλη-Begriff direkt[977] — als in der *Gesamt-Konzeption* einer *kosmologischen Drei-Prinzipien-Lehre*[978], welche die Ausgestaltung des aristotelischen Vier-Ursachen-Schemas stark beeinflußt haben dürfte[979]. Dabei wird auch das Techne-Modell des Timaios eine wichtige Rolle gespielt haben[980]. Indes sollte man nun nicht wieder die Wirkung des Timaios überschätzen[981] und vor allem *nicht* die *aristotelische Hyle-Konzeption* auf eine *kosmologische Seinsstufung* wie diejenige des Timaios reduzieren und einengen[982].

Bisher haben wir die Lehren des Aristoteles und der Akademie doxographisch miteinander verglichen, ohne die Frage zu stellen, ob wir nicht die aristotelische Hyle — womöglich über historisch fixierbare Zwischenstufen — aus den akademischen Materie-Prinzipien sich *entwickeln* sehen können. Das soll im nächsten Abschnitt geschehen.

2.53 *Eine Entwicklung von akademischer Materie zu aristotelischer Hyle?*

Wir können keine Frühperiode des Aristoteles feststellen, in welcher der Begriff ὕλη überhaupt noch nicht oder nur in einer — womöglich sehr ‚akademischen' — Vorform vorhanden gewesen wäre. Vielmehr ist ὕλη vermutlich schon im Protreptikos belegt[983], und sie kommt von ‚frühen' (phys. α) bis zu ‚späten' Schriften (met. Z) — von kleinen Schwankungen abgesehen — mit unverändertem Bedeutungsgehalt vor. Dieser Befund hat auch eine innere Wahrscheinlichkeit für sich, weil man sich vorstellen kann, daß Aristoteles — wie andere Philosophen — seine metaphysischen Fundamentalbegriffe nicht Schrittchen um Schrittchen ‚agglutinierend' entwickelte, sondern, als die Zeit reif dafür war, mit einer gewissen Plötzlichkeit seine eigenen Grundkonzeptionen als etwas im wesentlichen Fertiges hinstellte — und dies wohl schon in recht frühen Jahren.

977 Vgl. dazu vorstehende Seite 269, wo weitere Verweise.
978 Vgl. den Hinweis o. S. 261.
979 Vgl. Krämer, *Theologie* 494.
980 S. Krämer, *Theologie* 494 A. 111, wo auf Solmsen und Gadamer verwiesen wird. Vgl. die Bemerkung o. S. 9 A. 30.
981 Krämer, *Theologie* ist nahe daran, seinen Gesichtspunkt überzubewerten und dadurch die Richtigkeit seiner Beobachtungen und Hinweise zu beeinträchtigen.
982 Vgl. u. S. 439 A. 662 die kritischen Bemerkungen gegen alle Versuche, die aristotelische Hyle einseitig nur als ‚sinnliche Materie' anzusehen.
983 Vgl. u. S. 276 A. 1006.

Nun gibt es aber Textstellen, die eine ‚Brücke' zwischen akademischem Materie-Prinzip und ὕλη bilden, nämlich Metaphysik Γ und K, dazu Bemerkungen aus dem I. Wenn man sie bisher bei der Diskussion um den platonisch-akademischen Materiebegriff nur sehr wenig, bei der um den aristotelischen Hyle-Begriff überhaupt nicht herangezogen hat, so beruht dies auf mehreren Gründen: Zum *einen* hat erst die moderne Aristoteles-Forschung seit Jaeger und die gleichzeitige Erhellung der platonischen Spätphilosophie ein Verständnis der Gedankengänge von Γ/K ermöglicht; wegweisend war Merlans Deutung von Γ/K, die unten ausführlich besprochen werden wird. *Zweitens* kommt der Terminus ὕλη in den fraglichen Partien des Γ/K nicht vor. *Drittens* neigt man bis heute dazu, die Gegensatz-Lehre von Γ/K als rein logische Erörterung aufzufassen, d. h. ihre ontologische Bedeutung zu relativieren oder zu leugnen[984].

Demgegenüber wird gezeigt werden[985]: a) Die Erörterungen von Γ/K enthalten *in allem Wesentlichen* typisch *‚aristotelische'* Gedanken: Substanzlehre, Seinsstufung der *aristotelischen* οὐσίαι, Steresis-Begriff und damit das Gegensatz-Substrat-Schema. Es gibt also keinen Bruch zwischen diesen und anderen Büchern der Metaphysik, sondern nur Gewichtsverschiebungen[986]. b) Die in Γ/K ganz nach ‚akademischer' Weise vollzogene Rückführung alles Seins auf die zwei Systoichien von Grundgegensätzen, die im obersten Gegensatz-Paar von ἕν und πλῆθος gipfeln, ist kein überwiegend oder gar ausschließlich logisches Verfahren, sondern natürlich ein *ontologisches*, eine Analyse des Seins auf die zwei obersten Seinsprinzipien von ἕν und πλῆθος hin. Freilich sind dies keine akademischen Prinzipien mehr, sondern schon aristotelische, denn Aristoteles identifiziert das so gewonnene ἕν nun mit seiner eigenen obersten Seinsschicht (οὐσία) der reinen Form(en), d. h. er ordnet das ἕν dem ὄν gleich oder sogar unter, während er in πλῆθος so etwas wie sein Hyle-Prinzip verkörpert sieht. Auch in anderer Hinsicht ist gegenüber Platon und der Akademie eine Umschichtung eingetreten, indem die *per subtractionem* erfolgende Rückführung alles Seienden auf das oberste Sein sich stark an die aristotelische, kosmologisch ponderierte Stufung der Substanzen hält, also die Analyse der Gegensätze, ohne sie aufzuheben, doch zurücktreten läßt. Der Begriffsaufbau der *genera* wird nicht direkt erwähnt, aber aus anderen Stellen des Aristoteles läßt sich schließen[987], daß Aristoteles die oberste οὐσία als Inbegriff der Substanzkategorie ansieht und den ‚Mittelbereich' der *genera* zwischen dem μέγιστον γένος und dem ἄτομον εἶδος sich

[984] Alles Nähere u. 4.44 S. 426f.
[985] Abschnitt 4, bes. 4.44/45, 4.5, 4.6.
[986] Vgl. u. 4.5.
[987] Vgl. u. 7.71, 8.22.

selbst überläßt, ohne ihn mit den anderen Arten der Seinsschichtung zu verbinden. Das heißt, die Stufung der οὐσίαι, der in Systoichien angeordneten Gegensätze und der Begriffe *(genera)* stehen nebeneinander und werden vorwiegend, wenn auch nicht ausschließlich, durch das allen drei Stufungen identische oberste Glied zusammengehalten.

Während also die Darlegungen von Γ/K ihrem Grundcharakter nach aristotelisch sind, lehnt Aristoteles sich andererseits in bezug auf Terminologie und Denkschemata stark an die Akademie an und spricht direkt weder von ὑποκείμενον noch von ὕλη, obwohl er beide Begriffe schon längst geprägt hatte[988] und der von diesen Begriffen gemeinte Tatbestand, die aristotelische ‚Hyle', in Γ/K deutlich vorliegt. Zur Erklärung läßt sich etwa darauf hinweisen, daß Aristoteles in diesen Büchern keine Analyse des Werdens und der Werdensfaktoren geben will und durch die enge Verbindung zwischen der Erörterung des Metaphysik-Objektes und der akademischen Prinzipienlehre notwendig in ‚platonisierende' Bahnen — und sei es auch nur äußerlich — geriet. Eine *entwicklungsgeschichtliche* Deutung ist dagegen nicht möglich[989], und man muß den ‚akademisierenden' Ansatz von Γ/K und die ‚aristotelischen' Darlegungen der anderen Stellen nebeneinander bestehen lassen, als antithetische Spannung der aristotelischen Denkbewegung[990].

Obwohl also *historisch* gesehen met. Γ/K *neben* phys. α stehen, ist in systematischer Hinsicht met. Γ(K) Bindeglied zwischen der akademischen Prinzipienlehre und der aristotelischen Hyle-Lehre (z. B. phys. α), ein Bindeglied, das theoretisch postuliert werden müßte, wenn es nicht überliefert wäre[991].

Demgemäß versuchen wir in Abschnitt 4 die einschlägigen Stellen von Γ/K möglichst genau auf ihren Sinn zu befragen. Trotzdem muß betont werden, daß *die ideengeschichtliche Herleitung der aristotelischen ὕλη vom akademischen zweiten Prinzip in keiner Weise auf Γ/K angewiesen ist* und *auch ohne diese beiden Bücher gesichert ist.* Es kann also niemand, der unsere Deutung des Γ und seines πλῆθος-Begriffes be-

[988] Die Annahme, daß Aristoteles die zwei Termini (bes. ὕλη) noch nicht ausgebildet hatte, ist ganz ausgeschlossen: Zwar haben die entwicklungsgeschichtlichen Hypothesen über die chronologische Stellung von Γ/K bisher zu keinem Ergebnis geführt (und sie werden es den Umständen nach auch in Zukunft nicht tun), aber selbst bei denen, die Γ/K sehr früh datieren, werden M/K nicht vor phys. α und met. Λ N (oder gar vor dem Protreptikos) angesetzt, wo der ὕλη- (und δύναμις-)Begriff schon voll ausgebildet sind. — Zur Möglichkeit, daß der *Terminus* ὕλη schon von Speusipp geprägt wurde, vgl. u. 2.61.

[989] Vgl. u. 4.5.

[990] Vgl. auch hierzu wieder u. 4.5.

[991] Wie trotz des chronologischen ‚Nebeneinander' eine innere ‚Weiterentwicklung' zur ‚reiferen' Substanz- und Hyle-Lehre von ZHΘ zu denken wäre, deutet mit feinem Takt Theiler, *Entstehung* 92f an.

streitet, meinen, er habe damit auch nur im geringsten die akademische Herkunft der Hyle des Aristoteles in Zweifel zu ziehen vermocht[992].

Die oben gemachten Feststellungen über verschiedene Denk-Ansätze, die bei Aristoteles ‚antithetisch' nebeneinanderstehen, beeinträchtigen nicht die Einheit der aristotelischen Metaphysik, sie rücken sie vielmehr nur ins rechte Licht. Die aristotelische Metaphysik ist von den frühesten bis zu den spätesten Partien ein σύνολον, freilich kein unbewegliches monolithisches Gebilde, sondern ein Spannungsgefüge, das sich gleichsam noch ‚zu sich selber hin' fortentwickeln kann, und doch einer einheitlichen Grundkonzeption unterliegt, einer inneren Form, welche dem Geist des Aristoteles entstammt[993]. Diese innere Form besitzt auch, wie das Folgende zeigen wird, das eine der beiden metaphysischen Hauptprinzipien des Aristoteles, die Hyle.

2.6 Zum Wort ὕλη

2.61 Die Belege vor Aristoteles

Wort- und begriffsgeschichtliche Arbeiten versuchen nicht selten an der sogenannten ‚Grundbedeutung' oder ‚Urbedeutung' eines Wortes anzusetzen, um von dieser aus die weiteren Bedeutungen, die man als ‚sekundäre' versteht, gleichsam ‚abzuleiten'. Sofern die ältesten Belege des Wortes diese ‚Grundbedeutung' nicht oder zumindest nicht deutlich genug zeigen, greift man gern über die Texte hinaus auf die Etymologie zurück, als ob uns die ἐτυμο-λογία die ‚wahre Bedeutung' des betreffenden Wortes zu enthüllen vermöchte. Vor diesem weitverbreiteten Optimismus gegenüber Etymologien kann nicht dringend genug gewarnt werden[994], denn der Fälle, bei welchen die Etymologie den wortgeschichtlichen Befund wirklich aufgehellt hat, sind minimal wenige, aber man hat umgekehrt schon oft der (richtigen oder vermeintlichen) Etymologie zuliebe dem Belegmaterial Gewalt angetan. Für das Aufsuchen der ‚Grundbedeutung' in den Texten gilt Ähnliches. Hieraus ist die methodische Folgerung zu ziehen, daß die kombinatorische Erforschung der Textbelege absoluten Vorrang hat und die

[992] Bei dieser Gelegenheit sei auch noch an die Bemerkungen o. 2.21 u. ö. erinnert, wo nachgewiesen wurde, daß die Anknüpfung der aristotelischen Hyle an die Akademie vom Streit um den ‚esoterischen Platon' überhaupt nicht tangiert wird.

[993] Diese Einheit hat gerade Theilers durch und durch ‚analytischer' Aufsatz schön aufgewiesen.

[994] Eine kurze Bemerkung hierüber Indogerm. Forsch. 68 (1963) 97 f in meiner Besprechung von H. Frisks Griech. etym. Wörterbuch; vgl. auch den dort zitierten Aufsatz von M. Wandruszka in: *Etymologica* (Festschr. W. v. Wartburg), 1958, 857—871.

Etymologie, falls überhaupt, nur mit äußerster Vorsicht herangezogen werden darf[995].

Da die außergriechischen Entsprechungen zweifelhaft sind und so gut wie nichts für die Wortgeschichte ausgeben[996], beschränken wir uns auf die innergriechische Entwicklung des Wortes, die bekannt ist[997] und in wenigen Sätzen referiert werden kann:

Von Homer an bezeichnet ὕλη sowohl a) ‚Wald, Unterholz' wie b) das (dem Wald entnommene) ‚Holz', welches in vielerlei Gestalt (Scheite, Balken, Reisig) zum Verbrennen, Bauen usw. dient: Die Bedeutung ‚Holz als Material' ist also seit Beginn der literarischen Überlieferung reichlich belegt. c) Es lag nahe, nun das Wort ὕλη auch für ‚Material' aus anderem Stoff als Holz zu verwenden, aber hierfür gibt es vor Aristoteles kein sicheres Beispiel[998]. Weitere ‚übertragene' Verwendungsweisen (außer der philosophischen natürlich) sind ebenfalls erst nach Aristoteles belegt[999]. d) Man hat gemeint, in den platonischen Dialogen fänden sich die ersten Beispiele eines philosophischen Gebrauchs von ὕλη im Sinne von ‚Materie', aber diese Annahmen haben

[995] Diesen methodischen Grundsatz beachtet z. B. H. Schreckenberg, *Ananke*, München 1964 trotz aller Besonnenheit (z. B. VII 165). nicht immer. Auch die Untersuchungen über den griechischen und besonders platonischen Physis-Begriff wurden oft durch extreme etymologische Spekulationen beeinträchtigt, bis erst jetzt D. Mannsperger, *Physis bei Platon*, 1969, die Lage klären konnte: Mannsperger widerlegt jeweils die einseitigen etymologischen Theorien auf ihrem eigenen Feld und macht dadurch den Blick frei für den *komplexen* Befund bei Platon selber.

[996] Von den vorgeschlagenen Entsprechungen paßt zu ῡ̔λη < **sūlā* am besten in der Ablautstufe ahd. *sūl* (**sūli-*) ‚Säule, Pfosten'; auch die Bedeutungen lassen sich vereinigen. Alle weiteren germanischen und baltisch-slawischen Parallelen, griechisch ξύλον und lat. *silva* zeigen — falls überhaupt zugehörig — andere Ablautstufen, welche die Verknüpfung von ὕλη und *sūl* wieder fraglich machen. Vgl. die Wörterbücher u. a. von Hofmann (ὕλη), Walde-Hofmann (*silva*), Feist (got. *sauls*), Fraenkel (lit. *šùlas*), Kluge-Mitzka (*Säule*). Griech. **sūlā* ließe sich — die Richtigkeit der Herleitung einmal vorausgesetzt — als eine Art Kollektivbildung verstehen: erstens ‚Ansammlung von Holzstämmen, Wald', zweitens ‚ein Haufen Holz (als Material)'. — Die von Rivaud 372 referierte Wurzeletymologie (ὕλη zu einem idg. **sū-* ‚erzeugen') ist verfehlt.

[997] Zeller II 1^5 721 A. 3. Baeumker 114 A. 1. 210. Rivaud 276 A. 667. 370—373. Ross, *Metaph.* I 128 f. Cencillo 27—31. Skemp 201—212, bes. 210. Solmsen, Festschr. Albareda 395—408. Alle wichtigen Stellen übersichtlich angeordnet bei Liddell-Scott, worauf insgesamt verwiesen sei.

[998] Hom. Od. 5, 257 ist bestimmt Holz (etwa ‚Reisig') gemeint. Sophokles fr. 844 (bei Plut. mor. 802 b) hat erst Plutarch das Wort ὕλη zugesetzt (s. Liddell-Scott).

[999] Rivaud 371 erwähnt die ὕλη (ῥητορική) der Redner und Geschichtschreiber (‚Sujet' o. ä.) und die ὕλη ‚der Lebewesen' (als Untersuchungsobjekt der Mediziner), ohne Stellen anzugeben. Die Beispiele der ὕλη ῥητορική sind auf jeden Fall später als Aristoteles, vgl. Liddell-Scott III 3 und außer der dort gen. Stelle EN 1094 b 12 noch met. K 4, 1061 b 22 (Décarie 126 A. 5. 132 A. 5; u. 8.272 c δ). Bei den Medizinern spricht Rivaud von ‚der Schule Alkmaions zur Zeit Platons': Ich konnte das nicht verifizieren; vgl. zu ὕλη ἰατρική Liddell-Scott III 4.

sich nicht bestätigt[1000]. Auch die Referate von Platons innerschulischer Lehre legen nirgends die Vermutung nahe, daß Platon ὕλη als Terminus eingeführt oder verwendet habe[1001]. Ob dies die historische Entwicklung nur so mit sich gebracht hat oder ob mehr dahintersteckt, ist kaum zu entscheiden[1002]. e) Es scheint nicht ausgeschlossen, daß (im Gegensatz zu Platon) Speusipp und vielleicht auch Xenokrates ὕλη terminologisch angewendet haben[1003], wenn sich das auch nach Lage der Überlieferung weder exakt beweisen noch widerlegen läßt. Sollte es zutreffen, dann könnte man sich die Entwicklung in verschiedener Weise vorstellen: *Erstens*, Aristoteles, Speusipp und Xenokrates schöpfen alle gleichermaßen aus ‚anonymer' innerakademischer Schultradition; *zweitens*, Speusipp (oder Xenokrates) hat den Terminus geprägt und an Aristoteles weitergegeben; *drittens*, Aristoteles ist Schöpfer des Begriffs und Speusipp und Xenokrates haben ihn übernommen. Hiervon wäre die dritte Möglichkeit am wahrscheinlichsten. Freilich wird man heute, da man immer mehr auf den akademischen Schulbereich, den intensiven Austausch zwischen den Platonschülern sowie die Bedeutung Speusipps und des Xenokrates zu achten gewohnt ist, sich diesen Vorgang der Begriffsbildung nicht allzu schematisch vorstellen: Die geistige Urheberschaft des Aristoteles verträgt sich durchaus mit innerakademischen Anregungen und ‚Vorstufen'.

Diese Prioritätsfrage scheint für den Hylebegriff sachlich zunächst nicht wichtig zu sein. Denn wer immer auch den Terminus zuerst prägte, der Ausgangspunkt für den philosophischen Gebrauch von

[1000] Gegen diese Annahmen sprach sich bereits Zeller II 1[5] 721 A. 3 entschieden aus, dem sich Baeumker 114 A. 1, Rivaud 276 A. 667 und Cencillo 31 anschließen. Solmsen, Festschr. Albareda 402—405 bespricht erneut die einschlägigen Stellen (bes. Timaios 69A 5 ff und Philebos 54C) und kommt ebenfalls zum Ergebnis, daß trotz einiger Ansätze in dieser Richtung (am wichtigsten ist hierfür die Philebos-Stelle) bei Platon nicht von einem technischen Gebrauch des Wortes gesprochen werden kann. — Die Hyle-Belege bei Timaeus Locrus sind, wie man seit Zeller a. O. weiß, nacharistotelisch (s. nur R. Harders RE-Artikel; kaum weiterführend Cencillo 29—31). Vgl. ferner Cencillo 28 f.

[1001] Hiervon kann man sich anhand der Gaiserschen TP leicht überzeugen. Da diese Berichte recht summarisch verfahren und nur wenige Rückschlüsse auf die Terminologie Platons erlauben, muß man hier mit argumenta e silentio vorsichtig sein. Aber es wäre doch merkwürdig, wenn ein wichtiger, vielleicht sogar tragender Begriff gar keine Reflexe hinterlassen hätte. Hinzu kommt das negative Zeugnis der Dialoge.

[1002] Die Frage, ob Platon sein zweites Prinzip mit dem Terminus ὕλη hätte bezeichnen können, selbst wenn er gewollt hätte, ist reizvoll, aber für uns nicht beantwortbar.

[1003] Dies vermutet Merlan 122, wo nähere Einzelheiten. Vgl. auch o. 2.3. Die Wahrscheinlichkeit eines terminologischen Gebrauchs von ὕλη bei Speusipp und (oder) Xenokrates ist besonders deshalb nicht gering, weil der Timaios, welcher mit seinem Techne-Modell und göttlichen δημιουργός-τέκτων bestimmt einen wesentlichen Anteil an der Entstehung des ὕλη-Terminus hatte, nicht nur auf Aristoteles, sondern auch auf Speusipp und Xenokrates einen starken Einfluß ausübte. Vgl. Krämer, *Theologie* passim, bes. 494 mit A. 111.

ὕλη war in jedem Fall derselbe: Das Modell der Techne, genauer, des Zimmermannshandwerks, von dem aus die ‚Übertragung' *per analogiam* stattfand[1004]. In anderer Hinsicht jedoch würden sich schon einige Konsequenzen ergeben: Wenn Speusipp (bzw. Xenokrates) den ὕλη-Terminus selbst prägte oder von Aristoteles übernahm, muß er ihn für ausreichend gehalten haben, sein ‚zweites Prinzip' auszudrükken. Dies würde sowohl die akademischen Erscheinungsformen des ‚zweiten Prinzips' wie auch den Terminus ὕλη klären helfen.

2.62 *Aristoteles*

Aristoteles fand also das Wort ὕλη in der Bedeutung ‚Holz (als Material)' vor und verwendete es nun in umfassender Weise für ‚Materie' (körperliche, geistige usw.) bzw. für das, was man in seiner Philosophie die Manifestationen des ‚zweiten Prinzips' nennen könnte[1005]. Da, wie bereits o. S. 58 betont wurde, ὕλη an allen Stellen, wo sie auftritt, fast gleichen Bedeutungsumfang hat und dabei chronologische Differenzierungen nicht möglich sind[1006], lassen sich innerhalb des Aristoteles keine einzelnen Stadien der Bedeutungsentwicklung mehr verfolgen. Trotzdem können wir mit ziemlicher Sicherheit den Ausgangspunkt angeben, aus dem die terminologische Verwendung von ὕλη erwachsen ist:

Aristoteles dachte nicht an ‚Holz' als etwas ‚Organisches' oder dergleichen, sondern an Holz als ‚Material' des Zimmermanns. Zum Modell diente ihm also die Techne[1007]. Warum er aus diesem Bereich das Zimmermannshandwerk und nicht ein anderes (etwa die Schmiede; χαλκός) auswählte, können wir nur vermuten[1008]. Weshalb nahm er

[1004] Vgl. o. 1.112, 1.35d u. ö.

[1005] Über ὕλη als das zweite Prinzip des Aristoteles vgl. o. 2.52, u. 8.

[1006] Obwohl wir schon mehrfach darauf hingewiesen haben, muß auch hier nochmals ausgesprochen werden: Es gibt kaum Textpartien bei Aristoteles, wo das Wort ὕλη nicht begegnet, obwohl es sachlich notwendig gewesen wäre (z. B. met. Γ, u. 4.64). Sonst erscheint es von den ‚frühesten' bis zu den ‚spätesten' Stellen, vielleicht sogar schon im Protreptikos (vor 353 v. Chr.), wenn man von δύναμις-ἐνέργεια (fr. 14 Ross = B 79 Dü.) auf ὕλη-εἶδος zurückschließen darf. Düring, Gnomon 27 (1955) 156 meint richtig, es sei kaum eine Entwicklungsstufe aristotelischen Denkens vorstellbar, in welcher Aristoteles zwar den Zwiebegriff δύναμις-ἐνέργεια, aber noch nicht ὕλη-εἶδος entwickelt habe. Noch früher zurück kommt man offenbar nicht (Düring a. O.); vgl. Solmsen, Festschr. Albareda 397.

[1007] Vgl., auch zum Folgenden, Solmsen, Festschr. Albareda, der alle wesentlichen Aspekte des Problems behandelt, wenn auch natürlich — das betont er selbst — nicht erschöpfend.

[1008] Es spricht einiges dafür, daß bei der Prägung des Terminus hauptsächlich der Timaios Pate stand, dessen göttlicher Technit ja gerade in der Rolle eines τέκτων erscheint. Vgl. Krämer, *Theologie* 494 A. 111 mit Verweis auf Solmsen und Gadamer.

sich die Techne insgesamt zum ‚Vorbild'? Die vorläufige Antwort darauf ist bekannt: Aristoteles identifizierte die Aufbaustrukturen von Natur und Techne und vermag deshalb am ‚Paradeigma' des technischen Herstellungsvorganges die in der Natur geltende Gesetzlichkeit des Werdens abzulesen[1009].

Hier könnte sich das Mißverständnis einstellen, als sei die Hyle gemäß ihrer ‚Abkunft' von der Techne stark auf das Körperlich-Solide festgelegt oder als müsse man sie gar von da her interpretieren. Der Hyle-Begriff mag Spuren seiner Herkunft an sich tragen, und natürlich bedeutet ὕλη auch oft (besonders in den naturwissenschaftlich-biologischen Schriften) ‚konkretes Material'[1010], aber es wäre völlig falsch, die ‚Material'-Bedeutung überzubewerten. Die folgenden Darlegungen werden im Gegenteil zeigen, wie weit ὕλη als umfassendes Seinsprinzip über alles Materialhafte, Konkret-Solide hinausgeht[1011], von allem Anfang an[1012] und so weit, als ob Aristoteles die Herkunft und die ursprüngliche Bedeutung des Wortes fast vergessen hätte, nachdem er es einmal zum Terminus geprägt hatte[1013]. Wieder einmal zeigt sich, wie bedenklich es methodisch wäre, die Geschichte eines Wortes ausschließlich im Lichte seiner ‚Grundbedeutung' zu sehen.

1009 Hinweise o. S. 276 A. 1004.

1010 Die Beispiele sind zahlreich und bekannt. Den ‚Material'-Aspekt von ὕλη betonen die Arbeiten von M. Schramm.

1011 Vgl. wiederum o. 2.51, u. 8.

1012 Es ist sehr zweifelhaft, ob wir selbst dann, wenn wir von der Frühzeit des Aristoteles mehr wüßten, eine Bedeutungs-‚Entwicklung' von ὕλη bei ihm feststellen könnten. Wie schon o. 2.53 betont, erfolgte wohl die Prägung des Wortes zum Terminus technicus plötzlich und ‚total', also nicht additiv-evolutionär.

1013 Solmsen, Festschr. Albareda 401 betont, daß ὕλη oft schon bei Aristoteles, noch stärker natürlich bei den Philosophen nach ihm sich ganz entschieden von seinem semantischen Ursprung getrennt habe.

3 Hyle als Substrat von Gegensätzen

Ist die Hyle Substrat von Gegensätzen oder selbst Glied eines obersten Gegensatz-Paares? Diese scharf formulierte Antithese will besagen, daß sich aus den prinzipiellen Äußerungen des Aristoteles über Hyle *zwei* Gruppen herausheben, die einander entschieden zu widersprechen scheinen:

Die *eine* Art erklärt das Werden an Hand des triadischen ‚Gegensatz-Substrat'-Modells von Eidos—Steresis—Hyle. Manchmal polemisiert Aristoteles dabei gegen die ‚dualistische' Gegensatzlehre seiner Vorgänger[1]: Sie hätten nicht bedacht, daß Gegensätze nicht unmittelbar aufeinander einzuwirken vermögen, sondern jeweils eines vermittelnden Dritten bedürfen, ‚an' welchem sie aufeinanderstoßen. In der Einführung dieses Dritten sieht Aristoteles seine eigene Leistung. Das Dreierschema liegt, natürlich ohne jedesmal neu abgeleitet zu werden, noch einer Reihe von weiteren Stellen mehr oder minder deutlich zugrunde, und man pflegt in ihm ‚die' aristotelische Lösung des Werdeproblems zu sehen, um so mehr, als es fugenlos sich dem einzupassen scheint, was als ‚die' aristotelische Philosophie gilt[2].

Zum andern findet sich in den Metaphysik-Büchern Γ und K eine Gegensatz-Lehre, bei welcher das gesamte Sein auf ein oberstes Gegensatz-Paar (ἕν — πλῆθος o. ä.) zurückgeführt wird, ohne daß anscheinend von einem vermittelnden Substrat die Rede ist. Eingebettet sind diese Gedanken in Erörterungen, die nach Objekt und Wesen der ‚ersten' Philosophie fragen. Das Ganze mutet so durch und durch platonisch an, daß man inhaltlich nur mit Mühe ‚Aristotelisches' zu entdecken glaubt.

Es empfiehlt sich aus mehreren Gründen, mit der Darstellung des Gegensatz-Substrat-Schemas zu beginnen und sie soweit durchzuführen, wie es nötig ist, um in den Gedanken von Γ und K das Gemeinsame und das Abweichende deutlich feststellen zu können.

[1] Besonders phys. α, weiter met. Λ 10 und N 1. Vgl. u. 4.52.

[2] Die aristotelische Triade ist im wesentlichen schon bei Platon vorgebildet (Hinweise u. 3.14), und Aristoteles selber führt sie in seiner Philosophie — das zeigen die Abschnitte 5 und 6 — keineswegs so streng durch, wie seine theoretischen Äußerungen vermuten lassen. Sie ist auch nicht das *einzige* Denkschema, an dem man das Phänomen ὕλη aufzeigen kann (vgl. o. 1.35e). Trotz dieser Einschränkungen ist sie auf weite Strecken doch ein so guter und praktischer Leitfaden durch das Hyle-Denken des Aristoteles, daß wir uns an ihn halten wollen.

3.1 Das Gegensatz-Substrat-Schema

Von den Stellen, an denen Aristoteles über sein triadisches Modell spricht[3], greifen wir Physik α zu näherer Betrachtung heraus, weil in diesem Buch alle für uns wichtigen Fragen zur Sprache kommen[4]:

3.11 α 1—6

Das bedeutsame Kapitel α 7, in welchem Aristoteles mit Hilfe des Substratgedankens seinen Hyle-Begriff herausarbeitet, steht inmitten desjenigen Buches, das sich mit der Frage befaßt, wieviele Prinzipien (ἀρχαί) des Naturgeschehens es gebe und welcher Art sie seien (α 2). Wie üblich, beginnt er damit, die Ansichten seiner Vorgänger (der Vorsokratiker und Platons) über die genannten Prinzipien zu referieren. Deren Lehren vereinfacht er schematisch so: Die einen setzen ein Substrat voraus, an dem sich Gegensätze betätigen; die anderen lassen aus dem Einen sich Gegensätze herausentwickeln (4). Wieweit Aristoteles seine Vorgänger richtig wiedergibt, interessiert hier nicht; wichtig ist, daß in seinem doxographischen Referat α 4 diejenigen aristotelischen Begriffe erscheinen, die wir untersuchen wollen: τὸ ὑποκείμενον ‚Substrat'[5], ἐναντία ‚(konträre) Gegensätze' (s. u.), εἶδος und ὕλη, die beiden letzteren durchaus in technischem Sinn[6]. Der Frage

[3] Vgl. noch met. Λ 10, 1075a 28—34. N 1, 1087a 36—b 1, ferner die Kommentare dazu. Klare Analyse des Gedankengangs von Λ 10 bei Merlan, *Movers* 19 f.

[4] Vgl. außer den Kommentaren zu phys. α (bes. jetzt Wagner) und Wielands Buch, das u. 3.13 gesondert besprochen wird: Dermot O'Donoghue, *Aristotle's Doctrine of ‚The Underlying Matter'. A Study of the First Book of the Physics*, Philos. Studies (Saint Patrick's College, Maynooth, Ireland) 3 (1953) 16—39: Nützliche und im ganzen ausgewogene Behandlung von phys. α und verwandter Stellen aus gen. corr. und met. Es wird gut erkannt, daß die Hyle keine dinghafte Realität hat und doch keineswegs *Nichts* ist, sondern (neben der von den Modernen verabsolutierten *causa efficiens*) als *Seinsprinzip* eine Realität eigener Geltung besitzt. Der platonische Hintergrund ist zu wenig beachtet und nicht zutreffend beurteilt. Diese Verknüpfung von phys. α mit Platon und den Vorsokratikern stellen her Marino Gentile (genannt o. S. 260 A. 912) und Solmsen 74—91 (*Genesis*) und 3—73 (*Historical Introduction*, u. a. über γένεσις bei den Vorsokratikern und Platon), vgl. das Referat bei Wagner, Komm. 331 f. Ergänzend und modifizierend zu O'Donoghues Aufsatz J. Doebele, *Is Aristotle's Substrate of Change Basically Ambiguous?*, Philos. Studies (Maynooth, s. o.) 11 (1961/62) 158—173. Unter Verweis auf Gentile und besonders auf Solmsens hervorragende Ausführungen beschränken wir uns in Kap. 3 hinsichtlich des ideengeschichtlichen Hintergrundes von Aristoteles' Lehre auf die Bemerkungen u. 3.14; vgl. auch o. 2.52 Ende. — S. ferner Düring 189 ff. 224—235.

[5] Die wörtliche Übersetzung ‚Subjekt' ist im heutigen normalen Sprachgebrauch so sehr auf die handelnde Person oder auf den ‚Satzgegenstand' bezogen, daß sie mißverständlich wird.

[6] 187a 18—20 Platon ταῦτα (das Große und Kleine) ποιεῖ ὕλην τὸ δὲ ἓν τὸ εἶδος, οἱ δὲ τὸ μὲν ἓν τὸ ὑποκείμενον ὕλην, τὰ δ' ἐναντία διαφορὰς καὶ εἴδη. Vgl. Wagner, Komm. 412.

der ‚Gegensätze' widmet Aristoteles ein weiteres Kapitel (5), in welchem er, von Parmenides und Demokrit ausgehend, zunächst sagt „alle (sc. meine Vorgänger) machen irgendwie Gegensätze zu Prinzipien" (188a 26), um dann mit den Worten „und dies mit gutem Grund" systematisch auf die Gegensatzproblematik einzugehen.

Dieser aristotelische Neuansatz 188a 27ff ist unabhängig von dem vorhergehenden doxographischen Bericht und ohne diesen verständlich: Alles Werden vollzieht sich aus, in, zwischen Gegensätzen, modern ausgedrückt: dialektisch[7], und zwar zwischen ‚konträren' Gegensätzen[8]. Also stellt sich — grob gesagt — Aristoteles das Werden nicht als unvermitteltes Aufeinanderprallen das gesamte Sein umspannender Gegensätze vor, sondern als gebändigte Evolution jeweils inmitten beschränkter Seinsbereiche, innerhalb derer sich gleichrangige Gegensätze auf der Ebene eines ‚Dritten' treffen.

Diese Dreiheit von Prinzipien wird im Folgenden expliziert und gegen Einwände gesichert:

Ein einziges Prinzip kann es nicht sein, weil dieses allein keinen Gegensatz bilden kann (189a 12). Unendlich viele auch nicht, aus vier Gründen, von denen wir nur zwei anführen: 1. Das Unbegrenzte als solches ist nicht erkennbar; wenn es unbegrenzt viele Prinzipien gibt, sind sie unerkennbar; da nun bei Nichtkenntnis der Prinzipien auch das, was aus ihnen folgt, nicht erkannt werden kann, kann also nichts in der Welt erkannt werden[9]. 2. „Es gibt in jeder Kategorie *ein* Gegensatzpaar, die Substanz aber ist eine Kategorie" (189a 13f) und zwar, dürfen wir hinzufügen, die oberste, um die es uns hier zunächst und am meisten geht. Aristoteles nimmt also in jeder der zehn Kategorien *ein* Gegensatzpaar an: Auf die Substanz gehen wir gleich unten ein. Da bei den Akzidentien in jeder Kategorie viele Gegensatz-Paare auftreten können (z. B. Qualität: süß—bitter, arm—reich, schön—häßlich, ungebildet—gebildet usw.), muß Aristoteles jeweils an ein oberstes Paar der betreffenden Kategorie gedacht haben, unter das die anderen Paare subsumiert werden können (Ross). Vorstellbar ist es nicht leicht, am ehesten noch bei der Quantität, wo alles auf ein ‚mehr oder weniger' hinausläuft. Jedenfalls wäre so nur eine begrenzte Zahl von Gegensatzpaaren vorhanden, schematisch gesprochen etwa eines der Substanz, neun der Akzidentien[10].

Wenn wir nun zur Substanz übergehen, so müssen demnach mindestens zwei gegensätzliche Prinzipien vorhanden sein, dazu — weil,

[7] Vgl. 189a 10: „Es ist also deutlich, daß die Prinzipien einander entgegengesetzt sein müssen".

[8] ἐναντίον übersetzt man am besten mit ‚konträrer Gegensatz', vgl. Bonitz s. v. und den Textzusammenhang unserer Stelle.

[9] 189a 12 f, verdeutlicht von Thomas in phys. 84 mit richtigem Rückverweis auf 184a 12—14 (vgl. Ross).

[10] Vgl. u. 4.44 über die Gegensatz-Lehre von met. Γ.

wie gesagt, Gegensätze nicht direkt aufeinander wirken können — ein vermittelndes Drittes, *an* dem sie aufeinander wirken[11].

Rekapitulieren wir nochmals kurz: 1. Das Geschehen vollzieht sich in und aus Gegensätzen. 2. Die beiden Glieder eines Gegensatzpaares stehen ‚konträr' auf gleicher Ebene, befinden sich also nicht (wie Idee — Einzelding, Stoff/Dynamis — Form/Energeia) in einem Verhältnis von Unter- und Überordnung, das vielleicht letztlich komplementär wäre. Deshalb bedürfen 3. die beiden Glieder eines Gegensatzpaares, um aufeinander zu wirken, des besprochenen ‚Dritten'[12].

Dieses Denkschema, das sich so selbstverständlich und unproblematisch ausnimmt, wird uns bei Aristoteles noch öfter begegnen, z. B. in gen. corr. bei dem Gedankengang, welcher dann zur Annahme der ‚ersten' Materie führt (3.2). Das triadische Modell wird von Aristoteles so stark in den Vordergrund gerückt, daß es wichtiger Ausgangspunkt der aristotelischen Auffassung vom Werden und damit vom aristotelischen Hyle-Begriff überhaupt zu sein scheint.

An Hand von α 6 wollen wir die aristotelische Beweisführung noch etwas weiter verdeutlichen. Zwei neue Argumente sollen dartun, daß man notwendig ein Substrat annehmen müsse: a) Ein Gegensatz macht bei keinem Seienden das substantielle Sein aus[13]. Also muß man sich eine Substanz denken, von welcher der Gegensatz ausgesagt wird. Diese Substanz wäre folglich ‚früher' (dem Sein nach) als der Gegensatz, d. h. als die ‚Prinzipien', da die Gegensätze ja Prinzipien sind. Es gäbe also ein Prinzip eines Prinzips (189a 29—32). Hier unterschiebt Aristoteles stillschweigend den eigenen Substanzbegriff und die Kategorienlehre, der wir schon oben begegnet waren. Dies gilt auch für b), das mit ein wenig Gewichtsverlagerung a) wiederholt: Da keine Substanz der anderen entgegengesetzt sein kann, würden die Gegensätze als Nicht-Substanzen Prinzipien der Substanzen sein und diese aufbauen, was unmöglich ist (189a 32 f).

Wenn wir demnach daran festhalten wollen, daß die Prinzipien Gegensätze sind, und zugleich die vorgelegten Einwände bedenken, müssen wir „etwas Drittes zugrunde legen" (189a 34—b 1). Dieser aus prinzipiellen Erwägungen gewonnenen Forderung entsprechen im Grunde auch die Philosophen vor Aristoteles (189b 2—16). Hier sind

[11] 189a 26 ἕτερόν τι τρίτον. 189a 28 f ἑτέραν ὑποτιθέναι τοῖς ἐναντίοις φύσιν (vgl. ὑποκειμένη φύσις α 7, 191a 8 und Γ 2, 1004a 15 f). 189b 1 ὑποτιθέναι τι τρίτον. Vgl. α 7 passim, z. B. 190b 33—35. 191a 4 f δεῖ ὑποκεῖσθαί τι τοῖς ἐναντίοις καὶ τἀναντία δύο εἶναι 191a 15 ff (Résumé der vorhergehenden Kapitel).

[12] Thomas in phys. 90 utrumque contrariorum transmutat aliquod tertium, quod est subiectum utriusque.

[13] οὐσία hier etwas weiter gebraucht (am deutlichsten Wicksteed ‚substantive existence') als gleich anschließend, wo man mit ‚Substanz' wohl am besten durchkommt.

die Ausdrücke ποιεῖν und πάσχειν hervorzuheben[14], die deutlich machen, was in Aristoteles' Ausführungen schon vorher enthalten gewesen war: Das Substrat ist etwa ‚Passives', die Gegensätze, welche sich an ihm betätigen, sind ‚aktive' Kräfte[15].

Mehr als drei Prinzipien sind nicht anzunehmen: Als Substrat genügt eines. Und mehr als *ein* erstes Gegensatzpaar ist in der Kategorie der Substanz nicht denkbar; andere Gegensätze, die man annehmen könnte, wären folglich jenem ersten Paar nachzuordnen (189b 16—27).

α 6 schließt: Es ist deutlich, daß die Zahl der Prinzipien weder eins beträgt noch mehr als zwei oder drei. Ob zwei oder drei, „ist schwierig zu entscheiden" (189b 28 f). Die letzte Bemerkung bedeutet nicht, daß Aristoteles die locker-vorbereitende Argumentation von Kapitel 6[16] für nicht stringent hält, sondern, daß er die gefundenen drei Prinzipien unter neuen Aspekten daraufhin prüfen will, ob sie sich nicht letztlich wieder in zwei überführen lassen[17].

3.12 Der Gedankengang von α 7: Das Substrat als ‚Basis' der Gegensätze, aus denen alles wird

Mit α 7 kommt Aristoteles zur entschiedenen Darlegung seiner eigenen Ansichten[18]. Obwohl das Kapitel sehr aufschlußreich ist, folgen wir nicht den Gedankengängen im einzelnen, sondern ziehen sie zusammen:

[14] 189b 14 f. b 19 πάσχειν.

[15] Vgl. 190b 33—35: Da die Gegensätze voneinander keine Wirkung ‚erleiden' können, bedürfen sie eines von ihnen verschiedenen (d. h. ‚passiven') Substrats. Die Begriffe ‚aktiv' und ‚passiv' dürfen hier nicht schematisch und absolut genommen werden: Denn das Substrat ist auch dann, wenn es mit der Hyle zusammenfällt, alles andere als ‚passiv' in unserem Sinn des Wortes. Vgl. dazu u. 8.24/25.

[16] Thomas phys. 88 considerandum est autem quod Philosophus hic disputative procedit ex probabilibus. Unde assumit ea quae videntur pluribus ...; zu Beginn von Kap. 7, n. 98: postquam Philosophus processit (in Kap. 6) ad investigandum numerum principiorum disputative ...

[17] Es fällt auf, daß seit Kap. 4 (187a 18 f) das Wort ὕλη nicht mehr begegnet ist, obwohl Gelegenheit dazu war, nicht nur im doxographischen Bericht. Da Aristoteles sich ja durchaus nicht scheut, auch bei einem historischen Referat seine eigenen Begriffe zu verwenden, könnte man meinen, in dem ‚zeitlich frühen' phys. α sei der Terminus ὕλη noch nicht so gängig gewesen, daß er sich gleich überall eingestellt hätte. Dem widerrät aber die unbefangene Art, mit der Kap. 4 und 7 (s. u.) das Wort ohne weiteres verwendet wird. Also mag das Fehlen in den Kapiteln dazwischen auf Zufall beruhen.

[18] Thomas phys. 98: In Kap. 7 incipit determinare veritatem, in Kap. 8 ex veritate determinata excludit dubitationes et errores antiquorum. — Zu α 7 vgl. jetzt durchweg auch Wagner, Komm. 425—438, der nicht nur in philosophischer Hinsicht über Ross' Kommentar hinauskommt, sondern auch bei der philologischen Einzelerklärung z. B. der Stellen 190a 35. 190b 12. b 25 f überzeugende Vorschläge macht.

Das Kapitel läßt sich in *zwei* Hauptteile gliedern: Im *ersten* zeigt Aristoteles, daß bei allem Werden drei Faktoren beteiligt sind (189b 30 bis 190b 17); im *zweiten* vertieft er diese Erkenntnis zu einer Art Prinzipienlehre (190b 17—191a 22).

3.121: 189b 30—190b 17

a) 189b 30—190a 31. Obwohl es ihm von den beiden Arten des Werdens, dem substantiellen (γένεσις) und dem akzidentellen (ἀλλοίωσις usw.), eigentlich mehr auf das substantielle ankommt, verwendet er, da die Verhältnisse bei der γένεσις komplizierter liegen, zunächst und überwiegend die durchsichtigere akzidentelle ‚Veränderung' als Beispiel für ‚Werden' überhaupt. Hierbei ergibt sich, daß man im Werdenden (z. B. ‚ungebildeter Mensch') und im Gewordenen (z. B. ‚gebildeter Mensch') zwei Schichten unterscheiden muß, etwas ‚Beharrendes' (ὑπομένον, ‚Mensch'), und etwas ‚Nicht-Beharrendes', das immer Glied eines Gegensatzpaares ist (οὐχ ὑπομένον, ‚(un)gebildet'). Der Werdensprozeß besteht nun darin, daß sich an dem Beharrenden ein Wechsel des Nicht-Beharrenden vollzieht, indem das eine Glied des Gegensatzes durch das andere ersetzt wird. So wechseln also bei der ‚Veränderung' die akzidentellen Eigenschaften, während die Substanz als ‚Substrat' (ὑποκείμενον) sich durchhält. Soweit ergeben sich deutlich drei Faktoren des Werdens: Gegensatzpaar, Substrat[19].

b) 190a 31—190b 17. Sobald Aristoteles jedoch von der ‚Veränderung' zum substantiellen ‚Werden' übergeht, verwirrt sich zunächst das Bild, denn er gebraucht in 190b 3—9 Beispiele und Begriffe, die schlecht zu seiner sonstigen Lehre von substantieller γένεσις stimmen und wenig lehren[20].

[19] Vgl. das ‚Résumé' 190a 31—b 1. — Them. 27, 19f „Bei den Akzidentien ist das Substrat deutlich; denn es ist ein Lebewesen oder eine Pflanze oder überhaupt ein Körper, an dem sich das Akzidens der Qualität, Quantität oder Relation vollzieht". — Immerhin ist selbst für diesen engen Bereich der ‚Veränderung' die Terminologie des Aristoteles manchmal unscharf, da ‚Substrat' bald das Beharrende allein (z. B. ‚Mensch' 190b 14) bezeichnet, bald das Beharrende in seiner Verbindung mit dem einen Gegensatzglied (z. B. ‚ungebildeter Mensch' 190a 15—17. b 24—27), nämlich der Steresis.

[20] Klar konstatiert von Wagner, Komm. 428f. Man kann noch hinzufügen, daß σπέρμα als Beispiel für das ὑποκείμενον (ἐξ οὗ) von Tieren und Pflanzen (b 3—5) der Erklärung Schwierigkeiten bietet: Denn bei den Tieren ist nach Aristoteles der männliche Same (σπέρμα) Träger des εἶδος und *causa efficiens*, als Substrat dient das Menstruationsblut (καταμήνια) des weiblichen Tieres; bei den Pflanzen hat der Same dieselbe Funktion, während die Rolle des Substrats von der Erde übernommen wird, welche den Samen aufnimmt und umgibt (vgl. u. S. 792 A. 567, auch u. 8.246). Nun kann bei den Tieren auch das weibliche Menstruationsblut als das Pendant zum männlichen Samen gelegentlich und meist wohl nur in Referaten von

Bei den Techne-Beispielen ist klarer, was Aristoteles will. Denn hier sehen wir eine Substanz richtig vor unseren Augen ‚entstehen'. Substrat ist das Material, an dem sich der Wechsel von ἀσχημοσύνη, ἀμορφία, ἀταξία zu einem σχῆμα, einer μορφή, τάξις vollzieht[21], d. h. von der Formlosigkeit zur Form.

c) Wenn wir diese Techne-Beispiele stellvertretend für das substantielle Werden in Techne und Physis nehmen, können wir zusammenfassend sagen: Substrat ist bei der (akzidentellen) ‚Veränderung' die formbestimmte Substanz, an der Eigenschaften wechseln, beim (substantiellen) ‚Werden' die ‚formlose' Materie, an der die Formen wechseln. Substrat bedeutet also zweierlei diametral Verschiedenes: α) Die vollbestimmte, ‚seinswirkliche' und wirkende Substanz, zu welcher einige ‚unwesentliche' Eigenschaften in antithetischem Wider- und Wechselspiel hinzutreten. β) Das Material, das unbestimmt, ‚seinsmöglich' und insofern keine Substanz ist.

Diese Doppelbedeutung von ‚Substrat' — die nicht weiter überrascht, weil es ja ein relativer Begriff ist — ist sicher, auch wenn an unserer vergröbernden Gegenüberstellung nahezu alles noch weiterer Erläuterung bedarf: Die Akzidentien und ihr Verhältnis zur Substanz[22]; dann die genannten Charakteristika der Materie, die im einzelnen geprüft werden müssen.

d) Wie beide Bedeutungen miteinander zusammenhängen, läßt sich am Modell der ‚Seinsschichtung' verdeutlichen[23]: Man kann sich ‚Substrat' — wie Hyle und Dynamis[24] — stets als das Bestimmbare vorstellen, vom untersten Substrat alles Werdens, der πρώτη ὕλη, angefangen über Elemente und Homoiomere bis ‚hinauf' zum Erzeugnis der Techne oder zum Lebewesen. Geht man nun noch einen Schritt weiter, so kann man sich, wie die jeweils untere Schicht, obwohl voll-

anderen Lehren, die Aristoteles ablehnt, selbst σπέρμα heißen (Bonitz 691 b 40—58; vgl. aber auch ib. 58 ff), aber es ist mißlich, hier an zentraler Stelle Aristoteles eine so unspezifische Verwendungsweise des Wortes zuschreiben zu müssen (vgl. indes καθόλου usw. an der berüchtigten Stelle in α 1), und auf Pflanzen ist nicht einmal diese Erklärungsmöglichkeit anwendbar (vgl. Bonitz 690 a 58—691 a 17). Die Versuche der antiken Erklärer (z. B. Simplic. 213, 14 f zu σπέρμα) helfen auch nicht weiter. Non liquet.

[21] ἀντικείμενον 190 b 13—16 steht wie öfter für ἐναντία im Sinne von ‚konträre Gegensätze' (Bonitz 64 a 52ff). Vgl. zur Sache außer 190b 14—17. 22 noch o. α 5, 188 b 8—21; zur Parallelität von Techne-Physis bei Aristoteles insgesamt o. 1.112 u. ö.

[22] Hierbei kann man sich daran erinnern, daß die Akzidentien, soweit sie nicht Propria sind, nach Aristoteles allein von der Materie gestellt, also nicht von der Form legitimiert werden.

[23] Weitere Bemerkungen über ‚Seinsschichtung' u. 8.27 u. ö., vgl. Sach-Index s. v. *Stufung*.

[24] Vielleicht hat die naheliegende Verbindung von ‚Substrat' und Dynamis zu dem σπέρμα-Beispiel 190 b 4 f geführt: Der Same ist ja δυνάμει die fertige Pflanze. ‚Substrat' also ‚Möglichkeit', ‚Seinserwartung'?

formbestimmt, ‚Substrat' der nächsthöheren sein kann, auch die vollbestimmte Substanz als Substrat weiterer Bestimmungen denken.

3.122: 190b 17—191a 22

Der zweite Teil des Kapitels (190b 17—191a 22) sucht diese Ergebnisse weiterzuführen. Das Einzelne ist klar und anregend, der Gedankengang im ganzen merkwürdig tastend[25].

a) Aristoteles beginnt mit der Feststellung, daß alles substantielle Sein und Werden auf dem ‚Substrat' und der μορφή beruhe (190b 17—20). Substantielles Werden, ‚Morphe' als ‚Wesensform'[26] — also erwartet man nun ein klärendes Wort über Hyle als ‚Substrat'. Statt dessen führt Aristoteles den ‚gebildeten Menschen' an, der doch nur Beispiel für die akzidentelle ‚Veränderung' ist, nicht jedoch für das substantielle ‚Werden', um das es hier geht: Aristoteles will nämlich die Zweischichtigkeit von ‚gebildeter Mensch', d. h. die Aufteilbarkeit in ‚gebildet' und ‚Mensch', daran zeigen, daß man logisch ‚gebildeter Mensch' in die Bestimmungen ‚gebildet' und ‚Mensch' auflösen könne (190b 20—23). Dies läßt sich jedoch für das substantielle Werden nicht nachvollziehen, weil bei der Substanz das Hyle-Substrat als solches nicht begrifflich erfaßbar ist[27], sondern erst in seiner Vereinigung mit dem Eidos und zwar von diesem her bestimmt werden kann: Eine von der logischen Bestimmung ausgehende ‚Aufteilung' in Substrat und Eidos gibt es also dort nicht[28]. Aristoteles hat mithin offensichtlich das geläufige Beispiel vom ‚gebildeten Menschen' hier als ‚Ersatz' für das nicht belegbare γένεσις-Beispiel verwendet, ohne auf die ‚Substitution' hinzuweisen[29]. Auch im Folgenden (190b 23ff) werden substantielles ‚Werden' und akzidentelle ‚Veränderung' parallel behandelt. Es sieht mithin so aus, als gehe der zweite Abschnitt (190b 17ff) nicht über den ersten (189b 30—190b 17; o. 3.121) hinaus, ja sogar als verwische er wieder die dort schon erreichten Unterscheidungen.

b) Dieser Eindruck trügt jedoch. Denn der zweite Abschnitt bewegt sich zwar prinzipiell innerhalb des im ersten Abschnitt ge-

[25] Dürfte man hierin ein Indiz für ziemlich frühe Entstehung von α 7 erblicken?

[26] Simplicius 215, 25ff spricht direkt von ὑποκείμενον und εἶδος.

[27] Zu den Stellen, an denen Aristoteles von der Hyle als ‚Subjekt' einer Aussage spricht, vgl. u. 7.823 a δ.

[28] Die in der Definition vorgenommene ‚Aufteilung' des Begriffs in genera und differentiae und die aristotelische Lehre vom ‚Genos als Hyle' (u. 7.71) gehört natürlich nicht hierher.

[29] Obwohl sich dies einleuchtend aus dem Zusammenhang ergibt, haben die Kommentare (Simplic., Ioh. Philop., Thomas, Ross, Wagner) merkwürdigerweise keinen Anstoß genommen. Wie selbstverständlich geht z. B. Simplic. 215, 31 von der Doppelheit Substrat-Eidos zum ‚gebildeten Menschen' über! Wir kommen u. 3.13 darauf zurück.

zogenen Rahmens, bringt aber wichtige Präzisierungen, unter anderm für den Substrat-Begriff, dem ja unser Hauptinteresse gilt. Wie erinnerlich, hatte Aristoteles im ersten Abschnitt den Übergang von der akzidentellen ‚Veränderung' (189b 30—190a 31; an der Sprache ablesbar) zum substantiellen ‚Werden' (190a 31—190b 17; nicht an der Sprache ablesbar) vollzogen und demgemäß von

ὑποκείμενον = οὐσία ⟶ ὑποκείμενον = ‚Hyle'.

Die letztere Art von Substrat hatte er zwar *praktisch* an Beispielen aufgezeigt (190b 1 ff), aber kaum *theoretisch* besprochen[30]. Dies holt er jetzt nach, indem er, sich an den Techne-Beispielen orientierend, das Substrat des substantiellen ‚Werdens' zunächst als „bestimmtes Materialstück" (ὕλη ἀριθμητή) kennzeichnet[31]. Wir können somit den eben grob bezeichneten Übergang noch etwas genauer fassen:

ὑποκείμενον = οὐσία ⟶ ὑποκείμενον = ὕλη ἀριθμητή (bestimmtes Materialstück).

c) Er bleibt jedoch nicht beim ‚konkreten Material' des technischen Hervorbringens stehen, sondern schließt mit Hilfe einer Proportionsgleichung (ἀναλογία)[32] vom ‚konkreten Material' auf ‚Materie überhaupt': ἡ δὲ ὑποκειμένη φύσις ἐπιστητὴ κατ' ἀναλογίαν· ὡς γὰρ πρὸς ἀνδριάντα χαλκὸς ἢ πρὸς κλίνην ξύλον ἢ πρὸς τῶν ἄλλων τι τῶν ἐχόντων μορφὴν τὸ ἄμορφον[33] ἔχει πρὶν λαβεῖν τὴν μορφήν, οὕτως αὕτη (sc. ἡ ὑποκειμένη φύσις) πρὸς οὐσίαν ἔχει καὶ τὸ τόδε τι καὶ τὸ ὄν (191a 7—12). Die Proportion ist also ‚Techne-Material': ‚geformtes

[30] Die Erwähnung der ὕλη 190b 9 wirkt daher etwas überraschend, kann aber nicht durch Athetese beseitigt werden (s. die Kommentare). Es handelt sich ja auch nur um eine kurze Erwähnung des Terminus gleichsam en passant.

[31] 190b 23—27. Das Substrat ist der Zahl nach eines, dem Wesen nach zweierlei: ὁ γὰρ ἄνθρωπος καὶ ὁ χρυσὸς καὶ ὅλως ἡ ὕλη ἀριθμητὴ τόδε [γάρ] τι μᾶλλον, καὶ οὐ κατὰ συμβεβηκὸς ἐξ αὐτοῦ γίγνεται τὸ γιγνόμενον· ἡ δὲ στέρησις καὶ ἡ ἐναντίωσις συμβεβηκός „Denn der Mensch und das Gold und generell das konkrete Materialstück sind ja in höherem Grade ein bestimmter Gegenstand (als die Negativbestimmtheit usw., s. u.) und aus ihm (sc. dem Menschen, dem Materialstück) geht das Werdende (sc. der gebildete Mensch, das Kleinod) nicht auf nur nebensächliche Weise hervor. Demgegenüber ist die Negativbestimmtheit (sc. un-gebildet, Un-geformtheit) und das Bestimmtheitsgegenteil (sc. gebildet, Geformtsein als Kleinod usw.) nur eine zusätzliche Bestimmtheit (sc. am Substrat)". Text und Übersetzung nach Wagner, der Komm. 429—433 die bisher plausibelste Erklärung der Stelle vorlegt. Für alle Einzelheiten sei auf ihn verwiesen.

[32] 191a 7f ἡ δὲ ὑποκειμένη φύσις ἐπιστητὴ κατ' ἀναλογίαν. Wir gehen u. 7.823c speziell auf die ἀναλογία unserer Stelle ein und sprechen deshalb jetzt nicht darüber. — Vgl. zum Folgenden die ausführliche Erläuterung bei Wagner, Komm. 433—436.

[33] ἡ ὕλη καὶ τὸ ἄμορφον codd., ἡ ὕλη καὶ om. Simplicius, secl. Diels, Ross, Wagner; cf. Ross et Wagner ad locum.

Techne-Produkt' = ,Substrat überhaupt' : οὐσία. Die Analogie besagt zunächst, daß beim ,natürlichen' Werden (φύσις) die gleichen Faktoren am Werke sind wie in der Techne[34]: Substrat, (Steresis), Eidos. Die Stelle sagt zwar nichts direkt über den Elementarbereich der Natur, aber ,Substrat' wird hier so allgemein gefaßt, daß darunter auch das unterste Substrat alles Werdens, die *prima materia* (πρώτη ὕλη) einbegriffen sein kann[35].

Der folgende Satz spricht zusammenfassend über die drei aristotelischen Prinzipien (ἀρχαί) des Werdens (191a 12—14): α) μία μὲν οὖν ἀρχὴ αὕτη (sc. τὸ ὑποκείμενον, hier zuletzt = ἡ ὕλη), οὐχ οὕτως μία οὖσα οὐδὲ οὕτως ὂν ὡς τὸ τόδε τι, β) μία δὲ ἧς (so Ross) ὁ λόγος (sc. τὸ εἶδος), γ) ἔτι δὲ τὸ ἐναντίον τούτῳ, ἡ στέρησις. Erwähnenswert ist hieran der Hinweis auf den *Seinsmodus* des ὑποκείμενον (wobei auch an die ὕλη gedacht sein dürfte): Es besitze nicht ,Sein' und ,Einheit' auf dieselbe Weise wie die Einzelsubstanz. Dies bedeutet wohl, daß die ὕλη nicht ,selbständig subsistiert' (χωριστόν ἐστι) wie das τόδε τι[36]. Vielleicht liegt aber hierin auch schon eine Hindeutung auf den Zwiebegriff von δύναμις/ἐνέργεια, der ja dann am Ende von α 8 ausdrücklich in den Blick gefaßt wird[37]: Die ὕλη ist das ,der Möglichkeit nach' (δυνάμει), was das τόδε τι ,der Wirklichkeit nach' (ἐνεργείᾳ) ist.

[34] Zur Parallelität von Physis und Techne bei Aristoteles vgl. o. 1.112 u. ö. (Sach-Index s. v. *Denkmodell 4*).

[35] So schon Simplic. 225, 22—30 und Thomas phys. 118. Wagner, Komm. 435f. Ich kann aber Wagner nicht darin beipflichten, wenn er undifferenziert von ,Urmaterial' spricht, also nicht zwischen *prima materia* als unterstem Substrat alles Werdens (so z. B. in gen. corr.) und dem allgemeinsten Hyle-Prinzip (z. B. in Z 3) unterscheidet (vgl. dazu u. 8.21 u. ö.). — Auch seine (sehr vorsichtig formulierten) chronologischen Erwägungen 436 überzeugen nicht: phys. α ist zwar anerkanntermaßen eine frühe Schrift des Aristoteles (vgl. z. B. Düring 189), aber doch nicht so früh, daß zwischen ihr und Schriften wie (cael. und besonders) gen. corr., wo die *prima materia* entwickelt vorliegt, ein großer zeitlicher Abstand vorhanden wäre. So datiert Düring 50 u. a. die Schriften phys. α, cael., gen. corr. sämtlich in den Zeitraum 355—347 v. Chr. Es besteht auch sonst sachlich kein hinreichender Grund, weshalb die Lehre von der *prima materia* nicht schon früh konzipiert worden sein sollte. Schließlich waren ja von Platon her, auf den Wagner 436 ausdrücklich hinweist, alle Voraussetzungen für die Entwicklung eines solchen Konzepts gegeben (s. o. 2.51). Daß sich der Hyle-Begriff (wenn auch nicht speziell die πρώτη ὕλη) vielleicht auch im Protreptikos (also etwa 353—351) nachweisen läßt (o. 1.2 Ende), hilft uns nicht weiter. — Vgl. zum Prinzipiellen o. 1.2 gegen Ende.

[36] Vgl. Wagner, Komm. 435, der richtig auf met. Z 3 verweist (dazu 7.823a).

[37] Vgl. dazu u. 3.141. — An δύναμις/ἐνέργεια (nicht an χωριστὸν εἶναι) denkt schon Thomas phys. 118. Die neueren Kommentare zu unserer Stelle äußern sich nicht genügend dazu: Wagner verweist immerhin auf Λ 2, 1069b 32—34, wo dieselbe Prinzipiendreiheit genannt wird; dort erscheint unmittelbar vorher das Begriffspaar δύναμις/ἐνέργεια (1069b 32). Über einen möglichen Zusammenhang von phys. α und met. Λ u. 3.16.

Somit ist Aristoteles in einem *dreifachen* Argumentationsschritt zum Begriff der ὕλη gelangt[38]:

1. ὑποκείμενον = οὐσία ⟶ 2. ὑποκείμενον = ,bestimmtes Materialstück' ⟶ 3. ὑποκείμενον = ,Materie im allgemeinen'.

Eine *ausdrückliche Begründung* für die beiden Übergänge gibt Aristoteles nicht: Der Übergang von 1) nach 2) kann sich ja, wie wir sahen, nicht mehr auf den Sprachgebrauch berufen, weil in 2) die Prinzipien-Dreiheit nicht mehr in der Sprache deutlich wird. Dasselbe gilt für den Weg von 2) nach 3)[39]. Trotzdem muß Aristoteles in den drei Fällen die *Sachstruktur* für so ähnlich gehalten haben, daß er diese Übergänge (bzw. ,Identifikationen') für berechtigt hielt. Methodischer Ausdruck dieser Überzeugung des Aristoteles ist die Verhältnis-Gleichung (ἀναλογία), mit deren Hilfe er 2) und 3) gleichsetzt[40]. Für 1) ⟶ 2) spricht er keine ἀναλογία aus, aber aus dem ganzen Zusammenhang ergibt sich eindeutig, daß er sachlich so etwas meint und es nur zufällig nicht explizit macht:

> Substanz (Mensch): wechselnde Akzidentien (gebildet) = bestimmtes Material (Gold): wechselnde Formen (Ring, Kette, Münze usw.)

Die Ähnlichkeit der Sachstruktur gründet sich, soviel soll hier schon angedeutet werden, auf den ,*Funktions*'-Begriff[41]: Im Bereich der γένεσίς τις *leistet* die οὐσία dasselbe wie bei der technischen ἁπλῆ γένεσις das Gold wie beim ,Werden allgemein' die ,Materie allgemein'. Die gleichgesetzten Begriffe (ἄνθρωπος — χρυσός — τὸ ἄμορφον) werden also *qua Funktion* gleichgesetzt, sind mithin ,Funktionalbegriffe': Der weiteste (am meisten formalisierte) Funktionsbegriff ist ὑποκείμενον (das alle drei Stufen umgreift), etwas enger ὕλη (das nur in den Stufen 2 und 3 erscheint). Gegen den Gebrauch von Termini wie ,Funktionsbegriff' und ,formalisiert' ist nichts einzuwenden, solange man sich ihrer Grenzen bewußt bleibt[42].

d) Die Untersuchung über das Wesen des Substrats in α 7 ist aber nicht Selbstzweck, sondern soll eine Antwort auf die Frage vorbereiten helfen, die am Ende von α 6 erneut gestellt worden war: Wieviele Prinzipien des Werdens gibt es, zwei oder drei? Dem seien noch ein paar Bemerkungen gewidmet:

[38] Dieser Dreischritt wird gut von Wagner, Komm. 383. 435 herausgehoben.

[39] Einen *gewissen* Anhalt bietet die Sprache insofern, als in all diesen Fällen von γίγνεσθαι gesprochen wird (worauf sich Aristoteles ja auch z. B. 190a 31 ff beruft).

[40] Für die nähere Beurteilung der ἀναλογία muß erneut auf 7.823c verwiesen werden.

[41] Vgl. außer 7.823c dazu 8.273 u. ö.

[42] Vgl. Sach-Index s. v. *Hyle 4b*, *Prinzip 2ca* (wo jeweils Verweise).

Unter den drei Faktoren versteht Aristoteles Hyle, Steresis und Eidos. Wenn wir beim Techne-Beispiel bleiben, so ist Hyle das Material Erz, Gold usw., Eidos die Geformtheit der Statue (z. B. ‚Hermes') und Steresis der Formzustand des Materials vor der Verarbeitung. Wir würden sagen, ein ‚Klumpen' oder ‚Brocken' Material sei doch auch etwas Geformtes (eben ‚Klumpen' oder ‚Brocken'), aber Aristoteles empfindet nur das Ungeformte daran, die Negation der Form[43], die nach einer Ordnung[44], einer Form verlangt. Diese Formerwartung des Formlosen nennt er Steresis[45]. Indem er nun wie beim ‚gebildeten Menschen'[46] nicht nur zum Material als solchem ‚Substrat' sagt (190b 16 f), sondern auch zur (in ihrer Seinsweise vorläufig unklaren) Verbindung von Hyle und Steresis, d. h. zum Erzklumpen (190b 24—27), kann er das substantielle Werden auf Substrat und Eidos gründen und darin je nachdem (‚numerisch') zwei (Substrat—Eidos) oder (‚wesensmäßig, der Seinsweise nach') drei Prinzipien (Hyle + Steresis — Eidos) erblicken[47]. ‚Numerisch' besagt soviel wie: ‚in (der Zahl nach) zwei verschiedenen Stadien eines Werdeprozesses anzutreffen' (Klumpen—Statue). Hyle und Steresis, obwohl numerisch eins, sind ‚dem Sein nach' verschieden, weil die Steresis als Negativität durch den Werdensprozeß zugrunde geht — soweit sich derartiges überhaupt formulieren läßt —, wohingegen die Hyle erhalten bleibt. So rückt die Steresis in die Nähe der akzidentellen ‚Gegensätze' (190b 14—16. 27)[48], die Hyle in die der beharrenden ‚Substanz' (190b 25—27). Fragen über Fragen knüpfen sich hier an, die erst später beantwortet werden können.

Auf eine Zweizahl von Prinzipien kommt man auch noch von einer etwas anderen Seite: Das Eidos bringt Werden zustande durch seine ‚Abwesenheit' (ἀπουσία) oder ‚Anwesenheit' (παρουσία) an der Hyle (191a 6 f). Gelöst wird durch diese Annahme nicht viel, da sich an ‚Abwesenheit' und ‚Anwesenheit' die gleichen Probleme knüpfen wie an ‚Steresis' und ‚Eidos'.

Aristoteles gibt am Ende von α 7 (191a 15—19) noch einmal ein kurzes Résumé: 1. Nur die Gegensätze sind Prinzipien (α 5). 2. Ein Substrat ist notwendig, und die Prinzipien sind drei (α 6). 3. Unterschied der Gegensätze voneinander, Verhältnis der Prinzipien zueinander, Natur des Substrats (α 7).

43 190b 15 ἀσχημοσύνη, ἀμορφία, ἀταξία. 191a 2 ἀσχημάτιστον.

44 Bezeichnend 190b 28 τὸ εἶδος, οἷον ἡ τάξις.

45 Der Tatbestand wird hier dem Zusammenhang zuliebe stark vereinfacht. Über Steresis Sach-Index s. v. *Steresis*.

46 o. 3.121a.

47 190b 36 f (umgestellt) δύο ὡς εἰπεῖν τῷ ἀριθμῷ, ἀλλὰ τρεῖς διὰ τὸ ἕτερον ὑπάρχειν τὸ εἶναι αὐτοῖς. Vgl. 190b 24.

48 Vgl. dazu Wagner, Komm. 432 f. — Aristoteles erleichtert die Annäherung, indem er das Akzidens gleich negativ wie eine Steresis formuliert: ἄμουσος weist auf μουσικός voraus. Bei λευκός und μέλας wäre es nicht so einsichtig gewesen.

Aristoteles spricht hier ständig von ‚Prinzip' (vgl. z. B. 191a 12 bis 22). Auf die Hyle angewendet bedeutet dies: Die Hyle als ‚Substrat' ist ‚Seinsprinzip', wie seinerseits das Eidos ‚Seinsprinzip' ist. Von den ‚Prinzipien' aus vollzieht sich der Übergang zu den ‚Ursachen' (αἰτίαι) ganz unmerklich und bruchlos; denn die aristotelischen ‚Ursachen' sind ja nicht einseitig kausal-mechanischer Natur, sondern umfassende ‚Seinsgründe'. Mit anderen Worten: Es besteht kein Unterschied zwischen ‚Hyle als Substrat' und ‚Hyle als einer der vier Ursachen'[49].

3.13 Zur Methode der Prinzipienfindung in α 7

Wolfgang Wieland hat in seinem Physikbuch unser Kapitel α 7 ausführlich im Sinne seiner sprachanalytischen Betrachtungsweise interpretiert[50] und zu zeigen versucht, daß Aristoteles die Prinzipien der γένεσις — also ὕλη, εἶδος und στέρησις — hier allein ‚aus der Analyse der Art und Weise gewinne, wie wir vom Werden der Dinge sprechen'. Er sieht in dem Kapitel ein Musterbeispiel für das sprachanalytische Verfahren des Aristoteles, mit Hilfe dessen er seine Prinzipien finde, die keine ‚metaphysischen Entitäten', sondern nur ‚Topoi, Einteilungsgesichtspunkte, Hilfsmittel der Forschung' seien. Ernst Tugendhat hat demgegenüber dargetan[51], daß Aristoteles zwar oft mit einer Analyse des Sprechens als solchem beginnt, sich dabei aber sofort auf das von der Sprache Gemeinte bezieht und von diesen Seinsstrukturen aus den sprachlichen Befund sichtet und wertet[52]. Dieses

[49] Daß es sich um zwei Seiten ein und desselben Sachverhaltes handelt, wird deshalb hervorgehoben, weil in der (neu)scholastischen Schultradition die beiden Komponenten oft überscharf voneinander abgehoben wurden. Ein ähnliches Ineinander verschiedener Komponenten sieht man bei der aristotelischen Metaphysik, die zugleich Prinzipienwissenschaft (Aitiologie), Ontologie, Substanzwissenschaft (Usiologie) und Gotteslehre (Theologik) ist (u. 4): Der unbewegte Beweger ist als höchste *Substanz, Form* und Inbegriff von ‚Sein' zugleich oberstes *Prinzip* des Kosmos. So kann man auch von der Hyle sagen: Sie ist als (unterstes) ‚Substrat' zugleich (letztes) ‚Seinsprinzip'. — Das Verflochtensein von Prinzipienwissenschaft und Ontologie (im weitesten Sinne) geht natürlich auf Platon und die Akademie zurück, vgl. die Zusammenfassung o. 2.51.

[50] *Die aristoteleische Physik*, 1962, 110—140.

[51] In seiner ausgezeichneten Rezension von Wieland, Gnomon 35 (1963) 543—555; das Zitat steht S. 545. Ebenso einleuchtend und instruktiv auch die Besprechung von Wielands Werk durch Wagner, Komm. 337—360, hier 343—348 (über α 7; vgl. auch S. 425). Kritisch zu Wieland auch W. Bröcker, *Aristoteles*, ³1964, 248—250. Vgl. die Bemerkungen über Wieland o. 1.18.

[52] Das zeigt sich besonders an der spezifisch aristotelischen Methode des ποσαχῶς λέγεται, bei welcher Aristoteles die verschiedenen Bedeutungen eines Wortes ja gerade dadurch zu unterscheiden und zu beurteilen vermag, daß er jeweils auf den von der Sprache gemeinten Sachverhalt zurückgreift (Tugendhat 547). Vgl. auch o. im Text.

Korrigieren der Sprache von der ‚Sache' aus zeigt sich sehr deutlich auch etwa phys. α 5, 188 b 8—11: Daß sich das Werde-Geschehen zwischen einander zugeordneten Gegensätzen abspiele, könne man bei ‚einfachen' Dingen (d. h. de facto: bei akzidentellen Vorgängen) an der Sprache ablesen, welche den Übergang von μέλας ⟶ λευκός, ἄμουσος ⟶ μουσικός usw. deutlich benenne; dieselbe Gegensatz-Struktur liege aber auch beim ‚Zusammengesetzten' (d. h. soviel wie: beim substantiellen Werden) vor, *obwohl hier die Sprache das eine Gegensatz-Glied nicht ausdrücke (also eine ‚Leerstelle' aufweist):* Denn es gibt nicht (analog dem ἄ-μουσος ⟶ μουσικός) ‚Un-Haus' ⟶ ‚Haus' o. dgl.[53]. Ebenso stellt er in gen.corr.A 3, 318 a 27—319 a 22 die Defizienz der Sprache gegenüber den Sachstrukturen von γένεσις und φθορά fest[54].

Daraus erhellt, daß die Prinzipien des Aristoteles keine rein formalen Topoi sind, sondern Ausdruck ontologischer ‚Gegebenheiten', Ausdeutung eines bereits vorgegebenen Sachverständnisses[55]. Dies alles läßt sich besonders deutlich an α 7 zeigen, wobei wir uns, da Tugendhat in seiner Widerlegung von Wielands Interpretation schon alles Wesentliche gesagt hat[56], kurz fassen können:

Hier geht es allein um den oben 3.121 (S. 283—285) besprochenen ersten Abschnitt von α 7 (189 b 30—190 b 17), der beweisen soll, daß bei allem Werden die drei Faktoren Hyle, Eidos, Steresis beteiligt sind. Obgleich Aristoteles das gesamte Werden so erklären will und deshalb am substantiellen Werden mindestens ebensoviel interessiert ist wie am akzidentellen, nimmt er seine Analyse überwiegend an Beispielen akzidentellen Werdens vor, weil — so vermuteten wir — das akzidentelle Werden dieser Analyse leichter zugänglich ist, auch in sprachlicher Hinsicht. Diese Vermutung kann jetzt zur Gewißheit erhoben werden:

Aristoteles will sich für die Gewinnung der drei Werdeprinzipien zunächst auf die Beobachtung der Sprache stützen[57]. Deshalb be-

[53] 188 b 10 f ἀλλὰ διὰ τὸ μὴ τὰς ἀντικειμένας διαθέσεις ὠνομάσθαι λανθάνει τοῦτο συμβαῖνον. Es ist merkwürdig, daß diese Stelle m. W. bisher noch nicht (genausowenig wie die nachstehende Stelle aus gen. corr.) für die Problematik von α 7 und Wielands These herangezogen wurde. — Das Motiv der sprachlichen ‚Leerstelle' (ὄνομα οὐ κεῖται u. dgl.) findet sich auch sonst öfter bei Aristoteles (vgl. den Hinweis *Der chemische Traktat* 308—310.)

[54] Das Richtige in vorzüglicher Klarheit bei Joachim 98—103 (vgl. auch dessen Text und Übersetzung; unzulänglich Text und Übersetzung von Mugler in der Coll. Budé).

[55] Vgl. Tugendhat 555.

[56] Tugendhat 547 f, woran wir uns eng anschließen.

[57] Diese seine Absicht ergibt sich hinreichend deutlich aus der Art seines Argumentierens. *Ausgesprochen* hat er es freilich nicht direkt, denn 190 a 14 ἐάν τις ἐπιβλέψῃ ὥσπερ λέγομεν heißt nicht, wie Wieland meint (148, vgl. 116; übernommen von Tugendhat 545 und Düring 612 A. 155) „wenn man darauf achtet, *wie wir aussagen*", sondern „if one examines them in the way we are describing" (so Ross und alle

schränkt er sich im ersten Teil des Beweisganges (189b 30—190a 31) auf das akzidentelle Werden, weil nur bei diesem das triadische Werde-Schema sprachlich-syntaktisch sichtbar wird. Im zweiten Teil (190a 31 bis b 17) überträgt er die so gewonnene Triade auf das substantielle Werden, ohne daß dies sprachlich legitimiert wäre, denn die Sprache kann beim Entstehen und Vergehen von Substanzen nicht Beharrendes und Wechselndes unterscheiden, weil die Akzidentien zwar von der Substanz ausgesagt werden können, diese aber ihrerseits nicht mehr Prädikat, sondern allein Subjekt ist[58].

Die Übertragung ist also nicht sprachanalytisch motiviert, sondern erwächst gegen die Sprachanalyse aus einer *sachlichen* Strukturverwandtschaft zwischen akzidentellem und substantiellem Werden. Worin Aristoteles die Verwandtschaft genau begründet sah, ist schwer zu sagen: Von den Beispielen substantiellen Werdens, die er 190b 3ff anführt, eignen sich die Techne-Beispiele noch am ehesten zu einem Vergleich (o. S. 284 u. ö.). Wir haben ferner das Modell der Seinsschichtung von der *prima materia* bis zu den Lebewesen herangezogen (o. S. 284f), um den Zusammenhang zwischen beiden Arten von Substrat etwas deutlicher zu machen. Trotzdem bleiben mannigfache Schwierigkeiten bestehen:

Die Lebewesen haben als Substrat bei der Erzeugung die καταμήνια des weiblichen Tieres, die Aristoteles für einen undefinierbaren (vielleicht noch nicht einmal richtig organischen) ‚Stoff' hält[59], also für eine Art Homoiomeres. Dieses Homoiomeres wird durch die Entwicklung des heranwachsenden Tieres in größere Zusammenhänge (organische Homoiomere, Anhomoiomere) eingefügt und differenziert, hält sich aber insofern durch, als im Lebewesen ein Grundstock anorganischer Homoiomere erhalten bleibt[60], der dann beim Tod des Lebewesens wieder hervortritt: In diesem Augenblick fallen nämlich die meisten Überformungen weg, und es bleiben nur anorganische flüssige oder feste Homoiomere übrig[61]. Man kann also, wenn man die

Kommentare und Übersetzungen; Wielands Versehen stellen Bröcker 249 und Wagner, Komm. 340. 347 richtig). ὥσπερ λέγομεν weist auf die laufende Erörterung hin und greift dabei auf den unmittelbar voraufgehenden Abschnitt zurück; ähnlich Λ 4, 1070b 10 ὥσπερ λέγομεν (Rückverweis auf 1070a 31).

58 190a 31—b 3, bes a 36. Vgl. Tugendhat 548: „Die Pointe des ganzen Beweisganges liegt somit in der Übertragung einer Struktur, die an unserem Reden vom γίγνεσθαι im allgemeinen gewonnen wurde, auch auf denjenigen Bereich, bei dem das λέγειν eine andere Struktur aufweist".

59 Vgl. 3.25 A. 130 die Stelle aus gen. an.

60 Deren Verhältnis könnte Aristoteles in einem λόγος τῆς μίξεως (u. 6.222) ausdrücken. Die modernen Chemiker sprechen davon, daß der Körper des Menschen, der Tiere und dergl. so viel Prozent Wasser enthalte, so viel Prozent Kochsalz usw.

61 Das meint Aristoteles, wenn er sagt, beim Vergehen eines Lebewesens bleibe ‚Erde und Wasser' zurück: gen. an. 735b 34—36. meteor. 4, 1, 379a 23. 11, 389b 10—12. Vgl. auch u. S. 299 A. 89.

männlichen Tiere außer acht läßt und den ganzen Vorgang stark vereinfacht, eine Art ‚Beharren‘ des Substrats zwischen den weiblichen Tieren einer Zeugungskette denken. Von einer Selbstidentität des Substrats wie beim akzidentellen Werden oder sogar beim Werden der Techne kann freilich nicht gesprochen werden. Viel einleuchtender ist bei den Lebewesen umgekehrt das Beharren des Eidos inmitten mannigfacher Veränderung des Substrats[62].

Die bisher als ‚beharrendes‘ Substrat betrachteten anorganischen Homoiomere sind ja auch nur relativ stabil und verweisen weiter auf die Elemente, diese hinwiederum auf die *prima materia* zurück. Das unterste Substrat ist als solches qua amorph dem Wechsel entzogen und ‚beharrt‘, aber sein Beharren und seine Selbstidentität ist nur negativ bestimmbar (Freisein von jeglicher Form), nicht positiv.

Die Übertragung des triadischen Schemas von der akzidentellen ‚Veränderung‘ auf das substantielle ‚Werden‘ wirft also viele Probleme auf, und man muß den Substratbegriff flexibel halten und abwandeln, um ihn überall anwenden zu können. Trotz dieser inneren Schwierigkeiten ist das Triadenmodell für Aristoteles und für die Zeit nach ihm unerhört fruchtbar geworden.

3.14 Bemerkungen zu α 8/9

3.141 Die Kapitel α 8 und 9 fügen den Feststellungen von α 7 mehr hinzu, als man oft annimmt[63], können hier aber nur mit wenigen Bemerkungen gestreift werden. Dabei soll die Frage unerörtert bleiben, ob α 8/9 von Aristoteles aus *De philosophia* übernommen worden sind[64].

In α 8/9 wendet Aristoteles die Ergebnisse von α 7 auf die Lehren seiner Vorgänger an, in α 8 auf die Eleaten, in α 9 auf Platon. Die eleatische starre Antithese von ‚absolutem Sein‘ — ‚absolutem Nichtsein‘, die jedes Werden und jede Vielheit ausschließt, sucht er durch die Unterscheidung von ‚absolutem‘ und ‚relativem‘ Nicht-Sein (ἁπλῶς — κατὰ συμβεβηκός) zu überwinden. Am Schluß von α 8 kommt dann auch noch der Zwiebegriff von δύναμις und ἐνέργεια in

[62] Z. B. geht beim Tod eines männlichen Lebewesens dem betreffenden Eidos einfach Substrat ‚verloren‘, während durch den Zeugungsakt das Eidos auf jeden Fall weitergegeben wird.

[63] Dies betont mit Recht O'Donoghue 26, weshalb er dann 26ff eine Erörterung der beiden Kapitel anschließt.

[64] So M. Untersteiner, Riv. filol. 87 (1959) 1—23 und entsprechend in seiner Ausgabe Aristotele, *Della filosofia*, 1963 S. 8—12 (Text und Übersetzung), 91—116 (Commento). Vgl. auch M. Isnardi Parente, Riv. filol. 96 (1968) 129 ff. Untersteiners Argumente für die Zuweisung von α 8/9 an *De philosophia* scheinen mir nicht stichhaltig, was ich jedoch hier nicht näher begründen kann. Vgl. dazu die demnächst im ‚Gnomon‘ erscheinende Rezension von Untersteiners Ausgabe durch Wolfgang Haase. — Zur Erklärung von α 8/9 vgl. außer den Kommentaren (zuletzt Wagner 438—444) Untersteiners ‚Commento‘ und Isnardi Parente (s. o.).

den Blick, also diejenige Lösung des Werdeproblems, an die sich Aristoteles sonst ausschließlich hält[65].

3.142 In α 9 zeigt er gegenüber der platonisch-akademischen Zweizahl von Prinzipien (ἕν — ἀόριστος δυάς o. dgl.) die Notwendigkeit seiner Trias von Hyle, Steresis und Eidos an *Sein* (a) und *Wert* (b) auf: a) Platon und die Akademiker halten nach Aristoteles' Ansicht insoweit an der eleatischen Dichotomie von Sein/Nichtsein fest, als sie ihr Materie-Prinzip (schlechthin) als ‚Nicht-sein' (μὴ ὄν) fassen — weswegen sie, dürfen wir weiter folgern, das Zusammenwirken der Prinzipien und das Werden letztlich doch nicht zu erklären vermögen. Aristoteles glaubt mit seiner Unterscheidung von Hyle und Steresis das Problem zu lösen: Hyle als Substrat besitze fast soviel ‚Sein' wie die Substanz (sei also nur *relatives* Nichtsein), während die Steresis als Gegensatz zum Eidos *an sich* ‚nicht-seiend' (οὐκ ὂν καθ' αὑτήν) sei. Diesem verschiedenen *Seins*-Modus von Hyle—Substrat und Steresis entspricht b) eine *axiologische* Differenz, d. h. ein Unterschied hinsichtlich des ‚positiven' bzw. ‚negativen' Verhaltens im Weltgeschehen: Die Hyle wirkt positiv beim Werden mit wie eine ‚Mutter', sie ‚strebe gemäß ihrer Natur' nach dem ‚Göttlichen, Guten und Erstrebenswerten'[66]. Dagegen stelle die Steresis einen scharfen Gegensatz zu eben diesem ‚Göttlichen' dar und bewirke demgemäß ‚Schlechtes'[67]. Wenn man — wie die Platoniker — beide Tendenzen nicht auf zwei Faktoren verteile, sondern einem einzigen Faktor, nämlich dem Materie-Prinzip, zuschreibe, gelange man zu der widersinnigen Annahme, daß die Materie, indem sie die Form erstrebt, zugleich ihre eigene Auslöschung erstrebe[68].

[65] Warum er sie hier in α 8 erst an zweiter Stelle und gleichsam nebenbei einführt, wissen wir nicht. Mit Entwicklungshypothesen kommt man nicht weiter, denn der δύναμις-ἐνέργεια-Begriff ist auch im Protreptikos vorhanden (fr. 14 Ross) und basiert stark auf platonisch-akademischen Anregungen: vgl. Solmsen 80 mit A. 24. Isnardi Parente 141—148 (143 anfechtbare Erörterungen über die Herkunft der aristotelischen Prinzipien von Platon). Überzeugend gegen die entwicklungsgeschichtlichen Erklärungen von δύναμις/ἐνέργεια (Gohlke, Wundt) G. Reale, *La dottrina aristotelica della potenza, dell'atto e dell'entelechia nella Metafisica*, in: Scritti di filosofia . . . in onore di Francesco Olgiati, Milano 1962, 145—207.

[66] 192a 13 f ἡ μὲν γὰρ ὑπομένουσα συναιτία τῇ μορφῇ τῶν γιγνομένων ἐστίν, ὥσπερ μήτηρ. a 16—19 ὄντος γάρ τινος θείου καὶ ἀγαθοῦ καὶ ἐφετοῦ ist die Hyle dasjenige, ὃ πέφυκεν ἐφίεσθαι καὶ ὀρέγεσθαι αὐτοῦ (sc. τοῦ θείου κτλ.) κατὰ τὴν αὑτοῦ φύσιν. a 22f τοῦτ' (sc. τὸ ἐφιέμενον) ἔστιν ἡ ὕλη, ὥσπερ ἂν εἰ θῆλυ ἄρρενος καὶ αἰσχρὸν καλοῦ (dazu a 23—25). Die Termini ὀρέγεσθαι und ἐφίεσθαι erscheinen auch a 19 f.

[67] 192a 14—16 ἡ δ' ἑτέρα μοῖρα τῆς ἐναντιώσεως πολλάκις ἂν φαντασθείη τῷ πρὸς τὸ κακοποιὸν αὐτῆς ἀτενίζοντι τὴν διάνοιαν οὐδ' εἶναι τὸ παράπαν. Vgl. a 17 τὸ μὲν (sc. τὴν στέρησιν) ἐναντίον αὐτῷ (sc. τῷ θείῳ καὶ ἀγαθῷ καὶ ἐφετῷ) φαμεν εἶναι.

[68] 192a 19—22, bes. 19 f τοῖς δὲ συμβαίνει τὸ ἐναντίον ὀρέγεσθαι τῆς αὑτοῦ φθορᾶς.

3.143 Die scharfsinnigen Unterscheidungen, die Aristoteles hier (und zum Teil an anderen Stellen wie Λ 10 und N 1) macht, sind lehrreich (vgl. unten), dürfen aber nicht übergenau genommen werden:

a) Denn Aristoteles hält vielleicht *theoretisch* immer und überall an seiner Triade fest[69], spricht aber *de facto* (in den Einzelerörterungen über das Werden) meist nur von der *Zweiheit* Hyle—Form. Damit erhält die Hyle also doch wieder jene Ambivalenz, die Aristoteles vermeiden möchte und die er am platonisch-akademischen Materie-Prinzip tadelt: Auf ὕλη geht ebenso das Streben nach Form = Ziel = Agathon (im Einzelding und im Gesamt-Kosmos) zurück wie das zielfreie kausal-mechanische Wirken der Elementar-Kräfte und Elementar-,Stoffe', das öfter zu Störungen und Fehlschlägen im Naturablauf, d. h. zum κακόν, führt[70]. Entsprechend hat sie auch einen Seinsmodus, der zwischen dem von Aristoteles als vollgültig betrachteten ,Wirklichsein' der Form (ἐνεργείᾳ εἶναι) und dem ,Nicht-sein' irgendwie ,in der Mitte' liegt[71].

b) Aristoteles grenzt sich in α 9 (wie in Λ 10 und N 1) deutlich von Platon ab, um seinen eigenen Ansatz besser sichtbar werden zu lassen. Doch stellt man bei genauerem Zusehen fest, daß die aristotelische Konzeption des Gegensatz-Substrat-Schemas bei Platon (und in der Akademie) stärker vorgebildet ist, als man nach der Darstellung des Aristoteles glauben sollte: So hat man schon längst auf Stellen aus den platonischen Dialogen hingewiesen, besonders auf den ,Phaidon', wo Platon schon so etwas wie ein Gegensatz-Substrat-Schema entwickelt[72]. In anderen Dialogen (z. B. dem Symposion) kann man Vorstufen des Steresis-Gedankens finden[73], und die Reflexe der platonisch-akademischen Systoichienlehre in met. Γ/K deuten darauf hin, daß Platon und die Akademie die ,Materie' (und die ihr verwandten Begriffe) nicht als starren Gegensatz zur ,Form' (und den mit ihr zusammenhängenden Begriffen) sahen, sondern die ,Rubrik' (Systoichie) der Materie als ein *Ineinander* von *zwei* Aspekten dachten, von ,Substrat' und ,Steresis'[74].

Wichtiger als diese Probleme von ,Zweiheit' oder ,Dreiheit' der Werdefaktoren scheint mir, daß hier in α 9 die *Aktivität der Hyle* klar

[69] Dies gilt auch für met. Γ/K (vgl. u. 4.52) und für die biologischen Schriften (wenn man vom untersten Substrat einmal absieht; vgl. u. 6.21, 6.3).

[70] Auf diese beiden Tendenzen des Hyle-Wirkens gehen wir mehrfach ein, vgl. Sach-Index s. v. *Hyle 6c* (Verweise). Dort auch über die platonisch-akademischen Lehren, an die Aristoteles dabei anknüpft.

[71] Man denkt natürlich hier wieder an den δύναμις-Begriff, der immerhin in 192a 27 kurz erwähnt wird (192a 2 liegt anders), aber sonst in α 9 merkwürdig wenig hervortritt. Vgl. über δύναμις in α 8 o.3.141, über δύναμις insgesamt u. 8.23.

[72] Darüber (nach Cornford und Cherniss) Solmsen 83—85 (und ff). Düring 233. Isnardi Parente 141 A. 1.

[73] Vgl. o. 2.25 Ende, u. 4.52, 4.64.

[74] Vgl. vorstehende Anm., dazu auch Isnardi Parente 140 A. 1.

hervorgehoben wird. Die biologischen Bilder, die dabei erscheinen[75], dürfen nicht von der Tatsache ablenken, daß hier ein — über alle anthropomorphen Denkformen hinausgehender — zentraler *philosophischer* Gedanke ausgesprochen wird: das Streben des Materie-Prinzips und des — durch dieses Prinzip stark bestimmten — unvollkommenen Seins zum Vollkommenen[76].

3.15 Die drei ‚klassischen' Definitionen der ὕλη

3.151 Am Schluß von α 9 spricht Aristoteles noch über die Frage, ob die ὕλη jeweils vergeht und wird oder ob sie unvergänglich ist, und erweist ihre Unvergänglichkeit. Dabei gibt er in Parenthese eine *‚Definition'* von ὕλη, die ausdrücklich notiert sei: α 9, 192a 31 f λέγω γὰρ ὕλην τὸ πρῶτον ὑποκείμενον ἑκάστῳ ἐξ οὗ γίγνεταί τι ἐνυπάρχοντος μὴ κατὰ συμβεβηκός „denn ich nenne ὕλη das erste Substrat jedes Gegenstands, welches nicht auf akzidentelle, sondern auf wesentliche Weise immanente Ursache seines Werdens ist"[77]. Diese Definition fragt über das unmittelbar gegebene ‚oberste' Substrat (z. B. Material der Techne, καταμήνια beim Tier usw.) nicht weiter zurück und erwähnt auch nicht den für Aristoteles zentralen δύναμις-Begriff. Dies geschieht in zwei anderen *‚Definitionen'*, die in der Literatur gelegentlich[78] mit der Stelle aus α 9 zu einer Dreiheit ‚klassischer' Hyle-Definitionen zusammengestellt werden und deshalb hier noch angefügt

[75] μήτηρ Anklang an Timaios; θῆλυ — ἄρρεν; auch ἐφίεσθαι, ὀρέγεσθαι. Vgl. dazu o. 1.35 g und Le Blond, *Logique et méthode* 364 (mit Umgebung).

[76] Interessant die Einwände Avicennas gegen den *appetitus materiae*, die Thomas phys. 137 zu unserer Stelle referiert. Einiges zur ideengeschichtlichen Nachwirkung dieser aristotelischen Gedanken u. 9.

[77] Die Übersetzung lehnt sich an Wagner an, der Komm. 443 f den Ausdruck zutreffend erklärt. πρῶτον ‚erstes' vom Gegenstand aus, also von der πρώτη ὕλη aus ‚letztes' Substrat. ἐνυπάρχοντος charakteristisch für die Materie, die als Ursache dem Gegenstand, welcher wird, nicht äußerlich bleibt, sondern in ihn eingeht, also ‚immanente' Ursache ist (Belege bei Wagner). μὴ κατὰ συμβεβηκός versteht sich im Gegensatz zur Steresis, die *unwesentlicher* Ausgangspunkt für das Werden eines Gegenstandes ist (vgl. 190b 25—27). Präzise die Erklärung von Thomas phys. 139: Hoc enim dicimus materiam, primum subiectum ex quo aliquid fit per se et non secundum accidens, et inest rei iam factae (et utrumque eorum ponitur per differentiam privationis, ex qua fit aliquid per accidens, et non inest rei factae). Vgl. als Parallele und zugleich Kontrast Z 3, 1029a 1—4 μάλιστα γὰρ δοκεῖ εἶναι οὐσία τὸ ὑποκείμενον πρῶτον. τοιοῦτον δὲ τρόπον μέν τινα ἡ ὕλη λέγεται, ἄλλον δὲ τρόπον ἡ μορφή, τρίτον δὲ τὸ ἐκ τούτων (λέγω δὲ τὴν μὲν ὕλην οἷον τὸν χαλκόν κτλ.).

[78] So vor allem in der neuscholastischen Literatur, die dabei z. T. an die Schematismen der antiken, mittelalterlichen und frühneuzeitlichen Aristoteles-Kommentare anknüpft.

seien, obschon sie ihrer Thematik nach — mindestens zum Teil — an andere Stelle gehören[79]:

3.152 Zweite Definition, met. H 1, 1042a 27 f ὕλην δὲ λέγω ἣ μὴ τόδε τι οὖσα ἐνεργείᾳ δυνάμει ἐστὶ τόδε τι. Hier erscheint nun der bedeutsame Zwiebegriff δύναμις — ἐνέργεια, der immer wieder bei Aristoteles das Verhältnis ὕλη — εἶδος charakterisiert[80]: Die ὕλη besitzt weder ‚Wirklichkeit' (ἐνέργεια) noch ‚selbständige Subsistenz' (χωριστὸν εἶναι)[81] im gleichen Sinne wie das von der Wesensform bestimmte Einzelding (τόδε τι; σύνολον) aber sie ist auf all dies ‚angelegt' und ‚tendiert' dorthin (δυνάμει). Der Zusammenhang der Stelle zeigt, daß hier (wie in α 9) an eine schon ziemlich stark differenzierte Materie (also an ein ‚letztes' Substrat wie καταμήνια, χαλκός usw.) gedacht ist, nicht an eine absolut unbestimmte Materie. Diese wird an der folgenden Stelle in den Blick gefaßt.

3.153 Dritte Definition, met. Z 3, 1029 a 20 f λέγω δ' ὕλην ἣ καθ' αὑτὴν μήτε τὶ μήτε ποσὸν μήτε ἄλλο μηδὲν λέγεται οἷς ὥρισται τὸ ὄν. Die ὕλη steht ihrem Wesen nach (καθ' αὑτήν) ‚jenseits' aller kategorialen Bestimmungen, seien sie substantiell (τὶ) oder akzidentell (ποσόν usw.), ist also a-kategoriale (oder prae-kategoriale) *reine Unbestimmtheit*. Daß sie jedoch auf all diese Bestimmtheiten angelegt ist (δύναμις), d. h. ein τὶ, ποσόν usw. zu werden strebt, wird an dieser Stelle — deren Argumentation sich um andere Dinge dreht — nicht gesagt, darf aber, wenn wir an H 1 und α 9 zurückdenken, ohne weiteres ergänzt werden[82]. Z 3 deutet in nuce auf das allgemeinste und umfassende Hyle-Prinzip des Aristoteles hin.

3.16 Schluß

Man sollte nun noch verwandte Erörterungen über γένεσις bei Aristoteles mit α 7 vergleichen[83], aber das ist zum Teil nicht nötig, zum Teil wird es im Folgenden geschehen: Nicht nötig ist es etwa,

[79] Die Stelle aus Z 3 wird u. 7.823a ausführlicher besprochen, die aus H 1 gehört sachlich zu 8.23. Über das Verhältnis der Definitionen zueinander einiges o. 1.16, 1.17 (bes. 1.171).

[80] Einiges dazu u. 8.23.

[81] Z 3, 1029a 27—30 werden gerade die Bestimmungen χωριστόν und τόδε τι dazu verwendet, ὕλη und οὐσία voneinander abzugrenzen: Da die οὐσία beide Charakteristika in vollem Maße besitze, die ὕλη aber nicht, könne die ὕλη nicht οὐσία sein. Vgl. die Erklärer z. St., u. 7.823a und nachstehend 3.153.

[82] Daß δύναμις und aktives Streben auch dem allgemeinsten Hyle-Prinzip (also der ‚reinen Unbestimmtheit') zukommen, wird u. 8.245, 8.251 gezeigt.

[83] Diesen Vergleich führt z. B. O'Donoghue 31—33 durch.

Λ 10 und N 2, wo Aristoteles ebenfalls seine Triade gegenüber der platonisch-akademischen Dyade betont, heranzuziehen, weil diese Stellen gegenüber α 7 nichts Neues lehren. Die hergehörigen Abschnitte aus cael., gen. corr. und meteor. werden im Folgenden unter dem Stichwort ‚*prima materia*' besprochen[84]. Einen kurzen Hinweis erfordert jedoch Λ 1/2 (1069 b 3 ff), wo in abrißhafter Knappheit das Werde-Problem behandelt wird (Triade, Arten der μεταβολή, δύναμις — ἐνέργεια): Auf den ersten Blick scheint die Einführung der Triade gegenüber α 7 (und überhaupt phys. α) nichts Neues zu bieten[85]. Das trifft aber schon *inhaltlich* nicht zu, weil Aristoteles sich in Λ 1/2 völlig auf den δύναμις-Begriff stützt usw. Noch wichtiger ist der Unterschied im *Methodischen*[86]: Λ 1/2 wird die Triade nicht aus einer *Sprach*-Analyse entwickelt, sondern aus einer *Sach*-Analyse von μεταβολή. Dies zeigt neben den anderen oben *3.13* schon genannten Gründen zusätzlich, wie unangemessen eine rein sprachanalytische Interpretation von α 7 und der aristotelischen Philosophie im ganzen ist. Wenn man das Verfahren von Λ 1/2 überhaupt mit phys. α vergleichen will, kann man es eher mit α 4—6 verbinden als mit α 7[87].

3.2 Das Substrat im Bereich der Elemente: *prima materia*

3.21 Vorbemerkung: Substratgedanke und Seinsschichtung

In Physik α wird das triadische Denkmodell von Gegensatz und Substrat an der vollbestimmten Einzelsubstanz (z. B. Mensch) aufgewiesen und mehr mit Beispielen der leichter faßbaren akzidentellen ‚Veränderung' als mit solchen des substantiellen ‚Werdens' illustriert. Natürlich ist hierbei das Schema prinzipiell gemeint[88], und es soll für das gesamte Werden gültig sein, aber dieser Frage wird nicht explizit nachgegangen. Cael. III/IV, gen. corr. und meteor. A 3 hinwiederum wird die Triade mehr oder minder deutlich und ausführlich auf den ‚untersten' Naturbereich der Elemente angewendet.

84 In gen. corr. gehen wir auf die von O'Donoghue 31—33 besprochene Stelle A 4 nicht weiter ein.

85 Ähnlich scheint es O'Donoghue 33 zu empfinden: „The most complete summary of the argument of the Physics is that given in Metaphysics Λ 2".

86 Darauf weist zu Recht Tugendhat, Gnomon 35 (1963) 548 hin.

87 Die entwicklungsgeschichtlichen Hypothesen über die Beziehung zwischen α und Λ und ihre Datierung (zuletzt darüber Düring 189—194) bleiben hier ganz außer Betracht.

88 Vgl. o. S. 287 A. 35 über α 7, 191 a 7 f. — Auch met. Λ 10 und N 1 wird das Schema prinzipiell verstanden.

Um nun die Betrachtung der Elemente an die Gedankengänge von phys. α anknüpfen zu können, ist an Hand des eben schon vorgeführten aristotelischen Modells der Seinsstufung nochmals kurz zu überlegen, wie der Substratbegriff sich in den einzelnen Seinsschichten abwandelt, d. h. bei Lebewesen, Produkten der Techne, Anhomoiomere, Homoiomere. Die akzidentelle ‚Veränderung' ist in allen Schichten unproblematisch, nicht aber das substantielle Werden und Vergehen: Lebewesen, Anhomoiomere und organische Homoiomere zerfallen bei ihrem Tode in die Homoiomere (oder Elemente) ‚Erde' und ‚Wasser'[89]. Ähnliches gilt vom Vergehen der anorganischen Homoiomere und der technischen Produkte. Umgekehrt bauen sich die ‚höheren' Produkte aus den Elementen neu auf. Man darf also vereinfachend sagen: Substrat alles substantiellen Werdens und Vergehens sind letztlich die Elemente[90].

Während Aristoteles in den biologischen Schriften — und in meteor. 4 — die Elemente (bzw. die ‚Elementarqualitäten') als gegebene Größen nimmt und sie nicht weiter zergliedert[91], bespricht er an anderen Stellen mehrfach die Umwandlung der Elemente ineinander, die ja einen notwendigen Bestandteil seiner Kosmologie und damit Ontologie darstellt[92], und analysiert dabei die Elemente in ein beharrendes, absolut qualitätsloses Substrat, die ‚erste Materie', und die an diesem Substrat sich ablösenden, einander entgegengesetzten vier Elementarqualitäten Warm, Kalt, Feucht und Trocken. Die früheste Behandlung des Themas in cael. III/IV hat etwas Vorläufiges an sich und läßt noch viele Fragen offen. Definitive Lösungen erbringen erst die Untersuchungen von gen. corr., die auch für die Folgezeit fast kanonische Geltung erlangt haben. Die knappe Bemerkung in meteor. Α 3 schließlich verweist nur kurz auf gen. corr. zurück. Wir können uns an diese chronologische Reihenfolge[93] halten, weil sie mit der Entfaltung des Sachproblems parallel geht.

3.22 Die Analyse der Elemente in De caelo[94]

Aus den zwei ersten Büchern ist nur Β 3 hervorzuheben, wo Aristoteles schematisch-deduktiv die vier Elemente erschließt und sagt, daß sie in ständiger Wechselwirkung ineinander übergehen. Der

[89] Vgl. o. S. 292 A. 61, wo weitere Hinweise.

[90] Die Rolle des weiblichen Lebewesens bei der Zeugung ist hier bewußt übergangen worden.

[91] Darüber u. 6, ferner 8.246 u. ö.

[92] Ohne den Kreislauf der Elemente ist sein Weltbild nicht denkbar (*Kosmologie und Metaphysik* 167—169). Vgl. durchweg Solmsen, bes. 339 ff.

[93] Zur Chronologie vgl. Solmsen 296—298. 393—407.

[94] Da die Versuche, innerhalb von De caelo mehrere Schichten verschiedener Entstehungszeit zu unterscheiden, bisher noch keine eindeutigen Ergebnisse erbracht

Begriff eines gemeinsamen Substrats wird angedeutet, aber nicht weiter ausgeführt[95].

Das über die vier sublunaren Elemente und deren γένεσις handelnde Buch III analysiert in immer neuen Anläufen die Körperwelt[96] und geht dabei auch zum Teil hinter die vier Elemente Erde, Wasser, Luft und Feuer zurück, indem es feststellt, daß die Elemente ineinander übergehen (Γ 6), und die Bedingungen dieses Überganges untersucht[97]. In dem ganz der Kritik an Platon gewidmeten Γ 8 wird der Begriff des untersten Substrats deutlich ausgesprochen, aber wiederum nicht ausgewertet[98].

Da Buch IV (über ‚Schwer und Leicht') die spezifische Schwere bzw. Leichtheit jedes der vier Elemente erklären soll, betont Aristoteles viel stärker das, was die Elemente voneinander trennt, als das ihnen Gemeinsame. So kritisiert er in Δ 2 Platon, daß er gegen allen Augenschein die verschiedenen Elemente „aus einer einzigen Hyle" hervorgehen lasse[99], und wiederholt etwas später diese Kritik in ähnlicher Form[100]. Gemeint ist, daß den Elementen keine Materie gemeinsam sein kann, die schon spezifisch ausgeformt ist (z. B. bestimmte Urdreiecke, bestimmte Atome u. dgl.), weil so die charakteristischen Unterschiede zwischen den Elementen zugunsten eines ausgeprägten Gemeinsamen verwischt werden und nur noch schwer erklärt werden können. Man kann hier schon e silentio schließen, wie die eigene Lösung des Aristoteles aussehen muß: Da die Umwandlung der Elemente ineinander ein gemeinsames Substrat voraussetzt, muß dieses ‚an sich' völlig unspezifisch sein; schon die erste Überformung macht dann das absolut qualitätslose Substrat zu einem der vier Elemente mit allen spezifischen Eigenschaften des betreffenden Elements. Diese Lösung, welche in gen. corr. ausführlich entwickelt wird[101], deutet

haben (vgl. Solmsen 293—303), lassen wir solche chronologischen Fragen hier beiseite, sofern sie sich nicht wie bei den Stellen aus cael. Δ 4/5 unmittelbar anbieten. — Zu den im Folgenden genannten De caelo-Stellen ist durchgehend der Kommentar von Leo Elders, *Aristotle's Cosmology*, Assen 1966, zu vergleichen.

[95] 286a 20—34. Als er von der Existenz der Erde aus die Existenz des Feuers erschließt, sagt er 25 ἡ γὰρ αὐτὴ ὕλη τῶν ἐναντίων, wendet also das Gegensatz-Substrat-Schema an und ist damit praktisch schon bei der *prima materia* angelangt.

[96] Z. B. Γ 3, 302a 14—b 9: Was ist ein ‚Element' und warum muß es ‚Elemente' geben?

[97] Γ 7 widerlegt u. a. die Theorien des Empedokles, Demokrit und Platon über die Umwandlung der Elemente ineinander. An Formulierungen wichtig nur 305b 4 f ὥσπερ ἐξ ἀγγείου τῆς γενέσεως οὔσης ἀλλ' οὐκ ἔκ τινος ὕλης.

[98] 306b 16—22 ὥσπερ γὰρ καὶ ἐν τοῖς ἄλλοις ἀειδὲς καὶ ἄμορφον δεῖ τὸ ὑποκείμενον εἶναι (μάλιστα γὰρ ἂν οὕτω δύναιτο ῥυθμίζεσθαι, καθάπερ ἐν τῷ Τιμαίῳ γέγραπται, τὸ πανδεχές), οὕτω καὶ τὰ στοιχεῖα δεῖ νομίζειν ὥσπερ ὕλην εἶναι τοῖς συνθέτοις· διὸ καὶ δύναται μεταβάλλειν εἰς ἄλληλα χωριζομένων τῶν κατὰ τὰ πάθη διαφορῶν.

[99] Δ 2, 308b 10—12 ἔκ τινων γὰρ τῶν αὐτῶν εἶναι πάντα τὰ σώματα καὶ μιᾶς ὕλης, ἀλλ' οὐ δοκεῖν.

[100] Δ 2, 309b 29—310a 13.

[101] u. 3.23.

Aristoteles cael. Δ 4/5 im wesentlichen an, wenn auch der Textbefund manche Fragen aufgibt:

Nachdem er in Δ 4 themagemäß das ‚spezifische Gewicht' der vier Elemente behandelt hat, kommt Aristoteles 312 a 12 recht unvermittelt[102] auf ὕλη und εἶδος zu sprechen:

a) Das ‚Umfassende' hat den Charakter der ‚Form', das ‚Umfaßte' mehr den der ‚Materie'. Diese Unterscheidung zwischen einem formalen und einem materialen Element findet sich in allen Kategorien, z. B. bei der Qualität und der Quantität. Beim ‚Ort' zeigt sie sich darin, daß sich das Obere zum Unteren wie die Form zur Materie verhält (312 a 12—16). Die Stelle verdient nähere Betrachtung[103], weil sie — ähnlich wie Λ 4/5 usw. — erkennen läßt, wie der Zwiebegriff ὕλη — εἶδος weit über die ‚normale' Geltung von ‚Materie' und ‚Form' hinaus ein Paar umfassender ‚Transzendentalien' darstellt. Diese Weite hat er schon von Platon und der Akademie her in sich, und aristotelische Neuerungen wie die Konvertibilität von ὕλη = δύναμις und εἶδος = ἐνέργεια haben dies noch verstärkt[104].

Freilich hat unsere Stelle mit der Argumentation von Δ 4 sehr wenig zu tun, und Solmsen mag recht haben, wenn er in ihr einen losen Nachtrag sieht[105].

b) Ähnliches gilt von 312 a 17—21 und den Hyle-Stellen in Δ 5, die zwar auf das Thema ‚leicht—schwer' eingehen, aber doch irgendwie aus dem Zusammenhang herausfallen[106]. Wir sprechen sie kurz der Reihe nach durch: α) Die Hyle für das ‚Schwere' und das ‚Leichte' ist dieselbe, weil die Hyle gleichermaßen die Potenz zum Schweren und zum Leichten in sich hat und erst in der Aktualisierung die eine der beiden Möglichkeiten verwirklicht und damit die andere ausschließt (312 a 17—21)[107]. β) Da die Elemente hinsichtlich der ‚Schwere' und ‚Leichtigkeit' genau differenziert sind (absolut leicht, relativ leicht, relativ schwer, absolut schwer), muß das gemeinsame Substrat der vier Elemente (insofern gibt es ‚*eine* ὕλη' von ihnen) die Potenz zu

[102] Longo interpungiert hinter 312 a 12 ἀήρ nur leicht und druckt bis a 21 keinen Einschnitt: Trotzdem sehe ich keine Gedankenverknüpfung. Guthrie macht richtig hinter 312 a 12 einen Absatz.

[103] Vgl. dazu u. 4.214 b, 5.431 und 8.271 b.

[104] Bei der ‚Orts'-Kategorie sind mindestens zwei Einflüsse zusammengekommen: Die sinnliche Vorstellung ‚Grenze' — ‚Umgrenztes', verstärkt durch den platonisch-akademischen Gedanken, daß das πέρας ontologischen Vorrang vor dem Umgrenzten habe; die Werthierarchie, gemäß welcher ‚nach oben zu' das Sein immer vollkommener wird, so daß also das Obere eo ipso der Form zugehören muß. Vgl. die in vorst. Anm. genannten Stellen.

[105] Solmsen 284 A. 32.

[106] Vgl. Solmsen 284 A. 32. 297 A. 32.

[107] a 18 f καὶ ἔστι μὲν ἡ αὐτή (δυνάμει), τὸ δ' εἶναι (ἐνεργείᾳ) οὐ ταὐτόν: Richtig die Übersetzung von Longo, unbefriedigend Guthrie. Vgl. die parallelen Formulierungen u. A. 108, in gen. corr. (u. 3.232) und meteor. A (u. 3.24 A. 126).

diesen vier Differenzen in sich bergen, in die es sich dann aktuell entfaltet (insofern gibt es vier ὕλαι)[108]. γ) Etwas später in Δ 5 betont er nochmals die Notwendigkeit der ‚vier ὕλαι' und lehnt ein gemeinsames Substrat ab, ohne zu sagen, daß er doch selber für ein solches eintritt, wenn es nur absolut qualitätslos ist und die Differenzierung der vier Elemente ermöglicht[109].

Es ist nicht ausgeschlossen, daß Aristoteles hier in cael. Δ gegenüber seinen Vorgängern ursprünglich nur die Differenzen der Elemente (also die vier ὕλαι) betont hat und die Hinweise auf das gemeinsame Substrat erst nachträglich zusetzte, als er gen. corr. ausgearbeitet hatte[110]. Wie dem auch sei, cael. Δ und überhaupt die Belege aus De caelo enthalten nur Ansätze zu einem untersten Substrat, der ‚*prima materia*', welche Aristoteles erst in De gen. et corr. zur Entfaltung gebracht hat.

3.23 Prima materia in De generatione et corruptione[111]

3.231 Die prima materia als ‚ungetrenntes δυνάμει ὄν'

Wir beginnen mit der entscheidenden Stelle gen. corr. B 1, 329 a 24—b 3, an welcher Aristoteles nach einer Kritik hauptsächlich des platonischen Materiebegriffes[112] seine eigene Ansicht deutlich darlegt. Zunächst faßt er seine Erörterungen von phys. α 6/7 so zusammen: Jeder sinnlich wahrnehmbare Körper hat ein Substrat, das jedoch nicht ‚getrennt', sondern nur zusammen mit einem der ‚Gegensätze, existiert (a 24—26). Unter den ‚Gegensätzen' versteht er die jeweils wechselnde Formbestimmtheit, die er als Widerspiel von Eidos und Steresis begreift. Da nun diese Hyle auf der untersten Seinsstufe auch die anderen Elemente aus sich hervorgehen läßt (a 26. 27—29) und gerade dies zum Thema von gen. corr. gehört, wendet er sich speziell den Elementen zu:

Die vier Elemente sind keine letzten Einheiten, sondern zusammengesetzt aus Substrat (Hyle) und je zwei der vier gegensätz-

[108] Δ 5, 312 a 22—33, bes. 30—33 ἀνάγκη καὶ τὰς ὕλας τοσαύτας εἶναι ὅσαπερ ταῦτα (sc. τὰ στοιχεῖα), τέτταρας, οὕτω δὲ τέτταρας ὡς μίαν μὲν ἁπάντων τὴν κοινήν, ἄλλως τε κἂν εἰ γίγνεται ἐξ ἀλλήλων, ἀλλὰ τὸ εἶναι ἕτερον.

[109] 312 b 19—313 a 13.

[110] Vgl. Solmsen 284 A. 32.

[111] Im Folgenden werden durchweg vorausgesetzt die beiden Arbeiten von H. R. King, *Aristotle without Prima Materia*, J. Hist. Ideas 17 (1956) 370—389, und F. Solmsen, *Aristotle and Prime Matter (A Reply to H. R. King)*, ib. 19 (1958) 243—252. Was die Interpretation der einzelnen Aristoteles-Belege angeht, so stimme ich Solmsen uneingeschränkt zu und darf mich daher kurz fassen, ohne jeweils immer wieder auf ihn zu verweisen.

[112] Vgl. o. 2.225.

lichen Elementarqualitäten Warm, Kalt, Feucht und Trocken, die an diesem Substrat einander ablösen und so den Übergang von einem Element zum anderen herbeiführen. Die Hyle bezeichnet er a) als ‚ungetrennt' bzw. ‚nicht trennbar' (a 25.30), b) als ‚potentiellen (physikalischen) Körper' (a 33)[113]. Beide Bezeichnungen müssen nun genau um ihren Sinn befragt werden:

a) In welcher Hinsicht ist die Hyle ‚ungetrennt' oder ‚nicht trennbar'? Der gesamte Abschnitt, der sich um die gedankliche Analyse des Werdens in seine Faktoren (ἀρχαί) bemüht, setzt voraus, daß eine logische Isolierung (‚Abtrennung') eben dieser ‚Prinzipien' möglich ist. Es kann sich mithin nur um eine ‚ontologische' Ungetrenntheit handeln. Was heißt aber nun wieder ‚ontologisch'?:

Wenn Aristoteles erstens die konkreten Synola (Lebewesen, leblose Dinge) bzw. ihre Wesensformen[114] als χωριστά bezeichnet[115], so meint er damit, daß sie *‚in se'* subsistieren, nicht akzidentell *in alio*, wenn sie auch natürlich ihrerseits letzten Endes von der obersten Substanz ursächlich abhängen, also nicht *a se*, sondern *ab alio* sind. Zweitens heißen die obersten Substanzen ‚getrennt' und zwar in dem Sinne, daß der ‚reine Akt' unabhängig von der Welt *(in se* und *a se)* existiert und sie in jeder Hinsicht begründet[116]. Beide Arten von Subsistenz kommen mithin nach Aristoteles der Materie als Materie nicht zu, d. h. die Hyle ‚ist' nicht wie das konkrete Synolon (bzw. dessen Wesensform) und auch nicht wie die reine Form des unbewegten Bewegers. Diese negative Aussage hilft vorerst nur sehr wenig weiter, da die Seinsmodi beider Substanzen theoretisch nur äußerst schwer zu fassen sind; auch das Hindeuten auf die Einzelfälle raum-zeitlicher Substanz vertagt die Frage, statt sie zu lösen, und zudem ist dieses Hinweisen beim *Actus purus* nicht möglich.

Nehmen wir aber die Subsistenz dieser Substanzen einmal als gegeben an und damit die Nicht-Subsistenz der *prima materia* und fragen wir weiter: Hat die *prima materia* also (nur) ein ‚logisches' Sein[117]?:

Es wiederholt sich hier abgewandelt das schon oben S. 52—55 erwähnte Problem, welche Seinsweise die νοητά haben, die kein substantielles Subsistieren kennen und ‚nur' im Erkenntnisakt ‚wirklich'

[113] Philoponus hebt richtig hervor, daß nicht der ‚mathematische', sondern der sinnliche wahrnehmbare = physikalische Körper genannt wird. Näheres u. 8. 132, 8.21, 8.261.

[114] Für unsere Zwecke hier brauchen wir nicht Synolon und Wesensform zu unterscheiden. Alles Weitere bei Chen, *Chorismos*.

[115] Vgl. Chen, *Chorismos* 50—61, ferner u. 7.2 Anfang über die Dreiteilung der theoretischen Philosophie.

[116] Vgl. Chen, *Chorismos* 159—166. Es ist auch möglich, das χωριστόν der obersten Substanzen auf ihr Getrenntsein von der Materie zu beziehen, vgl. erneut 7.2 Anfang.

[117] So etwa Joachim 198 f.

sind[118]: Es sind keine willkürlichen Phantasiegebilde, die der Geist sich beliebig erfinden kann, sondern Seinsaspekte, deren Sachverhaftetheit sich darin zeigt, daß sie ‚latent' (δύναμει) ‚in' den Dingen anwesend sind. Was auch immer diese ‚Latenz' letztlich meint, sie bezeichnet auf jeden Fall die Tatsache, daß der noetisch herausgehobene Aspekt tatsächlich auch im Sein verankert ist. Er ist also dem Denken vorgegeben und zwingt es, ‚sachgemäß', d. h. so und nicht anders zu denken.

b) Der δύναμις-Begriff erscheint auch hier bei der *prima materia* wieder: Sie ist δυνάμει σῶμα αἰσθητόν (329 a 33), d. h. ihr Wesen besteht darin, daß sie ein sinnlich wahrnehmbarer Körper, zunächst ein Element, werden ‚kann'. Alles Seiende im Kosmos, das in der einen Hinsicht ‚der Möglichkeit nach' ist, ist in einer anderen bereits ‚der Wirklichkeit nach', ob es sich um akzidentelle Veränderung oder um substantielles Werden handelt. Das Werden und Vergehen ereignet sich innerhalb der Seinsstufung mit ihrer Schichtenfolge von Überformungen: Jede Substanz entsteht, indem sie Seiendes aus einer bestimmten Schicht überformend in eine höhere Schicht hinaufnimmt (Elemente — anorganische Verbindungen — Organisches), und zwar wird etwas, das in der niederen Schicht ‚aktuell' vorkommt, in dem Formzusammenhang der höheren Stufe zu einem δυνάμει ὄν, eben als ‚Teil' innerhalb einer Substanz. Dieses durchgehende Verhältnis von Über- und Unterordnung ist in der untersten Schicht der Elemente nicht möglich, weil in dieser nicht ‚Teile' herausgelöst werden können, welche in der Schicht unmittelbar darunter ‚aktuell' für sich vorkämen. Vielmehr tritt an die Stelle der Schichtung die Wechselseitigkeit, gemäß der die Elemente ineinander übergehen, und wir werden für die Frage, wo die *prima materia* denn ‚außerhalb' eines bestimmten Elementes vorkommt, auf ein anderes Element verwiesen usw.

Man kann also nicht die *prima materia* als einen Substanzteil isolieren, dessen Aktualität ‚außerhalb' der Elemente verifizierbar wäre. Dieser Umstand führt wieder auf die νοητά zurück, die nach Aristoteles allein im Erkenntnisvorgang aktuelle Existenz erlangen. Worin stimmt die *prima materia* mit jenen *entia rationis* überein und wodurch unterscheidet sie sich von ihnen? Die Übereinstimmung haben wir schon festgestellt: All diese ὄντα haben keine selbständige ‚Wirklichkeit' im raum-zeitlichen Sinne, sondern erfahren ‚nur' im Erkenntnisvorgang eine ‚Verwirklichung'. Der Unterschied besteht darin, daß alle anderen Objekte des νοῦς wenn nicht direkt Form, so doch mindestens teilweise Abgegrenztes oder Bestimmtes sind: Selbst die reine Extensio der ὕλη νοητή, die sehr wahrscheinlich als solche auch ohne Begrenzung durch geometrische Gegebenheiten (Strecke, ebene Figur,

118 Näheres u. 7.42, 7.44, 7.5 u. ö.

räumliche Figur) Gegenstand der Erkenntnis sein kann[119], ist entweder begrenzt (eindimensional als unendliche Linie, zweidimensional als unendliche Fläche) oder doch irgendwie bestimmt (als ‚dreidimensionales Kontinuum'). Bei der *prima materia* soll sich nun aber der Geist dessen bemächtigen, was seinem Wesen nach bestimmungslos und unbestimmbar ist. Wie ist das möglich?

Der normale Abstraktionsvorgang, bei dem das zu Erkennende *uno intuitu* erfaßt, das die Erkenntnis Hindernde aber eliminiert wird, kann hierbei offensichtlich nicht angewendet werden, weil Materie und Form ihre Rollen vertauscht haben: Die Materie soll noetisch herausgehoben, das Formale beiseitegelassen werden, und dies ist ja nach dem aristotelischen Axiom von der Unerkennbarkeit des Unbegrenzten eigentlich ausgeschlossen. Trotzdem gibt es indirekte Wege und Näherungsmethoden, die Hyle zu erkennen[120]. Schon die Tatsache, daß man die Hyle als ‚untrennbar' usw. beschreiben kann, berechtigt zu sagen: Vom Unbegrenzten können begrenzte Begriffe gebildet werden, die irgendwie ein positives Erfassen des Unbestimmten voraussetzen. Aristoteles beschreibt zudem negative Verfahren, die, schrittweise vom Formalen absehend, immer weiter ins Unbestimmte hineinführen, wobei sie das reine Unbestimmte wenn nicht erreichen, so doch wenigstens intendieren. Die Schwierigkeit solcher negativer Methoden liegt unter anderem darin, daß mit der Aufgabe aller Begrenzungen der Geist das Kriterium verliert, an welchem er erkennt, ob er den ‚richtigen' Weg einschlägt.

Die vorgeführte erste Stelle ist knapp und andeutend, drückt aber klar genug aus, welchen ontologischen Status Aristoteles der *prima materia* zuschreiben will: den des ‚ungetrennten Möglichseins'. Daß mit dieser Etikettierung noch wenig gesagt ist, haben wir gesehen, aber wir begnügen uns vorerst mit ihr. Aus gen. corr. sind noch zwei weitere Stellen für *prima materia* wichtig. Sie gehen nicht direkt auf ihre Seinsweise ein, wohl aber auf ihre Einheit und ihren Geltungsbereich.

3.232 Haben die vier Elemente dasselbe Substrat?

Das Kapitel A 3 fragt unter anderem nach den Ursachen des Werdens, die es ermöglichen, daß in ewiger Kontinuität Substanzen werden und vergehen, und beantwortet die Frage unter Verweis auf phys. α 6—9 mit dem triadischen Gegensatz-Substrat-Schema (z. B. 319 a 18—20). Die Anwendung dieses Schemas auf die ‚unterste' Seinsschicht, die der Elemente (319 a 29—b 4), ist, wie schon angedeutet, schwierig, weil hier nicht ohne weiteres erkennbar ist, worin

[119] 7.44.

[120] Näheres u. 7.11/12, 7.451 c, 7.823.

der formale und der materielle Faktor der Elemente besteht. Aristoteles behandelt zwei Punkte[121], *erstens:* Ist bei dem Ineinanderübergehen der Elemente ein Element (‚erste') Materie für ein zweites? Nein, die Materie beider Elemente ist die gleiche, während die ‚formalen' Bestimmungen (d. h. die Elementarqualitäten) an ihr wechseln (a 29—33). *Zweitens:* Ist die Materie der einzelnen Elemente jeweils eine andere oder in allen die gleiche? Sie ist in einer Hinsicht identisch, in einer andern verschieden. „Denn das Substrat ist, welche Art von Sein es auch jeweils qua Substrat haben mag, identisch, aber sein aktuelles Sein ist nicht identisch" (a 33—b 4)[122].

Von diesen beiden Fragen ist die zweite ungleich wichtiger, aber auch die erste verdient Interesse. Sie verrät nämlich, wie sehr die Problemlage der untersten Seinsstufe von der aller anderen Seinsstufen abweicht: Sonst haben wir als Substrat bzw. Materie etwas schon Geformtes vor uns (Homoiomere, Elemente), hier aber das absolut Bestimmungslose, das sich nicht ohne weiteres darbietet, sondern erschlossen werden muß.

Die zweite fragt nach Einheit und Differenz des Substrats: Es muß eines und dasselbe sein, denn sonst gäbe es keinen Übergang der Elemente ineinander und wir hätten die Elemente als letzte Einheiten wie bei Empedokles. Es kommt aber andererseits ‚nur' verschiedenartig ausgeprägt vor, eben innerhalb der einzelnen Elemente. Diese Polarität hebt Aristoteles nicht vordergründig auf, sondern er sucht sie durch den Zwiebegriff Dynamis/Energeia zu überwinden: Identisch ist die Hyle auf der untersten Stufe, sofern sie absolut unbestimmtes Bestimmbares ist, d. h. als ‚reine Möglichkeit'[123]. Es handelt sich also um eine negativ bestimmte Einheit, die der Ungeformtheit, nicht um Einheit als positive Umgrenzung. Es wird später zu prüfen sein, ob nicht in der *prima materia* und ihrer ‚Seinsmöglichkeit' auch etwas Positives liegt[124].

3.24 Zur ‚prima materia' in Meteorologie A

Die drei Bücher der ‚Meteorologie'[125], welche chronologisch auf cael. III/IV und gen. corr. folgen, basieren durchweg auf dem kyklischen Übergang der Elemente ineinander, der seinerseits wieder den Begriff der *prima materia* voraussetzt. Dem Thema der ‚Meteorologie'

[121] Vgl. Joachim 104 f.

[122] b 3 ὃ μὲν γάρ ποτε ὂν ὑπόκειται, τὸ αὐτό, τὸ δ' εἶναι οὐ τὸ αὐτό: Vgl. Joachim z. St.

[123] Vgl. u. 8.232, wo weitere Verweise.

[124] Zur ‚Aktivität der Hyle' Sach-Index s. v. *Aktivität, Hyle 6 a—c.*

[125] Vgl. Solmsens Kapitel über die Meteorologie (393—439, bes. 393—407. 426), wo sich alle weiteren Einzelheiten finden. Über Buch 4 vgl. *Der chemische Traktat* und u. **6.**

entsprechend bestand kein Anlaß, die Elemente und ihren Wechsel zu analysieren, und so spricht denn Aristoteles auch nur an einer einzigen Stelle ganz kurz von *prima materia,* womit er nur an ausführlichere Erörterungen wie die in gen. corr. erinnern und anknüpfen will[126].

Wenn wir nun von meteor. A auf cael. und gen. corr. zurückblicken, läßt sich trotz der Verschiedenheit der Gesichtspunkte, von denen aus jede der drei Schriften an die Elementenlehre herantritt, doch auch etwas Gemeinsames festhalten:

Der Kreislauf der Elemente und ihre Umwandlung ineinander ist ein unentbehrlicher Bestandteil des aristotelischen Weltbildes, und Aristoteles hat — vielleicht schon in cael., bestimmt aber in gen. corr. — das erkannt und diesen Lehrpunkt konsequent einbezogen und beibehalten. Deshalb ist es, zumal wenn man die oben betrachteten Stellen phys. α und dergleichen ergänzend heranzieht, kein unhistorisches Systematisieren, sondern sachlich berechtigt, in der ‚ersten Materie', dem untersten Substrat des gesamten sublunaren Werdens, eine zentrale Lehre der aristotelischen Philosophie zu sehen.

3.25 Der Terminus πρώτη ὕλη

Das unterste Substrat alles Werdens wird in der Tradition als ‚erste' Materie bezeichnet: Wie verhält es sich mit dem Terminus πρώτη ὕλη bei Aristoteles selbst[127]?

πρῶτος kann bei Aristoteles ja sowohl das ‚für uns' Erste bezeichnen, auf das wir unmittelbar in unserer Umwelt stoßen, wie auch jenes ‚erste' allgemeinste Seinsprinzip, das von uns aus gesehen am Ende unseres Erkennungsvorganges steht, aber als Grundlegendes ein ‚Erstes' ist. Diesem Doppelsinn von πρῶτος entsprechend wird der Begriff πρώτη ὕλη[128] einerseits auf die hochdifferenzierte Materie der

[126] A 3, 339a 36—b 2 φαμὲν δὴ πῦρ καὶ ἀέρα καὶ ὕδωρ καὶ γῆν γίγνεσθαι ἐξ ἀλλήλων, καὶ ἕκαστον ἐν ἑκάστῳ ὑπάρχειν τούτων δυνάμει, ὥσπερ καὶ τῶν ἄλλων οἷς ἕν τι καὶ ταὐτὸν ὑπόκειται, εἰς ὃ δὴ ἀναλύονται ἔσχατον; zu ἓν καὶ ταὐτόν vgl. die Parallelen aus cael. und gen. corr. (Verweise o. S. 301 A. 107).

[127] Vgl. Bonitz, Index 652b 42—51 und zu met. 1016a 17—24. Außer den im folgenden genannten Stellen vgl. noch Δ 8, 1017b 24 ὑποκείμενον ἔσχατον (zweifelhaft, vgl. die Komm.). Λ 3, 1069b 36 τὰ ἔσχατα (meint die πρώτη ὕλη; richtig Reale, Komm. n. 2, anders Ross).

[128] Δ 4, 1015a 7—10 werden die zwei Bedeutungen von πρώτη ὕλη unterschieden: a) ‚erste' vom Ding aus gesehen, z. B. bei erzenen Gegenständen das Erz; b) ‚erste' schlechthin, z. B. bei erzenen Gegenständen das Wasser, sofern alle schmelzbaren Dinge letztlich zu Wasser werden. Vgl. Ross z. St. und Reale, Komm. n. 18.

Einzelsubstanzen[129], andererseits auf materielle Substrate aus dem stofflichen Elementarbereich[130] angewendet:

Wenn wir die vier Stellen für πρώτη ὕλη im Elementarbereich betrachten, fällt auf, daß an zweien davon ‚Feuer' bzw. ‚Wasser' als Beispiel genannt werden. Auch der Beleg aus De generatione animalium meint dem Kontext nach ein ziemlich undifferenziertes Etwas von der Art des Wassers u. dgl., aber keineswegs etwas Qualitäts- und Ausdehnungsloses. Nur die Stelle aus met. H 4 meint direkt das amorphe unterste Substrat, die aus gen. corr. kommt diesem Begriff wenigstens nahe. πρώτη ὕλη bezeichnet also in wechselnden Sachzusammenhängen das jeweils elementarste Stoffliche, und dies sind außerhalb von H 4 und gen. corr. die Elemente (bzw. Homoiomere) Erde, Wasser, Luft, Feuer. Von einer Festlegung des Begriffs auf das unterste Substrat kann keine Rede sein, und umgekehrt kann von absolut amorpher Materie gesprochen werden (gen. corr.; vgl. auch met. Z 3), ohne daß der Ausdruck πρώτη ὕλη fällt. Die Festlegung der Terminologie gehört also erst der nacharistotelischen Zeit an, vermutlich den Aristoteles-Kommentatoren. Wir verwenden jedoch aus praktischen Gründen in unseren Darlegungen den Terminus *prima materia* durchweg für das völlig formlose unterste Werde-Substrat des Aristoteles.

3.26 Vorläufige Bemerkungen zur Seinsweise der ‚ersten Materie'

Die Anwendung des aristotelischen Gegensatz-Substrat-Schemas auf den Bereich der Elemente hat zur *prima materia* als dem untersten

129 phys. β 1,193 a 29 ἕνα μὲν οὖν τρόπον οὕτως ἡ φύσις λέγεται, ἡ πρώτη ἑκάστῳ ὑποκειμένη ὕλη τῶν ἐχόντων ἐν αὑτοῖς ἀρχὴν κινήσεως καὶ μεταβολῆς, ἄλλον δὲ τρόπον ἡ μορφὴ καὶ τὸ εἶδος τὸ κατὰ τὸν λόγον (vgl. den Text von 193 a 9 an und Ross zu 193 a 10—11); ebenso die Parallelstelle Δ 4, 1014 b 26—35, bes. 31 f διασωζομένης τῆς πρώτης ὕλης (dazu Reale, Komm. n. 6—15). H 4, 1044 a 18 f φλέγματός ἐστι πρώτη ὕλη τὰ γλυκέα ἢ λιπαρά (πρώτη ὕλη om. A^b, secl. Christ, Ross, Jaeger; at cf. Bonitz in commento). — Δ 4, 1014 b 17 f ἐξ οὗ φύεται πρώτου τὸ φυόμενον (nicht die *prima materia*, s. Reale, Komm. n. 3). Δ 6, 1016 a 19 f τὸ ὑποκείμενον τὸ πρῶτον, vgl. a 23 (Bonitz z. St.). α 9, 192 a 31 λέγω γὰρ ὕλην τὸ πρῶτον ὑποκείμενον ἑκάστῳ (und die Kommentare dazu).

130 gen. corr. 329 a 23 f (Kritik an Platons Materie-Begriff) ἀδύνατον δὲ τὴν τιθήνην καὶ τὴν ὕλην τὴν πρώτην τὰ ἐπίπεδα εἶναι; daran anschließend entwickelt er seine eigene Theorie des untersten Substrats (o. 3.231), wobei das Wort πρῶτος mehrfach erscheint, der Begriff πρώτη ὕλη aber nicht. — met. H 4, 1044 a 23 τῷ ἀναλύεσθαι εἰς τὴν πρώτην ὕλην τὴν χολήν (vgl. die gesamte Umgebung von 1044 a 15 an und die vorzügliche Erläuterung in Bonitz' Komm.; richtig auch Ross, Reale; dagegen unbefriedigend Schwegler). — Θ 7, 1049 a 25 f. 27; als Beispiel wird das Feuer genannt (vgl. Ross z. St.). — gen. an. 729 a 32 f: Das weibliche Tier trägt zur Zeugung bei οὐ γονὴν ἀλλ' ὕλην· κατὰ γὰρ τὴν πρώτην ὕλην ἐστὶν ἡ τῶν καταμηνίων φύσις (‚primitive matter' Platt; ‚prime matter' Peck).

Substrat geführt. An Hand der Belege vor allem aus gen. corr. wäre nun im einzelnen darzustellen, welchen Seinsmodus die ‚erste Materie' hat und welche Charakteristika ihr zukommen[131]. Das ist aber erst dann sinnvoll, nachdem einige andere Themen — z. B. die Äthermaterie — behandelt worden sind. Deshalb kommen wir erst in Abschnitt 8 über ‚Die Hyle als Seinsprinzip' auf die Seinsweise der *prima materia* zurück. Unterdessen mag es nützlich sein, einige Bemerkungen über die aristotelische *prima materia* thesenartig zusammenzustellen:

a) Die moderne Verwendung des Begriffs ‚*prima materia*' sieht in ihr ein umfassendes Materie-Prinzip, ein Synonym für ‚Materie' überhaupt[132]. Bei Aristoteles jedoch werden entsprechend den Gegebenheiten der aristotelischen Kosmologie Begriff und Sache viel enger verstanden: πρώτη ὕλη ist Materie-Prinzip nur des sublunaren Bereiches und gilt nicht im Ätherbezirk.

b) Daher bleibt sie, so unbestimmt sie den Elementen gegenüber auch sein mag, in *einer* Hinsicht bestimmt: Sie ist stets ‚Substrat von Gegensätzen' bzw. ‚von Wechselwirkung'.

c) Erst wenn man hinter diese Festlegung noch zurückgeht, kommt man zu einem Hyle-Prinzip, das den gesamten Kosmos durchwaltet und darüber hinaus wohl auch die νοητά einbezieht.

d) Dieses umfassende Prinzip, nicht die ‚erste Materie', ist in met. Z 3 und an ähnlichen Stellen gemeint. Es läßt sich deshalb zwar mit Sicherheit sagen, daß das aristotelische Hyle-Prinzip unkörperlich ist, ohne nähere Prüfung aber nicht das gleiche für die ‚erste Materie' behaupten. Daher werden wir uns in 8.26 speziell der auch in anderer Hinsicht aufschlußreichen Frage widmen, ob und wieweit die ‚erste Materie' körperlich ist, und dabei ihren Seinsmodus insgesamt festzulegen versuchen.

[131] Einige Andeutungen dazu schon o. 3.231.

[132] So viele Neuscholastiker, u. a. A. Wenzl in seinem Vortrag SB München 1958, 1 und K.-H. Winner (o. S. 46 A. 202). Vgl. u. 8.21 u. ö.

4 πλῆθος als Materie-Prinzip in Metaphysik Γ/K

Die in Γ/K erscheinende Gegensatz-Lehre ist so eng mit den Erörterungen dieser Bücher über Objekt und Wesen der Metaphysik[1] verknüpft, daß sie nicht davon isoliert werden kann. Denn solange man nicht weiß, welche Art von ‚Sein' die Metaphysik zu ihrem Gegenstand haben soll, ist es müßig, sich über die Gegensätze und besonders über die obersten Gegensätze ἕν—πλῆθος Gedanken zu machen, etwa darüber, ob das Paar ἕν—πλῆθος ‚ontologische' oder ‚nur logische' Bedeutung habe, und ob es jenem fraglichen ‚Sein' vorgeordnet, nachgeordnet oder mit ihm (auf welche Weise auch immer) identisch sei.

Dies zu wissen, ist jedoch für unser Thema wichtig: Denn zum einen liegt in πλῆθος so etwas wie ein ‚akademisches Materie-Prinzip' vor, das Ausgangspunkt, aber auch oberster Bezugspunkt der aristotelischen Hyle sein könnte. Zum zweiten tut sich, wenn ἕν—πλῆθος nicht ‚untergeordnete' Gegensätze, sondern wie in der platonisch-akademischen Prinzipienlehre oberste Seinsprinzipien sind, offenbar eine große Kluft auf zwischen dem ‚Dualismus' von Γ/K und dem triadischen Gegensatz-Substrat-Schema etwa in Λ 10 und N 1. In letzterem Fall müßte man weiter fragen, wie es zu einem so eklatanten Widerspruch innerhalb ‚unserer' Metaphysik gekommen ist und ob er sich überbrücken läßt.

Um über πλῆθος urteilen zu können, ist es also vorab erforderlich, das Objekt der aristotelischen Metaphysik möglichst klar zu erfassen. Das scheint ein vergebliches Unterfangen zu sein, wenn man die Schwierigkeit der aristotelischen Belege, die Überfülle der diesem Thema gewidmeten Literatur und die Diskrepanz ihrer Ergebnisse bedenkt.

4.1 Zur Forschungslage

Die Gegensätzlichkeit der modernen Auffassungen rührt daher, daß Aristoteles in Γ, E 1 und K die Metaphysik, wie man sagt, im gleichen Textzusammenhang

[1] Die philosophische Haupt- und Grundwissenschaft, um die es in met. Γ usw. geht, wird hier mit dem Wort ‚Metaphysik' bezeichnet, ohne daß damit die folgenden Erörterungen präjudiziert werden sollen, aus denen sich ja das Wesen der gesuchten Wissenschaft erst ergibt.

a) teils als ‚allgemeine Ontologie' auffaßt, die *jedes* Seiende unter der Hinsicht betrachtet, daß es ‚ist';

b) teils als ‚Theologik', welche nur die Seinsweise der ewigen Substanz(en) untersucht, also einen *speziellen* Bereich des Seins[2].

Den Texten der Bücher Γ E I K könnte man auch noch einen *dritten* Aspekt von Metaphysik entnehmen, nämlich Metaphysik als Wissenschaft von den ‚Prinzipien' (ἀρχαί) und ‚Ursachen' (αἰτίαι), wie sie etwa in met. A vorliegt. Es empfiehlt sich jedoch, diesen und weitere Aspekte, die denkbar wären[3], im Rahmen der Alternative ‚Theologik' — ‚allgemeine Ontologie' mitzubehandeln, weil ihm erstens sachlich alle übrigen Gesichtspunkte (wie die Frage nach den Ursachen usw.) eingefügt werden können[4] und zweitens die Forschung de facto von diesem Gegensatz-Paar beherrscht wird.

Die überreichte neuere Literatur zum Thema kann hier nicht im einzelnen besprochen werden und braucht es auch nicht, da sie in

[2] ‚Theologik' übersetzt nur das aristotelische θεολογική. Der Ausdruck ‚allgemeine Ontologie' soll nichts vorwegnehmen: Er meint diejenigen Züge an ΓΕΚ, die sich nicht ‚theologisch' verstehen lassen, und hat mit einer modernen ‚Ontologie' à la Christian Wolff usw. zunächst nichts zu tun (zu diesem spezifisch modernen Begriff von ‚Ontologie' Owens 275f A. 55). — Merlan bezeichnet die beiden Auffassungen als *Metaphysica generalis* bzw. *Metaphysica specialis* (zur Begründung Merlan 160 Anm.) Dies ist insofern nicht ganz glücklich, als man hin und wieder unter dem Begriff ‚Metaphysica generalis' die Ontologie und die natürliche Theologie zusammennimmt und ihr Kosmologie, Anthropologie und Psychologie als ‚Metaphysica specialis' gegenüberstellt (vgl. Brugger s. v. *Metaphysik*). Aber es ist klar, was Merlan sachlich meint.

[3] Die Dreiteilung ‚Prinzipienwissenschaft' — ‚Ontologie' — ‚Theologik' bietet sich vom Text her ungezwungen an und findet sich demgemäß oft in der Tradition (z. B. bei Thomas, vgl. das Vorwort seines Metaphysik-Kommentars) und in den modernen Untersuchungen (z. B. Décarie XXVIII). Gelegentlich unterscheidet man auch *vier* Komponenten, indem man z. B. die ‚Metaphysik als Substanzlehre' (Usiologie) hinzunimmt (so Reale durchweg, vgl. sein Inhaltsverzeichnis). S. die Bemerkung von Soleri, *Orizzonte* 46 A. 29. Wichtig ist nicht so sehr, wie viele Teile man unterscheidet, sondern vielmehr, daß man die so getrennten Teile nicht zu selbständigen ‚Wissenschaften' verabsolutiert, sondern als Aspekte ein und desselben Ganzen betrachtet (vgl. u.).

[4] Vgl. Soleri, *Orizzonte* 47. 52—54. Décarie XXVII f. Mit dieser teilweise aus praktischen Gründen erfolgenden Subsumierung unter die beiden genannten Gesichtspunkte sollen natürlich die übrigen Aspekte nicht bagatellisiert werden, im Gegenteil: Hebt doch unsere Darstellung durchweg (auch im vorliegenden Kapitel) sehr stark auf den *Prinzipien*-Charakter der Hyle ab und sucht so ‚Hyle als ἀρχή' dem griechischen ἀρχή-Denken einzuordnen. Sehr instruktiv legt Reale die vier Komponenten der aristotelischen Metaphysik (die ‚aitiologische', theologische, ontologische und ‚usiologische') in allen Metaphysikbüchern auseinander und zeigt zugleich, wie eng sie — als Aspekte der gleichen Sache — miteinander zusammenhängen. Wer also die in unserem raschen Überblick nicht thematisierten Aspekte der Metaphysik des Aristoteles genauer verfolgen möchte, sei nachdrücklich auf Reale verwiesen.

mehreren Überblicken aufgearbeitet vorliegt[5]. Wir beschränken uns somit auf knappe Bemerkungen mehr prinzipieller Art, um daran den Standort unserer Interpretation aufzuzeigen[6].

Die zunächst verwirrende Fülle von Lösungsversuchen läßt sich bei näherer Betrachtung auf einige wenige Typen reduzieren, weil eben gegenüber der Alternative ‚Ontologie'—‚Theologik' — bei aller Vielfalt im Detail — letzten Endes doch nur eine begrenzte Anzahl von Haltungen möglich ist[7].

4.11 Der ‚Gegensatz' bleibt bestehen

Man kann *erstens* den ‚Gegensatz' unüberbrückt stehenlassen: So arbeitete am Ende des vorigen Jahrhunderts Eduard Zeller die

[5] a) Salvador Gómez Nogales, *Horizonte de la metafísica aristotélica*, Madrid 1955, verfolgt in Kap. 1/2 (11—81) die Geschichte des Metaphysik-Objekts in der Philosophie von den Griechen bis heute und referiert in Kap. 6 (173—219; vgl. 221—225) die modernen (gelehrten) Deutungen des *aristotelischen* Metaphysik-Objekts seit Zeller und Natorp (Merlan, *PN* ¹1953 kam dem Verfasser offenbar nicht mehr rechtzeitig zur Kenntnis). b) P. Moraux, *L'évolution d'Aristote*, in: *Aristote et Saint Thomas d'Aquin*. Journées d'études internationales (Louvain 1957) 9—41. Moraux legt bes. S. 21—28 die Deutungen von Jaeger, Arnim, Gohlke, Oggioni, Merlan und Owens dar (S. 10 A. 2 nennt er Forschungsberichte zur Aristoteles-Literatur, u. a. die von A. Mansion). c) Giacomo Soleri, *Orizzonte della metafisica aristotelica*, Sapienza 11 (1958) 29—60. 135—166. Wie in seinen voraufgegangenen Veröffentlichungen (zusammengestellt ib. 33 A. 6), die wir gleichfalls heranziehen, arbeitet Soleri auch in dieser neuesten Untersuchung die einschlägige Literatur seit Jaeger auf. Merlan ist nicht berücksichtigt. d) Enrico Berti, *La filosofia del primo Aristotele*, Padova 1962, gibt 34—75 einen chronologisch geordneten, fast lückenlosen Forschungsbericht über die Lit. zur aristotelischen Metaphysik von Jaeger bis 1961, der zusammen mit Gómez Nogales, Soleri und Owens die alphabetisch angeordnete Übersicht Reales (s. gleich anschließend) passend ergänzt. e) Joseph Owens, *The Doctrine of Being in the Aristotelian Metaphysics*, ²1963, bespricht besonders 35—68 die Problematik des Metaphysik-Objekts seit Theophrast und die neuere Lit. seit Natorp und Zeller (vgl. d); s. auch sein ‚Foreword' 16—27. f) Giovanni Reale, *Il concetto di filosofia prima e l'unità della metafisica di Aristotele*, ²1965 (³1967 unveränderter Nachdruck mit neuem Vorwort). In einem *Indice ragionato della bibliografia posteriore al 1923 concernente l'oggetto di studio del presente lavoro* (322—376) stellt er Kurzreferate der einzelnen Bücher in alphabetischer Reihenfolge zusammen. Die vorzügliche Übersicht ist nahezu lückenlos (übersehen ist z. B. H. Berger, vgl. u. S. 385 A. 365). Neueste Bibliographie zur aristotelischen Metaphysik bei G. Reale, *Aristotele, La metafisica. Traduzione, introduzione e commento*, II (Napoli 1968) 449—502. Weitere Referate, Besprechungen usw. werden von Fall zu Fall angeführt.

[6] Wir haben die Literatur so ausgewählt, daß sichtbar wird, welche Haupt-Einstellungen zum Thema möglich sind und welche Probleme sie jeweils mit sich bringen. Dabei sind nach Kräften auch ausländische Arbeiten (bes. italienische) berücksichtigt worden, damit die Forschung stärker auf sie aufmerksam wird.

[7] Es versteht sich jedoch, daß die Verteilung der Literatur auf die folgenden *vier* Rubriken manchmal problematisch ist.

beiden Pole scharf heraus, erkannte, daß sie für Aristoteles zusammengehören, vermochte aber nicht ihre Einheit verstehend nachzuvollziehen[8]. Über dieses bloße Konstatieren der Alternative kommen auch fast alle entwicklungsgeschichtlichen Deutungen nicht hinaus, da sie die zwei Aspekte nicht sachlich in eins zusammensehen, sondern beide — als letztlich unvereinbar miteinander — linear in der Zeit auseinanderlegen[9]. Durch die Einbeziehung des *Zeit*-Faktors wird also die *Sach*-Frage, wie bei Aristoteles ein solcher Zwiespalt überhaupt möglich ist, nicht untersucht und gelöst, sondern vielmehr nur aufgeschoben und umgangen. Weil das Problem gar nicht zum Austrag kommt, übersehen nun aber die ‚entwicklungsgeschichtlichen' Interpreten meistens, daß schon ihre Ausgangsposition nicht zutrifft, weil es die beiden Pole, zwischen welche die Entwicklung eingespannt wird, nicht gibt: Man kann einen (‚formal'-),ontologischen' und einen ‚theologischen' Aspekt unterscheiden, darf jedoch nicht die ‚Theologik' nur mit Platon, die ‚Ontologie' nur mit Aristoteles verbinden und darf ferner nicht einem Zerrbild von ‚Idealismus' (Platon nur ultrarealistischer Philosoph der ‚Transzendenz'; deduktiv) einen ebenso einseitigen ‚Empirismus' (Aristoteles induktiv vom ‚Gegebenen' ausgehend, ‚Immanenz'-Philosoph) gegenüberstellen[10]. Eine vorurteilsfreie Deutung Platons ergibt nämlich, daß schon bei ihm *beide* Kom-

[8] E. Zeller, Besprechung von P. Natorp, *Thema und Disposition* (vgl. u.), in: Arch. Gesch. Philos. 2 (1889) 264—271, dazu Gómez Nogales 176 f. Zellers Ausführungen sind auch heute noch sehr lesenswert. Auch Covotti und Th. Gomperz finden wie Zeller einen unlösbaren Widerspruch in der aristotelischen Metaphysik, vgl. Gómez Nogales 177 f. Owens 51 f. 55 f.

[9] Ausführlich über Jaeger und die entwicklungsgeschichtlichen Erklärungen der Metaphysik in der Zeit nach ihm Berti, *La filosofia* 34 ff. Vgl. auch Gómez Nogales 185 ff. 198 ff. Virginia Guazzoni Foà, *Werner Jaeger e l'evoluzione del pensiero aristotelico nella metafisica*, in: *Aristotele nella critica e negli studi contemporanei*, Milano 1957, 71—107 (ib. 108—143 Reale über Zürcher). Moraux, *L'évolution*. Owens bes. 59 ff (Jaeger, Arnim, Oggioni; weiteres in Owens' Namen-Index). Reale, Anhang unter Arnim, Case, Chroust, Elders, Gentile, Gohlke, Guazzoni Foà, Ivánka, Jaeger, Mansion, Mugnier, Muskens, Nuyens, Oggioni, Reale, Ross, Taylor, Theiler, Wundt und Zürcher (s. auch unter Patzig, über den u. 4.53; mit Jaeger, Oggioni und Wundt setzt sich Reale auch sonst in seinem Buch immer wieder auseinander). Soleri, *Evoluzione e struttura* 463 (Jaeger). 464—477 (Oggioni). Ders., *Temi e problemi* 125—129 (Zürcher). 132—134 (Oggioni). Ders., *Orizzonte* 32—34. 36—38. 45 f. 59. Über Oggioni (den wir hier leider nicht eingehend besprechen können) vgl. auch o. 1.16; s. auch u. 4.54 über Owen.

[10] Eine wichtige Quelle für dieses Fehlurteil, das sich bis heute vielerorts zäh behauptet, ist Jaegers *Aristoteles*, z. B. S. 201—206. 211. 214 f. 227 f. 230 f; vgl. dazu den vorzüglichen Aufsatz von E. v. Ivánka, *Die Behandlung der Metaphysik in Jaegers ‚Aristoteles'*, Scholastik 7 (1932) 1—29 (gute Übersicht bei Reale 343—345). Über diesen Punkt denken (trotz aller sonstigen Abweichungen von Jaeger) von den Neueren etwa Mansion und Oggioni letztlich genauso (vgl. Reale, Anhang unter Mansion, Oggioni; s. vorst. Anm.).

ponenten vorhanden und in einer Einheit verbunden sind: Immanenz — Transzendenz, Empirie — Apriorismus, Ontologie — Theologik[11]. Und bei Aristoteles schließt die stärkere Betonung des Einzelnen ‚Idealismus' nicht aus, sondern ein. Aristoteles hat also die angebliche ‚Alternative' von der Akademie ererbt, und es kommt nun darauf an zu erklären, wie er sie seinerseits weiterdenkt, begrifflich faßt und zur Einheit fügt. Hierfür können die Entwicklungshypothesen erst dann etwas leisten, wenn sie weder die Differenz zwischen Platon (der Akademie) und Aristoteles in der genannten Weise extrem übersteigern noch beide Haltungen ohne Vermittlung stehenlassen und schließlich gegeneinander ausspielen[12].

Pierre Aubenque[13] zeigt zunächst gegen die Entwicklungshypothesen mit Recht, „daß die beiden Gedankengänge (sc. der ‚ontologische' und der ‚theologische') bei Aristoteles gleichzeitig sind und überhaupt in der Entfaltung der Metaphysik gleichzeitig bleiben"[14], verbindet aber dann — trotz mancher Ansätze[15] — die zwei Gedanken-

[11] Ebenso deutlich wie die Dialoge zeigen uns die Zeugnisse über den Schulbetrieb der Akademie (deren Wert vom Streit um den ‚esoterischen Platon' nicht berührt wird), wie bei Platon detaillierteste Betrachtung des uns unmittelbar gegebenen ‚Konkreten' Hand in Hand geht mit der Suche nach den ‚Prinzipien' des Konkreten. Nicht erst Aristoteles hat, wie Jaeger meinte, die *Welt* mit den Augen Platons gesehen, sondern bereits Platon selbst. Vgl. nachst. Anm.

[12] Frei von den genannten Denk-Klischees sind z. B. die Arbeiten von Moraux, *L'évolution* und Theiler, *Entstehung*. Moraux macht durch Hinweis auf die (spät-) platonische Prinzipienlehre deutlich, daß die platonische Metaphysik, von der Aristoteles ausgeht, niemals nur Lehre vom ‚transzendenten Realen' gewesen sei, sondern immer auch Lehre von den Seins-‚Gründen' und vom gesamten Sein; Die Seins-Analogie des Γ sei keineswegs spät, sondern früh. Wenn da auch noch manches zu ergänzen und zu korrigieren bleibt, so sind Moraux' Ergebnisse im ganzen doch richtig. Theiler 88—91 legt dar, daß auch die allgemeine Ontologie von Platon, nämlich von der platonischen Dialektik her stammt und beide Aspekte bei Aristoteles (wie bei Platon) sachlich zusammengehören (vgl. Reale, Anhang s. v. Moraux, Theiler, ferner etwa s. v. Wundt). Vgl. auch die prinzipiellen Bemerkungen o. 1.2 S. 56—58 über die entwicklungsgeschichtliche Interpretationsmethode.

[13] Pierre Aubenque, *Le problème de l'être chez Aristote. Essai sur la problématique aristotélicienne*, ²1966 (bis auf kleine Korrekturen unveränderter Abdruck der ersten Auflage von 1962, mit neuer kurzer ‚Préface'). Das Buch löste eine rege Diskussion aus (die wichtigsten Äußerungen sind verzeichnet ²VII A. 1; dazu vgl. Owens 16—18. 22—26. Reale 324 f), in die auch Aubenque wieder eingriff: *Sens et structure de la métaphysique aristotélicienne*, Bulletin de la Société française de Philosophie 58 (1964) 1—50. Von den weiteren Arbeiten Aubenques ist hier zu nennen: *Aristoteles und das Problem der Metaphysik*, Zeitschr. f. philos. Forschung 15 (1961) 321—333; aus diesem temperamentvollen, pointiert formulierten Aufsatz läßt sich die Aristoteles-Deutung Aubenques prägnant ersehen.

[14] Aubenque 1961, 327. *Problème* 309 f. 369 (vgl. auch *Problème* 8—12 u. ö.).

[15] 1961, 328 „Es wird hier nicht die Rede davon sein, den gemeinsamen Grund dieser beiden Fragen aufzusuchen, der das einzige Einheitliche in der aristotelischen Metaphysik bildet und uns doch verborgen bleibt". Mit diesem ‚verborgenen' Einheits-

gänge nicht miteinander[16]: So stehen sich getrennt gegenüber eine ‚Ontologie', die der Betrachtung des einzelnen kontingenten ‚Seienden' in seiner Verstreutheit verhaftet bleibt und von da nicht zum gesamten Seienden und zum ‚Sein' fortzuschreiten vermag; und eine Theologie, deren Gegenstand sich dem wissenschaftlichen Erkennen entzieht und die sowieso, weil das Göttliche (die Sterne und noch mehr der unbewegte Beweger) durch strikten ‚Chorismos' scharf vom sublunaren Bereich getrennt und ohne Beziehung zu diesem ist, nichts zur Deutung der Welt um uns herum beitragen könnte[17]. In diesem „schaffenden Scheitern", das auf beiden Wegen eintritt, liege der Sinn der aristotelischen Metaphysik, die eine Philosophie des nichtfindenden Suchens sei, eine unendliche dialektische Aufgabe[18]. Was unsere spezielle Frage nach der Stellung der Gegensätze im Seinsaufbau betrifft, so wird sie von Aubenque nicht behandelt, weil sich ja

grund meint er wohl das Göttliche. Weshalb es uns verborgen bleibt und die Einheit des Seins nicht konstituieren kann, darüber Aubenque 1961, 328—331. *Problème* 380 ff u. ö.

[16] 1961, 327 „Es bestehen zwei Wege zum Gegenstand der Metaphysik, die nicht im selben Punkt zusammenfallen, als ob das ὂν ᾗ ὄν und das ὂν χωριστόν ein einzig Vorhandenes wären, wie die systematisierenden Kommentatoren nachher lehren werden". Demgemäß muß Aubenque (wie Mansion, Elders, Düring) das Buch K und bes. K 7, wo nach der gängigen Deutung ὂν ᾗ ὄν und ὂν χωριστόν gleichgesetzt werden (vgl. darüber u. 4.3), für unecht erklären, *Problème* 39—43. Bezeichnend die Formulierung *Problème* 41 A. 1: „L'être en tant qu'être et l'être séparé sont définis par Aristote par des voies si indépendantes que leur coincidence, loin d'être naturelle, apparaît comme miraculeuse. Leur identification paraît donc être l'œuvre d'un disciple zélé, soucieux d'*unifier* après coup la doctrine de son maître: la doctrine des chap. 1—8 du livre K rappelle moins celle d'un Aristote encore platonisant qu'elle n'annonce déjà les commentaires néo-platoniciens". Dazu Owens 16 f.

[17] 1961, 327—333. *Problème* passim bes. 368ff. 487ff. Die Ontologie möchte von der Vielfachheit des Seienden zur Einheit des Seinsgrundes gelangen, erreicht ihn aber nicht, so daß „die Suche nach dieser Einheit den unmöglichen anschaulichen Besitz der Einheit selber ersetzt" (1961, 332), während die Theologik, „inaccessible", ein „objet trop lointain" hat, nämlich „un Dieu ineffable parce que, immuable et un, il échappe aux prises d'une pensée qui divise ce dont elle parle", so daß „la justification de l'impossibilité de la théologique devient paradoxalement le substitut de la théologie elle-même" (*Problème* 487) usw. Eine Auseinandersetzung mit den äußerst geistvollen, gelehrten und anregenden, aber in den Ergebnissen fast durchweg unrichtigen Erörterungen Aubenques ist leider hier nicht möglich: Vgl. von den in *Problème* ² VII A. 1 genannten Arbeiten bes. E. Berti, Giornale di metafisica 18 (1963) 266—271, der gut heraushebt, wie sehr Aubenque unter dem Einfluß moderner Philosopheme (Kant; man kann auch die Existenz-Philosophie hinzufügen usw.) sein Ziel, die echten philosophischen Intentionen des Aristoteles zu erfassen, verfehlt. Gewiß befreit er Aristoteles vom ‚Aristotelismus', bindet ihn aber dafür — und zwar öfter unreflektiert — an inadäquate Modernismen. Im Folgenden wird Aubenque nur wenig zitiert und die Kritik an ihm immanent durch positive Darstellung dessen gegeben, was sich uns als richtig erwiesen hat.

[18] Vgl. 1961, 327—333; das Wort vom „schaffenden Scheitern" steht 332.

gemäß seiner Interpretation Ontologie und Theologik bei Aristoteles kaum überschneiden, geschweige denn miteinander konkurrieren[19].

Auch Ingemar Düring sieht in der aristotelischen Konzeption der ‚ersten Philosophie' einen „klaren Widerspruch" zwischen ‚Theologik' und ‚allgemeiner Wissenschaft vom Seienden' und stellt eine Entwicklung vom Ersteren zum Letzteren fest[20].

Die eben besprochenen Arbeiten kommen trotz ihrer Unterschiedlichkeit in dem *einen* Punkte überein, daß sie die zwei Aspekte unverbunden nebeneinander bestehen lassen. Das ist u. a. deswegen unbefriedigend, weil (außer bei Aubenque) das Nebeneinander konstatiert, aber nicht philosophisch erklärt wird und weil man dabei die Stellen, an denen Aristoteles beide Gesichtspunkte verbindet[21], nicht intensiv genug durchdenkt und würdigt. So haben denn auch von jeher die meisten Forscher ‚Ontologie' und ‚Theologik' miteinander zu verknüpfen gesucht. Dabei ergaben sich, je nachdem ob und wie stark man das Schwergewicht auf die Ontologie oder auf die Theologik legte, verschiedene Weisen der Interpretation, die wir unter den vereinfachenden Überschriften der ‚theologischen' und der ‚ontologischen' Deutung durchmustern wollen. Dabei wird sich ergeben, daß sich die ‚theologischen' Interpretationen — jedenfalls in der Form, wie sie bisher vorgebracht wurden — am Text nicht bewährt haben und eine Lösung der Schwierigkeiten am ehesten von den ‚ontologischen' Arbeiten aus zu erreichen ist:

4.12 Die ‚theologischen' Interpretationen

Von den Vertretern der ‚theologischen' Deutung[22] führen wir hier nur Joseph Owens und Philip Merlan an. Joseph Owens interpretiert

[19] Aubenque geht auf ἕν-πλῆθος des Γ und ihre ontologische Bedeutung, soviel ich sehe, nirgends ein.

[20] *Aristoteles* 586 ff. bes. 599. Dürings Auffassung ähnelt in manchem der von G. E. L. Owen, über die u. 4.54. Dort wird 4.53 auch über die Entwicklungs-These G. Patzigs gehandelt.

[21] Vgl. Ε 1; auch Κ 7 bezeugt so viel, daß Aristoteles beide Gesichtspunkte miteinander verbindet (u. 4.3).

[22] Hier sind neben Owens und Merlan zu nennen: O. Hamelin, *Le système d'Aristote*, Paris 1920 (über ihn Gómez Nogales 178 f). Léon Robin, *La pensée grecque*, [5]1962 und *Aristote*, 1944 (Gómez Nogales 180 f, Reale 368). Gómez Nogales (Soleri, *Orizzonte* 135—147. Reale 341, vgl. 370; s. auch die Rezensionen von E. Lledó, Revista de filosofia 15, 1956, 605 u. von José Barrio, ebd. 18, 1959, 119—121). Vgl. weiter Gómez Nogales 179 f über J. Chevalier und A. H. Armstrong; Soleri, *Temi e problemi* 137 f, *Orizzonte* 135 über S. Mansion und J. Moreau; Reale, Anhang s. v. Muskens, Pauler; schließlich auch die Indices nominum von Décarie und Reale unter den betreffenden Namen (z. B. Reale 216 A.). Am instruktivsten hiervon ist Soleris Kritik an Gómez Nogales (*Orizzonte* 135—147), weil sie alle die wesentlichen

in seinem Werk[23] sorgfältig die gesamte Metaphysik, schränkt aber dabei die ‚ontologische' Seite so stark zugunsten der theologischen ein, daß er sie de facto aufhebt. Wenn er *erstens* die ὄντα auf die οὐσία, die verschiedenen οὐσίαι auf die ἀκίνητος οὐσία reduziert und ὂν ᾗ ὄν mit der ‚unbewegten Substanz' gleichsetzt[24], so hat er nur insoweit recht, als alle ὄντα auf die oberste οὐσία bezogen sind und auch die Behandlung der ὄντα ᾗ ὄντα schließlich auf den unbewegten Beweger führt[25]. Jedoch geht die Tendenz seiner Deutung, die Akzidentien und kontingenten Substanzen in die oberste Substanz aufzulösen und ὂν ᾗ ὄν schlechthin mit der unbewegten Substanz zu identifizieren[26], weit über Text und Intention des Aristoteles hinaus[27]. Eng verbunden mit der Verlagerung des Schwergewichts auf die oberste Seinsschicht ist *zweitens* eine Umkehrung des Richtungssinnes der aristotelischen Seinslehre: Statt die Vielheit des Seienden auf ihren einheitlichen Seinsgrund zu befragen (‚von unten nach oben'), gehe Aristoteles gerade von der obersten Arche aus, und das Problem sei

Punkte enthält, die man gegen jegliche ‚theologische' Deutung vorbringen kann und muß.

[23] J. Owens, *The Doctrine of Being in the Aristotelian ‚Metaphysics'*, Toronto ([1]1951) [2]1963 (diese zweite Aufl. ist ‚a complete revision' der ersten; besonders wertvoll ist das ‚Foreword' 13—27, in welchem Owens auf die Kritiken der ersten Auflage und auf sonstige in der Zwischenzeit zum Thema erschienene Lit. eingeht). Vgl. außer den Rezensionen bes. der ersten Auflage (verzeichnet in L'année philol.) vor allem Gómez Nogales 181—185. Soleri, *Temi e problemi* 134—137. Guzzoni, *Die Einheit* 5f und passim (ein Zitat folgt u. A. 27, S. 318 A. 31). Berti, *La filosofia* 51—53. Reale 361f (dort Verweise); ferner die Indices s. v. Owens bei Décarie und Berti, *L'unità*.

[24] Owens 17—22. 266f. 460—466 u. ö.

[25] Hierzu u. 4.24.

[26] Die *Tendenz* läßt sich nicht leugnen, auch wenn Owens sich hin und wieder (z. B. 472 A. 50) dagegen wehrt, daß in der Konsequenz seiner Interpretation das kontingente Seiende zum Nicht-Sein verblaßt.

[27] Von Owens' Kritikern lassen wir hier Guzzoni, *Die Einheit* 5 wegen seiner prägnanten Formulierungen zu Wort kommen: „Owens geht von der Auffassung aus, daß der Begriff ‚ὄν' nicht der Gegenstand der aristotelischen Philosophie ist. Diese handle als erste Philosophie von der οὐσία = ὂν ᾗ ὄν. Wir behaupten hingegen, daß τὸ ὄν immer den Boden für das Fragen des Aristoteles darstellt und daß die οὐσία, insbesondere dann die οὐσία ἀκίνητος, erst eine *Antwort* auf die Frage nach dem, was das ὂν sei, ist. Owens leugnet also jedes ontologische Moment im Entwurf der ersten Philosophie (z. B. S. 249 [versehentlich statt 299 = [2]471 ?]). Für uns hat dagegen der Entwurf der ‚ersten Philosophie', der zu einer Gleichsetzung der Episteme des ὂν ᾗ ὂν mit der Theologik führt, einen anderen Sinn. Gerade weil Aristoteles *ontologisch* (auch im Sinne der späteren metaphysica generalis) danach fragte, was das allgemeine Wesen des ὄν sei, gelangt er zu dem Ergebnis, daß dieses Wesen in seiner ursprünglichen und reinen Form nur in der οὐσία, im besonderen in der οὐσία χωριστή, zu finden ist, so daß die ‚Ontologie' gerade, um als solche sein zu können, Theologik werden muß". Auch das Folgende (ein Zitat daraus u. S. 318 A. 31) ist wichtig. Was er positiv für richtig hält, hat Guzzoni nochmals knapp in dem Aufsatz *Dell'intrinseco movimento della ‚filosofia prima' Aristotelica*, Pensiero 6 (1961) 164 bis 188 dargestellt; vgl. u. 4.13 Ende.

nun, wie sich das reine Sein des unbewegten Bewegers den kontingenten ὄντα mitteilt: Mithin eine Richtung von ‚oben nach unten', die man fast ‚deduktiv' nennen könnte[28]. Auch hiervon trifft etwas zu: Das kontingente Seiende kann nicht sein und nicht gedacht werden ohne den Bezug auf die vollkommene ἀκίνητος οὐσία. Aber dieses Apriori der obersten Seinsschicht schließt keine ultra-realistische Verselbständigung ein: Der unbewegte Beweger ist sinnlos ohne die bewegte Welt, und der erkennende Mensch kann nur im Durchgang durch Sinneserfahrung und kontingentes Seiendes zum Unbedingten gelangen. Genau das besagt ja die aristotelische Pros-hen-Bewegung[29], welche den platonischen Weg ‚*zu* den Prinzipien *hin*' fortsetzt[30]. Deshalb ist die Blickrichtung, welche Owens bevorzugt, einseitig und unangemessen[31]. *Drittens* wird Owens' Darstellung von einem erkenntnistheoretischen Realismus beherrscht, der sich scharf von einem (ganz

[28] Owens 23. 282. 460 f (hier mehrfach die Ausdrücke ‚to be derived' und ‚to impart') u. ö.

[29] ‚Pros-hen' wird hier im weiteren Sinne verstanden, also auch die ‚Reihe' darunter einbegriffen.

[30] Owens erkennt das Sein der Sinnendinge und die Gebundenheit der menschlichen Erkenntnis an diese an, versucht aber trotzdem an der ‚deduktiven' Blickrichtung festzuhalten (bezeichnend 472 A. 50; vgl. auch 468 f) und zwar gerade auch bei der Betrachtung des Pros-hen (vgl. 302 f. 443 u. ö.), das doch — trotz des ‚Apriori' und des einmaligen Ausdrucks ἀφ' ἑνὸς λέγεσθαι — den umgekehrten Weg angibt (darüber u. 4.21, bes. 4.212/213). Owens hat die *Zwei*seitigkeit der platonischen Methode (‚zu den Prinzipien hin' — ‚von den Prinzipien her') nicht beachtet (vgl. etwa 469), wie er denn überhaupt Platon nicht genügend heranzieht (vgl. gleich unten A. 35 und u. S. 658 A. 483).

[31] Hiergegen richtig G. Verbeke, *La doctrine de l'être dans la Métaphysique d'Aristote*, Revue philosophique de Louvain 50 (1952) 471—478 (referiert von Reale 372 f), der jedoch — sich nur auf Kosmologie und Physik stützend — die Abhängigkeit der Welt vom θεῖον auf die Bewegung beschränkt und dabei die u. a. an den Ethiken aufweisbare ‚Gemeinschaft im νοῦς' zwischen Mensch und Gottheit zu sehr in den Hintergrund treten läßt. Gegen Owens auch Soleri, *Temi e problemi* 136 f und Guzzoni, *Die Einheit* 5 f, dessen Formulierungen wir wieder wörtlich hersetzen: (Voraus geht die o. S. 317 A. 27 zitierte Stelle) „Bei Owens finden wir ferner eine Verkehrung des Richtungssinnes der mit einer πρὸς ἕν-Mannigfaltigkeit verbundenen Problematik. Die Frage ist bei einer solchen Mannigfaltigkeit nicht: wie kann die Natur des ersten Exemplars einer solchen Gruppe von Homonyma sich dem übrigen Mannigfaltigen mitteilen? — Im Falle des ὄν: wie können die für sich bestehenden getrennten οὐσίαι als die Seinsquelle für alle sinnlichen Dinge verstanden werden? — Sondern diese: wie kann die allem Mannigfaltigen einer πρὸς ἕν-Mannigfaltigkeit gemeinsame Natur bestimmt werden? Das Wissen, in das diese allgemeine Natur zu heben ist, verlangt für ihre Bestimmung die Auswahl eines ersten ‚Beispiels' unter dem Mannigfaltigen, in welchem die gesuchte allgemeine Natur fixiert und so erkannt werden kann. — Der inneren ‚Logik' des Denkganges nach ist also zunächst die Mannigfaltigkeit des ὄν gegeben; bei der Frage nach dem gemeinsamen Wesen des mannigfaltigen ὄν wird sodann ein bestimmtes ὄν ausgewählt — die οὐσία, speziell die οὐσία ἀκίνητος —, das über das gesuchte Wesen Auskunft gibt. Erst dadurch gelangt die οὐσία zu einem Vorrang vor dem übrigen ὄν" (vgl. auch ib. das Folgende).

einseitig verstandenen) ‚Idealismus' abgrenzt, aber dann doch nicht — der angenommenen Korrespondenz von Denken und Sein gemäß — auf die Seinshaltigkeit der Begriffe vertraut, sondern vor der Gefahr ‚leerer Begriffe' sich zu den ‚Dingen selbst' begibt[32]. Daraus erklärt sich einerseits, daß er die aristotelischen Seins-Prinzipien verdinglicht[33], und andererseits, daß er Seins-‚Begriff' und — ständig mit einem Seins-Begriff umgehende — ‚Ontologie' ganz hinter der konkreten οὐσία und der Betrachtung von οὐσίαι (also einer Art ‚Usiologie') und ferner wieder die ‚Usiologie' hinter ‚Theologik' zurücktreten läßt[34]. Macht man diese unangemessenen Verengungen wieder rückgängig, dann ergibt sich — wie das Folgende zeigen wird — ungezwungen eine aristotelische Seinslehre (Ontologie), welche die einzelnen ὄντα unter *der* Hinsicht betrachtet, daß sie ‚(wahrhaft) sind', und durch diese Blickrichtung dann eo ipso in eine Theologik ausmündet[35].

Noch entschiedener als Owens reduziert Philip Merlan[36] die aristotelische Metaphysik auf Theologik *(Metaphysica specialis)*; eine

[32] Owens' erkenntnistheoretische Einstellung — auf welche seine Kritiker offenbar nur wenig geachtet haben (vgl. nachst. Anm.) — durchzieht sein gesamtes Buch (z. B. 126—135. 203 f. 473 A. 53 u. ö.). Gegen diese und ähnliche Anschauungen wenden wir im Verlauf unserer Untersuchungen des öfteren ein, daß bei Aristoteles das Subjekt natürlich weder die Welt hervorbringt noch mit leeren Formalbegriffen spielt, aber andererseits doch nicht passiv den einfach ‚vorhandenen' Dingen erliegt, sondern in aktiv-spontanem Rückgriff hinter deren vordergründige ‚Gegebenheit' ihr Wesen und ihre Wahrheit erfaßt und mitkonstituiert. Obwohl diese apodiktische Bemerkung der gründlichen, gelehrten Darstellung von Owens, die eine ausführliche Auseinandersetzung erforderte, nicht gerecht werden kann und auch der Hinweis auf o. 1.2, u. 7 (bes. 7.43, 7.54; mehr im Sach-Index s. v. νοῦς; vgl. auch *Weltbild und Seinslehre* 88—91) nur zum Teil hierfür einen Ausgleich bringt, mußte diese — offenbar von der Neuscholastik herrührende — Owenssche Denktendenz hier erwähnt werden, weil sie einige Wesenszüge seiner Metaphysikdeutung erhellen könnte (vgl. o. im Text).

[33] Richtig gesehen und widerlegt von Reale 35—37, der bezeichnende Zitate aus Owens S. 89 (= ²174), 95 (= ²188) und 90 (= ²175) bringt.

[34] Owens 456. 471. Ders., Gnomon 35 (1963) 462 (vgl. 460). Dem gleichen modernistischen Mißtrauen gegenüber dem Begriff und besonders dem Seinsbegriff werden wir nachstehend bei Merlan wiederbegegnen; vgl. auch u. 4.24 passim. Bezeichnend dafür ist auch, daß sowohl Owens wie Merlan der aristotelischen ‚Abstraktions'-Lehre reserviert gegenüberstehen (u. 7.54, S. 658 A. 483). Zum Ausdruck ‚Usiologie' vgl. Reale 273 A. 64 u. ö.

[35] Owens berücksichtigt zwar die Spätdialoge, aber fast nicht die innerschulische Lehre Platons und die dieser gewidmete Literatur (z. B. ist Krämer, *APA* nicht herangezogen). Dadurch behält sein Platon-Bild doch letztlich einen konservativen Zug, der ihn u. a. zu erkennen hindert, wie sehr gerade eine —vom Text her nahegelegte — aristotelische ‚Ontologie' und ein entsprechender ‚Seins-Begriff' den platonischen Ursprüngen der aristotelischen Metaphysik entsprechen würde. Vgl. dazu u. 4.24. Berti, *La filosofia*. Krämer, *UGM*. Ders., *GS*, bes. 348 f.

[36] P. Merlan, *From Platonism to Neoplatonism* (²1960; Neudruck 1968) 160—220. 229—231. Ders., *Metaphysik: Name und Gegenstand*, J. Hell. Stud. 77 (1957)

,Ontologie' *(Metaphysica generalis)* gebe es bei Aristoteles nicht. Er versucht nachzuweisen, „daß in der Formel vom ὂν ᾗ ὄν als dem Gegenstand der Metaphysik (oder ersten Wissenschaft) ὂν ᾗ ὄν kein Abstrakt-Allgemeines bezeichne (etwa: was von allem das ist, als deren Gemeinsames abstrahiert werden kann), sondern dasselbe wie die πρώτη οὐσία — die prozeßfreie Seinssphäre ..., ein im vollen Sinn des Wortes Seiendes, das eben *nur* ist und nicht *etwas* ist"[37]. Wie Owens und Gómez Nogales macht er dabei geltend, daß auch die antike Tradition seit Theophrast die aristotelische Metaphysik nur im Sinne einer Theologik ausgelegt und weitergedacht habe[38]. Wie es nun auch mit der nach-aristotelischen Ausdeutung der aristotelischen Metaphysik stehen mag[39], am *aristotelischen* Text bewährt sich Merlans Gleichung ὂν ᾗ ὄν = οὐσία ἀκίνητος jedenfalls nicht[40], und sie hat deshalb auch mit Recht bei den meisten neueren Forschern keinen Anklang gefunden[41]. Immerhin haben jedoch Merlan und überhaupt die ,theologischen' Interpreten mit ihrem Insistieren auf dem Vorrang der οὐσία ἀκίνητος bewirkt, daß der enge Bezug der aristotelischen

87—92. Ders., *Ὂν ᾗ ὂν* und *πρώτη οὐσία*: *Postskript zu einer Besprechung*, Philos. Rundschau 7 (1959) 148—153. Vgl. dazu — außer den Besprechungen — H. Wagner, Philos. Rundschau 7 (1959) 137—141 (—147). Berti, *La filosofia* 52—55. Reale 355—357 (dort auch einige bezeichnende Zitate); ferner Décarie und Owens, Index s. v.

37 Merlan, *Ὂν ᾗ ὂν* 148. Der Ausdruck ,prozeßfrei' für ἀκίνητος, den Merlan (wie er selbst sagt) von Wagner übernimmt, ist nur dann unbedenklich, wenn unter ,Prozessen' allein die πάθη des kontingenten Seienden (Werden–Vergehen, Veränderung, Ortsbewegung) verstanden werden. Denn nur von diesen ist der oberste Seinsbereich frei, im übrigen aber ist er keineswegs *statisch*, sondern reine ἐνέργεια.

38 Gómez Nogales 20—36. Merlan 207—209. Ders., *Metaphysik* 90—92. Owens 43—49. Vgl. über Theophrast Reale, *Teofrasto* 135—161 *(Orizzonte i limiti della metafisica di Teofrasto)*, dessen Interpretation ich aber in einigen wesentlichen Punkten nicht zustimmen kann. — Während in Mittelalter und Neuzeit bis ins 19. Jahrhundert die ,ontologische' Deutung des *ὂν ᾗ ὂν* vorherrschte (Gómez Nogales 36—47. 49—75. Owens 35—42. 49), begegnet seitdem auch wieder die ,theologische' Interpretation (vgl. Owens 49 f über Ravaisson und Schwegler als die frühesten Exponenten).

39 Ob und wieweit Theophrast und Eudemos die aristotelische Metaphysik vereinseitigten und verengten (vgl. Reale, *Teofrasto*), muß nochmals untersucht werden. Die Erläuterungen Alexanders zum Γ (p. 237ff H.) haben durchaus auch ,ontologischen' Charakter (z. B. 244, 6—8 u. ö.), auch wenn er *letztlich* die aristotelische Ontologie in Theologik einmünden läßt. Auf das *,letztlich'* kommt es an (vgl. Owens 49 „ultimately"!), weil, wie ich mit den ,ontologischen' Interpreten meine, es von diesem Zusatz abhängt, ob man die aristotelische Metaphysik zutreffend deutet oder nicht. Die neuplatonischen Kommentare sind eine Sache für sich und können hier nicht besprochen werden. Vgl. zu letzteren und zum Thema insgesamt Merlan 59—87 (*The Subdivisions of Theoretical Philosophy*; Lit.). Kremer, *Metaphysik-Begriff.*

40 Vgl. u. 4.24 (bes. 4.244) und die dort zitierte Lit.

41 Vgl. u. 4.13 über die ,ontologischen' Deutungen z. B. Soleris, Patzigs, Décaries und Reales; s. vorstehend 4.12 Anfang die Bemerkungen über Owens.

Seinslehre zur obersten Seinsschicht von *allen* Forschern anerkannt wird, also Gemeingut geworden ist[42].

Die Merlansche Deutung des aristotelischen Metaphysik-Objektes ist geprägt von einem — aus vielen Quellen gespeisten — modernen Philosophem, das wir schon bei Owens feststellen konnten: der Gegenüberstellung des ‚Nur-Begrifflichen' (das ‚leer' und ‚abstrakt' ist) und der ‚Dinge' (die ‚konkrete Seinsfülle' besitzen)[43]. Merlan sieht nur die Wahl zwischen a) ‚allgemeiner Ontologie', die mit einem extrem nominalistisch verstandenen Seinsbegriff arbeitet und im ‚Rein-Logischen' verharrt, ohne zum ‚konkreten' Sein zu gelangen; und b) einer (ultra-)realistisch aufgefaßten Theologik, in welcher das ‚konkrete' göttliche Sein — fernab von jeder blassen Begrifflichkeit einer allgemeinen Ontologie — sich in seiner Fülle zeige[44].

Diese Alternative Merlans ist bei Aristoteles nirgends aufweisbar[45]: Denn *erstens* zeigt das aristotelische Seiende zwar eine deutliche Tendenz zur ‚Verfestigung', sofern es sich um die ‚Substanz' zentriert und die ‚Substanzen' in kosmologisch-biologische Zusammenhänge hineingebunden sind[46], aber trotzdem bleibt es in jeder Hinsicht ‚offen' und ‚dynamisch'[47], und *zweitens* steht neben dem ‚Seienden'

[42] Selbst wenn man in Anlehnung an Kant die aristotelische Theologik dem ‚Glauben' zuordnet bzw. zur unendlich aufgegebenen Beschäftigung mit dem Nicht-Wißbaren macht (Jaeger; Aubenque), geht doch seit Natorp niemand mehr so weit, der aristotelischen Metaphysik ihre theologische Seite völlig absprechen zu wollen. Damit ist die seit Christian Wolff deutlich gewordene, moderne Trennung von Ontologie und Gotteslehre mit all ihren Folgen (z. B. Ausschluß der Gotteslehre aus der ‚neuen Ontologie' N. Hartmanns) wenigstens für die *historische* Deutung der antiken Philosophie, bes. des Aristoteles, wieder rückgängig gemacht. — Wenn man heute die aristotelische Lehre, daß die aristotelische Metaphysik ‚allgemein' sei, weil und sofern sie sich mit dem ‚ontisch Früheren' befasse, durchweg philosophisch wieder voll würdigt, so dürfte auch dies u. a. dem Einfluß Merlans (vgl. schon *Movers* 11 f) und Owens' zu danken sein.

[43] Vgl. zu dieser schiefen Alternative Sach-Index s. v. *Begriff 1*.

[44] Diese Auffassung durchzieht das gesamte Buch und bedarf nicht einzelner Belege. Über den ‚Ultra-Realismus' (bzw. ‚Universalien-Realismus' oder dgl.) als Leitfaden seines Buches (aber nicht: seiner eigenen Haltung!) spricht Merlan z. B. S. 4 Anm. Wie bei Owens steht auch bei Merlan in einem merkwürdigen Gegensatz zum ‚Realismus' das Mißtrauen gegenüber allem ‚Logischen' und ‚Begrifflichen', das ihn dann immer wieder nötigt, auf die Seite der ‚Dinge' zu treten. In diesem Punkt verfährt Merlan anti-idealistisch, zum Schaden der Sache.

[45] Auch ihre Anwendung auf Platon und überhaupt die antike Philosophie insgesamt ist sehr zweifelhaft. — Daß sie für die aristotelische Erkenntnis-Theorie nicht gilt, wird im Kapitel über die Abstraktion u. 7.54 gezeigt.

[46] Diese Verdinglichungstendenz des aristotelischen Seins ist in *Weltbild und Seinslehre* mit Absicht überscharf herausgestellt.

[47] Das zeigt sich schon an der οὐσία, die gerade Merlan (zuerst in *Movers* 8, wo er nach H. Gomperz die Übersetzung ‚entity' vorschlägt) und Owens (er verwendet ebenfalls ‚entity', vgl. 149—153 u. ö.) vom Odium des ‚starren Wirklichkeitsklötzchens' befreien wollen, besonders aber dann an den ‚formal-ontologischen' Bestimmungen

ganz selbstverständlich der Begriff des ‚Seins' (τὸ εἶναι, τὸ ὄν), mit welchem der erkennende Geist die Beziehungen zwischen den ὄντα erfaßt und beschreibt (etwa durch die Pros-hen-Methode). Ein solcher Seinsbegriff ist nicht ‚leer' und ‚abstrakt' (im modernen Sinn), sondern Zeichen für ‚Objektives' (λόγος τῆς οὐσίας) wie jeder andere Begriff bei Aristoteles[48].

Nachdem so der aristotelische Seins-Begriff allzu schematischer Verengung entzogen ist, wird es wohl auch möglich, die Gegensatz-Lehren von Γ/K und besonders das πλῆθος-Prinzip zutreffend zu beurteilen: Man braucht nicht mit Merlan gegen alle Wahrscheinlichkeit πλῆθος in die oberste οὐσία hineinzuverlegen und kann doch πλῆθος als — über alles ‚Nur-Logische' weit hinausgehendes — *Seins*-Prinzip *sui generis* verstehen[49].

4.13 Die ‚ontologischen' Deutungen

Während man die ‚theologischen' Interpretationen von Merlan, Gómez Nogales und Owens als eine bestimmte Richtung deutlich abgrenzen kann, ist das bei den ‚ontologischen' Deutungen kaum möglich: Denn abgesehen von Natorp, der die ‚theologischen' Stellen der aristotelischen ‚Metaphysik' radikal athetierte, erkennen alle Forscher prinzipiell die theologische Komponente an und unterscheiden sich nur *graduell* darin, *in welchem Maße* sie den theologischen Aspekt gelten lassen. Da die verschiedenen Ansichten einander ziemlich nahe stehen, ja sogar zum Teil fließend ineinander übergehen, sind Abgrenzungen sehr problematisch und vermögen auch nichts zu lehren. Deshalb weisen wir nur auf eine einzige Untersuchung genauer hin, in welcher die ontologische Komponente eindeutig überbetont ist:

Die Frage, welchen Charakter die aristotelische Metaphysik habe, beantwortet Leo Lugarini[50] auf Grund seiner Interpretation von Γ 2[51]

(Seinsmodi, Transzendentalien, Gegensätze usw.), die in met. Γ u. ö. untersucht werden.

48 Das ergibt sich auch bei der Untersuchung des ὂν ᾗ ὄν (u. 4.24) Vgl. erneut die Ausführungen über die aristotelische ‚Abstraktion' (u. 7.54) und den Sach-Index s. v. *Sein* (bes. *1*).

49 Vgl. u. 4.45.

50 Leo Lugarini, *Aristotele e l'idea della filosofia*, Florenz 1961 (Pubblicazioni dell'Istituto di Storia della filosofia dell'Università degli studi di Milano, dirette da Mario Dal Pra, 5). Vgl. dazu außer der Rezension von G. E. R. Lloyd, Philosoph. Quart. 13 (1963) 173 f und den knappen Angaben bei Reale 349 f bes. die eingehende und instruktive Besprechung von E. Berti, Giornale di metafisica 18 (1963) 271—276.

51 Lugarini Kap. 10 *La filosofia come teoresi dell'ente in quanto ente* (214—240), vorbereitet in drei Aufsätzen des Verf.: *L'unità dell'idea nel Parmenide*, Acme 4 (1951) 347—439. *L'argomento del ‚terzo uomo' e la critica di Aristotele a Platone*, Acme 7

folgendermaßen[52]: Die Philosophie (= Metaphysik) ist Wissenschaft von den Prinzipien des Seienden als solchen (214 ff) und sucht diese auf, indem sie nach der dem Seienden als solchen eigentümlichen φύσις fragt (217 f). Obgleich das Seiende uns als vielfältig *Ausgesagtes* entgegentritt und somit vielfältig *ist* (219 ff), kann es doch von einer einzigen Wissenschaft untersucht werden, weil es nicht ‚homonym' auseinanderfällt, sondern ‚analoge' Einheit besitzt (231 f). Bezugspunkt und Prinzip der analogen Einheit ist die οὐσία als Hauptbedeutung von ‚sein' (221 u. ö.). Die Metaphysik untersucht nun das Geflecht von Beziehungen[53], in welchen die einzelnen ὄντα (in bezug auf die οὐσία) miteinander verbunden sind und beantwortet so die Frage ‚τί ἐστιν ὄν;' durch den Hinweis auf die οὐσία als φύσις des Seienden als solchen (239). Hierin findet die Metaphysik ihre Universalität und ihre Einheit zugleich; obwohl ihr Gegenstand keine (an γένος und Synonymie gebundene) ἀπόδειξις im strikten Sinne kennt, erhält sie durch die Pros-hen-Beziehung ihres Objektes strenge Wissenschaftlichkeit (233 u. ö.)[54].

Bis hierher kann man Lugarini im wesentlichen[55] folgen: Es ist richtig, wenn er gegenüber einer fast vollständigen Reduzierung des aristotelischen Seinsbegriffes auf die οὐσία und gar nur die unbewegte οὐσία[56] betont, daß die Frage nach dem ‚Sein' des Seienden *alle* Ausprägungen von ‚Sein' erfaßt, also auch Akzidentien und kontingente

(1954) 3—72. *Il problema delle categorie in Aristotele*, Acme 8 (1955) 3—107. Über die dem Kap. 10 voraufgehenden Teile des Buches vgl. Bertis Rezension.

[52] Gut resümiert von Berti 271 f, dem wir folgen.

[53] „trama delle relazioni costitutive dell'essere dell'ente" (239. 252 u. ö.). Berti 274 „La filosofia consiste nello' studio dell'essere, cioè nell' indicare le relazioni di ciascuno dei generi di esso al genere che è primo, la sostanza. L'essere dell'ente infatti non è altro che la trama di relazioni attraverso cui l'ente si articola in molti generi".

[54] Lugarini bespricht 201—205 gut die aristotelischen Stellen aus den An. post., wo Aristoteles der Wissenschaft von den ersten Prinzipien, die ja per definitionem nicht ‚abgeleitet' (d. h. ‚apodiktisch' bewiesen) werden können, doch Wissenschaftscharakter zu geben versucht — eine un-apodiktische Grundwissenschaft neben und über den apodiktischen Einzelwissenschaften; vgl. Berti a. O. 273. Wie wichtig dieser Punkt ist, ersieht man daraus, daß z. B. Aubenque von der falschen Gleichsetzung ‚Wissenschaft = nur apodiktisch' ausgeht und demgemäß der aristotelischen Metaphysik die Möglichkeit abspricht, wissenschaftlich etwas über die ersten Prinzipien (z. B. Gott) auszumachen; hierüber richtig Berti, Rez. von Aubenque, im gleichen Band des Giornale di metafisica 18 (1963) 270 f; vgl. auch o. 1.32.

[55] 231 f wird der aristotelische Analogie-Begriff ungenau gefaßt. Übersteigert bis fast zur Unrichtigkeit ist 217 f u. ö. die Interpretation der Physis (1003a 27. 34). Auch die Deutung des ὄν als ὂν λεγόμενον (219 ff), die Heidegger folgt (vgl. auch Tugendhat, Gnomon 35, 1963, 554), fordert den aristotelischen Aussagen mehr ab, als sie zu geben vermögen.

[56] Vgl. o. 4.12 über Merlan und Owens. Lugarini nennt Owens mehrfach, setzt sich aber nicht mit ihm auseinander. Merlan wird bei Lugarini, wenn ich recht sehe, nirgends erwähnt.

Substanzen um uns herum, und daß die Metaphysik die ‚Verknüpfungen' zwischen den ὄντα untereinander in den Blick faßt. Er verfällt jedoch nun ins andere Extrem[57], indem er das ‚Gewebe der Seinsverknüpfungen' überbetont und demgegenüber das *Verknüpfte*, d.h. die Substanzen (kontingente und unbewegte) ganz zurücktreten läßt: Die Metaphysik beschäftige sich vorwiegend weder mit den Substanzen (das nennt Lugarini ‚ontologia') noch mit der göttlichen Substanz (θεολογική), sondern mit dem Sein in *allen* Entfaltungen, wovon die Substanz eben nur *eine* (wenn auch eine wichtige) sei. Indem so Lugarini eine κοινωνία τῶν ὄντων herausstellt (wobei die κοινωνία in der Tatsache besteht, daß sie *sind*), vermag er mit dem Umstand nichts anzufangen, daß Zielpunkt des Pros-hen schon in Γ und E 1 nicht nur die οὐσία, sondern die göttliche οὐσία ist, in welcher die Verflechtung des Seienden gründet und ohne welche sie ihren Sinn verliert und zerfällt[58]. Mit anderen Worten: Aristoteles hält Seinswissenschaft, die nicht in θεολογική ausmündet, für unmöglich. Das ergibt sich auch aus dem Untersuchungsgang der übrigen Metaphysik-Bücher über ZHΘ bis hin zum Λ, die Lugarini nicht berücksichtigt[59].

Lugarinis Interpretation bestimmt sich u. a. von zwei Motiven her:

Erstens grenzt er sich ständig ab gegen eine ‚substantialistische' Philosophie, welche die Wissenschaft vom ‚Sein des Seienden' auf die Betrachtung eines partikulären Seienden, der Substanz, beschränkt und dann noch weiter einengt auf die Untersuchung der göttlichen Substanz[60]. Dabei werde Substanz zu einem Objekt verfestigt, das geistfremd der Erkenntnis ‚gegenüberstehe'. Diese ‚substantialistische' Haltung sei erst *nach* Aristoteles aufgekommen und dürfe nicht auf Aristoteles selber übertragen werden.

Gewiß hat die nacharistotelische Philosophie (Stoa, Boethius, dann das Mittelalter) eine ‚Verfestigung' und zugleich Verabsolutierung des Substanzbegriffes herbeigeführt, die auf Aristoteles im

[57] Kap. 11 *L'idea della teoresi dell'essere dell'ente e le sue articolazioni* (241—260). Auch hier folge ich wieder Berti 274 f, wobei ich mich unter Verweis auf seine Ausführungen aufs Prinzipielle beschränken kann.

[58] Lugarini führt 254—257 die Stellen aus E 1 vor, macht sie jedoch nicht für seine Deutung des Γ und damit für die Hauptthese seines Buches fruchtbar. Im Gegenteil, er wertet 257—259 E 1 gegenüber Γ (so wie er es interpretiert) ab, so daß es dann doch wieder bei der „trama delle relazioni d'essere" (258) als Hauptgegenstand der Metaphysik bleibt.

[59] Berti verweist auf das aufschlußreiche Eingeständnis Lugarinis 252. Lugarini hätte, wie oben betont, bereits aus dem Γ (wenn auch nicht aus Γ 2; z. B. Γ 3, 1005a 35) den ‚theologischen' Bezug der Seinswissenschaft entnehmen können.

[60] Lugarini spricht von „sostanzialismo", „attegiamento sostanzialistico" (261, vgl. 264), (1a) „piega che ha nome sostanzialismo" (3), „il modo sostanzialistico di pensare" (3).

ganzen nicht zutrifft. Trotzdem muß man die zentrale Stellung der οὐσία in der aristotelischen Philosophie anerkennen und — ohne die Ansätze zu ‚verfestigter' Substanz zu ignorieren[61] — die aristotelische Substanz als Geiststruktur deuten, welche der menschlichen Erkenntnis nicht in ‚objektiver Fremdheit' gegenübersteht, sondern letztlich mit ihr identisch ist[62].

Zweitens geht Lugarini, der in seinem gesamten Buch sich (neben Husserl) vor allem Heidegger verpflichtet weiß, auch hierbei von Heideggerschen Anschauungen aus, nämlich von der bekannten ontologischen Differenz zwischen ‚Sein' und ‚Seiendem', wobei das Verharren im Seienden ‚Vergessenheit' des Seins einschließt[63]. Während Heidegger Aristoteles als Exponenten der antiken ‚Wesensphilosophie' in die Seinsvergessenheit einbezieht, möchte Lugarini offenbar Aristoteles dadurch vor diesem Vorwurf bewahren, daß er die aristotelische Metaphysik ganz von den ‚seienden' (Dingen) auf das ‚Sein' (= Verflechtung der seienden Dinge) verlagert. Das ist aber nicht nötig, sofern man die aristotelische οὐσία, wie eben angedeutet, richtig versteht.

Die ontologische Differenz schließt, strikt gefaßt, auch aus, daß das oberste Seiende zugleich ‚Inbegriff von Sein' ist[64]. Deshalb vermag Lugarini offenbar nicht zu sehen, daß sich seine Frage nach dem Sein alles Seienden gerade von der obersten Substanz her, die reines Sein ist, beantwortet.

Wie fruchtbar Heideggersche Anregungen für die Beurteilung der aristotelischen Metaphysik werden können, sobald die Interpretation sich historisch getreu an den Aristoteles-Text hält, das zeigen besser als Lugarini die im Vorstehenden schon zitierten Untersuchungen von Alfredo Guzzoni, auf die hier nicht eingegangen, sondern nur verwiesen werden kann[65]: Guzzoni sieht die drei (vier) Komponenten der aristotelischen Metaphysik, ‚Prinzipienwissenschaft', ‚Ontologie' (inklusive ‚Substanzwissenschaft') und ‚Theologik', in einleuchtender Weise zusammen, so daß wir ihm prinzipiell zustimmen und bei unserer eigenen Interpretation unter anderem auch an ihn anknüpfen können[66].

[61] Diese Ansätze hat der Verf. sehr pointiert herausgehoben in *Weltbild und Seinslehre*, bes. Teil 3. Die schon bei Aristoteles teilweise vorgeprägte ‚Substanz als Wirklichkeitsklötzchen' hat durchaus auch etwas *Geistfremdes* an sich. Ich bin also nicht so sicher wie Berti 275, daß diese Art von Substanzbegriff erst modern ist.

[62] Vgl. wiederum *Weltbild und Seinslehre* Teil 3 und 4.

[63] Vgl. Lugarini 248 f und dazu Berti 275.

[64] Diese Identifikation bereitet seit der Antike Schwierigkeiten (vgl. u. 4.212/213 u. ö.). Das berechtigt jedoch nicht, sie für unmöglich zu halten.

[65] Alfredo Guzzoni, *Die Einheit des ὂν πολλαχῶς λεγόμενον bei Aristoteles*, Diss. masch. Freiburg 1957. Davon eine überarbeitete Kurzfassung: A. G., *Dell'intrinseco movimento della ‚filosofia prima' Aristotelica*, Il Pensiero 6 (1961) 164—188. Résumé des italienischen Aufsatzes bei Reale 342 f.

[66] Guzzoni betont erfreulicherweise auch die Wichtigkeit des νοῦς für die aristotelische Metaphysik (*Dell'intrinseco movimento* 186 f); und dgl. mehr. Gegenüber der Über-

4.14 Zur vorliegenden Deutung von Γ/K

Aus dem Gesagten ist schon zur Genüge klar geworden, in welche Richtung unsere Interpretation von Γ/K geht: Sie versucht die vier ‚Komponenten' oder ‚Aspekte' der ‚ersten Philosophie' (Ontologie, ‚Usiologie', Erforschung der Letzt-Prinzipien, Theologik), die im Text des Aristoteles untrennbar miteinander verwoben sind, auch sachlich zusammenzusehen. Deshalb können wir uns keiner Deutung anschließen, die zwischen den Komponenten scharfe Widersprüche konstatiert (und sie dann meist entwicklungsgeschichtlich erklärt) oder eine der Komponenten mehr oder minder verabsolutiert. Eine solch ‚komplexe' Interpretation stellt keinen nichtssagenden Kompromiß dar, der eine klare Entscheidung umgehen möchte, sondern sie ergibt sich ungezwungen, wenn man den aristotelischen Text ungeschmälert zu Wort kommen läßt und dabei auch modernistische Befangenheiten vermeidet, von denen die in *4.11—4.13* genannten einseitigen Interpretationen nachweislich bestimmt sind. Es ist denn auch kein Zufall, sondern ein Zeichen für das sich verstärkende Bemühen um eine historisch möglichst exakte Deutung der aristotelischen Metaphysik, wenn in der neueren Zeit Untersuchungen mit ganz verschiedener philosophischer Ausgangslage in ihren Ergebnissen konvergieren, d.h. in einer ‚komplexen' Deutung zusammentreffen. Ich nenne hier etwa Patzig, Soleri, Guzzoni, Décarie und Reale. Auf diesen Arbeiten basiert die folgende Interpretation[67].

4.2 Die Seinslehre in Buch Γ [68]

Die Gedankenführung der ersten Metaphysik-Bücher Α Β Γ Ε, denen man wie Platons Prinzipienlehre den Titel περὶ τῶν ὄντων καὶ

einstimmung im ganzen fallen die kontroversen Punkte nicht so ins Gewicht, daß wir sie hier besprechen müßten. Nur *eine* Einzelheit sei erwähnt: *Dell'intrins. mov.* 176 scheint Guzzoni (wie Merlan und Lugarini) anzunehmen, daß Aristoteles im Γ als mittlere οὐσία der Dreistufung die *mathematischen Gegenstände* annehme: Dies ist jedoch nicht nur unbeweisbar, sondern sachlich ganz unwahrscheinlich (vgl. u. 4.22/23).

[67] Worin diese Arbeiten voneinander abweichen, kann man kurz in Reales Anhang s. v. Décarie, Guzzoni, Patzig, Reale und Soleri sehen. Auf Reale gehe ich andernorts noch gesondert ein. — Vgl. auch die folgenden Einzelerörterungen.

[68] Zu Γ 1—3 insgesamt Guzzoni, *Die Einheit* 40—70. 106 ff. Patzig passim, bes. 185 f. 192—194. Merlan 160 ff. 204 ff. Lugarini 218—235. Décarie 100—110. Wie schon betont, stützt sich unsere Darstellung im wesentlichen auf Patzig, Décarie und Reale, auf die wir für weitere Einzelheiten verweisen. (Davon unberührt bleibt die Kritik an Patzigs Entwicklungstheorie u. 4.53; vgl. auch die Bemerkung zu Reale u. S. 403 A. 456.) Zu vergleichen sind natürlich auch die Erörterungen über Ε 1 z. B. bei Owens, Décarie und Reale.

τῶν ἀρχῶν geben könnte[69], hat man schon in anderen Darstellungen treffend charakterisiert[70], so daß wir uns gleich Γ zuwenden[71]. Kapitel 1, das aus sich heraus schwer deutbar ist, bringen wir weiter unten zur Sprache, beginnen also mit Kapitel 2.

4.21 Die Einheit in der Vielfachbedeutung des Seins[72]

4.211 Die Akzidentien sind pros-hen auf die Substanz bezogen

Der Begriff ‚Sein'[73] kann nicht (wie z. B. ‚Mensch' von den Individuen) synonym von einer Dingklasse ausgesagt werden und ist

[69] Philop. in Arist. De anima p. 75, 34—76, 1 H. = TP 25 B.

[70] Ausführlich Reale Kap. 1—4, kurz Patzig 185 f.

[71] Die Aporien des B sind zum Teil erregend aktuell, man kann sie aber nicht zum Ausgangspunkt nehmen. Deswegen werden sie nur dann herangezogen, wenn dies von Γ erforderlich ist. Einige für unser Thema einschlägige Aporien des B bespricht Guzzoni, *Die Einheit* 7—20. Umfassende Behandlung des B bei Owens 211—258 *(The Aporematic Treatment of the Causes: Book B)* und Reale 54—98 *(Il libro B e le aporie della metafisica)*. Vgl. auch Décarie 95—99.

[72] Ich spreche mit Absicht zunächst unbestimmt von ‚Einheit', ohne festzulegen, *worin* die Einheit konkret besteht. Der Terminus ‚Analogie', an den sich viele ideengeschichtliche und interpretatorische Mißverständnisse knüpfen, wird erst weiter unten eingeführt, nachdem er methodisch abgesichert worden ist. — Aus der zahlreichen Lit. über unser Problem nenne ich nur die wenigen Arbeiten, die den inner-aristotelischen Befund exakt aus sich heraus darstellen, ohne spätere Fragestellungen unkritisch in Aristoteles hineinzutragen und die von Aristoteles gemachten Unterscheidungen zu verwischen: Robin 151—170. Owens 107—135 *The Aristotelian Equivocals* (Owens' in diesem Zusammenhang vorgebrachte Ansichten über ‚idealistische' und ‚realistische' Interpretation der aristotelischen Erkenntnislehre und Philosophie können wir freilich nicht akzeptieren, vgl. 4.12, u. S. 658 A. 483). E. K. Specht, *Über die primäre Bedeutung der Wörter bei Aristoteles* Kant-Studien 51 (1959/60) 102—113 (trotz einiger Mängel nützlich). J. Hirschberger *Paronymie und Analogie bei Aristoteles*, Philos. Jb. 68 (1960) 191—203 (vgl. ders. *Gesch. d. Philos.* I[4] 483—487). G. Patzig, *Theologie und Ontologie in der ‚Metaphysik' des Aristoteles*, Kant-Studien 52 (1960/61), 185—205. Reale 109 f. 119—121. H. J. Krämer, *Zur geschichtlichen Stellung der aristotelischen Metaphysik*, Kant-Studien 58 (1967) 313—354, bes. II *Zur aristotelischen Ontologie* (337—354). Weitere Lit. in den genannten Arbeiten und im Folgenden. Meine Analyse (des Pros-hen und der ‚Reihung' im Γ, der ἀναλογία usw.) war vor Erscheinen von Krämers Untersuchung abgeschlossen (in ihr war die von Krämer, *GS* 349 A. 124 als Desiderat betrachtete Zusammenschau der ‚immanenten' Metaphysik-Deutung Patzigs, Owens' usw. einerseits und der Ergebnisse Merlans andererseits längst vollzogen): Wo sich Überschneidungen ergaben, habe ich um des Zusammenhangs willen meine Ausführungen nicht gekürzt, sondern Krämers Ergebnisse als nachträgliche Bestätigung verbucht. Da ich auf das Thema zurückzukommen hoffe, beschränke ich mich in vieler Hinsicht (auch in der Anführung der Lit.) auf das Allernotwendigste. — Nichts Wesentliches für unsere Fragen enthält G. E. R. Lloyd, *Polarity and Analogy*, Cambridge 1966.

[73] Mit dem Wort ‚Begriff' soll nichts präjudiziert werden: Gemeint ist ‚das Sein' im allgemeinen, was Aristoteles τὸ εἶναι oder τὸ ὄν nennt, z. B. bei der Frage: Ist τὸ εἶναι (τὸ ὄν) ein Genos oder eine Substanz?

daher ‚vieldeutig' (πολλαχῶς λέγεται)[74]. Aristoteles, der die Vieldeutigkeit von ‚sein' unter verschiedenen Aspekten betrachtet[75], denkt hier, wie der Zusammenhang zeigt[76], — mindestens zunächst[77] — an die *kategoriale* Verschiedenheit: ‚Sein' kommt nicht nur in *einer* Kategorie vor — dann wäre noch eher eine synonyme Aussage möglich[78] — sondern in *allen*. Von solchen transkategorialen Begriffen[79], welche die Kategorieneinteilung übersteigen, gibt es bei Aristoteles kein gemeinsames γένος im strikten Sinne[80]. Damit droht die Seinsaussage

[74] Zur Vieldeutigkeit von ‚sein' bei Aristoteles zuletzt umfassend G. Reale, *L'impossibilità di intendere univocamente l'essere e la ‚tavola' dei significati di esso secondo Aristotele*, Rivista filos. neoscol. 56 (1964) 289—326.

[75] Aristoteles unterscheidet bekanntlich vier Arten von ‚sein': a) Akzidens-sein (τὸ ὂν τὸ κατὰ συμβεβηκός); b) Wahr-sein (τὸ ὂν τὸ ὡς ἀληθές); c) kategoriales Sein (τὸ ὂν τὸ κατὰ τὰ σχήματα τῶν κατηγοριῶν); d) Möglich-sein und Wirklich-sein (τὸ ὂν τὸ κατὰ δύναμιν ἢ ἐνέργειαν). Hiervon sind (mindestens) die Arten c) und d) *in sich* wieder vieldeutig. Vgl. Reale, *L'impossibilità* 314 ff, bes. 318-320 (über die Kategorien), 320—322 (Potenz und Akt; Potenz und Akt sind nicht nur *voneinander* unterschieden, sondern jedes von beiden ist *in sich* vielfältig). Über die kategoriale Differenz vgl. o. im Text, über die Vieldeutigkeit von δύναμις/ἐνέργεια vorliegende Arbeit passim, vgl. Sach-Index s. v. *Möglichkeit* (dort kommt auch die kategoriale Vieldeutigkeit wieder mit ins Spiel). — Es fällt bei diesen Unterscheidungen auf, daß Aristoteles keine eigene Rubrik für die Vieldeutigkeit von ‚Substanz-sein' (also *innerhalb* der ersten Kategorie) aufführt. Denn die Stufen der Seinsschichtung weichen in ihrem Seinsgrad (Seinsmodus) doch erheblich voneinander ab: Aristoteles erfaßt zwar die Unterschiede im einzelnen zureichend, übergeht sie aber beim πολλαχῶς λέγεσθαι des ‚Seins' (vgl. u. 4.212), vielleicht weil bei ihm eine (den *Fakten* seiner Seinsstufung zuwiderlaufende) Denktendenz besteht, das οὐσία-Sein von allen Schwankungen der Seinsintensität (von allem ‚Mehr und Weniger') freizuhalten (vgl. zu dieser Tendenz vorläufig *Weltbild und Seinslehre* Abschnitt 3).

[76] Γ 2, 1003b 5 ff. Vgl. dazu das Folgende.

[77] Nachdem a) die Akzidentien πρὸς ἕν auf die Substanz bezogen (und damit auf sie reduziert) worden sind (‚*trans*kategorial'), geht ja dann die Reduktionsbewegung noch weiter, indem b) die verschiedenen Seinsweisen (= Arten von Substanz) *innerhalb* der Substanz-Kategorie auf die höchste Substanz (den unbewegten Beweger) zurückgeführt werden (u. 4.212). Diese zwei Vorgänge dürfen (zumindest theoretisch und vorläufig) nicht miteinander verwechselt oder vermischt werden.

[78] Das Verbleiben in ein und derselben Kategorie garantiert für sich allein noch keine Synonymie, wie die bereits erwähnte Stufung der Substanzen zeigt, bei der jede Schicht einen anderen Seinsmodus hat (vgl. 4.212 u. ö.).

[79] Modern würde man von ‚Transzendentalien' sprechen. Von den später klassisch gewordenen Transzendentalbegriffen (*ens, unum, verum, bonum)* erscheint hier im Γ noch das ἕν. Wie aber die Beispiele vom ἰατρικόν und ὑγιεινόν zeigen, geht es hier auch um Begriffe geringeren Umfanges (die nicht in *allen*, sondern nur in *einigen* Kategorien vorkommen, vgl. u.).

[80] Β 3, 998b 22—27 (dazu Syrian. 31, 21 ff. Schwegler 3, 130 f), prägnanter in der Parallelfassung Κ 1, 1059b 31—34. Η 6, 1045b 6 (Schwegler 4, 153). Ι 2, 1053b 22—24. An. post. Β 7, 92b 14; vgl. top. Δ 1, 121a 16 und Δ 5, 127a 28ff. Wie die Stellen zeigen, denkt Aristoteles nicht nur a) daran, daß der Seinsbegriff die Kategorieneinteilung übersteigt, sondern auch b) daran, daß er den Aufbau der genera

zur bloßen Homonymie (Äquivokität) ausgehöhlt zu werden, so daß die Einheit des Seinsbegriffes und der Wissenschaft, welche das ‚Sein' erforscht, in Frage steht. Dem soll nun die zwischen Synonymie und Homonymie angesiedelte πρὸς ἕν-Aussage[81] abhelfen, bei welcher aus den verschiedensten Bereichen und *genera* Dinge und Sachverhalte, die etwas miteinander gemeinsam haben, auf dieses Gemeinsame hin bezogen und benannt erscheinen[82]. Die Prädikation πρὸς ἕν oder ἀφ' ἑνός[83] erlaubt mithin als ‚bezogene Vieldeutigkeit'[84] die Einheit im Vielen, die Identität in der Differenz oder, anders gewendet, die Identität des Identischen und zugleich Nicht-Identischen zu denken und auszusagen.

und differentiae durchkreuzt. Der zweite Gesichtspunkt ist im Augenblick für uns noch nicht wichtig und wird erst u. 4.213 ff aufgegriffen. Hinzu kommt c) ein dritter Aspekt, der nicht an den zitierten Stellen, wohl aber sonst bei Aristoteles erwähnt wird: Die Kategorien stehen zueinander im Verhältnis des ‚Früher' und ‚Später', und von solchen Verhältnissen gibt es nach Aristoteles (der hierin Platon folgt) kein genus und keinen Allgemeinbegriff; demgemäß auch nicht vom kategorial aufgefächerten ‚Sein'. Auch dieser Punkt kommt erst u. 4.213 ff zur Sprache.

81 Die Mittelstellung des Pros-hen zwischen Synonymie und Homonymie ergibt sich aus 1003a 33 f: ‚Sein' ist vieldeutig (d. h. nicht synonym), aber auch nicht homonym (im strikten Sinne), sondern eben ‚pros-hen'. — Der Ausdruck ‚Pros-hen (-Aussage)' hat sich in der Forschung eingebürgert und ist in jeder Hinsicht so praktisch, daß wir ihn übernehmen wollen.

82 K 3, 1060b 35—1061a 15: Die wichtigste Formulierung daraus ist a 10 f παντὸς τοῦ ὄντος πρὸς ἕν τι καὶ κοινὸν ἡ ἀναγωγὴ γίγνεται (vgl. a 2 f und b 35). Die Quintessenz von Γ 2, 1003a 33—1005a 18 steht schon im ersten Satz: τὸ δὲ ὂν λέγεται μὲν πολλαχῶς, ἀλλὰ πρὸς ἓν καὶ μίαν τινὰ φύσιν καὶ οὐχ ὁμωνύμως. Ähnlich 1003b 5 f τὸ ὂν λέγεται πολλαχῶς μὲν ἀλλ' ἅπαν πρὸς μίαν ἀρχήν; b 13 f τῶν πρὸς μίαν λεγομένων φύσιν; 1004a 1 πάντα ἀνάγεται τἀναντία εἰς τὴν ἀρχὴν ταύτην. Weitere Belege für das Pros-hen-Verhältnis (wobei jeweils auch der *Terminus* πρὸς ἕν erscheint): EE H 2, 1236a 15ff. b 23—26. met. Z 4, 1030a 34—b 2. Θ 1, 1045b 27 f (die Substanz als τὸ πρώτως ὄν, πρὸς ὃ πᾶσαι αἱ ἄλλαι κατηγορίαι τοῦ ὄντος ἀναφέρονται). MM B 11, 1209a 19—31. Die Pros-hen-Beziehung wird *der Sache nach*, ohne daß auch der entsprechende Terminus fällt, noch öfter erwähnt, besonders deutlich Z 1, vor allem 1028a 29—31 (weitere Stellen u. 4.531). Der Ausdruck πρὸς ἕν H 3, 1043a 36f hat (trotz Owens 335 A. 33) nichts mit dem Pros-hen-Verhältnis zu tun (richtig schon Schwegler, 4,142 z. St.).

83 EN A 4, 1096b 27 f: Haben die einzelnen Güter ihre Bezeichnung ‚gut' τῷ ἀφ' ἑνὸς εἶναι ἢ πρὸς ἓν ἅπαντα συντελεῖν, ἢ μᾶλλον κατ' ἀναλογίαν? ἀφ' ἑνός und πρὸς ἕν gehören zusammen und meinen (wenn auch jeweils mit verschiedener Blickrichtung, gleichsam ‚deduktiver' bzw. ‚reduktiver') sachlich dasselbe, nämlich die Pros-hen-Aussage, die wir gerade behandeln. (ἀναλογία bezeichnet hier [vgl. b 28 f] wie sonst bei Aristoteles die Proportionalitätsanalogie, die u. 7.823c kurz besprochen wird). gen. corr. 322b 30—32 τῶν ἄλλων ὀνομάτων ἕκαστον λέγεται πολλαχῶς, καὶ τὰ μὲν ὁμωνύμως τὰ δὲ θάτερα ἀπὸ τῶν ἑτέρων καὶ τῶν προτέρων, dazu Joachim (dessen Übersetzung "either owing to a mere coincidence of language or owing to a real order of derivation in the different things to which it is applied"). Dazu jetzt auch Krämer, *GS* 340 A. 86.

84 Diesem (bei Hirschberger, *Paronymie* 191 zitierten) Ausdruck entspricht Owens' Wendung *Equivocals by reference* (118 ff).

Das aristotelische Pros-hen steht nicht isoliert, weder synchron bei Aristoteles selber, wo es *einen* unter mehreren Versuchen des Aristoteles darstellt, mit der Problematik des ‚Nicht-Synonymen' fertigzuwerden; noch diachron in der bei der Akademie[85] anhebenden und über Antike und Mittelalter bis heute reichenden Tradition, in welcher Aristoteles nur *einen*, wenn auch sehr wichtigen Punkt der Entwicklung bedeutet. Wir stellen demgemäß 1. zuerst den Befund bei Aristoteles selbst fest und ordnen ihn 2. dann historisch ein, wobei wir ihn nur nach rückwärts an die Akademie anknüpfen, also die nach-aristotelische Begriffsgeschichte übergehen.

Aristoteles behandelt nirgendwo die ‚Vieldeutigkeit' der Begriffe lückenlos in systematischer Analyse, aber man kann doch aus seinen einzelnen Bemerkungen ein Gesamtbild gewinnen[86]: Demnach bezeichnet er alle Begriffe, die nicht ‚synonym' sind, als ‚homonym' (im weiteren Sinn) und unterteilt dann weiter in a) τὰ ἀπὸ τύχης ὁμώνυμα: völlig verschiedene Dinge, die nur zufällig durch dasselbe Wort bezeichnet werden (‚homonym' im engeren Sinn, die ὁμώνυμα von Cat. 1)[87]; b) das Pros-hen[88], und — damit eng verwandt — diejenigen Verhältnisse, deren Glieder die Ordnung einer fortlaufenden ‚Reihe' (ἐφεξῆς) bilden[89]; vielleicht hat er auch c) τὸ ἀναλογίᾳ ἕν unter die ὁμώνυμα eingereiht[90]. a) bleibt natürlich ganz außer Betracht, und b) stellt unser Hauptthema dar. Also beginnen wir mit c), der ἀναλογία:

Viele Darstellungen[91] sprechen in bezug auf unsere Γ-Stelle von Seins-‚*Analogie' (analogia entis)*. Dazu sind sie insofern berechtigt, als

[85] Weil wir uns hier kurz fassen möchten, setzen wir erst bei der Akademie ein und nicht in der Zeit vorher, wo es ja schon sowohl allerlei Spielarten von ‚Analogie' wie auch Reflexionen über die Bedeutung der Begriffe gab.

[86] Das Folgende meist nach Owens 116 ff. Alle entscheidenden Einsichten stehen im Grunde schon bei Robin 151—172 (vgl. auch seinen Index s. v. *consecutif*, ἐφεξῆς, ὁμωνυμία). Vgl. jetzt auch Krämer, *GS*.

[87] In Γ 2, 1003a 34 wird ὁμωνύμως, wie wir sahen, auch im engeren Sinne verwendet.

[88] top. 107b 6—12 wird das in Γ/K zur Illustration des Pros-hen verwendete ὑγιεινόν-Beispiel als ὁμώνυμον bezeichnet. Vgl. auch Bonitz 514a 61—b 9. Robin 137 f. 151 ff.

[89] Auch hierfür stehen die grundlegenden Gedanken schon bei Robin 168—170 (n. 172). Alles weitere u. 4.212 ff.

[90] Owens 118 A. 45 mit Berufung auf die von ihm 115 A. 33 genannten Topik-Stellen. Vielleicht kann man aus dem Topik-Text Proportionsgleichungen gewinnen, aber der Terminus ἀναλογία erscheint dort nicht. An all dem hängt aber für uns nichts, weil die ἀναλογία im Zusammenhang unseres Themas sowieso besprochen werden muß, ob Aristoteles sie unter die ὁμώνυμα rechnet oder nicht. — Daß die späten Aristoteles-Kommentare die ἀναλογία unter die ὁμώνυμα zählen (z. B. Hirschberger, *Paronymie* 201 f), beweis für Aristoteles natürlich nichts. Vgl. auch Robin 160 ff (n. 171).

[91] Belege sind überflüssig, da es so oft vorkommt (bes. in neuscholastisch beeinflußten Büchern). Ausgenommen sind die o. S. 327 A. 72 erwähnten Untersuchungen (und wenige andere), die historisch korrekt verfahren.

das Pros-hen von den neuplatonischen Aristoteles-Kommentatoren ἀναλογία genannt wird[92] und im Mittelalter als ,*analogia* multorum ad unum' weiterlebt. Bei Aristoteles jedoch ist ἀναλογία stets ,Proportionalitätsanalogie' (eigentlich ,Proportionsgleichung'), die zwar auch wie das Pros-hen große philosophische Bedeutung besitzt, aber von Aristoteles nie mit dem Pros-hen verbunden wird[93]. Deshalb muß beides zunächst *streng getrennt* gehalten werden. Das schließt freilich nicht aus, daß man sich in einem *zweiten* Schritt fragt, welche sachlichen Gründe die neuplatonischen Aristoteles-Kommentatoren bewogen haben mochten, Pros-hen und ἀναλογία dann doch miteinander zu verbinden. Erlagen sie dabei einfach einem ideengeschichtlichen Mißverständnis oder formulierten sie nur etwas ausdrücklich, was implizit längst und immer vorhanden war, nämlich eine *Gemeinsamkeit zwischen* ἀναλογία *und Pros-hen?* Es wird später zu zeigen sein, daß Letzteres zutrifft[94].

Wir können aber nicht zum Pros-hen übergehen, ohne noch die *Paronymie*[95] zu erwähnen. Die παρώνυμα werden in der Kategorien-Schrift als Drittes neben συνώνυμα und ὁμώνυμα aufgeführt: paronym sei das, „was nach dem Namen eines anderen genannt wird, sich aber davon durch grammatische Abwandlung unterscheidet"; z. B. werde der λευκός von der λευκότης her genannt[96]. Aristoteles verbindet anscheinend Paronymie und Pros-hen nicht ausdrücklich miteinander, ja die Paronymie wird an den Stellen, wo er das Pros-hen bespricht, offenbar nicht einmal en passant erwähnt[97]; auch scheinen

92 Hirschberger, *Paronymie* 200—202.

93 Vgl. Georgius Laurentius Muskens, *De vocis ἀναλογίας significatione ac usu apud Aristotelem*, Diss. Nijmegen (Groningen 1943). Diese leider zu wenig beachtete Monographie hält sich zwar an das Entwicklungsschema von Nuyens-Nolte und geht philosophisch nicht sehr in die Tiefe, sammelt und bespricht aber alle einschlägigen Aristoteles Stellen mit musterhafter Sorgfalt. S. 5 und 91 stellt Muskens fest, daß ἀναλογία und Pros-hen bei Aristoteles nichts miteinander zu tun hätten, daß man also keinen Rechtsgrund besitze, auf das Pros-hen des Aristoteles von späteren Entwicklungen her den Terminus ,Analogie' anzuwenden (so auch ders., *Aristoteles en het probleem der analogia entis*, Studia catholica 21, 1946, 72—86, bes. 72). Vgl. Owens 124 f. — Auf die ἀναλογία im biologischen Bereich gehen die Spezialuntersuchungen natürlich immer wieder ein (z. B. Klaus Bartels, *Das Techne-Modell in der Biologie des Aristoteles*, Diss. Tübingen 1966), können aber (ihrem Thema gemäß) zu der uns gerade beschäftigenden Problematik nur wenig beitragen.

94 Vgl. die Bemerkungen u. 7.823c, 8.12.

95 Sie ist in der vorstehenden Liste nicht aufgeführt.

96 cat. 1, 1a 12—15. 7, 6b 13 f. 8, 10a 27—b 11. Die Zitate stehen 1a 12f, 10a 30. Die wenigen weiteren Belege (aus der Topik, EE und Physik) bei Bonitz s. v. παρωνυμιάζω, παρώνυμος. Zur Paronymie Tugendhat, *TI KATA TINOΣ*, 1958, §§ 6—7, S. 38—49.

97 Pros-hen und Paronymie kommen nur in der EE explizit zusammen vor, aber jeweils in anderem Kontext (Paronymie 1228a 35 f; Pros-hen 1236a 15—23). In den ande-

beide Betrachtungsweisen der Sache nach recht deutlich voneinander abzuweichen[98].

Dieser Eindruck bestätigt sich jedoch nicht: Denn die Paronymie kommt ohne terminologische Benennung nicht nur im (weiteren) Zusammenhang der Pros-hen-Stellen vor[99] — was natürlich für sich allein nichts beweist[100] —, sondern sie tritt direkt in enge Beziehung zum Pros-hen:

Das Pros-hen wird nirgends ausführlicher theoretisch behandelt[101], sondern fast immer sofort durch die Beispiele vom ἰατρικόν und ὑγιεινόν erklärt[102]: Eine Reihe von Sachverhalten, welche der Sprachgebrauch mit dem gleichen Prädikat (ἰατρικός, ὑγιεινός; ‚Adjektiv') versieht, obwohl sie zu dem (sprachlich verschiedenen) ‚Kern' des Prädikatsinhaltes (ἰατρική, ὑγίεια; ‚Abstraktum')[103] in so heterogenem Verhältnis stehen, daß sich auch die Bedeutung des Prädikats jeweils stark abwandelt, wird als Einheit gefaßt, indem man sie als verschiedenartige Ausprägungen des genannten ‚Kernes' versteht und auf ihn bezieht.

Diese beiden Beispiele weichen von den παρώνυμα der Kategorien-Schrift darin ab, daß die von den Grundwörtern (ἀνδρεία, γραμματική, λευκότης; ‚Abstrakta') gebildeten paronymen Ableitungen (ἀνδρεῖος, γραμματικός, λευκός; ‚Adjektive') *in sich* ‚eindeutig', nicht ‚vieldeutig' sind. Aber man braucht sich nur statt der in der Kategorien-Schrift genannten Adjektive ein beliebiges bedeutungsreiches Adjektiv vorzustellen (auf -ικός wie ἰατρικός o. dgl.), um zu erkennen:

ren Schriften, in welchen das Pros-hen belegt ist (z. B. in der Metaphysik), wird nicht explizit von Paronymie gesprochen.

98 Z. B. liegt bei den παρώνυμα ein sprachliches *Ableitungs*verhältnis vor, beim Pros-hen nicht (ausdrücklich vermerkt von Patzig 192 A. 21).

99 Vgl. neben der schon genannten Stelle aus EE (o. A. 97) Tugendhat, *TI KATA TINOΣ* 45, welcher die Paronymie in Z 1, also im weiteren Zusammenhang des Pros-hen-Belegs von Z 4 nachweist. Es lassen sich bestimmt noch mehr Belege der ‚implizit' verwendeten Paronymie finden.

100 Man müßte sich nämlich dann in eine langwierige Diskussion darüber einlassen, wie eng oder weit der Zusammenhang z. B. in Z 1 (A. 99) oder in der EE (A. 97) ist und was daraus gefolgert werden darf.

101 Das geschieht erst bei den Kommentatoren, z. B. Alexander zu Γ 2. Vgl. Hirschberger, *Paronymie* passim.

102 ἰατρικόν: Γ 2, 1003 b1 ff. K 3, 1060b 36 ff. Z 4, 1030a 35 ff. EE H 2, 1236a 17 ff. MM B 11, 1209a 22 ff. ὑγιεινόν: Γ 2, 1003a 34 ff. K 3, 1060b 36ff, dazu in anderem Zusammenhang top. A 15, 106b 34—37, vgl. 107b 6—12. S. auch Protrept. fr. B 82 Düring und dazu Krämer, *GS* 342 A. 100. — ἰατρικόν und ὑγιεινόν sind von nun an bis ins Mittelalter Standardbeispiele fast jeder Erörterung über (Ähnlichkeits-) Analogie.

103 ἰατρική Γ 2, 1003b 1 ff. K 3, 1061a 2—4 (ἰατρικὴ ἐπιστήμη). In EE 1236a 20ff ist trotz der Erwähnung des ἰατρός als Zielpunkt des Pros-hen die ἰατρική gemeint (vgl. Dirlmeier zur EE 383 f). Auch MM 1209a 23 ff bezieht alles auf die ἰατρική (a 27 ἀρχή). ὑγίεια Γ 2, 1003a 34—b 1. K 3, 1061a 3. 6.

Es bedarf nur eines *einzigen* — vielleicht noch nicht einmal besonders großen — Schrittes, um von den παρώνυμα zu den Adjektiven zu gelangen, an welchen das Pros-hen demonstriert wird.

Während also ἰατρικόν und ὑγιεινόν den παρώνυμα recht nahestehen, unterscheiden sie sich merklich von dem Pros-hen, das gerade durch sie illustriert werden soll. Pros-hen betrachtet wird ja in EE und MM das Verhältnis verschiedener Arten von Freundschaft zu einer Freundschaft im eigentlichen Sinn, in met. Z 4 die Beziehung Akzidens(definition) zu Substanz(definition), in K 3 und Γ 2 die Einheit des kategorial aufgefächerten Seins[105]. Etwa *drei* Differenzen lassen sich — mit aller Vorsicht — feststellen: 1. Beim Pros-hen liegt sprachlich kein Unterschied zwischen Bezugspunkt und abhängigen Gliedern vor: alles ist φιλία, ὄν oder ἕν[106]. Allgemeiner gesprochen: Prinzip und Prinzipiate sind gleichnamig. 2. Der Bezugspunkt befindet sich somit nicht (gleichsam) ‚jenseits' aller gleichnamigen Einzelfälle (wie die ὑγίεια gegenüber allen ὑγιεινά), sondern er ist ein *bevorzugtes* Glied *unter* den Einzelfällen (ein ὄν unter den ὄντα, eine φιλία unter den φιλίαι)[107]. Dieses Faktum sollte man nicht überbewerten[108], aber auch nicht unterschätzen: Vielleicht ist es schon ein Indiz für jene — weiter unten zu besprechende[109] — Betrachtungsweise, bei welcher in einer ‚Reihe' *ein* bevorzugtes Glied ‚Prinzip' der übrigen Glieder ist[110]. 3. Während die Paronyma jeweils nur *eine*

105 Die Probleme von Z 4 und Γ 2/K 3 sind nahe verwandt, aber nicht identisch. Da in Γ 2/K 3 das ἕν in genaue Parallele zum ὄν gesetzt wird, erwähnen wir das ἕν jeweils gleich mit. — Patzig 201 weist die Pros-hen-Struktur auch in der aristotelischen Syllogistik nach: Die anderen Schlüsse werden auf den Modus ‚Barbara' zurückgeführt.

106 Der sprachliche Unterschied zwischen (‚undifferenzierten') ὄντα und (dem bevorzugten Sein der) οὐσία (οὐσία ist ursprünglich eine *Abstrakt*bildung auf -ία von **ont*-) läßt sich sachlich nicht auswerten, weil die οὐσία ja auch ein ὄν ist, sich beides also nicht gegenseitig ausschließt (während die ‚Gesundheit' nicht zugleich ein ὑγιεινόν ist usw.); Aristoteles scheint denn auch beim ‚Sein' nicht an derartiges gedacht zu haben. Auf jeden Fall ist bei ἕν und φιλία kein solcher sprachlicher Unterschied gegeben.

107 Ob das auch für ἕν gilt, ist schwer zu entscheiden, weil Aristoteles gegenüber Platon stark das Akzidens-Sein des ἕν betont. Deshalb kann man allenfalls sagen: Das bevorzugte ὄν ist zugleich auch das bevorzugte ἕν.

108 Natürlich ist auch beim Pros-hen das bevorzugte Glied den nachgeordneten gegenüber genauso ‚transzendent' (oder auch ‚immanent') wie bei der Paronymie das ‚Abstraktum'. Und wenn man bedenkt, wie leicht in der griechischen Philosophiesprache (zumal in der frühen Zeit) substantiviertes Adjektiv Neutrum und ‚Abstraktum' *unterschiedslos* füreinander eintreten können (darüber anderswo), wird man sich hüten, auf solche sprachlichen Unterschiede eine *Sach*-Argumentation zu stützen. Trotzdem scheint mir Punkt 2 sachlich soviel Berechtigung zu haben, daß ich ihn nicht unterdrücken mochte.

109 Vgl. u. 4.212 ff.

110 Anders gewendet: Während die Paronymie mehr Züge einer ‚generalisierenden' Betrachtungsweise trägt und an die *Ideenlehre* erinnert, tendiert das Pros-hen wohl

Kategorie betreffen[111] und ἰατρικόν/ὑγιεινόν zwar mehrere Kategorien umfassen, aber doch innerhalb des Akzidens bleiben[112], wirken die Pros-hen-Begriffe ὄν und ἕν ‚transzendental' in allen Kategorien. Das gilt nicht für die φιλίαι, die sowieso wohl anders erklärt werden müssen[113]. Jedenfalls hat das Pros-hen seine größte Bedeutung bei ‚Transzendental'-Begriffen wie ‚Sein' und ‚Einheit'.

Aus all dem kann man nur schließen, daß der Unterschied zwischen ἰατρικόν/ὑγιεινόν und den Paronyma der Kategorien-Schrift nicht größer, sondern eher kleiner ist als der zwischen ἰατρικόν/ὑγιεινόν und den eigentlichen Pros-hen-Begriffen (ὄν, ἕν; φιλία). Da nun — trotz des Abstandes zwischen ihnen — ἰατρικόν/ὑγιεινόν und ὄν/ἕν ausdrücklich miteinander verbunden werden[114], wollte Aristoteles offensichtlich eine enge Beziehung zwischen den παρώνυμα und den Pros-hen-Begriffen herstellen. Ob man die — gleichsam ‚in der Mitte' stehenden — Begriffe ἰατρικόν/ὑγιεινόν noch ausdrücklich unter dem Terminus παρώνυμα einbegreift (was sachlich geboten ist)[115] oder nicht, ist nur von sekundärer Bedeutung: Wichtig ist, daß der aufgezeigte enge Zusammenhang zwischen Paronymie und Pros-hen anerkannt wird[116]. Zusammenhang bedeutet natürlich keineswegs Identität[117]. Man kann sich das Verhältnis so denken, daß das Pros-hen

mehr zu einer Art ‚elementarisierender' Methode, läßt also an eine Prinzipienreduktion ohne Ideenlehre denken. Dazu allgemein u. 4.212 ff. — ‚generalisierend' und ‚elementarisierend' verwende ich mit den o. 2.244 b gemachten Vorbehalten.

111 ἀνδρεῖος, λευκός usw. betreffen nur die Qualität, ‚gehend' die ‚Lage' (κεῖσθαι). Von den übrigen Kategorien kommen z. B. noch Quantität und *habitus* in Frage.

112 ὑγιεινόν kann man u. a. zum ποιόν, ποιεῖν und πάσχειν; ἰατρικόν zum ἔχειν und ποιεῖν in Beziehung setzen. Diese grobe Zuordnung erschöpft natürlich nicht den Inhalt der beiden Wörter: Besonders die übertragene (metaphorische) Bedeutung läßt sich nicht einfügen, etwa ὑγιεινόν = σημεῖον τῆς ὑγιείας (‚gesunde' Gesichtsfarbe oder ähnlich), und man versteht auch von daher, warum die neuplatonischen Aristoteles-Kommentatoren sich im Zusammenhang mit der Pros-hen-Aussage so intensiv um die ‚Metapher' bemühen.

113 Vgl. u. 4.215.

114 Wir wollen jetzt keinen besonderen Wert darauf legen, daß dies durch eine *Proportionsgleichung* geschieht, *wie ... so*, mathematisch geschrieben ὑγιεινά (ἰατρικά): ὑγίεια (ἰατρική) = ὄντα (‚Fälle von ἕν', φιλίαι): ‚bevorzugtes ὄν' (‚bevorzugtes ἕν' usw.).

115 So jetzt auch Krämer, *GS* 340 f.

116 Paronymie und Pros-hen verbinden miteinander (z. T. schon zitiert) Ross, *Met.* I 256, *Physics* 559 f. Hirschberger, *Paronymie* 192—198. Patzig passim (vgl. bes. 192 A. 21). Krämer, *GS* 339—342 (mit A. 86 u. 91). Anders z. B. Owens 111.

117 Deswegen verwenden wir die Termini ‚Paronymie' und ‚Pros-hen' auch nicht unterschiedslos, sondern wechseln damit je nach dem sachlichen Zusammenhang. Aus dem gleichen Grund gebrauchen wir den von Hirschberger auf das Pros-hen angewendeten Begriff der ‚denominativen Prädikation', welcher die lateinische Entsprechung für ‚Paronymie' darstellt (seit Boethius, der παρώνυμα mit *denominativa* übersetzt), nur — wenn überhaupt —, für die Paronymie, nicht aber für das Pros-hen.

eine *Erweiterung* der Paronymie ist: Die bei den Paronyma *an der Sprache* ablesbare Abhängigkeit vieler Einzelglieder von einem übergeordneten κοινόν wird auf solche homonymen Bezüge[118] übertragen, bei welchen jene Abhängigkeit *nicht* an der Sprache erkennbar ist. Vermutlich ist die Paronymie nicht nur logische, sondern auch zeitliche Vorstufe des Pros-hen; denn die Einteilung der Kategorien-Schrift in Synonyma, Homonyma und Paronyma geht auf akademische Einteilungen zurück[119]. Aristoteles hat also die zunächst einfach übernommene Gliederung Paronyma—Homonyma dadurch entscheidend verändert, daß er die Paronyma in das von ihm neu geprägte, umfassendere Pros-hen ‚aufhob' und die Homonymie auf den ‚rein zufälligen' Gleichklang der Wörter einschränkte[120].

Das Pros-hen ist somit eine auf akademischer Basis aufruhende Eigenschöpfung des Aristoteles. Dasselbe Ineinander von Platonischem und typisch Aristotelischem zeigt sich auch an der Methode, die Aristoteles beim Umgang mit dem Pros-hen anwendet: a) Er findet das Pros-hen, indem er eine *an der Sprache abgelesene* Struktur (Vorgeordnetes — Nachgeordnetes) auf einen Bereich überträgt, in welchem die betreffende Struktur sich *nicht mehr* in der Sprache spiegelt. Dasselbe Verfahren treffen wir z. B. in Physik α 7 an[121]. Es beruht auf der (schon platonischen) Einsicht, daß — trotz der grundsätzlichen Einheit von Sprach- und Sachstruktur — die Sprache sich gegenüber der Sachstruktur immer wieder als *defizient* erweist, so daß das Denken, sich an der Sachstruktur orientierend, sich stets auch in Bereiche vor-

118 Natürlich werden dabei die ‚rein zufälligen' Homonymien von vorneherein ausgeschaltet; nach welchem Kriterium, wird u. 4.211 Ende erwähnt.

119 Die enge Beziehung zwischen cat. 1 und Speusipp (fr. 32 L.; dort die Synonyma, Homonyma und Paronyma im gleichen Sinne wie in cat. 1) wurde nachgewiesen von Merlan, *Beiträge* 47—52, der auch bereits Xenokrates fr. 42 H. (über die Synonymie) heranzog. S. 51 läßt er offen, ob cat. 1 direkt von Speusipp abhängt oder ob beide unabhängig voneinander auf akademischen Einteilungen zurückgehen. Wenn man bedenkt, daß Speusipp auch sonst mit seinen Begriffsuntersuchungen auf Aristoteles einwirkt (vgl. Hambruch 26—29. Stenzel, RE *Speusippos* 1644. 1654), wird man das Erste als wahrscheinlich ansehen; so jetzt auch Krämer, *GS* 341, der auch (im Anschluß an Stenzel) passend auf „die Abkunft der Unterscheidung von λόγος und ὄνομα, die das ganze System trägt, aus der platonischen Dialektik" hinweist. Für unsere Argumentation ist die direkte Abhängigkeit von Speusipp nicht wichtig, da ja die *akademische* Herkunft des Ganzen feststeht.

120 So jetzt auch Krämer, *GS* 341 f, dessen Formulierung zitiert sei: „Die Thematik der πολλαχῶς λεγόμενα ist demnach gemein-akademischen Ursprungs. Das bedeutet, daß Aristoteles, wenn er Homonymie und Paronymie ineinander arbeitet und dabei das πρὸς ἓν λέγεσθαι als eine neue, mittlere Beziehungsform innerhalb der Homonymie entdeckt, sich auf dem Boden akademischer Systematik bewegt und im Rahmen der akademischen Problemstellung differenzierend neue Akzente setzt".

121 Das Pros-hen wäre also — sofern die vorgetragene Deutung zutrifft — noch ein weiteres Argument gegen Wielands sprachanalytische Deutung von phys. α 7 (vgl. o. 3.13, wo auch auf gen. corr. hingewiesen wird).

wagen darf und muß, in welchen die Sprache versagt. b) Genau die gleiche Haltung nimmt Aristoteles auch zu den πολλαχῶς λεγόμενα ein. Denn ob es sich bei einer Homonymie um eine ,zufällige' Koinzidenz oder um eine (zwar nicht synonyme, aber doch) sinnvolle Gemeinsamkeit, also um eine Pros-hen-Beziehung handelt und welches unter den genau gleichnamigen Gliedern das bevorzugte ist (d. h. das ἕν τι καὶ κοινόν), auf das sich alle anderen ,pros hen' beziehen — dies alles kann er nur entscheiden, wenn er den sprachlichen Befund am Kriterium der Sachstruktur mißt[122]. Die Pros-hen-*Aussage* (πρὸς ἓν *λέγεσθαι*) ist somit zugleich eine *Seins*-Struktur πρὸς ἕν[123].

Das wichtigste Mittel, welches die (zunächst intuitiv einsichtige) Sachstruktur verdeutlichen und nachprüfbar machen hilft, ist wie bei Platon[124] die *Definition* (λόγος). Nach der EE ist in einer Pros-hen-Beziehung dasjenige Glied vorgeordnet, in dessen Definition keines der anderen Glieder erscheint, während umgekehrt in der Definition der anderen (,nachgeordneten') Glieder jeweils das vorgeordnete Glied mit aufgeführt wird[125]. Mit anderen Worten: Es gibt nur vom bevorzugten Glied eine richtige Definition, von den nachgeordneten nicht. Aristoteles denkt hier sicher an das (met. Z 4 und öfter hervortretende) Verhältnis von Substanz und Akzidens, bei dem nur der Substanz eine eigentliche Definition (= Wesensaussage) zukommt, während die Akzidentien nur indirekt durch ihren Pros-hen-Bezug zur Substanz definiert werden[126].

[122] Vgl. Tugendhat, Gnomon 35 (1963) 147.

[123] So auch Krämer, *GS* 341: „Die gleichsam konzentrische Gruppierung verwandter Phänomene um ein bevorzugtes Grundphänomen, von dem sie als von ihrem principium essendi (!) et cognoscendi abhängen". — Es ist bestimmt kein Zufall, wenn an den Pros-hen-Stellen zum Teil auch das Wort ἀρτᾶσθαι erscheint, MM 1209a 22 und Γ 2, 1003b 17: πανταχοῦ δὲ κυρίως τοῦ πρώτου ἡ ἐπιστήμη, καὶ ἐξ οὗ τὰ ἄλλα ἤρτηται, καὶ δι' ὃ λέγονται (vom Bezugspunkt des Pros-hen gesagt). Beide Male ist das Wort nicht nur logisch, sondern auch ontologisch gemeint. Vgl. cael. A 9, 279a 29: ,Außerhalb' unserer raumzeitlichen Welt gibt es das unveränderliche Göttliche, ὅθεν καὶ τοῖς ἄλλοις ἐξήρτηται ... τὸ εἶναί τε καὶ ζῆν (nach Jaeger, *Aristoteles* 317 ff früh, vielleicht schon aus *De philosophia*, vgl. Longo, *Introduzione* 27.38). met. Λ 7, 1072b 14 ἐκ τοιαύτης ἄρα ἀρχῆς ἤρτηται ὁ οὐρανὸς καὶ ἡ φύσις. Der Ausdruck stammt wohl nicht von Platon: ἀναρτάω öfter bei Platon, aber keine Stelle völlig vergleichbar; (ἐξ)αρτᾶσθαι übertragen Ion 536AB, Nomoi 732E, aber nicht von der Seinsabhängigkeit. Im Sinne der Stellen Λ 7 und cael. A 9 gebrauchen ihn nach Aristoteles erst wieder Mittel- und Neuplatoniker.

[124] Soph. 218C, vgl. Tugendhat 547. Siehe auch die von Krämer, *GS* 341 A. 96 genannten Platonstellen.

[125] 1236a 15 ff, bes. 20—22.

[126] Z 4, 1030a 17—b 13 (mit der Erwähnung des πρὸς ἕν in b 3). Vgl. Z 1, 1028a 25—29 und bes. a 34—36. Θ 1, 1045b 27—32; ferner phys. α 2, 185a 31 f. α 7, 190a 36 f und die anderen Stellen, an welchen die οὐσία als Aussage-Subjekt par excellence definiert wird. — Aus der EE-Stelle (zu ihr Dirlmeier 383f) ersieht man, wie gegen-

Das Definitionsverfahren half aber bestimmt nicht nur sekundär (d. h. *innerhalb* eines schon vorgegebenen Pros-hen-Verhältnisses), vorgeordnete und nachgeordnete Glieder zu unterscheiden, sondern primär die Pros-hen-Verhältnisse von den ‚zufälligen' Homonymien abzusondern: Wenn nämlich die Definitionen fast aller Glieder auf ein bestimmtes ‚ἕν' verweisen, liegt ein Pros-hen vor, sonst ein rein zufälliger Gleichklang der Wörter.

4.212 Die Dreistufung der οὐσίαι als ‚Reihe' (ἐφεξῆς)

Aristoteles sieht an den bisher betrachteten Stellen von Γ 2/K 3 die ‚Vieldeutigkeit' des Seins in seiner *kategorialen Verschiedenheit* (Substanz und Kategorien des Akzidens) und überwindet sie durch das Pros-hen. Wenn die Einheit des Seins und der darauf beruhenden Seinswissenschaft nur in *dieser einen* Hinsicht in Frage stünde, wäre sie damit gesichert[127]. Es gibt jedoch — unter anderem[128] — noch eine weitere Vieldeutigkeit von ‚sein', die Aristoteles nirgends thematisiert und die doch ein Kernproblem seiner Metaphysik darstellt: die *Dreistufung der οὐσίαι* in vergängliche αἰσθητά, Sterne und unbewegte(n) Beweger, die auch in Γ/K vorliegt[129]. Die drei Arten von οὐσία unterscheiden sich in ihrer Seinsweise so stark voneinander[130], daß ihnen ‚sein' in *ganz verschiedenem* Sinn zukommen muß. Die Verschiedenheit ihres Seins ist sogar noch auffälliger als bei Substanz und Akzidens, weil ja das Akzidens faktisch eo ipso mit der Substanz verbunden und auf sie bezogen ist, bei der Dreistufung aber keiner der weniger vollkommenen Seinsbereiche einem vollkommeneren irgendwie ‚inhäriert'[131]. Versucht nun Aristoteles auch diese Vielfachbedeutung von

wärtig das Substanz-Akzidens-Schema auch an den Pros-hen-Stellen ist, die nicht das Substanz-Problem zum Thema haben. — Auch hinter diesen Erörterungen stehen letztlich platonische Gedanken, auf die wir hier jedoch nicht eingehen wollen: Einige Bemerkungen u. 8.122d.

[127] Vgl. z. B. o. S. 328f.

[128] Die von Aristoteles *ausdrücklich* untersuchten Besonderungen des Seins (Akzidens-sein; Wahr-sein; Möglich- und Wirklich-sein; dazu o. S. 328 A. 75) lassen wir hier beiseite.

[129] Über die Dreistufung wird im Folgenden oft gesprochen, vgl. Sach-Index s. v. *Stufung 2bβ*, ferner *Kosmologie und Metaphysik* 170—173.

[130] Der Unterschied zwischen φθαρτά und Sternen wird u. 5.3 aufgezeigt, der zwischen Sternen und unbewegtem Beweger im Nachstehenden passim, z. B. 4.213, 4.214a/b. — Natürlich gibt es neben der Betonung des ‚Trennenden' zwischen den drei Seinsbereichen bei Aristoteles auch die Tendenz, durch eine gleitende Skala des ‚Mehr und Weniger' die Trennung wieder zu mildern und zu überbrücken (darüber u. 4.23, 5.4, 8.27 u. ö.), aber das können wir hier ohne Schaden für die Erörterung übergehen.

[131] Die raum-zeitlichen Substanzen gründen zwar in ihrem Sein auf der ewigen Substanz (s. gleich anschließend den Hinweis auf die Teleologie), aber sie sinken nicht zu Akzidentien (vgl. Spinozas ‚Modi') an der ewigen Substanz herab. Das gilt noch nicht einmal für Platon (vgl. 2.224a).

‚sein' zu einer Einheit zusammenzufassen, und auf welche Weise? Er stellt einen Zusammenhang zwischen den Seinsstufen durch seine Teleologie her, die im unbewegten Beweger als dem obersten Telos gipfelt[132]. Aber er hebt beim Aufzeigen der Teleologie überhaupt nicht auf den Seinsbegriff als solchen ab, so daß sich von daher nichts für die Seinswissenschaft als solche ergibt. Wenn Aristoteles es dabei bewenden ließe, käme also die Untersuchung des ‚Seins' nicht darüber hinaus, zwischen der (pros hen zusammengefaßten) Sinnensubstanz und dem unbewegten Beweger einen unüberbrückbaren Gegensatz zu konstatieren. Mit anderen Worten: In diesem Falle wäre eine Metaphysik als einheitliche, umfassende Seinswissenschaft unmöglich[133].

Nun, man hat längst festgestellt, daß es bei Aristoteles hinsichtlich Seinsbegriff und Seinswissenschaft eine Verbindung (‚Vermittlung') zwischen den drei οὐσίαι gibt. Wie ist diese Verbindung näher zu bestimmen?

Da es sich hier um ein Verhältnis zwischen ‚nachgeordneten' und ‚vorgeordneten' Gliedern handelt[134], könnte man an eine Art Pros-hen-Beziehung denken. So hat man denn auch mehrfach das Pros-hen, welches Aristoteles von den Akzidentien zur Substanz führt, von da weiter über die Dreistufung bis zur οὐσία ἀκίνητος fortgesetzt. Demnach wäre die Schicht des unbewegten Bewegers (bzw. der Beweger) das oberste ἕν τι καὶ κοινόν einer umfassenden Pros-hen-Beziehung[135], welche die aristotelische Seinsstufung zu einer Einheit zusammenfaßt und so Metaphysik als Seinswissenschaft ermöglicht.

132 Vgl. u. 5.4, 8.233 u. ö.

133 Dabei wäre es gleichgültig, ob man die aristotelische Metaphysik mehr ‚theologisch' oder ‚allgemein-ontologisch' interpretiert (zu dieser Frage o. 4.1 und u. passim). Über das hier im *Irrealis* formulierte Dilemma ist nach Aubenque Aristoteles *tatsächlich* nicht hinausgekommen; dabei übersieht er Vermittlungsbegriffe wie ἐφεξῆς und ὂν ᾗ ὄν und erliegt dem Einfluß moderner (von Kant ausgehender) Gedankengänge, nach denen es zwischen der Ontologie der Erfahrungswelt und der Theologie des ‚ganz anderen' Gottes keine *(philosophische)* Vermittlung gibt (vgl. o. 4.11 die Bemerkungen über Aubenque).

134 S. darüber gleich unten.

135 H. v. Arnim, *Zu W. Jaegers Grundlegung der Entwicklungsgeschichte des Aristoteles*, Wien. Stud. 46 (1928) bes. 20, 31 ff. Patzig 191—201, bes. 196 „Wir hätten also im Bereich des Seienden ein *zweistufiges* Doppelverhältnis der Paronymie (Patzigs Terminus für: Pros-hen) anzunehmen: zunächst das Verhältnis der Substanz zu den übrigen ὄντα (Eigenschaften, Beziehungen usw.), die an ihr auftreten, dann das Verhältnis der unbewegten und selbständigen Substanz Gottes zu den übrigen Substanzen. Die Ontologie wäre also eine doppelt paronymische Wissenschaft". (Dieses Ergebnis ist schon angelegt in G. Patzigs früherer Arbeit: *Die Entwicklung des Begriffs der Usia in der ‚Metaphysik' des Aristoteles*, masch. Diss. Göttingen 1950, 89ff, bes. 107ff, wo aber —soviel ich sehe — der Gedanke vom ‚zweistufigen Pros-hen' noch nirgends so klar gefaßt und formuliert wird). Owens besonders präzise 286 f. 303. 465. 470 f. ferner 282. 443. 457. 463. Guzzoni, *Die Einheit* 149 ff. Berti, *L'unità* 131ff. (Den Hinweis auf v. Arnim entnehme ich Krämer, *GS* 348 A. 121.)

Diese Interpretation bewegt sich — wie wir sehen werden — im wesentlichen in den richtigen Bahnen, bedarf aber doch notwendig einiger Modifikationen[136]: Eine Pros-hen-Beziehung zwischen den φθαρτά, den Sternen und der οὐσία ἀκίνητος muß, da Aristoteles nirgends etwas davon sagt, *erschlossen* werden. Dabei stellt sich jedoch heraus, daß die Dreistufung der Substanzen[137] mit den schon besprochenen Pros-hen-Verhältnissen, die man zum Vorbild nehmen und analog übertragen müßte, a) zwar vieles *gemeinsam* hat, daß aber auch b) wesentliche *Unterschiede* bestehen:

a) Gemeinsam ist ihnen, daß sowohl die Kategorien[138] wie die drei Substanzschichten[139] jeweils im Verhältnis des ‚Früher' und ‚Später', d. h. der Priorität bzw. Nachgeordnetheit des Seins, zuein-

[136] Zum Folgenden vgl. jetzt auch Krämer, *GS* 348 ff.

[137] Krämer, *GS* 349 läßt offen, ob nicht in der ‚Metaphysik' gelegentlich auch eine Zweistufung (φθαρτά, unbewegter Beweger) vorkommt. Für die vorliegende Argumentation wäre dies, wie er hervorhebt, nicht primär wichtig, wenngleich die ‚Reihenbildung (über die u.) sich deutlicher an der Drei- als an der Zweischichtung zeigt. Aber es liegt hier gar kein Problem vor, weil auch für Γ Ε Κ die Dreistufung gesichert ist: vgl. u. 4.22/23, 4.41 und *Kosmologie und Metaphysik* 160—173. In anderen Metaphysik-Partien eine Zweistufung anzunehmen, besteht nicht der geringste Grund: Natürlich bot sich vom Thema her nur selten ein Anlaß, die Sterne ausdrücklich zu erwähnen; daß sie aber ständig im Hintergrund stehen, zeigen Stellen wie 1042b 5f. 1044b 7 f. 1050b 20 ff.

[138] Vgl. Ζ 1, 1028a 12—15. a 29—33. Ζ 4, 1030a 21 f. a 29 f. Θ 1, 1045b 27—29. Λ 1, 1069a 20 f. Ν 1, 1088b 4. EN Α 4, 1096a 20 f. Vgl. Γ 2, 1004b 8—10. Die Priorität der Substanz vor den Akzidentien zeigt sich daran, daß die Substanz notwendig in jeder Definition eines Akzidens miterscheint, aber umgekehrt nie ein Akzidens in der Definition einer Substanz (vgl. die Stellen aus Ζ 1. 4 und Θ 1 samt Umgebung, ferner o. S. 336 A. 126). Nach Λ 5, 1071a 34f muß die Substanz deswegen Seinsvorrang haben, weil durch ‚Aufhebung' der Substanz auch alle anderen Dinge (die ja ‚Akzidentien' der Substanz sind) ‚mit aufgehoben werden' (sc. aber nicht umgekehrt): ἀναιρεῖται (πάντα) ἀναιρουμένων (sc. τῶν οὐσιῶν). Die Denkform des πρότερον/ὕστερον und des damit (eng, aber nicht notwendig) verbundenen ‚συναναιρεῖν/συναναιρεῖσθαι' ist platonischer Herkunft (Δ 11, 1019a 2—4, vgl. Gaiser 504; s. auch o. 2.244a) und wird am strengsten in den mathematisierenden Gedankengängen der platonischen Elementen-Metaphysik durchgeführt, die ja um den Kernbegriff der ‚Reihe' (Dimensionenfolge, Zahlenreihe usw.) zentriert sind (über diese ‚Reihen' gleich u.). Es ist also klar, daß Aristoteles diese Denkformen von Platon (und der Akademie) übernommen hat, und nach Λ 5 und besonders EN Α 4 zu schließen, orientiert er sich dabei (letztlich) an der mathematisierenden ‚Reihe'. — Vgl. dazu jetzt auch Krämer, *GS* 342, der passend auf den Protreptikos verweist, aber sonst nicht ganz präzise argumentiert: Z. B. kann man aus der recht unklaren Stelle Δ 11, 1019a 4—6 (und ff; vgl. Ross z. St.) kaum etwas über die Verknüpfung von Seinspriorität der οὐσία bei Aristoteles mit dem 1019a 2—4 referierten platonischen Gedankengang des ‚Früher—Später' entnehmen. Den Satz S. 342 o. mit A. 102 habe ich nicht verstanden. — Wir haben von den Pros-hen-Verhältnissen hier zunächst nur das wichtigste herangezogen. Über die φιλίαι s. u. 4.215a.

[139] Vgl. Γ 3, 1005a 35 πρώτη οὐσία (mit Umgebung). Γ 2, 1004a 2—4 (πρώτη φιλοσοφία ~ πρώτη οὐσία). Γ 8, 1012b 31 τὸ πρῶτον κινοῦν ἀκίνητον αὐτό. Ε 1, 1026a 13. 1026a 24. a 29—31 εἰ δ' ἔστι τις οὐσία ἀκίνητος, αὕτη προτέρα καὶ

ander stehen und alle nachgeordneten Glieder auf das erste Glied bezogen und von ihm abhängig sind. Beide Verhältnisse gehören auch weder zur ‚Synonymie' noch zur ‚Homonymie'[140], sondern befinden sich dazwischen.

b) Den Gemeinsamkeiten stehen jedoch gewichtige Unterschiede gegenüber, von denen wir vorläufig nur *einen* erwähnen[141]: Während bei den Pros-hen-Beziehungen die abhängigen Glieder unter sich eine lockere Ordnung bilden, so daß jedes Glied *unmittelbar* auf das ἕν τι καὶ κοινόν bezogen ist[142], bilden bei der Dreistufung auch die abhängigen Glieder untereinander eine ‚Ordnung' des ‚Früher' und ‚Später', d. h. das Ganze stellt eine strikt geordnete ‚Reihe' dar.

Aristoteles selbst drückt diesen Unterschied Γ 2, 1005 a 10 f so aus: ‚Sein' bildet keine synonyme Einheit, sondern „in manchen Fällen eine Einheit pros hen, in manchen Fällen eine Einheit des reihenmäßigen Aufeinanderfolgens" (τὰ μὲν πρὸς ἓν τὰ δὲ τῷ ἐφεξῆς)[143]. Von den Erklärern der Stelle haben Colle[144] und Tricot[145] Wesen und Bedeutung dieser ‚Einheit der Reihenfolge'[146] richtig erkannt: Sie ist

φιλοσοφία πρώτη, καὶ καθόλου οὕτως ὅτι πρώτη. K 4, 1061 b 30. 7, 1064 b 1 αὕτη (sc. ἀκίνητός τις φύσις) ἂν εἴη ἡ πρώτη καὶ κυριωτάτη ἀρχή. b 13 f προτέραν τῆς φυσικῆς καὶ καθόλου τῷ προτέραν. Λ 6 ff passim, z. B. 1073 a 23 ff u. ö. ‚Früher-sein' der betreffenden Substanz und der sie behandelnden Wissenschaft meinen hier dasselbe. Im weiteren Sinne gehören hierher (wenn sie nicht eben schon aufgeführt wurden) auch die Stellen, welche eine Teleologie der aristotelischen Seinsstufung bezeugen, denn diese schließt ja ein Streben des ‚Späteren' zum ‚Früheren' ein.

[140] Zu den Kategorien vgl. o. A. 138. Für die Dreistufung folgt das aus der Tatsache, daß sie ein Verhältnis des ‚Früher' und ‚Später' bilden und solche Verhältnisse nicht synonym erfaßbar sind (Näheres u. 4.213). Die ‚zufällige' Homonymie ist eigentlich schon deswegen ausgeschlossen, weil die Glieder einen *teleologischen* Zusammenhang bilden. Aber das reicht, wie oben schon betont, streng genommen in puncto Seinsbegriff und Seins-Wissenschaft noch nicht aus, so daß erst der unten gegebene Nachweis eines ‚Reihen'-Zusammenhangs endgültig die Homonymie verbannt.

[141] Weitere Unterschiede kann man 4.213 entnehmen.

[142] Vgl. die schon erwähnte mittelalterliche Bezeichnung *analogia multorum ad unum*, die eher eine Pros-hen-Beziehung voraussetzt als eine ‚Reihe'.

[143] Vgl. Ross, Oxf.-Übers.: „The unity is in some cases that of common reference, in some cases that of serial succession". Reale 119 übersetzt: „talora sono *relativi a qualcosa di uno*, talora hanno la loro denominazione perchè *sono consecutivi gli uni agli altri*". — Zum Terminus ἐφεξῆς vgl. Bonitz s. v. (er wird u. a. von der Zahlenreihe gebraucht), speziell an. B 3, 414 b 29. 33 f. Λ 1, 1069 a 20. S. auch Joachim 80 f.

[144] G. Colle, *Aristote, La Métaphysique*, Traduction et Commentaire, 3 (1931) 63. 65. Nach den Zitaten aus Colles Buch bei Reale 119 f zu schließen, hat Colle nur den Unterschied zwischen Pros-hen und ἐφεξῆς noch nicht so klar herausgehoben wie Tricot und besonders Reale. (Vgl. aber Tricot I 193 n. 1 über Colle.)

[145] J. Tricot, *Aristote, La Métaphysique*, I (Paris 1953) 190 n. 4. Tricot verweist auf Robin, der 165—170 (n. 172) den Charakter der Reihe schon zutreffend erkannt und vom Pros-hen abgegrenzt hatte.

[146] Tricot „l'unité de consécution", Reale „l'unità di consecuzione".

eine *hierarchische* nach dem ‚Früher' und ‚Später' geordnete Skala, in welcher jedes nachgeordnete Glied vom jeweils vorgeordneten abhängt und alle Glieder vom ersten abhängen[147], oder, anders gewendet, das vorgeordnete Glied jeweils ‚Prinzip' aller nachgeordneten ist[148]. Den von ihnen noch nicht exakt genug herausgehobenen Unterschied zwischen dem Pros-hen-Verhältnis (der Kategorien usw.) und der ‚Reihe' (der Substanzschichten usw.)[149] hat dann Reale mit aller Deutlichkeit festgestellt[150]: Das Pros-hen bezieht alle ‚Akzidentien' (im weitesten Sinne) auf die Substanz, die ‚Reihe' schließt die hierarchisch angeordneten drei Schichten von Substanzen zu einer Einheit zusammen.

Daraus ergibt sich zugleich die Einheit der Seinswissenschaft[151]: Wie die Seinswissenschaft das Sein in all seinen kategorialen Differenzierungen untersuchen kann, weil sie alle anderen Kategorien pros hen auf die erste Kategorie zurückführt und so die Verschiedenheit als Einheit faßt, so vermag sie auch — als *ein und dieselbe* Wissenschaft — den ganz verschiedenen Seinsgraden der φθαρτά, Sterne und unbewegten Beweger gerecht zu werden, weil diese eben *die Einheit einer reihenhaften Ordnung bilden.* Worin Einheit und Zusammenhang der Reihe näherhin bestehen, bleibt nachher noch genauer zu prüfen[152]. Vorerst begnügen wir uns mit dem Hinweis auf die bekannte Stelle E 1, 1026a 30f, nach der die Wissenschaft von der οὐσία ἀκίνητος den anderen Wissenschaften vorgeordnet (προτέρα) ist; sie ist also ‚erste Philosophie' „und allgemein ist sie, sofern sie die erste ist (καὶ καθόλου οὕτως ὅτι πρώτη)"[153]. Obgleich der Terminus ἐφεξῆς nicht fällt, denkt Aristoteles hier, wie der Zusammenhang, vor allem das Beispiel der Mathematik, zeigt[154], an eine ἐφεξῆς-Reihe[155]; er ver-

[147] Zur Formulierung Colle 63. Tricot 190 n. 4. Reale 119.

[148] *Wie* diese Abhängigkeit näherhin aussieht, kann erst etwas weiter unten geprüft werden.

[149] Zu Colle vgl. A. 144. Tricot I 190 n. 4 beschreibt im Anschluß an Alexander (dessen Ausführungen nicht immer klar sind, vgl. S. 355 A. 218) den Unterschied richtig, verbindet auch de facto ‚Reihe' und Dreistufung der Substanzen, gelangt aber (obwohl er Robin zitiert) nicht zu letzter theoretischer Präzision.

[150] Reale 119—121 (vgl. 109), bes. 120. Ders., Komm. I p. 329 n. 31, p. 505f n. 18. Krämer, *GS* hat Reales Beitrag übersehen.

[151] Das Folgende im wesentlichen nach Colle, Tricot und Reale. Tricot und ein wenig auch Reale betonen allerdings von der ‚Reihe' aus zu stark die theologische Komponente der aristotelischen Metaphysik, was nicht stichhaltig ist (u. 4.213).

[152] Das Wesen der ‚Reihen' wird 4.213 im Zusammenhang mit ihrer Herkunft aus der Akademie erörtert.

[153] Genauso die Parallelstelle K 7, 1064b 13f: ἀνάγκη . . . τὴν ἐπιστήμην αὐτῆς (τῆς οὐσίας ἀκινήτου) εἶναι καὶ προτέραν τῆς φυσικῆς καὶ καθόλου τῷ προτέραν.

[154] Reale 121 zieht Γ 2, 1004a 2—9 heran, wo die Stufung der Substanzen und der entsprechenden Wissenschaften (nicht unwichtig a 4 ἐχόμενος, was schon auf eine Reihe deutet; vgl. Bonitz 306a 30ff. 39ff) mit der Mathematik verglichen wird,

leiht also dem vorgeordneten Glied — zumindest dem allerersten Glied der Reihe — καθόλου-Charakter. Diese *‚Allgemeinheit der Seinspriorität'* kann kaum etwas anderes bedeuten als: Wer das erste Glied der Reihe erkennt und wissenschaftlich untersucht, erkennt und untersucht damit zugleich auch die nachgeordneten Glieder. Auf die Seinswissenschaft angewendet: Wer die göttliche Substanz erforscht (d. h. θεολογική betreibt), erforscht eo ipso das gesamte Sein (betreibt so eo ipso ‚allgemeine Ontologie')[156]. Es fragt sich nun aber, wie strikt das ‚damit zugleich' bzw. ‚eo ipso' bei Aristoteles gemeint ist, d. h. ob die Stelle aus E 1 (K 7) dazu berechtigt oder gar zwingt, die aristotelische Metaphysik überwiegend (ganz?) auf ‚Theologik' hin zu interpretieren; das wird nachher genauer geprüft[157].

Colle und Reale weisen noch kurz auf wenige weitere Fälle von ‚Reihung' bei Aristoteles hin[158], gehen aber dem Problem nicht weiter nach und begnügen sich vor allem damit, Aristoteles aus sich zu erklären. Die ‚immanente' Interpretation reicht aber — trotz ihrer schönen Ergebnisse — nicht aus, das Wesen der aristotelischen ‚Reihen' hinreichend zu bestimmen. Deshalb fragen wir im nächsten Abschnitt nach ihrer *ideengeschichtlichen Herkunft*.

4.213 Herkunft und Wesen der aristotelischen ‚Reihen'[159]

Aristoteles erwähnt an mehreren Stellen, daß es von Sachver-

deren Einzeldisziplinen reihenartig geordnet sind (a 8f): καὶ πρώτη τις καὶ δευτέρα ἔστιν ἐπιστήμη καὶ ἄλλαι ἐφεξῆς ἐν τοῖς μαθήμασιν. Der Mathematik-Vergleich erscheint auch in unmittelbarer Nachbarschaft der eben betrachteten Stellen (E 1, 1026a 25—27; K 7, 1064b 8f), offenbar in gleicher Funktion. Das Wesen des Mathematik-Vergleichs hat schon Robin 170 f n.173 richtig bestimmt. Vgl. dazu jetzt auch Krämer, *GS* 349 A. 123.

155 So fassen die Stelle mit Recht auf Colle, Tricot und Reale. Vgl. jetzt auch Krämer, *GS* 348, 350. Zu Merlan s. u. 4.213.

156 Soweit sind Colle, Tricot und Reale (ebenso Merlan) mit ihrer Interpretation der Stelle im Recht.

157 Vgl. erneut u. 4.213. Dort wird auch gefragt, um welche Art von καθόλου es sich an unserer Stelle handelt.

158 Colle III 63 nennt: Zahlen, geometrische Figuren, Seelenarten. Reale 121 n. 67 weist darauf hin, daß Λ 1, 1069a 19—24 die (in Γ/Κ pros hen betrachteten) Kategorien als Reihe angesehen werden. Zu diesen Fällen vgl. u. 4.214/215.

159 Viele wesentliche Anregungen für das Folgende finden sich schon bei Merlan: a) die platonische ‚Elementen'-Metaphysik und ihre Gesetze (o. 2.244a/b); b) die ‚Reihe' bei Aristoteles und ihre Herkunft aus der Akademie (*Movers* 11 f); c) platonisierende ‚Elementen'-Metaphysik in Γ E K (*PN* 160—220 passim, bes. 172 f. 183 f. 193—195. 197). Trotzdem bleiben bei ihm diese Aspekte letztlich isoliert (man sehe z. B. *PN* 173f. 177, wo er der Zusammenschau nahe kommt, sie aber dann doch nicht vollzieht), so daß dem Bild die abschließende Konsistenz fehlt. Deswegen muß das Problem in Kürze hier erneut vorgeführt werden. Vgl. jetzt auch Krämer, *GS* 342 ff. 348 ff.

halten, die zueinander im Verhältnis des ‚Früher' und ‚Später' stehen, kein übergeordnetes γένος im strengen Sinne und somit weder Allgemeinbegriff (καθόλου) noch gemeinsame Definition (λόγος) gebe[160]. Aristoteles hat diese Lehre zwar von Platon übernommen (z. B. EN), sie sich aber zu eigen gemacht und weiterentwickelt (z. B. polit., an.)[161]. Demgemäß blicken wir *erstens* zurück auf Platon und betrachten dann *zweitens* den Zustand bei Aristoteles.

a) In welchem Zusammenhang die Lehre bei *Platon* steht, ergibt sich aus den aristotelischen Stellen, ob sie nun die platonischen Gedanken mehr referieren[162] oder sie weiterführen[163]: Sie verdeutlichen nämlich das ‚Früher'-‚Später'-Verhältnis am Beispiel der *Zahlenreihe* oder (und) *der Reihe geometrischer Figuren*. Es kommt noch Protr. fr. 5 R. hinzu[164], wo dieses Verhältnis an der Dimensionenfolge (Zahl—Linie—Fläche—Körper) erläutert wird. Daraus wird ersichtlich, daß die fragliche Lehre der platonisch-akademischen ‚Elementen-Metaphysik' zugehört, die wir o. *2.244*b zu skizzieren versuchten. Wenn man sich allerdings vor Augen hält, wie problemreich Platons ‚elementarisierende' Methode für uns ist und wie wenig Sicheres wir über ihr inneres Wesen wissen[165], wird man nur mit großer Behutsamkeit etwas über die ‚Reihen' sagen wollen. Immerhin läßt sich etwa Folgendes bemerken:

[160] met. B 3, 999a 6 ff (Ross). an. B 3, 414b 20 ff (hier geht es um die gemeinsame Definition, λόγος). EN A 4, 1096a 17—23 (vgl. 28 κοινόν τι καθόλου καὶ ἕν). EE 1218a 1 ff (κοινόν τι . . . καὶ χωριστόν; Dirlmeier EE 202). polit. 1275a 34—b 2 (τὸ κοινόν). Vgl. Zeller II 1⁴, 681—686 Anm. J. Cook Wilson, *On the Platonist Doctrine of the ἀσύμβλητοι ἀριθμοί*, Class. Rev. 18 (1904) 247—260. Robin öfter (Index s. v. *antérieur et postérieur*), z. B. 154—165. 196—198. bes. 612—618 (und ff). M. De Corte, *La définition aristotélicienne de l'âme*, Revue Thomiste 45 (1939) 460—508. P. Moraux, *Alexandre d'Aphrodise*, Liège-Paris 1942, 50—62 (Moraux geht nicht nur auf De anima, sondern kurz auf die gesamte Lehre ein). Cherniss 513—524. A. C. Lloyd, *Genus, Species, and Ordered Series in Aristotle*, Phron. 7 (1962) 67—90, bes. 70. 74—76. 79. 81—84 (wichtig). Da H. J. Krämer demnächst auf die Frage zurückkommen wird, kann ich mich hinsichtlich der allgemeinen Problematik kurz fassen. — Die von Krämer, *GS* 342 A. 98 zusätzlich verglichenen Stellen A 990b 17 ff. M 1079a 14 ff. N 1087b 23 ff bedürften jeweils näherer Erläuterung, betreffen aber sämtlich den uns hier beschäftigenden Konflikt zwischen ‚generalisierender' (Gattungsgefüge, Ideenlehre) und ‚elementarisierender' Betrachtungsweise (Dimensionenfolge, ‚Reihen' und dgl.).

[161] Daß er die Lehre polemisch gegen Platon verwendet (deutlich in EN), beweist natürlich *an sich* noch nichts, denn er könnte ja zwei platonische Denktendenzen gegeneinander ausspielen, ohne sich mit ihnen im geringsten zu identifizieren. Aber er verbindet die Lehre ja an den meisten Stellen (auch in EN) mit eigenen Anschauungen, so daß kein Zweifel möglich ist. Dies hat jetzt wieder Lloyd deutlich herausgearbeitet (dort alles Nähere).

[162] EN, EE, vielleicht auch met. B 3; s. o. Anm. 160.

[163] an. B 3, s. o. A. 160.

[164] Auf die Protreptikos-Stelle weist Krämer, *GS* 343 hin.

[165] o. **2**.244b.

Klar ist, warum es von solchen Reihen kein γένος gibt. Bei der Art-Gattungs-Pyramide wird aus einer Reihe von Dingen, die untereinander auf *gleicher* Ebene stehen, das ihnen *Gemeinsame* herausgehoben und als genos bestimmt. In solchen additiv-quantitativen *Reihen* jedoch, bei denen jeweils das ‚frühere' Glied im nächst-‚späteren' *enthalten* ist[166], sind eo ipso ‚höheres' Glied und *Gemeinsames* jeweils *identisch:* So ist — um von ‚hinten' zu beginnen — das Glied$_{(n-1)}$ im Glied$_n$ enthalten, und die Gemeinsamkeit zwischen beiden Gliedern besteht eben im Glied$_{(n-1)}$. Setzt man dies nach ‚vorn' bis zum ersten Glied fort, so ergibt sich: Das erste Glied ist ‚Gemeinsames' *aller* Glieder der Reihe, das zweite Gemeinsames aller Glieder außer dem ersten usw., allgemein: Jedes Glied ist ‚Gemeinsames' aller nachgeordneten Glieder[167]. Somit kann es kein Gemeinsames *außer* der Reihe geben, denn es müßte, um allen Gliedern *gemeinsam* zu sein, auch *im ersten Glied* (als ‚Teil') *enthalten sein:* Das ist aber unmöglich, weil das erste Glied per definitionem ja schon das *einfachste* Gebilde ist, so daß es nicht etwas noch Einfacheres in sich enthalten kann[168]. Und selbst wenn man sich (rein in der Phantasie) ein Gemeinsames *‚im'* ersten Glied vorstellt, dann würde automatisch dieses Gemeinsame zum *neuen* ersten Glied und das bisherige erste Glied zum zweiten, d. h. die Reihe bliebe gewahrt. *Entweder* sind also erstes Glied und ‚Gemeinsames' (κοινόν, καθόλου) der Reihe umkehrbar identisch *oder* man muß die Reihe als Reihe aufheben, *tertium non datur*.

Es war nötig, die akademische Lehre so schematisch auf mathematisch-quantitative Weise als sinnvoll zu erweisen, weil auch Platon selbst — wenn nicht alles täuscht — dabei letztlich von solchen Erwägungen ausging. Man kann nun noch zusätzlich darauf verweisen, daß die Glieder einer Reihe eine *Schichtenfolge* bilden, die zumindest bei der Dimensionenfolge auch *ontologisch* gemeint ist, und als Stufen verschiedenen Ranges sowieso schon sich jeweils wie Art und Gattung zueinander verhalten, also nicht eine gemeinsame Gattung über sich haben können; u. dgl. mehr[169].

Welche Bedeutung mögen die Reihen für Platon außerhalb des eigentlich mathematischen Bereiches gehabt haben? Das heißt, wie weit war seine Konzeption der ‚Reihe' über rein quantitative Verhältnisse hinaus anwendbar und wurde sie angewendet? Hierüber können

[166] $1 - 1+x_1 - (1+x_1)+x_2 - (1+x_1+x_2)+x_3$ — usw.

[167] D. h. er ist eine Art ‚größter gemeinsamer Teiler'.

[168] In ähnliche Richtung zielt die Bemerkung EE 1218a 2—4, es könne kein Gemeinsames getrennt von der Reihe geben (οὐκ ἔστι κοινόν τι παρὰ ταῦτα, καὶ τοῦτο χωριστόν). εἴη γὰρ ἄν τι τοῦ πρώτου πρότερον (vgl. auch das Folgende).

[169] Vgl. ergänzend jetzt Krämer, *GS* 343 mit A. 104, wo aber der Gegensatz von ‚generalisierender' und ‚elementarisierender' Betrachtungsweise schematisierend überspitzt wird (vgl. o. S. 187 A. 554).

wir aus Mangel an Belegen nur Vermutungen äußern: Die ‚Elementen'-Methode steht ja nicht — als Selbstzweck — isoliert für sich, sondern bildet einen *Teil* eines größeren Ganzen. Dies zeigen bekanntlich die *De bono*-Referate, in welchen auf die ‚elementarisierende' Partie (= dimensionale Reduktion) als erstes Drittel zwei weitere Teile mit andersartigen Methoden folgen[170]. Wenn der elementarisierende Teil für das Ganze und in dem Ganzen einen Sinn haben soll, dann müssen seine mathematisierenden Gedankengänge als *Modell* gedient haben, das man dann analog (in nicht zu pedantischer Striktheit) auf außermathematische Bereiche übertrug[171]. Wie weit Platon darin ging, wissen wir nicht[172]. Jedenfalls stellte er sich offensichtlich eine Seinsstufung als ‚elementarisierende Reihe' vor[173], und seine Schüler taten es ihm nach, vor allem Speusipp[174]. Die Akademie besaß also in dem Begriff der ‚Reihung' eine Denkmethode, die alle im Art-Gattungs-System nicht erfaßbaren ‚Früher'-‚Später'-Verhältnisse — sozusagen alle ‚vertikalen' Beziehungen — jeweils als Einheit, als ‚Ordnung' zusammenzuschauen ermöglichte.

Aus dem ‚Reihen'-Begriff ergeben sich noch weitere Fragen und Schwierigkeiten, die Platon — nach der lückenhaften Überlieferung zu urteilen — nicht thematisiert hat. Gleichwohl erwähnen wir *zwei* davon[175], weil sie uns bei Aristoteles wiederbegegnen werden: *Erstens* gab es bestimmt auch für ‚Reihen' zusammenfassende Bezeichnungen, z. B. ‚Zahlen', ‚Idealzahlen' (ἀριθμοί, εἰδητικοὶ ἀριθμοί) usw. Man wird hier nicht von ‚Allgemein'-Begriff sprechen (dem ja dann auch eine Idee zugeordnet wäre), sondern von ‚Sammel-Begriff' o. dgl.

[170] Der dritte Teil von *De bono*, die Synthese, hat — soweit uns kenntlich — wieder stark ‚elementarisierenden' Charakter; aber das gehört nicht *notwendig* zu seinem *Wesen*, so daß wir uns lieber an den eindeutigen ersten Teil halten.

[171] Vgl. o. 2.244b.

[172] Auch Platon hätte (selbst wenn man die Unterschiede zu Aristoteles bedenkt) genau wie Aristoteles Schwierigkeiten in denjenigen Sachgebieten gehabt, in welchen nicht das ‚Einfachere', sondern das ‚Kompliziertere' ontologische Priorität besitzt, vor allem in der *Scala naturae* vom Anorganischen bis zum Menschen. Vgl. u. 4.214c.

[173] Vgl. o. 2.244b.

[174] Vgl. o. 2.3. S. jetzt auch Krämer, *GS* 349 f. — Über ‚elementarisierende' Denktendenzen bei Xenokrates vgl. o. 2.4 und Krämer, *GS* 346—348.

[175] Eine *dritte* sei wenigstens in der Anmerkung gestreift: Ob und wieweit sogar *innerhalb* des Gattungsgefüges unter Vernachlässigung aller ‚horizontalen' Beziehungen vertikale Verknüpfungen (z. B. Sokrates — Mensch — Lebewesen — Substanz usw.) *qua vertikal* auch als Reihe (im weiteren Sinn) verstanden werden konnten, entzieht sich unserer Kenntnis. Wenn das zuträfe, müßte man bei allen Gefügen mit vertikalem ‚Einschlag' (z. B. auch in der κοινωνία γενῶν; vgl. den Aufstieg der Dialektik) mit ‚Reihen' rechnen. Ich möchte das (trotz der gewichtigen Einwände von Lloyd 82 f) nicht prinzipiell ausschließen, denn ‚generalisierendes' und ‚elementarisierendes' Verfahren stehen einander trotz all ihrer Differenzen nicht in jeder Beziehung scharf gegenüber (vgl. o. 2.244b und u. 4.214/215).

Zweitens erweisen sich in der Gattung-Art-Pyramide die auf jeder Stufe angeblich untereinander gleichwertigen Arten (bzw. Gattungen) bei näherem Zusehen als *verschiedenwertig:* Mensch—Tier, Lebewesen—Pflanze, Belebtes—Unbelebtes[176] sind, obwohl sie in der Dichotomie *nebeneinander* stehen, deutlich rangverschieden — was ja dann Aristoteles in seiner *Scala naturae* teilweise explizit macht[177]. Nimmt man beide Aspekte zusammen, so wird klar, warum bei Aristoteles ‚Reihe' und κοινόν sich gegenseitig nicht strikt ausschließen, sondern miteinander vereinbar sind[178].

Trotz alles bisher Gesagten müssen wir jetzt fragen: Worin besteht denn nun konkret der *Zusammenhang* einer solchen Reihe, anders gewendet, die in ihr herrschende *Kausalität?* Wenn Moderne eine mathematisch-geometrische Reihe *setzen*[179], setzen sie automatisch deren ‚Zusammenhang' mit. Für Platon hingegen sind die mathematischen Sachverhalte etwas *objektiv Vorgegebenes,* nach deren Zusammenhang man schon fragen darf, und wenn die ‚Reihung' von der Mathematik auf andere Gebiete, z. B. die Seinsstufung, übertragen wird, stellt sich die Frage nach der Kausalität noch dringender:

α) Man darf annehmen, daß die in der ‚mathematischen' Reihe strikt nachzuweisende *Implikation* des Früheren im Späteren auch in der Seinsstufung — trotz aller Einschränkung — soweit vorhanden war, um deren *Zusammenhang* zu garantieren[180]. Man dürfte dann auch sagen, daß jedes Glied durch das vorausgehende und das folgende in seinem Rang und Wesen bestimmt wird und seinerseits mithilft, die Nachbarglieder zu bestimmen[181]. Der Zusammenhang der Reihe ist aber nicht nur durch diese — gleichsam ‚statische' — ‚Implikation' bestimmt, sondern auch

176 Vgl. die arbor Porphyriana bei Boeth. In Porph. comm. sec. 3, 4 p. 208, 9—211, 14. Natürlich kann man sich — besonders außerhalb, aber auch innerhalb der ersten Kategorie — Unterteilungen (begrenzten Umfangs) vorstellen, die nicht auf Rangfolgen führen. Aber sobald man (reduktiv oder deduktiv) die oberste Kategorie ‚substantia' als solche einbezieht, kommt es eo ipso zu ‚Stufungen'.

177 Vgl. hierüber P. Moraux, *Alexandre d'Aphrodise,* 1942, 58 (dessen Gesamtthese, daß Aristoteles die platonische Reihe sich nicht wirklich zu eigen gemacht habe, nicht zutrifft, vgl. die Arbeit von Lloyd o. S. 343 A. 160).

178 Die Art des ‚Miteinander' ist von Fall zu Fall verschieden, vgl. das Nachstehende, ferner 4.214/215.

179 Ich wähle hier der Einfachheit halber diejenige moderne Mathematik-Auffassung aus, welche die mathematischen Gegenstände als autonomes System betrachtet und sich um dessen *fundamentum in re* nicht kümmert.

180 Vgl. o. 2.244b.

181 So richtig auch Krämer, *GS* 343 A. 104 (mit Verweis auf Guzzoni und Ross): „Das einzelne Glied ist . . . allein durch seinen Stellenwert in der Reihe bestimmt, . . .". Ob jedoch die Gesetzmäßigkeit der Reihe „in jedem der Glieder unmittelbar enthalten" ist (Krämer ib.), scheint zweifelhaft: An der *mathematischen* Reihe kann man u. U. aus jedem Glied durch Analyse den Aufbau der Reihe gewinnen (z. B. aus 4: 3, 2, 1,

β) durch das *Streben* des Unvollkommenen zum Vollkommenen, das nicht nur die reihenhafte Seinsstufung bestimmt, sondern offensichtlich auch mathematische Reihen[182]. *Teleologie des Strebens* und mathematisierender Zusammenhang ergänzen somit einander.

b) Aristoteles erwähnt zwar im Zusammenhang mit seinen Reihen teilweise mathematische Gegebenheiten[183], aber sie spielen für die Argumentation keine entscheidende Rolle[184]. Das heißt, er lehnt auch bei den Reihen die mathematisierende Betrachtungsweise Platons ab und übersetzt somit Platons überwiegend *quantitative* Auffassung in eine *qualitative*[185]. Dadurch wird auch der *Zusammenhang* der Reihen, sofern er sich eben am mathematisch-quantitativen Modell orientiert, bei Aristoteles nun problematischer: Denn wie soll man sich die Verbindung zwischen den drei οὐσίαι denken oder — um ein weiteres Beispiel für eine aristotelische ‚Reihe' zu nennen — die zwischen den 56 unbewegten Bewegern des Λ[186]? Da gibt es offensichtlich kein exakt aufweisbares Reihen-‚Gesetz', von einer ‚Implikation' des ‚Früheren' im ‚Späteren' ganz zu schweigen[187]. Obwohl alle Einheiten einer *Stufung* angehören, scheinen sie doch wieder jeweils isoliert für sich zu stehen[188], so daß man nur mit Hilfe der *Teleologie* den Zusammenhang der Reihe garantieren zu können glaubt[189]. Dieser Eindruck verstärkt sich noch, weil die von Platon durchgeführte ‚Deduktion' der Reihen aus den Prinzipien[190] hier bei Aristoteles offenbar fehlt, so daß wir

d. h. arithmetische Progression um jeweils 1), aber eigentlich nur dann, wenn man die Reihe *schon kennt* und deshalb weiß, *woraufhin* man das einzelne Glied analysieren muß. Bei ‚Reihen' außerhalb der Mathematik dürfte das ganz unmöglich sein. Wenn man zudem statt an das ‚Gesetz' der Reihung mehr an die Beziehung jedes Gliedes zum ersten Glied denkt (beides muß ja nicht dasselbe sein), kann man sogar sagen: Die ‚Reihe' ist (im Gegensatz zu einem Stockwerk der Art-Gattung-Pyramide, aber auch zum aristotelischen Pros-hen) gerade dadurch gekennzeichnet, daß jedes Glied sich nicht *unmittelbar* auf das erste bezieht, sondern *mittelbar* durch die dazwischenstehenden Glieder hindurch.

182 Vgl. o. 2.25.

183 So das Mathematik-Beispiel im Γ (s. o. S. 341, u. S. 379—381), die Reihe der geometri schen Figuren in De anima (vgl. u. 4.214c 2).

184 D. h. sie haben nicht mehr tragende Funktion *im Sinne der platonischen Elementen-Metaphysik*. In De anima bilden sie zwar einen Teil des Beweisganges, der aber dann ganz unplatonisch verläuft (vgl. erneut u. 4.214c 2).

185 So jetzt auch Krämer, *GS* 343 f.

186 Zur ‚Reihe' der Beweger s. u. 4.214a.

187 Die Reihe der Seelen-Arten kann man auch hierfür nicht als Beispiel verwenden, vgl. wiederum 4.214c 2.

188 Wie weit Aristoteles den Kausalzusammenhang der Seinsstufung lockert und hierin der ‚episodischen' Denkweise des Speusipp verpflichtet ist, wird o. 2.52 geprüft.

189 Zur Teleologie des Aristoteles u. 8.233 u. ö. (Sach-Index s. v. *Teleologie*), zu der Platons o. 2.25.

190 Für die (Ideal-)Zahlen und die Dimensionenfolge wird dies in *De bono* durchgeführt, und man kann sich nach deren Analogie die Entstehung weiterer Reihen vorstellen.

die Reihen nicht vor unseren Augen ‚entstehen' sehen und dadurch der Möglichkeit beraubt sind, aus ihrer ‚Entstehung' eo ipso ihr Wesen (d. h. ihr Aufbau-Gesetz) zu erkennen. So sind mithin die aristotelischen Reihen einfach ‚gegeben', ‚vorhanden', und ihre einzelnen Glieder kapseln sich — scheint es — voneinander ab.

Dieser Eindruck ist nicht ganz unrichtig, bedarf jedoch erheblicher Einschränkung:

Denn zumindest bei der Dreistufung der Substanzen kann man mathematisch-additive Gesichtspunkte verwenden[191], etwa so:

(Prinzipien)	
Beweger	(+ Pluralität)
Sterne	(+ ewige Ortsbewegung)
φθαρτά	(+ Werden/Vergehen)

Ähnlich bei der anderen Dreistufung, die gleichfalls bei Aristoteles vorkommt:

(Prinzipien)	
Beweger	(+ Pluralität)
Mathematika	(+ Dimensionalität)
φθαρτά	(+ Bewegung aller Art)

Dieses von der Hyle herrührende ‚materielle Plus' wird auf dem Weg von oben nach unten jeweils ‚zugefügt', auf dem umgekehrten Weg wieder ‚subtrahiert'. Die Begriffe der ‚Addition' und ‚Subtraktion' werden hier nicht modernistisch dem Text aufgezwungen, sondern sie lehnen sich an Aristoteles an: Denn Aristoteles spricht (zwar nicht hier in der Ontologie, aber doch) im Bereich der Wissenschafts- und Erkenntnistheorie von ‚Subtraktion' (ἀφαίρεσις) und ‚Addition' (πρόσθεσις)[192]. Um von den ‚komplizierteren' (d. h. mehr zusammengesetzten) Wissenschafts-Objekten zu den ‚einfacheren' zu gelangen, muß man etwas ‚subtrahieren' (ἀφαιρεῖν), in der entgegengesetzten Richtung etwas ‚addieren' (προστιθέναι), ungefähr so[193]:

[191] Näheres über beide Dreistufungen und die Möglichkeit, sie additiv zu betrachten, u. 8.22 u. ö. (Sach-Index s. v. *Stufung 2b*) ferner *Kosmologie und Metaphysik* 170—173. S. jetzt auch Krämer, *GS* 350 A. 127. — Über die speziellere (hier offengelassene) Frage, wie sich im obersten Bereich ‚Prinzipien' und Beweger zueinander verhalten, vgl. u. 4.45.

[192] Zum Folgenden alles Nähere in Kap. 7.

[193] Μ 3, 1078a 9—13. — Ich folge hier der üblichen Deutung (z. B. von Ross), die in den ἀκίνητα die Objekte der Mathematik sieht. Dies ist um so wahrscheinlicher, als der ganze Zusammenhang ja über Mathematik handelt, wobei die ‚bewegten' Objekte der Physik den ‚unbewegten' der Mathematik gegenübergestellt werden. Immerhin könnte man, weil in 1078a 12 καὶ μάλιστα ἄνευ κινήσεως ein neuer Gesichtspunkt einsetzt (Ross) und als ‚nachfolgende' Wissenschaften dann *Astronomie*

Arithmetik	
Geometrie	(+ Dimensionalität)
Astronomie	(+ Ortsbewegung)
sublunare Physik	(+ Werden und Vergehen)

Diese aus met. M 3 entnommene Stufung der Wissenschaften stellt eindeutig eine nach dem ‚Früher' und ‚Später' geordnete *Reihe* dar. In M 2/3 legt Aristoteles zwar großen Wert darauf, daß es sich um eine *‚logische'* Priorität handele, die nicht *ontologische* Priorität einzuschließen brauche[194], aber das gilt eigentlich allein für die Mathematika. Denn die Objekte der Astronomie und der sublunaren Physik bilden, wie wir sahen, eine *ontologische* Stufung. Wenn wir nun noch — was den Intentionen des Buches M und des Aristoteles insgesamt nicht zuwiderläuft — in obiger Reihe Arithmetik/Geometrie durch θεολογική ersetzen, bekommen wir eine durchgehend ontologisch bestimmte Stufung:

Theologik	Beweger (unbewegt)
Astronomie	Sterne (+ Ortsbewegung)
sublun. Physik	φθαρτά (+ Werden/Vergehen)

Man sieht, die ἀφαίρεσις/πρόσθεσις-Methode bezieht sich keineswegs nur auf erkenntnistheoretische Probleme, sondern stellt — unter anderem — eine Seite der ‚reihenhaften' Seins-Stufung dar. Man kann sogar sagen: Wo immer bei Aristoteles ‚Reihen' erscheinen, darf man jeweils parallel dazu ein Additions-Subtraktions-Verfahren annehmen; teilweise gilt dies auch umgekehrt[195].

Nicht nur der Reihen-Begriff, sondern auch die ἀφαίρεσις/πρόσθεσις-Methode geht — wie schon die mathematische Terminologie zeigt — auf Platons elementarisierende Metaphysik zurück, deren ‚Reduktion' und ‚Deduktion' man als ἀφαίρεσις und πρόσθεσις verstehen muß. Ja, Platons Seinsstufung insgesamt — die, wie wir sahen, wesentliche Züge einer ‚Reihe' aufweist — dürfte eng mit der Addi-

(~ Sterne) und sublunare Physik (~ φθαρτά) genannt werden, bei den ἀκίνητα auch an die θεολογική denken. Denn bei Aristoteles stehen sonst die beiden Dreiteilungen Beweger—Mathematika—Sinnendinge (= sublunare Physik) und Beweger—Sterne (Astronomie)—Sinnendinge (sublunare Physik) *konkurrierend nebeneinander*, ohne jemals miteinander *kombiniert* zu werden, was man bei der üblichen Deutung für unsere Stelle annehmen müßte. Trotzdem ist die vorgeschlagene Alternative zu unsicher, als daß man damit argumentieren könnte.

194 Vgl. 1078a 9f mit 1077a 36—b 14.

195 Vgl. das Nachstehende in 4.21, 7 passim. Wenn wir im Anschluß an die gebräuchliche, aber sehr mißverständliche Terminologie das *Subtraktions*-Verfahren ‚Abstraktion' nennen, können wir auch sagen: Jedes *Reihenglied* ist zugleich eine *Abstraktionsstufe*.

tions-Subtraktions-Methode verbunden gewesen sein. In der aristotelischen Seinsstufung liegt also mit ἀφαίρεσις/πρόσθεσις nicht nur die platonische ‚Reduktion' auf die Prinzipien vor, sondern auch — zumindest im Ansatz — eine ‚Deduktion'.

Obschon die betrachteten Charakteristika (Subtrahieren bei der Reduktion, Addieren bei der Deduktion) typisch für platonische Elementen-Metaphysik sind und mit Sicherheit dorther stammen, dürften doch die ‚Reihen' des Aristoteles, weil er auf die mathematische Komponente weitgehend verzichtet, mindestens zum Teil eine andere Art von Zusammenhang aufweisen, als wir ihn für Platon festzustellen glaubten[196]. So lassen sich auf Grund der ‚Addition/Subtraktion' natürlich Reihen von Implikationen aufstellen, aber es fällt gerade bei der für uns zentralen Dreistufung der Substanzen schwer, sich den (die) Beweger im Ätherbezirk, die Sterne im sublunaren Bereich ‚impliziert' zu denken[197]. Damit kann auch das erste Glied der Reihe nicht κοινόν in dem Sinne sein, daß es als ‚Teil' in allen nachfolgenden Gliedern *enthalten* wäre. Die aristotelische Formel ‚allgemein (καθόλου) weil ontologisch vorgeordnet' spricht denn auch nicht vom ‚Enthaltensein', sondern setzt einfach Seinspriorität und Allgemeinheit gleich. Wie ist das gemeint?

Es läge nahe, diese zunächst wenig durchsichtige Identifizierung von Platon her aufzuhellen und anzunehmen, Aristoteles habe aus der platonischen Argumentation ‚ontologisch vorgeordnet ⟨= im Nachgeordneten enthalten⟩ = allgemein' das (in ⟨ ⟩ stehende) Mittelglied, das für ihn nicht mehr gültig war, weggelassen und den Rest übernommen. Ohne das — unentbehrliche — Mittelglied ist jedoch die gesamte Gleichsetzung hinfällig, so daß man sich fragt, ob der aristotelische Gedanke so schematisch allein aus der platonisch-akademi-

196 Vgl. o. 2.244b. Freilich wissen wir (das haben wir dort bereits ausgesprochen) auch bei Platon nichts Genaues darüber, wie ‚mathematisch' er außerhalb des mathematischen Bereiches eigentlich verfuhr, aber es bleibt eine Tatsache, daß in seiner Ontologie das ‚Mathematische' eine völlig andere Stellung einnimmt als bei Aristoteles, und daran halten wir uns hier.

197 Natürlich ist der (sind die) Beweger nicht ‚transzendent' im vordergründigen Sinne, sondern trotz ihres von der Welt ‚verschiedenen' Idealseins zugleich der Welt ‚immanent': Diese Immanenz kann man aber nicht als Implikation verstehen, denn die aristotelische unbewegte Substanz ist, was auch immer sie vom platonischen Hen beibehält, jedenfalls nicht mehr ‚Einheit' als Element der nachgeordneten Schichten (gut darüber Krämer, *UGM* 157—159). Noch schwerer fällt diese Annahme bei ‚Äther — sublunarer Bereich', die *räumlich nebeneinander* stehen. — Auch bei anderen Reihen, die zugleich Seinsstufungen darstellen (z. B. die Reihe der 56 Beweger), läßt sich keine Implikation durchführen. Etwas einfacher sieht es auf den ersten Blick bei ‚abstrakteren' Reihen aus (z. B. bei derjenigen der Wissenschafts-Objekte), aber auch hier wird es sofort problematisch, wenn man die Probe aufs Exempel macht. Wohin man sieht, nirgends ein Beispiel für eine glatte Implikations-Reihe. Vgl. auch u. 4.214.

schen *Elementen*-Metaphysik abgeleitet worden sein kann. Auf jeden Fall findet sich der Gedanke, daß das seinsmäßig Frühere zugleich ‚allgemein' ist, auch sonst in der aristotelischen Metaphysik: A 2, 982a 24f werden die obersten Seinsprinzipien, d. h. der (die) unbewegte(n) Beweger, zugleich als τὰ μάλιστα καθόλου bezeichnet. Damit ist nicht eine ‚abstrakte' Allgemeinheit im Sinne des Gattung-Art-Verhältnisses gemeint (schon gar nicht etwas ‚Abstraktes' im modernen Sinn), sondern die Allgemeinheit des ontisch Früheren: Das Prinzip ist allgemein, weil es Seinsgrund für alles Nachgeordnete (d. h. für alle seine Prinzipiate) ist[198]. In A 2 stehen keine speziellen Anklänge an die platonische *Elementen*-Metaphysik und man kommt — wenn man schon an Platon denken will — hier mit einer weiter gefaßten Beziehung zu Platon *insgesamt* aus. Es ist wahrscheinlich, daß Ähnliches auch in E 1 (K 7) vorliegt, d. h. daß Aristoteles, ohne *speziell* an die Implikation der Elementen-Metaphysik zu denken (und sich von ihr abzusetzen), im Rahmen einer eigenen Lehre Seinspriorität und Allgemeinheit identifiziert.

Die Allgemeinheit des ontisch Früheren kann sich bei Aristoteles also nicht mehr auf die ‚Implikation' gründen, sondern beruht auf dem *Prinzipien*-Charakter des ‚früheren' bzw. ‚ersten' Glieds: *Als Seinsgrund* ist es *allgemein* (s. o.). Was berechtigt aber, das Vorgeordnete (Erste) als ‚Prinzip' zu verstehen? Seine Stellung in der ‚Reihe' und die ‚Ordnung' der Reihe als solche reichen zur Erklärung nicht ganz hin, wenn man bedenkt, wie fern Aristoteles' Reihen doch Platons mathematisierender Ontologie gerückt sind. Deshalb wird man eher an ein Prinzip im Sinne des Aristoteles denken, d. h. an die aristotelische *Teleologie*[199]: Zumindest die Dreistufung der Substanzen, um die es hier zunächst geht, bildet mit Sicherheit eine *teleologische Ordnung*, bei welcher das jeweils vorgeordnete Glied von dem (den) nachgeordneten als ‚Ziel' (τέλος) *erstrebt* wird. Wenn somit hier die Teleologie als typisch aristotelische Art von Kausalität erscheint, die den infolge der ‚Entmathematisierung' defizienten Zusammenhang der aristotelischen Reihen wiederherstellen hilft, so muß man berücksichtigen, daß auch schon bei Platon und anderen Akademikern neben der mathematisierenden Seinsstufung die Teleologie steht und beides einander ergänzt[200]. Man kann also sagen, daß Aristoteles von den zwei Aspekten, die für Platon (und andere Akademiker) eng zusammengehören, den einen (die mathematisierende Elementen-Metaphy-

[198] Reale 119 mit Verweis auf S. 35—37 (wo er sich zu Recht mit Owens' einseitiger Deutung von A 2 auseinandersetzt; vgl. 4.12).

[199] Natürlich gibt es im aristotelischen Kosmos (d. h. bei der Dreistufung der οὐσίαι) auch *Kausalmechanismus*, aber er bleibt letztlich *sekundär* gegenüber der Teleologie; vgl. *Kosmologie und Metaphysik* 168—170.

[200] Vgl. o. 2.25.

sik) stark zurücktreten läßt und dadurch den anderen (die Teleologie) in den Vordergrund rückt. Somit ist die ‚Reihe' der drei Substanzen nicht nur inhaltlich, sondern auch der Art ihres Zusammenhanges nach trotz der deutlichen Beziehungen zur akademischen Ontologie etwas typisch Aristotelisches.

Welche Bedeutung hat die Erkenntnis, daß die Dreistufung der Substanzen eine ‚Reihe' von der vorstehend beschriebenen Art bildet, für die Deutung des Γ insgesamt und damit für die Entscheidung über den Charakter der aristotelischen Metaphysik? Die Frage kann eigentlich erst dann beantwortet werden, wenn das Γ und seine Zentralbegriffe durchgeprüft worden sind, muß aber schon jetzt kurz vorweg behandelt werden[201].

Nach Aristoteles soll die Metaphysik sowohl *allgemeine* Ontologie sein, die *alles* Seiende unter der Hinsicht untersucht, daß es *ist*, wie auch *spezielle* Wissenschaft vom höchsten Seienden, d. h. Theologik. Beide Aufgaben kann sie dadurch miteinander vereinen, daß sie *als Wissenschaft vom ersten* (obersten) *Seienden zugleich Wissenschaft von allem Seienden* ist (καθόλου τῷ προτέραν εἶναι). Dies vermag sie, weil ihr *Objekt*, der unbewegte Beweger, seinsmäßig das *erste* Glied und dadurch ‚Allgemeinbegriff' (καθόλου) der Stufung ist. Die Gleichheit von Seins-Priorität und Allgemeinheit beruht auf dem Reihenprinzip und somit letztlich auf der akademischen Elementen-Metaphysik, wird aber bei Aristoteles, wie gezeigt, zum Teil anders begründet als bei Platon. Denn die mathematisch-quantitative Implikation schwindet und die Teleologie tritt an die erste Stelle: Somit ist das erste Glied deshalb ‚allgemein', weil es — *teleologisch* verstandenes — *Seins-Prinzip* (ἀρχή) für die nachfolgenden Glieder ist. Es kommt aber noch ein Moment hinzu, das die ‚reihenhafte' Stufung auch noch bei Aristoteles von einer beliebigen teleologischen Stufung unterscheidet[202]: Jede Reihe ist durch einen ganz bestimmten ‚gemeinsamen' Wesenszug charakterisiert (hier: Substanzsein)[203], und dieser Wesenszug wird vom jeweils vorgeordneten Glied in immer *vollkommenerer* Weise verkörpert, vom *ersten* Glied am *vollkommensten*[204]. Somit erfaßt die Wissenschaft vom ersten Glied der Reihe (hier: die Metaphysik) die gesamte Reihe und die anderen Glieder nicht nur

201 Wir setzen dabei die folgenden Abschnitte voraus, z. B. 4.24 (über das ὂν ᾗ ὄν), 4.6. Vgl. auch o. 4.1.

202 Als Beispiel für eine solche ‚beliebige' teleologische Stufung sei genannt: Elemente — Homoiomere — Anhomoiomere — Lebewesen (dazu u. a. *Der chemische Traktat* 297—304. 307 f. *Scala naturae* Teil 2). Vgl. u. 4.214.

203 Andere Charakteristika sind: ‚unbewegter Beweger' (bei der Reihe der Beweger); ‚Staatsform' (bei der Reihe der πολιτεῖαι), wozu u. 4.215.

204 Aristoteles ersetzt mit dieser ‚Steigerung der Qualität' die in der platonischen ‚Implikation' liegende mehr ‚quantitative' Steigerung.

über die Teleologie, sondern auch über die Vollkommenheit des ersten Gliedes, das die *Quintessenz* der Reihe darstellt.

Insoweit sind also Colle, Tricot und Reale im Recht, wenn sie betonen, daß bei ἐφεξῆς-Reihen diejenige Wissenschaft, welche das erste Glied zu ihrem Objekt hat, eo ipso auch die anderen Glieder ‚umfaßt'[205]. Die Frage ist nur, wie man das ‚Umfassen' verstehen soll: Bedeutet es, daß Aristoteles die Reihe von ‚oben' her betrachtet und die Betrachtung der übrigen Glieder für so sekundär hält, daß sie fast entbehrlich wird (sog. ‚theologische' Deutung)? Oder wählt er umgekehrt den Weg von unten nach oben, bei dem das erste Glied *Ziel* eines Erkenntnis-Aufstieges ist, Ziel, aber nicht Ausgangspunkt oder gar alleiniges Objekt (mehr ‚ontologische' Interpretation)[206]? Die Erklärung der Substanzen-‚Reihe' schließt also letzten Endes eine Entscheidung über das Wesen der aristotelischen Metaphysik ein oder, anders gesagt, das Problem der aristotelischen Metaphysik hat seinen Schwerpunkt (vielleicht sogar seinen Angelpunkt) in der ‚reihenhaften' Dreistufung.

Tricot zieht die ‚theologische' Deutung vor: Indem er die Formel καθόλου τῷ προτέραν mit dem als ‚conception théologique' verstandenen Begriff des ὂν ᾗ ὄν verbindet, legt er das Schwergewicht so stark auf die oberste Substanz, daß die ‚allgemeine Ontologie' de facto ganz in Theologik aufgelöst wird[207]. Colle und Reale gehen zwar nicht ganz so weit, betrachten aber auch auf Grund der Formel καθόλου τῷ προτέραν die Reihe der Substanzen von ‚oben' her[208]. Damit nehmen die drei Forscher (besonders Tricot) die Position von Joseph Owens ein und nähern sich derjenigen Merlans und Gómez Nogales'[209]. Wie sehr die ‚theologische' Deutung den Richtungssinn der aristotelischen Metaphysik verkehrt und sich dabei über den Textbefund hinwegsetzt, wird an anderer Stelle besprochen[210]. Hier geht

[205] Reale 119 f, wo auch die Stellen aus Colle und Tricot zitiert sind. Vgl. o. S. 340f.

[206] Daß natürlich das oberste Glied, auch wenn es *Ziel* der Denkbewegung ist, dem Denken schon von vorneherein *implizit* mitgegeben ist, versteht sich von selber. Trotzdem können wir die Alternative wie vorstehend formulieren.

[207] Tricot 190 n. 4, mit Verweis auf 171—173 n.1. Vgl. Tricot 193 n.1. Die Betonung oben im Text liegt auf ‚de facto': Tricot eliminiert natürlich die unteren Seinsstufen nicht (vgl. z. B. 173 n.), läßt sie aber gegenüber dem πρῶτον κινοῦν völlig in den Schatten treten.

[208] Reale 119 f. Reale gehört zwar, wie wir angedeutet haben (o .4.14), *im ganzen* nicht zu den ‚theologischen' Interpreten, nähert sich aber bei der Erörterung des ἐφεξῆς dieser Position. Bezeichnend dafür ist, daß er 120 A. 66 Tricots Bemerkung über die „conception théologique de l'Etre en tant qu'être" widerspruchslos als Bestätigung seiner eigenen Ansicht zitiert.

[209] Näheres über Owens, Merlan und Gómez Nogales o. 4.12.

[210] Vgl. o. 4.12, u. 4.24. — Ganz offensichtlich geht auch hier wieder die Tendenz zur ‚theologischen' Deutung (u. a.) auf das Bestreben zurück, nicht in einen ‚leeren'

es nur um den Nachweis, daß das Wesen der Reihe *als Reihe* eine ‚theologische' Interpretation keineswegs *erzwingt*, vielleicht noch nicht einmal *begünstigt:*

Das erste Glied besitzt bei Aristoteles die ‚Allgemeinheit' des obersten Telos: Das Telos bedarf aber *notwendig* der nachgeordneten Glieder, von denen es erstrebt wird[211]. Auch der Umstand, daß das erste Glied als vollkommenstes Exemplar der Reihe ‚Quintessenz' der Reihe ist, ändert nichts daran, daß das Vollkommene erst durch das Unvollkommene hindurch und von diesem her erkannt wird. Die Reduktion ‚zum Prinzip hin' (Weg κατ' ἀφαίρεσιν; vom ‚für uns Früheren' zum ‚an sich Früheren')[212] kann man nicht als *ordo cognoscendi* einem ‚deduktiven' *ordo essendi* gegenüberstellen und dadurch abwerten, denn die zwei Wege sind sowohl ‚logisch' wie ‚ontologisch'[213] und besitzen beide den gleichen Wert. Man wüßte auch gar nicht, wie ohne reduktives Durchlaufen und Kennenlernen der nachgeordneten Stufen vom ersten Glied aus die anderen Glieder erschlossen werden sollten: Denn auch wenn man so weit geht, nicht nur das πρῶτον κινοῦν im Selbst-Denken die ‚Welt' mitdenken zu lassen[214], sondern sogar — zumindest im Ansatz — *inhaltlich* die Formen der αἰσθητά in es hineinzuverlegen[215] und schließlich noch menschlichen

Seins-‚Begriff' zu verfallen (vgl. Reale 119, aber auch Tricot) und die Seins-Priorität der obersten Substanz nicht zu gefährden. Beide Gründe sind jedoch nicht stichhaltig: Die Alternative ‚leerer Seinsbegriff' — ‚konkrete Fülle der göttlichen Substanz' trifft nicht zu (vgl. Sach-Index s. v. *Begriff 1*, *Sein*), und die Betrachtung ‚von unten her' schränkt den Seinsvorrang des unbewegten Bewegers in keiner Weise ein (vgl. das Folgende).

211 Wie notwendig die ἔφεσις der Welt für den unbewegten Beweger ist, zeigt ja dann die Erörterung dieser Frage in Theophrasts Metaphysik; vgl. dazu E. Grumach, *Physis und Agathon in der alten Stoa* (1932; Nachdruck 1964) 50—64. G. Reale, *Teofrasto*, Brescia 1964, 46—55. 72 f. 98 f. 103—106 n. 2.

212 Über den Aufstieg *per subtractionem* u. 7.543, über πρότερον πρὸς ἡμᾶς/φύσει o. 1.361.

213 Vgl. wiederum o. 1. 361.

214 Vgl. die knappe Andeutung *Weltbild und Seinslehre* 89 A. 74.

215 Es ist nicht ausgeschlossen, daß bei Aristoteles gewisse Ansätze dazu vorliegen: Wenn man den menschlichen νοῦς im Sinne des ‚überempirischen Subjekts' mit dem göttlichen νοῦς identifiziert (vgl. die Bemerkung in *Weltbild und Seinslehre* 89 f), bietet die aristotelische Lehre vom (menschlichen) νοῦς als dem τόπος εἰδῶν (an. 429a 27 f) und dem εἶδος εἰδῶν (an. 432a 1 f, dazu Patzig 194 f) eine Handhabe, von einem ‚Enthaltensein' der einzelnen εἴδη im göttlichen zu sprechen. Hinzukommt ein ideengeschichtliches Argument: Krämer versucht das Lehrstück von den ‚Ideen im Geiste Gottes' auf Xenokrates zurückzuführen (*UGM* Index 469 s. v. *Ideenlehre*, bes. 116 f. 121; ablehnend Merlan, Ph. R. 102—108. 110; neue Argumente bei Krämer, *Theologie* passim), und der Einfluß des Xenokrates auf Aristoteles war groß. Trotz alledem reichen die Indizien nicht ganz aus, Aristoteles eine solche Lehre (‚die Wesensform der Dinge dem göttlichen Geist immanent') zuzusprechen.

und göttlichen νοῦς nah miteinander zu verbinden[216], selbst dann kann man es dem menschlichen Geist bei Aristoteles kaum zubilligen, daß er *ohne* jeden Durchgang durch die nachgeordneten Stufen direkt die erste Stufe erkennt und von dieser aus (gleichsam *rein* aus ihr selbst) die nachgeordneten Stufen ‚erschließt'. Das heißt, die nachgeordneten Glieder verweisen alle auf das erste Glied als oberstes Telos und ‚Quintessenz', aber das erste Glied verweist — sobald die Reduktion wegfällt — nicht genügend exakt auf die nachfolgenden Glieder[217]. Und einen anderen Zusammenhang der Reihe als den teleologischen kennen wir bei Aristoteles nicht[218].

Eine ‚theologische' oder ‚deduktive' Betrachtungsweise erscheint noch weniger angebracht, wenn man die Reihe zu ihrem ideengeschichtlichen Ursprung bei Platon zurückverfolgt. Denn bei einer mathematisierenden Reihe der platonisch-akademischen Elementen-Metaphysik ist das jeweils erste Glied in allen nachfolgenden enthalten, aber nicht umgekehrt, so daß man, wenn die Reduktion nicht vorhergegangen ist, nur sehr schwer vom ersten Glied zu den nachgeordneten gelangen könnte. Platon denkt auch gar nicht daran, bei der elementarisierenden Methode auf die Reduktion zu verzichten oder sie zugunsten der Deduktion einzuschränken, sondern er führt — wie bei der generalisierenden Methode — die Reduktion genau durch und *deutet die Deduktion nur an*. Es weist also nichts darauf hin, daß Platon bei der elementarisierenden Methode den Schwerpunkt einseitig auf das erste Glied legt, eher das Gegenteil. Wie sollte nun Aristoteles, gleichsam ‚platonischer' als Platon, diese Gewichtsverlagerung vollzogen haben (wobei er die ‚ontologische' Seite der platonischen Metaphysik preisgab)? Er hätte somit, während er sonst gegenüber Platon die ‚deduktive' Richtung zurücktreten läßt, hier bei der Substanz-Reihe die im platonischen Vorbild nur angedeutete ‚Deduktion' durchgeführt und vereinseitigt. Dann bestünde auch innerhalb der aristotelischen Seinsstufung ein Wechsel in der Blickrichtung, weil von den Akzidentien pros hen (also von unten nach oben) zur (sinnlichen)

[216] Vgl. vorst. Anm.

[217] Das gilt auch dann, wenn man die in A. 214 und 215 skizzierten Beziehungen herstellt: Denn der *Actus purus* bleibt auf jeden Fall in seiner Unentfaltetheit dem menschlichen Denken schwer zugänglich; vgl. u. 7.822.

[218] Tricot 190 n. 4 beruft sich auf Alex. 263,31 f, nach dem das erste Glied zu den folgenden etwas ‚beiträgt': τὸ οὕτως πρῶτον τοῖς μετ' αὐτὸ συντελεῖ. Aber die Erklärungen Alexanders zu unserer Γ-Stelle befriedigen insgesamt nicht und sind in bezug auf diesen speziellen Punkt weder klar noch zutreffend; vgl. Robin 166—169, bes. 168 (Tricot nennt Robin, glaubt aber dann doch Alexander auswerten zu können). — Auch die Stelle met. Λ 2, die Reale vergleicht, zeigt, daß von ‚deduktivem' Vorgehen keine Rede ist: Der ‚Aufstieg' erhält nur eine *Spitze*, die zugleich die *Einheit* der Stufung garantiert.

Substanz fortgeschritten wird, nun aber plötzlich anders herum von der obersten Substanz nach unten zur sinnlichen Substanz[219].

Dieser Häufung von Unwahrscheinlichkeiten entgeht man, wenn man das erste Glied (das πρῶτον κινοῦν) als Ziel eines ‚Weges zum Prinzip' sieht, der von den Akzidentien zur Substanz führt (πρὸς ἕν) und dann die ἐφεξῆς-Reihe hinauf über die Sterne zum unbewegten Beweger (ἀφαίρεσις). Als Pendant dazu wird — wenigstens im Bereich der Wissenschafts-Theorie — eine ‚Deduktion' angedeutet (πρόσθεσις)[220]. Das πρῶτον κινοῦν als oberstes Ziel und Prinzip bildet natürlich den Brennpunkt der aristotelischen Metaphysik, ohne daß jedoch die nachgeordneten Glieder und der Aufstieg über sie irrelevant oder gar entbehrlich würde: Das Prinzip ‚braucht' seine Prinzipiate.

Blickrichtung von unten und Vorrang der Theologik widersprechen einander genausowenig wie beim Verhältnis von Substanz und Akzidens, wo es ja auch vom συμβεβηκός als solchem keine Wissenschaft gibt (so daß von der οὐσία aus die nachgeordneten Akzidentien ‚deduktiv' mitbehandelt werden) und trotzdem die συμβεβηκότα ‚von unten' (pros hen) auf die Substanz bezogen werden. Freilich sind die Sinnensubstanzen (und besonders die Sterne) selbständig (*in se*) und keine Akzidentien der obersten Substanz, aber sie werden doch, sobald man sie ‚als seiende' betrachtet, eo ipso an die oberste Substanz gebunden[221], deren Wissenschaft (θεολογική) im ‚Aufstieg' (ἀφαίρεσις) zugleich auch Ontologie der nachgeordneten Substanzen ist.

Zum Schluß möge noch eine Frage gestreift werden, die bei vielen der nachstehend untersuchten ‚reihenartigen' Stufenfolgen des Aristoteles wiederkehren wird: Bei Platon gab es von Reihen kein exaktes καθόλου[222]. Wie steht es damit bei unserer Dreistufung der Substanzen? Aristoteles verwendet für jede der drei Stufen den Begriff οὐσία. Da die Stufen in ihrer Seinsweise wesentlich vonein-

219 Schematisch:

unbewegter Beweger
|
Sterne
↓
vergängliche Substanzen
↑
Akzidentien

An sich wäre ja ein Umschlagen der Blickrichtung an einem bestimmten Punkt nichts absolut Singuläres, vgl. die Doppelpyramide u. 8.22. Aber es ist an der anderen Stelle (wenigstens zum Teil) dadurch motiviert, daß ‚platonische' und ‚aristotelische' Gedanken zusammenstoßen, während eine solche Erklärung hier nicht möglich ist.

220 Die ‚deduktive' Richtung ist auch erkennbar im Ausdruck ἀφ' ἑνός, der (zweimal) neben (dem geläufigeren) πρὸς ἕν steht. Vgl. o. S. 329 A. 83.

221 Im Abschnitt über das ὂν ᾗ ὄν (u. 4.24) wird ja nachgewiesen, daß ᾗ ὄν meint: ᾗ ⟨κυρίως⟩ ὄν, ‚sofern es seiend im ausgezeichneten, idealen Sinn (sc. der göttlichen, obersten Substanz) ist'.

222 Vgl. o. 4.213a.

ander abweichen, kann οὐσία nicht *synonym* stehen. Es ist aber mit Sicherheit mehr als ein vager, unverbindlicher Sammelbegriff, der kaum über eine *Homonymie* hinausginge. Es wiederholt sich mithin beim Begriff οὐσία die Frage, die zu Beginn von Γ 2 für den Seinsbegriff (τὸ ὄν) gestellt worden war: Worin gründet die *Einheit* in der *Vielfachbedeutung* von οὐσία? Die Betrachtung des Reihenprinzips gibt die Antwort: Sie gründet in der οὐσία ἀκίνητος, der *πρώτη* οὐσία des Γ[223]. Obgleich Aristoteles nicht nur bei seinen Einzelforschungen, sondern auch in der Metaphysik großes Gewicht auf die vergängliche οὐσία αἰσθητή legt (z. B. im Z), ist οὐσία κατ' ἐξοχήν für ihn der unbewegte Beweger, der nicht zufällig im Γ ,erste' Substanz (*πρώτη* οὐσία) heißt. Auf den οὐσία-Begriff angewendet bedeutet das: οὐσία ist (fast) *Wesens*aussage für die ἀκίνητος οὐσία (sozusagen ,synonym'), trifft aber auf die beiden nachgeordneten οὐσίαι nur in einem abgewandelten Sinne zu: Sie sind trotz ihrer Selbständigkeit *(in se esse)* gegenüber der πρώτη οὐσία *defizient* und insofern ,uneigentliche' Substanzen. Anders herum betrachtet: οὐσίαι sind sie, *soweit* sie auf das ideale Sein der πρώτη οὐσία bezogen sind, also selbst ideales Sein enthalten[224].

Wenn man diesen Befund mit dem Analogie-Begriff wiedergibt, muß man sagen: Erstes Analogat des οὐσία-Begriffes ist das πρῶτον κινοῦν, zweites Analogat sind die Sterne, drittes die sublunaren Substanzen. Es ist folglich nicht so, daß Aristoteles unter οὐσία primär und eigentlich die vergängliche Sinnensubstanz versteht und sie von daher ,sekundär' auf die ἀκίνητος οὐσία ,überträgt', sondern umgekehrt: οὐσία trifft auf das erste Glied der Reihe am genauesten zu, auf die folgenden in jeweils etwas weiterem Sinn. Es bestätigt sich also hier die Formel vom καθόλου τῷ πρότερον εἶναι auf neue Weise: Der auf das erste Glied zugeschnittene Begriff gilt (abgewandelt) für die ganze Reihe.

Um Mißverständnisse zu vermeiden, sind zwei Anmerkungen vonnöten: a) Die vorgetragene Gleichsetzung von πρῶτον κινοῦν = ,eigentliche' οὐσία schließt keineswegs eine ,theologische' Interpretation der aristotelischen Metaphysik ein. b) Der Umstand, daß ,οὐσία' für das πρῶτον κινοῦν eine Art *Wesensbegriff* ist, bedeutet nicht, daß der Beweger vom Menschen *unmittelbar* und *adäquat* erfaßt werden kann, sondern nur, daß er menschlicher Erkenntnis und Be-

223 Wie das gemeint ist, ergibt sich aus S. 351—353, 356 (vgl. die kritische Absicherung S. 353—356).

224 Die mehr oder minder große Angemessenheit des Begriffs οὐσία ist also nur ein anderer Ausdruck für den jedem Seienden eigenen Anteil am ,wahren Sein', der in der Betrachtungsweise des (ὂν) ᾗ ὄν = ᾗ ⟨ἀληθῶς⟩ ὄν festgestellt wird (vgl. u. 4.24).

grifflichkeit zugänglich ist, nicht ‚entrückt' im Sinne des ‚ganz Anderen'[225].

Wir betrachten nun noch die weiteren Beispiele von ‚Reihen' bei Aristoteles (*4.214* und *4.215*), um sie mit der Reihe der οὐσίαι zu vergleichen.

4.214 Die Seins-Ordnung des Aristoteles als Reihe?

Wie wir sahen, faßt Aristoteles die Dreistufung der drei οὐσίαι als Reihe auf. Die Reihenbildung setzt sich aber auch *innerhalb* der einzelnen Seinsstufen fort, am deutlichsten in den beiden oberen, dem Beweger- und dem Ätherbereich. Mit diesen beginnen wir, um dann zu prüfen, wie weit auch der sublunare Raum und die gesamte aristotelische Seinsordnung als Reihe angesprochen werden kann.

a) Die Reihe der unbewegten Beweger

Die von Aristoteles in Λ 8 beschriebene ‚Ordnung' der unbewegten Beweger[226] zeigt, wie schon Merlan erkannte[227], die typischen Merkmale einer ‚Reihe': Sie sind nicht untereinander gleichrangige Glieder einer Art (Gattung) ‚unbewegter Beweger', sondern sie stehen zueinander im Verhältnis des ‚Früher' und ‚Später'. Sie bilden also, schematisch gesprochen, eine Reihe von Beweger_1 bis Beweger_{56} (bzw. Beweger_{48})[228]. Ihr Reihencharakter wird dadurch gesichert, daß Aristoteles sie in Λ 8 eng mit der Reihe der platonischen Idealzahlen verbindet: Tatsächlich leiten sich ja auch, wie Krämer nachgewiesen hat, Aristoteles' unbewegte Beweger ideengeschichtlich von der platonischen Idealzahlenreihe her[229].

225 Über die Schwierigkeiten, den Beweger zu erkennen, vgl. 7.882. Die Unerkennbarkeit des Göttlichen bei Aristoteles wird einseitig überbetont von Pierre Aubenque (vgl. o. 4.11).

226 Es sind *ohne* den Fixstern-Beweger 55 (47) unbewegte Beweger, *mit ihm* 56 (48) Beweger. Die zahlreiche Lit. zu den unbewegten Bewegern von Λ 8 braucht hier nicht genannt zu werden: Zuletzt darüber Krämer, *GS* 318. 321 ff. 342 ff. bes. 344. 351 A. 130. 353. Ders., *Theologie* passim (dort jeweils Lit.; Krämers eindringende Interpretation des Λ, bes. des Λ 8, dürfte auch für die Gegner seiner Deutungen bleibenden Wert erhalten).

227 *Movers* 9—16. 24.

228 Ich habe die Bemerkungen Krämers, *Theologie* 368—370 zu Stellen wie Λ 8, 1073a 23—b 3. 1074a 35—38 berücksichtigt, möchte aber — obwohl ich seine Immanenz-These grundsätzlich bejahe — vorliegende Erörterungen nicht mit allzu kontroversen Problemen belasten und beschränke mich deshalb auf die (wohl fast allgemein gebilligte) Deutung, daß der Fixsternbeweger ‚Glied 1' einer Rangfolge ist, die sich dann bis zum Mond-Beweger als ‚Glied 56' fortsetzt.

229 Dieser (von Merlan, *Movers* angebahnte) Nachweis ist unabhängig von den anderen Problemen der aristotelischen Nus-Theologie (z. B. dem, ob die nachgeordneten

Das Strukturgesetz der Beweger-Reihe läßt sich nur schwer feststellen, weil ihr offensichtlich alle quantitativen Momente fehlen, so daß jeder Beweger qualitativ eigenständig und somit eigentlich völlig inkommensurabel ist. Trotzdem kann man folgendes sagen: Nicht das erste Glied ist in den anderen Gliedern enthalten, sondern umgekehrt die anderen im ersten. Denn Aristoteles behandelt Beweger_1 als absolut vorrangig und läßt die anderen Beweger demgegenüber deutlich in die ‚sekundäre' Position zurücktreten[230]. Und wenn man nun noch die Stufung der Äthersphären, die Aristoteles in Parallele zur ‚Reihe' der Beweger setzt[231], vergleichend heranzieht und sieht, wie dort der ‚erste Himmel' (πρῶτος οὐρανός, die Fixsternsphäre) die anderen Sphären nicht nur *physisch* umfaßt, sondern auch *ontologisch* in sich aufhebt[232], darf man Ähnliches auch für das Verhältnis des Bewegers_1 zu den anderen annehmen, also eine Art ‚Impliziertsein' der nachgeordneten Beweger im ersten Glied. Diese Deutung, die sich vom Text des Λ 8 her geradezu anbietet, würde noch zusätzlich gestützt, wenn man mit Krämer die nachgeordneten Beweger als ‚Gedanken' (νοητά) des ersten Bewegers versteht, d. h. annimmt, daß das erste κινοῦν ἀκίνητον (Beweger_1), indem es sich selbst denkt, dadurch die ihm immanenten anderen Beweger denkt, und umgekehrt[233]. Aber auch ohne das letzte Argument — auf das wir hier keinerlei Gewicht legen wollen — darf man soviel sagen, daß der erste Beweger nicht nur absoluten Vorrang hat, sondern auch die anderen Beweger irgendwie ‚umgreift'.

Die Parallele mit der Schichtung der Äthersphären lehrt noch etwas anderes: Wie die Ätherstufung teleologisch bestimmt ist (die nachgeordneten Sphären erstreben die Vollendetheit der Fixsternsphäre)[234], so muß man auch ein Streben der weniger vollkommenen Beweger zum ersten Beweger als ihrem obersten Telos annehmen.

Beweger zugleich Gedanken des ersten Bewegers sind u. dgl.) und wird auf jeden Fall Bestand haben.

230 Λ 8, 1073a 23 f ἡ μὲν γὰρ ἀρχὴ καὶ τὸ πρῶτον τῶν ὄντων (= Beweger_1, wie das Folgende zeigt). a 30 τὴν πρώτην οὐσίαν καὶ ἀκίνητον (= Beweger_1, vgl. a 29 f). Ebenso ist wohl auch 1074a 35 f aufzufassen, weil a 37 f a parte potiori an den Fixsternhimmel gedacht ist. Vgl. jetzt dazu Krämer, *GS* 318 mit A. 18. Ders., *Theologie* 368—370 (dessen Folgerungen wir jedoch hier unberücksichtigt lassen, vgl. o.).

231 Λ 8, 1073b 1—3 ὅτι μὲν οὖν εἰσὶν οὐσίαι, καὶ τούτων τις πρώτη καὶ δευτέρα *κατὰ τὴν αὐτὴν τάξιν ταῖς φοραῖς τῶν ἄστρων*, φανερόν.

232 Vgl. z. B. *Kosmologie und Metaphysik* 164. 173 f und u. 4.214b, 5.43.

233 Zuletzt darüber Krämer, *GS* 315 ff. 318 ff. Ders., *Theologie* passim, bes. 371—375. Vgl. oben.

234 Näheres über die teleologische ‚Ordnung' der Äthersphären u. 4.214b, 5.43. — Daß jede Sphäre ‚ihren' speziellen Beweger als ihr Telos erstrebt (Λ 8, 1074a 25 ff), ist selbstverständlich und verträgt sich durchaus mit der teleologischen Ordnung der Sphären unter sich (und mit derjenigen der Beweger untereinander).

Denn man kann sich nicht vorstellen, daß ausgerechnet der Seinsbereich der Beweger von der Teleologie ausgenommen ist, zumal ja auch der noetische Bereich Platons und der Akademie voll von Bewegung (vielleicht auch teleologischer Bewegung) ist[235] und ein Akademiker (Xenokrates? Platon?)[236] das Vollendungsstreben der intelligiblen Zahlen zum Hen lehrt. Nimmt man diese Indizien (die inneraristotelischen und die anderen) zusammen, so wird es wahrscheinlich, daß die aristotelische Reihe der Beweger eine ‚teleologische' Ordnung darstellt[237].

Dem Gesetz der ‚Reihung' entsprechend müßte vom ersten bis zum letzten Beweger kontinuierlich die Vollkommenheit ab-, die Kontingenz zunehmen[238]. Aristoteles hat sich *im Prinzip* eine solche gleitende Skala vorgestellt, sie de facto aber nur schwer durchzuführen vermocht, wie sich an dem Pendant der Bewegerreihe, der Sphärenstufung, sehen läßt: Legt man die Bewegungen der Sphären so fest, daß ihr Zusammenwirken die beobachteten Bahnen der Himmelskörper erklärt, dann bilden die Sphären hinsichtlich Sternenzahl, Bewegungsrichtung, Achsenneigung oder Geschwindigkeit keine Skala. Trotzdem versucht Aristoteles in cael. B 12 die Verschiedenheit als Ausdruck einer vom ‚ersten Himmel' bis zur Mondsphäre kontinuierlich abnehmenden Vollkommenheit zu deuten und so doch noch zu einer durchgehenden Teleologie des Ätherbereichs zu kommen[239]. Dementsprechend geben sich auch die Beweger der Sphären, die ja für deren jeweilige Bewegungsart verantwortlich sind, erst bei näherer Betrachtung (die im Sinne von cael. B 12 verfährt) als exakte *Skala* zu erkennen.

Worauf beruht die Abnahme der Vollkommenheit (bzw. die Zunahme der ‚Kontingenz') in der Beweger-Reihe[240]? Man kann sie

235 Vgl. o. 2.25 (Verweise).

236 Vgl. o. 2.25, 2.43 Ende; wenn es sich um Xenokrates handelt und die von Krämer angenommene Immanenz der Zahlen und Ideen in der xenokratischen νοῦς—μονάς zutrifft, hätten wir eine genaue Parallele zu unserem aristotelischen Lehrpunkt (vielleicht sogar den geschichtlichen Ausgangspunkt dafür?).

237 Damit ist zunächst nur ein Streben aller nachgeordneten Beweger (Beweger$_2$—Beweger$_{56}$) zum ersten (Beweger$_1$) konstatiert. Für die Konstruktion einer darüber hinausgehenden *detaillierten* teleologischen Abfolge (Beweger$_{56}$ erstrebt Beweger$_{55}$ bis Beweger$_1$, Beweger$_{55}$ erstrebt Beweger$_{54}$ bis Beweger$_1$ usw.) fehlt uns jeder Beleg, aber das Reihungsprinzip und die strikte Analogie zur Sphären-Schichtung legen eine solche Abfolge nahe; freilich läßt sie sich weder bei den Sphären noch bei den Bewegern glatt durchführen, vgl. o. im Text. Wichtig hierzu Ross, *Met.* I Introd. CXXXV—CXLI.

238 Worauf die Zunahme der Kontingenz beruht, wird gleich nachstehend angedeutet.

239 Näheres u. 4.214b. Vgl. auch 5.432 über die Schwierigkeit, die auf den ersten Blick ‚dysteleologisch' anmutende Planeten-Bewegung teleologisch zu erklären.

240 ‚Kontingenz' muß natürlich hier im Bereich der Beweger cum grano salis verstanden werden. Man bedenke auch, daß bei den Ideen-Zahlen (dem ideengeschichtlichen Vorbild der Beweger) ‚Kontingenz' und ‚Rangfolge' kaum eine Rolle spielen.

nicht wie bei der Dreistufung der Substanzen durch eine Zunahme von ὕλη = δύναμις erklären[241], denn Aristoteles betrachtet die Beweger als reine Formen (bzw. als reine ἐνέργειαι) ohne jede ὕλη/δύναμις (Λ 8); auch sonst ist kein Faktor bekannt, der ihre graduelle Abstufung bewirken würde[242]. Überhaupt könnte man nur unter Schwierigkeiten das Wesen des einzelnen Bewegers bestimmen und von dem der anderen Beweger abgrenzen[243]. Da jedoch die Beweger nun einmal verschieden voneinander sind und zudem ungleichen Rang besitzen, bleibt nichts übrig, als diese Rangstufung reiner εἴδη, von denen jedes ein Individuum für sich ist, als gegeben hinzunehmen, ohne sie aus Aristoteles näher erklären zu können.

Hier hilft der Rückblick auf die Akademie weiter: In den akademischen Reihen ist, so stark sich in ihnen auch ‚quantitative' Denktendenzen bemerkbar machen, jedes einzelne Glied qualitativ sui generis. Dies gilt vor allem für die Idealzahlen-Reihe, die eng mit der aristotelischen Beweger-Reihe verbunden ist, wahrscheinlich sogar deren geschichtlichen Ausgangspunkt darstellt[244]. Die Ausgliederung der platonisch-akademischen Reihen und somit die Konstitution jedes einzelnen Gliedes beruht auf dem Zusammenwirken der beiden Prinzipien, der Einheit und der Unbegrenzten Zweiheit, wobei eindeutig die Dyas *individuierend* wirkt[245]. Indem Aristoteles *diese* Art von Ideal-Materie aufgibt[246], begibt er sich zugleich der Möglichkeit, ver-

241 Wie weit die Hyle auch bei Reihen als ‚Individuations-Prinzip' fungiert, kommt gleich unten zur Sprache.

242 Bei den Äthersphären kann man (wenn schon der Äther-‚Stoff' nicht weiterhilft) wenigstens die Entfernung vom Fixsternhimmel zur Erklärung heranziehen, aber bei den un-räumlichen Bewegern fällt sogar diese Möglichkeit weg. Auch das räumliche Umfassen und Umfaßtwerden der Sphären (vgl. u. 4.214b) kann man nicht auf die Beweger übertragen (eine ‚Ausnahme' für das erste Glied s. o. S. 359).

243 Man müßte dann die Bewegungsrichtung und Bewegungsgeschwindigkeit (kreisförmig bewegen sie sich ja alle) jeder einzelnen Sphäre genau festlegen und die so gefundenen Bestimmungen dann auf den Beweger der betreffenden Sphäre übertragen.

244 Vgl. o. 4.213 über die ‚akademische' Reihe.

245 Vgl. o. 2.243d, 2.244a/b. Der Einwand Merlans (*Movers* 9 A. 37), daß das μέγα καὶ μικρόν zwar in den Idealzahlen enthalten sei, dabei aber nicht als Individuationsprinzip fungiere, ist nicht stichhaltig: Wir hören ja ausdrücklich von der ‚Erzeugung' der Idealzahlen aus den beiden Prinzipien, und wenn auch vieles an dem Vorgang im einzelnen unklar ist, an der aktiven Rolle der Dyas und ihrer individuierenden Funktion ist nicht zu zweifeln. Merlan will ja a. O. der platonisch-akademischen Dyas überhaupt (also auch außerhalb der Reihen) die individuierende Kraft absprechen: Auch das trifft nicht zu, vgl. wieder o. 2.243d. Über all dies herrscht mittlerweile in der Forschung Einigkeit. Außerdem braucht man nicht (wie Merlan) nur an die Idealzahlenreihe zu denken, sondern kann andere platonisch-akademische Reihen beiziehen: Z. B. ist in der Dimensionenfolge die individuierende Wirkung der (sich jeweils abwandelnden) Dyas explizit belegt, vgl. 2.243b.

246 Er besitzt dafür andere Arten von Ideal-Materie, z. B. die ὕλη τοπική der Sterne usw.; vgl. o. 2.52 u. ö.

schiedene Vollkommenheitsgrade und Individualität der Beweger markant zu kennzeichnen. Das nimmt er offenbar deshalb hin, weil er die Kennzeichnung (in dem ihm nun einmal vorgegebenen Rahmen) nur mit ὕλη/δύναμις hätte durchführen können und ihm offenbar sehr daran liegt, die Beweger von *jeglicher* Kontingenz freizuhalten[247]. Der Verzicht mag ihm durch den Umstand erleichtert worden sein, daß die platonisch-akademische Gesetzlichkeit der ‚Reihung' in der platonischen und der aristotelischen Schule allgemein bekannt war und akzeptiert wurde: Daraus erklärt sich auch, warum Aristoteles über die Reihen immer nur in knappen Andeutungen spricht: er setzt eben alles Nähere als selbstverständlich voraus[248]. So konnte er hier bei der Beweger-Reihe Individualität und Singularität jedes Gliedes sowie die Abstufung der Glieder nach Sein und Wert auch ohne ausführlichere Begründung für gesichert halten. Es wäre also müßig, diese Tatsache der Reihenstruktur und ihren geschichtlichen Hintergrund zu ignorieren und die Ordnung der Beweger-Vielfalt wieder ganz ab ovo zum Problem zu machen[249]. Trotzdem darf man nicht übersehen, daß auch die Reihen-Struktur der Beweger in der von Aristoteles so überaus karg skizzierten Weise Lücken offenläßt:

So möchte man den *Zusammenhang* der ‚Ordnung' nicht nur in seiner reinen ‚Reihenhaftigkeit' fassen, sondern ihn auch teleologisch verstehen (s. o.), kann aber die Teleologie nicht exakt nachweisen, weil Aristoteles nichts dazu sagt und den Bewegern der Bestandteil fehlt, von dem bei Platon und Aristoteles das teleologische Streben ausgeht: ‚Materie' bzw. ‚Seele'[250]. Auf Vermutung ist man auch hinsichtlich des *Aufstiegs* der *Erkenntnis* angewiesen, die zum obersten Prinzip gelangt, indem sie stufenweise das Bedingte, Kontingente eliminiert (ἀφαιρεῖ): Wie vermag sie das aber bei den nachgeordneten Bewegern, deren ‚Kontingenz' nicht an einem bestimmten Konstituens

[247] Warum Platon und der Platonismus, dann auch das Mittelalter, anders verfuhren, darüber vorläufig 2.243a, 4.452.

[248] Vgl. dazu jetzt auch Krämer, *GS* 350 f. S. auch u. S. 366 u. ö.

[249] Man müßte dann wieder darüber diskutieren, warum es kein Genus ‚Beweger' gibt und der erste Beweger (Beweger$_1$) eine so ‚umfassende' Funktion hat. — Vielleicht würde auch erneut die Frage akut, wie sich eine Vielheit immaterieller Substanzen mit der aristotelischen Lehre verträgt, daß nur die Materie Individuationsprinzip ist: Hierbei handelt es sich *zum Teil* um ein Scheinproblem, welches sich durch den Hinweis erledigen läßt, daß nach Aristoteles die Hyle nur art- und rang*gleiche* Substanzen individuiert, die Beweger aber rang*verschieden* (und somit auch ‚artverschieden') sind (vgl. auch Krämer, *GS* 322 A. 24). Näheres im Folgenden 4.214b.

[250] Zu Platon vgl. o. 2.25; zu Aristoteles vgl. Sach-Index s. v. *Teleologie 1*, ferner E. Grumach, *Physis und Agathon in der alten Stoa* (1932) 50—64. O. Regenbogen, *Theophrastos*, RE Suppl. VII (1940) 1393. G. Reale, *Teofrasto* (1964) 46—50. 103—106 Anm. — Bei den Äthersphären ist die Lage insofern besser, als diese beseelt sind, vgl. unten.

abgelesen, also auch nicht eliminiert werden kann? Wir wissen es nicht[251].

Abschließend noch ein Wort zum ‚gemeinsamen Begriff' der Reihe: Jeder der Beweger ist οὐσία und κινοῦν ἀκίνητον[252]. Wie bei der Dreistufung der Substanzen können wir auch hier sagen, daß das κοινόν *eigentlich* für das erste Glied der Reihe gilt, ‚analog' dann auch für die nachfolgenden Glieder[253].

b) Die Reihe der Äthersphären

Wie wir oben sahen, setzt Aristoteles Λ 8, 1073 b 1—3 die Ordnungen der Beweger und der Äther-Sphären miteinander gleich und kennzeichnet andeutend beide Ordnungen als *Reihen*[254]. Nachdem der Reihen-Charakter der Beweger durch zusätzliche Indizien bestätigt worden ist (a), wird dieser Nachweis nun auch noch kurz für die Sphärenschichtung geführt, und zwar unabhängig von der Beweger-Reihe, damit jeglicher Zirkel-Schluß vermieden wird[255].

Das (in Λ 8 nur knapp gestreifte) ‚Früher'-‚Später'-Verhältnis der Sphären ergibt sich mit Sicherheit aus cael. B 10 und 12[256]. Hinzu kommt die allenthalben bei Aristoteles belegbare Vorzugsstellung der Fixsternsphäre, deren Name ‚*erster* Himmel' (πρῶτος οὐρανός) bestimmt nicht (nur) neutral ihre örtliche Position bezeichnet, sondern (auch, oder: allein) ihre Seins- und Wertpriorität vor allen anderen Sphären. Die dem ‚ersten Himmel' nachgeordneten Sphären in eine strikte Reihe zu bringen, bereitet zunächst Schwierigkeiten, weil sie nun einmal hinsichtlich Richtung, Geschwindigkeit und Achse ihrer Bewegung keine gleitende Skala bilden; dies kommt daher, daß ihre Bewegungen sich nicht nach einer ‚abstrakten' Regel (etwa der einer ‚Reihe') richten können, sondern per definitionem durch ihr Zusammenwirken die *konkret* beobachteten Sternbahnen erklären sollen und müssen (vgl. o.). Die sich so zwangsläufig ergebenden Ungleichmäßigkeiten der Sphärenfolge hindern jedoch, wie gerade cael. B 12 zeigt,

[251] Wie weit die formale Bestimmung des *Ortes* innerhalb der Reihe (z. B. ‚x-tes Glied der Reihe') von Nutzen war, läßt sich nicht sagen. Auch mit der (o. S. 354 f. angedeuteten) Identifizierung von menschlichem und göttlichem νοῦς kommt man nicht weiter und gerät dabei in uferlose Spekulationen.

[252] Vielleicht hat Aristoteles dann mit ‚Index-Zahlen' weiter differenziert (vgl. zu Xenokrates o. 2.43)?

[253] Vgl. o. 4.213 Schluß.

[254] 1073 b 2 πρώτη καὶ δευτέρα (οὐσία) geht auf die Beweger-οὐσίαι (d. h. $Beweger_1$, $Beweger_2$ usw.), bezieht sich aber — dem Kontext entsprechend — genausogut auf $Sphäre_1$, $Sphäre_2$ usw. Diese Bestimmung reicht trotz ihrer Knappheit hin, die ‚Reihenhaftigkeit' der Schichtungen deutlich zu machen.

[255] Alles Nähere über die Sphärenstufung u. 5.43.

[256] B 12 wurde o. S. 360 schon kurz verglichen. Wichtig der Ausdruck B 12, 292 a 19: die Himmelssphären sind μονάδες *τάξιν* ἔχοντες.

Aristoteles keineswegs daran, in ihr eine ‚Reihe' zu sehen: Vom ‚ersten Himmel' bis zur Mondsphäre nimmt die Vollkommenheit *kontinuierlich* ab, d. h. es besteht eine genaue Abfolge der Seins- und Wertpriorität.

Wenn Aristoteles trotz der Schwierigkeiten, die ihm hier von den konkreten Tatbeständen aus erwachsen, auf einer ‚Skala' besteht, so tut er dies bestimmt nicht nur aus traditioneller Anhänglichkeit an das akademische Reihenprinzip, sondern weil ihm hier tatsächlich eine Reihe vorzuliegen scheint: Denn die Sphären folgen ja räumlich exakt aufeinander[257] und die räumliche Folge faßt Aristoteles nicht wertneutral, sondern axiologisch: Je weiter ‚unten' (d. h. je weiter entfernt vom ersten Himmel) sich etwas befindet, desto unvollkommener ist es und desto weniger ‚teleologisch' verhält es sich[258]. Somit bildet die *räumliche* Reihe der Sphären zugleich eine *ontologische* oder, was dasselbe ist, eine *metaphysische* Reihe[259].

Weitere Merkmale für die ‚reihenhafte' Abfolge der Sphären gibt es nicht. Denn der Äther als ‚Materie' der Sphären ändert vom Fixsternhimmel bis zum Mond nirgends seine Beschaffenheit, d. h. *er bleibt sich überall gleich*[260]. Mithin beruht weder die Individualität der Sphären auf ihrer Materie (s. u.) noch kann die Erkenntnis bei ihrem ‚Aufstieg' vom Mond durch schrittweises Eliminieren (ἀφαίρεσις) von etwas ‚Materiellem' zur Fixsternsphäre gelangen. In *dieser* Hinsicht ist also die Lage nicht anders als bei den Bewegern. Ein wesentlicher Unterschied zu jenen besteht aber darin, daß die Sphären eine *räumliche* Reihe sind (s. o.). Man kann sich somit denken, daß die Erkenntnis die Räumlichkeit miteinbezieht und durch stufenweises Subtrahieren der ‚Raumlage' (d. h. der Entfernung vom πρῶτος οὐρανός) einen Aufstieg von Sphäre zu Sphäre vollzieht[261].

Eine zweite wesentliche Differenz zu den Bewegern liegt darin, daß jede Sphäre eine Seele besitzt[262]. Daraus erklärt sich leicht ihr

[257] Welcher Art der Kontakt zwischen zwei Sphären ist, braucht hier nicht erörtert zu werden; vgl. 5.41.

[258] Über die Wertstufung im Kosmos u. 5.43 u. ö., *Kosmologie und Metaphysik* 174 mit A. 82. Wie bedenklich diese verräumlichte Anschauung von der kosmischen Wert-‚Stufung' ist, darauf weist Theophr. met. 5b 10 ff hin (dazu Reale, *Teofrasto* 51 f).

[259] Skeptisch äußert sich über den harmonischen Zusammenhang der Sphären Theophrast met. 5a 19—21.

[260] Über das Wesen des Äther-‚Stoffes' ausführlich u. 5.3. Von der Verschiedenartigkeit der Sphären-*Bewegungen* (und ihrer mehr oder minder großen Vollkommenheit) kann man nicht auf Unterschiede des *Äthers* schließen, denn die Art der Bewegung beruht ja auf der *Seele* der Sphäre und ihrem *Beweger*, nicht auf ihrem Äther-Stoff; dazu u. 5.432.

[261] Vgl. u. 7.543 u. ö.

[262] Vgl. z. B. cael. 292a 20 f, dazu 5.324. Wie weit die zweite Eigenschaft (Beseeltheit) auf der ersten (Körperlichkeit) aufbaut, ist nicht klar: Denn einerseits scheint bei den Sphären weniger eine Geistseele gemeint zu sein, sondern Seele als Bewegungsursache von Ortsbewegung (den Sphären-νοῦς könnte außerdem der νοῦς des je-

teleologisches Streben, das ein Handeln (πρᾶξις) ist wie das Handeln von Mensch, Tier und Pflanze[263].

Die *räumliche* Ordnung der Sphären ist nicht nur insofern eine Seins- und Wertstufung, weil sie die Sphären in ein Verhältnis des ‚Höher' (= Vollkommener) und ‚Tiefer' (= Unvollkommener) zueinander bringt, sondern auch, weil die konzentrischen Hohlkugeln so ineinander geschachtelt sind, daß die jeweils höhere alle niederen *umschließt*. Als Umschließendes ist sie aber nicht nur *eine Art* πέρας im Sinne von Platons mathematisierender Elementen-Metaphysik[264], d. h. wesenskonstituierende ‚Grenze', sondern auch ‚Form' im Sinne des Aristoteles, welche die tieferen Schichten als ihre ‚Materie' *einhüllt:* Mindestens diese beiden Komponenten[265] haben denn auch bewirkt, daß nach Aristoteles sich die obere Sphäre zur nächstniederen (und zu allen danach) jeweils wie ‚Form' zu ‚Materie' verhält[266]. Sofern der platonische Gedanke hier wirklich nachklingt, ist er ins typisch Aristotelische umgewendet[267]: Die ‚Grenze' ist nicht im ‚Begrenzten' enthalten (als ‚Element'), sondern sie bleibt selbständig und umschließt konkret das Begrenzte. Und da die räumlichen Verhältnisse zugleich auch ontologischer Natur sind, darf man vielleicht sagen: Die vorgeordnete Sphäre (besonders zuletzt der Fixsternhimmel) ist so etwas wie κοινόν (bzw. καθόλου) für die nachgeordneten, und zwar nicht — wie bei Platon — als implizierter Teil[268], sondern als — eher ‚generalisierendes' — Umfassendes. Begrifflich wirkt sich dies dahin aus, daß der zusammenfassende Begriff αἰσθητὴ οὐσία ἀίδιος, der *alle* Sphären

weiligen unbewegten Bewegers ‚vertreten'). Andererseits aber ist die ὄρεξις (ἔφεσις) der Sphären zu ihrem Beweger — und wohl auch die zum ersten Himmel — nicht ohne höheres Bewußtsein, d. h. Geist vorstellbar; vgl. dazu die Äußerungen Theophrasts met. Kap. II, 5a 14—6a 15 (dazu Ross und Reale, ferner die o. S. 362 A. 250 zitierte Lit.).

263 Vgl. cael. B 12. Das Streben richtet sich auf den speziellen Beweger der Sphäre (Λ 8) oder auf den Fixsternhimmel (cael. 291b 29 ff) bzw. dessen Beweger (cael. 292b 21f). Das läßt sich zwanglos so miteinander vereinigen: Die Sphäre erstrebt über ihren eigenen Beweger den allerersten Beweger (Beweger$_1$).

264 Vgl. o. 2.244b (S. 196f.). An einen Einfluß des πέρας-Gedankens zu denken ist methodisch deshalb erlaubt, weil es hier ja um eine ‚Reihe' geht und die Reihen (ebenso wie dieser πέρας-Begriff) sehr eng mit der platonischen Elementen-Metaphysik verbunden sind. Die beträchtlichen Unterschiede zwischen der Dimensionenfolge und der Sphärenstufung übersehe ich nicht.

265 Eine dritte Komponente, die mit der zweiten nicht identisch ist (wenn sie sich auch partiell überschneiden), liegt darin, daß bei Aristoteles in der Seinsstufung die jeweils übergeordnete Stufe *immer* Form der nächstniederen (= Materie) ist, ob sie diese nun regelrecht ‚umschließt' oder nicht. Vgl. zu diesem Stufungsgesetz 8.27 u. ö. (Sach-Index s. v. *Hyle 3b*).

266 Wahrscheinlich gemacht u. 5.431.

267 Zu einem weiteren Beispiel für die *Umkehrung* der platonischen Elementen-Metaphysik s. u. 4.214c 2. Sie besteht — wie nicht anders zu erwarten — darin, daß das im Nachgeordneten enthaltene *vorgeordnete* ‚Element' nun zu einem *nachgeordneten* Baustein (ὕλη) wird.

268 Mathematisch gesprochen: als gemeinsamer Teiler.

angeht, in *erster* Linie und *eigentlich* den Fixsternhimmel meint, die nachgeordneten Sphären in ‚sekundärer' Weise und zwar um so weniger, je weiter sie vom πρῶτος οὐρανός entfernt sind[269].

So ist die Reihe der Sphären nicht nur durch ihre (gleichsam abstrakte) Reihenhaftigkeit als solche gekennzeichnet und strukturiert, sondern auch durch Teleologie und schließlich durch Ortung im Raum, die eo ipso eine Ordnung nach Sein und Wert darstellt.

Bevor wir uns dem dritten Seinsbereich zuwenden, ist noch ein Wort über ‚Individuationsprinzip in der Reihe' vonnöten: Bei der reihenhaften Dreistufung der Substanzen unterscheidet sich jede Stufe von der vorigen durch ein ‚hyletisches Plus', d. h. die Hyle ist Individuationsprinzip der zweiten und der dritten Stufe als *gesamter* Stufe; sie gliedert also wie Platons Dyas die Seinsbereiche aus. Anders verhält es sich mit Reihen *innerhalb* der drei Stufen: Bei Bewegern und Sphären individuiert die Hyle nicht, d. h. es gibt hier Individualität und Seins-(Wert-)Stufung nach dem μᾶλλον — ἧττον ohne direkte Beteiligung der ὕλη[270]. Man könnte allenfalls von den Sphären sagen, die — auf Hyle zurückgehende — Räumlichkeit ermögliche eine individuelle Ausgliederung der Sphären und somit sei doch die Hyle mittelbar Individuationsprinzip; aber das hat Aristoteles nicht thematisiert. Somit bildet jeder Beweger und jede Sphäre ein εἶδος für sich, dessen Individualität sich im ganzen nur durch *die Stellung in der Reihe* bestimmt, wozu bei den Sphären wenige konkrete Anhaltspunkte (wie die Ortslage) ergänzend hinzutreten.

Diese qualitative Bestimmung nur auf Grund der Reihe mochte ausreichen, solange die Reihen-Ordnung von der Akademie her noch in lebendiger Geltung war und man sich — im Rückgriff auf eben diese Akademie — das von Aristoteles weggelassene Materie-Prinzip für die Individuation gleichsam ‚hinzudenken' konnte, also bei Aristoteles, im frühen Peripatos und im Platonismus. Das wurde anders, als im Laufe der Zeit die akademische Reihung in Vergessenheit geriet und man nun vom genus-species-Schema her die individuelle ‚Einzigartigkeit' der Beweger (d. h. der Intelligenzen) und der Sphären zu erfassen suchte: Man erklärte also jeden Beweger als *species*, von dem nur ein einziges Exemplar vorkomme[271].

269 Zur abnehmenden Adäquatheit des κοινόν einer Reihe vgl. o. 4.213 Ende und 4.214a Ende.

270 Aristoteles unterliegt hierbei teilweise (wie schon angedeutet) einem Systemzwang: ὕλη in den Bewegern hätte ihnen eine unerwünschte Kontingenz verliehen. In den Äthersphären gibt es zwar ὕλη, aber sie ist dort abstraktes Substrat für die von der Bewegungslehre geforderte ewige Kreisbewegung und könnte nur schwer individuell variiert werden, ohne die Gemeinsamkeit des Ätherbereiches zu gefährden.

271 So im Mittelalter, z. B. Thomas. Wie man sich zu der Frage verhielt, ob die Beweger (d. h. die ‚Arten') unter sich gleichwertig sind und ein Genus haben oder nicht, kann hier nicht untersucht werden.

Im sublunaren Raum gibt es zwar mancherlei Ansätze zu reihenartigen Ordnungen, aber man kann eigentlich weder in einem Einzelfall noch für den gesamten Bereich von einer regelrechten ‚Reihe' sprechen[272]. Bei einigen dieser reihenähnlichen Verhältnisse läßt sich ein ‚Plus' (bzw. ‚Minus') von Bestimmungen feststellen, aber nicht in dem einfachen Sinn, daß nach ‚unten' die Hyle zunimmt und somit Schichten ausgliedert, sondern in je verschiedener, komplizierterer Weise[273]. Wohl aber ist die Hyle immer Individuations-Prinzip der ‚synonym' zu einem εἶδος gehörenden Individuen, und zwar nicht nur bei Menschen, sondern auch bei den übrigen Lebenwesen und sogar bei leblosen Substanzen[274].

c) Reihungen im sublunaren Bereich?

Im Raum unter dem Mond sind mindestens *vier* Arten von Schichtung festzustellen. Diese werden wir nacheinander daraufhin prüfen, ob sie als ‚Reihen' bezeichnet werden dürfen:

1. (Elementarqualitäten) — Elemente — Homogenkörper (d. h. chemische Verbindungen; Homoiomere) — inhomogene Einheiten (Anhomoiomere; z. B. Hand, Gesicht) — gesamte Pflanze bzw. gesamtes Lebewesen — Seele[275]. Während die niedere Schicht jeweils ‚Materie' (ὕλη) der nächsthöheren ist, ist die höhere Schicht nicht nur ‚Form' (εἶδος), sondern auch ‚Ziel' (τέλος) aller niederen, d. h. das jeweils Höhere kommt in der Reihenfolge des Entstehens zeitlich ‚später', ist aber *ontologisch* ‚früher' (d. h. vorgeordnet)[276].

Ob man hier von ‚Reihe' spricht, hängt davon ab, wie weit man den Begriff faßt: Einerseits liegt eine ‚Früher'-‚Später'-Stufung vor, deren Zusammenhang vom ersten Glied (dem τέλος) garantiert wird, andererseits weicht vieles ab: Denn erstens sind die gestuften Tatbestände untereinander so heterogen (z. B. subsistent, nicht-subsistent)[277], daß sie weder einer Reihe im strengen Sinn (Zahlen, Dimensionen) noch einer im weiteren Sinn (Dreistufung der οὐσίαι; alles subsistierende Substanzen) entsprechen. Aristoteles zieht denn auch keine Parallele zu mathematischen Tatbeständen und gebraucht auch nicht den Terminus ἐφεξῆς. Zweitens ist die Struktur der Schichtung anders: Das ‚Einfachere', das im ‚Komplizierteren' enthalten ist, ist

[272] Vgl. nachstehend 4.214c.

[273] Näheres 4.214c.

[274] Je ‚tiefer' man in der *Scala naturae* hinabsteigt (Mensch, Tier, Pflanze, Lebloses), um so schwerer fällt es, ‚Individuen' festzustellen und ontologisch zu bestimmen: Vgl. den Hinweis u. 6.12, 6.222.

[275] Alles Nähere *Scala naturae* 2 *(Die Stufung im Elementarbereich)*.

[276] Einzelheiten ebd.

[277] Die Heterogenität zeigt sich auch daran, daß man die Stufen noch nicht einmal durch einen sehr lockeren ‚Sammelbegriff' zusammenfassen könnte.

nicht ontologisch vorgeordnetes Element = Prinzip (Platon), sondern *nachgeordneter materieller Bauteil* (ὕλη)[278]. Es würde sich also, wenn man schon Platon vergleicht, um eine regelrechte ‚Umstülpung‘ der platonischen Elementen-Metaphysik handeln[279]. Man kann auch nicht recht von ‚materiellem Plus‘ sprechen, in keiner Richtung: Denn nach ‚oben‘ hin tritt von Stufe zu Stufe eine neue eidetisch-teleologische Bestimmung hinzu (d. h. ein *‚geistiges‘* Plus)[280]; nach ‚unten‘ wird die Hyle nur insofern ‚stärker‘[281], als diese eidetischen Bestimmungen wieder schrittweise subtrahiert werden, aber es kommt kein ‚hyletisches Plus‘ hinzu, weil sämtliche Gebilde vom Gesamt-Körper bis zu den Elementen den gleichen materiehaften Vorgängen (Werden/Vergehen; qualitative Veränderung) unterliegen. Wie wenig die Vorstellung von einem ‚materiellen Plus‘ hier etwas zu suchen hat, zeigt der Wachstums-Vorgang (αὔξησις/φθίσις): Im weiteren Sinn gilt er für das Anorganische wie für das Organische[282], im engeren (so wie unser ‚Wachstum‘) nur für das Organische[283]. Man könnte ihn somit als ‚materielles Plus‘ der höheren Gebilde gegenüber den niederen bezeichnen, aber das würde auch den Tatbestand nicht treffen, weil ja das Wachstum Ausdruck der größeren *Vollkommenheit* des Organischen gegenüber dem Anorganischen ist.

Ich zweifle, ob mit diesen Einschränkungen und Differenzierungen der Begriff der ‚Reihe‘ in unserem Falle (und zum Teil auch im Folgenden) noch einen spezifischen Erkenntniswert hat oder ob man nicht doch bei den angestammten Termini ‚Seinsstufung‘ oder ‚Stufen-(Schichten-)Folge von Überformungen‘ bleiben sollte. Ein Vorteil auch des eingeschränkten ‚Reihen‘-Begriffs liegt freilich darin, daß er auf die letztlich *platonisch-akademische* Herkunft des Stufungs-Gedankens und all dessen, was mit ihm verbunden ist, hinweist.

2. Die Abfolge von Vegetativseele — Sinnenseele — Geistseele, die bei Mensch und Tier ineinandergefügt sind (beim Tier Vegetativ-

[278] Natürlich ist das Obere auf seine Bauteile angewiesen und das Aufheben der Bauteile hebt auch das Ganze auf. Aber man kann nicht daraus (mit Hilfe des συναναιρεῖν-Schemas) eine *Seins*priorität der Bauteile erschließen: Die Teile sind (wie die Bausteine eines Hauses) nur *notwendige* (aber nicht: *zureichende*) Bedingung für das Ganze. Vgl. zu dieser Problematik auch o. 2.244a.

[279] Genauso verhält es sich bei den Seelenarten (4.214c 2), ähnlich bei der Dreistufung der Substanzen (4.212/213), der Beweger-Reihe (4.214a), und der Sphärenreihe (4.214b). Zur *Scala naturae* vgl. u. 4.214c 3.

[280] Man kann das mit Hartmann ‚kategoriales Novum‘ nennen, wenn man nur damit nicht auch die Hartmannschen Schichtungsgesetze übernimmt (vgl. *Scala naturae* 6.1).

[281] Der Ausdruck, daß die Hyle im Elementarbereich nach unten zu ‚mehr‘ wird, erscheint zwar nur meteor. 4, 390a 3f (τὸ οὗ ἕνεκα ἥκιστα ἐνταῦθα δῆλον, ὅπου δὴ πλεῖστον τῆς ὕλης), darf aber — jenseits aller Echtheitsfragen — als für Aristoteles selber charakteristisch gelten; vgl. u. 8.252a.

[282] Joachim 122.

[283] Joachim ib. (samt Umgebung); s. seinen Index unter *Growth*.

seele ‚in' Sinnenseele, beim Menschen Vegetativseele ‚in' Sinnenseele, Sinnenseele ‚in' Geistseele), deutet N. Hartmann in dem Sinne, daß die jeweils ‚niedere' (vielleicht ‚implizierte') Seele ontologisch vorgeordnet sei. Aristoteles vergleicht nun die Seelenfolge mit der Folge geometrischer Figuren (Dreieck — Viereck), verknüpft sie also deutlich mit der akademischen Elementen-Metaphysik. Wenn man im Sinne der Akademie die ‚implizierten' Figuren als *ontologisch* ‚früher' ansieht, ergibt sich von daher eine Bestätigung der Hartmannschen Deutung, die Hartmann selber noch nicht erkannte. Bei näherer Prüfung zeigt sich jedoch, daß diese Thesen nicht zutreffen: Die niederen Seelenarten sind ‚materielle Bauteile' der höheren[284], und das geometrische Beispiel muß dementsprechend anders gedeutet werden: Das Dreieck als ein ‚materieller' Teil des Vierecks usw. Mit anderen Worten: Es handelt sich auch hier wieder um eine ‚Umkehrung' der platonisch-akademischen Elementen-Metaphysik[285].

Auch das ‚Plus' an Bestimmung, das hinzutritt, ist — wie man sofort sieht — kein ‚materielles' Plus größerer Kontingenz, sondern ein ‚ideelles' größerer Vollkommenheit[286].

Wenn Aristoteles in De anima einerseits die Seelenarten deutlich als ‚Reihe' auffaßt und eine Definition von ‚Gesamt-Seele' ablehnt, andererseits eine Definition von Seele im ganzen versucht, so darf man diese Diskrepanz weder verwischen noch überbetonen[287]. Natürlich hält Aristoteles hier wie auch sonst an dem akademischen Reihenprinzip fest, das eine — notwendig mit der genus-species-Pyramide verbundene — Definition *im strengen Sinne,* also auch ein *striktes* καθόλου der Gesamtreihe ausschließt[288]. Er läßt freilich in seinen Reihen überall ein κοινόν im weiteren Sinn zu, das ‚fast synonym' vom ersten Glied gilt, ‚analog' dann auch von den weiteren Gliedern[289]. Wendet man das auf die Seelenschichtung an, so wird beim Menschen die Geistseele, beim Tier die Sinnen- und bei der Pflanze die Vegetativ-Seele als ‚Seele' bezeichnet. Da nun, wie wir sahen, die unteren Seelen-

[284] So schon, wie ich nachträglich sehe, De Corte, *La définition aristotélicienne de l'âme,* Revue Thomiste 45 (1939) 478 ff; vgl. P. Moraux, *Alexandre d'Aphrodise,* 1942, 55. S. auch Cherniss 522.

[285] Alles Nähere *Scala naturae* **3—6**, bes. **3** und **6**. Vgl. zur ‚Umkehrung' o. S. 368 mit A. 279. — Die in *Scala naturae* nicht angeführte Arbeit von A. C. Lloyd (*Genus, Species, and Ordered Series in Aristotle,* Phronesis 7, 1962, 67—90, bes. 73 ff) sowie die Bemerkungen Krämers (*GS* 344 A. 106. 351 mit A. 131) gehen auf die von uns besprochene Problematik nur am Rande ein und brauchen nicht näher erörtert zu werden.

[286] Genau wie im Elementarbereich (**4**.214c 1) und bei der *Scala* (**4**.214c 3).

[287] In *Scala naturae* 226 A. 25 habe ich die Frage nur gestreift und im Anschluß an Theiler und Düring Zuflucht zu chronologischen Hypothesen genommen. Es fragt sich aber, ob dies nötig ist. Jedenfalls möchte ich erst dann darauf zurückgreifen, wenn der nachstehend angedeutete Lösungsversuch sich als undurchführbar erweist.

[288] Dies gegen De Corte und Moraux, vgl. Moraux, *Alexandre* 55.

[289] Vgl. o. S. 366 A. 269; s. auch u. **4**.215a, im weiteren auch **4**.214c 3/4.

Teile in den oberen als δυνάμει ὄντα ‚aufgehoben' sind, meint die Bezeichnung ‚Seele' des jeweils *obersten* Seelenteils bei Mensch und Tier jedesmal eo ipso auch die *gesamte* Seele mit. De Corte und Moraux haben plausibel gemacht, daß die aristotelische Seelendefinition nicht die *Vegetativ*seele (also den auf jeden Fall *untersten* Seelenteil) meint, sondern die *Gesamt*seele, die *a potiori* vom *obersten* Seelenteil aus gesehen wird[290]. Aristoteles gibt also keine ‚generische' Definition von *Gesamt*seele und gibt *doch* eine Definition von Gesamtseele, weil er das jeweils oberste Glied der Reihe von Seelen-Arten definiert und dieses Glied die nachfolgenden Glieder in sich einschließt. Diese Seelendefinition ist dann nicht weniger λόγος τῆς οὐσίας als es eine ‚generische' Definition gewesen wäre.

3. Die *Scala naturae* (Lebloses —) Pflanze — Tier — Mensch bildet eine Abfolge vom Unvollkommenen zum Vollkommenen. Da auch die einzelnen Unterabteilungen, d. h. die größeren ‚Gattungen' der Pflanzen und Tiere[291], sich dieser Abfolge einpassen und untereinander ‚gestuft' sind[292], ergibt sich eine ‚kontinuierliche' Ordnung des ‚Vor-' und ‚Nacheinander', mit Wert- und Seinspriorität der je ‚höheren' Stufe. Eine Teleologie auf die oberste Stufe (d. h. den Menschen) hin wird angedeutet, aber nicht strikt durchgeführt. Trotzdem ist der Zusammenhang der Scala deutlich, einmal durch mannigfache ‚gleitende' Übergänge und Überschneidungen, zum andern durch eine Art von ‚Implikation': Der Mensch (als Spitze) durchläuft in seinem frühesten Entwicklungsstadium (als Embryo und Kleinkind) die Stufung von unten an (d. h. von den Pflanzen und Tieren an) in geraffter Form, sie gleichsam widerspiegelnd[293]. Auch sind die Glieder (im Gegensatz zum Ele-

[290] Vgl. Moraux, *Alexandre* 55. Ich folge De Corte und Moraux bis zu diesem Punkt, mache mir aber ihre sonstigen (von Lloyd, Phron. 7, 1962, 75 ff. 82 f mit Recht kritisierten) Thesen nicht zu eigen, wie das Nachstehende zeigt.

[291] ‚Gattungen' ist hier ganz unspezifisch gemeint, schließt mithin nicht etwa eine bestimmte Deutung der aristotelischen Klassifikation der (Pflanzen und) Tiere ein. Von ‚*Mensch*' kennt Aristoteles ontologisch keine Unterarten und Stufungen, sagt also ‚Mensch' synonym von allen Individuen aus. (Daß er in *Ethik* und *Politik* z. B. σπουδαῖος ἀνήρ, Normalmensch und Sklaven verschieden bewertet, steht auf einem anderen Blatt.) Daß Aristoteles auch unter den *Pflanzen* noch mehr oder weniger vollkommene unterschieden hat, erfahren wir aus hist. an. Θ 1, 588 b 6—10 (vgl. dazu *Scala naturae* 234 A. 62), wenn wir auch natürlich aus Aristoteles' kurzen Äußerungen nicht ersehen, wie er die Pflanzenarten *im einzelnen* stufte; auf jeden Fall paßt dieser Gedanke fugenlos in das Bild von Aristoteles' *Scala*. Vgl. auch die Ansätze zu einer Stufung in Theophrasts Pflanzenschriften (Regenbogen, RE Suppl. VII 1470 f).

[292] Das schließt nicht aus, daß *innerhalb* dieser Gattungen (mindestens teilweise) die (‚vertikale') Stufung in (‚horizontale') Unterordnungs-Überordnungs-Verhältnisse übergeht.

[293] Näheres über die *Scala* und ihre Gesetze *Scala naturae* **4—6**, über die ‚Implikation' bes. **5** Anfang mit A. 74.

mentarbereich, o. 1) mindestens so ‚homogen' wie die drei Substanz-Schichten.

Zwar verknüpft Aristoteles die Scala nicht direkt mit mathematisch-geometrischen Reihen, und der Ausdruck συνεχής (statt ἐφεξῆς) ist allein nicht spezifisch genug, um als Leitbegriff zu dienen[294]: Aber die sachliche Parallelität von Scala und ‚Seelenvermögen'[295] reicht — im Verein mit den anderen genannten Indizien — hin, die ‚Reihenhaftigkeit' der Scala nahezulegen[296]. Daß bei ihr nicht in platonischer Weise das Frühere im Späteren, sondern eher umgekehrt das Spätere im Früheren ‚enthalten' ist (s. o.), ist genausowenig wie bei anderen aristotelischen ‚Reihen' ein Argument gegen ihren Reihen-Charakter als solchen, sondern es zeigt nur, wie weit die Reihe schon auf typisch *aristotelische* Weise gedacht wird[297].

Ein Umstand scheint jedoch all diese Beobachtungen und Schlüsse zunichte zu machen: Eine ‚Reihe' steht ihrem Wesen nach im Gegensatz zu der ‚generalisierenden' genus-species-Pyramide[298] und kennt deshalb auch keinen ‚Allgemeinbegriff' (καθόλου) *im strengen Sinn*, der ‚synonym' von ihren Gliedern ausgesagt werden könnte. Nun wird aber die Scala sowohl in die Hauptgruppen Mensch — Tier — Pflanze (— leblose Substanzen)[299] wie auch weiter in die Unterabteilungen (‚Gattungen') der Tiere[300] offensichtlich nach dem genus-species-Prin-

[294] Zur συνέχεια der *Scala* vgl. *Scala naturae* 234 A. 62. συνεχής bezeichnet bei der *Scala* natürlich weder ein räumliches noch sozusagen ein ontologisches ‚Kontinuum' ohne *qualitative* Unterschiede, sondern nur die Tatsache, daß es zwischen den Gliedern keine ‚Sprünge' und ‚Gräben' gibt (vgl. Bonitz s. v. συνεχής 728a 17—32, συνεχής = ‚contiguus'). D. h. es *meint* — wie auch die Parallelität zu den Seelenvermögen zeigt — *sachlich* dasselbe wie ἐφεξῆς. Nur reicht das *Wort* eben nicht hin, eine Beziehung zur platonischen Elementen-Metaphysik herzustellen. Zu ἐφεξῆς o. S. 340 mit A. 143 u. ö.

[295] Die Parallelität ist so eindeutig, daß man von einem auf den anderen Bereich schließen darf: Wenn man es nicht wechselweise in bezug auf *denselben* Punkt tut, ist kein Zirkelschluß zu befürchten.

[296] Auch ein ‚Plus' kann man wieder beobachten, freilich ein ‚ideelles', das nach oben hin zu immer größerer Vollkommenheit führt. Genauso verhält es sich im elementaren Stoffbereich (4.214c 1) und bei den Seelenarten (4.214c 2). Natürlich nimmt nach unten die Wirkung des ‚Materiellen' zu (vgl. o. S. 368 A. 281 und u. S. 373 A. 312, 8.252a).

[297] Vgl. o. S. 368 A. 279.

[298] Vgl. o. 4.213, ferner o. 2.244a/b.

[299] Vgl. die Darstellung des Genos-Eidos-Verhältnisses, die ‚arbor Porphyriana', bei Boeth. in Porph. comm. sec. 3, 4 p. 208, 9—211, 14.

[300] Die verschiedenen Ansätze des Aristoteles zu einer Klassifikation der Tiere (darüber instruktiv D. M. Balme, *γένος and εἶδος in Aristotle's Biology*, Class. Quart. 1962, 81—98) stimmen alle darin überein, daß sie (meist dichotomisch) mit ‚differentiae' arbeiten, also in der Weise der ‚arbor Porphyriana'. — Eine Klassifikation der Pflanzen könnte, wenn wir von Theophrast (R. Strömberg, *Theophrastea*, 1937, 155 ff, mit zwei Tafeln) rückschließen dürfen, nicht anders verfahren sein.

zip aufgegliedert, also nach einer Methode, die dem Reihen-Prinzip ‚diametral' entgegengesetzt ist.

Wir haben bei den bisher betrachteten ‚Reihen' (οὐσίαι, Beweger, Sphären, Seelen-Arten) beobachtet, daß Aristoteles jeder Reihe ein κοινόν im weiteren Sinne beigibt. Aber das reicht bei der Scala nicht ganz zur Erklärung aus, weil ihre Stufen nicht gleich-, sondern *verschiedennamig* sind und weil Aristoteles hier ‚generalisierend' verfährt — beides im Gegensatz zu den ebengenannten Reihen. Damit scheinen wir gezwungen zu sein, die Reihenhaftigkeit der Scala zu leugnen.

Indessen ist Folgendes zu bedenken: Die Alternative ‚Reihe'— ‚generalisierende Begriffspyramide' besitzt zwar großen heuristischen Wert[301], sollte aber auch im vorliegenden Fall nicht überbetont werden. Denn selbst wenn man voraussetzt, daß Aristoteles bei der Ausgliederung der Scala im ganzen ‚generalisierend' vorgeht[302], so hat ihn das keineswegs daran gehindert, gleichzeitig die Scala als Seins- und Wert-*Stufung* zu betrachten, wie sich klar nachweisen läßt. Der Textbefund zwingt also dazu, ein ‚tertium datur' einzuräumen. Wie streng Aristoteles hier das καθόλου nimmt, bliebe noch zu prüfen: Jedenfalls hat es mehr von einem *genus* an sich als die κοινά der οὐσία-Dreistufung, der Beweger usw.[303]. Es ist auch noch zu überlegen, wie man die ‚Vermischung' beider Methoden ideengeschichtlich verstehen soll: Vielleicht als eine Weiterbildung der akademischen Reihen durch Aristoteles, der je nach den Gegebenheiten des Untersuchungsgebietes ohne weiteres ‚Reihe' und καθόλου vereinigt.

4. Die vier Elemente Erde, Wasser, Luft und Feuer gehen in ewigem Kreislauf ineinander über[304] und scheinen schon dadurch einer Reihenstruktur zu widerstreben, weil diese ja verschiedenrangige Glieder voraussetzt, die nicht ineinander umwandelbar sind[305]. Doch ergibt sich bei näherem Zusehen ein anderes Bild: α) Die Elemente bleiben trotz ständigen Wandels in ihrem gegenseitigen Verhältnis konstant[306] und behalten auch im wesentlichen denselben Platz im Kosmos inne[307]. Das heißt, wir dürfen hier mit einem fast ‚statischen'

301 Allerdings darf man die Alternative schon bei Platon und der Akademie (von wo sie ausgeht) nicht zu schematisch und starr verstehen; vgl. o. 2.244b.

302 Man könnte dies bei der Klassifikation der Tiere *teilweise* in Zweifel ziehen, aber damit wäre uns hier, wo es ums Prinzipielle geht, nur wenig gedient.

303 Es ist also eher dem Verhältnis ‚Element' — vier Einzelelemente zu vergleichen (4.214c 4). Aber bei den Elementen ist der Reihencharakter weniger deutlich als hier bei der *Scala*.

304 Vgl. etwa Joachim an den Index 299 s. v. *Elements* genannten Stellen.

305 Auch die γένεσις der Dimensionen bei Platon meint ja streng genommen kein Erzeugen *auseinander* (die Theorie vom ‚Fließen' der Dimensionen gehört nicht Platon!). Und selbst wenn es so wäre, könnten wir es hier vernachlässigen.

306 Darüber u. 8.262c.

307 Das ergibt sich unmittelbar daraus, daß das Verhältnis ihrer Volumina zueinander konstant bleibt und jedes Stück des einen Elements, sobald es sich in ein neues

Vorhandensein der vier Elemente rechnen. β) Die räumliche Abfolge Erde — Wasser — Luft — Feuer bedeutet zugleich eine Seins- und Wertstufung, aus mehreren Gründen: Erstens besitzt bei Aristoteles das räumlich ‚Obere' vor dem ‚Unteren' Seins-(Wert-)Priorität[308]. Zweitens ist die jeweils ‚obere' Element-Sphäre gegenüber der nächsten ‚unter' ihr sowohl (platonisierend) ‚Begrenzung' (πέρας) wie auch (aristotelisch) ‚umfassende' Form. Daraus erklärt sich, warum Aristoteles das obere Element sich zum unteren wie ‚Form' zu ‚Materie' verhalten läßt[309].

Diese Indizien sprechen dafür, daß die Ordnung der Elemente ‚reihenartig' ist. Von der Reihe der Äther-Sphären (die das nächstverwandte Pendant darstellt) unterscheiden sich die Elemente freilich darin, daß die teleologische Zuordnung der Glieder auf das erste Glied hin kaum durchgeführt ist[310] und auch gar nicht durchgeführt werden kann, weil der *Kreislauf* der Elemente als solcher (zu dem notwendig auch die *Abwärts*-Bewegung gehört) das teleologische Verhalten der Elemente ausmacht und so den Elementen erst ihren Sinn in der Gesamt-Teleologie des Kosmos verleiht[311]. Dieser Umstand setzt jedem Versuch, die Elemente als regelrechte ‚Reihe' zu erklären, eine deutliche Grenze. Immerhin kann man ihnen eine nahe Verwandtschaft zu den Reihen nicht absprechen[312]: Daß es einen Allgemeinbegriff ‚Elemente' neben den einzelnen Elementen gibt, wäre kein Hindernis (s. o. S. 356f. 363), ebensowenig einige andere Details[313].

Element verwandelt hat, sofort den ‚natürlichen Ort' des neuen Elements anstrebt. An dieser Stabilität des innerkosmischen Zustands ändern auch die meteorologischen Vorgänge nichts.

[308] Über diese ‚topographische' Seins- und Wertstufung des Aristoteles vgl. o. 4.214b u. ö.

[309] Näheres u. 5.43. Vgl. auch erneut o. 4.214b. Man kann zusätzlich noch mehr Gründe für die Wertstufung nennen: Feuer (und Luft) sind wertvoller, weil sie ‚warm' sind und weil ‚Wärme' seit jeher als ‚göttlich' gilt; und dgl. mehr.

[310] Es gibt nur schwache Anhaltspunkte dafür, daß die Aufwärtsbewegung der Elemente (Erde → Wasser → Luft → Feuer) ‚teleologisch' ist, die Abwärtsbewegung dysteleologisch.

[311] Zum teleologischen Sinn des Kreislaufs der Elemente *Kosmologie und Metaphysik* 169.

[312] Bezeichnend ist hierfür die Parallelität zwischen der *Scala naturae* und der Abfolge der Elemente (in *Scala naturae* nicht besprochen): Je vollendeter ein Lebewesen ist, desto mehr Wärme (= Feuer) und Feuchtigkeit (= Luft, Wasser) enthält es, je unvollkommener, desto mehr Erde = Trockenes (gen. an. B 1, 732b 28—733a 21 und ff; wichtig die mehrfach vorkommende Gleichung ξηρόν = γεῶδες, γεηρόν und besonders Zeilen wie 732b 31 f. 733a 11 f); vgl. u. 8.252a.

[313] Die ‚Allgemeinheit' des ersten Glieds würde (ähnlich wie bei den Sphären) allein auf der Tatsache des räumlichen Umfassens beruhen, ohne daß man sie weiter fundieren könnte. Von einem ‚hyletischen Plus' kann auch nicht gesprochen werden (genausowenig wie o. 4.214a, b, c 1, c 2; auch 4.214c 3 läßt sich kaum dergleichen feststellen, vgl. vorst. Anm.).

d) Zusammenfassung

Fassen wir nun das unter a)—c) Gesagte kurz zusammen: Da die Dreistufung der Substanzen *insgesamt*, von den einzelnen Substanzen wieder die zwei oberen Schichten der Beweger und der Äthersphären *in sich* eine ‚Reihe' darstellen und auch im sublunaren Bereich mannigfache Ansätze zu Reihenbildungen zu beobachten sind, kann man sagen, daß die gestufte Ordnung des aristotelischen Kosmos — zumindest teilweise — mit dem letzten Endes aus der akademischen Elementen-Metaphysik herrührenden ‚Reihen'-Begriff beschrieben werden darf. Dabei muß man *erstens* bedenken, daß sachlich gegenüber Platon *wesentliche* Veränderungen stattgefunden haben, so daß es sich mithin nicht mehr um *platonisch-akademische*, sondern um *aristotelische* Reihen handelt: Die wichtigsten sind: a) Verlagerung von mathematisch-quantitativer auf *qualitative* Betrachtungsweise, was oft mit der Aufgabe des ‚hyletischen Plus' Hand in Hand geht: Wichtige Ausnahme ist die Dreistufung der οὐσίαι, die qualitativ gefaßt wird, aber doch auch ein ‚materielles Plus' enthält. b) In völliger ‚Umkehrung' des platonischen Elementen-Denkens ist nicht das Vorgeordnete im Nachgeordneten ‚impliziert' (‚enthalten'), sondern umgekehrt das Nachgeordnete (z. T. als ‚Bauteil') ‚im' Vorgeordneten. Deshalb ist das erste Glied nicht als ‚Element', sondern als ‚Umfassendes' κοινόν der Reihe. c) Von daher mag es kommen, daß die aristotelische ‚Reihe' nicht wie bei Platon ein übergeordnetes striktes καθόλου ausschließt, sondern nicht selten einen Allgemeinbegriff (z. B. ‚Seele' neben den Seelenarten, ‚Freundschaft' neben den Freundschaftsarten, ‚Verfassung' neben den Verfassungsarten) zuläßt und sogar Berührungen mit der genus-species-Pyramide zeigt. *Zweitens* führt Aristoteles das Reihenprinzip weder ganz lückenlos noch in völlig einheitlicher Weise durch: Wichtiges wie die Reihe der drei οὐσίαι als ‚Rückgrat' des aristotelischen Kosmos, dazu die Reihe der Beweger und Sphären, ist ziemlich exakt konzipiert, im sublunaren Raum dagegen kann man eher von einer Vielfalt konvergierender Reihen und reihenartigen Ordnungen sprechen, neben denen andere Sinn-Einheiten stehen (Kreislauf von Geburt und Tod der Lebewesen), wobei sich die verschiedenen Arten von Ordnung überschneiden (Kreislauf der Elemente). *Drittens* wird durch den Begriff der ‚Reihe' der Begriff der ‚Überformung', den wir im folgenden oft zur Erklärung der aristotelischen Seins-Ordnung verwenden, nicht abgewertet oder verdrängt, sondern *ergänzt:* Wir können weiter von ‚Über*formung*' sprechen und werden es auch tun, lassen uns aber durch den ‚Reihen'-Begriff stets daran erinnern, daß die als ‚Überformung' bezeichnete Ordnungs-Struktur etwas anderes ist als die genus-species-Pyramide und daß sie *letztlich* von Platon und der Akademie herkommt. *Diesen* Hinweis gibt der Terminus ‚Reihe', sobald wir ihn bei der aristotelischen Seinsstufung erwähnen, nicht weniger, aber auch nicht mehr.

Mit diesen Einschränkungen darf man sagen: Der ‚Reihen'-Gedanke[314] ist nicht nur eine wertvolle *zusätzliche* Möglichkeit, die teleologische Seinsschichtung des Aristoteles zu erklären, sondern er hilft — zusammen mit der Teleologie — dazu, Ordnung und vor allem *Einheit* dieser Schichtung abschließend zu sichern. Aus der ideengeschichtlichen Abkunft des Reihenbegriffs erklärt sich denn auch, warum Aristoteles so selten und wenig darüber spricht: ‚Reihe' war für ihn als Akademiker etwas so Selbstverständliches, daß für seinen Hörerkreis auch eine Andeutung genügte. Wenn daher gerade die Reihe der drei οὐσίαι, also ein Kernstück der aristotelischen Metaphysik, im Γ nur ganz kurz behandelt wird, so liegt das nicht etwa daran, daß das aristotelische Sein keine Ordnung und Einheit besäße, sondern an der *Selbstverständlichkeit* dieser Ordnung und Einheit[315].

Wie die aristotelische Reihenstruktur sich nach der Seite der Erkenntnis hin ausnimmt, wird später behandelt[316]. Dabei wird sich dann auch Zusammenhang und Ordnung der verschiedenen Arten von ὕλη ergeben. Ohne in die Einzelheiten zu gehen, möchten wir schon hier vorweg darauf hinweisen, daß auch die Arten der ὕλη — analog den ‚Form'-Strukturen — sich ‚reihenhaft' zueinander verhalten. Z. B. ergibt sich die Reihe

1. Hyle-Prinzip (‚reine Möglichkeit')
2. ὕλη τοπική
3. ὕλη γεννητὴ καὶ φθαρτή
4. ὕλη ἀλλοιώσεως
5. ὕλη αὐξήσεως

in welcher — ganz im Sinne ‚akademischer' Reihen — das Vorgeordnete im Nachgeordneten impliziert ist (also 1—3 in 4, 1—2 in 3, 1 in 2) und das Nachgeordnete sich aus dem Vorgeordneten durch ein ‚Plus' an Bestimmung ergibt[317].

4.215 *Aristotelische ‚Reihen' außerhalb der Seinsstufung?*

Nachdem wir nun einige ‚reihenartige' Ordnungen des Aristoteles betrachtet und auf ihre Gesetzlichkeit befragt haben, heben wir zum Abschluß zwei im Vorstehenden schon kurz erwähnte Beispiele noch

[314] Das Pros-hen wird nicht ausdrücklich erwähnt, ist aber stets stillschweigend mitgemeint.

[315] Hierauf hat Krämer, *GS* 350 f, passend hingewiesen.

[316] Vgl. u. 7 (z. B. 7.53, 7.543) über das ἀφαίρεσις-πρόσθεσις-Verfahren.

[317] Näheres u. 8.132, 8.22.

einmal heraus, weil sie unsere bisherigen Feststellungen zu ergänzen vermögen:

a) Die verschiedenen Staatsformen[318] sind ihrer ‚Art' nach (εἴδει 1275a 39, vgl. 36) voneinander verschieden und bilden eine Rangfolge des ‚Früher' und ‚Später' (1275a 39. b 1). Obgleich diese Rangfolge nur zwei Glieder hat — einerseits die ‚besseren', andererseits die ‚schlechteren' Verfassungen —, wird sie mit einer *mehr*gliedrigen Ordnung verglichen (1275a 36f πρῶτον — δεύτερον — ἐχόμενον), also offensichtlich als ‚Reihe' betrachtet[319]. Wenn dann gesagt wird, von Ordnungen dieser Art, also auch von derjenigen der Staatsformen, ἢ τὸ παράπαν οὐδέν ἐστιν . . . τὸ κοινόν, ἢ γλίσχρως (1275a 37f), so könnte dies nach Analogie anderer aristotelischer ‚Reihen' bedeuten: Es gibt ein κοινόν im weiteren Sinne (etwa ‚πολιτεία'), das am *ersten* Glied orientiert ist und auf dieses ziemlich genau zutrifft, auf die nachgeordneten Glieder um so weniger, je defizienter sie im Verhältnis zum ersten Glied sind. Das hat wahrscheinlich Aristoteles auch hier gemeint[320].

An dieser Stelle fragt man sich, worin sich eigentlich die ‚Reihe' der Staatsformen von der oben besprochenen Ordnung der Freundschaftsarten unterscheidet, die von Aristoteles deutlich als Pros-hen-Beziehung beschrieben wird[321]. In beiden Fällen liegen ‚Früher'-‚Später'-Verhältnisse selbständig vorkommender, qualitativ distinkter Einheiten vor, die — ohne ‚Implikation' o. dgl. — auf die ‚erste' Einheit bezogen sind. Auch die Stellung des ersten Gliedes und seine ‚Allgemeinheit' ist beidesmal dieselbe[322]. Es würde also nichts hindern, die πολιτεῖαι als Pros-hen im Sinne der φιλίαι zu betrachten. Das Umgekehrte gilt aber nicht, weil die dritte Freundschaftsform nicht von der zweiten, sondern von der ersten abhängt, so daß die φιλίαι ‚konzentrisch' angeordnet sind (Pros-hen) und nicht ‚linear' (Reihe). Als Indiz kommt hinzu, daß Aristoteles in der EE die Freundschaftsformen

318 polit. Γ 1, 1275a 34—b 5.

319 So jetzt auch Krämer, *GS* 344 A. 107, dem ich den Hinweis darauf verdanke, daß die Ordnung der πολιτεῖαι nur *zwei*gliedrig ist.

320 1275b 13 spricht Aristoteles davon, die Definition des Bürgers, die er zunächst an der Demokratie abgelesen hat (1275b 5—7), an ‚andere Verfassungen' anzupassen. Aus seinen Beispielen (Karthago, Sparta) ergibt sich, daß er unter den ‚anderen Verfassungen' *gute* Staatsformen versteht. Er bemüht sich also um die Definition (mit καθόλου) von ‚Bürger einer guten Staatsform' (d. h. des ‚ersten', ‚vorgeordneten' Glieds der Reihe) und würde von da die Definition *sekundär* auf ‚Bürger einer schlechten Staatsform' (d. h. auf das ‚zweite', ‚nachgeordnete' Reihenglied) übertragen, für den sie insofern noch gültig ist, als auch die schlechte Verfassungsform Depravation einer entsprechenden ‚guten' ist und auf jene bezogen wird.

321 EE H 2, 1236a 15—b 26, bes. b 23—26. Vgl. o. 4.211.

322 Ich kann hier Krämers überscharfer Distinktion (*GS* 350f mit Anm. 128/129, dazu 344) nicht mehr folgen.

im Zusammenhang mit der kategorial aufgefalteten Vielfachbedeutung von ‚gut' sieht[323] und deshalb gleich an das Pros-hen denkt.

Immerhin machen die beiden Beispiele deutlich, wie eng das (ursprünglich mehr ‚horizontale') Pros-hen und die (eigentlich ‚vertikale') Reihe sich in manchen Fällen berühren können. Dies zeigt sich auch

b) an den *Kategorien*. Wir haben gesehen, daß die Kategorien des Akzidens (als das ‚Spätere') pros hen auf die (‚frühere') Substanz bezogen sind[324]. Es zeigen sich nun aber auch hier Ansätze zu einer Reihenbildung, weil die nachgeordneten Glieder (die Akzidentien) nicht regellos zusammenstehen, sondern wiederum eine Abfolge nach dem ‚Früher' — ‚Später' bilden: Am nächsten der οὐσία stehen ποιόν und ποσόν, am weitesten entfernt das πρός τι[325]. Wenn auch Aristoteles nicht so weit geht, der οὐσία gegenüber den Akzidentien irgendwie die Stellung eines κοινόν zu geben, kann man doch sagen: Die Kategorien tragen gewisse Züge einer ‚Reihe' an sich[326].

Diese Konvergenzen zwischen Reihe und Pros-hen sind kein Anlaß, die Unterschiede zwischen den zwei Arten von ‚Ordnung' für unwichtig oder gar für nicht vorhanden zu halten. Wohl aber lernen wir daraus, daß beide Strukturen nah miteinander verwandt sind. So spricht denn vieles dafür, mit Robin die Reihe als Spezialfall des Pros-hen zu betrachten, „bei dem die abhängigen Glieder zusätzlich eine Ordnung bilden"[327].

4.22 Das Sein im Ursinn

Wie ἰατρικόν und ὑγιεινόν, so wird auch das Seiende auf etwas Einheitliches (μία τις φύσις 1003a 34), Gründendes (μία ἀρχή 1003b 6) hin ausgesagt. Dieses Prinzip verkörpert sich am reinsten in der οὐσία — ja ist mit dieser identisch —[328], sekundär dann auch in allem, was nicht selbst οὐσία ist, aber mit ihr in Beziehung steht und in Hinsicht

[323] Damit weist unsere Stelle eo ipso auf die Ideenkritik von EE A 8 zurück, was jetzt auch Krämer, *GS* 344 A. 110 betont.

[324] Vgl. die Andeutungen o. 4.211. S. jetzt auch Krämer, *GS* 342 mit A. 99.

[325] Vgl. Λ 1, 1069a 19—24 (ποιόν, ποσόν). N 1, 1088a 23 f (πρός τι). Das entspricht z. T. auch der Reihenfolge, in der die Kategorien oft von Aristoteles aufgeführt werden. Vgl. Bonitz s. v. κατηγορία b, c.

[326] Vgl. Reale 121 A. 67. So jetzt auch Krämer, *GS* 344 A. 8 (mit dem wichtigen Hinweis auf Stobaios ecl. II p. 42, 1 ff W.) und neuestens K. Oehler, in: *Naturphilosophie bei Aristoteles und Theophrast* (4. Symposium Aristotelicum, Göteborg 1966), hrsg. von I. Düring, Heidelberg 1969, 168—192, bes. 171.

[327] Robin 168—170 (n. 172). Jetzt Krämer, *GS* 339 A. 85, dem ich die Formulierung entnehme.

[328] Diese Ponderierung von ‚Sein' und ‚Ontologie' auf die οὐσία hin räumen auch Interpreten wie Guzzoni und Lugarini ein, die (gemäß ihrer Orientierung an Heidegger) sonst sehr stark das *Allgemein*-Ontologische an Aristoteles hervorheben. Immerhin

auf sie ‚ist'[329]. Unter diese ‚abgeleiteten' Seinsweisen fallen das Relative, die συμβεβηκότα im weitesten Sinne, so Eigenschaften, Zustände und Verhaltensweisen; Werden und Vergehen einer Substanz; Steresis (z. B. ‚Blindheit'); die inneren und äußeren Faktoren, die zum Werden einer Substanz führen. Schließlich kann die Substanz selber oder eine der Relationen negiert werden, bleibt aber auch noch negiert ein ‚Seiendes', weil die Negation ein Seiendes voraussetzt, das sie negiert und ohne das sie sinnlos wäre; überspitzt ausgedrückt: Auch das Nicht-Seiende ‚ist' irgendwie[330].

Unter der gesuchten μία φύσις oder μία ἀρχή, auf die sich alles Seiende zurückbezieht, ist also die οὐσία zu verstehen, und zwar, wie sich aus dem Text ergibt, — mindestens zunächst — die Körpersubstanz in der sublunaren Welt.

Wie er die Begriffe ὑγιεινόν und ὄν ohne weiteres in der Pros-hen-Aussage verkoppelt hatte, so nun wissenschaftstheoretisch: Alle τὰ πρὸς μίαν φύσιν λεγόμενα werden je von ein und derselben Wissenschaft betrachtet, wie die ὑγιεινά so die ὄντα ᾗ ὄντα[331]. Da sich allenthalben jede Wissenschaft ‚eigentlich' auf ‚das Erste' richtet, von dem alles andere abhängt und um dessentwillen es so genannt wird (‚seiend, gut, gesund usw.'), und dies im Falle von ‚seiend' die οὐσία ist, τῶν οὐσιῶν ἂν δέοι τὰς ἀρχὰς καὶ τὰς αἰτίας ἔχειν τὸν φιλόσοφον[332]. Die Erwähnung der ἀρχαί und αἰτίαι, welche auf Γ 1 zurückverweist[333], deutet auf das eigentliche Thema der aristotelischen Metaphysik und damit auch unseres Buches Γ: die *höchsten* ‚Gründe' *alles* Seins zu erforschen. Und da sich nunmehr die οὐσία als derjenige Bezugspunkt erwiesen hat, auf den hin alles Seiende *ist*, hat sie demgemäß die Prin-

lehren ihre Untersuchungen, daß man nicht alle übrigen Seinsweisen und deren ‚formale' Betrachtung völlig in die οὐσία verflüchtigen darf. Ausgewogene Darstellung des Problems bei Reale 109—113 (*L'essere e la sostanza. Ontologia e usiologia* [sc. im Γ]); vgl. über ‚Usiologie' und ‚Ontologie' in den übrigen Metaphysik-Büchern Reale 31—33 (A). 80—82 (B). 144 (E 1). 181 f (Z). 195—199 (H). 203—205 (Θ). 261—267 und 270—273 (Λ). 277—279 (MN).

329 1003b 6—10 τὰ μὲν γὰρ ὅτι οὐσίαι, ὄντα λέγεται, τὰ δ' ὅτι πάθη οὐσίας, τὰ δ' ὅτι ὁδὸς εἰς οὐσίαν ἢ φθοραὶ ἢ στερήσεις ἢ ποιότητες ἢ ποιητικὰ ἢ γεννητικὰ οὐσίας ἢ τῶν πρὸς τὴν οὐσίαν λεγομένων, ἢ τούτων τινὸς ἀποφάσεις ἢ οὐσίας· διὸ καὶ τὸ μὴ ὂν εἶναι μὴ ὄν φαμεν.

330 Vgl. Alexander 242, 10—243, 17.

331 Γ 2, 1003b 11—16.

332 1003b 16—19. Dem ganz unbestimmt zu fassenden Plural οὐσίαι (vgl. Reale 111) ist nicht zu entnehmen, ob er nur verschiedene Arten von Ousia, d. h. von Seinsbereichen meint oder (auch) eine Mehrzahl von Substanzen des gleichen Bereiches, z. B. der Körperwelt. Jedenfalls läßt der Kontext bis hierher auch die zweite Möglichkeit zu, und es ist zumindest verfrüht, wenn Merlan 162 f schon hier zu Beginn von Γ 2 sehr stark die erste Art der Erklärung betont.

333 1003a 26 f ἐπεὶ δὲ τὰς ἀρχὰς καὶ τὰς ἀκροτάτας αἰτίας ζητοῦμεν, δῆλον ὡς φύσεώς τινος αὐτὰς ἀναγκαῖον εἶναι καθ' αὑτήν. 31 f ἡμῖν τοῦ ὄντος ᾗ ὂν τὰς πρώτας αἰτίας ληπτέον.

zipien der οὐσία (οὐσίαι) aufzusuchen und zu ergründen. Ontologie, ‚Usiologie' und ‚Aitiologie' gehen mithin bei Aristoteles ineinander über[334].

Bevor wir entscheiden können, ob hiermit schon die in Γ 1 aufgeworfenen Fragen beantwortet sind, müssen wir noch weitere Teile von Γ 2 kennenlernen, zunächst die Grundgedanken des folgenden Abschnitts 1003 b 19—1004 a 9:

Eingerahmt wird er von zwei Vergleichen, deren erster die gesuchte Seinswissenschaft durch das Beispiel der Grammatik (1003 b 19—21), deren zweiter durch dasjenige der Mathematik zu verdeutlichen sucht (1004 a 6—9).

Das Grammatik-Beispiel, welches bei Aristoteles so nicht mehr vorkommt[335], bedarf mehr der Erläuterung, als daß es uns weiterhilft[336]. Daran schließt sich die Charakteristik der Seinswissenschaft an: Sie ist dem Genos nach[337] eine Einheit und betrachtet alle Arten des Seienden im Hinblick darauf, daß sie *sind*[338]; die Deutung der folgenden Worte b 22 τά τε εἴδη τῶν εἰδῶν ist unsicher[339].

334 Über das Ineinandergreifen von Aitiologie und Seinswissenschaft (= Ontologie bzw. Usiologie) in der aristotelischen Metaphysik zutreffend Reale 17—27 und 31—33 (A). 79 f (B). 101—104 (Γ). 144 (E). 188—194 (Z). 199 f (H). 203—205 (Θ). 267—270 (Λ). 275—277 (MN). Zur Verbindung von ‚Ontologie' und ‚Usiologie' vgl. das Vorstehende, ferner 4.1, 4.211 u. ö. Weniger glücklich die Erklärung von Wagner 143.

335 top. Z 5, 142 b 30—35 liegt anders: Wenn man die Grammatik vollständig bestimmen will, darf man nicht nur sagen, sie sei die Wissenschaft vom Schreiben, denn sie ist zugleich auch die Wissenschaft vom Lesen.

336 Es vermag zwar den Satz zu illustrieren, daß jedem — in sich vielfältigen — Sachbereich entweder eine einzige Wahrnehmungsart (bei den αἰσθητά; z. B. alle Töne — Hören) oder eine einzige Erkenntnisart bzw. Wissenschaft (bei den νοητά) zukomme, aber der Vergleich der (letztlich doch) partikulären Grammatik mit einer ‚allgemeinen' Seinswissenschaft stimmt nur dann einigermaßen, wenn wir *erstens* b 19 γένος so weit fassen, daß es auch die Einheit pros-hen deckt (so schon Alexander 245, 3—5) und *zweitens* ‚Arten' von φωναί annehmen (vgl. Alexander 245, 10—12), die — analog den εἶδος-Wissenschaften des Seins b 22 (nach der gängigen Interpretation) — von irgendwelchen der Grammatik untergeordneten Spezialdisziplinen untersucht werden. Mit Letzterem gehen wir jedoch über den Text hinaus, und es ist auch fraglich, ob wir der Grammatik in aristotelischer Zeit bereits eine solche Differenzierung zutrauen dürfen. Vielleicht ist also die Grammatik hier doch nur ein Beispiel für ‚Einheit der Wissenschaft — Vielfalt ihrer Gegenstände' (so auch Décarie 103 A. 1). Außer Alexander, der einige Hilfen gibt, schweigen sich die Erklärer aus.

337 γένος natürlich im weiteren Sinn verstanden, so daß es das Pros-hen einschließt (so ausdrücklich u. a. Thomas met. 547, Bonitz z. St., Natorp, *Thema und Disposition* 42).

338 Ob man b 21 ᾗ ὄν mit $A^b J^2$ in marg. (und Ross, Jaeger) in den Text setzt oder mit Π (Bonitz; Natorp, *Thema und Disposition* 44 A. 11; Décarie 103 A. 1) wegläßt, ist nicht so wichtig, jedenfalls gehört es *sachlich* zum θεωρεῖν der *allgemeinen* Seinswissenschaft dazu; wie weit es auch zu τά τε εἴδη τῶν εἰδῶν gezogen werden darf, hängt von der Erklärung dieses Ausdrucks ab.

339 Nach der seit Alexander üblichen Deutung (z. B. Thomas met. 547, Bonitz, Ross, Tricot; z. B. auch Reale 106) — welche mit dem handschriftlich viel besser bezeugten

Wir übergehen 1003b 22—1004a 2[340] und setzen 1004a 2 erneut ein: Die Philosophie zerfällt in so viele Teile, wie es ‚Arten von οὐσία' gibt. Daß man den Plural so auffassen muß, lehrt der ὥστε-Satz: „so daß es mit Notwendigkeit unter diesen Teilen eine erste und eine nachgeordnete Philosophie gibt" (1004a 3f), sc.: wie es eine erste und (mindestens) eine nachgeordnete οὐσία gibt[341]. Es handelt sich also um eine hierarchische Schichtung, eine ‚erste' Philosophie, die sich mit der ‚ersten' οὐσία[342] befaßt, und eine oder mehrere ‚Philosophien' minderen Ranges, deren Thema die entsprechenden ‚sekundären' οὐσίαι sind[343]. Diese Rangordnung wird noch durch den Vergleich

τε (b 22; so Ross, Jaeger) durchaus vereinbar ist (vgl. Ross, Komm.) — übersetzt man so: „und die einzelnen Arten (des Seienden [als solchen ?]) sind hinwiederum Gegenstand mehrerer untergeordneter Wissenschaften". Bei dieser Auslegung kann man unter den ‚Arten' keine ‚ontologischen' Unterteilungen wie die der Transzendentalien (vgl. das direkt Folgende, bes. 1003b 33—36), der Kategorien oder der Seinsmodi Akt/Potenz und dgl. verstehen, weil es von dem allem bei Aristoteles keine Spezialwissenschaften gibt; vielmehr wird man dann im Hinblick auf 1003b 18 und bes. 1004a 2 ff an die (Zwei- bzw.) Dreistufung der οὐσίαι zu denken haben, die auch 1004a 5 γένη gemeint ist; also 1003b 22 εἴδη = 1004a 5 γένη = (Zwei-) Dreischichtung der Substanzen: Hiervon werden die physischen Körper (und die Äthergestirne) sowohl von den Spezialdisziplinen (Physik; Astronomie) wie auch (unter der Hinsicht, daß sie ‚sind'; ᾗ ὄντα) von der ‚allgemeinen' Seinswissenschaft untersucht; dieselben Materialobjekte werden mithin formal verschieden betrachtet. Bei der ἀκίνητος οὐσία fallen Material- und Formal-Objekt, partikuläre Disziplin ‚Theologik' und ‚allgemeine' Seinswissenschaft in eins zusammen (vgl. u. 4.24). — Eine zweite, u. a. von Natorp (*Thema* und *Disposition* 42—44) und Décarie 103 A. 1 vorgeschlagene Erklärung möchte τά τε εἴδη τῶν εἰδῶν noch als Objekt der ‚allgemeinen' Seinswissenschaft verstehen, was zwar eine etwas gezwungene Übersetzung ergibt, aber doch weit mehr, als man meist zugesteht, des Bedenkens wert ist, weil man dabei εἴδη im weiteren Sinne auf *alle* Differenzierungen des Seins beziehen kann und dadurch dem Kontext eher gerecht wird. Vgl. Ross z. St. — Der Gegensatz zu 1004a 2 ff, auf den es uns ankommt, wird — das hat Ross zu wenig beachtet — auch bei der herkömmlichen Auslegung nicht beseitigt.

340 Das Stück handelt über die Gleichsetzung von ὄν und ἕν und gibt (außer dem in der vorst. Anm. erwähnten Abschnitt 1003b 33—36) für unsere Frage nichts unmittelbar aus.

341 Dies ergibt sich zwingend aus dem Kontext, wie seit Alex. 250, 30 ff allgemein feststeht.

342 Ich behalte hier den Sprachgebrauch von Γ/K bei, wo πρώτη οὐσία = oberste Substanz ist. Zu den verschiedenen Bedeutungen von πρώτη οὐσία vgl. Theiler, *Entstehung* 87 A. 11.

343 Aristoteles hat hier entweder eine Zweiteilung (οὐσία νοητή = unbewegter Beweger — οὐσία αἰσθητή; so z. B. Thomas, Reale 107. 112. 114—121. 151) oder — wahrscheinlicher — die im zweiten Teil der Γ (5, 1010a 25—32. 8, 1012b 29—31; die Dreiteilung von Reale 121—124 nicht klar genug hervorgehoben) und auch sonst (met. Λ. phys. β 7, 198a 29—31. phys. θ) vorliegende Dreiteilung unbewegte(r) Beweger — Sterne — Sinnensubstanzen und die entsprechenden Wissenschaften Theologik — Astronomie — Physik vor Augen (so Alex.). Daß er hier 1004a 2—4 im Mittelbereich einer Dreiteilung die noch ganz platonisch als οὐσίαι gedachten Mathematika ansiedeln würde (Merlan 60 f), ist ausgeschlossen (vgl. u. 4.41—43).

mit der Mathematik erhärtet, wo es ebenfalls eine erste, zweite usw. Mathematik gibt[344].

Während 1003b 17—22 die ‚Philosophie' bzw. die gesuchte Seinswissenschaft[345] als γένος-Wissenschaft alle Arten des Seienden, besonders von οὐσία, umfaßt, werden hier nur die einzelnen Arten in rangmäßiger Abstufung vorgeführt, wobei die sie alle verbindende Klammer mit dem Wort φιλοσοφία angedeutet, jedoch nicht thematisiert wird. An der ersten Stelle hat somit die Seinswissenschaft ‚Allgemeincharakter', an der zweiten aber ist sie offenbar ‚partikulär', denn wir müssen in der πρώτη φιλοσοφία, die von der πρώτη οὐσία handelt, unsere Seinswissenschaft wiedererkennen[346]. Die beiden schwierigen Stellen[347] lassen sich wohl so miteinander vereinigen[348], daß die Seinswissenschaft sich zwar mit *allem* Seienden unter der Hinsicht befaßt, daß es *‚ist'* (erste Stelle), aber zugleich a potiori das voll-

Die Stelle ist also nicht als ‚Verbindungsglied' in Merlans auch sonst anfechtbarer Behandlung der Wissenschafts-Hierarchie (zu positiv darüber Krämer, *UGM* 140 f) zu verwenden; vgl. Décarie 104 A. 5. *Kosmologie und Metaphysik* 160—165. 171 und u. 7.2. — 1004a4 f ὑπάρχει γὰρ εὐθὺς γένη ἔχον τὸ ὄν wird man unter γένη dem Zusammenhang gemäß weniger die μέγιστα γένη, d. h. die Kategorien, verstehen (so Wagner 144. Patzig 193), sondern vielmehr (mit Alex. 251, 6ff. Schwegler 3, 155. Bonitz 178) die verschiedenen Arten von οὐσία, also die Vielfachbedeutung von Sein in dieser Hinsicht: Das Sein ‚ist' eo ipso in der Weise der drei οὐσίαι und ihrer Akzidentien. — Nach a 5 τὸ ὄν folgt noch καὶ τὸ ἕν, was Natorp, Ross und Jaeger einklammern, wohl zu Unrecht, denn ὄν und ἕν werden bei der Frage, ob das ‚Sein' Genos oder Substanz sei, immer zusammen genannt. Vgl. auch u. 4.44. Über εὐθύς ‚unmittelbar, eo ipso' s. die Erklärer z. St.

344 Alex. 251, 29—34 denkt probeweise an eine Reihenfolge Planimetrie — Stereometrie — Astronomie — Mechanik, Schwegler (3, 155) unter Hinweis auf E 1, 1026a 25—27 an das Verhältnis von reiner und angewandter Mathematik (vgl. auch Ross z. St.). — Patzig 190 A. 20 sieht die Analogie zwischen reiner Mathematik und erster Philosophie allein darin, daß beide gegenüber den übrigen Disziplinen ‚allgemein' sind. Damit wird er aber dem Kontext des Γ nicht ganz gerecht: Aristoteles geht ja bei dem Vergleich *des Γ* gerade von der Rangfolge ‚erste', ‚zweite' usw. aus, sieht also Mathematik und Substanz-Stufung als ‚Reihen'-Ordnung, in welcher das erste Glied, weil ontologisch vorgeordnet, zugleich auch allgemein ist (alles Nähere o. 4.212).

345 Die Identifikation beider wird nirgends direkt vollzogen, sollte aber, wenn man 1003b 18 f mit 21 f und 1004a 2 ff vergleicht, keinem Zweifel unterliegen und ist auch bisher nicht angefochten worden.

346 Vgl. auch hierzu wieder Reale 107. 112. 114—121. 151. Wagner 144 f geht, soviel ich sehe, auch nicht implizit darauf ein.

347 Vgl. neben den bisher zitierten Deutungen aus neuerer Zeit noch Lugarini 244—254 und dazu Berti, Giornale di metafisica 18 (1963) 274 f.

348 Der Harmonisierungsversuch Alexanders 245, 20—246, 24 (zu 1003b 21 f) und 250, 21—251, 38 (zu 1004a 2—9) ist in der Tendenz richtig, bleibt jedoch nicht nahe genug am Text und gleitet deshalb etwas verschwommen zwischen ‚allgemein-ontologischen' und ‚theologischen' Bemerkungen hin und her.

kommene Sein der obersten οὐσία als das exemplarische Maß von ‚Sein' überhaupt untersucht (zweite Stelle)[349].

Das eben aufgeworfene Problem ist keineswegs an die zwei Belege gebunden — wie man sie auch deutet und ob man sie überhaupt beachtet oder nicht —, sondern betrifft das ganze Buch Γ und die übrigen Metaphysik-Bücher insgesamt. Ist die aristotelische Metaphysik allgemeine Ontologie oder Theologik oder beides? Wie bereits o. S. 316ff. 352ff betont, darf diese Frage nunmehr als sicher beantwortet gelten: Da die für Theologik[350] und die für ‚allgemeine Ontologie' sprechenden Belege[351] in denselben Textpartien vorkommen und weder entwicklungsgeschichtlich auseinandergelegt noch aufeinander reduziert werden können[352], sind beide Pole als Aspekte ein und

[349] Am klarsten zeigt wiederum Reale 107. 112. 114—121. 151 die Verbindungen der zwei Textstücke auf.

[350] Gómez Nogales 85—89. 151—156 (vgl. 255 ff). Soleri, *Orizzonte* 47—49. 59 (vgl. auch 135 ff). Reale 20—23 und 29—31 (A). 82—84 (B). 114—124 (Γ). 147—154 (E 1). 182—188 (Z). 200—202 (H). 205—208 (Θ). 256f (K). 259—261 (Λ). 274 f (MN). Ein Rückgriff auf Owens und Merlan empfiehlt sich weniger, weil beide Autoren ihrer ‚theologischen' Denktendenz gemäß auch ‚allgemein-ontologische' Belege heranziehen und ‚theologisch' umdeuten. — ‚Theologische' Stellen des Γ sind Γ 2, 1004a 2 f. 3, 1005a 33—35 (die Skepsis Wagners 145 ist nicht berechtigt; vgl. Merlan, *Ὂν ᾗ ὄν* 149 f, Reale 117); aus dem zweiten Teil des Buches vgl. Γ 5, 1009a 36—38. 1010a 32—35. 8, 1012b 31.

[351] Soleri, *Orizzonte* 49—52. Reale 31—33 (A). 80—82 (B). 101—104 und 109—113 (Γ). 144 und 149—154 (E 1). 181—188 (Z), 195—199 (H). 203—205 (Θ). 256 (dort Verweise; K). 261—267 und 270—273 (Λ). 277—279 (MN). Die ‚ontologischen' Stellen des Γ (vgl. Reale a. O., bes. 113 A. 39) brauchen hier nicht ausgeschrieben zu werden, weil das gesamte Γ so ‚ontologisch' ist, daß (auch und gerade nach Merlans Vorstoß) demjenigen die volle Beweislast zufällt, der es (womöglich einseitig) ‚theologisch' interpretieren möchte. Immerhin sei zum Überfluß auf die eine oder andere Stelle und Einzelheit hingewiesen: Wenn man etwa 1003b 15 f hört, Aufgabe der ersten Philosophie sei es, τὰ ὄντα ... θεωρῆσαι ᾗ ὄντα, ist die ‚traditionelle' Deutung unabdingbar, unter ᾗ den ‚Aspekt' zu verstehen (dazu u. 4.24), mit dem das einzelne Seiende betrachtet wird; denn man kann hier nicht, zumal τὰ ὄντα und ᾗ ὄντα durch zwei Wörter getrennt sind, beides zusammennehmen und übersetzen „die im eminenten Sinne seienden Dinge (d. h. die οὐσίαι, besonders die πρώτη οὐσία) zu betrachten". Das widerspräche u. a. auch dem Zusammenhang, da die οὐσία ja erst im nächsten Schritt der Argumentation (1003b 16—19) als letzter Bezugspunkt der Frage nach dem Sein genannt wird. Vielmehr sind die ὄντα all das, was 1003b 6—10 als Beispiele für die Vielfachbedeutung des Seins genannt worden war, Substanzen und Relatives. Allgemeinheit und zugleich Substanzbezogenheit zeigen sich klar auch in Γ 3, 1005b 6 f τοῦ περὶ πάσης τῆς οὐσίας θεωροῦντος, ᾗ πέφυκε. Ebenso gelten der Satz vom Widerspruch als βεβαιοτάτη ἀρχὴ τῶν ὄντων ᾗ ὄντα (Γ 3, 1005b 8 ff), die Gegensätze und überhaupt die logischen Axiome als πάθη und ὑπάρχοντα des ‚Seienden als solchen' (Γ 2, 1004b 5 f. 15 f. 1005a 14) für das Sein insgesamt, weisen also (mindestens zunächst) auf Seins-‚Begriff' und endliche Substanzen; ihr problematisches Verhältnis zur obersten unbewegten Substanz wird u. 4.45 besprochen.

[352] Hierüber o. 4.1 *Zur Forschungslage*.

derselben Sache anzusehen. Wie hat man sich die Verbindung zwischen ihnen vorzustellen? Das heißt: In welcher Art von Zusammenhang stehen hier im Γ (sowie in E, K) Vorgeordnetes und Nachgeordnetes, Seinsgrund und Begründetes?

4.23 Aristotelische ‚Reihe' und akademisches ‚Ableitungssystem'

Wir müssen zunächst einiges von dem in *4.21* Gesagten wiederholen: Die ‚Reihe' der drei Seins-Schichten (οὐσίαι) wird einerseits schon durch ihre *Reihenhaftigkeit als solche* in ihrem Zusammenhang garantiert, nämlich als Abfolge vom Unvollkommenen zum Vollkommenen, andererseits durch das von unten nach oben durchlaufende *teleologische* Streben. Beide Komponenten — die ja zwei Facetten der gleichen Sache sind — gehen auf Platon und die Akademie zurück, werden aber von Aristoteles in charakteristischer Weise umgeformt:

Erstens wird die Reihe der drei Substanzen, obwohl von oben nach unten ein ‚hyletisches Plus' hinzutritt, nicht mehr nur mathematisch-quantitativ betrachtet, sondern mehr *qualitativ:* Jedes Glied ist gleichsam unabgeleitet und sui generis. Eine Implikation des Früheren im Späteren liegt nicht mehr vor, sondern — wenn überhaupt — umgekehrt eine Art von ‚Enthaltensein' des Späteren im Früheren, besonders wenn man *innerhalb* der drei οὐσίαι die Reihung z. B. der Beweger und der Äthersphären betrachtet. So gründet sich der Vorrang des ersten Gliedes nicht mehr auf sein ‚Element'-Sein, sondern darauf, daß es das vollkommenste Exemplar der Reihe ist, und auf andere Eigenschaften, z. B. — bei den Ätherkörpern — daß es das Nachgeordnete ‚umfaßt' und in der *räumlichen* Wert-Hierarchie sich *weiter oben* befindet. Einen *strikten* Allgemeinbegriff (nach Art der Genus-Pyramide) gibt es so wenig wie bei Platon, doch wird ein κοινόν im weiteren Sinne nicht gemieden.

Zweitens knüpft das Vollendungsstreben des Unvollkommenen (Sublunares ⟶ Sterne, Sterne ⟶ unbewegte(r) Beweger, entsprechend innerhalb der einzelnen drei Stufen) an Platon und die Akademie an (z. B. Symposion, ‚Streben' der Zahlen), unterscheidet sich aber darin, daß die Strebebewegung kosmologisch ponderiert ist und Seelisches (Aufschwung der Seele; Weltseele) oder gar Dämonisches (Xenokrates) zurücktritt[353].

Man sieht, wie Aristoteles in allen wesentlichen Punkten von der Akademie ausgeht, die überkommenen Lehren aber so stark in seinem

[353] Trotzdem bleibt natürlich die Beseeltheit der Äthersphären und überhaupt der Welt erhalten, und Theophrast kann Aristoteles mit Recht vorwerfen, er habe die Probleme dieses Beseeltseins nicht genügend durchdacht (met. Kap. II, 5a 14—6a 15; dazu Ross. Grumach, *Physis und Agathon in der alten Stoa,* 1932, 50—64. Reale, *Teofrasto,* 1964, 37—55. 98 f. 103 A. 2. 170—174).

eigenen Sinne umgestaltet, daß man genau genommen bei ihm nicht mehr von akademischer Elementen-Metaphysik (bzw. von Ableitungs-System) sprechen kann, sondern nur von ‚Brechungen' bzw. ‚Nachklängen' dieser Lehren.

Nun hat aber angesichts der im Γ durchweg spürbaren großen Platonnähe[354] Merlan gemeint, im Γ erfolge die Seinsbegründung noch wesentlich auf platonische Weise, d. h. es liege hier ein akademisches ‚Ableitungssystem' (bzw. akademische ‚Elementen'-Metaphysik) vor[355]. Demgemäß nimmt er einen ‚Bruch' zwischen Γ (E) K und den übrigen Metaphysik-Büchern an. Dazu müssen wir, auch wenn die Details erst später besprochen werden[356], schon jetzt kurz Stellung nehmen. Die Merlansche These trifft unter anderm aus drei Gründen nicht zu:

1. Im Γ liegt keine akademische, sondern die typisch aristotelische *Seinsstufung* der drei Substanzen vor (wobei auch die oberste Stufe nicht abweicht)[357]. Die Wirksamkeit der Ur-Gegensätze ἕν — πλῆθος stört diesen Seinsaufbau nicht, sondern paßt sich ihm an[358].

2. Die *Kausalität* dieser Seinsstufung ist gewiß nicht platonisch (elementhaftes Enthaltensein des Vor- im Nachgeordneten), sondern, wie das Vorhandensein der Dreistufung zeigt, *aristotelisch* im oben beschriebenen Sinn: *Aristotelische* ‚Reihenhaftigkeit' und Teleologie.

3. Auch wenn im Γ der Terminus ὑποκείμενον nicht fällt, ist der *Substrat*-Gedanke de facto vorhanden, womit der angebliche Widerspruch zwischen einer reinen ‚akademischen' Gegensatz-Lehre von Γ/K und dem ‚aristotelischen' Gegensatz-Substrat-Schema der übrigen Bücher dahinschwindet[359].

Wenn man diese und andere Gründe bedenkt[360], wird deutlich, daß hier im Γ trotz aller Platonismen kein ‚Ableitungssystem' im strengen Sinne mehr vorliegt[361], sondern dasselbe aristotelische System wie

[354] Die vor allem von Merlan (Zitate bei Krämer, *UGM* 140—142) ans Licht gehobene ‚platonische' Tendenz des Γ hat Krämer, *UGM* besonders 140—159 umfassend und in mancher Hinsicht abschließend dargestellt.

[355] *PN* 160—220 passim, bes. 172 f. 183 f. 193—195. 197.

[356] Vgl. bes. u. 4.5.

[357] Näheres u. 4.41. Natürlich ist diese Dreistufung bereits bei Xenokrates vorgegeben (o. 2.4), aber die Γ-Stellen zeigen eindeutig, daß die oberste Seinsschicht nicht xenokratisch gedacht ist, sondern aristotelisch (unbewegter Beweger). Welche platonischen, akademischen und aristotelischen Schichten einander etwa entsprechen, darüber *Kosmologie* und *Metaphysik* 180, mit Verweis auf Krämer, *UGM* bes. 175.

[358] Näheres u. 4.44/45. [359] Nachgewiesen u. 4.52.

[360] Sie sind aufgeführt u. 4.5, wo nachgewiesen wird, daß zwischen Γ/K und der übrigen Metaphysik kein Bruch besteht.

[361] So auch Krämer an der schon genannten Stelle *UGM* 140—159 in vorzüglicher Beweisführung, welche die platonischen Tendenzen des Γ (und der übrigen Metaphysik-Bücher) sorgfältig aufzeigt und dann das spezifisch Aristotelische von ihnen abgrenzt.

in den anderen Büchern der Metaphysik: Eine von den umfassenden (‚transzendentalen') Strukturbegriffen durchwirkte Schichtenfolge von ‚Überformungen'[362], eine Ordnung des ‚Mehr und Weniger', eine gleitende Skala von Seinsintensität[363].

Dem entspricht auch die *Erkenntnis*bewegung von den uns gegebenen Dingen zu deren Prinzipien, welche — indem sie die Stufenfolge durchmißt — schrittweise das Erkenntnishindernde (beim Weg zur Form das Materielle, beim Weg zur Materie das Formale) ‚subtrahiert' (ἀφαιρεῖ) und so das zu Erkennende heraushebt (νοεῖ, θεωρεῖ)[364].

4.24 Die Bedeutung des ὂν ᾗ ὄν[365]

4.241 Der Begriff des ὂν ᾗ ὂν spielt in den Erörterungen von Γ E 1 K eine so zentrale Rolle[366], daß er in nuce die gesamte Problematik dieser

[362] Geschildert ist diese Seinsordnung 8.27 u. ö.; vgl. daneben noch o. 4.214, wo auch die Relevanz des ‚Reihen'-Begriffs für die aristotelische Seins-Schichtung untersucht wird.

[363] Wie sich das ‚Mehr und Weniger' zu jener gelegentlich spürbaren anderen Tendenz der aristotelischen Ontologie verhält, die Grade der Seinsintensität zur ‚Einschichtigkeit' zu nivellieren (alles wird auf die — individuelle — Sinnensubstanz reduziert; Himmelskörper und Beweger treten zurück), kann hier nicht besprochen werden. Eine Bemerkung darüber *Weltbild und Seinslehre* 84 f.

[364] Vgl. o. 1.36 (Reduktion auf die Prinzipien hin), u. 4.24 (ὂν ᾗ ὄν) und ganz besonders das Abstraktionskapitel 7 (vor allem 7.543). Daß es entsprechend dem Aufstieg zur reinen Form auch solche zur ‚reinen Materie' gibt, wird u. 7.823 gezeigt.

[365] Entsprechend der Wichtigkeit dieses Begriffes spricht fast jeder, der über das Objekt der aristotelischen Metaphysik handelt, auch über das ὂν ᾗ ὄν, so daß man hier nahezu die gesamte einschlägige Lit. wieder aufführen müßte. Deshalb nenne ich nur ganz wenige Äußerungen, die von speziellem Interesse sind: Merlan, *Ὂν ᾗ ὄν* (grundlegend; dort sind auch die einschlägigen Untersuchungen von A. Mansion aufgeführt). Elders 18—21 (auch zum ᾗ allgemein, mit Belegen; Lit.). Décarie 100 f (vgl. auch Décaries Abschnitt über Γ, E und bes. K). H. H. Berger, *Aristoteles' formulering van het voorwerp van de metafysiek*, Tijdschrift voor filosofie 24 (1962) 215—241; 241 deutsche Zusammenfassung (beachtenswerte Arbeit, die trotz einiger Mängel im ganzen zu einleuchtenden Ergebnissen kommt). Owens 16—22 und 25 f mit A. 33 (prinzipiell wichtig; Lit.). 35—68 (instruktiver historischer Überblick), 222 f. 225. 259—264. 267. 311. 456 *(The Aristotelian Vocabulary of Being)*. 465. 471 f (in nuce Owens' eigene These) u. ö. Reale, *L'impossibilità* passim, bes. 325 f. *Concetto* 99—142 *(La ‚filosofia prima' e la scienza dell'essere in quanto essere nel libro Γ)*, bes. 131—142 *La teoria dell' ὂν ᾗ ὂν e la presunta parabola evolutiva del pensiero metafisico Aristotelico* (wo weitere Verweise; kritische Auseinandersetzungen mit Jaeger, Oggioni, Wundt, Gohlke). Geistvoll und im einzelnen sehr förderlich, in der Gesamt-Beurteilung aber nicht überzeugend Aubenque 35—41. 132 A. 2. 190 ff. 219 ff. 300. 370—372. 393 ff. 403—405. 417 A. 1. 495 (jeweils mit Umgebung) u. ö. (vgl. dazu Owens, Gnomon 35, 1963, 459—462, bes. 460 f und o. 4.11). Vgl. auch Krämer, *GS* 348—352, bes. 350 A. 126 (vermittelnd zwischen ‚theologischer' und ‚ontologischer' Auffassung des ὂν ᾗ ὄν). Weitere Lit. im folgenden.

[366] Er erscheint nicht in den anderen Metaphysikbüchern oder sonst bei Aristoteles. Über andere (verwandte und nicht verwandte) aristotelische Wendungen mit ὄν vgl. Owens 456 und u. 4.244c; einiges auch bei Reale, *L'impossibilità*.

Bücher zusammengefaßt zu enthalten scheint. Deshalb ist es auch nicht verwunderlich, wenn er die Kontroverse um das Objekt der aristotelischen Metaphysik getreu widerspiegelt, wenn also die Forscher je nach ihrer Position in der Hauptfrage auch das ὂν ᾗ ὄν mehr ‚theologisch' oder mehr ‚ontologisch' usw. interpretieren[367]. Da wir eine Gesamt-Deutung vorgeschlagen haben, welche u. a. diese beiden Aspekte in sich vereinigt[368], müssen wir folgerichtig im ὂν ᾗ ὄν die von anderen oft getrennten Komponenten, mindestens die ‚theologische' und die ‚ontologische', vereint beieinander finden. Diese — von der Sache ausgehende — Konsequenz ist so zwingend, daß es sich fast erübrigen würde, speziell noch einmal auf ὂν ᾗ ὄν einzugehen. Trotzdem wollen wir von unserer Gesamt-Auffassung absehen und möglichst unbefangen das ὂν ᾗ ὄν speziell noch einmal betrachten, zum einen, um womöglich von daher eine Bestätigung der Gesamt-These zu erhalten, zum andern, weil dabei noch andere, für das Hyle-Thema wichtige Ergebnisse abfallen. Jedoch wollen wir uns auf wenige Hauptlinien beschränken; denn eine detaillierte Behandlung des ὂν ᾗ ὄν würde zu weit führen und ist auch nicht mehr so nötig, weil der bisherige Widerstreit der Meinungen doch schon einige Klärung gebracht hat[369].

4.242 Jede Betrachtung des ὂν ᾗ ὄν muß zunächst an dem Ausdruck selber ansetzen und fragen: Was bedeutet ᾗ, was $ὄν_1$ (d. h. das zuerst, vor dem ᾗ stehende ὄν), was $ὄν_2$? ᾗ bezeichnet in anderen Zusammenhängen[370] den *Aspekt*, unter dem etwas betrachtet und wissenschaftlich untersucht werden kann. So kann man Sinnendinge ᾗ κινούμενα betrachten oder ᾗ σώματα μόνον oder ᾗ ἐπίπεδα μόνον oder ᾗ μήκη μόνον usw.; ein Lebewesen ᾗ θῆλυ oder ᾗ ἄρρεν; einen Menschen ᾗ

367 Nur zwei Beispiele; Eine ‚theologische' Deutung des ὂν ᾗ ὄν gibt Merlan, *Ὂν ᾗ ὄν* eine ‚ontologische' Mansion (referiert bei Merlan a. O.). — Über die Forschungslage und die prinzipiell möglichen Positionen vgl. o. 4.1.

368 Vgl. o. 4.14, 4.22 u. ö. Unsere Deutung vereinigt die vier Komponenten Ontologie, Theologie, ‚Usiologie' und ‚Aitiologie' miteinander.

369 Das gilt besonders für Merlans *Ὂν ᾗ ὄν*, wo die Probleme scharf und klar herausgehoben werden — auch wenn man den vorgeschlagenen Lösungen oft widersprechen muß (vgl. das Folgende).

370 Abgesehen von der ‚immanenten' Betrachtung des Ausdrucks ὂν ᾗ ὄν (bzw. ὄντα ᾗ ὄντα; also mit ‚seiend' und ᾗ), die natürlich stets im Mittelpunkt bleibt, wollen wir auch dieselben oder ähnliche Termini in anderen Sachbereichen aufsuchen, freilich nur mit Vorsicht und ohne die Sonderstellung des Begriffes ‚sein' zu vergessen (vom Seins-‚*Begriff*' sprechen wir hier undifferenziert, um einen bequemen Terminus zu gebrauchen; wie es *bei Aristoteles* um einen *Begriff* des ‚Seins' steht, wird erst unten geprüft). — Alles Nähere über die ᾗ-Betrachtung, d. h. die aristotelische Abstraktions-Theorie, u. 7 (bes. 7.41—43, 7.543). Anregend, aber letztlich unbefriedigend über das ᾗ Wieland 64. 197—202. 213 f. 249f.

ἀδιαίρετος oder ᾗ στερεόν u. dgl.[371]. Hierbei wird jeweils *zweierlei* unterschieden, der Gegenstand, an dem die Untersuchung ansetzt[372], und der Gesichtspunkt, unter dem er betrachtet wird[373]. Das Formal-Objekt (nach dem ᾗ) steht immer im Nominativ, zu ergänzen die Kopula ἐστίν[374].

Die für das Folgende entscheidende Frage ist: Was leistet der Untersuchende mit seinem ‚Betrachten' (θεωρεῖν)[375] und welche Seinsweise hat demgemäß das Formel-Objekt? Der Aspekt, den der Betrachter durch einen noetischen Erkenntnisakt (νόησις) heraushebt, ist kein willkürliches ‚Gedankending', das er frei erfinden könnte, sondern etwas Vorgegebenes in dem Gegenstand selbst, das er nur deshalb herausheben kann, weil es bereits objektiv ‚darin' ist. Das so erkannte νοητόν ist also nie ‚leerer Begriff' o. dgl., sondern stets *inhaltlich* bestimmte, *objektive ‚Seinsstruktur'* — oder wie immer man es nennen will. Deshalb kann Aristoteles auch einen dieser Aspekte jeweils einer *Wissenschaft* im strengen Sinne (ἐπιστήμη) als Gegenstand zuordnen (besonders deutlich in M 3)[376].

[371] Die Beispiele stammen aus M 3, wo das Problem ausführlich entwickelt wird. Näheres zu dem Kapitel u. 7.4.

[372] Manchmal werden es Gegenstände sein, die *vor* und *unabhängig* von aller subjektiven Betrachtung ‚konkret' *vorhanden sind* (z. B. ein Baum, Haus usw.). Aber es kann sich durchaus auch um Gegenstände handeln, die selbst schon Abstraktionsprodukte sind und nun noch einmal unter einem *neuen* Aspekt *weiter* untersucht werden (z. B. die mathematischen Körper qua Flächen usw.). Solche *Stufen* der *Abstraktions-Gegenstände* kommen in der Wissenschaft sehr oft vor, wie sich bereits aus M 3 ergibt.

[373] Man kann in neuscholastischer Terminologie von ‚Material-Objekt' und ‚Formal-Objekt' sprechen, wenn man dabei nicht zugleich auch die neuscholastische Abstraktionslehre übernimmt, die ja von der aristotelischen wesentlich verschieden ist, s. oben gleich anschließend im Text und u. Kapitel 7 passim. Bergers Erörterung (*Voorwerp* 224 ff. bes. 224 A. 33. 233 A. 70), daß das ᾗ nicht ‚materiell-restriktiv', sondern ‚formal-restriktiv' sei, spricht nur etwas Selbstverständliches aus: Denn das Material-Objekt wird *als solches* niemals reduziert, sonst wäre der ᾗ-Aspekt tautologisch und sinnlos (auch Merlan denkt nicht, wie Berger meint, an so etwas).

[374] Beispiele passim, bes. deutlich M 3, 1078a 14—16 οὐδετέρα (sc. ἐπιστήμη, nämlich ἁρμονική und ὀπτική) γὰρ ᾗ ὄψις ἢ ᾗ φωνὴ θεωρεῖ (zu ergänzen: ‚ihre Objekte', Akkusativ), ἀλλ' ᾗ γραμμαὶ καὶ ἀριθμοί. a 24—26. S. auch u. 4.242 Ende die Beispiele aus dem K, wo die Kopula ἐστίν ausgedrückt wird. Vgl. ferner Elders 20 A. 1.

[375] In M 3 erscheinen θεωρεῖ (1078a 15), θέμενος κεχωρισμένα (a 17), θείη χωρίσας (a 22), ἔθετο (a 24), ἐθεώρησεν (a 24). Vgl. dazu 7.42 (bes. S. 586f).

[376] Wir haben den Befund sehr stark vereinfacht, weil es uns hier nur um den *einen* Grundzug der aristotelischen Abstraktions-Lehre geht, den Aristoteles *durchweg* festhält: Das ‚objektive' Vorhandensein der νοητά, die aller Beliebigkeit einer *rein subjektiven* ‚Setzung' vorausgehen. — Für ein differenzierteres Bild von ‚Subjektivität' und ‚Objektivität' in der aristotelischen Abstraktionslehre vgl. u. 7.54; über den Zusammenhang von Abstraktionslehre und Wissenschaftslehre u. 7 passim (bes. 7.2, 7.543).

Es ist nun methodisch geboten, diese Beobachtungen auf das ὂν ᾗ ὄν anzuwenden und zu sehen, wie weit dort a) $ὄν_1$ und $ὄν_2$ etwas Verschiedenes meinen, nämlich Material- und Formal-Objekt, und b) ᾗ den ‚Aspekt' (sc. = $ὄν_2$) markiert, unter dem $ὄν_1$ ‚betrachtet' wird (θεωρεῖν)[377]. Merlan hat ja beides bestritten, ὂν ᾗ ὄν durch ‚Seiendes-an-sich' (bzw. ‚wesentlich Seiendes' oder ‚das, was an sich ist') wiedergegeben und mit der πρώτη οὐσία = ἀκίνητος οὐσία = ‚unbewegter Beweger' identifiziert[378]. Es gibt jedoch Stellen, die Merlans Auffassung eindeutig widersprechen[379]: Wenn es etwa heißt, Aufgabe der ersten Philosophie sei es, τὰ ὄντα . . . θεωρῆσαι ᾗ ὄντα (Γ 2, 1003b15 f), so ist es nicht möglich, τὰ ὄντα und ᾗ ὄντα, die durch zwei Wörter voneinander getrennt sind, zusammenzunehmen und — im Sinne Merlans — zu übersetzen „die im wesentlichen (bzw. an sich) seienden Dinge zu untersuchen". Es hielte auch sehr schwer, diese ὄντα mit der obersten Seinsschicht des Göttlichen zu identifizieren[380]. Vielmehr sind, wie der Zusammenhang zeigt, unter den ὄντα *Substanzen und Relatives* zu verstehen[381], die also von der ersten Philosophie daraufhin untersucht werden, daß sie *sind*.

Indes bleibt, bevor man diese Deutung akzeptieren kann, noch ein Umstand zu bedenken: daß nämlich bei diesem Beleg (und sonst im Ausdruck ὂν ᾗ ὄν) *vor* und *nach* ᾗ *genau dasselbe* Wort (ὄν) steht; das spricht doch, könnte man meinen, eher für eine ‚Identifikation' (Merlan) als für eine Trennung in ‚Material-' und ‚Formal-Objekt'. Hier treten nun Belege ergänzend und bestätigend hinzu, in denen die Trennung auch von der Terminologie her nahegelegt wird: Es ist Aufgabe τοῦ περὶ πάσης τῆς οὐσίας θεωροῦντος, ᾗ πέφυκε (Γ 3, 1005b 6f), auch die Prinzipien der Syllogistik zu untersuchen: Der Meta-

[377] Das oben kurz behandelte Problem, *welche Art* von Erkenntnis letztlich die Aspekt-Betrachtung darstelle, braucht hier nicht erwähnt zu werden, weil sich weder die Frage noch die Antwort *unmittelbar* an den zitierten Texten ablesen lassen und im Moment auch nichts darauf ankommt. Wir werden erst unten wieder darauf eingehen.

[378] Merlan, *Ὂν ᾗ ὄν* 152 f. Seine Argumente werden weiter unten näher behandelt.

[379] Die Stellen aus dem Γ wurden zwar schon o. S. 382 A. 351 als Indizien für die ‚ontologische' Tendenz des Γ aufgeführt, müssen hier aber nochmals genannt werden. Wiederholungen sind dabei unvermeidlich.

[380] Wenn auch die oberste Seinsschicht im Γ sonst *singularisch* benannt wird (πρώτη οὐσία und dgl.), ist natürlich gegen den *Plural* nichts einzuwenden (vgl. zu dieser Frage u. 4.41, ferner 4.452). Jedoch setzt sich diese Deutung mit dem *Zusammenhang* der Stelle in Widerspruch, weil die οὐσία erst im *nächsten* Schritt der Argumentation (1003b 16—19) als letzter Bezugspunkt der Frage nach dem Sein genannt wird, und von der *obersten* οὐσία gar nicht die Rede ist. Mithin sind die ὄντα nicht speziell Substanzen (weder sinnliche noch gar göttliche), sondern all das, was 1003b 6—10 als Beispiele für die Vielfachbedeutung des Seins genannt worden war, Substanzen und Relatives.

[381] Vgl. vorst. Anm.

physiker[382] prüft also ‚das Sein *insgesamt*'[383] auf sein Wesen hin[384]: Statt ᾗ πέφυκε hätte auch ᾗ ὄν (ἐστιν) stehen können[385]. Andere Stellen aus dem Γ bezeugen zwar gleichfalls, daß ὂν ᾗ ὄν nicht mit der göttlichen Substanz identisch ist, sondern das kontingente Sein miteinbegreift, lehren uns aber nichts für die Analyse des Ausdrucks selber und werden deshalb hier übergangen[386].

Statt dessen ziehen wir noch Belege aus dem K zur Ergänzung heran[387], die an Eindeutigkeit nichts zu wünschen übriglassen[388]: Wie der Mathematiker von allen Eigenschaften der Dinge absieht und sie nur qua Kontinuum untersucht, τὸν αὐτὸν δὴ τρόπον ἔχει καὶ περὶ τὸ ὄν. τὰ γὰρ τούτῳ συμβεβηκότα καθ' ὅσον ἐστὶν ὄν, καὶ τὰς ἐναντιώσεις αὐτοῦ ᾗ ὄν, οὐκ ἄλλης ἐπιστήμης ἢ φιλοσοφίας θεωρῆσαι. τῇ φυσικῇ μὲν γὰρ οὐχ ᾗ ὄντα, μᾶλλον δ' ᾗ κινήσεως μετέχει, τὴν θεωρίαν τις ἀπονείμειεν ἄν (K 3, 1061b 3—7). Wie die erste Philosophie beschäftigen sich auch Dialektik und Sophistik mit den Eigenschaften der Dinge (τῶν συμβεβηκότων . . . τοῖς οὖσιν), οὐχ ᾗ δ' ὄντα οὐδὲ περὶ τὸ ὂν αὐτὸ καθ' ὅσον ὄν ἐστιν (K 3, 1061b 9 f). Die Mathematik unter-

382 1005b 6 τοῦ φιλοσόφου: Damit ist derjenige Philosoph gemeint, der sich mit der philosophischen Grundwissenschaft, der πρώτη φιλοσοφία, befaßt, also der πρῶτος φιλόσοφος (wir schlagen dafür die Bezeichnung ‚Metaphysiker' vor). Vgl. die vorhergehende Partie von Γ 3, bes. von 1005a 34 an.

383 πᾶσα ἡ οὐσία kann hier nichts anderes bedeuten als ‚die Gesamtheit alles Seienden' (Ross ‚all substance'), d. h. ebensowohl die *sinnlichen* Substanzen (vielleicht sogar deren Akzidentien) wie die *göttliche* Seinssphäre (vgl. dazu 1005a 34—b 2, woran unsere Stelle sachlich anschließt). Diese Formulierung und der Zusammenhang von Γ 3 erste Hälfte (vgl. Schwegler 3, 160f) sind unverständlich, wenn mit Merlan hier nur an Theologik gedacht wird.

384 „der das Wesen alles Reellen erforscht" (Schwegler); „who is studying the nature of all substance" (Ross).

385 Daß es bei der Untersuchung ᾗ ὄν um eine *Wesens*betrachtung geht, wird nachher noch genauer dargetan.

386 Es handelt sich um die Stellen, an denen die Gegensätze, die logischen Axiome und der Satz vom Widerspruch u. a. als πάθη und ὑπάρχοντα des ‚Seienden als solchen' bezeichnet werden (vgl. u. 4.44, 4.453 Anfang). Diese πάθη gelten nun für das Sein *insgesamt* (und bes. für das kontingente), während ihre Beziehung gerade zur göttlichen Substanz problematisch bleibt, vgl. u. 4.45.

387 Da die Echtheit des K noch immer umstritten ist, weisen wir darauf hin, daß die aus Γ gebrachten Stellen schon ausreichen, um unsere Argumentation zu stützen. Die K-Stellen erbringen aber eine so schöne Bestätigung der obigen Deutung, daß wir nicht auf sie verzichten wollen. Dies um so mehr, als das K selbst bei den Bestreitern der Echtheit (z. B. Düring) im ganzen als ‚geistiges Eigentum' des Aristoteles gilt (Düring 278; die Ausnahmen, die Düring konstatiert, betreffen unsere Frage nicht). Und da es sich um *mehrere* Stellen und deren *Inhalt* handelt, verstoßen wir auch nicht gegen Dürings Regel, der selber „nie einzelne Formulierungen aus Kappa als Worte des Aristoteles zitieren" würde (278). Näheres zum K u. 4.3.

388 Ich zitiere sie in extenso, weil sie in der Literatur oft nicht genügend gewürdigt werden, und füge fast keine Erläuterungen bei, weil sie für sich selber sprechen. Zum K speziell u. 4.3.

sucht die Dinge[389] οὐχ ᾗ δ' ὄντα ἀλλ' ᾗ συνεχὲς αὐτῶν ἕκαστον ἐφ' ἓν ἢ δύο ἢ τρία· ἡ δὲ φιλοσοφία περὶ τῶν ἐν μέρει μέν, ᾗ τούτων ἑκάστῳ τι συμβέβηκεν, οὐ σκοπεῖ, περὶ τὸ ὂν δέ, ᾗ ὂν τῶν τοιούτων ἕκαστον, θεωρεῖ. τὸν αὐτὸν δ' ἔχει τρόπον καὶ περὶ τὴν φυσικὴν ἐπιστήμην τῇ μαθηματικῇ· *τὰ συμβεβηκότα* γὰρ ἡ φυσικὴ καὶ τὰς ἀρχὰς θεωρεῖ τὰς τῶν ὄντων ᾗ κινούμενα καὶ οὐχ ᾗ ὄντα (τὴν δὲ πρώτην εἰρήκαμεν ἐπιστήμην τούτων εἶναι καθ' ὅσον ὄντα τὰ ὑποκείμενά ἐστιν, ἀλλ' οὐχ ᾗ ἕτερόν τι) (K 4, 1061b24—32). Jede Einzelwissenschaft grenzt sich einen speziellen Bereich (γένος) ab und untersucht ihn ὡς ὑπάρχον καὶ ὄν, οὐχ ᾗ δὲ ὄν; die Untersuchung ᾗ ὂν obliegt einer anderen Wissenschaft, nämlich der ersten Philosophie (K 7, 1064a2—4).

4.243 Nachdem nun gesichert ist, daß man im ὂν ᾗ ὂν zwischen Material- und Formalobjekt unterscheiden muß, fragt sich: Worin besteht der genaue Unterschied zwischen beidem?

Für $ὄν_1$ geben die genannten Stellen hinreichend Auskunft: Materialobjekt sind die ‚Dinge' im umfassendsten Sinne, so wie sie nun einmal ‚gegeben' sind, vor allem Substanzen und ihre Befindlichkeiten[390]. Die Metaphysik kann aber natürlich auch die Gegenstände der anderen Wissenschaften (die ja *Abstraktions*-Produkte sind) unter ihre Material-Objekte einbeziehen und sie hinsichtlich ihres *Seins* untersuchen, z. B. die Gegenstände der Mathematik auf ihre Seinsweise befragen u. dgl.[391]. Materialobjekte sind also die *‚Dinge', wie sie eben sind.*

[389] 1061b 23f werden statt der Material-Objekte der Mathematik (die man erwartet hätte) schon die Formal-Objekte genannt, was aber den Gedankengang nicht beeinträchtigt: Vgl. anschließend das über die Physik Gesagte.

[390] Vgl. den Anfang von Γ 2 über die οὐσία und ihre συμβεβηκότα, dann die oben zitierten Stellen aus Γ 2 (τὰ ὄντα), Γ 3 (πᾶσα ἡ οὐσία). Auch die K-Stellen beziehen sich auf die ‚Dinge': K 4, 1061b 28—32 werden einmal τὰ ὄντα direkt genannt (b 29; geht auf die Physik, gilt aber sinngemäß auch für die Metaphysik), einmal τὰ ὑποκείμενα (b 31), was genau dasselbe meint wie τὰ ὄντα. K 3, 1061b 3ff begegnet zunächst der Singular (wie in *ὂν* ᾗ ὄν); daß aber ‚die Dinge' dahinterstehen, zeigt b 7 ᾗ ὄντα (in dem Satz ist τῶν ὄντων zu ergänzen, abhängig von τὴν θεωρίαν). K 3, 1061b 9f erscheinen τὰ ὄντα (b 9; vgl. auch anschließend ᾗ δ' ὄντα); dann folgt wieder der Singular τὸ ὄν. Vgl. auch K 4, 1061b 27 τῶν τοιούτων (sc. τῶν ὄντων?) ἕκαστον und die nächste Anm. — Was der Singular τὸ ὂν genau bedeutet, wird unten noch erörtert.

[391] Das läßt sich *sachlich* dem Beginn von Γ 3 und (deutlicher) K 4, 1061b 21ff entnehmen, obwohl es nicht direkt ausgesprochen wird: Immerhin darf man zu 1061b 23f ‚die Mathematik untersucht Linien, Winkel ... und sonstige Größen nicht qua Seiende, sondern qua Kontinua' κατ' ἀντίφρασιν ergänzen: ‚wohl aber kann die Metaphysik diese mathematischen Gegenstände qua Seiende untersuchen'. — 1061b 27 τῶν τοιούτων ἕκαστον wäre gleichfalls ein Beleg, wenn es sich auf die vorher b 25f genannten Objekte der Einzelwissenschaften zurückbeziehen würde, was man leider nicht beweisen kann; die Erklärer fassen es indes durchweg als Explikation von b 26 τὸ ὂν auf (z. B. Ross z. St.), was sprachlich nicht recht befriedigt; vgl. vorst. Anm.

Das Formalobjekt kann nun nach dem Gesagten nicht einfach eine Wiederholung des Material-Objektes darstellen, kann also nicht das Sein des vorliegenden Dinges mit allen individuellen Zügen, Nebensächlichkeiten, Unvollkommenheiten, Veränderlichkeiten usw. meinen (das ist ja $ὄν_1$), sondern muß eine *Reduktion* auf etwas *Wesentliches, Zentrales, Unveränderliches, Allgemeines* mit sich bringen[392]: $ὄν_2$ ist mithin ein *ausgewähltes, besonderes* Sein, auf dem eine *starke Betonung* liegt[393]. Dies ergibt sich deutlich aus dem Bemühen des Aristoteles, dieses Sein von allen *partikulären* Aspekten abzuheben und so seine *Ausgezeichnetheit* zu betonen[394].

Was ‚das ausgezeichnete Sein' konkret meint und wohin somit die Aspekt-Betrachtung ᾗ ὄν führt, lernen wir aus der Reduktion pros hen, welche ja das Rückgrat der Erörterungen über die ‚erste Philosophie' in Γ und K bildet: Alles ‚akzidentell' Seiende wird pros hen auf die (sinnliche) Substanz bezogen, die Substanzen weiter auf die göttliche Substanz[395]. Die Zurückführung pros hen stellt einen *Aufstieg* dar, bei dem durch schrittweises *Subtrahieren* des Unwesentlichen (d. h. der jeweiligen *materiellen* Bedingtheiten, des Kontingenten = δυνάμει ὄν) die Erkenntnis (νόησις) von den Akzidentien über die ‚Reihe' der Substanzen bis zur ἀκίνητος οὐσία gelangt, also vom Kontingenten zur immer reineren ἐνέργεια[396]. Die ᾗ-ὄν-Betrachtung meint nun sachlich kaum etwas anderes als (vielleicht sogar genau dasselbe wie) diesen Pros-hen-Aufstieg zum Göttlichen. Jedes Seiende wird also ᾗ (κυρίως) ὄν betrachtet, ‚sofern es *eigentlich (wesentlich)* ist', und das heißt, sofern es auf die zugehörige Substanz bzw. auf die oberste Substanz bezogen ist, oder anders: sofern es von der *Form* (εἶδος) her bestimmt wird, zuerst vom εἶδος der οὐσία αἰσθητή, dann letztlich von der reinen Form der ἀκίνητος οὐσία. Oder wieder anders: sofern es ‚wirklich' (ἐνεργείᾳ) ist und befreit ist von der Kontingenz

392 Ohne diese Reduktion wäre ὄν ᾗ ὄν eine Tautologie und, solange es sich auf *kontingentes* Seiendes bezieht, kein Wissenschafts-Objekt, weil Wissenschaft das Veränderliche *als solches* nicht erfassen kann.

393 Den in früherer Literatur gelegentlich begegnenden Ausdruck ‚*seligiertes* Sein' können wir heute nicht mehr verwenden.

394 Vgl. die o. 4.22 vorgeführten Erörterungen des Γ, dazu die vorhin genannten Stellen aus dem K. An den verwendeten *Ausdrücken* läßt sich nur wenig sehen: Vgl. immerhin Γ 3 ᾗ πέφυκε. Auch in K 3, 1061 b 9 f (die Metaphysik befaßt sich) περὶ τὸ ὂν αὐτὸ καθ' ὅσον ὄν ἐστιν dürfte αὐτό das vorhergehende τὸ ὄν ebenso auf das Wesentliche reduzieren wie es das nachfolgende καθ' ὅσον ὄν ἐστιν tut, also αὐτό *sachlich* = καθ' ὅσον κτλ.; doch ist das bei der etwas unscharfen Formulierung der Stelle nicht sicher (vgl. auch u. 4.244 c).

395 Unter ‚Pros-hen' begreife ich hier abkürzend auch die ‚Reihen-Ordnung' der Substanzen ein. Ausführlich über Pros-hen und Reihe o. 4.21.

396 Darüber o. 4.213.

(δύναμις = ὕλη)[397]. Alles Sein gründet, wie Γ/K festgestellt haben, in der οὐσία, alle οὐσίαι weiter in der ἀκίνητος οὐσία, und *dieser Begründungszusammenhang*, ohne den kein Seiendes überhaupt sein kann, wird durch die Untersuchungsweise ᾗ ὄν für das einzelne Seiende verifiziert. Insofern ist ‚Seinswissenschaft' vom ὂν ᾗ ὄν auch Wissenschaft von den letzten ‚Ursachen' alles Seins (‚Aitiologie')[398].

Wie ohne weiteres ersichtlich ist, stehen hier platonisch-akademische Gedanken im Hintergrund: Ein einzelnes Seiendes *ist* nur, sofern es ‚an der Idee (bzw. den Prinzipien) teilhat', und der Metaphysiker (= Dialektiker) stellt dieses ‚Teilhaben' fest, indem er ‚reduktiv' auf die Ideen (Prinzipien) zurückgeht und von dort wieder ‚deduktiv' zu den Erscheinungen zurück[399]. Platonisch würde die Formel also lauten: τὰ ὄντα θεωρῆσαι ᾗ ὄντως ὄντα. Aristoteles meidet — entsprechend seinem Abrücken von der Ideenlehre — strikt das Wort ὄντως[400]. Warum er zu ᾗ ὄν auch keinen anderen erläuternden Zusatz zufügte (ἐνεργείᾳ, κυρίως, ἀληθῶς, ἁπλῶς o. ä.), können wir nur vermuten: Wahrscheinlich war der Zusatz ᾗ ὄν — in Abgrenzung von ᾗ ἕτερόν τι u. dgl. — an sich schon signifikant genug, um so mehr, je stärker der Gesamtausdruck ὂν ᾗ ὄν zu einer Art schulsprachlicher Formel erstarrte[401].

ᾗ ὄντα führt also wie alle anderen ‚Aspekte' eine ‚*Auswahl*', ein ‚*Absehen von*' herbei, meint freilich einen Aspekt besonderer Art, der nicht eine mehr oder minder unwesentliche Seite des betreffenden

[397] Berger, *Voorwerp* spricht zwar 225 ff von der ‚reduplikativen' Kraft des ᾗ in ὂν ᾗ ὂν und sagt im Anschluß an Mansion, ὂν ᾗ ὂν heiße ‚ich betrachte das Seiende unter der Hinsicht, daß es mit sich selbst identisch ist' (230. 235. 239—241), meint aber mit dieser höchst mißverständlichen Formel etwas anderes als Mansion (dessen Auffassung ich in diesem Punkt nicht ganz verstehe) und zwar das Richtige: ‚ich betrachte das (kontingente) Seiende unter der Hinsicht, daß es vollkommen und unveränderlich ist' (233 f. 239—241).

[398] Vgl. z. B. nur Γ 1 und Reale 99ff.

[399] Über den platonisch-akademischen Hintergrund von Pros-hen und Reihe o. 4.213, des ‚Aufstiegs *per substractionem*' u. 7.61. Owens weist auf den platonischen Ausgangspunkt des ὂν ᾗ ὂν hin (222 f. 273. 471—473), betont aber dann doch das Trennende zu stark, weil er Platons Ontologie (von ‚Akademie' spricht er nicht) auf die ‚klassische' Ideenlehre und sogar auf die Ideen von Dingklassen einschränkt — ganz im Sinne der aristotelischen Ideenkritik — und so zu einem stark verengten Begriff von platonischer ‚Dialektik' kommt. Wie man sich unter Einbeziehung der *Prinzipienlehre* eine umfassende platonische Dialektik vorzustellen hat, zeigen H. G. Gadamer, *Dialektik und Sophistik im siebenten platonischen Brief*, SB Heid. 1964, 2. Ders., *Platons ungeschriebene Dialektik*, in: *Idee und Zahl* (Abh. Heid., philos.-hist. Kl., 1968, 2) 9—30. Vgl. auch H. Gundert, *Dialog und Dialektik. Zur Struktur des platonischen Dialogs*, Studium Generale 21 (1968) 295—379, 387—449. Ders., *Der platonische Dialog*, 1968. — Unrichtig über die Beziehung des aristotelischen ὂν ᾗ ὂν zu Platon Berger, *Voorwerp* 235 ff.

[400] Vgl. Bonitz s. v. ὄντως.

[401] Darauf gehen wir unten noch einmal ein.

Dinges isoliert, sondern auf seinen ontischen Kern abzielt[402]. Der Aspekt ᾗ ὄντα wählt das einzelne Seiende auf seinen ‚idealen' Seinsgrund hin aus und bindet es an diesen Grund. Die Blickrichtung bleibt dabei jeweils unverändert auf die ἀκίνητος οὐσία gerichtet (vgl. das Pros-hen)[403], aber das Verhältnis des ᾗ-ὄν-Aspektes zu seinem Material-Objekt ändert sich, je weiter man in der Stufung der Seinsvollkommenheit von ‚unten' nach ‚oben' steigt, d. h. je vollkommener das Material-Objekt wird. Und zwar nähert sich der Aspekt dem Material-Objekt immer mehr an, bis zur regelrechten Identität: Wenn das Material-Objekt ein Akzidens ist, zielt ᾗ ὄν(τα) auf die Sinnensubstanz und von da auf das *ens realissimum.* Ist das Material-Objekt eine substantia sensibilis, weist ᾗ ὄν(τα) auf (die Himmelskörper und) den unbewegten Beweger hin. Bei den Himmelskörpern meint ᾗ ὄν die göttliche Substanz, und bei der ἀκίνητος οὐσία schließlich fallen Formal-Objekt und Material-Objekt zusammen. So werden durch die Betrachtungsweise ᾗ ὄν(τα) die Objekte der ‚*ersten* Philosophie' deutlich von denen der anderen Wissenschaften abgegrenzt und eben dadurch zu einer Einheit zusammengefaßt, nämlich zu einer Einheit πρὸς ἕν, bezogen auf die reine ἐνέργεια = ἀκίνητος οὐσία[404]. Der unbewegte Beweger ist mithin — wie beim Pros-hen — *Ziel* und *oberster Bezugspunkt* eines Erkenntnisweges, aber nicht das *alleinige* Objekt dieser Erkenntnis[405], und die Blickrichtung geht von ‚unten' nach ‚oben', nicht umgekehrt[406]. Wenn man dieses Bezogensein der ᾗ-ὄν-Betrachtung auf die Substanz und die göttliche Substanz bedenkt und sich

[402] Man könnte also sagen, daß dieser Aspekt in seiner *Begrenzung* auf etwas *Umfassendes* führt.

[403] Owens 19 A. 17 spricht im Zusammenhang mit dem ὄν ᾗ ὄν davon, daß man die veränderlichen Sinnendinge auf ihre unveränderlichen Prinzipien „*matter* and form" beziehen könne. Gewiß kann man das Hyle-Prinzip als einen der beiden ewigen Ursprünge alles Werdens betrachten (vgl. nur B 999b 12 f mit Umgebung; Joachim 95. 97 f. 246—248. 253), und es gibt auch ‚Erkenntniswege zum Hyle-Prinzip' (u. 7.823), aber die Betrachtungsweise ᾗ ὄν betrifft vorzugsweise die *Form* (ist also ein ‚Aufstieg zur reinen Form'). Daran ändert der Umstand nichts, daß zum Bereich des ὄν ᾗ ὄν auch die δύναμις gehört (E 4, vgl. Reale 163) und in Γ/K de facto dann auch die zweite Systoichie (und πλῆθος als ‚Materie-Prinzip') in die Betrachtung einbezogen wird (s. dazu 4.44). Vgl. auch den bei Owens a. O. referierten Aufsatz von Elders.

[404] Ohne hier im einzelnen zu erörtern, wie der menschliche Geist das Ziel des ᾗ-ὄν-Aufstiegs, den unbewegten Beweger, zu erfassen vermag, sei nur so viel gesagt, daß Aristoteles eine Erkenntnis der obersten Seinsstufe für möglich hielt. Vgl. u. 7.822, ferner o. 4.213.

[405] So Merlans Thesen. Owens geht hierin nicht zu weit, vgl. u. 4.244a.

[406] Owens läßt wie bei seiner Gesamt-Auffassung der aristotelischen Metaphysik (dazu o. 4.12) so auch beim ὄν ᾗ ὄν die Blickrichtung von ‚oben' nach ‚unten' verlaufen (vgl. die Zitate u. S. 395 A. 415). Dadurch droht das kontingente Sein sich zum Nichts zu verflüchtigen und das aristotelische Verfahren „that in metaphysics scientific knowledge is acquired only from sensible data" (472 A. 50; vgl. 27 u. ö.)

ferner daran erinnert, daß die ἀκίνητος οὐσία die *Allgemeinheit der Seins-Priorität* besitzt[407], wird es deutlich, daß im ὂν ᾗ ὄν ‚allgemeine Ontologie', Wissenschaft von der Substanz (Usiologie) und Theologik *in eins übergehen*[408].

4.244 Das *Ineinander* von Ontologie, Usiologie, Theologik und Ursachenlehre im ὂν ᾗ ὄν darf nun aber nicht so verstanden werden, daß man eine (oder zwei) der Komponenten stark hinter den (der) anderen zurücktreten oder gar völlig verschwinden läßt. So reduziert z. B. Merlan das ὂν ᾗ ὄν völlig auf seine ‚theologische' Komponente und Owens löst beim ὂν ᾗ ὄν die Ontologie ganz in Usiologie, die Usiologie nahezu in Theologik auf[409]. Diese und ähnliche Interpretationen gehen, wie wir sahen, von einem richtigen Ausgangspunkt aus, werden aber dann durch ihre Einseitigkeit der Komplexität des Textbefundes nicht mehr gerecht. Da von einer Entscheidung hierüber auch die Beurteilung der Gegensätze (besonders von ἕν — πλῆθος) beeinflußt wird, um die es uns im vorliegenden Abschnitt 4 geht, müssen wir dieser Frage ein paar Bemerkungen widmen, die wir an *drei* Punkten orientieren:

a) ὂν ᾗ ὄν = ἀκίνητος οὐσία?

Da der Aspekt ᾗ ὄν auf die ‚reine Wirklichkeit' des unbewegten Bewegers zielt und $ὄν_1$ *jede* Art von Seiendem meint, kann natürlich auch der Fall eintreten, daß $ὄν_1$ die ἀκίνητος οὐσία bezeichnet und

ins Gegenteil gekehrt zu werden — auch wenn Owens 472 A. 50 sich gegen solche Konsequenzen seiner Deutung wehrt. Owens hat in der zweiten Auflage seine Position so sachgerecht differenziert (freilich mit Hilfe der problematischen Unterscheidung von *ordo essendi* und *ordo cognoscendi*), daß man sich fragt, warum er überhaupt an der ‚deduktiven' Blickrichtung festhält, die doch so viele unnötige Mißverständnisse mit sich bringt.

407 Vgl. o. 4.213.

408 Das stimmt zu unserer Gesamt-Deutung des Γ (vgl. die methodische Bemerkung o. 4.241). Mansions Versuch, a) métaphysique = science philosophique suprême = ἐπιστήμη τοῦ ὄντος ᾗ ὄν = allgemeine Ontologie und b) philosophie première = πρώτη φιλοσοφία = Theologik des unbewegten Bewegers voneinander zu unterscheiden, hat keinen Anhalt an den Texten und wirkt auch in sich schon künstlich und unwahrscheinlich (treffend widerlegt von Merlan, *"Ον ᾗ ὄν* 150—153). Auch Mansions Argumente gegen die Beziehung des ᾗ ὄν auf das ideale Sein der unbewegten Substanz sind in keiner Weise stichhaltig (richtig dagegen Owens 19 A. 17; vgl. auch Merlan a. O.), genausowenig wie die anderer Autoren (Owens 16—22). — Die in mehreren Variationen vorgebrachte These einer *inneren Entwicklung* des Begriffs ὂν ᾗ ὄν (Jaeger, Oggioni, Wundt, Gohlke) hat Reale 131—142 (vgl. auch seine beiden Aufsätze, zitiert in seinem Anhang S. 365) schlüssig widerlegt, so daß wir hier nicht darauf einzugehen brauchen.

409 Ich habe die Positionen der beiden Forscher schematisch vereinfacht: Nähere Differenzierungen o. 4.12 und gleich im folgenden.

ᾗ ὄν dann — das in $ὄν_1$ Gemeinte unterstreichend — soviel wie ,als solches, an sich' o. dgl. heißt[410], daß somit ὂν ᾗ ὄν zusammengenommen dasselbe wie ἀκίνητος οὐσία bedeutet. So erklären sich zwanglos die Stellen, an denen Aristoteles ὂν ᾗ ὄν mit ἀκίνητος οὐσία und die ,allgemeine Ontologie' mit der Theologik faktisch gleichsetzt[411]. Wenn nun aber Merlan die Bedeutung von ὂν ᾗ ὄν *ausschließlich* auf diese Identität mit der ἀκίνητος οὐσία einengt[412], so wird er den im Vorstehenden besprochenen Stellen nicht gerecht, an welchen die Untersuchungsweise ᾗ ὄν eindeutig auf das gesamte kontingente Sein (Substanzen und Akzidentien) angewendet wird[413]. Sonst wäre ja auch die enge Verbindung des ὂν ᾗ ὄν mit dem Pros-hen-Aufstieg vom unvollkommenen zum vollkommenen Sein sinnlos. Merlan hat denn auch mit seiner Auffassung außer bei Gómez Nogales[414] keine Nachfolge gefunden: Sogar J. Owens, der im ganzen die aristotelische Metaphysik ähnlich wie Merlan ,theologisch' interpretiert, kommt auf Grund der genannten Belege zu dem Ergebnis, daß ὂν ᾗ ὄν *alles* umfasse, auch Sinnen-Substanzen und deren Akzidentien[415].

b) ,Abstrakter' Seins-,Begriff'?

Merlan betont, daß ὂν ᾗ ὄν ,,kein Abstrakt-Allgemeines bezeichne (etwa: was von allem das ist, als deren Gemeinsames abstrahiert wer-

410 Ich kann nicht finden, daß in diesem Fall der Ausdruck ᾗ ὄν ,,simplement absurde" sei (Mansion), und stimme Owens zu, wenn er dagegen fragt: ,,What absurdity is there in studying immobile Entities from the viewpoint of their own nature?" (19 A. 17). Vgl. auch u. 4.244c.

411 Γ 3, 1005a 33—b 2. E 1, 1026a 29—32. K 7, 1064a 28 f. Zutreffend behandelt diese Stellen Owens 16—22. 26f, wo weitere Lit. (bes. Merlan, *Ὂν ᾗ ὄν*). Die K-Stelle wird u. 4.3 noch einmal besprochen.

412 Das geht aus *PN* 160—220. 229 f und aus *Ὂν ᾗ ὄν* klar hervor. Natürlich kehren auch nach Merlan die Bestimmtheiten dieses höchsten Seienden in den abhängigen Seinssphären in geschwächter und abhängiger Modalität wieder (Formulierungen nach Wagner 140), aber die Problematik der nachgeordneten Seinsstufen kommt bei Merlan kaum zur Sprache.

413 Vgl. o. 4.242. Man wüßte gern, wie Merlan sich die Erklärung dieser Stellen gedacht hat, denn er äußert sich nur ganz summarisch oder überhaupt nicht zu ihnen.

414 Gómez Nogales reduziert trotz mancher ,ontologisch' klingender Wendungen (z. B. 230: Ontologie als ,Verlängerung' der Theologik nach unten; vgl. auch 159—168 über *El ser como tal*) die aristotelische Metaphysik ganz auf Theologik und das ὂν ᾗ ὄν auf die göttliche Substanz (bes. 225—232; vgl. o. 4.12).

415 Owens 16—22, bes. 20 f (wo Verweis auf K 3, 1061a 8—10; E 4, 1028a 3 f). 26 f. 21: ,,,Being qua Being', accordingly, is not at all exclusive in its application to the separate Entities. It applies in secondary and subsequent ways to whatever gives Being to something else. It is the nature of the supersensible Entities, but is found through imitation in secondary instances". Ebenso 472 A. 50: Die Metaphysik ,,sees Being qua Being, of course, as found primarily in the separate Entities and secondarily in sensible things".

den kann)", sondern die oberste Substanz[416]. Owens geht von den Aristoteles-Stellen aus, nach denen ‚Sein' nicht die οὐσία der Dinge ausmacht[417], und folgert: Da die Metaphysik nun aber gerade ‚οὐσία' (Entity) = ὂν ᾗ ὄν untersucht, habe sie also nicht den ‚Seins'-*Begriff* zu ihrem Objekt. Und sofern man unter ‚Ontologie' diejenige Wissenschaft verstehe, die sich mit dem Seins-‚Begriff' befaßt, sei die aristotelische Metaphysik keine Ontologie[418].

An diesen Abgrenzungen trifft vieles zu: α) Da erstens das Aufkommen des modernen Begriffes ‚Ontologie' öfter — besonders seit Christian Wolff — Hand in Hand ging mit einer Trennung von Seinslehre (Ontologie) und Gotteslehre (Theologie), bei Aristoteles aber (wie überhaupt in der antiken Philosophie) Seins- und Gotteslehre eine untrennbare Einheit bilden, kann man sagen, daß Aristoteles keine ‚Ontologie' *in diesem Sinne* kennt und man deshalb den Terminus am besten ganz vermeidet[419]. β) Gewiß schließt das ὂν ᾗ ὄν keinen ‚leeren' Seinsbegriff ein, und *sofern* jegliche ‚Ontologie' mit einem solchen inhaltsleeren (weil extensional umfassenden) Seinsbegriff arbeitet[420], hat die aristotelische Metaphysik auch in *diesem* Punkt nichts mit ‚Ontologie' zu tun.

Ob man das *Wort* ‚Ontologie' verwenden will oder nicht, muß nach rein praktischen Gesichtspunkten entschieden werden, und da mag es denn empfehlenswert sein, es wegen der unrichtigen Konnotationen, mit denen es vorbelastet ist, nicht zu gebrauchen[421]. Man muß jedoch dabei bedenken, daß Aristoteles *de facto* und *der Sache nach* hier im Γ und sonst in der ‚Metaphysik' auf weite Strecken Untersuchungen anstellt, die man nur als ‚Seinslehre' o. ä. bezeichnen kann

[416] *Ὂν ᾗ ὄν* 148, s. auch 150 ff. Vgl. schon *PN* 169 ff. 178 f. 184 f. 212—215 u. ö.

[417] 456 in der Übersicht *The Aristotelian Vocabulary of Being* weist er auf Z 16, 1040b 18 hin; mehr Belege bei Schwegler 3, 140.

[418] Owens 470, wo er am Schluß wörtlich sagt: „The ‚ontological' conception of the science (sc. der Metaphysik), accordingly, is nowhere to be found in the Metaphysics. A science treating universally of Beings that is not identified with the science of a definite type of Being, the primary type, is foreign to the Stagirite's procedure. The object of such a science would be the concept ‚Being'. Aristotle is well aware of the presence of such a concept. He expressly teaches that it is not Entity. Entity — Being qua Being — however, is what the Primary Philosophy treats. The concept ‚Being', therefore, cannot be its object" (471). Vgl. Owens 25 f (prinzipiell wichtig), 275/276 A. 55 u. ö. (Index s. v. *Ontology*).

[419] So weit stimme ich Owens (z. B. 25. 275/276 A. 55) zu.

[420] Dazu Owens 37 f mit A. 15 und 16, 376 A. 55 Ende. Vgl. Merlan, *PN* 229: Während „Being-as-such designates, according to the usual interpretation, the most general and emptiest concept", meint es in Wahrheit bei Aristoteles „the fullest, not the emptiest being". Diesen ‚leeren' Seinsbegriff hat Merlan im Auge, wenn er vom ‚Abstrakt-Allgemeinen' spricht (s. o. A. 416).

[421] Deshalb schreiben wir hier in Abschnitt 4 und sonst ‚Ontologie' und ‚ontologisch' meist mit Anführungszeichen.

(wenn man schon nicht ‚Ontologie' sagen möchte): Vielfachbedeutung des Seins und Pros-hen, Gegensatzlehre, Widerspruchssatz usw. Warum sollte man also nicht beim ὂν ᾗ ὄν, das ja mit der Vielfachbedeutung des Seins und dem Pros-hen eng verbunden ist, von ‚Seinslehre' sprechen, die zwar genau auf die ‚Substanz' und die göttliche Substanz bezogen ist, sich aber doch nun einmal nicht in Usiologie und Theologik *ganz erschöpft?* Hier haben z. B. Theiler, Reale und von Heidegger beeinflußte Interpreten wie Guzzoni und Lugarini die Sachlage angemessener beurteilt als Merlan und Owens[422].

Desgleichen ist nicht einzusehen, warum man bei ὂν ᾗ ὄν auf den Seins-‚Begriff' verzichten soll, ja wie man dabei überhaupt ohne ihn auskommen kann: Denn wie bei allen anderen Aspekt-Bedeutungen (ὄντα ᾗ κινούμενα, ἄνθρωπος ᾗ στερεόν) faßt man auch bei ᾗ ὄν das im Aspekt Abgegrenzte ‚begrifflich' und nicht anders, nämlich als ‚Vollkommensein', bzw. ‚Wirklichsein', ‚Formsein' usw. Ohne einen ‚Begriff' davon wäre es gar nicht möglich, ganz verschiedene Seiende (die ἀκίνητος οὐσία eingeschlossen) unter derselben Hinsicht zu prüfen und festzustellen, daß die gemeinte Bestimmung (sc. ‚Wirklichsein') der ἀκίνητος οὐσία (als dem *Maßstab* und *Bezugspunkt* des Seinsbegriffes) *primär* zukommt, den anderen Seienden in abgeleiteter Weise. Inwiefern ist es also unrichtig, wenn man Metaphysik und ὂν ᾗ ὂν in eine enge Beziehung zum Seins-‚*Begriff*' setzt?

Merlans und Owens' Bedenken, ὂν ᾗ ὂν und Seins-Begriff miteinander zu verbinden, beruhen darauf, daß sie einen Seins-*Begriff* eo ipso für etwas ‚Leeres', ‚Abstraktes' o. dgl. halten. Das trifft aber nur dann zu, wenn man die moderne Anschauung vom ‚Nur-Begrifflichen' und eine empiristisch beeinflußte Abstraktions-Theorie übernimmt[423]. Hingegen ist die in der ᾗ-ὄν-Betrachtung (und bei allen anderen ᾗ-Aspekten) sich zeigende sogenannte ‚Abstraktion' des Aristoteles in Wirklichkeit noetische Wesensschau (νόησις), die in der ‚Via subtractionis' von den Akzidentien zur Substanz und dann die Schichtung der Seinsstufen hinauf bis zur ἀκίνητος οὐσία führt[424]. Gegenüber dieser Art von Erkenntnis sind alle Bedenken vor dem ‚Abstrakten', dem ‚leeren Begriff' usw. gegenstandslos. Mansion und alle seiner Richtung nahestehenden Forscher verkennen das Wesen der aristotelischen sog. ‚Ab-

422 Näheres o. 4.13/14.

423 Es bleibt hierbei unberücksichtigt, wie weit solche Denktendenzen bis ins Mittelalter (vielleicht sogar in die Antike) zurückreichen: Der *entscheidende* Einfluß auf die moderne Forschung geht jedenfalls vom *modernen* Empirismus aus.

424 Angedeutet o. 4.213, 4.243, etwas ausführlicher u. 7.543. Vgl. auch im Nachstehenden die Bemerkung über Merlan (S. 398f). — Daß die *begriffliche* Erfassung der göttlichen Substanz schwierig ist, weil die oberste Substanz größte Seinsfülle und Konkretheit und zugleich Unentfaltetheit ist, sei hier nur angedeutet. Vgl. dazu Merlan 184f. 212. 214. 229, u. 7.822 u. ö.

straktion'[425], weil sie vom neuscholastischen — stark empiristisch beeinflußten — Abstraktionsbegriff ausgehen und diesen unwillkürlich auf Aristoteles übertragen. Deshalb ist vieles von dem, was sie über das ὂν ᾗ ὂν sagen, zwar *im Ansatz* richtig (Unterscheidung von Material-Objekt und Formal-Objekt; Betonung des ,Ontologischen' und des Seins-,Begriffes'), aber nicht *im Endergebnis*, weil wir so zu einem ,abstrakten, leeren' Seins-,Begriff' moderner Art kommen und zu einer Trennung von ὂν-ᾗ-ὂν-Wissenschaft (= Ontologie) und Theologik bei Aristoteles — beides im Widerspruch zum Textbefund. Merlan und Owens kritisieren die Endergebnisse zu Recht, verwerfen aber — zu Unrecht — auch die richtigen Ansätze und zwar deshalb, weil sie im Grunde hinsichtlich ,Begriff', ,abstrakt' u. dgl. denselben modernen Befangenheiten wie die kritisierten Forscher verhaftet sind. Das ist bei Merlan um so erstaunlicher, als er richtig beobachtet, daß in Γ E K die aristotelische Abstraktion keine Begriffsabstraktion im modernen Sinne ist, sondern einen „Übergang in die Sphäre des Grundlegenden" wie bei Platon meint[426]. Es hätte für ihn also ganz nahegelegen, bei Aristoteles historisch adäquat und allen Modernismen fern von ,Seinslehre' und ,(erfülltem) Seinsbegriff' zu sprechen. Aber er zieht diesen Schluß nicht, wertet mithin sein Ergebnis nicht weiter aus[427]. Daher bleibt es für ihn wie für Owens[428] dabei: Weil der Begriff keinerlei Geltung sui iuris hat, sondern entweder — gemäß dem aristotelischen ,Realismus' — praktisch mit dem ,Ding' zusammenfällt oder ,leer, abstrakt' ist, lassen sie eine schiefe Alternative ,leerer Begriff' — ,Ding'[429], in unserem Fall ,leerer Seinsbegriff' — ,göttliche Substanz',

[425] Hierunter darf man cum grano salis auch Mosers Arbeit rechnen, vgl. Wagners Besprechung.

[426] *PN* 174—177, vgl. Wagner 139 f. Explizit wird über die ἀφαίρεσις zwar nur in K 3 gesprochen, aber Merlan dehnt das mit Recht auch auf Γ und E 1 aus (176). Merlan sieht auch, daß die Objekte der ,ersten Philosophie' in diesen Abstraktionsvorgang mit einbezogen sind (176).

[427] Er hindert sich selber entscheidend an der Auswertung, weil er einen scharfen ,Bruch' zwischen ΓEK und der übrigen Metaphysik ansetzt und demgemäß für ΓEK eine ganz andere Bedeutung von ,Abstraktion' und ,Allgemeinbegriff' als für die übrigen Metaphysikbücher annimmt (vgl. dazu u. 4.51/52, 7.54). Deshalb sieht er nicht, daß die aristotelische Abstraktion (d. h. die Aspekt-Betrachtung mit ᾗ) *immer* ,Wesensschau' ist und auf ,erfüllte' Begriffe führt.

[428] Owens' Bemerkungen über die aristotelische Abstraktion 382—385 enthalten wertvolle Ansätze und Anregungen, sind aber im ganzen nicht förderlich (dazu u. S. 658 A. 483). Vor allem sieht er nicht den engen Zusammenhang zwischen aristotelischer Abstraktion und Pros-hen, d. h. ,erster Philosophie': 383 A. 30 verweist er auf K 3, 1061 a 28—b 3, biegt aber dann im letzten Moment noch ab, ein Irrtum, vor dem ihn die Kenntnis der eben zitierten Ausführungen Merlans hätte bewahren können.

[429] Zu Merlan und Owens o. 4.12; über die ,Alternative' sonst noch Sach-Index s. v. *Begriff 1*. Owens' ,realistische' Deutung des Aristoteles — d. h. eine Hervorhebung der ,Dinge' und Abwertung des ,Begrifflichen' — zeigt sich passim, besonders 112 ff. 128 ff (128 A. 94 „free from Idealistic distortions"). 471. 473 A. 53.

entstehen, so daß man sich, wenn man das erste Glied der Antithese nicht akzeptieren kann, notwendig für das zweite entscheiden muß[430]. Die zutreffende Deutung liegt gleichsam in der Mitte: ein ‚erfüllter' Seinsbegriff, dessen Maßstab und ‚Inbegriff' die göttliche Substanz ist[431].

c) ὂν ᾗ ὄν = ὂν ἁπλῶς?

Owens[432] und Merlan[433] verweisen zur Erklärung des Ausdrucks ὂν ᾗ ὄν auf An. post. A 4/5, 73b 25—74a 34[434]: Wenn ein Syllogismus sicheres Wissen erbringen soll, muß er von Prämissen ausgehen, die *mit Notwendigkeit wahr* sind (ἐξ ἀναγκαίων). Eine Aussage ist in diesem Sinne wahr, wenn α) ihr Prädikat ausnahmslos für *alle* Fälle des betreffenden Subjekts gilt (κατὰ παντός), β) dem Subjekt *wesentlich* (καθ' αὑτό) zukommt[435] und γ) ihm ᾗ αὑτό zukommt (73b 27). ᾗ αὑτό bedeutet nach Ross z. St. zunächst etwas anderes als καθ' αὑτό, nämlich, daß es eine für das Subjekt (d. h. die betreffende *Art*) *spezifische* Bestimmung sein muß und nicht zu weit sein, also nicht etwa für das ganze übergeordnete Genus gelten darf[436]. Wenn auch bei dieser Erklärung ein Rest bleibt[437], so wird sie doch durch Ari-

Richtig gegen Merlans Alternative ‚abstrakter Seinsbegriff' — ‚göttliche Substanz' Berger, *Voorwerp* 235.

430 Ein anderes Beispiel für diese Alternative ist Owens' Deutung der aristotelischen Prinzipien: Da sie keine ‚abstrakten Allgemeinbegriffe' sind, müssen sie fast ‚dinghafte' physische Realitäten sein (Owens 174 f. 188; dagegen zutreffend Reale 35 bis 37). Vgl. dazu o. 4.12.

431 Das bedeutet in wesentlicher Hinsicht einen Rückgriff auf Thomas, freilich einen Thomas, dessen platonische Denktendenzen nicht — wie es in der thomistischen Auslegung meistens geschieht — vernachlässigt oder ganz übersehen werden. Richtig das Thomas-Bild bei Hirschberger, *Gesch. d. Philos.* I.

432 Owens 260f, vgl. 19 A. 17 und 273.

433 *Ὂν ᾗ ὄν* 152.

434 Unentbehrlich Inhaltsanalyse und Kommentar von Ross S. 517—526.

435 Eine *wesentliche* Bestimmung ist a) entweder in der Definition des Subjekts direkt enthalten (73a 34—37) oder muß b) in ihrer eigenen Definition notwendig das Subjekt mit erwähnen; z. B. muß man bei ‚ungerade' stets die ‚Zahl' mitnennen (73a 37—b 5). Aristoteles kommt 73b 16—24 nochmals auf beide Arten zurück. Vgl. Ross 517—522.

436 So käme z. B. ‚vernunftbegabt' dem Menschen καθ' αὑτό und ᾗ αὑτό zu, ‚mit Tastsinn begabt' aber nur καθ' αὑτό, nicht jedoch ᾗ αὑτό. Ich hoffe mit diesem fingierten Beispiel das von Aristoteles Gemeinte im Anschluß an Ross 522 f richtig wiederzugeben.

437 Wenn eine Eigenschaft dem Subjekt nicht ᾗ αὑτό zukommt, kommt sie ihm — wenn man die eben zitierten aristotelischen Bestimmungen streng nimmt — auch nicht καθ' αὑτό zu: Denn die Bestimmung ‚mit Tastsinn begabt' erscheint weder in der Definition des Menschen (o. a) noch muß man bei ihrer eigenen Definition den ‚Menschen' erwähnen (o. b), sondern eben nur ‚Lebewesen' allgemein. Aristoteles hielt es aber offenbar für möglich, daß man als καθ'-αὑτό-Eigenschaft eine *zu weite*

stoteles' Erörterungen in A 5 bestätigt, die vor allem den ,zu weiten' (auf das übergeordnete Genus zutreffenden) Bestimmungen und den daraus erwachsenden Irrtümern gelten[438]. Freilich ebnet Aristoteles in A 4 den Unterschied gleich wieder ein: τὸ καθ' αὑτὸ δὲ καὶ ᾗ αὐτὸ ταὐτόν (73b 28 f)[439]. Beides meint also eine wesentliche und zugleich spezifische Bestimmung[440]. Beispiele 73b 29—32: καθ' αὑτὴν τῇ γραμμῇ ὑπάρχει στιγμὴ καὶ τὸ εὐθύ (καὶ γὰρ ᾗ γραμμή), καὶ τῷ τριγώνῳ ᾗ τρίγωνον δύο ὀρθαί (καὶ γὰρ καθ' αὑτὸ τὸ τρίγωνον δύο ὀρθαῖς ἴσον). Solche Bestimmungen[441] kommen dem Subjekt *mit Notwendigkeit* zu[442].

Merlan beruft sich auf diese Ausführungen von An.post., wenn er in ὂν ᾗ ὄν den Unterschied von Material- und Formal-Objekt bestreitet, den Ausdruck zusammengenommen durch ,das Seiende-an-sich' (,das wesentlich Seiende' usw.) übersetzt und mit der ἀκίνητος οὐσία identifiziert[443]. Ähnlich denkt offenbar auch Owens, nur daß er den letzten Schritt — die Gleichsetzung des ὂν ᾗ ὄν mit der göttlichen Substanz — nicht so entschieden vollzieht wie Merlan[444].

Demgegenüber bleibt *erstens* zu bedenken, daß die o. S. 388—390 angeführten Stellen für den Ausdruck ὂν ᾗ ὄν einen Unterschied von $ὄν_1$ (Material-Objekt) und $ὄν_2$ (Formal-Objekt) bezeugen. Diese Belege lassen sich nicht wegdiskutieren, vielmehr muß jede Deutung von ihnen, d. h. also von der *Differenz* beider Objekte ausgehen.

Zweitens sollte man die Stelle aus An.post. erst dann für die Deutung des ὂν ᾗ ὄν heranziehen, wenn man zuvor ihre *Eigenart* berücksichtigt hat: Es geht dort um fixierte Gegenstände, die in einem ,Art-Gattung'-Verhältnis stehen, definiert und synonym ausgesagt werden

Bestimmung nimmt, und führte deshalb zusätzlich die Bedingung ᾗ αὐτό ein (vgl. A. 436 und o. im Text).

438 Vgl. Ross 523—526.

439 Ross 523.

440 Aristoteles faßt hierbei, wie Ross anmerkt, καθ' αὑτό in einem strikteren Sinne als vorher, indem es jetzt die *wesentlichen*, aber *unspezifischen* Bestimmungen ausschließt.

441 Aristoteles gibt 73b 32—74a 3 noch weitere Kriterien an, denen ,wesentliche' Bestimmungen gehorchen müssen; diese sind aber in dem eben Gesagten eigentlich schon enthalten und können deshalb wegbleiben. Vgl. Owens 260.

442 73b 23 f.

443 *Ὂν ᾗ ὄν* 152. Immerhin drückt sich dort Merlan so vorsichtig aus, als wolle er seine Deutung nur *für einen Teil* der ὂν ᾗ ὄν-Belege vorschlagen: Wenn er wirklich so differenzierend verfährt, wäre die Diskrepanz zwischen seiner und unserer Auffassung gar nicht mehr so groß, vgl. u.

444 Owens spricht weder in seinem Abschnitt *The Science of Being qua Being* (Γ-E 1) 259—304 noch anderswo ausdrücklich über das Problem von Material- und Formalobjekt im Ausdruck ὂν ᾗ ὄν und scheint ihn durchgehend als *Einheit* zu verstehen (vgl. 260 f über das ᾗ mit dem Verweis auf An. post. A 4; 19 A. 17 äußert er sich zustimmend zu Merlans eben zitierter Ansicht, *Ὂν ᾗ ὄν* 152).

können[445]: All dies fällt beim ‚vielfach ausgesagten' (Transzendental-) Begriff ‚Sein' weg. Zudem handelt es sich in An.post. um mathematische Gegenstände, also ‚abstrakte' Objekte (νοητά), die vom νοῦς ‚konstituiert' werden und *als solche* bereits *Formal*-Objekte sind, so daß bei ihnen die Unterscheidung von Material- und Formal-Objekt von vorneherein nur wenig Sinn hat und Ausdrücke wie γραμμὴ ᾗ γραμμή bzw. γραμμὴ ᾗ αὐτή fast eine Identitätsaussage darstellen[446]. Diese speziellen Beispiele lehren also kaum etwas allgemein für die ᾗ-Ausdrücke, und es ist bedenklich, sich gerade auf sie zu stützen, wenn man ὂν ᾗ ὂν in eins zusammennehmen und ‚theologisch' deuten möchte[447]. Beachtet man ferner noch die abweichende Thematik und Zielsetzung der An.post.-Stelle und die bekannte Schwierigkeit, von der Logik des Aristoteles auf andere Gebiete, besonders die Ontologie zu schließen, so empfiehlt sich, bei der Beurteilung des ὂν ᾗ ὂν auf die — in sonstiger Hinsicht gewiß wichtigen — Darlegungen von An.post. zu verzichten und die Metaphysik-Stellen aus sich zu erklären. So kann man z. B. Γ 1 ‚immanent' vielleicht zutreffender erklären[448] als mit Hilfe von An.post., wie es Owens versucht[449].

[445] Ich habe den Ausdruck ‚Art-Gattung'-Verhältnis gebraucht, obwohl Aristoteles als Beispiele *mathematische* Gegenstände nennt (vgl. nachstehend), denen er ja das ‚Substanz'-sein abspricht. Aber das Verhältnis der Über- und Unterordnung, in dem sie stehen, unterscheidet sich prinzipiell nicht von der Art-Gattung-Pyramide bei den Substanzen.

[446] a) Natürlich gibt es auch bei den Mathematika die Diskrepanz zwischen ‚Individuum' und ‚Art' (vgl. u. 7.461), aber sie ist nicht so relevant wie bei den physischen Substanzen und kann hier unerwähnt bleiben. b) Die in An. post. besprochene Möglichkeit, das Dreieck irrtümlich nicht ᾗ αὐτό zu betrachten, sondern qua ‚Figur allgemein' (also ᾗ ἄλλο) usw. (s. o.), ändert nichts daran, daß das Dreieck (wie jede Figur, Zahl und dgl.) als νοητόν von vorneherein Formal-Objekt ist. c) Natürlich können diese Formal-Objekte wieder *für eine andere* Wissenschaft zum Material-Objekt werden (z. B. kann die Metaphysik die Mathematika weiter qua ‚Seiende' untersuchen), aber auch dies ändert nichts an dem genannten Befund.

[447] Die Tatsache, daß auch beim ὂν ᾗ ὂν auf der Stufe der göttlichen Substanz $ὄν_1$ und $ὄν_2$ zusammenfallen (s. o. 4.244a), ist erkenntnistheoretisch und ontologisch ganz anders zu bewerten als der scheinbar ‚ähnliche' Vorgang bei den Mathematika. Und selbst wenn es sich um vergleichbare Vorgänge handelte, blieben immer noch die ‚ontologischen' Belege des ὂν ᾗ ὂν zu berücksichtigen. — Wenn Aristoteles statt der mathematischen Objekte Beispiele wie ἄνθρωπος ᾗ ἄνθρωπος o. dgl. genannt hätte, könnte man die An.-post.-Stelle eher für die Untersuchung des ᾗ-Aspektes verwenden, weil dann auf jeden Fall zwischen Material-Objekt und Formal-Objekt ein größerer Unterschied bestünde als bei den Mathematika. Die Diskrepanz zwischen ‚fixem Gegenstand' und Transzendental-Begriff bliebe freilich immer noch bestehen.

[448] Vgl. etwa die einleuchtende Deutung bei Reale 101—104.

[449] Owens 260 f. Die Fragwürdigkeit des Vergleichs beginnt, wenn man die am ‚synonymen' Art-Gattungs-Verhältnis abgelesenen Bestimmungen καθόλου und καθ' αὑτό auf das ‚vielfach ausgesagte' Sein (d. h. ein Pros-hen-Verhältnis) übertragen will. Owens hat denn auch, soviel ich sehe, den Vergleich gar nicht weiter durchgeführt (vgl. 261 ff).

Und doch hat — wie immer es auch um die Stelle aus An. post. stehen mag — Merlans These, ὂν ᾗ ὄν heiße ‚das wesentlich Seiende‘[450], einen richtigen Kern, nämlich folgenden: An manchen der Stellen, wo ὂν ᾗ ὄν im Singular steht und nicht durch zwischen $ὄν_1$ und $ὄν_2$ eingeschobene andere Wörter in zwei Teile zerlegt wird, erhält der Ausdruck ὂν ᾗ ὄν einen nahezu formelhaften Charakter und bedeutet soviel wie ‚das wesentlich Seiende, das Seiende im eigentlichen Sinn‘ o. dgl. Es handelt sich gleichsam um eine Reduzierung der vollständigen Wendung τὸ ὂν ᾗ (κυρίως) ὄν zu τὸ κυρίως ὄν o. ä. Diese prägnante Verwendung von ὂν ᾗ ὄν erstaunt nicht, weil Aristoteles bei der Untersuchung des ‚Seienden als Seienden‘ — wie wir an Γ 2 sahen — den Blick sogleich auf die ‚Substanz‘ (οὐσία) lenkt und die οὐσία ja bereits ein ‚Seiendes im ausgezeichneten Sinne‘ ist. In dieser Hinsicht nähert sich die Bedeutung von ὂν ᾗ ὄν der von οὐσία[451], und man hat deshalb zu Recht auch Wendungen wie τὸ πρώτως ὄν, τὸ ἁπλῶς ὄν, τὸ ὂν καθ' αὑτό zum Vergleich herangezogen[452]. Nur geht selbst bei diesen Belegen des ὂν ᾗ ὄν der Unterschied zwischen Material-Objekt und Formal-Objekt, der Gedanke an das aspekthafte θεωρεῖν und der ‚Allgemeinheitscharakter‘ *nie ganz verloren*, und ὂν ᾗ ὄν nähert sich zwar der Bedeutung von ‚οὐσία‘, aber nicht ohne weiteres (oder gar zwangsläufig und ausschließlich) der von ‚ἀκίνητος οὐσία‘[453]. Wie sehr das ὂν ᾗ ὄν zwischen all dem in der Schwebe bleibt,

[450] *Ὂν ᾗ ὄν* 152.

[451] Dies hat man schon längst festgestellt, z. B. Schwegler 3, 152 „die Wissenschaft der οὐσία oder des ὂν ᾗ ὄν“. 4, 1 „Grundgedanke und Aufgabe der Metaphysik ist die Untersuchung des ὂν ᾗ ὄν oder des Begriffs der οὐσία“. 4, 2 „Die οὐσία ist jenes ὂν ᾗ ὄν, als dessen Wissenschaft die Metaphysik definiert worden ist“. Vgl. 4, 6 u. ö. Ebenso Zeller an der von Merlan 213 zitierten Stelle (Zeller führt die ὄντα ᾗ ὄντα zunächst auf die Sinnen-Substanzen und dann weiter auf die unbewegten Substanzen zurück, freilich nicht so einseitig wie Merlan). Aus neuerer Zeit vgl. Reale 162—164 zu E 4.

[452] So schon Bonitz s. v. ὄντως 516b 34—38: „Ab ipso Aristotele vocabulum ὄντως non videtur usurpatum esse; formulae Platoni usitatae τὸ ὄντως ὄν comparari possunt Aristotelicae τὸ ὂν ᾗ ὄν, τὸ ὂν ἁπλῶς (cf. εἶναι p. 220b 57), τὸ πρώτως ὄν met. Z 1, 1028a 30, τὸ ὂν καθ' ὅσον ὄν met. K 3, 1061b 9, 10.“ Zur K-Stelle vgl. nachsteh. Anm., zu τὸ ἁπλῶς ὄν u. A. 455 — Der (von Reale 104 genannte) Ausdruck τὸ ὄν καθ' αὑτό ist belegt K 8, 1065a 7 (τοῦ καθ' αὑτὸ ὄντος, Gegensatz τοῦ κατὰ συμβεβηκὸς ὄντος) und a 29 ὄν ἐστι τὸ μὲν καθ' αὑτὸ τὸ δὲ κατὰ συμβεβηκός. Vgl. des weiteren Stellen wie Γ 1, 1003a 27f (φύσεώς τινος . . . καθ' αὑτήν), K 2, 1060a 23f (ἀίδιος οὐσία χωριστὴ καὶ καθ' αὑτήν), ferner den K 3-Beleg (zitiert in der nächsten Anm.). S. auch schließlich noch Γ 2, 1003b 33 ὅπερ ὄν τι und dazu Wagner 147, Oehler 223.

[453] Die zwei Belege, an denen ὂν ᾗ ὄν sicher mit dem unbewegten Beweger verbunden wird, seien hier nochmals genannt: E 1, 1026a 29—32. K 7, 1064a 28f. Alle anderen ‚theologischen‘ Stellen des Γ (Γ 3, 1005a 33—b 2. Γ 5, 1010a 33—35. Γ 8, 1012b 29—31) gehören nicht hierher, weil dort der *Ausdruck* ὂν ᾗ ὄν nicht erscheint. Sonst wird nirgends eine Verknüpfung von ὂν ᾗ ὄν und ἀκίνητος οὐσία

zeigt wieder u. a. das Kapitel Γ 1, das hier nicht vorgeführt werden kann[454], ferner der verwandte Ausdruck τὸ ἁπλῶς ὄν, der bald ‚allgemein-ontologisch' zu verstehen ist, bald mit der Substanz identisch ist[455]. Solange man diese ‚schwebende' Vielfalt des ὂν ᾗ ὄν — die ja genau dem Charakter der aristotelischen Metaphysik entspricht — unangetastet läßt und sie nicht extrem auf eine einzige Komponente reduziert, wird die Deutung des ὂν ᾗ ὂν adäquat sein[456].

Wir haben mithin aus dem ersten Teil des Γ[457] eine Seinswissenschaft erschlossen, die mit Hilfe des ‚Pros-hen' zur obersten Seinsschicht aufsteigt und im Blick auf dieses Oberste untersucht, was ‚sein' und die dem Sein als solchem zukommenden Eigenschaften sind. Offen blieb dabei unter anderem *dreierlei*[458]:

a) Was ist inhaltlich denn eigentlich mit der obersten Seinsschicht gemeint? Die Gestirngötter, die ersten Beweger oder was sonst? b) Was sind die „Prinzipien und Ursachen der verschiedenen Arten von Ousia", nach denen der Philosoph forscht[459], oder spezieller „die ersten Ursachen des Seienden als solchen"[460]? c) Am wichtigsten für uns: Was sind die in der Γ-Partie öfter genannten Fundamental-

direkt ausgesprochen oder von der Sache her nahegelegt, auch nicht etwa K 3, 1061 b 8—11 ἥ γε μὴν διαλεκτικὴ καὶ ἡ σοφιστικὴ τῶν συμβεβηκότων μέν εἰσι τοῖς οὖσιν, οὐχ ᾗ δ' ὄντα οὐδὲ περὶ τὸ ὂν αὐτὸ καθ' ὅσον ὄν ἐστιν· ὥστε λείπεται τὸν φιλόσοφον, καθ' ὅσον οὕτως ἐστίν, εἶναι περὶ τὰ λεχθέντα θεωρητικόν (es folgt die Erwähnung der Pros-hen-Beziehung von τὸ ὂν ἅπαν).

454 Vgl. erneut Reale 101—104. S. auch die eben gen. Stelle aus K 3 und viele andere Passagen.

455 Vgl. Bonitz 220b 58 (mit Umgebung) und 221a 1 f ‚allgemein-ontologische' Bedeutung, 221a 23 f. 29 (jeweils mit Umgebung) Identität mit οὐσία. Für die ‚allgemein-ontologische' Bedeutung ist (mehr als die von Bonitz genannte Stelle E 1, 1025b 9f) bezeichnend E 2, 1026a 33 ἀλλ' ἐπεὶ τὸ ὂν τὸ ἁπλῶς λεγόμενον λέγεται πολλαχῶς ὧν ἓν μὲν ἦν τὸ κατὰ συμβεβηκός (dann folgen die drei weiteren Arten ‚Wahr-Sein', ‚Kategorial-Sein', ‚Möglich/Wirklich-Sein'), aufgegriffen 1026b 2 ἐπεὶ δὴ πολλαχῶς λέγεται *τὸ ὄν* (einfach τὸ ὄν auch sonst immer, vgl. Γ 2 = K 3, Δ 7 usw.; Belege bei Reale, *L'impossibilità* 291 A. 12); die Parallelstelle K 8 ist kürzer gefaßt und bietet nur 1064 b15 f ἐπεὶ δὲ τὸ ἁπλῶς ὂν κατὰ πλείους λέγεται τρόπους, ὧν εἷς ἐστιν ὁ κατὰ συμβεβηκός εἶναι λεγόμενος. Also bedeutet τὸ ἁπλῶς ὂν (wie einfaches τὸ ὂν in diesen Zusammenhängen) etwa: „Das Sein', speziell und für sich betrachtet" (d. h. indem man vom *inhaltlich* bestimmten *So*-sein absieht oder dgl.). Zu E 2 = K 8 vgl. Reale, *Concetto* 247—249.

456 In dieser vermittelnden Haltung (die kein ‚lauer' Kompromiß ist, sondern aus der Komplexität des Objekts entspringt) treffen wir uns mit Reale (*Concetto* und *L'impossibilità* bes. 325 f), der indes — ausgehend von der berechtigten Kritik an Jaeger usw. (z. B. *Concetto* 162 A. 64) — die ‚ontologische' Komponente des ὂν ᾗ ὂν vielleicht etwas zu stark in der ‚usiologischen' aufgehen läßt und den Ausdruck ὂν ᾗ ὂν zu wenig analysiert.

457 1—3, 1003a 21 bis etwa 1005b 8.

458 Gute Formulierung der noch verbleibenden Schwierigkeiten bei Wagner 146.

459 Γ 2, 1003b 18 f.

460 Vgl. das gesamte Kapitel Γ 1, bes. 1003a 31.

gegensätze, auf die sich das gesamte Sein zurückführen läßt, und wie verhalten sie sich zu a) und b)? Und wenn wir, die Grenzen unseres Abschnitts überschreitend, den zweiten Teil von Γ hinzunehmen: Wie hängt der Widerspruchssatz mit dem Objekt der Metaphysik zusammen?

Wir ziehen nunmehr die K-Parallelen heran, soweit es noch nicht geschehen ist, um das aus Γ Gewonnene zu befestigen und Anregungen zu empfangen für die Beantwortung der eben formulierten, noch offenen Fragen.

4.3 Das Objekt der Seinswissenschaft nach K 3—7[461]

Obgleich die im Vorstehenden entwickelte Deutung des Γ in mancher Hinsicht vom K angeregt worden sein mag — und dabei zum Teil auch Belege aus dem K zur Sprache kamen —, steht sie doch, wie bereits betont, auch ohne das K völlig auf eigenen Füßen, so daß sie von der Kontroverse um die Echtheit des K unberührt bleibt[462]. Da wir aber jetzt speziell dem K einige Bemerkungen widmen wollen, ist eine kurze Stellungnahme zu diesem Meinungsstreit erforderlich: Die *formalen* Argumente (Stilistik, Terminologie, Komposition) gegen die Echtheit sind zwar keineswegs zwingend[463], lassen es aber immerhin nicht ganz ausgeschlossen erscheinen, daß das Buch seine Gesamt-Komposition und sprachliche Gestalt letztlich erst durch einen Redaktor (bzw. Kompilator) erhalten hat. Freilich können wir diesen Bearbeiter, falls es ihn überhaupt gab, nicht durch sonstige positive Nachweise fixieren, denn *inhaltlich* ist in dem gesamten Buch nichts feststellbar, was nicht von Aristoteles stammen könnte[464], so daß

[461] Vgl. zum K allgemein (außer den Metaphysik-Kommentaren): Merlan, *Metaphysik* (zu K 7; vgl. auch *Ὂν ᾗ ὄν*). Owens 16 A. 12. 26 A. 33. 77 A. 35. 87 f mit A. 18—20 (zu einzelnen K-Stellen s. seinen Index 527 f). Décarie 125—138 (Analyse von K 1—8). Reale 215—257 (Analyse des gesamten K; vgl. bes. 216 Anm. und zu den dort genannten Arbeiten den bibliographischen Anhang s. v.). Düring 278 f. Die übrige Lit. (bes. Mansion) wird in den genannten Arbeiten referiert und kritisch besprochen, so daß wir sie hier nicht aufzuführen brauchen.

[462] Wer das K auch im Inhalt nicht für ‚echt-aristotelisch' hält, kann also an den betreffenden Stellen die K-Belege weglassen, ohne daß dadurch die Argumentation gefährdet würde.

[463] Für stringent hält sie Düring 278 f; dagegen z. B. Owens 88 A. 20 (über die im K, aber sonst nicht bei Aristoteles begegnende Kombination γέ μηυ), Reale 215—257 (über die Geschlossenheit der Komposition und den ‚aristotelischen' Charakter der Terminologie; wichtig 250. 254 f über K als *Vorbereitung* auf das Λ), Décarie 125—138.

[464] Vgl. dazu Décaries und Reales Analysen. Auch die viel behandelte Stelle in K 7 enthält echt-aristotelisches Gedankengut, vgl. unten. Siehe auch o. 4.242 Ende u. ö. zu den ‚ontologischen' Stellen des K.

selbst die Bestreiter der Echtheit den Lehrgehalt des Buches im wesentlichen für ‚aristotelisch' ansehen[465]. Bevor man nun K als ‚aristotelisch' verwertet, bleibt allerdings zu fragen, ob K 1—8 nur ein Exzerpt aus den uns vorliegenden Metaphysik-Büchern BΓE darstellt oder (auch) aristotelisches Material verwertet, das nicht in ‚unserer' Metaphysik erscheint[466]. Düring hält in bezug auf K 1/2 Letzteres für denkbar[467]. Auch die Erörterungen über ἀφαίρεσις usw. in K 3/4 haben kein richtiges Pendant in Γ und können auf Vorlesungen oder Niederschriften des Aristoteles beruhen, von denen wir sonst nichts wissen[468]. So dürfen wir also, wenn wir K 1—8 vergleichend heranziehen, damit rechnen, nicht nur eine reine Kopie bzw. Dublette von BΓE in verkürzter und umformulierter Gestalt vor uns zu haben (K wäre dann zwar immer noch lehrreich, besäße aber nicht mehr denselben hohen Zeugniswert), sondern eine von BΓE mindestens zum Teil unabhängige aristotelische Parallel-Erörterung dieser Themen[469]. Jedenfalls ist K eine willkommene Ergänzung, besonders deshalb, weil die konzisere und entschiedenere Darstellungsart des K manche Aporien, die wir aus dem Γ kennen, überspitzt und so rascher einer Klärung zuführt:

Zum einen liegt in der berühmten Passage K 7, 1064a 28—b 14[470] ein überaus deutlicher Beleg für eine Wissenschaft von der οὐσία χωριστὴ καὶ ἀκίνητος vor, welche, indem sie sich mit der ontologisch ersten Seinsschicht befaßt, zugleich auch Allgemeinheitscharakter hat[471]. Dies ist offensichtlich die Wissenschaft τοῦ ὄντος ᾗ ὂν καθόλου καὶ οὐ κατὰ μέρος, die zu Beginn von K 3 in den Blick gefaßt und

465 So z. B. Düring 278, der nur die genannte Stelle in K 7 davon ausnimmt. — ‚Echt-aristotelisch' ist, worauf sich hinzuweisen lohnt, auch die ‚ontologische' Komponente des Buches K, denn die Nachfolger des Aristoteles (z. B. Theophrast) führten, wenn sie überhaupt Metaphysik trieben, diese ‚ontologische' Tendenz des Aristoteles nicht mehr weiter, sondern nur die ‚theologische' (so die allgemeine Ansicht, gegen die aber einiges spricht; vgl. o. 4.12 mit A. 38/39, u. S. 406 A. 472).

466 Die Frage ist besonders akut, wenn man einen Kompilator (Redaktor) annimmt, aber auch dann nicht unberechtigt, wenn Aristoteles selbst der Verfasser war.

467 „Es ist nicht ausgeschlossen, daß der Kompilator für die beiden ersten Kapitel Aufzeichnungen aus dem Nachlaß des Aristoteles benutzt hat, die jetzt nicht mehr erhalten sind" (278).

468 Wenn der ‚Kompilator' diese Gedanken von sich aus hinzugefügt haben sollte — was ganz unwahrscheinlich ist —, versetzte er sich jedenfalls so intensiv in Lehre und Denkweise des Aristoteles, daß seine Zufügungen bruchlos zu den anderen aristotelischen Stellen über ἀφαίρεσις passen, vgl. u. 7.42 Anfang. Über die ‚Abweichungen' im K vgl. Décarie, z. B. 130 ff (s. die prinzipielle Bemerkung 129 A. 1) und Reale.

469 Daß die K-Version nicht unabhängig von BΓE ist, sieht man auf den ersten Blick; vgl. die von Décarie und Reale notierten zahlreichen Koinzidenzen.

470 Vgl. dazu etwa einerseits Merlan, *Metaphysik* 87—92, andererseits Décarie 133—137 und Reale 242—245; s. auch im Nachstehenden die Behandlung von K 7, 1064a 28 f.

471 1064b 13f καθόλου τῷ προτέραν.

Κ 3/4 in Ausdrücken beschrieben wird, welche eindeutig für eine ‚allgemeine Ontologie' sprechen[472]. Die Stelle aus Κ 4 verdient noch einige genauere Bemerkungen[473]: Die Seinswissenschaft betrachtet die Objekte (aller Art, auch Körper) hinsichtlich der Tatsache, daß sie sind (ᾗ ὄντα, καθ' ὅσον ὄντα)[474], die Physik zum Teil die gleichen Objekte auf Grund des Faktums, daß sie sich bewegen (ᾗ κινούμενα), die Mathematik wiederum dieselben Gegenstände qua Ausdehnung (ᾗ συνεχὲς ἐφ' ἓν ἢ δύο ἢ τρία)[475]. Obwohl die Seinswissenschaft sich so durch ihre Aspektbetrachtung gleichrangig neben Physik und Mathematik zu stellen scheint, ist sie doch durch die Tatsache, daß der Seins-Aspekt fundamentaler ist als derjenige der Bewegung oder Ausdehnung[476], eo ipso die ‚erste' unter diesen drei Wissenschaften (πρώτη 1061b 30) und nicht partikulär wie die beiden anderen (b 25—27). Daraus ergibt sich sachlich, daß die Seinswissenschaft die zwei anderen ‚umgreift' und ‚einschließt'. Dies sagt Aristoteles sogar direkt, wenn wir den Schlußsatz von Κ 4 entgegen der üblichen Deutung folgendermaßen übersetzen: „Deshalb müssen wir Physik und Mathematik als Teile der ersten Philosophie, d. h. der Seinswissenschaft, klassifizieren"[477]. Aber auch abgesehen von dem letzten Satz — an dem nichts hängt — bringt die Stelle eine wertvolle Bestätigung und weitere Klärung des aus Γ/Ε gewonnenen Befundes:

[472] 1061b 3–11. 23–33. Diese Stellen und der u. in A. 474 genannte Beleg aus Κ 7 wurden bereits o. 4.242 Ende herangezogen und zum Teil wörtlich zitiert, müssen aber hier noch einmal verwendet werden. Vgl. dazu – neben Reale – durchweg Décarie 128 bis 133, der mit Recht darauf hinweist, daß diese Stellen den ‚ontologischen' Charakter des ὂν ᾗ ὄν und die Trennung in Material-Objekt ($ὄν_1$) und Formal-Objekt ($ὄν_2$) sicherstellen; er geht aber (unter dem Einfluß Mansions?) zu weit, wenn er sagt: „Aristote ne pouvait affirmer plus clairement que l'être, en tant qu'être, est non une réalité concrète, mais le résultat d'une opération de l'esprit" (130 A. 7). Natürlich ist die Betrachtungsweise ᾗ ὄν ‚une opération de l'esprit', aber eine *Wesensschau* von *Seinsstrukturen* (vgl. o. 4.242/243). — Angesichts dieser *eindeutig* ‚ontologischen' Komponente des Κ ist es sehr verwunderlich, daß man Κ immer wieder zum Kronzeugen für eine rein ‚theologische' Interpretation der aristotelischen Metaphysik anruft (Muskens, Merlan, zum Teil auch Owens), sogar für den Fall, daß es unecht ist: Denn dann soll es das erste Glied der nacharistotelischen Interpretation der aristotelischen Metaphysik sein, die nach Owens und Merlan den Aristoteles ‚rein theologisch' deutet (auch gegen diese These ist manches einzuwenden, was jetzt nicht zur Sprache kommen kann).

[473] 1061b 23—33: An diesem Beleg ist jedes Wort wichtig.

[474] 1061b 4. 9f. 24. 26f. 30. 31. Sehr deutlich auch Κ 7, 1064a 2f.

[475] 1061b 21—25, noch klarer 1061a 28—b 3.

[476] Dies zeigt 1061b 28—32.

[477] 1061b 33 μέρη τῆς σοφίας, mit der üblichen Bedeutung von σοφία = πρώτη φιλοσοφία (Belege bei Schwegler z. St.). Daß Thomas die Stelle so versteht (2209 Cathala), wiegt schwerer als alles, was ich darüber sagen könnte. Üblicherweise (Schwegler, Bonitz, Ross) faßt man σοφία weiter, = φιλοσοφία, was ja möglich ist, aber den Schlußsatz der Pointe beraubt; Décarie 132 A. 6 zitiert die Deutung des Thomas, schließt sich aber dann doch Bonitz und Ross an.

Wie ,Sein' ein ,Aspekt' unter anderem ist und gleichzeitig Ausdehnung und Bewegung begründet, so ist die Seinswissenschaft Aspektwissenschaft (also quasi partikulär), aber zugleich ,vorgeordnet' und allgemein. Ihre ,Vorgeordnetheit' und dadurch Allgemeinheit zeigt sich noch in viel stärkerem Maße, wenn wir die Seinsstufung bis zur obersten Seinsschicht der materielosen οὐσία χωριστὴ καὶ ἀκίνητος (K 7) emporsteigen. Aufgabe der ersten Philosophie ist es — so hörten wir 1061 b 31 f — zu untersuchen, καθ' ὅσον ὄντα τὰ ὑποκείμενά ἐστιν, ἀλλ' οὐχ ᾗ ἕτερόν τι. Da nun auf die oberste Seinsschicht, welche reines Sein (ὄν und nichts anderes) ist, kein anderer Aspekt mehr angewendet werden kann — so daß ᾗ ἕτερόν τι seinen Sinn verliert —, wird klar, daß dieser οὐσία ἀκίνητος keine andere Wissenschaft als eben diese ,erste Philosophie' zugeordnet werden kann und umgekehrt die erste Philosophie in der unbewegten Substanz, dem reinen Sein, erst ihr eigentliches Objekt gefunden hat. Hier, wo die vorher doch irgendwie konkurrierenden Aspekte weggefallen sind, kann sie das Sein an seiner Quelle studieren und sich von da wieder zu den einzelnen ὄντα zurückwenden. Genau das steht am Ende von K 7, aber auch am schon besprochenen Schluß von K 4, womit sich der Kreis schließt.

Gegenüber dieser Konvergenz von ,Ontologie' und Theologik, ,partikulär' und ,allgemein' in *ein* und *derselben* πρώτη φιλοσοφία erweisen sich wie schon in Γ/E, so auch hier im K all jene Interpretationen als verfehlt, welche die beiden komplementären Tendenzen trennen und zwei verschiedenen Wissenschaften zuweisen (,allgemeine Ontologie' — ,partikuläre Theologik') oder einen der beiden Aspekte verabsolutieren (Natorp den ,ontologischen'; Muskens, Merlan, Gómez Nogales, z. T. auch Owens den ,theologischen').

Wenn man dies bedenkt, bietet auch die vieldiskutierte Wendung K 7, 1064a 28 f ἐπιστήμη τοῦ ὄντος ᾗ ὂν καὶ χωριστόν keine große Schwierigkeit mehr: Da nach allgemeiner Ansicht mit χωριστόν die göttliche Substanz gemeint ist[478], werden hier ὂν ᾗ ὄν und der unbewegte Beweger durch καί eng miteinander verbunden oder gar identifiziert[479]. An dieser ,Koppelung' nehmen alle diejenigen Forscher Anstoß, die ,Ontologie' (Objekt: ὂν ᾗ ὄν) und ,Theologik' (Objekt: οὐσία χωριστὴ καὶ ἀκίνητος) genau auseinanderhalten[480], und greifen deshalb zu einer der beiden Möglichkeiten, die es dann prinzipiell gibt:

[478] Vgl. anschließend a 33—35 περὶ τὸ χωριστὸν ἄρα ὂν καὶ ἀκίνητον ἑτέρα τούτων ἀμφοτέρων τῶν ἐπιστημῶν (Physik und Mathematik) ἔστι τις, εἴπερ ὑπάρχει τις οὐσία τοιαύτη, λέγω δὲ χωριστὴ καὶ ἀκίνητος (s. auch das Folgende). Ob diese communis opinio richtig ist, dazu vgl. unten.

[479] Über die syntaktische Konstruktion von χωριστόν und die Bedeutung des καί vgl. unten.

[480] Natorp, Mansion (referiert bei Owens; Merlan, *Metaphysik* und *Ὂν ᾗ ὄν*; Reale und Düring), Aubenque 40—43, Düring (278 f. 595 ff), aber auch Theiler, *Entstehung* und Chen, Phronesis 6 (1961) 53—58.

α) Wenn man den Text unangetastet stehen läßt, muß man den Inhalt für ein ,Mißverständnis' erklären, das man Aristoteles selber nicht zutrauen könne, und gelangt mithin folgerichtig zur Athetese des Textstückes, womöglich des gesamten K (so in neuerer Zeit Mansion, Aubenque und Düring)[481]. Hierüber braucht nach dem, was oben über das Ineinander von Ontologie und Theologik und den Bezug des ὂν ᾗ ὂν auf die Substanz und letztlich die οὐσία ἀκίνητος gesagt wurde[482], nicht näher gesprochen zu werden, und ich begnüge mich mit einem Hinweis auf Owens und Merlan (denen ich in diesem Punkt zustimme)[483] sowie auf Décarie und Reale[484]. Man darf sich auch fragen, warum diejenigen, welche die Äußerung in K 7 für unaristotelisch halten, nicht dieselbe Meinung auch von der Parallel-Stelle E 1, 1026a 23—32 haben, wo die Wissenschaft vom ὂν ᾗ ὂν und die von der ἀκίνητος οὐσία aufs engste miteinander verbunden werden[485].

[481] Bezeichnende Äußerungen A. Mansions und S. Mansions zitiert Merlan, *Metaphysik* 90 A. 8, *Ὂν ᾗ ὄν* 150. Im gleichen Sinne Düring 278: „Kap. 7. Mit Sicherheit ein Referat von Epsilon 1 mit Verwechslung der zwei Begriffe ὂν ᾗ ὄν und ὂν χωριστόν... Wenn wir von der gravierenden Verwechslung in Kappa 7 absehen, ist Kappa durchaus eine sorgfältige und intelligente Kompilation". 279: „Man muß mit Mansion konstatieren, daß der Kompilator hier die Terminologie des Aristoteles nicht beherrscht und daß er zwei an sich unvereinbare Begriffe unter einen Hut bringt ... Der Kompilator hat den Unterschied zwischen den Begriffen ὂν ᾗ ὂν und οὐσία ἀκίνητος χωριστή nicht erfaßt".

[482] Vgl. o. 4.24 passim.

[483] Merlan hat *Metaphysik* und *Ὂν ᾗ ὄν* Mansions Aufstellungen schlagend widerlegt und damit allen anderen Interpretationen, die in dieselbe Richtung gehen, den Boden entzogen (vgl. Owens 16 f), auch derjenigen Dürings (gegen dessen Auffassung des ὂν ᾗ ὂν auch sonst noch manches zu sagen wäre). Wichtig Owens 16—27 (u. a. Widerlegung von Aubenque; dazu auch seine Rezension von Aubenque, Gnomon 35, 1963, 460f). Worin ich von Owens und Merlan abweiche, ist aus dem o. 4.244a—c Gesagten ersichtlich.

[484] Décarie 134 A. 6. Vgl. neben Reales Gesamt-Interpretation des K die spezielle Anm. S. 216 zu unserer K 7-Stelle und den bibliographischen Anhang 351—353. 356 f (ferner 335. 337. 359 f u. ö.). Décarie und Reale wenden sich nicht nur gegen A. Mansion und S. Mansion, sondern (zu Recht) auch gegen die Einseitigkeit von Muskens, Owens und Merlan (vgl. u.).

[485] Die Frage stellt Merlan, *Ὂν ᾗ ὄν* 151 f mit Recht. Ib. 149–151 wird ferner die Stelle Γ 3, 1005a 33—b 2 besprochen, wo ja gleichfalls (ohne daß der Ausdruck ὂν ᾗ ὂν fällt) Theologik und allgemeine Ontologie gleichgesetzt werden. Wenn Γ 3 und (noch mehr) E 1 syntaktisch die Identifikation nicht ganz so eng vollziehen wie K 7 (vgl. dazu o. 4.244a), also u. U. (etwa mit καί ,und dazu auch' oder dgl.) keine so strikte Gleichsetzung meinen, so ist das unwesentlich, denn bisher hat niemand (auch nicht Mansion und Düring 595 f. 599) bezweifelt, daß Aristoteles in E 1 die beiden (,unvereinbaren') Aspekte zumindest in *sehr enge* Verbindung zueinander bringen will (vgl. erneut Merlan, *Ὂν ᾗ ὄν* 151 f). Vgl. zu E 1 zuletzt Owens 17 f (mit Umgebung) und über die ebd. genannte Arbeit von Muskens auch Reale 359 f. (Muskens erkennt richtig die ,theologische' Komponente des ὂν ᾗ ὂν im K und gelangt deshalb zu einer angemessenen Deutung unseres K-7-Satzes, übersieht aber die

β) Will man umgekehrt eine Athetese vermeiden und die inhaltliche ,Unstimmigkeit' beseitigen, so muß man punktuell den Text ändern, wie es Theiler und Chen vorgeschlagen haben[486]. Da diese Konjekturen der gleichen Einstellung entspringen wie die eben besprochenen Athetesen, unterliegen sie auch denselben Einwänden, so daß sich eine spezielle Widerlegung erübrigt[487].

Abschließend kehren wir kurz zum Ausdruck τοῦ ὄντος ᾗ ὂν καὶ χωριστόν zurück. χωριστόν ist Nominativ wie das parallele ὂν und von ᾗ abhängig: ,,des Seienden, insofern es *ist* und insofern es *abgetrennt* ist". Von θεωρεῖν steht nichts direkt da, aber es wird bei ἐπιστήμη und ᾗ mitgedacht. Und wenn auch dieses θεωρεῖν keine Abstraktion im modernen Sinne ist, sondern *intuitive Wesensschau* von etwas *Objektivem*, können wir doch nicht ohne weiteres ,Material-Objekt' und ,Formal-Objekt' zusammenfallen lassen[488]. ᾗ (κυρίως) ὂν weist, wie wir sahen[489], auf die Form und letzten Endes auf die reine Form; ᾗ χωριστόν meint dasselbe, nämlich die ,Selbständigkeit' der Substanz, und zwar ebenso der Sinnensubstanz wie der ἀκίνητος οὐσία[490]. Da nun aber die Umgebung der Stelle nachdrücklich die

eindeutig ,ontologischen' Tendenzen allenthalben im K und urteilt unzutreffend über E 1.) Was Γ 3 betrifft, so ist 1005a 35 πρώτη οὐσία, wie der Zusammenhang eindeutig zeigt, die göttliche Substanz (Merlan, *Ὂν ᾗ ὄν* 148–150. Décarie 108. 120. Reale 117. Owens 18 A. 16); die Einwände von Düring 595. 598 A. 76 sind nicht stichhaltig.

486 Nach Theiler, *Entstehung* 88 ,,muß 1064a 28 ἐπιστήμη τοῦ ὄντος ᾗ ὂν καὶ χωριστόν ein Versehen von K sein, etwa für τοῦ ὄντος καθ' αὑτὸ καὶ χωριστοῦ, vgl. 1060a 23". Chung-Hwan Chen, Phronesis 6 (1961) 53—58 ändert die Stelle in τοῦ ὄντος ᾗ ⟨μέν⟩ον καὶ χωριστόν. Zu μένον vgl. gleich anschließend 1064a 32 f ἡ δὲ μαθηματικὴ θεωρητικὴ μὲν καὶ περὶ μένοντά τις αὕτη, ἀλλ' οὐ χωριστά. Sachlich genauer entsprechend 1060a 26 f μή τινος ὄντος ἀιδίου καὶ χωριστοῦ καὶ μένοντος.

487 Wenn Wagner 146 gegen Theilers Konjektur auf den Zusammenhang, bes. 1064a 33—35 verweist, so verstehe ich nicht ganz, was er damit meint: Theiler versucht doch nur mit seiner Konjektur die ,ontologisch' klingende Formel ὂν ᾗ ὂν zu beseitigen, die Stelle also konsequent ,theologisch' zu machen (wie auch sein Hinweis auf 1060a 23 zeigt); sie steht also in der geänderten Fassung mit ihrem theologischen Zusammenhang, vor allem 1064a 33—35, in viel besserem Einklang als vorher. Dasselbe gilt für Chens Konjektur. Man müßte also, wenn man schon so ,immanent' argumentieren will, nachzuweisen versuchen, daß vom Zusammenhang her in 1064a 29 unbedingt der Ausdruck ὂν ᾗ ὂν stehen muß — was kaum zu bewerkstelligen sein dürfte. — Gut gegen Chens Konjektur Owens 26 A. 33.

488 Merlan, *Metaphysik* 88 f weist gegen Mansion richtig auf die ,Objektivität' des *nach* dem ᾗ Stehenden hin, geht nun aber (auch er im Banne eines modernistischen Abstraktionsbegriffes) darin zu weit, daß er das θεωρεῖν völlig außer acht läßt und den Unterschied zwischen Material-Objekt und Formal-Objekt einebnet. Richtig dagegen Décarie 134 A. 6.

489 o. 4.243.

490 Zu χωριστόν von der Sinnensubstanz und von der unbewegten Substanz vgl. die Arbeiten von Chen, Preiswerk und de Strycker (besprochen von Reale 330. 364. 371).

göttliche Substanz hervorhebt (bes. a 33 ff περὶ τὸ χωριστὸν ἄρα ὂν καὶ ἀκίνητον κτλ.), empfiehlt es sich, a) nicht nur ᾗ χωριστόν, sondern auch wohl ᾗ ὂν hier auf die ἀκίνητος οὐσία zu beziehen und das καί eher ‚identifizierend' als ‚spezialisierend' zu fassen[491]; und b) ferner auch das Material-Objekt eng mit der obersten Substanz zu verbinden und zu übersetzen: „des Seienden, sofern es reine Wirklichkeit und Subsistenz ist"[492].

4.4 Das Sein im Ursinn, seine Prinzipien und die Fundamentalgegensätze des Seins

Nachdem wir bisher Γ und K aus methodischen Gründen voneinander getrennt hatten, nehmen wir von nun an beide Bücher zusammen und ziehen E 1 hinzu. Folgende drei Probleme waren bei Betrachtung des Γ offengeblieben (o. S. 403 f): a) Inhalt und Charakter der obersten Seinsschicht. b) Die Prinzipien und Ursachen der verschiedenen Arten von οὐσία und besonders des ‚Seienden als solchen'. c) Die Rolle der Fundamentalgegensätze des Seins (vor allem des ἕν und des ‚Materieprinzips' πλῆθος) und ihr Verhältnis zu a) und b).

4.41 *Inhalt und Charakter der obersten Seinsschicht in Γ E K*

Die im Γ genannte μία τις φύσις (1003 a 34, vgl. 1003 b 14 und besonders 1010 a 34) oder μία ἀρχή (1003 b 6), auf welche das Sein zurückgeht und von der es abhängt, ist mit der οὐσία, näherhin: mit

Was das K angeht, so gibt Merlan, *Metaphysik* 89 einige Beispiele von χωριστόν = ἀκίνητος οὐσία; für χωριστόν im weiteren Sinne vgl. immerhin 1065 a 24 τὸ ἔξω ὂν καὶ χωριστόν ‚das (vom Bewußtsein) unabhängig Seiende' (Näheres Ross Analyse, ferner Komm. zu 1028 a 2).

491 Für die zweite Möglichkeit spricht sich jetzt Krämer, *GS* 350 A. 126 aus: K 7, 1064 a 29 „faßt lediglich die Doppelfunktion der ‚ersten Philosophie' formelhaft zusammen, ohne zu identifizieren (καὶ ist nicht explikativ, sondern spezialisierend gebraucht, gemäß seiner steigernd hervorhebenden Grundbedeutung im Griechischen)". Vgl. indes die Stellen in Γ 3 und E 1 (s. o. 4.244 a mit A. 411). Von diesen Nuancen der Deutung unserer K-7-Stelle bleibt unberührt, daß ὂν ᾗ ὂν in ΓΕΚ eine starke ‚ontologische' Komponente hat, die nicht auf die ‚theologische' reduziert werden darf; vgl. o. 4.24 passim und jetzt auch Krämer a. O.

492 Wenn wir uns auch somit Merlans Auffassung weitgehend annähern, so war doch der kleine Umweg nötig, um die Problematik der ᾗ-Betrachtung noch einmal scharf herauszuheben.

der obersten Substanz (πρώτη οὐσία) identisch[493], die 1004a 2—4 und 1005a 35 deutlich erwähnt wird und ohne Zweifel mit der οὐσία ἀκίνητος von E 1 gleichzusetzen ist[494]. Unterstützend kommen hinzu drei Stellen aus dem zweiten Teil des Γ, die ebenfalls die Dreistufung der Substanzen und das Abhängigsein aller ὄντα von der obersten οὐσία bezeugen[495]. Über das Wesen dieser οὐσία erfahren wir aus den letztgenannten drei Belegen, daß sie dem Werden und Vergehen und überhaupt der κίνησις entrückt ist, und in Γ 8 fällt der Ausdruck πρῶτον κινοῦν[496]. Es besteht nicht der geringste Grund, diese Bestimmungen nicht auch auf den ersten Teil des Γ anzuwenden[497], und so ergibt sich für das gesamte Γ: An der Spitze der Seinsordnung steht der unbewegte Beweger, auf welchen das gesamte Sein gegründet ist[498]. Ob er singularisch oder pluralisch verstanden wird, läßt sich — mindestens zunächst — nicht genau ausmachen: Die ihn beschreibenden Termini stehen zwar im Singular[499], doch kann zumindest οὐσία auch im Singular eine Mehrzahl bezeichnen (‚Seinsschicht‘)[500], und diese zweite Möglichkeit wird auch durch 1012b 31 τὸ πρῶτον κινοῦν nicht aufgehoben[501].

[493] Vgl., auch zum Folgenden 4.21 (bes. 4.211—213), 4.22. Von dem dort Gesagten wird hier nur soviel wiederholt, wie zur Beweisführung erforderlich ist.

[494] Die Identität der beiden οὐσίαι von Γ und E 1 betont (gegen die Skepsis Wagners 145) richtig Merlan, *Ὂν ᾗ ὄν* 149—151.

[495] Sie seien hier nochmals wörtlich angeführt: Γ 5, 1009a 36—38 καὶ ἄλλην τινὰ οὐσίαν εἶναι τῶν ὄντων ᾗ οὔτε κίνησις ὑπάρχει οὔτε φθορὰ οὔτε γένεσις τὸ παράπαν. 1010a 34 ὅτι γὰρ ἔστιν ἀκίνητός τις φύσις δεικτέον αὐτοῖς. Γ 8, 1012b 30 f ἔστι γάρ τι ὃ ἀεὶ κινεῖ τὰ κινούμενα, καὶ τὸ πρῶτον κινοῦν ἀκίνητον αὐτό. Man kann die drei Belege nicht als Zusätze, Einschübe oder dgl. betrachten oder sonstwie in ihrem Zeugniswert herabsetzen, vgl. *Kosmologie und Metaphysik* 160—165. Reale 122—124 (mit Umgebung). Auch hier scheint mir Wagners Zweifel (145) unberechtigt.

[496] Vgl. die vorst. Anm.

[497] Vgl. o. 4.212, u. 4.42 u. ö.

[498] Das Begründungsverhältnis ergibt sich schon zwanglos aus dem Epitheton πρῶτος (1004a 4. 1005a 35), wozu noch ἀρχή (1003b 6) zu vergleichen ist. 1003b 17 ἤρτηται gilt zwar zunächst nur für das Verhältnis Substanz-Akzidentien, läßt sich aber auch auf die Stufung der Substanzen übertragen.

[499] Da 1003a 34 (1003b 14) φύσις, 1003b 6 ἀρχή und 1004a 2 οὐσίαι (von der Dreistufung) kaum etwas beweisen, bleiben übrig: 1005a 34 τὴν πρώτην οὐσίαν. 1009a 37 ἄλλην τινὰ οὐσίαν. 1010a 34 ἀκίνητός τις φύσις. 1012b 31 τὸ πρῶτον κινοῦν.

[500] Über οὐσία grundlegend Merlan, *Movers* 7 f. — Auch 1034a 34 φύσις dürfte einen ähnlichen Bedeutungsumfang wie οὐσία haben.

[501] Die Seinsstufung am Ende von Γ 8 ist, weil feinere Differenzen hier sachlich nicht von Belang waren, stark vereinfacht: Genau wie die Vielfalt des Ätherbereichs außer Betracht gelassen wird, kann auch für eine Mehrzahl von Bewegern stellvertretend (oder zusammenfassend) nur das πρῶτον κινοῦν genannt sein. Jedenfalls läßt sich aus dem sprachlichen Ausdruck allein mitnichten eine strikt ‚monotheistische‘ Tendenz der Stelle oder gar des gesamten Γ herleiten.

Während die in E 1 für die oberste οὐσία gebrauchten Wendungen zwischen Singular und Plural schwanken[502], verwendet K 7 (die Parallelversion von E 1) nur singularische Ausdrücke[503], ohne doch sachlich etwas anderes zu meinen. Dieser Umstand zeigt offenbar, daß in E 1/K 7 — und demgemäß bestimmt auch in Γ/K 3—6 — die oberste Seinsschicht einfach und vielfach zugleich ist und somit sprachlich je nach dem Gesichtspunkt als etwas Einfaches oder als etwas Vielfältiges gefaßt werden kann. Da es in den Ausführungen dieser Bücher weniger um die Struktur der obersten Seinsschicht selbst als darum geht, daß bzw. ob es ‚so etwas' (d. h. etwas Unbewegtes und Getrenntes) *überhaupt gibt*, lag es für Aristoteles nahe, singularische Wendungen zu gebrauchen, die neutral sind und deshalb nicht überinterpretiert werden dürfen[504].

Immerhin bleibt zu fragen, ob die nur einmal vorkommende pluralische Formulierung[505] wirklich so viel Gewicht besitzt und was man sich konkret unter mehreren solcher ὄντα vorzustellen hat. Nimmt man — wie es methodisch geboten ist — den Plural ernst, dann können, da typisch platonische Philosopheme wie die Ideen u. dgl. hier bestimmt nicht mehr vorliegen[506], innerhalb der aristotelischen Seinsschichtung[507] nicht Sterne[508], sondern nur unbewegte Beweger (Plural) gemeint sein.

502 1026a 10f εἰ δέ τί ἐστιν ἀΐδιον καὶ ἀκίνητον καὶ χωριστόν. 1026a 16 ἡ δὲ πρώτη (φιλοσοφία) καὶ περὶ χωριστὰ καὶ ἀκίνητα. 1026a 28 εἰ . . . μὴ ἔστι τις ἑτέρα οὐσία. a 29 εἰ δ' ἔστι τις οὐσία ἀκίνητος.

503 1064a 33—37 περὶ τὸ χωριστὸν ἄρα ὂν καὶ ἀκίνητον ἑτέρα τούτων ἀμφοτέρων τῶν ἐπιστημῶν ἔστι τις, εἴπερ ὑπάρχει τις οὐσία τοιαύτη, λέγω δὲ χωριστὴ καὶ ἀκίνητος, ὅπερ πειρασόμεθα δεικνύναι. καὶ εἴπερ ἔστι τις τοιαύτη φύσις ἐν τοῖς οὖσιν, . . . (vgl. auch das Folgende). 1064b 11 f εἰ δ' ἔστιν ἑτέρα φύσις καὶ οὐσία χωριστὴ καὶ ἀκίνητος. Die (o. 4.3 behandelte) Wendung 1064a 28 f ἐπιστήμη τοῦ ὄντος ᾗ ὂν καὶ χωριστόν gibt für unsere Frage nichts aus.

504 So kann man z. B. auch die Diskrepanz zwischen K 7, 1064b 10 αἱ φυσικαὶ οὐσίαι und b 11 f εἰ δ' ἔστιν ἑτέρα φύσις καὶ οὐσία χωριστὴ καὶ ἀκίνητος nicht pressen: Die physischen Substanzen sehen wir mit eigenen Augen, und nach der Existenz jenes anderen ‚Etwas' wird erst gefragt, natürlich im Singular, aber mit den Begriffen φύσις und οὐσία, die alles offenlassen.

505 E 1, 1026a 16 χωριστὰ καὶ ἀκίνητα.

506 Aristoteles vertritt in ΓΕΚ sogar nach der extrem ‚platonischen' Deutung Merlans nicht mehr die Ideenlehre (*PN* 179. 183).

507 Natürlich kann man in den χωριστὰ καὶ ἀκίνητα Zwitter unbestimmter Qualität sehen, die nicht mehr platonisch und noch nicht aristotelisch seien, aber es ist sachlich geboten, sie so konkret wie möglich zu bestimmen und dabei muß man eben *zunächst* einmal von der starren Alternative ausgehen: ‚wenn nicht *platonisch*, dann *aristotelisch*'. Über die Einflüsse anderer Akademiker und ‚der Akademie' insgesamt vgl. 2.5, u. 4.453 u. ö.

508 Auf die Sterne ließe sich die Bestimmung χωριστά allenfalls noch anwenden, nicht aber ἀκίνητα. Die Deutung, es seien Gestirne, wird auch sowieso durch den Zusammenhang ausgeschlossen, denn die fraglichen ὄντα sind hier innerhalb der Dreistufung der Wissenschaften (mit der Mathematik in der Mitte) der obersten (sc. der

So scheinen mithin die Angaben von Γ E K einen κόσμος νοητός unbewegter Beweger ähnlich dem von Λ 8 nahezulegen. Ist indessen ein solcher Schluß wahrscheinlich oder auch nur möglich? a) Wenn schon das ‚zusatzartig' an das Ende von Γ 8 gestellte πρῶτον κινοῦν auf das ganze Γ übertragen wird, darf man von da weiter auf E 1 und K schließen? Wäre es nicht vielmehr richtiger, das πρῶτον κινοῦν in Γ 8 als spätere Zufügung zu betrachten, die Theologik des Γ E K von der Bewegerlehre z. B. des Λ abzutrennen und für sich zu erklären, d. h. mit Merlan einen ‚Bruch' innerhalb der aristotelischen Metaphysik anzunehmen[509]? Wer so ΓEK isolieren und ‚immanent' deuten will, müßte dann allerdings unter anderm vermuten, daß in den drei Büchern das Sein zwar in typisch aristotelischer Weise ‚kosmologisch' ponderiert ist[510], daß aber der zwischen den einzelnen Stufen bestehende Begründungszusammenhang nicht (oder zumindest: nicht allein) nach spezifisch aristotelischer Art ‚kosmologisch' gedacht wird — eine Annahme, die Schwierigkeiten bereitet[511]. b) Welche Form der Bewegerlehre ist für ΓEK vorauszusetzen? Sollte man, statt Singular und Plural zu vermengen, nicht eher im Γ nur die Singularität, in E 1 nur die Vielfalt der obersten Seinsschicht betonen und entwicklungsgeschichtlich argumentieren, d. h. zwischen Γ und E 1 einen Schnitt legen (was dann auch für das K bedeutende Folgen hätte)? Oder kann man doch die drei Bücher in diesem Punkt zusammen sehen?

Auf diese Fragen läßt sich am ehesten eine Antwort finden, wenn man über ΓEK hinaus das Gesamt der Metaphysik und der übrigen Schriften des Aristoteles betrachtet.

4.42 Die oberste Seinsschicht außerhalb von Γ E K

Gegenüber vielen früheren Versuchen, in der Metaphysik des Aristoteles und in seinen anderen Schriften eine empiristisch-onto-

‚ersten Philosophie') zugeordnet, während die Sterne sonst (*in Konkurrenz* mit den Mathematika) immer nur den Mittelbereich einnehmen. Vgl. *Kosmologie und Metaphysik.*

509 Über den angeblichen ‚Bruch' innerhalb der Metaphysik alles Nähere u. 4.5.

510 Vgl. erneut Γ 2, 1004a 2—4 (vielleicht Dreistufung der οὐσίαι mit den Sternen als Mittelbereich; dazu o. 4.22). Γ 5, 1009a 36—38 (unbewegte, unvergängliche Substanz). 1010a 25—35 (Sterne, unbewegte φύσις τις). Γ 8, 1012b 30 f (Sterne, unbewegter Beweger). K 6, 1063a 13—17 (Sterne); ferner E 1, wo zuerst im Mittelbereich der Seinsstufung die Mathematika erscheinen (1026a 14 f), dann aber die ‚getrennten, unbewegten, ewigen' Wesenheiten der obersten Seinssphäre als ‚Ursachen der Sterne' bezeichnet werden: ταῦτα γὰρ αἴτια τοῖς φανεροῖς τῶν θείων (1026a 17 f).

511 Es ist schwer, sich die Kausalität der obersten χωριστὰ καὶ ἀκίνητα gegenüber den Sternen (E 1, 1026a 17 f, s. vorst. Anm.) anders vorzustellen denn als Finalität des πρῶτον κινοῦν. Näheres über die Ursächlichkeit der obersten Seinssphäre o. 4.23, u. 4.453.

logische und eine idealistisch-theologische Komponente voneinander zu trennen und zu isolieren, haben die neueren Arbeiten gezeigt, daß die gesamte aristotelische Metaphysik ebenso ‚theologisch' wie zugleich ‚ontologisch' ist[512], und dementsprechend auch in den übrigen Werken des Aristoteles immer deutlicher den ‚theologischen Bezug' erkannt und würdigen gelehrt, welcher selbst in den weitverzweigten Erörterungen der Einzelforschung letztlich nirgends verlorengeht. Die dauernde Gegenwart des ‚Theologischen' bei Aristoteles, die nicht mehr bewiesen zu werden braucht, schließt jedoch nicht aus, daß das Theologumenon *inhaltlich* jeweils verschieden sein kann (‚akademisch' — ‚aristotelisch'), eine *Entwicklung* durchgemacht hat o. dgl. Deshalb fassen wir kurz die Stellen außerhalb von ΓEK in den Blick, an welchen die oberste Seinssphäre erwähnt wird[513], und fragen dann, was sich daraus für die Beurteilung der Belege von ΓEK ergibt.

Beginnen wir *erstens* mit dem Problem von Einfachheit und Vielfalt der obersten Seinsschicht. Während die Stellen aus den ‚Dialogen' kein sicheres Urteil erlauben[514], zeigen die Lehrschriften neben dem Singular ab und zu auch den Plural[515]. Wenn man diese Stellen ins-

[512] Vgl. o. 4.12—14. Die Seiten, auf denen Reale genau die theologische Komponente der einzelnen Metaphysik-Bücher bespricht, sind u. A. 515 verzeichnet.

[513] Hierbei können wir uns auf knappe Bemerkungen beschränken, nachdem die gesamte Frage von H. J. Krämer jetzt gründlich erörtert worden ist: *UGM* 127 ff *(Struktur und geschichtliche Stellung der aristotelischen Nus-Metaphysik)*, bes. 131 bis 140 *(Die Theologie des frühen Aristoteles)*, 173—191 *(Das kosmologisch-theologische System bei Xenokrates und Aristoteles. Vorstufen der Beweger-Lehre)*; von der voraufgegangenen Lit. ist besonders wichtig P. Merlan, *Movers*. Vgl. auch Reale, *Teofrasto* 147 ff (dessen Folgerungen für Theophrast allerdings kritischer Überprüfung bedürfen).

[514] Περὶ εὐχῆς fr. 1 Ross (Simplic. cael. 485, 19—22): ὁ θεός. In *De philos.* fr. 16 Ross (Simplic. cael. 288, 28—289, 15) enthält der erste Teil der bei Ross ausgeschriebenen Passage, welcher u. U. eine hierarchische Vielfalt innerhalb des Göttlichen andeutet (‚das *erste* und *oberste* Göttliche') nur Simplicius' Paraphrase der De-caelo-Stelle (zu letzterer vgl. die folgende Anm.); das eigentliche Fragment aus *De philosophia* (dort zweimal τὸ θεῖον) spricht nicht von einer Hierarchie des Göttlichen und das angestrebte Beweisziel bedarf ihrer auch nicht. Man kann nicht mit Hilfe von fr. 8 Ross das θεῖον von fr. 16 pluralisch entfalten (so Krämer, *UGM* 132 f), denn fr. 8 ist unecht (nachgewiesen von W. Haase, *Ein vermeintliches Aristoteles-Fragment bei Johannes Philoponos*, in: *Synusia*, Festschrift Schadewaldt, 1965, 323—354). Wie man das Schwanken in anderen Fragmenten von *De philosophia* (fr. 12a Sextus θεοί, τὶ θεῖον, τινὰ θεόν. 12b Sextus οἱ θεοί, θεός. 13 Cic. *dei* [ter]. Philo τὸ θεῖον, ὁ θεός [bis]. 14 Sen. *dei* [bis]. Plut. ὁ θεός usw.) deuten soll, ist schwer zu sagen: Jedenfalls dürfte es unmöglich sein, durch die Überlieferungsschichten und die Dialogform hindurch exakt Aristoteles' eigene Ansicht hierüber zu ermitteln. Zudem ist sowieso bei allen Urteilen über *De philosophia* einstweilen Zurückhaltung geboten, solange noch keine wirkliche kritische Bestandsaufnahme der Fragmente vorliegt (eine solche wird eingeleitet von W. Haase in seiner demnächst erscheinenden Gnomon-Rezension von Untersteiners Ausgabe).

[515] Bezeichnend cael. A 9, 279a18—35 (z. St. zuletzt *Kosmologie und Metaphysik* 173 mit A. 68); vgl. auch Longos Index s. v. θεός und θεῖος. — phys. ϑ 6, 258b 11.

gesamt überblickt und den engen Zusammenhang der aristotelischen Theologik mit den akademischen Transzendenzlehren bedenkt[516], kann man nur zu dem Schluß kommen[517], daß Aristoteles von Beginn an bis in seine Spätzeit stets an eine ‚transzendente‘[518] Seins*sphäre* (Seins*schicht*, Seins*stufe*) denkt, die natürlich nicht monolithisch-starr ‚einfach‘ ist, sondern in ihrer Einfachheit zugleich die Vielfalt einschließt und deshalb je nachdem sprachlich bald im Singular, bald im Plural formuliert werden kann.

Zweitens: Diese oberste Seinssphäre versteht Aristoteles schon von frühester Zeit an noologisch als (sich selbst denkenden) Geist[519] wie im Λ[520]. Auch die Lehre vom unbewegten Beweger ist mit großer Wahrscheinlichkeit schon recht früh anzusetzen: Selbst wenn sie in

259a 6—13. 259b 28—31; über das Kap. vgl. Krämer, *UGM* 172 mit A. 158. — gen. corr. B 10, 337a 17—22 (dazu Philoponos, Pacius, Joachim). — Aus der Metaphysik bleiben, wenn man kritische Referate anderer Lehren, z. B. Z 2, 1028b 13—32. M.N) und Äußerungen über den Volksglauben (z. B. Λ 8, 1074a 38ff) wegläßt, übrig: A 2, 983a 7 κἂν εἴ τις τῶν θείων εἴη (ἐπιστήμη). Δ 5, 1015b 14f εἰ ἄρα ἔστιν ἄττα ἀίδια καὶ ἀκίνητα, οὐδὲν ⟨ἐν⟩ ἐκείνοις ἐστὶ βίαιον οὐδὲ παρὰ φύσιν. Z 16, 1041a 2 f ὥστε καὶ νῦν εἰ μὴ ἔχομεν τίνες εἰσίν, ἀλλ' εἶναί γέ τινας (οὐσίας ἀιδίους) ἴσως ἀναγκαῖον. H 1, 1042a 31 τῶν γὰρ κατὰ τὸν λόγον οὐσιῶν αἱ μὲν αἱ δ' οὔ (sc. χωρισταί; vgl. Reale 201). Λ 6, 1071b 20—22 ἔτι τοίνυν ταύτας δεῖ τὰς οὐσίας εἶναι ἄνευ ὕλης· ἀιδίους γὰρ δεῖ, εἴπερ γε καὶ ἄλλο τι ἀίδιον. Λ 7, 1072b 1 f ὅτι δ' ἔστι τὸ οὗ ἕνεκα ἐν τοῖς ἀκινήτοις, ἡ διαίρεσις δηλοῖ. Λ 8 passim. Vgl. auch α 1, 993b 28—31. Z 4, 1029b 7—11. Θ 10, 1051b 27—31 (dazu Tugendhat, Gnomon 38, 1966, 756 f). N 3, 1091a 20 f τὰς γὰρ ἐν τοῖς ἀκίνητος ζητοῦμεν ἀρχάς. Man beachte, daß sich hierunter (nach Jaeger) ‚frühe‘ und ‚späte‘ Belege finden. Erörterung der ‚theologischen‘ Stellen der Metaphysik (z. T. etwas summarisch) bei Reale 20—24 (A). 82—84 (B). 114—124 (Γ). 304 (Δ). 145—154 und 165—171 (E). 182—188 (Z). 200—202 (H). 205—208 (Θ). 236ff (K). 259—261 (Λ). 274 f (MN). — Aus den Ethiken gehört hierher allenfalls EE B 6, 1222b 20—23. Vgl. ferner Owens 445 mit A. 38.

516 Überzeugend aufgewiesen von Krämer, *UGM* 127—191 (*Struktur und geschichtliche Stellung der aristotelischen Nus-Metaphysik*); zusammenfassend und weiterführend ders., *GS* 313-337.

517 Vgl. Merlan, *Movers* und *PN* passim, Krämer, *UGM* passim, bes. 148. 172 f.

518 Die von einigen Forschern (v. Arnim, Moreau, Gohlke, Wundt) angenommene Entwicklung des Aristoteles von akademischer Transzendenz über eine Periode der Immanenz zu spezifisch eigener Transzendenz läßt sich also nicht aufrecht erhalten (Krämer, *UGM* 131—139, bes. 139): Aristoteles hat vielmehr immer eine ‚Transzendenz‘ im Sinne einer obersten Seinsschicht gekannt (wobei der Ausdruck ‚transzendent‘ noch philosophischer Durchdringung bedarf, jedenfalls nicht ohne weiteres ultrarealistisch-topologisch gedeutet werden kann) und sie nur jeweils inhaltlich verschieden gefaßt.

519 Περὶ εὐχῆς fr. 1 Ross. *De philos.* fr. 26 Ross. EE H 12, 1245b 12 ff. 1244b 21 ff. met. A 2, 983a 5—10. Dazu Krämer, *UGM* 131—140; vgl. auch Krämer, *GS* 315.

520 Krämer, *UGM* 140. — Obgleich selbst Gegner der Jaegerschen Frühdatierung das Λ bisweilen nicht allzu spät ansetzen (v. Arnim: vor 338 v. Chr.), wird doch wohl niemand eine Spätzeit des Aristoteles annehmen (etwa nach 338), in welcher er die Noologie des Λ aufgegeben hätte. Eine solche Vermutung müßte sich u. a. mit an. Γ 5 und EN X auseinandersetzen.

De philosophia noch nicht belegt ist[521] und die Stellen aus den Lehrschriften, an denen sie erscheint, sämtlich ‚spät' sein sollten[522], reicht doch der akademische Hintergrund, in dem sie steht (Platon, Politikos; Xenokrates; Eudoxos)[523], aus, um sie für eine ziemlich frühe Zeit aristotelischen Philosophierens zu sichern[524].

Wir haben somit für alle Bücher der Metaphysik mit einer oberen Seinssphäre zu rechnen, welche die *drei* Charakteristika aufweist: Sie ist in eine Vielfalt gegliedert, ist unbewegter Beweger des Kosmos und besitzt Nus-Charakter.

4.43 ‚Die ersten Ursachen des Seienden als solchen'

Diesen aus den übrigen Büchern der Metaphysik und weiteren Schriften gewonnenen Feststellungen über den Charakter der obersten Seinssphäre passen sich die Angaben von ΓΕΚ (vgl. o. *4.41*) bruchlos ein. Die Pluralität wird durch Ε 1 verbürgt, die kosmische Wirkursächlichkeit ebenfalls durch Ε 1 und noch deutlicher durch die Hinweise des Γ, wo auch direkt der unbewegte Beweger genannt

521 *De philos.* fr. 26 Ross wird von Krämer, *UGM* 133—135 (vgl. 184) plausibel auf den unbewegten Beweger gedeutet. — Obwohl die Schrift *De philosophia* in fr. 13 den kosmologischen Gottesbeweis, in fr. 16 das *argumentum ex gradibus* enthält, kann sie trotzdem durchaus auch den Beweis *ex parte motus* mindestens im Ansatz enthalten haben (zu skeptisch Krämer, *UGM* 184. 172 A. 159), der ja bereits bei Platon (Phaidros 245 C ff, Nomoi 891 B ff) angelegt ist. Man kann also keinesfalls fr. 13 und 16 *gegen* die Annahme, in *De philosophia* sei die Lehre vom unbewegten Beweger enthalten gewesen, verwenden, vielmehr *dafür*: Denn diese Beweise hängen so eng miteinander zusammen, daß der eine den andern faktisch impliziert (J. Hirschberger, *Gottesbeweise*, in: *Denkender Glaube*, Frankfurt 1966, 101—149). Dieser Schluß dürfte trotz der Unsicherheit, in der sich die Forschung in bezug auf *De philosophia* gerade befindet (o. S. 414 A. 514), bestehen bleiben.

522 Die einschlägigen Stellen aus cael., gen. corr., met. Λ, mot. an. und phys. β, η, ϑ bespricht Ross, *Aristotle's Physics* 97—100 (hinzuzufügen wäre met. Θ 8, 1050b 5 f; vgl. Reale 205—207). Hiervon gelten cael. und phys. β (gen. corr. ?) gemeinhin als früh (so auch Düring 50); weitere chronologische Erörterungen lassen wir beiseite: Neueste Chronologie bei Düring 50—52.

523 Krämer, *UGM* 173—191 *(Das kosmologisch-theologische System bei Xenokrates und Aristoteles. Vorstufen der Bewegerlehre)*.

524 Wann Aristoteles die Vielfachheit des πρῶτον κινοῦν in eine astronomisch exakte Form brachte, wie sie in Λ 8 vorliegt, ist eine andere Frage: Da Λ 8 mit den umliegenden Kapiteln eine Einheit bildet (Merlan, *Movers*) und das Λ insgesamt nicht zu spät datiert werden kann, da ferner Ε 1, 1026a 17 f (Plural, kosmologische Ursachen) auch recht früh sein könnte und phys. ϑ 6 nicht hemmend im Wege steht (Merlan, *Movers* 25—28 richtig gegen Jaeger), möchte ich weniger skeptisch als Krämer (*UGM* 172 A. 158. 186 A. 215) eine ziemlich frühe Ausformung der ‚allgemeinen Beweger-Lehre' für möglich halten. Aber die Entscheidung dieser Einzelfrage hat keinen Einfluß auf das uns vorliegende Problem. Übersicht über die verschiedenen Deutungen des Λ und seiner Bewegerlehre bei Reale 280—289.

wird[525]. Der Nus-Charakter ist in ΓEK weder bezeugt noch spricht etwas gegen ihn; man kann ihn annehmen, aber dies ist für das vorliegende Beweisziel ohne Belang. Oberste Seinsschicht sind also in ΓEK die reinen Formen der unbewegten Beweger[526].

Wie verhalten sich nun zu dieser obersten Seinssphäre die ‚ersten Ursachen des Seienden als solchen', die am Schluß von Γ 1 als Objekt der ersten Philosophie genannt werden[527]? Obwohl ‚Ontologie', Theologik und Erforschung der ‚ersten ἀρχαί' als Aspekte der gleichen Wissenschaft (sc. der ‚ersten Philosophie') im Grunde dasselbe sind[528] und somit auch ‚Sein', oberste Seinssphäre und erste Ursachen letztlich konvergieren, muß die Art der Konvergenz genau bestimmt werden, weil davon vieles abhängt:

Aristoteles bezieht gleich die ‚Ursachen' auf die οὐσία, denn Γ 1, 1003a 26f heißt es, „die Prinzipien und obersten Ursachen" (αἱ ἀρχαὶ καὶ αἱ ἀκρόταται αἰτίαι) gehörten einer φύσις τις καθ' αὑτήν an; und nach Γ 2, 1003b 18f muß der Philosoph τῶν οὐσιῶν τὰς ἀρχὰς καὶ τὰς αἰτίας ἔχειν. Im weiteren Verlauf des Γ werden Prinzipien der Substanzen oder gar der ersten Substanz nicht mehr erwähnt, dagegen erscheint das Wort ἀρχαί im Zusammenhang mit der Wissenschaft vom ὂν ᾗ ὄν und mit den Gegensätzen: πάντα ἢ ἐναντία ἢ ἐξ ἐναντίων, ἀρχαὶ δὲ τῶν ἐναντίων τὸ ἓν καὶ πλῆθος (1005a 3—5). Und am Anfang der langen Erörterung über den Widerspruchssatz heißt es, der Philosoph, der „jede Substanz(-Art) betrachte, wie sie von Natur sei", und die ὄντα ᾗ ὄντα behandele, müsse die syllogistischen Prinzipien und überhaupt die „sichersten Prinzipien aller Dinge" (1005b 10f) kennen; das „sicherste aller Prinzipien" aber sei der Widerspruchssatz (1005b 11f mit b 16—18 und b 19f).

Demnach treffen wir im Γ an: Prinzipien 1. des Seienden als solchen; 2. der Substanzen; 3. der Gegensätze; 4. der Logik. Wie die vier Arten zusammenhängen und welche von ihnen identisch sind, läßt sich noch nicht sagen. Auf jeden Fall werden sie alle von einer einzigen Wissenschaft, der Seinswissenschaft, behandelt.

In den Aporien von K 2 werden ἀρχαί genannt, aber danach in K 3 weder beim Pros-hen und der Vielfachbedeutung des Seins noch

[525] Diese Stellen des Γ sitzen, wie schon gesagt, so fest im Kontext, daß man sie nicht als spätere Zufügungen ausscheiden kann (Reale 123—125).

[526] Die Verbindung zwischen Γ E und Λ stellen von den Neueren überzeugend her z. B. Owens, Gómez Nogales, Soleri, Reale, Patzig (197—201) und Krämer, *UGM*. Vgl. u. 4.5.

[527] 1003a 31f.

[528] Das hat gut Reale herausgearbeitet, bes. 101—104 (über Γ 1) und 31—33 (A), aber auch sonst bei Betrachtung der ‚componente aitiologica' in allen Metaphysik-Büchern (vgl. sein Inhaltsverzeichnis). Fazit: „aitiologia e ontologia si riducono l'una all'altra" (102).

bei den Gegensätzen. Daß aber die Frage nach den ‚Prinzipien' latent hinter allem steht, zeigt ihre eher beiläufige Erwähnung K 4, 1061 b 29[529], vielleicht auch der Umstand, daß sofort darauf der Widerspruchssatz, wie im Γ, ‚Prinzip' genannt wird. Das zentrale K 7 beginnt mit der Bemerkung, jede Wissenschaft suche nach bestimmten Prinzipien und Ursachen ihres Gegenstandsbereiches, also auch, müssen wir ergänzen, die Wissenschaft vom Seienden als solchem (1063 b 36 f); wichtigste Frage und zugleich ‚Prinzip' (d. h. Ausgangspunkt) jeder Wissenschaft ist die Wesensfrage (τί ἐστιν)[530]. Inwiefern gilt dies alles für die Seinswissenschaft, die sich vornehmlich mit der obersten Seinsschicht befaßt?: Die unbewegte Substanz, das Göttliche, ist „erstes und eigentlichstes Prinzip"[531].

Dieser wichtige Satz hat seine Entsprechung in E 1[532], wo ja das Ziel der Seinswissenschaft sofort zu Anfang deutlich bezeichnet wird: αἱ ἀρχαὶ καὶ τὰ αἴτια ζητεῖται τῶν ὄντων, δῆλον δὲ ὅτι ᾗ ὄντα. Auch alle anderen Wissenschaften befassen sich mehr oder minder mit den Ursachen, aber sie behandeln nur einen Ausschnitt, nicht aber das „Seiende schlechthin und als solches", auch nicht die Frage nach dem Wesen des Seinsbereiches, den sie untersuchen[533], ja sie wissen gar nicht, ob es diesen Seinsbereich überhaupt gibt. Dann geht Aristoteles zur Physik und zur Dreiteilung der Wissenschaft über, in der die Seinswissenschaft den ersten Platz einnimmt. Ist sie nun a) καθόλου oder b) περί τι γένος καὶ φύσιν τινὰ μίαν (1026a 24 f)? Antwort: καθόλου οὕτως ὅτι πρώτη (1026a 30 f), d. h.: Sie ist beides; ihr γένος, die οὐσία ἀκίνητος, ist so fundamental, daß sie damit eo ipso ‚allgemein' wird. Deshalb kann der unmittelbar folgende Schlußsatz von E 1 wieder ‚allgemein ontologisch' klingen: καὶ περὶ τοῦ ὄντος ᾗ ὂν ταύτης ἂν εἴη θεωρῆσαι, καὶ τί ἐστι καὶ τὰ ὑπάρχοντα ᾗ ὄν (1026a 31 f). Diese Doppelgesichtigkeit der Seinswissenschaft ist uns ja schon vertraut. Worin bestehen nun ihre Prinzipien?: Alle Ursachen müssen ewig sein, am meisten aber die der Seinswissenschaft, denn diese sind Ursachen für die „sichtbaren göttlichen Dinge", die Himmelskörper[534]. Da nach Aristoteles schon die vergänglichen Dinge letztlich

[529] ἡ φυσικὴ . . . τὰς ἀρχὰς θεωρεῖ τὰς τῶν ὄντων ᾗ κινούμενα καὶ οὐχ ᾗ ὄντα.

[530] 1064a 19 f, weniger deutlich 1064a 5 f. 7.

[531] εἴπερ ἔστι τις τοιαύτη φύσις (sc. die getrennte und unbewegte Substanz) ἐν τοῖς οὖσιν, ἐνταῦθ' ἂν εἴη που καὶ τὸ θεῖον, καὶ αὕτη ἂν εἴη ἡ πρώτη καὶ κυριωτάτη ἀρχή (1064a 36—b 1).

[532] Vgl. zu E 1 neben Merlan 168—173 (dessen Aufstellungen genau geprüft werden müßten) z. B. Reale 144—154. 165—171.

[533] 1025b 9 f οὐχὶ περὶ ὄντος ἁπλῶς οὐδὲ ᾗ ὄν, οὐδὲ τοῦ τί ἐστιν οὐδένα λόγον ποιοῦνται.

[534] 1026a 16—18 ἡ δὲ πρώτη (φιλοσοφία) καὶ περὶ χωριστὰ καὶ ἀκίνητα. ἀνάγκη δὲ πάντα μὲν τὰ αἴτια ἀΐδια εἶναι, μάλιστα δὲ ταῦτα· ταῦτα γὰρ αἴτια τοῖς φανεροῖς τῶν θείων.

nur auf unvergänglichen Ursachen beruhen[535], gilt dies noch viel mehr für die Himmelskörper, die ob ihrer Unvergänglichkeit öfter mit der Wandelbarkeit des sublunaren Bereichs kontrastiert werden[536], aber selbst, weil in Bewegung befindlich und in dieser Hinsicht unvollkommen, noch einer Ursache bedürfen. Diese müßte unbewegt sein, d. h. es ist an die ,Seinssphäre des Unbewegten' zu denken (1026 a 16. 29). Wie ersichtlich, entspricht diese Stelle des E 1 der πρώτη καὶ κυριωτάτη ἀρχή von K 7[537].

Das Bild rundet sich, wenn man erneut das Λ heranzieht, wo die endlichen Substanzen alle auf die ewige Substanz als ihr Prinzip bezogen sind, und betont, daß die Reihung der Substanzen erst durch diese Verankerung im ewigen Sein ihren Sinn empfängt[538].

Damit findet ein Problem seine Lösung, das im Aporienbuch B angesprochen worden war: ,,Wenn es nichts Ewiges gibt, kann es auch kein Werden geben", d. h. Voraussetzung und Urgrund alles Werdens ist das Ewige[539]. Markanter formuliert wird diese Frage des B im Aporienteil des K: Gesucht ist eine ἀίδιος οὐσία χωριστή als ,Prinzip': πῶς γὰρ ἔσται τάξις μή τινος ὄντος ἀιδίου καὶ χωριστοῦ καὶ μένοντος? Und εἴπερ ἔστι τις οὐσία καὶ ἀρχὴ τοιαύτη τὴν φύσιν κτλ.[540].

Wenn wir uns nun zu den oben genannten vier Arten von ἀρχαί zurückwenden, die im Γ erwähnt werden, so lautet für die beiden ersten Arten die (oder wenigstens: *eine*) Antwort: Oberstes und eigentlichstes Prinzip des Seienden als solchen bzw. — was für Aristoteles ja praktisch dasselbe bedeutet — der ,Substanzen' ist die Seinsschicht des Unbewegten[541]. Hieran knüpfen sich gleich zwei weitere Fragen: *Erstens*, welche Art von Kausalität liegt vor? *Zweitens*, wie paßt dieses Ergebnis zum gängigen Vier-Ursachen-Schema des Aristoteles?

Zu *eins:* Der in ΓΕΚ vorliegende ,kosmologische' Seinsaufbau und die Natur der obersten Seinsschicht (unbewegter Beweger) —

535 Eindrucksvoll z. B. in gen. corr. entwickelt.

536 Vgl. *Kosmologie und Metaphysik* passim.

537 Reale 144 untersucht die ,componente aitiologica' in E 1, erwähnt aber weder hier noch im Folgenden unsere Stelle. In den richtigen Zusammenhang wird sie gestellt z. B. von Gómez Nogales 152, Décarie 135 mit A. 4. Décarie sagt mit Recht, daß die Bestimmungen von K 7 (*πρώτη* καὶ *κυριωτάτη* ἀρχή) in E 1 zwar nicht direkt ausgesprochen werden, wohl aber dort implizit enthalten sind.

538 So sehr lehrreich Patzig 196—201 (dessen Ausdruck ,Pros-hen' — oder gar ,Paronymie' — für die *vertikale* Schichtenfolge durch ,Reihung' zu ersetzen ist). Über die Dreistufung der οὐσίαι als ,Reihe' o. 4.212 (mit Umgebung).

539 B 4, 999b 5f. Über diese Aporie Reale 68—70. 97f; zur Beurteilung des B Reale 79ff.

540 K 2, 1060a 25—28. Wichtig dazu Reale 227f.

541 Auch hier ist wieder auf Reale zu verweisen, der instruktiv die Metaphysik als Wissenschaft vom letzten Grund beschreibt (,componente aitiologica'): Vgl. 24—29. 34—45 *(Significato, natura e genesi della teoria delle quattro cause)*, bes. 37 (Gott als reine Form ist Universalprinzip), und die Erörterungen über die ,componente aitiologica' in den einzelnen Metaphysik-Büchern (vgl. das Inhaltsverzeichnis).

beides *zusammen* typisch aristotelisch — weisen, obwohl direkte Belege fehlen, unzweideutig auf die kosmologisch ponderierte *Teleologie* des Aristoteles, bei welcher die unvollkommenen ὄντα das Vollkommene erstreben[542]. Die aristotelische Teleologie geht zwar in wesentlichen Punkten auf Platon und die Akademie zurück[543], kann aber, da Aristoteles an den ihm vorgegebenen Gedanken nicht wenig geändert hat[544], als *aristotelische* Art von Seinsbegründung bezeichnet werden.

Hinzu kommt, daß die Dreistufung der Substanzen eine ‚Reihe' des ‚Früher' und ‚Später' bildet. Solche Reihen, in denen das vorgeordnete Glied eine Art ‚Allgemeinbegriff' und ‚Prinzip' für die nachgeordneten ist, sind für die platonisch-akademische Seinsstufung charakteristisch, werden aber auch von Aristoteles übernommen und weitergedacht[545]. Wie schon bei Platon und in der Akademie Teleologie und Reihenhaftigkeit sich nicht ausschließen, sondern ergänzen, so noch mehr bei Aristoteles: Denn da bei ihm die Reihe von einem mathematisch-quantitativ bestimmten, ‚ableitbaren' Etwas allmählich zu einer Ordnung qualitativ bestimmter und somit unableitbarer (gleichsam ‚isolierter') Glieder wird, werden Zusammenhang der Reihe und Stellung des einzelnen Gliedes nicht mehr recht durch die Reihenhaftigkeit *als solche* garantiert, so daß die Teleologie eben dadurch stark in den Vordergrund tritt.

Zu *zwei:* Grundlage der Seinsstufung (‚Reihung') sind die *Wesensformen* (εἴδη), angefangen von den ἔνυλα εἴδη der vergänglichen Substanzen über die εἴδη der Äthersphären zum εἶδος (den εἴδη) des unbewegten Bewegers (der Beweger). Die reine Form des unbewegten Bewegers ist nun aber nicht nur erstes Glied und Prinzip der Formenreihe[546], sondern — ὡς ἐρώμενον — *Telos* für das Streben der Welt und somit *Bewegungsursache* der Welt. Sie verkörpert damit den Inbegriff von *drei* der vier aristotelischen Ursachen[547].

542 Vgl. dazu u. 8.233, o. 4.213, 4.23.

543 Vgl. o. 2.25, dazu wieder o. 4.213, 4.23.

544 Das Wichtigste sei hier stichwortartig wiederholt: Systematisierung und Schematisierung der akademischen Anregungen im Rahmen des aristotelischen Seinsaufbaues und Vier-Ursachen-Schemas (wobei nicht nur das Techne-Modell, sondern auch biologische Vorstellungen einwirken); Zurücktreten des Seelischen und damit der ‚erotischen' Komponente. Vgl. die in A. 542 und 543 genannten anderen Abschnitte.

545 Näheres o. 4.21, vor allem 4.213.

546 Für diese Feststellung genügt es, daß der reine νοῦς des unbewegten Bewegers der Welt und ihren Wesensformen gegenüber ‚transzendent' ist: Wir brauchen also die vielbehandelte Frage, ob das Denken des unbewegten Bewegers die ‚Welt' bzw. den Stufenbau der Formen einbegreift (darüber zuletzt Krämer, *GS* 313ff), hier nicht zu erörtern.

547 Diese Fakten sind so gut bekannt, daß sie nicht näher aufgeführt zu werden brauchen. Vgl. erneut Reale an den o. S. 419 A. 541 genannten Stellen.

Wie steht es nun um die *vierte* Ursache, die *Materie?* Während sie beim Weg zur ‚reinen Form' nur negativ beteiligt ist als das, was beim Aufstieg eliminiert wird, scheint es keinen Weg zur ‚reinen Materie' zu geben, ja es ist fraglich, ob es die ‚reine Materie' überhaupt ‚gibt'. Das wird uns in den folgenden Abschnitten beschäftigen[548]. Hier an unserer Stelle ist zu prüfen, ob das zu den ‚Prinzipien der Gegensätze' gehörende πλῆθος ein *Materie-Prinzip* ist[549]. Demgemäß fragen wir, welchen Seinsrang πλῆθος besitzt *(4.44)* und wie es sich zum ‚eigentlichsten Prinzip', der obersten Seinsstufe, verhält *(4.45)*.

4.44 *Die ontologische Bedeutung der Gegensätze: Die aristotelische Gegensatz-Lehre in Γ 2 und K 3*

In Γ und K schließt sich an die Hinwendung alles Seienden auf „ein Gemeinsames"[550] die Rückführung aller Gegensatzpaare auf oberste Gegensätze an[551]. Den Formulierungen des K darf man entnehmen, daß nur ein einziges Paar oberster Gegensätze gemeint ist, welches ἕν — πλῆθος, ὁμοιότης — ἀνομοιότης oder sonstwie anders benannt sein kann[552]. Im Γ ist ebenfalls nur von *einem* obersten Paar die Rede, das mehrfach ἕν — πλῆθος, einmal ὄν — μὴ ὄν genannt wird[553]; beides sind nur verschiedene Seiten ein und derselben Antithese, wie die ausführlich besprochene Gleichsetzung von ὄν und ἕν zeigt[554], die sinngemäß ja auch für μὴ ὄν und πλῆθος gilt[555]. Die Rückführung alles Seins auf diese Prinzipien wird mehrfach nicht als λέγεσθαι πρός, sondern als ἀνάγειν bezeichnet[556]. Warum erwähnt Aristoteles überhaupt die Gegensätze?:

548 Vgl. 5—8 bes. 7 (Weg zur reinen Hyle) und 8 (Die Hyle als Seinsprinzip).

549 Das ist ja die Aufgabe des Abschnitts 4.

550 K 3, 1060b 31—1061a 10 ∼ Γ 2, 1003a 33—b 22. Die genaue Entsprechung im Γ ist nicht immer ganz deutlich.

551 K 3, 1061a 11—15. Γ 2, 1004a 1. 10. 17—22. b 27—1005a 5.

552 Aristoteles spricht zwar unbestimmt von „ersten Unterschieden und Gegensätzen des Seins" (1061a 12f. 14), impliziert aber, daß es sich um ein einziges Paar handelt, indem er die Benennungen dafür (ἕν — πλῆθος usw.) durch εἴτε . . . εἴτε . . . εἴτε . . . (a 13f) disjunktiv zur Wahl stellt.

553 ἕν — πλῆθος 1004b 28f. 34. 1005a 4f (angedeutet 1004a 10); ὄν — μὴ ὄν 1004b 28. — Weitere Bezeichnungen finden sich 1004b 31—33: περιττόν — ἄρτιον, θερμόν — ψυχρόν, πέρας — ἄπειρον, φιλία — νεῖκος; es handelt sich aber um eine doxographische Notiz (vgl. u. 4.61).

554 Γ 2, 1003b 22—1004a 2; kürzer K 3, 1061a 15—18. Im K wird μὴ ὄν nicht erwähnt.

555 μὴ ὄν ausdrücklich zu erwähnen, hätte 1004a 17—19 sehr nahe gelegen, wo ἕτερον, ἀνόμοιον, ἄνισον als Elemente der zweiten Systoichie genannt werden. Wie wir im Folgenden noch sehen werden, ist beim ἕτερον das μὴ ὄν mitgemeint. Vgl. auch noch 1003b 10 μὴ ὄν.

556 K 3, 1061a 11. 13. 16. b 4 (vgl. a 2). Γ 2, 1004a 1. b 28. 34. 1005a 1. Vgl. ἀναφέρεσθαι 1004a 26.

Wir nehmen K 3 vorweg, weil hier die Antwort in einem einzigen Satz erfolgt: *ἐπεὶ* δὲ παντὸς τοῦ ὄντος πρὸς ἕν τι καὶ κοινὸν ἡ ἀναγωγὴ γίγνεται, *καὶ* τῶν ἐναντιώσεων ἑκάστη πρὸς τὰς πρώτας διαφορὰς καὶ ἐναντιώσεις ἀναχθήσεται τοῦ ὄντος (1061 a 10—13). Warum die Rückführung auf ein *Sein* im Ursinn notwendig eine Rückführung der *Gegensätze* auf ein oberstes Gegensatzpaar nach sich zieht, erfahren wir erst 1061 b 4 f (vgl. b 12 f): *Die Gegensätze gehören zu den Grundgegebenheiten des Seins*[557].

In Γ 2 führt eine ziemlich konsequente Gedankenlinie von 1003 a 33 bis 1004 a 9[558]: Aufgipfelung alles Seienden im Pros-hen zum ‚Sein schlechthin', Gleichsetzung von ‚Sein' und ‚Eins'. Folglich hat es die Seinswissenschaft auch mit den Besonderungen des ‚Einen' zu tun, nämlich ‚Identität', ‚Ähnlichkeit' usw. (1003 b 33—1004 a 2)[559]. Und da jede Wissenschaft sich zugleich mit dem ‚Gegenteil' ihres Gegenstandes befaßt[560], untersucht die Seinswissenschaft auch die ‚Vielheit' und ihre Unterarten wie ‚Anderssein', ‚Unähnlichkeit', ‚Ungleichheit', ‚Gegensätzlichkeit' u. dgl. (1004 a 9—22). Pros-hen und Ineinssetzung von ὄν und ἕν führen also zum Aufbau und zur Entfaltung der ersten Systoichie, die Anschauung vom Zusammenhang der Gegensätze dann weiter zur zweiten Systoichie.

Das Gleiche sagt dann Aristoteles noch einmal etwas anders gewendet: Jeder einzelne der allgemeinsten Seinsbegriffe (wie ‚Selbigkeit', ‚Anderssein' usw.) wird in seiner Vielfachbedeutung erkannt (z. B. die vielen Grade und Abwandlungen von ‚Selbigkeit') und zugleich in sich als Einheit gefaßt, indem man alle einzelnen Ausprägungen dieses ‚Begriffes' auf ein ‚Erstes' zurückführt (d. h. auf eine

557 Welche Beziehung zwischen den συμβεβηκότα und den Gegensätzen besteht, bleibt unsicher, jedenfalls ist καί b 4 nicht explikativ. Vgl. die Verknüpfung b 12f, wo allerdings die συμβεβηκότα nicht erwähnt werden.

558 Vgl. Wagner 142—145 und o. 4.22.

559 Natürlich ist die Erörterung über ὄν = ἕν (1003b 22—1004a 2) breit ausgefallen, und sie unterbricht irgendwie den Faden, der von 1003b 22 zu 1004a 2 führt; zur Erleichterung möchte man 1004a 2—9 direkt hinter 1003b 22 εἰδῶν versetzen (so Alex. Aphr., ähnlich Schwegler; vgl. aber 1004a 5 καὶ τὸ ἕν, dessen Tilgung nicht berechtigt ist, o. S. 380 A. 343). Aber wir können sie nicht entbehren, weil sonst 1004a 9ff unverständlich würde. Außerdem läßt sich der Gedankenablauf K 3, 1061a 10—19 trotz mancher Verschiedenheiten (a 11—15 Erwähnung von ἕν und πλῆθος *vor* der Gleichsetzung ὄν = ἕν) durchaus heranziehen, um die überlieferte Reihenfolge in Γ 2 zu stützen. Deshalb kann ich Jaegers Klammern um 1003b 22—1004a 2 (trotz Alexander, Schwegler, Christ) nicht billigen. — Ob man 1003b 36 Alexanders Ergänzung aufnimmt oder nicht, ist belanglos (für das Erste spricht K 3, 1061a 11—15 und der Ausdruck 1004a 1 τἀναντία, für das Zweite nur der Kontext), jedenfalls wird die zweite Syzygie erst 1004a 9ff explizit besprochen.

560 1004a 9f. Aristoteles lehrt das ja häufig, vgl. Schwegler 3, 119.

,erste Selbigkeit' usw.)[561]. Die Zurückführung pros hen, die wir beim Seinsbegriff genau kennengelernt haben, wiederholt sich also hier bei ἕν, ταὐτόν, ἕτερον und überhaupt den ἐναντία[562]. Erneut wird auch der platonische Hintergrund deutlich[563].

An welchen Punkt dieser allgemeinen Pros-hen-Bewegung gehört nun die Unterscheidung der beiden Systoichien von ἕν und πλῆθος? Im vorhergehenden Abschnitt (1004a 9—22) war sofort der oberste Gegensatz genannt worden und die anderen Paare wurden gleichsam deduktiv aus ihm abgeleitet. Hier nun im mehr ,induktiven' Teil (1004a 22—28) fehlt ein entsprechender Hinweis, aber wir dürfen die Pros-hen-Methode, die zum jeweils obersten ἕν, ὅμοιον, ἄνισον, ἕτερον usw. geführt hat, fortsetzen, indem wir ταὐτόν, ὅμοιον, ἴσον usw. weiter auf ἕν, ihre Gegenteile auf πλῆθος o. ä. zurückführen und so wiederum zwei Systoichien mit einem obersten Gegensatzpaar erhalten (dessen Benennung vorerst gleichgültig ist).

Damit ist die Einheit der Seinswissenschaft gesichert, die περὶ τούτων (sc. die genannten gegensätzlichen Begriffe) καὶ τῆς οὐσίας (1004a 32f) handelt, und, wie es 1004a 33f heißt, die Antwort auf eine der Aporien des Buches B gefunden. Man kann nicht daran zweifeln, daß B 995b 18—27 gemeint ist, wo gefragt wird: Richtet sich die Seinswissenschaft nur a) περὶ τὰς οὐσίας oder auch b) περὶ τὰ συμβεβηκότα, c) ,,dazu noch" (πρὸς δὲ τούτοις) auf ταὐτόν, ἕτερον, ὅμοιον, ἀνόμοιον, ἐναντιότης, πρότερον, ὕστερον und all jene Begriffe, welche die Dialektiker oberflächlich behandeln? Die Parallelstelle B 997a 25—34 verengt die Wahl des Themas auf a) οὐσίαι, b) συμβεβηκότα[564]. Selbst wenn man letzteren Begriff so weit wie möglich

[561] 1004a 22—28.

[562] Die Methode ist die gleiche wie beim Seinsbegriff: Anhand des Substanz-Akzidens-Modells wird jede Besonderung auf das πρῶτον zurückgeführt. Ob 1004a 29 κατηγορία ,Prädikat' (so die Erklärer) oder ,Kategorie' bedeutet (trotz der Wortstellung möglich), steht dahin; jedenfalls ergibt sich aus 1004a 30f ein kategoriales Denkverfahren wie beim Seinsbegriff (vgl. 1003a 35ff und o. 4.21, bes. 4.211). Wir sprechen in diesem Abschnitt von ,Pros-hen' und nicht von ,Reihe' (zu beiden Termini o. 4.212), verwenden also absichtlich den weiteren Begriff, weil bei den einzelnen Reduktionen nicht genügend deutlich wird, ob die dem πρῶτον nachgeordneten Glieder wieder unter sich eine Ordnung bilden (was für eine ,Reihe' charakteristisch ist) oder nicht.

[563] Vgl. neben dem Phaidon (74A—75C über ,das Gleiche'; das πρῶτον ἴσον wird bei Aristoteles nicht direkt genannt, aber vom Zusammenhang vorausgesetzt, vgl. 1004a 18 ἄνισον) die Spätdialoge, besonders aber die innerschulischen Diskussionen über die Gegensatzlehre, über die wir dank den Forschungen der letzten Zeit schon recht gut Bescheid wissen: Gaiser 515—528 (Belege und Lit.). Krämer, *UGM* Index s. v. *Systoichienlehre. Retraktationen* 158—160. *Prinzipienlehre und Dialektik* 46ff. Vgl. auch u. 4.6.

[564] So auch K 1, 1059a 29—34. Die Gegensätze werden erst K 3, 1061b 5. 12ff ausdrücklich erwähnt.

nimmt[565], bezeichnet er doch stets etwas Nachgeordnetes, nie ein ‚Prinzip'. Begreift Aristoteles also (mindestens manchmal) unter die συμβεβηκότα die Gegensätze mit ein, d. h. faßt er sie als etwas der οὐσία gegenüber Akzidentelles?

Kehren wir zu Γ 2 zurück. Gleich anschließend an die oben verlassene Stelle heißt es 1004 b 1 ff nochmals, der Philosoph untersuche die einzelnen Gegensätze sowie Gegensätzlichkeit und Identität allgemein[566].

Die eben genannten Begriffe sämtlich τοῦ ἑνὸς ᾗ ἓν καὶ τοῦ ὄντος ᾗ ὂν . . . καθ' αὑτά ἐστι πάθη (1004 b 5 f), sie sind τῷ ὄντι ᾗ ὂν . . . ἴδια (1004 b 15 f) oder ὑπάρχοντα (1005 a 14). Hier wiederholt sich die eben schon angedeutete Frage: Welche Stellung haben die πάθη, ἴδια, ὑπάρχοντα?

Die von Aristoteles hier verwendeten Wörter πάθος, ἴδιον und ὑπάρχον helfen nicht weiter, weil sie sowohl ‚wesentliche' wie ‚unwesentliche' Bestimmungen bezeichnen können[567]; auf jeden Fall zwingen sie nicht, an ‚Akzidentien' zu denken (was betont werden muß), schließen sie aber freilich auch nicht aus. Somit ist man auf ὂν ᾗ ὂν als dasjenige verwiesen, *wovon* die Gegensätze πάθη (ἴδια, ὑπάρχοντα) sind. Wir haben gesehen, daß ὂν ᾗ ὂν *alles* Seiende bezeichnet — angefangen von den ‚Akzidentien' (im weitesten Sinne) über die kontingenten Substanzen und Sterne bis zum unbewegten Beweger —, *sofern* es am ‚wahren Sein' der Form bzw. οὐσία (d. h. schließlich an der reinen Form bzw. οὐσία des unbewegten Bewegers) teilhat und darauf bezogen ist[568]. Wie hat man sich nun das Verhältnis des *so bezogenen* Seienden zu den Gegensätzen vorzustellen?

Da ‚Sein' nach Aristoteles sich durchaus nicht im οὐσία-Sein erschöpft, aber doch auf οὐσία hin ponderiert ist[569], ist von vorneherein deutlich, daß auch hier im Γ οὐσία allenthalben einen sehr wichtigen Platz einnimmt und nicht etwa hinter den Gegensätzen in

[565] Vgl. Schwegler 3, 123 f.

[566] Hier wie auch schon 1004 a 18 und 1004 a 27 liegt der Ansatzpunkt für die Behandlung des Widerspruchsatzes im zweiten Teile des Γ, der ja auf den Begriffen des ταὐτόν und ἕτερον beruht. Ferner wird so das I mit der Seinswissenschaft verbunden (Ross zu 1004 b 3).

[567] Bonitz s. v. πάθος: z. B. 556 a 7 ff (πάθος ganz allgemein all das, wodurch sich ein ὄν manifestiert, aktiv oder passiv, wesentlich oder unwesentlich). b 27 ff (πάθος kommt im stofflichen Elementarbereich der ‚Wesensform' nahe, vgl. 6.222). 557 a 18 ff (πάθος = ‚wesenskonstitutive Eigenschaft' auch ohne Zusatz von καθ' αὑτό). — ἴδιον 339 b 5 ff (spezifisches Merkmal einer Sache, oft ‚wesenskonstitutive Eigenschaft', lat. *proprium*). — ὑπάρχοντα können ebensogut Wesensformen wie Akzidentien sein, wobei (ebenso wie bei πάθος und ἴδιον) logischer und ontologischer Bereich eins sind (789 a 12 ff).

[568] Zusammenfassend o. 4.24; dort auch über die Beziehungen zwischen ὂν ᾗ ὂν und ‚Reihe' bzw. Pros-hen.

[569] Vgl. vorst. Anm.

den Schatten tritt. Eher würde man umgekehrt erwarten, daß die Gegensätze zu unwichtigen Momenten *an* der οὐσία verflüchtigt würden. Aber dies erfolgt nicht, sondern es bleibt die Spannung zwischen οὐσία und Gegensätzen erhalten, wie wir bereits oben an 1004a 32f sahen[570] und wie an weiteren Stellen des Γ zu beobachten ist, z. B. 1004b 8f: Da, wie bewiesen, die Betrachtung der logischen Axiome und der Gegensätze zur Seinswissenschaft gehöre, verfahre man richtig, wenn man diese behandele, aber man begehe einen Fehler, wenn man ausschließlich diese untersuche und dabei die οὐσία vergesse, die doch ‚früher' sei (als alle Gegensätze usw.)[571]. Ferner 1005a 13—18 (vgl. a 12): Es sei klärlich Aufgabe einer einzigen Wissenschaft, τὸ ὂν ᾗ ὂν θεωρῆσαι καὶ τὰ ὑπάρχοντα αὐτῷ ᾗ ὄν und es sei auch offenbar, ὅτι οὐ μόνον τῶν οὐσιῶν ἀλλὰ καὶ ὑπαρχόντων ἡ αὐτὴ θεωρητική, wobei er unter den ὑπάρχοντα wiederum ἐναντίον, τέλειον, ὄν, ἕν, ταὐτόν — ἕτερον, πρότερον — ὕστερον, γένος, εἶδος, ὅλον, μέρος usw. versteht[572].

In K tritt der Substanzbegriff terminologisch zurück[573], ist aber sachlich ganz deutlich vorhanden[574]. Ebenso augenfällig ist wie im Γ eine gewisse Selbständigkeit der Prinzipien gegenüber dem Substanzbegriff. Wenn also von den „ersten Unterschieden und Gegensätzen des Seienden"[575] oder von den „Gegensätzen des Seienden als Seienden"[576] gesprochen wird, müssen wir den Substanzbegriff dabei mitdenken, ohne den — ja auch anderwärts im K spürbaren — ‚allgemein-ontologischen' Bezug[577] ganz in den Begriff der Substanz oder gar der ‚ersten' Substanz auflösen zu wollen.

Die in der Schwebe gelassene Polarität zwischen οὐσία und Gegensätzen scheint für Aristoteles große Schwierigkeiten mit sich zu bringen, weil in seinem Sinne beides offenbar nicht leicht miteinander vereinbar ist: Denn die aristotelische οὐσία weist — wie auch immer man sie insgesamt deuten mag[578] — *als οὐσία* alle Gegensätze von sich ab: Sie steht zu keiner anderen οὐσία in Gegensatz[579] und ‚nimmt' nur

570 Vgl. die vorst. Seite, dazu auch die dort genannten Stellen aus dem B.

571 Aristoteles polemisiert dadurch auch gegen seine Vorgänger, besonders gegen Platon und die Akademie.

572 Die Liste ist reich, und einiges fällt darin auf: τέλειον, γένος, εἶδος usw. Vgl. 1004a 32f μιᾶς περὶ τούτων καὶ τῆς οὐσίας ἐστὶ λόγον ἔχειν.

573 K 3/4 kommt das Wort οὐσία nicht vor.

574 Schon beim Pros-hen 1061a 8—10 erscheint das Substanz-Modell.

575 K 3, 1061a 11—15. b 13f.

576 1061b 5.

577 Vgl. o. 4.211, 4.22 Ende, 4.24.

578 Vgl. die Andeutungen 4.45 und ö. (Sach-Index s. v. *Substanz*).

579 cat. 3b 24ff. N 1, 1087b 2. α 6, 189a 33. ε 2, 225b 10f. gen. corr. B 8, 335a 6 (vgl. Joachim 218). — Die in der Kategorienschrift vertretene Ansicht, daß die οὐσία *als solche* dem ‚Mehr und Weniger' entzogen sei (2b 26—28. 3b 33—4a 9), stimmt

dann Gegensätze ‚in sich auf' (besser: sie hat mit ihnen zu tun), wenn es um *akzidentelle* Veränderungen geht[580]. Ihr οὐσία-sein *als solches* wird mithin nicht von Gegensätzen konstituiert[581]: οὐθενὸς . . ὁρῶμεν τῶν ὄντων οὐσίαν τἀναντία (α 6, 189 a 29). Gegenüber einer solchen, letztlich allein auf die Wesensform gegründeten οὐσία könnten die Gegensätze — möchte man meinen — unmöglich große Relevanz besitzen, sondern allenfalls logisch-erkenntnistheoretisch wichtig sein. Wollte man ihnen überhaupt einen Seinsmodus zuerkennen (Aristoteles sagt nichts darüber), dann höchstens das δυνάμει εἶναι, jene vage Seinsart, in welcher sich nach Aristoteles außer der οὐσία selber (die allein ἐνεργείᾳ ist) alle (‚ideellen' oder ‚materiellen') ‚Bestandteile' der οὐσία befinden müssen, damit Seinsvorrang und Einheit der οὐσία garantiert bleiben.

Dieser Eindruck, das unbefriedigende Nebeneinander von οὐσία und Gegensätzen hier im Γ impliziere letztlich ein Entleertwerden und Verblassen der Gegensätze, verstärkt sich, wenn man den ideengeschichtlichen Ausgangspunkt der Gegensatz-Lehren von Γ/K, nämlich die Gegensatz-Lehren Platons und der Akademie, vergleichend heranzieht[582]. So hat man denn auch von Platon und der Akademie aus geurteilt, im Γ trete „die genuin akademische Zurückführung auf ἕν und πλῆθος in *rein gnoseologischer* Bedeutung — zur καθόλου-Pyramide *abgeblaßt* —" auf[583].

zwar nicht recht zum μᾶλλον/ἧττον als dem Grundgesetz der aristotelischen Seinsstufung (u. 8.27 u. ö.), vielleicht auch nicht zu anderen Anschauungen des Aristoteles (es kann sich etwas auf sein Telos hin- und von ihm fortentwickeln, also in der Zeit sein eigenes Wesen, seine οὐσία mehr oder weniger vollkommen darstellen), entspricht aber der typisch aristotelischen Denktendenz, die οὐσία aller Bedingtheit (d. h. allem irgendwie ‚Akzidentellen') möglichst zu entziehen.

580 Die οὐσία bleibt unverändert, und akzidentelle ἐναντία folgen an ihr aufeinander, wie Aristoteles ja oft sagt (z. B. phys. α), Vgl. auch die nächste Anm.

581 Während das Gegensatz-Substrat-Schema sich bei den akzidentellen Veränderungen ganz exakt aufzeigen läßt, ist seine Anwendung auf das substantielle Werden problematisch (o. 3.1). Immerhin steht fest (und das genügt uns hier), daß die Gegensätzlichkeit nicht dem εἶδος (= οὐσία) innewohnt, sondern dem (‚hyleartigen', also nicht ‚οὐσία-artigen') Substrat, das die Gegensätze an sich wechseln läßt und im Besitz des einen Eidos bereits das andere erstrebt.

582 Alles Nähere u. 4.6.

583 *UGM* 153: Die akademische Elementen-Metaphysik sei in der aristotelischen Metaphysik „nur noch in trümmerhafter Gestalt gegenwärtig, sei es in *uneigentlicher* Übertragung der Fragestellung auf die aristotelische Substanzlehre, sei es als *gnoseologisches Denkschema* in der καθόλου-Pyramide oder in der Anwendung auf die Einzelwissenschaften, vor allem die mathematischen" (meine Kursive). In dieser Hinsicht sind Krämers Darlegungen in *UGM* ein Rückschritt hinter seine früheren Beobachtungen *APA* 271ff. 552f. Etwas vorsichtiger jetzt wieder Krämer, *Prinzipienlehre und Dialektik* 47ff und bes. *GS* 337ff, wo die — in vorliegendem Buch schon immer vertretene (vgl. 4.21 Anfang A. 72) — ontologische Relevanz der (Pros-hen- und) Reihen-Beziehung (und damit praktisch auch der Gegensatz-Lehre

Diese Einschränkung auf das rein ‚Gnoseologische' oder ‚Logische' ist jedoch in jeder Hinsicht bedenklich. Schon die Akademie widmete sich in ausgedehntem Maße ‚rein' *logisch-begrifflichen* Untersuchungen, vor allem der Lehre von den Gegensätzen, und hatte doch dabei stets die *Ontologie* im Auge[584]. In solche Anschauungen wuchs Aristoteles während der langen Jahre seiner Akademie-Periode hinein, und an ihnen hielt er auch später fest: an der engen Korrelation und letztlichen *Identität* logischer und ontologischer Fragen, wie er überhaupt von der Akademie jene Korrespondenz von Denken und Sein übernimmt, die man etwas unglücklich ‚Begriffsrealismus' nennt[585]. Da er damit beginnt, die innerhalb der Akademie noch verwirklichte Einheit einer umfassenden φιλοσοφία in Einzelwissenschaften aufzulösen, verselbständigt er auch die Logik, und man darf natürlich nicht überall im ‚Organon' einen strikten Bezug zur Ontologie erwarten. Aber sooft er innerhalb der ‚*Metaphysik*' inmitten ‚ontologischer' Partien plötzlich auf ‚rein logische' Fragen eingeht, läßt sich die ‚ontologische' Bedeutung der betreffenden ‚logischen' Erörterungen mit Händen greifen. Dies gilt vor allem für das Γ[586]: Wie die Pros-hen-Beziehung und die ‚Reihen'-Struktur insgesamt sowohl Logik wie Seins-Lehre um- und übergreift (o. *4.21*), so spielt auch die Gegensatz-Lehre, die eng mit dem Pros-hen zusammenhängt (o. S. 422 f), dauernd vom einen in den andern Bereich hinüber. Es ist also gar keine Frage, daß ἕν und πλῆθος große *ontologische* Relevanz besitzen.

Die in den Gegensatz-Reihen erscheinenden Begriffe bezeichnen Grundgegebenheiten des ‚Seins', und zwar — um die platonische Zweiteilung von ‚An-sich' und ‚Relativ', aufzugreifen[587] — entweder ‚Eigenschaften' (Einheit) oder ‚Relationen', (ταὐτόν — ἕτερον, ἴσον —

des Γ) erkannt ist. Trotzdem scheint es angebracht, das so naheliegende und deshalb immer wieder anzutreffende Vorurteil, Aristoteles betrachte ‚ontische' Sachverhalte Platons ‚nur noch logisch', mit einigen Worten abzuwehren (dasselbe Vorurteil begegnet z. B. bei der aristotelischen Abstraktions-Lehre, bes. bei der Beurteilung der Mathematika und ihrer Seinsweise, u. 7.42/43).

584 Darüber hat uns im Anschluß an Hambruch, Stenzel u. a. vor allem Krämer, *APA* belehrt.

585 Ausdrücke wie ‚Korrespondenz', ‚Korrelation' usw. setzen eigentlich schon die *Trennung* von Denken und Sein voraus, die dann *sekundär* wieder überwunden werden sollen, statt ihre aller Trennung voraufliegende *Identität* zu betonen, die auch von Aristoteles noch festgehalten wird. Dies haben besonders die Forscher Heideggerscher Schule gut herausgearbeitet, s. den Namen-Index s. v. *Guzzoni*, *Tugendhat*.

586 Ein besonders deutlicher Fall ist auch die Behandlung des Satzes vom Widerspruch im zweiten Teil des Γ (s. u. 4.451 b).

587 Vgl. die (bei Hermodor, Alexander und Sextus vorliegende) kategoriale Seinseinteilung von *De bono* und verwandte Stellen: Zuletzt darüber Krämer, *Retraktationen* 158—160.

ἄνισον, ὅμοιον — ἀνόμοιον)[588]. Obschon sie also untereinander nicht auf gleicher Stufe stehen, stimmen sie doch darin überein, daß sie wie der Seinsbegriff über-kategorial, d. h. ‚transzendental' sind. Sie stehen also sämtlich im Gegensatz zur synonymen Über- und Unterordnung der καθόλου-Pyramide[589]. Im einzelnen lassen sie sich so charakterisieren:

Da ‚Einheit' und ‚Sein' auch für Aristoteles konvertibel sind *(ens et unum convertuntur)*[590], besitzt das einzelne Seiende um so mehr ‚(wahres) Sein', je mehr ‚Einheit' es hat[591], in der Sprache unseres Kapitels: Betrachtung des Seienden ᾗ (κυρίως) ὄν ἐστιν und ᾗ ἕν ἐστιν ist identisch. Wie die Frage nach dem ᾗ ὄν zentriert sich die nach dem ᾗ ἕν um die Substanz (pros hen), dann — die Reihe der drei οὐσίαι aufsteigend — um die oberste Substanz, erschöpft sich aber nicht darin.

Die anderen Begriffe der ersten Systoichie sind nicht mehr mit ‚Sein' umkehrbar identisch, stehen aber doch in einem bestimmten positiven Verhältnis zu ‚sein': Je mehr ἴσον, ταὐτόν, ὅμοιον etwas aufweist, desto mehr ‚Sein' besitzt es[592].

Ganz anders verhält es sich jedoch mit der zweiten Systoichie. Zwar reduziert (ἀνάγει) Aristoteles auch hier, wie wir oben sahen, die verschiedenen Arten von ‚Vielheit', ‚Andersheit' usw. auf ein oberstes κοινόν (das man πλῆθος nennen mag)[593], und es besteht eine Entsprechung zwischen beiden Begriffsreihen, indem die Bestimmungen der ersten Reihe (ἕν ἴσον ὅμοιον u. dgl.) jeweils nicht ohne die der zweiten (πλῆθος ἄνισον ἀνόμοιον) *gedacht werden* und somit — dürfen wir schließen — auch *sein* können. Andererseits scheint es unmöglich, diese Reduktionsbewegung der zweiten Systoichie mit derjenigen der ersten (ᾗ ὄν = ᾗ ἕν oder auch ᾗ ἴσον, ᾗ ὅμοιον usw.) zu parallelisieren. Denn der Richtungssinn läuft in beiden Fällen offenbar genau umgekehrt: Je *mehr* ‚Sein', ‚Einheit' usw. etwas besitzt, desto *weniger* ‚Vielheit' (Andersheit) usw. Diese Gegenläufigkeit ist selbstverständlich, weil das Gegenteil der ‚Einheit', um als solches sinnvoll und faßbar zu sein, sich von der ‚Einheit' sowie ihren Aspekten und Wirkungs-

588 Man könnte modern von ein- und zweistelligen Prädikaten sprechen. Der Terminus ‚Prädikat' schließt natürlich kein Urteil über die ontologische Relevanz der einzelnen Begriffe ein. Wie πλῆθος einzuordnen ist, wird weiter unten geprüft.

589 Deshalb können die o. A. 583 zitierten Bemerkungen Krämers nur so gemeint sein, daß die Reduktion auf ἕν und πλῆθος ‚rein begrifflicher' Natur sei. Denn wirklich aufgesogen von der καθόλου-Pyramide werden die Transzendentalien nie, auch nicht außerhalb der platonischen Philosophie.

590 Kernstelle Γ 2, 1003b 22ff, dazu Reale 106f.

591 Γ 2, 1003b 32f, dazu Bonitz' Komm.

592 Zur Verdeutlichung mag man an die o. 4.44 Anfang geschilderten Reduktionen des Γ denken, daneben an die kategoriale Reduktion von *De bono* (vgl. A. 587).

593 Γ 2, 1004a 9—22. 22—28. Vgl. dazu o. 4.44 Anfang.

weisen deutlich unterscheiden muß. Deshalb kann ein Zuwachs an ‚Einheit' nicht Hand in Hand mit einem Zuwachs an ‚Vielheit' gehen u. dgl.

So sind πλῆθος und die zugehörigen Begriffe eng mit der ἕν-Reihe verbunden und stehen doch wieder seltsam beziehungslos daneben. Um diese Schwierigkeit zu überwinden, könnte man versucht sein, das oben (S. 426) referierte Urteil wenigstens für die πλῆθος-Reihe gelten zu lassen, d. h. sie auf ‚logische' bzw. ‚gnoseologische' Geltung einzuschränken — obgleich dann noch zu klären wäre, was das heißen soll. Damit wäre hinsichtlich der *ontologischen* Relevanz die Spannung zwischen den Systoichien und die Gegensatz-Lehre als solche aufgehoben, so daß nur ‚positive' Transzendentalien übrigblieben, die wie ὂν ᾗ ὂν in der Substanz (den Substanzen) ihren Mittelpunkt hätten.

Hierbei würde indes verkannt, daß die aufgezeigten Schwierigkeiten in *jeder* Philosophie auftreten müssen, welche ‚dualistisch' zwei Prinzipien annimmt und einem der beiden ontologisch, axiologisch und gnoseologisch den Vorrang einräumt. So stoßen wir denn auch schon bei Platon auf ähnliche Probleme: Die Auffindung des zweiten Prinzips läuft derjenigen des ersten Prinzips *parallel*[594] und *zuwider*[595].

Da somit kein Grund vorliegt, die *ontologische* Bedeutsamkeit von ἕν und πλῆθος im Γ einzuschränken, muß weiter gefragt werden, in welchem Verhältnis diese Gegensätze (besonders πλῆθος) zum einzelnen Seienden stehen und wie sie sich dort jeweils auswirken. Wenn wir uns an der Dreistufung der οὐσίαι[596] orientieren, so lassen sich bei den sublunaren Substanzen mit ihren Akzidentien und bei den Sternen[597] unschwer Wirkungen des πλῆθος denken: Differenziertheit der Individuen, Zusammengesetztsein, Veränderlichkeit usw., kurz: all das, was man unter *Kontingenz* versteht. ἕν — πλῆθος wären also ‚transzendentale', abgestuft wirkende Gegensätze ähnlich den Zwiebegriffen δύναμις/ἐνέργεια oder ὕλη/εἶδος[598].

[594] Vgl. die kategoriale Reduktion in *De bono* (o. **2**.243c u. ö.).

[595] Dies zeigt sich zunächst einmal daran, daß die klassischen Aufstiegsschilderungen (Staat, Symposion, Phaidros) stets eine Zurückführung auf das *Hen* meinen und auch die ‚dimensionale Reduktion' in *De bono* nicht das zweite Prinzip isoliert, sondern nur das ‚Eine', indem sie die vom zweiten Prinzip herrührenden Bestimmungen schrittweise subtrahiert (u. 7.823d). Von den ganz wenigen direkten Äußerungen Platons über die Erkenntnis des Materie-Prinzips deutet u. a. der λογισμὸς νόθος des Timaios die Gegenrichtung zum Hen-Aufstieg an (u. 7.823dα). Vgl. weiter Platons Versuch, durch immer ‚unbestimmtere' Proportionen dem zweiten Prinzip nahezukommen oder es gar einzufangen (u. 7.823dγ). Schließlich stellt sich das Problem erneut bei der zunächst ganz vordergründig anmutenden Frage, ob das zweite Prinzip Platons in einem Schema ‚oben' oder ‚unten' hingehört (dazu o. **2**.244b).

[596] Darüber o. **4**.212 u. ö.

[597] Zur Kontingenz der Sterne vgl. u. **5**.324/325 u. ö.

[598] Vgl. u. **8**.27.

Beim Übergang zur obersten οὐσία spitzt sich indessen das Problem zu. Denn wie dürften auf dieses aller Bedingtheit entzogene Sein die Begriffe der zweiten Systoichie (πλῆθος und Verwandtes), welche ‚Kontingenz' zu implizieren scheinen, angewendet werden?

4.45 *Die ‚obersten' Prinzipien in Γ E K*

4.451 Oberste οὐσία frei von Gegensätzen?

a) Wie verhalten sich die obersten Gegensätze (ἕν — πλῆθος) zur obersten Substanz (πρώτη οὐσία) und zu den ἀρχαὶ (αἰτίαι) τοῦ ὄντος ᾗ ὄν (τῶν οὐσιῶν), welche die Seinswissenschaft aufsucht[599]? Obgleich Aristoteles auf diese Frage keine *direkte, eindeutige* Antwort gibt, läßt sich hierin weiterkommen:

Theoretisch sind viele Kombinationen möglich, je nachdem welche der drei Faktoren man (ganz oder teilweise) gleichsetzt und wie man sie einander vor-, neben- oder nachordnet[600]. Man könnte von vorneherein manche Kombinationen daraus auswählen, weil sie philosophisch sinnvoll oder mit Aristoteles vereinbar scheinen[601], und dafür alle anderen beiseitelassen. Eine solche Auswahl ist indessen erst dann angebracht, wenn man im Blick auf den Zusammenhang des Γ erneut alle drei Faktoren auf ihre Bedeutung befragt und die Konsequenzen jeder Art von Kombination bedacht hat.

Im bisher betrachteten ersten Teil des Γ (1—3) zeigten sich *vier Komponenten*, die ‚ontologische', ‚usiologische', ‚theologische' und ‚aitiologische'[602], welche sich als Aspekte der gleichen Sache, der

[599] Wagner 146. Vgl. Γ 1, 1003a 31. 2, 1003b 18f und o. 4.43.

[600] Wenn man nur die Disjunktion ‚Identität—Nichtidentität' gelten läßt, ergeben sich *elf* Möglichkeiten: ‚αἰτίαι = Gegensätze' der (πρώτη) οὐσία vor-, neben-, nachgeordnet (Kombinationen 1—3). ‚αἰτίαι = οὐσία' den Gegensätzen vor-, neben-, nachgeordnet (4—6). ‚Gegensätze = οὐσία' den αἰτίαι vor-, neben-, nachgeordnet (7—9). αἰτίαι = Gegensätze = οὐσία (10). αἰτίαι ‚neben' Gegensätzen ‚neben' οὐσία (11). Aber dabei kann man nicht stehenbleiben, sondern man muß auch Teilidentitäten annehmen, weil die Gegensätze ἀρχαί sind, es daneben aber auch noch andere ἀρχαί gibt (z. B. die vier klassischen Ursachen); dadurch vergrößern sich die Kombinationsmöglichkeiten. Näheres im Folgenden.

[601] Wagner 146 wählt ohne weiteres drei Möglichkeiten aus: „a) Einmal ist es denkbar, daß das Gefüge der Fundamentalgegensätze identisch ist mit den ἀρχαί und αἰτίαι τῶν οὐσιῶν aus 1003b 18, ohne daß dieses Gefüge darum auch mit der πρώτη οὐσία identisch wäre, die doch auch Grund für die weiteren οὐσίαι ist. b) Dann ist eine Identität aller drei Glieder denkbar: Gefüge der Fundamentalgegensätze, ἀρχαὶ καὶ αἰτίαι τῶν οὐσιῶν, πρώτη οὐσία (das ist das Ergebnis der Merlanschen Untersuchungen). c) Schließlich könnten die Fundamentalgegensätze als Prinzipien und Gründe noch der πρώτη οὐσία selbst gedacht sein."

[602] Wie bereits mehrfach betont, findet man diese Komponenten am klarsten bei Reale unterschieden, auf den erneut verwiesen sei.

‚ersten Philosophie' oder Metaphysik, erwiesen: ‚Ontologie' verschlingt sich mit ‚Usiologie', weil die Seinslehre um den Substanzbegriff zentriert ist, mit ‚Theologik', weil die Betrachtung der Substanzen einmündet in die der obersten οὐσία, und schließlich mit ‚Aitiologie', weil die Fundamentalfrage der ‚ersten Philosophie', die nach den letzten Ursachen, nur sinnvoll ist als Frage nach den Ursachen des *ens eminentissimum*[603].

Die Darlegungen von Γ 1—3 geben, wie längst beobachtet und allgemein anerkannt, eine Antwort auf die vier ersten Aporien des Buches B, in denen gefragt wurde, ob jeweils *ein* und *dieselbe* Wissenschaft α) *alle* Arten von Ursachen, β) die Prinzipien der οὐσία und zugleich die obersten logischen Prinzipien wie den Satz vom Widerspruch, γ) *alle* Arten von οὐσία, δ) die οὐσία und zugleich die Gegensatz-Begriffe untersucht[604].

Für drei davon (α; β; δ), auf die wir uns hier beschränken, meint man die Lösung im ὂν ᾗ ὄν, näherhin in der οὐσία, zu finden, welche die Verbindung zwischen den verschiedenen Ursachen (Prinzipien) garantiere[605] und mit den obersten logischen Gesetzen[606] sowie den Gegensätzen[607] zusammenhänge.

b) Obgleich diese Deutung zunächst einleuchtet, ergeben sich bei näherer Betrachtung Schwierigkeiten. Denn gerade die *oberste* Substanz (πρώτη οὐσία) als der vornehmste Gegenstand der Metaphysik läßt sich mit den in den zwei Aporien α) und δ) genannten anderen Objekten nur teilweise zusammendenken:

So ist die οὐσία ἀκίνητος zwar oberste Form-, Zweck- und Bewegungsursache in einem (reine ἐνέργεια)[608], aber nicht Material-Ursache, denn sie enthält keinerlei ὕλη (bzw. δύναμις)[609]. Wer deshalb im Rahmen der ‚ersten Philosophie' die ὕλη als eines der vier Letztprinzipien[610] oder δύναμις als Grundmodus des Seins[611] erforschen will, muß ‚außerhalb' der unbewegten Substanz danach suchen[612].

603 Klar dargestellt bei Reale 99—124.

604 B 1, 995b 4—6 = 2, 996a 18—b 26. B 1, 995b 6—10 = 2, 996b 26—997a 15. B 1, 995b 10—13 = 2, 997a 15—25. B 1, 995b 18—27 = 2, 997a 25—34. (Die Reihenfolge ist an B 2 abgelesen, nicht an B 1.) Vgl. außer den Kommentaren zu diesen Stellen besonders Reale 125—130, wo alles Nähere.

605 Reale 125f. 606 Reale 127. 607 Reale 129f.

608 Vgl. Reale passim über die ‚componente aitiologica' in den einzelnen Metaphysikbüchern, bes. 17ff. 34ff. 267—270 (Λ). 275—277 (MN).

609 Stallmach 194ff (u. a. über Θ und Λ). Reale, *La dottrina* 178—181 (*La potenza e l'atto e la sostanza soprasensibile*; bes. über Λ). Vgl. auch nachstehend 4.452.

610 Vgl. auch hierzu Reale an den o. A. 608 genannten Stellen.

611 Stellen bei Reale 155—157 (zu E 2; dort weitere Verweise); spezieller ders., *L'impossibilità* 315—322.

612 Vgl. die Beschreibung der ‚Wege zum Hyle-Prinzip' (u. 7.823) und zur ‚reinen δύναμις (8.232).

Das bestätigt sich, wenn man das Verhältnis der οὐσία ἀκίνητος zu den logischen Prinzipien, vor allem dem Satz vom Widerspruch, bedenkt, den Aristoteles im zweiten Teil des Γ behandelt. Wenn er dort den Leugnern des Satzes vom Widerspruch vorwirft, sie dächten nur an einen Teil der Realität, nämlich an die αἰσθητά, und demgegenüber auf die (Sterne und die) ἀκίνητος οὐσία verweist[613], so scheint das zu heißen: Die unbewegte Substanz bezeugt als entscheidender Maßstab die Geltung des Satzes vom Widerspruch, weil sie immer mit sich selber identisch, d. h. niemals zugleich *A* und $\bar{A}$ *(Non-A)* ist. Dann dürfte man also in der πρώτη οὐσία nicht ein Etwas sehen, welches Gegensätze in sich enthält und aus sich entläßt[614], sondern ein von allen Gegensätzen freies, völlig eindeutig bestimmtes Seiendes, dem man bestimmte Prädikate zuspricht (oberstes Eidos = Telos = *causa efficiens*; reine ἐνέργεια; absolut notwendig; reines ἕν) und im gleichen Maße die ‚Negate' dieser Prädikate (oberste Hyle; absolute δύναμις; reines πλῆθος) abspricht.

c) Dasselbe ergibt sich nun offenbar auch für unser Haupt-Problem, die Beziehung der πρώτη οὐσία zu den *Gegensätzen* (Aporie δ): Während Aristoteles die ‚erste' Systoichie von vorneherein eng mit der πρώτη οὐσία verbindet und in ihrem obersten Glied (ἕν) mit ihr konvertibel sein läßt[615], bringt er die zweite Systoichie nur indirekt über die erste mit ins Spiel, weil man sie bei Betrachtung der ersten Systoichie mitbedenken müsse (jede Wissenschaft untersuche ja auch zugleich das Gegenteil ihres Objektes)[616]. Daß darüber hinaus die zweite Systoichie auf die πρώτη οὐσία direkt angewendet oder gar in sie hineinverlegt werden könne, deutet er nirgends an. Wenn man ihm trotz seines Schweigens eine solche Meinung zuschreiben wollte, würde man sich über all seine Aussagen hinwegsetzen, mit denen er die πρώτη οὐσία aus jeder Art von Gegensatz herausnimmt und sie einseitig in absolut-positivem Sinne versteht (vgl. *4.451* b).

Obwohl dieser Befund eindeutig zu sein scheint, können wir noch keine Entscheidung fällen, ehe wir nicht einige weitere Punkte geprüft haben, welche die aristotelische πρώτη οὐσία vielleicht doch in einem anderen Lichte zeigen, als die bisher betrachteten Indizien vermuten lassen.

613 Γ 5, 1009a 36—38. 1010a 1—4. 25—35. Γ 8,1012b 29—31. K 6, 1063a 10—17 (vgl. 22). Auf diese Stellen komme ich ausführlicher zurück; vgl. vorläufig *Kosmologie und Metaphysik* 160—167. Reale 121—124 und 127f zeigt gut, wie fest diese Stellen im Zusammenhang von Γ 5 und Γ 8 verankert sind, geht aber auf unsere Problematik nicht ein. Zuletzt hierüber Berti, Riv. filos. neoscol. 60 (1968) 1—24.

614 Trotz mancher Verschiedenheiten kann man zum Vergleich an die *coincidentia oppositorum* des Nikolaus von Kues denken.

615 Vgl. o. 4.44.

616 Vgl. wiederum 4.44 Anfang.

4.452 *Vielheit und Kontingenz innerhalb der ἀκίνητος οὐσία*

Obschon in Γ/K die oberste Seinsschicht nur mit singularischen Wendungen bezeichnet wird, darf man auf Grund der anderen Bücher (z.B. E), bei welchen Singular und Plural stets durcheinandergehen, mit großer Wahrscheinlichkeit auch für Γ/K eine *Vielfältigkeit* der πρώτη οὐσία annehmen[617]. Deshalb wird man immer wieder versucht sein, den πλῆθος-Begriff von Γ/K irgendwie auf die oberste Seinsstufe anzuwenden. Man kommt jedoch dabei einfach nicht über den Umstand hinweg, daß Aristoteles eine solche Beziehung weder ausgesprochen hat noch auch nur nahelegt[618]. Über die Gründe dafür mag man allerlei Vermutungen anstellen[619], muß sich aber mit der Tatsache als solcher abfinden, so daß nur der Schluß bleibt: Die Beziehung der Gegensätze, besonders des πλῆθος-Begriffes, zur ἀκίνητος οὐσία läßt Aristoteles offen, indem er beide Denkansätze — trotz mancher Berührung zwischen ihnen[620] — letztlich nicht miteinander vereinigt.

Mehr kann man aus den vorhandenen Texten des Γ/K wohl nicht gewinnen, ist also darüber hinaus lediglich auf Vermutungen angewiesen. Einige solche Vermutungen wollen wir jetzt anstellen: Denn schon das *deskriptive*, neutrale Durchspielen aller denkbaren Möglichkeiten und Kombinationen regt als solches dazu an, sich das betreffende Problem genauer zu vergegenwärtigen, als man es sonst getan hätte, ist also schon deshalb förderlich. Im vorliegenden Fall kommt nun glücklicherweise noch ein *Kriterium* hinzu, welches es erlaubt, die Denkbarkeiten zu *beurteilen* und die einen davon als *historisch wahrscheinlich*, die andern als *unwahrscheinlich* zu bezeichnen. Es läßt sich nämlich ungefähr angeben, an welchem Platz innerhalb der ‚platonisch-akademischen' Philosophie das aristotelische System sich befindet und welcher von den drei ‚akademischen Systemvarianten', die allein wir genauer kennen (Platon, Speusipp, Xenokrates), es näher oder ferner steht. Mit dieser Betrachtungsweise tut man, wie immer wieder betont werden muß, der Originalität des aristotelischen Denkens keinen Eintrag, sondern man siedelt es nur, statt es unkritisch zu isolieren, historisch dort an, wo es sich nun einmal herausbildete. Wir fragen also: Was lehren die anderen Akademiker über das Verhältnis von oberstem Seinsbereich und zweitem Prinzip und was ergibt sich daraus für Aristoteles? Das Ergebnis wird also durch ‚Interpolation' gewon-

[617] Näheres o. 4.41/42.

[618] Vgl. o. 4.451.

[619] Eine Lücke im ‚System' anzunehmen, die Aristoteles noch ausfüllen wollte, ist nicht so wahrscheinlich, weil er die πλῆθος-Systoichie in einer Weise einführt, als wolle er sie ‚außerhalb' der πρώτη οὐσία belassen (vgl. erneut o. 4.44, wo weitere Hinweise). Vielleicht meinte er mit πλῆθος eine ‚Vielheit', die anders geartet ist als die *innere Vielfalt* der πρώτη οὐσία? Non liquet.

[620] Andeutungen dazu u. 4.453.

nen und gilt — von anderen Unsicherheitsfaktoren abgesehen — nur dann, wenn Aristoteles sich auch in diesem Punkt an seine ‚Systemvariante' hielt, also nicht überraschend von ihr abwich.

Bevor wir die Akademie zum Vergleich heranziehen, muß der Befund bei Aristoteles über das bisher Gesagte hinaus noch präziser gefaßt werden:

Wir hatten bereits wahrscheinlich gemacht, daß die oberste Seinsschicht in Γ/K *pluralisch* zu verstehen sei. Da nun am Ende von Γ 8 ausdrücklich der unbewegte Beweger genannt wird, liegt die Vermutung nahe, daß eine *Mehrzahl* von *unbewegten Bewegern* gemeint ist[621]. Daraus ergibt sich weiter die Frage, wie sich diese Mehrzahl von ‚Substanzen' (οὐσίαι) zu der Einzahl der ‚Seinsschicht' (οὐσία) verhält und wie man sich die Mehrzahl näherhin denken soll. Da Aristoteles nur in Λ 8 darüber spricht, sehen wir uns dort nach Auskunft um:

Die Beweger befinden sich in einer ‚Ordnung', welche nach Aristoteles' Worten der Ordnung der Äther-Sphären entspricht[622]. ‚Ordnung' meint in diesen beiden Fällen jene Rangfolge einer nach dem Gesetz des ‚Früher' und ‚Später' geordneten *Reihe*, bei welcher das jeweils ‚frühere' Glied ‚Prinzip' für alle nachfolgenden Glieder und das erste Glied ‚Prinzip' der gesamten Reihe ist[623]. Bei den Äthersphären steigt die hierarchische Stufung bis zum Fixsternhimmel (πρῶτος οὐρανός) empor, der ‚Prinzip' aller anderen Sphären ist, so daß er als ‚Inbegriff' des gesamten Äther-Bereiches erscheinen und mit ihm geradezu identifiziert werden kann[624]. In bezug auf das vieldiskutierte Verhältnis des Fixsternbewegers zu den übrigen unbewegten Bewegern[625] ergibt sich aus Λ 8 mit einiger Sicherheit mindestens soviel, daß die Beweger eine *Rangfolge* bilden, deren Spitze der Fixstern-Beweger einnimmt; hierüber ist sich auch die Forschung weitgehend

621 Vgl. o. 4.41.

622 Λ 8, 1073b 1—3 ὅτι μὲν οὖν εἰσὶν οὐσίαι, καὶ τούτων τις πρώτη καὶ δευτέρα κατὰ τὴν αὐτὴν τάξιν ταῖς φοραῖς τῶν ἄστρων, φανερόν.

623 Alles Nähere über solche Reihen, ihre Herkunft von der Akademie und ihre Bedeutung für die aristotelische Ontologie o. 4.21 (dort weitere Verweise und Lit.). Die (schon von Merlan, *Movers* vorgeschlagene) Deutung der Beweger-τάξις als ‚Reihe' ist unabhängig von irgendwelchen ideengeschichtlichen Herleitungen der Beweger aus akademischen Lehren (dazu vgl. u.) und von der u. A. 628 angedeuteten ‚Immanenz'-These Krämers. Denn Aristoteles übernimmt zwar die Konzeption der ‚Reihe' von Platon und der Akademie, macht sie sich aber ganz zu eigen, so daß das Erscheinen einer ‚Reihe' bei Aristoteles durchaus nicht eo ipso auf akademische Herkunft der betreffenden Lehre (also des durch die Reihen-Form gegliederten *Inhalts*) schließen läßt.

624 Einzelheiten o. 4.214b und u. 5.431.

625 Vgl. o. 4.214a (Lit.). Von der zahlreichen Literatur sei hier nur die letzte Behandlung der Frage genannt: Krämer, *Theologie*, bes. 365—370 (dort Belege und Lit.). Ich hebe nur das Allerwichtigste hervor und führe auch kaum Textstellen an.

einig[626]. In dieser ‚Ordnung' der Beweger, die man — wie oben vorgeschlagen — als ‚Reihe' verstehen mag, nimmt der Fixstern-Beweger gegenüber den anderen Bewegern eine so bevorzugte Stellung ein, daß er als deren Prinzip gelten darf und sogar stellvertretend für die ganze Reihe stehen kann bzw. daß — umgekehrt formuliert — die Abfolge *a parte potiori* durch ihre Spitze repräsentiert werden kann[627]. Mehr als diese — wohl kaum umstrittenen — Feststellungen benötigen wir für unsere Frage nicht[628].

Wenn auch nur Λ 8 direkt über die Hierarchie der Beweger spricht, ist kein Grund für die Vermutung vorhanden, Aristoteles habe sich an anderen Stellen und zu anderen Zeiten die Pluralität der obersten Seinsschicht wesentlich verschieden davon gedacht, etwa alle Beweger absolut gleichrangig — gleichsam als εἴδη einem γένος (welchem?) untergeordnet o. dgl. Dafür spricht auch, daß die Rangstufung von Λ 8 ideengeschichtlich an bestimmte Gedanken der Akademie (Motiv der ‚Reihe') anknüpft[629], also durchaus eine schon ‚frühe' Lehre sein kann, und mit der aristotelischen Theorie der Äthersphären verbunden ist, an welcher Aristoteles von ‚früher' bis in ‚späte' Zeit festgehalten hat[630]. Man darf mithin die ‚hierarchische Reihung' der Beweger als *typisch aristotelisch* ansehen.

Diese Art von ‚Vielheit' scheint ein individuierendes ‚Materie'-Prinzip entbehrlich zu machen[631], weil die aristotelische ὕλη die ‚synonym' unter ein und demselben Eidos zusammengefaßten Individuen voneinander differenziert[632], vielleicht aber nicht die Mitglieder einer solchen nach dem ‚Früher' und ‚Später' abgestuften Reihe, die ja auch keinen übergeordneten ‚Allgemeinbegriff' im üblichen Sinne kennt[633]. Aber so einfach liegt der Befund nicht: Denn *erstens* werden bei Platon und in der Akademie die Glieder derartiger Reihen — ob es sich um die Reihung der Seinsschichten (z. B. νοητά — μαθηματικά — Sinnen-

626 Abweichender Meinung ist z. B. Owens.

627 Vgl. z. B. Λ 8, 1073a 23—b 3. 1074a 35—38 und dazu außer den Kommentaren zuletzt Krämer, *Theologie* 368—370 (dessen Bemerkungen über die genannten Stellen auch unabhängig von allen Kontroversen Wert behalten dürften).

628 H. J. Krämers Deutung, daß die anderen Beweger dem Fixstern-Beweger ‚immanent' seien und dieser sie als seine ‚Momente' denke (jetzt mit neuen Gründen dargelegt von Krämer, *Theologie* passim), finde ich nach wie vor einleuchtend (vgl. *Weltbild und Seinslehre* 89 A. 74), kann aber hier diese Probleme sämtlich unentschieden lassen und mich mit dem fast allgemein zugestandenen ‚Minimum' begnügen.

629 S. o. 4.214a, die vorstehende Seite und das Nachstehende. Vgl. schon hier Krämer, *UGM* 378—380 (dort weitere Hinweise).

630 Vgl. u. 5, o. 4.214b und o. S. 434.

631 Krämer, *UGM* 168, *GS* 322 A. 24.

632 Die knappen Bemerkungen über Hyle als Individuations-Prinzip bei Aristoteles sind Sach-Index s. v. *Individuation 1a* verzeichnet.

633 Zur Problematik des καθόλου in solchen Reihen vgl. erneut o. 4.213—215 passim.

dinge) handelt oder um Reihen innerhalb einer einzelnen Seinsschicht (z. B. Ideenzahlen oder Dimensionen innerhalb des noetischen Bereiches) — stets durch das zweite Prinzip (die ‚Materie') individuiert, also durch das gleiche Prinzip, welches bei Platon und in der Akademie auch sonst überall die Individuation bewirkt[634]. Man dürfte also auch bei Aristoteles dergleichen erwarten. *Zweitens* spielt ja auch bei Aristoteles die Hyle in solchen ἐφεξῆς-Reihen eine Rolle: Die Reihe ‚sublunare οὐσία — Sterne — unbewegte Beweger' ist gekennzeichnet durch stufenweise Abnahme von Hyle und Zunahme von Form[635]; Ähnliches läßt sich auch anderswo bei Aristoteles zeigen[636].

Die Beweger enthalten jedoch offensichtlich keine Hyle irgendwelcher Art[637], und die bisher gemachten Versuche, sie doch irgendwie mit ‚Materie' zu verknüpfen, sind gescheitert.

a) So hat Ross mit Jaeger Λ 8, 1074 a 31—38 als ‚henotheistischen' Einschub in dem sonst ‚polytheistischen' Λ 8 betrachtet[638] und deshalb a 33 ff als andeutend formulierten Selbsteinwand des Aristoteles gegen die Mehrzahl der Sphärenbeweger verstanden: Da allein die Hyle Individuationsprinzip sei, könne es im Bereich des Materielosen keine Vielfalt von Individuen, also z. B. nicht mehrere unbewegte Beweger geben. Diese vielleicht schon in der Antike begegnende Deutung der Stelle[639] ist unrichtig, wie Merlan überzeugend nachgewiesen hat[640]. Aristoteles will nämlich in Wirklichkeit sagen, daß es nur die 48 (56) Beweger unserer Welt gibt und daß nicht etwa in anderen Welten weitere parallele Reihen von ersten, zweiten, dritten usw. unbewegten Bewegern existieren. Denn dann müßte man — wie bei den sublunaren εἴδη, z. B. ‚Mensch' — ein und demselben Art-Eidos ‚erster Beweger', ‚zweiter Beweger' usw. jeweils *mehrere* Individuen zuschreiben, die dann, weil die Formbestimmtheit nicht unter die Art heruntergeht, durch die Materie unterschieden sein müßten; dies ginge jedoch nicht, weil die Beweger materielos sind. Also ergibt sich daraus, daß nur 48 (56) Beweger und nur unsere *eine* Welt existieren.

Aristoteles selbst hat also die Vielzahl der Beweger unserer einzigen Welt in keiner Weise mit einem Individuations-Prinzip ‚Materie'

634 Vgl. Sach-Index s. v. *Individuation 2*.
635 Vgl. 8.271, dazu 4.212.
636 Vgl. o. 4.214, u. 8.27.
637 1074a 35—37 ergibt wenigstens so viel, daß die oberste Seinsschicht als reine ἐνέργεια keine (individuierende) ὕλη im Sinne der sublunaren εἴδη hat, also nichts Körperliches. — Vgl. auch weiter unten.
638 Jaeger 376—379. Ross, *Metaphysics* I, CXXXIXf. II 384. 395.
639 Da Plotin 5, 1 [10] 9, 7—27 Aristoteles met. Λ und bes. Λ 8 kritisiert, ist es möglich, daß er 26f speziell auf 1074a 31—38 anspielt (Schwegler 4, 280. Jaeger 376f) und die Stelle so auffaßt wie z. B. Schwegler, Jaeger und Ross (vgl. Harders Anm. S. 506f).
640 *Movers* 12—14. Vgl. Krämer, *UGM* 167f (ferner *GS* 322 A. 24).

verbunden[641] und somit die Beweger offenbar allein von der Form her unterschieden[642].

b) Ross hat noch eine weitere aristotelische Lehre über Materie herangezogen, um die Vielzahl der unbewegten Beweger zu erklären: Da bei Aristoteles das Genus die ὕλη νοητή seiner Arten sei, werde in den einzelnen Arten jeweils ein verschiedener Teil dieser ὕλη νοητή verwirklicht, und so erkläre sich der Unterschied der Arten. Die Intelligenzen seien also Formen, aber nicht reine Formen, da sie ein Element ‚noetischer Materie' enthielten, durch welches sie sich vom (obersten) ‚ersten' Beweger unterschieden[643]. Diese Deutung der aristotelischen Lehre vom Genus als ὕλη νοητή, die auch Merlan von Ross übernommen hat[644], ist nicht haltbar. Da wir hierüber ausführlich sprechen werden[645], deuten wir jetzt nur kurz an, daß diese ὕλη νοητή nicht ‚individuiert', sondern ‚generalisiert', und daß die Individuierung von ‚oben' nach ‚unten' bis zum Atomon Eidos durch die (formalen) *differentiae specificae* vollzogen wird. Diese Lehre hat also mit dem Problem, wie die Vielzahl der unbewegten Beweger zu erklären sei, nichts zu tun[646].

So bleibt mithin bei den Bewegern — wie bei den Äther-Sphären[647] — zu fragen: Worin unterscheiden sie sich denn nun voneinander?

Daß in ihnen εἶδος und Individualität zusammenfallen[648], löst das Problem nicht, sondern verschiebt es nur, denn es ist jetzt weiter

641 Über ‚Hyle als Individuationsprinzip' bei Aristoteles vgl. erneut Sach-Index s. v. *Individuation 1a*.

642 Die von Ross, *Met.* I, CXL gegen diese Auslegung angeführte Stelle Δ 1016b 36 widerspricht ihr nicht, sondern kann sie vielmehr noch stützen. Aristoteles sagt dort, daß Einssein der Zahl nach stets Einssein dem Eidos nach, aber umgekehrt Einssein dem Eidos nach ‚nicht in allen Fällen' Einssein der Zahl nach impliziere. Diese Formulierung des Aristoteles hat nur dann einen Sinn, wenn es überhaupt Fälle gibt, bei denen das Einssein dem Eidos nach zugleich Einssein der Zahl nach ist. Das ist aber nur denkbar, wenn es von einer Art ein *einziges* Individuum gibt, d. h. wenn Art und Individuum zusammenfallen, wie eben bei den unbewegten Bewegern und den Äthersphären.

643 Ross, *Met.* I, CXL.

644 Merlan, *Movers* 10f mit A. 41.

645 u. 7.71.

646 Merlan, der wie gesagt die Ross'sche Deutung übernimmt, bringt *Movers* 11f andere (überzeugende) Argumente vor, um zu beweisen, daß die Lehre vom Genos als Hyle nicht auf das Beweger-Problem angewendet werden darf; vgl. gleich nachstehend.

647 Die Äthersphären sind zwar (im Gegensatz zu den Bewegern) Synola aus Materie und Form, aber bei ihnen ist die Materie absolut homogen, so daß sie nicht individuiert. Alles Nähere u. 5.324.

648 Innerhalb einer ἐφεξῆς-Reihe ist natürlich jedes Glied sui generis, so daß bei einer Reihe von ἀκίνητοι καὶ ἀίδιοι οὐσίαι (Λ 8, 1073a 32ff) jede einzelne οὐσία ein eigenes εἶδος darstellt (vgl. auch Krämer, *UGM* 168 und jetzt *GS* 322 A. 24). Wenn in der Folgezeit auch allmählich das Bewußtsein von der Eigenart der ἐφεξῆς-

zu fragen, worin der Unterschied dieser reinen Formen voneinander liegt, besonders hinsichtlich ihres Ranges und *Wertes*[649]. Zwar sind auch die sublunaren Wesensformen (z. B. Mensch, Tier-Arten, Pflanzen-Arten) qualitativ und wertmäßig voneinander verschieden, ohne daß sich die Verschiedenheit weiter ableiten ließe, aber die Differenzen sind im Raum unter dem Mond doch viel besser faßbar, weil jedes einzelne Eidos nicht nur seinen besonderen Namen, seine Wesensbestimmung und seinen festen Platz (etwa in der *Scala naturae*) besitzt, sondern auch an der ihm *zugehörigen Materie* seinen Rang ablesen läßt[650]. So bleibt das Problem, wie Differenzierung und Wertstufung der Beweger und somit die ‚Defizienz' der nachgeordneten Beweger ontologisch zureichend zu erklären seien, ungelöst stehen.

Die ‚Unvollkommenheit' der nachgeordneten Beweger zeigt sich noch von einer anderen Seite: Wie auch immer der Fixstern-Beweger (als ‚Prinzip') sich zu den übrigen Bewegern (als seinen ‚Prinzipiaten') verhalten mag[651], diese sind jedenfalls ihrerseits auf den ersten Beweger angewiesen, weil sie nur im Hinblick und in bezug auf ihn überhaupt einen Sinn haben. Denn die u. a. in cael. B 12 und Λ 7 geschilderte Teleologie der einzelnen Äthersphären auf den Fixsternhimmel hin und des gesamten Ätherbezirkes auf das πρῶτον κινοῦν hin[652] entbehrte letztlich der Begründung, wenn nicht auch die Beweger, auf welche ja die Sphären primär ausgerichtet sind, gleichfalls ein *Streben* zum Fixstern-Beweger hin durchzöge. Diese immanent aus Aristoteles gewonnene Auffassung[653] bestätigt sich, wenn man auch hinsichtlich dieses speziellen Punktes die aristotelische Lehre von der obersten Substanz mit entsprechenden Lehren der Alten Akademie vergleicht[654]. Denn es ist uns eine altakademische Lehre bezeugt, in welcher die (den aristotelischen nachgeordneten Bewegern analogen) Zahlen das — dem Fixstern-Beweger entsprechende — ἓν *erstreben*[655]. Ergänzend kommt noch hinzu, daß die oberste Seinsschicht bei Ari-

Reihen schwankt, so hat man doch später in der Lehre, daß immaterielle Geistwesen je eine verschiedene species besitzen und deren einziges Individuum sind, (unabsichtlich) den Kern der Sache bewahrt.

649 Den *Tatbestand* des Unterschieds formuliert die von Merlan, *Movers* 10 A. 40 zitierte Stelle Thomas, De subst. sep. 6: invenitur in formis (sc. separatis) diversitas secundum quendam ordinem perfectionis et imperfectionis. u. ä. m. Zur *Erklärung* des Unterschieds bei Aristoteles vgl. das Nachstehende.

650 Vgl. u. 8.27 (bes. 8.271).

651 Vgl. o. S. 435 A. 628.

652 Vgl. *Kosmologie und Metaphysik* 168f, 5.422/423 und die Hinweise u. 8.233.

653 Zuerst ausgesprochen von Ross. *Met.* I, CXL. Vgl. Krämer, *UGM* 169 A. 147.

654 So auch Krämer, *UGM* 169 A. 147.

655 Referiert bei Arist. EE A 8, 1218a 24ff (vgl. a 26 und 30 ἐφίενται, a 27 ὄρεξις, a 32 ὀρέγεται). Zur Frage, ob Aristoteles an dieser Stelle Xenokrates meint, vgl. o. 2.32 Ende.

stoteles — wie bei Xenokrates und Platon — ,Leben' besitzt[656], was wohl auch ein derartiges Streben einschließt. Obgleich ein Streben des Unvollkommenen zum Vollkommenen sonst bei Aristoteles — wie in der Akademie — mit ,Materie' verbunden wird[657], ist das also bei den aristotelischen Bewegern offensichtlich nicht der Fall[658].

Da man bei Aristoteles für den Begriff ὕλη stets auch δύναμις (oder besser: δυνάμει ὄν) einsetzen kann[659], ergibt sich aus dem Fehlen von ὕλη in der obersten Seinsstufe automatisch auch das Fehlen von δύναμις. Das ist nicht selbstverständlich, wenn man die Wirkungsgeschichte der aristotelischen Sphären-Beweger in der späteren Intelligenzen-(Engel-)Lehre vergleichend heranzieht[660]: Denn Thomas z.B. rückt *potentia* und *materia* auseinander und faßt die Intelligenzen als materielose Seiende auf, welche *potentia* besitzen[661]. Dies tut er unter anderm deshalb, weil sein Materie-Begriff stark auf das körperliche Sein bezogen ist, also nur schwerlich auf körperlose Wesenheiten angewendet werden kann.

Wenn Aristoteles diese Wege nicht einschlug, so liegt dies bestimmt nicht daran, daß seine ὕλη nur noch ,sinnliche Materie' wäre[662]: Denn wir sehen, um von dem allgemeinsten absolut unbestimmten Hyle-Prinzip zu schweigen, an der πρώτη ὕλη, den beiden Formen von ὕλη νοητή und an der ὕλη τοπική, wie weit ὕλη und δύναμις über den Bereich des ,Sinnlichen' hinausgehen. Aristoteles besitzt also sehr wohl eine ,Ideal'-Materie, nur eben nicht an der gleichen Stelle wie Platon und andere Akademiker[663]. Vielleicht hängt dies damit zusammen, daß er — ähnlich wie Xenokrates — Platons Konzeption von κόσμος νοητός stark vereinfacht und ins Kosmologische gewendet hat? Es

656 Krämer, *UGM* 161f. 170. Vgl. o. **2**.25 u. ö.

657 Vgl. z. B. **2**.25, **8**.25 und Sach-Index s. v. *Liebesstreben*.

658 Ross, *Met.* I, CXL meint also zu Recht, daß das Streben der nachgeordneten Beweger „implies an element of potentiality in them" bzw. „implies something quasi-material in them", kann aber dieses ,quasi-materielle Etwas' natürlich auch nicht verifizieren.

659 Diese Konvertibilität von ὕλη und δυνάμει ὄν gilt praktisch unbeschränkt, vgl. **8**.123, ferner **8**.23 und **8**.27.

660 Merlan, *Movers* 10 mit A. 39 und 40 (dort Stellen z. B. aus Albert. M., Thomas; wertvolle Lit.-Angaben). Moraux 1256, 64—1259, 25 (*Der ätherische Leib der Dämonen und Engel*; mit Lit.). Litt 99—109. Krämer, *UGM* Index 470 s. v. *Nus e*).

661 Vgl. vorst. Anm.

662 Krämer, *UGM* 169: „Bei Aristoteles (ist) mit der Abkehr vom στοιχεῖον-Zusammenhang — die ἀόριστος δυάς Stoicheion auch der Transzendenz — der letzte Schritt zum reinen Monismus hin getan. Hyle ist fortan nur noch die sinnliche Materie, die als solche die kosmische δυάς des Xenokrates fortsetzt; . . .". Weder ist die aristotelische Hyle nur sinnliche Materie (vgl. zur Widerlegung **2**.52, **4**.6, **7**.823, **8**.132, **8**.21/22, **8**.27 u. ö., s. Sach-Index s. v. *Hyle 4b*) noch liegt bei Aristoteles irgendein Monismus vor (vgl. neben den genannten Stellen o. **1**.15 u. ö., s. Sach-Index s. v. *Dualismus 2*).

663 Vgl. nur o. **2**.5.

mag auch kein Zufall sein, daß in der Systemvariante des Xenokrates — welche dem aristotelischen Seinsaufbau stark verwandt ist — die Materie im obersten Seinsbereich nicht fehlt, aber doch weniger deutlich in Erscheinung tritt als im raumzeitlichen Kosmos[664].

Mithin bleibt hier bei Aristoteles eine ‚Lücke' bestehen: Wir wissen von der Rangstufung der Beweger und möchten sie mit einem ‚zweiten Prinzip' verbinden — vielleicht mit dem πλῆθος-Begriff aus met. Γ —, aber Aristoteles hat diese Verknüpfung nicht thematisiert.

4.453 Die Stellung des πλῆθος in der aristotelischen Seinsstufung

Kehren wir nun zu der zentralen Frage unseres Abschnitts *4.45* zurück[665], nämlich: Welche ontologische Stellung nehmen ἕν — πλῆθος im Γ ein? Aristoteles spricht davon, daß ‚alles' auf ἕν — πλῆθος zurückführbar sei[666], daß ‚alles' gegensätzlich sei oder von Gegensätzen abstamme[667], noch prägnanter, daß τὰ ὄντα καὶ τὴν οὐσίαν ἐξ ἐναντίων συγκεῖσθαι[668]. Und da ἕν — πλῆθος nun ἀρχαὶ τῶν ἐναντίων sind[669], schließen wir, sie seien auch ἀρχαὶ τῶν ὄντων, d. h. das Sein sei diesen beiden Prinzipien untertan. Das *gesamte* Sein?

Merlan bejaht die Frage: ἕν und πλῆθος bzw. ‚Sein' und ‚Nichtsein' stellten konstitutive Elemente der obersten Seinsschicht dar, und da die oberste Seinsstufe Prinzip der nachgeordneten Schichten sei, seien ἕν — πλῆθος (Sein/Nichtsein) irgendwie auch in diesen untergeordneten Stufen anwesend, also deren Elemente. Am deutlichsten anwesend seien ἕν — πλῆθος in der obersten Seinsstufe, so daß der Metaphysiker bei der Untersuchung dieser höchsten Seinssphäre zugleich auch die beiden Elemente ἕν — πλῆθος am klarsten zu erkennen und zu erforschen vermöge[670]. Merlan ‚identifiziert' somit die

664 Vgl. über Xenokrates' Materie-Begriff o. **2**.4, dazu erneut **2**.5.

665 o. **4**.451.

666 1004b 27f πάντα ἀνάγεται εἰς τὸ ὂν καὶ τὸ μὴ ὄν, καὶ εἰς ἓν καὶ πλῆθος. Vgl. 1004b 33f.

667 1005a 3f πάντα γὰρ ἢ ἐναντία ἢ ἐξ ἐναντίων.

668 1004b 29f. Aristoteles zitiert dies als Meinung ‚fast aller Philosophen', steht also nicht ausdrücklich dahinter, aber er sagt auch nichts dagegen. Außerdem ist von dem, was er als eigene Ansicht über die Gegensätze in Γ 2 vertritt, bis zu diesem Satz nur ein kleiner Schritt, wenn überhaupt einer.

669 1005a 4f.

670 Merlan 169f: Γ und E 1 folgen einer akademischen Tradition, nach der „there are different spheres of being; there is at least one sphere over and above the sphere of the sensible. There is some concatenation between these spheres, so that the superior can be termed ‚cause' (in *some* sense of the word) of the inferior; moreover, the uppermost sphere is ‚composed of' (or ‚derived from') two opposite elements which can conveniently be called One and multitude . . . Because the superior sphere is the ‚cause' of the inferior, the elements of the superior must in some way be present also in the inferior (in the inferior ones, if there are many). In this sense of the word, a pair of opposite principles, being and non-being or One and multitude, are the

Fundamentalgegensätze mit den ἀρχαὶ καὶ αἰτίαι τῶν οὐσιῶν sowie mit der πρώτη οὐσία[671] und stellt sich die Seinsstufung von Γ E K als ein akademisierendes ‚Ableitungssystem' von folgender Art vor[672]:

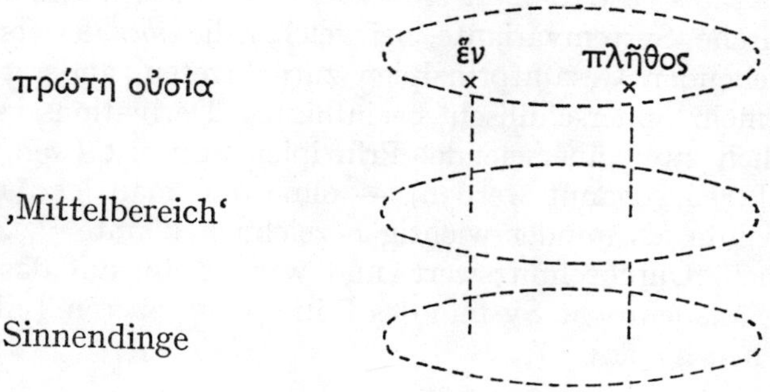

So bestechend diese Deutung zunächst auch erscheint, sie bringt bei näherem Zusehen große Schwierigkeiten mit sich, die ich für unüberwindlich halte: Ob nun in ΓEK Aristoteles (noch) ein regelrechtes akademisches ‚Ableitungssystem' vertritt oder nicht[673], man tut auf jeden Fall gut daran, mit Merlan die Lehren der Akademie zum Vergleich heranzuziehen, weil Aristoteles ideengeschichtlich nun einmal von dort ausgeht. Dabei darf man sich aber nicht mit vagen Näherungswerten begnügen[674], sondern muß sich — mindestens zunächst — an die uns *historisch faßbaren*, konkreten Ausprägungen akademischer Seinssysteme halten[675]. In keiner der drei Systemvarianten fallen nun die obersten Prinzipien so mit der ersten Seinsschicht zusammen, wie es Merlan offensichtlich für das Γ annimmt[676]: Platons ἕν wird explizit

elements of everything. Now, it is obvious that they are more distinctly present in the superior than in the inferior sphere. If therefore wisdom is the study of the supreme principles and elements, we are philosophers by studying the supreme sphere of being, together with its elements, the One and the multitude. In other words, by studying being and non-being or the One and multitude as elements we do not study them as abstracta. On the contrary, we remain within the realm of the supreme sphere of being, though obliquely we are speaking of all spheres of being, whenever we speak of being and non-being or the One and multitude. ‚Theology', ‚metaphysics', ‚wisdom' is therefore the study of both the supreme sphere of being and elements. ...". Ebenso 182ff. 189ff. 193ff. 205ff. 209 Anm. 215f. 230.

[671] Wagner 146.

[672] Das Schema nach Merlan 182, sinngemäß mit der aristotelischen Terminologie von ΓEK ausgestattet. [673] Darüber gleich unten.

[674] Dies tut nämlich Merlan 182 und auch sonst in dem gesamten Kapitel, sooft er sich auf den akademischen Hintergrund von met. ΓEK bezieht. Eine derartige Vagheit erstaunt bei einem eminenten Kenner wie Merlan, der uns über die Systeme der Akademiker so viel Neues gelehrt hat. Vgl. auch Krämer, *GS* 336 A. 77.

[675] Natürlich beschränken wir uns hier auf knappe Andeutungen und Stichworte; alles Nähere o. 2, bes. 2.5.

[676] Vgl. in *PN* die o. A. 670 genannten Seiten, bes. das Schema S. 182.

als ‚überseiend' gedacht und auch sein zweites Prinzip ist von der obersten Seinsschicht unabhängig, Speusipp rückt beide Prinzipien (ἕν — πλῆθος) ausdrücklich und entschieden über Sein und Wert hinaus; Xenokrates vertritt zwar einerseits eine (am Timaios orientierte) ‚kosmologische' Systemvariante, bei welcher die *über* der ersten Seinsschicht stehenden Gesamtprinzipien zurücktreten, andererseits aber auch ein (mehr ‚innerschulisch' beeinflußtes) Derivationssystem, welches deutlich zwei ‚überseiende' Prinzipien aufweist (wenn sie auch nicht direkt so genannt werden) — ohne daß man letzteren Denkansatz bei ihm als minder wichtig bezeichnen könnte[677]. Zieht man daraus einen ‚Durchschnittswert' und wendet ihn auf das Γ an, so müßte das akademische System des Γ in seinem oberen Teil ungefähr so ausgesehen haben:

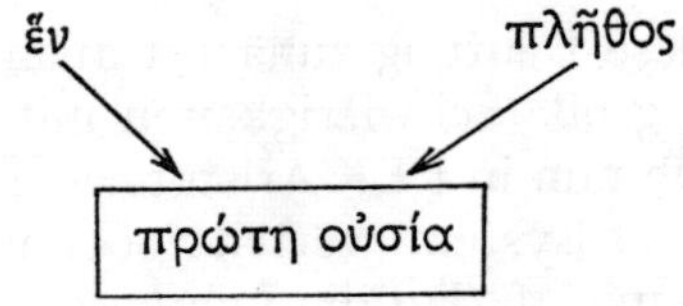

Das stimmt aber nicht zum Text von Γ/K: Zwar spricht Aristoteles nicht direkt über das Verhältnis von ἕν — πλῆθος zur πρώτη οὐσία[678], aber er setzt im Γ ‚Einheit' und ‚Sein' gleich und zwar eher so, daß er ἕν als Bestimmung des ὄν versteht, nicht umgekehrt. Mit anderen Worten: Er ordnet das ἕν dem ὄν auf keinen Fall über, sondern mindestens gleich, vermutlich sogar unter[679].

Diese Konzeption des ἕν, die im wesentlichen mit dem übereinstimmt, was er sonst über das ἕν lehrt[680], schließt ein *über* der πρώτη οὐσία stehendes ἕν-Prinzip aus[681]: Denn selbst wenn man das ἕν im

[677] Näheres dazu o. 2.4; vgl. auch u.

[678] Vielleicht stützt sich Wagner 146 auf diesen Umstand, wenn er meint: „Schließlich könnten die Fundamental-Gegensätze als Prinzipien und Gründe noch der πρώτη οὐσία selbst gedacht sein. Diese letztere Denkbarbeit ist keineswegs so leicht ausschließbar". Wenn man aber das oben im Text genannte Indiz berücksichtigt, kann man sie mit großer Wahrscheinlichkeit ausschließen. — Merlan 169 schwankt im Ausdruck „the uppermost sphere is ‚composed of' (or ‚derived from') two opposite elements ...", denkt aber sonst immer an ein ‚Enthaltensein' von ἕν und πλῆθος in der πρώτη οὐσία.

[679] Vgl. Γ 2, 1003b 22—1004a 2 (s. auch 1004a 5) = K 3, 1061a 15—18 und dazu o. 4.44.

[680] Vgl. Bonitz 223b 18ff und die Kommentare zu den dort aufgeführten Stellen, vor allem Elders zu den Stellen aus met. I.

[681] Krämer, *'Επέκεινα* 12 A. 35 vermutet, daß im Kreise Platons und der Akademie die Gleichung ἓν αὐτό = ὂν αὐτό auf das *überseiende* Hen angewendet worden sein könne. Selbst wenn das zuträfe (die kargen Belege sagen nichts direkt darüber; auch bereitet mir die These große sachliche Schwierigkeiten), dürfte man diese Konzeption

Γ/Κ als (immanentes) ‚Prinzip' der πρώτη οὐσία auffassen könnte (in Wirklichkeit ist es doch wohl eine Bestimmung *an* dieser οὐσία), bietet der Text keinerlei Anhalt für die Vermutung, es liege hier in Γ/Κ — ähnlich wie bei manchen Akademikern[682] — womöglich ein *doppeltes* ἕν vor, nämlich ein ἕν-Prinzip ‚innerhalb' der höchsten Seinsstufe und ein zweites *Gesamt*-Prinzip ἕν ‚über' der obersten Seinsschicht. Eine solche Annahme liefe auch völlig dem zuwider, was man sonst über die ideengeschichtliche Verbindung der aristotelischen Seinslehre nach ‚rückwärts' weiß: Die aristotelische Seinsstufung knüpft als ganze an den *kosmologischen* Seinsentwurf des Xenokrates und an den Timaios an, nicht etwa an Speusipp oder an Platons innerschulisches System[683]. Demgemäß ergibt sich für Γ/Κ: Die πρώτη οὐσία ist als vollkommenes Sein (und Seinsprinzip) *zugleich auch* vollkommene Einheit (und Prinzip aller Einheit)[684], schematisch

πρώτη οὐσία = ἕν-Prinzip

Man darf auch noch einen Schritt weiter gehen und sagen, daß die πρώτη οὐσία den obersten Bezugspunkt der ‚ersten' (positiven) Systoichie und aller diesbezüglichen Reduktionen bildet.

Die ‚Identifikation' von oberster Seinsschicht und ἕν ist von der Sache her ohne weiteres einsichtig. Wie soll man sich jedoch vorstel-

noch lange nicht auf Γ/Κ übertragen. Ich halte es also für ausgeschlossen, Aristoteles in Γ/Κ eine Stufung folgender Art zuzuschreiben:

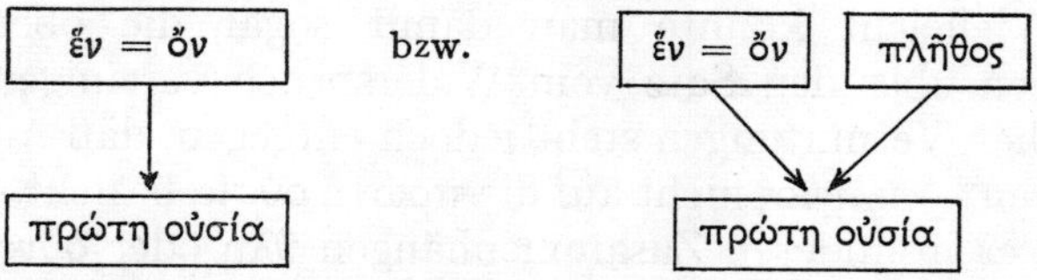

682 Sicher bei Speusipp (2.3), vielleicht auch bei Xenokrates, soweit er dem innerschulischen ‚Ableitungssystem' folgt (o. 2.4, bes. 2.42/43; vgl. auch Krämer, *Theologie* 485 mit A. 83).

683 Einzelheiten o. 2.5 Bei Xenokrates liegt die Betonung auf ‚*kosmologischer*' Seinsentwurf (~ Timaios), denn er nimmt ja auch (~ Platons innerschulisches System) überseiende Prinzipien an, im Verhältnis zu denen die kosmologische Nus-Monas ‚sekundär', ‚abgeleitet' ist (s. die Verweise in vorst. Anm.). — Mit der Hervorhebung von Xenokrates und Timaios soll natürlich der Einfluß, den Platon und Speusipp *in anderer Hinsicht* auf das aristotelische System ausgeübt haben, nicht verkleinert oder gar geleugnet werden (vgl. o. 2.52, S. 265 u. ö.): Nur folgt eben Aristoteles bei seiner Konzeption der obersten Seinsstufe und ihrer Prinzipien gerade nicht Platons inneschulischem System oder Speusipp, sondern anderen Denktendenzen der Akademie (s. o. im Text).

684 Näheres dazu Krämer, *GS* 322f (vgl. 328). — Die hiermit für Aristoteles vorgeschlagene oberste Stufe entspricht also — um das nochmals zu sagen — genau der xenokratischen Nus-Monas, aber ohne die überseienden Prinzipien, die bei Xenokrates noch darüberstehen (können).

len, daß in der gleichen πρώτη οὐσία auch das ‚Element' (bzw. ‚Prinzip') πλῆθος ‚enthalten' sei und zwar in seiner reinsten Form[685]? Da sich Merlan auch hierüber nur unbestimmt äußert[686], wollen wir erneut die akademischen Systeme vergleichen: Bei Platon, Speusipp und Xenokrates entsteht die oberste Seinsstufe aus dem Zusammenwirken *beider* Prinzipien, so daß dann in der Schicht der νοητά natürlich auch das zweite Prinzip ‚enthalten' ist. Sofern nun bei Aristoteles die πρώτη οὐσία dem noetischen Bereich der Akademiker entspricht[687], ist also durchaus die Frage berechtigt, ob nicht in ihr πλῆθος als ‚Element' (bzw. ‚Prinzip') enthalten sei. Eine ‚Identifikation' von πρώτη οὐσία und πλῆθος — analog der Gleichsetzung von πρώτη οὐσία (reines ὄν) = ἕν — kommt, weil Seinsvollkommenheit nun einmal mit ‚Einheit' und nicht mit ‚Vielheit' zusammenfällt[688], nicht in Frage, vielleicht aber eine Einwirkung eines ‚unabhängigen' πλῆθος-Prinzips auf die ‚erste Seinsstufe', schematisch etwa so:

| πρώτη οὐσία = ἕν | ← πλῆθος |

Die πλῆθος-Wirkung würde sich in der inneren Vielfalt der πρώτη οὐσία zeigen (viele Beweger), welche sich durchaus mit der absoluten ‚Einfachheit' (ἁπλοῦν; praktisch = ἕν) und ‚Unteilbarkeit' (ἀδιαίρετον) der obersten Seinsstufe vertrüge, weil mit diesen Termini nur eine *stofflich-räumliche* Vielfachheit, Materialität, Teilbarkeit usw. ausgeschlossen werden soll, nicht aber eine Gegliedertheit in viele νοητά[689]. Vielleicht könnte man damit sogar die obengenannten Erörterungen über den Satz vom Widerspruch vereinigen[690]. Diesen und ähnlichen Vermutungen steht jedoch entgegen, daß Aristoteles — wie wir sahen — πλῆθος nicht auf die πρώτη οὐσία bezieht — genausowenig, wie er in anderen Zusammenhängen ὕλη oder δύναμις mit ihr verbindet[691]. Es bleibt also nur übrig, sich πλῆθος als ein unabhängig ‚neben' der πρώτη οὐσία = ἕν stehendes Prinzip zu denken, das zusammen mit der πρώτη οὐσία in die *nachgeordneten* Seinsstufen hineinwirkt:

685 Vgl. Merlan, *PN* an den o. S. 440 A. 670 genannten Stellen.

686 Er macht an keiner der Stellen präzise Angaben: Manchmal klingt es so, als denke er an eine Art *coincidentia oppositorum*, manchmal anders. Deshalb wollen wir auf seine Formulierungen nicht näher eingehen.

687 Vgl. o. 2.52.

688 Vgl. die Fortwirkung dieses Gedankens in der Formel *ens et unum convertuntur*, neben der niemals ein *ens et multitudo convertuntur* erscheint.

689 Richtig darüber Krämer, *Theologie* 367f.

690 Vgl. o. 4.451b. Nicht einsehen konnte ich G. della Volpe, *Il principio di contradizione e il concetto di sostanza prima in Aristotele*, Bologna 1934.

691 Vgl. o. 4.452.

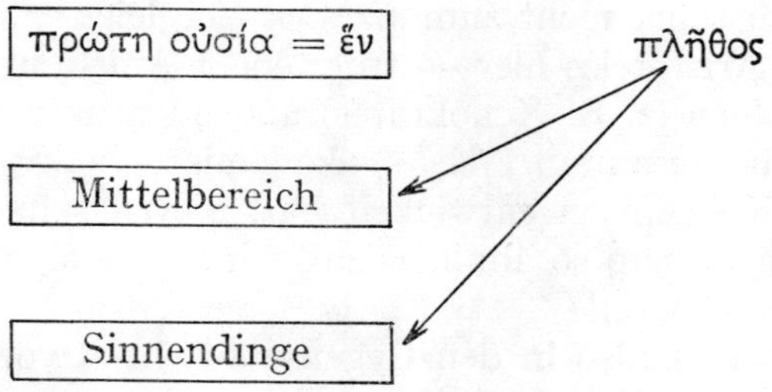

Reduktion der ersten Systoichie auf das ἕν und Aufstieg *per subtractionem* in den Seinsstufen führen beide zum selben Ziel, der πρώτη οὐσία[692]. Hingegen verläuft die Reduktion der zweiten Systoichie auf πλῆθος hin getrennt von den eben genannten Reduktionen, und sie führt auch in eine ganz andere Richtung, nämlich zum πλῆθος-Prinzip, welches der πρώτη οὐσία selbständig gegenübersteht.

Diese πλῆθος-Konzeption läßt sich nicht mit einem *bestimmten* akademischen Vorbild verbinden: Von Xenokrates' kosmologischer Seinsstufung weicht sie darin ab, daß Xenokrates auch in seiner kosmologischen Systemvariante wohl ein Materie-Prinzip ‚außerhalb' der obersten Seinsschicht annimmt, es aber bereits in die oberste Seinsstufe hineinwirken läßt. Der Timaios steht zwar hier letztlich überall im Hintergrund[693], enthält jedoch kein so umfassend wirkendes zweites Prinzip, wie es πλῆθος wohl darstellt[694]. Platons innerschulische Lehre und Speusipp schließlich bieten zwar umfassende zweite Prinzipien[695],

[692] Wir sprechen nur vom gemeinsamen ‚Ziel', denn die Reduktion der ersten Systoichie ist nicht mit dem Aufstieg zur πρώτη οὐσία identisch, sondern impliziert immer zugleich auch die zweite Systoichie (ἕν weist auf πλῆθος, ταὐτόν auf ἕτερον, ὅμοιον besonders stark auf ἀνόμοιον und dgl.). Vgl. das unmittelbar Nachstehende und o. 4.44 Anfang.

[693] Siehe zuletzt Krämer, *Theologie* passim. — Sollte auch bei der Entscheidung des Aristoteles, im obersten Seinsbereich nicht von ‚Materie' zu sprechen, der Einfluß des Timaios eine Rolle gespielt haben?

[694] Vgl. über die Ausprägungen des platonischen zweiten Prinzips im Timaios o. 2.223d.

[695] Speusipp erinnert auch durch seinen *Terminus* πλῆθος (die Belege bei Robin 654 bis 656; Sacherklärung in den Kommentaren zu den dort genannten Metaphysik-Stellen und o. 2.3; auch für die Terminologie wichtig das o. 2.3 ausgewertete Speusipp-Referat bei Iamblich) an unseren πλῆθος-Begriff. Die Wortgleichheit besagt indes nicht viel, weil die Terminologie für das zweite Prinzip in der Akademie recht variabel war und πλῆθος durchaus nicht auf Speusipp beschränkt gewesen zu sein braucht: Vgl. Robin 635—660 (Termini für das zweite Prinzip Platons und der Akademiker). Gaiser 517 (der πλῆθος in met. Γ zu Recht nicht speziell auf Speusipp bezieht, sondern als „allgemeineren Begriff' versteht). — Merlan orientiert sich — soweit man seine Ausführungen überhaupt genauer fixieren kann — bei seinem Vergleich von met. Γ/K mit der Akademie offenbar mehr an Speusipp (dessen alleroberste System-Stufe er freilich weglassen muß) als an Xenokrates: Dies ist auch kein Zufall, weil in seinem Buch Speusipp ausführlich behandelt wird, Xenokrates so gut wie überhaupt nicht.

eignen sich aber sonst nicht zum *direkten* Vergleich[696]. Man darf also schließen, daß Aristoteles hier — trotz enger Anlehnung an die Akademie im einzelnen (z. B. Xenokrates) und im ganzen (‚akademische' Philosopheme im gesamten Γ/K; ~ akademische κοινή) — doch eine eigenständige Konzeption entwickelt hat. Sie ist seiner ‚klassischen' Lehre vom ὕλη-Prinzip so ähnlich, daß wir sie damit verbinden wollen (4.6).

Aristoteles läßt also in den Gegensatz-Lehren von Γ/K die akademische Lehre von den zwei obersten Prinzipien und den in ihnen gründenden Gegensätzen deutlicher als anderswo hervortreten, vertritt aber keine akademische Prinzipienlehre mehr, sondern ordnet die Gegensätze (vor allem das oberste Gegensatz-Paar ἕν — πλῆθος) seiner Seinsstufung und Substanzlehre *ein* und *unter*[697], ohne sie wiederum darin völlig aufgehen zu lassen. Man darf somit weder die Seinslehre von Γ/K unter Vernachlässigung der aristotelischen οὐσία-Stufung auf die Gegensatz-Lehre reduzieren[698] noch umgekehrt die Gegensatz-Lehre in ihrer ontologischen Relevanz unterschätzen[699] und nur nebenbei behandeln[700]. Die Gegensätze ernst nehmen heißt die ‚*ontologische*' Komponente der aristotelischen Metaphysik zu ihrem Recht kommen lassen und sie nicht einseitig in ‚Usiologie' (Substanzlehre) oder gar ‚Theologik' auflösen. Der Metaphysiker untersucht eben nicht nur — im Blick auf die πρώτη οὐσία — Form, Wirklichkeit usw., sondern auch Hyle, Möglichkeit usw., also die Seinsgegebenheiten, die von der höchsten Substanz ausgeschlossen sind und auch bei den übrigen Substanzen gerade das betreffen, was an ihnen *nicht* Substanz (also nicht ‚Form', ‚Wirklichkeit' usw.) ist.

696 Vgl. o. 2.5 und das bisher in 4.453 Gesagte.

697 Symptomatisch dafür Γ 2, 1004b 8—10: Die Gegensätze werden vom ‚ersten Philosophen' untersucht, der indes nie vergessen darf, daß ihnen die Usia ontisch vorgeordnet ist.

698 So de facto Merlan, außer ihm z. B. noch Eusebietti (vgl. Owens 57 A. 92, dazu 465 A. 38) und vielleicht L. Elders (Owens 19 A. 17).

699 So zum Teil Krämer, vgl. o. 4.44 S. 426f.

700 Das geschieht in den gängigen Darstellungen der aristotelischen Metaphysik praktisch überall, z. B. bei Owens bes. 276—279 (mit Verweis auf J. P. Anton und L. Elders; vgl. Index *Contraries, Not-Being, Plurality*) und bei Reale. — Die Gegensätze des Γ/K für relevant zu halten bringt keinen Widerspruch zur aristotelischen Lehre mit sich, daß nichts ‚Prinzip' einer Substanz sein kann, was nicht selber Substanz ist (auf diese Lehre weist Wagner 146 hin) und daß die Gegensätze keine ‚Prinzipien' seien (α 6, 189a 29—32). Denn der letztere Grundsatz meint nur, daß ein Gegensatzpaar *allein für sich* (d. h. ohne Bezug auf eine Substanz u. dgl.) nicht Prinzip sein kann (vgl. Ross z. St.). Nun ist aber das eine Gegensatzglied (ἕν) mit der obersten Substanz identisch und das andere (πλῆθος) ist nicht Prinzip der obersten Substanz, sondern nur der nachgeordneten Seinsschichten, so daß die Lehre von Γ/K keinem der beiden aristotelischen Grundsätze widerspricht. Vgl. zudem u. 4.52 über den Umstand, daß die πλῆθος-Systoichie von Γ/K ein ὑποκείμενον impliziert.

Bevor wir das πλῆθος-Prinzip von Γ/Κ mit dem ὕλη-Prinzip zu verknüpfen versuchen, prüfen wir die Frage, ob sich die Lehren von Γ/Κ in wesentlichen Punkten von den anderen Metaphysik-Büchern unterscheiden oder nicht (4.5).

4.5 Besteht ein 'Bruch' zwischen Γ Ε Κ und der übrigen Metaphysik?

Philip Merlan, auf dessen Deutung von ΓΕΚ wir in den voraufgegangenen Abschnitten immer wieder eingegangen sind, sieht die in den drei Büchern enthaltene Philosophie im wesentlichen noch für ‚rein-akademisch' an und legt einen scharfen Schnitt zwischen ΓΕΚ und die übrigen Bücher der Metaphysik, in denen dann Aristoteles — im Gegensatz zur Akademie und damit zu ΓΕΚ — seine eigene Philosophie entwickele. Ein Eingehen auf diese These ist für die Beurteilung des πλῆθος-Begriffes nicht unwichtig: Denn wenn sie zutrifft, hätten wir im πλῆθος eine rein-akademische Variante des zweiten Prinzips vor uns, im anderen Falle aber so etwas wie die aristotelische ὕλη in akademisierender Einkleidung.

4.51 Seins- und Erkenntnislehre

Die hergehörigen Punkte streifen wir nur kurz, weil wir sie fast alle in anderen Abschnitten ausführlicher behandeln und nur darauf zu verweisen brauchen: In bezug auf die Kern-Frage, ob nämlich in ΓΕΚ im Gegensatz zu den anderen Büchern noch ein akademisches ‚Ableitungssystem' und ‚Elementen-Metaphysik' vorliegt, zeigt eine Nachprüfung, daß die Seinsstufung von ΓΕΚ (und ihre Kausalität) sich in keinem wesentlichen Punkt von der ‚genuin-aristotelischen' Seinslehre unterscheidet[701], also genau so viel oder so wenig akademische Philosopheme enthält wie andere Metaphysik-Bücher, z. B. wie die Lehre von met. Λ[702]. So hat denn auch die Forschung, so uneinig sie sonst hinsichtlich Metaphysik Γ ist, diese These Merlans einmütig nicht akzeptiert[703].

[701] Vgl. o. 4.23, dazu noch die gesamten Erörterungen in 4.2 und 4.4.

[702] Über die Spuren akademischen ‚Ableitungs'- und ‚Elementen'-Denkens im Λ zuletzt Krämer, *GS* 321—323 (dort weitere Hinweise und Lit.). Diese Beobachtungen, die im wesentlichen auf Merlan selber (!) zurückgehen, werden von der Kontroverse um die ‚Immanenz-Hypothese' in keiner Weise berührt.

[703] Vgl. nur etwa Owens, Theiler, Reale und Düring über den Zusammenhang von ΓΕΚ mit den anderen Büchern. — Eine gewisse Ausnahme bildet vielleicht Wagner.

Dasselbe ergibt sich auch für die Erkenntnislehre und zwar nicht nur für die mit der Seinsstufung zusammenhängenden Probleme (Reihung, Seinsbegriff)[704], sondern auch für scheinbar ferner liegende wie ‚Abstraktion' und καθόλου. Die ‚Abstraktion' (ἀφαίρεσις) ist, wie anderswo gezeigt wird[705], in ΓΕΚ genau der gleiche Vorgang wie auch sonst bei Aristoteles, nämlich *noetische Wesensschau*. Zum καθόλου nur einige kurze Bemerkungen: καθόλου darf man genau so wenig wie ὂν ᾗ ὄν nach der schematischen Alternative von (nominalistischem) ‚Begriff' und (realistischem) ‚Sein' beurteilen. Merlan betont gemäß seiner Gesamt-Interpretation, καθόλου bezeichne in ΓΕΚ nicht das ‚abstrakt Allgemeine', sondern die Allgemeinheit des jeweils ‚Ersten' (d. h. an erster Stelle Stehenden), Seinsbegründenden[706]. Dem kann man beistimmen, sofern man zufügt: Der Allgemeincharakter des Ersten, des Modells schließt den Bezug zum Untergeordneten, Vielen nicht aus, sondern ein. Trotzdem handelt es sich noch lange nicht um eine ‚leere Begriffs-Abstraktion', sondern um die Allgemeinheit des Maßstabs, an welchem man das einzelne Seiende mißt[707]. Natürlich ist das καθόλου einer ‚Reihe' nicht das Gleiche wie das καθόλου in der Genus-Species-Ordnung (z. B. ‚Mensch' und ‚Lebewesen' in ihrem Verhältnis zu ‚Sokrates') und Aristoteles neigt bei der Erörterung seines οὐσία-Begriffes und der Kritik an Platons Ideen dazu, letztere Art von καθόλου ontologisch abzuwerten: Trotzdem ist καθόλου auch in diesen Fällen nicht ‚abstrakter' (= leerer) Begriff, sondern ‚seinserfüllter' λόγος τῆς οὐσίας[708], also letzten Endes nichts anderes als das καθόλου von ΓΕΚ.

4.52 *‚Reine Gegensatz-Lehre' — Gegensatz-Substrat-Schema*

Merlan meint, Aristoteles vertrete in Γ/K eine ‚reine Gegensatz-Lehre', die er an anderen Stellen (Λ, N 1, phys. α) schärfstens ablehnt; in Γ und K wirkten die Gegensätze direkt ohne Vermittlung aufeinander, während sonst Aristoteles das Gegensatz-Substrat-Schema als seine Lösung einführe[709]. Es erscheint jedoch in Γ und K im Zusammenhang mit den Gegensätzen ein Begriff, der zur Merlanschen Auffassung nicht stimmt und unzweideutig ein ‚Substrat' impliziert: στέρησις.

704 Zur Reihung vgl. o. 4.21, dazu die Bemerkungen gleich u. 4.53; zum Seinsbegriff u. a. o. 4.24.

705 u. 7.54.

706 Merlan 173f (mit Anm.). Vgl. Wagner 140, bes. A. 7.

707 Vgl. o. 4.213 Ende u. ö. (καθόλου einer Reihe), dazu die eben gemachten Bemerkungen über ‚Abstraktion' bei Aristoteles.

708 Vgl. u. 7.71.

709 Merlan 165. 172f. 189—194. 205—207.

Über Steresis allgemein, seine Bedeutungsnuancen und Begriffsentwicklung, wird hier nicht gehandelt[710], sondern nur festgestellt, daß στέρησις im Γ und K zweierlei einschließt: a) das ‚Fehlen‘ eines Positiven, nämlich der Form oder eines Formhaften; b) das ‚Substrat‘, welchem das besagte Positive fehlt. Steresis ist also an keiner Stelle substratlose Negation oder Substrat ohne Verlangen nach der positiven Form[711]. Da die Bedeutung ‚Formmangel‘ sich ohne weiteres aus dem Verhältnis der beiden Systoichien zueinander ergibt und gegenüber Merlans These von der ‚reinen Gegensatz-Lehre‘ des Γ die ‚Substrat‘-Bedeutung der Steresis betont werden muß, wird im Folgenden stets pedantisch auf das implizierte Substrat hingewiesen.

Die begriffliche Unterscheidung von ‚Mangel‘ und ‚Substrat‘ am ‚sachlich einen‘ Stofflichen wächst ganz natürlich aus der platonischen zweiten Systoichie heraus, welche einerseits das amorphe zu Begrenzende und zu Bestimmende ist, andererseits als defizientes Sein all der positiven Bestimmungen ‚ermangelt‘, welche die erste Systoichie enthält. Mithin ist die aristotelische Steresis der Sache nach schon bei Platon da, nur noch nicht begrifflich formuliert[712].

Das bedeutet, daß das *‚typisch aristotelische‘ triadische Werde-Schema* im wesentlichen nur ein *weiterdenkendes Formulieren platonischer Tatbestände* ist.

Doch gehen wir zum Text über, indem wir die sechs Steresis-Belege aus Γ (bes. 2) und K (3) vorführen:

Der Satz Γ 2, 1004b 27 τῶν ἐναντίων ἡ ἑτέρα συστοιχία στέρησις meint: Von den Gegensatzpaaren sind die Glieder der zweiten Systoichie (πλῆθος, μὴ ὄν, ἕτερον, κίνησις, ἀνόμοιον usw.) denjenigen der ersten Systoichie gegenüber ‚Steresis‘. Der zweite Beleg 1004 a 10—16 ist eine Parenthese, welche den Gedankengang unterbricht, aber solche ‚Anmerkungen‘ haben wir bei Aristoteles öfter: Mit Jaegers Ausgabe z. St. an eine ‚altera recensio‘, d. h. späteren Einschub (wenn auch von der Hand des Aristoteles), zu denken, besteht kein triftiger Grund, und man folgt besser der Ausgabe von Ross, der nur Gedankenstriche setzt[713]. Wie man auch die Parenthese auffaßt[714], der Satz, den

710 Für Platon und Aristoteles unergiebig ist die Arbeit von H. Schrödter, *Privatio*' Diss. Frankfurt 1962 (Lit.). Zur ersten Orientierung brauchbar Elders 48—52.

711 Elders 49 meint, 1004b 27 und 1055b 18 sei Steresis „not yet sharply distinguished from its subject or from matter. It is, therefore, better not to relate this use of the term to other texts which define privation by ‚absence‘ of a certain form“. Dies widerspricht den Belegen aus Γ 2, nach denen die defiziente Materie-Systoichie notwendig auf die Form-Systoichie angewiesen ist; vgl. noch besonders 1003b 18 στερήσεις . . οὐσίας. Das Richtige ist klar gesehen von Theiler, *Entstehung* 96f.

712 Näheres u. 4.64. Vgl. auch o. 2.25.

713 Auch die im Apparat von Jaeger angeführte Stelle 1005a 8—11, die sich inhaltlich durchaus mit einem ‚frühen‘ Kapitel verträgt, braucht kein späterer Zusatz zu sein, vgl. Ross.

sie unterbricht, ist eines der nicht allzu seltenen Anakoluthe mit ἐπεί im Vordersatz und ὥστε als Nachsatz[715] und besagt, daß die Seinswissenschaft nicht nur die erste, sondern auch die zweite Systoichie untersucht, weil jede Wissenschaft sich auch mit dem ‚Gegenteil' ihres direkten Objektes abgibt[716].

An das Beispiel ἕν — πλῆθος anknüpfend sagt nun die Parenthese: Welche Art von Gegensatz zwischen ἕν und πλῆθος bestehe, sei für die obige Frage gleichgültig; denn sowohl im kontradiktorischen wie im privativen Gegensatz werde das andere Gegensatzglied eo ipso mitgedacht. Wenn von den bei Aristoteles kanonischen vier Gegensatz-Arten[717] gerade diese beiden genannt werden, so mag dies Zufall sein, denn auch am konträren und relativen Gegensatz hätte sich feststellen lassen, daß das andere Gegensatzglied mitgedacht wird. Immerhin fällt auf, daß just das Wort ἐναντίον nicht erscheint, das sonst in Γ 2 und K 3 fast durchweg das Verhältnis zwischen den beiden Systoichien bezeichnet[718], dafür aber die Steresis genannt wird, die sonst im akademischen Bereich, besonders auch bei der akademischen Gegensatzlehre, nicht direkt belegt ist[719]. Wie dem auch sei, die Steresis an unserer Stelle wird ausdrücklich auf ein ‚Substrat' bezogen[720]. Da Aristoteles aber, wie oben gesagt, an der Stelle 1004 a 10—16 für das Verhältnis von ἕν zu πλῆθος mit der weiteren Bedeutung ‚Gegensatz' auskommt, sich also gerade nicht auf Steresis festlegt, müssen wir 1004 a 15 f mit dem eingangs zitierten Satz 1004 b 27 ἡ ἑτέρα συστοιχία

714 Da der Satz um die Parenthese herum auch dann anakoluthisch bleibt, wenn man die Parenthese wegläßt, können sprachliche Argumente nichts zur Beurteilung der Parenthese beitragen.

715 Nachweise bei Schwegler 4, 379—381 (Exkurs II) und bei der dort genannten Lit.; über ὥστε im Nachsatz auch Bonitz, Aristot. Studien III 106—122 und Index 873 a 31—44. Daß diese Sätze öfter eingeschobene Zwischenbemerkungen enthalten, spricht ebenfalls noch für Ursprünglichkeit unserer Parenthese. Und da ferner nach solchen Zwischenbemerkungen der Vordersatz manchmal rekapituliert wird, bin ich (wie offenbar auch Schwegler) nicht dafür, 1004 a 16 f τῷ — ἀντίκειται zu tilgen; man beachte δ' statt δέ und die veränderte Wortstellung (notfalls kann man δ' in δή korrigieren).

716 o. 4.44 Anfang. Schwegler 3, 119 und Bonitz zu B 2, 996 a 20.

717 cat. 10. met. I 4, 1055 a 38—b 29. 7, 1057 a 33—b 34. Die Verbindung zu Platon zieht Krämer, *APA* 283—285 A. 90.

718 Γ 2, 1004 a 1. 2. b 27. 30. 31. 1005 a 4. 8. (12.) K 3, 1061 a 19. b 13. (ἐναντίωσις 1061 a 12. b 13). — 1004 a 9. 10. 16, also nahe der Parenthese, steht der Oberbegriff ἀντικείμενον = ‚Gegensatz allgemein' (Waitz zu cat. 11 b 16). Ob Platon selbst das Verhältnis zwischen seinen beiden Prinzipien so benannt hat, steht dahin: Die Referate, die das Wort verwenden (TP 39—48), stammen aus Aristoteles oder können von ihm abhängig sein. Auch Hambruchs Arbeit bringt hierüber keine Entscheidung. — ἐναντίον von den platonischen Prinzipien auch Theophr. met. 11 b 11 f.

719 u. 4.64.

720 1004 a 15 f ἐν δὲ τῇ στερήσει καὶ ὑποκειμένη τις φύσις γίγνεται καθ' ἧς λέγεται ἡ στέρησις. Zum Ausdruck ὑποκειμένη φύσις vgl. o. S. 281 A. 11.

στέρησις kombinieren, welcher nur heißen kann, daß alle Glieder der zweiten Systoichie, des Materieprinzips, je ein ‚Substrat' implizieren: Sie sind jedesmal das Fehlen derjenigen Vollkommenheit, die in der ersten Systoichie aufgeführt wird, an einem Substrat. Schon damit ist das Gegensatz-Substrat-Schema für Γ 2 gesichert[721], ein Ergebnis, welches mit der oben gegebenen, ganz unabhängig vom Steresisbegriff gewonnenen, Deutung von Γ 2 zusammenstimmt.

Betrachten wir nunmehr das K:

K 3, 1061a 18—28 spricht nicht direkt von ‚zweiter Systoichie' oder ‚Substrat', wendet aber in praxi den Steresis-Begriff auf die πλῆθος-Systoichie an. Ja, es werden sogar die Schwierigkeiten erörtert, welche die Anwendung des Steresisbegriffes auf einige Arten von konträren Gegensätzen hervorruft[722], und Wege zu ihrer Überwindung gezeigt. Als Beispiel für ἕξις — στέρησις wird δίκαιος — ἄδικος genannt. Schon dies weist auf ein Substrat hin. Daß στέρησις aber auch sonst im K immer ein Substrat einschließt, beweist K 6, 1063b 17—19 (= Γ 6, 1011b 15—21): Der Widerspruchssatz, daß nicht Gegensätzliches zu gleicher Zeit auf das gleiche Ding zutreffen könne, gilt nicht nur für kontradiktorische Gegensätze, sondern auch für konträre — was nicht ohne weiteres gesagt ist, weil diese ein Mittleres zulassen —, διὰ τὸ λέγεσθαι κατὰ στέρησιν πᾶσαν ἐναντιότητα (K). Warum jedes konträre Verhältnis als Steresis aufgefaßt werden muß, verdeutlicht Γ: „Denn von je zwei konträren Gegensatz-Gliedern ist das eine nicht weniger Steresis als konträr, und zwar Steresis einer Form (οὐσίας στέρησις). Denn ἡ στέρησις ἀπόφασίς ἐστιν ἀπό τινος ὡρισμένου γένους." Aristoteles vollzieht also offenbar deshalb die Gleichung, weil beide Arten nicht Verneinung schlechthin, sondern Verneinung innerhalb eines bestimmten Bereiches meinen[723]. Wie weit man ihm darin beipflichtet, ist unwichtig, jedenfalls wird in Γ 6 und wohl auch in K 6 a) die Steresis auf ein Substrat bezogen, b) die konträren Gegensätze auf sie zurückgeführt.

Kehren wir abschließend nochmals zu Γ 2, 1004b 27 zurück: τῶν ἐναντίων ἡ ἑτέρα συστοιχία στέρησις. Vorausgesetzt ist die Einteilung des Seins in die beiden Rubriken des ἕν und des πλῆθος. Ihr Verhältnis zueinander bezeichnet Aristoteles stets[724] mit ἐναντίον. Da ἐναντίον sonst bei ihm fast immer[725] ‚konträr' heißt und deshalb notwendig ein Substrat einbegreift, würde schon dieses Wort hinreichen, einen ‚Untergrund' für die beiden Systoichien zu bezeugen.

[721] Bestätigend tritt hinzu die schon genannte Stelle 1003b 8 στερήσεις ... οὐσίας.
[722] Der beste Kommentar dazu ist I 4.
[723] Ebenso I 4, 1055b 18ff (darüber u. mehr) und phys. ε 1, 225b 3.
[724] o. S. 450 A. 718.
[725] Bonitz s. v.

Nun kommt noch die ausdrückliche Gleichsetzung der zweiten Rubrik mit Steresis hinzu, welche diese Interpretation über allen Zweifel erhebt, denn Steresis ist ein Leitbegriff des Gegensatz-Substrat-Schemas und bedeutet hier in Γ und K nichts anderes als sonst bei Aristoteles. Wenn wir jetzt die als ‚Steresis' bezeichnete zweite Systoichie logisch auseinanderfällen, finden wir in ihr die Doppelheit von Substrat und Formmangel vor, die zusammen mit der als Form aufzufassenden ersten Systoichie die klassische Triade des aristotelischen Werde-Schemas ausmacht.

Natürlich besteht ein Unterschied zwischen Γ/K und den anderen Stellen, an denen die Triade eingeführt wird: Dort wird gegen die Vorgänger polemisiert, hier werden sie ohne Polemik in einem Referat so vorgeführt, als hätte Aristoteles gegen ihre Gegensatz-Lehre überhaupt nichts einzuwenden (Γ 2, 1004 b 29—33). Dort wird ständig das ‚Dritte' neben den beiden Gegensätzen, das ‚Substrat', betont, hier müssen wir — abgesehen von der ὑποκειμένη φύσις 1004 a 15 f — das Substrat indirekt dem Steresis-Begriff und überhaupt dem Gesamtzusammenhang entnehmen. Man kann daher keineswegs von einem ‚Bruch' sprechen, der die ‚Metaphysik' durchziehe, wohl aber von einer Verlagerung des Gewichts, für die es verschiedene Möglichkeiten der Erklärung gibt: 1. Die thematische Verschiedenheit der Stellen. In Γ und K behandelt Aristoteles nicht das natürliche Werden, also war das Substrat nicht so wichtig für ihn wie in Physik α und deshalb erwähnt er es — seinem ‚Schwerpunktdenken' gemäß — so gut wie gar nicht. Diese Erklärung befriedigt nicht ganz für Λ 10 und N 1, läßt sich aber doch wohl auch auf diese und ähnliche Stellen anwenden. 2. Γ und K zeigen in mancher Hinsicht eine größere Platon-Nähe als α, Λ 10 und N 1[726], die man vielleicht entwicklungsgeschichtlich erklären könnte: am frühesten Γ (und K), die anderen Stellen später[727]. Wie früh man auch Λ und Physik α ansetzen möchte, es wäre dann später als Γ. Nun sind aber gerade die letzten Arbeiten über die Chronologie der Metaphysik-Bücher zum entgegengesetzten Ergebnis gekommen: Theiler versucht zu zeigen, daß phys. α, met. N und Λ älter als ABΓE sind[728]. Düring nimmt folgende Datierung an: Λ (zwischen

[726] Wie wir hier und u. 4.5 gegen Merlan betonen, ist kein Bruch zwischen Γ/K und der übrigen Metaphysik festzustellen. Dies darf jedoch nicht dazu führen, die nun einmal vorhandenen Unterschiede zu nivellieren, wie dies in der neueren Literatur teilweise geschieht (z. B. in den ‚unitarischen' Arbeiten von Owens und Reale; ein wenig sogar auch bei Düring). Es kommt eben nur darauf an, die Unterschiede zu konstatieren und nebeneinander bestehen zu lassen, ohne voreilig von ‚Entwicklung' zu sprechen und chronologische Hypothesen aufzustellen; vgl. o. 1.2 (S. 56—58 und das Folgende mit A. 730.

[727] Vorausgesetzt ist dabei, daß Aristoteles (im Sinne Jaegers) sich allmählich von Platon wegbewegt, nicht auf ihn zu.

[728] *Entstehung* besonders 86ff. 96f, Schema 101.

360 und 355) — α und Ν (ca. 355—347) — ΓΕΖΗΘ (334—322)[729]. Aus diesem Schwanken chronologischer Ansätze ergibt sich, daß die uns interessierenden Diskrepanzen zwischen Γ/Κ und den anderen Belegen überhaupt nicht *chronologisch* erklärbar sind, sondern als verschiedenartige Ansätze des Aristoteles *nebeneinander* geduldet werden müssen[730].

So hat Aristoteles nie die ‚reine Gegensatz-Lehre' Platons geteilt — wenn es die überhaupt jemals gab[731] —, sondern immer ‚seine' Triade gedacht, zurückhaltend in Γ und Κ, energischer und mehr schematisierend an den übrigen Stellen.

Dieses Bild wird bestätigt und abgerundet durch met. Ι 4, besonders 1055a 33—b 29. Hier werden die Arten des konträren Gegensatzes besprochen, dann die konträren Gegensätze auf ἕξις — στέρησις zurückgeführt. Daß die Steresis stets ein Substrat einschließt (1055b 7f), ist selbstverständlich, ebenso, daß das Werden ein Wechsel von Gegensätzen an einem Substrat ist (z. B. 1055b 11—13). Der Schluß des Kapitels lautet: ὥστε φανερὸν ὅτι ἀεὶ θάτερον τῶν ἐναντίων λέγεται κατὰ στέρησιν. Das braucht man nicht einzeln zu beweisen, es genügt, wenn es gilt für τὰ πρῶτα καὶ τὰ γένη τῶν ἐναντίων, οἷον τὸ ἓν καὶ τὰ πολλά· τὰ γὰρ ἄλλα εἰς ταῦτα ἀνάγεται (1055b 26—29). Wie man sieht, ist hier die auf Platon zurückgehende Systoichienlehre, deren oberste Glieder ‚Eins' und ‚Vieles' sind, mit der Gegensatz-Substrat-Lehre bruchlos zu einem Ganzen verschmolzen[732].

4.53 *‚Entparonymisierung'?*

4.531 *‚Sein'*

Günther Patzig stellt in seinem bedeutenden Beitrag über ‚Theologie und Ontologie in der ‚Metaphysik' des Aristoteles'[733] das Pros-hen (das er ‚Paronymie' nennt)[734] als diejenige Seins- und Denkstruktur

[729] S. 49—52. Die Begründung für die Datierungen gibt er 189—194 (Λ), 189 (α; vgl. 224ff), 254 (Ν) und 587 (Γ).

[730] Prinzipiell richtig hierüber (trotz des ‚analytischen' Charakters seiner Arbeit) Theiler, *Entstehung* passim, bes. 96. — Vgl. u. 4.53, wo auch andere Versuche besprochen sind (u. a. der Patzigs), die zwar auf eine ‚Analyse' im herkömmlichen Stil verzichten, aber doch das *Nebeneinander* (z. B. von Γ und ΖΗΘ) wieder in ein *Nacheinander* verwandeln möchten.

[731] u. 4.64, o. 3.143b.

[732] Man könnte daraus schließen, daß Ι 4 gegenüber Γ/Κ die reifere Form darstelle. Theiler, *Entstehung* 94 (vgl. 101) setzt denn auch das Buch Ι spät an, sogar nach ΖΗΘ. Düring dagegen meint wieder, es gehöre in die Zeit ca. 355—347, also lange vor ΓΕΖΗΘ (50. 279f). Es ist deshalb besser, sich jedes Urteils darüber zu enthalten. Vgl. auch u. 4.64 Ende.

[733] Kant-Studien 52 (1960/61) 185—205.

[734] Über die Unangemessenheit des Terminus ‚Paronymie' für die Pros-hen-Struktur vgl. o. 4.211. Wir sprechen hier abkürzend nur von ‚Pros-hen' und begreifen dar-

heraus, durch welche in einer Art ‚Doppelbewegung' die Akzidentien auf die Substanz, die Substanzen auf die oberste Substanz bezogen und somit Theologie und Ontologie untrennbar miteinander verschränkt werden, und weist die Pros-hen-Struktur für ΑΒΓΕ(Κ) und Λ nach[735]. Soweit kann man ihm völlig zustimmen[736]. Patzig meint aber nun, daß sich die Bücher ΖΗΘ nicht dem Zusammenhang von Α—Ε(Κ)Λ einordnen, weil in ihnen zwar die übrigen Kategorien auf die Substanz, nicht aber die Substanzen auf die göttliche Substanz rückbezogen würden. Als eine mögliche Erklärung dafür schlägt er die Annahme vor, daß ΖΗΘ später als Α—Ε geschrieben seien „und zwar zu einer Zeit, als Aristoteles die paronymische Verknüpfung von Theologie und Ontologie *aufgegeben* (Patzigs Kursive) hatte"[737]. An Stelle der ‚*Paronymie*', für welche die Beziehung (Rückführung) auf ein ‚Erstes', d. h. auf den „ausgezeichneten Einzelfall, der das Fundament einer ganzen Klasse ist", charakteristisch sei, erscheine in ΖΗΘ die *Analogie*, welche sich darauf beschränke, „an den in der Erfahrung ausweisbaren Paaren von Gegenständen das Gemeinsame ihrer Beziehungen aufzunehmen und begrifflich zu erfassen"[738]. „Auch so ist noch Einheit der Wissenschaft möglich; sie wird aber bei der analogischen Wissenschaft nicht wie bei der paronymischen garantiert durch die Identität eines Beziehungspols, sondern durch die Identität der Beziehung selbst"[739]. *Wenn* man also in dieser „Methodendifferenz" zwischen Α—Ε(Κ)Λ und ΖΗΘ eine ‚Entwicklung' sehen wolle, könne man sie „als den Übergang von einer paronymischen zur analogischen Ontologie charakterisieren"[740].

Diese Argumentation ist nicht stichhaltig[741]. Denn 1. kommt die Pros-hen-Struktur in Ζ Η Θ nicht nur implizit[742], sondern auch ex-

unter nicht nur die Beziehung Akzidens-Substanz ein (die auch bei Aristoteles πρὸς ἕν genannt wird), sondern auch die aller Substanzen auf die oberste Substanz (die bei Aristoteles nicht πρὸς ἕν heißt und am ehesten noch ‚ἐφεξῆς-Reihe' genannt werden kann); zu dieser Frage o. 4.212.

735 Patzig 185—201.

736 In diesem Sinne ist denn auch Patzigs Abhandlung in den vorhergehenden Abschnitten verwertet worden, bes. in 4.2.

737 Patzig 202.

738 Patzig 204.

739 Patzig 205.

740 Patzig 205. Man beachte, mit welcher Behutsamkeit und Vorsicht Patzig ib. von einer ‚Entwicklung' des Aristoteles spricht (das kursivierte ‚*wenn*' findet sich schon bei ihm).

741 Die folgenden Bemerkungen über eine ‚Entwicklung' von ‚Paronymie' zu ‚Analogie' bei Aristoteles standen im wesentlichen bereits fest, als mir Günther Patzig freundlicherweise Einsicht in eine briefliche Stellungnahme Ernst Tugendhats zu seinem Aufsatz gewährte. Ich habe diese Stellungnahme, die sich sachlich mit meinen Einwänden weitgehend traf, dankbar benutzt und auf Grund von ihr meine Ausführungen ergänzt und präziser gefaßt.

742 So in Ζ 1, worauf Patzig 203 mit A. 54 selbst hinweist.

plizit[743] vor. Freilich werden in Ζ Η Θ nur die Akzidentien pros hen auf die (sinnliche) Substanz bezogen, nicht die Substanzen weiter auf die ἀκίνητος οὐσία[744], aber das besagt nichts, weil Aristoteles auch im Γ die Pros-hen-Struktur *explizit* nur bis zur αἰσθητὴ οὐσία führt und den Bezug der Substanzen auf die göttliche Substanz lediglich durch den Zusammenhang des Textes (und durch Bemerkungen wie 1005a 10f) nahelegt[745]. Der Text-Zusammenhang von Ζ Η Θ mag etwas mehr auf die sinnliche Substanz hin ponderiert sein als Α—Ε (Κ) Λ, aber er enthält immer wieder Verweise auf die ἀκίνητος οὐσία, die also auch in den ‚ontologischen' Untersuchungen von Ζ Η Θ stets gegenwärtig bleibt und der Ontologie die Richtung angibt[746]. Mithin spricht alles dafür, (und nichts dagegen), daß auch in Ζ Η Θ die Pros-hen-Struktur bis zur göttlichen Substanz durchläuft, genau wie in Γ/Κ.

2. kommt die ‚Analogie' (ἀναλογία) auch im — nach Patzig ‚paronymen' — Buch Λ vor (Λ 4)[747], und zwar nicht weniger als im ‚analogen' Buch Θ.

3. kann die ἀναλογία nicht an die Stelle des Pros-hen treten, weil beide Methoden (bzw. Strukturen) sachlich auf ganz verschiedene Verhältnisse gehen: Das Pros-hen ist von Beginn an eine Beziehung des *Nachgeordneten* zum *Vorgeordneten* (z. B. des ‚sekundär' zum ‚primär' Seienden, also Akzidentien → Substanz, Substanzen → göttliche Substanz), mithin ein ‚vertikaler' Bezug. Hingegen ist jede der in einer ἀναλογία vereinigten Proportionen ein Verhältnis jeweils zwischen zwei *gleichrangigen* Gliedern, also etwas ‚Horizontales'[748]. Die Gleichung *kann* dann — in einem zweiten Schritt — *verschiedenrangige* Verhältnisse miteinander verknüpfen und sie muß sogar, wie wir oben beton-

[743] Ζ 4, 1030a 21—b 7, bes. a 34—b 3. Vgl. auch Η 3, 1043a 37. Zu der Stelle aus Ζ 4 s. Owens 350.

[744] Vgl. Patzig 203.

[745] Näheres darüber o. 4.211/212.

[746] Das hat mit aller Klarheit schon Schwegler 4, 34f (Einleitung zu Ζ) gesehen. Vgl. weiter z. B. E. v. Ivánka, Scholastik 7 (1932) 17—24. Owens 315—409 (unbefriedigende Behandlung des Θ). Reale 182—188 (*La componente teologica nel libro Ζ*). 200—202 (desgl. im Η). 205—208 (desgl. im Θ).

[747] So auch W. Bröcker, *Aristoteles*, ³1964, 236 (die übrigen von Bröcker 236f gegen Patzig vorgebrachten Einwände sind teilweise oder ganz unzutreffend). — Zu ἀναλογία in Λ 4 u. 8.12.

[748] Vgl. dazu o. 4.211 und u. 8.12. Die in Θ und Λ genannten Proportionen verknüpfen Materie — Form bzw. δύναμις — ἐνέργεια miteinander, also zwei *letztlich* ungleichwertige Glieder, aber diese Ungleichheit fällt nicht gegenüber der Tatsache ins Gewicht, daß die Proportion als solche stets sich *innerhalb derselben Kategorie* hält. Auch die von Aristoteles in der Biologie und anderswo verwendeten ἀναλογίαι arbeiten immer mit ‚horizontalen' λόγοι. — Bei dieser Beschreibung der ἀναλογία denken wir nur an Aristoteles und lassen die spätere Entwicklung außer Betracht, die ja zum Teil andere Wege einschlägt.

ten, letzten Endes in einer Pros-hen-Beziehung gründen[749] — dies alles ändert jedoch nichts daran, daß ἀναλογία und Pros-hen nicht miteinander vertauschbar sind, sich also auch nicht gegenseitig ausschließen, sondern nebeneinander vorkommen können und auch vorkommen[750].

Nimmt man diese Beobachtungen zusammen, so erweist sich Patzigs Annahme einer ‚Entwicklung' von Α—Ε (Κ) Λ zu Ζ Η Θ, womit er Jaegers Entwicklungsgedanken an Hand einer konkreten ‚Methodendifferenz' neu verifizieren möchte[751], als unbegründet.

4.532 *‚Hyle'*

Da sich die These von der ‚Entparonymisierung' am zentralen ‚Seins'-Begriff nicht durchführen läßt, erscheint Patzigs Versuch, eine ‚Entparonymisierung' auch an anderen aristotelischen Begriffen nachzuweisen, von vorneherein wenig plausibel. In ‚Ontologie und Theologie' spricht er nämlich noch kurz über φιλία[752] und verweist für ἀγαθόν und ὕλη auf seine Dissertation von 1950[753]. Obwohl diese Ausführungen über ὕλη nicht gedruckt vorliegen, also nicht leicht zugänglich sind, wollen wir kurz auf sie eingehen, weil es für unser Gesamt-Thema wichtig ist[754]:

749 Vgl. o. 4.211, wo weitere Hinweise (s. auch Sach-Index s. v. *Analogie 1*). Diese Konvergenz beider Methoden heißt aber nicht, daß man sie (durch eine Art ‚Dualisieren') ineinander überführen kann (deshalb ist der Vergleich mit der „Dualität zwischen aussagenlogischen Satzformen", den Patzig 204 erwähnt, unzutreffend).

750 So in ΖΗΘ (das Patzig — richtig — als einen zusammenhängenden Komplex betrachtet)und im Λ (das Patzig — mit Recht — für ‚paronymisch' hält, obwohl das Pros-hen dort nicht thematisiert wird).

751 An Jaeger knüpft Patzig 205 ausdrücklich an.

752 Patzig 203f vergleicht EE 1236a 15ff und EN 1156a 6ff miteinander und stellt fest, daß in EE die Freundschaftsarten pros hen auf eine ‚erste φιλία' reduziert werden, in der Parallelfassung der (allgemein als ‚später' betrachteten) EN aber das nicht geschieht, sondern die einzelnen Arten mehr gleichberechtigt nebeneinander stehen; ferner falle das in EE zitierte, für das Pros-hen typische, ἰατρικόν-Beispiel in der EN aus. Das ist teilweise richtig beobachtet (wird aber nicht in EE dem Pros-hen der Boden entzogen? Und wie soll man sich die Parallele in den MM erklären, zu der Dirlmeier MM 438f, EE 381—385 zu vergleichen sind?) und erlaubt doch nicht die Schlußfolgerung, das Pros-hen sei in der EN verschwunden, denn Aristoteles erwähnt es zwar kurz, aber unzweideutig in anderem Zusammenhang EN Α 4, 1096b 27f und verweist dabei klar auf Untersuchungen wie die in met. Γ 2 (dazu die Kommentare; Patzig erwähnt EN Α 4 auch in seiner ausführlicheren früheren Behandlung der φιλία-Stellen *Usia* 151—153 nicht). So zieht denn auch G. E. L. Owen, *Logic and Metaphysics* 165—172 aus dem Befund der Ethiken einen völlig anderen Schluß als Patzig.

753 *Die Entwicklung des Begriffs der Usia in der ‚Metaphysik' des Aristoteles*, Diss. masch. Göttingen 1950, 139—151.

754 Wir hätten nicht auf die Darlegungen von 1950 zurückgegriffen, wenn nicht Patzig, *Theologie und Ontologie* 203f sich für die ‚Entwicklung' des Hyle-Begriffs ausdrücklich auf sie beriefe. Wir beschränken uns jedoch auf kurze Andeutungen und über-

Patzig meint, daß in ΖΗΘ „die ontologischen Grundbegriffe, wie Eidos und Hyle, Dynamis und Energeia nicht mehr (sc. wie in den zeitlich voraufgehenden Schriften) durch Rückbeziehung auf ein ‚erstes‘ Eidos, eine ‚erste‘ Hyle, eine ‚erste‘ Dynamis oder Energeia definiert werden. Vielmehr gilt, daß man bei der Behandlung solcher Grundbegriffe, wie Aristoteles sagt, ‚das Analoge zusammenschauen muß‘. Dynamis ist das *x*, das sich zu einem *y* so verhält wie der Schlafende zum Wachenden, der Marmorblock zur Bildsäule usw. .. Die analogische Methode verlangt nicht mehr die Existenz eines ausgezeichneten Sonderfalles, der gelegentlich, wie das ‚erste Bewegende‘, den Bereich möglicher Erfahrung überschreitet[755]. Es gilt zwar u. a. noch, daß jedes Ding oder genauer jedes Naturwesen seine Hyle hat, aber es gilt nicht mehr, daß es etwas gibt derart, daß es die Hyle von allem ist“[756]. Mit anderen Worten: Aristoteles lehre „anfangs“ eine „strenge hierarchische Ordnung“ der Hyle, die er dann aufgebe[757]. Das frühere Stadium sieht er in der Elementenlehre von gen.corr., bei welcher die vier Elemente als real existierende ‚letzte‘ (bzw. ‚erste‘) Hyle aller Naturdinge fungierten. Im späteren Stadium werde die spezifische Hyle betont, und es trete zwar noch eine ‚erste Hyle‘ „als letzter Zielpunkt des Regresses“ auf, diese sei jedoch „selbst nichts Seiendes“, sondern „eine bloße Grenzbedingung, ein Äußerstes, nach dem man deswegen nicht mehr fragen kann, weil eine erste Hyle ‚unerkennbar und unsagbar‘ ist“[758].

Hier wird ähnlich wie bei Jaeger und Stenzel[759] auf Grund der Lehre des Aristoteles, daß die Hyle als solche kein Sein *im Sinne der Substanz* habe, die Hyle zu einer ‚Grenzbedingung‘ verflüchtigt, d. h. zu etwas Nicht-Seiendem, de facto einem leeren Begriff. Dabei wird verkannt, daß das ‚Möglichsein‘ (δυνάμει εἶναι) der Hyle nicht Nicht-

gehen sämtliche Einzelheiten. — Auch der ἀγαθόν-Begriff hat keine Entwicklung von der Art, wie sie Patzig annimmt, durchgemacht.

755 Ob für Aristoteles die Erkenntnis des πρῶτον κινοῦν wirklich in dem von Patzig gemeinten Sinn den ‚Bereich möglicher Erfahrung überschreitet‘, ist *sehr* fraglich. Vielmehr sprechen eine Reihe von Indizien dafür, daß der oberste Seinsbereich bei Aristoteles — trotz mancher Schwierigkeiten — prinzipiell der noetischen Erkenntnis zugänglich ist und nicht weniger sicher erkannt werden kann als raumzeitliche ‚konkrete‘ Sachverhalte (Ähnliches gilt übrigens auch für das Hyle-Prinzip, vgl. 7.823). Der Einfluß Kants ist hier der historischen Interpretation nicht förderlich (wie sich ja noch viel stärker bei Aubenque zeigt).

756 Patzig, *Theologie und Ontologie* 204.

757 Patzig, *Usia* 140—148; Zitat S. 140.

758 Zitate Patzig, *Usia* 146. Die von ihm herangezogenen Stellen: Ζ 10, 1036a 8. Η 1, 1042a 27. Η 4. 1044a 15—18. b 1—3. Θ 7, 1048b 36—1049a 2. 1049a 18—27.

759 Patzigs Arbeit ist so stark von Jaeger beeinflußt, daß auch Jaegers Hyle-Deutung eingewirkt haben mag. Stenzels Interpretation der aristotelischen Hyle (in *ZuG*) wird von Patzig, *Usia* 161f in anderem Zusammenhang verwendet. Kritik an Jaegers und Stenzels Hyle-Deutung o. 1.15, wo alles Nähere.

Sein ist, sondern ein Sein eigener Geltung, nämlich aktive Tendenz zum Eidos hin o. dgl. Und zwar gilt dies nicht nur für die überformten Erscheinungsweisen der Hyle (z. B. die vier Elemente von gen.corr.), sondern auch für die ‚reine Hyle' = ‚reine Möglichkeit', welche als ‚Urgrund' alles Werdens *Seins-Prinzip* (ἀρχή) ist und nicht etwa ‚Grenzbegriff' im Sinne eines formalen Abschlusses für einen unendlichen Regreß[760]. Dieses letzte Etwas ist — wie z. B. auch bei Platon und im Platonismus — eigentlich ‚unerkennbar', weil es absolut formlos ist und die Erkenntnis sich allein auf die Form richtet, und doch gibt es de facto allerlei Erkenntnis-Wege ‚zur Hyle hin', auf denen der νοῦς die ὕλη zu erfassen vermag[761]. So hat die von Patzig zu Recht herausgehobene Hierarchie der Hyle-Arten nicht in den vier Elementen, sondern im letzten Hyle-Prinzip (ὕλη αὐτὴ καθ' αὑτήν) Spitze und obersten Bezugspunkt[762]. Diese ἀρχή kommt auch im Ζ Η Θ nicht aus dem Blick, wie bereits die von Patzig herangezogenen Stellen Η 4, 1044 a 15—17, Θ 7, 1049 a 24—b 2 zeigen und ferner aus Ζ 3, 1029 a 16 ff mit aller Deutlichkeit hervorgeht. Die Betonung der *spezifischen* Hyle im Η widerspricht dem keineswegs und hat keine prinzipielle, sondern nur *methodische* Bedeutung: Aristoteles betont an vielen Stellen (z. B. auch im — nach Patzig ‚frühen' — Λ 5, 1071 a 20 ff), daß ihm die ‚spezifischen Prinzipien' eines Gegenstandsbereiches oder eines Dinges wichtig sind, wobei er jedoch stets (z. B. auch in Λ 5) die allgemeineren Prinzipien mitbedenkt.

Somit läßt sich also auch beim Hyle-Begriff keine ‚Entwicklung' von einer ‚paronymen' zu einer ‚analogen' Auffassung feststellen[763].

4.54 Andere Arten von ‚Entwicklung'?

In einer Untersuchung, die etwa zur gleichen Zeit wie Patzigs Arbeit erschien, kommt G. E. L. Owen[764] zu einem Ergebnis, das demjenigen von Patzig fast entgegengesetzt ist: In einer früheren Periode (Organon; Eth.Eud.; Ideenkritik z. B. von met. Α; met. Λ) wende Aristoteles in scharfer Opposition gegen Platon die Pros-hen-

[760] Vgl. dazu u. **8** passim, z. B. **8**.273, **8**.28 u. ö.

[761] Näheres u. 7.823.

[762] Vgl. neben 7.823 bes. **8**.22.

[763] Auf Patzig, *Usia* 157—169 *(Einheit durch Analogie der in sich differenzierten Grundbegriffe. a. Formale Definition der Hyle. Möglichkeit und Wirklichkeit)* brauchen wir hier nicht einzugehen: Diese Ausführungen werden nicht nur davon beeinträchtigt, daß sie auf der soeben besprochenen Entwicklungs-Hypothese basieren, sondern enthalten auch sonst — neben wertvollen Anregungen — Anfechtbares wie die Behandlung der ὕλη νοητή (darüber u. S. 648 A. 431).

[764] G. E. L. Owen, *Logic and metaphysics in some earlier works of Aristotle*, in: *Aristotle and Plato in the Mid-fourth Century*, Göteborg 1960, 163—190. — Gegen Owens Deutung wendet sich jetzt auch E. Berti, Vortrag beim 5. Symposium Aristotelicum 1969.

Struktur (noch) nicht auf den Seinsbegriff an, lehne deshalb eine ‚metaphysica generalis' ab und lehre nur ‚Theologik'; erst in einer späteren Periode, der von met. ΓΕΖ(Κ), vertrete er die Pros-hen-Ordnung von ‚Sein' und eine allgemeine Seinslehre als philosophische Grundwissenschaft. Owens Beobachtungen widersprechen der Hypothese eines ‚Bruches' zwischen Γ/Ε (Κ) und Ζ und stellen *insofern* eine willkommene Bestätigung der in vorliegender Untersuchung vertretenen Ansicht dar, daß man die Seinslehre des Γ und seinen πλῆθος-Begriff in engste Beziehung zur Seinslehre des Ζ und zu seinem ‚klassischen' ὕλη-Begriff setzen dürfe. Das bedeutet aber keineswegs, daß man Owens Entwicklungs-Hypothese zustimmen kann. Ja wir müssen sogar, damit keine Mißverständnisse entstehen, kritisch auf einen Punkt seiner Ausführungen aufmerksam machen: Owen trennt die ἀναλογία des Λ (keine Reduktion auf ein πρῶτον) scharf vom Pros-hen des Γ (Reduktion auf ein πρῶτον), läßt beide Verfahren sich wechselseitig ausschließen und konstatiert offensichtlich eine Entwicklung von ‚früher' ἀναλογία zum ‚späten' Pros-hen[765]. Dagegen muß wie gegen Patzig betont werden, daß beide Verfahren sich nicht ausschließen, sondern ergänzen und nebeneinander vorkommen können: Da Owen met. Θ nicht berücksichtigt, weiß man nicht, wie er die Verwendung der ἀναλογία im Θ im Verhältnis zum Pros-hen-Charakter des Ζ beurteilt. Was das Λ betrifft, so bemerkt Patzig mit Recht, daß dort die Dreistufung der Substanzen wie im Γ ‚pros hen' angeordnet ist[766]. Außerdem ist in Λ 1 die Pros-hen-Ordnung der Akzidentien auf die Substanz hin genügend klar angedeutet[767]. Es läßt sich also in der aristotelischen Metaphysik keine Entwicklung von der ἀναλογία zum Pros-hen feststellen. Überhaupt ist Owens Entwicklungshypothese, soweit sie sich auf die Verhältnisse *innerhalb* ‚unserer' Metaphysik bezieht, nicht überzeugend.

Damit beenden wir unseren kurzen Überblick über die ‚neo-analytischen' Entwicklungs-Hypothesen aus der letzten Zeit, mit denen

[765] 179—181.

[766] *Theologie und Ontologie* 197—201. Über den Zusammenhang von ΓΕ und Λ auch Owens 435—454, bes. 443, und dazu Reale 259—273 (vgl. ferner Reale 280—289). Man darf hinzufügen, daß im Γ die Pros-hen-(= ‚Reihen'-)Struktur der Substanz-Dreistufung von Aristoteles nicht *direkt thematisiert* wird, sondern aus dem Zusammenhang erschlossen werden muß (s. o. 4.212), sich also Λ hierin nicht vom Γ unterscheidet. Bei diesen Fragen sollte man den Ausdruck Λ 10, 1075a 18f πρὸς ... ἓν ἅπαντα συντέτακται nicht ganz außerachtlassen. — Übrigens kann man auch nicht undifferenziert die ‚kosmologische' Bestimmtheit des Λ von der ‚ontologischen' des Γ abheben, denn Λ ist stark ‚ontologisch' bestimmt (dazu besonders Reale a. O.) und die typisch aristotelische *kosmische Dreistufung* der οὐσίαι liegt auch im Γ vor (Γ 5, Γ 8, auch Γ 3; vgl. o. z. B. 4.212, 4.23, 4.41). — Siehe auch das Folgende oben im Text.

[767] Λ 1, 1069a 20f, dazu o. 4.215b.

auf neue Weise der Jaegersche Entwicklungsgedanke doch noch verifiziert werden soll. Sie sind jedoch insgesamt nicht stichhaltig, und es sieht nicht so aus, als könne man in dieser Hinsicht überhaupt zu überzeugenden Ergebnissen gelangen.

4.6 Die akademischen Materie-Prinzipien, das πλῆθος-Prinzip von Metaphysik Γ/K und die aristotelische ὕλη

Es kommt jetzt noch darauf an, die Platon-Nähe der Ausführungen von Γ/K über das bereits Gesagte hinaus zu verifizieren, damit das πλῆθος-Prinzip von Γ/K als *systematische* Brücke zwischen den platonisch-akademischen Materie-Prinzipien und der aristotelischen Hyle erkennbar wird.

Die bei den Kommentatoren schon längst kurz registrierte[768], aber nicht weiter untersuchte ‚platonische' Tendenz von Γ/K hat erst die neuere Forschung thematisiert und ausführlicher erörtert: Nachdem Werner Jaeger[769] und Julius Stenzel[770] für Γ/K auf *De bono* hingewiesen und dann Paul Wilpert 1941 im Rahmen seiner grundlegenden Rekonstruktion von *De bono* auch die Erklärung von Γ/K weiter gefördert hatte[771], lenkte Merlans kühner Vorstoß 1953 (in seinem Buch *From Platonism to Neoplatonism*) den Blick auf Γ/K, beschränkte sich aber auf eine interne Interpretation von Γ/K, ohne auf Paul Wilperts Rekonstruktion von *De bono* und die anderen Zeugnisse für die platonische Prinzipienlehre einzugehen. Wie Merlan selber schon hinsichtlich Γ/K fast ausschließlich die Frage des Metaphysikobjektes und die damit zusammenhängenden Probleme in den Vordergrund gerückt hatte, so konzentrierte sich auch die an Merlans Buch anschließende Diskussion paradoxerweise fast nur hierauf, ohne die von Γ/K zu *De bono* laufenden Fäden zu beachten. Eine Ausnahme bildet Willy Theilers wichtiger Aufsatz von 1958[772], der die Merlan'sche Interpretation von Γ/K korrigiert[773] und die Parallelen in den platonischen Dialogen[774] und in *De bono*[775] nachweist. H. J. Krämer betonte — unab-

[768] Schwegler 3, 153f. Bonitz und Ross zu 1004a 2. Auch die kurzen Bemerkungen Jaegers, *Aristoteles* 223f gehen nicht darüber hinaus.

[769] *Aristoteles* 224.

[770] Kleine Schriften 218 A. 14

[771] Hermes 76 (1941) 240f.

[772] Theiler, *Entstehung* 85—105. Ders., *Einheit* bes. 94—97.

[773] *Entstehung* 86ff. 96f. Die Einwände, die wiederum gegen Theiler vorgebracht werden müssen, lassen wir hier unerörtert.

[774] *Entstehung* 90f.

[775] *Entstehung* 87. 89 (πρὸς ἕν).

hängig von Theiler — fast gleichzeitig 1959 stark die Verbindung des Γ zu *De bono* und festigte sie weiter durch intensivere Heranziehung des I[776]; auch in seinen folgenden Arbeiten kam er darauf zurück[777]. Gaiser nahm schließlich die einschlägigen Stellen aus Γ/K unter seine Testimonia Platonica auf[778].

Die enge Beziehung von Γ/K zu *De bono* und damit zu den akademischen Schuldiskussionen, die sachlich in die Augen springt und von Alexander direkt bezeugt wird, ist durch die genannten Untersuchungen so klar bestätigt worden, daß daran nicht gezweifelt werden kann. Trotzdem ist es nicht einfach, diese Verbindung *im Detail* aufzuzeigen, weil *De bono* nachweislich nur einen kleinen Ausschnitt aus der innerschulischen Gegensatz-Lehre der Akademie darbietet und dazu die Zeugnisse von *De bono* zum Teil summarisch und lückenhaft sind. Wir geben deshalb nur eine möglichst knappe, nüchterne Bestandsaufnahme, die unter Vermeidung aller nicht hergehörigen Streitfragen schnell auf das πλῆθος-Prinzip hinführt, und gehen vorab noch einmal kurz auf Γ/K ein.

4.61 Die Gegensatz-Systoichien in Γ/K[779]

Da die ‚Gegensätze' Grundgegebenheiten alles Seins sind, untersucht die Seinswissenschaft auch die ‚Gegensätze' und führt sie — analog der Zurückführung alles Seins auf ἕν τι καὶ κοινόν, d. h. das *ens realissimum* — auf oberste Gegensätze zurück[780]. Gedacht ist an ein oberstes Gegensatz-Paar, das nach dem K durch ἕν — πλῆθος, ὁμοιότης — ἀνομοιότης oder andere Benennungen bezeichnet werden kann[781], während es im Γ mehrfach ἕν — πλῆθος, einmal ὄν — μὴ ὄν genannt wird[782]. Die Paare ἕν — πλῆθος und ὄν — μὴ ὄν besagen dasselbe, da Aristoteles ausdrücklich ἕν und ὄν als konvertibel bezeichnet, was sinngemäß dann auch für πλῆθος und μὴ ὄν gelten muß.

Als Einzelbeispiele der unter dieses oberste Paar fallenden und pros hen auf es bezogenen Gegensätze des Seins nennt Aristoteles

776 *APA* 271—277. 309ff; vgl. 374f. 552f.

777 *UGM* 152ff, *Prinzipienlehre und Dialektik* 47—49. Krämer hat seinen in *UGM* gemachten Versuch, die von ihm in *APA* offensichtlich anerkannte *ontologische* Bedeutung der Gegensatzlehre von ΓKI nunmehr auf den ‚logisch-gnoseologischen' Bereich einzuschränken, später in *Prinzipienlehre und Dialektik* wieder aufgegeben; vgl. dazu o. 4.44 S. 426f. Richtig die knappe, aber eindringliche Darstellung Theilers, *Entstehung* 87.

778 TP 49—42; dort weitere Verweise.

779 Alles Nähere o. 4.44, was hier nur andeutungsweise wiederholt wird.

780 Prägnant ausgesprochen K 1061b 3—6. 11—17. 1061a 10—13. Zu den Parallelen im Γ o. 4.44 Anfang und gleich unten die Stelle Γ 1005a 3—5.

781 K 1061a 10—15.

782 ἕν — πλῆθος 1004b 28f. 34. 1005a 4f, angedeutet 1004a 10. ὄν — μὴ ὄν 1004b 28.

einerseits ταὐτόν, ὅμοιον[783], andererseits ἕτερον, ἀνόμοιον, ἄνισον[784], schließlich noch στάσις — κίνησις[785]. Die in dem doxographischen Referat 1004b 31—33 angeführten Paare anderer Denker ἄρτιον — περιττόν, θερμόν — ψυχρόν, πέρας — ἄπειρον, φιλία — νεῖκος (πέρας — ἄπειρον spielt auf Platon und seine Schule an) lassen sich unter das Paar ἕν — πλῆθος einbegreifen (1005a 1 f), so daß die aristotelische Analyse durch ihre umfassende Anwendbarkeit sich als richtig ausweist. πάντα (τὰ ὄντα) ἢ ἐναντία ἢ ἐξ ἐναντίων, ἀρχαὶ δὲ τῶν ἐναντίων τὸ ἓν καὶ πλῆθος (Γ 1005a 3—5).

Wir können also auf Grund des Γ[786] folgende Systoichien[787] aufstellen:

ἕν (ὄν)	πλῆθος (μὴ ὄν)
ταὐτόν	ἕτερον
ὅμοιον	ἀνόμοιον
⟨ἴσον⟩	ἄνισον
στάσις	κίνησις

Die hier aufgeführten Gegensatzpaare sind natürlich von ungleicher Bedeutung: Neben allgemeinsten ‚transzendentalen' Seinsbestimmungen wie ταὐτόν, ὅμοιον, ἴσον — die an Umfang hinter dem obersten Paar zurückstehen, also nicht mit ihm konvertibel sind — werden speziellere, auf bestimmte Bereiche beschränkte Phänomene wie στάσις — κίνησις aufgeführt[788]. Man vermißt unter den Paaren den Zwiebegriff δύναμις — ἐνέργεια (darüber unten mehr).

Ferner sammelt, wie gesagt, Aristoteles beispielhaft die jeweils obersten Gegensatz-Paare seiner Vorgänger, die jetzt gegenüber dem eigenen Paar ἕν — πλῆθος als ableitbar, ‚sekundär' herausgestellt und diesem untergeordnet werden können:

ἕν	πλῆθος	Aristoteles
ἄρτιον	περιττόν	Pythagoreer
θερμόν	ψυχρόν	Parmenides
πέρας	ἄπειρον	Akademie
φιλία	νεῖκος	Empedokles.

Aristoteles trägt also in eigenem Namen eine Gegensatz-Lehre vor, mit welcher er die Gegensatz-Lehren seiner Vorgänger zur Er-

783 1003b 36. 784 1004a 18.

785 1004b 27—29 πάντα ἀνάγεται εἰς τὸ ὂν καὶ τὸ μὴ ὄν, καὶ εἰς ἓν καὶ πλῆθος, οἷον στάσις τοῦ ἑνὸς κίνησις δὲ τοῦ πλήθους.

786 Vgl. I 1054a 29—32.

787 Das Wort συστοιχία in diesem Sinn kommt vor A 986a 23 (berühmte Stelle) und N 1093b 12; Γ 1004b 27, K 1066a 15, Λ 1072a 31. Anders I 1054b 35, I 1058a 13.

788 Über die ‚innere' Gliederung der συστοιχίαι vgl. Ross zu phys. 189a 2, Wagner, Komm. 416. 423.

füllung bringen, vollenden und damit überwinden will. Wie wir gleich sehen werden, knüpft er besonders an Platon an, gestaltet aber dessen Theorien weiter; dies zeigt sich schon an der Terminologie: Während Platon das zweite Prinzip u. a. μέγα καὶ μικρόν oder ἀόριστος δυάς nannte, haben manche seiner Schüler — so Aristoteles — die Bezeichnung πλῆθος vorgezogen[789]. Natürlich bezeichnet Aristoteles damit nicht nur eine quantitative Unbestimmtheit, sondern auch die qualitative, und überhaupt die Unbestimmtheit der gesamten zweiten Systoichie (s. o. das Schema).

Aristoteles bezieht sich nun anläßlich der Gegensatz-Systoichien und des obersten Paares von ἕν — πλῆθος 1004a 2 auf eine eigene, ausführlichere Erörterung in einer Ἐκλογὴ τῶν ἐναντίων, I 1054a 30 auf seine Διαίρεσις τῶν ἐναντίων[790]; beide Titel meinen wohl ein und dieselbe Monographie des Aristoteles über die ‚Gegensätze', in welcher offenbar u. a. die Gegensätze listenartig erfaßt und behandelt wurden[791]. Noch weiter führt der Kommentar Alexanders, der zu Γ 1003b 2 die Ἐκλογὴ τῶν ἐναντίων als eigene Abhandlung des Aristoteles erwähnt (*ἰδίᾳ* περὶ τούτων πραγματευσάμενος) und dann fortfährt: εἴρηκε δὲ περὶ τῆς τοιαύτης ἐκλογῆς *καὶ* ἐν τῷ δευτέρῳ Περὶ τἀγαθοῦ[792]. Zu 1004b 29 übergeht er die Ἐκλογή ganz und sagt: διὰ δὲ τοῦ ‚εἰλήφθω γὰρ ἡ ἀναγωγὴ ἡμῖν' ἀναπέμπει πάλιν ἡμᾶς εἰς τὰ ἐν τῷ δευτέρῳ Περὶ τἀγαθοῦ δεδειγμένα[793]. Ähnlich äußert sich Ps.-Alexander, was wir beiseitelassen wollen[794]. Alexanders Verweise sind unschätzbar, weil ihm — das ist allgemein anerkannt — die aristotelische Nachschrift von *De bono* noch direkt vorlag. Deshalb muß auch seine Angabe, die Gegensatz-Lehre habe im zweiten Buch von *De bono* gestanden, ernst genommen werden:

789 So wahrscheinlich Speusipp: Ross zu Z 1028b 21, M 1085a 9, M 1085b 5 und N 1087b 6. 27; Gaiser 530f; vgl. o. 2.3. Über die mutmaßlichen Gründe für die Änderung der Terminologie s. Ross und Gaiser a. O. — Für πλῆθος bei Aristoteles vgl. neben Γ/K noch I 1054a 21. 26—32. Theiler, *Einheit* 95 A. 3.

790 Ob ἐκλογή (διαίρεσις) τῶν ἐναντίων wirklich als Buch*titel* aufzufassen sind, scheint mir zweifelhaft: Die Schrift kann ebensogut nur den Titel Περὶ ἐναντίων gehabt haben. Vgl., auch zum Folgenden Gaiser 515—519, ferner Dirlmeier, W. Stud. 76 (1963) 52f. — Die Verweise Γ 1004b 34f und K 1061a 15 sind unbestimmter gehalten, aber deutlich als Verweise zu erkennen: Gemeint ist auch hier bestimmt die gleiche aristotelische Sonderschrift über die Gegensätze.

791 Theiler, *Entstehung* 87: „es ist der Begriffskatechismus der Platoniker".

792 Alexander 250, 13—20 (TP 39B). Jaeger, Apparat zu 1004a 2 hat das (kursivierte) *καί* Alexanders offenbar nicht beachtet (richtiggestellt schon bei Theiler, *Entstehung* 87).

793 Alex. 262, 18f (40B).

794 Zu 1054a 29 p. 615, 14—17 (41 B); zu 1061a 10 p. 642, 29—643, 3 (42B); zu 1072a 32 p. 695, 25—28 (vgl. Gaiser 515). Ob Pseudo-Alexander hier auf Bemerkungen des echten Alexander in den verlorenen Teilen des Kommentars fußt (wahrscheinlich) oder nur von den oben zitierten Bemerkungen des echten Alexander zu met. Γ aus

4.62 Zur Gegensatz-Lehre im zweiten Buch von De bono

Die zusammenfassenden Wiedergaben von *De bono* teilen sich in je drei Abschnitte, die vermutlich eine Dreiteilung der Vorträge selbst widerspiegeln und außerdem mit der Bucheinteilung der — von Diog. Laertios 5,22 bezeugten — drei Bücher von *De bono* zusammenfallen dürften: Eine Zurückführung der Phänomene auf die Prinzipien 1. nach der Dimensionenfolge Körper—Fläche—Linie—Zahl, 2. nach einer logisch-kategorialen Unterscheidung der gegensätzlichen Seinsweisen. 3. Deduktion von den Prinzipien zu den Erscheinungen[795]. Uns geht es um den mittleren Teil 2[796], dessen Grundzüge folgende sind[797]: Platon teilt (nach Hermodor) das Sein ein in die Bereiche a) des ‚Selbständigen' (καθ' αὑτά; z. B. Mensch, Pferd) und b) des ‚Bezogenen' (πρὸς ἕτερα), dieses weiter in das ‚Gegensätzliche' (πρὸς ἐναντία; gut—schlecht, fromm—gottlos, bewegt—ruhig) und das ‚Relative' (πρός τι; rechts—links, oben—unten, doppelt—halb, mehr—weniger)[798]. Sextus weicht nur darin ab, daß er statt der Zweiteilung die drei Bereiche des ‚Selbständigen', ‚Gegensätzlichen' und ‚Relativen' gleichberechtigt nebeneinander stellt. Im Anschluß an die genannte Aufteilung führt Platon die drei Kategorien noch weiter auf höhere Prinzipien zurück, was sich in folgendem Schema darstellen läßt[799]:

weiterkombiniert hat, wissen wir nicht, und es ist auch unwichtig, denn die Notizen des echten Alexander zu Γ reichen für unsere Beweisführung völlig aus.

795 Gaiser 475f.

796 Teil 1 spielt bei Aristoteles keine Rolle, es sei denn in der Kritik: Welche Folgen das Zurücktreten der Mathematik für die Ontologie des Aristoteles hat, ist kurz in *Kosmologie und Metaphysik* 170—173, 180 erörtert. Auch ist es aufmerksamer Überlegung wert, wie weit Teil 3, die Deduktion, bei ihm greifbar ist, etwa im ‚Früher' und ‚Später' der einzelnen Seinsschichten innerhalb der Seinsstufung usw. Jedenfalls kann ich der pauschalen Behauptung, Aristoteles habe die platonische Deduktion aufgegeben (so z. B. Krämer und Gaiser) nicht zustimmen, ehe nicht die — meist unscharf und vergröbert verwendeten — Begriffe von platonisch-akademischer ‚Deduktion', ‚Ableitungssystem' und ‚Derivationsschema' genau abgeklärt worden sind: Ihre Einführung wird zum Teil Merlan verdankt, dessen ultrarealistische Einstellung in unseren Darlegungen ja öfter kritisiert wird. Die Frage ist also: Wie ist der Unterschied zwischen Platon und Aristoteles unter der Voraussetzung zu erklären, daß die platonische ‚Deduktion' (der Weg ἀπὸ τῶν ἀρχῶν) und das aristotelische ἀφ' ἑνὸς λέγεσθαι und dgl. wesentlich dasselbe sind? Vgl. o. 2.244a/b.

797 Gaiser 73ff. Krämer, *Retraktationen* 158—161. Wir haben davon drei Berichte: Alex. zu A 6, 987b 33 p. 56, 13—20 (TP 22B S. 479). Hermodor bei Simplic. zu α 9, 192a 3 p. 247, 30—248, 15 (TP 31 S. 495f). Sext. Empir. adv. math. 10, 263—276 (TP 32 S. 499—501).

798 Alexander meint vereinfachend das Gleiche, wenn er den καθ' αὑτά allein die ἀντικείμενα gegenüberstellt.

799 Nach Wilpert. Weitere Erläuterungen bei Gaiser 74ff.

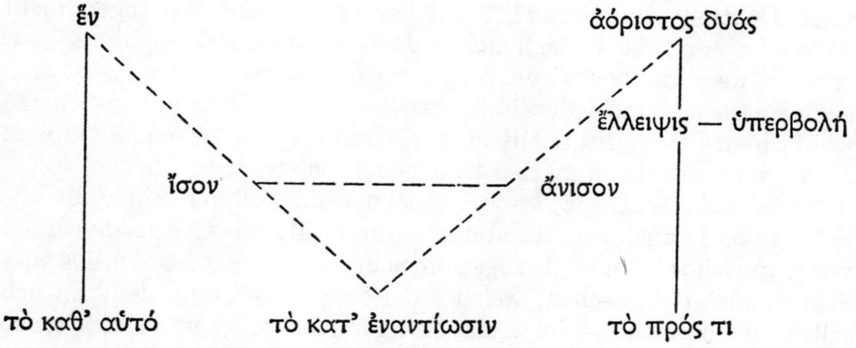

Wie ersichtlich, sind das ‚Selbständige' und das ‚Relative' klar nur *einem* der beiden Prinzipien zugeordnet, das ‚Gegensätzliche' indes nimmt eine vermittelnde Zwischenstellung ein: Von jedem Gegensatzpaar wird das eine Glied, „das in irgendeinem Sinne ‚Gute', als Gleiches (ἴσον) bestimmt und auf das Einheitsprinzip zurückgeführt, das andere, ‚Schlechte' dagegen als Ungleiches (ἄνισον) über das ‚Zuviel' und ‚Zuwenig' auf das Prinzip der Vielheit und Unbestimmtheit bezogen"[800].

Für den Vergleich dieses Mittelteils von *De bono* mit met. Γ/Κ ist nicht unwichtig, was man unter den καθ' αὑτά und den πρὸς ἕτερα versteht. Wilpert hat an die das gesamte Sein durchziehende Gegensätzlichkeit von ‚An-sich' und ‚Bezogen-sein' gedacht und deshalb die Systoichien von met. Γ/Κ unmittelbar an das Schema von *De bono* anschließen können[801]. Krämer wendet sich ausführlich dagegen[802] und sieht in den καθ' αὑτά die Ideenwelt, in den πρὸς ἕτερα die Erscheinungswelt. Da nun aber im Parmenides, Sophistes und in der Metaphysik eine kategoriale Gliederung vorliegt, bei welcher sowohl das ‚An-sich' wie das ‚Relative' beide Seinsschichten (Erscheinungen — Ideen) durchwirken[803], ist er gezwungen, eine Doppeldeutigkeit der Begriffe καθ' αὑτά und πρὸς ἕτερα anzunehmen und zwei Kategorienschemata — ein ‚engeres' in *De bono*, ein ‚weiteres' im Sophistes usw. — zu unterscheiden und sie dann doch wieder zusammenzufügen[804]. Trotz mancher beachtenswerter Gründe überzeugt Krämers Deutung des Mittelteils von *De bono* nicht[805], und man kann somit das Schema von *De bono* direkt mit met. Γ/Κ vergleichen. Aber auch wenn man Krä-

[800] Gaiser 74.
[801] Hermes 76 (1941) 214 mit A. 3.
[802] *APA* 286 A. 95. 302ff. 311ff.
[803] Krämer, *APA* 313ff.
[804] *APA* 314f.
[805] Vgl. Gaiser 75 mit A. 58. Gegen Krämer auch M. Isnardi Parente, Riv. filol. 96 (1968) 135 (mit Umgebung). — Die Erläuterungen, die Sextus 263 und 270 zu καθ' αὑτά gibt, sprechen sehr stark für raumzeitliche Substanzen.

mers Deutung übernimmt[806], werden unsere Verknüpfungen nicht davon berührt, da sie sich neben *De bono* auch auf Sophistes usw. stützen, also auf diejenigen Äußerungen Platons, in denen — auch nach Krämer — auf jeden Fall dasselbe ‚weitere' Kategorien-Schema wie in met. Γ/K vorliegt. Mit diesen Absicherungen gehen wir nun zu *De bono*, anschließend zu den Dialogen Sophistes usw. über:

καθ' αὑτά und πρὸς ἕτερα bezeichnen im weiteren Sinne die alle Seinsstufen in analoger Abwandlung durchwaltende Gegensätzlichkeit von ‚An-sich-sein' und ‚bezogenem Sein'. Ist doch ausnahmslos alles Sein — auch das ἕν selbst, welches der δυάς bedarf, um als ἕν ‚zu sich selbst zu kommen' — in wechselseitiger Abhängigkeit verstrickt, so daß es nur in bestimmter Hinsicht ‚an sich', in anderer aber wieder ‚bezogen' ist: Man denke an Idee—Prinzip, die Ideen für sich und untereinander, Idee—Erscheinungswelt, Substanz—Akzidens, die Substanzen bzw. die Akzidentien für sich bzw. untereinander. Die beiden Seinsmodi sind also in Verhältnissen wie Idee — Erscheinung, Substanz — Akzidens am deutlichsten faßbar, beschränken sich aber nicht darauf, sondern wirken, die beiden Prinzipien verkörpernd, in wahrhaft universaler Weise überall.

Was finden wir von diesen Gedanken aus *De bono* in der Metaphysik wieder? Indem der Wert-Aspekt, der bei Platon die Rückführung auf die Prinzipien durchzieht und trägt, bei Aristoteles verschwindet, verliert ein wichtiges Unterscheidungsmerkmal zwischen ἐναντία und πρός τι (letztere lassen nach Sextus ein Mittleres zu, erstere nicht), ja die Scheidung von ‚gegensätzlich' und ‚relativ' überhaupt an Interesse. So übergeht Aristoteles die speziellen Formen des ‚Bezogenen' mit Stillschweigen. Auch die Einteilung ‚An-sich'—‚bezogen' wird nicht direkt genannt, sie dürfte sich jedoch in dem Verhältnis von Substanz und Akzidens widerspiegeln, das, wie wir gesehen haben, das gesamte Γ 2 und K 3 durchwirkt.

Demnach erbringt der direkte Vergleich mit den zusammenfassenden Berichten über die platonische Prinzipienlehre[807] trotz mancher Anregungen nur eine sehr magere Ausbeute[808]. Das besagt aber natürlich nichts gegen die Richtigkeit unserer Verknüpfung: Erstens be-

806 In diesem Falle hätte man sich auch die Frage vorzulegen, weshalb Alexander für met. Γ/K eigentlich auf *De bono* verweist, wenn die Einteilung dort doch einen ganz anderen Sinn hat: Entweder hat er *De bono* wie wir mißverstanden oder es befand sich im zweiten Buch neben dem ‚engeren' Schema noch ein ‚weiteres' (oder zumindest Andeutungen davon), das die Referate weggelassen haben. Letztere Erklärungsmöglichkeit ist bei weitem vorzuziehen (Krämer, *APA* 310f; s. u.).

807 In diesen späten Referaten nach sprachlichen Parallelen zu fahnden, ist ein fragwürdiges Unterfangen: ἀνάγειν Alex. (TP S. 479 Z. 7), Arist. A 9, 992a 10 (TP S. 486), Alex. (TP Nr. 26 B Z. 5), dagegen φέρειν Hermodor bei Simplic. (TP S. 495). Zu πλῆθος o. S. 463 A. 789 (weitere Behandlung erwünscht).

808 Vgl. noch Krämer, *Prinzipienlehre und Dialektik* 47f (bes. 48 A. 2).

schrieb Platon selber dort diePrinzipienlehre nur in ihren allgemeinen Zügen, führte sie aber — besonders im deduktiven Teil — nicht bis ins Einzelne aus; immerhin ordnete er (vielleicht listenartig in Systoichien) viele ὄντα dem einen oder andern der beiden Prinzipien zu[809], was im zweiten Buch von *De bono* gestanden haben kann. Zweitens liegt uns *De bono* in mehrfacher Brechung und Verkürzung bruchstückweise vor, so daß auf diesem langen Weg viele Einzelheiten verloren gegangen sein können.

In diesem wie in ähnlichen Fällen ist es methodisch das einzig Richtige, die Verknüpfung mit *De bono* nicht in Frage zu stellen, für fehlende Einzelheiten aber die Spätdialoge heranzuziehen, die ihrerseits *De bono* widerspiegeln[810].

4.63 Hinweise der Spätdialoge auf Gegensatz-Systoichien

Da bei der Darstellung des platonischen Materie-Begriffes die Gegensatz-Lehre der Spätdialoge in den Blick gefaßt wurde (o. *2.213*), können wir im Anschluß an Krämer[811] stichwortartig die Paare der Γ-Systoichien mit den platonischen Spätdialogen verknüpfen (kursiv = mehrfach belegt):

ἕν — πλῆθος	:		Parm.		Phil.	
ὄν — μὴ ὄν	:	(Soph.)	Parm.	Theait.		
ταὐτόν — ἕτερον	:	Soph.	*Parm.*	*Theait.*	(Phil.)	Tim.
ὅμοιον — ἀνόμοιον	:		*Parm.*	*Theait.*	Phil.	
ἴσον — ἄνισον	:		Parm.			
στάσις — κίνησις	:	(Soph.)	*Parm.*			

Vgl. für στάσις — κίνησις Gaiser TP Nr. 55 mit Komm.

Die Systoichien des Γ lassen sich also ganz von Platon und der Akademie herleiten. Was ist nun an ihnen aristotelisch, d. h. worin unterscheidet sich das dort erwähnte πλῆθος-Prinzip von der ἀόριστος δυάς? Wir haben es o. *4.44* schon ausgeführt: Der Seins-Begriff von Γ/K ist ganz aristotelisch (z. B. Fehlen des κόσμος νοητός, Stufung der *aristotelischen* οὐσίαι, kein ‚Ableitungs-System'[812], und die Gegensätze treten hinter der Substanz zurück. Läßt nun das πλῆθος-Prinzip als solches (bzw. die zweite Systoichie) erkennen, daß es im Grunde schon aristotelisch ist, d. h. soviel wie ὕλη ist, oder steht es als erstarrtes platonisch-akademisches Relikt in einer aristotelischen Umgebung?

809 Hierfür sei erneut auf das interessante Zeugnis Theophrasts met. 6a 17—b 17 (TP 30) verwiesen, vgl. den Stellenindex.

810 Vgl. Krämer, *APA* 310f.

811 *APA* 309—316 (dort alle Belege); vgl. *Prinzipienlehre und Dialektik* 46 A. 4.

812 In ähnlichem Sinne hat sich andeutend Krämer, *APA* 562f geäußert, wie ich nachträglich bemerke. Vgl. auch noch *Kosmologie und Metaphysik* 171.

4.64 Der aristotelische Charakter des πλῆθος-Prinzips von Γ/Κ: στέρησις und δύναμις

Es wurde o. 4.52 nachgewiesen, daß Aristoteles die zweite Systoichie in Γ/Κ als στέρησις auffaßt, d. h. als eine Zweiheit, die sowohl ein Substrat wie das Nicht-Haben einer Form = Formverlangen einschließt. Damit ist das aristotelische Dreierschema ὕλη — στέρησις — εἶδος in Γ/Κ der Sache nach vorhanden. Mit στέρησις ist zugleich auch der δύναμις-Begriff gegeben und dadurch die zweite Systoichie als Systoichie der δύναμις und der ὕλη im aristotelischen Sinn gekennzeichnet.

Es fragt sich indes, warum Aristoteles im Γ überhaupt nicht den Terminus ὕλη verwendet (zum Κ s. u.) und die Systoichien eben nicht durch δύναμις — ἐνέργεια charakterisiert, obwohl δύναμις — ἐνέργεια allgemeinste ‚transzendentale' Seinsbestimmungen sind[813] und das Begriffspaar im Γ/Κ eine recht wichtige Rolle spielt:

Direkt zitiert wird δύναμις — ἐνέργεια im Γ zweimal[814], im Κ einmal[815], und sachlich liegt der Zwiebegriff an den Stellen vor, wo gegen die Leugner des Widerspruchssatzes und die Sensualisten vom kontingenten Sein des Werdens das ewige Sein der Sterne und des unbewegten Bewegers abgehoben wird, jene kosmologische Seinsstufung, die bei Aristoteles überall aufs engste mit δύναμις — ἐνέργεια verbunden ist[816]. Zudem wird an zweien der Stellen eine ἀόριστος φύσις erwähnt, z. B. 1010a 2—4: Die Leugner des Satzes vom Widerspruch hatten fälschlich nur einen Ausschnitt des Seins, die *sensibilia*, im Auge, τὰ δ' ὄντα ὑπέλαβον εἶναι τὰ αἰσθητὰ μόνον· ἐν δὲ τούτοις πολλὴ ἡ τοῦ ἀορίστου φύσις ἐνυπάρχει καὶ ἡ τοῦ ὄντος οὕτως (sc. δυνάμει) ὥσπερ εἴπομεν (Rückverweis auf 1009a 32—36)[817]. Hiermit ist nichts anderes als die ὕλη = δυνάμει ὄν gemeint. Auch in Γ 5, 1010a 15—22 wird deutlich auf die typisch aristotelische Lehre vom Werden angespielt, wobei die Begriffe ‚Substrat', δύναμις — ἐνέργεια, Hyle (a 20f ἐξ οὗ), *causa efficiens* (a 21 ὑφ' οὗ γεννᾶται) anklingen[818].

[813] Vgl. δύναμις—ἐνέργεια als eine der vier kanonischen Differenzierungen von ‚Sein', die Aristoteles immer wieder anführt: Besprechung aller einschlägigen Stellen bei Reale, *L'impossibilità* passim.

[814] 1007b 28f. — Wichtiger ist 1009a 32—36, wo Aristoteles gegen die Leugner des Widerspruchssatzes (u. a. Protagoras) den doppelten Seinsmodus von Möglichkeit und Wirklichkeit herausstellt und so den Widerspruchssatz bewahrt, ohne das Werden zu zerstören.

[815] Κ 1062b 24—33, bes. 30—33 (∼ Γ 1009a 30—36); ohne daß die Wörter δύναμις/ἐνέργεια genannt sind, wird der Tatbestand klar beschrieben und auf frühere Erörterungen in den φυσικά verwiesen.

[816] Γ 1009a 36—38. 1010a 1—b 1. 1012b 22—31. Κ 1063a 10—17 (samt Kontext). Zu diesen Stellen vgl. *Kosmologie und Metaphysik* 160—167.

[817] Die andere Stelle Κ 1063a 27f (∼ Γ 1010a 22—25) ist weniger ergiebig.

[818] Vgl. zu dieser Stelle Alexander, Colle, Reale, Komm. I S. 347f n. 26. Wichtig ist, daß Aristoteles auch hier den infiniten Regreß der Ursachen ablehnt.

Im K erscheint das Wort ὕλη im Aporienteil, wo es nicht erstaunt[819], dazu K 4, 1061 b 22 als ,Gegenstand' einer Untersuchung oder Wissenschaft[820]. Diese sehr geringe Abweichung vom Γ ist nicht relevant.

Man darf nun vermuten, daß Aristoteles den δύναμις- und damit den ὕλη-Begriff deshalb nicht bei den Systoichien erwähnte, weil er dort keine spezielle Analyse des Werdens gab. Es mag noch ein zweiter Grund hinzukommen: Der δύναμις-Begriff tritt zwar schon im Protreptikos in seiner spezifischen Bedeutung auf, ist sachlich bereits bei Platon vorhanden[821] und auch terminologisch bei Platon und in der vorplatonischen Mathematik vorgebildet[822], aber bewußt formuliert und umfassend angewendet hat ihn offenbar erst Aristoteles. Aristoteles scheint sich nun so konservativ an die Terminologie der Akademie zu halten, daß er — obwohl im Γ sein eigener Seinsbegriff völlig durchgeführt ist — nicht die Termini δύναμις — ἐνέργεια den traditionellen Systoichien zufügt und andererseits das Paar στάσις — κίνησις einfach beibehält, obwohl es doch dringend einer Erläuterung und Anpassung im Sinne seiner eigenen Philosophie bedurft hätte[823].

Mit στέρησις verhält es sich anders. Der Steresis-Begriff hat uns den Nachweis ermöglicht[824], daß die zweite Systoichie des Γ schon ganz ,aristotelisch' gedacht ist, also mit den übrigen Büchern der Metaphysik bruchlos und eng zusammenhängt. Da aber Aristoteles den Terminus στέρησις in ΓΙΚ sofort mit der zweiten Systoichie verbindet und auch sonst nicht — selbst an ,frühen' Stellen nicht — neu einführt, sondern in ausgeprägter und entwickelter Weise verwendet, läßt sich der Schluß kaum abweisen, daß der Steresis-Begriff sachlich

819 K 1, 1059b 15f περὶ τῆς τῶν μαθηματικῶν ὕλης ,über die Materie der mathematischen Gegenstände' (d. h. die ὕλη νοητή als reine Ausdehnung); keine Entsprechung im Γ (vgl. dazu Reale, Komm. II 198f n. 13 u. 15). K 2, 1060a 19—21 εἰ δὲ μὴ χωριστὴ τῶν σωμάτων ἡ ζητουμένη νῦν ἀρχή, τίνα ἄν τις ἄλλην θείη μᾶλλον τῆς ὕλης; αὕτη γε μὴν ἐνεργείᾳ μὲν οὐκ ἔστι, δυνάμει δ' ἔστιν (vgl. auch das Folgende) ~ B 4, 999a 24ff, wo der ὕλη-Begriff sachlich und terminologisch in voller Entfaltung vorliegt. K 2, 1060b 7f (in der Parallelfassung des B steht der Terminus ὕλη nicht).

820 Weitere Belege mit dieser Bedeutung u. 8.272cδ.

821 Man denke an den Schlüsselbegriff der γένεσις εἰς οὐσίαν als Lösung des Problems von Werden und Sein. Das zweite Prinzip trägt so deutlich δύναμις-Charakter an sich (vgl. u.), daß es erstaunlich ist, warum der Möglichkeitsbegriff (wie überhaupt die Modalanalyse) weder in den Spätdialogen noch in den Berichten über *De bono* ausgeprägt erscheint.

822 Gaiser 430f. Karl Bärthlein, *Über das Verhältnis des Aristoteles zur Dynamislehre der griechischen Mathematiker*, Rhein. Mus. 108 (1965) 35—61; dagegen A. Szabó, *Anfänge der griechischen Mathematik*, München-Wien 1969, 44 A. 14 (Szabós Buch handelt ausführlich über den mathematischen Terminus δύναμις, s. seinen Sach-Index s. v.).

823 Vgl. phys. 201b 16—26 (TP 55A).

824 o. 4.52.

und vielleicht auch terminologisch auf Platon und die Akademie zurückgeht. Während Thurston Davis 1950 in einem leider wenig beachteten Aufsatz Vorstufen der Steresis in den Dialogen Lysis, Symposion und Timaios aufzeigte, die übrigen Spätdialoge und *De bono* jedoch überging[825], wies Krämer 1959 andeutend für στέρησις auf die platonische Prinzipienlehre hin[826], desgleichen — unabhängig von Krämer — Leo Elders 1961[827].

Es hat keinen Wert, hier die aristotelischen Belege für στέρησις aufzuhäufen, da die betrachteten Stellen aus Γ/K schon klar zeigen, daß die στέρησις einerseits eng mit der Gegensatz-Lehre und den ‚akademischen' Systoichien verbunden ist und das ‚Unbestimmte', ‚Mögliche', ‚Formverlangen' der zweiten Systoichie bezeichnet. Andererseits wird στέρησις in den bekannten Erörterungen der Physik von Aristoteles mit seiner eigenen Lehre von Bewegung und Werden verknüpft, ja sogar als seine spezifische philosophische Leistung herausgestellt. Das Ineinander von Platonischem und Aristotelischem, von Systoichien-Lehre und Analyse des Werdens zeigt vielleicht am besten phys. γ 2, 201b 16—27, wo Aristoteles sich mit der κίνησις-Definition der Akademie auseinandersetzt und dabei die zweite Systoichie (die er nicht ablehnt!) charakterisiert (b 25—27): τῆς δὲ ἑτέρας συστοιχίας αἱ ἀρχαὶ διὰ τὸ στεφητικαὶ εἶναι (δοκοῦσιν) ἀόριστοι· οὔτε γὰρ τόδε οὔτε τοιόνδε οὐδεμία αὐτῶν ἐστιν, οὐδὲ τῶν ἄλλων κατηγοριῶν (= K 1066a 14—17). Diese Beschreibung ähnelt stark der Hyle-Definition von Z 3 (oder auch H 1), auch der Ausdruck ἀρχαί ist wichtig.

Schließlich ist noch einmal daran zu erinnern, daß Platon mit seinem zweiten Prinzip und dessen Besonderungen genau dasselbe will wie Aristoteles mit seiner ὕλη (δύναμις): Der das Werden ausschließende parmenideische Seins-Begriff, der nur absolutes Sein oder absolutes Nichtsein kennt, soll überwunden und das Werden ermöglicht werden, ohne daß die ‚Ordnung' des Seins (die sich u. a. in logischen Strukturen wie dem Satz vom Widerspruch ausdrückt) zerstört wird. Platon erreicht dies durch das modifizierte Nicht-Sein u. a. des ‚Parmenides', Sophistes, d. h. durch sein zweites Prinzip, das sachlich unter anderem δύναμις und στέρησις enthält, Aristoteles durch sein Hyle-Prinzip = δυνάμει ὄν (bzw. στέρησις), mit welchem er erklärtermaßen gegenüber der parmenideischen Alternative von ‚Sein schlecht-

825 Th. Davis, *Platonic Sources of Aristotelian στέρησις*, Mélanges Maréchal II, 1950, 235—244. — Die ideengeschichtliche Verbindung des aristotelischen Dreierschemas (Hyle, Eidos, Steresis) mit *De bono* erkannte Marino Gentile schon 1930 (vgl. o. S. 260 A. 912).

826 *APA* 552 A. 2 (seine Belege sind zu ergänzen und zu sichten). — Auf Krämers Hinweis wurde ich erst aufmerksam, nachdem ich von met. ΓΙΚ aus schon länger die Herkunft der aristotelischen στέρησις von Platons Prinzipienlehre angenommen und durchdacht hatte. Vgl. auch o. 2.25.

827 Elders 49.

hin' — ,Nichtsein schlechthin' das Werden ermöglicht[828], ohne die Seinsordnung und ihre Gesetzlichkeiten anzutasten[829].

Angesichts dieser Übereinkunft zwischen der aristotelischen Hyle (samt ihren Besonderungen) und dem platonisch-akademischen zweiten Prinzip (und seiner Systoichie) ist es nicht so bedeutsam, daß στέρησις als *Terminus* bei Platon und in der Akademie nicht recht nachweisbar ist: Dies wird der Lückenhaftigkeit unserer Überlieferung über die mündlichen Diskussionen der Akademie zuzuschreiben sein. Und selbst wenn dort das Wort στέρησις noch nicht terminologisch verwendet wurde, so ändert das nichts daran, daß der mit στέρησις bezeichnete *Tatbestand* bei Platon in aller Deutlichkeit vorliegt[830].

Das πλῆθος-Prinzip (und die Hyle) gründet sich demnach auch in solchen Punkten, die man lange für ,typisch aristotelisch' ansah (στέρησις, δύναμις u. dgl.), stark auf Platon und die Akademie. Umgekehrt ist das platonisch-akademische zweite Prinzip viel ,aristotelischer', als man — unter dem Einfluß von Aristoteles' Kritik — weithin annimmt. Trotz dieser Konvergenzen ist met. Γ und sein πλῆθος-Prinzip, wie oben gezeigt, völlig ,aristotelisch', weil es mit dem *aristotelischen* Seins-Aufbau und Seins-Begriff verquickt ist. Vom πλῆθος-Prinzip des Γ/K ist nur ein winziger Schritt zur ὕλη etwa von Λ oder Physik α, natürlich auch zu der von ΖΗΘ. ,Schritt' meint hier nicht eine Entwicklung in der Zeit, d. h. ein zeitliches Nacheinander, sondern das *gedankliche Fortschreiten* von *einem* der *nebeneinander* bestehenden Aspekte aristotelischen Hyle-Denkens zum *andern*[831].

828 Sehr klar K 1062b 24—33 (∼ Γ 1009a 30—36). N 2 wird gegen Parmenides (und gegen Platons unzulängliche Widerlegung des Parmenides) bewiesen, aus welcher Art μὴ ὄν das Werden erklärt werden muß, nämlich aus dem ,Nicht-Sein' κατὰ δύναμιν, ἐκ τούτου γένεσίς ἐστιν, ἐκ τοῦ μὴ ἀνθρώπου δυνάμει δὲ ἀνθρώπου ἄνθρωπος, καὶ ἐκ τοῦ μὴ λευκοῦ δυνάμει δὲ λευκοῦ λευκόν usw. (1089a 28—31). Klar auch Λ 1069b 15—20 mit Kontext, bes. 19f ἐξ ὄντος γίγνεται πάντα, δυνάμει μέντοι ὄντος, ἐκ μὴ ὄντος δὲ ἐνεργείᾳ. Vgl. Θ 1051a 34. E 1026a 32. Wichtig Reale, *L'impossibilità* 294—311.

829 So wird z. B. Γ/K u. a. gerade durch das Dynamis/Energeia-Schema der Widerspruchssatz abgesichert, und die Verweise auf ein unveränderliches Sein im Γ/K, die Priorität der Energeia (Θ, Λ) und die auf Dynamis/Energeia aufgebaute kosmologische Hierarchie der Bewegungen (z. B. Λ, phys. ϑ) sichert die Ordnung des Werdens, analog der platonischen Formel γένεσις εἰς οὐσίαν.

830 Das hat, da Steresis das ,dialektische' Prinzip par excellence ist, bedeutende philosophische Konsequenzen: Andeutungen darüber u. 8.253. — Eine Ergänzung zu den soeben und o. 2.25 Ende versuchten Verknüpfungen bietet die von Cherniss hervorgehobene Stelle Phaidon 102A—105B, wo Platon in nuce ein ,Gegensatz-Substrat-Schema' entwirft (vgl. Solmsen 83—91. Düring 233 A. 332. o. 3.143b). Aber so etwas wie στέρησις deutet Platon dort nicht an, weder sachlich noch gar terminologisch.

831 Über die Unmöglichkeit, die Lehre des Γ zu derjenigen der übrigen Metaphysik-Bücher in eine *zeitliche* Beziehung zu setzen (d. h. eine chronologische ,Entwicklung' zu fixieren), o. 4.5 passim.

Die im Vorstehenden entwickelten Indizien dürften ausreichen, den πλῆθος-Begriff von Γ/K als ‚systematisches' Zwischenglied zwischen den platonisch-akademischen Materie-Prinzipien und der aristotelischen Hyle zu erweisen. Doch bleiben angesichts des lückenhaften Überlieferungsbefundes Schwierigkeiten bestehen, die manchem unüberwindlich erscheinen könnten. Deshalb sei zum Schluß nochmals betont, daß unsere Deutung der aristotelischen Hyle und ihre ideengeschichtliche Herleitung vom platonisch-akademischen ‚zweiten Prinzip' in keiner Weise von met. Γ/K und deren πλῆθος-Begriff abhängen, also auch nicht durch abweichende Interpretationen dieser beiden Metaphysik-Bücher und des πλῆθος beeinträchtigt werden können. Bei der ideengeschichtlichen Anknüpfung der aristotelischen Hyle an die Akademie[832] haben wir nicht nur auf Platons *De bono*, sondern auch auf Speusipp und Xenokrates und dabei besonders auf den aus dem Timaios herauswachsenden kosmologischen Seins-Entwurf des Xenokrates hingewiesen, der für Aristoteles zentral wichtig ist. In diesem Zusammenhang spielen Gegensatzlehre und kategoriale Reduktion keine wichtige Rolle, soweit man bei der Lückenhaftigkeit der Zeugnisse e silentio schließen darf. Anders in Γ/K: Hier sehen wir — wie auch immer wir zu den Büchern stehen — daß wir bei der Herleitung der Hyle aus der Akademie nicht nur deren ‚kosmologischen' Seinsentwurf (Timaios, Xenokrates), sondern auch deren Gegensatz-Lehre und kategoriale Reduktion — was beides letztlich auf das ‚Ableitungs-System' von *De bono* zurückgeht — berücksichtigen müssen.

[832] o. 2, bes. 2.5.

5 Die Abgrenzung des triadischen Schemas nach ‚oben‘: Es gilt nicht im supralunaren Bereich

5.1 Die Einschränkung der πρώτη ὕλη auf die sublunare Welt (De gen. et corr. A 6)

Werden und Vergehen ist nach Aristoteles ein Wechsel gegensätzlicher formaler Faktoren, die an einem beharrenden Substrat einander ablösen, d. h. eine wechselseitige Einwirkung von Formen aufeinander an ein und derselben Materie[1]. Dabei zielt jede aktive Handlung auf ein Objekt, das nicht nur rein passiv betroffen wird, sondern auch selbst re-agiert und so fort, kurz, Werden und Vergehen ist ein Verflochtensein von Aktion und Reaktion, ein Gewebe ständiger Wechselwirkung[2]. Mit diesen Begriffen der Gegensätze und der Wechselwirkung ist der Substrat-Begriff so eng verbunden, daß man sagen kann: a) In einem Bereich, in welchem keine Gegensätze vorhanden sind, verliert der im vorstehenden geschilderte Substratbegriff seinen Sinn. b) Zwei Dinge, zwischen denen keine Wechselwirkung möglich ist, haben kein gemeinsames Substrat, und umgekehrt[3]. Diese Bemerkungen über bekannte aristotelische Lehren waren notwendig, damit die nun folgende Stelle richtig gewürdigt werden kann:

Aristoteles hat in gen. corr. A 1—5 die Begriffe γένεσις — φθορά, ἀλλοίωσις und αὔξησις geklärt und wendet sich nun dem zweiten Teil seiner Aufgabe zu, nämlich die Ursachen von γένεσις und φθορά zu untersuchen, insonderheit die *causa materialis*. Und zwar dreht er die sachliche Reihenfolge um, indem er zuerst die Beziehungen der materiellen Bestandteile, d. h. der Elemente, zueinander (Kontakt, Wechselwirkung, Mischung; A 6—10), dann erst diese Bestandteile

[1] cael. A 3, 270a 14—17 γίγνεσθαι μὲν ἅπαν τὸ γιγνόμενον ἐξ ἐναντίου τε καὶ ὑποκειμένου τινός, καὶ φθείρεσθαι ὡσαύτως ὑποκειμένου τέ τινος καὶ ὑπ' ἐναντίου καὶ εἰς ἐναντίον. Der ätherische Kreiskörper ist nur deshalb ungeworden und unvergänglich, weil er keinen Gegensatz hat und so aller Gegensätzlichkeit enthoben ist (270a 20—22). Vgl. weiter phys. 188b 21—23 (dazu 191a 5). gen. corr. 331a 14. 335a 7. gen. an. 766a 14. met. 1087a 36f γίγνεται πάντα ἐξ ἐναντίων ὡς ὑποκειμένου τινός.

[2] Vgl. Joachim 136. 148—175, bes. 151ff.

[3] Mit dem Begriff der Wechselwirkung ist derjenige des ‚Kontakts‘ (ἁφή) verbunden, den wir hier beiseite gelassen haben, um die Darlegung nicht zu komplizieren; wir kommen u. 5.41 darauf zurück.

selbst (B 1—8) betrachtet. Der Erörterung von ἁφή in A 6 ist ein kurzer zusammenfassender Abschnitt voraufgeschickt (322b 1—21), in welchem sich Aristoteles im Zusammenhang mit dem Begriff der ‚Wechselwirkung' (ποιεῖν — πάσχειν) knapp auch monistischen Lehren parmenideischer Prägung zuwendet (b 13—21): Sie haben recht, wenn sie sagen, daß Wechselwirkung nur dann möglich ist, wenn zwischen dem Wirkenden und dem Affizierten ein Gemeinsames besteht; ἐν οἷς τὸ ποιεῖν ἐστι καὶ τὸ πάσχειν, ἀνάγκη τούτων μίαν εἶναι τὴν ὑποκειμένην φύσιν, „das was ihnen unterliegt, muß ein einziges Etwas sein"[4]. Diese Behauptung gilt, schränkt Aristoteles dann sogleich ein, nicht ausnahmslos für alles, sondern nur für die Dinge, zwischen denen eine Wechselwirkung stattfindet. Philoponos 129, 5—14 denkt an den Gegensatz zwischen supra- und sublunarem Bereich: Die Himmelskörper wirken auf das Sein unter dem Mond, erfahren aber von diesem keine Gegenwirkung.

Trifft diese Erklärung zu, d. h. gilt das Substrat der ‚Wechselwirkung' nicht im Ätherbereich der Gestirne? Welche weiteren Fragen ergeben sich daraus?

5.2 Gestirne und sublunare Welt[5]: Die Beweise für den Dualismus des Kosmos

Im Folgenden wird die Äthertheorie des Aristoteles weniger um ihrer selbst willen dargestellt, als vielmehr im Hinblick auf die Konsequenzen, die sie für den aristotelischen Materiebegriff mit sich bringt. Natürlich hat Aristoteles nicht eine einheitlich konzipierte, systematische Lehre über den Äther gehabt, aus der er ab und zu etwas mitgeteilt hätte, sondern es gibt nur eine Reihe einzelner Äußerungen mit mannigfachen Differenzen und Schwierigkeiten, die man am besten in Moraux' Artikel überschauen kann[6]. Immerhin bleibt in seinen Pragmatien von De caelo an ein gewisser Kern immer bestehen: Die Teilung des Kosmos in einen sublunaren, vergänglichen Teil und einen unvergänglichen Sternbezirk darüber. Schon in dieser Tatsache liegt aber das Kernproblem, das und hier interessiert: 1. Wie soll man sich philosophisch die dualistische Trennung der Welt denken? Gibt es für beide Bereiche dieselben oder verschiedene Seinsprinzipien (insbesondere: ein einziges Materieprinzip oder zwei verschiedene) und in wel-

[4] Zu φύσις in diesem Sinne vgl. Joachim z. St. S. ferner o. S. 450 A. 720.

[5] Vgl. für das Folgende durchweg Paul Moraux, *Quinta essentia*, RE XXIV (erschienen 1963) 1171—1263, dazu die Addenda am Bandende. Wichtig auch ders., RE s. v. *Xenarchos* 4 Sp. 1425—1428. 1433—1435. Solmsen bes. 287—318.

[6] Moraux 1196, 8—1209, 41.

chem Sinne sind die Prinzipien ‚dieselben' bzw. ‚verschieden'? Daran schließt sich 2. die Frage an: Welcher Art ist die Sternenmaterie? Wie ist sie systematisch und historisch einzuordnen?

Wenn wir nun die aristotelischen Texte auf die beiden Fragen hin durchmustern, brauchen wir die Diskrepanzen und Schwierigkeiten des Belegmaterials nirgends entwicklungsgeschichtlich zu deuten, sondern können sie als systematische Schwierigkeiten erklären, die notwendig aus dem Sachproblem erwachsen. Obwohl Aristoteles bereits in den Jugendschriften, vor allem in De philosophia, über eine fünfte Substanz neben den vier Elementen gesprochen hat, halten wir uns ausschließlich an die Pragmatien (besonders De caelo), da die Beurteilung der in Frage kommenden Zeugnisse aus den Dialogen in der modernen Literatur so stark umstritten ist, daß wir hier nicht darauf eingehen können[7]. Doch ist soviel wenigstens wahrscheinlich, daß in De philosophia „der Äther das Element der himmlischen Weltregion und der Stoff der Gestirne" wie in De caelo war[8]; und es ist unwahrscheinlich, daß Aristoteles dieses körperliche Himmelselement in seinen Frühschriften zugleich als Substanz der menschlichen Seele betrachtet hat[9]. Wie dem auch sei, Hauptquelle für die Ätherlehre ist De caelo, dem wir uns jetzt zuwenden[10]:

5.21 Der Beweis aus den Arten ‚natürlicher' Bewegung in De caelo A 2

Aristoteles erschließt im ersten Buch die Existenz des Äthers apriorisch von einer Analyse der Bewegungsarten aus: „Alle natürlichen Körper kennzeichnen sich dadurch, daß sie ein Prinzip der Ortsbewegung in sich selbst besitzen. Nun gibt es nur zwei einfache Ortsbewegungen, die geradlinige und die kreisförmige, weil es nur zwei Grundtypen der geometrischen Größen gibt, die geradlinigen und die kreisförmigen. Da jede einfache Bewegung einem einfachen Körper entspricht, muß es einen einfachen Körper geben, dessen naturgemäße Bewegung die kreisförmige ist. Die gewöhnlichen Elemente Feuer, Luft, Wasser und Erde fallen geradlinig zur Mitte des Alls hin oder steigen geradlinig von der Mitte her zur Peripherie. Der erschlossene Kreiskörper muß sich von Natur aus um die Mitte des Alls herum

[7] Material und Erörterung bei Moraux 1209, 42—1226, 7.
[8] Moraux 1213, 29—42.
[9] Moraux 1213, 43—1226, 7. So auch H. J. Easterling, *Quinta natura*, Mus. Helv. 21 (1964) 73—85.
[10] Moraux 1196, 30—1204, 3. Solmsen 287—318. Vgl. zu allen folgenden De caelo-Stellen jetzt den Kommentar von Leo Elders, *Aristotle's Cosmology*, Assen 1966.

bewegen" (A 2)[11]. Bereits hier in A 2 kommt der axiologische Gesichtspunkt hinzu: Da der Kreis ‚vollkommener' (τέλειον) ist als die Gerade, ist gemäß dem Satz, daß das Vollkommene ontologische Priorität vor dem Unvollkommenen hat[12], die Kreisbewegung der geradlinigen und somit der Kreiskörper den vier Elementen dem Sein nach[13] vorgeordnet: ‚Hieraus wird deutlich', ὅτι πέφυκέ τις οὐσία σώματος ἄλλη παρὰ τὰς ἐνταῦθα συστάσεις, θειοτέρα καὶ προτέρα τούτων ἁπάντων (269a 30—32). Hier treten schon die meisten der für uns wichtigen Termini auf: ἐνταῦθα = ‚hier in der sublunaren Welt' wie öfter, Gegensatz: der Gestirnbereich; σώματος: Aristoteles hält durchweg daran fest, daß der Äther etwas Körperliches ist, daß also der supralunare Bezirk von etwas Körperlichem angefüllt ist. Die Terminologie ist nicht festgelegt, denn ‚Körper' kann der gesamte Kosmos, der Bereich über dem Mond, der Fixsternhimmel oder der einzelne Stern genannt werden[14]. Schließlich wird ‚Göttlichkeit' und Seinspriorität vor den vier sublunaren Elementen betont.

Diese ontologische Differenz und die größere Werthaltigkeit des Äthers kommt noch schärfer heraus in dem Schlußsatz von A 2: ἔστι τι παρὰ τὰ σώματα τὰ δεῦρο καὶ περὶ ἡμᾶς ἕτερον κεχωρισμένον, τοσούτῳ τιμιωτέραν ἔχον τὴν φύσιν ὅσῳπερ ἀφέστηκε τῶν ἐνταῦθα πλεῖον (269b 14—17). Neben der axiologischen Stufung, welche das gesamte De caelo beherrscht[15], interessiert hier besonders der Begriff ‚getrennt' (κεχωρισμένον), der zusammen mit der Präposition παρά (s. o. 269a 31) und der zweimaligen Erwähnung des ‚hier' (δεῦρο, ἐνταῦθα; s. o. 269 a31) das ‚Anderssein' des Ätherbereiches fast überdeutlich hervorhebt. Da diese Terminologie voraussetzungsreich ist und damit auch das Sachproblem in ganz bestimmter Weise präformiert, ist noch eine Bemerkung zu ihr nötig: 1. Von ‚hier' und ‚dort' spricht Aristoteles sowohl dann, wenn er über den Gegensatz von sublunarer Welt und Gestirnen handelt, als auch, wenn er in Referaten der platonischen Ideenlehre die αἰσθητά den Ideen gegenüberstellt; in letzterem Sinn verwendet bereits Platon die Ausdrücke[16]. 2. παρά = ‚neben' erscheint

[11] So wörtlich Moraux 1196, 41—56; ebd. noch weitere Hinweise. Vgl. Solmsen 287 bis 289, ferner 253—265 *(Natural Movements as First Assumptions)*, wo gezeigt wird, daß Hauptthema von De caelo die Beziehung der Elemente zu den ‚natürlichen' Bewegungen ist.

[12] Der Satz wird cael. 286b 22 nochmals verwendet.

[13] 269a 19f πρότερον τῇ φύσει (vgl. 24f).

[14] Die ersten drei Bedeutungen ganz dicht beieinander cael. 286a 10—13, die vierte z. B. 292b 32. Mehr in Longos Index s. v. σῶμα. — Vgl. insgesamt, auch zum Folgenden, *Kosmologie und Metaphysik*.

[15] Grundsatz: Je höher etwas ist, desto mehr Sein und Wert enthält es. Stellen und Erörterung u. 5.431.

[16] Belege *Kosmologie und Metaphysik* 157f. 180f.

gleichfalls in Aristoteles' Äußerungen über die Ideenlehre und bei Platon[17]. 3. Die Bezeichnung ‚getrennt' (χωριστόν o. ä.) vollends ist durchgehendes Leitmotiv der aristotelischen Stellen, an denen die Ideenlehre besprochen wird[18], wobei Aristoteles an bestimmte Äußerungen Platons anknüpft[19].

Hier in De caelo wird durch diese Termini der Äther als ein ideal Seiendes mit ‚anderem' Seinsmodus entschieden der kontingenten Welt unter dem Mond entgegengestellt. Hierfür können wir auf das Wort κεχωρισμένον zurückgreifen, obwohl dieses sonst anscheinend nicht mehr von den Sternen gebraucht wird[20], und fragen: In welcher Hinsicht besteht ein ‚Chorismos' zwischen Sublunar und Supralunar[21]? Zuvor betrachten wir aber in aller Kürze noch weitere Stellen, an denen der Ätherbereich aufgewiesen wird.

5.22 Der Beweis aus der allgemeinen Bewegungslehre in Physik ϑ 8 und Metaphysik Λ 6

Nachdem Aristoteles in Physik ϑ 1/2 die Ewigkeit der Bewegung bewiesen hat[22], fragt er zu Beginn des Kapitels 3 nach dem Grund der Tatsache, διὰ τί ποτε ἔνια τῶν ὄντων ὁτὲ μὲν κινεῖται ὁτὲ δὲ ἠρεμεῖ πάλιν (253a 23f), d. h. nach dem Grund für den kontinuierlichen Wechsel von Ruhe und Bewegung in den Dingen unserer Umwelt. Die einzige Theorie, die nach Aristoteles' Ansicht diese Frage löst, ist diejenige, die das Sein aufteilt in 1. Dinge, die immer unbewegt sind, 2. solche, die stets bewegt sind, und 3. Dinge, die manchmal in Ruhe, manchmal in Bewegung sind. Dem Beweis dieser Theorie (und der Widerlegung anderer Theorien darüber) ist der übrige Teil von Physik ϑ gewidmet[23]. Mit anderen Worten: Nur die Dreiteilung des Seins in 1. unbewegten Beweger, 2. ewig kontinuierlich bewegten Gestirnbereich und 3. zwischen Ruhe und Bewegung wechselnden sublunaren Bereich des Werdens und Vergehens entspricht den Anforderungen der aristotelischen Bewegungslehre. Ohne das Mittelstück der Sternsphären wäre eine zusammenhängende Bewegungslehre und der Auf-

[17] Bonitz 562a 42—44. Vgl. De ideis fr. 3 p. 123, 11. 124, 11 Ross u. ö.

[18] Bonitz 860a 35—38. Vgl. De ideis fr. 3 p. 123, 11 Ross παρὰ τὰ καθ' ἕκαστα ὄντα ὂν κεχωρισμένον αὐτῶν ἀίδιον. 13. fr. 4 p. 126, 3. 24.

[19] Vgl. Parmen. 130B—D.

[20] Kein Beleg in cael. und meteor., nach Bonitz auch sonst nirgends.

[21] Chen, *Chorismos* hat in seiner sonst hervorragenden Arbeit dem ‚Chorismos' im kosmologischen Bereich keine Beachtung geschenkt.

[22] 250b 11—253a 21.

[23] 253a 24—32, bes. 30—32 ὅπερ (sc. die erwähnte Theorie) ἡμῖν λεκτέον ἐστίν· τοῦτο γὰρ ἔχει λύσιν τε πάντων τῶν ἀπορουμένων, καὶ τέλος ἡμῖν ταύτης τῆς πραγματείας ἐστίν.

weis des unbewegten Bewegers sinnlos, und so sind — woran oft nicht gedacht wird — die Darlegungen von ϑ 3—8 im Grunde nicht nur dem unbewegten Beweger selber, sondern zu einem nicht geringen Teil auch diesem Mittelstück gewidmet. Es ist hier nicht möglich und auch nicht nötig, den aristotelischen Beweisgängen im einzelnen zu folgen[24], es genügen wenige Hinweise zunächst auf 259 b32—260 a19, wo von einem ewigen unbewegten Beweger aus erschlossen wird, daß das unmittelbar von diesem Bewegte auch ewig sein müsse. Im Folgenden (Kap. 7 ff) wird dann erstens die Priorität der Ortsbewegung, zweitens die Notwendigkeit einer bestimmten kontinuierlichen Ortsbewegung und damit eines kontinuierlich ewig Bewegten aufgezeigt, das seinerseits weiter auf den unbewegten Beweger hinweist[25]. Man kann also sagen: Erster unbewegter Beweger und erstes kontinuierlich ewig Bewegtes bedingen einander[26]. Den Höhepunkt erreichen die Ausführungen in den Kapiteln 8/9, in welchen die Kreisbewegung als einzige Art der Ortsbewegung, die kontinuierlich und unbegrenzt sein kann (8) und damit als die vollkommenste Art solcher Bewegung (9) erwiesen wird. Damit ist der Sternbereich und dessen spezifischer Seinsmodus erneut und endgültig als notwendiger und tragender Teil des Seins aufgewiesen[27], und Aristoteles wendet sich abschließend in Kapitel 10 wieder dem unbewegten Beweger zu.

Der in Physik ϑ weitläufig ausgeführte Beweis für Dreiteiligkeit des Seins auf Grund der Bewegungslehre begegnet in notizartiger Gedrängtheit und Kürze in Λ 6, 1071 b3—20 wieder[28]:

Aristoteles erwähnt zu Beginn des Kapitels im Anschluß an Λ 1 die drei Seinsbereiche erstens des sinnlich Wahrnehmbaren und Vergänglichen, zweitens des sinnlich Wahrnehmbaren und Ewigen, drittens des ewigen Unbewegten[29]. Über das vergängliche Sein (den ersten Bereich) hat er soeben bereits Λ 1—5 gehandelt, und er stellt nun die Aufgabe, die Existenz des ewigen Unbewegten (d. h. des dritten Bereiches) zu beweisen[30]. Den Beweis führt er in zwei deutlich getrennten Schritten, indem er 1. die Existenz des kontinuierlich ewig bewegten Bewegers, d. h. der Sternsphären (insbesondere des Fixsternhimmels), beweist (1071 b5—11), und dann erst 2., darauf aufbauend, die Existenz des unbewegten Bewegers (1071 b12—20).

[24] Vgl. die präzise Analyse in Ross' Kommentar.

[25] 260b 26—261a 7 mit Ross' Analyse und Kommentar.

[26] Vgl. 260a 28f und 261a 6f.

[27] Die (Fix-)Sternsphäre wird nur selten direkt erwähnt (265b 1f; in Kap. 10, 267b 8f), ist aber auch ungenannt ständig anwesend.

[28] Den Beweisgang der Stelle lege ich dar in engem Anschluß an Klaus Oehler, *Der Beweis für den unbewegten Beweger bei Aristoteles*, Philol. 99 (1955) 70—92, worauf insgesamt verwiesen sei.

[29] 6, 1071b 3f im Rückgriff auf 1, 1069a 30—b 2.

[30] 1071b 4f.

Beginnen wir mit 1.: Da die Substanzen Sein im Ursinn sind und alles andere Sein ihnen gegenüber sekundär, abgeleitet ist und seinen Seinsgrund allein in der Substanz hat[31], wäre alles Sein vergänglich, wenn alle Substanzen vergänglich wären.

Nun gibt es aber etwas, das ewig ist, ohne Substanz zu sein: Bewegung (und Zeit, die jedoch ihrerseits von der Bewegung abhängig ist, also hier wegbleiben kann)[32]. Da jedoch Bewegung nur an der und durch die Substanz ist (πάθος, συμβεβηκός der Substanz ist), muß es, da es eine ewige Bewegung gibt, folglich — so ist die Conclusio zu ergänzen — eine ewige Substanz geben[33].

Aristoteles hat also 1071 b5—8 bewiesen, daß es eine ewige Substanz gibt, und zeigt nun, welcher Art die Substanz ist: Ewig ist nach Aristoteles nur die kontinuierliche Ortsbewegung, und kontinuierliche Ortsbewegung ist nur die Kreisbewegung (b9—11). Die Conclusio ist wiederum zu ergänzen: Da die Kreisbewegung sich in der Kreisbewegung der Gestirnsphären, am reinsten im Umschwung der äußersten Sphäre, nämlich des Fixsternhimmels, verwirklicht, ist die gemeinte ewige Substanz der Fixsternhimmel[34].

2. Mit 1071 b12 setzt ein neuer Gedankengang ein (ἀλλὰ μήν), der nur skizzenhaft ausgeführt ist und ergänzt so wiedergegeben werden kann: ‚(Alles, was in Bewegung ist, wird von etwas bewegt. Der erste Himmel ist in Bewegung. Also ist ein Bewegendes, das ihn bewegt.) Ein Bewegendes, das eine ewige kontinuierliche Bewegung bewirkt, kann in seinem Wesen keine Dynamis enthalten, muß also reine Energeia sein‘ (b12—20). Daß damit der erste unbewegte Beweger gemeint ist, ist schon aus dem Zusammenhang klar; man kann aber auch zusätzlich noch den aristotelischen Satz heranziehen, daß es in der Kette der Ursachen keinen unendlichen Regreß gibt[35].

Der Beweis geht also aus von der ewigen (kontinuierlichen) Bewegung und führt über die ewig bewegte Substanz auf den unbewegten Beweger. Der Fixsternhimmel und seine Bewegung ist dabei Mitte und unentbehrliche Stütze des Beweises[36].

Der Gedankengang von 1071 b5—20 wird resümiert zu Beginn des nächsten Kapitels Λ 7: ‚Es gibt etwas, das immer in unaufhörlicher Bewegung, d. h. in Kreisbewegung, bewegt wird (sc. der Fixsternhim-

[31] Vgl. Oehler 76f. Man kann auch auf die Stellen über das Pros-hen in met. Γ und K verweisen (o. 4.211).

[32] Oehler 77. Die Ewigkeit der Bewegung wird hier im Λ einfach vorausgesetzt. Bewiesen hat sie Aristoteles phys. ϑ 1/2.

[33] Oehler 77—79.

[34] Oehler 79—82. An seiner Deutung kann nicht gezweifelt werden.

[35] Oehler 82—84.

[36] Vgl. Oehler 87.

mel). Deshalb muß der Fixsternhimmel ewig sein[37]. Da aber das Bewegte und zugleich Bewegende in der Mitte (zwischen dem nur Bewegten und dem unbewegt Bewegenden) ist[38], gibt es also etwas nicht Bewegtes, aber Bewegendes, das ewig und Substanz und Energeia ist'. Auch in diesem Resümee wird erneut die tragende Rolle der Sternsphären offenbar.

Diese Erörterungen soll eine Stelle aus met. Γ abrunden, die fast immer unbeachtet bleibt, aber doch vieles illustrieren kann[39]: Aristoteles wendet sich Γ 4 ff gegen Philosophen, die den Widerspruchssatz und eine allgemeingültige Wahrheit leugnen, und polemisiert in diesem Zusammenhang am Ende des Schlußkapitels Γ 8[40] gegen diejenigen, welche behaupten, a) alles sei in Ruhe, oder b) alles sei in Bewegung: Denn wenn alles in Ruhe ist, wären alle Behauptungen immer wahr (bzw. immer falsch); wenn alles stets in Bewegung wäre, wäre nichts wahr, d. h. alles falsch, was unmöglich ist. Gegen a) macht er die Tatsache geltend, daß es Veränderung gibt, gegen b), daß in der Veränderung etwas beharre. Es ist aber auch c) eine dritte Annahme unrichtig, daß ausnahmslos alle Dinge sich zur einen Zeit bewegen, zur anderen in Ruhe seien, kein Ding aber immer in Bewegung bzw. immer in Ruhe sei. Die wahre Erklärung ist vielmehr die (b 30 f): ἔστι γάρ τι ὃ ἀεὶ κινεῖ τὰ κινούμενα, καὶ τὸ πρῶτον κινοῦν ἀκίνητον αὐτό. Seit Alexander bezieht man den ersten Teil (ἔστι — κινούμενα) auf die Himmelskörper (bzw. die Fixsternsphäre), den zweiten (καὶ — αὐτό) auf den unbewegten Beweger[41]. Die hier in Γ 8 zum Ausgangspunkt genommenen unrichtigen Annahmen über Ruhe und Bewegung des Seins entsprechen fast genau denen, von welchen Aristoteles Physik ϑ 3 ausgeht[42] und mit denen er sich ϑ 3—10 auseinandersetzt. Die Lösung ist

[37] Unmittelbar danach folgt a 23 f ἔστι τοίνυν τι καὶ ὃ κινεῖ, das man dem Aufbau des Gedankengangs nach gut auf die Fixsternsphäre beziehen könnte (Oehler 86 gegen die communis opinio); vgl. zu Gedanken und Ausdruck met. Γ 8, 1012 b 30 f (liegt viel näher als phys. 256 b 20 ff oder gar 259 a 20 ff). Aber es bleibt ein Rest (u. a. stört das καί, wenn man nicht ergänzen will ‚was nicht nur bewegt wird, sondern auch bewegt'), und Ross' Vorschlag, das Sätzchen auf den Beweger zu beziehen, hat manches für sich (S. 374, dort weitere Hinweise), schafft jedoch auch keine glatte Lösung.

[38] Ross' Textherstellung leuchtet mehr ein als die Jaegers.

[39] Eine weitere wichtige Stelle ist gen. corr. B 10.

[40] 1012 b 22—31. Näheres über diese Stelle im Zusammenhang des Γ s. *Kosmologie und Metaphysik* 164 f.

[41] So auch Thomas und Ross. Unrichtig Bonitz: *est quiddam quod continuo moveat immotum ipsum* unter Verweis auf Λ 7, aus dessen Anfang er gerade das Richtige hätte entnehmen können.

[42] 253 a 22—28, dazu Ross' Analyse S. 433 (o. 5.22 Anfang). Es fehlt hier im Γ nur eine Ansicht: Von den Dingen sei ein Teil immer in Bewegung, ein anderer immer in Ruhe (phys. 253 a 26 f).

dieselbe wie in der Physik[43], nämlich die Dreiteilung sublunare Welt (im Γ nur durch τὰ κινούμενα angedeutet) — Sterne — Beweger, welcher wir auch Λ 6/7 begegnet waren. Wenn man die Parallele zum Λ bedenkt, findet man es fast natürlich, daß hier im Γ bei der Behandlung des Wahrheitsproblems auch ein Argument erscheint, das mit der Bewegungslehre zusammenhängt: Physik, Kosmologie und Metaphysik gehen hier wie auch sonst bei Aristoteles ineinander über.

5.23 Der Beweis in Meteorologie A[44]

Schon das Vorwort der Meteorologie erwähnt den Äther, wenn es als Gegenstandsbereich der Meteorologie das bestimmt, ‚was sich gemäß der Natur ereignet, aber auf weniger geordnete Weise als beim ersten Körperelement (sc. dem Äther), und was an dem Ort geschieht, welcher der Bewegung der Sterne am nächsten ist'[45]. Zu Beginn von A 2 stellt Aristoteles unter Verweis auf frühere Untersuchungen den Äther als den Stoff der Gestirne den vier sublunaren Elementen gegenüber[46] und spricht dann kurz über die Sterne als Bewegungsursache der sublunaren Dinge[47]. In A 3 fragt Aristoteles erneut: Ist von der Erde bis zu den äußersten Sternen nur eine Art von Körper oder mehrere; wenn mehrere, wie viele gibt es und wie sind sie im Raum verteilt?[48] Antwort: Über das erste Element sei schon früher gesprochen worden (cael. A 2. 3), nämlich welches Wesen es habe und warum es den gesamten Gestirnraum erfülle[49]. Diese Theorie könne sich auf einen uralten Menschheitsglauben stützen[50] und sei auch philosophisch schon von Anaxagoras geahnt worden.

Dann wendet er sich wie in cael. B 7 gegen die Ansicht, die Gestirne und der Raum zwischen ihnen bestünden aus Feuer. Während er sich aber in cael. B 7 nur einfach auf die Ätherlehre beruft, bringt er hier ein neues Argument vor, das uns wichtig ist:

[43] 253a 28—32, was dann Θ 3—10 expliziert wird (o. 5.22 Anfang).

[44] Über die Ätherlehre in meteor. Moraux 1204, 4—1205, 21, bes. 1204, 17—49, woran wir uns anschließen.

[45] 338a 26—b 22.

[46] 339a 11—13 μία ἀρχὴ τῶν σωμάτων, ἐξ ὧν συνέστηκεν ἡ τῶν ἐγκυκλίως φερομένων σωμάτων φύσις. Der Ausdruck ist etwas locker (σώματα meint an der ersten Stelle vor allem die Sterne, an der zweiten die Sphären insgesamt), und die Konjektur ἧς statt ὧν (Vicomercatus, Oxf.- Transl., Lee) besticht.

[47] A 2, 339a 21—32; dazu u. 5.422 Anfang.

[48] A 3, 339b 13—16.

[49] 339b 17—19 διότι (ὅτι v. l.) πᾶς ὁ περὶ τὰς ἄνω φορὰς κόσμος ἐκείνου τοῦ σώματος πλήρης ἐστίν.

[50] Dabei verbindet Aristoteles das Wort αἰθήρ etymologisch mit ἀεὶ θέον, aber auch mit θεῖον. Vgl. cael. 270b 22f. Platon, Kratylos 410B. De mundo 392a 5.

a) Da die Ausmaße des Sternbereiches nach den neuesten mathematischen Berechnungen[51] sehr viel größer sind als die des Kosmos unter dem Mond[52], und da

b) die vier Elemente stets in einem bestimmten Verhältnis (Proportion) zueinander stehen müssen, damit eine Art Gleichgewicht erhalten bleibt[53], kann

c) kein Element allein (von den vier Elementen kommen natürlich nur Luft oder Feuer in Frage) und auch nicht zwei Elemente zusammen (Luft und Feuer) den Zwischenraum zwischen Erde und Fixsternhimmel innehaben, weil sonst dieses Gleichgewicht zerstört würde[54]. Also muß der Raum der Gestirne bis zum Mond von einem andern Element eingenommen werden, das nicht in den Kreislauf der vier Elemente einbezogen ist, sondern unveränderlich bleibt[55].

Diese Beweisführung läßt sich neben den Beweisen aus der Bewegungslehre durchaus sehen und verdient noch eine Bemerkung: Daß er die Angaben über die Entfernungen im Kosmos den zeitgenössischen Astronomen verdankt, sagt er selber und bedarf keiner Erläuterung. Wie steht es um die Proportion der Elemente?

Das Gleichgewicht des Kosmos beruht darauf, daß jedes der vier Elemente gleich stark vertreten ist und von keinem ‚mehr‘ vorhanden ist, das heißt, um es modern auszudrücken, daß von jedem Element die gleiche ‚Masse‘ vorhanden ist, die sich natürlich in vier verschieden ausgedehnten Volumina äußert. Anders formuliert: Wenn man — um die Erde einmal wegzulassen — die im Kosmos vorhandene Luft und das Feuer jeweils gedanklich in Wasser umwandelt, muß das sich (zweimal) ergebende Wasser genau dasselbe Quantum haben wie das schon vorhandene Wasser, so daß wir drei gleiche Mengen Wasser erhielten. Da Aristoteles den Begriff der ‚Masse‘ als einer allumfassenden Konstante nicht kennt — der Massenbegriff setzt einen ganz anderen Begriff von ‚prima materia‘ voraus, als Aristoteles ihn hat[56] —, kann er die Massengleichheit der Elemente nur als konstante ‚Proportion‘

[51] meteor. 339b 32f τὰ νῦν δεικνύμενα διὰ τῶν μαθημάτων.

[52] cael. 297b 30—298a 9. meteor. 339b 6—9, b 30—340a 8. met. Γ 5, 1010a 25—32, bes. 28—31. Vgl. bes. den Ausdruck meteor. 340a 6f οὐδὲν γὰρ ὡς εἰπεῖν μόριον ὁ τῆς γῆς ἐστιν ὄγκος mit met. 1010a 30f Der sublunare Bereich οὐθὲν ὡς εἰπεῖν μόριον τοῦ παντός ἐστιν.

[53] 340a 4 ἡ ἰσότης τῆς κοινῆς ἀναλογίας.

[54] 340a 3—5 πολὺ γὰρ ἂν ὑπερβάλλοι τὴν ἰσότητα τῆς κοινῆς ἀναλογίας πρὸς τὰ σύστοιχα πάντα.

[55] Die Conclusio wird nicht ausdrücklich gezogen, ergibt sich aber aus dem Zusammenhang 340a 1ff. Vgl. noch 340a 17f (zu eng, s. 340a 5f). b 6f.

[56] *prima materia* wäre dann ein körperliches, homogenes Etwas, das bei der Umwandlung der Elemente ineinander entweder ‚ausgedehnt‘ oder ‚kontrahiert‘ würde. Näheres darüber u. 8.26.

ihrer spezifischen ‚Volumina' erfassen[57]: Wie sich in ganz kleinem Maßstab das Volumen einer Wassermenge zu dem Volumen der daraus entstehenden Luftmenge zum Volumen der daraus entstehenden Feuermenge verhält, so im gesamten Kosmos das Volumen des Wassers zu dem der Luft zu dem des Feuers[58]. Da nun die Gesamtmenge des Wassers auf der Erde einigermaßen bekannt ist[59], kann man die Gesamtvolumina von Luft und Feuer ungefähr schätzen und kommt dabei zu dem Ergebnis, daß die Summe der vier Gesamtvolumina etwa dem Volumen der sublunaren Welt entspricht[60].

Eine Störung des Gleichgewichts hätte schwere Folgen, am evidentesten beim Feuer, dessen Überwiegen zur Vernichtung der anderen Elemente führen würde[61]. Das Funktionieren des Kreislaufes der Elemente und damit die Ewigkeit dieses Kreislaufes und der sublunaren Welt hängt also von der Konstanz dieses Verhältnisses ab, das ein Strukturgesetz des Kosmos unter dem Mond ist: Das Gesetz von der Erhaltung der Proportion zwischen den Elementen.

Ein solches Gesetz ist notwendige Bedingung für jede Naturphilosophie, bei der — wie bei Aristoteles — die Elemente ineinander übergehen können und doch das Geschehen des Elementenbereiches sich in ewigem, absolutem Gleichmaß, ohne periodisches Auf und Ab und ohne Katastrophen u. dgl., abwickeln soll. Bei Aristoteles ist dieser Übergang immer ein wechselseitiger Austausch, der das Verhältnis nicht ändert oder, falls er es geändert hat, in ganz kurzer Zeit wieder herstellt[62].

[57] Vgl. erneut 340a 4 ἡ ἰσότης τῆς κοινῆς ἀναλογίας (dazu 340a 15f). — ὄγκος (340a 7 und bes. a 9; vgl. 339b 6) heißt ‚Volumen' (syn. a 16 τὰ μεγέθη; vgl. 339b 7). Die Übersetzung durch ‚Masse' ist bei Aristoteles unrichtig, vielleicht auch in den antiken Texten überhaupt: vgl. wiederum die Bemerkungen u. 8.26.

[58] 340a 11—13 ἀνάγκη δὲ τὸν αὐτὸν ἔχειν λόγον (Proportion) ὃν ἔχει τὸ τοσονδὶ καὶ μικρὸν ὕδωρ πρὸς τὸν ἐξ αὐτοῦ γιγνόμενον ἀέρα, καὶ τὸν πάντα (sc. ἀέρα) πρὸς τὸ πᾶν ὕδωρ.

[59] Vgl. 339b 9—13 und 340a 6—8.

[60] Das ergibt sich deutlich aus dem Zusammenhang von 340a 1—13.

[61] 340a 1—3.

[62] Vgl. meteor. 341a 2—9. gen. corr. B 4 (Joachim 219—222), auch B 5 (Joachim 223 bis 230). — Ob ein solches Gesetz auch in andersgearteten Naturphilosophien seinen Platz hat, soll hier nicht erörtert werden: Aristoteles' Haltung ist nicht eindeutig. Im gleichen Abschnitt der Meteorologie sagt er, das Gesetz gelte auch für Philosophen, bei denen die Elemente fixe Größen ohne die Möglichkeit der Umwandlung seien (340a 13—17; für ἡ ἰσότης τῆς δυνάμεως bietet sich fast der moderne Ausdruck ‚Gleichheit der Valenz' an), wobei er, wie schon Alexander sah, an Empedokles denkt: VS 31 B 17 Vers 27 ταῦτα γὰρ ἶσά τε πάντα καὶ ἥλικα γένναν ἔασι: ἶσα nicht mit γένναν zu verbinden, sondern getrennt zu nehmen, = ‚gleichstark' (so Diels; ἶσα τὴν δύναμιν meteor. 340a 14); vgl. Zeller I 2^6 953 A. 2 (ib. Vers 29 bedeutet wohl nicht, daß ein Element über die anderen länger die Oberhand gewinnt und die Gleichheit zwischen ihnen zerstört, sondern, daß mal das eine, mal das andere kurz Übergewicht hat, das Gleichgewicht im ganzen aber erhalten bleibt).

Aristoteles greift bei diesen Gedanken nicht nur auf Empedokles[63] und Heraklit[64], sondern auch auf Platon zurück, der im Timaios die vier Elemente im Kosmos in ein ganz festes mathematisches Verhältnis zueinander bringt[65]. Und zwar übernimmt er von Empedokles die Vorstellung, daß alle Elemente ‚gleich stark‘ vertreten sind[66], von Heraklit und Platon die gedankliche Durchdringung, die zu einer fast mathematischen Proportion der Volumina führt[67].

Wir haben also hier eine kosmische ‚Mischungsformel‘ (Strukturformel) vor uns, welche die ‚Mischungsformeln‘ der Einzeldinge (λόγοι τῆς μίξεως) als höhere Einheit umgreift und ergänzt[68].

Aristoteles hat auf drei Arten in imponierender Weise den Äther aufgezeigt. Es gelingt ihm auch noch, den erhabenen Seinsmodus dieses Körpers in negativer Abhebung von der sublunaren Welt zu bestimmen (s. 5.3). Dagegen erwachsen dann sehr große Schwierigkeiten aus der Frage, wie man den Aufbau des Ätherbereiches und seine Beziehung zur sublunaren Welt im einzelnen verstehen soll (5.4).

5.3 Der ‚Chorismos‘ des Ätherbereiches als ‚Anderssein‘

5.31 Die Eigenschaften des Ätherbereiches

Bevor wir den Gestirnbereich im einzelnen analysieren, führen wir zuerst kurz die Benennungen vor, mit denen er als Ganzes charakterisiert wird. Es handelt sich ausnahmslos um (oft in negativer Form ausgedrückte) Eigenschaften, durch welche er sich von der sublunaren Welt unterscheidet[69]:

— Andererseits polemisiert Arist. gen. corr. B 6, 333a 16—34 (Joachim 230—233) gerade auf Grund des ἴσα gegen die Unveränderlichkeit der Elemente. — Zum Gedanken des kosmischen ‚Gleichgewichts‘ bei Aristoteles, Platon und den Vorsokratikern (bes. Heraklit) vgl. Solmsen (Index s. v. *Balance*), der aber auf unsere Stelle meteor. A 3 und das Empedokles-Fragment leider nicht direkt eingeht.

[63] Siehe vorst. Anm.

[64] Solmsen 429f.

[65] 31B—32C. 69BC, dazu Cornford 43—52. Gaiser 108f. 348 A. 43. 361 A. 86.

[66] Hinter der Proportion verbirgt sich der Identitäts-Begriff.

[67] Weshalb Aristoteles auf eine genaue Mathematisierung verzichtet hat und Platon auch nicht mit Namen nennt, versteht sich von selbst.

[68] Die Mischungsformel der Einzelsubstanzen geht gleichfalls ideengeschichtlich auf Platon und Empedokles zurück, vgl. *Der chemische Traktat* 299f. 307 und u. 6.222, 6.31.

[69] Hauptstelle: cael. A 3. Zusammenstellung bei Moraux 1197, 19—1198, 7, dem ich z. T. wörtlich folge. Solmsen 289f. Vgl. auch *Kosmologie und Metaphysik* 158.

1. Da der Äther sich gemäß seiner Natur nicht nach oben oder nach unten bewegen kann, besitzt er weder Leichtigkeit noch Schwere[70], die Haupteigenschaften der vier Elemente sind[71]. 2. Alles Werden und Vergehen setzt außer einem Substrat das Vorhandensein von Gegensätzlichem voraus, das an dem Substrat sich abwechselt[72]. Wo solches Gegensätzliche nicht vorkommt, dort gibt es kein Werden und Vergehen. Gegensätzliche Dinge haben stets auch Ortsbewegungen, die einander entgegengesetzt sind. Da dem Kreis und der Kreisbewegung nichts entgegengesetzt ist, ist auch dem Kreiskörper nichts entgegengesetzt. Also ist der Kreiskörper ungeworden und unvergänglich[73]. Folglich 3. unterliegt er weder quantitativer Zu- oder Abnahme[74] noch 4. qualitativer Veränderung[75]. Die drei letzten Charakteristika werden in De caelo und anderswo auch noch durch andere Begriffe ausgedrückt, z. B. durch ἀίδιος[76], ἀπαθές[77] und anderes mehr[78]; manche dieser Bezeichnungen finden wir bei den Ideen Platons oder als Attribute des Göttlichen bei Aristoteles und auch sonst in philosophischen Texten und außerhalb solcher wieder[79]. Diese alle irdische Vergänglichkeit überragende Seinsweise des Äthers und der Sterne bezeichnet Aristoteles öfter prägnant zusammenfassend als ‚göttlich', wie sie bereits bei Platon geheißen hatte[80].

Indem Aristoteles durch diese Termini dem Äther alles abspricht, was mit Vergänglichkeit und substantieller Veränderlichkeit zusammenhängt, schafft er im sichtbaren Kosmos oberhalb der Schicht des

[70] A 3, 269b 18—270a 12, bes. 270a 5—8.

[71] Solmsen 289 und 274—286 *(Heavy and Light)*.

[72] 270a 14—17. 22 (richtig Longo Übers. und Anm.). Vgl. o. S. 473 A. 1.

[73] 270a 14—22. Bezeichnend a 20f ὀρθῶς ἔοικεν ἡ φύσις τὸ μέλλον ἔσεσθαι ἀγένητον καὶ ἄφθαρτον ἐξελέσθαι ἐκ τῶν ἐναντίων. Vgl. part. an. A 5, wo die Ausdrücke ἀγένητος, ἄφθαρτος und θεῖος beieinanderstehen. Die Lehre des Aristoteles faßt prägnant zusammen Simplic. cael. 437, 30—438, 12.

[74] 270a 22—25. Vgl. Joachim 110—136, bes. 122.

[75] 270a 25—35. Vgl. Joachim 105—110. 118—120. 197f.

[76] *Kosmologie und Metaphysik* 158 A. 15.

[77] 270b 2. 284a 14 heißt es vom Himmel: ἀπαθὴς πάσης θνητῆς δυσχερείας ἐστίν.

[78] *Kosmologie und Metaphysik* passim, z. B. 158f.

[79] Ganz wenige Beispiele (vgl. Solmsen 289f; das Thema verdiente weitere Untersuchung): Die met. K 6, 1063a 13—17 auf die Sterne angewendeten Ausdrücke gebraucht Platon von der Idee, z. B. Phaidon 78B—80B. — ‚ewig' o. ä. heißt u. a. der unbewegte Beweger (ἀίδιος Λ 7, 1073a 4), die platonische Idee (Phil. 59 A 7 τὰ ὄντα ἀεί) und natürlich insgesamt das Göttliche seit Homer. — ἀπαθὲς καὶ ἀναλλοίωτον (so 270b 2) ist der unbewegte Beweger Λ 7, 1073a 11 (und cael. 279a 21 nach der plausibelsten Deutung). Vgl. top. 148a 20 ἀπαθεῖς . . . δοκοῦσιν εἶναι αἱ ἰδέαι. Ferner heißt in den sekundären Referaten ἀπαθής der Gott des Xenophanes und der Nus des Anaxagoras (aber auch Demokrits Atome!, s. Kranz' Index). — Wichtig ἀγήρατος 270b 2, vgl. 279a 19 (unbewegter Beweger) und die Belege seit Homer.

[80] *Kosmologie und Metaphysik* 158f.

Werdens einen Bereich idealen Andersseins. Diese tiefgehende ontologische Differenz innerhalb ein und desselben physikalischen Raumes führt sofort zu sehr großen Schwierigkeiten:

Erstens: Wie soll man sich ein Etwas denken, das, obwohl es Körper ist und Bewegung hat, trotzdem individuell unvergänglich ist?

Zweitens: Wie kann dieser unvergängliche Körper in einem Kosmos mit vergänglichem Seienden zusammensein, ohne daß entweder die Differenz erhalten bleibt, aber der Kosmos in zwei Teile auseinanderfällt, oder daß eine gewisse Verbindung besteht, dadurch jedoch beide Bereiche ontologisch einander affizieren?

5.32 Materie und Form, Leib und Seele im Ätherbereich

Obwohl Aristoteles' Aussagen über dieses Thema sehr lückenhaft sind, müssen wir ihn pedantisch genau befragen, da für unser Gesamtthema davon recht viel abhängt: Wie beschaffen ist die Materie der Sphären und der Himmelskörper? Haben sie eine Wesensform und welche? Sind sie beseelt, und wie verhält sich ihre Seele zu ihrer Form? In welcher Beziehung stehen ihre Form und ihre Seele jeweils zu dem unbewegten Beweger der einzelnen Sphäre?

5.321 Haben Sterne und Sphären dieselbe Materie?

Aristoteles hält deutlich auseinander[81]: 1. den ‚Himmel‘ als System ineinandergeschachtelter konzentrischer Hohlkugeln, von denen jede um eine eigene Achse eine besondere Kreisbewegung ausführt; 2. die Sterne, die keine Eigenbewegung haben, sondern an diesen Hohlkugeln ‚befestigt‘ sind und sich mit ihnen und durch sie bewegen[82]. Wie die Sterne, die selber kugelförmig sind[83], in die Kugelschale eingebettet sind, sagt Aristoteles nicht: So bleibt also die Art ihrer ‚Befestigung‘, die Dicke der Sphärenschale usw. unklar. Da jedoch Aristoteles an zwei Stellen damit rechnet, daß die Sterne im Gegensatz zu ihrer Sphäre einen Reibungseffekt bewirken[84], scheint er sich gedacht zu haben, daß die Dicke der Sphärenschale jeweils geringer ist als der

[81] Vgl. cael. B 8 und das Ende von B 9.

[82] 289a 15 Der Sphärenkörper, ἐν ᾧ (τὸ ἄστρον) τυγχάνει τὴν φορὰν ἔχον. a 32 ᾗ ὁ ἥλιος τετύχηκεν ἐνδεδεμένος. b 32f τὰ ἄστρα ἐνδεδεμένα τοῖς κύκλοις. 291a 11 Die Sterne ἐν φερομένῳ ἐνδέδεται ἢ ἐνυπάρχει, so wie ein Schiff, das mit der Strömung treibt. Die Bewegung des Sternes und seiner Sphäre geschieht also mit absolut gleicher Geschwindigkeit. — Vgl. Simplic. cael. 435, 22 ἐν αἷς (σφαίραις) περιεχόμενοι περιφέρονται (οἱ ἀστέρες).

[83] 290a 7f u. ö.

[84] 289a 19—21 (und ff). meteor. 341a 17—36.

Durchmesser der Himmelskörper und diese mithin knaufartig über die Sphäre hinausragen[85].

Die Materie des Gestirnbereiches bespricht Aristoteles kurz in cael. B 7. Indem er auf seine Beweise für die Existenz des fünften Elements, welches sich von Natur im Kreis bewege, zurückverweist[86], sagt er eo ipso, daß die sich kreisförmig bewegenden Sphären aus jenem fünften Körper, dem Äther, bestehen[87]. Angesichts des augenfälligen Unterschieds zwischen Sphäre und Gestirn hätte man erwarten können, daß Aristoteles vielleicht den Stoff der Sterne irgendwie von dem der Sphären unterschieden hätte. Er identifiziert aber ausdrücklich beide Stoffe, weil es so „am logischsten sei und aus dem bereits Gesagten folge"[88]. Außerdem schließe er sich damit dem Vorgehen jener Philosophen an, welche den oberen Bereich mit Feuer anfüllten und die Sterne logischerweise aus dem gleichen Stoff bestehen ließen wie das Medium, von dem sie getragen würden, nämlich aus Feuer[89]. Die letzte Bemerkung übergehen wir und fragen, weshalb Aristoteles seine Entscheidung für logisch begründet und folgerichtig hält; diese Gründe müssen ihm nämlich so gewichtig vorgekommen sein, daß er ihretwegen große sachliche Schwierigkeiten auf sich nahm, wie wir unten sehen werden:

Es ist anzunehmen, daß Aristoteles die Beweise für das fünfte Element einfach weitergedacht hat und somit zum Schluß kam, daß es im Gestirnbereich keinen anderen Stoff als Äther geben könne und dürfe, wenn nicht das ‚Anderssein' des Äthers, seine naturgemäße Kreisbewegung usw. wieder in Frage gestellt werden sollte. Eine solche Beweisführung hat gewiß ihre Schwächen (vgl. den Timaios), ergibt sich aber sehr konsequent aus Aristoteles' Äthertheorie, so wie diese sich folgerichtig aus bestimmten Erfordernissen aristotelischer Naturphilosophie und Bewegungslehre ergeben hatte.

Wie vereinbart sich diese Theorie mit dem erwähnten sichtbaren Unterschied zwischen Stern und Sternsphäre?

85 Wie dieses auf Grund des (äußerst fragwürdigen) Reibungseffektes angenommene Herausragen der Sterne sich mit der u. 5.41 und 5.431 beschriebenen ‚Berührung' zwischen den Sphären vertragen soll, ist unklar.

86 289a 15f ἔφαμέν τι εἶναι ὃ κύκλῳ φέρεσθαι πέφυκεν. Gedacht ist an cael. A 2ff.

87 Daß er es nicht direkt sagt, bietet natürlich keinerlei Schwierigkeit, wie der Zusammenhang von B 7 zeigt. Im übrigen ist die Tatsache, daß die Sphären aus Äther bestehen, eine völlig selbstverständliche Folgerung aus allen Beweisgängen, welche die Existenz des fünften Elements erschließen.

88 289a 13f εὐλογώτατον δὴ καὶ τοῖς εἰρημένοις ἑπόμενον.

89 289a 16—19. Aristoteles mag an Platon gedacht haben (Simplic. verweist auf Timaios 40 A); es fällt jedoch schwer, die aristotelischen Aussagen mit dem Timaios zu verbinden, da dort die Sterne überwiegend aus Feuer bestehen, aber auch geringere Teile der drei anderen Elemente enthalten, und da Platon offenbar nicht ein materielles Medium, in welchem oder mit welchem sich die Sterne bewegen, angenommen hat.

Drei Erklärungen sind prinzipiell denkbar[90]:

a) Eine eidetisch-qualitative: Aristoteles hätte zwei Wesenheiten annehmen können, etwa neben dem fünften Element, dem ,Stoff' der Sphären, noch ein sechstes, den ,Stoff' der Gestirne. Die beiden οὐσίαι hätten hinsichtlich der naturgemäßen Kreisbewegung und der Unvergänglichkeit übereingestimmt, wären aber in bezug auf Licht (und Wärme) voneinander abgewichen. Es scheint jedoch sehr fraglich, ob einer einzigen natürlichen Bewegung, z. B. hier der Kreisbewegung, zwei ,Elemente' zugeordnet werden können. Außerdem bestünde so ein Gegensatz Licht—Dunkel, warm—kalt innerhalb des Gestirnbereiches, der doch jeglichem Gegensatz (innerhalb oder außerhalb) entzogen oder, was dasselbe bedeutet, außer der Ortsbewegung und der ,Körperlichkeit' jeder positiven Bestimmung bar ist (vgl. unten)[91].

b) Eine quantitative: Aristoteles hätte vermuten können, dasselbe Element Äther trete in den Sternen ,dichter', ,konzentrierter' auf als in den Sphären. Aber auch diese Hypothese läßt sich nach den aristotelischen Lehren nicht durchführen: α) Da ein Element sich nicht gummiartig ausdehnen oder zusammenziehen kann und es keine Vakua gibt, vermag ein Element nur dann in geringerer Dichte aufzutreten, wenn es von einem anderen Element wie Luft u. dgl. durchdrungen wird. Das wäre allenfalls bei den unteren, an den sublunaren Bezirk angrenzenden Schichten des Ätherbereiches möglich, nicht aber bei den oberen Sphären. Zudem würde durch den Einschluß eines anderen Elements die Eigenständigkeit des Äthers (Kreisbewegung, Ewigkeit) gefährdet. β) siehe oben Argument a).

c) Es bleibt demnach nur die Annahme übrig, daß die Sterne in ihren Eigenschaften genau so indifferent sind wie die Sphären (weder warm noch hell) und der Gestirnbereich in sich völlig homogen ist. Der sichtbare Unterschied muß also sekundärer Natur sein und außerhalb des Äthers seinen Platz haben, da der Äther zwar Wirkungen verursachen, aber seinerseits nicht affiziert werden kann.

Soweit ergibt sich alles schlüssig aus bekannten aristotelischen Lehren: Die praktische Erklärung aber, die Aristoteles hier und ähnlich noch in der Meteorologie vorlegt, ist völlig unbefriedigend[92]: Wie

[90] Vgl. u. 5.323 die Erörterungen der griechischen Kommentatoren über den Äther.

[91] Vgl. o. 5.31 Anfang. Wir werden gleich unten wahrscheinlich machen, daß es nach aristotelischer Anschauung auch innerhalb des Gestirnbereiches keine Gegensätze gibt und der Äther qualitätslos ist.

[92] Sehr lesenswert die bei Simplic. 440, 13—441, 31 mitgeteilte Lösung, die freilich Aristoteles selber bestimmt nicht im Auge gehabt hat: Die Sonne sendet ,körperliche' Strahlen aus, die, τὸ οὐράνιον (sc. σῶμα; die Ätherschichten unter ihr) ὡς ἄυλον ἄυλοι (!) οὖσαι ἀύλως τε καὶ ἀκωλύτως διεξιοῦσαι, unter dem Mond die Luft durchqueren und, von der Erde reflektiert, je nach dem Einfallswinkel

bei rascher Bewegung durch ein bestimmtes Medium ein Gegenstand infolge der Reibung selber heiß wird und dadurch auch das um ihn befindliche Medium erhitzt, so bringen die Himmelskörper die Luft an der Stelle, wo sie sich jeweils befinden, durch Reibung zum Leuchten und Glühen, ohne selber warm oder hell zu werden[93]. Selbst wenn man sich nicht weiter dabei aufhält, daß statt des erwarteten Feuers hier ‚Luft' als dasjenige Element der sublunaren Welt erscheint, welches mit den Sternen in Berührung tritt[94], wird man sich unter anderem[95] vergebens fragen, wie denn die über dem Mond befindlichen 7 sterntragenden Sphären, zwischen denen sich bis zur letzten Mondsphäre hinunter insgesamt 47 sternlose Sphären befinden, in Kontakt mit sublunaren Elementen kommen sollen. Die meteor. 340 b 6—10 angedeutete Theorie, daß der Äther nicht durchweg von gleicher Reinheit sei und besonders nach unten zum Mond hin die Reinheit abnehme, hat Aristoteles nicht weiter ausgebaut. Sie würde nicht viel weiterhelfen (wie sollte man sich z. B. eine solche Mixtur von Äther und Luft vorstellen?) und neue Schwierigkeiten verursachen, weil hierdurch wiederum das völlige Anderssein des Äthers, das ein Kernstück der aristotelischen Naturphilosophie und Ontologie ist, beeinträchtigt würde. Wie vertragen sich überhaupt cael. Β 7 und meteor. Α 3 mit der Sphärentheorie von Λ 8? Man darf annehmen, daß in meteor. Α 3 und offensichtlich auch in cael. Β 7 nicht an eine Sphärentheorie wie die von Λ 8 gedacht ist und das pragmatische Vorgehen in meteor. Α 3 wenig Rücksicht nimmt auf das ontologische χωρὶς εἶναι des Äthers. Obwohl also diese verschiedenen Ansätze nicht miteinander ausgeglichen sind und die Äthertheorie den Unterschied zwischen Sphären und Sternen und besonders die Sonnenwärme nicht befriedigend zu erklären vermag, rückt Aristoteles nicht von ihr ab. Wir müssen deshalb für unseren Materiebegriff nach wie vor damit rechnen, daß Sphären und Sterne aus dem gleichen Stoff, dem Äther, bestehen.

(= Ausfallswinkel) — der im Sommer steil, im Winter schräg ist — verschieden stark zusammengedrängt und erhitzt werden. Vgl. den Umkreis der Simplic.-Stelle und das Résumé des Thomas cael. 392 f (Marietti).

[93] 289 a 19—33. meteor. Α 3, 340 b 6—29. 341 a 12—36. Vgl. Simplic. cael. 438, 30 bis 444, 15; Guthrie zu cael. Β 7; Ideler und Lee zu meteor. Α 3. — meteor. 340 b 6—10 beziehe ich mit den antiken Kommentaren, Heath, Guthrie (zu cael. Β 7) und Lee auf den Äther (anders Ideler, Oxf. Transl.).

[94] Zur Erwähnung der Luft cael. 289 a 20. 29 f vgl. meteor. 340 b 9 f. Durch die Parallelstelle in cael. wird in meteor. 340 b 9 f der Anstoß beseitigt, der Ideler und die Oxf. Transl. mit zu ihrer unwahrscheinlichen Deutung von meteor. 340 b 6—10 veranlaßt haben dürfte.

[95] Z. B. wird Β 9, 291 a 18—21 eine Reibung zwischen Äther und Luft, wie sie Β 7 und meteor. Α 3 geschildert ist, abgelehnt: Ein Ausgleich zwischen den Stellen wird schwer möglich sein.

5.322 Der Äther — ein qualitätsloser Körper?

Wir haben gesehen, daß der Kreiskörper allen Gegensätzen entzogen ist, quantitativ und qualitativ sich nicht ändert und ἀπαθές ist (o. *5.31*). Bezieht sich dieses Freisein von Gegensätzlichem auch auf die Verhältnisse innerhalb des Ätherbezirkes, d. h. ist er in sich *völlig* homogen oder nicht? Wenn ja, beruht die Homogenität darauf, daß der Äther bestimmte positive Eigenschaften hat, die sich nicht ändern, oder darauf, daß er aller Eigenschaften entbehrt?

a) Der Äther als ‚physikalischer' Körper

Wenn in cael. A 3, gen.corr. A 6 usw. der Ätherbereich den Gegensätzen entzogen wird, so heißt dies zunächst nur, daß er zu keinem sublunaren Element in Gegensatz steht. Nehmen wir vorerst einmal an, daß jede positive Eigenschaft des Äthers, die ein Pendant in der sublunaren Welt hat, *automatisch* zu einem Austausch zwischen dem Äther und den vier Elementen führen *müsse*. Dann würde die aristotelische Lehre, daß er zu keinem der vier Elemente in Gegensatz stehen darf, alle physikalischen Eigenschaften sublunarer Körper von ihm ausschließen: So die in der Elementenlehre von gen.corr. genannten vier Primärqualitäten Warm, Kalt, Feucht oder Trocken und damit sämtliche weiteren Qualitäten, z. B. ‚hart' und ‚weich', die als Sekundärqualitäten aus den vier Grundqualitäten hervorgehen und wieder auf sie zurückgeführt werden können[96]. Die Elementenlehre in De caelo läßt die genannten vier Hauptqualitäten der Elemente hinter den Eigenschaften ‚schwer' und ‚leicht' zurücktreten; aber auch hiermit hat der Äther nichts zu tun, und Aristoteles sagt denn auch ausdrücklich in cael. A 3, daß der Äther weder schwer noch leicht sei. Demnach besitzt der Ätherkörper keine positive physikalische Eigenschaft.

Verweilen wir noch etwas im Bereich der an den sublunaren Verhältnissen orientierten aristotelischen Physik. Da drängt sich folgende Frage auf: Wodurch unterscheidet sich der Äther, wenn er qualitätslos ist, noch von einer reinen res extensa, einem mathematischen Körper? Zwei Unterschiede bestehen: α) Im Gegensatz zu den dreidimensionalen Objekten der Mathematik bewegt er sich. β) Aristoteles schreibt ihm, wie besprochen, gewisse Reibungseffekte zu, die nur dann eintreten können, wenn er eine bestimmte Dichte und Festigkeit besitzt.

Zu α): Die Bewegung ist bei Aristoteles stets an einen sich bewegenden Körper gebunden, das heißt, weil normalerweise die Verhältnisse der sublunaren Welt als Maßstab vorschweben, an einen

[96] Joachim 208. 210f. Solmsen 349—351 u. ö.

Körper mit bestimmtem Gewicht, Dichte, Festigkeit usw. Wie weit sind aber diese Eigenschaften notwendige Vorbedingung von Bewegung? Da Aristoteles dem Äther jegliches Gewicht abspricht, ist im Falle des fünften Elements das Gewicht nicht Voraussetzung von Bewegung, sondern es würde im Gegenteil die ,natürliche' Kreisbewegung unmöglich machen[97]. Besitzt er sonst eine Art ,Stofflichkeit', an welcher die Kreisbewegung ansetzen kann und muß? Denn ein ,mathematisches' Volumen, eine reine Extensio kann sich doch, wie man meinen möchte, nicht bewegen. In Newtonschen Termini gesprochen: Der Äther hat keine ,schwere Masse'; hat er vielleicht nur ,träge Masse'? Schon diese Trennung ist fragwürdig, weil nach moderner Auffassung beide Arten von Masse nur zwei Aspekte derselben Sache sind. Zudem ist ja der Begriff der ,Masse' Aristoteles fremd[98] und auch mit seiner qualitativ-eidetischen Naturphilosophie nicht vereinbar[99]. Man kann also beim Äther genausowenig von ,träger Masse' sprechen wie bei allen anderen Körpern, und beim Äther noch weniger, weil es bei ihm Anfang, Ende und Langsamerwerden der Bewegung de facto nicht gibt und von seinem Wesen die δύναμις des Stehenbleibens ausdrücklich ausgeschlossen wird (u. *5.325*), so daß der Begriff einer trägen Masse sowieso fehl am Platze ist. Es gibt also auf die Frage, *was* sich denn da eigentlich kreisförmig bewege, (vorerst?) nur die Antwort: ein Etwas, dem man über ,Körperlichkeit' (d. h. dreidimensionale Extensio) hinaus keine Stofflichkeit zuschreiben kann. Natürlich ist μέγεθος die elementarste Voraussetzung jeder Bewegung[100], aber reicht dies aus, um eine Bewegung zu ,tragen'?

Zu β): Die schon mehrfach erwähnten Reibungseffekte setzen voraus, daß der Äther, um die Luft affizieren zu können, eine gewisse Dichte und Festigkeit und eine deutlich abgegrenzte Oberfläche hat. Ebenso wird der ,erste Himmel' scharf nach ,außen' abgegrenzt sein, desgleichen die einzelnen Sphären gegeneinander.

Ergebnis: Dem Kreiskörper kann keine physikalische Eigenschaft positiv zugesprochen werden, ohne daß er mit der Welt der Gegensätze verquickt wird, welcher er doch gerade enthoben sein soll. Aristoteles spricht ihm auch keine direkt zu. Andererseits muß er ein Minimum an ,Stofflichkeit', Dichte und Festigkeit besitzen, um Reibung erzeugen zu können, vielleicht auch, um sich bewegen zu können. Es hilft nichts, wenn wir für diese beiden Wesenszüge, Bewegung und Festigkeit, darauf verweisen, daß man später Bewegung und Festigkeit

[97] Es bliebe noch zu überlegen, wie sich die Gewichtslosigkeit des Äthers mit den Reibungseffekten vereinbart, die er hervorruft.

[98] Jammer, *Masse* 20f u. ö. Vgl. o. 5.23, u. 8.26.

[99] Vgl. erneut u. 8.26.

[100] Bonitz 390b 38ff.

unter die Primärqualitäten eines Körpers qua Körper rechnete[101]: Hier bei Aristoteles lassen sie sich offenbar weder mit der ontologischen Stellung des Äthers noch mit der bei Aristoteles sonst üblichen Abfolge der Körperqualitäten vereinigen[102].

b) Der Äther als theoretisches Postulat und Idealkörper

Die bisher vorausgesetzte Annahme, daß man auf den Äther die aus den sublunaren Körpern gewonnenen Grundsätze aristotelischer Physik anwenden dürfe und könne, ist sehr zweifelhaft. Denn die Lehre vom Äther, in welcher sich traditionelle Anschauungen der Religion und der Philosophie mit ‚abstrakten' Postulaten aristotelischer Ontologie vermischen, gibt dem fünften Element ein Idealsein, das die Anwendung ‚sublunarer' Prinzipien, wenn überhaupt, dann nur in analoger Weise gestattet (u. 8.1)[103]. Es ist daher schwierig, ja unmöglich, seinen Seinsmodus physikalisch zu verifizieren. Freilich lädt uns Aristoteles — wie oben gesehen — zu einer physikalischen Betrachtungsweise geradezu ein, wenn er dem Äther Bewegung und Reibungswirkungen verleiht, und es spricht auch sonst in De caelo manches dafür, daß Aristoteles den Äther soweit wie möglich physikalischen und nicht ontologischen — oder gar speziell theologischen — Kriterien unterwerfen wollte[104]. Trotzdem wächst der Äther durch die Stellung, die er im Seinsaufbau einnimmt[105], eo ipso über die normale physikalische Betrachtung hinaus. Aristoteles war sich über das ‚Anderssein' des Äthers völlig im klaren[106], zog aber für die ‚Himmelsphysik' nicht gebührend die methodischen Konsequenzen. Ob der in De caelo öfter verwendete Analogiebeweis[107] helfen soll, die Himmelsphysik trotz aller Schwierigkeiten der ‚sublunaren' Physik unterzuordnen, oder ob er einen ersten Schritt auf eine neue Art von Himmelsphysik zu bedeutet, läßt sich nicht entscheiden.

Wie dem auch sei, es scheint, als habe Aristoteles dem Äther als einem idealen Seienden gemäß dem jeweiligen Sachzusammenhang bestimmte Züge verliehen, ohne diese untereinander auszugleichen oder von den Eigenschaften sublunarer Körper sauber abzugrenzen. So ist es also erstens möglich, daß der Äther als bewegt gedacht wird,

[101] John Locke, *Essay* II 8, 9ff.

[102] Vgl. Alexander bei Simplic. 442, 22ff und die Entgegnung des Simplicius 443, 18ff.

[103] Die ‚vollkommenere' Seinsweise des Äthers, die schon in den Darlegungen Alexanders und des Simplicius berücksichtigt ist (z. B. 441,30—442,3. 443,30—444,3 u. ö.), wird von Thomas anläßlich cael. B 7 sehr deutlich herausgearbeitet; vgl. u. 5.323 Ende.

[104] Vgl. W. Kullmann, in: *Synusia* (Festgabe W. Schadewaldt), 1965, 255ff.

[105] *Kosmologie und Metaphysik* passim.

[106] Vgl. cael. 286a 4—7. part. an. 644b 24—35.

[107] Gut hierüber W. Kullmann, a. O.

ohne daß über seine ‚Stofflichkeit' als Voraussetzung Klarheit bestünde. Wir müssen ja auch ständig bedenken, daß die Kreisbewegung nicht eine Bewegung unter anderen im Sinne unserer Physik ist, sondern die wertvollste und vollkommenste, die allen anderen Bewegungen zum Maßstab dient; also auch sie überragt (wie der Kreiskörper) als etwas ‚Ideales' die sublunaren Verhältnisse. Zweitens ist denkbar, daß der Äther ständig bestimmte Eigenschaften hat (Festigkeit), die eben nicht mit den entsprechenden sublunaren Qualitäten austauschbar sind, und dies vielleicht deshalb, weil drittens Ätherqualitäten ‚auf vollkommenere Weise' sind als die sublunaren Qualitäten, so daß die sublunaren Qualitäten den supralunaren ‚ähnlich' sind (aber nicht umgekehrt) und sie vielleicht sogar ‚nachzuahmen' versuchen[108].

5.323 Die Kommentatoren zu De caelo B 7

Kann man die Differenz zwischen der Erscheinungsweise der Sterne und derjenigen der Sphären durch Unterschiede innerhalb des Ätherbereiches erklären, ohne die Unvergänglichkeit des supralunaren Seins anzutasten? Nach Alexander wird die ontologische Sonderstellung der Ätherkörper, die als ewige ὄντα hinsichtlich ihres Wesens (οὐσία) jeglichem Gegensatz entzogen sind, in keiner Weise beeinträchtigt, wenn man gewisse akzidentelle Unterschiede der Dichte, der Farbe usw. zwischen ihnen annimmt, durch welche sie in Gegensatz zu den (im Wesen ganz verschiedenen) sublunaren ὄντα treten würden[109]. Simplicius ergänzt dazu, daß die Gegensätze erst aufeinander wirken könnten, wenn ein gemeinsames Substrat vorliege; das gebe es aber zwischen dem Sub- und dem Supralunaren nicht. Auch innerhalb des Ätherbereiches seien zum Teil verschiedene ‚Substrate' anzunehmen (Pole — Äquator), z. T. seien die Substrate ewig mit ein und derselben Wesensform verbunden und auf diese hingeordnet (Sphären bzw. Sterne), so daß ein Wechsel bei ihnen nicht denkbar sei[110].

Die Ätherkörper weisen somit mannigfache Unterschiede voneinander auf, bilden aber doch eine Einheit, indem sie sich sämtlich im Kreise bewegen und unvergänglich sind. Wodurch die Verschiedenheit und die Einheit zustande kommen, ist schwer zu sagen: Alexander

[108] So faßt es Simplic. 441,31—442,3 und 443,30—444,3 auf. An der zweiten Stelle geht er von Platon aus, welcher wegen ihrer Betastbarkeit den Sternen einen Teil Erde beimischt (vgl. Timaios 31 B mit 40 A), und sagt, dies könne nur so verstanden werden, daß sie diese Eigenschaften ἁπτόν und ὁρατόν *eminentiore modo* (443, 32 κατὰ τὰς ἀκρότητας) als die sublunare Erde und das Feuer besitzen. — Zum ‚Nachahmungsmotiv' vgl. *Kosmologie und Metaphysik* 169.

[109] Simplic. cael. 436, 4—23.

[110] 437, 7—29, bes. 19—23.

sieht (bezeichnenderweise) die Einheit in der (ziemlich stofflich verstandenen) οὐσία, die Differenz in den πάθη der οὐσία. Simplicius dagegen hält die Unterschiede für so bedeutsam, daß er verschiedene οὐσίαι annimmt und die Gemeinsamkeit in das γένος verlegt[111]: Dem Genus der εὐθυπορούμενα mit seinen εἴδη entspreche das Genus der κυκλοφορητικά mit seinen εἴδη[112]. Die qualitative Auffassung des Simplicius entspricht mehr der Denkweise des Aristoteles[113], aber die ganze Erörterung Alexanders und des Simplicius nimmt auf die Tatsache zu wenig Rücksicht, daß Aristoteles selber im Ätherbereich offenbar keine qualitativen Unterschiede annahm, sondern Licht und Wärme der Sterne mit der Reibung erklärte (o. *5.321*). Mit dieser Erklärung waren indes die Kommentatoren, wie das Folgende (438, 30 ff) zeigt, nicht einverstanden und suchten deshalb nach einer anderen Lösung.

Thomas[114] nimmt Verschiedenheiten innerhalb des Ätherbezirks an, die aber weder zu Verschiebungen im Ätherbereich noch zum Austausch mit der sublunaren Welt führen. Das heißt, es sind keine ‚Gegensätze' wie bei den sublunaren Körpern, die Werden und Vergehen hervorrufen[115].

5.324 ‚Individualität' im Sternbereich

Da Aristoteles die Sphären und die von ihnen mitgeführten Sterne klar unterscheidet (o. *5.321*) und in Λ 8 die (56 bzw. ‚48') Sternsphären als οὐσίαι bezeichnet werden[116], möchte man außer den Sternsphären auch die einzelnen Sterne als ‚Substanzen' ansehen. Ob dies möglich ist, kann erst entschieden werden, wenn geprüft ist, wieweit und in welcher Weise das Materie-Form-Schema auf den Gestirnbereich angewendet werden darf.

[111] Zur Problematik des Genos im Ätherbereich vgl. u. 5.324.

[112] 438, 13—26.

[113] Alexander arbeitet auch offenbar mit den Begriffen πυκνότης-μανότης (z. B. 436, 6f; vgl. die vorsichtige Formulierung 437, 25f), die, wie o. 5.31 gesagt, auf den Ätherbereich nicht angewendet werden dürfen.

[114] cael. 2, 10 (382—394 Marietti).

[115] 384 Mar. oportet dicere formas seu qualitates contrarias, quae sunt in inferioribus corporibus, esse aliqualiter in corporibus caelestibus, non quidem univoce, sed . . . per quandam similitudinem . . . . Et ideo . . . *non* in corporibus caelestibus sunt sub ratione contrarietatis.

[116] Das läßt sich eindeutig aus 1073a 23—b 3 ablesen. Dagegen gibt 1073b 5 περὶ οὐσίας αἰσθητῆς μὲν ἀιδίου δέ (handele die Astronomie) nichts für unsere Frage aus, da οὐσία hier wie öfter einen ganzen ‚Seinsbereich' meint (vgl. Merlan, *Movers* 8). Das Wort ἄστρον (1073a 34. 1074a 28; etwas anders 1073b 10) bezeichnet nicht den Stern im Gegensatz zu seiner Sphäre, sondern ungenau die (sterntragende oder sternlose) Sphäre, also dasselbe wie 1074a 30f τὰ θεῖα σώματα. Vgl. Bonitz s. v.

Da der Ätherstoff den gesamten Raum über dem Mond erfüllt und in sich so absolut homogen ist, wie kein Stoff irgendwo im sublunaren Bereich es sein kann, gibt es keine qualitativen Unterschiede im Sternbezirk (o. *5.321*). Es sind also nur quantitative Abgrenzungen zwischen Stern und Sphäre, und zwischen den Sphären untereinander, festzustellen. Die Sphären untereinander sind zudem dadurch differenziert, daß jede einzelne von ihnen eine andere Kreisbewegung ausführt.

Jede der nach Größe und Bewegung ‚individuellen' Sphären ist eine Substanz (οὐσία) für sich, die aus dem Ätherstoff und einer Wesensform besteht. Obgleich man sich vorstellen könnte, daß diese Sphären unbelebt wären und gleich den sublunaren Elementen in unbewußter Teleologie, ihrer naturgemäßen Bewegung folgend, der Vollkommenheit des unbewegten Bewegers nacheifern würden — Aristoteles hat in De caelo (und vielleicht auch später stets?) die Sphären als Lebewesen betrachtet, die einen Ätherleib und eine Seele haben[117]; beide wirken harmonisch zusammen, um die Kreisbewegung zustande zu bringen[118]. Welchem unbewegten Beweger die Sphärenseele ihrerseits nachstrebt, ist hier nicht weiter von Belang: In De caelo ist es ein gedanklich nicht weiter analysierter erster Beweger, in Λ 8 die Vielzahl der Beweger, von denen je einer zu einer Sphäre gehört.

Ob man diese Bestimmungen, die für die Sphären gelten, sämtlich auch auf die einzelnen Sterne übertragen kann, ist fraglich, zumal sich Aristoteles nicht darüber äußert[119]. Denn die Sterne sind als kugelförmige Einschlüsse im Sphärenring quantitativ eigenständig und abgegrenzt (wenn auch irgendwie an der Sphäre ‚befestigt', d. h. wohl: durch ‚Berührung' gehalten), haben aber keine von der Sphäre abweichende Bewegung. Man kann ihnen auf Grund dieses quantitativen Abgegrenztseins ‚Substanz'-Charakter zusprechen, d. h. eine ‚individuelle' Wesensform ‚Sonne', ‚Mond', ‚Mars', ‚Fixstern' a b c usw. geben. Wenn man jedoch diese Wesensform als Seele versteht, wird

[117] Gute Besprechung der Frage bei Moraux 1198, 16—1199, 65, wo die hergehörigen Stellen und die Literatur aufgeführt sind. — Welche philosophische Funktion die der Tradition (z. B. Platon) entnommene Lehre von den Stern-(bzw. Sphären-) Seelen in De caelo hat, ist nicht recht deutlich. Zwar ist die natürliche Kreisbewegung des Äthers problematisch, weil keine der aristotelischen Bewegungsdefinitionen auf sie anwendbar ist (Moraux 1203, 36—62; z. B. hat sie keinen ‚natürlichen' oder ‚naturwidrigen' Ort), aber man darf ihr nicht eine ‚Defizienz' zuschreiben, die durch die Seelen als Bewegungsprinzipien ausgeglichen werden müßte (vgl. u. S. 499f). Die Seelen haben aber wohl die Aufgabe, die in der ὕλη τοπική angelegte δύναμις der Bewegungsrichtung je in bestimmter Weise zu verwirklichen (u. 5.325).

[118] Moraux 1199, 48—65.

[119] Selbst Thomas, der doch sonst die Lücken der aristotelischen Lehren systematisch ausfüllt, spricht über diesen Punkt recht wenig: Sonne, Mond und die Planeten werden als Individuen gedacht, die einzelnen Fixsterne wohl nicht (Litt 97f).

dadurch nichts erklärt, im Gegenteil noch manches kompliziert: Denn man müßte nunmehr jeweils eine vollkommene Harmonie annehmen zwischen den Seelen und Körpern der Sterne und ihrer zugehörigen Sphären. Viel eher wird man die Belege, nach denen die Sterne nur mit den und durch die Sternsphären bewegt werden (o. *5.321*), so auffassen müssen, daß die Sterne qua Ätherkörper keine δύναμις des ‚Stillstehens' besitzen, d. h. die gleiche ‚naturgemäße' Kreisbewegung wie ihre Sphäre haben, daß ihnen aber andererseits eine eigene Seele fehlt, die sie in eine bestimmte Richtung lenken würde. Sie sind also nur als Teil der Sphäre ‚beseelt' und ‚belebt'. Das heißt, die dem Äther beigegebenen Epitheta der Vollkommenheit gelten in erster Linie für die Sphären, in zweiter für die einzelnen Sterne — alles Folgerungen, die sich konsequent aus den aristotelischen Lehren über den Ätherbereich ergeben. Wir beschränken uns daher auf die Betrachtung der Sphären und fragen nach deren Materie und Form:

Die Form gibt jeder Sphäre eine besondere Abmessung und eine besondere Kreisbewegung, z. T. mit dem Fixsternhimmel, z. T. gegen ihn, z. T. in einer anderen Ebene als er usw.[120]. Sie sind mithin für die Sphären Individuationsprinzipien, wohingegen die Äthermaterie als allen Sphären Gemeinsames das Allgemeine zu vertreten scheint. Dieses Verhältnis ist dem Befund diametral entgegengesetzt, wie wir ihn aus dem sublunaren Bereich kennen; dort nämlich ist das Art-Eidos das ‚Allgemeine', und die Materie ‚individuiert'[121]. Warum ist es im Sternenbereich nicht ebenso?

Sublunar kommt erstens dasselbe Eidos zu gleicher Zeit in mehreren ‚Exemplaren' vor, so daß offenbar der Unterschied zwischen den Individuen in der Materie liegt; zweitens verwirklicht sich im Ablauf der Zeit das Eidos immer wieder neu in der Materie, und es bleibt erhalten, während das Individuum jeweils vergeht. Also steht synchronisch und diachronisch die Selbstidentität des Art-Eidos der differenzierenden Materie gegenüber, und beide wirken zusammen, um Werden und Vergehen zu ermöglichen. Bei den Sternen gibt es kein Werden und Vergehen, also ist eine Differenzierung des Eidos als Explikation in der Zeit ausgeschlossen. Es ist aber auch nicht möglich, in den Sphären — gleichsam ‚synchronisch' — eine Reihe von ungewordenen und unvergänglichen, durch die Materie differenzierten Individuen der Art ‚Sphäre' (o. dgl.) zu sehen, weil die Äther-Materie homogen ist. Es bleibt demnach nur übrig, die Differenzierung dem Eidos zuzuschreiben. Das Eidos im Sternenbereich ist mithin Individualform.

[120] Vgl. zur verschiedenartigen Bewegung der Sphären u. 5.431. Ob für die Abweichungen von der Bewegung des Fixsternhimmels letztlich die Sphärenseele oder der unbewegte Beweger der Einzelsphäre verantwortlich ist, wissen wir nicht; es kommt auch für unseren Zusammenhang wenig darauf an.

[121] Vgl. vorläufig Baeumker 281—291 und Sach-Index s. v. *Individuation 1.*

Der hier unter den besonderen Verhältnissen des Gestirnbezirks auftretende bedeutsame Gedanke eines Individual-Eidos hätte, weiter durchdacht und angewendet, eine ungeheure Wirkung ausüben können. Denn diese Lösung des Individuationsproblems von der Form-Seite her, welche weder die antike noch die mittelalterliche Philosophie konsequent und energisch durchgeführt hat, ist zwar nur eine der vielen möglichen Antworten, aber philosophisch überzeugender als der seit Aristoteles immer wieder gemachte Versuch, das Individuelle von der Materie aus zu erfassen. Dieser Neu-Ansatz ist aber bei Aristoteles nicht zum Tragen gekommen, und wir können auch, von späteren Texten rückschließend, den Grund dafür vermuten[122]:

Aristoteles hat offenbar analog den sublunaren Verhältnissen die Formen der Sphären sämtlich als Art-εἴδη verstanden, die jeweils nur in einer einzigen individuellen Ausprägung vorkämen. Ein übergeordnetes γένος[123] (z. B. ‚kreisbewegter Körper' o. dgl.) hat Aristoteles aber wohl nicht angenommen, weil die Sphären (und ihre Beweger) in einer *Reihe* angeordnet sind, deren Glieder in der Rangfolge des ‚Früher' und ‚Später' zueinander stehen[124]. Das oberste Glied (also ‚Fixsternsphäre' bzw. ‚erster Beweger') ist zugleich Prinzip der gesamten Reihe und dadurch ein ‚Allgemeines': Es ist καθόλου τῷ πρότερον εἶναι[125]. Diese Lösung, in den Sphären-Formen Art-εἴδη zu sehen, ermöglichte es, den Eidos-Begriff, ohne ihn radikal umändern zu müssen, auf den Gestirnbereich anzuwenden, und so die Ewigkeit und Unsterblichkeit der sublunaren *Art* ohne weiteres mit der *individuellen* Ewigkeit und Unsterblichkeit der Äthersphären zu vereinigen. Diese Übereinstimmung nach außen hin verdeckt jedoch den tiefgreifenden Unterschied zwischen dem sublunaren und dem supralunaren Eidos[126].

5.325 Die ὕλη τοπική

Das Materieprinzip des Sternbereiches weicht wesentlich von dem der sublunaren Welt ab. Es zu untersuchen, sind zwei Verfahrensweisen möglich, von denen die erste kaum über knappe Andeutungen hinausführt: 1. Die sublunare Materie begegnet in verschiedenen Stadien der Überformung, angefangen vom völlig bestimmungslosen — besonders qualitäts- und quantitätslosen — Prinzip der Bestimmbarkeit bis hin zur höchstdifferenzierten und überformten ἐσχάτη ὕλη, und man kann

[122] Zu Simplicius o. 5.323. Vgl. die Thomas-Texte bei Litt 91—98.
[123] Diesen Terminus gebraucht Simplicius, o. 5.323.
[124] Näheres o. 4.214a/b. Weitere Parallelen Sach-Index s. v. *früher 1a, Reihe.*
[125] Dieser Ausdruck, der auf met. K 7, 1064b 13f anspielt, bezeichnet in Kürze das Gesetz all dieser ‚vertikalen' Reihen.
[126] Vgl. u. 5.422 Ende.

diese Stufenfolge ‚zum Prinzip hin' und ‚vom Prinzip her' durchlaufen und so erhellen[127]. Beim Äther ist eine solche Analyse sehr schwierig, weil er überall und ewig mit sich identisch ist. Es sind also keine Vorstufen der Formung belegt (z. B. die Homoiomere als Vorstufen der Anhomoiomere), und es gibt auch sonst keine Indizien (z. B. der Kontrast zwischen den vier Elementen und ihr Wechsel ineinander), die der Analyse eine Handhabe böten. Geht man vom völlig Bestimmungslosen aus, so müssen zu diesem, um den Äther zu konstituieren, auf jeden Fall die Bestimmungen ‚Körperlichkeit' (d. h. dreidimensionales Kontinuum) und ‚kreisbewegt' hinzutreten. Auch ‚Festigkeit' dürfte hinzugehören; ob sonst noch etwas, ist ganz unsicher. Weiter lehrt diese ‚interne' Analyse nichts, und wir müssen noch einmal auf unsere Frage zurückkommen, wenn wir die verschiedenen Arten von ὕλη miteinander kontrastieren (u. *8.132*), das heißt die ‚vergleichende' Methode anwenden. Etwas mehr erfahren wir, wenn wir nunmehr 2. die Metaphysik-Stellen heranziehen, an denen Aristoteles über die ὕλη τοπική des Äthers spricht[128]: Aristoteles bezeichnet mit ‚Orts-Materie' (ὕλη τοπική, ὕλη ποθέν ποι u. ä.)[129] die einem Körper innewohnende Voraussetzung dafür, daß dieser Körper die Bewegungsrichtung ändern kann. Worin diese Voraussetzung nun eigentlich besteht, sagt Aristoteles nicht. Wir erfahren auf die Frage ‚was ist der Äther?': ‚ein Körper, welcher ein δυνάμει ὂν κατὰ τὸν τόπον ist', und weiter: ‚δυνάμει ὂν κατὰ τὸν τόπον ist er, weil er ὕλη τοπική hat', aber dabei läßt es Aristoteles bewenden. δύναμις und ὕλη sind also hier wie oft praktisch konvertibel[130], und Aristoteles beschreibt mit beiden Begriffen das Phänomen der Ortsbewegung des Äthers, ohne es zu deuten. Wir wissen mithin jetzt genausowenig wie o. *5.322*a, ob wir dem Äther als zureichenden Grund für seine Ortsbewegung über ‚Körperlichkeit' (d.h. Dreidimensionalität) hinaus eine Art ‚(träger) Masse' geben müssen oder nicht.

Das Wesen der ὕλη τοπική läßt sich daher nicht durch direkten Rückgriff auf den Ätherkörper selbst erhellen. Da wir, wie gesagt, den Vergleich der ‚Ortsmaterie' mit den anderen Arten der ὕλη einem besonderen Abschnitt vorbehalten wollen (u. *8.132*), bleibt nur übrig,

[127] Näheres u. 7.823.

[128] H 1, 1042b 5f. 4, 1044b 6—8. Θ 8, 1050b 20—22. Λ 2, 1069b 24—26. 7, 1072b 4—7; auch die Umgebung der Stellen ist wichtig. Vgl. Baeumker 246, Zeller 437 A. 7 und die Erklärer zu den genannten Stellen, bes. Bonitz zu 1042b 6, Schwegler 4, 137f.

[129] ὕλη τοπική: H 1, 1042b 5f. — ὕλη ποθέν ποί: Θ 8, 1050b 21f. Λ 2, 1069b 26; vgl. EN 1174a 30. 32. b 5. Ob man die beiden Wörter ποθέν ποί (indefinit; so Ross und Jaeger) oder πόθεν ποῖ (fragend, so z. B. Bekker, Schwegler, Bywater) akzentuieren soll, läßt sich nicht entscheiden. — Weitere Ausdrücke: 1044b 8 (ὕλη) κατὰ τόπον κινητή, vgl. 1050b 15 und 1072b 6 κατὰ τόπον, 1050b 18 πού.

[130] Vgl. Sach-Index s. v. *Möglichkeit 2a*.

die verschiedenen Bedeutungen, die ‚Ortsmaterie' prinzipiell haben kann, zu differenzieren und gegeneinander abzuwägen: a) Der Körper kann sich bewegen, aber auch zum Stillstand kommen; b) sich geradlinig oder kreisförmig bewegen (irreguläre Bewegungen sind wohl ausgeschlossen); c) die Kreisbewegung in verschiedenem Drehsinn und um verschiedene Achsen vollführen.

Zu a) und b): Die prinzipiell in der ‚Ortsmaterie' einbegriffenen Möglichkeiten des Stillstands und der geradlinigen Bewegung sind dem Wesen des Äthers ebenso fremd wie sie im Wesen der sublunaren Elemente fest verankert sind.

Daß der Ätherkörper als solcher, ohne sein Wesen zu negieren, keine geradlinige Bewegung ausführen kann, ergibt sich schon aus den Beweisen für seine Existenz und seinen Attributen, z. B. dem Freisein von Schwere und Leichtigkeit (o. *5.31*). Hat der Äther die ‚Möglichkeit', langsamer zu werden oder stehenzubleiben? Obgleich diese Frage insofern müßig zu sein scheint, weil der Äther ewig dem gleichbleibenden Einfluß des Bewegers (bzw. der Beweger) und der diesem nachstrebenden Seele unterliegt und deshalb eine δύναμις zum Stehenbleiben, selbst wenn er sie besäße, niemals verwirklichen könnte, dürfen und müssen wir sie stellen, weil Aristoteles sich hierzu geäußert hat:

In cael. B 1 rekapituliert er die in cael. A entwickelten Eigenschaften des Äthers und fügt hinzu, daß der Äther sich ‚ohne Mühe' und völlig gemäß seiner Natur und aus seiner Natur heraus bewege[131]. Er brauche somit erstens keine Stütze von unten, wie es der Atlas-Mythos behaupte, denn er sei weder schwer noch erdartig[132]. Zweitens werde er auch nicht dadurch im Sein erhalten, daß er durch Anstoß von außen eine (zentrifugale) Beschleunigung erfahre, die seine eigene Bewegungstendenz (nach unten) übersteige[133]. Drittens sei auch kein von einer Seele ausgeübter Zwang imstande, eine ‚mühelose' ewige Bewegung des Äthers zu bewirken[134]. Wie man längst gesehen hat, wendet sich Aristoteles hiermit nicht gegen die Beseeltheit des Himmels überhaupt, sondern nur gegen eine der Natur des Äthers widerstrebende Seelenwirkung. Es ist also denkbar und sogar wahrscheinlich, daß jede Sphäre gemäß ihrer Natur von ihrer Seele ohne Zwang und Anstrengung bewegt wird[135]. Es bleibt jedoch wieder ungesagt, worin diese ‚Natur' eigentlich besteht: Mit dem Begriff ῥοπή a 25, der eine stark ‚mechanische' Nuance hat[136], gibt Aristoteles nur die Lehr-

[131] 284a 14—18. [132] 284a 18—23.

[133] 284a 24—26, bes. 24f διὰ τὴν δίνησιν θάττονος τυγχάνοντα φορᾶς τῆς οἰκείας ῥοπῆς. Zu ῥοπή vgl. unten.

[134] 284a 27—35.

[135] Moraux 1199, 19—39.

[136] Vgl. Bonitz s. v. Dieser (z. B. bei Jammer, *Masse*, offenbar nicht berücksichtigte) Begriff ist für die Diskussion über den antiken Massenbegriff wichtig.

meinung des Empedokles wieder[137], die er ablehnt. Man darf also nicht diesen Terminus mit dem aristotelischen Äther verbinden und kann sogar aus a 24 f schließen, daß der aristotelische Äther keine mechanisch-quantitative Bewegungstendenz, sondern die eidetisch-qualitative Wesenseigenschaft hat, erhaben über Schwere, Masse u. dgl. sich mit bestimmter Geschwindigkeit im Kreise zu bewegen. Es besteht mithin zwischen der Natur des Äthers und dem Wollen der Sphärenseelen eine Art von prästabilierter Harmonie[138]. Schon deshalb ist es ausgeschlossen, daß die ὕλη τοπική des Äthers die δύναμις des Stehenbleibens einbegreift. Dies bestätigt Aristoteles ausdrücklich in met. Θ 8:

Ein Seiendes kann δύναμις ‚dem Wesen nach' (κατ' οὐσίαν, ἁπλῶς) oder ‚in bestimmter Hinsicht' haben (κατά τι, *secundum quid*; z. B. κατὰ τόπον, κατὰ τὸ ποσόν, κατὰ τὸ ποιόν). Selbstverständlich haben die ewigen und die notwendig Seienden keine Dynamis ‚dem Wesen nach', sondern höchstens eine *secundum quid*, also eine akzidentelle[139]. „Auch ewige Bewegung — falls es eine solche gibt — enthält in ihrem Wesen keine ‚Möglichkeit'. Und wenn es ein ewig Bewegtes gibt, so ist es nicht auf Grund einer ‚Möglichkeit' in Bewegung — es sei denn hinsichtlich des ‚Woher' und ‚Wohin' (nichts hindert es daran, Materie zu haben, die es zur Bewegung in verschiedenen Richtungen befähigt). Deshalb sind Sonne und Sterne und der ganze Himmel immer in Energeia, und es ist nicht zu befürchten, daß sie irgendwann einmal stehenbleiben könnten, was die Naturphilosophen befürchten. Sie ermüden auch nicht in ihrer Aktivität; denn die Bewegung ist für sie nicht, wie für die vergänglichen Dinge, mit der Möglichkeit zu Entgegengesetztem verbunden, so daß die Kontinuität der Bewegung beschwerlich wäre. Denn die Beschwerlichkeit wird von Hyle und Dynamis verursacht"[140].

Aristoteles sagt hier eindeutig, daß die Ätherkörper nicht die δύναμις zum Stillstand in sich haben[141]. Ihre ὕλη τοπική schließt also nur die Möglichkeit ein, daß sie sich in verschiedener Richtung und um verschiedene Achsen kreisförmig bewegen können, sonst nichts weiter. Im Falle des Äthers müssen deshalb die Wörter τοπικός, ποθέν

[137] a 25 τῆς οἰκείας ῥοπῆς „als (infolge seines Gewichts) seine eigene Bewegungstendenz (nach unten) ist"; Simplic. cael. 375, 25—376, 4 meint, daß nach Empedokles' Ansicht die am Äther ansetzende Zentrifugalkraft seine Tendenz zum Fall nach unten ausgleiche. Unsere Stelle bedarf noch weiterer Behandlung (zu knapp der Hinweis VS I[10] 499, 4). Vgl. noch Jaeger, *Aristoteles* 322 (seine Textauffassung ändert am Gesamtsinn nichts).

[138] Richtig Moraux 1199, 48—65.

[139] Θ 8, 1050b 11—19.

[140] 1050b 20—28; die Übersetzung lehnt sich an Ross an.

[141] Besonders b 24—26 οὐ περὶ τὴν δύναμιν τῆς ἀντιφράσεως αὐτοῖς ἡ κίνησις. Vgl. Schwegler 4,182.

ποι, κατὰ τόπον usw. strikt auf Bewegungs*richtung* eingeschränkt und dementsprechend übersetzt werden[142].

Warum engt Aristoteles die δύναμις des Äthers so ein? Da er am Beginn des betrachteten Abschnitts aus Θ 8 auch dem ewig und notwendig Seienden die δύναμις κατά τι zugesteht, könnte man sich — als Gedankenexperiment — einen Ätherkörper vorstellen, der Ewigkeit besitzt und doch gegenüber der Bewegung oder Nicht-Bewegung indifferent wäre, d. h. eben auch einmal stillstehen könnte, ohne dadurch sein Wesen zu verlieren. Es geht jedoch nicht an, die Bewegung des Äthers als etwas Akzidentelles zu betrachten, weil gerade das ewig Bewegtsein wesenskonstitutiv für ihn ist, wie wir vor allem an den Ätherbeweisen aus der Bewegungslehre gesehen haben: Die Ewigkeit der Welt des Werdens ist nicht ohne stets mit sich identischen unbewegten Beweger denkbar und dieser wiederum ist notwendig angewiesen auf das Vorhandensein einer ewigen rein kontinuierlichen Bewegung, durch deren Vermittlung er auf die bewegungskontingente Welt des Werdens zu wirken vermag. Von der rein kontinuierlichen Bewegung wird auf ein so Bewegtes rückgeschlossen. ‚Äther' und ‚ewig in kontinuierlicher Bewegung Seiendes' sind also konvertible Bezeichnungen.

Es bleibt aber immer noch ein Rest: Daß der Äther, der ständig der Einwirkung des Bewegers (der Beweger) erliegt, de facto niemals stillgestanden hat oder stillstehen wird, ist sicher. Aber ist er nicht doch, sofern er ein bewegter Körper ist, eo ipso bewegungskontingent? Es hat also den Anschein, als müsse ihm eine δύναμις des Stillstehens aus rein philosophischen Gründen zugesprochen werden, und da der Äther diese Möglichkeit sowieso nie zu verwirklichen imstande wäre, könnte man sie ihm ohne weiteres beigeben. Warum tut es Aristoteles nicht?

Ewigsein bedeutet bei Aristoteles nicht nur aktuelles Immersein, also faktisches Nicht-Aufhören, sondern schließt auch schon die Möglichkeit des Nicht-Immerseins radikal von sich aus, bedeutet also Unmöglichkeit des Nicht-Seins[143]. Dies gilt natürlich besonders für den ersten Beweger, der als Urprinzip des Seins und der Bewegung keinerlei Dynamis enthalten kann, weil sonst die Ewigkeit von Bewegung und Welt gefährdet wäre[144]. Es gilt aber auch ausdrücklich für das erste Bewegte, den Ätherhimmel, der mit Notwendigkeit immer ist und keine Möglichkeit des Nichtseins einschließt[145]. Wir dürfen nun

[142] Z. B. ‚Hyle der Bewegungsrichtung'. Man könnte sich denken, daß Aristoteles, wenn er die Kontingenz der Ortsbewegung als solche hätte bezeichnen wollen, ὕλη τῆς φορᾶς oder dgl. gesagt hätte. [143] So die Formulierung Stallmachs 121.

[144] Vgl. met. Λ und phys. ϑ, dazu Stallmach 120f u. ö.

[145] cael. A 10—12, bes. 12; Guthrie und Stocks zu diesen Kapiteln. Prägnant A 10, 279b 30f: (ὁ οὐρανός) οὐκ ἂν εἴη ἄφθαρτος, οὔτ' εἰ ἄλλως ἔσχε ποτὲ οὔτ' εἰ δυνατὸν

ergänzen: Da kontinuierliche Bewegung des Äthers zu dessen Sein gehört, ja dessen Sein ausmacht, ist also die δύναμις von Bewegung oder Stillstand notwendig von ihm ausgeschlossen.

Deshalb sind die an den sublunaren Verhältnissen abgelesenen aristotelischen Bestimmungen von κίνησις, soweit sie den δύναμις-Begriff enthalten, nicht auf den Äther anwendbar[146]. Auch alle anderen aristotelischen Definitionen von κίνησις passen nicht auf den Äther, weil sie mit den Begriffen ‚Gegensatz', ‚naturgemäßer' Ort u. dgl. arbeiten[147]. Es gibt also für die ideale Kreisbewegung des fünften Elements keine Bewegungsdefinition, wohl gerade deshalb, weil dieser Idealkörper alle sublunaren Kategorien übersteigt.

Man muß deshalb zwei Arten von ὕλη τοπική unterscheiden:

α) Die sublunare Art ist stets mit der ‚ὕλη des Werdens und Vergehens' verbunden und kann deshalb die eine Hälfte der in ihr prinzipiell angelegten Alternative, die zur Kreisbewegung ohne Stillstand führt, nicht oder nur sehr abgeschwächt verwirklichen, indem die vier geradlinig bewegten Elemente durch ihren Kreislauf die Kreisbewegung des Äthers ‚nachahmen'[148]. Verwirklichen kann sie nur die geradlinige Bewegung, die mit der Möglichkeit des Stillstands verbunden ist. Sie ist also nicht nur eine ‚Hyle der Bewegungsrichtung', sondern eine solche ‚der Ortsbewegung' überhaupt.

β) Im supralunaren Bereich höherer Seinsvollkommenheit, in welchem das Formelement stärker, das Hyle/Dynamis-Element ‚schwächer' wird, tritt die ὕλη τοπική isoliert ohne alle anderen Arten von ὕλη auf und schließt keine Wahl zwischen Vollkommen (Kreisbewegung ohne Aufhören) und Unvollkommen (geradlinige Bewegung mit Stillstand) mehr ein, sondern gestattet nur noch als ‚Hyle der Bewegungsrichtung' die Wahl zwischen verschiedenen Bewegungs-

ἄλλως ἔχειν. Diese Erörterungen beziehen sich auf die Welt als Ganzes, meinen natürlich aber auch speziell den Ätherbereich.

146 Z. B. ‚Bewegung' sei ἡ τοῦ δυνάμει ὄντος ἐντελέχεια ᾗ τοιοῦτον u. dgl. (Belege bei Bonitz 391a 36f). — Man könnte an Hand eines Fixpunktes davon sprechen, daß ein bestimmter Stern ‚noch nicht' eine bestimmte Position erreicht habe, aber dieses ‚noch nicht' darf nicht (wie Baeumker 246 A. 4 zu tun scheint) mit dem ‚noch nicht' der δύναμις in Beziehung gesetzt werden, weil der Stern diese Position ja mit absoluter Notwendigkeit erreichen wird. Immerhin könnte man von solcher Beobachtung aus eine Definition für die Bewegung des Äthers versuchen, die allerdings wertneutral wie in der Moderne und deshalb unaristotelisch ausfallen würde.

147 Richtig Moraux 1203, 36—62. Schon die antiken Kommentatoren haben sich mit diesen Schwierigkeiten beschäftigt, s. die Belege bei Moraux.

148 Θ 8, 1050b 28—30 (im Anschluß an die oben besprochene Stelle über den Äther und die Mühelosigkeit seiner Kreisbewegung). Vgl. gen. corr. 337a 1—7 und *Kosmologie und Metaphysik* 169.

richtungen kontinuierlicher Kreisbewegung. Die Seelen der einzelnen Sphären verwirklichen im Streben nach dem unbewegten Beweger (bzw. den Bewegern) jeweils eine dieser Richtungen; daß diese Sphärenbewegungen untereinander nicht gleichwertig sind, sondern wiederum eine Wertskala bilden, werden wir im nächsten Abschnitt sehen.

Supralunare und sublunare ὕλη τοπική sind also nicht synonym ‚dasselbe‘, sondern verschiedene Seinsstufen, ‚analoge‘ Abwandlungen ‚desselben‘ Prinzips. Die supralunare ist in der sublunaren ‚enthalten‘, aber nicht umgekehrt, da die δύναμις ‚nach oben‘ eingeengt wird und abnimmt.

5.4 Die Verbindung des ‚Getrennten‘: Die Sterne als Ursachen

5.41 ‚Kontakt‘ und ‚Kontinuität‘ [149]

Wie ist das ‚Nebeneinander‘ dieser beiden so verschiedenen Seinsbereiche des Äthers und der sublunaren Welt möglich? Da ein Leeres zwischen ihnen nach aristotelischer Anschauung unmöglich ist, müssen sie einander ‚berühren‘, ‚Kontakt‘ haben. Somit müssen wir uns zunächst an den aristotelischen Begriff des ἅπτεσθαι bzw. der ἁφή halten: ἁφή bezeichnet wie unser ‚Kontakt‘ die Tatsache, daß die äußeren Grenzen zweier körperlicher Größen ‚zusammen‘ (ἅμα) sind, d. h. den gleichen Platz innehaben[150]. In diesem allgemeinen Sinn findet ‚Berührung‘ zwischen allen Schichten des Kosmos statt[151]. An manchen Stellen differenziert Aristoteles jedoch die Bedeutungen von ἁφή und versteht unter ‚Kontakt‘ im eigentlichen Sinne die mit Wechselwirkung verbundene wechselseitige Berührung: Dieser Kontakt ist gegeben, wenn physische Körper der sublunaren Welt sich berühren[152]. Das andere Extrem ist Berührung ohne jede Wirkung, wie sie zwischen geometrischen Figuren stattfindet. In der Mitte zwischen diesen beiden Arten steht nun die Beziehung zwischen Äther und sublunarer Welt:

Hier findet nach Aristoteles' Auffassung keine Wechselwirkung statt, weil der Äther zwar den sublunaren Bereich bewegt, aber umgekehrt nicht von diesem bewegt wird. Diese besondere Art von ‚Berührung‘ schließt also nur Wirkung in *einer* Richtung ein und ist somit

[149] Vgl. zum Folgenden die vorzüglichen Ausführungen von Joachim an den im Index s. v. *Contact* und *Continuity* genannten Stellen.

[150] phys. 226b 21—23. 231a 22f. Joachim 80—82. 141.

[151] cael. 287a 4—11 ‚berühren‘ im gesamten Kosmos die jeweils unteren Sphären die obere, und alles ist συνεχῆ.

[152] Joachim 138. 141—143. 146—148. 190. Vgl. gen. corr. 323a 3—12 (dazu a 23—25); ferner phys. 212b 32f, gen. corr. 322b 23f.

auch als Berührung einseitig, indem — wie Aristoteles sagt — das eine das andere berührt, aber von diesem nicht wieder berührt wird[153].

Eine solche Lehre ist physikalisch für uns Moderne nicht verständlich: Alles Körperliche ist, sofern es körperlich ist, der Wechselwirkung unterworfen und affizierbar. Es gibt Körper von höherer und geringerer Konsistenz, aber kein Körper ist einem anderen gegenüber ἀπαθές. Es gibt deshalb auch keine einseitige Berührung.

Der entscheidende Unterschied zwischen antiker und moderner Betrachtungsweise liegt hier im Wertbegriff: Die moderne Auffassung ist wertfrei, die antike durch und durch axiologisch bestimmt. Das haben wir an der Wertfolge der Bewegungen gesehen (o. *5.22*), und das stellen wir jetzt erneut an den Körpern fest, die ja Grundlage aller Bewegung sind: Im Äther haben wir einen Idealkörper vor uns, der ‚Körperlichkeit' und Ortsbewegung mit den Körpern unter dem Mond teilt, aber sonst qua ideales Seiendes aller Gesetze des sublunaren Bereiches enthoben ist[154]. Mit anderen Worten: Im aristotelischen Kosmos gibt es keine strikt durchgehenden und ausnahmslosen Naturgesetze der Körper, sondern eine Wertstufung der Gesetze und Prinzipien, welche der Werthierarchie des Seins entspricht[155].

Betrachten wir anschließend noch kurz den Begriff des συνεχές, das — wie schon Bonitz sagt — zwei Hauptbedeutungen hat: 1. ‚Kontinuum', das heißt die kontinuierliche Erstreckung a) in ein, zwei oder drei Dimensionen bei abstrakten geometrischen Figuren[156] oder b) in drei (zwei?) Dimensionen bei physikalischen Größen[157]. Zwei Körper bilden erst dann ein (physikalisches) συνεχές, wenn sie ihre Grenzen miteinander verschmolzen haben, d. h. eins geworden sind. Also sind Ätherbereich und sublunare Welt zwar mathematisch, aber nicht physikalisch ein συνεχές in diesem Sinne[158]. 2. In der Bedeutung ‚darauf

[153] gen. corr. 323a 12—22 mit Joachims Komm. Vgl. noch 323a 28—30 (Joachim 147f) und 324a 24—b 4 (schwierige Stelle, vgl. Joachim). Keiner dieser Belege ist genügend ausführlich, aber an der Deutung ist nicht zu zweifeln. S. noch Philopon. zu gen. corr. 138, 5f und bes. 138, 30—34. — Aus cael. 287a 34f läßt sich nichts entnehmen, wenn man im selben Kapitel 287a 8—11 vergleicht.

[154] Dieser ‚sichtbare Gott' unter den Körpern ist eine Art säkularisierter olympischer Götterhimmel (vgl. *Kosmologie und Metaphysik* 182) und, indem er eine nicht weiter einsichtige Begrenzung der Naturgesetze einschließt, fast ein permanentes ‚Wunder'.

[155] Vgl. dazu Sach-Index s. v. *Stufung, Wert.*

[156] Ausführliche Behandlung dieser Art von συνεχές u. 7.45.

[157] Joachim 80f. Ross, *Physics* 69—71.

[158] cael. 287a 34f: Der Äther ist nicht συνεχής den sublunaren Dingen, er ‚berührt' sie aber. — Die Stellen cael. 275b 29. 280a 20. 290a 6f, welche die συνέχεια des Kosmos behaupten, meinen kein physikalisches Kontinuum im strengsten Sinne, sondern nur die lückenlose Aufeinanderfolge des Körperlichen, d. h. ein geometrisches Kontinuum, sofern dieses an durchgehende Körperlichkeit gebunden ist.

folgend, angrenzend o. ä.' kann συνεχής unterschiedslos das Verhältnis sämtlicher Schichtungen im Kosmos zueinander bezeichnen[159].

Ergebnis: Die beiden Hälften des Kosmos sind scharf voneinander getrennt. An der Nahtstelle findet eine ‚Berührung' statt, die eine Kontaktwirkung des oberen Bereiches auf den unteren ermöglicht, aber nicht umgekehrt.

5.42 Die Einwirkung der Sterne auf den sublunaren Bereich[160]

Wirken die Sterne auf die sublunare Welt ein? Wenn ja, in welcher Weise?

5.421 Grundlage und allgemeiner Rahmen der aristotelischen Theorie über die Kausalität der Sterne sind folgende Lehrpunkte:

a) Die Bewegung ist ewig[161]. b) In der Reihe der Bewegungen hat die Ortsbewegung vor ‚Werden' und ‚Vergehen'[162], c) unter den Ortsbewegungen hinwiederum die Kreisbewegung, weil sie allein letztlich die ewige Kontinuität von Bewegung überhaupt garantiert, vor der geradlinigen[163] ontologischen Vorrang und begründet die jeweils nachgeordneten Bewegungen in ihrem Sein. d) Aus a) und b) ergibt sich, daß Werden und Vergehen in unaufhörlicher Kontinuität ineinander übergehen[164].

Die Kontinuität von Werden und Vergehen beruht mithin auf der Kontinuität der Ortsbewegung. Aber damit ist noch nichts Genaueres über den Zusammenhang von Ortsbewegung und ‚Werden' gesagt, und wir wissen auch noch nicht, ob es nicht neben der Ortsbewegung noch andere Ursachen für die Kontinuität des Werdens gibt.

Hiervon geht Aristoteles gen. corr. A 3 aus, wo er fragt: τίς αἰτία τοῦ γένεσιν ἀεὶ εἶναι[165]. Er streift ganz kurz die Bewegungsursache, deren Behandlung er auf später verschiebt, und wendet sich dann der Materialursache zu, mit dem Ergebnis, daß die Hyle zwar notwendige Vorbedingung für die Ewigkeit des Werdens ist, daß sie jedoch von sich aus den Werdeprozeß nicht in Gang setzen oder in Bewegung

[159] cael. 278b 16—18. 287a 5. 6. 10. meteor. 339a 22. 341a3. 346b 11.

[160] Lit. *Kosmologie und Metaphysik* 167 A. 45.

[161] phys. Θ 1/2, 250b 11—253a 21, dazu Θ 7/8. Rückverweis auf diese Erörterungen gen. corr. 336a 14f.

[162] phys. Θ 7, 260a 20—261b 26. gen. corr. B 10, 336a 18—23.

[163] phys. Θ 8/9, 261b 27—266a 9.

[164] gen. corr. 336a 15f ἐπεὶ ἡ κατὰ τὴν φορὰν κίνησις δέδεικται ἀίδιος, ἀνάγκη τούτων ὄντων καὶ γένεσιν εἶναι συνεχῶς.

[165] gen. corr. 317b 34f. Die Ewigkeit der γένεσις wird hier sowie 318a 9—14 einfach vorausgesetzt und erst B 10 ‚abgeleitet', s. vorst. Anm.

halten kann, weil sie passiv ist und bewegt wird[166]. Auch die erst gen. corr. B 9 und dort nur knapp behandelte Formursache wird als etwas ‚Statisches' aufgefaßt[167], so daß also eine dritte Ursache, die Bewegungsursache, notwendig wird[168], welche nun in B 10 untersucht wird.

Erklärt werden soll der Werdeprozeß, in welchem heterogene Faktoren zusammenkommen: Kontinuität und Wechsel, d. h. Wechsel zwischen den Gegensätzen Werden und Vergehen[169]. Da eine stets gleichbleibende Bewegung immer nur Gleiches, niemals aber Entgegengesetztes bewirken kann[170], muß entweder jedem der Faktoren des Werdeprozesses eine eigene Bewegung als Ursache zugeordnet werden oder eine Bewegung gefunden werden, die alle diese Bedingungen in sich vereinigt[171]: Aristoteles erwägt nur die zweite Möglichkeit und sieht sie in der Bewegung verwirklicht, welche die Sonne in der Ekliptik beschreibt[172]: Sie ist α) kontinuierlich und β) wechselhaft zugleich, und zwar in entgegengesetzten Richtungen, weil sie sich der Erde (d. h. ein und demselben Punkt auf der Erde) bald nähert, bald von ihr entfernt[173]. Durch die immer wiederholten Annäherungen bringt sie jeweils Werden zustande, durch das wiederholte Sich-Entfernen jedesmal Vergehen, durch die stetige Kontinuität dieses Vor und Zurück die Ewigkeit des Werdens[174].

Da die Bewegung der Fixsternsphäre das Gleichmäßig-Stetige, aber nicht den Wechsel enthält, ist sie, wie Aristoteles in B 10 zunächst sagt, ,,nicht Ursache des Werdens und Vergehens''[175]. Das bedeutet aber mitnichten, daß unter den Gestirnen allein die Sonne Ursache des sublunaren Geschehens sei, denn die Bewegung der Sonne selbst ist zusammengesetzt aus der Stetigkeit ihres täglichen Umlaufs, der ihrer Bewegung Ewigkeit verleiht, und dem Auf und Ab in der Ekliptik. Die Stetigkeit hat sie — wie auch die Planeten — nicht aus sich, son-

166 A 3, 317b 33—318a 2. a 9—319b 5. Das Ergebnis von A 3, 319a 19—22 (u. a.: τοῦ γένεσιν εἶναι συνεχῶς αἰτία ὡς ὕλη τὸ ὑποκείμενον) wird im Résumé B 9, 335b 29—33 dann stark eingeschränkt: Wegen ihrer Passivität kann sie nicht alleinige oder entscheidende Ursache sein.

167 Die Behandlung der Formursache in B 9, 335b 9—24 wird fast ganz von der Kritik an der platonischen Idee beherrscht, so daß der aristotelische Formbegriff kaum in den Blick kommt (s. u.). Die ‚statische' Erklärung der platonischen Ideenlehre findet sich öfter bei Aristoteles, ist aber historisch nicht gerechtfertigt: Vgl. Gaiser 480f und 536 mit weiteren Verweisen.

168 gen. corr. 335a 30—32. b 7f. Vgl. A 3, 318a 1—8.

169 gen. corr. 336a 23—26.

170 336a 26—29.

171 336a 29—31. Vgl. a 34—b 2.

172 336a 31f.

173 336a 33—b 6.

174 336b 6—9, vgl. a 32—34.

175 336a 31f οὐχ ἡ πρώτη φορὰ αἰτία ἐστὶ γενέσεως καὶ φθορᾶς, ἀλλ' ἡ κατὰ τὸν λοξὸν κύκλον.

dern empfängt sie vom Fixsternhimmel durch dessen Umdrehung, die von Kugelschale zu Kugelschale herab bis zum Mond weitergereicht wird[176]. Deshalb sagt Aristoteles auch an anderen Stellen mehrfach, der Fixsternhimmel sei Ursache der Stetigkeit des Werdens, die Ekliptik (oder auch: die Sonne qua in der Ekliptik Bewegtes) Ursache des Wechsels zwischen Werden und Vergehen[177]. Die Unstetigkeit dagegen hat sie ‚aus sich', sofern sie — auch dies ähnlich wie bei den Planeten — sich in einer gegenüber dem ersten Himmel geneigten Bahn bewegt, die sich zudem ständig parallel zu sich selber verschiebt[178]. Die Sonne vereinigt also (empfangene) ‚Identität' und (selbst hervorgebrachte) ‚Differenz' in sich. Durch das eine ist sie Bewegungsursache für die Ewigkeit der sublunaren Welt, durch das zweite für ihre Geschichtlichkeit; das heißt, indem sie den dialektischen Natur- und Geschichtsprozeß von Werden und Vergehen ständig neu in Gang setzt, schafft sie einen kyklischen Geschichtsablauf. Eine Komponente ist nicht ohne die andere denkbar: Die Kontinuität würde, verabsolutiert, zum Wegfall von Werden und Vergehen führen, also zum geschichtslosen Zyklus[179], ein ungebundenes Immer-näher-kommen bzw. Immer-weiter-weggehen zu einem linearen Geschichtsablauf mit Katastrophe[180].

Wie die Sonne durch ihr προσιέναι ‚Werden' erzeugt, durch ihr ἀπιέναι ‚Vergehen', ist ziemlich unklar, und wir wollen es hier nicht im einzelnen diskutieren[181]. Jedenfalls geht die Einwirkung — und dies ist für ihre ontologische Beurteilung wichtig — weit über den Rhythmus der Jahreszeiten und seine unmittelbaren Folgen hinaus: Die Sonne ist durch ihren Umlauf Grundlage und Ursache einer ‚Ordnung' (τάξις), in der die Lebenszeiten jeder Spezies genau festgelegt sind, wobei die erste Hälfte der jedem Einzelnen gemäß seiner Art zuge-

176 Vgl. u. 5.431 und Λ 8, 1073b 25f.

177 336b 2—4 τῆς μὲν οὖν συνεχείας (Solmsen 381 A. 9) ἡ τοῦ ὅλου φορὰ αἰτία, τοῦ δὲ προσιέναι καὶ ἀπιέναι (τὸν ἥλιον) ἡ ἔγκλισις. met. Λ 6, 1072a 9—17. phys. 259b 32—260a 19 (Ross).

178 Wie Aristoteles sich dies im einzelnen mittels der Sphären erklärt hat, ist undeutlich, da wir noch nicht einmal genau wissen, wie viele Sphären Aristoteles der Sonne gegeben hat (vgl. Λ 8).

179 336a 27—29 τὸ γὰρ αὐτὸ καὶ ὡσαύτως ἔχον ἀεὶ τὸ αὐτὸ πέφυκε ποιεῖν, ὥστε ἤτοι γένεσις ἔσται ἀεὶ ἢ φθορά. b 2 δύο δ' (ἀνάγκη κινεῖσθαι), ὅπως μὴ θάτερον συμβαίνῃ μόνον. Nach aristotelischer Auffassung bedingen jedoch Werden und Vergehen einander gegenseitig, so daß keines der beiden ohne das andere sein kann.

180 Vgl. u. 8.253.

181 Joachim 259—261: Diese Fragen haben schon die antiken Kommentatoren stark beschäftigt. — Vgl. die interessante Stelle Simplic. cael. 440, 13—441, 31, wo die aristotelische Auffassung widerlegt wird, daß die Verschiedenheit der Sonnenwärme in den Jahreszeiten auf der wechselnden Entfernung der Erde von der Sonne beruhe.

messenen Zeit der γένεσις, die zweite der φθορά gehört[182]. Wenn ein Individuum von dieser Art-Norm abweicht, so liegt das an der Ungleichmäßigkeit der Materie, welche die ‚Ordnung' durchkreuzt, oder sonstigen Störfaktoren[183]. Diese individuellen Abweichungen und Ausnahmen tun aber der allgemeinen ‚Ordnung'[184] keinen Eintrag, die als verbindliche Norm die Daseinsperioden der einzelnen Naturdinge festsetzt[185].

5.422 Welcher Art ist die Ursächlichkeit der Sonne? Die Sonne wird gen. corr. B 10 ausdrücklich nicht als Formursache, sondern als *causa efficiens* eingeführt[186] und heißt auch sonst mehrfach ‚Bewegungsursache'[187]. Das besagt aber noch nichts Endgültiges, denn nun muß man weiterfragen: Wie ist diese ‚Bewegungsursache' beschaffen, mechanisch oder eidetisch?

Die mechanische Erklärung geht von der Wärmeeinstrahlung der Sonne[188] aus, welche a) zunächst auf die anorganische Natur wirkt: Sie erzeugt die zyklische Umwandlung der Elemente ineinander und

[182] 336b 10—19. gen. an. 777b 16—778a 6.

[183] 336b 20—24. gen. an. 778a 4—9.

[184] τάξις gen. corr. 336b 12. meteor. 347a 6 (vgl. 351a 25f. 358a 25f). Das Gleiche drückt aus ἡ φύσις βούλεται gen. an. 778a 4f. meteor. 354b 32. Maßstab der Berechnung ist die für jede Art verschiedene Grundeinheit der περίοδος (oft, z. B. gen. an. 777b 16ff).

[185] Da die ewige Kreisbewegung des ‚ersten' Himmels und der Sonne ‚notwendig' ist, bestehen und geschehen auch alle Lebensperioden und Daseinszyklen der sublunaren Substanzen bis in alle Ewigkeit mit konstanter Notwendigkeit: gen. corr. B 11, 338a 5—b 5 (Joachim). Man fragt sich, welche Art von Notwendigkeit hier vorliegt: Zweifellos nicht die blinde Notwendigkeit mechanischer Kausalität, die allein der Materie zugeordnet ist, sondern der von Telos und Wesensform ausgehende ‚Zwang', der alles Seiende seiner Gesetzlichkeit unterwirft (abgesehen von Störfaktoren) und nur dem bewußten Lebewesen, dem Menschen, einen Spielraum von Freiheit läßt (vgl. u. **8**.24, Zusammenfassung **8**.241).

[186] o. **5**.421.

[187] meteor. A 2, 339a 22—24 πᾶσαν αὐτοῦ (sc. des sublunaren Kosmos) τὴν δύναμιν κυβερνᾶσθαι ἐκεῖθεν (von den Sternen aus)· ὅθεν γὰρ ἡ τῆς κινήσεως ἀρχὴ πᾶσιν, ἐκείνην αἰτίαν νομιστέον πρώτην. a 27—32: Materialursache des Werdens sind die vier Elemente, Bewegungsursache die ewig bewegten Sterne. A 9, 346b 20—23 (Von den ἀρχαί und αἰτίαι im sublunaren Bereich des Wassers und der Luft) ἡ μὲν οὖν ὡς κινοῦσα καὶ κυρία καὶ πρώτη τῶν ἀρχῶν ὁ κύκλος ἐστίν, ἐν ᾧ φανερῶς ἡ τοῦ ἡλίου φορὰ διακρίνουσα καὶ συγκρίνουσα τῷ γίγνεσθαι πλησίον ἢ πορρώτερον αἰτία τῆς γενέσεως καὶ τῆς φθορᾶς ἐστιν. met. Λ 5, 1071a 16f. Die Sonne ist weder Hyle noch Eidos noch Steresis noch ὁμοειδές, sondern Bewegungsursache.

[188] Nicht besprochen werden hier die Schwierigkeiten, die in den aristotelischen Theorien über die Erzeugung und Vermittlung der Sonnenwärme liegen: cael. B 7, 289a 19—35 (Simplicius). meteor. A 3, 340b 10—14 (und ff). 341a 19—36. A 7, 344a 8—14. Zeller II 2^4, 468f. Moraux 1204, 50—1205, 21.

somit fast alle meteorologischen Vorgänge[189], wobei entsprechend der ‚Nähe' oder ‚Ferne' der Sonne die Intensität der Wärmewirkung rhythmisch schwankt und sich dadurch im Kreislauf meteorologischer Vorgänge während des Jahres bestimmte gesetzmäßige Verschiebungen ergeben[190]. b) Sie ist aber auch Ursache für den Kreislauf des Lebendigen[191]: Da sie Sommer und Winter herbeiführt[192], schafft sie günstige bzw. ungünstige Vorbedingungen für Werden (Wachsen usw.) oder Vergehen. Aber bei dieser ‚Mitursächlichkeit', die gleichsam nur das ‚Milieu' bereitet, bleibt Aristoteles nicht stehen:

In gen. an. Δ 10 spricht Aristoteles von Lebenslänge und Dauer der Schwangerschaft bei den einzelnen Tierarten. Die Zeiten der einzelnen Arten bauen sich jeweils aus bestimmten natürlichen Zeiteinheiten auf[193], die für jede Art gesondert durch Vervielfältigung bzw. Teilung der Umlaufzeiten von Sonne und Mond gewonnen werden[104]. καὶ γὰρ θερμότητες καὶ ψύξεις μέχρι συμμετρίας τινὸς ποιοῦσι τὰς γενέσεις, μετὰ δὲ ταῦτα τὰς φθοράς. τούτων δ' ἔχουσι τὸ πέρας καὶ τῆς ἀρχῆς καὶ τῆς τελευτῆς αἱ τούτων κινήσεις τῶν ἄστρων (sc. der Sonne und des Mondes; b 27—30). Denn wie die (meteorologischen Erscheinungen und die) Elemente vom Sonnenlauf, so hängen die aus den Elementen bestehenden und in ihnen lebenden Lebewesen von Umlauf und Wirken der Elemente (und der meteorologischen Erscheinungen) ab[195].

Dies ist unzweifelhaft eine Kette mechanischer Ursächlichkeit, bei welcher sich Aristoteles indes nicht beruhigt, denn er führt in gen. an. unmittelbar anschließend die Gesichtspunkte der Wertfolge

[189] gen. corr. B 10, 337a 1—15. meteor. A 3, 340b 10—341a 36 (ib. 340b 18f Rückverweis auf gen. corr. B 10 und die Sonne als causa efficiens). meteor. A 9, 346b 16—347a 12. meteor. B 2, 354b 23—33. B 4, 359b 34—360a 17. 361a 4—14. Zusammenfassend meteor. A 2, 339a 19—32, bes. 22—24: Die gesamte sublunare Welt wird von den Sternen gelenkt (κυβερνᾶσθαι ἐκεῖθεν).

[190] meteor. A 9, 346b 35—347a 6 (wichtig z. B. a 5f καὶ τοῦτ' ἐνδελεχὲς ἐθέλει γίγνεσθαι κατά γε τὴν τάξιν. Auf A 9 und speziell diesen Satz a 5f bezieht sich meteor. B 2, 354b 32f zurück: καὶ τοῦτ' ἀεὶ βούλεται ποιεῖν ἡ φύσις οὕτως, καθάπερ εἴρηται πρότερον). meteor. B 4, 359b 34—360a 4. 361a 10—14. Auf Grund dieser und der o. S. 506 A. 173/174 genannten Stellen darf man vermuten, daß auch cael. 289a 32 πλησιάζοντος auf die ‚Nahstellung' der Sonne im Sommer zu beziehen ist.

[191] Über Sonnenwärme als Lebensprinzip gen. an. 737a 3—5 (in einem wichtigen Kontext, der von Moraux 1205, 22—1207, 2 behandelt wird).

[192] Vgl. A. 190, o. 5.421 Ende und bes. meteor. 361a 12f διὰ μὲν οὖν τὴν φορὰν τὴν ἐπὶ τροπὰς καὶ ἀπὸ τροπῶν θέρος γίγνεται καὶ χειμών.

[193] gen. an. 777b 16—18 πάντων οἱ χρόνοι καὶ τῶν κυήσεων καὶ τῶν γενέσεων καὶ τῶν βίων μετρεῖσθαι βούλονται κατὰ φύσιν περιόδοις.

[194] gen. an. 777b 18—27. Der Mond wird nur hier genannt und ist ‚Prinzip' (b 24 ἀρχή) nur in seiner Eigenschaft als ‚zweite, kleinere Sonne'.

[195] b 30—35, dem Sinn nach wiedergegeben und verallgemeinert.

und der Teleologie ein: Es ist Absicht der Natur, daß die Lebensperioden der sublunaren Seienden sich in abgestufter Folge nach dem Umlauf der Sonne richten, wobei Sonne und Sterne ihrerseits wieder auf noch höhere Ursachen verweisen[196]. Diese Absicht der Natur kann sich, wie schon angedeutet, dann nicht verwirklichen, wenn die Materie den gesetzmäßigen Ablauf stört[197] oder andere unvorhergesehene Faktoren dazwischenkommen[198].

All diese Elemente — Teleologie und Antithese zum dysteleologischen Wirken der Materie, Stufung der Kausalität — weisen darauf, daß wir es bei der Ursächlichkeit der Sterne, obwohl Aristoteles in der mechanischen Erklärung ziemlich weit geht, doch mit einer eidetisch-qualitativen Finalursache zu tun haben. Das läßt sich über allen Zweifel erheben:

In gen. corr. B 10 wird im Anschluß an die (o. *5.421*) besprochene Stelle über das Wirken der Sonne eine Hierarchie der Zwecke vorgeführt: Die Kontinuität von Werden und Vergehen ist teleologisch begründet. Denn die Natur erstrebt in allem das Beste, und Sein ist besser als Nicht-sein. Es wäre also das Beste für alle Dinge, vollkommenes Sein zu besitzen. Das ist aber nicht möglich, da sie, je weiter sie von der obersten ἀρχή entfernt sind, desto unvollkommener werden. Um nun trotz ihrer Kontingenz die Vollkommenheit des ‚Ganzen' zu ‚erfüllen', hat die Gottheit ihnen die ewige Kontinuität des Werdens gegeben, die dem Sein am nächsten kommt[199].

Kontinuität ist am reinsten in der Kreisbewegung des Fixsternhimmels gegeben und durch sie garantiert[200]. In der sublunaren Sphäre ist solche Kontinuität nicht möglich, weil es dort nur geradlinige Bewegungen gibt, die Anfang und Ende haben. Also versucht alles Sein unter dem Mond der Vollkommenheit nahezukommen, indem es die Kreisbewegung des Fixsternhimmels ‚nachahmt' durch einen Kreislauf des Werdens[201]. Bei den anorganischen Stoffen ist das leicht ein-

[196] 778a 1—6. Schwierig bleibt, daß die Elemente hier offenbar höher rangieren (κυριώτερα) als Lebewesen (ἀκυρότερα), obwohl es sonst bei Aristoteles stets umgekehrt ist (u. 6.2/3, 8.24/25, 8.271); Philoponus hilft nicht weiter. 778a 2f entschuldigt sich Aristoteles dafür, daß er von ‚Lebensperiode' der Elemente sprechen muß. Doch könnte ein ähnlicher Zusammenhang wie hier in gen. an. ihm auch sonst vor Augen gestanden haben, da er auch meteor. 346b 23 und 354b 24f inmitten meteorologischer Fragen die Sonne als Ursache von γένεσις und φθορά nennt.

[197] 778a 4—6 βούλεται μὲν οὖν ἡ φύσις τοῖς τούτων (sc. Sonne und Mond) ἀριθμοῖς ἀριθμεῖν τὰς γενέσεις καὶ τὰς τελευτάς, οὐκ ἀκριβοῖ δὲ διὰ τὴν τῆς ὕλης ἀοριστίαν.

[198] a 7—9. Gemeint sind zufällige Störungen wie Unfälle und dgl.

[199] gen. corr. B 10, 336b 25—34 (Joachim 263—265). Solmsen 380.

[200] gen. corr. 336b 34—337a 1. Der Kreiskörper ist nicht direkt erwähnt, wird aber sofort mitgedacht, wie im gleichen Kapitel B 10, 337a 25—33 sehr klar zeigt. Vgl. auch o. 5.22 über met. Λ 6 und Γ 8.

[201] Vgl. Solmsen 386—389.

sichtig, weil sie (z. B. die Elemente) ineinander übergehen und das Ende immer zum Anfang zurückbiegt[202]. Bei Lebewesen wird der Kreislauf dadurch erreicht, daß innerhalb der Art stets die gleichen Entwicklungsstufen einander ablösen[203].

Da das Motiv der ‚Nachahmung‘ auch anderswo noch erscheint[204] und die eben auf Grund von gen. corr. B 10 vorgetragene eidetisch-teleologische Interpretation durch eine Stelle aus gen. an. vollauf bestätigt wird[205], können wir zusammenfassend sagen:

Der Stufenfolge des Seins entspricht eine Schichtung der Kausalität: Die sublunare Welt wird von den Sternen verursacht, diese hinwiederum vom unbewegten Beweger[206]. Die durchgehende Ursächlichkeit äußert sich zum einen in einer ‚mechanischen‘ Übertragung von oben nach unten: Vom Fixsternhimmel durch Berührung bis zum Mond, von dort weiter durch Berührung und Wärmeeinwirkung bis zu allen sublunaren Substanzen. Zum andern in einer teleologischen Reihe, fast einem *ordo amoris*, die von unten nach oben führt[207]: Die Sterne wollen sein wie der unbewegte Beweger[208], das sublunare Sein erstrebt „nach Maßgabe seiner Möglichkeit“ die Vollkommenheit und Ewigkeit der Sterne und damit des unbewegten Bewegers[209]. D. h. während die Sterne individuelle Unsterblichkeit haben, erreicht das sublunare Sein nur eine Unsterblichkeit der Art nach: καθ' ὃν ἐνδέχεται τρόπον, κατὰ τοῦτόν ἐστιν ἀίδιον τὸ γιγνόμενον. Diese Formel ist eine der zwei aristotelischen Fassungen vom Transzendierenwollen alles Seins, der ὁμοίωσις θεῷ κατὰ τὸ δυνατόν.

Einen Versuch, diese beiden Wege ‚nach oben‘ und ‚nach unten‘ zu vereinen, macht Aristoteles in cael. B 3: Vom ersten Himmel über die Planeten bis zur Erde ist im Kosmos alles aufeinander angewiesen,

202 337a 11—15, vgl. Solmsen 387. μιμεῖσθαι erscheint a 3 und a 7, vgl. u. A. 204. Ontologisch ist der Kreislauf der Elemente komplizierter als der Augenschein will: Denn streng genommen gibt es auch bei den Stoffen (das sieht Aristoteles klar, gen. corr. 338b 17f) nur unwiederholbare Individualität, obgleich die Beobachtung und meist auch das Denken hier nicht weiter differenzieren.

203 gen. corr. B 11, 338b 8—19.

204 meteor. A 9, 346b 35—347a 1 γίγνεται δὲ κύκλος οὗτος (Wasser-Luft-Wasser usw.) μιμούμενος τὸν τοῦ ἡλίου κύκλον· ἅμα γὰρ ἐκεῖνος εἰς τὰ πλάγια μεταβάλλει καὶ οὗτος ἄνω καὶ κάτω. met. Θ 8, 1050b 28f μιμεῖται δὲ τὰ ἄφθαρτα καὶ τὰ ἐν μεταβολῇ ὄντα, οἷον γῆ καὶ πῦρ (auf welche Weise, ist nicht ganz klar, s. Ross z. St.). In gen. an B 1 fehlt das Wort μιμεῖσθαι, aber die Sache, die es bezeichnet, steht da: 731b 32f. — Vgl. Theiler, Journ. Hell. Stud. 77 (1957) 129f. Solmsen 387.

205 gen. an. B 1, 731b 18—732a 9 (besprochen u. 5.423).

206 Belege *Kosmologie und Metaphysik* 168 A. 49.

207 Das Folgende nach *Kosmologie und Metaphysik* 169f, wo auch die Belege.

208 Vgl. u. 5.432 über cael. B 12.

209 Auch hierzu vgl. u. 5.432.

und zwar nicht nur das Untere auf das Obere, sondern auch ebensosehr das Obere auf das Untere, wenn auch die ontologische Priorität des vollkommenen Oberen unangetastet bleibt und die Existenz des Unteren nur condicio sine qua non des Oberen ist[210].

5.423 In diese Ursächlichkeit, die von den Sternen im allgemeinen und von der Sonne im besonderen ausgeht, ist die der sublunaren Welt ‚immanente' Kausalität eingebettet. Sie muß sich im ganzen an diesen Rahmen halten, innerhalb dessen sie jedoch ihre Wirkung entfalten kann, z. B. im Bereich des Lebendigen bei der Fortpflanzung der Arten, die sich im Werden und Vergehen des Individuellen vollzieht. So kann Aristoteles sagen, Ursache für die Hervorbringung eines Menschen seien die vier Elemente als Materie, die Artform, als Bewegungsursachen ‚außerhalb' der Vater und die Sonne, formelhaft ausgedrückt: ἄνθρωπος ἄνθρωπον γεννᾷ καὶ ἥλιος[211].

Ähnlich ist auch gen. an. B 1 zu verstehen, wo nach den Ursachen gefragt wird, welche die einen Tiere männlich, die anderen weiblich werden lassen. Zwei Arten von Ursachen werden einander gegenübergestellt: α) die Materie samt ihrer blinden mechanischen Kausalität, dazu die „erste causa efficiens"[212]; β) die *causa finalis* (Formel ‚weil es so besser ist'), die in einem „Prinzip oben" verankert ist[213]. Schon das Wort ‚oben' verbietet, an die Artform o. dgl. zu denken, und legt die Beziehung auf die Gestirne nahe[214]. Dies wird durch das unmittelbar Folgende bestätigt: Aristoteles unterscheidet erstens ‚ewige und göttliche Seiende" von zweitens kontingenten Seienden; das Schöne und Göttliche sei immer seiner Natur nach Ursache des Besseren für die kontingenten Seienden, während diese nicht-ewigen Seienden die Potenz hätten, am Schlechteren wie am Besseren teilzuhaben[215]. Das Kontingente, dem Werden Unterworfene, bemühe sich möglichst so zu sein wie jene ewigen ὄντα, und verwirkliche eine Ewigkeit der Art nach[216]. — Hiermit brechen wir ab.

[210] Vgl. erneut u. 5.432. Von ‚Streben' und μίμησις spricht Aristoteles in diesem Kapitel nicht.

[211] Belege *Kosmologie und Metaphysik* 168.

[212] 731 b 21 f. Unter der ‚ersten *causa efficiens*' kann man sich das zeugende Tier, den Samen o. dgl. vorstellen. Zum Ausdruck ἐξ ἀνάγκης u. 8.24.

[213] b 23 f ἄνωθεν ἔχει τὴν ἀρχήν.

[214] Vgl. ἄνω von den Gestirnen z. B. meteor. 339 a 22. b 17 f. b 36 f. 341 a 3. b 15 u. ö., Gegensatz ὁ κάτω κόσμος unter dem Mond 340 b 12 (u. ö.?). Weitere Stellen bei Bonitz 68 b 1—13. ἄνωθεν ib. 69 a 13 f. 16—18.

[215] b 24. 28.

[216] b 32 f und b 33—35. Auf das Folgende (— 732 a 9) gehen wir nicht ein: Hier wird die axiologische Stufung bis zum weiblichen Tier heruntergeführt. — Peck, Loeb-Ausgabe von gen. an. z. St. und Litt 270 f deuten die Stelle richtig auf die Sterne.

5.43 Der Ätherbereich als Seinsstufung[217]

5.431 Überformungsverhältnis und ‚Ordnung' der Sternsphären

Wir haben bisher den Ätherbereich axiologisch als geschlossenes Ganzes betrachtet, was seine Berechtigung hat, weil er insgesamt vom Äther erfüllt ist, der ihn zu einer Einheit zusammenbindet und scharf vom sublunaren Bezirk abhebt. Aristoteles ist ja, wie gezeigt, fest davon überzeugt, daß der gesamte Sternenraum göttliche Natur hat und vollkommen ist[218]. Diese Auffassung, die allen aristotelischen Theorien über den Kosmos, z. B. der Ätherhypothese, nicht nur zugrunde liegt, sondern auch zeitlich voraufgeht, hat Aristoteles von Platon übernommen, und sie besitzt für ihn, wie Solmsen richtig sagt, die Kraft einer religiösen Überzeugung[219]. Jedoch ist die Vollkommenheit des Ätherbereiches nicht überall gleich, sondern in mehrfacher Weise abgestuft, wobei für diese Stufung ausnahmslos folgende zwei Regeln gelten: α) Je weiter entfernt von der Erde und damit weiter ‚oben' etwas ist, um so mehr seinshaltig, göttlich, vollkommen und wertvoll ist es[220]. β) Alle Bewegungen des Gestirnbereiches sind teleologisch auf das oberste Göttliche als Telos ausgerichtet, worunter man den unbewegten Beweger samt dem ‚ersten Himmel' oder auch den ‚ersten Himmel' allein verstehen kann[221].

Wie ist diese strikt teleologische Stufung mit den beobachteten Planetenbahnen und den Ergebnissen der Astronomie zu vereinigen?:

1. Eindeutig liegt der Fall beim Fixsternhimmel: Er ist der göttlichste Teil des Kosmos, der mit seiner einfachen und absolut kontinuierlichen Bewegung in vollkommener Weise die Ewigkeit des Göttlichen im Körperlichen repräsentiert[222]. An ihn denkt Aristoteles in erster Linie, wenn vom Ätherbereich und seiner Vollkommenheit gesprochen wird[223].

[217] Vgl. cael. B mit Solmsen 304—318, die Ausleger zu Λ 8 und die zahlreiche Literatur über die aristotelische Sphären-Theorie, aus der neben Schiaparelli und Heath auch Zeller II 2⁴, 451—467 Erwähnung verdient. — Auf chronologische Fragen (vgl. Longo *Introd.* XXI—XXIII über B 12) gehe ich nicht ein. So weit sie mit der Beurteilung von Λ 8 verbunden sind, müssen sie neu überprüft werden, da die Jaegersche These durch Merlan, *Movers* aufs schwerste erschüttert worden ist.

[218] Stellen aus cael. B bei Solmsen 309 A. 21. Natürlich gehören auch alle sonstigen Belege über die Göttlichkeit, Ewigkeit usw. der Sterne hierher (o. 5.31, *Kosmologie und Metaphysik* 158f).

[219] Solmsen 309.

[220] Passim in De caelo vorausgesetzt, ausgesprochen z. B. 269b 15—17. 288a 4f. 292b 17—19 (samt Kontext) usw.

[221] Vgl. u. die Darlegungen über cael. B 3 und B 12.

[222] Hierfür bedarf es im einzelnen keiner Belege aus cael., man vergleiche nur B 1.

[223] Vgl. z. B. die Beweisgänge aus der Bewegungslehre in phys. Θ und met. Λ 6 (o. 5.22), die als Mittelstück die absolut kontinuierliche Kreisbewegung enthalten: Diese aber wird ‚am reinsten' vom Fixsternhimmel ausgeführt.

2. Schwieriger wird es bei den unmittelbar an die Fixsternsphäre anschließenden Planetenbahnen, die Eudoxos folgendermaßen erklärt hatte: Jeder Planet bewegt sich jeweils in einem System von 4 (Sonne und Mond von 3) konzentrischen Sphären, in deren innerster der Planet sitzt. Die äußerste (erste) dreht sich in der Richtung und der Ebene des Fixsternhimmels von Ost nach West (pro Tag einmal um sich selbst); die zweite in entgegengesetzter Richtung von West nach Ost in der Ebene der Ekliptik (pro individuellem Planetenjahr einmal um sich); die dritte und vierte werden so abgestimmt, daß sie die durch die beiden ersten nicht erklärten Phänomene deuten. Ob man nun noch weitere Sphären (nach der zweiten und vor der letzten) einschiebt (so Kallippos und, ihm folgend, Aristoteles), um die beobachteten Bahnen noch besser zu erklären, ist hier belanglos: Entscheidend ist für uns der scharfe Gegensatz zwischen erster und zweiter Sphäre (s. u.). Während sich die Sphären innerhalb eines Planetensystems gegenseitig berühren (das ergibt sich aus der Theorie), ist jedes Planetensystem — obwohl alle 7 Systeme vom Saturn bis zum Mond hinunter konzentrisch ineinandergeschachtelt sind — völlig unabhängig von jedem anderen.

Als Aristoteles dieses System übernahm, konnte er dessen sehr weitgehende mathematische Abstraktheit nicht bestehen lassen. Er unterwarf es daher, soweit es ging, seinen Begriffen von Substanz, Materie-Form, physikalischem Körper usw. Gemäß seiner Anschauung über das Leere mußte er nun annehmen, daß alle Sphären sich berühren[224] und zugleich mit dieser Berührung eine Wirkungskette in (mindestens) einer Richtung entsteht: Jede äußere Sphäre bewegt alle innerhalb von ihr, erfährt aber keine Gegenwirkung[225]. Eine Übertragung der Bewegung des Fixsternhimmels bis zum Mond herab war wünschenswert, ja notwendig, dagegen hätte eine (sich summierende und zugleich abnehmende) Übertragung der unregelmäßigen Planetenbewegungen das ganze künstlich ausgewogene System völlig zerstört. Aristoteles half sich, indem er jedem Planetensystem innen nach der planetentragenden Sphäre und vor der äußersten Sphäre des nächstfolgenden Planetensystems je n—1 ‚rückläufige' Sphären beigab, durch welche alle Bewegungen des betreffenden Planetensystems — außer derjenigen im Sinne des Fixsternhimmels — annulliert werden. So wird jedem Planetensystem die kontinuierliche Bewegung Ost ⟶ West von ‚oben' (d. h. letztlich vom ‚ersten Himmel') mitgeteilt, während es hinsichtlich aller anderen Bewegung ‚autark' wie bei Eudoxos ist.

[224] Vgl. Simplic. cael. 443, 27f ἅπτονται μὲν γὰρ ἀλλήλων καὶ οἱ οὐράνιαι σφαῖραι· οὐ γὰρ ἔστι τι μεταξὺ τὸ διεῖργον.

[225] Dies ergibt sich aus dem Gesamt der Theorie; vgl. speziell cael. B 10 und B 12, 293a 4—11. Zur ἁφή mit einseitiger Wirkung vgl. o. 5.41.

Die ‚erste‘, von Ost nach West drehende Sphäre hat Aristoteles von Eudoxos übernommen, obwohl sie in seinem eigenen System völlig funktionslos geworden ist, da durch die allgemeine ἁφή die Fixsternbewegung sowieso lückenlos bis zum Mond herunter übertragen wird. Vielleicht hat er gerade die (trotz der ‚rückläufigen‘ Sphären unangefochtene) Kontinuität dieser Übertragung dadurch betonen wollen, daß er die funktionslosen Sphären stehenließ.

Diese Seins- und Werthierarchie von lückenlos ineinandergeschichteten Äthersphären, bei denen die jeweils obere die untere ‚begrenzt‘ und auf sie wirkt, aber keine Gegenwirkung erfährt, möchte man als Stufenfolge der Überformung sehen, in dem Sinne, daß sich die obere Sphäre zur nächstniederen wie die Form zur Materie verhält[226]. Aristoteles sagt das nicht direkt, aber man kann es mit einer gewissen Wahrscheinlichkeit erschließen: 1. Wir hören mehrfach vom Bereich der sublunaren vier Elemente, daß das ‚Obere‘ (welches oft zugleich das ‚Begrenzende‘ ist) mehr den Charakter der Form, das ‚Untere‘ (bzw. ‚Begrenzbare‘) mehr den der Materie habe[227]. 2. In cael. B 1 wird der Ätherbereich, welcher den sublunaren Bezirk örtlich ‚umfaßt‘ (περιέχει), zugleich ontologisch als Norm der Welt unter dem Mond angesehen[228]. Nimmt man beides zusammen und bedenkt man, daß die teleologische Stufung der Sphären mit dem ‚ersten Himmel‘ als oberstem Telos[229] nach den Regeln aristotelischer Ontologie so-

[226] Diese in neuerer Zeit z. B. von Zeller II 2^4, 458 A. 1 und Hirschberger, *Gesch. d. Philos.* I^4 216 ausgesprochene Ansicht findet sich schon bei Thomas met. 2560—2562 Cathala (neben anderen, weitergehenden Spekulationen).

[227] cael. B 13, 293b 11—14 (Aristoteles gegen die Pythagoreer, welche die *Mitte* der Welt als ἀρχή betrachten) τὸ δὲ τοῦ τόπου μέσον ἔοικε τελευτῇ μᾶλλον ἢ ἀρχῇ· τὸ μὲν γὰρ ὁριζόμενον τὸ μέσον, τὸ δ' ὁρίζον τὸ πέρας. τιμιώτερον δὲ τὸ περιέχον καὶ τὸ πέρας ἢ τὸ περαινόμενον· τὸ μὲν γὰρ ὕλη τὸ δ' οὐσία τῆς συστάσεώς ἐστιν. cael. Δ 3, 310b 14f ἀεὶ γὰρ τὸ ἀνώτερον πρὸς τὸ ὑφ' αὐτό, ὡς εἶδος πρὸς ὕλην, οὕτως ἔχει πρὸς ἄλληλα (vgl. den Kontext 310b 7ff, der ziemlich unklar ist, s. Guthrie). Δ 4, 312a 12—16 φαμὲν δὲ τὸ μὲν περιέχον τοῦ εἴδους εἶναι, τὸ δὲ περιεχόμενον τῆς ὕλης. ἔστι δ' ἐν πᾶσι τοῖς γένεσιν αὕτη ἡ διάστασις· καὶ γὰρ ἐν τῷ ποιῷ καὶ ἐν τῷ ποσῷ ἐστι τὸ μὲν ὡς εἶδος μᾶλλον, τὸ δ' ὡς ὕλη. καὶ ἐν τοῖς κατὰ τόπον ὡσαύτως τὸ μὲν ἄνω τοῦ ὡρισμένου, τὸ δὲ κάτω τῆς ὕλης. gen. corr. 318b 29—33 πνεῦμα γὰρ καὶ ἀὴρ κατὰ μὲν τὴν αἴσθησιν ἧττόν ἐστιν (...), κατὰ δ' ἀλήθειαν μᾶλλον τόδε τι καὶ εἶδος ταῦτα τῆς γῆς (Philoponus: Weil sie die Erde ‚umfassen' und das formhafte Warme als Qualität haben, sind sie μᾶλλον ὄν). gen. corr. 335a 18—20 μόνον γάρ ἐστι καὶ μάλιστα τοῦ εἴδους τὸ πῦρ διὰ τὸ πεφυκέναι φέρεσθαι πρὸς τὸν ὅρον (wenig förderlich Philop. z. St.). Hierher gehört auch phys. δ 5, 213a 1—4, bes. 2f (Wasser verhält sich zu Luft wie Materie zur Form:) τὸ μὲν ὕδωρ ὕλη ἀέρος, ὁ δ' ἀὴρ οἷον ἐνέργειά τις ἐκείνου (dazu Ross).

[228] 284a 3—11. Vgl. auch S. 788 A. 547.

[229] Wie die einzelnen Sphären (z. B. auch die rückläufigen) sich zu dieser Teleologie verhalten, sagt Aristoteles nicht: Auf jeden Fall läuft, wie gezeigt, die vom ‚ersten Himmel‘ ausgehende Wirkungslinie kontinuierlich durch, wobei mit deren Entfernung vom ‚ersten Himmel‘ auch die Wirkung des Telos nachläßt (cael. B 10). Vgl. u.

wieso schon auf ein Überformungsverhältnis hinweist[230], dann wird man nicht zögern, die Schichtung des Ätherbezirks in diesem Sinne zu verstehen.

Eine Bestätigung und Erklärung dieser Überformungs-Schichtung ergibt sich noch von anderer Seite: Die in Λ 8 vorgeführten Sphärenbeweger stellt sich Aristoteles als eine ‚Ordnung' (τάξις) von ‚Intelligenzen' vor, die genau der ‚Ordnung' der Sphären und ihrer Bewegungen entspreche[231]. ‚Ordnung' ist hier wie sonst überall bei Aristoteles nicht wertfreie Abfolge, sondern abgestufte Werthierarchie[232]. Und zwar handelt es sich hier nicht um eine Ordnung nach dem Eidos-Genos-Verhältnis, sondern um eine nach dem Verhältnis des ‚Früher' und ‚Später' geordnete Rangfolge vom Unvollkommenen aufwärts zum Vollkommeneren, die — wie die Seinsstufung des Aristoteles überhaupt — als ‚Reihen'-Beziehung gemäß met. Γ/Κ aufzufassen ist[233]. In solchen Reihen ist ja jeweils das ‚frühere' (‚obere') Glied Prinzip aller nachgeordneten Glieder und das erste Glied Prinzip der gesamten Reihe und damit ‚Allgemeinbegriff' der Einzelglieder. Wodurch sich die einzelnen Sphären und Beweger nach Sein und Wert unterscheiden, soll hier nicht erörtert werden[234] — es genügt, daß die vielen Beweger zu dem ersten Beweger ‚hinstreben' und in diesem ‚aufgehoben' sind, wie die Äthersphären vom Fixsternhimmel eingeschlossen und in ihrem Sein bestimmt werden[235].

5.432 Die Gegenbewegung der Planeten

Über der Kontinuität im Ätherraum darf der Unterschied nicht übersehen werden, der zwischen Fixsternspäre und Planeten besteht, da wie gezeigt die Planeten von zwei Hauptbewegungen beherrscht

230 Natürlich ist dies ein ganz anderes Überformungsverhältnis als z. B. im stofflichen Elementarbereich, vgl. 8.27.

231 1073b 1—3 εἰσὶν οὐσίαι, καὶ τούτων τις πρώτη καὶ δευτέρα κατὰ τὴν αὐτὴν τάξιν ταῖς φοραῖς τῶν ἄστρων. Vgl. τάττω 1073b 26, 1074a 4. 8. S. ferner zu Λ 8 und seiner ‚Ordnung' o. 4.214a/b.

232 1074a 19f (Jede der Intelligenzen) καθ' αὑτὴν τοῦ ἀρίστου τετυχηκυῖαν (sei ein Telos) kann nur bedeuten: „die das Bestmögliche erreicht hat".

233 Vgl. o. 4.21 (bes. 4.214, ferner Sach-Index s. v. *Reihe*). Hierher gehört auch das in diesem Zusammenhang bisher nicht genügend verwertete Kap. Λ 10 (Andeutungen z. B. bei Merlan, *Movers* 19—21 und jetzt auch bei Krämer, *GS* 323. 326 A. 43. 349), das bei anderer Gelegenheit behandelt werden soll.

234 Vgl. o. 5.324 über das Individuationsprinzip im Sternbereich, o. 4.452 über dasjenige im Bewegerbereich.

235 So schon Ps.-Alex. met. 706, 31—707, 25. Vgl. weiter Krämer, *UGM* 164. Die von Krämer in diesem Kapitel (159—173) entwickelte, sehr bestechende These, daß die unbewegten Beweger des Aristoteles die ideengeschichtliche Umbildung und Fortsetzung der akademischen Idealzahlen seien, vermag unsere Auffassung von der ‚Ordnung' der Äthersphären noch weiter zu stützen.

werden, einer mit der, einer gegen die Fixsternsphäre. Wie beurteilt Aristoteles diese Gegenbewegung ontologisch?

Platon ordnet Timaios 36C die Fixsternbewegung dem ταὐτόν, die Planetenbewegung dem ἕτερον zu: τὴν ἔξω φορὰν εἶναι τῆς ταὐτοῦ φύσεως, τὴν δ' ἐντὸς τῆς θατέρου[236]. Da sich sonst bei Platon stets im ‚Gleichen' das erste Prinzip (ἕν), im ‚Differenten' das zweite offenbart[237], halte ich es für wahrscheinlich, daß er den Gegensatz der beiden Hauptbewegungen des Kosmos auf den Gegensatz der beiden Prinzipien zurückführen wollte, wenn auch noch näher zu untersuchen bleibt, wie sich dieser kosmologische Aspekt zur sonst bekannten analogisch abgestuften Wirkungsweise der beiden Prinzipien verhält[238].

Bei Aristoteles möchte man etwas Ähnliches annehmen, und da platonisches zweites Prinzip und aristotelische Hyle im ganzen einander entsprechen[239], sucht man vom Hylebegriff und verwandten Begriffen aus weiterzukommen, muß aber in der Wahl der Indizien vorsichtig sein: Man kann nicht cael. 291 b 7 κρατεῖται so verstehen, als werde hier der Planet als dysteleologisch handelndes Seiendes vom Telos (sc. der Fixsternsphäre) ‚überwältigt'[240]. Es ist auch nicht erlaubt, eine Stelle aus den Meteorologica beizuziehen, nach welcher der Äther nicht ganz homogen ist, sondern in der Qualität nach unten zu immer ‚unreiner' wird[241], obwohl Philoponos nicht abgeneigt zu sein scheint, auch die Bewegungen im Gestirnbereich irgendwie mit diesen Unreinheiten des Äthers in Verbindung zu bringen[242]. Dafür geben aber zwei andere Stellen hinlänglich Auskunft:

In cael. B 12 sind die zusammengesetzten Bewegungen der Planeten Ausdruck der Tatsache, daß sie vom Telos (sc. der Fixsternsphäre) zu weit entfernt sind, um die göttliche Bewegung mühelos nachahmen zu können, und vieler Bewegungen bedürfen, um dem Ziel nahezukommen[243]. Und in cael. B 3 sucht Aristoteles in einem längeren Beweisgang darzutun, daß es einen kreisförmig bewegten Körper für sich allein nicht geben kann, sondern daß zwischen der ruhenden Mitte und der äußersten Kreisbewegung eine Vermittlung stattfinden muß

[236] Vgl. Cornford 72—84, dazu die Abbildung eines Weltmodells vor der Titelseite. Gaiser 59. 349f.

[237] Gaiser 19 u. ö.

[238] Vgl. Gaiser 529.

[239] Näheres o. 2.5.

[240] Das Wort κρατεῖν steht nicht selten von der Hyle, welche der Form (= Telos) widerstrebt, aber dann doch von ihr ‚überwältigt' wird (Belege u. S. 537 A. 82). 291 b 7 κρατεῖται „erleidet das größte Übergewicht an Einwirkung" (sc. von seiten der Fixsternsphäre).

[241] meteor. 340 b 6—10. Lee (Loeb) bezieht das richtig mit den antiken Kommentatoren und mit Heath (gegen Ideler und Oxf.-Transl.) auf den Äther. Vgl. o. S. 480 A. 93/94.

[242] In meteor. 30, 17—26.

[243] 292 a 18—b 25, bes. b 23—25.

(die in den Planetenbewegungen gegeben ist)[244]. Die Planetenbewegungen als notwendige Bedingung der Kreisbewegung erinnern an das bekannte Schema der ‚hypothetischen Notwendigkeit‘ und den Begriff des οὗ ἄνευ οὐκ[245]. Das heißt, ihre Bewegungen, die sie ja als Lebewesen mit Seele willentlich vollziehen, sind nicht ohne Einschränkung κατὰ φύσιν[246], sondern nur insoweit, als sie die ewige Kontinuität erstreben und unterstützen. So darf man vielleicht sagen: Die Bewegung der Planeten verhält sich zu der des ‚ersten Himmels‘ wie ein συναίτιον zum τέλος. Der Begriff der ‚Mitursache‘ führt in die Nähe der ‚Hyle‘, von dort weiter zu Platons ‚Mitursache‘ und zu seinem zweiten Prinzip.

[244] Der Beweisgang schließt vom Kreiskörper auf ein ruhendes Zentrum (Erde), von dieser weiter: vier Elemente — γένεσις — unregelmäßige Planetenbewegung. Vgl. Solmsen 310—312.

[245] Näheres u. 8.244.

[246] Vgl. die interessanten Darlegungen Alexanders und des Simplicius darüber, wie weit die Planetenbewegung ‚naturgemäß‘ sei oder nicht (Simplic. cael. 472, 4ff).

6 Die Abgrenzung des triadischen Schemas nach ‚unten':

Das ‚Fehlen' der πρώτη ὕλη in den biologischen Schriften und ‚Meteorologie IV' und die Hyle im stofflichen Elementarbereich

Wir haben in Abschnitt 3 das triadische Gegensatz-Substrat-Schema des Aristoteles herausgearbeitet und in Abschnitt 5 gesehen, daß es auf den Ätherbereich nicht angewendet werden kann, mithin seine Geltung nach ‚oben' begrenzt ist. Nunmehr geht es um eine zweite, nicht minder wichtige, aber viel weniger bekannte Einschränkung der Triade, diesmal gleichsam ‚nach unten zu':

In gen. corr., cael. und meteor. A wendet Aristoteles, wie dargetan, sein triadisches Modell auf die vier Elemente an und gelangt so zur πρώτη ὕλη als unterstem Substrat alles Werdens. Nun fehlt aber in den biologischen Schriften und in ‚meteor. 4' die πρώτη ὕλη, stattdessen spielen die vier Elementarqualitäten Warm, Kalt, Feucht und Trocken eine recht ‚selbständige' Rolle und treten dabei als ‚Form' (Warm, Kalt) und ‚Materie' (Feucht, Trocken) auf. Das Fehlen der *prima materia* kann man in den biologischen Schriften noch eher verstehen, weil es hier bereits um differenziertere, d. h. mehrfach überformte, Gegenstände geht, so daß sachlich wenig Anlaß bestand, ein ‚unterstes Substrat' zu erwähnen; aber das erklärt nicht alles. In ‚meteor. 4' dagegen war thematisch die ‚erste Materie' zu erwarten, und ihr Fehlen läßt die Frage unabweisbar werden: Liegt in diesen Schriften eine Konzeption des stofflichen Elementarbereiches vor, die von der z. B. aus gen. corr. bekannten abweicht? Wenn ja, warum?

Da die Echtheit von ‚meteor. 4' umstritten ist, fragt sich, ob wir die Schrift überhaupt heranziehen sollen und dürfen. Als ich jenes Buch vor einigen Jahren behandelte — wobei mir übrigens, wie ich ausdrücklich sagte, die Frage der Verfasserschaft gar nicht besonders wichtig war —[1], hob ich (im Anschluß vor allem an Düring) diejenigen Züge an ihm hervor, die mir eher zu Aristoteles selbst als zu Theophrast, Straton oder sonst einem Peripatetiker zu stimmen schienen. Wie weit diese Hinweise in der wissenschaftlichen Diskussion Bestand haben

[1] *Der chemische Traktat des Aristoteles. Meteorologie IV*, in: *Synusia* (Festgabe W. Schadewaldt), 1965, 289—322.

werden, bleibt noch abzuwarten, und es mag sein, daß man in Zukunft die Schrift wieder mehr von Aristoteles abrücken wird[2]. Wie dem auch sei, von diesen Diskussionen bleibt aller Voraussicht nach *derjenige* Punkt unberührt, um den es uns hier allein geht: der *Materiebegriff* von ‚meteor. 4', welcher ‚*aristotelisch*' ist[3]. Und da nun einmal meteor. 4 die ausführlichste Behandlung des untersten Stoffbereiches enthält, mag es um des sachlichen Zusammenhanges willen gestattet sein, den Tatbestand von meteor. 4 an Hand der damaligen Darstellung hier noch einmal vorzuführen[4] und die hergehörigen Äußerungen aus den biologischen Schriften in zweiter Linie zum Vergleich und zur Ergänzung heranzuziehen:

6.1 Qualitäten, Elemente und Homoiomere in meteor. 4

6.11 Die vier Qualitäten

Die vier (Primär-)‚Qualitäten' Warm, Kalt, Feucht und Trocken[5] treten in meteor. 4 in zwei Arten von Gedankengängen auf:

[2] Entschieden für die Echtheit tritt im Sinne seiner früheren Arbeit ein Düring, *Aristoteles* 349f, der deshalb die Schrift auch unbedenklich verwertet (s. Index S. 644 unter *meteor. IV*). Anders die skeptischen Bemerkungen von O. Gigon, Rez. von *Synusia* in: Universitas 20 (1965) 633—642, bes. 641 (Echtheitsfrage der Sachlage nach nicht eindeutig entscheidbar) und von H. B. Gottschalk, Gnomon 38 (1966) 656 mit A. 1 (ablehnend; es bestünden keine wesentlichen Unterschiede zwischen meteor. 4 und Theophrast, wohl aber zwischen meteor. 4 und Aristoteles). Auch die (ganz wenigen) brieflichen Zuschriften von speziell an meteor. 4 Interessierten hatten überwiegend skeptischen Tenor. Ich selbst möchte hinsichtlich der Teleologie den Unterschied zwischen meteor. 4 und Theophrast heute nicht mehr so stark betonen wie damals (vgl. **8**.252), meine aber, daß ‚Sprachreflexion' und ‚wissenschaftliche Methode' doch eher auf Aristoteles selbst als auf seine Nachfolger weisen. Weitere Erörterungen möchte ich zurückstellen, bis Hans Strohms Bearbeitung von meteor. 4 (im Berliner Aristoteles) und andere einschlägige Äußerungen vorliegen.

[3] Natürlich bleibt dabei die umstrittene *Porentheorie* außer Betracht.

[4] Ich wiederhole den ersten Teil meines Aufsatzes, *Synusia* 289—304. 307f; Text und Anmerkungen wurden dabei erweitert, um die philosophischen Probleme des Elementarbereiches schärfer herauszuheben und auch die Belege aus dieser wenig verwerteten Schrift etwas aufzuarbeiten. Leichte Retuschen wurden in **6**.221 und **6**.222b angebracht. Die Stellen aus meteor. 4 habe ich in Kap. **6**.3/4 und außerhalb von Kap. **6** so verwertet, daß die Argumentation jeweils auch ohne sie schlüssig bleibt, also auch von ganz entschiedenen Gegnern der Echtheit akzeptiert werden kann.

[5] ‚Qualitäten' rufen leicht eine Assoziation mit ‚passiv' hervor, die Bezeichnung deckt daher schlecht die Aktiva Warm und Kalt. Ferner läßt ‚Qualität' als ‚Akzidens' sogleich an eine ‚Substanz' als Träger des Akzidens denken, was für meteor. 4 nicht unbesehen angenommen werden darf (u. **6**.132). — ‚Kräfte' hat (mindestens seit

6.111 Einerseits gehören sie einer Elementenlehre an, für die folgende Gleichungen gelten: Trocken—Kalt = Erde, Feucht—Kalt = Wasser, Feucht—Warm = Luft, Trocken—Warm = Feuer[6]. Da diese Zuordnung vor Aristoteles nicht belegt ist und bei ihm fast nur in gen. corr. behandelt wird[7] und da weiter eine spontane Parallelentwicklung kaum wahrscheinlich ist, darf man ein Abhängigkeitsverhältnis zwischen meteor. 4 und gen. corr. vermuten. Die Elementenlehre in gen. corr. wird von Aristoteles aus der Kritik an seinen Vorgängern, besonders an Empedokles, heraus entwickelt und präzise konstituiert; in meteor. 4 wird sie als etwas Bekanntes vorausgesetzt und ist bereits in der Auflösung begriffen. Deshalb darf angenommen werden, daß meteor. hierin später ist als gen. corr., was auch durch Anspielungen auf gen. corr. in meteor. 4,1 bestätigt zu werden scheint[8]. Ein Vergleich von meteor. 4 mit gen. corr. ergibt nun zwei wichtige Diskrepanzen: a) In meteor. 4 fehlt das Substrat, an dem die einzelnen Qualitäten einander ablösen[9]. b) Die schon in gen. corr. spürbare Tendenz (331 a 3—6), je eine der Qualitäten als für das betreffende Element

Newton) nicht so stark ‚akzidentellen' Sinn, trifft aber (wie auch ‚Vermögen') kaum auf die Passiva Feucht und Trocken zu. Vgl. Joachim 200f. Erwägenswert ist ferner ‚Disposition', das aber auch einen Träger impliziert; ähnlich auch ‚Valenz', das zudem einseitig terminologisch festgelegt ist. Ich bleibe hier in Abschnitt **6** bei ‚Qualitäten', einmal, weil es seit Zabarella eingebürgert ist, zum andern, weil die Kapitel 8/9 behandelten sekundären Sinnesqualitäten mit den primären Feucht und Trocken verbunden werden (u. a. z. B. 385 a 7f) und diese Verbindung zum Ausdruck kommen muß. Die Frage der primären und sekundären Qualitäten bedarf noch weiterer Behandlung, vgl. vorläufig Solmsen 336ff u. ö. — meteor. 4 nennt alle vier Qualitäten δυνάμεις 378b 29. 33. 34. 379b 4. 11; von den aktiven allein heißt es 382a 31 ποιεῖ δὲ τὸ ποιοῦν δυσὶ δυνάμεσι, καὶ πάσχει τὸ πάσχον παθήμασι δύο (in zwei Aggregatzuständen, vgl. Düring, *CT* 41; gemeint sind πῆξις und τῆξις, im Grunde auch die beiden passiven Qualitäten); vom Warmen allein δύναμις 379a 20; an anderen Stellen noch etwas weiter gefaßt, s. Fobes' Index. Für die δυνάμεις kommt ἐναντίωσις nicht vor, dagegen 382b 33 ἐναντίον (Düring z. St.), s. auch Fobes s. v. 379b 19 sowie 380a 8 finden wir ἀντικείμενα παθητικά, vgl. 389b 16; ἀντικείμενον hier wie sonst im Sinne von ἐναντίον ‚konträr', Bonitz 64a 52ff, Düring, *PA* 107. Vgl. o. S. 284 A. 21, S. 450 A. 718 u. ö. — Unserem ‚Qualitäten' entspricht genau ποιότητες bei Galen., De elem. sec. Hipp. 1, 9 (I 481). In Hipp. de nat. hom. 1 (XV 119ff). De nat. fac. 1, 2 (II 5). 2, 4 (II 92). De temp. 1, 6. 7 (I 538ff. 552ff).

[6] meteor. 4 passim; beliebig herausgegriffen seien 384b 13 (Erwähnung des Warmen-Trockenen) und 389a 29—32.

[7] meteor. A 3, 340b 21ff. 4, 341b 14—18 u. ö. wird sie angedeutet; in cael. wird sie nicht direkt erwähnt, steht aber im Hintergrund.

[8] 378b 10 διώρισται geht doch wohl (u. a.?) speziell auf gen. corr. (Düring, *CT* 26; unbestimmter Lee 290 A.), denn ein paar Zeilen weiter, 378b 16. 20ff, finden sich deutliche Anklänge an gen. corr. 329b 22ff (Düring zu 378b 16 und b 20). Über das Verhältnis von gen. corr. zu meteor. 4 insgesamt u. **6**.12, **6**.131, **6**.211 Ende. Gottschalk 78. Schramm, *Aristotelianism* 103.

[9] Zu ὑποκεῖσθαι u. **6**.211, zum Hyle-Begriff von Kap. 12 u. **6**.222b.

charakteristisch herauszuheben, ist in meteor. 4 so stark, daß die Elemente hinter ihren spezifischen Qualitäten zurücktreten und verblassen (s. u.). Trotz dieser und anderer Einschränkungen bleibt aber die Elementenlehre als Rahmen im großen und ganzen auch in meteor. 4 bestehen, und die Spannung zwischen Element und Qualität schwindet nicht völlig.

6.112 Von einer festgefügten und durchgebildeten Elementenlehre wie der in gen. corr. vorliegenden aus erscheint die Selbständigkeit der Qualitäten als Emanzipation aus einer sich auflösenden Einheit und als Hypostasierung von Eigenschaften. Wird nun umgekehrt von den Qualitäten und ihrem ‚Für-sich-sein' ausgegangen, so bedeutet das weit mehr als nur einen methodischen Wechsel des Gesichtspunktes. Vielmehr wird es so möglich, den Befund von meteor. 4 einem vor, bei und nach Aristoteles greifbaren Überlieferungsstrom einzuordnen, bei welchem die Qualitäten von Anfang an selbständig auftreten und erst sekundär und vereinzelt eine lockere Verbindung mit den Elementen eingehen. Dabei wird sich auch der philosophische Status der Qualitäten in meteor. 4 exakter bestimmen lassen (s. u.).

Hauptthema von meteor. 4 sind die Veränderungen der Homoiomere, die sich aus dem Wirken der vier Qualitäten ergeben. Letztere werden gleich in Kapitel 1 ausführlich behandelt, und dabei wird die Aufgabe formuliert, die „Wirkungen der aktiven und die Zustände der passiven Qualitäten" zu beschreiben[10]. Trotz der thematischen Beschränkung auf die Homoiomere gelten die Qualitäten in meteor. 4 als umfassende Ursachen des gesamten Werdens und Vergehens in der Natur[11], von den Elementen über die Homoiomere und Anhomoiomere

[10] 378b 26—28. Eine Entscheidung zwischen ἅς oder αἷς ἐργάζονται (A^c hat beides, A^p nur ἅς; unrichtig Fobes' Apparat) läßt sich nicht treffen, es hängt auch fast nichts daran. Da mit παθητικά die passiven Qualitäten (bzw. die entsprechenden Stoffe Wasser und Erde) gemeint sind (‚passive Zustände' kann es nicht bedeuten, das hieße πάθη oder παθήματα), kann εἴδη, wofern man nicht (wie Alexander) πάθη noch hinzudenken will, nur mit ‚Erscheinungsformen' übersetzt werden (‚forms' Webster, Lee), und die nicht seltenen Fälle, wo in meteor. 4 ὕδατος (ὑγροῦ) εἴδη ‚Arten von Flüssigkeit' bedeutet (u. S. 543 A. 108), gehören nicht hierher (unzutreffend Ideler: *patibilium species*).

[11] 378b 28—30. a) γένεσις ἁπλῆ meint das substantielle Werden (vgl. Joachim u. a. zu 317a 32—34. 318a 27—319a 22). b) μεταβολὴ φυσική, wohl erläuternder Zusatz zu γένεσις ἁπλῆ, um zu zeigen, daß kein gewaltsames oder künstliches Werden gemeint ist (Ideler, Webster) — also b 29 καί = ‚i. e.', vgl. anschließend b 32 —, bezeichnet in etwas weiterer Bedeutung jede substantielle bzw. akzidentelle Veränderung, die alles Werden und Vergehen einschließt (Düring). c) Die φθορά wird, obwohl in b) enthalten, um des Gegensatzes zu γένεσις willen nochmals aufgeführt.

bis zu Pflanzen und Lebewesen[12], wobei sich ihre Wirkungsweise in den einzelnen Schichten des Körperlichen abwandelt (u. *6.212*, *6.22*).

Zwei der Qualitäten heißen ‚aktiv' (ποιητικά), das Warme und das Kalte, zwei ‚passiv' (παθητικά), das Trockene und das Feuchte[13], was so begründet wird: Wärme und Kälte wirken aktiv, indem sie chemisch gleichartige und ungleichartige Stoffe miteinander verschmelzen, zu einer Einheit begrenzen oder chemisch verändern, während das Trockene und Feuchte als ‚Begrenzbares' die gleichen Prozesse an sich erfahren[14].

6.12 Die Elemente

In meteor. 4 werden die Elemente immer wieder erwähnt[15], und eine Elementenlehre ähnlich derjenigen von gen. corr. ist allenthalben gegenwärtig[16]. Trotzdem spielen, wie schon angedeutet, die Elemente aus hauptsächlich drei Gründen keine eigentlich tragende Rolle: a) Das Fehlen eines Substrats wie der *prima materia* erschwert die Wechselwirkung der Elemente, ja macht sie unmöglich. b) Die Gleichsetzung je eines Elements mit einer der vier Qualitäten läßt die Elemente fast überflüssig werden. c) Die ‚Gleichnamigkeit' der Elemente und der entsprechenden ‚konkreten' Stoffe vereitelt eine saubere Abgrenzung beider Bereiche und bewirkt ein ständiges Fluktuieren zwischen ihnen. Da wir a) und b) u. *6.211* besprechen, wenden wir uns sogleich c) zu:

Aristoteles behandelt gen. corr. nicht direkt das Verhältnis der Elemente zu den mit ihnen gleichnamigen ‚konkreten' Stoffen, doch

[12] Elemente: 378b 10—12. Homogene Stoffe: meteor. 4 insgesamt, ausgesprochen 390b 5—9. Anhomoiomere, Tiere und Pflanzen: 378b 30f. 381b 24 heißen die Qualitäten ‚Prinzipien der Körper' überhaupt.

[13] So gleich 378b 12f u. ö., s. Fobes s. v. ποιητικός, παθητικός (ποιεῖν, πάσχειν). Für ὑγρόν/ξηρόν bieten sich die Paare ‚feucht/trocken' oder ‚flüssig/fest' an. Letzteres wäre vorzuziehen, weil ja die Aggregatzustände gemeint sind und vor allem ‚feucht' im Deutschen ganz andere Vorstellungen wachruft. Aber ὑγρόν = ‚flüssig' paßt nicht recht für die Luft, noch viel weniger ξηρόν = ‚fest' für das Feuer. Also bleiben wir wie viele Bearbeiter von meteor. 4 (vgl. bes. Joachim 201. 208, Journ. Philol. 29, 1904, 72—86, bes. 81 A. 1) bei ‚feucht/trocken'. Für ‚flüssig/fest' entscheiden sich z. B. Ogle, Oxf. Transl. von part. an. (Anm. zu 646a 16) und Düring, *Aristoteles* passim.

[14] 378b 14—25. Die beiden getrennten Beweisgänge kann man ohne weiteres zusammennehmen. Die aktiven Qualitäten werden hier beschrieben durch συμφύειν, ὁρίζειν, μεταβάλλειν (b 17f unterteilt in ‚feucht, trocken, hart und weich machen'), συγκρίνειν, συνάγειν; die passiven durch εὐ- und δυσόριστον (vgl. im Folgenden mehrfach ἀόριστον). Anderswo steht von den Aktiva z. B. noch δημιουργεῖν, συνιστάναι, πηγνύναι u. a. m.

[15] Als Terminus erscheint nur στοιχεῖον (fünfmal).

[16] Ich erwähne aufs Geratewohl 382b 3—6. 389a 29—b 1. b 15—18. Vgl. überhaupt die Einteilung der homogenen Stoffe danach, ob sie mehr ‚erd-' oder mehr ‚wasserartig' sind (Kap. 10/11, 388a 25ff).

können wir seinen Andeutungen[17] etwa folgendes entnehmen: Die Elemente kommen als solche nirgends konkret vor, sondern sind abstrakte Idealkörper. Was wir ‚real' als Wasser, Erde usw. antreffen, ist stets nur eine Annäherung an das Element Wasser, Erde usw., in Wirklichkeit eine Mischung des betreffenden Elementes mit anderen Elementen (z. B. Erde mit etwas Wasser). Modern ausgedrückt: Das chemisch reine Element ist eine abstrakte Größe, die es konkret nicht gibt. Trotzdem kann und muß der Wissenschaftler mit dieser Abstraktion arbeiten. Dies tut auch Aristoteles in gen. corr. ständig, wenn er die Elemente, ihre Wechselwirkung und Mischung beschreibt. Auch hier in meteor. 4 werden offenbar beide Bereiche theoretisch auseinandergehalten. In der Praxis gleitet der Autor indes öfter unversehens aus dem einen in den anderen Bezirk hinüber[18], ohne diesen Übergang zu kennzeichnen, ja ohne sich wohl immer seiner bewußt zu sein. Aus diesem Grund ist es unmöglich, an den einzelnen Stellen jeweils Element und konkreten Stoff zu unterscheiden, wie es Düring versucht hat. Die Folge dieses Fluktuierens ist, daß die Elemente ihre Konturen verlieren und ständig Gefahr laufen, mit den entsprechenden konkreten Stoffen zusammenzufallen. Diese Umschichtung der Elementenlehre hängt gewiß zum Teil mit der Thematik von meteor. 4 zusammen, ohne daß sie natürlich ausschließlich dadurch verursacht würde. Der Inhalt von meteor. 4 ist nämlich spezieller und ‚empirischer' als derjenige von gen. corr.: Zwar werden hier wie dort hauptsächlich die Homoiomere untersucht, aber meteor. 4 bespricht weder im einzelnen die Elemente noch das Werden und Vergehen usw. im großen Zusammenhang. Hiermit wollen wir uns begnügen, obwohl die ‚Gleichnamigkeit' zwischen einem idealen Seienden (hier: dem Element) und seinem raumzeitlichen Pendant (Wasser, Erde usw. hic et nunc), zwischen einem Prinzip und dem ihm Nachgeordneten ein gewichtiges Problem von allgemeiner Bedeutung ist. Es begegnet uns bei der Kritik des Aristoteles an der platonischen Ideenlehre, bei seinem eigenen Formbegriff[19], und nun bei der Elementenlehre. Am schärfsten stellt es sich überall da, wo die konkrete individuelle Besonderung keinen Individualnamen erhält; so bei allen Stoffbezeichnungen.

6.13 Das Wesen der Qualitäten und Elemente in meteor. 4

Hauptsächlich vier Punkte interessieren nunmehr: 1. Die Selbständigkeit der Qualitäten; 2. ihre Zuordnung zu den Elementen;

[17] Joachim 213. 217.
[18] Düring, *CT* 13f. 89.
[19] N. Hartmann, Kl. Schr. 2, 142. 152—164.

3. ihre Einteilung in ‚aktive' und ‚passive'; 4. Abstraktheit und Konkretheit der Elemente und Qualitäten.

6.131 Historischer Überblick

Wir beginnen mit knappen Bemerkungen historischer Art[20], weil die Geschichte der Elemente und Qualitäten uns mit fast allen systematischen Problemen bekanntmachen wird, die der spezielle Befund von meteor. 4 stellt: Das Denken der frühgriechischen Philosophen wußte noch nichts von jenen fast schematischen Begriffseinteilungen, wie sie Aristoteles später mit seinen Termini Substanz-Akzidens, Substrat, Materie und Form vornahm, sondern es „operierte mit Beschaffenheiten, bei denen nicht unterschieden wurde zwischen Materie, Eigenschaften und innewohnenden Kräften"[21], wobei jedoch das Gewicht ganz auf dem lag, was wir heute Eigenschaften und Kräfte nennen. Deshalb werden ‚Stoffe' wie Erde und Wasser nie um ihrer selbst willen genannt, sondern stets als Verkörperungen bestimmter Kräfte, umgekehrt aber können Kräfte und Eigenschaften wie Warm, Kalt und Feucht für sich als Wirkmächte des Geschehens erscheinen, ohne daß Erde, Wasser usw. mitgedacht werden müssen. Diese stark dynamische Weltsicht betrachtet überhaupt die Gegenstände nicht als verfestigte Dinge, sondern als Zentren, Bündel von Kräften und Qualitäten. Nehmen wir nun noch hinzu, daß das frühgriechische Denken den Weltablauf als Widerspiel polarer Gegensätze ansah, dann haben wir einen Rahmen gewonnen, in welchen wir die einzelnen Lehren kurz hineinstellen können: Das Warme und Kalte Anaximanders[22]; Wasser und Erde bei Xenophanes; Feuer und Nacht des Parmenides. Hierbei stehen das Warme, das Wasser oder das Feuer nicht nur für Wärme usw., sondern für alles, was aktiv, leicht beweglich, hell ist; das Kalte oder die Erde für das, was passiv, träge, schwer, starr ist. Es sind also Fundamentalgegensätze von wahrhaft kosmischer Größe, auf welche alle anderen Gegensätze und somit das gesamte Weltgeschehen zurückgeführt werden. Zu diesem Bild stimmt auch Empedokles insofern, als er innerhalb seiner vier Elemente das Feuer den drei anderen gegenüberstellt, mithin doch wieder eine Zweizahl schafft[23]; die Qualitäten sind teilweise mit den Elementen verbunden (die Sonne ist hell und warm, der Regen dunkel und kalt, aus

[20] Alles Nähere bei Fränkel, *Dichtung und Philosophie*² 236. 298f. 301. 307. 380f. 388. 410—414. 348f. Solmsen 336—352 (vgl. Index s. v. *Powers*).

[21] Fränkel, *Dichtung und Philosophie*² 298 A. 20.

[22] Zu diesem gesellen sich vielleicht auch das Feuchte und das Trockene, vgl. Solmsen 342, Herter, Sudh. Arch. 250 mit A. 3.

[23] gen. corr. 330b 20f. met. 985a 31—b 3.

der Erde geht das Grünende und Feste hervor), teils handeln sie etwas selbständiger, z. B. im Zusammenhang mit der Ernährung (süß, bitter, sauer, heiß; 31 B 90)[24]. Wir übergehen die Atomisten und wenden uns Platon zu. Er spricht im Timaios zweimal über Elemente und Qualitäten[25], einmal dort, wo er den Zustand der Welt vor dem Eingreifen des Demiurgen beschreibt, zum andern, wo er den Zustand danach schildert. An der ersten Stelle[26] ist der leere Raum nicht von klar strukturierten Substanzen (einem τόδε, τοῦτο) wie etwa den Elementen Erde und Wasser, sondern von einem ungeordneten Hin- und Herwogen fluktuierender und instabiler Qualitäten erfüllt[27], u. a. von Warm und Kalt, Feucht und Trocken. An der zweiten führt Platon die vier Elemente und ihre Qualitäten (z. B. heiß—kalt, nicht aber trocken und feucht) auf geometrische Gegebenheiten zurück, mit Hilfe derer die Elemente (außer der Erde) ineinander übergeführt werden können[28]. Da beide Stellen nicht voneinander getrennt werden dürfen, kann man nur schließen, daß, soweit der νοῦς das Weltgeschehen beherrscht — es bleibt nämlich immer ein irrationaler Rest —, die Elementarqualitäten nicht die Elemente ganz oder teilweise konstituieren oder sonst selbständig handeln, sondern wie die Elemente nur Erscheinungsformen geometrisch bestimmbarer Figuren sind. Hierdurch werden — wie bei den Atomisten — nicht nur die Elemente, sondern auch die Qualitäten in ihrem Eigensein vernichtet.

Von meteor. 4 aus gesehen fehlen diesem Bild noch zwei Züge: a) Ein selbständiges Wirken der vier Qualitäten ohne Apeiron u. dgl. bis in alle Details der einzelnen Naturprozesse hinein. b) Eine präzise Zuordnung je einer der vier Qualitäten zu einem Element:

Das erste findet sich in der medizinischen Literatur seit ihren Anfängen im 5. Jh.; so spielen die vier Qualitäten — oft in Verbindung mit oder im Widerspiel zu anderen Qualitäten bzw. Säften — eine Rolle etwa bei Alkmaion von Kroton[29], in den hippokratischen

[24] Übergangen haben wir Philia und Neikos, deren Einordnung in dieses Schema schwierig ist. Spätere wie Aetius fassen sie als ‚Form' auf, der die vier Elemente als ‚Hyle' gegenübertreten. — Weitere Angaben bei Alexander usw. (vgl. z. B. A 33), Empedokles sei vom Gegensatz des Warmen-Kalten, Dünnen-Dichten oder Trocke-nen-Feuchten ausgegangen u. a. m., weist Zeller I 2[6], 952 als Kombinationen dieser späten Autoren zurück. Das ist aber durchaus nicht gesagt und müßte noch weiter untersucht werden.

[25] Cornford 178—181. 197—210. 210—218. 258—266. Solmsen 344—346.

[26] 49 A—50 A. 52 D—53 C.

[27] τοιοῦτον. Man könnte dafür auch das Wort ποιότης gebrauchen, das ja Platon im Theaitet 182 A als Sammelbezeichnung für θερμότης, ψυχρότης, λευκότης usw. geprägt hat.

[28] 53 C—57 C (vgl. Gaiser 145—150). 61 C—64 A.

[29] VS 24 B 4, vgl. Herter, Sudh. Arch. 251 A. 5.

Schriften[30], bei Philistion[31] und später bei Galen[32]. Die strikte Verbindung eines Elements mit einer Qualität begegnet ebenfalls bei Philistion, der Feuer und Heiß, Luft und Kalt, Erde und Trocken, Wasser und Feucht zusammenordnet. Alkmaion steht unter pythagoreischem Einfluß, die betreffenden hippokratischen Schriften und Philistion unter dem des Empedokles. Doch ist die Beziehung dieser Schriften zur Philosophie für uns hier nur von untergeordneter Bedeutung; wichtig bleibt allein, daß in diesem Bereich, also bei Behandlung physiologischer Probleme, die Qualitäten in ähnlicher Weise wie in meteor. 4 auftreten. Diese Betrachtungsweise herrscht offensichtlich auch sonst überall da, wo man detailliert, nahezu fachwissenschaftlich, die stofflichen Wandlungen besonders des Lebendigen untersucht: Platon zeigt dies, wenn er physiologische Gegebenheiten erwähnt[33]; Aristoteles in seinen zoologischen[34] und Theophrast in seinen botanischen Schriften[35]; besonders deutlich in den Problemata[36]. Straton macht sogar die Qualitäten Warm und Kalt zu Grundkräften seiner gesamten Physik[37]. Platon und Aristoteles geraten dadurch in Widersprüche mit sich selber — Platon mit seiner Reduzierung der Elemente und Qualitäten auf Mathematisches, Aristoteles mit seinem künstlichen Schema in gen. corr. —, aber diese lösen sich auf, sobald man den jeweiligen Zusammenhang bedenkt: In gen. corr. die überwiegend theoretisch geführte Widerlegung des Empedokles, in den biologischen

[30] Epid. 3, 14. De prisca med. 1 (I 570). 13—19 (I 598—620). Vgl. De nat. hom. 5 (VI 42). 7 (VI 48—50). Herter, Sudh. Arch. 250—254. — Eine besondere Variante liegt in De diaeta vor, wo alles von den beiden Elementen Feuer = Warm-Trocken und Wasser = Kalt-Feucht regiert wird (z. B. VI 472—474. 506—522). S. ferner De carne 2 (Solmsen 342 A. 24) und Littrés Index s. v. *Chaud, Humide* usw.

[31] Philistion fr. 4 und 5 bei Max Wellmann, *Die Fragmente der sikelischen Ärzte*, 1901, 109ff.

[32] De elem. sec. Hipp. 1, 9 (I 481f). In Hipp. de alim. 1 (XV 225—227). De nat. fac. 2 (II 5). De temp. 1, 6—9 (I 538—571).

[33] Solmsen 346 mit den Stellen aus dem Timaios, die nach allgemeiner Ansicht (so auch Kudlien, Sudhoffs Archiv 47, 1963, 461) unmittelbar von Philistion beeinflußt sind.

[34] Die Rolle der vier Qualitäten und Elemente in den biologischen Schriften des Aristoteles und des Theophrast bedarf noch der Untersuchung (Solmsen 347 A. 44), die hier nicht geleistet werden kann. Ich nenne nur ein paar wichtige Stellen: part. an B 1, 646a 14ff (dazu Düring, *PA* 123ff), B 2, 648b 8—10 (und das Folgende). gen. an. B 6, 743a 3ff; Γ 11, 762a 9ff; natürlich auch in den Parva naturalia, z. B. De somno et vig. 456b 17ff, respir. 473a 3ff (bes. auch 477a 32—478a 10) u. ö. Solmsen 111f. 347f. Vgl. auch u. 8.24 u. ö.

[35] Man vergleiche nur caus. pl. 6, 7, 1 (inmitten eines interessanten Abschnitts). 3, 22, bes. 3. Weiteres in Wimmers Index s. v. θερμόν, ὑγρόν. — Mit θερμόν und ψυχρόν arbeitete schon der bei Theophrast manchmal zitierte Begründer der Botanik Menestor, welcher in pythagoreischer Tradition steht (Nr. 32 Diels).

[36] Flashar 327—329. 331.

[37] fr. 42—49, dazu Wehrli. Vgl. auch Flashar 331.

Schriften viel mehr der Einzelfall, für dessen Behandlung ein System wie das von gen. corr. viel zu schwerfällig war. Die Ärzte hatten in ihren Schriften beispielhaft gezeigt, wie man die Lebensvorgänge mit Hilfe der Qualitäten erklären konnte, und es lag für Aristoteles um so näher, ihnen zu folgen, da sein Denken, zum Teil schon auf die Einzelwissenschaft gerichtet, die innere Verwandtschaft seiner Biologie mit den medizinischen Schriften empfinden mußte.

In diese Linie gehört auch meteor. 4[38]: In dem weit und unverbindlich gehaltenen Rahmen der Elementenlehre von gen. corr. verhalten sich die Qualitäten wie bei den Vorsokratikern, besonders wie in der geschilderten medizinisch-biologischen Tradition. Wir werden im folgenden noch sehen, daß meteor. 4 enge Beziehungen zu den biologischen Schriften hat, und daß der Autor von meteor. 4 die anorganischen Naturvorgänge von den organischen aus deutet und beurteilt; das stimmt alles zueinander.

Was nun die Verbindung eines Elements mit jener Qualität angeht, so können in meteor. 4 Warm und Feuer, Feucht und Wasser, Trocken und Erde gleichwertig füreinander eintreten, und diese Zuordnung wird damit begründet, das Element werde durch die betreffende Eigenschaft „am sinnfälligsten" repräsentiert[39]. Die Luft und das Kalte werden nicht erwähnt. Meteor. 4 weicht somit ab von der in gen. corr. belegten Verbindung von Wasser und Kalt, Luft und Feucht[40], stimmt jedoch zu den biologischen Schriften: Wenn Aristoteles dort überhaupt Stoffe und Qualitäten aufeinander bezieht, faßt er Feuer als warm, Wasser als feucht, Erde als trocken auf[41]. Diese Kombination, nämlich an Wasser und Erde den Aggregatzustand, am Feuer die Temperatur herauszugreifen, war für die Praxis nahezu selbstverständlich, und Philistion wurde bestimmt unter anderem auch von praktischen Erwägungen geleitet, als er seine Gleichsetzungen

[38] Solmsen 111f, der aber daraus Folgerungen gegen die Echtheit von meteor. 4 zieht, welchen ich nicht beipflichten kann.

[39] Bezeichnend 382b 3f τιθέμεθα δὲ ὑγροῦ σῶμα ὕδωρ, ξηροῦ δὲ γῆν· ταῦτα γὰρ τῶν ὑγρῶν καὶ τῶν ξηρῶν παθητικά (die Schwierigkeiten des γάρ-Satzes räumt auch die etwas verzwickte Begründung Alexanders 202, 14—20 nicht aus). 382a 3f λέγεται δὲ τῶν στοιχείων ἰδιαίτατα ξηροῦ μὲν γῆ, ὑγροῦ δὲ ὕδωρ. 384b 4 θερμῷ καὶ ὑγρῷ· διὸ πυρὶ καὶ ὕδατι. 388a 22f τὸ ξηρὸν καὶ ὑγρόν, ὥστε ὕδωρ καὶ γῆ (ταῦτα γὰρ προφανεστάτην ἔχει τὴν δύναμιν ἑκάτερον ἑκατέρου). 389a 29—31 τὸ ξηρὸν καὶ τὸ ὑγρόν . . ., τούτων δὲ σώματα μάλιστα γῆ καὶ ὕδωρ ἐστίν. Man beachte die Wendungen προφανεστάτη δύναμις, ferner ἰδιαίτατα und μάλιστα.

[40] gen. corr. 331a 4f. Joachim 218f, Journ. Philol. 80f.

[41] Z. B. gen. an. 762a 18 ἐν γῇ καὶ ἐν ὑγρῷ = a 10 καὶ ἐν γῇ καὶ ἐν ὕδατι; ὑγρόν = ὕδωρ öfter in der hist. an. (Bonitz 782a 60—b 1). Sogar in gen. corr. B 8, 334b 32—335a 3 wechseln ὑγρόν und ὕδωρ, vgl. Joachim 245. — gen. an. 767a 17 θερμόν ~ 21 πῦρ. Ob an diesen Stellen die Elemente und Qualitäten ‚abstrakt' oder ‚konkret' gemeint sind, lassen wir unerörtert.

vollzog. Mithin liegt auch für diesen Lehrpunkt eine Tradition vor, die letztlich bei den Vorsokratikern anhebt (o. *6.131*) und über Philistion[42] auf Aristoteles und auf meteor. 4 einwirkt. Schwierig bleibt in dieser Entwicklungslinie die Stellung der Luft und des Kalten. Philistion hatte beides gleichgesetzt[43], womit er allein steht[44], denn im allgemeinen galt Luft als warm und feucht[45]. Gen. corr. übernimmt die Gleichung Luft = warm-feucht und möglichst auch noch andere Gleichungen aus der Tradition[46] und ändert nichts an ihnen, da — abgesehen vom Substrat — gerade auf dem ausbalancierten System der Qualitäten die Fähigkeit der Elemente beruht, ineinander überzugehen, was ja ein Hauptanliegen von gen. corr. ist. Aus diesen vorgegebenen Fakten und dem Zwang, soviel wie möglich in das theoretische Schema zu pressen, erklären sich die Kombinationen Wasser = Kalt, Luft = Feucht, die Aristoteles wie gesagt sonst nirgends verwendet oder auswertet[47]. Die biologischen Schriften und meteor. 4 folgen der Alltagspraxis, vielleicht auch direkt Philistion. Nur hinsichtlich der Luft und des Kalten war kein Anschluß an Philistion möglich, ohne der gesamten traditionellen, auch in gen. corr. übernommenen, Auffassung von Luft zu widersprechen. Es war auch nicht nötig, denn die Luft und alle Gase[48] spielen in den biologischen Schriften eine geringe Rolle, und das theoretisch schwer faßbare Kalte[49] bedurfte nicht unbedingt eines eigenen Elements, da seine Funktion von Wasser und Erde besorgt werden konnte. Aus diesen Gründen werden die Luft und das Kalte gleichsam ausgespart.

6.132 Abstraktheit und Konkretheit der Elemente und Qualitäten[50]

Oben *6.12* wurde die Frage gestreift, wie weit man sich die vier Elemente in meteor. 4 als Abstraktionen, wie weit als ‚konkrete' Stoffe

[42] Die Verbindung von Element und Qualität in der medizinischen Literatur muß neu untersucht werden, denn die Einteilung des Philistion wird ihre Vorstufen und Parallelen haben. Anfechtbar J. Vogel, *Zur Entstehung der hippokratischen Vier-Säfte-Lehre*, Diss. masch. Marburg 1956.

[43] fr. 4 Wellmann.

[44] Nur in der Stoa und in der Alchimie erscheint diese Gleichsetzung vielleicht als Rückgriff auf Philistion. Solmsen 348. Kraus, *Jābir* II 38 A. 3.

[45] Vgl. z. B. Heraklit 22 A 5. Empedokles 31 A 49. Anaxogoras 59 A 45.

[46] Man denke etwa für Feuer, Wasser und Erde an Empedokles, für Feuer und Wasser auch noch an De diaeta (VI Littré).

[47] Joachim 219.

[48] Düring, *CT* 16. Die genaue Analyse von Luft und Gasen leistete erst das 17./18. Jahrhundert, vgl. *Das Buch der großen Chemiker*, I, 1929, 146ff über Van Helmont, 256ff über Cavendish.

[49] Düring, *CT* 70. 81. 101. Noch Robert Boyle (1627—1691), einer der Begründer der modernen Chemie, diskutiert in einer Schrift genau wie Aristoteles darüber, ob die Kälte etwas Positives oder nur ein Mangel an Wärme sei (*Buch d. gr. Chem.* I 188), und Unterkühlungsversuche gab es erst im 18. Jahrhundert (ib. 362f).

[50] Sehr wichtig hierzu Kraus, *Jābir* II passim, bes. S. 161—185.

vorstellen muß. Die Antwort lautete: beides trifft zu. Natürlich sind sie einesteils seit den Vorsokratikern dynamische Seinsprinzipien fernab von jedem ‚Stoff'-Begriff, seit gen. corr. abstrakte Zusammensetzungen aus Substrat und Qualitäten, anderenteils aber verschwimmen sie bei Aussagen über einzelne Naturvorgänge, z. B. chemische Prozesse, ob ihrer Gleichnamigkeit ständig mit den konkreten Stoffen Wasser, Erde usw.[51]. Dieses Schillern und Irrlichtern liegt in der Natur der Elemente und läßt sich über das Gesagte hinaus nicht präzisieren.

Die Qualitäten sind mit dieser Problematik von Abstrakt und Konkret verbunden, aber ein weiterer Zwiespalt ihres Wesens ist noch wichtiger, wenn wir nämlich aristotelisch fragen: Sind sie substantiell oder akzidentell oder beides? Aus dem oben über die Vorsokratiker Bemerkten erhellt, daß man auf die griechische Frühzeit diese Unterscheidung gar nicht anwenden kann: Eine Kraft oder Qualität ist dort nicht etwas ontologisch Zweitrangiges, bedarf daher nicht eines (womöglich massiv gedachten) Stoffes als eines ‚Trägers', wenn sie selbständig wirksam werden will; sie ist aber auch nicht selber eine ‚Substanz' oder ein ‚Stoff'. Mit anderen Worten: Sie kann ‚*in se*' und ‚unstofflich' zugleich sein. Diese Verbindung ist anfällig und drängt zu etwa folgenden Ausgleichsmöglichkeiten: Soll das ‚An-sich' bewahrt werden, so substantialisiert sich nach und nach die Qualität zur Substanz ‚Feuchtigkeit' usw. Die ‚Unstofflichkeit' bleibt dagegen nur dann erhalten, wenn die Qualität in der Erkenntnis abstrakt herausgehoben wird oder wenn sie an einer Substanz zu einem Akzidens unter anderen herabsinkt. Von diesen Tendenzen interessiert uns jetzt die erste, die selbständige Qualität zwischen Unstofflichkeit und Stofflichkeit. Sie begegnet in dem skizzierten medizinisch-biologischen Bereich, auch dann noch, als Aristoteles seinen Substanzbegriff eingeführt hatte. Dies gilt auch für meteor. 4: Warm und Kalt, Feucht und Trocken sind in meteor. 4 ‚Prinzipien'[52], die, wie es ihrer Abkunft entspricht, eine Art selbständigen Seins haben und mit Begriffen wie ‚Akzidens' oder ‚hypostasierte Eigenschaft' nicht erfaßt werden kön-

[51] Auch die moderne Chemie hat mit der theoretischen Klärung des ‚Element'-Begriffes große Mühe gehabt. Vgl. etwa Robert Boyle, *The Sceptical Chemist*, Oxford 1661, wo ausführlich über den Elementbegriff gehandelt wird (*Buch d. gr. Chem.* I 180-187; Weiteres im Index). — Hierher gehört auch der Begriff des ‚chemisch Reinen', mit dem sich u. a. Joh. Rud. Glauber (1604—1670) befaßte.

[52] Sie heißen 378b 10 αἴτια τῶν στοιχείων, vgl. 381b 24 εἰσὶν δ' αἱ ἀρχαὶ τῶν σωμάτων αἱ παθητικαὶ ὑγρὸν καὶ ξηρόν. ἀρχαί werden sie auch noch meteor. A 2, 339a 13f genannt und besonders part. an. B 2, 648b 9f ἀρχαὶ τῶν φυσικῶν στοιχείων αὗταί εἰσι, θερμὸν καὶ ψυχρὸν καὶ ξηρὸν καὶ ὑγρόν; s. auch gen. corr. B 2. — Spätere Stellen: Galen. De el. sec. Hipp. 1, 9 (I 481f) Die vier Qualitäten sind allein τῆς εἰς ἄλληλα μεταβολῆς τῶν στοιχείων αἰτίαι, καὶ φυτῶν καὶ ζώων δημιουργοί. nat. fac. 3, 4 (II 167) nennt er sie δραστικαὶ ἀρχαί. — Vgl. o. S. 523 A. 12.

nen, weil sie eben mit dem aristotelischen Substanzdenken von Hause aus nichts zu tun haben. Des weiteren sind sie teilweise ‚unstofflich', fast ‚abstrakt', teilweise neigen sie zur Verstofflichung, weil sie, wie bereits gesagt, ständig auf Einzelvorgänge der Praxis angewendet und so ‚konkretisiert' werden.

Erleichtert wird dies durch die griechische Terminologie[53], welche die Qualitäten seit alters gern mit substantivierten Adjektiven vom Typ τὸ ὑγρόν usw. bezeichnet. Diese suggerieren schon an sich qua Adjektiv einen ‚Träger' und werden auch tatsächlich oft für die entsprechenden konkreten Stoffe verwendet[54]. Daneben gibt es die Abstraktbildungen auf *-tāt-*, die im Frühgriechischen sehr rar sind, bei Platon und Aristoteles, soweit ich sehe, noch hinter dem adjektivischen Typus zurückstehen und erst seit hellenistischer Zeit sich ausbreiten, aber nie die Allgemeinherrschaft erlangen[55]. Diese Abstrakta sind formal nicht der Verwechslung mit den Stoffen ausgesetzt, zeigen jedoch ebenfalls eine Tendenz zur Konkretisierung, besonders ὑγρότης, das bei Aristoteles überwiegend ‚Flüssigkeit' bedeutet. Überhaupt neigten die mit den Aggregatzuständen zusammenhängenden Bezeichnungen ‚Feucht' und ‚Trocken' natürlich sehr viel eher zu Konkretheit und Verstofflichung als die Temperaturen ‚Heiß' und ‚Kalt'[56], obwohl sie in meteor. 4 und sonst bei Aristoteles als die vier Qualitäten des Tastsinnes zusammengesehen werden.

In die gleiche Richtung weist die Verknüpfung je einer Qualität mit einem Element, weil die Elemente ja ihrerseits mit den konkreten Stoffen verschwimmen. Erst wenn man all dies bedenkt und somit die nötigen Vorbehalte anbringt, darf man die vier Qualitäten in meteor. 4 als ‚Substanzen' bezeichnen[57]. Und man darf nun sich weiter

[53] Der Autor von meteor. 4 verwendet gelegentlich (‚abstrakt' und ‚konkret', s. u.) ὑγρότης, θερμότης, ψυχρότης; ξηρότης kommt in meteor. 4 nicht vor und ist auch sonst selten belegt (z. B. meteor. 3, 378a 30). Öfter als die Abstraktbildung gebraucht meteor. 4 (ebenfalls ambivalent) τὸ ὑγρόν usw.; auch im konkreten Einzelfall sagen Platon und Aristoteles ja wohl nicht ὑγρόν τι, sondern setzen ständig den (ursprünglich anaphorischen?) Artikel. Wie gleitend der Übergang zwischen Abstrakt und Konkret ist, zeigt z. B. 378b 13 τὸ ξηρὸν καὶ τὸ ὑγρόν ‚das Fest- und das Flüssigsein', b 18 τὰ ξηρὰ καὶ ὑγρά ‚die festen und flüssigen Körper' (Sinn schon wegen des Plurals eindeutig; vgl. auch b 19f). Über das Problem der Terminologie sehr klar Joachim 200f; wichtig B. Snell, *Die naturwissenschaftliche Begriffsbildung im Griechischen*, Entdeckung des Geistes[3], 1955, 299—319.

[54] Vgl. vorst. Anm. — Daß diese terminologische Frage großes sachliches Gewicht hat, zeigt sich auch an ἀγαθόν/*bonum*, in dem man oft einseitig nur ein ‚Gut' im Sinne einer verfestigten Güterlehre sah (klassische Stelle Kant, *KdpV* A 112f), wobei man verkannte, daß damit auch ein (oder: das) Prinzip sittlichen Handelns gemeint ist.

[55] Schwyzer I 528f ist sehr ergänzungsbedürftig.

[56] Man vergleiche nur Bonitz (zur Ergänzung Fobes) unter θερμότης und ὑγρότης, in meteor. 4 etwa 378b 15 mit 379a 25.

[57] So Solmsen 347.

überlegen, daß es von dieser Tradition und meteor. 4 aus nur noch ein ganz kleiner Schritt ist bis hin zur Lehre Stratons und der Stoa, Stratons, welcher die Qualitäten Warm und Kalt, der Stoa, welche die Eigenschaften überhaupt als etwas Körperliches versteht[58].

Trotz alledem ist in meteor. 4, wie schon das Vorkommen des Terminus ὕλη zeigt, natürlich der aristotelische Substanzbegriff vorhanden, und es bleibt zu prüfen, ob und wie er seine Spuren hinterlassen hat.

6.14 Die Homoiomere

Die Homoiomere sind chemische Verbindungen der vier Elemente, die in jeder Verbindung jeweils in einem bestimmten Verhältnis zueinander (λόγος τῆς μίξεως) auftreten[59]. Und weil die Elemente nicht chemisch rein vorkommen, sind die Homoiomere die einfachsten Stoffe, die wir in der Natur vorfinden. Der Autor versteht unter Homoiomere sowohl anorganische[60] wie organische Verbindungen[61], unterscheidet aber beide Arten ganz genau[62]. Dies zeigt sich besonders an den letzten drei Kapiteln: 10/11 befassen sich mit dem Verhältnis der Homoiomere zu den einzelnen der vier Qualitäten. Organische Homoiomere werden dabei nicht ausdrücklich von der Betrachtung ausgeschlossen, aber auch nirgends unter den Beispielen genannt, so daß Düring 54 als Thema von 10/11 angibt: ‚On inorganic homogeneous bodies'. Im Kapitel 12 wird dagegen überwiegend oder ausschließlich an organische Homoiomere gedacht[63], und Düring 57 gibt Kapitel 12 den Titel: ‚On organic homogeneous bodies'. Der Autor von meteor. 4

[58] Vgl. u. 6.4 Schluß und besonders 9.

[59] 389b 26f ἐκ μὲν γὰρ τῶν στοιχείων τὰ ὁμοιομερῆ. Die in gen. corr. B 8 begründete Lehre, daß in jedem homogenen Stoffe alle vier Elemente enthalten seien, wird in meteor. 4 nicht direkt erwähnt. Das hat aber für den Einzelfall keine Konsequenzen, denn Erde und Wasser sind sowieso immer vorhanden (z. B. 384b 30), auch Feuer, weil es als ‚Warmes' die Verbindung überhaupt erst zustande bringt. Die Luft wird nur selten genannt (z. B. 384b 16—19, 389b 17), weil sie sich ob ihrer unklaren Natur der Einordnung entzieht, aber sie ist implizit bestimmt immer vorhanden. — Zum λόγος τῆς μίξεως s. u.

[60] τὰ μεταλλευόμενα, worunter Metalle (z. B. Gold, Eisen) und Mineralien (λίθος 385a 9. 388a 14) zu rechnen sind: 388a 13—15; ähnlich 384b 32f.

[61] Wir würden es ‚Gewebearten' nennen: Fleisch, Knochen, Haut, Sehnen, Haare, Adern, bei Pflanzen Holz, Rinde (388a 16f. 19. Zur Deutung von a 19 vgl. Lee). Ähnlich 385a 8f (wo am Schluß noch λίθος hinzugefügt ist, um auch noch ein anorganisches Beispiel zu geben). 389b 24. 390b 5f; vgl. 384b 31.

[62] 384b 30—32 τὰ ὁμοιομερῆ σώματα . . . καὶ ἐν φυτοῖς καὶ ἐν ζῴοις, καὶ τὰ μεταλλευόμενα. 388a 13—16 λέγω δ' ὁμοιομερῆ τά τε μεταλλευόμενα οἷον χρυσὸς κτλ. . . . καὶ τὰ ἐν τοῖς ζῴοις καὶ φυτοῖς, οἷον σάρκες, ὀστᾶ κτλ.

[63] 389b 23f werden ‚Fleisch' und ‚Knochen' genannt, deshalb liegt es nahe, auch unter den ‚übrigen Homoiomere' organische Verbindungen zu verstehen.

kennt also die Grenze zwischen Organisch und Anorganisch und verwischt sie nicht[64]; daß er Parallelen zwischen beiden Bereichen zieht, ist bei seinem Thema nur natürlich. Die Gewichtsverlagerung von 10/11 nach 12 ebenso wie das Überwiegen des Organischen im gesamten meteor. 4 erklärt sich daraus, daß es nur im Organischen einen Aufstieg zu den differenzierteren Formen der Anhomoiomere und weiter der Pflanzen und Tiere gibt und in meteor. 4, wie wir sehen werden, das Anorganische vom Organischen aus beurteilt wird[65].

Da die homogenen Stoffe das Hauptthema von meteor. 4 bilden, werden sie unter vielerlei Hinsichten behandelt, etwa: welche von ihnen nach dem überwiegenden Bestandteil ihrer Hyle mehr ‚erdig‘, welche mehr ‚wässerig‘ sind (Kap. 10) und inwieweit sich das auf ihre Temperatur auswirkt (Kap. 11) u. a. m. Dies übergehen wir insgesamt und wenden uns unmittelbar zum Schlußkapitel 12, dem Höhepunkt von meteor. 4, und damit zu der Frage, welche Prinzipien der Naturerklärung in meteor. 4 gelten.

6.2 Die Ursachenlehre in ‚Meteorologie 4‘: Materie, Form und Telos

6.21 Der Materiebegriff

6.211 Die passiven Qualitäten als Hyle und das Substrat

In meteor. 4 wird nirgends von einem Substrat gesprochen, an dem die vier Qualitäten ineinander übergehen, und es scheint nichts vorzukommen, was dem Gegensatz-Substrat-Schema und der *prima materia* von gen. corr. entspräche[66]. Statt dessen werden öfter die passiven Qualitäten direkt mit dem Wort ὕλη bezeichnet[67]; auch 379a1 und 382a28, wo ὕλη allein steht, kann man für ὕλη ‚das Trockene und Feuchte‘ einsetzen. Da Trocken und Erde, Feucht und Wasser konvertibel sind, werden manchmal statt der passiven Qualitäten oder

64 Unzutreffend Hammer-Jensen 116. Auch Solmsen 403 wird meteor. 4 nicht ganz gerecht.

65 u. **6**.222a/b.

66 Über den Hyle-Begriff in Kap. 12 u. **6**.222b.

67 378b 31—34: Das natürliche Werden geschieht durch die Einwirkung der aktiven Qualitäten ‚auf die jedem Einzelding zugrunde liegende Materie‘ (ἡ ὑποκειμένη ὕλη ἑκάστῃ φύσει), ‚die identisch ist mit den passiven Qualitäten‘. 379b 20 πέψις μὲν οὖν ἐστὶ τελείωσις ὑπὸ τοῦ φυσικοῦ καὶ οἰκείου θερμοῦ ἐκ τῶν ἀντικειμένων παθητικῶν· ταῦτα δ'ἐστὶν ἡ οἰκεία ἑκάστῳ (so Fobes mit A^c und den meisten Handschriften; ἐν ἑκ. andere) ὕλη. 380a 9 Die passiven Qualitäten sind ἑκάστῳ φύσει ὕλη. 379b 30 ὅταν κρατηθῇ ἡ ὕλη καὶ (= ‚d. h.‘) ἡ ὑγρότης.

auch neben ihnen Erde und Wasser genannt[68]. An einer Stelle geht der Verfasser sogar so weit, Erde, Wasser und Luft als Hyle zu bezeichnen, denen das Feuer als Form gegenübersteht[69]. Als Grund für die Gleichsetzung wird die ‚Passivität' des Trockenen und Feuchten genannt[70], wobei ‚Passivität' soviel wie ‚Formbarkeit', ‚Fähigkeit, Wirkungen an sich zu erfahren' meint (vgl. o. *6.112*)[71]. Der Terminus ὕλη bedeutet also zunächst nur soviel, daß auf der Ebene der Qualitäten oder der Elemente die Passiva von der Activa eine Wirkung erfahren, d. h. er übersetzt das, was sachlich mit ‚passiv' (παθητικός) gemeint ist, in das geläufige Relationsschema von Materie und Form. Wie weit darüber hinaus an ‚Stofflichkeit' oder ‚Körperlichkeit' zu denken ist, muß sich noch ergeben. Jedenfalls charakterisiert die Benennung ‚Hyle' in dieser Hinsicht nicht, sondern sie empfängt selber ihren Stellenwert von der Sache, der sie beigesellt ist, nämlich der Qualität und dem Element. Mithin ist sie dem Qualitäten und Elemente kennzeichnenden Schwanken zwischen Körperlich und Unkörperlich, Abstrakt und Konkret anheimgegeben.

Auch die Gleichsetzung von παθητικά und ὕλη muß wie die Elemente und Qualitäten von zwei Seiten betrachtet werden, einmal von gen. corr. aus, zum andern von den Vorsokratikern her.

Das in gen. corr. herausgearbeitete Substrat der *prima materia* wird in meteor. 4 wie gesagt nicht direkt erwähnt. Vielleicht vertritt das in Kapitel 12 genannte Hyle-Prinzip unter anderem auch die *prima materia* (u. *6.222*b), aber in jenen Kapiteln, wo Feucht und Trocken als Hyle erscheinen, ist von ‚erster Materie' nicht die Rede; man wüßte auch nicht recht, wie sich diese beiden Dinge miteinander vertragen sollten. Meteor. 4 ist eben seiner Grundtendenz nach nicht auf ein unterstes Substrat angewiesen, ja schließt es sogar aus. Unter ‚Gesamttendenz' verstehen wir 1. das mehrfach erwähnte Zurücktreten der Elemente und die Selbständigkeit der Qualitäten; 2. den Verzicht auf Umwandlung der Elemente ineinander und auf reziproke

[68] a) Erde und Wasser: 382a 8 (a 6). 389b 12; vgl. auch 389b 15—18. b) Qualitäten = Elemente = ὕλη 388a 21f. 389a 29—31.

[69] 379a 15f. Diese Ansicht hat ihre Wurzeln bei Empedokles (o. S. 525) und im ganzen überall da, wo das Feuer (das Warme) eine Vorzugsstellung genießt. Ein Anklang darin findet sich vielleicht auch in gen. corr. (Joachim 246), eine sichere Fortwirkung in der Stoa (SVF II 413). Welche Motive im einzelnen zu dieser Auffassung beigetragen haben, soll hier nicht erörtert werden. Eine gewichtige Rolle dabei spielen jedenfalls die Schwierigkeiten, die die Einordnung des Kalten und der Luft bereitet. Vgl. 382b 4–6 (Düring, *CT* 81). 389a 29–b 2 (Düring, *CT* 100f). 389b 17 (‚Luft' wohl zur Hyle gerechnet).

[70] 389a 30 ἐπεὶ γὰρ τὸ ξηρὸν καὶ τὸ ὑγρὸν ὕλη (ταῦτα γὰρ παθητικά) ...

[71] Natürlich ist damit keine *absolute*, sondern nur eine *relative* Passivität gemeint, denn die Hyle ist ja beim Werden *aktiv* mitbeteiligt, desgleichen bei allen ‚Fehlleistungen' (vgl. u. S. 537f mit A. 82/83, ferner **8**.24/25).

Wechselwirkung zwischen ihnen. 3. Die vier Qualitäten (hilfsweise die entsprechenden Elemente bzw. Stoffe) sind also relativ fixe Größen, mit denen man arbeitet, ohne sie weiter zu analysieren. Jede dieser Größen ist nicht zugleich aktiv und ‚passiv‘, sondern einseitig aktiv oder ‚passiv‘. Das System ist mithin ineinander verzahnt und autark, und eine *prima materia* hat keinen Platz darin. Und da sie nicht nur weggelassen, sondern durch die Gleichung παθητικά = ὕλη ersetzt wird, sind Überlegungen darüber verfehlt, ob man sie vielleicht auf Grund von gen. corr. latent voraussetzen dürfe. Dieser Ersatz geht soweit, daß Feucht und Trocken (Wasser und Erde) ‚zugrundeliegen‘[72], d. h. als Substrat vorgestellt werden. Freilich sind sie kein Substrat im Sinne des triadischen Schemas, kein neutraler Abschluß nach ‚unten‘ des sich von Gegensatz zu Gegensatz fortbewegenden Elementargeschehens, sondern selbst ein Glied des untersten Gegensatzpaares, als ‚Formbares‘ einem ‚Formenden‘ gegenüberstehend. Das Materie-Form-Verhältnis wird in die Schicht der gegensätzlichen Qualitäten hineinverlegt, und von gen. corr. aus gesehen ist das System von meteor. 4 nach unten ‚offen‘.

Auch diese Besonderheit von meteor. 4 schwindet, wenn man erneut auf die vorsokratische Tradition blickt: Angefangen vom Warmen und Kalten Anaximanders begegnen uns bei den verschiedensten Denkern bis in den medizinisch-biologischen Bereich hinein Paare von Fundamentalgegensätzen, deren eines Glied jeweils das aktive, deren anderes das passive Prinzip darstellt. Natürlich darf man auf diese Paare nicht unbesehen die späteren Begriffe Materie—Form oder gar Stoff—Kraft oder Materie—Geist anwenden, aber sie entsprechen diesem Späteren doch soweit[73], daß eine Charakterisierung der Gegensätze durch die Termini ὕλη — εἶδος, sobald diese einmal in die Philosophie eingeführt waren, zu erwarten stand. Außerhalb von meteor. 4 ist die Anwendung der beiden Begriffe auf Fundamentalgegensätze, soviel ich sehe, nur einmal belegt, in De respiratione[74], aber diese Stelle ist bezeichnend: Es geht um biologische Vorgänge, und die vier Qualitäten beherrschen die Erörterung. Statt nun für De respiratione und somit auch für meteor. 4 auf gen. corr. zu verweisen[75], wo doch die

[72] 378b 33f. Das Werden geschieht unter der Einwirkung der aktiven Qualitäten ἐκ τῆς ὑποκειμένης ὕλης ἑκάστῃ φύσει, sc. aus den passiven Qualitäten. 382b 6 καὶ γὰρ ἡ γῆ καὶ τὸ ὕδωρ ψυχρὰ ὑπόκειται (vgl. auch die Umgebung); ähnlich 379b 11. Unklar 379b 26.

[73] Fränkel, *Dichtung und Philosophie*² 411f.

[74] 477b 23f εἰ οὖν ὕλη πᾶσι τοῖς σώμασι τὸ ὑγρὸν καὶ τὸ ξηρόν, . . . (vgl. die Umgebung b 17f, b 24ff in Ross' Text). Das εἰ ist nicht hypothetisch, sondern nahezu kausal.

[75] So Ross zu respir. 477b 23, der gen. corr. 329b 24—32 nennt und sonst nicht auf unser Problem eingeht.

Qualitäten wie gezeigt ontologisch ganz anders zu bewerten sind, verbindet man besser meteor. 4 und De respiratione mit der beschriebenen vorsokratisch-biologischen Traditionslinie und überschätzt nicht ihre Abhängigkeit von gen. corr. Gen. corr. zeigt nämlich in mancher Hinsicht eine Sonderentwicklung, welche durchaus nicht verbindlich geworden ist.

6.212 Seinsschichtungen und Schichtungen der Hyle[76]

Der Verfasser beschreibt am Beginn von meteor. 4, 12 den Aufbau der physischen Welt folgendermaßen: ἐκ τῶν στοιχείων τὰ ὁμοιομερῆ, ἐκ τούτων δ' ὡς ὕλης τὰ ὅλα ἔργα τῆς φύσεως (389b26—28). Das Wort ὕλη, das uns als Bezeichnung der παθητικά geläufig ist, meint hier die Homoiomere im Verhältnis zu den Anhomoiomere und den noch höheren Gebilden wie Lebewesen und Pflanzen. Die Reihe nach unten fortzusetzen und die Elemente insgesamt als Hyle der Homoiomere anzusehen, hindert zunächst der spezifische Element- und Qualitätsbegriff von meteor. 4, gemäß welchem ‚aus den passiven Qualitäten (Elementen) als Hyle unter der Einwirkung der aktiven Qualitäten (Elemente) die Homoiomere entstehen'[77]. Aber einige Stellen in den biologischen Schriften, die ja die gleiche Auffassung über die Qualitäten haben wie meteor. 4, nennen die Qualitäten bzw. Elemente insgesamt Hyle der Homoiomere, und so wird man das auch für meteor. 4 annehmen. An einer jener Stellen werden die Anhomoiomere Hyle der Lebewesen genannt, und auch dies übertragen wir auf meteor. 4, das nichts direkt darüber sagt[78]. So haben wir demnach vier Schichten vor uns, Qualitäten/Elemente — Homoiomere — Anhomoiomere — Lebewesen, bei denen die jeweils ‚höhere' die nächstniedere und damit alle weiteren darüber ‚überformt' und die niedere, sogar wenn sie selbst geformt ist (Homoiomere, Anhomoiomere) der nächsthöheren gegenüber als Hyle erscheint. Das bedeutet zunächst nur, daß ein Gebilde der höheren Schicht ‚aus' solchen der niederen besteht und daß die niedere Schicht die höheren irgendwie ‚trägt'; in welchem Sinne, gilt es im Folgenden noch zu klären.

6.22 Form und Telos

Meteor. 4 kommt zweimal ausführlicher auf Form und Telos zu sprechen, in Kapitel 2 und 12. Beide Kapitel werden gesondert behandelt, wobei eine Trennung der causa formalis von der causa finalis nicht möglich ist.

[76] Über die ‚Seinsschichtung' vgl. u. 8.271, wo weitere Verweise.
[77] Vgl. etwa nur 378b 14—25 u. ö.
[78] Stellen u. S. 554 A. 174; vgl. auch *Scala naturae* 222.

6.221 πέψις — ἀπεψία; das Ziel alles chemischen Werdens

πέψις bezeichnet in meteor. 4 und sonst ganz allgemein das Zustandekommen einer chemischen ‚Substanz‘ unter der Einwirkung von Wärme, ἀπεψία das vorzeitige Aufhören oder überhaupt Ausbleiben dieses Vorgangs, weil irgendwie zuwenig Wärme vorhanden ist: πέψις ἐστὶν τελείωσις ὑπὸ τοῦ φυσικοῦ καὶ οἰκείου θερμοῦ ἐκ τῶν ἀντικειμένων παθητικῶν· ταῦτα δ' ἐστὶν ἡ οἰκεία ἑκάστῳ ὕλη (379b 18—20). Die ‚natürliche, innewohnende Wärme‘ bedarf hier keiner weiteren Erklärung[79], wohl aber τελείωσις[80]. Selbst wenn man es schwach mit ‚Zustandekommen‘ übersetzt, enthält es eine Teleologie: 1. Alles Werden ist zielgerichtet und, sofern es das Ziel erreicht, seinspositiv (τελείωσις, πέψις). Alles, was dahinter zurückbleibt, ist ziellos und seinsnegativ (ἀτέλεια, ἀπεψία)[81]. Als Kriterium dient die Tatsache, ob das Warme als das Wirkende es vermag, die Hyle zu ‚überwältigen‘ oder nicht[82]. Die Hyle wird dabei als παθητικόν bezeichnet, d. h.

[79] Erläutert wird sie bei Ideler II 413f. Düring, *CT* 65f. 68. Flashar zu Problem. 2, 33. Peck zu part. an. 36 (Loeb) und zu gen. an. LII, LXIII, Appendix B (Loeb). Die auf Empedokles zurückgehende Vorstellung hat, besonders in der Medizin, bis tief in das Mittelalter gewirkt (Crombie, *Augustine to Galileo*, ²1961, I 163). — Es bleibt indes rätselhaft, woran man denn überhaupt ein οἰκεῖον von einem ἀλλότριον unterscheiden soll, wenn es sich um eine γένεσις handelt und das betreffende σῶμα φυσικόν noch nicht vorhanden ist? Und wenn sich alles schon innerhalb eines ‚Körpers‘ (z. B. einer chemischen Verbindung) abspielt, wie kommt es, daß das Gleichgewicht der Qualitäten, auf dem doch der betreffende Körper beruht, plötzlich gestört ist, ohne daß äußere Einflüsse mehr tun als Hilfestellung leisten (379b 22f)? Die παθητικά sind hier offenbar wieder ganz konkret gefaßt und das ‚Nacheinander‘ des Vorgangs entpuppt sich als Konstruktion. Auch οἰκεία ὕλη hat erst Sinn, wenn man schon weiß, um welchen ‚Körper‘ es geht.

[80] Vgl. b 20f ὅταν γὰρ πεφθῇ, τετελείωταί τε καὶ γέγονεν. Weiteres bei Fobes unter τελείωσις u. ä.

[81] 380a 6—9 ἀπεψία δὲ ἀτέλεια δι' ἔνδειαν τῆς οἰκείας θερμότητος (ἡ δὲ ἔνδεια τῆς θερμότητος ψυχρότης ἐστίν)· ἡ δ' ἀτέλειά ἐστιν τῶν ἀντικειμένων παθητικῶν, ἥπερ ἐστὶν ἑκάστῳ φύσει ὕλη. Vgl. noch Fobes.

[82] 379a 1—3 γεννῶσι δὲ τὸ θερμὸν καὶ ψυχρὸν (Letzteres selten, z. B. beim Eis) κρατοῦντα τῆς ὕλης· ὅταν δὲ μὴ κρατῇ. . . . ἀπεψία γίγνεται. 380a 3 πέψις = κρατεῖν τὴν θερμότητα τὴν οἰκείαν τοῦ ἀορίστου. Weitere Belege für κρατεῖν bei Fobes; besonders gehäuft etwa 379a 26ff. Wie hier wird das Wort auch bei Aristoteles verwendet: gen. corr. 331a 28f. gen. an. 766a 15—21 (κρατεῖν, Gegensatz κρατεῖσθαι, ἡττᾶσθαι). b 15. 767a 13ff. b 10ff. 768a 2—5. a 22ff. b 25ff. 769b 11—13. 770b 16f ὅταν μὴ κρατήσῃ τὴν κατὰ τὴν ὕλην ἢ κατὰ τὸ εἶδος φύσις (die gen. an.-Stellen jeweils mit Kontext zu lesen) u. ö. (s. auch Bartels, z. B. 121). Vorbild ist der Sache nach zunächst Plat. Tim. 47D5ff, wo der νοῦς die ἀνάγκη durch Überredung ‚beherrscht‘ (ἄρχειν) und die ἀνάγκη von der Überredung ‚besiegt wird‘ (ἡττᾶσθαι); das Wort κρατεῖν im Tim. 56E6. 57B2. 7 (vgl. 57B6 νικᾶσθαι) bezeichnet das wechselseitige Sich-Verdrängen der Elemente. Ferner kann man Stellen wie Anax. B 12, Diog. Apoll. B 5 u. a. m. vergleichen (s. Kranz' Index), an denen jeweils das geistige Prinzip sich die Welt untertan macht. Dieselbe Vorstellung von einem ‚Agon‘ der Ursachen spielt auch in der

als etwas, ‚das Wirkungen an sich erfahren kann'. Man kann das mit ‚passiv' übersetzen, wenn man sich verdeutlicht, daß damit keinesfalls eine *Passivität* in unserem Wortsinn bezeichnet wird. Denn die Hyle bedarf zwar eines Anstoßes vom Warmen her (d. h. vom Werkzeug der Form), *wirkt* aber dann *aktiv* beim Werden eines Gegenstandes *mit*[83]. 3. Auch die φθορά wird, sofern sie κατὰ φύσιν geschieht, als zielgerichtet angesehen[84].

medizinischen Literatur seit Alkmaion von Kroton eine so große Rolle, daß Erna Lesky geradezu von einem ‚Epikrateia-Mechanismus' spricht; alles Nähere bei E. Lesky an den im Index S. 197 s. v. *Epikrateia* genannten Stellen, dazu Wellmann, Arch. Gesch. Med. 23 (1930) 302 A. 1. Vom ‚Bewältigen' = ‚Assimilieren' der Speise nicht nur in De prisca med. (p. 38, 20. 45, 22 Heiberg, s. Heibergs Index), sondern z. B. auch De color. 795a 21. Über Arist. gen. an. s. Lesky 148ff, bes. 150. 153: Dort weist E. Lesky zu Recht darauf hin, daß Aristoteles die weiblichen Katamenia — d. h. den Hyle-Faktor der Zeugung — nicht als etwas Passives ansieht, sondern ihnen eigene Bewegungsimpulse verleiht; dies ist, wenn man den dynamischen Charakter des aristotelischen Hyle-Begriffes bedenkt (s. u. **8**.25), nicht so überraschend, wie es E. Lesky vorkommt, die von C. Baeumker dessen einseitige Deutung der aristotelischen Hyle auf reine Passivität hin übernimmt (vgl. dazu u. **8**.245, **8**.246a). Zum ‚Agon'-Motiv bei Aristoteles auch Düring, *Aristoteles* 543. 545 (wo aber die Selbstbewegung der Hyle nicht gesehen ist; über seine auch hier wieder begegnende Deutung der aristotelischen Prinzipien als ‚Reflexionsbegriffe' o. **1**.18). — Auf die biologischen Schriften des Aristoteles und meteor. 4 haben neben Vorsokratik und Timaios bestimmt auch die angedeuteten medizinischen Lehren eingewirkt. Die spätere Geschichte des Wortes κρατεῖν und der Vorstellung ist noch zu schreiben: Straton gebraucht das Wort für den ‚Kampf' zwischen entgegengesetzten physikalischen Kräften (vgl. dazu H. B. Gottschalk, *Strato of Lampsacus*, Leeds 1965, 150). Plotin gebraucht es häufig für den Gedanken, daß die Form der Materie Herr wird oder nicht, z. B. 1, 6, 2, 16. 1, 6, 3, 12 (Harder zu 1, 6, 2, 16 ohne Berücksichtigung des Timaios). Auf mittelalterliche Belege macht mich Kurt Flasch aufmerksam: Thomas c. g. 2, 68 quanto forma magis vincit materiam, tanto ex ea et materia magis efficitur unum. Nic. Cus. De docta ign. II 1 (Heid. 63, 10ff) omnia igitur ex oppositis sunt. . . . habendo de uno plus, de alio minus, sortiendo naturam unius oppositorum per victoriam unius supra aliud (J. Koch, Die Ars coniecturalis des Nikolaus von Cues, 1956, 34 bedarf der Überprüfung). De non aliud 13 (H. 28, 8) propter congelantis victoriam frigoris super aquae congelatae fluxibilitatem (vgl. darauf materiae fluxibilitas).

83 Vgl. das Bild des ‚Agons' zwischen Form und Materie (vorst. Anm.), das sinnlos wäre, wenn die Hyle etwas rein Passives darstellte. S. auch u. **8**.24/25. — Ob 379a 11f (γίγνεται δ' ἡ φθορά, ὅταν κρατῇ τοῦ ὁρίζοντος τὸ ὁριζόμενον) direkt die Aktivität der Hyle bezeugt, ist indes zweifelhaft: Wenn man κρατεῖ aktiv als ‚bezwingen' faßt, kann man an die Zielgerichtetheit der φθορά denken (s. nächste Anm.); man kann es aber auch einfach neutral übersetzen ‚hat das Übergewicht über' (vgl. gen. an. 767a 17—19). Normal wird von der ὕλη gesagt, daß sie κρατεῖται (379b 33) oder οὐ κρατεῖται (379a 30).

84 379a 4—12. γένεσις und φθορά betrachtet der Autor von meteor. 4 isoliert voneinander, wohl aus methodischen Gründen. Prinzipiell gilt bestimmt auch hier der gleiche Zusammenhang zwischen ihnen wie in gen. corr.: γένεσις des einen ist φθορά des anderen und umgekehrt.

Was ist Telos, dem alles (chemische) Werden zustrebt?: τὸ δὲ τέλος 1. τοῖς μὲν ἡ φύσις ἐστίν, φύσις δὲ ἣν λέγομεν ὡς εἶδος καὶ οὐσίαν· 2. τοῖς δὲ ὡς ὑποκειμένην τινὰ μορφὴν τὸ τέλος ἐστι τῆς πέψεως, ὅταν τοιονδὶ γένεται καὶ τοσονδὶ τὸ ὑγρὸν ἢ ὀπτώμενον ἢ ἑψόμενον ... ἢ ἄλλως πως θερμαινόμενον (379b 25—29). Der Unterschied zwischen beiden Arten kommt nicht ganz deutlich heraus[85]. Ziel von 1. ist die ‚Natur‘ im Sinne von ‚Form‘ und ‚Wesen‘; die Pepsis ist also hier soviel wie ‚Wesenswerden‘, γένεσις εἰς οὐσίαν. Man braucht dabei nicht unbedingt nur an substantielles Werden zu denken, sondern mag auch akzidentelle Veränderungen wie die Assimilation der Nahrung einschließen, die auf Zustandekommen und Erhaltung der Ousia abzielen. Obwohl meteor. 4 sich stark auf das Organische und Lebendige stützt, und gern von dort aus argumentiert (u. *6.222* b), ist φύσις nicht darauf beschränkt, sondern meint jedwede chemische Substanz[86] oder — entsprechend dem üblichen Doppelsinn von φύσις und οὐσία — das ‚Wesen‘ einer solchen Substanz, ihre ‚(chemische) Natur‘[87]. Solange eine Substanz ‚in ihrem Wesen‘ verharrt, bleibt sie bestehen, wenn sie sich von ihm ‚trennt‘, fällt sie dem Vergehen anheim[88]. Worin besteht denn nun das Wesen, die Natur einer chemischen Substanz?: Im λόγος, wie mehrfach klar gesagt wird[89]. λόγος bezeichnet außerhalb des Kapitels 12 den λόγος τῆς μίξεως, die chemische Mischungs- und Strukturformel[90], die wie unsere Formeln festlegt, in welchem Verhältnis

[85] Man vergleiche einerseits Alexander 187, 6—26 und Webster, andererseits Düring, *CT* 36.

[86] 378b 34 ἑκάστη φύσις ‚jede chemische Substanz, jeder chemische Stoff‘ o. ä. 379b 34 ἡ ἐν τῇ φύσει θερμότης ‚die der Substanz eigene Wärme‘. Zu 379b 35 vgl. A. 89.

[87] 378b 21 und 25 von den vier Qualitäten. 381b 26. 383b 21 ἡ τοῦ ἐλαίου φύσις. 389b 9; etwas weiter 389b 25.

[88] 379a 13f λέγεται σῆψις ἐπὶ τῶν κατὰ μέρος φθειρομένων, ὅταν χωρισθῇ τῆς φύσεως. 389b 9—15 ὥστε ἔχοντα μὲν τὴν φύσιν θερμὰ καὶ αἷμα καὶ γονὴ καὶ μυελὸς καὶ ὀπὸς καὶ πάντα τὰ τοιαῦτα, φθειρόμενα δὲ καὶ ἐξιστάμενα τῆς φύσεως οὐκέτι· λείπεται γὰρ ἡ ὕλη γῆ οὖσα ἢ ὕδωρ. διὸ ἀμφότερα δοκεῖ τισί, καὶ οἱ μὲν ψυχρὰ οἱ δὲ θερμὰ ταῦτά φασιν εἶναι, ὁρῶντες, ὅταν μὲν ἐν τῇ φύσει ὦσι, θερμά, ὅταν δὲ χωρισθῶσι, πηγνύμενα. Vgl. gen. an. A 18, 725a 27 συντηκόμενον δὲ φθείρεται πᾶν καὶ ἐξίσταται τῆς φύσεως und Speusipp. ap. Iambl. c. m. sc. p. 18, 11f Festa ἐκπίπτειν (sc. ἐκ τοῦ κατὰ φύσιν o. dgl.) τινὰ (sc. ὄντα; zu der Stelle o. 2.33). Weitere, etwas anders gelagerte Belege für ἐξίστασθαι τῆς φύσεως bei Bonitz 261b 15—22. — In den meteor.-Stellen scheint für φύσις die Bedeutung ‚Substanz‘ nahezuliegen, aber sie paßt nirgends, weil jeweils die Stoffe, von denen gesprochen wird, mit dem durch φύσις Bezeichneten identisch sind, also φύσις nicht ein größeres Ganzes meint, von dem sich ein Teil ‚trennt‘.

[89] 379b 35 ἕως γὰρ ἂν ἐνῇ ἐν αὐτῇ (sc. ἐν τῇ φύσει ‚in der Einzelsubstanz‘; nicht: ἐν τῇ ὕλῃ) ὁ λόγος, φύσις τοῦτ᾽ ἐστίν. 389b 29, 390a 6 und b 18 werden gleich unten im Zusammenhang mit Kap. 12 besprochen.

[90] Da 378b 20 nichts direkt mit unserem Thema zu tun hat, kommen nur zwei Belege in Frage: 378b 33 ist das richtige Verhältnis zwischen aktiven und passiven Quali-

zueinander die einzelnen Stoffe in einer Verbindung enthalten sind. Welche ontologische Bedeutung dieser Terminus hat, werden wir nachher an Hand des Kapitels 12 untersuchen.

Gehen wir nun noch kurz auf die zweite Art von Telos ein, die oben erwähnt wurde. Worin sie sich genau von der ersten unterscheidet, ist schwer zu sagen: Düring 36 meint, es seien im Gegensatz zu 1. akzidentelle Vorgänge. Man kann dies aus τοιονδί und τοσονδί herauslesen, und vielleicht fügen sich dem auch die genannten Beispiele (Most—Wein, Gerinnen von Tränen, Reifen eines Geschwürs)[91]. Auf jeden Fall handelt es sich um Vorgänge, die nicht so eindeutig auf etwas Wesenhaftes abzielen, obwohl sie zielgerichtet sind (b 29 χρήσιμον). Man darf indes, zumal im Blick auf die anderen Belege für φύσις in meteor. 4, nicht daraus ablesen, der Physis-Begriff werde nur von ‚Natur-Substanzen' im engsten Sinne gebraucht: An sich ist er auf ‚Wein' genauso anwendbar wie auf ‚Öl'; auf Geschwüre und Tränen vielleicht weniger.

6.222 Die Seinshierarchie zwischen λόγος und reiner ὕλη. Die Formbestimmtheit in den einzelnen Schichten

Im Gegensatz zu den Kapiteln vorher[92] fragt Kapitel 12 gleich am Anfang direkt nach dem ‚Wesen' der einzelnen Homoiomere[93], nimmt also die in Kapitel 2 angeschnittene Frage speziell wieder auf und weitet sie am Modell der Seinsstufen aus zu einer kurzen Betrachtung über das Sein der Naturdinge überhaupt und unsere Erkenntnis von ihnen. Wir haben eben schon gesehen (o. *6.212*), daß das Sein als Schichtenfolge von Überformungen verstanden wird. Alle Dinge in der Natur haben demnach als Materie die nächstniedere Schicht (bzw. die

täten gemeint (Düring, *CT* 33), ohne das es nicht zur φυσικὴ γένεσις, sondern nur zur ἀπεψία kommt. 379 b 35 ergibt sich das Gleiche aus der Umgebung der Stelle.

[91] Düring geht freilich darin zu weit, daß er bei 1) vom Erreichen einer neuen ‚chemischen' Natur, bei 2) von ‚physikalischer' μορφή spricht. 2) wird nämlich wie 1) durch πέψις bezeichnet (hinter 379 b 25 τέλος ist selbstverständlich τῆς πέψεως zu ergänzen, vgl. Alexander 187, 7f), d. h. als ‚chemischer' Vorgang betrachtet. Überhaupt sollte man mit den Begriffen ‚chemisch' und ‚physikalisch' sehr vorsichtig umgehen, da meteor. 4 und die gesamte einschlägige antike Literatur (außer vielleicht der Alchimie) ‚Chemie' und ‚Physik' im heutigen Sinne nicht trennen. Modern betrachtet, ist meteor. 4 der Tendenz nach und im Grundstock ‚chemisch', enthält aber auch viel von dem, was man ‚Mechanik und Wärmelehre flüssiger und fester Stoffe' nennen könnte.

[92] 10/11 befassen sich mit dem Verhältnis der Homoiomere zu den einzelnen Qualitäten. 10: τῶν ὁμοιομερῶν ποῖα γῆς εἴδη καὶ ποῖα ὕδατος καὶ ποῖα κοινά (388 a 25 f); 11: ποῖα δὲ θερμὰ ἢ ψυχρὰ τῶν πεπηγότων ἢ τῶν ὑγρῶν (389 a 24).

[93] 389 b 23 f καθ' ἕκαστον λέγωμεν τί σάρξ ἢ ὀστοῦν ἢ τῶν ἄλλων τῶν ὁμοιομερῶν. Wie tief das τί eindringen soll, bleibt zunächst undeutlich. Vgl. 384 b 22 τί . . . ἐστὶ πῆξις καὶ τῆξις.

Schichten), als Wesensform aber den λόγος, wie es auch hier wieder heißt[94]. Man kann nun analog den zwei Stellen der voraufgehenden Kapitel in dem λόγος von Kapitel 12 zumindest teilweise die chemische Mischungsformel sehen[95], wird aber damit nicht dem Zusammenhang gerecht: Wie sich ergeben wird, ist λόγος — dem weiten Horizont von Kapitel 12 gemäß — mehr als Mischungsproportion, nämlich die Formalbestimmung im Gesamtbereich des Natürlichen[96], die in jeder Schicht in jeweils abgewandelter Gestalt auftritt:

a) Erkennbarkeit und Vorhandensein des λόγος

In Kapitel 12 liegen in der Hauptsache zwei Gedankengänge vor: 1. Wie wandeln sich Form und Telos in den einzelnen Schichten ab? 2. Kann man diese Abwandlungen erkennen, und wie? Der Autor versucht beides methodisch zu trennen, springt dann aber doch immer wieder aus dem einen Bereich in den anderen hinüber und läßt so die Grenzen verschwimmen. Er beginnt sofort nach dem oben besprochenen Satz, daß alles κατ' οὐσίαν τῷ λόγῳ bestimmt sei, mit dem Problem der Erkennbarkeit (389 b 29 ff) und legt auch im Folgenden das Hauptgewicht darauf.

Woran erkenne ich die Ousia?: Daran, ob ein Ding ‚seine‘ spezifische Funktion erfüllen, ‚seine‘ Tätigkeit ausüben kann[97]. Kann z. B. ein Auge sehen, eine Säge sägen? Es wird also einerseits vorausgesetzt, daß alle Dinge zielgerichtet sind[98] und darin ihr Wesen liegt[99], andererseits, daß das Subjekt durch apriorisches Wesenswissen zu erkennen

[94] 389 b 28 f ἔστιν δ' ἅπαντα ὡς μὲν ἐξ ὕλης ἐκ τῶν εἰρημένων, ὡς δὲ κατ' οὐσίαν τῷ λόγῳ. Mit ἅπαντα sind gewiß nicht speziell die Homoiomere gemeint (Alexander 223, 16), sondern ‚alle ἔργα φύσεως‘ (389 b 27 f; so Düring), wenn wir den Ausdruck nicht zu eng fassen, also auch die Homoiomere einbegreifen. 390 a 6 ἡ δ' οὐσία οὐδὲν ἄλλο ἢ λόγος. b 18 zeigt die Gegenüberstellung ἐὰν ἢ τὴν ὕλην ἢ τὸν λόγον ἔχωμεν, daß οὐσία = λόγος ist. Zu 390 a 19 vgl. u. S. 547 A. 125.

[95] Düring, *CT* zu 390 a 6, vgl. zu 379 b 35. Düring denkt dabei hauptsächlich an 390 a 6 und a 19. Dagegen paraphrasiert er 389 b 29 mit ‚notion‘, 390 b 18 mit ‚formative process‘ (?; gemeint ‚formal factor‘ oder dgl.) Ideler setzt überall das vage Wort *ratio* ein (das lag nahe, vgl. den Textus zu Ps.-Thomas in meteor.), womit er aber anscheinend mehr als das Mischungsverhältnis meint (vgl. II 529 das Zitat aus Vimercati).

[96] Sehr einleuchtend verstehen Webster und Lee λόγος 389 b 29, 390 a 6 und 19 als ‚Wesensbestimmung‘, 390 b 18 als ‚formalen Faktor‘, womit sie im großen und ganzen Alexander folgen (der nur 390 a 19 sich etwas unklar äußert).

[97] Nach dem Grundsatz *agere sequitur esse* soll das Wesen der Sache aus ihrer δύναμις erkannt werden, vgl. Bonitz 206 b 12—29.

[98] 390 a 10 ἅπαντα δ' ἐστὶν ὡρισμένα τῷ ἔργῳ. a 18 πάντα γὰρ δυνάμει τινί ἐστιν ἢ τοῦ ποιεῖν ἢ τοῦ πάσχειν. δύναμις wie ἔργον kann man ganz gut mit ‚Funktion‘ übersetzen.

[99] 390 a 10—13 τὰ μὲν γὰρ δυνάμενα ποιεῖν τὸ αὑτῶν ἔργον ἀληθῶς ἐστιν ἕκαστον, οἷον ὀφθαλμός εἰ ὁρᾷ, τὸ δὲ μὴ δυνάμενον ὁμωνύμως, οἷον ὁ τεθνεὼς ἢ ὁ λίθινος.

vermag, worin denn die jedem Seienden eigentümliche Funktion besteht. Beide Voraussetzungen machen das oben angedeutete Fluktuieren zwischen Erkenntnis und Sein in Kapitel 12 begreiflich.

Der Verfasser meint nun, daß man die Funktion um so schwerer feststellen könne, je tiefer man ins Elementare hinabsteige, in etwa folgender Reihenfolge: Lebewesen, Teile von Lebewesen (Anhoiomere), Homoiomere in Lebewesen (z. B. Fleisch), anorganische Homoiomere (ἄψυχα, z. B. Silber), Elemente[100]. Je weniger man jedoch erkennen kann, ob die dem Gegenstand wesentliche δύναμις vorhanden ist, d. h. ob er richtig funktionieren kann oder nicht[101], um so undeutlicher wird, ob er überhaupt als solcher ‚ist' oder nicht. Es wäre also durchaus möglich, daß man bei den einfachen Gebilden Sinnestäuschungen erliegt[102] oder falsche Aussagen über sie macht[103], ohne daß man dies an ihrem spezifischen ἔργον als Maßstab erkennen könnte. Bei den höheren Gebilden, z. B. Lebewesen, verhält es sich anders: Deren Funktion ist so klar, daß ihr Ausbleiben sofort bemerkt werden kann[104]. So wird z. B. niemand einen toten Menschen noch als ‚Menschen', d. h. als ζῷον λογικὸν θνητόν (Alexander 223, 29 f) bezeichnen; und wenn, dann ist die Aussage aequivok und nicht univok[105]. Das Gleiche gilt von den Teilen der Lebewesen und anderem Organischen[106].

Der Autor versucht also mit Hilfe des Funktionsbegriffes, der teleologischen Betrachtungsweise die ‚niederen' Gebilde von den ‚höheren' aus, das Anorganische vom Organischen aus in den Griff zu bekommen. Wie er über die ‚höheren' Naturdinge denkt, ergibt sich bereits aus dem oben Gesagten und wird weiter unten näher ausgeführt werden: Es ist die bekannte Teleologie, die, wenn man sie als solche einmal hinnimmt, weiter keine Schwierigkeiten bietet. Sehr problematisch ist hingegen der Elementarbereich besonders der Homoiomere, um dessen Erfassung und Einordnung meteor. 4 ja bemüht ist:

100 389b 29—390a 3 ἀεὶ δὲ μᾶλλον δῆλον (sc. οὐσία und λόγος) ἐπὶ τῶν ὑστέρων καὶ ὅλως ὅσα οἷον ὄργανα καὶ ἕνεκά του (z. B. Mensch, Hand). . . . ἧττον δ' ἐπὶ σαρκὸς καὶ ὀστοῦ τὰ τοιαῦτα δῆλα. ἔτι δ' ἐπὶ πυρὸς καὶ ὕδατος ἧττον. 390a 14—17 τὸ ἔργον αὐτῆς (τῆς σαρκὸς) ἧττον δῆλον ἢ τὸ τῆς γλώττης. ὁμοίως δὲ καὶ πῦρ· ἀλλ' ἔτι ἧττον ἴσως δῆλον . . . ἢ τὸ τῆς σαρκὸς ἔργον. ὁμοίως δὲ καὶ τὰ ἐν τοῖς φυτοῖς καὶ τὰ ἄψυχα, οἷον χαλκὸς καὶ ἄργυρος.

101 390a 20 (von Fleisch und Sehnen): πότε ὑπάρχει (ἡ δύναμις) καὶ πότε οὔ, οὐ ῥᾴδιον διιδεῖν.

102 Vgl. διιδεῖν A. 101. Auch 390b 1 αἴσθησις mag als Stichwort dienen, wenn auch Text und Übersetzung der Stelle schwanken.

103 Vgl. das anschließend und u. **6**.222c Ende über Homonymie Bemerkte.

104 Neben 389b 31ff vgl. 390a 20ff, wo der Gedanke scharf pointiert wird.

105 389b 31f.

106 Die Hand eines Toten (389b 32), eine ‚Frucht' (390a 23). Über die Beispiele von Kap. 12 vgl. u. **6**.222c.

b) Form und Funktion der ‚niederen‘ Gebilde

Wir haben den λόγος τῆς μίξεως als formalen Faktor (Ousia) und zugleich Telos des chemischen Werdens kennengelernt (379b25 ff, o. *6.221*). Dem Zusammenhang nach galt diese Mischungsformel für die Homoiomere; man kann sich auch nicht denken, wie sie für Elemente und Anhomoiomere gebildet und auf diese angewendet werden sollte[107]. Auch sonst spricht meteor. 4 nicht eindeutig von einer ‚Form‘ der Elemente[108], wohl aber noch an einer weiteren Stelle über das Formale in den Homoiomere:

Hiermit sind nicht die ποιητικά gemeint. Denn wenn auch die Festlegung der παθητικά auf den Begriff ὕλη fragen läßt, ob die ποιητικά als εἶδος aufgefaßt werden dürfen, und einige Charakteristika der ποιητικά in diese Richtung weisen[109], so sind sie doch nicht mehr

[107] Die Elemente sind in ihrem Sosein als Kombinationen von Heiß und Trocken usw. bestimmt, aber gelten wohl nicht als chemische ‚Verbindungen‘ (μίξεις) im *eigentlichen* Sinne, für die es eine Mischungsformel geben könnte. Die Anhomoiomere sind ihrem Wesen nach inhomogen. Man könnte also höchstens angeben, wie viele Prozent von jedem Homoiomeres in einem Körperteil vorhanden sind, ohne damit seinen Aufbau zutreffend angeben zu können. Für eine solche Chemie der Körperteile findet sich denn auch nirgendwo ein Ansatz. Die Chemie des Körpers in Biologie und Medizin geht andere Wege, indem sie die Homoiomere ausschließt und simplifizierend nur von den vier Qualitäten bzw. vier Säften redet; das ‚Gleichgewicht‘ der Säfte ist, wenn es überhaupt etwas mit dem λόγος τῆς μίξεως zu tun hat, eine stark vereinfachte Form davon.

[108] Obwohl die Elemente zu Substanzsein und Konkretisierung neigen, werden sie in meteor. 4 nirgends ausdrücklich und ganz eindeutig mit φύσις, οὐσία oder λόγος bezeichnet (an anderen Stellen, so etwa in cael., heißen sie zwar οὐσία, aber das besagt nicht allzu viel; vgl. u. **8**.245). 382a 29 εἶδος bezieht sich offensichtlich, 380b 32 εἶδος (εἰς εἶδός τι ‚zu etwas anderem Bestimmten‘, fast = ‚Wesensform‘) sicher auf Homoiomere. Sonst heißt εἶδος (εἴδη) ‚Arten‘ (von Vorgängen, Stoffen, Wirkungen usw.) 379b 10. 17. 381b 4. 382b 11. 13. 383b 14. 388a 26. b 2; an manchen dieser Stellen könnte man auch ‚Erscheinungsformen‘ sagen. ‚Erscheinungsformen‘ der παθητικά 378b 28. 381b 24. Vgl. Bonitz 218a 10ff (er rechnet 381b 24 unter ‚Arten‘) und 285a 4—7. Zur Bedeutung ‚Arten‘, die natürlich auch schon bei Platon belegt ist (z. B. Tim. 60f), s. H. Herter, Sudh. Arch. 263 A. 1. Die vier Qualitäten erhalten natürlich keine dieser Bezeichnungen. Der einzige Begriff, der unbestimmt und weit genug wäre, um auf sie anwendbar zu sein, ist φύσις; vgl. part. an. 649a 20 τὸ ψυχρὸν φύσις τις ἀλλ' οὐ στέρησις, was locker übersetzt heißt ‚das Kalte ist etwas Eigenes, eine Sache für sich, nicht nur Abwesenheit der Wärme‘. Zur späteren Anwendung des Terminus φύσις (bzw. *natura*) auf die vier Qualitäten vgl. Kraus, *Jābir* II 165 A. 7.

[109] Von den Verben, die das aktive Wirken von Warm und Kalt beschreiben, gehört nur ὁρίζειν (378b 15 u. ö.) hierher, vgl. Arist. phys. δ 2, 209b 4 ὁρίζεται τὸ μέγεθος καὶ ἡ ὕλη τοῦ μεγέθους (in der Abhandlung über den τόπος). Der Blick auf die vorsokratische Tradition der aktiven Qualitäten, besonders des Warmen (o. **6**.131), zeigt, daß sie etwas Formendes sind, weist aber zugleich ihre Grenzen auf: Bei Empedokles z. B. sind sie in ihrem Wirken von Philia und Neikos abhängig.

als *causae efficientes* oder Werkzeuge einer *causa efficiens*[110]. Vielmehr denken wir an die Stelle 382a27—29 ἔστιν δὴ τὰ αἴτια τὰ παρὰ[111] τὴν ὕλην δύο, τό τε ποιοῦν καὶ τὸ πάθος (τὸ μὲν οὖν ποιοῦν ὡς ὅθεν ἡ κίνησις, τὸ δὲ πάθος ὡς εἶδος). a31—b1 ποιεῖ δὲ τὸ ποιοῦν δυσὶ δυνάμεσι, καὶ πάσχει τὸ πάσχον παθήμασιν δυσίν, ὥσπερ εἴρηται· ποιεῖ μὲν θερμῷ καὶ ψυχρῷ, τὸ δὲ πάθος ἢ ἀπουσίᾳ ἢ παρουσίᾳ θερμοῦ ἢ ψυχροῦ. Das πάθος bzw. εἶδος ist also das Vorhandensein oder Fehlen von Warm und Kalt im Flüssigen oder Trockenen[112], mit anderen Worten, es ist ein Körper mit einem bestimmten Aggregatzustand und bestimmter Temperatur. Man könnte meinen, εἶδος sei hier, als ,körperlicher Zustand' gefaßt, jeder Verknüpfung mit einem Telos bar. Alexander sah jedoch tiefer, wenn er bemerkt, daß bei den Körpern des Naturbereiches gerade in diesem Körperzustand (εἶδος) schon das Telos liege[113]. Unsere Stelle hier ist nun leicht mit den vorher besprochenen zu vereinigen: Die ,Mischungsformel' ist der logische Ausdruck des Sachverhaltes, der sich als chemischer ,Zustand' der Erkenntnis darbietet.

Warum wird nach Meinung des Verfassers Funktion und Ousia dieser niederen Gebilde schwerer erkannt und warum sind, wie es

[110] Düring, *CT* 73 nennt das Warme und Kalte ,auxiliary forces', die ihrerseits ,presuppose a determinate movement as efficient cause', wobei er an die ψυχή von gen. corr. denkt (Joachim 249f), die hier in meteor. 4 nicht genannt wird. Es hat keinen Wert, die Belege, bei denen die ποιητικά selbständig verfahren und etwa ,durch' das ὑγρόν etwas ,festmachen', aufzurechnen gegen die, bei denen z. B. τῷ θερμῷ oder ὑπὸ τοῦ θερμοῦ ,etwas (= die konkret gedachten παθητικά) fest, flüssig usw. wird'. Die ganz interessante Stelle 382a 27—33 ποιεῖ δὲ τὸ ποιοῦν δυσὶ δυνάμεσι meint nicht, daß das ποιοῦν als *causa efficiens* (etwa als ψυχή) von den δυνάμεις zu trennen sei; Alexander 202, 5 θερμαῖνον γὰρ ἢ ψῦχον ποιεῖ (sc. τὸ ποιοῦν) bestätigt, daß es nicht mehr bedeutet als ,das Aktive wirkt in zweierlei Weise'. Und da das ποιοῦν vorher (a 28f) als ὅθεν ἡ κίνησις bezeichnet worden war, können wir in meteor. 4 die ποιητικά ruhig als *causae efficientes* verstehen. Eine kleine Stütze hierfür ist wohl 390b 3f τὰ μόρια θερμότητι καὶ ψυχρότητι καὶ ταῖς ὑπὸ τούτων κινήσεσιν ἐνδέχεται γίγνεσθαι. b 8f ταῦτα δ' ὑπὸ ψυχροῦ καὶ θερμοῦ καὶ τῶν κινήσεων γίγνεται μιγνυμένων. Der Verfasser von meteor. 4 hat dem offensichtlich keine große Bedeutung zugemessen; für unsere Erörterung hängt auch kaum etwas davon ab. 381a 16 beweist in keiner Richtung etwas. — Vgl. part. an. 652b 11: Das Warme ,dient' der Seele. gen. an. 740b 31: Die Seele gebraucht Wärme und Kälte als ,Werkzeuge'. Dazu Bartels 118ff u. ö.

[111] Die Variante περί (s. Fobes' Apparat), die einen schlechten Sinn bietet, ist aus mechanischer Verwechslung der Kompendien für παρά und περί entstanden, wie man sie ja häufig antrifft.

[112] Alexander 201, 27f πάθος λέγων τὸ γινόμενον εἶδος ὑπὸ τοῦ ποιοῦντος ἐν τῇ ὕλῃ. παρουσία kommt nur hier vor; ἀπουσία im gleichen Sinn 385a 26. 28, vgl. 383a 9. Daß παρουσία von Platons Phaidon bis in den Neuplatonismus ein Leitwort jeglicher platonisierender Form-Metaphysik ist, sollte man auch an unserer Stelle nicht vergessen, vgl. Bonitz s. v.

[113] 201, 28—30 ὡς εἶναι τὰ αἴτια τρία, ὕλην, εἶδος, ποιοῦν, ὡς τῷ εἴδει συναριθμουμένου καὶ τοῦ τέλους· δοκεῖ γὰρ ἐν τοῖς γινομένοις φύσει τοῦτ' εἶναι τέλος.

heißt, ihre λόγοι weniger ‚genau‘[114] als die der höheren Gebilde?: τὸ οὗ ἕνεκα ἥκιστα ἐνταῦθα δῆλον, ὅπου δὴ πλεῖστον τῆς ὕλης (390a3f). Vorausgesetzt wird also erstens, daß nach ‚unten‘ die Hyle immer mehr zu-, die Formbestimmtheit immer mehr abnimmt; zweitens, daß die Hyle als das prinzipiell Unerkennbare[115] schuld daran ist, wenn die Erkenntnis des Elementaren verworren bleibt. Beide Voraussetzungen stützen einander und basieren ihrerseits auf dem schon öfter beschriebenen Weltbild, welches das Sein als hierarchische Schichtenfolge versteht[116]. Die Hierarchie ist eingespannt zwischen die beiden Pole von ‚reiner Ousia‘ und ‚reiner Hyle‘[117], die der Autor gedanklich für sich isoliert, wobei er sicher auch an oberste Substanz und *prima materia* denkt. Allein das bleibt unbestimmt, denn im Zusammenhang von meteor. 4 schaut er nach oben kaum über die Anhomoiomere, nach unten nicht über die passiven Qualitäten als Hyle hinaus. Wir haben nun die beiden Eckpunkte, und die einzelnen Dinge enthalten um so mehr οὐσία bzw. ὕλη, je näher sie einem der beiden Extreme stehen[118]. Deshalb enthält der elementare Bereich ‚am meisten Hyle‘, wenn auch in ihm die Form nirgends und niemals völlig verschwindet, wie der Verfasser ausdrücklich bemerkt[119]. So behält das Elementare einen gewissen Eigenwert, und doch geht die Blickrichtung von meteor. 4 in der Hierarchie des Seins konsequent von ‚oben‘ nach ‚unten‘[120].

114 390a 19f οἱ λόγοι αὐτῶν οὐκ ἀκριβεῖς: αὐτῶν bezieht sich zurück auf a 17 ‚Pflanzenteile und Anorganisches wie Bronze und Silber‘.

115 Vgl. u. 7.12.

116 Vgl. das ständige μᾶλλον und ἧττον in dem gesamten Abschnitt 389b 29ff, das sich allerdings oft auf die menschliche Erkenntnis von der Ordnung der Dinge bezieht, also nach moderner Auffassung zumindest nicht direkt auf die Ordnung selber.

117 390a 5f εἰ τὰ ἔσχατα ληφθείη, ἡ μὲν ὕλη οὐδὲν ἄλλο παρ' αὐτήν, ἡ δ' οὐσία οὐδὲν ἄλλο ἢ λόγος, ...

118 390a 6f τὰ δὲ μεταξὺ ἀνάλογον τῷ ἐγγὺς εἶναι ἕκαστον.

119 390a 7—9 τούτων ὁτιοῦν ἐστιν ἕνεκά του, καὶ οὐ πάντως ἔχον ὕδωρ ἢ πῦρ, ὥσπερ οὐδὲ σάρξ οὐδὲ σπλάγχνον. a 10. 18. Die Tendenz des gesamten Abschnitts weist in die gleiche Richtung.

120 Damit ist nicht gesagt, daß in meteor. 4 die höheren Schichten *generell* als ‚ontologisch früher‘ gelten. 389b 30 steht ὕστερα von den Anhomoiomere und den Lebewesen (vgl. b 31) im Gegensatz zu den Homoiomere oder gar den Elementen (vgl. 390a 2f). Düring, *CT* zu 389b 30 will hierunter die Reihenfolge κατὰ γένεσιν verstehen und verweist auf met. Θ 8, 1050a 4f τὰ τῇ γενέσει ὕστερα; so weit richtig. Aber in der Metaphysik geht es weiter τῷ εἴδει καὶ τῇ οὐσίᾳ πρότερα, was auf die dort gemeinte biologische Artfortpflanzung zutrifft. Noch weiter geht part. an. 646a 25f (vgl. b 4—10), wo die Formel ‚später der Entstehung nach und früher der Natur nach‘ nicht nur auf die Artfortpflanzung, sondern auf die Seinsstufung überhaupt angewendet wird. Das kann man auf meteor. 4 übertragen, aber es wird dort nicht ausgesprochen und ist auch sachlich nicht ganz unbedenklich. Denn die Anhomoiomere und die Schichten darüber mögen auch in meteor. 4 Seinspriorität besitzen (insofern hat also Düring doch recht), unterhalb der Anhomoiomere läßt sich dieser Gedanke nun einmal nicht strikt durchführen (weder in meteor. 4 noch sonst):

Diese Ontologie ist bis in alle Einzelheiten vorgegeben, man denke an met. Γ, E 1, Λ und letztlich an Platon, besonders die Prinzipienlehre. Neu ist ihre spezialistische Anwendung auf die chemischen Vorgänge, und hier erheben sich auch gleich die Schwierigkeiten, die zumal uns Modernen auffallen: Für die heutige Chemie sind nämlich die einfachen Stoffe viel leichter erkennbar und analysierbar als komplizierte organische Verbindungen. Daß meteor. 4 darüber umgekehrt denkt, dürfte zwei Gründe haben, von denen wir den weniger wichtigen vorwegnehmen: 1. Es gab keine chemische Analyse, und deshalb war es tatsächlich sehr schwierig, chemische Verbindungen zu charakterisieren und zu deuten, obschon man sich sowieso nur auf die vier sinnfälligsten Qualitäten beschränkte. Vielleicht war dieser Umstand mit daran schuld, daß der von Empedokles konzipierte, über Platon zu Aristoteles gelangte Begriff der Mischungsformel[121] in meteor. 4 eine geringere Rolle spielt als erwartet; handelt es sich doch um einen Begriff, der wie kein anderer speziell auf die chemische Betrachtung zugeschnitten erscheint. Es war eben mit den damaligen Mitteln unmöglich, im Einzelfall die Proportion anzugeben, wenn man sich nicht mit der spekulativen Kühnheit des Empedokles über alle exakte Empirie hinwegsetzen mochte, und so treffen wir weder in gen. corr. noch in meteor. 4 auf ein einziges Beispiel einer solchen Formel[122]. 2. Dieser mehr praktische Grund war jedoch von untergeordneter Bedeutung, allein schon deshalb, weil der Verfasser von meteor. 4 trotz der Fülle sachlicher Details, die er ausbreitet, nur wenig empirisch vorgeht, sondern im Gegenteil konstruktiv, schematisch und spekulativ verfährt. Indem er so die Homoiomere von der Teleologie des Lebendigen aus sieht, erscheinen ihm die Homoiomere in mancher Hinsicht als ‚defizient‘: a) Daß bei ihnen Mischungsformel und Definition identisch sind[123], d. h. daß sich ihre Wesensbestimmung in einer Art ‚Inhaltsangabe‘ erschöpft, nimmt er aus methodischen Gründen zunächst und vorläufig hin (o. *6.221*, *6.222*b Anfang). Im Kapitel 12 verlangt er

Die (anorganischen) Homoiomere können einem übergeordneten Telos eingepaßt werden, sind aber kaum *selber* (d. h. *in sich*) Telos, sondern reagieren mit ateleologischem Automatismus. Vgl. u. S. 547 mit A. 124. 126, **8**.24 passim, bes. **8**.244 bis 246. Deshalb sollte man für diesen Bereich *als solchen* nicht von Seins-Priorität der jeweils oberen Schicht sprechen (und auch nicht eine ‚hypothetische Notwendigkeit‘ formulieren, die ja ein Telos voraussetzt). — Über die Problematik des ‚Früher-Später‘ im ganzen J. Deninger, ‚*Wahres Sein*‘ *in der Philosophie des Aristoteles*, 1961, 41—62 und *Scala naturae* passim.

121 Näheres u. **6**.31.

122 Joachim 70f. Natürlich werden in gen. corr. und meteor. 4 die einzelnen Stoffe grob in ‚erdige‘ und ‚wässerige‘ eingeteilt, aber darüber hinaus wird nicht analysiert.

123 Ein modernes Beispiel: Die Mischungsformel und zugleich Definition von Kochsalz heißt NaCl, in Worten: ‚Kochsalz ist eine Verbindung von Natrium und Chlor zu gleichen Teilen‘.

nun von ihnen eine erkennbare Zielstrebigkeit. Damit will er offenbar nicht nur die schlechte Erkennbarkeit der automatisch wirkenden δυνάμεις[124] tadeln, durch welche die Homoiomere charakterisiert werden, sondern die blinde Notwendigkeit ihrer chemischen Reaktionen und Funktionen überhaupt zu überwinden versuchen. Deshalb hält er, obgleich er die Homoiomere in die Nähe der ateleologischen Materie, d. h. des ontologisch nicht Faßbaren rücken muß, an dem Postulat fest, daß sie so zielstrebig sein sollten, wie das Lebendige, und daß ihre λόγοι ‚ungenau‘ sind, weil sie ein solches Telos nicht erwähnen, das doch eigentlich zur Wesensbestimmung dazugehört[125]. b) Beim Vergehen chemischer Substanzen „bleibt die Hyle zurück, d. h. Erde oder Wasser“[126]. Damit waren prinzipiell wohl die Elemente Erde und Wasser gemeint, in der Praxis handelt es sich aber um ein festes oder flüssiges anorganisches Homoiomeres, und die Homoiomere scheinen wenigstens teilweise ein eiserner Bestand von Stoffen zu sein, die auch ohne höhere Zielsetzung auf jeden Fall erhalten bleiben. Auch dieser Umstand gibt den Homoiomere, wenigstens den anorganischen, eine starke Affinität zur Materie[127].

Einen Ausgleich zwischen dieser Eigengesetzlichkeit der Homoiomere als solcher (d. h. des der Materie Nahen als solchem) und der Teleologie von oben her stellt in den biologischen Schriften und sonst bei Aristoteles die ‚hypothetische Notwendigkeit‘ her[128]. In meteor. 4 wird sie nicht genannt und man sollte sie auch nicht substituieren[129]: Denn sie ließe sich zwar — wie in den biologischen Schriften usw. — für das Verhältnis zwischen den anorganischen Homoiomere (Elementen, Kräften) und den *höheren* Seinsschichten formulieren, keinesfalls aber — worum es doch hier zunächst geht — für den Bereich der Homoiomere selbst und die Stufen darunter, weil die (anorganischen) Homoiomere *als solche* nun einmal kein eindeutiges Telos sind[130]. Man sehe auch, wie der Autor am Schluß von Kapitel 12[131] erneut die Frage nach dem ‚Was‘ der Homoiomere stellt, aber die Anwort inhalt-

[124] Aristotelischer Ausdruck dafür: δυνάμεις ἄλογοι, vgl. interpret. 22b 38. 39. 23a 1. 4. met. Θ 2, 1046a 36ff. Θ 5, 1048a 3ff. phys. ϑ 1, 251a 28—30. ϑ 4, 255b 5—11. Stallmach 92—95. Vgl. dazu u. 8.24 passim.

[125] 390a 19f. Das Gesagte dürfte erneut bestätigen, daß es sich nicht mehr um Mischungsformeln (so Düring) handelt; mißverständlich Alexander 255, 21—25.

[126] 389b 10—12, vgl. 379a 23; s. auch gen. an. 735b 34—36.

[127] Implizit spielt bei den Elementarstoffen stets auch das Individuationsproblem herein: Wiewohl jedes Quantum Stoff eigentlich unverwechselbar es selber ist, gibt es für Sprache und Erkenntnis, die hier ganz wenig oder gar nicht differenzieren, keine Stoffindividuen. Dies ist ein gewichtiges ontologisches Problem, man denke nur an das aristotelische χωριστόν als Merkmal jeder Substanz.

[128] Ausführlich darüber u. 8.244.

[129] Dies versucht offenbar Schramm, *Aristotelianism* 103.

[130] Vgl. o. S. 545 A. 120, wo weitere Hinweise.

[131] 390b 14—19.

lich offenläßt, und vielmehr nur programmatisch und formal feststellt, was wir wissen müssen, um die Frage nach dem τί bzw. διὰ τί beantworten zu können: Wir müssen die Material- (ὕλη) oder die Formalursache für das Werden und Vergehen des betreffenden Dinges kennen, am besten beides, dazu noch die *causa efficiens*[132]. Das Telos mag, wie Alexander 227,8 vorschlägt, in der Frage διὰ τί enthalten sein[133], oder es ist im Wort λόγος (‚Formalursache') mitgemeint.

Im Lichte des Gesagten müssen wir auch die Stelle in Kapitel 12 sehen, welche auf die in der Seinshierarchie wirkenden ‚Ursachen' eingeht[134]: Warm und Kalt formen die Homoiomere, sind also deren αἴτια. Aber für die Anhomoiomere kann man das nicht mehr gut sagen, hier wirkt φύσις ἢ ἄλλη τις αἰτία (390b14), genau wie bei den von Menschenhand geschaffenen Dingen die τέχνη (b13 f); mit anderen Worten, von den Anhomoiomere an aufwärts kommt eine ganzheitsstiftende Ursache ins Spiel, die mehr ist als Warm und Kalt (und deren Relation), eine Formkraft, die wohl zugleich *causa finalis* und auch *efficiens* ist[135]. Eine ähnliche Äußerung findet sich auch 388a20 ff[136]. Man darf natürlich die Formulierungen der Stelle nicht pressen: Weder wird den Homoiomere Form und Ziel direkt abgesprochen (o. *6.221*; s. auch das Vorstehende in *6.222*b)[137], noch wird gesagt, daß Warm und Kalt nicht auch Ursachen der Anhomoiomere seien[138]; sie sind

132 Diese Gedanken über die notwendigen Bestandteile einer Definition erinnern an ähnliche Aristoteles-Stellen. Alexander verweist auf an. A 1; vgl. etwa die von Theiler S. 91 (zu an. 403b 3) genannten Belege.

133 διά ist zwar eigentlich kausal (ἕνεκα final), wird aber schon klassisch vereinzelt final verwendet, was sich in der Koine bis ins Neugriechische hin immer mehr verstärkt (Schwyzer II 454), so daß dem späten Alexander die finale Deutung nahelag. — Ich kann Alexander 227, 8f nicht darin beipflichten, daß die Frage τί nur auf die Hyle zielt.

134 390b 2—14. Mit dieser Erörterung biegt der Verfasser nach dem ‚teleologischen Exkurs' (ca. 389b 28—390b 2) wieder auf den Anfang des Kapitels, d. h. auf die Homoiomere, zurück: Alexander 226, 24f εἰπὼν δὲ ταῦτα ἐπάνεισιν ἐπὶ τὸν περὶ ὁμοιομερῶν μορίων λόγον.

135 Der Zusammenhang, bes. die Erwähnung von φύσις und τέχνη, läßt nicht zu, 390b 14 αἰτία mit Düring (Paraphrase) ganz eng nur als *causa efficiens* zu verstehen.

136 Schon a 19f ist in der Deutung schwierig: Ich folge Lee, der annimmt, der Satz καὶ ἐν φυτοῖς enthalte Homoiomere (Holz, Rinde) und zugleich Anhomoiomere (Blatt, Wurzel). a 20 geht wohl auf Anhomoiomere (Alexander, Ideler, Düring, Lee; anders Webster), a 21f ἐξ ὧν δὲ ταῦτα ὕλη μὲν τὸ ξηρὸν καὶ ὑγρὸν heißt ‚die Materie (der homogenen Stoffe), aus welchen diese (Anhomoiomere) bestehen, sind das Trockene und Feuchte' (vgl. Düring und Lee).

137 Zu Unrecht liest Gottschalk, Class. Quart. 55 (N. S. 11)/1961, 76 aus 390b 2 heraus, daß die Homoiomere allein durch chemische Wirkursachen zustande gebracht würden und erst bei den Anhomoiomere eine Formkraft wie ‚Natur' oder ‚Kunst' hinzukomme.

138 Das Gegenteil steht ja deutlich 378b 30f αὗται (sc. αἱ δυνάμεις) μὲν οὖν τοῖς τε φυτοῖς ὑπάρχουσι καὶ ζῴοις καὶ τοῖς μέρεσιν αὐτῶν.

es nur nicht direkt und nicht ausschließlich. Es kommen demnach in allen Stufen prinzipiell die gleichen Ursachen vor, deren Wirkungsweise aber jeweils verschieden aussieht: sie wirken abgewandelt, analog. Es ist überall eine Formkraft da, aber sie verrinnt ‚nach unten zu‘ und erreicht in der ‚Mischungsformel‘ ein Minimum. Umgekehrt verwandelt sich auch das Materielle in den Schichten, indem Warm und Kalt in immer größere Zusammenhänge hineingebunden werden. Um es noch einmal zu wiederholen: Die gesamte Stufenfolge steht unter dem Gesetz teleologischer Überformung[139], wird beherrscht von den umfassenden Seinsprinzipien des Überformten (Überformbaren) und des Formenden[140].

c) Die Funktion der höheren Gebilde

Was Kapitel 12 über das Telos der höheren Gebilde sagt, haben wir im wesentlichen schon besprochen, sind aber auf die einzelnen Beispiele, die dort angeführt werden, nur ganz kurz eingegangen[141]:

Genannt werden einerseits Lebewesen und ihre Teile[142], andererseits Erzeugnisse der Techne, die Werkzeuge sind[143]. Daß Werkzeuge statt der Endprodukte (z. B. Haus) genannt werden, ist kein Zufall, weil Körperteile und Werkzeuge nicht unterschieden werden (beides heißt ὄργανον)[144], also von ‚Hand‘ zu ‚Säge‘ nicht der geringste Übergang nötig ist[145]. Zudem liegt im ὄργανον die Funktion (ἔργον) absolut sicher beschlossen, beim Endprodukt hat es damit zum Teil Schwierigkeiten (s. u.). Die beiden übrigen Beispiele (Körper, Frucht) verbindet der Funktionsbegriff mit den ὄργανα[146].

Ontologisch belehrend ist nun hier die Spannung zwischen völligem Ausfall der Funktion eines Gegenstandes und dem Vorhandensein seiner äußeren Gestalt, die dem Betrachter vorgaukelt, der Gegenstand

[139] Solmsen 111 mit A. 77 betont zu stark die Tatsache, daß in meteor. 4 das Telos öfter aus methodischen Gründen zurücktritt, und übersieht daher fast die unzweideutig aufweisbare teleologische Grundstruktur des Ganzen. Nützlich ist sein Hinweis auf gen. corr., wo es sich ja ähnlich verhält.

[140] Die beiden Prinzipien sind also echte ‚Grundkategorien‘ im Sinne Hartmanns.

[141] Erwähnt werden sie 389b 31—390a 1. 390a 11—13. a 20—b 1.

[142] Mensch (389a 31. 390a 22f), Hand (389a 32; vgl. 390a 9 Hand und Gesicht, a 15 die Zunge), Auge (390a 11), Früchte (390a 23f). Vgl. ferner 390b 11.

[143] Flöten (390a 1), Säge (390a 13). Dem anderen Zusammenhang entsprechend werden 390b 13 neben der Säge auch Schale und Schachtel genannt, die Hervorbringungen der Techne, aber keine ὄργανα sind.

[144] Hierzu Bartels 7—9; ders., *Synusia* 283—286.

[145] 389b 32 καθάπερ bezeichnet nicht einen Vergleich, der dem Redeschmuck dient, sondern eine Gleichheit des Sachverhältnisses. Auch 390a 13 stellt sich das Säge-Beispiel ganz selbstverständlich ein.

[146] Der ‚Körper‘ steht 389b 31 zwischen den beiden Belegen für ein ὄργανον und kann gut auch noch unter diesen Begriff fallen, vgl. part. an. 642a 11 und Bonitz 521b 31—37.

existiere noch vollwirklich. Diese Sinnestäuschung tritt ein, wenn etwas Lebendiges gestorben, der Leichnam aber noch nicht zerfallen ist[147], und wenn ein ὄργανον aus unzweckmäßigem Material hergestellt ist, sei es aus Spielerei (hölzerne Säge) oder in künstlerischer Absicht (steinerne Flöte, steinernes Auge)[148]. Der springende Punkt ist, daß hier bei den höheren Wesenheiten sowohl die Täuschung wie ihre Aufdeckung gleichermaßen extrem auftreten: Das hochspezialisierte Äußere wirkt sehr bestechend, ist aber auch sofort als sinnentleert durchschaubar.

Alle genannten Beispiele außer den ‚Früchten' und der ‚Milch' kommen auch bei Aristoteles vor[149] und zwar genau im gleichen Sachzusammenhang, wie wir unten noch sehen werden. Wenn auch der Verfasser von meteor. 4 über das Traditionelle hinaus manches recht pointiert darstellt, etwa den νεκρὸς παλαιούμενος, ändert er damit am überlieferten Gesamtbestand nichts. Im einzelnen verdienen die Exempla noch einige Bemerkungen, da sie, obwohl sie den gleichen Tatbestand zu illustrieren vermögen, nicht homogen sind:

Der Leichnam ist nur noch ‚letzte' Materie ohne Wesensform (d. h. ohne Seele), ein leeres σχῆμα[150], das im nächsten Augenblick in Homoiomere zerfallen wird[151], die steinerne Flöte ein Synolon aus Materie und Form. Im ersten Fall spiegelt der gerade noch nicht sichtbar aufgelöste Zusammenhalt der Materie eine Form vor, im zweiten suggeriert die gleiche Form auch Gleichheit der Materie. Dasselbe

147 389b 31 Leichnam, b 32 Hand eines Toten; wohl gerade Gestorbene gemeint. Pointiert 390a 22f: Mumifizierter Leichnam, der zu Staub zerfällt, wenn man das Grab öffnet; ebenso a 23f ausgetrocknete Früchte, 390b 2 Käse, die ihr Aussehen (Schale) bewahren, aber sonst nichts. — Vgl. die mittelalterliche *forma cadaverea*.

148 389b 32—390a 2: steinerne Flöten. 390a 13: hölzerne Säge (s. u.). Beide Arten von Täuschung verbindet 390a 12f: totes oder steinernes Auge.

149 Säge: met. H 4, 1044a 28f. Tote Hand: Bonitz 848a 47—52, dazu gen. corr. 321b 31f und auch polit. 1253a 20—25 (Ideler); vgl. weiter die Erörterungen über Teil und Ganzes in Z 10 (bes. 1035b 25 Beispiel vom Finger) und Z 16 (1040b 5ff, Ps.-Alex. 534, 23ff). Auge: gen. an. 735a 8. an. 412b 21f das Auge ohne Sehen οὐκ ἔστιν ὀφθαλμός, πλὴν ὁμωνύμως, καθάπερ ὁ λίθινος καὶ ὁ γεγραμμένος. part. an. 641a 5. Steinerne Flöten: nur part. an. 641a 2 (über diese Stelle vgl. u. **6**.31). Toter: part. an. 640b 34f; vgl. gen. corr. 321b 31f (Joachim 129—131). — Flöten werden EN 1097a 27 unvermutet unter den Zielen menschlicher Handlungen (neben anderen ὄργανα) erwähnt, und Dirlmeier 276 verweist auf platonische Stellen wie Staat 601 D 10—E 5 und Euthyd. 289 C 5: Für part. an. und meteor. 4 waren diese platonischen Stellen wohl nicht direkt Vorbild. Auch sonst gebraucht Aristoteles die Flöte gern in Beispielen (z. B. schon Protrept. B 84 Düring; weiteres bei Bonitz). Das Beispiel vom Toten ist vielleicht mit angeregt durch Plat. Gorg. 524 B 2—D 3.

150 390a 21. 23. Dieses Wort erscheint mehrfach part. an. 640b 27ff (bes. b 34) und dürfte letztlich aus Platon stammen. Vgl. Harder zu Plotin 1, 6, 5, 9 (S. 375) und u. **6**.31.

151 Vgl. o. S. 547 A. 126, Joachim 131.

Ergebnis (Nichterfüllen der Funktion) kommt daher, daß bei den Produkten der Techne die Materie (das Material) das Synolon stark mitkonstituiert[152].

Besonderes Interesse erregen die Kunstbeispiele, über die ich hier nur weniges andeute: Vorausgesetzt wird der ja auch von Platon mehrfach besprochene Abbildcharakter des Kunstwerkes. Die Kunst stellt einen Gegenstand der Natur oder Techne illusionär dar und schafft dabei etwas, das gegenüber dem Vorbild seinsdefizient ist. Die Spannung zwischen der Illusion (‚sein wollen wie'), die sich an die künstlerische Form knüpft und dem Zurückbleiben hinter dem Paradeigma wird nun bei unseren Beispielen mit Hilfe des Funktionsbegriffes schematisiert und vereinseitigt: In dieser Hinsicht ist das Kunstwerk unwirklich — man kann sogar sagen: unwahr — und Gegenstand aequivoker Aussage. Natürlich ist das nicht Aristoteles' letztes Wort über Kunst — man vergleiche nur, was die Poetik über Mimesis sagt —, aber man vermißt doch, soviel ich sehe, bei Platon und Aristoteles eine bewußte Erörterung und entschiedene Anerkennung der Tatsache, daß die Kunstwerke einen eigenen gültigen Seinsmodus, eine eigene Wahrheit und somit ein eigenes ἔργον haben. Das scheint erst sehr viel später geschehen zu sein[153]. Hier in meteor. 4 wird jedenfalls — von einer kurzen und unverbindlichen Bemerkung abgesehen[154] — das Kunstwerk ebenso wie das Tote als ‚unwirklich' betrachtet. Wir müssen also bis auf weiteres unter ὁμωνύμως ganz strikt die ‚homonyme' Aussage verstehen[155] und die Konsequenz, daß die Bildhauer-Techne ein Objekt ohne ἔργον schafft, hinnehmen.

[152] Man denke an die Erörterungen darüber, ob die Materie in die Definition eines Gegenstandes aufzunehmen sei oder nicht (u. 7.33), und die in der Formel der ‚hypothetischen Notwendigkeit' niedergelegte Mitbestimmung des Materiellen beim Werden eines Gegenstandes (u. 8.244).

[153] Vgl. vorläufig zu diesem Problem Augustin. solil. 2, 10, 18, zum Topos ‚Lebensechtheit der Kunst' meine Diss.: *Luxurius*, Tübingen 1958, 629.

[154] 390a 13 οὐδὲ γὰρ πρίων ὁ ξύλινος, ἀλλ' ἢ ὡς εἰκών „auch ist die hölzerne Säge keine Säge, es sei denn qua Abbild, abbildhaft"; fast möchte man statt ὡς εἰκών sagen „analoger Weise". Zu lesen ist natürlich ἢ ὡς εἰκών statt des ganz unbefriedigenden ἢ ὡς ἡ εἰκών (nur E, Webster), das Webster so übersetzt: „a wooden saw is no more a saw than one in a picture"; das würde griechisch wohl eher γεγραμμένος heißen.

[155] Selbst wenn Aristoteles zwischen dem ‚Toten' und den ‚steinernen Flöten' sachlich unterschieden hätte, wäre es schwierig gewesen, den Unterschied terminologisch zu fixieren. Wir würden den ‚steinernen Flöten' die ‚analoge' Aussageweise zuordnen, aber es gibt bei Aristoteles noch keinen umfassenden Begriff für unser ‚analog': Pros-hen, Paronymie und ἀναλογία meinen jeweils nur einen bestimmten Aspekt des Analogen und werden noch nicht häufig verwendet. Statt dessen deckt bei Aristoteles der Homonymie-Begriff manches, was man später ‚Analogie' nennen würde, wie in unserem Fall. Vgl. das von Hirschberger, *Paronymie* 199 angeführte Zitat aus Simplicius, wo ἀναλογία und Pros-hen unter den Homonyma aufgeführt werden; s. o. 4.211.

6.3 Zur Hyle und zur Seinsschichtung als Überformung in den biologischen Schriften[156]

Da das aus meteor. 4 gewonnene Bild auch für die biologischen Schriften gilt und im Vorstehenden auf die Belege aus diesen Schriften größtenteils bereits hingewiesen wurde[157], folgen hier nur noch ganz wenige zusammenfassende und ergänzende Bemerkungen:

Die biologischen Schriften untersuchen zur Hauptsache organische Homoiomere (Gewebe) und besonders Anhomoiomere (Organe, Körperteile), und deshalb bestand für sie wenig Anlaß, von einem untersten Substrat des Werdens zu sprechen. Man hätte aber doch an einigen Stellen erwartet, es erwähnt zu finden[158]. Da es nun weder an diesen Stellen noch sonst irgendwo in den biologischen Schriften erscheint[159] und stattdessen überall die Elemente und Elementarqualitäten in genau derselben Weise wie in meteor. 4 auftreten[160], steht es fest, daß in den biologischen Schriften die gleiche, von vorsokratisch-medizinischer Tradition beeinflußte Konzeption des stofflichen Elementarbereichs vorliegt wie in meteor. 4: Feucht und Trocken als passive Qualitäten gelten als ‚Hyle' der aktiven Qualitäten Warm und Kalt[161], und weiter sind die Qualitäten bzw. Elemente insgesamt Hyle der Homoiomere, diese wiederum Hyle der Anhomoiomere, diese schließlich Hyle der Gesamtlebewesen[162]. Diese Schichtenfolge der Überformung und die Teleologie, welche das Strukturgesetz dieser Schichtung ist, wollen wir an Hand von vier Stellen der biologischen Schriften noch etwas schärfer fassen[163]:

6.31 part. an. A 1,640b4ff: Aristoteles will die nur auf die Materialsuche ausgerichtete Seinserklärung der Vorsokratiker durch seine Teleologie ‚aufheben', indem er das Materielle als condicio sine qua non

[156] Wir beschränken uns hier nur auf die Probleme des Gegensatz-Substrat-Schemas und der Seinsstufung und lassen ganz die Rolle außer Betracht, welche Hyle in den verschiedenen biologischen Prozessen spielt, etwa bei der Zeugung, beim Wachstum, bei der Krankheit. Zur Zeugung vgl. die Bemerkungen u. **8**.246a, zum Wachstum u. **8**.246a Anfang.

[157] Vgl. o. A. 34. 36. 41. 74. 82. 89. 100. 110. 120. 146. 149/150.

[158] Z. B. part. an. B 1, 646a 14ff.

[159] gen. an. 729a 32f κατὰ γὰρ τὴν πρώτην ὕλην ἐστὶν ἡ τῶν καταμηνίων φύσις spielt offenbar auf das absolut qualitätslose unterste Substrat des Werdens an. Im Zusammenhang ist mit dem Vergleich (κατά) gemeint, daß die Katamenia des weiblichen Tieres relativ erste Materie sind, auf der sich nach der Befruchtung die Entwicklung des Keimlings aufbaut (vgl. Philoponus z. St.).

[160] Vgl. o. A. 34, wo die wichtigsten Stellen genannt sind.

[161] Vgl. die o. A. 74 angeführte Stelle aus De respiratione.

[162] Belege s. u. S. 554 A. 174.

[163] Das Folgende nach *Der chemische Traktat* 307f, mit Erweiterungen. Die Notwendigkeit dieser Wiederholungen ist o. **6** Anfang begründet.

des vom Ziel her gelenkten Werdeprozesses ansieht (Schema der ‚hypothetischen Notwendigkeit')[164]. Für uns hier ist unter anderem[165] besonders instruktiv die Stelle, an der Aristoteles gegen die Demokrit zugeschriebene Behauptung polemisiert, das Wesen einer Sache, besonders der Lebewesen und ihrer Teile, bestehe in ihrer äußeren Gestalt und Farbe[166]. Zur Widerlegung bedient sich Aristoteles der Beispiele vom toten Körper und von dessen Teilen, ferner von der Hand aus Erz oder Holz, vom ‚gemalten Arzt' und von den steinernen Flöten, die alle ‚homonym' ausgesagt werden, weil sie ihre ‚Funktion' nicht erfüllen können. Besonders das letzte Beispiel, das sonst nur noch meteor. 4,389b 32 f erscheint, verknüpft den ganzen Abschnitt eng mit dem Schlußkapitel 12 von meteor. 4[167]; die Richtung der Abhängigkeit läßt sich jedoch nicht feststellen.

Der speziellen Problematik von Telos und Form im Bereich des Anorganischen und überhaupt der Homoiomere widmet part.an. seinem Thema gemäß weniger Aufmerksamkeit als meteor. 4 (o. *6.22*), doch kommt Aristoteles im Zusammenhang mit der Kritik an seinen Vorgängern auch hierauf zu sprechen: Er sieht in der ‚Mischungsformel' (λόγος τῆς μίξεως) des Empedokles, welche dieser für ‚Knochen' angibt und die man analog auch für alle übrigen Homoiomere bilden könne, einen ersten Ansatz zu einem Wesensbegriff, der sich nicht in der Angabe der materiellen Bestandteile erschöpft[168]; einen Ansatz, den er als solchen anerkennt, aber zugleich auch für unzulänglich hält und zu überhöhen versucht in Richtung auf seinen eigenen λόγος (vgl. 639 b 14—19)[169] und das τί ἦν εἶναι hin (vgl. 642 a 25 f)[170]. Eine ähnliche Einstellung zur empedokleischen Mischungsformel zeigt

164 Vgl. zu dem Abschnitt Schramm 196 ff, zur ‚hypothetischen Notwendigkeit' u. 8.244.

165 Die Seinsstufung wird 640 b 15—25 (dazu Schramm 201) nicht so klar dargelegt wie an anderen Stellen (z. B. part. an. B 1, s. u.) und kann hier übergangen werden.

166 640 b 29—641 a 9. a 18—21. Vgl. o. S. 550 A. 150.

167 Hierauf hat bereits Schramm, *Aristotelianism* 112 A. 28 hingewiesen. — Erörterung der Beispiele aus meteor. 4, 12 o. 6.222c, wo auch die Parallelen aus den Schriften des Aristoteles verzeichnet sind; s. ferner Schwegler 4, 98 f.

168 „An die Erkenntnis, daß das Wesen und Prinzip der Dinge mehr in Form und Telos als in der Materie liege, streift irgendwie auch Empedokles manchmal, von der Sachkonsequenz dazu gebracht, und er wird auszusagen gezwungen, daß Wesen und Natur der Dinge im λόγος bestehe. Denn wenn er bestimmt, was ‚Knochen' ist, sagt er nicht, es sei ein Element oder zwei oder drei oder alle (d. h. etwas Materielles), sondern vielmehr, es sei das Mischungsverhältnis der Elemente (d. h. etwas Formales). Wie mit ‚Knochen' verhält es sich ganz offensichtlich auch mit ‚Fleisch' und allen anderen tierischen Homoiomere" (642 a 17—24; paraphrasiert). Vgl. Schramm 233 f, zu a 24 μορίων Bonitz 510 b 29—56.

169 Die Übersetzung ‚Definition' oder ‚Wesensbestimmung' paßt, schöpft aber die Bedeutung nicht aus. Gemeint ist der gesamte geistige Aspekt eines Gegenstandes.

170 Die Überhöhung des empedokleischen Gedankens durch Aristoteles hat Schramm 233 f gut gesehen.

Aristoteles wohl auch an den anderen Stellen, wo er auf sie zu sprechen kommt: Sie gibt eine Wesensbestimmung, aber nur eine vorläufige, und bedarf daher der Ergänzung[171]. Diese leichte Zwiespältigkeit erklärt sich daraus, daß die Mischungsproportion dem Elementarbereich angemessen und leicht durchschaubar war, daß aber andererseits die Teleologie sich nicht mit ihr zufriedengeben konnte und unter Schwierigkeiten die elementaren Vorgänge einzubeziehen bemüht war. Wieweit dazu noch gelegentliche Erörterungen Platons über ähnliche Probleme Aristoteles beeinflußt haben, muß noch geklärt werden[172].

6.32 Die übrigen drei Stellen nehmen wir zusammen[173]: An Hand des schon bekannten Modells von einer bis zu den Lebewesen hinaufführenden Stufenfolge des Seins, bei der die untere Stufe Hyle der nächsthöheren ist[174], wird die Teleologie mit den bereits besprochenen

[171] met. A 10, 993a 17ff wirft er Empedokles vor, daß er den λόγος τῆς μίξεως nicht von ‚Knochen' auf ‚Fleisch' und andere Stoffe übertragen habe (so Aristoteles zu verstehen; dabei hat Empedokles nach A 78 und B 98 durchaus auch andere organische Stoffe so erklärt), ferner — noch wichtiger —, daß er ihn nicht prinzipiell gefaßt und verallgemeinert habe, macht aber keine Einwände gegen die Mischungsformel als solche, wenn man nicht die Formulierungen a 20f wie hier in part. an. als Versuch ansieht, den Proportionsbegriff zu überhöhen. an. A 4 widerlegt Aristoteles die Ansicht, die Seele sei die Harmonie der Körperteile, und kommt 408a 13ff (vgl. 409b 32—410a 8) auf den λόγος τῆς μίξεως zu sprechen: Er zeigt, daß es unmöglich ist, bei Lebewesen mit diesem Begriff auszukommen, scheint aber einer begrenzten Anwendung (so wie sie unsere chemische Formel hat) nicht ablehnend gegenüberzustehen. Anerkennung und Streben nach Überhöhung auch an. Γ 4, 429b 10—18, bes. 15f. Wie er sich die Überhöhung denkt, zeigt gen. an. 734b 25ff: Auch das ‚Fleisch' braucht Seele, sonst ist es ‚homonym' (wichtig Joachim 129—131). Vgl. gen. corr. B 6 (dazu Joachim, bes. 235). met. Z 17 (Schwegler 4, 134). met. N 5/6, 1092b 13—36.

[172] Vgl. den Philebos, bes. 24E 7ff, 64C—65A (Joachim 235). Etwas anders Timaios 31B—32C, 69BC, wo vom Verhältnis der Elemente zueinander im Weltganzen gesprochen wird.

[173] part. an. B 1. gen. an. B 1, 734b 20ff. B 6, 742a 16—743b 18.

[174] part. an. B 1, 646a 12—24 unterscheidet drei Stufen der Zusammensetzung: a) anorganische Homoiomere, die aus den vier Elementen bzw. Qualitäten zusammengesetzt sind; b) organische Homoiomere; c) Anhomoiomere (vgl. Oxf. Transl. Note zu 646b 10). Für a) sind die ‚Elemente bzw. Qualitäten Hyle' (646a 16f. b 5f; vgl. o. **6**.212); b) ist Hyle für c) (647b 21—25); die Beziehung von a) zu b) bleibt unklar, weil 646a 21 τῶν πρώτων vieldeutig ist. Kürzer und prägnanter stellt die Schichtenfolge dar gen. an. A 1, 715a 9—11: „Hyle sind für die Gesamtlebewesen die Anhomoiomere, für die Anhomoiomere die Homoiomere, für diese wieder die sogenannten Elemente". Die Stufungen werden ontologisch entschieden ‚von oben' gesehen, ja es heißt sogar τὰ ὕστερα τῇ γενέσει πρότερα τὴν φύσιν ἐστίν (part. an. 646a 25f, vgl. b 4—10). Dies mag für die Überformungen des Organischen noch diskutabel sein, trifft aber nicht auf die anorganischen Homoiomere zu (vgl. o. S. 545 A. 120). — Diese Seinsschichtung wird bei Aristoteles sonst nirgends mehr so klar entwickelt, aber an vielen Stellen vorausgesetzt, z. B. met. Δ 4, 1015a 7—10. Z 16, 1040b 6ff. H 4, 1044b 2f u. ö. Eine modern durchdachte Darstellung des aristote-

Einzelheiten entwickelt: Unterordnung des mechanischen Grund-Folge-Verhältnisses unter das Telos mit Hilfe der Parallelität von Physis und Techne; Wirkung der Ursachen je nach der Seinsschicht, in der sie auftreten, analog abgestuft, wobei das Formale von ‚oben' nach ‚unten' irgendwie schwächer oder zumindest schwerer faßbar wird[175]; die üblichen Beispiele für ‚Homonymie', die sich am Funktionsbegriff ausrichten[176] usw. Kurzum, diese Stellen lesen sich streckenweise wie eine Illustration zu meteor. 4, besonders zu Kapitel 12[177].

6.4 Folgerungen und Ausblick

Die im Vorstehenden geschilderte Auffassung von der Hyle im Elementarbereich ist bei Aristoteles auf den ‚biologischen' Bereich[178] eingeschränkt. Sie hat starke Anregungen aus der voraristotelischen Tradition des gleichen Bereiches empfangen und wirkt auch in dieser Richtung weiter, z. B. in Botanik, Medizin und Alchimie. Trotzdem darf man sie — zumindest vor Aristoteles — durchaus nicht als fachwissenschaftliche Sonderentwicklung betrachten und deshalb abwerten. Denn in der Vorsokratik sind die einzelwissenschaftlichen Bestrebungen (sofern es sie als solche überhaupt schon gibt) aufs engste miteinander und mit dem Allgemeinen verknüpft, und wir haben ja die Parallelstellen ebensooft ‚philosophischen' Texten entnommen wie ‚medizinischen'. Wir fassen also hier einen höchst bedeutsamen Überlieferungsstrang ‚vorsokratischer' philosophischer Theorien über die Materie und das Werden, besonders im Elementarbereich. Diese Überlieferung hat in der Gestalt, in welcher sie uns bei Aristoteles vorliegt, zwei Gesichter: Zum einen trägt sie typisch aristotelische Züge, z. B. Teleologie, Zwiebegriff Hyle—Form (εἶδος, λόγος), Seinsschichtung als Überformung u. dgl. mehr, zum andern wirkt sie ‚unaristotelisch', vor allem, weil nicht nur das triadische Gegensatz-Substrat-Schema, sondern überhaupt die aristotelische Substanzlehre mit ihrer Unterscheidung von Substanz—Akzidens usw. ganz im Hintergrund bleibt

lischen Stufungsgedankens bei Hartmann, Kl. Schr. 2, 243—252. Vgl. zur Seinsstufung des Aristoteles *Scala naturae* passim und u. 8.27.

175 Das ergibt sich aus der Lehre, daß die komplizierteren Gebilde ‚von Natur früher' seien (s. vorst. Anm.) und aus dem Schwanken über das formale Element der Homoiomere (s. A. 171). Vgl. 8.245, 8.252, 8.271.

176 Vgl. über den Funktionsbegriff neben Theilers Buch Joachim 130. Regenbogen, Kl. Schr. 162. Bartels passim.

177 Vgl. auch Lee XXf.

178 ‚biologisch' ist hier im weitesten Sinne als Wissenschaft von allen Lebensvorgängen zu verstehen und begreift z. B. auch die in meteor. 4 befolgte Methode ein, das Anorganische vom Lebendigen her zu erfassen.

und oft praktisch ‚fehlt'. Eine Athetese von meteor. 4 würde daran nichts ändern, weil man dann auch die biologischen Schriften athetieren müßte, in denen ja wesentlich dasselbe steht. Wie verträgt sich also dieser eigentümlich ‚vorsokratische' Ansatz des Aristoteles mit jenem anderen, den man den ‚platonisch-aristotelischen' Ansatz nennen könnte (Triade, *prima materia*, Substanzlehre), weil hier die von den Vorsokratikern herkommende Problematik der ‚Prinzipien' und besonders des Materieprinzips ganz in jener Gestalt erscheint, welche sie durch Platon, die Akademie und Aristoteles empfangen hatte?:

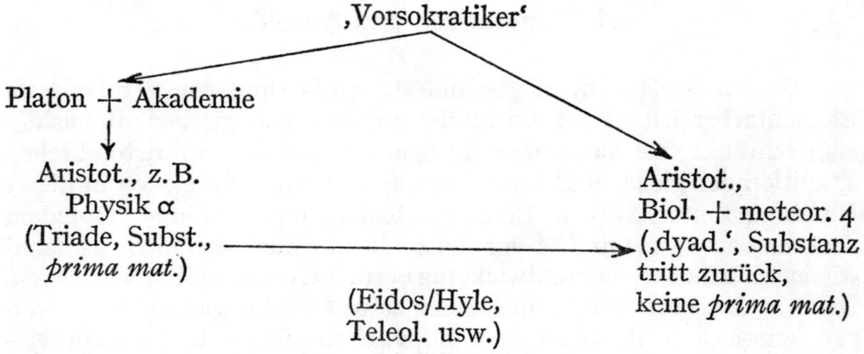

Wie wir o. *6.131* schon angedeutet haben, erklärt sich das Nebeneinander der zwei Konzeptionen im wesentlichen daraus, daß Aristoteles je nach dem thematischen Zusammenhang mal die, mal eine andere Methode oder Problemlösung in den Vordergrund schiebt. So bedient er sich zur Erklärung ‚konkreter' chemischer und biologischer Einzelvorgänge, bei denen die Umwandlung der Elemente ineinander ja keine Rolle spielt, der recht ‚praktischen', ihm größtenteils schon vorgegebenen, Lehre von den vier Elementarqualitäten, ohne die Qualitäten weiter zu analysieren; eine solche Analyse hätte auch die Erklärung dieser Einzelvorgänge nicht gefördert, sondern eher noch gehemmt. In anderen Zusammenhängen dagegen treibt er die Analyse weiter bis zum untersten Substrat, so wenn die Umwandlung der Elemente ineinander (cael., gen.corr., meteor. Α) oder die Hyle als Seinsprinzip behandelt wird (Met., Physik).

Der Hinweis auf das fast ‚einzelwissenschaftliche' Denken des Aristoteles — das ja die hellenistische Aufgliederung der Philosophie in Spezialdisziplinen einleitet und zum Teil vorwegnimmt — gibt aber nur eine Teilantwort, denn es ist jetzt noch offen, ob Aristoteles beide Ansätze ganz unverbunden nebeneinanderstellt oder sie doch im wesentlichen zusammensieht:

a) Die ‚dyadische' Auffassung des Werdens (biolog. Schr., meteor. 4) hat aufs Ganze gesehen nur einen ziemlich geringen Spielraum, da sie eng in die akademische Seinspyramide hineingebunden ist. Sofern nämlich in der Stufenfolge teleologischer Überformung jeweils die gesamte untere Schicht ‚Hyle' der nächsthöheren ist[179], ist von den Elementen an aufwärts ein ‚Substrat' und dadurch auch das triadische Schema gegeben. Sogar in den Bereich der Elementarqualitäten selber wirkt, wie wir gesehen haben, der Substratgedanke hinein[180], der seinerseits die Triade impliziert. Die ‚reinen Gegensätze' der ποιητικά, und παθητικά sind also mit dem Gegensatz-Substrat-Modell verbunden und gehen in dieses über.

b) Die Tatsache, daß infolge der Selbständigkeit der Elementarqualitäten das System nach unten ‚offen' bleibt, schließt nicht aus, daß doch ein allgemeinstes Hyleprinzip — das man sich ganz ‚unten' zu denken hat — latent oder auch offen vorhanden ist. Während z. B. in den Kapiteln 1—11 von meteor. 4 nur von den Elementarqualitäten gesprochen wird, erwähnt dann Kapitel 12 wie selbstverständlich eine zwischen reinem Eidos (‚oben') und reiner Hyle (‚unten') eingespannte Seinshierarchie, und man kann deutlich verfolgen, wie hier die ‚vorsokratische' Tradition der akademisch-aristotelischen Seinspyramide eingepaßt und in ihr ‚aufgehoben' wird.

Also wird die aristotelische Auffassung von Hyle im ganzen durch die von Platon und der Akademie herkommende — ihrerseits an das vorsokratische Arche-Denken anknüpfende — ‚akademische' Tradition bestimmt, die Aristoteles auf seine Weise im Sinne seiner Substanzlehre u. dgl. weiterdenkt und umgestaltet. Der zweite, ‚vorsokratische' Traditionsstrang bei Aristoteles bringt demgegenüber nur ‚sekundäre' Modifikationen an, aber diese sind sehr wichtig:

1. Das Interesse der ‚vorsokratischen' Traditionslinie konzentriert sich auf die Hyle in der Körperwelt und sieht von einem unkörperlichen Hyle-Prinzip weitgehend ab: Dadurch wird eine Entwicklung begünstigt, die darauf hinausläuft, den Hylebegriff auf das ‚Körperliche', ja sogar das ‚Solide' einzuengen[181], wie es ja dann in der Stoa der Fall ist[182].

2. Die aristotelische Hyle ist — auch dies wieder im Anschluß an das ‚zweite Prinzip' Platons und der Akademie — durchaus nicht ‚passiv', wie die übliche Interpretation annimmt, sondern in mannig-

[179] Belege o. **6**.212 und S. 554 A. 174.

[180] Vgl. vorst. Anm., dazu o. **6**.211.

[181] Die ‚vorsokratische' Linie verstärkt hierbei Tendenzen, die auch in der aristotelischen *prima materia* schon angelegt sind (u. **8**.262).

[182] Vgl. u. **9**. Neben dieser allgemeinen ‚Verkörperlichung' der Hyle in der Stoa läßt sich auch die Tatsache, daß in der Stoa die ‚Eigenschaften' als etwas Körperliches gelten, an diese ‚vorsokratische' Tradition anknüpfen (vgl. o. S. 532 A. 58, u. **9**).

facher Weise ‚aktiv'[183]. Auch dieser Aspekt wird von der ‚vorsokratischen' Traditionsschicht unterstützt, in welcher die Hyle zwar der Form gegenüber relativ ‚passiv' ist, aber sonst so ‚aktiv' verfährt, daß die Beziehung der Form zur Materie geradezu als Kampf angesehen wird, in welchem die Form die Materie entweder ‚überwältigt' oder nicht[184], als Auseinandersetzung zwischen zwei aktiven Seinsmächten.

So hilft die Berücksichtigung dieser Traditionslinie bei Aristoteles dazu, seine Hyle weniger schematisch, eng und konventionell zu interpretieren.

[183] u. 8.25.
[184] Belege o. S. 537f A. 82/83.

7 Hyle und Erkenntnis: Die Abstraktionslehre des Aristoteles[1]

7.1 Einleitung

7.11 Problemstellung und Zusammenfassung der Ergebnisse

Wir haben am Leitfaden des Gegensatz-Substrat-Schemas die Hyle als Prinzip des Werdens kennengelernt und dann ihre Wirksamkeit in allen Bereichen des Kosmos verfolgt, angefangen vom untersten Substrat des sublunaren Werdens bis hin zur ‚Idealmaterie' des dem Werden entzogenen Ätherbereiches, in welchem die ‚Materie' nur noch Ausdruck der Kontingenz hinsichtlich der Bewegungsrichtung ist. Es ist nun an der Zeit, zur Korrektur und Ergänzung dieses ‚physikalisch-kosmologischen' Bildes von Hyle die ‚gedachte Materie' der Geometrie und der Logik beizuziehen und so allmählich dem umfassenden Seinsprinzip ‚Hyle' näherzukommen, das hinter diesen einzelnen Aspekten und Ausprägungen von Hyle steht.

Der Begriff der ‚gedachten Materie' läßt, weil nur so ihre Seinsweise und ihr Wesen bestimmt werden kann, nach der Art des Denkens fragen, in welchem sie erscheint, und führt dadurch auf die aristotelische Lehre von der ‚Abstraktion'[2].

Noch von einer zweiten Seite werden wir auf die Probleme der Erkenntnis, besonders der Abstraktion, hingelenkt: Da nach Aristoteles — vereinfacht gesagt — Erkenntnis sich allein auf die Form richtet, die Materie aber ihrem Wesen nach unerkennbar ist, tritt beim Erkennen die Materie offenbar nur negativ in Erscheinung. Wenn überhaupt von ihr gesprochen wird, so anscheinend fast stets nur deshalb, um von ihr abzusehen, sie beiseitezulassen. Diesen Vorgang des Absehens vom ‚Materiellen' und des Heraushebens der ‚Form' betrachten

[1] Obwohl das folgende Kapitel im Rahmen vorliegender Untersuchung einen breiten Raum einnimmt, konnte darin vieles nur andeutend behandelt werden, besonders was die ideengeschichtliche Verknüpfung der aristotelischen Abstraktion nach vorwärts und rückwärts betrifft. Ich komme auf das Thema ausführlich zurück.

[2] Diesen allgemein üblichen Ausdruck behalten wir vorläufig bei, weil kein neutralerer Terminus zur Verfügung steht; worum es sich der Sache nach handelt, muß im Folgenden erst geklärt werden.

wir näher, weil wir dabei weiteren Aufschluß über das Wesen der Materie zu gewinnen hoffen.

Bei diesen Untersuchungen wird sich unter anderem Folgendes ergeben:

a) Die aristotelische ‚Abstraktion' ist intuitive Wesensschau, die aus zwei zueinander komplementären Vorgängen besteht, dem positiven noetischen Erfassen (νοεῖν o. ä.) des zu Erkennenden, und dem negativen ‚Eliminieren' (ἀφαιρεῖν) dessen, was jeweils nicht betrachtet werden soll.

b) Im großen und ganzen bedeutet das: An einem Sinnganzen wird das ‚Formale' herausgehoben, das ‚Materielle' vernachlässigt; das eliminierte ‚Materielle' kann im einzelnen Falle selbst durchaus etwas schon mehrfach Überformtes sein, aber im Verhältnis zu dem betreffenden Formalen, das hervorgehoben wird, ist es eben ‚Materie' und wird deshalb übergangen.

c) Dieser noetische Erkenntnisakt setzt — bei aller Spontaneität, die er hat — (s)einen Gegenstand nicht willkürlich, sondern hat immer ein ‚objektives Gegenüber', das er ergreift. Jedes νοητόν ist durchaus nicht reines Gedankending, sondern vorgegebene Seinsstruktur.

d) Von den vielen Anwendungsmöglichkeiten der νόησις interessiert hier besonders das Aufsteigen der Erkenntnis in der Seinsstufung von den (sublunaren) Substanzen über die μαθηματικά bzw. die Himmelskörper zum obersten Seinsprinzip, d. h. zur reinen Form des unbewegten Bewegers. Obwohl Aristoteles hierbei viel gegen Platon polemisiert und z. T. neue Begriffe einführt (z. B. das ‚potentielle' Sein der mathematischen Gegenstände), läßt sich zeigen, daß seine νοητά sich sachlich von den νοητά Platons letztlich kaum unterscheiden: Es sind Idealseiende, die ihren raum-zeitlichen Besonderungen gegenüber indifferent sind.

e) Diese ‚zweiseitige' noetische Erkenntnis des Aristoteles entspricht geschichtlich und sachlich ganz genau dem platonischen Erkenntnisweg ‚zu den Prinzipien hin', welcher in dauerndem ‚Überstieg' alles Unvollkommene eliminiert (κατ' ἀφαίρεσιν) und so zu den höchsten Prinzipien gelangt (Symp., Phaidr., Staat; *De bono*). Dadurch wird es möglich, die antike Abstraktionslehre in ihrer Kontinuität von Platon über Aristoteles bis hin zu Plotin zu sehen.

f) Es läßt sich zeigen, daß die noetische Erkenntnis sich nicht nur auf die Form, sondern auch auf die Materie richtet: Bei teilweise ‚überformter' Materie geht sie soweit wie möglich von der Seite aus, an welcher die Materie bereits geformt ist, und läßt die Seite, nach welcher sie noch weiter bestimmt werden kann, gleichsam aussparend ‚offen' (z. B. bei der ὕλη νοητή der Mathematik). Dem absolut amorphen Seinsprinzip ‚Hyle' kann sich die Erkenntnis hauptsächlich auf dem Wege der Negation nähern, indem sie z. B. von einem bestimmten

Seienden methodisch alle Bestimmungen der Reihe nach subtrahiert und so zum Hyleprinzip gelangt (met. Z 3); wieweit dieses Subtraktionsverfahren hier wie sonst bei allen noetischen Erkenntnisvorgängen mit einer ‚positiven' Intuition oder wenigstens ‚Ahnung' verbunden ist, sagt Aristoteles nicht und können wir nur vermuten.

g) Diese Problematik des Erkennens begegnet auch im Bereich der Form, denn das *ens realissimum* als Spitze der Seinspyramide übersteigt alle Begrifflichkeit und direkte Erfaßbarkeit, so z. B. das platonische und das plotinische Hen und der Gott des Pseudo-Dionysios. Platon, Plotin und Dionys versuchen deshalb diesem obersten Sein auf einer Via negativa (Motto: ἄφελε πάντα) näherzukommen, und die ‚positive' Seite dieses Vorganges wird zumindest von einer bestimmten Seinsstufe ab problematisch. Daher muß man sowohl bei diesen Denkern wie auch bei Aristoteles fragen: Worin unterscheidet sich die absolute Unbestimmtheit des Materie-Prinzips von der Unbestimmtheit der reinen Form, und welches Kriterium unterscheidet die Via negativa zur reinen Form von derjenigen zur reinen Materie?

Von weiteren Fragen, die nachstehend im Zusammenhang mit der Abstraktionslehre erörtert werden, sei hier nur das eine Problem der Definition erwähnt: Gehört die Materie in die Wesensbestimmung eines Dinges hinein oder nicht?

Da Aristoteles sagt, daß man die Materie ‚durch Analogie' zu erkennen vermöge, fügen wir der Darstellung der aristotelischen Abstraktionslehre ergänzend wenige Bemerkungen über die Analogie als Erkenntnisweg hinzu: Eine ausführlichere Untersuchung des Analogiebegriffes bei Aristoteles muß einer späteren Gelegenheit vorbehalten bleiben.

7.12 „Die Materie ist an sich unerkennbar"[3]

Aristoteles bezeichnet im Anschluß an Platon[4] die Materie als ‚unbestimmt' bzw. ‚unbegrenzt'[5], und da das Unbestimmte und Un-

[3] met. Z 10, 1036a 8f ἡ δ' ὕλη ἄγνωστος καθ' αὑτήν. Die einschlägigen Stellen verzeichnet Bonitz 785a 25—45, vgl. Baeumker 238. Ich gehe im Folgenden mehrfach auf die Frage ein, bes. 7.823.

[4] Baeumker 201 und 203 verweist auf den Terminus ἀόριστος δυάς, der ja mehrfach bei Aristoteles (Bonitz 206a 16—22) und in den Referaten von *De bono* genannt wird (z. B. Alex. met. 55, 20—56, 35 = TP 22B; Simplic. phys. 453, 22—455, 11 = TP 23B), weiter auf die vielverhandelte Hermodor-Stelle (Simplic. phys. 247, 30—248, 15 = TP 31), wo es heißt: τὴν ὕλην ὁ Πλάτων κατὰ τὸ ἄπειρον καὶ ἀόριστον ὑποτιθέμενος (247, 34f); die Bezeichnungen ἀόριστον und ἄπειρον erscheinen in den Referaten noch öfter. Auf die *Unerkennbarkeit* des zweiten platonischen Prinzips hebt speziell ab Arist. phys. γ 6, 207a 29—32 (TP 53A), wozu Simplicius (TP 53B) sagt: τοῦ γὰρ Πλάτωνος ἐν τοῖς περὶ τἀγαθοῦ λόγοις εἰπόντος τὸ μέγα καὶ τὸ μικρὸν τὴν ὕλην, ἣν καὶ ἄπειρον ἔλεγε, καὶ περιέχεσθαι ὑπὸ

begrenzte ‚als solches' nicht erkannt werden kann[6], ist die Materie ‚als solche' unerkennbar[7].

Die Betonung liegt hier auf der Bezeichnung ‚als solche(s)': Die Materie ist natürlich erkennbar, sofern sie bereits ‚geformt' ist und deshalb von der Form her ergriffen werden kann[8]. ‚Geformt' sind aber alle ihre Erscheinungsweisen, mit denen sie in den einzelnen Schichten der Seinsstufung jeweils abgewandelt auftritt, von den Himmelskörpern bis zu den Elementen[9], bei der reinen Extensio der Geometrie (die ja ‚an sich' schon ‚gedachte Materie' heißt)[10] usw. Akut wird also das Problem der Erkennbarkeit erst dann, wenn die Analyse hinter diese Überformungen zurückfragt und die Materie ‚an sich', als letztes Prinzip, auffinden will. Aber auch in diesem Fall kann man nicht eine Unerkennbarkeit schlechthin annehmen, denn Aristoteles spricht ja wie Platon de facto über das Materie-Prinzip und kennt in met. Γ sogar ein ‚Rückführen' (ἀναγωγή im Sinne des πρὸς ἕν) aller Einzelaspekte des Materiellen auf das Materie-Prinzip[11]; an anderen Stellen wendet er auf das Hyle-Prinzip das negative Ausgrenzungsverfahren (ἀφαίρεσις) an, dem positiv eine Art von noetischem ‚Erfassen' entsprechen muß, damit die ἀφαίρεσις nicht richtungslos und blind verfährt (u. *7.823*a).

Es gibt also nicht nur direkte Erkenntnis der überformten Materie, sondern durchaus auch Ansätze zu direkter Erkenntnis der völlig amorphen Materie ‚an sich'.

Von hier aus muß man auch weitere Einzelheiten[12] beurteilen wie die Angaben des Aristoteles über die ‚Unerkennbarkeit des Individuellen'[13] und über die Nichtwahrnehmbarkeit der Materie[14]:

τοῦ ἀπείρου πάντα τὰ αἰσθητά, καὶ ἄγνωστα εἶναι διὰ τὸ ἔνυλον καὶ ἄπειρον καὶ ῥευστὴν ἔχειν τὴν φύσιν, . . . — Wichtig ist ferner z. B. noch die Charakterisierung des zweiten Prinzips durch ἄμορφον, ὑπερβολή καὶ ἔλλειψις u. dgl.

[5] ἀόριστον und ἄπειρον: Beide Wörter können sowohl durch ‚unbegrenzt' wie ‚unbestimmt' wiedergegeben werden, aber ἀόριστον heißt eher ‚unbestimmt', ἄπειρον eher ‚unbegrenzt'. Belege für ἀόριστον bei Bonitz 71 a 2—14 und Baeumker 238 A. 2; zu ἄπειρον phys. 206b 14—16, 207a 21f und 207b 34—208a 4 (Ross).

[6] Für ἀόριστον vgl. Ross zu An. pr. A 13, 32b 18—23; für ἄπειρον phys. α 4, 187b 7f τὸ ἄπειρον ᾗ ἄπειρον ἄγνωστον (weitere Stellen Bonitz 74b 36—40).

[7] S. o. S. 561 A. 3 die Stelle aus Z 10 und aus dem gleichen Kapitel 1035a 8f τὸ δ' ὑλικὸν οὐδέποτε καθ' αὑτὸ λεκτέον.

[8] Vgl. z. B. phys. γ 6, 207a 23f.

[9] u. 7.823 Anfang u. ö.

[10] u. 7.44.

[11] o. 4.61 (dort weitere Verweise).

[12] Baeumker 238.

[13] rhet. 1356b 31f τὸ δὲ καθ' ἕκαστον ἄπειρον καὶ οὐκ ἐπιστητόν. met. Z 15, 1039b 27—30 τῶν οὐσιῶν τῶν αἰσθητῶν τῶν καθ' ἕκαστα οὔτε ὁρισμὸς οὔτε ἀπόδειξις ἔστιν, ὅτι ἔχουσιν ὕλην ἧς ἡ φύσις τοιαύτη ὥστ' ἐνδέχεσθαι καὶ εἶναι καὶ μή.

[14] gen. corr. B 5, 332a 26: Es gibt kein αἰσθητόν, das ‚früher' wäre als die vier Elemente; a 35 ἡ γὰρ ὕλη τὸ μέσον ἀναίσθητος οὖσα καὶ ἀχώριστος. Vgl. Joachim 226.

Individuationsprinzip ist bei Aristoteles die Materie, aber die begriffliche Unerfaßbarkeit des Individuellen ist ein viel weiter reichendes Problem, das auch dann bestehen bleibt, wenn die Individualität von der Form her gesehen wird (Duns Scotus) oder, wie in der Neuzeit, dem Materie-Form-Schema ganz entzogen ist[15].

Die Nicht-Wahrnehmbarkeit bezieht sich auf das Substrat der vier Elemente, die *prima materia,* die natürlich kein physikalischer (d. h. ‚wahrnehmbarer') Körper ist. Und der Ausdruck αἰσθητὴ ὕλη meint natürlich nicht, daß die Materie selbst sinnlich wahrnehmbar wäre, sondern bedeutet ‚Materie der αἰσθητά, der αἰσθηταὶ οὐσίαι' o. dgl.[16]. Es handelt sich also bei der αἰσθητὴ ὕλη um ein (mehrfach) überformtes Etwas, und die αἴσθησις richtet sich auf das αἰσθητὸν εἶδος, nicht auf die diesem entsprechende ὕλη. Freilich ist das αἰσθητὸν εἶδος mit ὕλη verbunden und könnte ohne sie gar nicht in Erscheinung treten, aber das, was unsere Sinne affiziert, ist in jedem Falle das εἶδος. Und wenn man ‚hinter' das εἶδος zurückgeht und die Hyle als Bedingung für das Auftreten des Eidos, seinen ‚Träger' o. ä. erkennen will, hat man den Bereich der αἴσθησις schon verlassen und den des analysierenden Denkens betreten. Die αἰσθητὴ ὕλη ist also nur dem Denken zugänglich wie alle anderen Arten von ὕλη auch.

Wenn daher im folgenden bei der Charakterisierung der ‚Abstraktion' von ‚Eliminieren' des Materiellen, Individuellen usw. gesprochen wird, muß das richtig verstanden werden: Eliminiert wird meist etwas selbst schon Überformtes, das nur im Verhältnis zum herausgehobenen Wesentlichen unwesentlich, ‚hylehaft' usw. ist[17]: Allein in den Fällen, bei denen es um das allgemeinste Hyleprinzip geht, kommt die gänzlich unbestimmte ‚Materie an sich' (‚positiv' oder ‚negativ') ins Spiel.

7.13 Überleitung

Obgleich die aristotelische Erkenntnislehre im einzelnen wie insgesamt schon öfter dargestellt[18] und dabei fast stets auch die Abstraktion beiläufig gestreift wurde, gibt es nur ganz wenige Spezialuntersuchungen über die Abstraktion bei Aristoteles. Dies ist erstaunlich, denn Aristoteles gilt — zu Unrecht, wie wir sehen werden — als Archeget aller Abstraktionslehren und die scholastische Abstraktionstheorie gründet sich ausdrücklich auf ihn.

[15] Weitere Bemerkungen dazu u. 7.32—35.

[16] Richtig Baeumker 238 A. 4.

[17] H. H. Berger (Titel u. A. 20) hat also z. T. recht, wenn er sagt, daß „fremde εἴδη" eliminiert werden, behauptet aber dann unrichtig, daß „immer εἴδη, aber niemals das Stoffliche oder das Individuelle" eliminiert würden (S. 277).

[18] Neueste Behandlung von Klaus Oehler, *Die Lehre vom noetischen und dianoetischen Denken bei Platon und Aristoteles,* 1962 (Lit.). Vgl. dazu auch Lugarini Kap. 5 *Le condizioni ‚trascendentali' della possibilità della filosofia: sentire e pensare* (99—120).

Da die Abstraktion nur einen kleinen, wenn auch wichtigen Ausschnitt der aristotelischen Erkenntnislehre darstellt, haben wir diesen allgemeineren Rahmen nur soweit berücksichtigt, wie es für unser Thema nötig schien, und verweisen für alle weitergehenden Fragen auf Klaus Oehlers Buch[19]. Auf eine polemische Auseinandersetzung mit den wenigen Spezialarbeiten[20] konnte weitgehend verzichtet werden, da sie entweder auf die uns hier interessierenden Anliegen zu wenig eingehen[21] oder ein näheres Eingehen zu ausführlich hätte werden müssen, ohne einen entsprechenden sachlichen Gewinn abzuwerfen[22]. Ich habe stattdessen vorgezogen, positiv darzustellen, was sich aus den Texten ergab.

[19] Mit den oben S. 51 mit A. 217/218 angedeuteten Einschränkungen kann ich Oehlers wohlfundierten Interpretationen zustimmen. Auf die uns hier beschäftigende ‚Abstraktion', die doch einen sehr wichtigen Aspekt der νόησις darstellt, geht er kaum ein. Auch Lugarini (s. vorst. Anm.) spricht nicht über Abstraktion, scheint zunächst aber die Rolle des aristotelischen νοῦς angemessener als Oehler zu beurteilen, indem er seine ‚Aktivität' hervorhebt (*La funzione rivelativa del pensare* 113—117); im Vorwort und Schlußwort indes gibt er dann doch wieder die Initiative an die ‚Sachen' zurück — gemäß seiner Orientierung an Heidegger und der damit verbundenen Ablehnung des (falsch gedeuteten) Idealismus und Intellektualismus.

[20] Neben den unten herangezogenen Arbeiten von Chen, Mansion, Merlan, Philippe u. a. vgl.: P. E. Gohlke, *Die Lehre von der Abstraktion bei Platon und Aristoteles*, Diss. Berlin 1914 (= Abh. z. Philos. und ihrer Geschichte, her. von Erdmann, 44). Josef Geyser, *Die Erkenntnistheorie des Aristoteles*, Münster 1917. I. J. M. van den Berg, *L'abstraction et ses degrés chez Aristote*, Proceedings 11th Congress of Philosophy, vol. XII (1953) 109—113. Cencillo 33—35. 66—136. H. H. Berger, *„Wegnemen" en „scheiden". Aristoteles' verdeling van de theoretische wetenschappen*, Tijdschrift voor Philosophie 25 (1963) 207—278 (deutsche Zusammenfassung 276—278).

[21] In Gohlkes Arbeit ist profunde Textkenntnis mit der (manchmal zu stark bemerkbaren) psychologistischen Betrachtungsweise seines Lehrers Benno Erdmann und mit der ‚Wende zum Objekt' seines zweiten Lehrers Carl Stumpf eine so ausgeglichene Verbindung eingegangen, daß sie im ganzen besonnen und anregend ist; unser Spezialproblem findet nur summarisch Beachtung. — Geysers bekanntes und wertvolles Buch kommt mehrfach auf die Abstraktion zu sprechen (Index. s. v.), aber so gut wie nicht auf unsere speziellen Fragen. Er verwendet einen empiristisch nuancierten Abstraktionsbegriff (z. B. 233f) und stellt auch nicht zutreffend Platons ‚rationalistische angeborene Ideen' den aus der Erfahrung ‚induktiv' (wenn auch nicht empiristisch) gewonnenen Wesensbegriffen des Aristoteles gegenüber. Leitfaden dieser Darstellung ist offenbar ein ‚realistisch' (= empiristisch) fehlgedeuteter und vereinseitigter Thomas.

[22] Van den Berg betont gut den Unterschied zwischen aristotelischer und moderner (vom Empirismus beeinflußter) Abstraktion, macht auch sonst treffende Einzelbeobachtungen (z. B. daß *abstrahere* der Scholastik nicht dem aristotelischen ἀφαιρεῖν, sondern dem aristotelischen χωρίζειν entspricht), kommt aber insgesamt nicht von den scholastischen Distinktionen los (*abstractio formalis, abstractio totalis; intentio prima, secunda*), die bei der Klärung des *aristotelischen* Befundes nicht weiterhelfen (dies macht sich z. B. bei der Beschreibung der aristotelischen ‚Total'-Abstraktion bemerkbar), stellt das Wesen des aristotelischen Abstraktions-Vorganges (positive νόησις + negative ἀφαίρεσις) nicht deutlich genug heraus und wird dem historischen Kontext (Platon) nicht gerecht. Trotzdem leistet die Arbeit

Das Problem der ‚Abstraktion' bei Aristoteles hängt eng mit dem der ‚Abstraktionsstufen' zusammen, dieses hinwiederum mit einer philosophischen Lehre von drei Schichten, welche das Sein und ‚parallel' zum Sein, Erkenntnis und Wissenschaft differenzieren und gleichsam horizontal übereinanderliegen: Zum Beispiel — um die später häufigste Einteilung herzusetzen — ‚unten' die materiellen Substanzen (Physik; erste Abstraktionsstufe), ‚in der Mitte' die reine Ausdehnung der geometrischen Figuren (Mathematik; zweite Stufe), ‚oben' die reinen Formen (Metaphysik; dritte Stufe).

Wenn wir nun auf die Problematik dieser Einteilung bei Aristoteles eingehen, können wir uns, da neuere Arbeiten — besonders das Buch von Merlan[23] — die Klärung dieser Fragen sehr gefördert haben, auf das von unserem Thema Geforderte beschränken.

7.2 Die Dreiteilung der theoretischen Wissenschaften[24]

Aristoteles teilt in E 1 die Wissenschaften ein in 1. ‚hervorbringende', 2. praktische (Ethik) und 3. theoretische, letztere weiter in a) φυσική, b) μαθηματική, c) πρώτη φιλοσοφία (oder: θεολογική, 1026a19)[25], von denen a) die Physik sich erstreckt περὶ χωριστὰ μὲν

in dem ihr gezogenen engen Rahmen Gutes. — Über Cencillo vgl. die Besprechung o. 1.17. — Über Owens 382—385 vgl. u. S. 658 A. 483. — Die Arbeit von H. H. Berger lernte ich erst kennen, als mein Kapitel schon ganz ausgearbeitet war: Neben erfreulichen Übereinstimmungen (ἀφαιρεῖν = ‚das nicht zu Betrachtende eliminieren', χωρίζειν auch = ‚das zu Betrachtende hervorheben'; es gibt eine Abstraktions-Stufe der Physik) finden sich so viele Abweichungen im einzelnen wie auch gerade im Prinzipiellen, daß eine sehr ausführliche Auseinandersetzung erforderlich wäre, die hier nicht möglich ist. Meine Ausführungen habe ich auf Bergers Aufsatz hin noch einmal kritisch durchgeprüft und nichts zu ändern gefunden.

23 Merlan 59—87. 160—220. 221—231. Auf diese Darlegungen, denen ich viel verdanke, kann nicht immer durch ausdrückliche Zitate hingewiesen werden; sie sind deshalb durchgehend zu vergleichen.

24 Vgl. Mansion 122—205 *(L'objet de la physique)*. Merlan 59—87 *(The Subdivisions of Theoretical Philosophy)*. Kremer, *Metaphysikbegriff* 17—26 (Lit.), ferner die Kommentatoren (bes. Schwegler) zu met. E 1.

25 Diese Dreiteilung wird später klassisch, indem die Aristoteles-Kommentatoren sie übernehmen und an das Mittelalter weitergeben (Stellen und Erörterung bei Kremer, *Metaphysikbegriff*, wo die zwei verschiedenen Bedeutungen von χωριστόν — ‚für sich existierend' = substantiell seiend; ‚getrennt von der Materie' — gut auseinandergehalten werden). Inhaltlich scheint sich dabei nur wenig zu ändern: Meist tritt der Gesichtspunkt der Bewegung (bzw. Veränderung) in den Hintergrund, und die Einstufung erfolgt allein nach dem Grad des Verhaftetseins in der Materie (vgl. das Schema bei Kremer, *Metaphysikbegriff* 24), was insofern nur eine unwesentliche Verschiebung bedeutet, als die ‚Materie' unabdingbare Voraussetzung jeder Bewegung (Veränderung) ist: Vgl. die von Kremer, *Metaphysikbegriff* 22 mit

ἀλλ' οὐκ ἀκίνητα[26], b) einige Zweige der Mathematik περὶ ἀκίνητα μὲν οὐ χωριστὰ δὲ ἴσως ἀλλ' ὡς ἐν ὕλῃ, c) die erste Philosophie καὶ περὶ χωριστὰ καὶ ἀκίνητα (E 1, 1026a13–16). Die Übersetzung ist zunächst dadurch erschwert, daß χωριστόν offensichtlich zweimal in verschiedenem Sinn steht. Für die Objekte der Physik bedeutet es das individuelle Subsistieren ‚in se' der einzelnen Körpersubstanzen. Bei der Metaphysik könnte es in ähnlicher Weise das Subsistieren ‚in se' und ‚a se' der reinen Formen, vielleicht aber auch das Getrenntsein dieser Formen von der Materie bezeichnen[27]. Zum andern betreffen offenbar χωριστόν und ἀκίνητον unter a) und c) die Seinsweise des Materialobjektes, das zugleich Formalobjekt ist; unter b) die durch ‚Abstraktion' gewonnene Seinsweise des Formalobjektes und zwar gemessen an sich selber (ἀκίνητον) und an der Seinsweise der Körperdinge, d. h. des Materialobjekts (οὐ χωριστόν)[28]. Aristoteles wechselt also seinen Gesichtspunkt nicht nur zwischen a/c und b, sondern auch innerhalb von b. So kann man in Gedanken bei a) und c) τῷ εἶναι bzw. *ratione essendi,* bei b) τῷ λόγῳ bzw. *ratione cognoscendi* oder τῷ εἶναι ergänzen[29]. Die Stelle heißt demnach: „Die Physik befaßt sich mit den subsistierenden, bewegten Körperdingen; die Mathematik mit Gegenständen, die in der Abstraktion als unbewegt (und getrennt) erscheinen, in Wirklichkeit aber (wohl) nicht getrennt von den physikalischen Körpern existieren, sondern in ihnen gleichsam materiell konkretisiert sind; die erste Philosophie mit materielosen, unbewegten Seienden".

Die eben vorgeführte Dreiteilung, deren beträchtliches Weiterwirken wir nicht verfolgen wollen[30], geht, wie man längst bemerkt hat[31], auf die von Aristoteles an mehreren Stellen referierte, von ihm zum Teil ausdrücklich mit Platons Namen verknüpfte, Dreiteilung des

A. 22 genannten Stellen, bes. K 12, 1068b 10f δεῖ ὕλην ὑπεῖναι τῷ γιγνομένῳ καὶ μεταβάλλοντι; ähnlich Thomas met. 9, 9 (1875) quod movetur, oportet habere materiam.

26 1025b 14 ist ἀχώριστα überliefert, das man seit Schwegler allgemein in sachlich und sprachlich allein richtiges χωριστά verbessert. Ob man ἀχώριστα als Lapsus des Aristoteles selber ansieht, der nicht bemerkt haben soll, daß dies dem Sinn der Stelle zuwiderlief, oder als Abschreibefehler betrachtet, ist unwichtig. Zusammenfassende Betrachtung der Stelle bei Merlan 63, 71f.

27 Vgl. Merlan 73.

28 Vgl. für b) 1026a 9f ᾗ ἀκίνητα καὶ ᾗ χωριστὰ θεωρεῖ. Zu 1026a 15 ἴσως, das die platonische ‚Subsistenz' der mathematischen Gegenstände bezweifelt, aber noch nicht schlechtweg verneint, vgl. u. 7.542.

29 Merlan 62. Nur sollte man mit der Anwendung beider Begriffe nicht voreilig sein, um den ja auch auf die ‚abstrakten' Mathematika zutreffenden Seinsbegriff nicht ungebührlich zu verengen (vgl. auch o. 1.361). Die Ausdrücke ‚schlechthin' und ‚secundum quid' sind ebenfalls problematisch.

30 S. o. A. 25.

31 Mansion und Merlan, s. Merlan 59.

Seins in αἰσθητά — μαθηματικά — εἴδη zurück[32]. Ohne weiter zu erörtern, ob Aristoteles hiermit Platons Lehre richtig wiedergibt, kann man auf das Liniengleichnis im Staat (509 D4—511 E5) verweisen, wo sich ‚neben' dem Reich des Sichtbaren das des Einsehbaren (νοητά) befindet, welches letztere sich seinerseits in die Schicht der mathematischen Gegenstände und die der Ideen aufteilt. Hier liegen also — wenn man von den εἰκόνες einmal absieht — die Seinsmodi der sinnlichen Gegenstände, der mathematischen Objekte und der Ideen vor, denen genau die Erkenntnisweisen der πίστις (bzw. δόξα), διάνοια und νόησις (die beiden letzten = ἐπιστήμη) entsprechen. Da Platon hier die Parallelität der Seins- und Denkweisen betont, wie das für seine Philosophie ja auch naheliegt, andererseits Aristoteles einmal sagt, die Einteilung der theoretischen Wissenschaften richte sich nach der Schichtung der Seinsmodi[33], sieht es so aus, als schließe sich die aristotelische Dreiteilung als natürliche Fortsetzung bruchlos an die platonische an. Jedoch ist — nach Merlan — Aristoteles aus hauptsächlich zwei Gründen gezwungen, die strenge Parallelität von Sein und Erkennen zu durchbrechen und so den ursprünglichen Sinn der Dreiheit zu zerstören:

1. Aristoteles will die Physik theoretisch als Wissenschaft konstituieren. Wie kann sie dies sein, solange sie sich *per definitionem* mit dem Sinnenhaften befaßt, d. h. nach Platons oben zitierter Einteilung nur zur δόξα oder πίστις fähig ist? Entweder muß sie daher auf den Charakter einer Wissenschaft verzichten oder durch eine Art ‚Verallgemeinerung' sich ein ihr gemäßes Objekt gleichsam erst schaffen.

2. Indem Aristoteles dem Mathematischen im Gegensatz zu Platon eine ‚getrennte aktuelle Existenz' abspricht, kommt in den einheitlichen platonischen Dreieraufbau des Seins ein fremdes Element hinein, sofern nämlich nach Aristoteles die Sinnendinge und reinen Formen *ratione essendi* ‚für sich' existieren, die mathematischen Objekte aber *ratione cognoscendi*[34]. Durch diesen Schritt wird demnach zum ersten Mal zwischen der betrachteten Sache und dem Aspekt, gemäß dem sie betrachtet wird, unterschieden, d. h. zwischen dem Material- und Formalobjekt einer Wissenschaft (z. B. ‚Mensch' = Materialobjekt, betrachtet qua ‚stereometrisches Gebilde' = Formal-Objekt). Für Platon bestand diese Doppelheit noch nicht, da bei ihm Sein und Denken strikt einander entsprachen[35].

Diese Darlegungen Merlans setzen eine Gesamtauffassung der platonischen Philosophie voraus, die man nicht ungeprüft hinnehmen

[32] Platons Name direkt erwähnt: met. A 6, 987b 14—16. Z 2, 1028b 19—21. Nicht erwähnt: K 1, 1059b 6—8. Vgl. Ross zu phys. γ 5, 204a 34.

[33] met. Γ 2, 1004a 3 τοσαῦτα μέρη φιλοσοφίας ἔστιν ὅσαιπερ αἱ οὐσίαι.

[34] Vgl. oben und Merlan 60—62. Wir kommen u. 7.4 ausführlich darauf zurück.

[35] Vgl. Merlan 65.

sollte. Denn ‚Seinsschichten' im geschilderten Sinn ergeben sich nur dann, wenn man Platon im Anschluß an die Platon-Deutung des Aristoteles (ultra-)realistisch überinterpretiert[36]. Sobald man dies vermeidet — und es sprechen gute Gründe dafür, es zu vermeiden — wird aus dem nur bildlichen ‚Übereinander' der Seinsschichten ein Ineinander, bei dem sich an ein und demselben Objekt — unserer Gesamtwirklichkeit — die verschiedenen Seinsmodi des Idee-Seins, des Mathematisch-Seins und des Sinnlich-Seins vereinigen, ja durchdringen, ohne ihr spezifisches Anders-Sein, ‚Für-sich-Sein', im geringsten aufzugeben. Die Erkenntnis beginnt also in jedem Falle bei den αἰσθητά und dringt durch die Hüllen der äußeren Erscheinung hindurch zum Wesenskern der Dinge vor, je nach dem dabei betätigten Seelenvermögen verschieden weit: Die πίστις begnügt sich mit der sinnlichen Erscheinung als solcher, die διάνοια erfaßt die mathematische Struktur des αἰσθητόν, die νόησις seine ideelle. Bei dieser Auslegung wollen wir nicht, um einem Extrem aus dem Weg zu gehen, in andere Extreme verfallen, also Platon nicht ‚idealistisch' oder ‚empiristisch' mißverstehen. Die Idee bleibt als erkenntnistheoretisches und ontisches Apriori unangetastet, das seinsmäßige Übergewicht der jeweils höheren Schicht gewahrt. Aber ‚Idee ohne Welt' gibt es nicht, die Idee ist letztlich doch auf die raumzeitliche Wirklichkeit angewiesen.

Wendet man diese Betrachtung auf den platonischen Stufenbau der Welt an[37], so stellt er sich als Schichtung jeweils *ein und desselben* raumzeitlichen Objektes dar, sei dieses nun ein Einzelding oder die Gesamtheit der Körperwelt. Man kann hierfür die Begriffe Materialobjekt (eine einzige Dingwelt) und Formalobjekt (Objekt der δόξα bzw. διάνοια bzw. νόησις) einführen, sofern man unter Formalobjekt nicht eine subjektive Setzung, gleichsam die Arbeitshypothese einer Wissenschaft, versteht, sondern eine Struktur des Seins, welche der Geist deshalb zu erschauen vermag, weil sie dem Sein auch innewohnt.

So gesehen, zerstört Aristoteles durchaus nicht den ursprünglichen Sinn der platonischen Dreiteilung, wenn er der Physik und der Mathematik das gleiche Materialobjekt zuweist, sondern er denkt sie weiter. Natürlich verschiebt er dabei wie auch sonst oft das Gewicht, aber er stürzt nichts prinzipiell um. Das Gleiche könnte man von der weiteren Entwicklung nach Aristoteles bis zu Thomas hin sagen. Nur sollte man dann freilich den Endpunkt dieser Reihe, Thomas, nicht ‚realistisch' (sprich: empiristisch) vereinseitigen, wie man es bis in neueste Zeit oft getan hat, sondern neben der Betonung der Sinnes-

[36] Dies tut Merlan, wie er selbst in seinem Vorwort sagt. — Vgl. Hirschberger I⁴ 88—116.

[37] Hierfür kann man sowohl das Liniengleichnis wie die aristotelischen Referate über die Dreiteilung heranziehen, da sie sich sachlich nur darin voneinander unterscheiden, daß das Liniengleichnis den Bereich der εἰκασία hinzufügt.

erfahrung bei ihm auch sein sehr gewichtiges platonisches Erbe bedenken[38].

Wie nehmen sich nunmehr die Neuerungen aus, die Aristoteles an dem platonischen Dreieraufbau vorgenommen hat?

Da es keine (allgemeingültige) Wissenschaft vom Sinnlichen als solchem gibt — ‚als solchem' im strengen und ausschließlichen Sinn verstanden — mußte er das Sinnliche verallgemeinern, ohne ihm seine Sinnenhaftigkeit ganz zu nehmen. Dies suchte er zu leisten, indem er einmal dem Physiker auch die Betrachtung der Wesensform zuweist, zum andern die Individualmaterie zu einer ‚sinnlichen allgemeinen' Materie entindividualisiert. Mit dem Ansatz einer ‚allgemeinen Materie' bei Aristoteles behalten die ‚thomistischen' Interpreten gegen Merlan recht, gehen aber darin zu weit — und hier hat wiederum Merlan das Richtige gesehen —, daß sie diesen nicht belegten Vorgang der Entindividualisierung explizieren und so Aristoteles einfach eine ‚erste Abstraktionsstufe' nach Art des Thomas zuschreiben[39].

Der Ausdruck ‚Abstraktion' begegnet uns erst auf der zweiten Stufe der μαθηματικά und nur hier. Deshalb wird im Anschluß an diese Stufe allgemein über Abstraktion bei Aristoteles gesprochen und der überaus wichtige Begriff der ὕλη νοητή geklärt.

Was die dritte Stufe, diejenige der ‚ersten' Philosophie, angeht, so wird man entsprechend der Vielfalt ihrer Objekte (o. 4, z. B. 4.4) erwarten, daß auch die Erkenntnis dieser Objekte nicht einheitlich ist. Einiges können wir, angeregt von Thomas, auch herausarbeiten, kommen aber infolge der Dürftigkeit der Belege nicht viel über Vermutungen hinaus.

7.3 Das Objekt der Physik und die ‚allgemeine Materie' (ὕλη καθόλου)[40]

7.31 Das Objekt der Physik

Wir haben soeben darauf hingewiesen, daß es bei Platon von Sinnendingen als solchen nur δόξα, aber keine ἐπιστήμη gibt. Demnach wäre die Physik, wenn und soweit sie nur die αἰσθητά als solche zum Gegenstand hätte, ein Widerspruch in sich selbst und unmöglich. Platon selbst hat einen solchen Schluß nie gezogen, ja vielmehr, wie schon z. B. der Phaidon und — trotz εἰκὼς μῦθος — der Timaios

[38] Vgl. z. B. Hirschberger I[4] 470—474.
[39] u. 7.35.
[40] Kremer, *Metaphysikbegriff* 17—26. Mansion 122—205. Chen, *Chorismos* 131—142.

zeigen, die Physik als Wissenschaft anerkannt[41]. Warum er sich so entschied, und wie er das ständige Fluktuieren der Sinnendinge mit den Forderungen der Physik als einer Wissenschaft verband, wissen wir aus Mangel an Belegen nicht. Jedenfalls fehlte es ihr nach wie vor an einer theoretischen Begründung, die nun Aristoteles auf der Basis des platonischen Wissenschaftsbegriffes zu geben unternimmt. Was bestimmt er zum Objekt der Physik?

Das Wort φυσική hilft nicht viel weiter, weil hierfür geklärt sein müßte, was φύσις bei Aristoteles meint. Da wir jedoch ohne ausführlichere Erörterungen nicht über einige grobe Bedeutungsunterschiede (φύσις als Form, Materie, Gesamtheit der sublunaren Welt) hinauskämen und diese Untersuchung hier nicht angestellt werden kann[42], halten wir uns an die Stellen, wo Aristoteles ausdrücklich vom Gegenstand der Physik spricht[43]:

So nennt er einmal die ‚Körper' samt ihren Größenverhältnissen, Zuständen und Bewegungen, dazu die Prinzipien der ‚Körpersubstanzen'[44]. Unter den Körpern versteht er die vier Elemente und die chemischen Verbindungen im weitesten Sinne (Stein; Holz), unter den Substanzen die Pflanzen und Tiere, unter deren Prinzipien Materie, Form, causa efficiens ‚und derartiges', u. a. auch die Seele[45]. Da hier der Bereich sehr weit genommen ist und alles naturhaft Seiende in allen Beziehungen zu umfassen scheint, ergeben sich starke Berührungen mit der Mathematik, die sich ja u. a. auch mit Körpern und ‚Größen' befaßt, sowie mit der Metaphysik, da die Metaphysik die Prinzipien der Substanzen allgemein, vielleicht auch speziell die materielosen Wesensformen der Körperdinge untersucht (o. 4, z. B. *4.24*, u. *7.821*). Dann hätten alle drei Wissenschaften mindestens ein gemeinsames Materialobjekt, die konkrete Einzelsubstanz. Ihre Formalobjekte werden am deutlichsten in E 1 und K abgegrenzt[46]. Bei der Dreiteilung in E 1 (o. 7.2) wurde das ‚bewegte Subsistierende' der Physik als Objekt zugewiesen; etwas ausführlicher heißt es im gleichen Kapitel: „Die Physik untersucht ein solches Seiendes, das bewegt

41 Merlan 63f mit weiterer Literatur.

42 Vgl. Mansion 80—121 und o. 1.112.

43 Mansion 122f führt die hergehörigen Belege auf.

44 cael. A 1, 268a 1—6.

45 So erklärt es Simplic. cael. 6, 34—7, 3, der sich hierfür gewiß z. T. auf met. E 1, 1025b 34—1026a 6 gestützt hat, wo chemische Verbindungen, Pflanzen, Tiere und Vitalseele genannt werden. Die vier Elemente darf man ohne weiteres ergänzen, man denke nur an die enge Verbindung von Element und Bewegung in cael. Und von den Ursachen weist Aristoteles die Form ja nicht selten auch dem Physiker zu, vgl. E 1, 1025b 27f. part. an. A (u. 7.32).

46 E 1, 1025b 18—1026a 7. 1026a 12. 13f. K 4, 1061b 27—30. Weniger brauchbar Γ 3, 1005a 29—b 2. Instruktiv M 3, 1077b 22—27 (auf dieses wichtige Kapitel gehen wir u. 7.41 u. ö. ein).

werden (sich bewegen) kann“[47]. Da nun die Bewegung an Materie gebunden ist[48], ergibt sich daraus, daß die Physik irgendwie die Materie einbeziehen muß. Dies machen die anschließenden Erörterungen über die Definitionsweise des Physikers vollends deutlich[49]. Am prägnantesten wird aber in K 4 das Objekt der Physik gekennzeichnet: Wie die Geometrie das einzelne Seiende nicht qua Sein, sondern qua Ausgedehntheit betrachtet (b 23—25), so τὰ συμβεβηκότα ἡ φυσικὴ καὶ τὰς ἀρχὰς θεωρεῖ τὰς τῶν ὄντων ᾗ κινούμενα καὶ οὐχ ᾗ ὄντα (Letzteres ist nämlich Aufgabe der ersten Philosophie)[50].

Wie oben angedeutet, kann es nach platonischer Auffassung eigentlich keine Wissenschaft von den Sinnendingen, also keine Physik, geben, und zwar hauptsächlich deshalb, weil die sinnlichen Substanzen stetiger Veränderung unterliegen, Erkenntnis im strengen Sinne aber nur auf Unveränderliches geht und von Unveränderlichem möglich ist. Für Aristoteles ist aber neben dem Gegensatz ‚Veränderung—Unveränderliches‘[51] wohl eine andere Seite des gleichen Problems ebenso wichtig geworden, die des Individuellen und Allgemeinen. Die eben herausgestellte Verbundenheit der physikalischen Objekte mit der Materie schließt nämlich zugleich auch Individualität ein, da die Materie Individuationsprinzip ist. Dann könnte also die Physik nur beschreiben — und bei Personen benennen: ‚Kallias, Sokrates ..‘ —, aber keine allgemeinen, d. h. wissenschaftlichen Aussagen machen[52]. Wie wir u. *7.811* näher sehen werden, beseitigt Thomas die Schwierigkeit durch die Annahme einer *materia (sensibilis) communis*, eines ge-

47 1025b 26f. Über den zweiten, hier weggelassenen, Teil des Satzes vgl. u. A. 54.

48 Besonders 1026a 2f.

49 1025b 30—1026a 6.

50 1061b 28—30. Die Ausdrücke mit ᾗ b 30 beziehen sich auf ὄντων, obwohl sie nicht im Genitiv stehen. Über diese interessante syntaktische Frage (die auch z. B. für 1064a 29 wichtig ist) vgl. o. 4.24.

51 Klassische Stelle Z 15, bes. 1039b 27—30 (zitiert o. S. 562 A. 13): Begriff als λόγος τῆς οὐσίας, Definition und Beweis gibt es aber nur von ‚notwendigen‘ Dingen ohne Werden und Vergehen (b 23—26. b 31 ff). Das könnte genauso auch bei Platon stehen (vgl. A 6, 987a 33—b 10). Vgl. Paul Wilpert, Arch. Gesch. d. Philos. 42 (1960) 137f. 141. Vgl. u. S. 576 A. 86.

52 Zur wissenschaftlichen Erkenntnis Stellen bei Cherniss 236, dazu An. post. A 31, 87b 28—39; b 28f ist die Unterscheidung zwischen τὸ τοιόνδε und τόδε τι wichtig, die noch genauer Untersuchung bedarf, vgl. neben Bonitz 765b 6—14 die bedeutsame Stelle An. post. B 19, 100a 15—b 5 (Ross zu 100a 16—b 1. Cherniss 237 A. 142 Ende. Oehler 219. 229. 234f). Bereits auf der Stufe der Sinneswahrnehmung haben wir eine Vorahnung des Allgemeinen, indem wir ein Individuelles wahrnehmen. Wir können also das Individuelle als solches weder erkennen noch wahrnehmen, denn die einfachste Sinneswahrnehmung ist schon eine Art ‚Abstrahieren‘, wenn auch freilich noch kein wissenschaftliches Verstehen, das erst dem dianoetischen und noetischen Denken gegeben ist. Vgl. ferner für die Frage der wissenschaftlichen Erkenntnis Schwegler zu B 4 und zu den dort genannten Stellen (bes. zu M 10), die von Merlan 65 Anm. genannte Lit. und bes. Oehler 170—250.

dachten, jeder individuellen Züge baren ,Allgemeinkörpers', z. B. ,des' Menschen. Liegt so etwas schon bei Aristoteles vor, oder ist er einen anderen Weg gegangen?

7.32 Soll sich der Physiker nur mit der Materie abgeben oder auch mit der Form?

Wenn Aristoteles von der ,sinnlich wahrnehmbaren Substanz' als dem Objekt der Physik spricht[53], aber im gleichen Atem sagt, der Physiker solle sich nicht nur mit der Materie, sondern auch und vornehmlich mit der Form beschäftigen[54], denkt er nicht an das Individuum, sondern an die Artform, wobei er es offenläßt, ob er unter ὕλη etwas Allgemeineres versteht als die Individualmaterie. Falls er die Individualmaterie meinte, könnte man nur dann über die betreffende Substanz eine wissenschaftliche Aussage machen, wenn man ganz von ihrer Materie absähe. Damit hätte man aber bereits die Erkenntnisweise der Physik, wie sie Aristoteles bestimmt, verlassen, und sich die einer anderen Wissenschaft (etwa der Metaphysik) zu eigen gemacht. Also handelt es sich wohl nicht um Individualmaterie.

7.33 Inwieweit geht die Materie in die Definition ein?

Etwas weiter führen jene Stellen, an denen die für den Naturforscher typische Begriffsart und Definitionsweise besprochen wird,

[53] Z 11, 1037a 14—16 τρόπον τινὰ τῆς φυσικῆς καὶ δευτέρας φιλοσοφίας ἔργον ἡ περὶ τὰς αἰσθητὰς οὐσίας θεωρία. Ähnlich Λ 1, 1069a 30—b 1, wo unter der οὐσία αἰσθητή als Objekt der Physik auch die Himmelskörper verstanden werden. — Etwas ,individueller' klingt cael. Γ 7, 306a 16f τέλος . . . τῆς φυσικῆς τὸ φαινόμενον ἀεὶ κυρίως κατὰ τὴν αἴσθησιν. Simplic. cael. 643, 11f verschiebt das sofort etwas ins Allgemeine: τῆς δὲ φυσικῆς (τέλος) ἡ ἐν τοῖς φαινομένοις κατὰ τὴν αἴσθησιν τὴν κυρίως καὶ κατορθωμένην ἀλήθεια.

[54] Z 11, 1037a 16f οὐ γὰρ (!) μόνον περὶ τῆς ὕλης δεῖ γνωρίζειν τὸν φυσικὸν ἀλλὰ καὶ ⟨περὶ τῆς οὐσίας add. Jaeger⟩ τῆς κατὰ τὸν λόγον, καὶ μᾶλλον. Vgl. part. an. A 1, 640b 17—29: Der Naturforscher darf sich nicht nur um die Materie (τὸ ἐκ τίνων) kümmern, sondern um das εἶδος: ἡ γὰρ κατὰ τὴν μορφὴν φύσις κυριωτέρα τῆς ὑλικῆς φύσεως (28f). Das gesamte Kapitel A 1 steht ja unter diesem Motto. — E 1, 1025b 27f gehört hierher, wenn man liest: Die Physik geht περὶ οὐσίαν τὴν κατὰ τὸν λόγον ὡς ἐπὶ τὸ πολύ, οὐ χωριστὴν μόνον (JA^b ΓAl Asc Bonitz Jaeger) ,,befaßt sich meist mehr mit der Substanz als Form denn als Materie, nur daß die Form nicht von der Materie abtrennbar ist''. Der anderen Lesart ὡς ἐπὶ τὸ πολὺ ὡς οὐ χ. μ. ,,befaßt sich mit der Substanz als Form meistenteils nur insofern sie von der Materie nicht trennbar ist'' (ET Ross, auch noch Oxf. Tr.) einen passenden Sinn abzugewinnen ist schwierig, denn die Physik behandelt die Form nie für sich, sondern stets als materiegebunden. Vgl. noch phys. 194a 12ff und an. 403a 29 (Schwegler 4, 10f).

der ‚materiegebundene Begriff‘ (λόγος ἔνυλος)[55]. Aristoteles erläutert das an seinem Lieblingsbeispiel, der ‚Stumpfnase‘:

‚Stumpfnase‘ (σιμόν, Abstraktum σιμότης) schließt Materie ein, weil bei σιμόν immer zugleich an eine Nase gedacht werden muß, die konvex ist. Anders verhält es sich bei ‚konvex‘ (κοῖλος), das ohne Nase und sonstige körperliche Gegenstände gedacht werden kann. κοῖλος ist nun ein mathematischer, σιμός ein ‚physikalischer‘ Begriff[56]. Andere λόγοι ἔνυλοι wären z. B. Auge, Gesicht, Fleisch, Knochen, ein Lebewesen insgesamt, Blatt, Wurzel, Rinde, eine Pflanze insgesamt, deren Materie in ihrer Definition jeweils explizit gemacht werden kann[57]. Natürlich handelt es sich in all diesen Fällen[58] nicht um eine Individualmaterie, sondern um eine ‚allgemeine Materie‘ wie die *materia communis* des Thomas[59].

Andere Belege bestätigen unsere Auffassung, sei es, daß Aristoteles wie in Z 11 darüber diskutiert, ob die Materie Bestandteil der Definition ist[60], oder daß er z. B. vom ‚Holz schlechthin‘ als dem Material der ‚Kiste schlechthin‘ oder von der ‚Bildsäule schlechthin‘ spricht[61]. All diese Stellen illustriert trefflich eine Äußerung des Thomas[62]: *partes speciei ponuntur in definitione, non autem partes materiae, ut dicitur in VII Metaphys.*[63] *Nec est hoc contra id quod supra*[64] *dictum est, quod in definitione rerum naturalium ponitur materia: nam in definitione speciei non ponitur materia individualis, sed materia communis; sicut in definitione hominis ponuntur carnes et ossa, non autem hae carnes et haec ossa*[65].

[55] an. A 1, 403a 25. b 9—12 (Theiler zu b 9, S. 91); E 1, 1025b 30—1026a 6. K 7, 1064a 19—28. phys. β 2, 194a 1—7. β 9, 200b 7f.

[56] E 1 und K 7 (s. vorst. Anm.), ferner β 2, 194a 1—7: Aristoteles vergleicht die Definitionsweise der Mathematiker (εὐθύ, καμπύλον, γραμμή) und des Physikers (σάρξ, ὀστοῦν, ἄνθρωπος, ῥὶς σιμή). Thomas phys. 2, 3 (163) sagt dazu: mathematica ut .. rectum et curvum .. et linea definiuntur sine motu et materia; non autem caro et os et homo: sed horum definitio est sicut definitio simi, in cuius definitione ponitur subiectum sensibile, scilicet nasus; non autem sicut definitio curvi, in cuius definitione non ponitur aliquod subiectum sensibile. — Vgl. zu diesem Problem jetzt S. Mansion, *Τὸ σιμόν et la définition physique*, in: *Naturphilosophie bei Aristoteles und Theophrast* (4. Symposium Aristotelicum 1966), Heidelberg 1969, 124—132.

[57] E 1, 1025b 34—1026a 3. K 7, 1064a 27f σαρκὸς καὶ ὀφθαλμοῦ καὶ τῶν λοιπῶν μορίων μετὰ τῆς ὕλης ἀεὶ τὸν λόγον ἀποδοτέον.

[58] Ergänzend treten z. B. phys. β 3 und met. Θ 7 hinzu, s. u.

[59] Prägnant Thomas phys. 2, 5 (179) zu β 3, 194b 26ff, s. u.

[60] Vgl. o. A. 56, u. A. 65.

[61] Θ 7, 1049a 23f ὕλη κιβωτίου αὕτη, ἁπλῶς μὲν τοῦ ἁπλῶς τουδὶ δὲ τοδὶ τὸ ξύλον. β 3, 195b 26f Ursache ist ἀνδριαντοποιὸς μὲν ἀνδριάντος, ὁδὶ δὲ τουδί.

[62] phys. 2, 5 (179), vgl. o. A. 59.

[63] Z 10. [64] Rückverweis auf β 2, 194a 1—7, s. o. A. 56.

[65] Vgl. β 9, 200b 7f (bei Erörterung der hypothetischen Notwendigkeit) ἔστι γὰρ καὶ ἐν τῷ λόγῳ ἔνια μόρια ὡς ὕλη τοῦ λόγου. Thomas phys. 2, 15 (274) oportebit

Etwas ausführlicher betrachten wir eine Stelle aus Kapitel Z 11[66], dessen Thema ja lautet: Inwieweit kann oder muß ich die Materie berücksichtigen (bzw. weglassen), wenn ich ein Ding definiere? M.a.W.: Inwieweit ist die Materie für das betreffende Ding ‚wesentlich'? Die Antwort fällt für die beiden Gruppen von Dingen, die Aristoteles nennt, die mathematischen Gegenstände und die Lebewesen, verschieden aus, wie zu erwarten ist: Während bei der Definition der ersteren bis zu einem gewissen Grad — d. h. bis zur reinen Ausdehnung[67] — von der Materie abgesehen werden muß[68], kann der Mensch wie alle ‚Lebewesen' nicht ohne Bewegung, d. h. ohne materielle Teile definiert werden[69]. Was das genau heißt, ist schwer zu sagen, weil es nicht weiter ausgeführt wird und in dem Kapitel sich — der Schwierigkeit des Gegenstands gemäß, die Aristoteles klar sieht[70] — zwei verschiedene Strömungen durchkreuzen: Einerseits läßt er — wie üblich bei ihm — die Definition sich nur auf καθόλου und εἶδος erstrecken[71] und betrachtet die Hyle als unwesentlichen, nicht zur Definition gehörenden Teil des Synolon[72], zum andern hält er es für übertrieben und nicht nachvollziehbar, in jedem Fall von der Materie abzusehen und nur die Form zu betrachten[73]. Da er Letzteres in polemischer Absicht betont und im Unverbindlichen beläßt[74], wäre man geneigt, die philosophische Bedeutung des Gedankens für gering zu halten. Und doch ist er sehr wichtig:

Wir denken nämlich den Menschen nicht etwa deshalb stets ‚in' Fleisch und Knochen, weil er eben immer in dieser, nie in einer anderen Materie (z. B. Holz) auftritt (so daß wir nicht durch den Wechsel des Materials gewahr werden könnten, wie unwesentlich *diese* Materie und Materie überhaupt für ihn ist[75] — das wäre nicht mehr als eine

in definitione serrae ponere ferrum. Nihil enim prohibet in definitione poni quasdam partes materiae, non quidem partes individuales ut has carnes et haec ossa, sed partes communes ut carnes et ossa; et hoc necessarium est in definitione omnium rerum naturalium.

[66] Vgl. Ernst Kapp, *Sokrates der Jüngere*, Philol. 79 (1924) 225—233. Arpe 44—46.

[67] Vgl. 1036b 32—1037a 5 und u. 7.42, 7.46. Die Pythagoreer und Platon gehen nach Aristoteles darin noch weiter, indem sie auch von der Extensio noch absehen (1036b 8—20).

[68] 1036a 31—b 2. b 27f.

[69] 1036b 24—32 (bes. b 29f). 1037a 5—7. Das dazwischen liegende Stück 1036b 32 bis 1037a 5 ist der bekannte Einschub über ὕλη νοητή, der folgende Satz 1037a 7—10 ist unklar, befaßt sich aber offenbar mehr mit dem Individuum als solchem.

[70] 1036b 21f.

[71] 1036a 28f.

[72] 1036a 29. b 5f.

[73] 1036b 22f τὸ πάντα ἀνάγειν οὕτω καὶ ἀφαιρεῖν τὴν ὕλην περίεργον, Rückbezug auf b 3.

[74] Kapp 228—233, bes. 232 A. 7.

[75] 1036a 34—b 7.

Humesche Assoziationsverknüpfung —, sondern weil wir auch den von den Einzelfällen abstrahierten ‚Menschen allgemein‘, den wir als (denkendes, zweifüßiges usw.) ‚Lebewesen‘ definieren und insofern wir ihn derart definieren, *notwendig* zusammen mit einem (unindividuellen) Körper denken müssen, ohne den der ‚Mensch schlechthin‘ sich nicht ‚bewegen‘, nicht ‚leben‘ könnte und so sein Wesen verlieren würde[76]. Andererseits erhält auch dieser Körper erst durch die Wesensform der Seele, die ihn belebt, seinen Sinn[77], so daß man beides immer in eins sehen muß, τὸ ἐξ ἀμφοῖν ὡς καθόλου[78], das man durch ‚abstraktes Synolon‘ oder ‚universales Synolon‘ übersetzen könnte[79]. Wenn man auch in der Beschreibung des ‚universalen Synolon‘ (im Anschluß an Aristoteles) immer wieder zu Begriffen wie ‚sich bewegen‘, ‚leben‘ usw. Zuflucht nehmen muß, die streng genommen nur vom Individuum gelten, so wird man doch das Phänomen als solches weder für Aristoteles noch für diesen Abschnitt[80] leugnen können, auch wenn er es nur andeutend beschrieben hat (s. u.)[81].

Wie sieht denn eine Definition, welche die Materie enthält, in praxi aus[82]? Resümieren wir: Da im allgemeinen die Definition nur die Form, d. h. die Gattung und den artbildenden Unterschied, aufführt[83], könnte die Materie nicht in der Definition enthalten sein[84]; denn sie ist weder Gattung noch artbildender Unterschied (vgl. o. *1.152*). Und doch ist sie für manche Dinge so wesentlich, daß man sie im λόγος τῆς οὐσίας, der das Wesen der Sache wiederspiegelt, nicht einfach weglassen kann. Aristoteles stellt dies an dem berühmten Beispiel vom Hausbau so dar, daß er auf die Frage τί ἐστιν drei Arten von Antwort für möglich hält[85]: 1. Ein Haus ist eine ungeordnete

[76] Hierbei darf man freilich nicht nur an die subjektive Seite denken, etwa an das Angewiesensein des Denkens auf Vorstellungen (u. 7.821) oder gar an einen Kantischen Denkzwang.

[77] Zum Beispiel von der ‚toten Hand‘ o. **6**.222c.

[78] 1037a 6f.

[79] Chen, *Chorismos* 131ff nennt es ‚universales Konkretum‘ (ebenso ders., *Universal Concrete*, passim), was wir nicht nachahmen wollen, da der Begriff des Konkreten sehr vieldeutig ist. Gut Preiswerk 108: ‚allgemeines Synolon‘, auch Ross (*Met.* II 197): ‚materiate universal‘.

[80] 1036b 24—32. 1037a 5—7.

[81] Von den Kommentatoren interpretiert Ps.-Alexander (514, 7—33) die Stelle einseitig auf das aktuelle raumzeitliche Sein des Individuums (bes. 31). Thomas met. 7, 11 (1516—1519) bleibt unscharf (auch 1517). Schwegler faßt den Gesamtsinn richtig, wenn er 1037a 5—7 so wiedergibt: ‚der Mensch nach seinem allgemeinen Wesen, der Mensch wie er zu definieren ist, ist das Zusammen von Form und Materie‘, d. h. die Hyle, das körperliche Dasein, gehört zum Begriff und mithin in die Definition des Menschen (S. 107). Richtig und eindeutig Ross’ Analyse und Komm.

[82] Vgl. Chen, *Chorismos* 136f. Ders., *Universal Concrete* 50ff.

[83] Z. B. Z 12, 1037b 29f.

[84] Z. B. Z 10, 1035a 6—9. 22f.

[85] an. A 1, 403b 1—16 (Theiler 91). H 2, 1043a 14—28 und H 3, 1043a 31—33 (instruktive Beispiele), vgl. B 2, 996b 6—8 (Schwegler 3, 120). β 9, 200a 24—29.

Menge von Steinen, Ziegeln, Hölzern (d. h. ein Haus der Möglichkeit nach; Definition von der Materie aus). 2. Ein Haus ist ein Schutz für Sachen und Lebewesen (ein Haus der Wirklichkeit nach; Definition auf Grund der Form = Telos). 3. Ein Haus ist ein aus Steinen usw. bestehender Schutz usw. (Form + Materie; Definition des Synolon). Wenn wir die erste, nur der Vollständigkeit halber aufgeführte Art beiseitelassen, bleibt die Rangordnung der beiden anderen zu bedenken. Eine Definition im streng wissenschaftlichen Sinn des Wortes ist allein die der Form[86], wie schon mehrfach betont. Andererseits kann der φυσικός bei seinem wissenschaftlichen Arbeiten nicht auf die Materie verzichten und muß daher mit einer weniger ‚strikten' Definition umgehen, welche die Materie mit enthält. Es ist auch nach allem, was wir gesehen haben, keine Frage, daß Aristoteles solche Definitionen der Synola für die Praxis der Naturforschung zuläßt.

Wie hätte er sie theoretisch rechtfertigen können?: Vielleicht ist eine Einzelheit geeignet, hierfür einen Hinweis zu geben: Es ist kein Zufall, daß an. A 1, 403b2f, wo die materiegebundene Definition erwähnt ist, Aristoteles genau die gleichen Formulierungen unterlaufen wie bei der ‚hypothetischen Notwendigkeit' (u. *8.244*): ὁ μὲν γὰρ λόγος ὅδε τοῦ πράγματος, ἀνάγκη δ εἶναι τοῦτον ἐν ὕλῃ τοιᾳδί, εἰ ἔσται. Dies heißt, daß er die Materie nach Analogie der ‚hypothetischen Notwendigkeit' in die Definition einbeziehen will. Wie die genannte ‚Notwendigkeit' der Versuch ist, den absoluten Kausalmechanismus einer teleologisch-eidetischen Welterklärung unterzuordnen, indem das Angewiesensein des Telos auf die Materie betont wird (und hinwiederum dadurch die Materie ihren ‚Sinn' empfängt), so könnte die Definitionsart ‚ἐν τούτοις τὸ εἶδος ἕνεκα τωνδί' der gleiche Versuch auf der Ebene des Logischen sein. Damit wäre die Hyle — wenn auch nur in verallgemeinerter, ‚formalisierter' Form und auch nur für einen bestimmten Seinsbereich — positiv (und nicht nur als ‚Unerkennbares' negativ) in die Logik einbezogen. Aristoteles hat das

part. an. A 5, 645a 33f. — In H 2, 1043a 14—18 ist nicht gesagt, daß ‚das τί ἐστι eines Hauses seine ὕλη' sei, auch nicht, daß ‚οἱ λέγοντες τὸ τί ἐστι und οἱ λέγοντες τὸ εἶδος einen Gegensatz bilden' (Schwegler 4, 140), denn a 15 τί ἐστιν οἰκία gehört sinngemäß natürlich auch zu a 16 οἱ δὲ usw. Die knappe Formulierung a 15 kann man übersetzen: „diejenigen, die auf die Frage, was ein Haus sei, antworten ‚Steine, Ziegel, Hölzer', sprechen von einem Haus der Möglichkeit nach". a 17 προσθέντες der Hss. scheint mir durch Jaegers Verweis auf 1079b 6f nicht gedeckt und προτιθέντες (Ross) oder auch προθέντες allein möglich.

[86] Z 15, 1039b 27—30 (zitiert o. S. 562 A. 13); denn ὁ ὁρισμὸς ὁ ἐπιστημονικός und ἡ ἀπόδειξις gehen nur auf das Notwendige (ἀναγκαῖον), nicht jedoch auf das Mögliche und Kontingente, von dem es nur δόξα gibt: δόξα ἐστὶ τοῦ ἐνδεχομένου ἄλλως ἔχειν (1039b 34—1040a 1. Vgl. An. post. A 8 (Ross z. St.), Schwegler zur 7. Aporie B 4, 999a 24—b 24 (S. 133) und die dort genannten Stellen (bes. Z 13, 1039a 14ff und Schwegler z. St. 4, 117). Hier denkt Aristoteles genau wie Platon. Vgl. o. S. 571 A. 51.

jedoch nicht weiter verfolgt, weil er sich offenbar nicht entschließen konnte, dem λόγος μετὰ ὕλης ausdrücklich den gleichen Rang wie der Formdefinition zu geben, obwohl doch in ihm die Materie überhaupt nicht mehr individuell ist, sondern genauso allgemein wie das Art-Eidos oder gar die Gattung, so daß die Schwierigkeit, wie sich das Allgemeine zum Besonderen verhält, hier gar nicht aufkommen kann. In dieser Frage hat ihn offenbar seine platonische Denkweise auf halbem Wege innehalten lassen. So bleibt die Definition, die Materie enthält, irgendwie ein minderwertiger ὁρισμὸς κατὰ συμβεβηκός[87].

7.34 Besitzt Aristoteles einen Terminus für ‚allgemeine Materie‘?

Daß Aristoteles die ‚allgemeine Materie‘ der Sache nach kennt, wurde o. 7.33 wahrscheinlich gemacht. Die Stelle Z 10, 1035b 27—31 läßt weiter vermuten, daß er auch einen Terminus ‚allgemeine Materie‘ zu prägen im Begriffe stand: ὁ δὲ ἄνθρωπος καὶ ὁ ἵππος καὶ τὰ οὕτως ἐπὶ τῶν καθ' ἕκαστα, καθόλου δέ, οὐκ ἔστιν οὐσία ἀλλὰ σύνολόν ἐκ τουδὶ τοῦ λόγου καὶ τησδὶ τῆς ὕλης ὡς καθόλου· καθ' ἕκαστον δ' ἐκ τῆς ἐσχάτης ὕλης ὁ Σωκράτης ἤδη ἐστίν, καὶ ἐπὶ τῶν ἄλλων ὁμοίως. „Der Mensch und das Pferd und überhaupt derartige Begriffe, die sich auf Einzeldinge beziehen[88], aber Allgemeinbegriffe sind, sind keine Ousia, sondern stellen vielmehr ein Synolon dar, das aus dieser spezifischen Wesensbestimmung und dieser spezifischen, aber allgemein gefaßten Materie besteht. Was die Einzeldinge angeht, so besteht Sokrates bereits[89] aus der letzten Individualmaterie[90], und so verhält es sich ähnlich in allen übrigen Fällen.“ Zur Erklärung: ‚Der Mensch‘ allgemein ist keine οὐσία[91], sondern ein abstraktes Ganzes aus Art-Form und — sagen wir — Art-Körper. Das heißt, wir erkennen ihm einen Körper mit sämtlichen Teilen zu, subtrahieren aber von diesem jedwede individuelle Ausprägung. Die eben gegebene Auslegung ist die von Asklepios[92] und Thomas[93], der sich Ross und Chen ange-

[87] Vgl. zum Ausdruck An. post. A 8, 75b 24—26.

[88] d. h. von ihnen prädiziert werden und nur in ihnen existieren.

[89] „< nicht mehr aus der allgemeinen Materie, sondern > bereits. . .“. Die Kommentare äußern sich nicht zu ἤδη.

[90] Thomas met. 7, 10 (1490) ‚ex ultima materia‘ idest materia individuali.

[91] In der Kategorienschrift würde es heißen: ‚er ist keine erste, sondern eine zweite οὐσία‘. Ps.-Alex. 509, 4f und Thomas met. 7, 10 (1490) erklären οὐσία mit: ‚reine Form‘. Daß Aristoteles hier aber statt εἶδος αὐτὸ καθ' αὑτό einfach οὐσία sagt, wo er doch sonst οὐσία = ‚Wesensform‘ im Gegensatz zum Individuum immer erst begründend einführen muß, halte ich für sehr unwahrscheinlich. — Für unsere Darstellung hängt aber kaum etwas daran.

[92] 415, 26—32 ‚τὸ σύνθετον‘ γίνεται, τὸ ἁπλῶς (so viel wie τὸ καθόλου, vgl. Zeile 26 ὁ ἄνθρωπος ὁ ἁπλῶς) ‚ἐκ τουδὶ τοῦ λόγου‘ οἷον τοῦ ἀνθρωπείου τοῦ ζῴου λογικοῦ θνητοῦ ‚καὶ τησδὶ τῆς ὕλης‘, ἐπειδὴ οὐ τὴν καθ' ἕκαστα ὕλην ἐλάμβανε.

schlossen haben[94]. Dagegen versteht Alexander[95] unter der ‚allgemeinen Materie' die Gattung, unter dem λόγος die artbildenden Differenzen. Da der Paragraph etwas isoliert steht[96], können wir nicht vom Zusammenhang des Kapitels aus argumentieren. Aber b29 τησδί widerlegt Alexanders Deutung, denn dies kann sich nicht auf eine Gattung beziehen, sondern allein auf die konkrete Materie hier, die dann durch das einschränkende ὡς καθόλου b30 ins Allgemeine erhoben wird. Alexander hat denn auch mit seiner Erklärung keine Nachfolge gefunden[97].

7.35 *Ist dem Begriff der ‚allgemeinen Materie' eine Abstraktionsstufe zugeordnet? Folgerungen.*

Als wir soeben den Ausdruck ‚subtrahieren' gebrauchten, um den Übergang von der individuellen Materie zur ‚allgemeinen' zu erklären, sind wir bereits über das bei Aristoteles Belegte hinausgegangen, denn er äußert sich nirgends über den Erkenntnisvorgang, der zur ‚allgemeinen' Materie führt; es sei denn, man wolle das ὡς ausdeuten, welches meist den Gesichtspunkt angibt, unter dem man eine Sache betrachtet, nicht selten aber auch ganz verblaßt ist und praktisch nichts bedeutet. Merlan hat also völlig zu Recht bestritten[98], daß es bei Aristoteles eine erste Abstraktionsstufe für das Objekt der Physik gibt, und Mansion kann sich nicht auf Belege berufen, wenn er, offenbar unter dem Einfluß von Thomas' Lehre, eine solche annimmt[99].

Andererseits ergibt sich aus den betrachteten Stellen ebenso eindeutig, daß Aristoteles nicht die individuelle Sinnensubstanz als solche

93 met. 7, 10 (1490) hoc compositum, quod est animal vel homo, potest dupliciter sumi: vel sicut universale (homo et animal) vel sicut singulare (Socrates et Callias). homo et equus sunt totum quoddam compositum ex determinata materia et determinata forma; non quidem ut singulariter, sed universaliter. homo enim dicit aliquid compositum ex anima et corpore, non autem ex hac anima(!) et hoc corpore (verkürztes Zitat). Der hier fehlende Terminus *materia (sensibilis) communis* erscheint z. B. met. 7, 9 (1473); ähnlich gleich anschließend 7, 10 (1492) materia communiter sumpta est pars speciei, haec autem materia determinata est pars individui. Vgl. s. th. 1, 85, 1 ad 2 und bes. In Boeth. trin. 5, 2 ad 2 intellectus communiter abstrahit a materia signata et condicionibus eius, non autem a materia communi in scientia naturali.

94 Ross, Komm. z. St. und Oxf. Tr. Chen, *Chorismos* 132, *Universal Concrete* 48—50. Richtig auch Preiswerk 108.

95 509, 2—12, bes. 6—8. 11f.

96 Ps.-Alex. 509, 12f.

97 Schweglers Übersetzung ist an dieser Stelle ungewöhnlich vage, aber aus seinem Kommentar ergibt sich, wenn auch nicht ganz direkt, daß er nicht an Genus und Differentia denkt (S. 100f). Bonitz bemerkt nichts z. St.

98 Merlan 65—67. 73f.

99 Mansion 134f. 138f.

(z. B. ‚diesen Stuhl da'), sondern eine verallgemeinerte (‚den Stuhl überhaupt') als Gegenstand der Physik ansieht und diesem verallgemeinerten Objekt sogar eine ‚allgemeine' Materie beigibt, um es dadurch in seiner ‚Sinnenhaftigkeit' zu erhalten, deretwegen es ja gerade von der Physik untersucht wird. Mit dieser Verallgemeinerung ist aber ganz zwangsläufig ein ‚Absehen' vom Individuellen verbunden, selbst wenn sich Aristoteles dessen nicht bewußt war oder zumindest es nicht ausgesprochen hat. Demnach ist im Begriff der ‚allgemeinen Materie' schon bei Aristoteles eine Art von erster Abstraktionsstufe impliziert, die Thomas später ausdrücklich entwickelt hat[100].

Man kann nun von Thomas aus hier eine Lücke im aristotelischen ‚System' feststellen und, wie es Mansion tut, das ‚fehlende' Philosophem ‚ergänzen', d. h. Aristoteles als unvollkommenen Vorläufer des Thomas sehen. Hieran ist nicht nur historisch unrichtig, daß man ihn ein Stück Wegs weiter auf Thomas zugehen läßt, als er selber gegangen ist, sondern auch, daß man die Entwicklung von Platon bis Thomas falsch einschätzt (o. 7.2 Ende).

Dieser von Aristoteles knapp angedeutete, aber doch für seine Philosophie irgendwie notwendige, Gedanke eines ‚allgemeinen Synolon' bringt erhebliche Konsequenzen mit sich, die wir nur kurz umreißen können:

Beginnen wir mit der Materie: Was wird aus der Materie, wenn sie ‚allgemein' wird? Und was war sie, ehe sie ‚allgemein' wurde? Offenbar war sie vorher ‚individuell': ἐσχάτη ὕλη[101]. Über das Individuelle sei hier[102] unserem Thema gemäß nur gesagt: Ist das Individuelle als solches uns ‚gegeben' oder ist uns nicht vielleicht am Individuellen ‚nur' das Allgemeine ‚gegeben' (und erkennbar)? Um diese Grundaporie alles Seins kreist auch das Denken des Aristoteles ständig: Er setzt immer wieder am Individuum an, sieht aber jedesmal durch es hindurch auf das Allgemeine, d. h. er sieht durch den einzelnen Menschen (das Synolon aus Art-Eidos und ‚letzter' Materie) hindurch den ‚Menschen überhaupt', und zwar kennt er neben dem Art-Eidos ‚Mensch' nun merkwürdigerweise auch noch das Synolon ‚Mensch' aus Art-Eidos und ‚allgemeiner Materie'. Wie verhält sich das Art-Eidos ‚Mensch' allein zum Synolon ‚Mensch'? Man kann nicht — wie manche thomistischen Interpreten — beides übereinanderstufen und das Synolon ‚Mensch' der Physik, das materielose Eidos ‚Mensch' der Metaphysik beigeben, weil wir nicht wissen, ob Aristoteles letzteres tatsächlich der Metaphysik zugewiesen hat (u. *7.821*). Andererseits kann der wiederholte Hinweis des Aristoteles, der Physiker solle auch

100 Über die Zwischenglieder dieser Entwicklung wüßte man gern Näheres.

101 Den Ausdruck ὕλη (αἰσθητή) καθ' ἕκαστον im Gegensatz zu ὕλη (αἰσθητή) ὡς καθόλου kennt Aristoteles nicht.

102 Vgl. Sach-Index s. v. *Individuation 1a, Individuum.*

die Form studieren (o. *7.32*), nicht gut auf die materielose Form anspielen, sondern es ist damit bestimmt die Form ‚in' einem ‚allgemeinen Synolon' gemeint.

Es ist wichtig festzuhalten, daß die ‚allgemeine' Materie, wie man sie auch auffaßt, auf jeden Fall unanschaulich ist, wenn auch Aristoteles von τησδὶ τῆς ὕλης ὡς καθόλου spricht[103], also an die ὕλη αἰσθητή denkt, und Thomas sie *(materia) sensibilis (communis)* nennt. Diese Ausdrücke bedeuten nicht mehr als: Sie steht der ‚wahrnehmbaren' Materie noch sehr nahe, ist aber durch eine Verallgemeinerung hindurchgegangen. Man könnte demnach bereits auf dieser Stufe von ὕλη νοητή sprechen, denn sie unterscheidet sich nur graduell, aber nicht prinzipiell von der Materie der Mathematik. Daß der Ausdruck ‚gedachte Hyle' an dieser letzteren haften geblieben ist, ist sachlich nicht gerechtfertigt, denn mindestens von unserer ‚allgemeinen Materie' an ist alle Materie ‚denkbar' bzw. ‚gedacht': Die Hyle der Logik (die Aristoteles noch direkt νοητή nennt), die ὕλη τοπική der Himmelskörper, die ‚erste' Materie usw. Alle Materie außer der individuellen ist also nicht greifbar ‚konkret' im Sinne des Raum-Zeitlichen, vielmehr hat sie eine ideale Struktur wie die Form. Und da schließlich auch die αἰσθητὴ ὕλη des Individuums, wie o. *7.12* gezeigt, nicht ‚konkret wahrnehmbar' ist, sondern nur dem Denken zugänglich, sind sämtliche Ausprägungen der Hyle etwas ‚Gedachtes' (νοητά).

Eine andere Seite des ‚allgemeinen Synolon' ist philosophisch noch wichtiger, überschreitet aber weit die Grenzen unseres Themas und wird daher nur gestreift[104]: Wer sich z. B. den ‚allgemeinen Menschen' aus Artform und allgemeiner Materie vergegenwärtigt, denkt sofort an den αὐτάνθρωπος der aristotelischen Ideenkritik: In dieser verdinglicht Aristoteles die — bei Platon selber gar nicht so wichtigen — platonischen Art-Ideen ganz nach der Weise raum-zeitlicher Konkretheit und treibt mit den sich dann notwendig ergebenden Ungereimtheiten (z. B. dem ‚dritten Menschen') ein dialektisches Spiel, das die Erklärer bis heute in größte Verlegenheit bringt. Der ‚allgemeine Mensch' des Aristoteles gleicht nun aufs überraschendste dem kriti-

[103] Z 10, 1035 b 29f.

[104] Vgl. Chen, *Chorismos* 137—141, *Universal Concrete* 55—57. An der letzten Stelle weist er auch darauf hin, daß das allgemeine Synolon (z. B. ‚Mensch') den kanonischen Aufbau von Genus—Species—Individuum störe. Das hat aber die Folgezeit, wie u. a. Thomas zeigt, nicht daran gehindert, das allgemeine Synolon ohne Aufhebens dem System einzupassen und ihm so alles Ungewöhnliche zu nehmen. Man teilte es (mit *materia sensibilis communis*) der Physik zu, während die Metaphysik die materielosen Formen untersucht und das Individuum als solches überhaupt nicht von der Wissenschaft erfaßt wird. Und als mit dem Aufkommen moderner Abstraktionstheorien die Wissenschafts-Objekte immer mehr zu *entia rationis tantum* werden, wird der ursprünglich weittragende Gedanke vollends alltäglich und bedeutungslos.

sierten platonischen αὐτάνθρωπος, indem er wie jener die konkrete Wirklichkeit der Einzeldinge zu ,verdoppeln' scheint. Vielleicht sagt Aristoteles deshalb gleich in Z 10, der ,allgemeine Mensch' sei keine οὐσία, vielleicht geht er deswegen in bezug auf ihn nicht über Andeutungen hinaus. Aber — ob angedeutet oder ausgeführt — die Physik fordert das allgemeine Synolon als ihr Objekt, und man kann dieses Synolon nicht ganz als *ens rationis* abtun, weil dies dem Wesen aristotelischer Wissenschaft widerspräche.

Über diese Vermutungen kommen wir aus Mangel an Belegen nicht hinaus.

Wir erwähnen nun noch eine letzte Eigenschaft des allgemeinen Synolon, deren ausführliche Erörterung wir gleichfalls auf später verschieben: Durch seine Zwischenstellung wäre das Synolon geeignet, die Kluft zu mildern, die nach Auffassung mancher Forscher (z. B. N. Hartmanns) innerhalb des Individuums zwischen der Individualmaterie und dem Art-Eidos besteht[105]. Nach allem was wir wissen, hat Aristoteles diesen ,Chorismos' nicht als solchen empfunden, d. h. bestimmt nicht aus diesem Grund das allgemeine Synolon herausgestellt oder gar geschaffen.

Darum lautet das Fazit: Das allgemeine Synolon wird von der Denkkonsequenz gefordert, bringt jedoch wegen seiner Ähnlichkeit mit den platonischen Art-Ideen Schwierigkeiten hervor.

7.4 Das Objekt der Mathematik (Geometrie)[106]
ὕλη νοητή = reine Ausdehnung

Im Gegensatz zur Physik und Metaphysik äußert sich Aristoteles an mehreren Stellen etwas ausführlicher über die Abstraktionsstufe der Mathematik. Das hat den Vorteil, daß wir hier ein präziseres Bild

[105] Vgl. die Andeutung Gnomon 35 (1963) 559.

[106] Stellen und Erörterung bei Schwegler zu N 3 Anfang (S. 303f), Bonitz zu M 3 (S. 533), Ross zu Z 10/11 (bes. S. 199f. 203f), Θ 9 (S. 272f) und M 3 (S. 418), Philippe 462—465. 472. Vgl. Chen, *Chorismos* 68—78 (*Das Problem des Chorismos des Mathematischen*). Merlan 59—62. 74. 160f. 174—178. O. Becker, Gnomon 29 (1957) 444. Frère Augustin-Gabriel S. G., *Matière intelligible et mathématique*, Laval Théologique et Philosophique (Québec) 17 (1961) 173—196 (= Teil 1). 18 (1962) 177—210 (= Teil 2). Nur Teil 1 behandelt Aristoteles, Teil 2 gibt dann eine systematische ,Présentation doctrinale' hauptsächlich auf Grund von Thomas. Der Aristoteles-Teil der Arbeit bietet eine klare Analyse der einschlägigen Texte, bleibt aber in der interpretatorischen Auswertung der Belege, auf die es doch ankommt, merkwürdig vage, so daß wir im Folgenden auf diese Untersuchung nicht explizit einzugehen brauchen. — Die neueren Arbeiten zur Philosophie der Mathematik (insbesondere über die Seinsweise des Mathematischen) müssen außer Betracht bleiben, weil ihre Berücksichtigung die Grenzen unserer Untersuchung gesprengt hätte.

als bei den zwei anderen Wissenschaften gewinnen können, bringt aber zugleich die Versuchung mit sich, die mathematische Abstraktion unbesehen für Abstraktion überhaupt zu nehmen, was nicht ohne weiteres angeht. Deshalb beschränken wir uns in diesem Kapitel möglichst isolierend auf die μαθηματικά und überlassen alles, was die aristotelische Abstraktion im allgemeinen betrifft, dem nächsten Abschnitt, ohne freilich Überschneidungen und Vorgriffe ganz vermeiden zu können.

7.41 Die Problemstellung

Unser Fragenkomplex wird am ausführlichsten im M behandelt, wo Aristoteles zunächst verschiedene Lehrmeinungen seiner Vorgänger (z. B. Platons: das Mathematische subsistiere ‚getrennt' vom Sinnlichen) widerlegt (M 2)[107] und dann M 3 positiv seine eigenen Ansichten über das Wesen des Mathematischen vorbringt: Er unterscheidet sehr deutlich zwischen dem Gegenstand, den eine Wissenschaft, bevor sie zur Untersuchung schreitet, bereits vorfindet (z. B. eine sinnliche Substanz; ‚Materialobjekt') und dem Aspekt, unter dem sie dann diesen Gegenstand betrachtet, den sie also an diesem Gegenstand als ihr spezifisches wissenschaftliches Objekt isoliert (z. B. Bewegung, Körperlichkeit; ‚Formalobjekt')[108]. So befaßt sich die Mathematik zwar mit den Sinnensubstanzen (Materialobjekt), aber nicht als solchen[109], sondern ᾗ σώματα μόνον, καὶ πάλιν ᾗ ἐπίπεδα μόνον καὶ ᾗ μήκη μόνον, καὶ ᾗ διαιρετὰ καὶ ᾗ ἀδιαίρετα ἔχοντα δὲ θέσιν καὶ ᾗ ἀδιαίρετα μόνον[110]. Indem sie die Sinnendinge unter diesen Gesichtspunkten betrachtet, trennt sie die betreffenden Ausschnitte von der Einzelsubstanz ab, mit der sie verbunden sind, und untersucht sie gesondert für sich[111]. Diese durch die Erkenntnis abgetrennten Formalobjekte haben kein den Naturdingen gleichwertiges oder gar überlegenes Substanzsein, sie besitzen keinerlei Seinspriorität vor

[107] Über das Verhältnis zu Platon vgl. u. 7.462.
[108] M 3, 1077b 17—1078a 9.
[109] 1077b 21f. 1078a 2—4.
[110] 1077b 28—30.
[111] an. Γ 7, 431b 15—17 οὕτω τὰ μαθηματικὰ οὐ κεχωρισμένα ὄντα ὡς κεχωρισμένα νοεῖ, ὅταν νοῇ ᾗ ἐκεῖνα. M 3, 1078a 21—23 ἄριστα δ' ἂν οὕτω θεωρηθείη ἕκαστον, εἴ τις τὸ μὴ κεχωρισμένον (ratione ‚essendi' substantialis) θείη χωρίσας (cogitatione), ὅπερ ὁ ἀριθμητικὸς ποιεῖ καὶ ὁ γεωμέτρης; so der Arithmetiker (τὸν ἄνθρωπον) ἔθετο ἓν ἀδιαίρετον (als numerische Einheit), εἶτ' ἐθεώρησεν εἴ τι τῷ ἀνθρώπῳ συμβέβηκεν ᾗ ἀδιαίρετος. ὁ δὲ γεωμέτρης (betrachtet den Menschen) οὔθ' ᾗ ἄνθρωπος οὔθ' ᾗ ἀδιαίρετος ἀλλ' ᾗ στερεόν. — Zur Nicht-Trennbarkeit der mathematischen Gegenstände vgl. E 1, 1026a 9f. 14f. K 1, 1059b 13 u. ö. Den ontologischen Sinn dieses Begriffs von χωριστόν behandeln wir u. 7.42.

diesen[112]. Wenn man das aktuelle Sein der Substanz für die einzige Art von Sein hält, ‚sind' sie nicht; da aber ‚sein' vielfache Bedeutung hat, kann man ihnen einen andern Seinsmodus zuweisen, das potentielle Sein. Mit dieser Einschränkung gilt dann wieder: ‚Es gibt' die mathematischen Gegenstände[113].

Man könnte aus M 3 etwa folgendes Fazit ziehen:

Die mathematischen Gegenstände existieren nach Aristoteles weder als aktuelle Substanzen in den Sinnendingen noch aktuell-substantiell getrennt von ihnen, sondern potentiell ‚in' den Sinnendingen, aus denen sie der Mathematiker durch einen Erkenntnisakt heraushebt und so aktualisiert[114].

Obgleich dies korrekt referiert ist, besagt es wenig, weil jeder einzelne der resümierten Punkte außerordentlich problematisch ist:

a) Wieweit Aristoteles die von ihm abgelehnten Lehrmeinungen Platons und der Pythagoreer richtig wiedergibt und ob somit seine Ablehnung begründet ist, brauchen wir nicht zu besprechen[115]. Desgleichen lassen wir vorerst außer Betracht, ob Aristoteles an frühen Stellen noch die platonische Auffassung vom Sein der mathematischen Gegenstände geteilt hat und erst allmählich davon abgerückt ist[116]. Jedenfalls vertritt er in M, mit welchem wir begonnen haben, seine eigene Lehre, und er geht von seinem eigenen Begriff der (raum-zeitlichen) Substanz aus. Auch das ‚potentielle' Sein, das er ihnen verleiht, bestimmt sich von daher. Was für eine Art von Möglichkeit ist dies aber, Möglichkeit, die innerhalb des raum-zeitlichen Werdens niemals Wirklichkeit werden kann, sondern zu ihrer Verwirklichung der aktualisierenden Erkenntnis bedarf[117]?

b) Auch das Enthaltensein des Mathematischen ‚im' Raum-Zeitlichen kann mehreres bedeuten: Das Mathematische geht im konkreten Einzelfall völlig auf und wird aus einer Summe von Einzelfällen approximativ gewonnen. Oder: Das Mathematische ist zwar mit dem Raum-Zeitlichen verbunden, vielleicht sogar auf es angewiesen, erschöpft sich aber nicht in ihm, sondern hat darüber hinaus eine eigene Geltung.

c) Wie ist der auf das Mathematische gerichtete Erkenntnisakt näherhin zu beschreiben? Was wird denn eigentlich herausgehoben, der bestimmte mathematische Gegenstand oder die unbestimmte Extensio als Voraussetzung alles Mathematischen?

112 M 2, 1077b 12f.
113 M 2, 1077b 15—17. 3, 1077b 31—34. 1078a 29—31 (ὑλικῶς = δυνάμει).
114 Ross zu M 3, 1078a 30 (S. 418).
115 Vgl. Cherniss, Gaiser 432f, u. 7.43 Ende, 7.462.
116 u. 7.54.
117 Eine ähnliche Schwierigkeit liegt beim γένος als ὕλη vor (u. 7.71).

d) Daraus ergibt sich die zentrale Frage nach dem Verhältnis von mathematischer Hyle und mathematischer Form, nach der Seinsweise der ὕλη νοητή und ihrer ontologischen Bedeutung.

7.42 Die Erkenntnis des Mathematischen als Komplementärverhältnis von ‚Subtraktion' und Wesensschau[118]

Die einzige Stelle, an welcher die Erkenntnisart der Mathematik ausführlicher geschildert wird, ist K 3,1061a28—b2: „Der Mathematiker untersucht abstrakte Objekte (τὰ ἐξ ἀφαιρέσεως). Denn er betrachtet seine Gegenstände, indem er sämtliche sinnlich wahrnehmbaren Eigenschaften wegläßt (περιελὼν πάντα τὰ αἰσθητά)[119], nämlich Schwere und Leichtigkeit und Härte und deren Gegenteil, ferner auch Wärme und Kälte und die übrigen sinnlich wahrnehmbaren Gegensätze. Und er behält allein die Quantität (τὸ ποσόν) und das Kontinuum übrig (συνεχές) — bald in einer, bald in zwei, bald in drei Dimensionen — und die Eigenschaften seiner Objekte[120], sofern sie (die Objekte) Quantitäten und Kontinua sind. Er untersucht aber seine Gegenstände in keiner anderen Hinsicht[121], sondern prüft bei einigen die relative Lage zueinander .., bei anderen die Kommensurabilität und Inkommensurabilität, wieder bei anderen die Zahlenverhältnisse"[122].

Wir haben hier ein Subtraktions- oder Eliminierungsverfahren vor uns, mit dem alles, was nicht zum mathematischen Gegenstand gehört, ausgeschieden wird, so daß dieser übrig bleibt[123] und betrachtet werden kann (θεωρεῖν). Ziel und Ergebnis des Verfahrens sind offenbar bestimmte mathematische Größen, Figuren usw.[124]. Durch diese

[118] Da wir u. 7.5 zusammenfassend auf das Thema zurückkommen, führen wir jetzt nur die Belege an, die sich direkt auf die Mathematik beziehen.

[119] περιελών kann auch heißen „nachdem er weggelassen hat", wie es z. B. die Übersetzung von Ross auffaßt: „before beginning his investigation he strips off. . .". Hiermit wird impliziert, daß das Weglassen des für die Erkenntnis Unwichtigen zeitlich dem positiven Erfassen des zu Erkennenden voraufgeht — was jedoch auf den noetischen Akt nicht zutrifft (7.42 Mitte).

[120] τούτων a 34 kann sich sowohl auf die Material-Objekte beziehen (vgl. M 3, 1078a 5ff. 24f), obgleich diese im Vorhergehenden nicht ausdrücklich genannt wurden, als auch die Formal-Objekte (vgl. K 4, 1061 b 21—25). Letzteres ist wahrscheinlicher.

[121] Auch hier kann man an das Material- oder das Formalobjekt denken, vgl. vorst. Anm. Über eine vergleichbare Schwierigkeit beim Objekt der Metaphysik vgl. o. 4.24.

[122] Die Übersetzung ist nahezu wörtlich.

[123] Z 3, 1029a 17f ὑπολείπειν. K 3, 1061a 32f καταλείπειν. δ 2, 209b 10 λείπειν. Vgl. Alex. met. 52, 17 (201, 5f).

[124] Das unbestimmte τὸ ποσὸν καὶ συνεχές a 33 erklärt sich aus dem Zusammenhang von a 30ff. Dagegen sind a 29 τὰ ἐξ ἀφαιρέσεως mit Sicherheit bestimmte mathematische Größen.

Subtraktion werden also verschiedengestaltig begrenzte Kontinua in ein, zwei oder drei Dimensionen für die mathematische Betrachtung freigesetzt. Obwohl das geschilderte Eliminieren nur hier direkt auf die Mathematik angewendet wird[125], ist es doch so charakteristisch für diese, daß die mathematischen Gegenstände terminologisch τὰ ἐξ ἀφαιρέσεως heißen[126].

Offen bleibt, an Hand welches Kriteriums beim Eliminieren Zugehöriges vom Unwesentlichen geschieden wird, und ob das θεωρεῖν auf das Subtrahieren folgt, ihm simultan verläuft oder es gar a priori in Gang setzt und lenkt.

In dieses Bild scheint eine Stelle nicht zu passen, nach welcher nicht der geformte mathematische Gegenstand, sondern die unbestimmte Extensio Ergebnis der Subtraktion ist: Sooft man einem Körper Begrenzung (πέρας) und Sinnesqualitäten (πάθη) wegnimmt, bleibt nichts übrig außer der ὕλη (νοητή = Extensio)[127]. Der Beleg zeigt, daß die Subtraktion irgendwie indifferent ist und sowohl die geformten μαθηματικά als auch deren ungeformte Hyle erkennen hilft; er ist überhaupt ein wichtiges Indiz für die abstraktive Erkenntnis der Hyle (u. *7.44*, *7.823* a). Für unsere spezielle Problematik jedoch gibt er nichts aus, wie ein einziger Blick auf den Zusammenhang zeigt, in dem er steht: Er soll die von Aristoteles abgelehnte Theorie illustrieren, derzufolge τόπος die innere Ausmessung körperlicher Größe ist (διάστημα τοῦ μεγέθους). Es bleibt also dabei: In der mathematischen Erkenntnis werden begrenzte mathematische Gegenstände erkannt.

Dies bestätigt sich, wenn wir ein weiteres Wort hinzunehmen, χωρίζειν. Wir wiederholen die oben angeführte Stelle aus M 3: Ein wissenschaftliches Formalobjekt entsteht, εἴ τις τὸ μὴ κεχωρισμένον (*ratione ‚essendi' substantialis*) θείη χωρίσας (*cogitatione*), ὅπερ ὁ ἀριθμητικὸς ποιεῖ καὶ ὁ γεωμέτρης (1078 a 21—23). Sehr prägnant ferner β 2, 193 b 33—35: Der Mathematiker untersucht den physischen Körper nicht als solchen, sondern χωρίζει· χωριστὰ (abstrahierbar) γὰρ τῇ νοήσει κινήσεώς ἐστιν, καὶ οὐδὲν διαφέρει, οὐδὲ γίγνεται ψεῦδος χωριζόντων. Die übrigen Stellen sind nicht so eindeutig[128]. χωρίζειν

[125] Nahe kommen Z 11, 1036 b 3 und An. post. A 5, 74 a 37. 39, aber es bleiben doch erhebliche Unterschiede. Vgl. u. 7.511. — Auf phys. δ 2 gehen wir sofort ein.

[126] Belege bei Philippe 462 mit A. 6—8; vgl. u. 7.511.

[127] phys. δ 2, 209 b 9—11. Genannt wird als Beispiel eine Kugel, vermutlich eine aus Erz oder dgl., aber der Kontext macht deutlich, daß es sich um ‚Körper allgemein' handelt (s. auch die Analyse von Ross).

[128] In Frage kommen an. Γ 7, 431 b 16 ὡς κεχωρισμένα νοεῖ (τις) und E 1, 1026 a 9 f ᾗ χωριστὰ θεωρεῖ. Beide Male kann χωριστόν durchaus ‚selbständig seiend' bedeuten, da es ja jeweils mit der Seinsweise der Körpersubstanzen verglichen wird. Vgl. o. 7.2.

heißt zwar ursprünglich nur neutral ‚trennen' und verliert auch im Laufe der Zeit diese Indifferenz nicht völlig, bezeichnet aber hier schon fast terminologisch das positive Herausheben des zu erkennenden Gegenstandes[129].

Die vorgeführten Stellen haben noch nicht die Natur des Erkenntnisvorganges geklärt: Es könnte sich durchaus bei χωρίζειν um das Abtrennen eines additiv gewonnenen Durchschnittswertes handeln, bei ἀφαιρεῖν um das Weglassen dessen, was nicht zu dem Durchschnittswert stimmt[130].

a) So wird ‚Abstraktion' öfter in modernen Darstellungen aufgefaßt. Eine solche Interpretation hat letztlich wohl immer ihre Wurzeln in der Lehre John Lockes[131], die Abstraktion sei eine aus praktischen Gründen vorgenommene Vereinfachung von Vorstellungen, welche ihrerseits a posteriori aus den auf uns einströmenden Sinnesdaten stammten; Lockes Blickrichtung ist psychologistisch, er kümmert sich nicht um den Gegenstand und die Erfassung seines Wesens, er steht auch jeglichem Apriori sowie der Notwendigkeit und Stringenz wissenschaftlichen Erkennens ablehnend gegenüber.

b) Auch in der Spätantike wird manchmal die Abstraktion als Herausheben des ‚Identischen', als ‚Sammeln der Ähnlichkeit' bezeichnet[132]. Das hat aber mit dem Psychologismus und Sensualismus nach der Art John Lockes nicht das mindeste zu tun, wie ein Blick auf die Stellen zeigt: Der Terminus *similitudo* verrät, daß wir uns in platonischer Tradition befinden. Wenn wir das ταὐτόν (vielleicht auch das κοινόν) Alexanders noch hinzunehmen, scheint sich eine direkte Verbindung mit den Diskussionen der platonischen Akademie über ὅμοιον, ταὐτόν und ἕτερον zu ergeben. So müssen also diese späten Andeutungen letztlich auf dem Hintergrund des platonischen Ideen- und Teilhabedenkens gesehen werden[133].

Obgleich man längst weiß, daß die aristotelische Abstraktion etwas völlig anderes ist als diejenige John Lockes, ist es doch wohl nicht überflüssig, dies hinsichtlich der Mathematik noch einmal kurz zu begründen:

Im Zusammenhang mit den mathematischen Gegebenheiten erscheint neben θεωρεῖν[134] das wichtigere νοεῖν, am instruktivsten an. Γ 7,

[129] Diese terminologische Bedeutung hat es später oft, u. 7.512.

[130] Indizien für die entgegengesetzte Auffassung sind z. B. θεωρεῖν K 3, νόησις β 2, νοεῖν an. Γ 7, vgl. unten. [131] *Essay* 2, 12, 1, dazu Hirschberger II² 186f (I⁴ 180f).

[132] Alex. an. 85, 14—20, wo das Herausheben des ‚Identischen' stärker betont ist als die punktuelle Erkenntnis am Einzelfall. Boeth. In Porph. Comm. I (PL 44, 85f) cum et genera et species cogitantur, tunc ex singulis, in quibus sunt, eorum similitudo colligitur, ut ex singulis hominibus inter se dissimilibus humanitatis similitudo. Vgl. Hanhoff 14f.

[133] Ein Einfluß der Stoa ist freilich nicht unmöglich.

[134] So etwa in K 3 (s. o.) und sonst, z. B. an. Γ 8, 432a 8f. Vgl. auch β 2, 193b 33.

431 b 15—17 τὰ μαθηματικά, οὐ κεχωρισμένα ὄντα, ὡς κεχωρισμένα νοεῖ, ὅταν νοῇ ᾗ ἐκεῖνα[135]. νοεῖν und νόησις stehen auch allgemeiner im Sinne von ‚denken', aber die Zitate aus an. Γ 8, Γ 7 und met. Θ 9 sowie deren jeweiliger Zusammenhang zeigen, daß hier speziell der noetische Denkakt gemeint ist[136]: Indem der νοῦς die Wesensform seines Gegenstandes ‚berührt'[137], verschmilzt er mit dieser zu einer Einheit. Wir haben es also mit einer apriorischen Wesensschau zu tun, die an einem einzigen konkreten Fall das Wesen erkennt. Das ‚Trennen' (χωρίζειν) ist mit dem νοεῖν identisch und das ‚Eliminieren' dem νοεῖν komplementär zugeordnet, weil der νοῦς, indem er das zu Erkennende (z. B. die Form) ‚berührt', es von anderem, das er nicht erkennen kann oder will (z. B. der Materie), abtrennt und damit zugleich das von ihm Übergangene eliminiert. Herausheben und Eliminieren sind also zwei Seiten ein und desselben Vorganges, und man kann nicht bezweifeln, daß Aristoteles, sooft er die eine Seite besonders betont oder gar allein nennt, stets auch die andere sofort mitdenkt. Deswegen ist es auch fast gleichgültig, ob man die aristotelische Abstraktion eine ‚Wesensschau' oder eine ‚Subtraktion des Unwesentlichen' nennt. Im ersten Fall hat man den zentralen Kernvorgang im Auge, im zweiten dessen notwendige, aber ‚sekundäre' Begleiterscheinung. Nur an die moderne Abstraktion der Empiristen, d. h. an eine ‚sinnliche Allgemeinvorstellung' oder einen ‚Durchschnittswert', darf man wie gesagt nicht denken.

Dies bestätigt sich, a) wenn wir noch kurz die ἐπαγωγή erwähnen[138], die man meist mit ‚Induktion' wiedergibt. Aristoteles verbindet sie mit der Mathematik[139], und man könnte irrtümlich meinen, hier nun doch einen Beweis zu haben, daß die Mathematik bei Aristoteles

[135] Vgl. auch das unmittelbar Vorhergehende, wo zweimal νοεῖν erscheint, desgleichen das bekannte Begriffspaar σιμόν — κοῖλον, das wir o. 7.33 erwähnt haben. — Weitere Stellen: Θ 9, 1051 a 21—34, bes. 30f. an. Γ 8, 432 a 4—6 ἐν τοῖς εἴδεσι τοῖς αἰσθητοῖς τὰ νοητά ἐστι, τά τε ἐν ἀφαιρέσει λεγόμενα καὶ ὅσα τῶν αἰσθητῶν ἕξεις καὶ πάθη. Wenn Oehler 189 hinsichtlich an. Γ 8 vom ‚abstrakt Allgemeinen' spricht, hat er die Mathematik bestimmt nicht ausschließen wollen. Daß sie mitgemeint ist, legt der sehr stark spezialisierte Terminus ἀφαίρεσις (vgl. 431 b 12 f) nahe. Außerdem zeigt an. Γ 7, wie rasch sich bei diesen Erörterungen Beispiele aus der Mathematik einstellen. Vgl. ferner Z 10, 1036 a 3 νοητοὺς κύκλους, β 2 νόησις und überhaupt den Ausdruck ὕλη νοητή; s. auch u. 7.512.

[136] Zum noetischen Denken bei Aristoteles Oehler 182—244. Oehlers Andeutung 167 scheint ebenfalls Abstraktion und Noesis eng miteinander zu verbinden.

[137] θιγγάνειν Θ 10, 1051 b 24 f. θιγγάνειν καὶ νοεῖν Λ 7, 1072 b 21. θιγγάνειν καὶ ἅπτεσθαι Theophr. met. 9 b 13—16. Oehler 168 f. 185 ff.

[138] Alles Nähere in der vorzüglichen Studie von Kurt von Fritz, *Die ἐπαγωγή bei Aristoteles*, SB München 1964, 3 bes. 36—40. 49—51. 62—64 (Belege; Lit.). Vgl. Ross zu den bei v. Fritz genannten Stellen, u. a. zu An. pr. Β 23, An. post. Α 18, ferner Joachim zur Nik. Eth. 53 f, Oehler 168.

[139] An. post. Α 18 mit Ross' Komm.

‚induktiv' (im modernen Sinne) sei. Jedoch ist die ἐπαγωγή keine moderne ‚Induktion', d. h. ein sich Entlangtasten an Beispielreihen (z. B. der Schluß von n auf $n+1$), sondern die Erkenntnis des Allgemeinen am Einzelfall, welche ein apriorisches Wissen um dieses Allgemeine bereits voraussetzt. Der Kernsatz lautet, daß alles wissenschaftliche Lehren und Lernen, auch das der Mathematik, ἐκ προυπαρχούσης γίνεται γνώσεως[140]. Also wird auch hier keine Summe gezogen, sondern am Einzelfall das Allgemeine erschaut[141].

b) Die apriorische Grundeinstellung macht für Aristoteles das Wesen jeder Techne und Wissenschaft aus. Überall ist das ‚Ziel' (τέλος) Antrieb und Grundlage des konkreten Vorgehens im einzelnen[142]: So faßt der Arzt als erstes das Telos, die Gesundheit, ins Auge und geht von diesem schrittweise die Reihe der Mittel zum Zweck zurück bis zu einem Endglied, nämlich der konkreten ärztlichen Handlung, die er hic et nunc am Kranken vollzieht (z. B. warmer Umschlag)[143], womit dann das Handeln beginnt. Ebenso wird beim sittlichen Handeln das sittliche Ziel nicht diskutiert oder gar abgeleitet, sondern vorausgesetzt, und die reflektierende Erörterung richtet sich überwiegend auf die Wege zu diesem Ziel[144]. Wir haben also in der Techne und im ethischen Handeln das bekannte Denkschema der ‚hypothetischen Notwendigkeit' vor uns (‚Wenn das Telos eintreten soll, dann sind die Schritte a, b, c, d usw. erforderlich'), das aus den zwei gegenläufigen Reihen der νόησις (Erfassen des Telos und Analysis von diesem aus rückwärts) und des Handelns (von uns aus auf das Telos hin) besteht: τῆς μὲν οὖν νοήσεως ἀρχὴ τὸ τέλος, τῆς δὲ πράξεως ἡ τῆς νοήσεως τελευτή[145]. Dieses Schema ist auch auf das Naturgeschehen noch übertragbar, sofern es sich in der Natur um zielstrebiges Werden handelt[146], jedoch ist seine Anwendung auf die theoretischen Wissenschaften problematisch, weil deren Objekte

140 An. post. A 1, 71a 1f. Das gesamte Kapitel mit Ross' Komm. (bes. zu 71b 29ff) ist zu vergleichen. Überhaupt wird die Mathematik öfter in An. post. A als Beispiel für Wissenschaft überhaupt genannt (Ross zu 71a 3).

141 Im Extrem braucht es nur ein einziger konkreter Fall zu sein: An. post. A 31, 88a 9—17.

142 Gut charakterisiert von Joachim, Nik. Eth. 101f.

143 Instruktiv Z 7, 1032b 15—1033a 1 (vgl. auch das Vorhergehende). Die weiteren Belege für das Gesundheitsbeispiel stehen bei Dirlmeier EE S. 305. Das Gleiche soll das Beispiel vom Hausbau demonstrieren, das z. B. Z 7 mit dem Gesundheits-(Arzt-)Beispiel verbunden erscheint. Zu diesem Schema der ‚hypothetischen Notwendigkeit' und seiner (gleich anschließend genannten) Doppelreihe von ‚Analyse' (‚Organisation') und ‚Herstellung' alles Nähere u. 8.244.

144 EE B 11, 1227b 19—33. EN Γ 5, 1112b 11—1113a 14. Dirlmeier zu EE 301—305, EN 331, MM 261—266.

145 EE B 11, 1227b 32f; ebenso Z 7, 1032b 15—17.

146 part. an. A 1, 639b 30. Vgl. u.

allem Werden entzogen sind. Aristoteles sieht diese Schwierigkeiten ganz genau[147] und bezieht doch die theoretischen Wissenschaften, insbesondere die Mathematik, mit ein:

,,So wie für die theoretischen Wissenschaften die Grundannahmen Ausgangspositionen sind (αἱ ὑποθέσεις ἀρχαί), so ist auch für die praktischen Künste das Endziel Ausgangsposition und Grundannahme (τὸ τέλος ἀρχὴ καὶ ὑπόθεσις)''[148]. Für das Handeln gilt daher: ,,Wenn die Gesundheit wiederhergestellt werden soll, muß notwendigerweise dies und das geschehen'', für die Mathematik: ,,Wenn das Dreieck zwei rechte Winkel hat, ἀνάγκη τοδὶ εἶναι''[149]. Letzteres wird man nicht als Folgerungen aus der Dreiecksgleichung verstehen (z. B. auf die Winkelsumme im Viereck)[150], sondern entsprechend dem thematischen Zusammenhang und der Parallelstelle der EN[151] als ‚Analyse' eines gegebenen mathematischen Sachverhaltes bzw. einer Figur in ihre notwendigen Voraussetzungen, die es uns erlauben, vom ‚in der Analyse Letzten' aus den a priori gewußten Sachverhalt bzw. die Figur gleichsam entstehen zu lassen, d. h. neu zusammenzusetzen[152]. Diese Mittel aufzuspüren, die zum mathematischen Ziel führen, heißt: einfachere Sätze auffinden, von denen aus dann der mathematische Beweis geführt werden kann[153]. Zum Beispiel kann der oben zitierte Satz von der Winkelsumme des Dreiecks auf den Satz von den geschnittenen Parallelen zurückgeführt und von diesem aus bewiesen werden. Wenn das auch sehr nach einer diskursiven logischen Operation aussieht, die auf immer Einfacheres zurückgeht, so zeigt met. Θ 9 deutlich, wie wichtig Aristoteles in diesem Zusammenhang die punktuelle Intuition nimmt[154]: Der νοῦς des Mathematikers erschaut die geometrische Konstruktion und führt sie dadurch in die Aktualität über, sei es, daß er sie zeichnet oder nicht. Durch diesen Akt wird ihm (und wenn er sie zeichnet, auch anderen) der Beweis der betreffenden geometrischen Sachverhalte unmittelbar einsichtig; z. B. leuchtet der genannte Satz von der Winkelsumme im Dreieck durch das Hinzu-

147 part. an. A 1, 639b 30—640a 6. Vgl. MM A 17, 1189b 9—14 (Dirlmeier MM 259. 261, zum Beispiel vom Dreieck 181).

148 EE B 11, 1227b 28—30 (Übersetzung von Dirlmeier, leicht geändert).

149 EE B 11, 1227b 30—32.

150 So wird es EE B 6, 1222b 31—37 in anderem Zusammenhang durchgeführt. — Dirlmeiers Übersetzung ,,folgt notwendig das und das'' scheint in diese Richtung zu gehen; für sie spricht 32 εἶναι gegenüber 31 ὑπάρξαι.

151 EN Γ 5, 1112b 11—1113a 14, dazu Joachim, Nik. Eth. 101f.

152 1112b 20—24. ἀνάλυσις — γένεσις entspricht also dem obigen νόησις — ποίησις (πρᾶξις).

153 R. Robinson, Mind 44 (1936) 464—473. Ross zu An. post. A 12 (S. 549f).

154 Θ 9, 1051a 21—33 mit Ross' Komm. a 26 ἰδόντι εὐθὺς δῆλον (a 29f); a 30 νόησις ἡ ἐνέργεια. Im Folgenden geben wir diese schwierige Stelle nur knapp und stark vereinfacht wieder.

denken (oder Einzeichnen) einer Parallele als Hilfslinie direkt ein[155].

Aristoteles geht also an den vorgeführten Stellen von ziemlich detaillierten Gegebenheiten (ὑποθέσεις in einem weiteren Sinn) wie dem Satz von der Winkelsumme aus, und die Analysis solcher Sätze führt nur scheinbar ins ,Konkrete' (Konstruktionszeichnung), in Wahrheit — und eben dadurch (s. o.) — zu immer einfacheren grundlegenden Sätzen, schließlich zu den allerersten Annahmen, die nicht mehr analysierbar sind[156]. Wir erwähnen davon nur diejenigen Annahmen, welche die Existenz der mathematischen Dinge setzen[157]. Natürlich beschränkt sich der Wissenschaftler dabei auf das Notwendigste und leitet alles andere dann ab[158]: So nimmt der Mathematiker die Existenz von ,Einheit' und ,Zahl' an, die Geometrie von ,Größen' (μεγέθη)[159] oder von Punkten und Linien (σημεῖα, γραμμαί)[160]. Alles weitere, u. a. die einzelnen Figuren wie z. B. das Dreieck, kann daraus abgeleitet werden[161], aus den Figuren wiederum ergeben sich notwendig deren Propria[162].

Ist nun dieser Zusammenhang von Prämissen und notwendigen Folgerungen ein in sich geschlossenes Gedankengebilde ohne jeden Bezug nach außen? Dann wäre das Existieren der ersten ὑποθέσεις eine rein-logische Konvention ohne Hinweis auf das Sein. Wenn wir auf die ἀφαίρεσις z. B. in K 3 zurückblicken, bemerken wir, daß wir

155 Vgl. die Figur Ross S. 269: Die von Aristoteles nicht erwähnte Linie $\overline{CD}$ braucht man nicht, dafür verlängert man besser $\overline{CE}$ nach unten.

156 Ross, *Aristotle* 44f. *Analytics* S. 18f. — Zum Folgenden vgl. auch die neueren Arbeiten über das Problem der ἀρχαί in der griechischen Mathematik und in den ,mathematischen' Partien der An. post. des Aristoteles, bes. K. v. Fritz, *Die APXAI in der griechischen Mathematik*, Arch. f. Begriffsgeschichte 1 (1955) 13—103. Árpád Szabó, *Anfänge des euklidischen Axiomensystems*, Archive for the History of Exact Sciences 1 (1960) 37—106, jetzt auch in: *Zur Geschichte der griechischen Mathematik*, Wege der Forschung 33 (Darmstadt 1965) 355—461. K. v. Fritz, Nachwort zum Neudruck von *Platon, Theaetet und die antike Mathematik*, Darmstadt 1969, 67 bis 103. Doch gehen diese Untersuchungen auf die uns hier interessierende Frage nur am Rande ein, so daß wir sie übergehen dürfen.

157 ὑποθέσεις im engeren Sinne: An. post. A 2, 72a 14—24. A 10 insgesamt, bes. 76a 33—36 (Ross S. 539).

158 An. post. A 10, 76a 33f ὅτι δ' ἔστι, τὰς μὲν ἀρχὰς ἀνάγκη λαμβάνειν, τὰ δ' ἄλλα δεικνύναι. Vgl. Ross S. 539, wo auch die nachstehend genannten Stellen notiert sind.

159 An. post. 75b 5. 76a 36. b 1. 88b 29.

160 76b 5.

161 Das ergibt sich aus dem Zusammenhang von An. post. A 10. Euklid geht etwas darüber hinaus, indem er außer der Existenz der geraden Linie (Postulat 1) auch noch die des Kreises (Postulat 3) gesondert annimmt (vgl. Ross, *Aristotle* 45). Da Aristoteles den Kreis nicht unter den ersten Annahmen erwähnt, hat er ihn vielleicht aus γραμμή, Punkt und Fläche abgeleitet. Ob aber γραμμή auch von der Kreislinie stehen kann?: Nur in den Mechanica finden sich Beispiele dafür.

162 Vgl. An. post. A 6.

jetzt bei einem anderen Extrem angekommen sind: Dort schien die aristotelische Auffassung an mathematischen Empirismus zu streifen, hier nun an mathematischen Subjektivismus[163]. Ersteren haben wir durch den Hinweis auf den apriorischen Charakter der mathematischen Wissenschaft bei Aristoteles widerlegt und können nun umgekehrt die subjektivistische Auslegung dadurch entkräften, daß wir an die Herleitung der mathematischen Gegenstände durch ἀφαίρεσις aus den αἰσθητά erinnern. Die aristotelische Lehre hält sich also irgendwie in der Mitte zwischen solchen Extremen, wobei die Frage bleibt, welcher Seite sie mehr zuneigt.

Daß Aristoteles die ἀρχαί der Mathematik, u. a. die ὑποθέσεις, für ‚objektiv' gegeben hielt, läßt sich ferner daran zeigen, daß die vom νοῦς *uno intuitu* (νόησις) erkannt werden[164]. Denn da νόησις stets das Erfassen eines objektiven Gegenübers ist, müssen die ὑποθέσεις eine eigene Geltung haben[165], die ihnen nicht erst vom Subjekt verliehen worden ist. Das Gleiche gilt sehr wahrscheinlich für alle aus den ἀρχαί ableitbaren Sachverhalte der Mathematik, wie wir aus Θ 9 gelernt haben. Die νόησις erweist also die Prinzipien und die Einzeltatsachen der Mathematik als etwas ‚Objektives'.

Wir kehren wieder zu den Aussagen von M 3 über das Mathematische zurück.

7.43 Mathematische Existenz als Idealsein und als potentielles Sein

Wie erinnerlich lehnt Aristoteles in M 3 für die μαθηματικά wie für die Formalobjekte der anderen Wissenschaften ein aktuelles Subsistieren nach Art der Körpersubstanzen ab und schärft ein, man dürfe diese Objekte nicht als κεχωρισμένον oder φύσις τις ἀφωρισμένη ‚hypostasieren'[166]. Aber er spricht ihnen noch lange nicht das Sein

[163] Auch der mathematische Intuitionismus gehört hierher, weil dessen erste Evidenzen nicht ein Seiendes gegenüber haben, sondern beim intentionalen Gegenstand, d. h. beim Anschauungsakt stehen bleiben. Den mathematischen Subjektivismus und Intuitionismus charakterisiert N. Hartmann, *Grundlegung* 250—254.

[164] An. post. B 19, bes. 100b 12. Zur νόησις vgl. An. post. 85a 1. 88b 35—37 (Ross z. St.).

[165] Daß die νόησις sich zudem stets auf nicht-kontingente Sachverhalte richtet (An. post. A 33, bes. 88b 35—89a 10; Ross zu 89a 3—4), ist hier wohl kaum verwertbar, weil dabei bestimmt nicht an Existenzsetzungen (ὑποθέσεις) gedacht ist, sondern an Axiome (z. B. Gleiches von Gleichem ergibt Gleiches) oder Sätze wie derjenige von der Winkelsumme usw. Letztere heißen auch ἀΐδια, z. B. met. Δ 30, 1025a 30—33 (dazu Ross; vgl. *Kosmologie und Metaphysik* 172 A. 75). Andererseits haben ‚nichtkontingent' und ἀΐδιον in diesem Zusammenhang für Aristoteles nicht nur logische, sondern auch ontologische Bedeutung, so daß hierin gleichfalls ein indirektes Indiz für die ‚Objektivität' der ersten Existenzsetzungen liegt.

[166] M 3, 1077b 25—27.

überhaupt ab: Es gibt sie irgendwie, ja man darf, sofern man die Vielfachbedeutung des Seins und ihren nichtsubstantiellen Seinsmodus deutlich vor Augen hat, ihnen uneingeschränkt Existenz und Sosein zuschreiben, weil ja dann kein Fehler mehr unterlaufen kann[167].

Dieses Abheben von ‚den Dingen hier', den αἰσθητά[168], bedeutet einerseits etwas Positives: das allem Werden entzogene Anderssein des mit sich selbst identischen Wissens- und Wissenschaftsobjektes, welches über den Einzelfall hinausgreift und diesem gegenüber irgendwie indifferent ist. Diese Indifferenz hat sich uns im Vorstehenden schon mehrfach gezeigt; sie wird besonders deutlich in dem von Aristoteles öfter erwähnten Beispiel des Geometers, der eine Strecke in den Sand zeichnet und ihr die Länge von einem Fuß zuweist, obwohl sie in Wirklichkeit gar nicht genau einen Fuß lang ist, sondern etwas abweicht: Die Strecke, über die er wissenschaftlich spricht, ist eben nicht die konkrete, gezeichnete, sondern eine ideale[169]. Dieses Beispiel enthält dasselbe erkenntnistheoretische Problem wie die ‚gleichen Hölzer' im Phaidon. Beide Denker lösen es im Gegensatz zum Sensualismus[170] durch ein Apriori der Erkenntnis und zugleich des Seins[171]. Nur sieht dieses Apriori bei Aristoteles anders aus als bei Platon: Die apriorische Erkenntnis in allen Wissenschaften ist ein potentielles Vorauswissen, das zur Aktualisierung des konkreten Einzelfalles bedarf[172]. Ebenso versteht Aristoteles das Apriori auf der Objektseite (z. B. die Idealstrukturen der Mathematik und, wie wir später sehen werden, die der Logik) als δυνάμει ὄν, das im Gegensatz zum raumzeitlichen Synolon ‚nur' im noetischen Erkenntnisakt eine Verwirklichung erfährt. Man darf also sagen: Das potentielle Sein ist der Seinsmodus alles Idealen außer dem unbewegten Beweger.

Damit ist das Problem des Idealen und seines Verhaftetseins mit dem Raumzeitlichen nicht gelöst, sondern nur verdeckt. Einerseits wird das Ideale entleert, entmachtet zugunsten der Substanz. Andererseits behält es doch wieder eine Art Sein, das sich freilich kaum fassen läßt. Das mathematische Sein schwebt also bei Aristoteles in eigentümlicher Weise zwischen der Aktualität der Substanzen und

[167] 1077b 31—34. 1078a 17—19. 29f.

[168] K 1, 1059b 10—12 περὶ ποῖα θετέον πραγματεύεσθαι τὸν μαθηματικόν; οὐ γὰρ περὶ τὰ δεῦρο· τούτων γὰρ οὐθέν ἐστιν οἷον αἱ μαθηματικαὶ ζητοῦσι τῶν ἐπιστημῶν. Zum Bilde des δεῦρο (Gegensatz ἐκεῖ) vgl. *Kosmologie und Metaphysik* 157f. 180f.

[169] Am klarsten steht das von uns Gemeinte An. post. A 10, 76b 39—77a 3. Vgl. M 3, 1078a 17—21. N 2, 1089a 20—26 (Ross). An. pr. A 41, 49b 33—50a 4 (Ross).

[170] Protagoras vertrat bekanntlich auch in der Mathematik einen sensualistischen Standpunkt: B 2, 998a 2—4 mit Ross' Komm.

[171] Daß die aristotelische Anschauung über Mathematik keinen Subjektivismus einschließt, haben wir oben gesehen.

[172] An. post. A 1 (Ross, bes. 506f).

einem ‚nur logischen' Sein im modernen Sinne[173]. Dies soll an Hand der Begriffe νοητόν und δυνάμει ὄν noch weiter präzisiert werden:

Wie wir gesehen haben, erfaßt der Nus die Objekte der Wissenschaften im weitesten Sinne, von den ἀρχαί bis zur detaillierten Einzeltatsache[174]. Darüber hinaus ist überhaupt alles noetisch erfaßbar, was durch einen Begriff bestimmt wird, also nicht nur die reinen εἴδη der Sinnendinge, sondern auch Akzidentien[175]. Natürlich stehen all diese Gegenstände der Noesis ontologisch auf verschiedener Stufe, auch wenn der noetische Akt wesensmäßig bei allen derselbe ist, sie also qua νοητά in eins nivelliert werden. So haben die εἴδη, die letztlich an der obersten Substanz hängen und von Aristoteles hin und wieder als eigentliche οὐσία aufgefaßt werden, eine nähere Beziehung zum substantiellen Subsistieren als Akzidentien, logische Axiome, μαθηματικά und überhaupt alle (mit ᾗ bezeichneten) Formalobjekte der Wissenschaften. Zudem richtet sich die Noesis auf die ἀρχαί der Wissenschaften wie auf die diesen ἀρχαί untergeordneten Einzelfakten, die ihrerseits wieder zueinander in einem Verhältnis der Unter- und Überordnung stehen. Dies gilt prinzipiell ebenso für die Physik wie für die Mathematik (und die anderen Wissenschaften), aber Aristoteles hat es hinsichtlich der Physik nicht so deutlich ausgesprochen[176], so daß wir uns an die Mathematik halten müssen:

Hier kann man die verschiedenen Stufen der Noesis in eine Zweiheit gliedern (ἀρχαί — untergeordnete Sachverhalte) und von zwei Graden der Noesis sprechen oder auch, wenn man will, von zwei Graden der Abstraktion innerhalb der Mathematik[177]. Aristoteles scheint ferner zu unterscheiden die noetische Erfassung des mathematischen Synolon und diejenige der unbestimmten ὕλη νοητή als der Voraussetzung für alle mathematischen Synola. Ohne der näheren

[173] Hiermit ließe sich fruchtbar die Auffassung vergleichen, die N. Hartmann vom idealen Sein des Mathematischen hat, *Grundlegung* 242ff. Natürlich ist hierbei stets zu bedenken, daß die Hartmannschen Begriffe der Realität, Möglichkeit, Notwendigkeit u. a. völlig von denen des Aristoteles abweichen.

[174] Wie weit das auch für das Objekt der Metaphysik, insbesondere für die Hyle als Seinsprinzip, gilt, wird u. 7.82 geprüft. — Unter die Objekte des νοῦς fallen nicht nur in einem *Einzelbegriff* erscheinende ἀρχαί, sondern auch die obersten, nicht weiter ableitbaren *Sätze* (Prämissen) der Wissenschaften, vgl. Dirlmeier, EN 452. 466; Verdenius, Mnemos. IV 21 (1968) 87f (Besprechung von Oehler).

[175] met. Θ 10, dazu die Deutung von Oehler 182—186 (und ff; vgl. 206. 217—234) und die Kritik an Oehlers Interpretation von Tugendhat, Gnomon 38 (1966) 754—757.

[176] Vgl. o. 7.35. Die de facto bestehende Abstraktionsstufe der Physik hat Aristoteles nicht theoretisch ausgeführt. Zur Metaphysik vgl. u. 7.82.

[177] Vgl. Philippe 465 A. 1. — Die Betrachtung der ἀρχαί gehört nur insoweit zur Mathematik, als es sich um spezifisch mathematische Prinzipien (wie die ὑποθέσεις) handelt. Die über den Gegenstandsbereich hinausreichenden κοινά (z. B. das Widerspruchsgesetz) sind Objekte der ‚ersten Philosophie' (vgl. o. 4.4). S. zu den κοινά An. post. A 2. 10. B 19 mit Ross' Komm.

Behandlung u. 7.44 vorgreifen zu wollen, kann man sagen: Es leuchtet durchaus ein, daß der wissenschaftliche Gegenstand und seine logisch-ontologischen Voraussetzungen getrennt voneinander gedacht werden können und müssen.

Der Abstufung noetischen Erfassens entspricht auf der Objektseite genau die Abstufung potentiellen Seins. Wir waren davon ausgegangen, daß alles, was nicht Synolon, νοῦς ποιητικός oder unbewegter Beweger ist, kein aktuelles Sein außerhalb des noetischen Erkenntnisaktes hat[178]: Das Eidos bringt das aktuelle Synolon hervor und wird seinerseits in der Erkenntnis aktualisiert. Wissenschaftliche Objekte aller Art jedoch können ‚allein' in der Erkenntnis zu flüchtiger Aktualisierung gelangen. Immer wieder bestätigt es sich: Je näher ein Seiendes dem raumzeitlichen Synolon als dem Aktualitätszentrum steht, umso stärker und vielfältiger ist seine Möglichkeit, verwirklicht zu werden[179]. Das δυνάμει hat also einen verschiedenartigen Sinn, je nachdem von was es gilt: Wenn es Präformiertsein, Tendenz zur Verwirklichung im teleologischen Werdeprozeß ist, dann handelt es sich um einen ziemlich bestimmten und verifizierbaren Faktor, der vom Telos, vom Ergebnis aus beurteilt werden kann. Anders steht es um die Gegenstände der Wissenschaft, welche uns hier vor allem angehen. Ihre δύναμις ist die Möglichkeit, noetisch erkannt und nur so aktualisiert zu werden. Es wird sofort ersichtlich, daß Aristoteles' Versuch, unsere Frage mit Hilfe des Akt-Potenz-Schemas zu beantworten, mannigfache Schwierigkeiten erzeugt:

a) Wenn man nur die auf die Verwirklichung im Werden angelegte Dynamis gelten läßt — man braucht gar nicht so weit wie die Megariker oder Nicolai Hartmann zu gehen —, dann ist das ‚Möglichsein' der Wissenschaftsobjekte nur eine Floskel, und die aktualisierende Noesis wird zu einer autonomen Konstituierung des Gegenstandes. Man kann aber die Objektseite dieses Verhältnisses bei Aristoteles nicht annullieren, wie wir gesehen haben.

b) Wenn daher die Objekt-Subjekt-Relation erhalten bleibt, was ist dann die δύναμις? Wir Moderne sind beim wissenschaftlichen Denken an das Widerspiel von Hypothese und Verifizierung (z. B. im Experiment) gewöhnt. Die Hypothese als Entwurf auf die Wirklichkeit hin kann von eben dieser Wirklichkeit bestätigt, aber auch widerlegt werden. Wo gibt es bei Aristoteles ein Kriterium dafür, ob ein Aspekt, unter dem ein Seiendes betrachtet wird, eben diesem Material-

178 Es muß daran erinnert werden, daß Aristoteles zwar dem Eidos aktualisierende Kraft zuschreibt, aber allein das Synolon ἐνεργείᾳ sein läßt. Daraus folgt, daß das Eidos ‚im' Synolon nicht etwa aktuell vorhanden ist, sondern irgendwie potentiell, und erst in der Erkenntnis aktualisiert wird. Vgl. vorläufig u. 7.821.

179 Diese Nähe zur Substanz gibt auch manchen Ausprägungen der Hyle noch einen starken Abglanz des Aktuellen.

objekt angemessen ist oder nicht? Es könnte doch völlig fiktive Gegenstände der Untersuchung geben! Die Tatsache, daß es bei der noetischen Erkenntnis keinen Irrtum, sondern nur entweder νοεῖν oder ἄγνοια gibt[180], ändert nichts daran, denn die ἄγνοια kann sich ja eben darin zeigen, daß die Noesis sich mit einem Scheingegenstand begnügt, ohne es zu merken. Solche Fälle fundamentalen noetischen Irrtums zieht Aristoteles jedoch offenbar gar nicht in Betracht. Vielmehr scheint die Noesis nur dann stattzufinden, wenn im Gegenstand etwas ‚vorhanden' ist, was den νοῦς zur Bestätigung anreizt[181]. Dieser latente noetische Aspekt am Gegenstand, diese Tendenz am Gegenstand zum Isoliertwerden im Denken ist δύναμις[182]. So sind, was die Objekte der Wissenschaften anlangt, dem Irrtum ganz enge Grenzen gesetzt.

Demnach sind die Objekte der Abstraktion *entia rationis*, aber nicht *entia merae rationis*. Diese Formel bringt als solche natürlich keine Lösung, sie verdeutlicht nur das ‚Schweben' des mathematischen Gegenstandes zwischen subjektiver Setzung und raumzeitlicher Konkretheit. Und es bleibt am Schluß die Vermutung bestehen, daß Aristoteles mit seiner Rede vom noetischen Erfassen der ‚potentiellen' mathematischen Gegenstände sich zwar den *Worten* nach gegen Platon wendet, um sich von ihm abzugrenzen, daß er aber hinsichtlich der Seinsweise des Mathematischen *sachlich* dasselbe meint wie dieser: ein letztlich von allem Raum-Zeitlichen unabhängiges Idealsein[183].

7.44 Mathematische Form, ὕλη νοητή und αἰσθητά

Wir haben bisher undifferenziert von ‚mathematischen Gegenständen' gesprochen und darunter je nach dem Zusammenhang Geraden, Figuren wie das Dreieck, Sätze wie den Satz von der Winkelsumme, Zahlen, Axiome, Hypothesen usw. verstanden. Da es uns nun erneut um das Herausheben des mathematischen Objektes ‚aus' den Körperdingen geht[184], schränken wir den Kreis dieser Gegenstände auf Figuren (Dreieck usw., auch Gerade) und Zahlen ein. Daß man Dinge und Teile von Dingen beliebig als numerische Einheiten bzw. Verhältnisse betrachten und abzählen kann, leuchtet unmittelbar

[180] Oehler 185f.

[181] Vgl. o. 7.43 über das Apriori bei Aristoteles, ferner Oehler 206 und die bekannten Stellen an. Γ 4 Ende. Γ 5. 7, 431a 1f. Γ 8.

[182] Es sei erlaubt, hier mit einem Terminus biologischer Umweltforschung zu sagen: δύναμις ist der ‚Merkton', den der Gegenstand aussendet.

[183] Vgl. u. 7.44, 7.46.

[184] Vom Enthaltensein spricht etwa Z 10, 1036a 11f νοητὴ δὲ (ὕλη) ἡ ἐν τοῖς αἰσθητοῖς ὑπάρχουσα μὴ ᾗ αἰσθητά, οἷον τὰ μαθηματικά.

ein[185]. Anders steht es um die Figuren: Es fällt leicht, aus beliebigen konkreten Körpern unbestimmte Ausdehnung in einer, zwei oder drei Dimensionen, also die ὕλη νοητή, herauszuheben, aber schwer, aus ihnen bestimmte geometrische Figuren zu gewinnen. Betrachten wir das nochmals näher.

Die Materialobjekte, an denen die mathematische Abstraktion ansetzt, sind: ein Mensch qua στερεόν[186]; sinnlich wahrnehmbare Größen, die qua Größen, bewegte Dinge, die qua Körper betrachtet werden[187]; allgemein αἰσθητά[188]. An anderen Stellen wird das Formalobjekt geschildert, ohne daß wir etwas direkt über das Materialobjekt erfahren, obwohl wir uns denken können, daß es Naturkörper sind[189]. Aristoteles faßt da, wo er den Ausgangs- und den Zielpunkt der mathematischen Abstraktion zugleich betrachtet, ersteren z. T. noch ziemlich genau (z. B. Mensch), läßt aber letzteren stets unbestimmt (στερεόν, Größen, Körper). Man kann hierin eine verallgemeinernde Ausdrucksweise sehen und Aristoteles trotzdem die Meinung vertreten lassen, daß ganz bestimmten sinnlichen Gegenständen nur ganz bestimmte mathematische Objekte entnommen werden können: So haben wir es oben *7.42* aufgefaßt, und wir wollen auch jetzt dabei bleiben, weil Aristoteles im großen und ganzen bestimmt so gedacht hat. Wir dürfen aber nicht die Augen davor verschließen, daß die Entsprechung ‚konkreter Körper' — ‚mathematischer Gegenstand' sehr problematisch ist und zwar, wie gesagt, in Hinsicht darauf, daß nicht nur die unbestimmte Ausdehnung im konkreten Körper enthalten sein soll, sondern auch die mathematische Form. Gerade über diesen letzten Punkt schweigt sich Aristoteles aus.

Wie hat man sich die Entsprechung zu denken? Etwa so, daß von Fenster, Rundschild, Haus, Säule, Apfel die geometrischen Gegenstände Rechteck, Kreis, Quader, Zylinder, Kugel hergeleitet werden? Diese ganz enge Beziehung zwischen dem Vorkommen eines geometrischen Gebildes im ‚Alltag' und seiner Behandlung in der Wissenschaft wäre aber nur auf einer ganz elementaren Stufe der Geometrie möglich, die man zur Zeit des Aristoteles längst hinter sich gelassen hatte[190]. Für eine fortgeschrittene Phase reicht nämlich der ‚Alltag' überhaupt nicht aus, zumal wenn man die τεχναστά (s. o.) beiseiteläßt, die wenig-

185 Vgl. z. B. M 3, 1078a 24f.

186 M 3, 1078a 25f.

187 M 3, 1077b 21f. 27ff.

188 S. o. A. 184.

189 So K 3/4, Z 10/11. Vgl. auch δ 2, 209b 9—11. Über die Frage, wie die aus einem Material hergestellten Figuren (z. B. eherne Kreise) ontologisch einzuordnen sind, vgl. u. 7.461.

190 Man denke nur an Eudoxos und dessen Schüler Menaichmos, der die Kegelschnitte entdeckte.

stens teilweise bereits geometrische Einsichten voraussetzen, nicht aber solche erst erzeugen. Zudem könnte (nicht: muß) ein solches naiv-direktes Auffinden der γεωμετρικά in der ‚Wirklichkeit' mit einem mathematischen Empirismus verbunden sein, welcher die Figuren aposteriorisch durch Messung und Summierung vieler konkreter Einzelfälle gewinnt. Da wir diesen oben *7.42* widerlegt haben, beschränken wir uns hier auf den Satz: Apriori der Noesis und der Gegenstand als νοητόν — diese beiden Faktoren schließen eine vordergründige Entsprechung von mathematischem Material- und Formalobjekt aus.

Es bleibt also weiter die Schwierigkeit: Was ist nun das *fundamentum in re sensibili*, welches der mathematische Gegenstand hat? Wenn wir an den Apriorismus des Mathematischen in An.post.A zurückdenken, dürfen wir sagen: Das Mathematische hat ein ‚ideales' Sein, das bis zu einem gewissen Grad indifferent gegenüber seinem raumzeitlichen Vorkommen ist: Es ‚gibt' daher ein Dreieck, selbst wenn in der ganzen Welt nirgendwo eines anzutreffen ist, u. dgl. Wohl aber ist eine Figur, der man im Konkreten begegnet, nicht indifferent gegenüber ihrem idealen Vorbild, ja sie ‚richtet' sich sogar irgendwie nach diesem. Hierin liegt nicht eine platonisierende Umdeutung des aristotelischen Befundes, denn auch ein moderner Denker wie Nicolai Hartmann hat eine ganz ähnliche Auffassung vom Mathematischen, obwohl er die ‚Realität' (= das Raum-Zeitliche) sehr viel mehr betont als Aristoteles und alles ideale Sein demgegenüber stark verblassen läßt.

Diese Indifferenz erstreckt sich aber nur auf das Vorkommen der mathematischen *Form* im ‚Realen', nicht jedoch auf das der reinen Ausdehnung (ὕλη νοητή). Denn diese kann ohne Schwierigkeit aus jedwedem Körper abstrahierend gewonnen werden. Und da andererseits die mathematische (geometrische) Form notwendig auf die reine Ausdehnung angewiesen ist, liegt hier eine mit Sicherheit aufzeigbare Beziehung des Mathematischen zur raum-zeitlichen Körperwelt vor. Das alles trägt wohl mit dazu bei, daß Aristoteles an manchen Stellen fast mehr das Herausheben der unbestimmten Extensio betont als das der mathematischen Form. Letzteres war eben für ihn viel schwieriger faßbar:

Wenn z. B. in M 3 ‚Mensch' als Ausgangspunkt der Abstraktion genannt wird, so bedeutet dies nicht, daß nach der Abstraktion das εἶδος αἰσθητόν des Menschen irgendwie als εἶδος νοητόν des mathematischen Gegenstandes bewahrt würde oder gar konstitutiv in ihn einginge; jeder Versuch, dergleichen gedanklich durchzuführen, enthüllt sich sofort als abwegig. Da nun, wie Aristoteles sagt, die Abstraktion von ‚Mensch' zu στερεόν führt, müssen wir mithin στερεόν ganz weit fassen: ‚Körper' im allgemeinen, ‚etwas Räumliches unbestimmter Form' o. ä. Das Gleiche wiederholt sich, wie sich ohne

Zwang aus M 3 gewinnen läßt, bei jedem Abstraktionsvorgang, welcher an einem beliebigen individuellen αἰσθητόν ansetzt. Demnach gelangt die mathematische Abstraktion, indem sie von den αἰσθητὰ πάθη absieht, nicht ohne weiteres zum fest begrenzten mathematischen Gegenstand, sondern zur unbestimmten Extensio als dem Bereich, in dem die μαθηματικά existieren, als der Condicio sine qua non mathematischen Seins.

Diese Deutung paßt zu der schon öfter zitierten Stelle aus Z 10: νοητὴ δὲ (ὕλη) ἡ ἐν τοῖς αἰσθητοῖς ὑπάρχουσα μὴ ᾗ αἰσθητά, οἷον τὰ μαθηματικά[191]. Das Verhaftetsein im Sinnlichen bezieht sich also hier zunächst auf die Immanenz der ὕλη νοητή in allem Sinnlichen bzw. Ausgedehnten, der Überstieg vom Sinnlichen ins Noetische auf ihr Herausgehobenwerden aus diesem[192]. Andererseits werden gleich danach die μαθηματικά genannt, unter denen man doch gern wieder geformte Gegenstände verstehen würde[193].

Aristoteles legt sich also hierin nicht fest und denkt bald mehr an das Herausheben von etwas Geformtem, bald von ungeformter Ausdehnung. Das Herausheben der unbegrenzten Extensio verträgt sich durchaus mit dem Wesen des noetischen Aktes. Hierüber befragen wir erneut den Abstraktionsvorgang:

Es wurde gezeigt[194], daß die Abstraktion ihrer Natur nach zwei Seiten hat, gleichgültig, ob diese jeweils ausdrücklich genannt werden oder nicht: das ‚positive' Ergreifen des zu Erkennenden und das ‚negative' Eliminieren desjenigen, was nicht betrachtet werden kann oder soll. Da das Unbegrenzte als solches nach der bekannten Lehre des Aristoteles unerkennbar ist[195], läge es nahe, als Objekt des positiven Heraushebens allein die mathematische Form gelten zu lassen. Nun wird aber auch die ὕλη νοητή erst durch die mathematische Abstraktion als solche herausgehoben und konstituiert. Dies könnte man mit der Lehre von der Unerkennbarkeit des Apeiron vereinigen, indem man annimmt, die ὕλη νοητή werde stets nur als Bestandteil eines begrenzten mathematischen Gegenstandes herausgehoben, also niemals an sich als reine Extensio. Dem widersprechen aber wiederum zumindest phys. δ 2 (und met. Z 3), ferner wohl phys. γ 4 über die Denkbarkeit beliebig großer mathematischer Objekte, schließlich auch weitere

[191] 1036a 11f. Auch das Kugelbeispiel aus δ 2 gehört in gewissem Sinne hierher.

[192] Über den Charakter des ὑπάρχειν sei jetzt nur so viel gesagt, daß die ὕλη νοητή natürlich gegenüber der Aktualität des αἰσθητόν potentiell existiert, daß man sich aber fragen kann, ob sie nicht für das aktuelle Körpersein ebenso konstitutiv ist wie das potentielle Genos für das ‚aktuelle' Eidos.

[193] οἷον τὰ μαθ. bedeutet wohl „wie sie (die ὕ. ν.) sich in den mathematischen Objekten zeigt" (sc.: nicht ὕ. ν. im Sinne des γένος als ὕλη); dies könnte man als Argumentum e silentio sogar für die Chronologie auswerten.

[194] o. 7.42, vgl. u. 7.5.

[195] Näheres o. 7.12.

Stellen aus M 3: Hier überall spielt offensichtlich die unbestimmte Extensio als Voraussetzung mathematischer Existenz eine fast ebenso große Rolle wie die mathematische Form als deren Vollendung. Verträgt sich dies mit dem Wesen der aristotelischen Abstraktion?:

a) Man könnte meinen — wozu auch δ 2 und Z 3 verführen mögen —, die ὕλη νοητή sei das Endergebnis des negativen Eliminierens (ἀφαιρεῖν), sie werde aber weder während des Eliminierens noch nachher positiv erfaßt. Indes ist ein negatives Eliminieren ohne apriorisches Erfassen des ‚Endergebnisses' undenkbar, weil sonst das negative Vorgehen blindlings, ohne Kriterium und Erkenntniswert, erfolgen würde.

b) Deshalb nimmt man besser an, daß die unbestimmte Ausdehnung (z. B. ‚Fläche' bzw. ‚Flächigkeit' oder ‚Körper' bzw. ‚Körperlichkeit') irgendwie auch positiv gedacht werden kann[196], wie das ja auch der Gesamttenor z. B. von M 3 nahelegt. Mit anderen Worten: *Es gibt ein bestimmtes Ergreifen der unbestimmten Extensio.* Diese ist ja auch nicht völlig unbestimmt, sondern allein hinsichtlich der mathematischen Form, die jeweils ein Stück aus ihr ‚herausschneidet': Von der Welt des αἰσθητόν ist sie hingegen genau abgegrenzt und exakt als drei-, zwei- oder eindimensionales Etwas bestimmt. Und die Noesis ergreift sie gerade hinsichtlich dieses Bestimmtseins und spart ihr Unbestimmtsein *secundum quid* aus. Auch hier bietet sich wieder der Vergleich mit dem γένος an: Dieses Zwischenglied zwischen dem vollbestimmten Eidos und dem Allgemeinsten kann, obwohl es Unbestimmtheit enthält, noetisch erfaßt werden, weil es nur relativ unbestimmt ist und zwar gegenüber der nächstniederen Differentia.

Angesichts dieser Eigenständigkeit der ὕλη νοητή erhebt sich erneut und um so dringender die Frage, wie es um die mathematische Form steht. Da sie nicht schematisch als Reflex des εἶδος αἰσθητόν gedacht werden kann (s. o.), scheint sie bei dem Vorgang, welcher die Konturen der αἰσθητά ineinander verschwimmen läßt und die Einzeldinge in Extensio überführt, nicht beteiligt zu sein. Kommt sie nach dem ‚Entstehen' der ὕλη νοητή gleichsam sekundär hinzu und wie?

Wir sind bisher, der aristotelischen Beschreibung der ἀφαίρεσις folgend, von den αἰσθητά ausgegangen, also ‚von uns aus'. Bei diesem Ausgangspunkt bildet notwendig das ‚Hinzukommen' der mathematischen Form eine Schwierigkeit und zwar am Anfang wie am Ende dieser Wegstrecke: Am Anfang, weil man sich die Latenz, die Immanenz der mathematischen Form ‚im' Sinnlichen nicht vorstellen kann (o. S. 596f); am Ende, weil die mathematische Form als das Wesentliche erst ‚sekundär' hinzutreten soll. Die Schwierigkeiten lösen sich, wenn man den Blickpunkt ‚von uns aus' mit demjenigen

[196] Vgl. u. 7.823 über die Erkenntnis des Hyle-Prinzips.

vertauscht, der am mathematischen Gegenstand selber ansetzt, wie es etwa met. Z 10/11 geschieht[197]:

Hier wird nicht gefragt, wie der mathematische Gegenstand ‚entstehe‘ und ‚wann‘ die mathematische Form im Verlauf dieser Abstraktion hinzutrete, sondern allein: Was ist für den mathematischen Gegenstand wesentlich, nur die Form oder auch die Extensio (ὕλη νοητή)? Hier ist also die Form das Primäre, und es handelt sich nur darum, ob sie wesentlich auf Materie angewiesen ist oder nicht. Man sieht daraus, daß Aristoteles nicht im mindesten daran denkt, die mathematischen Objekte aus den αἰσθητά entstehen zu lassen oder gar ontologisch abzuleiten. Sie sind ihm etwas a priori Gegebenes, wie sie es für Platon waren. Man kann hier in Abwandlung eines Kantischen Wortes vom ‚Faktum des Mathematischen‘ sprechen, das sich unabweisbar aufdrängt, da ist, ohne hergeleitet oder begründet werden zu können oder müssen. Nur über das Verhältnis des Mathematischen zur Sinnlichkeit denkt Aristoteles anders als sein Lehrer und gibt dem Mathematischen damit einen anderen Seinsmodus[198]:

Während dieser die Sinnlichkeit soweit wie möglich zurückzudrängen versucht, gibt ihr Aristoteles mit der ὕλη νοητή einen Platz im mathematischen Bereich und bildet in der ἀφαίρεσις eine Methode aus, welche die ὕλη νοητή aus den αἰσθητά hervorgehen läßt. Man kann die Phasen seines Vorgehens etwa so logisch unterscheiden: a) Die a priori gegebene mathematische Form ist auf Ausdehnung angewiesen (wie weit, s. u.). b) Ausdehnung aber ergibt sich aus den αἰσθητά durch Eliminieren der αἰσθητὰ πάθη. b) wird von Aristoteles gesondert für sich geschildert und scheint auch als noetischer Akt eine zumindest vorläufige Geschlossenheit zu haben. Letztlich sinnvoll ist er allerdings allein im Hinblick auf die mathematische Form und das Synolon (a). Man kann in der starken Betonung des Weges ‚von uns aus‘ (ἀφαίρεσις) den typisch aristotelischen Neuansatz erblicken, darf aber nicht verkennen, daß Aristoteles auch in der Mathematik eigentlich von der Form aus denkt, die er nicht aus der Sinnlichkeit herleitet, sondern als etwas Eigenes vorfindet. Man kann die beiden Wege nicht einfach durch die Ausdrücke ‚ratione cognoscendi‘ und ‚ratione essendi‘ unterscheiden, weil Aristoteles den platonischen Seinsvorrang der mathematischen Form vor der Welt der αἰσθητά ablehnt und ihr einen potentiellen Seinsmodus gibt, der erst und allein durch die Erkenntnis in einen aktuellen übergeführt wird[199]. Das mathematische Eidos unterscheidet sich hierin nicht vom Art-Eidos der

[197] Über diese Kapitel sprechen wir jetzt nur ganz summarisch, da wir unten ausführlicher auf sie zurückkommen.

[198] Ausführlicher darüber u. 7.461.

[199] o. 7.43, u. 7.54, 7.72 u. ö.

Naturdinge, wenn auch natürlich ‚vorfinden' und ‚gegeben' in beiden Bereichen je einen verschiedenen Sinn hat. Beide Arten von Form haben den Doppelcharakter des Für-sich-Seins und des Angewiesenseins auf Materie; nur wird diese Diskrepanz im Falle des Mathematischen dadurch stärker zum Problem, daß die Materie selber intelligibel ist.

Bevor wir auf das mathematische Synolon in met. Z 10/11 eingehen, wollen wir ausführlicher die ὕλη νοητή besprechen, die im Vorstehenden noch keine spezielle Behandlung erfahren hat.

7.45 *Die mathematische ὕλη νοητή*

Das durch den beschriebenen Denkakt (νόησις, νοεῖν) herausgehobene ein-, zwei- oder dreidimensionale kontinuierliche Quantum geometrischer Gegenstände, welches Aristoteles ὕλη νοητή[200] oder ἡ τῶν μαθηματικῶν ὕλη[201] nennt, gibt u. a. folgende Fragen auf: a) Was ist eigentlich mit ‚gedachter Materie' gemeint, die Aristoteles mit ποσὸν καὶ συνεχές wiedergibt, wir dementsprechend mit ‚kontinuierlichem Quantum' oder auch mit ‚Dimensionalität', ‚reiner Ausdehnung'? Ist es womöglich nichts anderes als der mathematische Raum? b) Die Seinsweise der ὕλη νοητή an sich und ihre Beziehung zur physischen ὕλη αἰσθητή. c) Die Funktion der ‚gedachten Hyle' in den mathematischen Quasi-Substanzen. d) Die ὕλη νοητή und Platon.

7.451 *Das Wesen der ὕλη νοητή*

Die mathematische Hyle ist Hyle und wird doch gedacht, ja sie wird als solche durch das Denken erst konstituiert[202]. Zwei Mißverständnisse sind hier möglich, die es gleich zu beseitigen gilt: 1. Das Denken eines mathematischen Gegenstandes ist immer von einer quantitativen Vorstellung begleitet[203], es bewegt sich also in einem

[200] Z 10, 1036a 9—12. Der Ausdruck ὕλη νοητή kommt im Zusammenhang mit der Mathematik sonst nur noch Z 11, 1037a 4 vor. Beide Stellen hält Jaeger, Ausgabe für später zugesetzt, wenn auch für authentisch. An der Echtheit ist nicht zu zweifeln, die erste Stelle sieht eher nach einer für den Kontext notwendigen Anmerkung als nach einem Zusatz aus. Die zweite Stelle dagegen kann eine nachgetragene Notiz des Aristoteles sein, welche vielleicht erst die peripatetischen Editoren (im ganzen richtig) an dieser Stelle eingefügt haben (vgl. Jaegers Apparat).

[201] K 1, 1059b 14—21.

[202] Daß dies nach den Anschauungen des Aristoteles eigentlich ein Widerspruch in sich selbst ist, wurde bereits o. 7.44 dargelegt.

[203] De memoria 449b 31—450a 9 ist das Problem mit aller Deutlichkeit entwickelt. Wir gehen auf die Stelle noch mehrfach ein.

Vorstellungsraum. Diese Raumvorstellung und Quantitätsvorstellung ist nicht gemeint, wenn von ὕλη νοητή gesprochen wird: Vielmehr handelt es sich hier um ein objektives Etwas, das dem Gedachtwerden gegenüber indifferent ist. 2. Deshalb sind auch die Kantischen Gedanken über die reine Anschauungsform des Raumes (*KdrV* B 37—45) völlig fernzuhalten.

Wir nehmen daher im Augenblick das Gedachtwerden der ὕλη νοητή einfach nur als Gegensatz zum Wahrgenommenwerden der physischen Körper, und fragen, wie sich diese Hyle als gedachte zu gewissen Eigenschaften verhält, welche die physische Körperwelt bei Aristoteles aufweist. Gemeint ist u. a. die Verengung des Raumbegriffs zu einem Begriff vom ,Platz'. Kann die ὕλη νοητή Dimensionalität, Extensio, mathematischer Raum sein, obwohl Aristoteles den Begriff des physischen Raumes praktisch ausgemerzt hat? Eine Antwort auf diese Fragen versuchen wir weiter unten zu geben, nachdem wir die aristotelischen Begriffe für ,Raum' und ,Dimension' kurz betrachtet haben:

a) Der aristotelische Raumbegriff[204]

Die Erörterung des Raumproblems wird bei Aristoteles nahezu völlig vom Begriff τόπος beherrscht. τόπος ist der von einem Körper eingenommene ,Platz', welcher nicht nur vom Inneren des betreffenden Körpers aus, sondern von außen durch die Grenze der den betreffenden Körper umgebenden Körper gleichsam aussparend bestimmt wird[205]. Je nachdem wie weit man von der unmittelbaren Umgebung des Körpers sich in die entferntere begibt, desto mehr kommt man vom ,spezifischen' Platz zu einem ,allgemeinen' (κοινὸς τόπος), schließlich zum allgemeinsten Platz, der Fixsternsphäre[206]. Aber diese Überschichtung der ,Plätze' bringt keinen Raumbegriff hervor[207].

204 phys. δ 1—5. Ross' Einleitung zur Physik 53—58 (—63). Solmsen 123. 129. 131 bis 135. Jammer, *Raum* 15—25. Raible passim. Wagner, Komm. 533—551. — Vgl. als interessanten Kontrast den Raumbegriff der klassischen Physik bei Newton, *Principia*, übersetzt von Wolfers, Berlin 1872, 25ff (Anm. zu den ,Erklärungen'). — Zur historischen Einordnung des aristotelischen Topos-Begriffes s. neben Jammer auch Raible 128—132 und Wagner, Komm. 550f (wo die Berücksichtigung der modernen Physik vielleicht zu einem weniger negativen Urteil geführt hätte).

205 Klassische Definition δ 4, 212a 6 τὸ πέρας τοῦ περιέχοντος σώματος (vgl. a 20f. 31f). — Man kann sich vorstellen, die dem betreffenden Körper zugewandte Seite der umgebenden Körper sei mit einer Haut überzogen: Der so gebildete Behälter ist τόπος.

206 δ 2, 209a 32—b 1 (Ross z. St.). Vgl. Raible 49. 87f. 100, ferner Wagner, Komm. 536.

207 Man bedenke z. B. nur, daß der ,allgemeinste Platz' ja ,spezifischer' Platz für die vorletzte Himmelssphäre ist. — Raible weist mit Recht darauf hin (z. B. 86—90. 97—100. 101—104 und bes. 113—121), daß Aristoteles mehrfach im Begriffe ist, die Beschränkungen seines Ortsbegriffes außeracht zu lassen und zu einem Raum-

τόπος ist weiter stark an die konkreten Verhältnisse des Körperkosmos gebunden, so daß er fast keine ‚Abstraktion' zuläßt, noch nicht einmal die zu einem ‚idealen Platz von etwas Körperlichem' bzw. ‚idealen Stück Raum'. Denn er ist von der Ortung im Kosmos abhängig und nicht beliebig verschiebbar, sondern nahezu stets auch οἰκεῖος τόπος[208]. Schon deshalb ist τόπος notwendig der κίνησις zugeordnet, weil ja jede Bewegung positiv oder negativ auf den οἰκεῖος τόπος des sich Bewegenden bezogen ist oder τόπος als ‚Ort', an dem der Körper nach der Bewegung anhält, der Bewegung gegensätzlich gegenübertritt. Deshalb kann alles der Bewegung Entzogene nicht ἐν τόπῳ sein, sondern es ist ‚nirgendwo', der unbewegte Beweger ebenso wie die mathematischen Gegenstände, obwohl doch letztere irgendwie auf Körperlichkeit bezogen und die Körper wiederum eng mit τόπος verbunden sind. Sofern also τόπος objektiver physischer ‚Platz' und meist zugleich auch ‚(spezifischer) Ort' ist, haben die mathematischen Gegenstände nichts mit ihm zu tun[209].

Nun unterscheidet Aristoteles an einer Stelle den objektiven physikalischen Ort ‚an sich' (φύσει)[210] von einem Ort, der nur relativ zum Beobachter existiert (πρὸς ἡμᾶς, κατὰ τὴν θέσιν τὴν πρὸς ἡμᾶς)[211]. Er meint vor allem die Richtungen oben-unten und links-rechts und führt als Beispiele für diese ‚relative Lagerung' hauptsächlich die mathematischen Objekte an[212]: Gezeichnete oder sonstwie ‚konkretisierte' geometrische Figuren haben demnach physikalisch keinen Ort, sondern ihr Oben und Unten, Links und Rechts ist allein auf uns als Betrachter bezogen. Aristoteles bezeichnet diese ‚Lage relativ zu uns' nicht direkt als τόπος, wohl aber sein Kommentator Simplicius, der vom τόπος κατὰ φύσιν den τόπος κατὰ τὴν σχέσιν τὴν πρὸς ἡμᾶς unterscheidet[213]. Letzterer wird bei Aristoteles und Simplicius fast ausschließlich vom Gegenstand her gesehen[214], aber natürlich ist das Moment subjektiver ‚Setzung' in ihm enthalten, und Simplicius spricht das auch einmal offen aus[215]. Diese recht interessante zaghafte

begriff zu gelangen. Das ändert aber prinzipiell nichts an dem Befund, mit dem wir oben im Text rechnen.

208 Vgl. Raible 80—82.

209 δ 1, 208b 22—25. 22f τὰ μαθηματικὰ οὐκ ὄντα . . . ἐν τόπῳ.

210 Maßstab für ‚oben' und ‚unten' sind der erste Himmel und der Erdmittelpunkt, für rechts = die Gegend, wo die Sterne aufgehen, links = wo sie untergehen. Alles andere dürfte ‚subjektiv' sein.

211 208b 14—22. 23—25.

212 208b 22—25.

213 525, 15—526, 15. Vgl. 526, 7 mit κατὰ τὴν σχέσιν τὴν πρὸς ἡμᾶς (525, 17. 19. 30f. 33. 36f. 526, 1) und πρὸς ἡμᾶς allein (525, 24. 28).

214 Vgl. o. A. 211—213, ferner 525,28 τῇ θέσει τῇ πρὸς ἡμᾶς (syn. mit κατὰ σχέσιν). θέσις ist also in diesem Zusammenhang ursprünglich nicht ‚Setzung', sondern ‚Lage' (vgl. auch Wagner, Komm. 534 zu 208b 21f).

215 525, 20 (ὁ κατὰ σχέσιν τόπος) κατὰ τὴν ἡμετέραν θέσιν ὑφεστώς. Auch die Gegenüberstellung von (an sich indifferentem) κατὰ θέσιν und κατὰ φύσιν (z. B. 526, 3)

Subjektivierung des τόπος-Begriffes ändert jedoch nichts an seinem Wesen: Es ist und bleibt eine Lagerungsqualität von Körperlichem.

Wie man aus all dem ersieht, ist τόπος eher ‚georteter Platz' denn Platz = Stück Raum[216]. Es ist also fast unmöglich, ὕλη νοητή und τόπος aufeinander zu beziehen, selbst wenn man das Gedachtwerden der ὕλη νοητή vernachlässigt und annimmt, sie sei kein ‚Raum' im allgemeinen, sondern begnüge sich jeweils mit dem Raumquantum desjenigen Körpers, von dem sie abstrahiert werde.

b) διάστασις, διάστημα

Wenn in K 3 und an anderen Stellen von ‚Kontinuum' und ‚Quantum' ἐφ' ἕν, ἐπὶ δύο, ἐπὶ τρία gesprochen wird, drängt sich der Begriff ‚Dimension' oder ‚Dimensionalität' auf, und man ist geneigt, den mathematischen Körper bzw. seine Hyle als ‚dimensionales Kontinuum' zu bezeichnen[217].

Unser Wort ‚Dimension' ist jedoch doppeldeutig, weil es 1. die Ausmessungen eines festumrissenen Körpers (bzw. einer Fläche, Strecke) meint, 2. vorzugsweise eine mathematische Gerade bezeichnet, die von einem gedachten Nullpunkt aus in zwei Richtungen (bzw. ‚in einer Dimension') ins Unendliche verläuft. Die Bezeichnung ἐφ' ἕν usw. ließe durchaus auch die zweite dieser modernen Bedeutungen zu, wäre also dann genau identisch mit einer kontinuierlichen ‚Extensio' im Sinne des Descartes. Ferner gibt es bei Aristoteles διάστασις (διάστημα)[218] als Terminus, den man gewöhnlich mit ‚Dimension' übersetzt. Was bedeutet dies alles im einzelnen?:

α) Beginnen wir mit dem Letzten. διάστασις (διάστημα) ist der Abstand zwischen zwei Punkten, Geraden oder Flächen, die innere Ausmessung von etwas Begrenztem. Der Abstand kann sehr groß sein, den gesamten Kosmos durchmessen[219], bleibt aber trotzdem Abstand zwischen zwei Grenzen, welche die Grenzen des Kosmos nicht überschreiten. διάστασις ist also eng mit τόπος bzw. ‚Körper' verbunden, indem sie komplementär zum aussparenden Verfahren des τόπος den Körper und seinen τόπος von innen her ausmißt. Man kann sie also direkt mit ‚Ausdehnung' übersetzen. Wenn nun die Größe eines

erinnert an die alte Antithese θέσει — φύσει und rückt θέσις näher an ‚Setzung' heran.

216 Vgl. hierzu die Kritik des Johannes Philoponos am aristotelischen Raumbegriff: Jammer, *Raum* 58f.

217 ποσόν kann man in dieser Formel weglassen, da es durch die beiden anderen Wörter genügend ausgedrückt wird.

218 Einiges über διάστημα bei Raible 68—72. 114—116. Vgl. ferner Wagner, Komm. 534.

219 cat. 6, 6a 14f διὰ τὸ πλείστην τῷ μέσῳ διάστασιν πρὸς τὰ πέρατα τοῦ κόσμου εἶναι.

Körpers unbestimmt gelassen[220] oder gar ins Unbegrenzte übersteigert wird[221], nähert sich διάστασις ganz stark der Bedeutung ‚unbestimmte Ausdehnung', wird also sachlich mit ὕλη νοητή identisch. Aristoteles vollzieht jedoch die Gleichsetzung nicht, was mehrere Gründe haben kann[222]: Erstens bezeichnet διάστασις außer an den beiden genannten Stellen einen festbegrenzten Abstand, ist mithin wenig geeignet, generell als Terminus für das Unbestimmte gebraucht zu werden. Zweitens erscheinen beide Begriffe, obwohl sie das Gleiche meinen[223], in verschiedenen thematischen Zusammenhängen. Drittens könnten durchaus auch chronologische Fragen hereinspielen: Das *Wort* ὕλη νοητή ist auf das ‚späte' Z beschränkt[224], kann also zeitlich nach phys. δ 2 geprägt worden sein, wenn auch die *Sache* längst vorlag (K 1, vgl. auch β 2).

β) Es gibt demnach bei Aristoteles ‚unbestimmte Ausdehnung', obwohl der Begriff ‚(physischer) Raum' fehlt. Von ‚Dimensionalität' im Sinne eines Koordinatensystems kann man jedoch nicht sprechen, selbst wenn man allein an ein dem begrenzenden Körper, τόπος, Kosmos eingeschriebenes Koordinatensystem denkt. Am besten hält man den Begriff der Koordinate ganz fern, denn die Lehre von den drei Dimensionen war in der Akademie und bei Aristoteles sehr geläufig, fast alltäglich[225], aber ihre Mathematisierung als Koordinatensystem ging nur bis zu zwei Dimensionen, und die Vorstellung von Raumkoordinaten war so schwach entwickelt[226], daß man mit ihr nicht rechnen darf[227].

[220] δ 2, 209b 6f: So weit τόπος den Körper von außen begrenzt, scheint er mit dem εἶδος identisch zu sein. ᾗ δὲ δοκεῖ ὁ τόπος εἶναι τὸ διάστημα τοῦ μεγέθους, ἡ ὕλη.

[221] γ 5, 204b 20—22 σῶμα μὲν γάρ ἐστιν τὸ πάντῃ ἔχον διάστασιν, ἄπειρον δὲ τὸ ἀπειράντως διεστηκός, ὥστε τὸ ἄπειρον σῶμα πανταχῇ εἶναι διεστηκὸς εἰς ἄπειρον.

[222] Vgl. auch u. 7.46. Daraus ersieht man, daß Aristoteles infolge der problemgeschichtlichen Situation, in welcher er stand, gar nicht anders konnte als die mathematischen Gegenstände nach Analogie der Körpersubstanzen zu verstehen und sie mit den für diese gebräuchlichen Termini zu beschreiben.

[223] 209b 9—11 zeigt, daß die ὕλη τοῦ μεγέθους und damit das διάστημα keine anderen Eigenschaften hat als allein die der Raumausdehnung; ihm haftet also nichts ‚Physikalisches' mehr an. Auch eine Art Abstraktion liegt vor, die an die Mathematik erinnert, zumal als Beispiel gerade eine Kugel genannt wird. Vgl. u. 7.451c, 7.823aβ.

[224] Vielleicht gehört es zudem noch innerhalb des Z einer ‚späten' Redaktion an. Vgl. o. S. 601 A 200.

[225] Den von Jammer, *Raum* 25 genannten wenigen Belegen (besonders deutlich δ 1, 209a 4—6) lassen sich zahlreiche hinzufügen, z. B. Δ 13, 1020a 10—12. K 3, 1061a 33f. 4, 1061b 24f (vgl. cael. A 1, 268a 7f) und N 3, 1090b 21—24, ferner TP 22B. 33B—35a und die Stellen aus den platonischen Dialogen bei Gaiser 503f.

[226] Jammer, *Raum* 25f. Jammers Behauptung muß nachgeprüft und die gesamte Frage erneut aufgerollt werden.

[227] Und selbst wenn Aristoteles über sie hätte verfügen können, hätte sie sachlich nur mit erheblichen Einschränkungen zu der oben entwickelten Lehre vom τόπος ge-

c) ἡ ὕλη ἡ τοῦ μεγέθους

Der Bestimmung des mathematischen Gegenstandes bzw. seiner Hyle als eines ein-, zwei- oder dreidimensionalen ποσὸν καὶ συνεχές entspricht kein Begriff bis ins Detail wie μέγεθος ‚Größe'[228], das wie unser ‚Größe' die Ausdehnung oder ein einzelnes Ausgedehntes bezeichnen kann. Der Terminus selbst bedarf keiner Klärung, weil er eindeutig ist. Aristoteles macht aber im Zusammenhang mit μέγεθος an zwei Stellen Aussagen, die Licht auf die mathematische Hyle werfen und deshalb näheres Eingehen verdienen:

α) Phys. δ 2 behandelt Aristoteles die Frage, ob τόπος mit dem εἶδος oder der ὕλη eines Dinges identisch sei, oder ob er etwas Selbständiges darstelle. Wenn man daran denke, daß er das Ding umgrenze, falle er mit dem Eidos zusammen, wenn mehr daran, daß er den Raum ausfülle, mit Hyle[229]. Aristoteles verneint dann bekanntlich diese Identifikationen und stellt die Selbständigkeit des τόπος heraus[230], aber die Frage als solche interessiert hier weiter nicht. Wichtig ist jetzt nur, wie Aristoteles sich die ‚Raumausfüllung' denkt:

Die unbestimmte Ausdehnung (ἡ ὕλη ἡ τοῦ μεγέθους) wird durch ein πέρας zu einer bestimmten ‚Größe' (μέγεθος) begrenzt[231]; man unterscheidet also in jeder Größe das Bestimmbare[232] vom Bestimmenden. Da an unserer Stelle keine anderen Körpereigenschaften außer der Ausdehnung in den Blick gefaßt werden, ist die ὕλη hier reine unbestimmte Ausdehnung. Das wird zur Gewißheit erhoben durch den Schlußsatz unseres Abschnitts, der ein Abstraktionsverfahren schildert: (Das Bestimmbare ὕλη zu nennen ist richtig,) „denn wenn man

paßt. Jedenfalls wurde dieses Hemmnis erst bei den Stoikern geringer, die den τόπος-Begriff nicht mehr von den umgebenden Körpern, sondern von den Verhältnissen des betreffenden Körpers selbst aus bestimmten.

228 Es genügt, von den bei Bonitz s. v., bes. 449a 10ff, genannten Stellen zu verweisen auf δ 11, 219a 11 πᾶν μέγεθος συνεχές und cael. Α 1, 268a 7—10 μεγέθους δὲ τὸ μὲν ἐφ' ἓν γραμμή, τὸ δ' ἐπὶ δύο ἐπίπεδον, τὸ δ' ἐπὶ τρία σῶμα· καὶ παρὰ ταῦτα οὐκ ἔστιν ἄλλο μέγεθος διὰ τὸ τὰ τρία πάντα εἶναι καὶ τὸ τρὶς πάντῃ. — Über μέγεθος knappe Bemerkungen bei Raible 50 A. 1.

229 209b 1—11. Vgl. Raible 49f.

230 209b 21—210a 13. 211b 10—14. 211b 29—212a 2. Raible 55—57. 67f. 72f.

231 209b 4 mit Ross' Komm. Der Gesamtsinn ist klar, wenn auch im einzelnen die Bedeutung von μέγεθος (= ποσότης und ποσόν τι) Anlaß zu Zweifeln bietet. Im Folgenden ist b 7 das zweite τοῦτο nicht (wie Raible und Wagner es tun) auf μέγεθος zu beziehen, sondern auf διάστημα (= ὕλη, ὕλη τοῦ μεγέθους), vgl. o. S. 123 A. 245. — πέρας ist dasselbe wie εἶδος/μορφή, welche hier ‚Gestalt' als Begrenzung meinen. Mit πέρας und ἐπίπεδον spielt Aristoteles auf die platonische Bestimmung des Körpers an (Raible 50 mit A. 4, vgl. 46f; s. zum platonischen Peras-Begriff o. 2.224 u. ö.).

232 διάστημα τοῦ μεγέθους, ὕλη, περιεχόμενον, ὡρισμένον, ἀόριστον. Man sieht, hier gehen die Bezeichnungen für das schon Bestimmte in einer fertigen Größe und für das Bestimmbare vor dem Entstehen einer Größe bunt durcheinander.

einem Körper (z. B. einer Kugel) die Begrenzung und seine Eigenschaften (πάθη)[233] wegnimmt, bleibt nichts übrig außer der Hyle". Ergebnis dieses Subtraktionsverfahrens ist ohne Zweifel nicht die absolut eigenschaftslose Hyle[234], sondern die Hyle als unbestimmtes ποσόν, mit anderen Worten: die Hyle der mathematischen Gegenstände. Wenn man mit δ 2 die anderen Stellen vergleicht, an denen ausdrücklich die mathematische Abstraktion besprochen wird[235], so scheint dort gleichzeitig mit der Eliminierung der sinnlichen Eigenschaften jeweils positiv ein mathematisches Synolon noetisch herausgehoben zu werden, also die mathematische Form nicht außerhalb des Vorganges zu stehen. Hier dagegen wird das πέρας ausdrücklich eliminiert[236] und der Prozeß führt, ohne daß von νόησις gesprochen wird, allein zum Unbestimmten und deshalb nach Aristoteles Unerkennbaren (o. S. 597—599).

Da diese Gedanken einer aporetischen Erörterung angehören und eine Meinung darstellen, die Aristoteles nicht teilt, wie auch der unmittelbar anschließende Verweis auf Platons Timaios zeigt, läge es nahe, sie nicht als Zeugnisse für das Hyledenken des Aristoteles gelten zu lassen. Die Heranziehung der Parallele met. Z 3,1029 a 16—21 scheint nicht viel zu helfen, da auch diese Stelle in einem aporetischen Abschnitt steht. Aber Aporie und Ablehnung des Referierten beziehen sich an beiden Stellen gerade nicht auf das, was wir hier betrachten, nämlich den Charakter der Hyle und die Erkenntnis von ihr: δ 2 lehnt es Aristoteles ab, τόπος vom Innern des Körpers aus als διάστημα zu bestimmen, aber selbstverständlich sieht er die Hyle von innen her, als Extensio, διάστημα u. dgl. Auch Z 3 wird das gedankliche Verfahren, das zur Hyle führt, nicht im mindesten als solches kritisiert[237].

Wir müssen also den Gedankengang in δ 2 als aristotelisch anerkennen, welcher die unbegrenzte reine Extensio, d. h. die unbegrenzte ὕλη νοητή herausstellt. Er geht zwar von einem begrenzten (physischen oder mathematischen) Körper aus, läßt aber dann dessen Grenzen weg. Damit überwindet er zugleich alle Bedingtheiten des τόπος-Begriffes. So gibt es bei Aristoteles eine absolute *mathematische* (nicht: mathematisierte) Ausdehnung, die eine Art von ‚absolutem mathematischem Raum' voraussetzt (von dem Aristoteles nirgends spricht), obwohl

[233] Nach Ross z. St. die mathematischen Eigenschaften der Kugel und die Eigenschaften, welche sich aus dem Material ergeben, aus dem sie gemacht ist. Ob letztere gemeint sind? Vgl. unten.

[234] Diese ergibt sich, wenn man auch noch die Quantität wegnimmt, wie Z 3, 1029 a 16—21 beschrieben wird. Man kann das Verfahren in Z 3 als eine Fortsetzung des in δ 2 angewendeten betrachten, vgl. u. 7.823 a.

[235] o. 7.42.

[236] Selbst wenn μέγεθος und die σφαῖρα nicht schon abstrakte Körper, sondern noch mit dem Physischen verhaftet sein sollten, bedeutet das Wegnehmen des πέρας ein Subtrahieren der mathematischen Form, da es ja im Denken erfolgt.

[237] Vgl. vorläufig Ross, *Met.* S. 165.

Aristoteles den Begriff eines absoluten *physischen* Raumes ablehnt. Anders gewendet: In der Mathematik ist Aristoteles zum Teil der Beschränkung ledig, welche er sich im physischen Bereich durch seine Lehre vom τόπος auferlegt hat[238].

β) Diese Absolutheit mathematischer Extensio gibt sich auch γ 4 zu erkennen, wo in einer aporetischen Erörterung die Gründe für die Existenz eines Apeiron aufgeführt werden. Hauptgrund ist, daß die Zahl(en) und die mathematischen Größen und die Dinge außerhalb des Himmels deshalb unendlich zu sein scheinen, weil sie in unserem Denken niemals ausgeschöpft werden[239]: Wir können uns immer größere Zahlen und geometrische Figuren denken, ohne an ein Ende zu kommen. Die Betonung liegt auf ‚denken', denn im physischen, sinnlichen Bereich gibt es keine unendliche Größe, weil hier alle Größen an die unverrückbaren Grenzen des Kosmos gebunden sind[240]. An der Tatsache, daß es keine aktuelle beliebig ausgedehnte oder unendliche Größe gibt, ändert die Denkbarkeit einer solchen nichts[241], wie umgekehrt ihre aktuelle Unmöglichkeit nicht ihre Denkbarkeit verhindert. Im übrigen ist nach Aristoteles' Meinung die Frage des unendlich Großen für Mathematik und Geometrie praktisch belanglos, weil sie für ihre Beweise mit sehr begrenzten Größen auskommen[242].

238 Hier ist noch ein mögliches Mißverständnis abzuwehren: Aristoteles kritisiert in seiner τόπος-Abhandlung immer wieder einen über τόπος hinausgehenden ‚Raum'-Begriff, u. a. denjenigen Platons. Wie man auch den von Aristoteles abgelehnten Raum nennen will (‚geometrischer' Raum, wie Raible durchweg dafür sagt, scheint mir sachlich unangemessen), er ist auf jeden Fall — mindestens teilweise — anders geartet als der soeben für Aristoteles aufgezeigte ‚mathematische Raum' der unbegrenzten ὕλη νοητή. Denn jener ‚Raum' der anderen Philosophen enthält physische Bewegung von einer Ortslage zur anderen (besonders deutlich die Chora des Timaios, die sogar Eigenbewegung besitzt und geformt werden kann, d. h. inhomogen ist; vgl. o. **2**.222/223), der ‚mathematische Raum' des Aristoteles nicht. Dann stellt jener andere Raum ein Etwas dar, ‚worin' sich die Körper befinden, bewegen usw., der ‚mathematische Raum' des Aristoteles hingegen bleibt trotz seiner Unbegrenztheit doch so weit an die geometrischen Figuren gebunden, daß man ihn nur als das (quasi-stoffliche) ‚Woraus' der geometrischen Synola bezeichnen kann (weitere Unterschiede übergehen wir; vgl. o. **2**.225). Es ist also nicht möglich, auf Grund jener Kritik des Aristoteles am ‚Raum'-Begriff die oben gegebene Deutung von δ 2 zu bezweifeln.

239 γ 4, 203 b 22—25 und Simplicius 467, 5—14. Mit den μαθ. μεγέθη sind wohl geometrische Figuren wie Kreise usw. oder aber auch (trotz νόησις) unbestimmte Extensiones gemeint; an eine unendliche *innere* Teilbarkeit geometrischer Größen zu denken (Wagner, Komm. 506), scheint mir hier nicht möglich.

240 γ 7, 207 b 19—21 ἐπεὶ ἄπειρον οὐδέν ἐστι μέγεθος αἰσθητόν, οὐκ ἐνδέχεται παντὸς ὑπερβολὴν εἶναι ὡρισμένου μεγέθους· εἴη γὰρ ἄν τι τοῦ οὐρανοῦ μεῖζον (vgl. Ross S. 369).

241 γ 8, 208 a 14—22, wo es u. a. heißt: Kein μέγεθος τῇ νοητικῇ αὐξήσει ἔστιν ἄπειρον (Ross z. St.; vgl. auch Wagner, Komm. 531). Man denkt unwillkürlich an die Kantischen hundert Taler (*KdrV* B 627).

242 γ 7, 207 b 27—34 (zum leider unsicheren Text von b 33 f vgl. Ross, ferner auch Wagner, Komm. 529 f). — Vorausgesetzt ist eine Geometrie und Arithmetik, die

Die ὕλη νοητή ist also die unbegrenzte mathematische Ausdehnung, die vom Denken aus dem sinnlich Wahrnehmbaren herausgehoben wird und als Gedachtes nicht an die Einschränkungen gebunden ist, denen der κόσμος αἰσθητός nach der Auffassung des Aristoteles unterliegt. Wie sich diese abstrahierte reine Ausdehnung zur Körperwelt und zur mathematischen Form verhält, haben wir bereits o. *7.44* gesehen; ob man sie als ‚mathematischen' Raum betrachten darf, wurde o. *2.225* untersucht[243].

7.46 Die mathematischen Synola und die reine Form in der Mathematik

7.461 Die aristotelische Lehre

Die Existenzweise des Mathematischen bei Aristoteles war im Vorstehenden etwa so beschrieben worden: ‚In' den Sinnendingen potentiell[244] vorhanden und noetisch heraushebbar ist die unbestimmte Extensio (ὕλη νοητή), die durch die νόησις aktualisiert wird, aber auch aktualisiert qua (weiterer) Bestimmbarkeit durch die mathematische Form ὕλη und δυνάμει ὄν ist. Man kann also hier zwei Arten oder Stufen von ὕλη bzw. δύναμις unterscheiden: a) Die Latenz des Mathematischen (besonders der mathematischen Hyle) im Sinnlichen (Gegensatz: Aktualität durch die νόησις). b) Die noetisch ‚aktuelle' mathematische Hyle als durch die mathematische Form zu begrenzende oder begrenzte. Aristoteles scheint auch an eine Latenz der mathematischen Form im Sinnlichen gedacht zu haben[245], aber das ist philosophisch schwer nachvollziehbar (o. *7.44*), zumal wenn man seinen Apriorismus des Mathematischen in An. post. A bedenkt. Diese Schwierigkeit haben wir mit der Annahme zu überbrücken versucht, daß die mathematische Form irgendwie auf die ὕλη νοητή als ihre Voraussetzung angewiesen sei und diese ὕλη auf jeden Fall aus den αἰσθητά hervorgehe.

Es kommt jetzt darauf an, Art und Umfang dieses Angewiesenseins der mathematischen Form auf die mathematische Hyle festzu-

den Begriff des additiven Unendlichen nicht kennt. Die Exhaustionsmethode der Kreisberechnung (Oskar Becker, *Das mathematische Denken der Antike*, 1957, 93ff) ist ein ‚inneres' Apeiron, wie es auch Aristoteles zuläßt.

243 Vgl. o. A. 238.

244 M 3, 1078a 31 ὑλικῶς (Gegensatz ἐντελεχείᾳ), vgl. o. 7.41, 7.43.

245 Wenn dies richtig wäre, gäbe es vielleicht noch eine dritte Art von δυνάμει = ὑλικῶς: die mathematische Form (zusammen mit der mathematischen Hyle) potentiell im Sinnlichen. Sie wäre auch in dieser Potentialität qua Form noch eine Nuance ‚aktueller' als die potentielle mathematische Hyle, aber potentiell im Vergleich mit der Aktualität in der Noesis.

stellen. Wir erfahren dies aus met. Z 10/11, wo Aristoteles die Frage prüft, wieweit die Materie für eine Substanz wesentlich ist und deshalb in der Wesensdefinition erscheinen muß. Diese Darlegungen wurden o. *7.33* auch für das Objekt der Physik herangezogen, und es wird schon daraus ersichtlich, wie eng die mathematischen Synola mit dem Substanzdenken des Aristoteles verbunden sind: Sie werden ständig mit den Körpersubstanzen verglichen und wie diese durch die Begriffe Materie/Form, Dynamis/Energeia und Definition gekennzeichnet. Diese schematische Einengung führt zu erheblichen Schwierigkeiten, wie wir schon gesehen haben und noch sehen werden.

Aristoteles unterscheidet den ‚Kreis schlechthin' vom ‚einzelnen, individuellen Kreis'[246] und teilt letzteren weiter unter in ‚noetische (bzw. mathematische) individuelle Kreise' und ‚sinnlich wahrnehmbare individuelle Kreise'[247]. Mit den sinnlich wahrnehmbaren individuellen Kreisen meint er die gezeichneten oder aus Erz, Holz usw. verfertigten[248], mit den noetischen (mathematischen) individuellen Kreisen diejenigen, die als ganz bestimmte Größen ($r = 5$ cm, 12 cm usw.) in verschiedenen geometrischen Aufgaben erscheinen[249], ohne daß sie bildhaft dargestellt werden müssen. Von diesen individuellen Kreisen gibt es, da sie zugleich mit der Hyle etwas Unerkennbares, Veränderliches in sich enthalten, keine Definition[250]. Sie haben auch nur in der sinnlichen Anschauung (αἴσθησις) oder der Intuition (νόησις) eine flüchtige Existenz; ob sie nach dem Aufhören des subjektiven Aktes noch sind oder nicht sind, ist unklar[251]. Diese kurzlebigen individuellen Kreise haben nur insofern eine gewisse Dauer, als sie Einzelfälle des ‚Kreises an sich' und in dieser Hinsicht aussagbar und definierbar sind[252]. Worin besteht das Wesen des ‚Kreises an sich' im Gegensatz zu den individuellen noetischen Kreisen?

Zwei Möglichkeiten sind denkbar: a) Der ‚Kreis an sich' enthält verallgemeinerte Extensio; b) er ist reine Form ohne Extensio. Z 10/11 spricht sich Aristoteles klar für die zweite Möglichkeit aus[253], und wir

[246] Z 10, 1035b 1—3 ὁμωνύμως λέγεται κύκλος ὅ τε ἁπλῶς λεγόμενος καὶ ὁ καθ' ἕκαστον διὰ τὸ μὴ εἶναι ἴδιον ὄνομα τοῖς καθ' ἕκαστον.

[247] Z 10, 1036a 2—9 (—12). An dieser Stelle ist jedes Wort wichtig. 9 ὕλη — 12 μαθ. ist ein erläuternder Zusatz, der so notwendig aus dem Zusammenhang erwächst, daß man ihn nicht mit Jaeger als spätere Zutat betrachten kann: Am besten setzt man den Satz in normale Klammern.

[248] S. vorst. Anm.

[249] Ross zu 1036a 4.

[250] 1036a 5. 8f; Ross zu 1036a 8f.

[251] 1036a 5—7.

[252] 1036a 7f. — Ob ἀεί ‚jeweils' oder ‚immer' bedeutet, ist nicht von Belang, aber der Zusammenhang impliziert die Fortdauer des Kreises an sich und seiner Definition gegenüber den Kreisindividuen.

[253] Z 10, 1036a 1 τὸ κύκλῳ εἶναι καὶ κύκλος καὶ ψυχῇ εἶναι καὶ ψυχὴ ταὐτό. Thomas met. 7, 10 (1492—1496) erklärt die Stelle gut, geht aber nicht auf unsere Proble-

nehmen das vorerst hin. Dann hätte die ὕλη νοητή ganz parallel zur αἰσθητή individuierende Funktion[254]. Ob die Parallelität weiter geht, lassen wir auf sich beruhen[255]: Jedenfalls sind die mathematischen Individuen keineswegs ohne weiteres gegeben wie die raum-zeitlichen, sondern sie bedürfen als gedachtes Synolon der noetischen Heraushebung wie die reine Form des ‚Kreises an sich'. Man könnte da zwei Abstraktionsschritte unterscheiden (a vom αἰσθητόν zum νοητὸν σύνολον, b von diesem zur reinen Form), aber das hilft nicht weiter: Auf keinen Fall ist die individuelle noetische Figur notwendige Voraussetzung für das Erkennen der reinen mathematischen Form[256]. Im Gegenteil ist zu vermuten, daß die reine Form nicht nur direkt erschaut werden kann, sondern in jeder Weise Voraussetzung der individuellen Figur ist, welch letztere nur a posteriori in bestimmten Rechenaufgaben erscheint. Aristoteles sagt uns ja selber, daß sich die Definition und damit jede wissenschaftliche mathematische Aussage auf die ‚Figur an sich' = reine Form bezieht[257]; das ist bis heute so, man denke an algebraische Formeln für geometrische Gegenstände.

Also ist die ὕλη νοητή unwesentlich für die Mathematik. Wenn man von da aus zu Ende denkt, ergeben sich als Folgen: Das Enthaltensein in den αἰσθητά, die Abstraktion aus ihnen, und die Extensio haben nur subsidiären Charakter, weil dadurch nur die individuellen Figuren konstituiert werden, die zwar zur Demonstration und für die einzelnen Konstruktionsaufgaben unentbehrlich sind, aber am Wesen der apriorisch gegebenen mathematischen Sachverhalte nicht das Geringste ändern. Und sofern man diese letzteren nicht als subjektive Setzungen verstehen will, was nicht gut angeht, so haben sie ein ideales An-sich-sein und Für-sich-sein, das von raumzeitlicher Erscheinung und auch letztlich von Extensio unabhängig ist.

Dieser Auffassung steht entgegen, daß auch die abstrakteste, idealste geometrische Figur nicht ohne Ausdehnung sein kann[258]. Man sieht dies 1. an jeder Definition; z. B. an der des Kreises, die nicht ohne

matik ein. an. Γ 4, 429b 19f wird die Alternative erwähnt, ohne daß eine Entscheidung fällt. — Z 11, 1036b 32—1037a 5 (bes. 1037a 2f): Der individuelle Kreis enthält wie alles Individuelle ὕλη (νοητή), der Kreis ‚an sich' wie alle Formen und Wesensbegriffe nicht.

254 S. vorst. Anm. So auch Philippe 463 mit A. 7 (von seinen Stellen paßt nur 1036b 32ff). Ross, *Aristotle* 69.

255 Ob die ὕλη αἰσθητή zum Wesen des Gegenstandes gehört, wird o. 7.32/33 besprochen.

256 Vgl. das, was Hartmann, *Grundlegung*³ 290ff über die ‚freie Idealität' des Mathematischen sagt (Gegensatz: die ‚anhangende Idealität' der Wesenheiten raumzeitlicher Dinge).

257 Z 10, 1035b 34. 1036a 8.

258 Obwohl Sein und Gedachtwerden für Aristoteles weitgehend ‚korrelativ' sind, lassen wir hier die subjektive Seite außer Betracht, weil dadurch die Lage noch komplizierter wird.

den Begriff ,Ebene' auskommt. Auch Aristoteles hat hier nicht anders definieren können, wie wir neben einer unsicheren Anspielung bei ihm[259] aus Euklid Def. 15 erkennen, der den Kreis genau so bestimmt, wie wir es heute noch tun. 2. Unter den obersten ἀρχαί der Geometrie erscheinen in An. post. A die Existenzsetzungen (ὑποθέσεις) von μεγέθη und γραμμαί[260]. Da Größen und Linien Extensio implizieren, kann man sagen: Die Existenz von Extensio ist für Aristoteles die Voraussetzung jeglicher Geometrie.

Es finden sich auch sonst Indizien dafür, daß Aristoteles die ὕλη νοητή als wesentlich anerkannte: So spricht er einmal von einem ,intelligiblen Synolon' (σύνθετος οὐσία νοητή) und versteht darunter eine Definition wie ,Linie = Erstreckung nach zwei Seiten' (zwei = Form; Erstreckung = intelligible Materie), d. h. etwas Überindividuelles[261]. Auch ἡ τῶν μαθηματικῶν ὕλη, die vielleicht sogar in den Gegenstandsbereich der Metaphysik fällt[262], geht bestimmt nicht auf individuelle Figuren[263]. So möchte ich — trotz der Skepsis von Ross[264] — annehmen, daß Aristoteles auf dem Wege war, wie im sinnlichen so auch im noetischen Bereich ein individuelles und ein allgemeines Synolon zu unterscheiden. Zu einer Ausprägung dieser Auffassung oder gar zu einer terminologischen Festlegung wie später bei Thomas[265] ist es freilich nicht gekommen.

Die Diskrepanz zwischen den eben vorgeführten Gedanken und Z 10/11 ist offensichtlich und nicht wegdeutbar. Um sie zu erklären, kann man einesteils auf Platon verweisen, dem wir uns unten gesondert widmen, anderenteils auf gewisse Gedanken des Aristoteles selbst: In Z 10 vertritt er die Ansicht, daß es wahre Erkenntnis nur vom Allgemeinen, d. h. Definierbaren, gebe und daß die Hyle ,an sich' unerkennbar sei[266]. In Z 11 stellt er das Art-Eidos der Körpersubstanzen mit der mathematischen Form auf eine Stufe[267]. Daraus scheint sich für ihn zwingend der Schluß zu ergeben, daß es wahre Erkenntnis in der Mathematik allein von der materiefreien Form gebe. Dem kann man aber nicht ohne weiteres beipflichten:

a) Zunächst verdunkelt der ständige Vergleich mit dem Art-Eidos der Körperdinge die Lage eher statt sie zu erhellen, weil Aristoteles'

[259] H 6, 1045a 35. Die ὕλη νοητή a 36 hat nichts mit der Extensio zu tun, sie bezeichnet hier das Genus.

[260] Stellen bei Ross, *Analytics* S. 539; vgl. o. 7.42.

[261] H 3, 1043b 29f (Ross). an. Γ 4, 429b 19f (Theiler).

[262] K 1, 1059b 14—21.

[263] K 10, 1066b 24 σῶμα οὔτ' αἰσθητὸν οὔτε νοητόν ist nicht eindeutig.

[264] Zu Z 10, 1035a 20.

[265] *materia intelligibilis individualis, materia intelligibilis communis*; vgl. u. 7.812.

[266] Vgl. 1036a 1ff.

[267] 1037a 1ff.

Haltung hinsichtlich des Art-Eidos bekanntlich ebenfalls schwankt[268]. Das Schwanken erklärt sich teilweise (aber nicht ganz) daraus, daß das Art-Eidos wohl zwei Bereichen angehört, der Metaphysik und der Physik: Erstere sieht von der Materie ab, letztere fordert sie notwendig. Es wäre verlockend, diese Unterscheidung sinngemäß auf die mathematischen Figuren zu übertragen und hier eine metaphysische (reine Form) von einer mathematischen Betrachtungsweise (Form + Extensio) zu trennen, aber dafür fehlt jeder Anhalt im Text[269]. Zudem bleibt auch dann die Schwierigkeit bestehen, wie man sich die Definition der reinen Form ohne Erwähnung der Extensio vorstellen soll.

b) Den Satz von der Unerkennbarkeit der Materie spricht Aristoteles 1036 a9 im allgemeinen aus — daher der Zusatz ‚an sich' —, wendet ihn aber dann doch offenbar speziell auf die Mathematik an. Das geht jedoch deshalb nicht, weil hier die Materie nicht einfach vorhanden ist wie im αἰσθητὸν σύνολον, sondern noetisch herausgehoben, gedacht wird und als Gedachtes eo ipso nicht schlechthin unerkennbar sein kann. Nicht schlechthin, aber vielleicht *secundum quid*[270]? Natürlich werden bei der Definition nicht nur von ‚Fläche', ‚Gerade' usw., sondern auch von ‚Kreis', ‚Dreieck' u. dgl. die individuellen Maßangaben und weitere Besonderheiten weggelassen. Das sieht nach Variabilität und Kontingenz aus, es ist aber einfach die Unbestimmtheit jedes Allgemeinen, also auch des Art-Eidos, gegenüber der individuellen Ausprägung.

Aristoteles gerät demnach mit seinen Ausführungen über die reine mathematische Form in nicht wenige Schwierigkeiten. Und es ist von ihm selber aus nicht recht zu sehen, warum er überhaupt diese materielosen mathematischen Formen annimmt.

7.462 Liegen in met. Z 10/11 Reflexe platonischer Gedanken vor?

Über Platons Auffassung von Mathematik und seine Stellung zu ihr im gesamten braucht hier nicht gehandelt zu werden, da neuere Untersuchungen hierüber weitgehend Klarheit gebracht haben[271]. Wir beschränken uns auf eine Stelle, das Liniengleichnis, und eine ganz bestimmte Frage: Wie weit ist die Mathematik auf den Bereich der αἰσθητά angewiesen? Platon: Sie bedient sich sinnlicher Figuren, meint aber mit ihren Aussagen das Noetische, das hinter den sinn-

[268] Vgl. u. 7.821.
[269] Auch ideengeschichtlich finden sich keine geeigneten Parallelen für eine solche Unterscheidung.
[270] Vgl. o. 7.44.
[271] Vgl. Gaiser 89—95, bes. A. 69. 502—504. Wichtige Anregungen für dieses Kapitel verdanke ich J. Hirschberger, Vorlesung WS 1963/1964.

lichen Figuren steht[272]. Trotzdem ist sie noch keine reine ἐπιστήμη, weil sie noch von gewissen ‚Voraussetzungen' (ὑποθέσεις) abhängig ist, die sie als Anfang ihres Denkens setzt und hinter die sie nicht zurückgeht[273]. Dies müßte sie aber, um wahres Wissen zu werden, denn die reine ἐπιστήμη schreitet über solche Voraussetzungen hinaus bis zum voraussetzungslosen Anfang vor; auf diesen gründet sie sich und geht den Weg wieder zurück bis zu den unteren Ideen, dauernd im Bereich des Anschauungslosen verweilend[274]. Wahres Wissen gibt es also nur auf dem Weg der Ideendialektik. Unter den ὑποθέσεις der Geometrie nennt Platon σχήματα und ‚drei Arten Winkel' u. dgl.[275]. Da unter diesen letzteren natürlich die gedachten Figuren verstanden werden, also νοητά, meint Platon offensichtlich, daß auch die gedachten ὑποθέσεις der Geometrie, die man gemeiniglich für etwas Abstraktes und deshalb ‚Deutliches' hält und hochschätzt[276], noch zu sehr mit den αἰσθητά verbunden sind, d. h. etwas Vorläufiges darstellen (εἰκόνες 511 A 6). Man kann hier ohne weiteres an die Extensio denken: Auch die gedachten Figuren kommen nicht ohne Ausdehnung aus, die wiederum mit der sinnlichen Welt zusammenhängt. Diese ὑποθέσεις muß man daher übersteigen bis zur ἀρχὴ ἀνυπόθετος hin: Was sich auch immer hinter dieser ἀρχή verbirgt[277], der Weg dorthin führt zum immer Unsinnlicheren, m. a. W.: Auch die Extensio wird noch abgestreift. Diesen Weg hat die Mathematik noch nicht eingeschlagen, aber sie kann ihn gehen[278] und sollte ihn gehen.

Unsere Stelle läßt sich ohne weiteres jenen platonischen Belegen aus den späteren Dialogen und aus *De bono* einfügen[279], aus denen sich ergibt, wie Platon ebenso die Mathematik wie — in engstem Zusammenhang damit — die Ontologie auf allgemeinste Prinzipien zurückzuführen sucht[280]. Ohne auf Details einzugehen, darf man sagen, daß es sich hierbei stets darum handelt, Sinnliches auf Noetisches, Körperliches auf Unkörperliches zurückzuführen und dann umgekehrt wieder aus diesem abzuleiten. Obwohl Aristoteles im ganzen wie im einzelnen sehr vieles davon nicht übernimmt und kritisiert, z. B. gerade Z 11 die Zurückführung des Ausgedehnten auf Zahlen[281],

[272] ‚Staat' 510 D 5—511 A 1.

[273] 511 A 3—8.

[274] 511 B 3—C 2.

[275] 510 C 3—5.

[276] 511 A 6—9 wird wohl nur *eine* Gruppe von Objekten genannt (καὶ ἐκείνοις explikativ) und zwar die gedachten Figuren. ἐναργής nicht „leibhaftig" (Rufener), sondern „deutlich" als Zeichen von höherer Seinshaltigkeit (wie Descartes' *idea clara et distincta*), vgl. 511 E 3 die Entsprechung ἀλήθεια—σαφήνεια.

[277] Gemeint ist das oberste Prinzip, im Staat die Idee des Guten, in *De bono* das ‚Eine' und sein Gegenprinzip (vgl. u.).

[278] 511 D 2 wird Platons eigene Anschauung deutlich (Hirschberger).

[279] Alles Nähere bei Gaiser 502—504. Einen Hinweis verdient ferner Staat 526 D 7 bis 527 C 2.

[280] Gaiser 460 f. 467 f. 502—504.

[281] Z 11, 1036 b 12—20 (vgl. Gaiser 504) u. ö.

scheint es mir sicher, daß er hinsichtlich der reinen mathematischen Form nicht nur vom Eidos der Naturdinge innerhalb seiner eigenen Philosophie ausgegangen ist, sondern hierin auch dem aufgezeigten Streben Platons zum ‚unsinnlich Prinzipiellen' verpflichtet ist[282]. Das würde auch erklären helfen, weshalb Aristoteles es durch die Lehre von der reinen mathematischen Form zu den oben vorgeführten gedanklichen Unstimmigkeiten kommen ließ: Wie so oft hat er eine von Platon herrührende Tendenz und einen eigenen Denkansatz nicht harmonisch auszugleichen gewußt.

7.5 Zusammenfassende Bemerkungen über die Seinsweise der τὰ ἐξ ἀφαιρέσεως und das Wesen der aristotelischen Abstraktion[283]

Wir möchten jetzt, nachdem wir die von den mathematischen Gegenständen handelnden Belege gemustert und, was Aristoteles hierbei über Abstraktion sagt, besprochen haben, eine Zusammenfassung versuchen. Bei den Objekten der Physik muß man ja, wie gezeigt, viel mehr mutmaßen und ergänzen, desgleichen bei denen der Metaphysik, auf die nachher eingegangen wird.

7.51 Die Terminologie

7.511 ἀφαιρεῖν = ‚Das Unwesentliche subtrahieren'

Was ist das Objekt, das weggenommen wird? Bei Aristoteles ausnahmslos dasjenige, von dem abgesehen wird, das beiseitegelassen, eliminiert wird[284], in unserem Falle also die Materie[285], nicht die Form.

282 Daß Aristoteles Z 10/11 sogar ganz bewußt auf Platon eingehe, vermutet J. Hirschberger aus äußeren (Winkel 1035b 6ff ~ Staat 510C 4f; 1036a 10—12. b 35 ~ Timaios 52A 3—7. B 2; 1036b 12—20 auch Platon gemeint) und inneren Gründen (Aristoteles frage wie Platon, ob die Geometrie ohne Anschauung auskommt; die aristotelische ὕλη νοητή entspreche der Chora des Timaios, was indes o. 2.225 widerlegt wurde). Man kann noch eine bezeichnende Kleinigkeit anführen: Z 10, 1036a 1f werden κύκλος und ψυχή miteinander verbunden. Wieviele Gründe das auch sonst noch haben mag, es scheint hier die platonische Verbundenheit von Mathematik und Seele anzuklingen (vgl. Gaiser 95—99).

283 Mansion 136—195. Chen, *Chorismos* 68—78. Philippe 461—479.

284 Philippe 465 mit A. 2 und 9. Hinzuzufügen Z 11, 1036b 23 (s. u.), ferner etwa An. post. A 5, 74a 37. 39. B 5, 91b 27 (vgl. Bonitz). Auf die wichtige Stelle Z 3, 1029a 16 gehen wir u. 7.823a ein; ebd. wird περιαιρεῖν 1029a 11 synonym mit ἀφαιρεῖν verwendet, vgl. K 3, 1061a 29 und cat. 7a 32. b 2. 5 (Bonitz). Aus Arist. rhet.

Diese Feststellung gilt nur für ἀφαιρεῖν und zunächst allein für Aristoteles. Daran schließen sich folgende Fragen an: 1. Wie weit ist ἀφαιρεῖν = ‚subtrahieren' vor und nach Aristoteles belegt? 2. Nimmt ἀφαιρεῖν gelegentlich eine andere Bedeutung an oder wird umgekehrt für dieses ‚subtrahieren' auch ein anderes Wort verwendet? 3. Welchen Terminus gibt es für das ‚Herausheben der Form' im Griechischen? Die folgenden Hinweise können den Fragenkomplex nicht erschöpfend behandeln, sollen vielmehr zu weiterer Ausführung anregen.

Obwohl bei Platon in den Dialogen sowohl χωρίζειν (bzw. die Komposita) als auch ἀφαιρεῖν indifferent für ‚gedanklich herausheben' wie für ‚das nicht zu Erkennende eliminieren' stehen[286], darf man annehmen, daß ἀφαιρεῖν im akademischen Schulbereich terminologisch fixiert zu werden begann (u. 7.61). Jedenfalls ist es bei Aristoteles auf den Sinn ‚gedanklich eliminieren' festgelegt (s. o.), und in der mittel- und neuplatonischen Tradition der platonisch-akademischen ἀφαίρεσις/πρόσθεσις-Methode (der sogenannten ‚*Via negativa*') wird es ausschließlich so verwendet[287]. Außerhalb dieses Überlieferungsstranges scheint es seltener vorzukommen[288]. Beispiele für ἀφαιρεῖν ‚gedanklich hervorheben' gibt es bei Aristoteles überhaupt nicht, nach ihm außerordentlich selten; sie sind zudem nicht völlig eindeutig[289]. Vielleicht hängt das Zurücktreten von ἀφαιρεῖν außerhalb

1359b 27. 29. 1360a 11 (vgl. auch Ps.-Arist. rhet. ad Alex. 1438a 38—40) geht die Austauschbarkeit von ἀφ- und περιαιρεῖν hervor, ferner, daß ihre Objekte vorzugsweise etwas Unwesentliches, Überflüssiges sind.

285 Z 11, 1036b 23 τὸ πάντα ἀνάγειν οὕτω καὶ ἀφαιρεῖν τὴν ὕλην περίεργον; ähnlich 1036b 3 (wo natürlich mit A^b Al^p und den modernen Editoren τοῦτον zu schreiben ist, nicht τοῦτο mit Π, was sachlich nicht in den Zusammenhang paßt). Zur Verbindung von ἀνάγειν und ἀφαιρεῖν u. 7.61/62.

286 Belege u. S. 632 A. 372/373, wo auch auf Krämer, *Prinzipienlehre und Dialektik*, hingewiesen wird.

287 Vgl. u. 7.62, wo die Stellen ausführlicher zitiert werden: Plutarch. quaest. Plat. 1001 F (einmal ἀφαιρεῖν). Clem. Al. Strom. V 71, 2 (ἀφαιρεῖν zweimal, dazu zweimal περιαιρεῖν gleicher Bedeutung; vgl. denselben Wechsel beider Komposita bei Aristoteles, o. A. 284). Maximos Dial. 11, 11b (einmal ἀφαιρεῖν, syn. ἀποδύνειν). Plotin ἀφαιρεῖν so passim (Belege Krämer, *UGM* 343—345; syn. ἀφεῖναι, ἀποδύνειν, ἀποτιθέναι; opp. προστιθέναι; offenbar keine Gegenbeispiele). Ps.-Dionys. theol. myst. 1 und 2 (zweimal ἀφαιρεῖν, syn. negatives ἐξαιρεῖν). Als Ergebnis ‚bleibt' etwas ‚übrig': Clemens ὑπολειφθέν, Plotin VI 8 [39] 21, 27 καταλιπών, Maximos καταλειπόμενον, vgl. (κατα-, ὑπο-)λείπειν bei Aristoteles (o. S. 584 A. 123).

288 Theophr. met. 5a 11 (nicht streng terminologisch), vgl. 6a 12. 13. Genau wie bei Aristoteles Themist. De anima 8, 21 (von der Mathematik). Die übrigen Aristoteles-Kommentatoren habe ich bisher noch nicht daraufhin durchgeprüft.

289 Alex. an. 110, 19 αὕτη γὰρ ἐνέργεια τοῦ νοῦ, τὰ ἐνεργείᾳ αἰσθητὰ τῇ αὐτοῦ δυνάμει χωρίσαι καὶ ἀφελεῖν τούτων, σὺν οἷς ὄντα ἐστὶν αἰσθητά, καὶ ὁρίσασθαι καθ' αὑτά: Hier dürfte das häufige χωρίζειν = ‚herausheben' die seltene Verwendung von ἀφαιρεῖν veranlaßt haben, die freilich möglich gewesen sein muß;

der Via-negativa-Tradition[290] mit dem Vordringen von χωρίζειν = ‚die Form gedanklich herausheben' zusammen. In diesem Falle wäre zu fragen, was sachlich hinter diesem bedeutsamen Wechsel der Terminologie steht, d. h. warum das negative ‚Eliminieren' vom positiven ‚Herausheben' zurückgedrängt wird (vgl. u.).

7.512 χωρίζειν

Da χωρίζειν bei Platon und Aristoteles eine verwirrende Fülle von Bedeutungen hat[291], empfiehlt es sich, mit dem schulmäßig verfestigten Gebrauch der späteren Zeit anzufangen, der es uns ermöglicht, das Problem schärfer zu fassen. Wir beschränken uns auf Alexanders Metaphysikkommentar und seine Schrift De anima[292] sowie eine Stelle Plotins. Bei Alexander wird χωρίζειν im Zusammenhang mit dem Eidos und mit den mathematischen Gegenständen gebraucht. Wenn es sich um das Eidos handelt, bedeutet χωρίζειν bei ihm fast stets[293] ‚die Form (von der Hyle abtrennen und so) herausheben'[294]. Dieses ‚Trennen' ist komplementär einem λαμβάνειν, νοεῖν, θεωρεῖν[295], mit dem sich der νοῦς der Form bemächtigt, zusammengefaßt: ἡ νόησις λῆψις τῶν εἰδῶν ἐστι χωρὶς ὕλης (De anima 83, 14f). Bei den μαθηματικά bezeichnet es sowohl positiv das Herausheben des mathematischen Objektes[296] wie negativ das Subtrahieren aller körperlichen πάθη außer der Ausdehnung[297]; auch hier tritt wieder

vielleicht ist eine Spur der ursprünglichen Indifferenz (s. Platon) immer bewahrt geblieben. Vgl. Themist. De anima 111, 17.

290 Die Schicksale des Substantivs ἀφαίρεσις sind ein wenig anders, u. 7.513.

291 Die Bedeutungen von χωρίζω, χωριστόν, χωρίς bei Aristoteles stellt mit reichen Belegen dar Philippe 469—476.

292 Die Belege können nur in knappster Auswahl gegeben werden. Zur sachlichen Problematik von Alexanders Abstraktionslehre vgl. P. Moraux, *Alexandre* 70—75. S. auch o. S. 586 A. 132. Trotz einiger empiristisch klingender Formulierungen (z. B. an. 83, 11—13 das ‚Zusammenstellen des Ähnlichen') könnte die Abstraktion Alexanders intuitive Wesensschau wie bei Aristoteles sein.

293 Eine sichere Ausnahme: Die aristotelische Stelle Z 11, 1036b 23 τὸ πάντα ἀνάγειν οὕτω καὶ ἀφαιρεῖν τὴν ὕλην περίεργον umschreibt Ps.-Alex. 513, 31f so: τὸ δὲ πάντα ἀνάγειν καὶ ἰδέας ποιεῖν χωρίζοντας τὴν ὕλην περίεργον. Ein Reflex des echten Alexander?

294 an. 84, 8. 85, 13. 87, 25 u. ö., met. 472, 11. 14. 496, 35, bes. einprägsam formuliert 694, 38 und 695, 2. 4. Gleichbedeutend sind τὸ εἶδος χωρὶς ὕλης λαμβάνειν 85, 14. 19 u. ö. (vgl. met. 694, 38); τὸ εἶδος χωρὶς ὕλης νοεῖν 86, 29. 87, 21; ferner ἡ διάνοια τὰ εἴδη χωρίσασα παρ' ἑαυτῇ ἔχει met. 472, 14 und ἡ διάνοια τὸ καθόλου χωρίζει καὶ ἀποσυλᾶται 471, 35 (zu ἀποσυλᾶν, -ᾶσθαι vgl. 504, 14—17 und Haydücks Index). ἀποσυλᾶν ist so plastisch wie unser ‚abziehen'.

295 S. vorst. Anm. θεωρεῖν an. 84, 8. 20.

296 met. 735, 36f. 738, 33ff, wohl auch 511, 33ff. 512, 11ff. Nicht eindeutig 231, 1.

297 met. 52, 15—19 χωρισθείσης τῶν ἐνύλων τῆς τε ὕλης καὶ τῆς κινήσεως, καθ' ἃ καὶ μεθ' ὧν ἐστιν αὐτοῖς τὸ ὑφεστάναι, καταλείπεται τὰ μαθηματικά. 201, 4ff (textlich

komplementär νοεῖν hinzu[298]. Weitere Belege ergänzen das Bild nur unwesentlich[299]. Die Stelle aus Plotin gebraucht das Verb für das ‚Eliminieren' des Körperlichen, das Substantiv χωρισμός für das ‚Herausheben' der mathematischen Gegenstände[300].

Dieser Befund läßt sich folgendermaßen deuten:

χωρίζειν ist auf den Bereich der Erkenntnistheorie bezogen von Hause aus ein indifferentes Trennen (vgl. διαιρεῖν), das an sich keinem von beiden getrennten Teilen besonders zuneigt. Das zeigt sich an einer Reihe platonischer[301] und aristotelischer Belege[302]. So erklärt sich der Umstand, daß es noch bei Alexander und Plotin bald auf die Seite des noetisch Herausgehobenen, bald auf die des Eliminierten treten kann, als ein Rest der ursprünglichen Indifferenz. Wann aber das Wort die terminologische Festlegung erfuhr, die uns bei Alexander vorliegt, ist undeutlich, solange wir die Zwischenstufen zwischen Aristoteles und Alexander nicht kennen. So bleibt nichts übrig, als die Ansätze zu terminologischer Verwendung bei Aristoteles zu registrieren und hypothetisch einer Entwicklung einzuordnen. Wir nennen nur diejenigen Belege, an denen χωρίζειν eindeutig auf Erkenntnistheorie und Abstraktion bezogen ist[303]. Mit einer Ausnahme handelt es sich um die Abstraktion der Mathematik[304]: Es besteht nun gar kein Zwei-

kaum in Ordnung, aber die Verwendung von χωρίζειν klar). — Daß beide Bedeutungen (vgl. A. 296) die Grenze zwischen dem ‚echten' Alexander und Ps.-Alexander einhalten, ist wohl Zufall, zumal ein weiterer Beleg für negatives χωρίζειν in bezug auf die εἴδη (513, 32, vgl. o. A. 293) bei Ps.-Alexander steht.

298 735, 36f (zu M 3) ὁ γὰρ λόγος ὁ χωρίσας τὴν γραμμὴν δύναται αὐτὴν τοιαύτην εἶναι νοεῖν οἵαν ἐχώρισε.

299 ‚Positiv' 471, 35 (oben schon angeführt). 504, 14—17. 733, 25. ‚Negativ' vermutlich met. 229, 11ff, wo er die ἁπλᾶ σώματα ihrer πάθη entkleidet (χωρίζει) und so λαμβάνει τὸ ὑποκείμενον τούτοις σῶμα.

300 4, 7, 8 (νοήσεις τῶν ἐν ὕλῃ εἰδῶν) χωριζομένων γε τῶν σωμάτων γίγνονται τοῦ νοῦ χωρίζοντος. Dies hört sich an, als ob die Wesensformen gemeint seien; es geht jedoch weiter: οὐ γὰρ δὴ μετὰ σαρκῶν ἢ ὅλως ὕλης ὁ χωρισμὸς κύκλου καὶ τριγώνου καὶ γραμμῆς καὶ σημείου. Trotzdem ist, wie das Folgende zeigt, die Mathematik ein Modellfall für alle εἴδη und deren Erkenntnis. Vgl. z. St. auch u. 7.512 Ende.

301 Die platonischen Stellen werden u. S. 632 A. 372 aufgeführt.

302 Bonitz 860a 11ff.

303 Philippe 472. — Auch die allgemeinphilosophische Problematik des Chorismos kommt hier nicht zur Sprache, vgl. Chen, *Chorismos*.

304 Besprochen o. 7.42. Vgl. die Ausleger zu M 3, Bonitz 860a 50—52, Philippe 472. — Die eine Ausnahme ist Z 11, 1036b 7 (darüber unten). Ganz unsicher Θ 6, 1048b 14f τὸ δ' ἄπειρον οὐχ οὕτω δυνάμει ἔστιν ὡς ἐνεργείᾳ ἐσόμενον χωριστόν, ἀλλὰ γνώσει (μόνον ἔστιν ἐνεργείᾳ bzw. ἐνεργείᾳ χωριστόν). Es erhält nur im noetischen Akt eine gesonderte Existenz, wird ἐνεργείᾳ νοητόν, aber nicht aktuelle Substanz. Ein Beleg für χωριστόν = ‚abstrahiert, abstrahierbar' ist die Stelle nicht, es sei denn, man ergänzt hinter γνώσει nur χωριστόν und faßt es anders als im ersten Teil (nicht plausibel).

fel, daß wenigstens in M 3 und phys. β 2[305] χωρίζειν praktisch schon ein Terminus für das ‚Herausheben' des noetischen Gegenstandes ist. Außerhalb des mathematischen Bereiches ist χωρίζειν in dieser Bedeutung bei Aristoteles nicht belegt. Vielleicht war also die Abstraktion der Mathematik bei Aristoteles Keimzelle des späteren Gebrauches von χωρίζειν ‚herausheben', wie wir ihn aus Alexander kennengelernt haben (vgl. u. *7.61*).

Nur Z 11, 1036b7 steht χωρίζειν weder direkt von der Mathematik noch vom Herausheben der Form: ‚Wesentliches und Unwesentliches an einer Sache zu unterscheiden ist leicht, wenn die gleiche Wesensform (Kreis) an verschiedenem Material vorkommt (Kreide, Erz usw.). Wenn aber das Material immer gleich ist (z. B. Fleisch beim Menschen), so entweder deshalb, weil es für die Form wesentlich ist, oder weil es sich zufällig so gefügt hat. In letzterem Falle haben wir nicht den Wechsel als Kriterium des Unwesentlichen und können dieses darum nicht abtrennen (ἀδυνατοῦμεν χωρίσαι), obwohl es an sich abtrennbar wäre'. χωρίζειν kommt hier einem ‚eliminieren' nahe, was zu seiner ursprünglichen Indifferenz und seiner Verwendung bei Platon sowie in der Spätzeit stimmt (o. S. 617f).

Das Substantiv χώρισις kommt nur bei Plotin 1, 3, 3, 2 vor und heißt dort ‚Abtrennung' (sc. vom Körperlichen) beim Aufstieg der Seele zum ‚Einen' wie im Symposion und Phaidros, die Plotin auch zitiert. Die Stelle hängt also eng mit dem Problem der Abstraktion zusammen (vgl. auch ib. 1, 3, 3, 5ff die Erwähnung der Mathematik als einer Brücke zum Unsinnlichen), aber χώρισις steht doch nicht eigentlich terminologisch. — χωρισμός heißt bei Platon und Aristoteles ‚Trennung' im weiten Sinne und wird nur von Plotin 4, 7, 8, 19f auf die Erkenntnistheorie bezogen: οὐ μετὰ σαρκῶν ἢ ὅλως ὕλης ὁ χωρισμὸς κύκλου καὶ τριγώνου καὶ γραμμῆς καὶ σημείου „erfolgt das Herausheben des Kreises usw."[306].

7.513 abstrahere, auferre, separare

abstrahere steht anscheinend immer, *separare* fast stets positiv vom Herausheben der Form[307], *auferre* durchweg (?) vom Eliminieren

[305] M 3, 1078a 21—23. β 2, 193b 33—35, besprochen o. 7.42. Nicht eindeutig sind an. Γ 7, 431b 16. E 1, 1026a 9.

[306] κύκλος usw. wird als zu Erkennendes der zu eliminierenden ὕλη gegenübergestellt; also ist es nicht möglich, die Genitive κύκλου usw. als Separative zu verstehen.

[307] Mittelalterliche Belege für *abstrahere* anzuführen ist überflüssig, da es häufig vorkommt und seine Bedeutung immer konstant bleibt. Für die Antike vgl. den Thes. l. Lat. s. v. — *separare*: z. B. Thomas met. 1505/1506 (zu Z 11) mit beiden Bedeutungen (*mente auferre et separare* geht auf die Materie, wie der Arist.-Text 1036b 3 zeigt).

der Materie[308]. *auferre* ist deutlich Wiedergabe von ἀφαιρεῖν, *separare* von χωρίζειν; hier stimmen also inhaltliche Entsprechung und wörtliche Übersetzung verhältnismäßig gut zusammen. *auferre* wird offenbar nur selten von der Abstraktion gebraucht und dürfte ein typisches Übersetzungswort sein: Man konnte für das griechische ἀφαιρεῖν ‚eliminieren' nicht das geläufige *abstrahere* nehmen, weil dieses bereits auf das Herausheben der Form festgelegt war.

Von den drei Wörtern ist *abstrahere* am meisten belegt und ganz eindeutig in seinem Sinn. Jedoch bereitet seine Anknüpfung nach rückwärts an das Griechische Schwierigkeiten. Denn nach Form und Grundbedeutung gehört es zu ἀφαιρεῖν, nach seiner sachlichen Anwendung bei der Abstraktionslehre zu χωρίζειν in dessen überwiegender Bedeutung ‚herausheben'. Wenn man nicht seine Verbindung zu ἀφαιρεῖν ganz leugnen, d. h. in ihm eine rein lateinische Neuschöpfung in Konkurrenz mit *separare* sehen will, müßte ἀφαιρεῖν irgendwie seine Bedeutung geändert haben:

a) Dies ist jedoch unwahrscheinlich, weil es bis in die Spätantike in seiner Bedeutung fast überhaupt nicht schwankt, sondern durchweg ‚eliminieren' heißt (o. *7.511*). Die Lateiner fanden also in der Verwendung des Verbums ἀφαιρεῖν keine Handhabe vor, um es lateinisch mit *abstrahere* ‚herausheben' wiedergeben zu können.

b) Deshalb wird sich diese Bedeutungsentwicklung vermutlich weniger am Verbum ἀφαιρεῖν als am Substantiv ἀφαίρεσις vollzogen haben. Denn neben dem Verbum kommen häufig substantivische Ausdrücke mit ἀφαίρεσις vor[309]. Diese substantivischen Verbindungen sind nun von Anfang an indifferent gegenüber der Art und Weise des Abstraktionsvorganges, d. h. die Abstraktionsergebnisse τὰ ἐξ ἀφαι-

[308] Z. B. übersetzt Wilhelm von Moerbeke ἀφαιρεῖν Z 11, 1036b 3 mit *auferre*, vgl. Thomas zu b 23: removere materialia bzw. auferre totaliter materiam sensibilem et intelligibilem. Vgl. Philippe 465 A. 2. — Auch das Substantiv *ablatio* gibt z. T. ἀφαίρεσις im Sinne von ‚Eliminieren' wieder (u. S. 638 A. 399), teilweise allerdings steht es auch wie *abstractio* vom Herausheben der Form (u. S. 621 A. 311).

[309] Die Belege für ἀφαίρεσις bei Aristoteles bietet Philippe 462 mit A. 6—8. Wenige Beispiele für die spätere Entwicklung: Albinos c. 10 p. 165, 14—17 H. ἔσται δὴ πρώτη μὲν αὐτοῦ νόησις (Erkenntnis von Gott) ἡ κατὰ ἀφαίρεσιν τούτων (aller begrifflichen Aussagen), ὅπως καὶ σημεῖον ἐνοήσαμεν κατὰ ἀφαίρεσιν ἀπὸ τοῦ αἰσθητοῦ, ἐπιφάνειαν νοήσαντες, εἶτα γραμμήν, καὶ τελευταῖον τὸ σημεῖον: τούτων kann Genitivus obiectivus oder separativus sein, ἀπὸ τοῦ αἰσθητοῦ suggeriert, selbst wenn man es nicht preßt, eine ‚positive' Bedeutung von ἀφαίρεσις. Plut. quaest. Platon. 1001 F τῶν εἰδῶν νόησις ἐξ ἀφαιρέσεως καὶ περικοπῆς σώματος ἐπάγει (ὁ Πλάτων), eindeutig ‚negativ'. Ebenso auch Attikos fr. 2 § 7 Baudry, Plotin (z. B. VI 8 [39] 11, 34; VI 7 [38] 36, 7), Ps.-Dionys. theol. myst. 2. In Hayducks Index zu Alex. met. erscheint nicht ἀφαιρεῖν (περι-), wohl aber oft ἀφαίρεσις, u. a. in zusammengesetzten Wendungen wie ἐξ ἀφαιρέσεως νοεῖν (201, 1f, vgl. 199, 19f), ἐξ ἀφαιρέσεως λαμβάνειν (201, 4f). Die Nicht-Erwähnung von ἀφαιρεῖν bedeutet wohl nur, daß es nicht philosophisch-terminologisch vorkommt, denn es erscheint z. B. öfter als ‚wegnehmen' (der Teile vom Ganzen) 427f.

ρέσεως o. ä. verraten nichts darüber, wie sie gewonnen worden sind, daß sie nämlich eigentlich einem negativen Vorgang entstammen oder zumindest nach diesem bezeichnet sind. Kommt νοεῖν u. dgl. hinzu (ἐξ ἀφαιρέσεως νοεῖν, vgl. Anm. 309), so suggeriert die Verbindung insgesamt das Herausheben der Form. Daher ist es nicht zu verwundern, daß ἀφαίρεσις gelegentlich offen auf die ‚positive' Seite tritt, z. B. Alex. metaph. 199, 19f τοῖς τὰ μαθηματικὰ ἐξ ἀφαιρέσεως ἀπὸ τῶν αἰσθητῶν νοοῦσι (ähnlich 734, 7f)[310]. Die gleiche Entwicklung kann man bei lateinisch *ablatio* beobachten[311]. Anscheinend verbanden nun die Lateiner nicht *abstrahere* direkt mit ἀφαιρεῖν, sondern *abstractio* mit ἀφαίρεσις, unter welchem sie ein ‚Herausheben' verstanden, was um so leichter war, weil ἀφαίρεσις kein konkurrierendes χώρισις neben sich hatte. Dann erst wurde aus *abstractio* — vielleicht unter dem Einfluß von *separare*/χωρίζειν — ein *abstrahere* ‚die Form herausheben' abgeleitet[312]. Jedenfalls ist im Mittelalter *abstractio* ebenso häufig wie *abstrahere*[313], und es fällt auf, wie zwanglos sich substantivische Ausdrücke wie obiges ἐξ ἀφαιρέσεως ἀπὸ τῶν αἰσθητῶν ins Lateinische übersetzen lassen: *per abstractionem a sensibilibus* (Albert. M.eth. 6, 2, 19 p. 435 b 37).

Diese Hypothese erklärt das Wie der Entwicklung, aber nicht das Warum. Aus welchem Grund kommt es zur Gewichtsverlagerung von der ‚negativen' Seite auf die ‚positive' Seite zum Teil schon im Griechischen (Alex.Aphr.), besonders aber auf dem Wege vom Griechischen ins Lateinische?:

Diese antike Abstraktion ist, wie gezeigt, ihrem Wesen nach eine Intuition, die ‚positiv' die Form heraushebt. Das Eliminieren des Unwesentlichen stellt gewissermaßen nur die andere Seite des gleichen noetischen Vorganges dar, weil der νοῦς durch die νόησις ja darüber entscheidet, was unwesentlich ist und subtrahiert werden muß. Herausheben und Subtraktion sind also eine untrennbare Einheit[314], der gegenüber das Fluktuieren der Terminologie nur von sekundärer Bedeutung ist. Der ‚negative' Aspekt lebte überwiegend in der ‚*Via negativa*' von Platon bis Ps.-Dionysios fort und war eng mit dem akademischen Seinsaufbau und der Erkenntnis des obersten Seins bzw.

310 Vgl. auch in vorst. Anm. die Doppeldeutigkeit von ἀφαίρεσις bei Albinos.

311 Hier finden sich neben der nach Ausweis von *auferre* ursprünglichen negativen Bedeutung (u. S. 638 A. 399, Mittellat. Wörterbuch s. v. *ablatio*) auch die positive, z. B. Albert. M. eth. 6,2 p. 435 b 33f metaphysicam consistere per ablationem a sensibilibus et divinam per ablationem a mathematicis (!).

312 Wenn *abstractus* früher belegt ist als das Verbum finitum (das muß noch aufgehellt werden), kann die Entwicklung so verlaufen sein: ἀφαίρεσις/*abstractio* → χωριστός/*abstractus* → χωρίζειν/*abstrahere*.

313 Mittellat. Wörterbuch s. v. *abstractio* und *abstraho*.

314 S. gleich u. 7.52 u. ö.

des ‚überseienden' Hen[315] verknüpft: Die Via negativa konnte ihre Negativität um so leichter bewahren, als sie selber eine ‚positive' Seite hatte (eben die νόησις) und ihr stets — schon bei Platon und Aristoteles — andere ‚positive' Arten des Aufstiegs zum Göttlichen beigegeben waren. Wo man aber dem platonischen Seinsaufbau und damit seiner Via negativa der Gotteserkenntnis ferner stand, wie bei Alex. Aphrod., da lag es nahe, den positiven Aspekt der ‚Intuition' stärker zu betonen und damit die teilweise Umwertung der Terminologie einzuleiten[316].

7.52 ἀφαιρεῖν diskursiv?

Die ἀφαίρεσις ist ein der νόησις komplementär zugeordneter punktuell-intuitiver Vorgang. Da nun, wie Oehler für Platon und Aristoteles gezeigt hat, jede νόησις aufs innigste mit der diskursiven διάνοια verknüpft ist, muß man sich auch bei der ἀφαίρεσις fragen, ob nicht dem noetischen Akt diskursive Denkvorgänge vorbereitend voraufgehen oder bestätigend nachfolgen, die auf die Scheidung von Materie und Form und die Eliminierung der Materie abzielen. Hierfür gibt es einige spärliche Hinweise, so in der Topik der Abschnitt, in dem erörtert wird, was bei einer Definition wesentlich und was unwesentlich ist[317]: Eine Methode, dies herauszufinden, besteht darin, daß man eine Bestimmung wegläßt (ἀφαιρεῖν)[318] und sich dann vergewissert, ob die verbleibende Definition das Wesen der Sache noch ausreichend kennzeichnet[319]. Dieses Subtraktionsverfahren begegnet ähnlich wieder an der schon zitierten Stelle met. Z 3, 1029 a 10—21, wo der Wesenskern der οὐσία dadurch gewonnen werden soll, daß man von einem Ding der Reihe nach die kategorialen Bestimmungen subtrahiert. Das Ergebnis ist verblüffend: Man gelangt so nicht zur Wesensform als dem Vollbestimmten, sondern zum absolut Unbestimmten, der Materie. Der ‚Fehler' liegt darin[320], daß nicht nur die akzidentellen Bestimmungen subtrahiert wurden, sondern auch die erste Kategorie, also jegliche Bestimmung überhaupt[321]. Beruht dies darauf, daß in

315 Über den engen Zusammenhang zwischen ἀφαίρεσις-Lehre und platonisch-akademischer Seinsstufung (‚Ableitungssystem', ‚Elementen-Metaphysik') vgl. u. 7.61; so jetzt auch Krämer, *Prinzipienlehre und Dialektik* 40ff. 52ff.

316 Wie weit auch der ‚Nominalismus' Alexanders und anderer Peripatetiker an dieser Umwertung beteiligt ist, kann hier nicht geprüft werden.

317 Z 3, bes. 140a 33—b 15.

318 a 33. 36. b 1. 5. 10. Vgl. προστιθέναι ib. öfter. Anders ἀφαιρεῖν und προστιθέναι An. post. B 5, 91 b 27 vom Weglassen eines Wesentlichen oder Zufügen eines Unwesentlichen.

319 δηλοῖ τὴν οὐσίαν, δῆλον ποιεῖ τὸ ὁριζόμενον.

320 Vgl. u. 7.823a, 7.823dε.

321 Vgl. 1029a 20 τὶ: Hier beginnt das Problem, denn τὶ bezeichnet das Individuum, und von diesem sieht doch jede Wesenserfassung ab.

diesem einzelnen Fall dem diskursiven Vorgang des Eliminierens die positive noetische Erfassung des Eidos gefehlt hat, also das Kriterium, das zwischen Wesentlich und Unwesentlich scheidet[322]?

7.53 ἀφαίρεσις und πρόσθεσις[323]

πρόσθεσις ,Hinzufügen, Addieren' ist seiner Grundbedeutung nach das genaue Gegenteil von ἀφαίρεσις ,Wegnehmen, Subtrahieren', und das Wortpaar erscheint in den verschiedensten Sachzusammenhängen[324]. Hiervon interessieren uns die Stellen, an welchen es mit Erkenntnistheorie und Wissenschaftslehre verbunden wird:

An. post. A 27, 87 a 31—37 ist die Wissenschaft ἐξ ἐλαττόνων ,genauer' und ,früher' als die ἐκ προσθέσεως, οἷον γεωμετρίας ἀριθμητική. λέγω δ' ἐκ προσθέσεως, οἷον μονὰς οὐσία ἄθετος, στιγμὴ δὲ οὐσία θετός. ταύτην ἐκ προσθέσεως. Diejenige Wissenschaft hat also Priorität (in welcher Hinsicht?), die sich mit dem Einfacheren befaßt, und aus dem Einfachen entsteht durch ,Zufügung' das Kompliziertere. Das Beispiel (Zahleneinheit — Punkt) ist typisch platonisch[325], und die πρόσθεσις erinnert so an die platonische ,Deduktion' von den Prinzipien zu den Erscheinungen[326]; platonisierend ist auch der Ausdruck οὐσία für Einheit und Punkt. Der gleiche Gedanke wird met. A 2, 982 a 25—28 weniger platonisierend vorgetragen (das Derivationsbeispiel Punkt-Monas und der Terminus οὐσία fehlen; auch von ,früher' wird nicht gesprochen), aber prinzipieller gefaßt: „Am exaktesten sind die Wissenschaften, die sich am meisten auf die ersten Prinzipien richten, denn die Wissenschaften, die mit weniger Voraussetzungen auskommen, sind genauer als die, die mehr benötigen (αἱ ἐκ προσθέσεως λεγόμεναι), z. B. Arithmetik — Geometrie". Und an einer dritten Stelle (M 3) heißt es prägnant, je ,früher dem λόγος nach' und je einfacher die Objekte einer Wissenschaft seien, desto exakter sei die betreffende Wissenschaft[327]. Die Anordnung der Stellen könnte ihrer chronologischen Abfolge entsprechen[328], und man kann

322 Vgl. u. 7.823 d ε mit Kontext.

323 Bonitz zu met. A 2, 982 a 27. Mansion 148—150. Merlan 49. 175—177. Zur Fortwirkung der πρόσθεσις bis in den Mittel- und Neuplatonismus Krämer, *UGM* 105—108. 343—351. Vgl. jetzt auch ders., *Prinzipienlehre und Dialektik* 52 ff.

324 Bonitz s. v.

325 Gaiser 355 mit weiteren Verweisen.

326 Gaiser 85—88 u. ö.

327 M 3, 1078 a 9—11 καὶ ὅσῳ δὴ ἂν περὶ προτέρων τῷ λόγῳ καὶ ἁπλουστέρων, τοσούτῳ μᾶλλον ἔχει τὸ ἀκριβές (τοῦτο δὲ ἁπλοῦν ἐστιν) . . . Vgl. unten.

328 Zu An. post. A 27 vgl. Merlan 48 Anm., der zu Recht mit Solmsen Spuren platonisierender Auffassung der Mathematik in den Analytica annimmt; die von Ross, *Analytics* S. 23 vermutete Abfassungszeit der Analytica zwischen 350 und 344 stimmt gut dazu. Wenn man Jaegers Datierung von met. A und N hinzunimmt, ergibt sich die obige Reihenfolge.

zwanglos eine gewisse ‚Entwicklung' konstruieren von einer mehr ‚ontologischen' (An. post.) zu einer mehr ‚logischen' Auffassung der πρόσθεσις (met. A, M).

Da die logische Seite der πρόσθεσις auch an anderen Stellen der Metaphysik stark hervortritt[329] und in dem schon herangezogenen Buch M ein ontologischer Bezug der πρόσθεσις ausdrücklich geleugnet wird[330], liegt es nahe, auch den Beleg aus De caelo, welcher die mathematischen Gegenstände als τὰ ἐξ ἀφαιρέσεως den physischen als τὰ ἐκ προσθέσεως gegenüberstellt[331], ‚logisch' zu verstehen und dies als die verbindliche Ansicht des Aristoteles über πρόσθεσις anzusehen.

Weil ἀφαίρεσις und πρόσθεσις in enger Korrelation stehen, ergibt sich nun die Frage, ob nicht auch die ἀφαίρεσις sich bei Aristoteles von einem ‚ontologischen' zu einem ‚logischen' Subtrahieren entwickelt hat. Bei der Prüfung dieser Frage werden wir auch wieder auf die πρόσθεσις zurückkommen.

7.54 *Eine Entwicklung des aristotelischen Abstraktionsbegriffes?*

Merlan hat zwei Bedeutungstendenzen von ἀφαίρεσις (und πρόσθεσις) unterschieden[332]: 1. eine ‚logische' Verallgemeinerung durch Abstraktion ‚im modernen Sinne', der eine logische Spezifizierung bis zur *infima species* entspricht; 2. ein ‚metaphysisches' Zurückgehen zum einfacheren, reineren ‚Sein', das ‚konkret' und ‚nicht-abstrakt' ist und keinen Allgemeinbegriff darstellt, sondern in einer Reihe der Seinsabhängigkeit alle ihm nachgeordneten Seienden in ihrem Sein begründet und nur in diesem Sinne ‚allgemein' ist; diese Tendenz münde dann letztlich in die neuplatonischen Vorstellungen von πρόοδος und ἐπιστροφή ein. Auch der Terminus καθόλου habe diese beiden Bedeutungen, also 1. ‚Allgemeinbegriff', 2. ‚dem Sein nach vorgeordnet' und nur dadurch = ‚allgegenwärtig'. In met. Γ, E 1 und K liege die ‚metaphysische' Bedeutung der ἀφαίρεσις vor (die mit ‚Subtraktion' zu übersetzen sei), an anderen Stellen bezeichne sie das, ‚was wir heute mit „Abstraktion" meinen' (und könne auch durch ‚Abstraktion' wiedergegeben werden)[333].

Diese Thesen Merlans sind ungemein wichtig und anregend, und doch können wir ihnen im wesentlichen nicht folgen[334]:

[329] Γ 2, 1003 b 30f. Z 4, 1029 b 29—31. Z 5, 1031 a 2—5. Vgl. Bonitz s. v. προστιθέναι 648 b 26—37.

[330] M 2, 1077 b 1—11, bes. 9f οὔτε τὸ ἐξ ἀφαιρέσεως πρότερον οὔτε τὸ ἐκ προσθέσεως ὕστερον (sc. dem Sein nach, sondern nur der Logik nach).

[331] Γ 1, 299 a 15—17 τὰ μὲν ἐξ ἀφαιρέσεως λέγεσθαι, τὰ μαθηματικά, τὰ δὲ φυσικὰ ἐκ προσθέσεως.

[332] Merlan 174—178, bes. 177.

[333] 175f. Er nennt keine Stellen, könnte aber z. B. an M 2 gedacht haben.

[334] Die Situation in diesem speziellen Punkt ist die gleiche wie in Merlans Abschnitt 160—231 über das Objekt der Metaphysik, mit dem wir uns o. 4.12, 4.24 u. ö. aus-

7.541 Merlan sieht — wie in seinem Buch insgesamt, so auch hier — nur eine einzige Alternative, die zwischen ‚(Ultra-)Realismus' (Existenzableitung; keine Abstraktion; keine leere, ‚abstrakte' Begrifflichkeit, sondern ‚konkrete' Seinsfülle auch und gerade im Bereich des ‚Idealen'; Subsistenz des Mathematischen usw.) und ‚Nominalismus' (‚abstrakte, leere Begrifflichkeit' usw.)[335]. Beide extremen Einstellungen sind und bleiben wichtige polare Grundtypen, zwischen denen sich das philosophische Denken und seine Erforschung hin- und herbewegen können[336], aber es sind zwischen diesen Polen und ganz außerhalb dieser Alternative viele Denkhaltungen möglich, die weder einen Ultra-Realismus noch einen extremen Nominalismus darstellen. Am meisten sachgerecht scheint mir nun diejenige Aristoteles-Deutung zu sein, welche die Struktur der ‚Sache' und diejenige des Denkens (der Begriffe, der Sprache) so zusammensieht, daß es zur Wahl zwischen ‚Realismus' und ‚Nominalismus' gar nicht erst kommen kann[337]:

7.542 In der ‚Metaphysik' gibt es keinen Gegensatz zwischen einem ‚realistischen' Seinsverständnis in Γ E I K und einem ‚nominalistischen' anderswo[338]. Genausowenig kann man die ἀφαίρεσις in K 3 als ‚metaphysisches' Verfahren (der ‚Subtraktion') der ἀφαίρεσις als ‚logisch-begrifflicher' Methode (der ‚Verallgemeinerung') an anderen Stellen entgegensetzen. Die ἀφαίρεσις ist nämlich, wie wir gesehen haben[339], überall ‚Subtraktion' und hat überall einen ‚logischen' Charakter — der bald mehr, bald weniger hervortritt —, aber sie wird zugleich an allen Stellen getragen von einem auf ein objektives Gegenüber (z. B. die Form) gerichteten ‚positiven' noetischen Akt (νόησις), dem sie als ‚negative' Methode komplementär zugeordnet ist. Deshalb hat die ἀφαίρεσις (und damit auch die πρόσθεσις) immer mit ‚realem', ‚konkretem' Sein zu tun und ist niemals ‚leere Begrifflichkeit', kein unverbindliches begriffliches Hilfsmittel, das durch additives Probieren an Hand vieler Einzelfälle zu einem Durchschnittswert gelangt und so jeweils nur provisorisch das Untersuchungsgebiet ordnen hilft. Dieser noetische Charakter und ‚ontologische' Bezug der ἀφαίρεσις/πρόσθεσις bleibt erhalten, wie auch immer sein ‚objektives' Gegenüber von Aristoteles eingeordnet wird: Es kann also durchaus sein, daß an manchen Stellen noch die platonische ‚Subsistenz' der μαθηματικά

einandergesetzt haben: Merlans Ausführungen sind ebenso bedeutend wie anfechtbar.

335 Merlan 4 mit Anm., 11, 48f mit Anm., 174—178 und passim.

336 Vgl., auch zum Folgenden, Sach-Index s. v. *Begriff 1*, ferner Tugendhat, Gnomon 1963, 543—555, bes. 550. 553—555.

337 Vgl. Tugendhat 555.

338 Vgl. o. 4.244b, 4.51.

339 o. 7.42 und das Vorstehende in 7.5.

nachklingt[340], an anderen diese ,Subsistenz' scharf abgelehnt wird (z. B. M 2/3), und doch bleibt das Wesen der ἀφαίρεσις dasselbe. Wir haben ja gezeigt, wie das ,Potentiell'-Sein des Mathematischen bei Aristoteles nur ein neues Wort ist, hinter dem sich die Tatsache verbirgt, daß das ,Idealsein' des Mathematischen im platonischen Sinne auch bei Aristoteles kontinuierlich fortlebt[341]; das Gleiche gilt für das ,Potentiell'-Sein der höheren genera[342].

7.543 Nachdem wir uns so von der schematischen Alternative Realismus—Nominalismus freigemacht haben, können wir die wichtigsten Einzelzüge der aristotelischen Abstraktionstheorie unbefangener beurteilen. Wir wollen das hier in aller Kürze tun, obwohl manches davon erst durch den Vergleich mit Platon (unten Abschnitt 7.6) richtig beleuchtet werden wird:

Aristoteles hat nach Aufgabe der Ideen und Idealzahlen die platonische Seinspyramide und Prinzipienlehre auf seinen eigenen Substanzbegriff hin umgestaltet und läßt nur drei Substanzarten gelten: physische Substanzen, Himmelskörper, unbewegte Beweger[343]. Alle anderen Seinsmodi treten demgegenüber zurück (als δυνάμει ὄντα u. dgl.), behalten aber nach wie vor ein ,objektives' Idealsein. Eine einheitliche ,Abstraktions'-Lehre, die all diese Substanzen und Idealseienden in einem Aufstieg *,per subtractionem'* zusammenfassen würde, hat Aristoteles nicht ausgearbeitet, aber die verschiedenen Einzelansätze konvergieren offenbar doch zu einem Ganzen:

a) Die ,Abstraktionsstufen' der Physik, Mathematik und Metaphysik[344] bilden einen Aufstieg zum Intelligiblen, der sich ,logisch' glatt vollzieht (bewegter Körper — unbewegtes geometrisches Gebilde mit reiner Ausdehnung — unbewegtes körperloses Eidos), aber ,ontologisch' daran krankt, daß Aristoteles das Sein der μαθηματικά den physischen Substanzen nachordnet[345]. Gegen diese ontologische Deklassierung ließe sich auf Grund der aristotelischen Erkenntnis- und Wissenschaftslehre, besonders ihrer Wertstufung der Erkenntnisobjekte vom Zusammengesetzten zum immer Einfacheren hin[346], vieles ein-

340 S. o. An. post. A 27. Auch E 1, 1026 a 9 und 15 scheint Aristoteles die ,Subsistenz' der Mathematika nur zögernd zu leugnen (Merlan 50. 60).

341 7.43 Ende u. ö.

342 u. 7.71.

343 Näheres o. 2.52, ferner *Kosmologie und Metaphysik* bes. 170—173. 178.

344 Hiervon ist nur die Stufe der Mathematik regelrecht ausgearbeitet (7.4), die der Physik (7.3) und Metaphysik (7.8) in Ansätzen vorhanden.

345 Bezeichnend ist hierfür das Ende von M 2, wo Aristoteles dann noch von den Mathematika aus auf das Substanz-Akzidens-Verhältnis und den λευκὸς ἄνθρωπος zu sprechen kommt (1077 b 4—11).

346 Vgl. bes. die schon genannte Stelle M 3, 1078 a 9—11, die inmitten der ,antirealistischen' Ausführungen des Aristoteles über die Mathematik steht.

wenden und mit Recht sagen, daß die μαθηματικά ja doch de facto ein den physischen Substanzen überlegenes Idealsein behalten, aber — Aristoteles würde auf keinen Fall die physischen Substanzen von den μαθηματικά irgendwie abhängen lassen, sie von daher begründen oder gar daraus ableiten. Es ist also hier keine Rede — auch ansatzweise nicht — von akademischer ‚Existenzableitung‘[347]. Ob und wie weit man aus der logischen Priorität der μαθηματικά[348] — gegen die eindeutigen Äußerungen des Aristoteles — mit Hilfe der νόησις auch eine ontologische Priorität der μαθηματικά ansetzen darf, ist unsicher.

b) Viel eindeutiger steht es um die andere Dreistufung: physische Substanzen — Himmelskörper — unbewegte Beweger, die eine Abhängigkeitskette ‚dem Sein nach‘ und ‚der Definition nach‘ darstellt: Denn ‚ontologisch‘ hängen die physischen Substanzen mit den Himmelskörpern und diese mit den Bewegern in qualitativ-eidetischer Kausalität zusammen[349]. ‚Logisch‘ ist das Unausgedehnte ‚früher‘ als das Ausgedehnte, das Unbewegte als das Bewegte, innerhalb der bewegten Dinge wieder dasjenige ‚am frühesten‘, was sich mit der ersten und einfachsten Bewegungsart bewegt (sc. Ortsbewegung und Kreisbewegung)[350]. Diese Reihe, die ja — ebenso wie die oben geschilderte Dreischichtung mit den μαθηματικά — nicht nach dem Genus-Eidos-Schema geordnet ist, sondern nach dem Verhältnis des ‚Früher‘ und ‚Später‘[351], gehorcht ja dem Gesetz, daß das ‚Frühere‘ jeweils καθόλου für alles Spätere ist und das erste Glied καθόλου für die gesamte Reihe. Obschon Aristoteles dies nicht ausdrücklich sagt, scheint es mir auf Grund vieler Andeutungen[352] sicher, daß er den Erkenntnisweg der νόησις/ἀφαίρεσις (und umgekehrt der πρόσθεσις) auf diese Dreistufung angewendet hat. Da nun im Γ und Κ neben der Dreistufung, welche die μαθηματικά enthält, auch diejenige mit den Himmelskörpern eine wichtige Rolle spielt[353], dürfen wir die dort

[347] Über deren Bedeutung s. gleich nachstehend, aber auch o. 2.244a.

[348] M 2, 1077b 12—14. 4, 1078b 7—9.

[349] Vgl. o. 5.422, *Kosmologie und Metaphysik* 167—170.

[350] Auch dies steht in M 3, und wir setzen die wichtige Stelle nun ganz her (1078a 9—13): καὶ ὅσῳ δὴ ἂν περὶ προτέρων τῷ λόγῳ καὶ ἁπλουστέρων, τοσούτῳ μᾶλλον ἔχει τὸ ἀκριβές (sc. ἡ ἐπιστήμη), ὥστε ἄνευ μεγέθους μᾶλλον ἢ μετὰ μεγέθους, καὶ μάλιστα ἄνευ κινήσεως, ἐὰν δὲ κίνησιν, μάλιστα τὴν πρώτην· ἁπλουστάτη γάρ, καὶ ταύτης ἡ ὁμαλή. ‚Bewegungslehre‘ und damit ‚Kosmologie‘ erscheinen in dem offenbar ganz anders gearteten Zusammenhang von M 3 so selbstverständlich, daß man sieht, wie eng für Aristoteles Erkenntnistheorie, Ontologie und Kosmologie miteinander verbunden sind.

[351] Näheres über dieses wichtige Gliederungsprinzip der ‚Reihe‘ o. 4.21 (bes. 4.212). Vgl. auch den Sach-Index s. v. *früher 1, Reihe.*

[352] So in M 3 (zitiert o. A. 350) und an allen Stellen, wo er die Wertstufung der κίνησις ins Auge faßt und dadurch den unbewegten Beweger und (oder) den Äther beweist (o. 5.21/22 u. ö.).

[353] Nachweise *Kosmologie und Metaphysik* bes. 170—173. Vgl. auch o. 4.212, 4.41.

belegte ‚Reihe' (ἐφεξῆς) und die Untersuchung des ‚Seienden als solchen' mit der Dreischichtung physische Substanzen — Himmelskörper — Beweger verbinden[354]:

Die ‚erste Philosophie' untersucht die einzelnen ὄντα hinsichtlich der Tatsache, daß sie ‚(wahrhaft) sind', d. h. daß sie am vollkommenen Sein — welches in der obersten Substanz verkörpert ist — teilhaben, und gelangt so im ‚reihenhaften' Aufstieg zur obersten Substanz als ihrem vornehmsten Gegenstand, in welcher ihr Materialobjekt und ihr Formalobjekt zusammenfallen[355]. Formelhaft gesprochen, τὰ ὄντα θεωρεῖ (νοεῖ) ᾗ κυρίως ὄντα. Das würde bei Platon heißen: Sie untersucht jedes Seiende in Hinsicht darauf, daß es an den Ideen (d. h. am ὄντως ὄν, und letztlich an den Prinzipien) teilhat. Dieser noetische ‚Durchblick' am einzelnen Seienden auf das vollkommene Sein bringt ein schrittweises Subtrahieren (ἀφαίρεσις) der verschiedenen ‚Unvollkommenheiten' mit sich, z. B. bei den physischen Substanzen aller körperlichen πάθη, aller Bewegungsarten, der Extensio, bei den Himmelskörpern zumindest der Extensio und der Ortsbewegung. Geht man vom vollkommenen Sein des unbewegten Bewegers diesen Weg wieder zurück, so kann man κατὰ πρόσθεσιν die untergeordneten Seinsschichten wieder schrittweise ‚hervorbringen'.

Solange der Blick des νοῦς auf das vollkommene Sein nur (durch das kontingente Sein hindurch) einen verengten Ausschnitt davon erfaßt (z. B. das Art-Eidos der Körperdinge), scheint eine νόησις mitsamt ἀφαίρεσις möglich. In dem Augenblick aber, da das absolute Sein selber betrachtet wird, scheint die Subtraktion überflüssig zu werden, weil es nichts Kontingentes mehr abzustreifen gibt, und die νόησις unmöglich, weil das *ens realissimum* jeden noetischen Erkenntnisakt übersteigt. Beides gilt jedoch nur mit großer Einschränkung: Denn der νοῦς bleibt auf jeden Fall der obersten Substanz ‚positiv' zugewendet — wenn er sie auch nie adäquat erfassen kann —, und versucht unter anderem durch ein negatives Ausgrenzen, d. h. Subtrahieren des Bedingten, das Unbedingte einzugrenzen: Man darf also eine ‚*Via negativa*' zur ἀκίνητος οὐσία annehmen[356]. Ein Indiz dafür ist die ganz überwiegend negative Art, in welcher die Seinsweise des unbewegten Bewegers geschildert wird[357]. Übrigens geschieht dasselbe

[354] Die Heranziehung dieser ‚kosmologischen' Dreiteilung ist für unser Abstraktionsthema nicht unbedingt erforderlich, aber sie bietet sich von Γ und Κ her an und vereinfacht manches, was infolge der zweideutigen Seinsweise der Mathematika bei Aristoteles in der ‚traditionellen' Dreiteilung schwierig ist.

[355] Mit dieser Deutung hoffe ich den auf fiktiven Gegensätzen wie z. B. ‚leere Begrifflichkeit' — ‚Seinsfülle' usw. beruhenden Streit um das Objekt der aristotelischen Metaphysik überwinden zu helfen. Die Begründung hierfür o. 4.24.

[356] Vgl. über dieses Problem bes. 7.822, ferner 4.213 Ende.

[357] Man denke nur an die klassischen Stellen phys. ϑ und met. Λ. Vgl. auch o. 5.31, *Kosmologie und Metaphysik* 158f.

schon bei den Himmelskörpern[358] — ein Indiz mehr für den Aufstieg κατ' ἀφαίρεσιν.

c) Es gibt, wie wir z. B. aus M 3 ersehen, noch eine Fülle weiterer Möglichkeiten von νόησις — z. B. wird jedes mit ᾗ bezeichnete Formalobjekt durch νόησις erkannt —, auf die wir jetzt nicht eingehen können. Die meisten dieser νοητά siedelt Aristoteles allein im Bereich von Wissen und Erkenntnis an und stellt sie gegenüber der ,Seinsordnung' der ,vollwirklichen' οὐσίαι als δυνάμει ὄντα hin. Wenn wir berücksichtigen, was o. *7.43* über dieses ,Latent'-Sein zu bemerken war, und bedenken, daß die νόησις sich stets auf etwas ,Objektives' richtet, dann werden wir mit allem Nachdruck sagen, daß all diese ,logischen' Aspekte, Strukturen usw. ,Seins'-Aspekte, -Strukturen u. dgl. sind[359]. Wie man diesen Seinsmodus weiter benennt (z. B. ,Idealsein'), bleibt dann noch weiter zu klären; es ist schon einiges gewonnen, wenn man ihn über das ,Nur-Logische' hinausgehoben hat. Man muß erkennen, daß hier — wie auch sonst bei Aristoteles[360] — der Seinsgrund, der Ermöglichungsgrund für viele Arten von ,Idealsein' sich stark ins ,Subjektive' verlagert hat: Obwohl dieses ,Ideale' (als δυνάμει ὄν) ,objektiv' vorgegeben ist, empfängt es gleichsam seine ,Legitimation' erst durch die νόησις des Subjekts. Das reicht zur ,objektiven' Begründung dieses Idealen völlig hin, wofern man nur an ein transzendentallogisches Subjekt und an eine seinshaltige νόησις denkt und neukantianische sowie naiv-begriffsrealistische Fehldeutungen fernhält.

7.55 Schluß

Die aristotelische Abstraktion ist die intuitive Wesensschau eines objektiven Gegenüber. Sie hat zwei Seiten, die man sich der Deutlichkeit halber als zwei verschiedene Vorgänge vorstellen kann, welche aber in Wirklichkeit nicht nur simultan stattfinden, sondern komplementär einander zugeordnet sind, das Erfassen des Wesentlichen und das Abstreifen des Unwesentlichen. Anders gewendet: Der Blick des Geistes richtet sich auf einen bestimmten Punkt und sieht dadurch von der Umgebung dieses Punktes ab, er ,übersieht' sie gleichsam[361].

358 Vgl. ebenfalls 5.31, *Kosmologie und Metaphysik* 158f.

359 Es sind also nicht rein-subjektive Hilfsbegriffe (Reflexionsbegriffe, Topoi o. ä.), wie Wieland und Düring anzunehmen geneigt sind (vgl. o. 1.18).

360 Für seine Ethik habe ich das Gnomon 37 (1965) 361 angedeutet.

361 Vgl. die Charakterisierung der mathematischen Abstraktion bei Thomas in Boeth. trin. 5, 3 ad 1 mathematicus abstrahens non considerat rem aliter quam sit. Non enim intelligit lineam esse sine materia sensibili, sed considerat lineam et eius passiones sine consideratione materiae sensibilis, et sic non est dissonantia inter intellectum et rem. Noch kürzer 5, 3 resp. (p. 372 supra, Marietti) intelligit quid est hoc, nihil intelligendo de alio.

Dieser Blick kann wandern, sich bald auf diesen, bald auf jenen Aspekt des Seins richten und ihn isolieren[362], wie es Aristoteles besonders in M 3 entwickelt, aber Aristoteles hat das eigentlich nur für die Mathematik terminologisch näher durchgeführt. Das bringt verschiedene Nachteile mit sich: a) Die Problematik der μαθηματικά ist, wie wir gesehen haben, von Platon her ganz speziell vorgeformt und kompliziert. b) Es entsteht so der täuschende Eindruck, als stünden alle weiteren abstrahierbaren oder abstrahierten Gegenstände ontologisch auf demselben Niveau, weil Aristoteles, sofern er sich überhaupt äußert, die Unterschiede zwischen den Abstraktionsobjekten mit dem Begriff des δυνάμει ὄν (o. *7.43*) nivelliert, ohne diesen in der Weise seines πολλαχῶς λέγεται ausreichend zu differenzieren. Dabei hat Aristoteles dies schon de facto geleistet, indem er einerseits den Seinsbegriff in Stufungen auffächert (z. B. Γ/K), andererseits in den Wissenschaften verschiedene Grade von Abstraktheit hierarchisch anordnet (z. B. die Arithmetik über die Geometrie setzt), was sich hinter anderen Begriffen, etwa denen der ἀρχή und der ‚Einfachheit' usw. verbirgt. Aus diesen Indizien läßt sich doch so etwas wie eine kohärente Abstraktionstheorie wenigstens umrißhaft gewinnen.

7.6 Die aristotelische und die platonische 'Abstraktion'[363]

7.61 Aristotelische ‚Abstraktion' und platonische ‚Zurückführung' auf die Prinzipien

Da Aristoteles über ‚Abstraktion' fast nur im Zusammenhang mit der Mathematik spricht und sich hinsichtlich der Seinsweise der μαθηματικά besonders scharf gegen Platon wendet, stehen seine Äußerungen zur ‚Abstraktion' meist in antiplatonischen Zusammenhängen, und es sieht so aus, als sei auch die Abstraktion etwas ganz Unplatonisches: Platon ‚trennt' doch, so meint man, die verschiedenen Seinsschichten klar voneinander und hat für jede von ihnen eine ‚besondere' Erkenntnisart (so daß gar keine ‚Überschneidungen' möglich sind), während Aristoteles ‚in' einem Materialobjekt verschiedene Formalobjekte vereinigt, die der erkennende Geist dann erst wieder durch ‚logische' Trennung herauslöst, wobei das Verankertsein dieser Abstraktionsgegenstände im ‚Sein' dann oft zweifelhaft bleibt.

[362] M 2, 1077b 9—11 wird ein Akzidens wie ‚weiß' abstrahiert. Auch an. Γ 8, 432a 5f. ist nicht nur an die Mathematik gedacht.

[363] Die platonische Herkunft der aristotelischen Abstraktionslehre und die Fortwirkung dieser ‚akademischen' Abstraktion bei Albinos, Plutarch, Plotin und Ps.-Dionysios stand mir schon länger fest und war bereits ausgearbeitet. Krämer hat nun die

Hier ist wieder die öfter besprochene Vorstellung vom Gegensatz zwischen ‚(Ultra-)Realismus‘ und ‚Nominalismus‘ o. dgl. wirksam. Solche schematischen Leitbilder sind prinzipiell fragwürdig, wie wir mehrfach gesehen haben[364], und wir haben dies für Aristoteles im einzelnen nachgewiesen[365]. Auf Platon angewendet, heißt dies: Die ultrarealistische Platon-Interpretation ist von vorneherein unwahrscheinlich. Das läßt sich, wie mir scheint, gerade an dem Punkt verdeutlichen, um den es hier geht, nämlich am Aufstieg der Erkenntnis in der Seinshierarchie:

Das Motiv des ‚Aufstiegs‘ ist ein Kernpunkt platonischen Philosophierens, man denke an den Überstieg über alles Körperliche im Phaidon (66 B—67 B), den Aufschwung der Seele in Symposion und Phaidros, das Höhlen- und Liniengleichnis im Staat, und an den siebten Brief. Indem wir das Bild sehr stark vereinfachen[366], können wir diese Belege so deuten: Der erkennende Geist setzt an unserer raum-zeitlichen Wirklichkeit an und dringt, indem er in ‚logisch-begrifflicher‘ und zugleich ‚ontologischer‘ Analyse eine Schicht von Bedingtheiten um die andere abhebt, zuletzt bis zum Unbedingten vor. Dieser Weg aufwärts hat eine ‚positive‘ Seite, das Streben zum höchsten Sein, und eine ‚negative‘, das schrittweise Absehen von allen Kontingenten, d.h. von allem ‚Materiellen‘. Er hat ferner sowohl intuitiven (noetischen) wie auch diskursiven Charakter[367]: Trotz der Begrenztheit alles mensch-

ἀφαίρεσις im Mittelplatonismus und bei Plotin untersucht und mit Platon und der Akademie verknüpft (*UGM* 105—108. 118f. 343—351). Da er Aristoteles nicht behandelt und seinem Thema gemäß die meisten der uns hier interessierenden Fragen nur streift, gehen wir unter Verwertung seiner Ergebnisse nochmals sehr knapp auf die antike ‚Abstraktion‘ von Platon über Aristoteles bis zu Ps.-Dionysios ein, um durch den Vergleich mit der Tradition das Wesen der aristotelischen Abstraktion zusammenfassend noch schärfer bestimmen zu können. Krämer ist neuerdings in *Prinzipienlehre und Dialektik* 40—52. 52ff auf die Abstraktion bei Platon, Aristoteles und im Platonismus zurückgekommen: Er zeigt wie wir den Zusammenhang der aristotelischen ἀφαίρεσις mit der platonisch-akademischen Seinsstufung (‚Ableitungssystem‘) und der ihr eigenen mathematisierenden Elementar-Analyse auf, zieht die Belege für ἀφαίρεσις aus dem späteren Platonismus heran und hebt bei dem allem besonders auf die *Via subtractionis* zum Hen ab, läßt aber in seinen Ausführungen vieles von dem, was uns hier interessiert, unerwähnt (vor allem, weil er den Befund bei Aristoteles nicht mit der angemessenen Schärfe erfaßt), so daß unsere folgenden Erörterungen nach wie vor notwendig erscheinen.

364 Vgl. Sach-Index s. v. *Begriff 1*.

365 Vgl. z. B. 4.24.

366 Eine ausführlichere Interpretation dieser Stellen auf das Abstraktionsthema hin ist erforderlich (vgl. auch Krämer, *APA* 545 A. 109, *Prinzipienlehre und Dialektik* passim). Dabei muß auch noch genauer zwischen den beiden Arten von platonisch-akademischer Reduktion, der sog. ‚generalisierenden‘ und der sog. ‚elementarisierenden‘ (vgl. z. B. Krämer, *Prinzipienlehre und Dialektik* 51; Näheres dazu o. 2.244 b), unterschieden werden.

367 Vgl. Krämer, *APA* 544f.

lichen Wissens und der alles adäquate Erfassen übersteigenden Vollkommenheit des obersten Seinsprinzips[368] ist die Erkenntnis des Menschen wesenhaft auf dieses *ens realissimum* gerichtet[369], und so gibt die νόησις dem Erkenntnisweg die Richtung an, scheidet jedesmal *uno intuitu* das ‚Wesentliche' vom ‚Unwesentlichen' und kontrolliert die Stufen des Aufstiegs. Das diskursive Denken begleitet dialektisch vorbereitend und nacharbeitend den Weg der νόησις. Es liegt nahe, das ‚positive' Erfassen mit der νόησις, die negative ‚Subtraktion' mit der διάνοια zu verbinden[370], aber das gilt nicht ausschließlich, denn die Subtraktion ist schon mit der νόησις als solcher gegeben, stellt gleichsam ihre ‚Rückseite' dar: Durch das positive Erfassen des Wesentlichen wird unmittelbar zugleich das Unwesentliche eliminiert. Natürlich wird das Eliminieren auch logisch-begrifflich ausgearbeitet[371], und vielleicht tritt das diskursive ‚logische' Eliminieren quantitativ stark in den Vordergrund, aber man darf nicht vergessen, daß dieses Explizieren ohne νόησις nicht möglich wäre.

Es ist also sachlich alles vorhanden, was auch die aristotelische ‚Abstraktion' ausmacht: Intuitive Wesensschau, schrittweises Absehen von der ‚Materie', Aufstieg zu immer reinerem Sein. Die Terminologie ist freilich nicht festgelegt, denn sowohl χωρίζειν[372] wie ἀφαιρεῖν[373]

[368] Gaiser 9—11. 455.

[369] Der Dialektiker hat ‚Wissen' (ἐπιστήμη) von der Idee des Guten: Staat 534BC (dazu umfassend jetzt Krämer, *Prinzipienlehre und Dialektik*). Schau und Erkenntnis des ‚Schönen an sich': Symposion 210E 7—211D 1.

[370] Vgl. o. 7.52.

[371] Vgl. z. B. Staat 534C ἡ διαλεκτικὴ μέθοδος πορεύεται, τὰς ὑποθέσεις ἀναιροῦσα, ἐπ' αὐτὴν τὴν ἀρχήν.

[372] χωρίζειν ‚herausheben' z. B. Politikos 287B6. D6; ‚eliminieren' z. B. Polit. 289CD. 291A4. 303D1. E9. 304D11. Vgl. Nomoi 663A ὁ μὴ χωρίζων λόγος ἡδύ τε καὶ δίκαιον καὶ ἀγαθόν τε καὶ καλὸν πιθανός.

[373] ἀφαιρεῖν ‚herausheben' z. B. Staat 534BC Da die Dialektik im λόγον διδόναι besteht, ὃς ἂν μὴ ἔχῃ διορίσασθαι τῷ λόγῳ ἀπὸ τῶν ἄλλων πάντων ἀφελὼν τὴν τοῦ ἀγαθοῦ ἰδέαν . . ., οὔτε αὐτὸ τὸ ἀγαθὸν φήσεις εἰδέναι τὸν οὕτως ἔχοντα οὔτε ἄλλο ἀγαθὸν οὐδέν. Parm. 158C2f (τῇ διανοίᾳ ἀφελεῖν ~ σκοπεῖν ~ ὁρᾶν); ‚eliminieren' z. B. Polit. 291C5f ὃν (vgl. 291C1) ἀπὸ τῶν ὄντως ὄντων πολιτικῶν καὶ βασιλικῶν καίπερ παγχάλεπον ὄντα ἀφαιρεῖν ἀφαιρετέον, εἰ μέλλομεν ἰδεῖν ἐναργῶς τὸ ζητούμενον (sc. τὸν ὄντως ὄντα πολιτικόν), vgl. 303C1. Vom Ausscheiden der unedlen Metalle bei der Läuterung des Goldes 303E2. 3 (syn. ἀποκρίνειν D9f): Dieser Prozeß läßt uns dann schließlich ἀκήρατον χρυσόν . . . ἰδεῖν αὐτὸν μόνον ἐφ' ἑαυτοῦ. Vgl. weiter Staat 534C ἡ διαλεκτικὴ μέθοδος . . . τὰς ὑποθέσεις ἀναιροῦσα und Polit. 302E6 umgekehrt ἐξαιρεῖν = ‚herausheben'. Viele weitere Belege für ἀφαίρεσις/ἀφαιρεῖν bei Platon gibt Krämer, *Prinzipienlehre und Dialektik* 40f mit A. 10f. 1f, wobei er zwar sorgfältig drei Bedeutungen unterscheidet, deren dritte (‚dihairetisch-abstrahierende Separation und Isolierung eines εἶδος von allen übrigen') unserem ‚Herausheben' entspricht, aber die uns hier interessierende Differenz von ‚herausheben' und ‚eliminieren' im ganzen weniger beachtet.

bedeuten beide indifferent ‚(das zu Erkennende) herausheben' und ‚(das zu Übergehende) eliminieren'.

Die Prinzipienlehre von *De bono* hilft uns, dieses Bild noch weiter zu präzisieren: Wir haben hier einen Stufenbau von Seinsschichten vor uns[374], der nach dem Gesetz von (ontologisch) ‚Früher' und ‚Später' gegliedert ist[375]. Die Erkenntnis geht den analytischen Weg ‚zu den Prinzipien hin', indem sie alles Spätere Stufe um Stufe auf das Frühere ‚zurückführt' (ἀνάγει), und baut dann ‚von den Prinzipien her' die Hierarchie stufenweise wieder auf[376]. Es ist sofort ersichtlich, daß dieser analytische Weg ‚zu den Prinzipien hin' (ἀναγωγή) dasselbe meint wie die oben genannten Stellen aus den Dialogen: Ein Zurückgehen der νόησις auf das ἀνυπόθετον, wobei das ‚Spätere', d. h. Unwesentliche, schrittweise subtrahiert wird.

In den Referaten von *De bono* werden zwei Arten der Zurückführung auf die Prinzipien beschrieben, eine sogenannte ‚logisch-kategoriale', über die wir früher schon gesprochen haben[377], und eine ‚nach der Dimensionenfolge', welche uns hier mehr interessiert als die ‚logisch-kategoriale'. Bei der ‚dimensionalen' Zurückführung bzw. Analyse werden nach dem Schema von ‚früher'—‚später' bzw. dem des ‚Mitaufgehobenseins' Körper auf Flächen, Flächen auf Linien, Linien auf Zahlen zurückgeführt, deren Prinzipien (Eins und unbegrenzte Zweiheit) zugleich als Prinzipien des Seins bestimmt werden[378].

Ausgangspunkt der Analyse sind die ‚Körper'. Während Alex. Aphr. undifferenziert von ‚Körpern' spricht, setzt Sextus 259 schon einen ersten Subtraktionsschritt von den physikalischen zu den mathematischen Körpern an[379]. Die weiteren Stufen sind bei Alexander und Sextus gleich: Fläche — Linie — Zahl — Prinzipien der Zahl = Prinzipien des Seins. Es wird also die physikalische Körperwelt durch schrittweise Subtraktion der Differenzierungen auf unkörperliche Prinzipien zurückgeführt. Natürlich lehnt sich der Gedankengang an geometrische und mathematische Gegebenheiten an, entfernt sich dabei aber nicht aus dem Bezirk der ‚Ontologie': Von Mathematik als Modellbereich, Vergewisserungsbereich der Ontologie und von der

374 Zum ‚reihenhaften' Stufenbau Platons vgl. o. 2.244, zu dem des Speusipp und Xenokrates 2.3 und 2.4 (bes. 2.51); s. ferner auch 4.213.

375 Der Maßstab, an dem das Verhältnis von ‚Früher' und ‚Später' geprüft wird, ist das ‚Mitaufgehobenwerden' des ‚Späteren' durch das ‚Frühere'.

376 Der Weg ἀπὸ τῶν ἀρχῶν und ἐπὶ τὰς ἀρχάς: Arist. EN A 4, 1095a 30—b 3 (= TP 10, s. Gaisers Komm.).

377 o. 2.243c.

378 Alex. met. 55, 20ff. Sext. Emp. 10, 257—262. Alex. bei Simplic. phys. 454, 22ff (= TP 22B. 32. 23B). Zum Folgenden jetzt auch Krämer, *Prinzipienlehre und Dialektik* 51ff.

379 Vgl. 253 αἰσθητὰ σώματα — νοητὰ σώματα. S. dazu den Timaios-Abschnitt o. 2.224.

Gleichsetzung bestimmter Dimensionen mit bestimmten Seinsbereichen wird nicht gesprochen.

Diese ‚dimensionale' Analyse ist ein typisches ἀφαίρεσις/πρόσθεσις-Verfahren, in geringerem Maße die ‚kategoriale' Analyse. Beide Arten führt Alexander direkt auf Platon zurück, und dies ist angesichts der ἀφαίρεσις-Stellen in den Dialogen (o. S. 631) plausibel, wenn auch für uns hier nicht viel darauf ankommt, ob Platon selbst oder erst Xenokrates (s. u.) oder ‚die Akademie' insgesamt die Subtraktionsmethode angeregt und entwickelt hat. Auch Aristoteles kann innerhalb der Akademie Wichtiges dazu beigetragen haben. So darf man sagen, daß die aristotelische ἀφαίρεσις/πρόσθεσις-Lehre auf Platon und die Akademie zurückgeht. Dies wird auch durch die u. *7.62* angeführten mittel- und neuplatonischen Belege ‚dimensionaler' Analysen bestätigt, die bewußt an Platon anknüpfen.

Wenn man das platonische Analysis- und Synthesisverfahren durchdenkt und seinen stark logischen Einschlag nicht übersieht, wird klar, daß die platonische und die aristotelische ‚Abstraktion' hinsichtlich ihres apriorischen Charakters und ihrer Seinsbezogenheit dasselbe meinen. Man kann also trotz der Unterschiede zwischen platonischer und aristotelischer Seinsstufung etwa den ‚reihenhaften' Aufstieg des Aristoteles in met. Γ und den platonischen ‚Weg zu den Prinzipien' gleichsetzen. Mehr noch: Man darf nunmehr die platonische ‚Seins'-Stufung auch als ‚Erkenntnis'-Stufung interpretieren, deren verschiedene Schichten unserer ‚einen' raum-zeitlichen Wirklichkeit (Materialobjekt) ‚innewohnen' und vom erkennenden Geist jeweils herausgehoben werden (Formalobjekte), indem er am Unvollkommenen ‚hier', d. h. an der untersten Stufe ansetzt, und in langwieriger Anstrengung des Philosophierens, das auch sehr viel nüchterne Logik einschließt, das Kontingente allmählich zu überwinden lernt[380]. Obwohl Aristoteles seinen Lehrer Platon fast ultrarealistisch interpretiert, kann von einem Gegensatz zwischen einer ultrarealistischen platonischen ‚Abstraktion' und einer nominalistischen aristotelischen ‚Abstraktion' keine Rede sein. Diese Klischees sollte man bei der Deutung der aristotelischen Erkenntnislehre möglichst ganz vermeiden und so die wirklichen Unterschiede und Gewichtsverlagerungen zwischen Platon und Aristoteles, die wir hier nicht zu besprechen brauchen, vorurteilsloser und weniger schematisch sehen lernen[381].

[380] Vgl. die Bemerkungen o. 2.244 u. ö. über die platonisch-akademische Seinsstufung, ferner die Erörterungen über ‚Reihung' und Pros-hen o. 4.21 (und Sach-Index s. v. *Stufung 4, 5a*).

[381] So kann man z. B. untersuchen, wie sich der aristotelische Substanz-Begriff auf die aristotelische Erkenntnislehre auswirkt u. a. m.

In den Referaten von *De bono* tritt die ‚Abstraktion‘ terminologisch noch viel weniger in Erscheinung als in den Dialogen: ἀφαίρεσις/πρόσθεσις und verwandte Termini kommen überhaupt nicht vor, und es wird nur von ‚früher‘ — ‚später‘, ‚zurückführen‘ u. dgl. gesprochen[382]. Da nun auf die sehr knappen und zum Teil späten Referate von *De bono* gerade hinsichtlich der Terminologie kein Argumentum e silentio gegründet werden darf und das, was *sachlich* mit ἀφαίρεσις/πρόσθεσις gemeint ist, bei Platon deutlich vorliegt, kann vermutet werden, daß die ‚Abstraktionslehre‘ nicht nur sachlich, sondern auch terminologisch auf Platon und die Akademie zurückgeht[383]. Folgende Indizien sprechen dafür:

a) Aristoteles führt die Begriffe ἀφαίρεσις/πρόσθεσις ganz offensichtlich nicht neu ein, sondern benutzt eine bereits vorliegende Terminologie, die gelegentlich noch mit ‚akademischen‘ Philosophemen verknüpft ist (o. 7.53 über An. post. A 27). Auch typisch ‚aristotelische‘ Stellen über ἀφαίρεσις wie M 2/3 weisen gedanklich (Früher-Später, ἁπλούστερον) auf die platonische Prinzipienanalysis zurück (vgl. z. B. Alex. metaphys. 55, 20ff = TP 22B), und die Polemik des Aristoteles 1077 b9f setzt eine Verwendung der Termini ἀφαίρεσις/πρόσθεσις in der Akademie geradezu voraus. Man kann sich auch gut denken, daß die (von Anfang an?) stark mathematisch nuancierten Begriffe ἀφαίρεσις/πρόσθεσις (‚Subtraktion‘/‚Addition‘)[384] sich z. B. für die ‚dimensionale‘ Analyse leicht anboten (s. u. b)[385].

b) Mittel- und neuplatonische Belege des Albinus, Celsus, Maximus, Philon, Plutarch, Clemens Alexandrinus und Plotin[386] zeigen einen platonisch-akademischen Seinsaufbau und eine Analyse über die Dimensionenkette ‚zu den Prinzipien hin‘, wie wir sie aus *De bono* kennengelernt haben, dazu (ausgenommen Celsus und Philon) die ἀφαίρεσις-Terminologie, die am deutlichsten bei Clemens Alexandrinus hervortritt[387]. Diese sämtlichen Belege beruhen sachlich auf platonisch-akademischer Tradition, und so wird man auch die ἀφαίρεσις-

382 Vgl. o. 2.243c.

383 Vgl. dazu jetzt auch Krämer, *Prinzipienlehre und Dialektik* 52ff.

384 Vgl. etwa bei Aristoteles met. I 1, 1052b 35—1053a 4 u. ö.

385 Mit all dem hat natürlich die Tatsache überhaupt nichts zu tun, daß die Abstraktionslehre und Abstraktions-Terminologie des Aristoteles bei der Mathematik am meisten entwickelt ist und auf anderen Gebieten, die später stärker hervortreten, (z. B. das εἶδος der Körperdinge bei Alex. Aphr.), nur schwache Ansätze zeigt. Dies dürfte vielmehr darauf beruhen, daß Aristoteles hinsichtlich der Mathematika gegenüber Platon eine besonders ausgeprägte Haltung einnimmt.

386 Krämer, *UGM* 105—108. *Prinzipienlehre und Dialektik* 54—56. Albinus c. 10 p. 165, 14—17 H. Celsus 7, 42. Maximus Dial. 11, 11b. Philo De somn. 1, 186f. Plut., quaest. Plat. 1001F. Clem. Strom. V 71, 2.

387 Die Stelle wird u. 7.62 zitiert. Bei Clemens steht das ἀφαίρεσις-Verfahren wie bei Albinus usw. im Dienste der *Via negativa* der Gotteserkenntnis, über die gleich anschließend.

Terminologie auf den akademischen Bereich zurückführen. Da die eine oder andere Einzelheit dieser späten Stellen auf Xenokrates als Vorbild weist und Xenokrates neben der akademischen Seinsstufung mit Wahrscheinlichkeit auch das ἀφαίρεσις-Verfahren zugeschrieben werden darf[388], kann man das Entstehen der Terminologie ebenso an ihn wie an Platon selber und an den gesamten Lehrbetrieb der Akademie anknüpfen, in welchem ja nicht wenige Gedanken schulisch verfestigt und schematisiert wurden; man vergleiche die Ideenbeweise in De ideis, von deren schulhafter Form und Terminologie wir nun zufällig etwas wissen: Ähnlich mag auch das ἀφαίρεσις/πρόσθεσις-Verfahren in festgeprägter Methode und Terminologie von der Schule gepflegt worden sein, ohne daß die Überlieferung uns davon Kunde gibt.

7.62 *ἀφαιρεῖν und die Via negativa der Gotteserkenntnis*[389]

An mehreren Stellen der mittel- und neuplatonischen Tradition werden die verschiedenen Wege besprochen, auf denen die menschliche Erkenntnis zum obersten Sein gelangen kann. Trotz mancher Abweichungen der Belege voneinander ist deutlich ein gewisser festgelegter Grundstock ‚theologischer' Erkenntnismethoden erkennbar, die jeweils ausdrücklich an Platon angeknüpft werden: a) diejenige κατὰ ἀναλογίαν[390]; b) die *Via eminentiae*[391]; c) die *Via negationis* bzw. *subtractionis*[392], und d) eine weitere ‚positive' Erkenntnismethode[393].

[388] Krämer, *UGM* 108.

[389] Die von mir bereits auf Grund der Traditionslinie Plutarch-Albinus-Plotin-Ps.-Dionysios dargestellte platonische Herkunft der *Via negativa* ist jetzt durch Krämers sehr einleuchtende Darlegungen (*UGM* bes. 105—108. 118f. 343f; dort auch weitere Verweise z. B. auf Festugière, *Révélation* IV 99f. 314f; vgl. auch Merlan 188, ferner 126) erfreulich bestätigt und über allen Zweifel abgesichert worden. Wir beschränken uns auf das für das Abstraktionsthema Wichtige.

[390] Albinus 10 p. 165, 17—24 H., der auf das Sonnengleichnis von Staat VI verweist. Celsus bei Orig. c. Cels. 7, 42 ὡς ἂν τοῦ κατονομάστου καὶ πρώτου λάβοιμέν τινα ἐπίνοιαν, διαδηλοῦσαν αὐτὸν ἢ τῇ συνθέσει τῇ ἐπὶ τὰ ἄλλα ἢ ἀναλύσει ἀπ' αὐτῶν ἢ ἀναλογίᾳ, τὸ ἄλλως ἄρρητον θέλων διδάξαι θαυμάσαιμι δ' ἂν εἰ ἀκολουθῆσαι δυνήσεσθε. Plotin VI 7 [38] 36, 6—8: Über das Gute διδάσκουσι μὲν οὖν ἀναλογίαι τε καὶ ἀφαιρέσεις καὶ γνώσεις τῶν ἐξ αὐτοῦ καὶ ἀναβασμοί τινες. Ps.-Dionys. theol. myst. 3.

[391] Albinus 10 p. 165, 24—30 H. κατὰ τὴν ἐν τῷ τιμίῳ ὑπεροχήν, verdeutlicht am Aufstieg des Symposion. Plotin VI 7 [38] 36, 8 ἀναβασμοί (s. Theiler z. St. und Krämer, *UGM* 350 A. 579).

[392] Philo De somn. 1, 186f. Plut. quaest. Plat. 1001 Ff ἐξ ἀφαιρέσεως. Albinus 10 p. 165, 14f H. κατ' ἀφαίρεσιν. Celsus 7, 42 ἀναλύσει. Maximus Dial. 11, 11b. Attikos fr. 2 § 7 Baudry (der auf Phaidros 249D und Kriton 46C verweist). Clemens Strom. V 71, 2 ἀναλύσει. Plotin und Ps.-Dionysios vgl. u. Zur ἀνάλυσις s. auch Albinus 5 p. 157, 9ff H.

[393] Dieser ‚positive' Weg bedarf trotz Krämer, *UGM* 105 A. 279 noch weiterer genauer Untersuchung, die auch die καταφαντικὴ θεολογία des Ps.-Dionysios (theol. myst. 1, 1—2) einbeziehen muß.

Wichtig ist uns hiervon die *Via subtractionis*, die wir an Albinus verdeutlichen wollen (10 p. 165, 14—17 H.): ἔσται πρώτη μὲν αὐτοῦ (sc. τοῦ θεοῦ) νόησις (‚Erkenntnis von Gott‘) ἡ κατὰ ἀφαίρεσιν τούτων (Eliminierung aller vorher genannten begrifflich-kategorialen Bestimmungen), ὅπως καὶ σημεῖον ἐνοήσαμεν κατὰ ἀφαίρεσιν ἀπὸ τοῦ αἰσθητοῦ, ἐπιφάνειαν νοήσαντες, εἶτα γραμμήν, καὶ τελευταῖον τὸ σημεῖον[394]. Hier wird der Aufstieg *per subtractionem* zum Göttlichen in echt platonisch-akademischer Weise durch eine Subtraktion der Dimensionenfolge exemplifiziert[395]. Wenn auch der Begriff der νόησις am Anfang des Zitats in etwas weiterem Sinne ‚Erkenntnisweg‘ o. ä. bedeutet, also nicht terminologisch steht, so zeigt doch die enge Verbindung mit der noetischen Erkenntnis der Mathematik (ἐνοήσαμεν, νοήσαντες) hinreichend klar, daß der ‚negative‘ Aufstieg *per subtractionem* wie bei Platon (Symposion, Staat usw.) gekoppelt ist mit einer ‚positiven‘ Erfassung des Göttlichen (νόησις), so beschränkt diese auch sein mag, da ja Gott letztlich ἄρρητος ist (164, 7. 28. 164, 4 H.). Den positiven Aspekt erwähnt auch Plutarch., quaest. Plat. 1001 Ff τῶν εἰδῶν νόησις ἐξ ἀφαιρέσεως καὶ περικοπῆς σώματος ἐπάγει (sc. ὁ Πλάτων) ... ὅθεν ἀφαιροῦντες φωνὴν μὲν τῶν κινουμένων, κίνησιν δὲ τῶν στερεῶν, βάθος δὲ τῶν ἐπιπέδων, μέγεθος δὲ τῶν ποσῶν, ἐν αὐταῖς γενησόμεθα ταῖς νοηταῖς ἰδέαις. Bei Clemens Alexandrinus, Plotin und Ps.-Dionysios tritt die negative Seite der Erkenntnis des Höchsten stark hervor. Dadurch wird die Polarität der platonischen Konzeption (Erkenntnis vom Höchsten möglich, das aber wieder jede Erkenntnis übersteigt) extrem zugespitzt. Clem. Alex. Strom. V 71, 2 λάβοιμεν δ' ἂν τὸν μὲν καθαρτικὸν τρόπον ὁμολογίᾳ, τὸν δ' ἐποπτικὸν ἀναλύσει ἐπὶ τὴν πρώτην νόησιν προχωροῦντες, δι' ἀναλύσεως ἐκ τῶν ὑποκειμένων αὐτῷ τὴν ἀρχὴν ποιούμενοι, ἀφελόντες μὲν τοῦ σώματος τὰς φυσικὰς ποιότητας, περιελόντες δὲ τὴν εἰς τὸ βάθος διάστασιν, εἶτα τὴν εἰς τὸ πλάτος καὶ ἐπὶ τούτοις τὴν εἰς τὸ μῆκος· τὸ γὰρ ὑπολειφθὲν σημεῖόν ἐστι μονὰς ὡς εἰπεῖν θέσιν ἔχουσα, ἧς ἐὰν περιέλωμεν τὴν θέσιν, νοεῖται μονάς. (...) ἀφελόντες πάντα ὅσα πρόσεστι τοῖς σώμασιν καὶ τοῖς λεγομένοις ἀσωμάτοις (...) τῇ νοήσει τοῦ παντοκράτορος ἁμῇ γέ πῃ προσάγοιμεν ⟨ἄν⟩, οὐχ ὅ ἐστιν, *ὃ δὲ μή ἐστι γνωρίσαντες* (verwandt Strom. VI 90, 4).

394 Bemerkenswert der Wechsel von ἀφαίρεσις τούτων und ἀφαίρεσις ἀπό: Letzteres zeigt die sekundäre Bedeutung des Wortes, ersteres ist doppeldeutig, weil τούτων Genitivus obiectivus oder separativus sein kann. Dem Wesen der negativen Methode entspricht ein obiectivus besser, dem Vergleich mit der Mathematik (und deren ἀφαίρεσις ἀπό) der separativus. Aber der Vergleich ist ohnedies schon ungenau. Gibt es zudem sonst ἀφαίρεσις mit eindeutigem Separativ? Das Beispiel zeigt jedenfalls, wie gleitend der Übergang zwischen der ursprünglichen und der sekundären Bedeutung von ἀφαίρεσις war.

395 Albinus kommt gleich danach wieder auf die Dimensionenkette zurück: Alles Nähere bei Krämer, *UGM* 106f.

Plotin[396] wendet die ἀφαίρεσις/πρόσθεσις-Methode in umfassender Weise an, indem er in stufenweiser Subtraktion die Hypostasen und überhaupt jegliche Pluralität auf das negativ verstandene Hen zurückführt und durch πρόσθεσις wieder aus ihm hervorgehen läßt[397]. An vielen Stellen faßt er die Gesamtheit der Subtraktionsschritte in Formeln wie ἄφελε πάντα o. ä. zusammen[398].

Ps.-Dionysios schließlich beschreibt die *per subtractionem* gewonnene Erkenntnis des Unerkennbaren in ergreifenden Formulierungen[399], wobei er an Plotin[400] oder — weniger wahrscheinlich — an andere neuplatonische Belege verwandten Inhalts anknüpft[401].

Die platonisch-akademische Herkunft der mittel- und neuplatonischen *Via negativa* und ihrer ἀφαίρεσις-Methode kann, zumal nach Krämers Untersuchungen, als sicher gelten[402]. Es ergibt sich also eine ganz feste Kontinuität der Subtraktionsmethode (und ihrer Terminologie!) von Platon bis Plotin und Ps.-Dionysios[403]. In diese Tradition lassen sich alle Anwendungsarten aristotelischer ‚Abstraktion' ohne Rest einordnen, so daß man an manchen Stellen dieser ‚platonischen' Tradition — von wenigen Termini abgesehen — geradezu Aristoteles zu hören vermeint.

396 Krämer, *UGM* 343—351.

397 Alle hergehörigen Belege bei Krämer, *UGM* 343—345.

398 Die Stellen bei Krämer, *UGM* 344 A. 553. Vgl. die zusammenfassende Formulierung des Clemens: ἀφελόντες πάντα.

399 theol. myst. 1 (PG 3, 1000 A) πρὸς τὴν ὑπερούσιον τοῦ θείου σκότους ἀκτῖνα πάντα ἀφελὼν καὶ ἐκ πάντων ἀπολυθεὶς ἀναχθήσῃ. div. nom. 2, 4 (641 A). Äußerst wichtig theol. myst. 2 (1025 AB) τοῦτό (sc. δι' ἀγνωσίας ἰδεῖν) ἐστιν ... τὸν ὑπερούσιον ὑπερουσίως ὑμνῆσαι διὰ τῆς πάντων τῶν ὄντων ἀφαιρέσεως (Albert. M. myst. theol. 2, 1 p. 837 b 34 laudare supersubstantialem Deum ... per omnium existentium ablationem), ὥσπερ οἱ αὐτοφυὲς ἄγαλμα ποιοῦντες, ἐξαιροῦντες πάντα τὰ ἐπιπροσθοῦντα τῇ καθαρᾷ τοῦ κρυφίου θέᾳ κωλύματα, καὶ αὐτὸ ἐφ' ἑαυτοῦ τῇ ἀφαιρέσει μόνῃ τὸ ἀποκεκρυμμένον ἀναφαίνοντες κάλλος. Bei diesem Vorgang ἀπὸ τῶν ἐσχάτων (sc. der Körperwelt) ἐπὶ τὰ ἀρχικώτατα τὰς ἐπαναβάσεις ποιούμενοι τὰ πάντα ἀφαιροῦμεν, ἵνα ἀπερικαλύπτως γνῶμεν ἐκείνην τὴν ἀγνωσίαν ...

400 Zu theol. myst. 1 (PG 3, 1000 A) vgl. das o. A. 398 genannte ἄφελε πάντα Plotins und des Clemens. Mit theol. myst. 2 (1025 AB) vgl. Plotin 1, 6, 9, 6—15 (ff), wo die Erkenntnis der eigenen Seelenschönheit mit der Arbeit eines Bildhauers verglichen wird, der τὸ μὲν ἀφαιρεῖ, τὸ δὲ ..., ἕως ἔδειξε καλὸν ἐπὶ τῷ ἀγάλματι πρόσωπον: οὕτω καὶ σὺ ἀφαίρει ὅσα περιττὰ καὶ ἀπεύθυνε ὅσα σκολιά, ὅσα σκοτεινὰ καθαίρων ἐργάζου εἶναι λαμπρὰ καὶ μὴ παύσῃ τεκταίνων τὸ σὸν ἄγαλμα, ἕως ἂν ἐκλάμψειέ σοι τῆς ἀρετῆς ἡ θεοειδὴς ἀγλαία. Der Bildhauer-Vergleich stammt aus Phaidros 252 D 5 ff, wo er auf die Bildung des Geliebten durch den Liebenden angewendet wird (vgl. Harder z. St.).

401 Vgl. Schwyzer, RE *Plotinos* 585, 16—32.

402 Vgl. *UGM* 105—108. 118 f. 350 f.

403 Unsere knappen Bemerkungen beschränken sich auf ganz wenige Beispiele und lassen vieles Wichtige außer Betracht, z. B. die Lehren des Proklos (vgl. dazu etwa W. Beierwaltes, *Proklos*, 1965, 266).

Schluß

Wir können nunmehr die antike ‚Abstraktions'-Lehre in ihrer Gesamtheit überblicken: Im Bereich der platonischen Akademie entstanden, hat sie sich bei Aristoteles, im Mittel- und Neuplatonismus in mannigfacher Weise fortentwickelt, ist aber in ihrem Wesen stets unverändert geblieben. Neben diesem sehr deutlich sichtbaren ‚Hauptstrang', der einen systematisch-ganzheitlichen Charakter hat und ziemlich eng mit der *Via negativa* der Gotteserkenntnis verbunden ist, lassen sich noch manche — letztlich ebenfalls von Platon und besonders von Aristoteles ausgehende — ‚Nebenstränge' feststellen: So scheint die Präzisierung bestimmter ‚niedriger' Abstraktionsstufen (z.B. die Erkenntnis des εἶδος der Körperdinge) und die konsequente Verlagerung der Abstraktionsterminologie vom negativen ‚Subtrahieren' des Unwesentlichen auf das positive ‚Herausheben' des Wesentlichen in einem Traditionsbereich eingeleitet worden zu sein, welcher dem platonischen Seinsaufbau und deshalb dem platonischen Aufstieg *per negationem* ferner stand: Vielleicht darf man an Alexander von Aphrodisias denken[404]. Diese ‚Nebenlinie' hat das Mittelalter — zumindest terminologisch — ebenso nachhaltig beeinflußt wie die platonische *Via negativa.*

7.7 ὕλη νοητή

Der Terminus ὕλη νοητή erscheint bei Aristoteles in zweifacher Verwendung[405]: a) als ‚Ausdehnung' der geometrischen Figuren bzw. ‚Ausgedehntheit' überhaupt. b) Das Genus ist ὕλη gegenüber der differentia specifica. Wie kommt es, daß Aristoteles zwei anscheinend heterogene Dinge mit demselben Ausdruck benennt? Liegt es an der verborgenen Gleichheit der Sachverhältnisse oder an der Vagheit des Ausdrucks? Um dies beantworten zu können, gehen wir auf das noch nicht betrachtete Sachgebiet (oben b) ein und wenden uns dann dem Terminus und dem Wesen der ὕλη νοητή im ganzen zu.

7.71 Das γένος als ὕλη[405a]

Aristoteles vergleicht an mehreren Stellen das *genus* in der Hierarchie der Begriffe mit der Materie der raumzeitlichen Substanz[406].

404 Vgl. dazu o. S. 617 A. 292, S. 622 A. 316.

405 Ross zu Z 10, 1036a 9.

405a Zu γένος/ὕλη Cherniss 178 A. 98 (dort weitere Verweise). Arpe 46f leugnet ohne ausreichenden Grund das Vorhandensein einer solchen Lehre bei Aristoteles. Vgl. auch u. S. 648 A. 431 über die Auffassung von Patzig und Tugendhat.

406 Die Belege für γένος als ὕλη: Δ 6, 1016a 28. Δ 24, 1023b 2. Δ 28, 1024b 8f. Z 12, 1038a 5—9. H 6, 1045a 34f (vgl. auch das Vorhergehende a 14ff), wo der Ausdruck

Vergleichspunkte sind für ihn einmal der Substratbegriff: Das Genus ist Substrat der (gegensätzlichen) διαφοραί[407]; zum andern der Möglichkeitsbegriff: Das Genus ist δυνάμει in der Definition enthalten wie die Substanzteile in der Substanz[408]. Welcher von beiden Punkten in diesem Zusammenhang ursprünglich ist und welcher vorherrscht, läßt sich den Stellen zunächst nicht direkt ablesen: Zwar ist die Zusammenfügung von Genus und Substrat so geläufig, daß sie umgekehrt dazu verwendet werden kann, allgemein die Beziehung der Hyle zu den an ihr wechselnden Gegensätzen zu illustrieren[409]. Aber an den meisten Stellen steht ὕλη umkehrbar identisch mit δύναμις[410], zudem wird sich im Verfolg der aristotelischen Gedanken zeigen, daß der Möglichkeitsbegriff philosophisch ungleich wichtiger ist.

Aristoteles denkt bei γένος wohl hauptsächlich an das Genus proximum, aber es besteht kein Hindernis, das Hyle-Eidos-Verhältnis auch auf die höheren Genera zu übertragen. Dann hätten wir eine Abfolge von Überformungen vor uns, bei der jeweils die nächsttiefere Schicht die höhere formt. Diese Bewegung nach ‚unten' zu immer größerer Formalisierung ist gegenläufig nicht nur zur platonischen Tendenz ‚nach oben', sondern auch zu dem, was Aristoteles sonst über den Seinsaufbau sagt: Von den Elementarstoffen an aufwärts überformt die höhere Schicht die nächsttiefere[411], bis hin zum Synolon, oberhalb dessen diese Aufwärtsbewegung irgendwie umgebogen und verändert schließlich zu den Himmelskörpern und den unbewegten Bewegern führt. Wenn wir die letztgenannten beiden Arten von ἀίδια außer Betracht lassen, kann man sagen: Die Überformungsbewegung der Genera nach unten ist die spiegelsymmetrische Entsprechung der stufenhaften Überformung, die von den Elementarstoffen zum Synolon führt. Symmetrieachse ist jener schwierige Bereich, der durch die Begriffe ἄτομον εἶδος, ἐσχάτη ὕλη, σύνολον gekennzeichnet ist[412].

Warum stellt Aristoteles diese merkwürdig anmutende Lehre auf, die ihn, wie wir unten sehen werden, in mannigfache Schwierigkeiten bringt? Ist sie womöglich ein pietätvoll bewahrtes Relikt platonischen

ὕλη νοητή erscheint. I 8, 1058a 23f. gen. corr. A 7, 324b 6f. Dagegen gehören Z 7, 1033a 2—5 sicher, β 9, 200b 7 wahrscheinlich nicht hierher: Die dort genannte Definitions-Materie bedeutet, daß manche Gegenstände (bes. τεχναστά, z. B. eine Säge) ohne die Angabe ihres spezifischen Materials (Eisen) nicht zureichend definiert werden können, also eines λόγος ἔνυλος (o. 7.33) bedürfen.

[407] Δ 6, 1016a 28 wird dieser Vergleich vorsichtig, Δ 28, 1024b 3f. 8f uneingeschränkt vollzogen.

[408] Das läßt sich ohne Gewaltsamkeit aus H 6, 1045a 34f erschließen.

[409] gen. corr. 324b 6f τὴν . . . ὕλην λέγομεν ὁμοίως ὡς εἰπεῖν τὴν αὐτὴν εἶναι τῶν ἀντικειμένων ὁποτερουοῦν, ὥσπερ γένος ὄν.

[410] Sach-Index s. v. *Möglichkeit 2a.*

[411] Sach-Index s. v. *Stufung 3b.*

[412] Vgl. o. 1.152. Ich komme darauf zurück.

Denkens?: Man denkt nämlich bei Genus als ‚gedachter Hyle' sogleich an die Ideenmaterie Platons. Diese Verknüpfung geht jedoch nicht an; denn die Unterschiede zwischen unserer aristotelischen Lehre und der platonischen Ideenmaterie sind außerordentlich groß und lassen sich nicht damit erklären, daß Aristoteles eigentlich zugleich mit den Ideen auch jede ‚Idealmaterie' geleugnet habe, also die Ideenmaterie stark umgestalten mußte, wenn er sie beibehalten wollte (o. *2.52, 4.452*). Vielmehr müssen wir voraussetzen, daß ihn vor allem ein eigenes philosophisches Anliegen bewog, diese Lehre zu schaffen. Es handelte sich dabei um die Frage: Auf welche Weise kann die Einheit einer Substanz gewährleistet werden? Für die Teile der Substanz hatte die Antwort gelautet: Die Teile sind als solche nur δυνάμει, aktuell ist allein das Ganze, das Synolon. Nunmehr geht es um einen anderen Aspekt der gleichen Frage, nämlich um die Einheit der Definition[413] bzw. um das Verhältnis der Spezies zu ihren übergeordneten Genera: Wie kann das Art-Eidos die Genera in sich enthalten und doch eine Einheit sein? Die Antwort gleicht der eben genannten hinsichtlich der Substanzteile: Die Genera vom Genus proximum an aufwärts sind δυνάμει im Eidos enthalten, aktuell ist allein das ἄτομον εἶδος in seiner individuellen Verwirklichung[414].

Die Einheit der Definition ist ein spezifisch aristotelisches Problem, weil es mit dem aristotelischen Begriff der Substanz zusammenhängt, deren Vorrang vor allen anderen ὄντα philosophisch herausgearbeitet und abgesichert werden soll. Das Problem wäre jedoch nie entstanden, wenn Aristoteles von ‚unten' her, von der Einzelsubstanz aus gedacht hätte: Denn diese ist uns doch als Einheit gegeben, ganz gleich, wie wir dieses ‚gegeben' verstehen. Aristoteles geht aber — wie Platon — von ‚oben' aus, mindestens von der Stufe des Art-Eidos, und die Genera sind für ihn nicht ohne weiteres so seinsohnmächtig, daß sie nicht die Einheit der Definition gefährden könnten.

In der Kritik an τοῖς τὰς ἰδέας λέγουσιν Z 14 wird deutlich, wogegen Aristoteles sich abgrenzen will[415]: Die Genera und differentiae können nicht ein Substanzsein wie die individuierte Art-Substanz besitzen, sonst ist ein Enthaltensein des dem Eidos Übergeordneten im Eidos und mithin die Einheit des Eidos undenkbar. Man weiß längst, daß, falls mit diesen Ausstellungen Platon gemeint ist, die Kritik nicht zutrifft. Das kann und braucht hier nicht im einzelnen verfolgt zu

[413] Vgl., auch zum Folgenden, Cherniss 5—7. 50—53. 59—62. Interessant hierzu auch Stenzel, *ZuG* 132—142, Preiswerk 156—162.

[414] Vgl. H 6, 1045a 34f. Die Stelle ist auch sonst instruktiv: Statt des Paares δύναμις/ἐνέργεια steht hier ὕλη/ἐνέργεια (Konvertibilität von ὕλη und δύναμις, vgl. o.); nur hier wird auch die ὕλη des Genus νοητή genannt.

[415] Die Stelle wird ausführlicher behandelt von Chen, *Chorismos* 106—111.

werden[416], es genügt ein Hinweis auf bekannte Tatsachen: a) Die Idee ist nichts Geschlossenes, sondern vielmehr ein nach allen Seiten ‚offener', mit allen anderen Ideen engstens verflochtener, Seinsgrund, einer der Knoten in dem Beziehungsgeflecht der Ideen. b) Die Teilhabe des Einzeldinges an seiner Idee und damit — infolge der κοινωνία und συμπλοκή der Ideen — am gesamten κόσμος νοητός ist schwierig[417], aber auch nicht problematischer als sämtliche anderen Versuche nach Platon, die Beziehung des Individuellen zum Allgemeinen zu erfassen. c) Zudem ist die von Konrad Gaiser so eindrucksvoll herausgearbeitete Wechselbeziehung zwischen Mathematik und Ontologie bei Platon[418] geeignet, die Gegensätze individuell — allgemein, körperlich — unkörperlich und damit auch das Teilhabeproblem zu mildern. Für Platon war also die Einheit des Atomon Eidos kein Problem, jedenfalls nicht in der Weise, wie es die aristotelische Kritik formuliert[419].

Zur Aporie wurde die Einheit erst dann, als Eidos, Differentia und Genos als irgendwie geschlossene und ‚autarke' Substanzen betrachtet wurden. Ob es eine solche Lehre jemals gab, ist belanglos, jedenfalls nimmt sie Aristoteles zum Ausgangspunkt seiner eigenen Gedanken. Da nun die Substantialität des Atomon Eidos nicht angetastet werden durfte, andererseits das Enthaltensein aller Differenzen im untersten Eidos nicht preisgegeben werden konnte, ohne dieses selber zu vernichten, blieb nichts übrig, als die lange Reihe der Genera und Differenzen nicht-substantiell im allein substantiellen Atomon Eidos ‚aufzuheben'. Das bedeutete bei der Gleichsetzung von Substanzsein und Aktualität, daß die Genera δυνάμει oder, was dasselbe meint, ὑλικῶς im letzten Eidos enthalten sind.

Der Seinsmodus der ‚Möglichkeit' gestattet es Aristoteles, die Genera und ihre Wechselbeziehungen in das Atomon Eidos aufzunehmen, also eine aristotelische Form der κοινωνία γενῶν im Einzelding zu schaffen. Freilich muß nun kurz geklärt werden, welche Art von ‚Möglichkeit' vorliegt[420]:

a) Natürlich handelt es sich nicht um das von Aristoteles in den Vordergrund gerückte Noch-nicht-Sein beim substantiellen (Kind—Mann, Steinblock—Statue) oder akzidentellen Werden (ungebildet—gebildet) der Einzelsubstanz, denn Genera und Differentiae als solche erfahren niemals eine Verwirklichung im Sinne des Individuums — dies wäre ja gerade das, was Aristoteles Z 14 an Platon kritisiert.

416 Auch die Sekundärliteratur kann beiseite bleiben.

417 Anregende Gedanken hierzu bieten Hartmann, Kl. Schr. 2, 72f und, ihm folgend, Chen, *Chorismos* 30—42.

418 Vgl. seinen gesamten ersten Teil *(Mathematik und Ontologie)*, bes. 125—141. 164 bis 172.

419 Stenzel, *ZuG* 115. 120. Gaiser 140.

420 Vgl. auch u. 8.231.

b) Genera und Differentiae werden vermutlich als ‚potentiell' in jeder ‚aktuellen' Einzelsubstanz enthaltene Strukturen in einem und durch einen Erkenntnisvorgang ‚aktualisiert', etwa beim Definieren. Die genannte Aktualisierung findet sich nirgends bei Aristoteles belegt, darf aber ergänzt werden, nicht nur in Analogie zu den μαθηματικά, sondern überhaupt im Hinblick darauf, daß jedes noetische Herausheben von Seinsstrukturen ein ‚Aktuieren' dieser Strukturen bedeutet. c) Der Vergleich mit der Mathematik gibt noch weiteren Aufschluß: Genus wie mathematischer Gegenstand werden unmittelbar und rein allein durch die Erkenntnis aktualisiert, erfahren aber zugleich auch eine Art indirekter und partieller Aktualisierung innerhalb des Werdeprozesses gerade durch diejenige Einzelsubstanz, der sie nach Aristoteles δυνάμει innewohnen.

Damit hört die Parallelität auf, denn diese indirekte Aktualisierung hat in beiden Fällen höchst verschiedenen Charakter: Mathematischer Gegenstand und Körper einer Einzelsubstanz haben etwas Gemeinsames, nämlich Dimensionalität. Aber man kann nicht sagen, der mathematische Gegenstand als solcher konstituiere den einzelnen Substanzkörper. Das würde an gewisse platonische Gedankengänge streifen, die Aristoteles schärfstens ablehnt. So ist also der mathematische Gegenstand irgendwie auf die raumzeitliche Substanz angewiesen, jedoch ist er umgekehrt für sie nicht wesentlich[421]. Auch die Genera sind auf die Einzelsubstanz angewiesen, um im Rahmen des Werdeprozesses aktuell werden zu können, aber sie konstituieren — anders als die μαθηματικά — umgekehrt dieses Einzelne wesentlich. Man braucht, um dies nachzuweisen, in keiner Weise die Vorzugsstellung des Atomon Eidos anzutasten, weil das Eidos selbst uns zeigt, wie sehr es der Genera bedarf: Im Wesensbegriff liegen Genus proximum und Differentia nur impliziert vor, und man könnte vermeinen, sie seien nicht darin enthalten, oder, der Wesensbegriff könne auch ohne sie auskommen. Dagegen entfaltet die Wesensbestimmung oder Definition ausdrücklich Genus und Differentia, und da Aristoteles die Definition als λόγος τῆς οὐσίας untrennbar mit dem Wesensbegriff (τί ἦν εἶναι) verbindet, sind für ihn Wesensbegriff und Definition in ihrem Seins- und Wahrheitsgehalt identisch. Daraus erhellt überhaupt erst, warum Aristoteles die Einheit der Definition so wichtig nimmt, daß er die hier behandelte Lehre aufstellt: An der Einheit der Definition hängt eben die des Wesensbegriffes und somit diejenige der Wesensform[422]. Wenn der Wesensbegriff vom noetischen, die Definition aber vom dianoetischen Denken erfaßt wird, so verschlägt dies nichts, denn Intuition und diskursives Denken gehören ja aufs engste zusammen (o. 7.52 u. ö.).

[421] Vgl. o. 7.44, 7.46.

[422] Vgl. Arpe 46.

So wird durch die Definition das Genus proximum mit dem Art-Eidos verklammert, damit aber auch die weiteren Genera, sei es implizit im Genus proximum, sei es explizit durch weitere Definitionsschritte.

Demnach bedeutet das δυνάμει bzw. ὑλικῶς als Seinsmodus des Genus zwar eine wesensmäßige Unerfülltheit, Unbestimmtheit und vielleicht Defizienz gegenüber der aktuierten Einzelsubstanz, aber zugleich auch, daß die Genera und Differentiae wesenskonstitutiv in die Einzelsubstanz eingegangen sind, ohne deren Aktualität zu durchkreuzen oder zu schmälern. All diese Eigenschaften weisen genau die Substanzteile auf, die wir schon öfter verglichen haben: Wie sie den Körper aufbauen[423], so die Genera die Wesensform.

Es besteht also kein Zweifel, daß Aristoteles mit seiner Lehre vom potentiellen Seinsmodus der Genera diese zugunsten der Artform und der Einzelsubstanz entmächtigen wollte. Es fragt sich nun, ob ihm das gelungen ist, ja gelingen konnte, solange er dem ersten Allgemeinen, der Artform, die absolute Priorität und zugleich ihrer Wesensdefinition fast kanonische Geltung verlieh, so daß im Eidos die Genera eo ipso mitgegeben sind. Damit kann auch δυνάμει bzw. ὑλικῶς nicht die übliche Bedeutung von ‚ontologisch später' haben, denn das Eidos ist als Telos des Werdensprozesses seinsmäßig am ‚frühesten', und die Genera sind zumindest nicht ‚später' als das Eidos, in keiner Bedeutung des Wortes ‚später'. Also grenzen diese Bezeichnungen den Seinsmodus der Genera z. B. gegen die Artsubstanz und die Ideen Platons (so wie sie Aristoteles versteht) ab, sie entleeren aber keineswegs das Sein der Genera völlig zu einem ‚nur logischen' Sein im modernen Sinne[424]. Allerdings ist hiermit unleugbar ein erster Schritt in dieser Richtung getan: Wir haben in den aristotelischen Genera eine merkwürdige Art von idealem Sein vor uns, dessen Wesen darin besteht, daß es ‚latent' ist. Natürlich erklärt der Begriff der ‚Latenz' (δύναμις) nicht — genausowenig wie bei den μαθηματικά (o. *7.43*) —, worin denn nun positiv die Seinsweise der Genera besteht. Aristoteles verwendet ihn, um seinen eigenen Ansatz gegenüber Platon — Seinspriorität des Art-Eidos — zu bezeichnen, aber hinter dem neuen Wort verbirgt sich wiederum die Tatsache, daß die platonische Denkweise — Priorität des Allgemeinen, Idealsein der Genera — im wesentlichen weiterbesteht.

Wir sind bisher vom Art-Eidos ausgegangen — das problematisch genug ist — und haben betont, wie zwiespältig der Seinsmodus der

[423] Das sei hier einmal so undifferenziert gesagt.

[424] Die gemeinte Auffassung kann man nicht nur bei Neu-Kantianern lernen, sondern auch bei N. Hartmann, der von seinem Realitäts-Begriff aus (real = raum-zeitlich) den Stufenbau der Genera, was ihr ontologisches Gewicht angeht, von unten nach oben aufbaut, z. B. *Möglichkeit und Wirklichkeit*² 344 f.

Genera ist, da Aristoteles sie gegenüber dem Art-Eidos zurücktreten läßt, sich aber nicht entschließen kann, die ‚Entaktualisierung' des Allgemeinen auch auf das Atomon Eidos auszudehnen und statt der Art das Individuum zum alleinigen Träger der Aktualität zu machen. Dadurch gerät das ideale Sein der Genera in eine zwielichtige Schwebe. Das wird sich noch mehr zeigen, wenn wir die Begriffshierarchie erneut im ganzen betrachten:

Die Genera bilden, wie gesagt, eine Schichtenfolge von Überformungen, die von ‚oben' nach ‚unten' verläuft. Sie erinnert an die Stufung in der Natur, ist jedoch, der Begriffsdiairesis entsprechend, viel strenger aufgebaut. Die obere Schicht wird durch je zwei formale Faktoren, die beiden Differentiae, bestimmt, dieses so Bestimmte wiederum durch zwei Unterschiede usw. bis zum Atomon Eidos. So ist die obere Schicht jeweils Substrat der sie differenzierenden Unterschiede und geht mit den Differentiae ein quasi-substantielles Verhältnis ein, in welchem sie δυνάμει bewahrt bleibt, und dieses ‚Synolon' ist dann erneut Substrat der nächsten Unterschiede[425].

Diese ‚logische' Quasi-Substanz hat einen ganz anderen Charakter als das mathematische Synolon. Erstere bewegt sich ganz im Bereich des Idealen, so daß sie vermutlich, obwohl sie einen ‚stofflichen' und einen ‚formalen' Teil hat, insgesamt vom Denken als reine Form wie das noetisch erfaßte Art-Eidos angesehen wird. Letzteres hat neben der Form einen stofflichen Teil, der zwar durch eine Abstraktion hindurchgegangen ist, ja sogar als solcher vom Denken irgendwie konstituiert wird, aber dennoch untrennbar mit Körperlichkeit verbunden ist, ja sogar der Prototyp von Körperlichkeit überhaupt ist.

Steigt man die Stufen der Genera empor, so gelangt man zu immer allgemeineren und inhaltlich unbestimmteren Genera, schließlich zu den μέγιστα γένη, den Kategorien. Diese enthalten unentfaltet sämtliche Bestimmungen und Ausformungen von ‚Sein' außer den Transzendentalien in sich. Die größte Allgemeinheit und inhaltliche Unbestimmtheit, oder besser: Unentfaltetheit der Kategorien müssen wir gemäß Aristoteles' Theorie vom Genus als Hyle so beschreiben: Die Kategorien ‚haben' als oberste Genera keine Hyle mehr[426], sie sind vielmehr selber reine ὕλη (νοητή), reine δύναμις, d. h. sie bilden den Gegenpol zur Vollbestimmtheit und Aktualität des Atomon Eidos. Da die Kategorien nun unmittelbar in den Seinsbegriff einmünden und umgekehrt ‚Sein' eo ipso als kategoriales Sein zu verstehen ist[427], kann

[425] Zur aristotelischen Begriffsdiairesis vgl. bes. Cherniss 50—53. 59—62.

[426] Η 6, 1045a 36 heißt es von den Kategorien: ὅσα δὲ μὴ ἔχει ὕλην μήτε νοητὴν μήτε αἰσθητήν.

[427] Γ 2, 1004a 4f ὑπάρχει . . . εὐθὺς γένη ἔχον τὸ ὂν καὶ τὸ ἕν; wahrscheinlich meint γένη hier im weiteren Sinne die Kategorien und die drei Seinsschichten (οὐσίαι).

man auch sagen: *Das allgemeinste Sein ist reine* δύναμις, *d. h. reine* ὕλη νοητή.

Wie verträgt sich diese Tendenz, die nach oben hin zu immer reinerer Möglichkeit führt, mit der Schichtung Sinnensubstanz—Himmelskörper—unbewegte(r) Beweger, bei der nach oben immer reiner die Wirklichkeit, die Aktualität hervortritt?

Man kann diese Schwierigkeit nicht dadurch beseitigen, daß man die Lehre vom Genus als Hyle/Dynamis gemäß den ausdrücklichen Zeugnissen auf das Genus proximum beschränkt und die oberen Genera davon ausschließt, weil das Problem, wie das Allgemeinste zugleich das Bestimmteste sein kann, auch dann noch unvermindert bestehen bleibt. Ist dies doch ein Hauptproblem jeglicher Philosophie, sofern sie nicht real mit ‚sinnlich faßbar' gleichsetzt und die Seinsbezogenheit der Begriffe leugnet. Zweitens ist es nicht möglich, die ὕλη νοητή analog der αἰσθητή als Individuationsprinzip zu verstehen, das die Unterschiede zwischen den Arten erklären soll[428]. Dies gilt vielmehr nur für die platonische Ideenmaterie (*2.243, 2.51, 4.452*), die ὕλη νοητή hingegen ‚generalisiert' und die formalen Differentiae ‚individuieren', bis zum Atomon Eidos, unterhalb dessen es dann umschlägt, indem die ὕλη (αἰσθητή) die Rolle des Individuierens übernimmt.

Daher muß man das Faktum hinnehmen, daß in der Stufung der Genera eine Art ‚Gegenbewegung' zur aufsteigenden Reihe der Überformungen vom Anorganischen bis zum unbewegten Beweger erfolgt. Wie weit darf man nun das oberste Glied beider Reihen gleichsetzen? Wir haben oben Abschnitt 4 gesehen, wie für Aristoteles jede allgemeine Ontologie stets notwendig in die Theologik des unbewegten Bewegers einmündet. Deshalb kann man den unbewegten Beweger mit ‚Substanz' im allgemeinsten Sinne (als Kategorie), d. h. mit dem Begriff ‚Sein' im umfassenden Sinne identifizieren. Der Beweger ist als reine Aktualität vollbestimmt, zugleich als Prototyp von Substanz bzw. Sein überhaupt Allgemeinheit und Unentfaltetheit. Dieses Ineinander von Bestimmtheit und Unbestimmtheit finden wir beim platonischen ἕν wieder, danach z. B. noch deutlicher beim ἕν Plotins[429]; es ist dies bezeichnend für jedes ideale Sein, für welches das καθόλου τῷ πρότερον εἶναι gilt[430]. Wie vereinigt der unbewegte Beweger reine ἐνέργεια mit reiner ὕλη νοητή in sich?: Bei Ersterem muß man ‚ratione essendi' hinzudenken; Letzteres wird vom Raum-

H 6, 1045a 36ff stellt das unmittelbare Verknüpftsein (εὐθύς!) von Kategorien, ‚Sein' und ‚Eins' heraus. Vgl. Bonitz zu Λ 4, 1070b 1.

428 So Merlan und Ross, widerlegt o. 4.452.

429 u. 7.823 Schluß. Vgl. auch Krämer, *GF* 143 mit A. **123**.

430 Anspielung auf K 7, 1064b 13f.

Zeitlichen aus, d. h. ‚von uns aus' gesehen. Dieses ‚von uns aus' stellt sich in diesem besonderen Fall als logisch-erkenntnistheoretische Stufung dar. Das muß aber nicht so sein, und so darf man nur unter Vorbehalten beide Richtungen durch ‚ratione essendi'—‚ratione cognoscendi' kontrastieren. Reine Aktualität = Vollbestimmung dem Sein nach geht Hand in Hand mit begrifflicher Unentfaltetheit ‚für uns', ontisch größte Fülle an Sein mit logisch größter Unbestimmtheit; jede logische Festlegung beim Abstieg in der Diairesis bedeutet dann eine Seinsverengung u. dgl. Man kann deshalb von doppelter Explikation des obersten Seins sprechen: einmal in die 3 (2) Seinsschichten (unbewegter Beweger —) Himmelskörper — vergängliche Substanz, zum andern in die Kategorien, Genera, Differentiae bis zum Atomon Eidos. Anfang und Endpunkt der Reihe sind eng aufeinander bezogen: Die Unstimmigkeiten und Schwierigkeiten im Bereich dazwischen ergeben sich, wie gezeigt, erstens aus der Beseitigung des Ideenbereiches und seiner κοινωνία, zweitens daraus, daß Aristoteles mit der Beseitigung auf der Höhe des Atomon Eidos innegehalten hat.

7.72 Das Wesen der ὕλη νοητή

Ross hat zu met. Z 10, 1036 a 9 die ὕλη νοητή besonnen besprochen, ihre beiden Bedeutungen unterschieden und, da er es für unmöglich hält, daß Aristoteles den gleichen Ausdruck für zwei völlig voneinander getrennte Bedeutungen gebraucht habe, zwei Möglichkeiten der Verknüpfung vorgeschlagen: a) Aristoteles hatte von allem Anfang an eine ‚weitere' Bedeutung im Auge und nennt im Z die Extensio nur als einzelnes, spezielleres Beispiel dafür. b) Er ging von der spezielleren Bedeutung ‚Extensio' aus und erweiterte sie, als er zu H kam.

Nun liegt ja tatsächlich eine Stelle vor, an der sich beide Bedeutungen zu überschneiden scheinen: H 6, 1045 a 35 wird als Beispiel für ὕλη νοητή = ‚Genus in der Definition' genannt οἷον ὁ κύκλος σχῆμα ἐπίπεδον, und das Genus σχῆμα ἐπίπεδον bezeichnet gleichzeitig die Extensio des Kreises. An dem Beispiel stört einmal, daß der ‚formale' Teil der Definition, d. h. die Differentia, fehlt (Ross z. St.), anderenteils, daß Alexander überhaupt nicht darauf eingeht, weshalb Jaeger es für ein Glossem hält und athetiert. Aber auch wenn dieses einzelne und einzige Beispiel nicht aristotelisch ist, bleibt sachlich bestehen, daß die Extensio in den Definitionen geometrischer Figuren als generisches Element (wenn nicht gar als Genus selbst) auftritt. Freilich nimmt Aristoteles wiederum auf die Unentbehrlichkeit der Extensio in den μαθηματικά und in deren Definitionen so wenig Rücksicht, daß er das wesentliche Sein der Figuren, z. B. des Kreises, auf die reine Form reduzieren will (o. *7.461*). Außerdem kann man noch gegen das obige und gegen ähnliche Beispiele einwenden, daß eigentlich nicht ‚Ebene' (die reine ὕλη νοητή), sondern ‚ebene Figur' (Hyle + Begrenzung) das Genus sei u. dgl. Kurzum, es ist sehr bedenklich, in solchen Definitionen die Klammer zu sehen, die beide Bedeutungen von ὕλη νοητή verbindet.

Was ist also das Verbindende? Wir haben dies ja schon näher charakterisiert[431], so daß wir uns auf Stichworte beschränken können:

Beide Arten sind gegenüber dem raum-zeitlichen Synolon unbestimmt, potentiell, ‚ideal', abstrakt. Diese Begriffe kennzeichnen das eigentümliche Idealsein der mathematischen und logischen Sphäre. Die Tatsache, daß die ὕλη νοητή mit der mathematischen Form, das Genus als Hyle mit der Differentia ein quasisubstantielles Verhältnis eingeht und daß Aristoteles im Banne der platonischen Tradition und eigener spezieller Fragen (z. B. der nach der Definition) beides in den Vordergrund rückt, darf nicht darüber hinwegtäuschen, daß die zwei Sachverhalte im Grunde doch nur Symptome eines allgemeineren aristotelischen Problems sind, wie sich nämlich der behauptete Seinsvorrang der raumzeitlichen Substanz mit dem logischen Vorrang des Abstrakt-Idealen verträgt. Ein Ausgleich kann nur gefunden werden, wenn die eine auf die andere Seite reduziert wird, was wieder auf viele Schwierigkeiten stößt. Man kann die Problematik in der Moderne am besten an Nicolai Hartmann und dessen zwiespältiger Haltung hin-

[431] o. 7.43, 7.71. — Günther Patzig versucht die zwei Arten von ὕλη νοητή durch folgende Bestimmung miteinander zu vereinigen: „Das, was es zwar selber und als solches nicht gibt, als das man aber etwas, das es gibt, nämlich einen wahrnehmbaren Gegenstand, *auffassen* kann, nennt Aristoteles die ὕλη dieses Gegenstandes, seine Materie" (*Bemerkungen über den Begriff der Form*, Arch. f. Philosophie 9, 1959, 102—104, hier 103; vgl. auch schon Patzigs Dissertation *Usia* 159ff). Diese Bestimmung hilft nicht weiter: Denn wenn man sie *erstens* undifferenziert nimmt, müßte alles, was über das konkret-sinnliche Vorhandensein eines Gegenstandes hinausgeht, seine ὕλη heißen, z. B. auch sein εἶδος, akzidentelle Bestimmungen usw., kurz alles, was von einem τόδε τι ausgesagt werden kann. *Zweitens*: ‚*auffassen*' (d. h. ‚noetisch erkennen') richtet sich primär nur auf die *Form* (die erkennbar ist), nicht auf die Materie (die als solche ‚unbestimmt' und ‚unerkennbar' ist). Zwar gibt es dann auch ein noetisches Erkennen der unbestimmten Extensio (= ὕλη νοητή der Mathematik) bzw. des irgendwie ‚unbestimmten' γένος (Logik), aber das bedarf dann erst näherer Erklärung (vgl. o. 7.44), bevor man ohne weiteres von ‚auffassen' sprechen kann. (Für diese Bemerkungen durfte ich briefliche Äußerungen Ernst Tugendhats verwenden, deren Einsichtnahme ich Günther Patzig verdanke). Vgl. zu allem die vorstehenden Erörterungen, ferner die eindringlichen Feststellungen von E. Tugendhat, *ΤΙ ΚΑΤΑ ΤΙΝΟΣ*, 1958, 115—120 und 148f (γένος als ὕλη), 79f (mathematische ὕλη νοητή). Merlans Bemerkungen zur aristotelischen ὕλη νοητή (*ZB* 10f) sind zu summarisch und wenig förderlich, enthalten aber eine wichtige Anregung: Die ‚nicht-sinnlichen' Hyle-Arten des Aristoteles sind letztlich nur auf dem Hintergrund der platonisch-akademischen Seinsschichtung und ihrer mannigfach *abgestuften* Prinzipien zu verstehen.

sichtlich des ‚Realen' und des ‚Idealen' studieren. Dies ist also bis heute eine offene Frage. Daß Aristoteles sie sehr gefördert hätte, kann man nicht sagen, und so bleibt nur übrig, den Befund noch einmal zu konstatieren:

Alles, was nicht οὐσία ist, besonders das Logische, und das Mathematische, ist ein νοητόν und δυνάμει ὄν, als Potentielles eo ipso ein ὑλικῶς ὄν. Unter diese Rubrik fällt alles vom νοῦς Erkennbare — der unbewegte Beweger ausgenommen. Speziell von ὕλη νοητή spricht man, wenn das Moment der Bestimmbarkeit durch etwas Formales bzw. ein substanzartiges Verhältnis besonders stark mit ins Spiel kommt. Eigentlich müßte nun der Ausdruck ὕλη νοητή auch auf die anderen Arten der Hyle ausgedehnt werden, die sämtlich ‚gedacht' sind (o. *7.12*, *7.35*), aber Aristoteles hat den Terminus auf die Hyle der Geometrie und der Logik beschränkt.

7.8 Die Erkenntnisstufe der Metaphysik

Wie gezeigt wurde[432], hat die Metaphysik zu ihrem Gegenstand erstens das Sein als Sein im allgemeinen und zugleich das *ens realissimum*, den unbewegten Beweger; zweitens eine Reihe von einander gegensätzlich zugeordneten ‚Transzendentalien' im weitesten Sinne, die in die Form-Systoichie der ‚Einheit' und die Materie-Systoichie der ‚Vielheit' zusammengefaßt sind; drittens die Grundaxiome jeglichen Denkens wie den Satz vom Widerspruch; viertens die Erörterung des τί ἐστιν, also des Wesens[433]. Aristoteles schwankt bei dem einen oder anderen dieser Bereiche, ob er ihn einbeziehen soll. Aber selbst wenn dies mehr wäre als methodischer Zweifel — behandelt er doch all diese Themen de facto in den Metaphysikbüchern —, so dürfen wir uns hier darüber hinwegsetzen. Wir haben also statt eines einzigen Gegenstandes wie bei der Physik und Mathematik deren bei der Metaphysik eine Mehrzahl vor uns. Diese Vielfalt ist insofern nur scheinbar, als sie sich bruchlos aus der Frage nach dem Sein als solchem ergibt und sich dem durch diese Fragen bezeichneten Rahmen ohne Rest einpaßt. Andererseits führt diese Frage ihrem Wesen nach wie keine andere denjenigen, welcher ihr nachgeht, in ausnahmslos alle Seinsbereiche, also in die denkbar größte Mannigfaltigkeit hinein. Ob nun die Untersuchung des ‚Seins' in all diesen Bereichen mit der gleichen Erkenntnisart und Denkmethode erfolgen kann, läßt sich von vorneherein weder bejahen noch verneinen. Für Letzteres spricht schon

[432] o. 4 passim, z. B. 4.24.
[433] Vgl. vorläufig u. 7.821.

einiges, denn die Objekte haben erstens ein sehr unterschiedliches Verhältnis zur Materie, dem Unerkennbaren und Erkenntnishindernden: Die Wesensformen der Körpersubstanzen sind in sie eingebettet und bedürfen des Herausgehobenwerdens, der unbewegte Beweger hingegen ist materielos; inwieweit Transzendentalien und logische Axiome ‚stoffverhaftet' sind, ist undeutlich. Zweitens haben die Bereiche zum Teil ‚logischen' (Transzendentalien, Axiome), zum Teil ‚ontologischen' Charakter (Wesensformen). Drittens handelt es sich einerseits um ‚nicht-zusammengesetzte' Begriffe (Wesensform, reine Form, Transzendentalien), andererseits um ‚zusammengesetzte' Sätze (Axiome); wie wichtig Aristoteles diese Unterscheidung nimmt, ist ja bekannt.

Aristoteles bespricht nur die Erkenntnis der Wesensformen, die in einem noetischen Akt aus den Sinnesdaten herausgehoben werden (s. u.), übergeht jedoch die Erkenntnis der anderen Bereiche fast ganz mit Stillschweigen. Wir sind daher weitgehend auf Vermutungen angewiesen, die sich auf Anregungen aus der nacharistotelischen Ideengeschichte stützen müssen, wenn sie nicht von vorneherein unwahrscheinlich werden sollen. Bester Ausgangspunkt sind aus vielen Gründen die Darlegungen des Thomas von Aquin, die wir hier unserem Zweck gemäß sehr vereinfacht wiedergeben, ohne auf irgendwelche Details der Thomas-Deutung einzugehen[434].

7.81 Zur Abstraktionslehre des Thomas von Aquin[435]

Der erkennende Menschengeist bedarf nach Thomas zur Erkenntnis der sinnlichen Erfahrung als einer Condicio sine qua non, aber die Sinnesdaten sind für ihn nur der Anlaß, die in ihm potentiell enthaltenen apriorischen ‚Gewußtheiten' zu aktuieren. Thomas unterscheidet sich hierin in keiner Weise von Platon oder Augustin. Am Beispiel der Wesensform verdeutlicht heißt das: Erkenntnisobjekt ist ein materielles Einzelding, der Geist erkennt es aber nicht qua Vereinzeltes, sondern ‚abstrahiert' die Wesensform von der individuellen Materie sowie den sie widerspiegelnden Vorstellungen und gelangt so zu einer Allgemeinerkenntnis[436]. Diese Abstraktion ist wie in der Antike kein addi-

[434] Für die Gesamtauffassung von Thomas' Philosophie stütze ich mich auf Hirschberger I⁴ 467—475 (Lit.), für das Thema speziell auf P. Merlan, *Abstraction and Metaphysics in St. Thomas' Summa*, Journ. Hist. Ideas 14 (1953) 284—291. Ludger Oeing Hanhoff, *Wesen und Formen der Abstraktion nach Thomas von Aquin*, Philos. Jb. 71 (1963) 14—37.

[435] s. th. 1, 85, 1, dazu 1, 12, 4 corp.; c. g. 2, 77; met. 2, 1 (285). Vgl. s. th. 1, 84, 6.

[436] 1, 85, 1 corp. Vgl. ad 1 hoc est abstrahere universale a particulari, vel speciem intelligibilem a phantasmatibus, considerare scilicet naturam speciei absque consideratione individualium principiorum, quae per phantasmata repraesentantur; ad 5. Vgl. o. 7.51 über die Terminologie der antiken und mittelalterlichen Abstraktion.

tives, statistisches Errechnen des vielen Einzelfällen Gemeinsamen, sondern intuitive Wesensschau, zu welcher es nicht mehr als eines Einzelfalles bedarf[437]. Ohne hier auf die Einzelheiten des Abstraktionsverfahrens einzugehen[438], wenden wir uns den drei Abstraktionsstufen zu, die Thomas unterscheidet[439].

7.811 Die Stufe der Physik

Da die materielle Seite eines Einzeldinges (wenigstens zum Teil) auch in der Definition dieses Dinges erscheinen muß (Thomas denkt wohl an: ‚Mensch' = ‚zweifüßiges Lebewesen' o. ä.), die Materie aber Individuationsprinzip ist, während die Definition Allgemeincharakter hat, könnte man die Einzeldinge nicht definieren, d. h. ihre Art-Form und damit ihr Wesen erkennen[440]. Deshalb muß man sich in einem ersten Schritt die individuellen Besonderheiten z. B. eines bestimmten Menschen (dieses bestimmte Fleisch, diese bestimmten Knochen, d. h. die *materia signata vel individualis*) wegdenken, ihm aber seine Materie als entindividualisierten ‚Normalkörper' (*materia communis*)[441] belassen. *Intellectus igitur abstrahit speciem rei naturalis a materia sensibili individuali, non autem a materia sensibili communi*[442]. Weiter von dieser *materia communis* kann der Geist nicht absehen, ohne die Artform ihres Sinnes zu entleeren[443].

7.812 Die Stufe der Mathematik

Wenn wir nun weiter auch die *materia sensibilis communis* übergehen, fassen wir jede Substanz nur noch als Raumerfüllung, Ausdehnung, ‚Quantität', d. h. als Objekt der Geometrie und Mathema-

437 Hirschberger, I⁴ 471f. 438 Hanhoff 15—31.

439 s. th. 1, 85, 1 ad 2. Vgl. Hanhoff 31—35.

440 1, 85, 1, 2 und ad 2. Vgl. met. 7, 11 (1503—1506).

441 Thomas: caro et os. Von ‚Durchschnittskörper' spricht man besser nicht, weil das wieder allzu sehr an statistisches Vorgehen erinnert.

442 1, 85, 1 ad 2. Vgl. auch noch den folgenden Satz: sicut speciem hominis abstrahit ab his carnibus et his ossibus, quae non sunt de ratione speciei, sed partes individui ...; et ideo sine eis considerari potest. Vgl. ad 1 ea quae pertinent ad rationem speciei cuiuslibet rei materialis, puta lapidis aut hominis aut equi, possunt considerari sine principiis individualibus, quae non sunt de ratione speciei.

443 1, 85, 1 ad 2 sed species hominis non potest abstrahi per intellectum a carnibus et ossibus. ad 1 tunc enim intellectus est falsus, quando intelligit rem esse aliter quam sit. unde falsus esset intellectus, si sic abstraheret speciem lapidis a materia, ut intelligeret eam non esse in materia. Vgl. 1, 84, 4. Von Empirismus ist hier natürlich keine Rede (auch nicht ad 2 Ende), vgl. Hirschberger I⁴ 478. Im Gegenteil, andere Stellen zeigen deutlich, daß es Thomas auch um das Herausheben der Wesensform geht: 1, 12, 4 ad 3 intellectus noster potest in abstractione considerare quod in concretione cognoscit. etsi enim cognoscat res habentes formam in materia, tamen resolvit compositum in utrumque, et considerat formam per se.

tik[444]. Die reine Ausdehnung nennt Thomas *materia intelligibilis* und teilt sie nach Analogie der *materia sensibilis* ein in *materia intelligibilis individualis* und *materia intelligibilis communis*[445]. Thomas hat also die Konsequenzen, die sich aus dem Verhaftetsein des Mathematischen ‚im' Sinnlichen und dem Angewiesensein der geometrischen Definitionen auf Extensio ergaben, systematisch zu Ende gedacht und ist so über die schwankende Haltung des Aristoteles hinausgekommen. Die Schwierigkeit, diesen ‚empirischen' Ansatz mit dem mathematischen Apriorismus zu verbinden, bleibt die gleiche wie bei Aristoteles. Und das inkonsequente Streben des Aristoteles nach der reinen mathematischen Form — in Verfolg platonischer Gedanken — war auf die Länge gesehen zukunftsträchtiger als der starre Hylemorphismus des Thomas im Mathematischen.

7.813 Die Stufe der Metaphysik[446]

Thomas unterscheidet klar zwischen zwei Gegenstandsbereichen und demgemäß zwei Erkenntnisarten innerhalb der Metaphysik:

a) ‚Seiende', die in manchen Bereichen mit Materie und Bewegung verbunden sind, in manchen nicht, weil für sie die Materie nicht wesentlich ist[447]: *ens, substantia, potentia, actus*[448], ferner *qualitas, unum et multa et huiusmodi*[449]. Verbundensein mit einem anderen und gleichzeitig Unabhängigsein im Wesen von diesem andern ist die Bedingung, unter welcher Abstraktion möglich ist[450], und so werden denn auch ‚Sein' und seine allgemeinsten Bestimmungen (s. o.) nicht nur (wie die mathematischen Objekte) von der *materia sensibilis*, sondern auch von der *materia intelligibilis* abstrahiert[451].

b) ‚Seiende', die stets materielos sind, wie Gott und die Engel[452]. Diese können natürlich nicht abstraktiv erkannt werden[453], sondern

[444] Vgl. Hanhoff 32f.
[445] 1, 85, 1 ad 2 species mathematicae possunt abstrahi per intellectum a materia sensibili non solum individuali, sed etiam communi; non tamen a materia intelligibili communi, sed solum individuali (zu ‚substantia' ib. Hanhoff 33 mit A. 123).
[446] Vgl. 1, 84. 1, 88. Boeth. trin. 5, 1 resp. 5, 3. 5, 4 und Teile der q. 6.
[447] Boeth. trin. 5, 1 resp. ad finem, 5, 4 resp. ad finem.
[448] 1, 85, 1 ad 2. Boeth. trin. 5, 4 resp. ad finem.
[449] Boeth. trin. 5, 1 resp. ad finem.
[450] Boeth. trin. 5, 3 resp.
[451] 1, 85, 1 ad 2; angedeutet Boeth. trin. 5, 4 ad 5. In dem oft als wichtigen Beleg zitierten Satz Boeth. trin. 5, 3 resp. ad finem abstractio a materia sensibili, et haec competit metaphysicae ist *metaphysicae* ein bis heute mitgeschleppter Druckfehler der Ausgaben für handschriftliches *mathematicae* (Merlan, *Abstraction* 287).
[452] Boeth. trin. 5, 1 resp. 5, 4 resp.
[453] 1, 88 bes. art. 2 resp., Merlan, *Abstraction* 284—286. — So schon Boethius selber, trin. p. 1250B, wenn *inseparabilis* (wie Thomas las) richtiger Text ist (*separabilis* Migne).

nur auf einem anderen Erkenntnisweg, auf den sich Thomas nicht eindeutig festlegt: Bald spricht er von *separatio*[454], worunter er den diskursiven Vorgang der Bildung von negativen Sätzen versteht, bald sagt er, das Göttliche werde erkannt *per comparationem ad corpora sensibilia*[455], *per remotionem*[456], *per similitudines* oder *habitudines ad res materiales*[457], *per ablationem, per excessum, secundum causalitatem omnium*[458].

Es gibt mithin zwei Wege zu den immateriellen Prinzipien: den abstraktiven, der über die entindividualisierte Einzelsubstanz und die mathematischen Gegenstände zu ‚Sein' und den allgemeinsten Seinsbestimmungen führt, man darf sagen, die Methode der Metaphysik als allgemeiner Ontologie; und den nicht-abstraktiven der ‚Theologie', welcher das stets Immaterielle wie Gott und die Intelligenzen zum Gegenstand hat. Daß Thomas diese Unterscheidung getroffen hat, ist nicht zu bestreiten. Eine andere Frage ist allerdings, wie sich beide Gegenstandsbereiche und Erkenntnisarten zueinander verhalten, wie es angesichts dieses Unterschieds um die Einheit der obersten Wissenschaft vom Sein steht u. dgl. Darauf kann hier nicht eingegangen werden. Angedeutet sei nur, daß Thomas die letzten Seinsprinzipien, die allgemeinsten Genera und das oberste Sein = Gott in eins sieht, indem er die *substantiae separatae* als (spezifische) Prinzipien des *ens commune* und damit als *causae communes* bzw. *universales* betrachtet[459]. So bezeichnet die genannte Unterscheidung für ihn nur zwei Seiten ein und derselben Sache: Während die abstraktive Methode das göttliche Sein unter der Hinsicht erstrebt, daß es ‚abstraktestes' Prinzip für das gesamte übrige Sein ist, nähern sich die anderen Erkenntnisarten dem Göttlichen mehr um seiner selbst willen (sozusagen als dem ‚Konkretesten')[460]:

Worin besteht die Eigenart beider Arten von Erkenntnis? Wie oben kurz bemerkt, ist die Abstraktion des Thomas Intuition: Indem der Geist das Wesentliche seines Gegenstands intuitiv erfaßt, ‚zieht' er es von dem ihm anhaftenden Unwesentlichen ‚ab'. Alle nicht-abstraktiven Erkenntnisarten[461] dagegen haben das gemeinsam, daß sie das Objekt nicht direkt erkennend ergreifen, sondern sich ihm indirekt

[454] Boeth. trin. 5, 3 resp. ad finem.
[455] 1, 84, 7. 1, 88, 2 ad 1.
[456] 1, 88, 2 ad 2.
[457] 1, 88, 2 ad 1.
[458] Die letzten drei finden sich Thomas Dionys. div. nom. 7, 4. Vgl. Boeth. trin. 6, 2 resp., wo statt *ablatio* gleichbedeutendes *remotio* steht.
[459] Vgl. etwa das Proömium seines Metaphysik-Kommentars, Boeth. trin. 5, 1 resp. ad finem, 5, 4 resp., ferner Wagner, Philos. Rundschau 7 (1959) 133 f. 136.
[460] Boeth. trin. 5, 4 resp.
[461] Vgl. o. 7.62, u. 7.823b/c.

annähern, durch Vergleich mit der Körperwelt, durch Negation des Unvollkommenen usw.

Dabei bleibt freilich unklar, warum die in Gott hineinverlegten obersten Seinsprinzipien intuitiv erfaßt werden können, Gott selber und die Intelligenzen aber in keinem Falle. Auch ist die Rolle der besonders Boeth.trin. 5,3 der Metaphysik zugewiesenen *separatio* noch zu klären, welche das vom diskursiven Denken vollzogene Bilden negativer Sätze meint. Daß das diskursive Denken, welches sonst sekundär auf die Intuition (Abstraktion) folgt (vgl. das Verhältnis von νόησις und διάνοια), hier bei der Erkenntnis des Höchsten allein übrig bleibt, erklärt sich daraus, daß es keine Intuition vom Wesen der obersten Substanz gibt[462], also nur eine diskursive Annäherung möglich ist. Diese mag bei *separatio* in einem negativen Vorgehen ähnlich dem der *ablatio* und *remotio* bestehen[463], z. B. in Sätzen wie: ‚Gott und die Intelligenzen sind nicht dies und dies usw.'.

7.814 Das Seinsprinzip ‚Materie' als Objekt der Metaphysik

Unter den allgemeinsten Bestimmungen des Seins, die von der Metaphysik *per abstractionem* herausgehoben und untersucht werden, wird auch *potentia* erwähnt[464]. Das scheint höchst auffällig, weil die Erkenntnis sich ihrem Wesen nach auf das Formale und Aktuelle richtet[465] und vom Materiellen, Potentiellen absieht. Obwohl diese Formalisierung auf der Erkenntnisstufe der Metaphysik zum Äußersten getrieben ist, erscheint gerade hier *potentia* als Ergebnis einer Abstraktion und Gegenstand der Untersuchung. Darin liegt kein Widerspruch, weil natürlich hier *potentia* nicht ‚konkret' als Möglichkeit im Einzelfalle gemeint ist, sondern als Seinsprinzip Möglichkeit, ohne welches das kontingente Sein, also die Welt und die Intelligenzen, nicht erklärt werden, ja nicht sein können. Weiter sagt Thomas nichts: Wir wissen also nicht, wie *potentia* als Prinzip abstraktiv erkannt wird, wie sie sich zum *Actus purus* Gottes verhält usw. Es genügt die Tatsache, daß Thomas das Seinsprinzip der Möglichkeit als ein Objekt der Metaphysik betrachtet. Freilich sind bei ihm *potentia* und *materia* nicht umkehrbar identisch, wie sich an den Intelligenzen zeigt, die *potentia*, aber keine Materie besitzen. Trotzdem darf man sagen: Thomas nimmt die Materie als Seinsprinzip unter die Objekte der Metaphysik auf. Das läßt sich noch durch einige Vermutungen stützen: Unter die allgemeinsten Seinsbestimmungen als Gegenstand der Metaphysik fallen auch die sogenannten Transzendentalien, allen voran die ‚Einheit'

[462] 1, 88, 2 resp. Boeth. trin. 6, 4 resp., ad 1, ad 2, ad 5.
[463] Vgl. die *negationes* Boeth. trin. 6, 3 resp.
[464] 1, 85, 1 ad 2. Boeth. trin. 5, 4 resp. ad finem.
[465] Boeth. trin. 5, 3 resp.

(unum). Diese impliziert unmittelbar den Begriff der ‚Vielheit', so wie *actus* die *potentia*[466]. Mit der Vielheit ist aber wiederum das Seinsprinzip der Materie gegeben, jetzt unter dem Aspekt der Pluralität und Individuation. Diesen Gesichtspunkt haben wir in met. Γ anläßlich von ἕν und πλῆθος kennengelernt (o. 4). Auch der Aspekt der *potentia*/δύναμις läßt sich unter den Objekten der aristotelischen Metaphysik wiederfinden (o. *4.44*, 4.6).

7.82 Aristoteles über die Erkenntnis in der Metaphysik

Wir haben o. 7.2 Ende (vgl. o. 4) angedeutet, wie vielschichtig das Objekt der Metaphysik ist und wie demgemäß auch die auf dieses angewendete Erkenntnismethode vielfältig sein muß. Wir lassen die logischen Axiome beiseite und betrachten nacheinander *7.821* die Wesensformen der Körperdinge, *7.822* den Seinsbegriff, *7.823* das Materie-Prinzip daraufhin, ob und wie sie erkannt werden können.

7.821 Die Wesensformen der Körperdinge

Die Erkenntnis verläuft nach Aristoteles in drei Stufen, die aufeinander aufbauen: Sinnliche Wahrnehmung — Vorstellung — geistige Einsicht. Die Sinneserkenntnis nimmt die αἰσθητὰ εἴδη ἄνευ τῆς ὕλης in sich auf als (noch ziemlich rohe) Wahrnehmungsbilder (αἰσθήματα), aus denen die Vorstellungskraft (φαντασία) festumrissene Vorstellungsbilder (φαντάσματα) macht. „An diesem von der Vorstellung vermittelten Bild bestimmter Quantität setzt das Denken an, ohne das Vorgestellte nun so zu denken, wie es vorgestellt ist, vielmehr wird unter Absehung von der Bildhaftigkeit des Vorgestellten an dem Vorgestellten das erfaßt, was die sinnliche Anschauung rein als solche nicht erfaßt, das νοητὸν εἶδος"[467]. Das heißt auf der Objektseite: ἐν τοῖς εἴδεσι τοῖς αἰσθητοῖς τὰ νοητά ἐστι[468], auf der des Subjekts: τὰ (νοητὰ) εἴδη τὸ νοητικὸν ἐν τοῖς φαντάσμασι νοεῖ[469]. Diese letzte Stufe stützt sich auf Sinnlichkeit und Vorstellung, wird ständig von Vorstellungen begleitet[470], ist aber ihrem Wesen nach selbst bildlos, unsinnlich und von eigener Geltung.

Die genannten Stufen verkörpern zum Teil auch ein graduelles Absehen von der Materie, das wir etwas genauer betrachten wollen:

[466] Vgl. Boeth. trin. 4, 1 ad 2 et 3 (die responsio geht ferner auf die *oppositio prima* zwischen *ens et non ens* ein, vgl. o. 4.44, 4.61); 5, 1 resp. ad finem.

[467] Oehler 189, dessen Ausführungen durch De memoria 449 b 31—450 a 9 illustriert werden (Oehler zitiert 200 A. 4 diese Stelle in anderem Zusammenhang).

[468] an. Γ 8, 432 a 4—6.

[469] an. Γ 7, 431 b 2 f.

[470] Angedeutet an. Γ 8, 432 a 8 f, sehr deutlich De memoria 449 b 31 ff.

a) Bereits die αἴσθησις nimmt die αἰσθητὰ εἴδη ἄνευ τῆς ὕλης wahr[471], d. h. sie transponiert die sinnliche Form und die αἰσθητὴ ὕλη des Gegenstands in ein Wahrnehmungsbild. Wenn Aristoteles nun anderswo sagt, τὰ φαντάσματα ὥσπερ αἰσθήματά ἐστι, πλὴν ἄνευ ὕλης[472], so impliziert dies, daß die αἰσθήματα noch mit irgendeiner ὕλη verbunden sind. Dies kann der Sachlage nach kaum etwas anderes sein als die Bildlichkeit des wahrgenommenen Gegenstandes im Bewußtsein, also eine Art ὕλη νοητή im Gegensatz zur αἰσθητή des Gegenstands, die als solche nicht mit in das Wahrnehmungsbild eingeht.

b) Dieselbe Stelle scheint zu besagen, daß die Vorstellungen im Vergleich mit den Wahrnehmungsbildern keine derartige Hyle enthalten. Dies ist unwahrscheinlich, da auch die Vorstellungen Bilder sind, die einen ‚Vorstellungsraum' voraussetzen, in welchem sie sich bewegen, die gedachte Quantität enthalten und dergleichen[473]. Aristoteles muß demnach gemeint haben, daß die αἰσθήματα der ὕλη αἰσθητή näherstehen als die φαντάσματα, nicht aber, daß die φαντάσματα hylefrei = bildlos seien wie die νοήματα.

c) Die νόησις bedeutet, wie oben gesagt, daß auch von der Bildhaftigkeit der Vorstellungen noch abgesehen wird. Aristoteles spricht undifferenziert davon, daß die Noesis sich im Bereich des ‚Materielosen' (ἄνευ ὕλης) abspiele[474] und versteht darunter die Verschmelzung von aktuellem obersten Seelenteil und materieloser Wesensform des erkannten Objekts. Zweifellos meint er damit unter anderm auch den Vorgang im Subjekt, bei dem der Geist sich bemüht, über die Bildhaftigkeit des Vorgestellten zum bildlosen Wesen vorzudringen[475]; aber er spricht das nicht deutlich aus.

In diesen innerseelischen Vorgängen haben wir also Abstraktionsstufen vor uns, und Stellen wie an. Γ 7, 431 b 12 ff legen nahe, die oben betrachteten drei Abstraktionsgrade der theoretischen Wissenschaften kurz vergleichend beizuziehen. Hierbei ist aber a) eine allzu enge Parallelisierung beider Bereiche und b) eine Reduzierung der ‚objektiven' auf die ‚subjektive' Seite zu vermeiden. Man kann z. B. nicht Physik

[471] an. B 12, 424 a 18f.

[472] an. Γ 8, 432 a 9f. Theiler und Ross äußern sich nicht dazu.

[473] Sehr präzise De memoria 449 b 31—450 a 9 (aus a 8 ergibt sich, daß φάντασμα und συνεχές zueinander gehören). Auch nach Oehler 189 gibt die Vorstellung „ein Quantitatives" (s. o.). Vgl. Bonitz s. vv.

[474] an. Γ 4, bes. 429 b 14—22. 430 a 3f. Vgl. Λ 9, 1075 a 4 mit Ross' Komm., Oehler 183—185 zu Θ 10, 202f zu Λ 7.

[475] Wie der Geist über die φαντάσματα, die sich bei jedem Denkakt zwangsläufig einstellen, hinauszukommen sucht, zeigt schön De memoria, bes. 450 a 4f ὁ νοῶν . . ., κἂν μὴ ποσὸν νοῇ, τίθεται πρὸ ὀμμάτων (vor das geistige Auge) ποσόν, νοεῖ δὲ οὐχ ᾗ ποσόν.

und αἴσθησις parallel setzen, denn der physikalische Gegenstand ist, obwohl er Materie und Bewegung einbezieht, natürlich ein reines νοητόν (o. *7.35*). Das Gleiche gilt für die Mathematik. Es besteht aber doch insofern eine gewisse Parallelität, als die φαντάσματα beim Denken des physikalischen und mathematischen Gegenstandes wesentlich sind und bewußt mit hinzugenommen werden, bei der Metaphysik stets als Begleiterscheinung dabei sind, aber bewußt übergangen werden[476]. Es gibt also eine gewisse Korrelation zwischen dem Angewiesensein des Denkens auf Denkbilder und dem des jeweiligen Gegenstandes auf Materie, mehr aber nicht. Man sollte diese beiden Bereiche nicht vermischen.

Deshalb ist auch eine Reduzierung der objektiven Stufen auf die subjektiven nicht unbedenklich: Z. B. ist die Hyle der Mathematik und der mathematische Raum etwas Gedachtes und somit Vorgestelltes, aber ihr Sein und damit das der mathematischen Gegenstände erschöpft sich nicht darin, ist kein Erzeugnis des Denkens: Vielmehr hat man in der Extensio des Mathematischen etwas Objektives zu sehen, nicht nur einen ‚Vorstellungsraum'[477].

Kehren wir nun zu den Wesensformen der Körperdinge zurück: Diese scheint Aristoteles in zwei Bereichen zu behandeln: Einmal verbunden mit *materia sensibilis communis* in der Physik (o. *7.33*). Zum andern frei von Materie (auch von ‚gedachter'[478]), vermutlich in der Metaphysik. So würde sich auch das Schwanken des Aristoteles erklären, der bei den Körpersubstanzen die Materie bald in die Definition aufnehmen möchte, bald nicht[479]. Wenn er mehr an die Physik denkt, kommt er nicht ohne die Materie aus[480], aber für seine im Rahmen der Metaphysik entfalteten Gedanken über Wesen, Definition und dgl. muß die Materie als das notorisch ‚Unerkennbare' beiseite bleiben[481]. Wenn dies alles von Aristoteles auch nicht expliziert worden ist[482], so darf man doch schließen: Aristoteles kennt sachlich eine νόησις, welche aus den Körpersubstanzen die Wesensformen heraus-

476 Wiederum muß auf De memoria 449b 31ff verwiesen werden.

477 Über den dem Menschen auferlegten Denkzwang, nichts ohne ποσὸν καὶ συνεχές denken zu können, handelt De memoria 450a 4f. 7f.

478 Vgl. o. A. 468, 469, 474.

479 Vgl. etwa Z 11, 1036b 28—30 mit 1037a 24f. Solche Widersprüche lassen sich mit der obigen Hypothese am besten erklären.

480 Bezeichnend Z 11, 1036b 29 ἄνευ κινήσεως οὐκ ἔστιν ὁρίσασθαι.

481 Z 11, 1037a 26—29. ἀόριστον ist, wie Ross zutreffend bemerkt, eigentlich nur die ‚erste' Materie, nicht aber die ‚letzte', um die es hier allein geht. Aristoteles erliegt hier seinem eigenen Materie-Form-Schema. Zur ‚Unerkennbarkeit' der Materie o. 7.12 u. ö.

482 Die Behandlung der Wesensformen ist auch in späterer Zeit bis hin zu Thomas schwankend und undeutlich.

hebt und dabei die Materie eliminiert, mit anderen Worten: eine Abstraktion dieser Wesensformen[483].

7.822 Der Seinsbegriff

Die Erkenntnis und Betrachtung der Wesensformen ist bereits ein sehr wichtiger Teil jener ‚allgemeinen' Ontologie, die an Hand der Pros-hen-(‚Reihen'-)Beziehung die Reihe der Substanzen hinaufsteigt und schließlich in eine Betrachtung des unbewegten Bewegers einmündet. Da Aristoteles das ‚Sein als solches' den Objekten der anderen Wissenschaften terminologisch gleichstellt[484], muß er der Metaphysik auch dieselbe Erkenntnisart wie den anderen Wissenschaften zugeordnet haben, nämlich die Noesis. Man darf nun den Aufstieg ‚πρὸς ἕν' zum unbewegten Beweger analog dem platonischen Weg ‚zu den Prin-

483 Eindeutige *direkte* Hinweise darauf, welche Wissenschaft diese Wesensformen als Gegenstand hat und daß es dabei zu einer ‚Abstraktion' kommt, fehlen leider: Vgl. immerhin an. A 1, 403a 29—b 2, wo der ‚Dialektiker' an Stelle des ‚Metaphysikers' zu stehen scheint (vgl. neben den Kommentaren z. St. Schwegler 4, 11); phys. β 2, 194b 14f ist auch nicht klar genug (die seit Simplicius begegnende Deutung auf die reine Form des unbewegten Bewegers ist nicht unbedingt notwendig, wie Wagner, Komm. 459 zu Recht betont; Wagner verweist auf E 1, 1025b 10ff und meint, es könne auch „das absolut verstandene τί ἐστιν" damit gemeint sein. Warum kann man eigentlich nicht — unter Verweis auf 194b 10 — das *εἶδος der Einzeldinge* darunter verstehen, welches der Metaphysiker *qua materiefrei* betrachtet?). Trotzdem machen die (oben angeführten) Aussagen des Aristoteles über die Erkenntnis dieser εἴδη die im Text gezogenen Folgerungen wahrscheinlich. Unrichtig Owens[1] 239 (ihm folgend Hanhoff 14) = Owens[2] 382: „The notion of abstracting a universal or ‚essence' from singulars (‚total' abstraction) does not occur in Aristotle". — Die Behandlung der aristotelischen Abstraktion bei Owens[2] 382—385 ist trotz förderlicher Einzelbemerkungen (z. B. 382 ἀφαιρεῖν = ‚subtrahieren' im Gegensatz zu späteren Lehren) im ganzen unbefriedigend: So meint er, daß die Formen (von vorneherein??) ‚getrennt' seien (382 „The forms are separate, either in notion or absolutely") und weder beim Physikobjekt noch beim Metaphysikobjekt von ‚Herausheben', ‚Abstraktion' oder dgl. gesprochen werden könne, so daß es also bei Aristoteles keine Abstraktionsstufe der Physik oder der Metaphysik gebe. Auch bei den Wesensformen der Körperdinge erfolge keine ‚Abstraktion' (s. o.), sondern: „A sensible thing may be considered as universal or as singular. The difference lies between potential and actual cognition. As known actually, the sensible thing is singular. As known potentially, it is universal" (382), mit unrichtiger Berufung auf M 10, 1087a 10—25 (vgl. Ross zu 1087a 13, der aber noch entschieden genug betont, daß es für Aristoteles Wissen allein und *ausschließlich* vom *Allgemeinen* gibt; das zeigt ja auch z. B. das gesamte — von Ross a. O. nicht berücksichtigte — Buch Z; klar und präzise Schwegler 4, 338). Bei all dem ist weder erkannt, daß die aristotelische Abstraktion ‚Wesensschau' ist (hierin wird Owens offensichtlich von einem modern, empiristisch nuancierten Abstraktionsbegriff beeinflußt), noch wird der platonisch-akademische Hintergrund gesehen: Deshalb entgeht auch Owens, daß die Pros-hen-Methode einen Weg κατ' ἀφαίρεσιν einschließt (383 A. 30). usw. Vgl. zu Owens' Ansichten unser gesamtes Kap. 7.

484 Z. B. τὰ ὄντα ᾗ ὄντα θεωρεῖν wie τὰ ὄντα ᾗ κινούμενα θεωρεῖν. Vgl. dazu o. 4.24.

zipien hin' als eine Erkenntnisbewegung auffassen, bei welcher der menschliche νοῦς ‚positiv' die Richtung bestimmt und jeweils das ‚Wesen' der einzelnen Stufen (d. h. die jeweilige Form) erfaßt und dadurch (oder: dabei) schrittweise das Unwesentliche ‚subtrahiert' (ἀφαίρεσις)[485]. Bis zur vorletzten Stufe — z.B. den Himmelskörpern — scheint das Ineinander von positiver νόησις und negativer ἀφαίρεσις noch ziemlich gut möglich[486]. Schwierig wird aber der Übergang zum unbewegten Beweger[487], der πρώτη οὐσία, welcher das vornehmste Objekt der Metaphysik ist. Wie bei Platon[488], bestimmt sich auch bei Aristoteles das Verhältnis menschlicher Erkenntnis zum obersten Sein von zwei Polen her:

1. Der Mensch ist qua Geistwesen auf die ‚erste Substanz' hin angelegt und kommt durch das Erschauen des reinen Nus zu sich selber. Die Andeutungen des Aristoteles in an. Γ 5 und der Gesamttenor von met. ΓΚΛ lassen sich so verstehen[489].

2. Der unbewegte Beweger ist trotz aller ontologischen Unterschiede dem platonischen Einen doch insofern ähnlich, als er wie dieses[490] die menschliche Erkenntnis übersteigt und gleichsam nur indirekt und näherungsweise bestimmt werden kann. Die verschiedenen Versuche des Aristoteles in dieser Richtung, z. B. der Rückschluß von der Bewegung auf den unbewegten Beweger, gelegentliche negative Bestimmungen wie ἀπαθές, ἀναλλοίωτον, Analogieschlüsse mit Hilfe des Dynamis-Energeia-Schemas u. dgl. sind, den entsprechenden Denkmethoden Platons vergleichbar, allererste Ansätze zu den Wegen der Gotteserkenntnis, die dann vom Mittelplatonismus an in schematisierter Form vorliegen und ins Mittelalter weiter wirken[491].

Beide Aspekte schließen sich nicht aus, sondern fügen sich — wie bei Platon und im Mittel- und Neuplatonismus — zu einer Einheit zusammen.

[485] o. 7.42, 7.51, 7.55, 7.61 u. ö.

[486] Allerdings entzieht sich bereits der Seinsmodus der Himmelskörper ziemlich weitgehend positiver Erfassung und kann nur annähernd bestimmt werden, indem man ihm die Kategorien sublunarer physischer Körper abspricht (vgl. o. 5.31, wo weitere Hinweise). Hier liegt, recht betrachtet, schon ein Ansatz zu ‚negativer Gotteserkenntnis' vor.

[487] Das spricht sehr deutlich auch Philippe 478 aus.

[488] o. 7.61.

[489] Man denke besonders an Λ 7. Einige Andeutungen zu dieser Frage *Weltbild und Seinslehre* 88ff. — Die o. 7.71 entwickelte Interpretation, der unbewegte Beweger sei qua *begrifflicher Unentfaltetheit* reine Hyle, widerspricht dem natürlich nicht, vgl. auch u. 8.22.

[490] Stellen bei Gaiser 532f.

[491] Vgl. o. 7.62.

7.823 Die Erkenntnis von der Hyle als oberstem Seinsprinzip[492]

Zwei Fragen sind hierbei zu erörtern: 1. Wie kann Hyle überhaupt gedacht werden? 2. Welche Denkmethoden ermöglichen es, sie in den Blick zu fassen?

Zu 1.: Da für Aristoteles Erkenntnis prinzipiell Formerkenntnis ist, wäre die Hyle nur soweit erkennbar, als sie geformt auftritt. Das trifft zu, bedarf aber noch mancher Erläuterung und läßt viele Probleme offen[493]:

Die Hyle erscheint nicht nur in unserer raum-zeitlichen Umwelt, sondern im Gesamtbereich des Seins stets als etwas Geformtes, das nur insofern ungeformt ist, als es Grundlage, Stoff weiterer Überformung sein kann: Also ein ἀόριστον ‚secundum quid', nicht ‚schlechthin' und ‚an sich'. Dieses in einer Hinsicht Geformte, in anderer noch zu Formende kann der menschliche Geist ohne weiteres begrifflich erfassen, indem er das bereits Geformte von der Form her sieht und die Möglichkeit weiterer Bestimmbarkeit einfach offen läßt. Dies kann man an der sogenannten ‚wahrnehmbaren Hyle' zeigen, noch besser an der ‚gedachten Hyle' der Mathematik, die ja der Geist erst selber gleichsam ‚konstituiert':

Wenn er ὕλη νοητή oder μέγεθος denkt, grenzt er die αἰσθητὰ πάθη aus, läßt aber offen, wie viele Dimensionen die Größe hat und welche Gestalt; ἐπίπεδον und γραμμή sind viel detaillierter bestimmt als μέγεθος, lassen aber offen, welche ebene Figur, welche Linie vorliegt usw.[494]. Wie das seelisch vonstatten gehen mag, zeigt De memoria 450a 6f: Wenn der Geist ein ποσὸν ἀόριστον denken soll, τίθεται μὲν ποσὸν ὡρισμένον, νοεῖ δὲ ᾗ ποσὸν μόνον.

Das Wirken der Hyle als des Gegenübers der Form, als des ‚Anderen', läßt sich also sehr wohl noetisch erfassen. Viel schwieriger wird es, wenn nun die Hyle an und für sich als Prinzip isoliert werden soll. Das Problem liegt hier auf den ersten Blick anders als bei den reinen Formen, weil die reinen Formen selbständige Subsistenz haben, die reine Hyle aber nicht, wie Aristoteles ausdrücklich sagt[495]. Sie bietet sich dem Erkennen nicht als etwas Distinktes an, sondern muß aus ihren Manifestationen erschlossen werden. Sie bedarf also des gedanklichen Heraushebens, modern gesprochen, der Abstraktion. Dies leitet zu den Denkmethoden über, mit Hilfe derer man sich dem Hyle-Prinzip nähern kann.

[492] Vgl. dazu u. 8 *Die Hyle als Seinsprinzip*.

[493] Vgl. o. 7.12.

[494] Daß ‚unterhalb' des Eidos sowohl bei den Mathematika wie bei den Körpersubstanzen auf einmal das Eidos zum Bestimmbaren wird, hängt bekanntlich mit der aristotelischen Auffassung vom Individuum zusammen.

[495] Vgl. o. 3.231 u. ö.

Zu 2.: Wir haben die Gegensatz-Lehre der beiden Systoichien in met. Γ sowie das von Aristoteles aus dieser entwickelte Gegensatz-Substrat-Schema betrachtet und gesehen, daß das Denken sowohl auf dem Weg nach ‚oben' wie auf dem nach ‚unten' zur ‚Hyle an sich' gelangt, wie auch immer Aristoteles sie terminologisch benennt[496]. Welche Denkmethoden sind hierbei wirksam? Hauptsächlich drei Arten lassen sich unterscheiden, die wir der Deutlichkeit halber mit Termini benennen, wie sie später auf die Wege der Gotteserkenntnis angewendet werden (z. B. bei Albinus); diese Begriffe sind jedoch nicht eng oder schematisch zu verstehen und sollen auch keine ideengeschichtliche Verbindung herstellen:

a) Die Wege κατ' ἀφαίρεσιν zum Hyleprinzip

Am ausgeprägtesten von allen Wegen zum Hyleprinzip hin sind zweifellos die Methoden κατ' ἀφαίρεσιν, welche der *Via negativa* der Formerkenntnis vergleichbar sind[497]. Nur verfahren sie im umgekehrten Sinne, indem Schritt um Schritt die Überformungen und Bestimmungen abgetragen werden. Solcher Negationsketten sind mehrere denkbar:

α) Lebewesen — Anhomoiomere — Homoiomere — Elemente — ‚erste Materie' — Hyleprinzip, wobei man, das Verfahren abkürzend, auch gleich bei den Elementen einsetzen kann. Die Analyse bis zur ‚ersten Materie' ergibt sich aus gen.corr. u. ö., das Weiterschreiten bis zum Hyleprinzip aus dem Vergleich von ‚erster Materie' und Sternenmaterie (u. *8.21*).

β) Physischer Körper — mathematische Extensio — unausgedehntes Bestimmbares: Den ersten Schritt bis zur Extensio belegt die schon öfter herangezogene[498] Stelle Physik δ 2, wo von einem vollbestimmten Körper die πάθη und die Begrenzung (πέρας) subtrahiert werden und die reine Extensio übrigbleibt[499]. Beide Schritte vollzieht Aristoteles an der ebenfalls bereits betrachteten Stelle met. Z 3: Wenn man erstens die Sinnesqualitäten (πάθη) eines Körpers subtrahiert und

[496] πρώτη ὕλη heißt sie bestimmt nicht, denn der Terminus ‚erste Materie' ist ja an den Begriff der ‚Wechselwirkung' gebunden und somit auf den sublunaren Bereich beschränkt (z. B. o. 5.1, u. 8.21). Auch πλῆθος von met. Γ ist als *Ausdruck* (nicht: der *Sache* nach) eher akademisch als aristotelisch, und Aristoteles gebraucht den Terminus sonst nicht. Am ehesten paßt einfach ὕλη oder ὕλη αὐτὴ καθ' αὑτήν.

[497] o. 7.61/62.

[498] o. 7.42, 7.44, 7.451 c.

[499] 209b 9—11 ὅταν γὰρ ἀφαιρεθῇ τὸ πέρας καὶ τὰ πάθη τῆς σφαίρας (bronzene Kugel oder dgl., stellvertretend für alle Körper) λείπεται οὐδὲν παρὰ τὴν ὕλην (= Extensio, wie der Zusammenhang zeigt). Die Terminologie (ἀφαιρεῖν, λείπειν) ist dieselbe wie bei der Form-Erkenntnis. Belege für ‚übrigbleiben' o. S. 584 A. 123.

dann zweitens auch noch die verbliebene dreidimensionale Extensio wegnimmt, bleibt die Hyle als absolut Unbestimmtes übrig[500].

γ) Das gleiche Kapitel enthält noch mehr unmittelbar Wichtiges, das wir hier kurz vorführen müssen:

Da in Z 3 die Frage behandelt werden soll, inwieweit das ὑποκείμενον auf die Bezeichnung οὐσία Anspruch hat, entfaltet Aristoteles drei Bedeutungen von ὑποκείμενον (ὕλη, μορφή, σύνολον) und prüft sie zunächst an dem Kriterium, daß die οὐσία nur Subjekt, aber niemals Prädikat von Aussagen sein kann[501]. Diesen Maßstab verwirft er dann als unzureichend und unklar, weil er die ὕλη zur οὐσία mache und andere, zutreffendere Charakteristika von οὐσία (χωριστόν, τόδε τι) ausschließe[502]. Aristoteles will hier so wenig wie anderswo der ὕλη Seinspriorität vor dem εἶδος geben, und die Ausführungen 1029 a 10—26, welche zur Substantialität der ὕλη führen, haben den Charakter eines Gedankenexperiments, wie Aristoteles auch deutlich betont. Das tut aber ihrer sachlichen und methodischen Relevanz nicht den geringsten Abbruch:

In dem Abschnitt 1029 a 10—26 beschreibt Aristoteles nicht nur einen, sondern zwei Subtraktionsvorgänge, die trotz mancher Berührungspunkte so verschiedenartig sind, daß man sie unbedingt auseinanderhalten muß[503]:

αα) Die bereits geschilderte, in zwei Stufen sich vollziehende Subtraktionsreihe: Körper mit Qualitäten — qualitätslose Extensio — Unbestimmtes (1029 a 12—19). Wenn als Ergebnis hier die Hyle und nicht eine Form erscheint, so liegt dies daran, daß bei den zwei Schritten sowohl die Wesensform des betreffenden Einzeldings wie auch eine sich etwa ergebende geometrische Form übergangen wird und die Analyse sich bewußt an das ‚Körperliche' hält[504].

ββ) 1029 a 20—26 bringt etwas Neues, indem die Subtraktion von πάθη und ποσόν hier erweitert wird zu einer Subtraktion *aller* Bestimmungen, durch die das Sein bestimmt wird[505], wobei Aristoteles

[500] Z 3, 1029a 12—19 und Ross zu 12—16. Nicht nur die zweite, sondern auch die erste Stufe des Vorgangs geht mit Sicherheit aus dem Text hervor, zumal wenn man phys. δ 2 und andere Stellen über die Abstraktion der Mathematik (z. B. met. K 3) vergleicht. [501] 1029a 7—9. [502] 1029a 9f. 26—30.

[503] Ross macht zwar in seiner Analyse einen Einschnitt bei a 20, äußert sich aber nicht weiter. Sehr klar sind, wie ich nachträglich bemerke, die beiden Gedankengänge unterschieden bei Thomas met. 1281—1290 Cath.

[504] Thomas meint, daß Aristoteles hier immanent diejenigen Vorsokratiker kritisiere, welche noch nicht die Wesensform, sondern nur die *causa materialis* kannten (met. 1281. 1284 Cath.). Diese Annahme ist zwar nicht unbedingt nötig, aber an ihr ist so viel richtig, daß der Gedankengang 1029a 10—19 im Vergleich mit a 20—27 unaristotelisch wirkt (vgl. auch die vorsichtigen Formulierungen a 17—19).

[505] Das Wort ‚subtrahieren' kommt 1029a 20—26 nicht vor, aber es ist völlig klar, daß so etwas gemeint ist.

— zumindest überwiegend — an seine eigene Kategorientafel denkt[506]. Diese Eliminierung sämtlicher kategorialen Bestimmungen führt zur Hyle, denn: λέγω δ' ὕλην ἣ καθ' αὑτὴν μήτε τὶ μήτε ποσὸν μήτε ἄλλο μηδὲν λέγεται οἷς ὥρισται τὸ ὄν (1029 a 20f, vgl. 24f)[507].

Der entscheidende Punkt dieses (letzteren) umfassenden ἀφαίρεσις-Verfahrens ist, daß es wiederum gleichsam zweistufig vorgeht und nicht nur die Kategorien des Akzidens, sondern auch die erste Kategorie, d. h. die der Substanz, negiert[508]. Dadurch kommt es zu der von Aristoteles um der Argumentation von Z 3 willen beabsichtigten unmöglichen Konsequenz, daß die Hyle als letzter Bezugspunkt von Sein und Seinsaussage ‚übrigbleibt'.

Die Negation der Akzidentien läßt sich leicht vollziehen, weil die Akzidentien von der Substanz ausgesagt werden, nicht umgekehrt, und so ihre Nicht-Substanzhaftigkeit erweisen. Hier hat also das von Aristoteles in unserem Abschnitt verwendete Kriterium, die Substanz mit Hilfe der logischen Aussage ausfindig zu machen (s. o.), zum richtigen Ergebnis geführt. Aristoteles geht aber noch weiter und behauptet, daß die erste Kategorie (οὐσία) hinwiederum von der Hyle ausgesagt werde, d. h. Prädikat der Hyle sei[509]. Wie er sich dies gedacht hat, ist unklar, denn die erste Kategorie kann laut ihrer Definition nicht Prädikat sein und die Hyle nicht Subjekt, weil sie ihrem Wesen nach bestimmungslos ist. Thomas denkt an Sätze wie *hoc materiatum est homo*[510], aber das ist eine Identitätsaussage (A = A), d. h. der Wesensbegriff *homo* ist in *hoc materiatum* schon enthalten und wird nur expliziert, indem man von den Akzidentien des *materiatum* auf die Substanz zurückschließt und sie benennt. Aristoteles hat denn auch offensichtlich nicht an solche tautologischen Identifizierungen gedacht[511], was zudem ganz dem Zusammenhang widersprechen würde,

506 Vgl. bes. 1029a 23f.

507 Instruktiv hierzu Theophr. met. 8a 8ff, bes. 17f.

508 1029a 20 und 24 τὶ. Vgl. Thomas met. 1285 Cath.: ‚neque quid', id est neque substantia, ...

509 1029a 23f. Vgl. dazu gleich unten δ).

510 met. 1289 Cath.

511 An. pr. A 27, 43a 33—36 sagt er ausdrücklich, daß individuelle Einzeldinge nur ‚zufällig' (κατὰ συμβεβηκός) als Prädikat erscheinen können, und nennt dabei als Beispiele Sätze von derselben Art wie Thomas' *hoc materiatum est homo* (s. u.), also Identifikationen: τῶν γὰρ αἰσθητῶν σχεδὸν ἕκαστόν ἐστι τοιοῦτον ὥστε μὴ κατηγορεῖσθαι κατὰ μηδενός, πλὴν ὡς κατὰ συμβεβηκός· φαμὲν γάρ ποτε τὸ λευκὸν ἐκεῖνο Σωκράτην εἶναι καὶ τὸ προσιὸν Καλλίαν. Warum dies keine echten Prädikate sind, zeigt der Anfang des Kapitels: Während richtige Prädikate ‚wahrhaft allgemein' (ἀληθῶς καθόλου 43a 26) sind, d. h. das Subjekt einer bestimmten ‚Ding'-Klasse zuordnen, vermögen dies Individualbezeichnungen wie Καλλίας, Κλέων usw. nicht zu tun (Deshalb treffen die Bemerkungen von J. Łukasiewicz, *Aristotle's Syllogistic*, ²1957, 6 zu unserem Abschnitt aus An. pr. A 27 nicht zu; Hinweis von E. Coseriu). — Auch der Umstand, daß bei Thomas

in welchem ja nicht von einer hochdifferenzierten Materie (also so etwas wie ἐσχάτη ὕλη) die Rede ist, sondern von einer völlig unbestimmten Materie[512]. Man muß daher annehmen, daß Aristoteles vom klaren Substanz-Akzidens-Verhältnis auf die Beziehung von Hyle und Eidos rückgeschlossen hat, obwohl die Übertragung nicht zulässig ist. Die Erörterungen von Physik α 7 über das Substrat, wo Aristoteles den am Substanz-Akzidens-Verhältnis abgenommenen Substrat-Begriff auf Hyle—Eidos anwendet und dabei in große Schwierigkeiten gerät[513], können nicht nur zum Vergleich dienen, sondern haben vielleicht sogar direkt eingewirkt, denn bei Aristoteles gehen ja die ontologische und die logische Bedeutung von ὑποκείμενον dauernd ineinander über[514].

Trotz dieser Schwierigkeiten, die Hyle mittels der an der Form orientierten logischen Aussageweisen festzulegen, muß die Stelle in sich ernst genommen werden: Die schrittweise Negation aller kategorialen Bestimmungen führt zur ‚Hyle an sich', die als absolut Unbestimmtes nicht Nichts ist[515], sondern ein akategoriales oder praekategoriales Sein darstellt[516], einen äußersten Bezugspunkt (ἔσχατον)[517], mit anderen Worten: ein umfassendes Seinsprinzip, das allem Erkennen und Ausgesagtwerden vorgegeben ist und ihm die Richtung weist, ohne selber adäquater Erkenntnis zugänglich zu sein. Es übersteigt so sehr die logische Begrifflichkeit, daß nicht nur die positiven Kategorien, sondern auch die Negationen dieser Kategorien ihm abgesprochen werden müssen[518]: Es ist weder τὶ noch οὔτι, weder ποιόν noch οὐ ποιόν, weder ποσόν noch οὔ ποσον usw.

Es handelt sich mithin um eine regelrechte *Via negativa* ‚zum Prinzip hin' mit allen Charakteristika einer solchen. Wir kennen bisher nur Subtraktionsketten, die zum ‚obersten' Sein (der reinen Form usw.) hinführen, und wollen nachher in Abschnitt d) abschließend

als Prädikat ein Appellativum (*homo*), nicht ein Individual-Name erscheint, ändert überhaupt nichts an der Sachlage: Entweder heißt *homo* ‚ein ganz bestimmter, individueller Mensch X' (dann liegt eine Tautologie vor, bei der nur zufällig der Individual-Name fehlt, s. o.) oder *homo* heißt ‚ein Mensch im allgemeinen' (im Gegensatz zu ‚ein Tier' oder dgl.), dann muß *hoc materiatum* eine voll bestimmte individuelle Einzelsubstanz (mit Materie und Form) meinen, der eigentlich ein Eigenname gebührt. — Nicht überzeugend schließt sich S. Mansion, Revue philos. de Louvain 44 (1946) 361f der eben abgelehnten Erklärung des Thomas an.

512 Vgl. dazu noch u. δ).

513 Genaueres o. 3.1 u. ö.

514 Thomas zieht bei seinen Erläuterungen öfter phys. α heran, freilich gerade nicht für den eben geschilderten Punkt.

515 Mit dem Gedanken des οὐδέν spielt Aristoteles 1029a 17 einen Augenblick.

516 1029a 21—23 ἔστι γάρ τι . . ., ᾧ τὸ εἶναι ἕτερον καὶ τῶν κατηγοριῶν ἑκάστῃ.

517 Hier bietet sich geradezu das Wort ‚Grenzbegriff' an, aber wir wollen diesen vorbelasteten Terminus vermeiden (vgl. o. 1.15).

518 1029a 25f, Ross z. St., Thomas met. 1290 Cath.

noch einmal fragen, wie sich die *Via negativa* aus Z 3 zu jenen anderen Subtraktionsbeispielen verhält.

Bevor wir Z 3 verlassen, sind aber doch noch ein paar zusätzliche Bemerkungen nötig:

δ) Obwohl unsere Stelle aus Z 3, wie man sich denken kann, schon öfter behandelt worden ist[519], brauchen wir hier diese Erörterungen nicht im einzelnen zu besprechen[520], weil sie sämtlich nicht entscheidend über den im Vorstehenden (unter γ) skizzierten Befund hinauskommen[521]. Doch wollen wir noch zwei Punkte herausheben, die in der Literatur bisher nicht immer genügend beachtet wurden:

Erstens: Von welcher Materie spricht eigentlich Z 3? Da Aristoteles nichts über einen Zusammenhang zwischen der Materie von Z 3 und der von phys. α sagt, sind wir auf Vermutungen angewiesen[522]. Mittelalter und Neuscholastik trennen zwar oft die ‚physische Materie' (phys. α) von der ‚metaphysischen' (Z 3)[523], lassen aber dann doch letztlich wieder beides zusammenfallen, weil sie in der *prima materia*, d. h. dem untersten Substrat des Werdens (phys. α), zugleich auch das ‚Hyle-Prinzip überhaupt' sehen[524]. Da wir uns in vorliegender Untersuchung darum bemühen, das ‚allgemeinste (oberste) Hyle-Prinzip' (das auch die ὕλη τοπική und die ὕλη νοητή einbegreift) von der πρώτη ὕλη (dem Gegensätze aufnehmenden, untersten Substrat des sublunaren Werdens und Vergehens) zu unterscheiden, ist die Frage erlaubt, ob nicht met. Z 3 und phys. α doch *zweierlei* meinen[525], d. h. nicht zwei verschiedene ‚Materien', sondern *zwei verschiedene Stufen, Manifestationen ein und desselben Prinzips:* in Z 3 das ‚allgemeinste Hyle-Prinzip', in phys. α die πρώτη ὕλη. Für diese Inter-

519 Vgl. die o. 1.16 genannten Arbeiten von Šanc, Schuster und de Vries. Ferner z. B.: Tugendhat, *TI KATA TINOΣ* 20. 70. Cencillo 38f. 122—126. J. Owens, *Matter and Predication in Aristotle, Concept of Matter* 79—93 (wichtige Arbeit; instruktiv auch der ‚Comment' von N. Lobkowicz, ib. 96—99). Rudolf Boehm, *Das Grundlegende und das Wesentliche. Zu Aristoteles' Abhandlung ‚Über das Sein und das Seiende' (Metaphysik Z)*, 1965, an den im Index S. 226 genannten Stellen (die stark ‚systematisch' ausgerichtete, an Heidegger orientierte Arbeit versucht Z 3 gegenüber den herkömmlichen Deutungen in neues Licht zu rücken, vermag aber philologisch nicht zu überzeugen). Winner 92—97. Weitere Angaben im Folgenden.

520 Vgl. o. S. 32 A. 125.

521 Dies gilt auch für die lehrreichen Ausführungen von Owens, *Matter and Predication*, und Lobkowicz, deren scharfsinnige Unterscheidung von ‚praedicatio denominativa' = ‚akzidentelle Prädikation' (diese soll hier in Z 3 vorliegen) und ‚praedicatio per essentiam' = ‚Wesensaussage' letztlich auch nicht weiterhilft: Die absolut unbestimmte Hyle als letztes Aussagesubjekt ist und bleibt ein rätselhafter „asymptotic point of reference of all predication" (Lobkowicz 97).

522 Richtig Lobkowicz 96.

523 Vgl. dazu de Vries 1957 (o. 1.16), Lobkowicz 96f.

524 Vgl. dazu z. B. o. 1.171, S. 46 A. 202, 5.1, u. 8.21 u. ö.

525 Vgl. auch Lobkowicz 96.

pretation der beiden Stellen haben wir uns im Voraufgehenden und im folgenden entschieden, sind uns aber bewußt, daß sie nur wahrscheinlich, aber nicht strikt beweisbar ist. Wer met. Z 3 anders deutet, hat damit aber keineswegs unsere Differenzierung von ‚oberstem Hyle-Prinzip' und πρώτη ὕλη widerlegt, die sich aus dem Gesamt-Befund der aristotelischen Hyle-Konzeption unabweisbar aufdrängt[526].

Zweitens wird bei den Erörterungen um Z 3 meist nicht davon gesprochen, daß Aristoteles auch noch an anderen Stellen die Hyle als letztes Aussagesubjekt bezeichnet[527]. Ich führe sie hier kurz auf: A 6, 988 a 11—14 καὶ τίς ἡ ὕλη ἡ ὑποκειμένη καθ' ἧς τὰ εἴδη μὲν ἐπὶ τῶν αἰσθητῶν τὸ δ' ἓν ἐν τοῖς εἴδεσι λέγεται, ὅτι αὕτη δυάς ἐστι, τὸ μέγα καὶ τὸ μικρόν. B 1, 995 b 35 λέγω δὲ τὸ σύνολον, ὅταν κατηγορηθῇ τι τῆς ὕλης (= B 4, 999 a 33f; anders K 2, 1060 b 24f). H 2, 1043 a 5f καὶ ὡς ἐν ταῖς οὐσίαις τὸ τῆς ὕλης κατηγορούμενον αὐτὴ ἡ ἐνέργεια. Θ 7, 1049 a 18—b 3, wo das Prädikationsschema mehrfach angewandt wird, um die πρώτη ὕλη zu finden: εἰ δέ τί ἐστι πρῶτον ὃ μηκέτι κατ' ἄλλο λέγεται ἐκείνινον, τοῦτο πρώτη ὕλη (a 24—26). Die Deutung dieser Stellen, über welche die Erklärer nur wenig sagen[528], ist nicht einfacher als die von Z 3: Aristoteles wendet, offensichtlich vom Verhältnis Substanz—Akzidens ausgehend (sehr deutlich in Θ 7), das Prädikationsschema auch ganz selbstverständlich auf das Verhältnis ὕλη — εἶδος an, wobei er gelegentlich an differenzierte ὕλη denken mag, mindestens in Θ 7 aber auch die unbestimmte πρώτη ὕλη in den Blick faßt. Wie eine solche Aussage mit Hyle-Subjekt in normaler Sprache aussehen sollte, bleibt wie in Z 3 unklar: Hier wie dort ist das Hyle-Subjekt als ‚unausdrückbares X' letzter Bezugspunkt aller kategorialen Bestimmungen[529]. In Θ 7 wird neben dem Kategorienschema interessanterweise eine Subtraktionsmethode im Ansatz sichtbar, die nicht Kategorien wie in Z 3 subtrahiert, sondern Überformungen des physikalischen Bereiches[530].

Man darf also zusammenfassend sagen, daß die Hyle als ‚letztes Subjekt' durch die schrittweise Negierung aller Bestimmungen

526 Vgl. z. B. u. 8.21.

527 Es erstaunt, daß der hervorragende Aristoteles-Kenner Owens in *Matter and Predication* nichts davon sagt (auch in *Doctrine of Being* geht er, wenn ich nichts übersehen habe, darauf nicht genügend ein; vgl. 331ff u. ö.). Lobkowicz 97 sagt sogar, daß dies nur an der einzigen Stelle Z 3 geschehe. Nur Cencillo nennt Parallelen.

528 Außer Thomas gehen sie, sofern ich nichts übersehen habe, auf dieses wichtige Problem praktisch überhaupt nicht ein (auch Reale, Komm. nicht). Vgl. immerhin Preiswerk 127 (kurz zu Θ 7) und Theiler zu De anima S. 107.

529 Daß der Begriff des ‚letzten Subjekts' auch dann schwierig ist, wenn das τόδε τι Subjekt ist, zeigt G. Martin, *Allgemeine Metaphysik*, 1965, 60ff u. ö.

530 Aus 1049a 18ff läßt sich etwa die Reihe κιβώτιον — ξύλον — γῆ — πρώτη ὕλη gewinnen. — Mit diesen Andeutungen muß es hier sein Bewenden haben.

gleichsam ,aussparend' erfaßt wird: ἡ γὰρ ὕλη ἀποφάσει δηλοῦται (I 8, 1058 a 23)[531].

b) Wege ,κατὰ θέσιν'?

Obwohl der Terminus κατὰ θέσιν auch in der Spätzeit nicht ganz eindeutig ist[532], besagt er auf jeden Fall, daß man ein Prinzip — mindestens teilweise — ,positiv' aus seinen Manifestationen zu erkennen vermag. Ähnlich scheint Aristoteles in met. Γ 2 zu verfahren[533], wenn er von der ersten Systoichie des ἕν aus die zweite Systoichie des πλῆθος-Prinzips aufbaut, d. h. dem Materie-Prinzip seine Wirkungsweisen zuordnet: ἕτερον, ἀνόμοιον, ἄνισον, κίνησις[534]. Natürlich sind bei der Fixierung dieser Aspekte und ihrer Hinordnung πρὸς ἕν zum obersten Materie-Prinzip (πλῆθος)[535] Subtraktionen und noetische Akte wie bei der *Via negativa* erforderlich — handelt es sich doch um eine ,Zurückführung' auf ein Prinzip, um einen Weg ,zum Prinzip' —, aber die positive Setzung tritt viel mehr in den Vordergrund, und von einer Subtraktionskette kann nicht gesprochen werden[536].

c) Der Weg κατ' ἀναλογίαν

Die Analogie als Erkenntnisverfahren, mit dem die Hyle erfaßt werden könne, nennt Aristoteles nur an der einen bekannten Stelle Physik α 7, wo er die Hyle mit dem noch unbearbeiteten Werkstoff einer Techne vergleicht, die οὐσία mit dem fertigen τεχναστόν[537]. Die Stelle weist in komplexe Zusammenhänge hinein, die als noch offene Fragen nur angedeutet werden können[538]:

531 Auch hierzu bieten die Kommentare nichts; vgl. nur die Anm. von Ross, Oxf.-Transl. z. St. Verdeutlichend die Übersetzung von Reale: ,,Infatti la materia si indica mediante la negazione della forma''.

532 Vgl. o. S. 636 A. 393.

533 o. 4.44.

534 Vgl. Γ 2, 1004 a 17—20. 27. 1004 b 27—29.

535 Vgl. 1004 b 27—1005 a 5.

536 Wie weit der Analogie-Begriff in diese Systoichienlehre hineinwirkt, kann hier nicht gezeigt werden.

537 α 7, 191 a 7—12. Vgl. hierzu Theophr. met. 8 a 12. 19 (Ross). Zur ἀναλογία unserer Stelle vgl. jetzt Wagner, Komm. 433—435, und J. Owens, *The Aristotelian Argument for the Material Principle in Bodies*, in: *Naturphilosophie bei Aristoteles und Theophrast* (Verhandlungen des 4. Symposium Aristotelicum, Göteborg 1966), Heidelberg 1969, 193—209. Eine Erörterung von (Wagners und bes.) Owens' Thesen ist hier nicht möglich. Nur die *eine* Bemerkung: Owens übersieht — offenbar unter dem Einfluß der neuscholastischen Tradition —, daß hinter der ἀναλογία = Verhältnisgleichung des Aristoteles (in α 7 und an anderen Stellen) eine Pros-hen- und Reihen-Ordnung (d. h. eine ,Ähnlichkeits'-Analogie) steht, daß somit alle Einzel-Fälle von ὕλη (die unter sich mannigfaltig *abgestuft* sind) ,pros hen' auf das *oberste Hyle-Prinzip* als ihr κοινόν bezogen sind und in ihm gründen (vgl. o. 4.211, u. 8.12).

538 Simplic. phys. 225, 22—227, 22 verbindet merkwürdigerweise die ἀναλογία von α 7 unbesehen mit der ἀφαίρεσις-Methode und bringt uns deshalb, so viel Interessantes er auch sagt, hinsichtlich der ἀναλογία zunächst nicht weiter.

α) Aristoteles hält bekanntlich die Seinsstruktur der φύσις und diejenige der τέχνη für identisch, so daß er die τέχνη auf die φύσις beziehen (ἡ τέχνη μιμεῖται τὴν φύσιν) und umgekehrt wieder, wie hier in phys. α 7, Sachverhalte der φύσις durch solche der τέχνη illustrieren kann. Wie man diese Gleichsetzung beurteilen soll, ist in der Forschung umstritten[539]: Zweifellos liegt das Gewicht auf dem τέχνη-Begriff, in dem Aristoteles die φύσις nach dem Modell der τέχνη versteht[540], aber man sollte sich hüten, dieses Verfahren als ‚technomorphe' Denkweise zu bezeichnen, ehe nicht die Begriffe τέχνη, φύσις in sich und in ihrer Beziehung zum ‚Subjekt' — sowohl dem göttlichen Weltbaumeister wie dem erkennenden und schaffenden Menschen — erneut durchdacht worden sind[541].

β) Unser Techne-Beispiel kann in zwei Richtungen übertragen werden, einmal — und so ist es vorwiegend gemeint — ‚horizontal' von den τεχναστά zu den φυσικά (z. B. Erzstatue — Lebewesen, z. B. Mensch), zweitens ‚vertikal' von dem differenzierten, ‚höheren' Seinsbereich der Techne hinab bis in die Schichten der anorganischen Homoiomere und der Elemente. Auch diese zweite Richtung ist wichtig, da im unteren Elementarbereich alle Seinsprinzipien schwerer faßbar sind, vor allem die Form, aber auch die Materie, die ohne das Pendant der Form selber ihre ‚Struktur' verliert[542].

Innerhalb des aristotelischen Schichtensystems von Überformungen sind also ‚Erzklumpen', ‚Bausteine' usw. als bereits überformte ὄντα nicht schlechthin ‚Hyle', sondern nur hinsichtlich ihrer weiteren Bestimmbarkeit durch die nächste Form. Trotzdem betont Aristoteles stark die Ungeformtheit[543] dieser von der Techne noch nicht durchstrukturierten Materialien[544], wie er ja überhaupt geneigt ist, die ‚unteren' Seinsschichten, z. B. der Elemente und der anorganischen Homoiomere, einfach ‚Hyle' zu nennen, u. a. deshalb, weil Erkenntnis und Sprache hier nichts Individuelles abgrenzen können und sie begrifflich nur mit Stoffbezeichnungen benennen[545]. So sind Erzklumpen und

[539] Vgl. o. 1.112 mit den Anmerkungen, wo weitere Hinweise.

[540] Wie dies zu verstehen ist, darüber o. 1.112.

[541] Wichtig wäre es hierbei, wie auch hier wieder betont werden soll, über die abwertende Auffassung von ‚Subjektivismus' hinauszukommen, wie ich mehrfach vorgeschlagen habe: o. 1.2, 1.36 u. ö., ferner Gnomon 37 (1965) 361 sowie *Weltbild und Seinslehre* Abschn. 4.

[542] Vgl. o. 6.2, wo die Seinsprinzipien im stofflichen Elementarbereich untersucht werden.

[543] Vgl. die Techne-Beispiele in phys. α 7 (o. 3.12).

[544] Man könnte auf die Bausteine das Bild des ungeordneten ‚Haufens' (σωρός) anwenden, welches Aristoteles überall da gebraucht, wo ein ungeordnetes Agglomerat vorliegt, das noch nicht durch ein ‚geistiges Band' zu einem Sinnganzen gemacht worden ist (vgl. Bonitz s. v. σωρός).

[545] S. o. S. 547 A. 127. Beispiel: Es gibt nur ‚Wasser' (oder noch ein wenig differenzierter: ‚Meerwasser'), aber keine ‚Wasser'-Individuen, sondern nur beliebig abteilbare

Bausteine für Aristoteles schlechthin ‚Material', und das Techne-Beispiel gewinnt dadurch an Verbindlichkeit, daß es einem hochdifferenzierten Bereich mit klaren Seinsbestimmungen angehört und doch der Stoff der Techne so ‚elementar' wirkt wie nur wünschenswert, wenn er es auch eigentlich gar nicht ist. Übrigens sollte man sich durch diese und die anderen Stellen, an welchen Aristoteles bei relativ differenziertem ‚Material' stehenbleibt, nicht zu der Vermutung verführen lassen, Aristoteles sei nur am ‚Material', aber fast nicht an der ‚Materie' als Prinzip interessiert gewesen[546], denn dagegen spricht sehr viel.

Die Funktion des ‚Stoffes' in all diesen Bereichen läßt sich am Techne-Beispiel ablesen: Wie dort das unbearbeitete Material ‚Mitursache' (συναίτιον) oder unabdingbare Voraussetzung (οὗ ἄνευ οὐκ) des auf ein bestimmtes Telos gerichteten Fertigungsprozesses ist, so hier συναίτιον der ‚unbewußten' Teleologie im Naturgeschehen: Schema der ‚hypothetischen Notwendigkeit'[547].

γ) ἀναλογία bezeichnet die Proportionalitätsanalogie (a : b = c : d; diese vier Glieder können auf 6, 8 usw. erweitert werden), die seit den Vorsokratikern und manchen Medizinern der hippokratischen Sammlung wichtiges Instrument wissenschaftlicher Forschung ist[548]. Welch bedeutende Rolle sie bei Platon spielt, kann erst jetzt nach K. Gaisers Untersuchungen ermessen und neu dargestellt werden[549]; ihre Bedeutung für Platons Philosophie wird sich selbst dann nicht vermindern, wenn an Gaisers ‚mathematisierendem' Platonbild die eine oder andere Modifikation nötig sein sollte. Aristoteles läßt zwar die Mathematik nicht mehr als ontologische Grundwissenschaft im Sinne Platons gelten[550], verwendet aber die ἀναλογία in vielfacher Weise als ‚quantitative' und ‚qualitative' Proportionsgleichung[551].

Quanten davon: eine Schüssel, ein Eimer voll usw. Vgl. eine so charakteristische Bemerkung wie gen. corr. A 5, 321b 19—34 (dazu Joachim 131 und u. 8.252a). — S. ferner z. B. o. S. 308 mit A. 130.

546 So z. B. M. Schramm in seinen beiden Arbeiten.

547 Näheres u. 8.244.

548 Vgl., auch zum Folgenden, vorläufig die sehr knappen Hinweise in *Der chemische Traktat* 309.

549 Wichtige Ansätze dazu allenthalben in Gaisers Buch (z. B. 348; dort weitere Verweise), die allerdings noch kritischer Sichtung bedürfen. An Literatur ist außer Stenzel, *ZuG* 156—161 (bei Gaiser schon genannt) wichtig J. Stenzel, *Zur Theorie des Logos bei Aristoteles*, Kl. Schr. 188—219. Ders., RE s. v. *Speusippos* 1636—1669. Ernst Herrmann Hänssler, *Zur Theorie der Analogie und des sogenannten Analogieschlusses*, Diss. Basel 1927, 30—46 u. ö.

550 In diesem Sinne kann man davon sprechen, daß er die Philosophie ‚entmathematisiert' habe; vgl. auch *Kosmologie und Metaphysik* 172.

551 Vgl. vorläufig die immer noch wertvollen Ausführungen Trendelenburgs, Histor. Beiträge I, 1846, 151—157 (ἀναλογία bei Aristoteles), die gründliche Arbeit von Muskens, o. 5.23 über ἀναλογία als Ordnungsprinzip der sublunaren Elemente, u. 8.12 über die ‚analoge' Einheit der Prinzipien im Kosmos.

Sie war eben — wie übrigens bereits bei Platon — schon weit über eine rein mathematische Identitätsaussage hinausgewachsen und zu einer philosophischen Denkmethode geworden, die das Unbekannte (hier z. B. ὕλη : εἶδος im allgemeinen) vom Bekannten her (z. B. Material: Form in der Techne) erhellt und allmählich sogar dazu übergeht, vom Endlichen auf das Unendliche zurückzuschließen[552].

Es gibt noch eine zweite Art von ‚Analogie' bei Aristoteles, die Ähnlichkeitsanalogie. Diese liegt sachlich in der Proshen- bzw. Reihen-Beziehung (met. Γ/K) vor, die auf platonische Gedanken zurückgeht, und wird erst bei den Aristoteles-Kommentatoren der Spätzeit ἀναλογία genannt[553].

Gewiß muß man diese Ähnlichkeitsanalogie zunächst genau von der Proportionalitätsanalogie unterscheiden, darf aber dann nicht übersehen, daß letztere überall da, wo sie philosophisch wesentlich wird, sich auf ein Ähnlichkeitsverhältnis stützt. Dadurch wird die (vermeintliche) ‚Kluft' zwischen beiden Arten verringert, und man kann es so verstehen, wie der ursprünglich auf die Proportionalität beschränkte Terminus ἀναλογία dann auf die Ähnlichkeitsanalogie übertragen werden konnte.

d) Zur Erkenntnis des Materieprinzips bei Platon und im Platonismus[554]

α) Platon äußert sich nur einmal direkt über die Erkenntnis von der Materie[555], die μετ' ἀναισθησίας ἁπτὸν λογισμῷ τινι νόθῳ, μόγις πιστόν sei[556]. Da er nichts weiter über die Natur dieses ‚unechten Denkens' sagt, sind die verschiedenartigsten Vermutungen laut geworden. Während Timaeus Locrus, Alex. Aphr. und nicht wenige moderne Gelehrte an einen Analogieschluß dachten und die Timaios-Stelle mit dem aristotelischen Beleg aus Physik α 7 verbanden[557],

[552] So im Weg der Gotteserkenntnis κατ' ἀναλογίαν, sehr deutlich ausgesprochen Albinus 165, 17—24.

[553] Vgl. o. 4.211.

[554] Baeumker 137f nennt die späteren Belege bis zu Plotin; wichtig ferner Theiler, *Entstehung* 105. Für die platonische Prinzipienlehre und ihr zweites Prinzip vgl. Gaiser 24f. 71f. 80. 143f. 303. 338—340. 351f. 422 u. ö.

[555] Wenn auch die Chora der Erklärung mannigfache Schwierigkeiten bereitet (o. 2.22, bes. 2.225), so steht doch fest, daß sie ein Aspekt, eine Manifestationsweise des platonischen zweiten Prinzips ist. Deshalb dürfen wir undifferenziert von ‚Materie' sprechen.

[556] Timaios 52 B 2.

[557] Timaeus Locr. 94b. Alex. Aphr. quaest. 1, 1 p. 4, 9—11 Bruns κυρίως νοητὸν τὸ εἶδος. ἡ γὰρ ὕλη, οὐδὲν οὖσα τῶν ὄντων ἐνεργείᾳ, κατ' ἀναλογίαν ἐστὶν νοητή, καὶ ὡς ὁ Πλάτων φησὶ νόθῳ λογισμῷ, . . . Simplic. phys. 226, 25—29 setzt die Methode κατ' ἀναλογίαν von α 7 mit dem νόθος λογισμός Platons gleich und versteht darunter einen Weg κατ' ἀφαίρεσιν; wie er diese Deutung mit dem Zu-

hat zuerst Baeumker darauf hingewiesen, daß Platon mit νόθος gewöhnlich Sachverhalte bezeichnet, die mit den entsprechenden ‚echten' zwar die Form gemeinsam haben, aber einen ganz anderen Inhalt[558]. Da der Analogieschluß als solcher ‚echt' sei und von einem derartigen Gegensatz zwischen ‚echt' und ‚unecht' nicht betroffen werde, sei der λογισμὸς νόθος wahrscheinlich ein formal korrekter Denkvorgang, der nur inhaltlich statt zur ‚Form' (d. h. zu den Ideen usw.) in die Gegenrichtung, zur Materie, führe. Baeumker verweist hierfür auf die Deutungen der Materie-Erkenntnis bei den Neuplatonikern (s. u.), die, direkt oder indirekt an unsere Timaios-Stelle anknüpfend, in dialektischer Weise und antithetischen Formulierungen die Erkenntnis der an sich unerkennbaren Materie zu beschreiben versuchen.

Diese Deutung ist plausibel, und wir können jetzt, nachdem die ἀφαίρεσις untersucht ist, mit einiger Wahrscheinlichkeit vermuten, wie der λογισμὸς νόθος verfährt: ein schrittweises Subtrahieren aller Bestimmungen führt zum absolut Unbestimmten[559]. Da die χώρα reine Dimensionalität ist, kann diese Subtraktion einen ähnlichen Weg genommen haben wie die aristotelische ἀφαίρεσις der Mathematik; einen ähnlichen, aber nicht den gleichen, denn die aristotelische ὕλη νοητή der Mathematik und die platonische χώρα sind keineswegs dasselbe[560].

β) Im Parmenides 158B/C gewinnt Platon sein zweites Prinzip, das er hier πλῆθος nennt[561], aus einem Subtraktionsvorgang: Wenn einem Etwas, das Einheit besitzt, die Einheit weggenommen wird, bleibt ein Element unbestimmter Vielheit übrig, eben das zweite Prinzip[562]. Platon geht sogar noch weiter und analysiert die so isolierte unbestimmte Vielheit in direktem Zugriff, indem er aus ihr ein winziges Teilchen entnimmt, das auch wieder Vielheit ist und keine

sammenhang von α 7 und dem Techne-Beispiel verbinden will, bleibt offen (vgl. o. S. 667 A. 538). Die Zitate der modernen Literatur bei Baeumker 137 A. 2.

558 137f. Baeumker nennt die echte und unechte Tugend Staat 536A, echte und unechte Lust 587B.

559 Richtig Baeumker 138 mit A. 5 und bes. Cornford 193f. Bei beiden ist die Bedeutung der antiken ἀφαίρεσις und ihr prinzipieller Unterschied zu moderner ‚Abstraktion' noch nicht deutlich genug herausgearbeitet. Vgl. o. **2**.223c (zum Timaios), 7.543 und 7.823.

560 o. **2**.225.

561 Parmenides 158B ff behandelt Krämer, *APA* an den Index S. 583 genannten Stellen, z. B. 134. 324f. Über den Terminus πλῆθος neben μέγα καὶ μικρόν, ἀόριστος δυάς usw. vgl. o. S. 147 A. 371, S. 463 A. 789.

562 Wenn Platon auch nicht direkt vom ‚Wegnehmen' der Einheit spricht, so ergibt sich doch die Subtraktion eindeutig aus dem Zusammenhang von B 1—C 1. Vgl. Cornford 208—210, dessen Erklärung der Stelle ich folge. Der grundsätzlichen Skepsis Baeumkers 192f, welcher den Parmenides überhaupt nicht heranziehen möchte, kann ich weder insgesamt noch für unsere Stelle beipflichten.

Einheit hat[563]. Mit anderen Worten: Dieses πλῆθος ist unendlich teilbar, und keine Teilung ergibt irgendein ἕν, sondern immer wieder Vielheit. Platon schließt: „Indem wir so immerzu das der Form entgegengesetzte Prinzip an und für sich betrachten, wird jeder Teil davon, den wir sehen, von unbegrenzter Vielheit sein[564]." Deutlicher könnte es nicht ausgesprochen werden, daß es trotz der prinzipiellen Schwierigkeit, das Unbegrenzte an sich zu erkennen, ein denkendes Erfassen des Unbestimmten gibt, indem der Geist vom ἕν ausgeht und sich dann gleichsam zum πλῆθος hin ‚umwendet'. In der Hypothesis VII des gleichen Dialogs, die auf die eben besprochene Stelle aus der Hypothesis III zurückgreift, wird angenommen, daß keine Einheit vorhanden ist (vgl. die Ausdrücke ἓν εἰ μὴ ἔστι, μὴ ὄντος ἑνός u. dgl.), und somit die unbestimmte Vielheit als solche untersucht (164 B 5 bis 165 E 1). Der erkennende Geist hat große Schwierigkeiten, das unbestimmt Viele zu erfassen, da es in diesem πλῆθος (164 D 1 ὁ ὄγκος αὐτῶν ἄπειρός ἐστι πλήθει) keinen Fixpunkt gibt, an welchen sich die Erkenntnis halten kann: So glaubt er z. B. einen winzigen Teil des πλῆθος zu isolieren (λαβεῖν), und plötzlich (ἐξαίφνης) erscheint — wie im Traum — dieses scheinbar Eine (sc. der winzige Teil) als Vieles und das sehr Kleine als sehr Großes[565]. Er kann nirgends im πλῆθος Anfang, Ende oder Mitte bestimmen, weil eben — da das Eine abwesend ist — kein etwas als ‚eines' bestimmt werden kann[566]. D. h. der Geist kann zergliedern und unterteilen, soviel er will, er wird nie auf etwas Bestimmtes stoßen, sondern immer wieder auf πλῆθος[567], das nicht etwa nur quantitativ, sondern auch qualitativ, also in jeder Hinsicht unbestimmt ist (165 D 6 ff).

Hier in der 7. Hypothese wird das Subtraktionsverfahren nicht im einzelnen geschildert, sondern stillschweigend vorausgesetzt, da ja die gesamte Hypothese auf der Negation des ‚Einen' beruht. Die Erkenntnis des πλῆθος ist als intuitive νόησις in einer Weise geschil-

[563] C 2—7. C 2 f wird ἀφαιρεῖν in ‚positivem' Sinne verwendet, o. S. 632 A. 373.

[564] C 5—7 οὐκοῦν οὕτως ἀεὶ *σκοποῦντες αὐτὴν καθ' αὑτὴν τὴν ἑτέραν φύσιν τοῦ εἴδους* ὅσον ἂν αὐτῆς ἀεὶ ὁρῶμεν ἄπειρον ἔσται πλήθει;

[565] 164 D 1—4, mit deutlichem Rückbezug auf 158 BC. Das Traumbild 164 D 2 (ὥσπερ ὄναρ ἐν ὕπνῳ) erinnert stark an Timaios 52 BC, wie auch 165 C 6 ff das πλῆθος als Fluktuieren instabiler Qualitäten seine genaue Entsprechung Timaios 52 D 4 ff hat. Vgl. Cornford, *Parmenides* 240. Platon hat also in beiden Dialogen dieselbe Auffassung vom Wesen des zweiten Prinzips und vom Charakter der auf es gerichteten ‚unechten' Erkenntnis.

[566] 165 A 5—B 4. A 8 λαβεῖν τῇ διανοίᾳ. B 3 λαμβάνεσθαι.

[567] 165 B 4—6 θρύπτεσθαι δὴ οἶμαι κερματιζόμενον ἀνάγκη πᾶν τὸ ὄν, ὃ ἄν τις *λάβῃ* τῇ *διανοίᾳ*· ὄγκος γάρ που ἄνευ ἑνὸς ἀεὶ λαμβάνοιτ' ἄν. Vgl. die Termini 165 B 7 bis C 2 πόρρωθεν μὲν ὁρῶντι καὶ ἀμβλὺ — ἐγγύθεν δὲ καὶ ὀξὺ νοοῦντι, ferner 165 C 7 ff der Vergleich des Erkennenden mit einem Gemälde-Betrachter.

dert, die sich direkt mit dem νόθος λογισμός des Timaios vergleichen läßt und den späteren Äußerungen der Platoniker (z. B. Plotins) nahesteht.

γ) Die umfassende Analyse des Seins ‚zu den Prinzipien hin', wie sie uns die Referate von *De bono* zeigen, enthält zwei Arten der Zurückführung auf die Prinzipien, eine gemäß der Dimensionenfolge (1. Teil von *De bono*) und eine ‚kategoriale' (2. Teil). Ein dritter Teil der Vorlesung beschreibt umgekehrt die ‚Ableitung' der Seinsbereiche aus den Prinzipien[568]. Da diese Berichte in der letzten Zeit mehrfach durchforscht wurden[569], können wir uns ganz eng auf unsere spezielle Frage beschränken, welche lautet: Wie wird Seiendes auf das zweite Prinzip, d. h. auf die reine Unbestimmtheit, zurückgeführt?

Die ‚dimensionale' Zurückführung konzentriert sich ausschließlich auf das erste Prinzip, das an Hand der Abfolge Körper—Fläche—Linie—Zahl gewonnen wird[570].

Da auch die — uns nur in groben Umrissen referierte — logisch-kategoriale Zurückführung nichts über die erkenntnistheoretische Seite der ἀναγωγή enthält[571], scheint die Methode des Wegs ‚zum Materieprinzip hin' undeutlich zu bleiben.

Konrad Gaiser hat nun die knappen Angaben der Referate von *De bono* dadurch zum Sprechen zu bringen versucht, daß er über Stenzel hinaus die Mathematik als den Modell- und Vergewisserungsbereich der platonischen Ontologie ansieht[572]. Von besonderer paradeigmatischer Wichtigkeit scheint dabei eine Kombination von Dimensionenfolge, Proportionslehre und den drei Arten der Mittelbildung (arithmetisch, harmonisch, geometrisch) gewesen zu sein, die es erlaubte, die Skala vom rational ganz Bestimmten (erstes Prinzip) bis zum völlig Irrational-Unbestimmten (zweites Prinzip) durch eine Abfolge von Proportionen zu erfassen[573]. Von diesen Ergebnissen interessiert uns hier nur ein einziger Punkt, der auf jeden Fall gesichert scheint: Platon hat die Polarität vom ersten bis zum zweiten Prinzip durch eine Abfolge von Proportionen mit zunehmender Irrationalität verdeutlicht[574]. Obwohl Platon auch hier keine erkenntnistheoretischen Erläuterungen gibt, kann man doch diesen Weg ohne weiteres als schrittweise Subtraktion der Bestimmtheit verstehen, als eine Methode κατ' ἀφαίρεσιν zum zweiten Prinzip hin.

568 Alles Nähere bei Gaiser 73—88, bes. 86.
569 Zuletzt von H. J. Krämer, Mus. Helv. 21 (1964) 156—161.
570 Sext. Emp. adv. math. 10, 258—20.
571 Vgl. die Zusammenfassung bei Gaiser 74f, wo weitere Hinweise.
572 Vgl. Gaisers gesamten ersten Teil *Mathematik und Ontologie*, S. 41—201.
573 Gaiser 67—88, bes. 71f mit A. 54, 80. Vgl. 303.
574 So schon Stenzel, Kl. Schr. 203—207 u. ö. in der gleichen Abhandlung.

So wird trotz der Lückenhaftigkeit der Zeugnisse Platons Bestreben sichtbar, auch das zweite Prinzip so exakt wie möglich zu bestimmen und ihm einen Platz im Seinsaufbau zu geben.

δ) Von den neuplatonischen Äußerungen über die Erkenntnis der Materie[575] sind diejenigen des Plotin prinzipiell so wichtig, daß wir einen Blick auf sie werfen wollen[576].

Wir beginnen mit der späteren und kürzer gefaßten Stelle aus I 8: Womit und wie können wir die Materie erkennen, da prinzipiell nur die Form erkannt wird und unser Erkenntnisvermögen sich allein auf die Form richtet? Soweit die Materie schon geformt ist, können wir sie an ihrer zugehörigen Form messen und so ihre Seinsdefizienz feststellen[577]. Die gänzlich ungeformte ‚Materie an sich' aber kann nur annäherungsweise erfaßt werden, indem der νοῦς seinem eigenen Wesen zuwider — wie das Auge, das die Finsternis sehen will — in umgekehrter Richtung vorgeht und, alle Formbestimmungen subtrahierend, seinen eigenen Gegensatz erblickt, die Materie[578].

Die frühere Schrift II 4 sagt im wesentlichen das Gleiche wie I 8, enthält aber zusätzlich wichtige Einzelheiten:

Nach dem Grundsatz ‚Gleiches wird durch Gleiches erkannt' müßte das Denken der unbestimmten Materie selber etwas Unbestimmtes haben. Die Begriffe, die wir uns von ihr bilden, sind natürlich bestimmt[579], aber das Hinblicken auf sie ist unbestimmt und das Gegenteil einer νόησις; so wird auch Platon seinen νόθος λογισμός verstanden haben[580]. Dieses ‚Nicht-Denken' des Unbestimmten ist kein absolutes Nicht-Wissen, sondern die Seele tastet sich gleichsam zum Unbestimmten vor — ein Vorgang, den Plotin zwar mit vielerlei Negationen, Bildern und Einschränkungen begleitet, aber dennoch als Tatsache anerkennt: Die Seele nimmt die Bestimmtheiten weg und

575 Aufgezählt von Baeumker 138 A. 4, vgl. ib. 407.

576 Vor allem kommen in Frage II 4 [12] 10. 12, 21—34. Vgl. 11, 30—33. I 8 [51] 9. Vgl. 1, 7—12. Sehr belehrend ist es, dazu noch Simplic. phys. 225, 22—227, 22 heranzuziehen, der sachlich so viele Berührungspunkte mit den plotinischen Gedanken zeigt, daß wir in diesen Überlegungen ein Lehrstück der neuplatonischen Schule zu sehen haben. — Im weiteren Sinn vgl. auch Krämer, *UGM* an den Index 470 s. v. *Präformation* genannten Stellen.

577 I 8, 9, 3f. 7—14.

578 Dies Paraphrase von I 8, 9, 5—7. 14—26. Wichtig für uns 7 ἀφαιρέσει und die Formulierung 15—18 τὸ παράπαν πᾶν εἶδος ἀφαιροῦντες ᾧ μὴ ταῦτα (sc. τὰ εἴδη) πάρεστι, λέγομεν εἶναι ὕλην, ἀμορφίαν καὶ αὐτοὶ ἐν ἡμῖν λαβόντες ἐν τῷ πᾶν εἶδος ἀφελεῖν, εἰ ἐμέλλομεν ὕλην θεάσασθαι. Vgl. Simplic. phys. 226, 27 κατὰ ἀναγύμνωσιν καὶ ἀπόφασιν τῶν εἰδῶν. 227, 1f ἐπὶ τὴν ἔννοιαν ἐρχόμεθα τῆς ὕλης κατὰ ἀπόφασιν τὴν εἰς τὸ ὑποδεκτικὸν ἀπάγουσαν.

579 II 4, 10, 4f λόγος μὲν οὖν γένοιτο ἂν περὶ τοῦ ἀορίστου ὡρισμένος, ἡ δὲ πρὸς αὐτὸ ἐπιβολὴ ἀόριστος. Daß der Begriff des ἄπειρον selbst begrenzt ist, steht schon Arist. met. α 2, 994b 27 (dazu Schwegler).

580 II 4, 10, 6—12.

denkt die übrigbleibende Unbestimmtheit auf dunkle Weise für sich, ja verschmilzt sogar wie bei der νόησις der Formen irgendwie mit ihrem Gegenstand[581]. Freilich ist dieser Erkenntniszustand labil, denn die Seele darf einerseits die Materie nicht formen, weil sie sonst ihren Erkenntnisgegenstand als solchen aufheben würde; andererseits drängt indes das Gestaltlose zur Form, und die Seele, ihrem Wesen nach der Form zugeordnet, vermag nicht lange beim Unbestimmten zu verweilen[582].

Plotin macht sich nun selbst einen äußerst wichtigen Einwand: Vielleicht ist die Dunkelheit der Materie-Erkenntnis ein Zeichen dafür, daß dem Materie-Begriff gar kein Sein entspricht? Dann wäre der Materiebegriff ein ‚leeres Wort‘, ein hypostasiertes Nichts? Dagegen spricht nach Plotin die Reaktion der Seele: Im Gegensatz zur völligen Empfindungslosigkeit dem Nichts gegenüber wird sie bei der Materie von einem objektiven Gegenüber affiziert[583]. Und so betont Plotin: Die Materie ist kein leerer Begriff, sondern sie ‚existiert‘, ‚es gibt sie‘, wenn auch nicht im Sinne raumzeitlicher Augenfälligkeit oder Erkennbarkeit durch den νοῦς, mit anderen Worten: Sie ist umfassendes Seinsprinzip[584].

ε) Wenn wir uns jetzt von Plotin wieder zu Aristoteles zurückwenden, so erhalten dessen Aussagen über die Erkenntnis der Materie Profil. Besonders verlieren die Verfahren κατ' ἀφαίρεσιν in Physik δ 2 und met. Z 3 alles Ungewöhnliche und erweisen sich als Beispiele für eine Denkmethode, mit der man vielleicht schon in der alten Akademie, ganz gewiß aber dann in der Tradition des Platonismus, die Materie dem von der Form her gesehenen Seins- und Erkenntnisaufbau einzuordnen versuchte[585].

581 II 4, 10, 15—18 ψυχὴ ἀφελοῦσα ὅσα ἐπὶ τοῖς αἰσθητοῖς οἷον φῶς τὸ λοιπὸν οὐκέτι ἔχουσα ὁρίσαι ὁμοιοῦται τῇ ὄψει τῇ ἐν σκότῳ, ταὐτόν πως γινομένη τότε τῷ ὃ οἷον ὁρᾷ. Für das Subtrahieren steht hier wie gewöhnlich ἀφαιρεῖν, ein paar Zeilen weiter χωρίζειν (28—32): ὃ οὖν ἐν τῷ ὅλῳ καὶ συνθέτῳ λαμβάνει (sc. ἡ ψυχή) μετὰ τῶν ἑπόντων (d. h. mit der Form), ἀναλύσασα ταῦτα καὶ χωρίσασα, ὃ καταλείπει ὁ λόγος (vgl. o. 7.42 Anfang), τοῦτο νοεῖ ἀμυδρῶς ἀμυδρὸν καὶ σκοτεινῶς σκοτεινὸν καὶ νοεῖ οὐ νοοῦσα.

582 II 4, 10, 18—20. 32—35.

583 II 4, 10, 21—23 ὅταν μὲν μηδὲν (sc. νοῇ ἡ ψυχή), λέγει μηδέν, μᾶλλον δὲ πάσχει οὐδέν· ὅταν δὲ τὴν ὕλην, οὕτω πάσχει πάθος οἷον τύπον τοῦ ἀμόρφου. Materie als ‚leeres Wort‘ (ὄνομα κενόν) II 4, 11, 13 (dazu Harder). 12, 22.

584 II 4, 12, 20—34, bes. 23 ἔστι τι ὑποκείμενον κἂν ἀόρατον κἂν ἀμέγεθες ὑπάρχῃ. 27 f ‚Die Materie existiert‘ κἂν μὴ ἐναργὴς ὑπάρχῃ. Sie wird erkannt 33f λογισμῷ οὐκ ἐκ νοῦ, ἀλλὰ κενῶς· διὸ καὶ νόθος, ὡς εἴρηται: Dieses κενῶς gilt, wie wir jetzt wissen, nur *secundum quid*.

585 Bezeichnend ist hierfür, wie Simplicius anläßlich seiner Erörterungen über die Erkenntnis der Materie (phys. 225, 22—227, 22) auf Gedanken wie die in met. Z 3 geäußerten anspielt (226, 11—14) und phys. δ 2 direkt erwähnt (229, 5—10).

An met. Z 3 knüpft sich noch eine letzte Frage, die wenigstens gestellt werden muß, wenn auch eine Antwort darauf nicht leicht sein dürfte: Es ist kein Zufall und nicht nur ein logischer Lapsus, wenn in Z 3 diejenige Methode, mit welcher die οὐσία aufgefunden werden soll, zur Hyle führt. Wie kommt es, daß der Weg zur vollsten Bestimmtheit und derjenige zur Unbestimmtheit sich so ähnlich sind[586]? In Z 3 ist die Subtraktion der Akzidentien beiden Wegen gemeinsam, und erst bei der Substanzkategorie ergibt sich die Alternative zwischen οὐσία und ὕλη[587].

Das in Z 3 so unscheinbar anmutende Problem kehrt verschärft überall da wieder, wo die menschliche Erkenntnis bis auf die Seinsprinzipien zurückgeht. Bis zu einer gewissen Stufe läßt sich der Weg zum Formprinzip exakt von demjenigen zum Materie-Prinzip unterscheiden. Sobald aber der Bereich des logisch präzis Erfaßbaren verlassen wird, beginnen sich die beiden Wege merkwürdig zu ähneln. Denn die Negation aller Bestimmungen scheint ebenso zum Form- wie zum Materieprinzip zu führen. So werden z. B. bei Albinus dem Göttlichen die ‚Kategorien' γένος, εἶδος, διαφορά, ποιόν, κίνησις usw. und deren Negationen abgesprochen[588], bei Plotin dem Einen u. a. τὶ, ποιόν, ποσόν, κίνησις und deren Gegenteile[589] — was fast genau der Subtraktion der Kategorien und der Materiedefinition von Z 3 entspricht. Mit anderen Worten: Die Überbegrifflichkeit und logisch nicht entfaltete Seinsfülle der reinen Form (bzw. des ‚Einen' u. dgl.) stellt sich dem kontingenten Denken so ähnlich dar wie die begriffliche Nicht-Erfaßbarkeit und Unbestimmtheit der Materie[590]. Obwohl der unbewegte Beweger des Aristoteles nicht die gleiche überragende Stellung ‚jenseits des Seins' wie das ‚akademische' ἕν von Platon bis zu Plotin hat, kann er doch offenbar wie dieses nicht direkt begrifflich erfaßt, sondern nur negativ κατ' ἀφαίρεσιν ausgegrenzt werden[591]. Und wenn unsere Deutung der Lehre vom γένος als ὕλη zutrifft[592], ist die reine Aktualität des aristotelischen Bewegers zugleich ‚reine Möglichkeit' als Unentfaltetsein gegenüber allem Nachgeordneten[593].

586 Ross zu 1029a 27 scheint dieses Problem geahnt zu haben.

587 o. 7.823aγ.

588 165, 4—14 H.

589 VI 9 [9] 3, 40ff.

590 Symptomatisch dafür ist, daß Plotin das Eine und die reine Materie manchmal mit den gleichen Termini beschreibt; vgl. Schwyzer, RE s. v. *Plotinos* 560, 49—561, 21 (dazu Krämer, *UGM* 362 A. 625) und bes. 568, 36—63.

591 o. 7.543b.

592 o. 7.71.

593 Diese immanent aus Aristoteles selbst gewonnene Deutung scheint jetzt eine überraschende Beleuchtung durch das zu erfahren, was Krämer über die Tradition des ‚Einen als Potenz' (*UGM* 338—369) sagt.

Aber weder Aristoteles, bei dem diese Frage nur anklingt, noch die Späteren wie Plotin scheinen hier ein wichtiges Problem gesehen zu haben[594], u. a. wohl deshalb, weil sie dem menschlichen νοῦς ein unbeirrbares Unterscheidungsvermögen zwischen dem Weg zur Form und demjenigen zur Materie zutrauten[595].

[594] Eine teilweise Ausnahme bildet Simplic. phys. 226, 25—227, 10: Das Problem ist sehr klar gesehen, ohne daß daraus Konsequenzen im Sinne einer absoluten Identitätsphilosophie gezogen würden.

[595] Dies erhellt vor allem aus Plotin: Die zum Einen aufsteigende Seele strebt beseligt ihrem ureigensten Selbst zu und ist ‚bei sich', auf dem Wege zur Materie aber wird sie sich selber entfremdet, da sie hierbei das ihrem Wesen Widersprechende zum Objekt hat. Das Eigene verlangt sie, vor dem Entgegengesetzten schaudert sie gleichsam zurück.

8 Die Hyle als Seinsprinzip

In den vorausgegangenen Abschnitten ist die Hyle von den verschiedensten Gesichtspunkten aus betrachtet worden. Zweimal begegnete dabei ein umfassendes Materieprinzip: Das πλῆθος-Prinzip in der Gegensatzlehre von met. Γ (o. 4.4—4.6) und der Hyle-Begriff von met. Z 3 (o. *7.823*a). Andererseits schien die Teilung des Kosmos in Sublunar und Supralunar (o. 5.2) einem einheitlichen Hyleprinzip zu widersprechen. Die folgenden Erörterungen sollen nun, die bisherigen Ergebnisse zusammenfassend und weiterführend, zeigen:

1. Hinter den verschiedenen Einzelaspekten von Hyle steht ein einheitliches aristotelisches Hyle-Prinzip.

2. Zwar haben einige Manifestationen der aristotelischen Hyle — naturgemäß — den Charakter ‚fester Stofflichkeit' an sich — die zum Teil in der späteren Tradition besonders wirksam geworden sind —, aber neben diesen ‚stofflichen' Aspekten stehen viele andere, wo die ‚Bestimmbarkeit' sehr ‚abstrakt' verstanden wird, und Aristoteles hat sein Hyle-Prinzip insgesamt primär ‚geistig', nicht ‚stofflich' gedacht.

3. Dabei wird sich auch die bereits o. 2.5 und 4.6 aufgewiesene ideengeschichtliche Herleitung der aristotelischen Hyle vom platonischen ‚zweiten Prinzip' erneut bestätigen.

Wir beginnen mit der Frage, ob und wieweit der Dualismus des aristotelischen Kosmos die Einheit des Hylebegriffs gefährdet, weil erst nach deren Beantwortung die *prima materia* richtig beurteilt werden kann.

8.1 Der Chorismos von ‚Sublunar' und ‚Supralunar' und die Einheit der Materie im Kosmos

Die Untersuchungen über den Ätherbereich und seine Beziehung zum Raum unter dem Mond haben eine Ambivalenz von ‚Trennung' und ‚Verbindung' aufgezeigt, die sich philosophisch nicht befriedigend erhellen läßt, weil die Vorstellung von einem Etwas, das Körper ist und den Bereich des Werdens und Vergehens körperlich berührt, aber doch andererseits fast allen Gesetzen der Körperwelt entzogen ist, voller Widersprüche steckt, auch dann, wenn man sich von quantitativ-mechanischer Denkweise freimacht und ‚eidetisch' und ‚axiologisch' interpretiert. Diese Zwiespältigkeit tritt besonders hervor bei der Frage, ob in beiden Bereichen dieselben Prinzipien gelten oder nicht. Eine allzugroße Verschiedenheit der Prinzipien würde den Kosmos in zwei isolierte Schichten zerfallen lassen, eine zu starke Ähnlichkeit die besondere Seinsweise der Ätherschicht in Frage stellen und sie mit dem sublunaren Sein identifizieren[1].

Wir behandeln vorweg die eine Stelle aus gen. corr., an welcher Aristoteles ausdrücklich über diese Frage spricht[2], ziehen die bekannten Kapitel Λ 4/5 zum Vergleich heran und versuchen dann eine Gesamtantwort. Ein Ausblick auf die Traditionsgeschichte dieses Problems schließt sich an.

8.11 Die Prinzipien sind ‚dem Genos nach' dieselben

Unter den Themen, deren Behandlung Aristoteles zu Beginn von gen. corr. ankündigt, werden auch ‚die Ursachen von Werden und Vergehen' genannt. Während er auf die *causa materialis* in Buch A und B mehrfach eingeht, bespricht er das Thema der Ursachen speziell erst B 9/10[3] und erwähnt dabei einleitend auch die Himmelskörper:

Die Ursachen des Sternbereichs und der sublunaren Welt seien „zahlenmäßig gleichviele und dem γένος nach dieselben", und zwar seien es drei: *causa materialis, formalis* und *efficiens*[4]. ‚Zahlenmäßig gleichviele' besagt immerhin dies, daß auch im Ätherbereich noch Phänomene vorliegen, die ein Gegenprinzip zur *causa formalis* anzusetzen erlauben. ‚Dem γένος nach dieselben' ist, was den Terminus γένος betrifft, vieldeutig[5], weil γένος von der Kategorie bis zum *ultimum genus* jede Zwischenstufe bezeichnen kann. Wenn wir aber die in Δ 6 belegte Reihenfolge der verschiedenen Arten von Einheit heranziehen, die zum immer Weiteren fortschreitet (ἓν ἀριθμῷ — εἴδει — γένει — ἀναλογίᾳ)[6], dann läßt sich die Einheit ‚dem Genos

[1] Diese und ähnliche Fragen behandelt Aristoteles in seiner Aporie B 996a 2—4. 1000a 5—1001a 3. K 1060a 27—36.

[2] Ross, *Met.* I 242 verweist auch noch auf met. Z 10, wo sich jedoch nichts Einschlägiges findet.

[3] 335a25 f λεκτέον περὶ πάσης γενέσεως ὁμοίως πόσαι τε καὶ τίνες αὐτῆς ἀρχαί.

[4] Interessanterweise geht Aristoteles von den supralunaren Ursachen aus, als ob diese ganz unzweideutig gegeben seien, und schließt von diesen zurück auf Zahl und Charakter der sublunaren Ursachen (335a 28—32): εἰσὶν οὖν (Subjekt: die sublunaren Ursachen!; vgl. auch Joachims Übersetzung) καὶ τὸν ἀριθμὸν ἴσαι καὶ τῷ γένει αἱ αὐταὶ αἵπερ ἐν τοῖς ἀιδίοις τε καὶ πρώτοις· ἡ μὲν γάρ ἐστιν ὡς ὕλη, ἡ δ' ὡς μορφή. δεῖ δὲ καὶ τὴν τρίτην ἔτι προσυπάρχειν· οὐ γὰρ ἱκαναὶ πρὸς τὸ γεννῆσαι αἱ δύο, καθάπερ οὐδ' ἐν τοῖς πρώτοις.

[5] Vgl. Bonitz 151a 37ff. 223a 43ff.

[6] 1016b 31—1017a 3, dazu die Kommentare und z. B. Stenzel, *ZuG* 156—161.

nach' als ein Mittleres zwischen Art-Einheit und analoger Einheit verstehen. Eine noch genauere Fixierung ist nicht möglich[7], aber für das Folgende ist es wichtig festzuhalten, daß Aristoteles hier offenbar eine engere als die analoge Einheit meint[8].

Worin sieht Aristoteles inhaltlich das Verbindende zwischen dem sub- und supralunaren Hyleprinzip? Philoponus denkt an den Substratbegriff, weil die Hyle im Ätherbereich keine Kontingenz zeige[9], aber gerade der Substratgedanke ist hier sehr problematisch, weil er bei Aristoteles immer mit der Vorstellung der ‚Wechselwirkung' verbunden ist: Es gibt ja auch kein gemeinsames ‚Substrat' zwischen Sublunar und Supralunar, und das Wort ὑποκείμενον wendet Aristoteles nicht auf den Gestirnbereich an[10]. Deshalb wird man eher an den δύναμις-Begriff denken, den Aristoteles im Zusammenhang mit ὕλη τοπική selber stark betont[11]: Die Gestirne sind kontingent hinsichtlich der Bewegungsrichtung[12], die sublunaren Elemente darüber hinaus in bezug auf Bewegung überhaupt und auf Werden und Vergehen.

8.12 Identität ‚der Analogie nach'?

Die Untersuchung in Λ 4/5, ob verschiedene Dinge dieselben oder verschiedene Prinzipien haben, beschränkt sich auf den sublunaren Bereich[13], ist aber für unser Thema allgemein wichtig[14]:

[7] Die Definition der ‚Einheit dem Genos nach' 1016b 33f hilft nicht weiter, genau so wenig wie die Heranziehung von I 10, wo über den Unterschied zwischen ‚vergänglichen' und ‚unvergänglichen' Dingen gesprochen wird (vgl. dazu neben den Kommentaren Cencillo 81f und bes. Reale, Komm. II 156—158).

[8] Von den Kommentatoren versteht dies nur Ps.-Thomas z. St. anders (245 p. 569 Spiazzi): principia corruptibilium et incorruptibilium sunt eadem principia genere, id est analogia sive proportione.

[9] 281, 13—20. 282, 30—283, 25.

[10] Natürlich erscheint das Wort bei den Kommentatoren, wenn sie die knappen Angaben des Aristoteles über den Äther ausdeuten und ergänzen, z. B. Simplicius zu De caelo (o. 5.323).

[11] o. 5.325.

[12] Für diese Interpretation von ὕλη τοπική vgl. o. 5.325.

[13] Gesamtthema des Λ ist die οὐσία und deren Prinzipien (1069a 18f). Die Kap. 1—5 behandeln die οὐσία αἰσθητή, zu der zwar eigentlich auch der Sternbereich gehört (1069a 30f. 1071b 3), aber dieser wird in 1—5 ganz vernachlässigt (1069b 3) und erst von Kap. 6 an berücksichtigt. Auch die einzelnen Beispiele in 4/5 zeigen, daß der Äther außer Betracht bleibt.

[14] Über Aufbau und Gedankenführung vgl. außer den modernen Kommentaren (bes. Ross) auch Thomas z. St. Da der bekannte brachylogische Stil und hypomnematische Charakter dieser Kapitel mancherlei Unklarheiten verursacht, heben wir nur das Sichere hervor und lassen viele Einzelheiten beiseite.

Aristoteles will aufzeigen, daß im gesamten Sein nur ganz wenige Prinzipien wirksam sind, ohne die Vielfalt ihrer Erscheinungsformen zu nivellieren. Es geht also darum, in der Differenz das Identische zu erkennen und zu fixieren. Aristoteles sagt uns im wesentlichen nur, wie es geschieht, aber nicht, warum. Wir fassen deshalb erst seine Ausführungen zusammen und fragen dann nach einer Begründung für sein Vorgehen.

8.121 Die Mannigfaltigkeit der Beispiele

Einzelfälle können auf dreierlei Weise differenziert sein:

a) Verschiedene Individuen innerhalb der gleichen ‚Art‘. Gedacht ist an die unterste Art, also liegen die Einzelfälle ontologisch auf genau gleicher Ebene[15].

b) Verschiedene ‚Substanzen‘, die sämtlich ‚Körpersubstanzen‘, αἰσθητὰ σώματα u. dgl. sind, aber doch zueinander im Verhältnis von ‚Überformungen‘ bzw. des ‚Früher‘ — ‚Später‘ stehen: Z. B. Elementarqualitäten — Elemente — Homoiomere — Anhomoiomere — Lebewesen[16].

c) Fälle aus verschiedenen Kategorien (Substanz — Akzidentien). Diese kategoriale Differenz, welche in beiden Kapiteln zum Teil auch da, wo sie nicht direkt erwähnt wird, im Hintergrund steht[17], ist für Aristoteles besonders wichtig, weil für ihn alles Sein ausnahmslos eo ipso kategoriales Sein ist[18]. Und sie ist zugleich äußerst problematisch, weil die Kategorien weder aufeinander noch auf ein ‚Früheres‘ zurückgeführt werden können[19], so daß es unmöglich scheint, zwischen ihnen ein Gemeinsames zu finden, z. B. ein Prinzip, das zugleich in mehreren von ihnen auftritt. Nicht zu Unrecht fühlt man sich hier an die Problematik der Begriffe ‚Sein‘, ‚Einheit‘ und ‚gut‘ erinnert (s. u.).

8.122 Das Auffinden der Identität in der Differenz

a) Aristoteles nennt mehrfach die Proportionsgleichung (ἀναλογία) als eines der methodischen Mittel, die Einheit im Mannigfaltigen zu finden und zu bestimmen[20]. Nach Λ 4/5 zu schließen wird sie angewendet, wenn es die Differenzen zwischen verschiedenen Kate-

[15] 1071a 27—29. Ross z. St. faßt εἶδος weiter; nicht überzeugend.

[16] 1070b 11—15. Ausdrücklich genannt werden Elementarqualitäten und Homoiomere, aber die übrigen Stufen dürfen selbstverständlich ergänzt werden, vgl. Ross z. St. und o. **6**.212, **6**.31/32.

[17] Genannt wird sie z. B. 1070a 33—35. 1071a 1f. a 29—31. a 34f.

[18] Hierfür bedarf es keiner Belege, vgl. o. S. 645 A. 427.

[19] Vgl. z. B. Bonitz 378b 34ff.

[20] Vgl. z. B. 1070a 32. b 17f. 1071a 4. a 26f.

gorien und Gegenstandsbereichen zu überbrücken gilt[21]. Dagegen scheint ihre Anwendung nicht nötig oder möglich zu sein, so oft man sich auf ein und dieselbe ,Kategorie' beschränkt. Das ist einsichtig bei Individuen der gleichen *infima species*[22], weil deren geringfügige Abweichungen sofort als solche erkennbar sind und die Gemeinsamkeit der Prinzipien in die Augen springt. Aber auch bei der Reihe der ,Überformungen' vom Element bis zum Lebewesen[23] spricht Aristoteles nicht von ,Analogie', obwohl die Prinzipien sich da von Schicht zu Schicht abwandeln[24], wenn auch natürlich weniger als bei kategorialen Unterschieden: Die vier Elementarqualitäten sind auch in den Lebewesen noch erkennbar, d. h. die Hyle hält sich zum Teil ,inhaltlich' durch. Auch die Form, die als Seinsstruktur (λόγος) bis zum λόγος τῆς μίξεως der Homoiomere (und der Elemente?) herunter verfolgt werden kann[25], kehrt in den einzelnen Schichten nicht nur qua abstraktes Prinzip (also ,formal' gefaßt) wieder, sondern in Spuren auch ,inhaltlich'; z. B. schließt die Struktur von ,Mensch' die Strukturen von ,Fleisch', ,Knochen' u. dgl. ein. Demgegenüber weist die kategoriale Differenz ja ihrem Wesen nach inhaltlich ganz voneinander abweichende Tatbestände auf[26].

b) Neben dem κατ' ἀναλογίαν λέγειν erwähnt Aristoteles noch das καθόλου λέγειν[27]. καθόλου steht im Gegensatz zu καθ' ἕκαστον und bezeichnet zunächst das Zurückgehen von den ,konkreten' individuellen Prinzipien auf allgemeinere, also eine Formalisierung, oder eine ,Abstraktion'[28]. Dies kann verschieden weit gehen und zum Teil noch inhaltlich gefaßt sein (z. B. ,Mensch allgemein' als *causa efficiens*), oder schon ganz formal von ὕλη oder gar ἐξ οὗ sprechen[29].

c) Weil das καθόλου λέγειν in Λ 4/5 nicht auf die kategoriale Verschiedenheit angewendet wird, scheint es, als schlössen καθόλου λέγειν und Proportionsgleichung einander aus. Das kann aber schon

[21] 1070a 34f wird die Substanz den Kategorien des Akzidens gegenübergestellt; sie alle haben κατ' ἀναλογίαν (a 32) dieselben Prinzipien. — 1070b 20f werden Farben mit Tag/Nacht verglichen. — 1071a 26 sind die Prinzipien χρωμάτων ψόφων οὐσιῶν ποσότητος ,analog' die gleichen.

[22] 1071a 27—29.

[23] 1070b 10—15, s. o. A. 16.

[24] Das läßt sich aus 1070b 10—15 nicht klar genug entnehmen, aber aus anderen Stellen; vgl. o. 6.2, 6.31/32, u. 8.27.

[25] o. 4.214c, 6.22, u. 8.271.

[26] Siehe etwa nur 1070b 20f Schwarz : Weiß : Oberfläche = Licht : Finsternis : Luft = Eidos : Steresis : Hyle.

[27] So gleich zu Beginn vom Λ 4, 1070a 32 ἂν καθόλου λέγῃ τις καὶ κατ' ἀναλογίαν. Zu καί vgl. unten.

[28] 1071a 29: Für die Individuen einer Art gibt es in concreto verschiedene (d. h. individuelle) Prinzipien, τῷ καθόλου δὲ λόγῳ ταὐτά. Vgl. 1071a 19—24.

[29] Vgl. vorst. Anm. Der letzte Formalisierungsschritt zu ἐξ οὗ und dgl. wird nicht erwähnt, darf aber ohne weiteres ergänzt werden.

deshalb nicht der Fall sein, weil es auch bei der Proportionsmethode der Sache nach ein κοινόν geben muß; sonst wäre sie sinnlos[30]. Wir dürfen daher zwei Wege der Zurückführung auf die Prinzipien unterscheiden: Erstens einen innerkategorialen, dessen formalisierendes Vorgehen durch καθόλου λέγειν bezeichnet wird, zweitens den transkategorialen der Proportionsgleichung, die über sich hinaus auf ein nicht näher bezeichnetes κοινόν verweist, das hinter ihr steht.

d) Es begegnet in Λ 4/5 noch ein dritter Weg ‚zu den Prinzipien', der gleichfalls an der Differenz der Kategorien ansetzt, aber nun nicht in den einzelnen Kategorien verwandte Strukturen aufsucht, um sie gleichzusetzen, sondern anders verfährt: Da nur die Substanzen subsistieren, die Akzidentien dagegen nur an der Substanz und durch sie existieren, sind die Prinzipien der Substanzen zugleich die Prinzipien aller anderen Dinge: ὡδὶ τὰ τῶν οὐσιῶν αἴτια ὡς αἴτια πάντων, ὅτι ἀναιρεῖται ἀναιρουμένων[31]. Hier kehrt auf aristotelische Weise das συναναιρεῖσθαι von *De bono* wieder, und man fühlt sich auch sonst an die platonischen Zurückführungen auf die Prinzipien erinnert.

8.123 ἀναλογία und ‚Pros-hen'

Das innerhalb eines Sachbereiches sich vollziehende Zurückgehen von der individuellen Hyle bis hin zu ‚Hyle überhaupt', ἐξ οὗ u. dgl., also das καθόλου λέγειν (oben b), bietet keine Schwierigkeit und fügt sich ohne weiteres den verschiedenen Arten von Zurückführung auf das Hyle-Prinzip an, die wir o. *7.823* betrachtet haben, besonders der *Via negationis* (κατ' ἀφαίρεσιν)[32].

Von den transkategorialen Reduktionen (oben a b d) erinnert die eine (oben d), die von den Akzidentien als dem Begründeten auf die Substanz als den Seinsgrund der Akzidentien zurückgeht, deutlich an die Pros-hen- und ‚Reihen'-Methode von met. Γ, die ja in einer Doppelbewegung zuerst von den Akzidentien zur Substanz, dann die Stufen der Substanz hinauf zum unbewegten Beweger führt[33]. Während aber im Γ immerhin noch die Gleichheit des Wortes (ὄνομα; z. B. ὄν, ἰατρικόν, ὑγιεινόν) als Indiz auf die sachliche Einheit der Vielfachbedeutung von ‚Sein' usw. zurückverwies und die untersuchten Begriffe einen ‚Inhalt' hatten, geht es im Λ offenbar viel ‚abstrakter' um die

[30] Über den Charakter dieses hinter der ἀναλογία stehenden ‚Gemeinsamen' vgl. u.

[31] 1071a 34f. Vgl. a 1—3.

[32] Diese Beziehung zu den ‚reihenartigen' Reduktionen weist darauf hin, daß es sich hier beim καθόλου nicht um einen ‚Allgemeinbegriff' im Sinne der Gattung-Art-Pyramide handelt, sondern um ein ‚Allgemeines' im weiteren Sinn (vgl. zum Prinzipiellen o. 4.21). Aber das wollen wir hier nicht weiterverfolgen, weil die Formulierung an unserer Stelle zu knapp ist.

[33] o. 4.211/212.

Gleichheit und Ungleichheit von Prinzipien, d. h. von Aufbaustrukturen. Dieser Unterschied ist indes nur scheinbar, denn die Reduktions-Methode des Γ fragt ja im stufenweisen Aufstieg jeweils nach dem ‚wahren Sein', d. h. nach der von der ‚Form' herrührenden Seinsvollkommenheit und dem Gegründetsein jeder Form in immer höheren Formen. Wir haben ja auch schon met. Γ als Zeugnis für die aristotelische Prinzipienreduktion genommen und neben der belegten Zurückführung auf die reine Form auch eine solche auf die ‚reine Materie' vermutet[34]. Trotzdem fehlen bei der zitierten Methode d) des Λ notwendige Zwischenglieder: Erstens wird die Reduktion von den Akzidentien auf die Substanz nicht eigentlich vollzogen, sondern mit dem Hinweis auf die Priorität der Substanz einfach abgetan. Und zweitens wird von der ‚Substanz', bei welcher — mindestens zunächst — an die sublunare Körpersubstanz gedacht werden muß, nicht explizit weitergegangen zu höheren Substanzen, etwa den Sternen und dem unbewegten Beweger.

Wenigstens eines der beiden fehlenden Zwischenglieder kann ergänzt werden, wenn wir nun zur Methode κατ' ἀναλογίαν (oben a) übergehen. Denn die Beispiele zeigen, daß die ἀναλογία alle Differenzen der Kategorien und Gegenstandsbereiche überbrückt[35], gleichsam das Sein ‚horizontal' miteinander verknüpft und Eidos, Steresis, Hyle und κινοῦν als Prinzipien des gesamten Seins erweist.

Was gibt dem erkennenden Geist das Recht, Tatbestände und Strukturen aus ganz verschiedenen Bereichen durch ἀναλογία miteinander gleichzusetzen?

Da die aristotelischen Prinzipien nicht sachunabhängige ‚Hilfsmittel der Forschung' sind, welche das Subjekt willkürlich setzt, muß zwischen den Einzelfällen von ‚hyleartigen' (oder von ‚formartigen' usw. Strukturen) eine innere Gemeinsamkeit bestehen, die erlaubt, sie zusammenzunehmen und sie dann durch einen Begriff wie ‚Hyle' (‚Form' u. dgl.) zu ‚versiegeln'. Die ἀναλογία leistet also mehr als nur äußerliche Ähnlichkeiten zu verknüpfen, sondern setzt voraus und gibt wieder eine Pros-hen-Beziehung, durch welche die ‚Hyle' (bzw. ‚Form' usw.) der Akzidentien zunächst auf die ‚Hyle' (‚Form') der

[34] o. 7.823.

[35] Vgl. die zum Teil schon oben erwähnten Stellen 1070a 31—35: Die Kategorien der Substanz und der Akzidentien haben ‚analog' dieselben Prinzipien (vgl. 1071a 29—31). 1070b 17—21 Weiß : Schwarz : Oberfläche (Farben) = Licht : Dunkelheit : Luft (meteor. Erscheinungen) = Eidos : Steresis : Hyle. 1070b 28f (s. auch den Kontext) Gesundheit : Krankheit : Körper : ἰατρική = Bauplan : ἀταξία τοιαδί : πλίνθοι : οἰκοδομική = Eidos : Steresis : Hyle : *causa efficiens.* 1071a 26f: Die Prinzipien χρωμάτων ψόφων οὐσιῶν ποσότητος sind ‚analog' dieselben. 1071a 33f: Alle Dinge haben analog die gleichen Prinzipien, nämlich Hyle, Eidos, Steresis.

Substanz bezogen wird: Dies führt Aristoteles nicht explizit durch, aber man kann es sich gar nicht anders denken, denn das in Λ 4/5 vorherrschende Kategorienschema bringt eo ipso ein ‚ontologisches Gefälle‘ von der Substanz zu den Akzidentien mit sich, und die von Aristoteles verwendeten Begriffe ‚Hyle‘, ‚Eidos‘ usw. gelten ja auch in erster Linie von der Substanz. Zudem hat die vorhin betrachtete, mit dem Argument des συναναιρεῖσθαι arbeitende, Reduktion der Akzidentien auf die Substanz gezeigt, welchen Richtungssinn alle in Λ 4/5 andeutend beschriebenen Verfahren der Prinzipienanalyse haben: Man geht vom ontologisch ‚Späteren‘, ‚Begründeten‘ auf den Seinsgrund zurück.

Die miteinander ‚ähnlichen‘ Einzelfälle von Hyle, Eidos usw. sind mithin insofern eine Einheit, als sie bezogen sind auf eine ‚Hyle im Ursinn‘ bzw. eine ‚Form im Ursinn‘. Dies bedeutet, daß die Analyse von Λ 4/5 darauf angelegt ist, über die Hyle (Form) der physischen Körpersubstanzen hinauszugehen und auf eine ‚reine Hyle‘ (‚reine Form‘) zu führen, von der alles andere abhängt. Sie liegt im Λ um so näher, als die ‚reihenhafte‘ Dreistufung der Substanzen hier ständig im Hintergrund steht[36]. Wie diese Zurückführung auf die letzten Seinsprinzipien näherhin aussehen mag, wurde bereits o. *7.543*a/b, *7.823*a erörtert. Es ist sachlich gerechtfertigt, alle derartigen Reduktionen auch dann ‚Pros-hen-(Reihen-)Methoden‘ zu nennen, wenn der Ausgangspunkt, wie schon S. 683f betont, etwas anderes ist als in met. Γ/K. Denn hier wie dort geht es sachlich um dasselbe: Das Hingeordnetsein ‚ähnlicher‘ Seinsstrukturen πρὸς μίαν ἀρχήν, πρὸς μίαν φύσιν[37], also die aristotelische Umformung des platonischen Weges ‚zum Prinzip hin‘.

Die Betrachtungsweise des Pros-hen und der ‚Reihung‘ erweist sich somit als die wichtigste Methode aristotelischer Prinzipienreduktion. Sie liegt auch — das wird jetzt deutlich — allen Proportionsgleichungen (ἀναλογίαι) zugrunde, welche Aristoteles im Zusammenhang mit den Prinzipien bildet. Umgekehrt formuliert: *Die ἀναλογία ist jeweils der erkenntnistheoretische Aspekt einer Pros-hen- oder Reihen-Ordnung, deren Glieder Verhältnisse darstellen*[38].

[36] Zur ‚Reihe‘ der οὐσίαι o. 4.212 (vgl. 4.213ff). Es ist denn auch kein Zufall, daß die Erforscher der Dreistufung (bes. Patzig, Krämer, *GS*) immer wieder vom Γ her auf das Λ geblickt haben. — Hinzu kommt, daß die ‚Ordnung‘ der Kategorien, von der hier unsere ἀναλογία ausgeht, gerade auch im Λ als *Reihen*struktur betrachtet wird (Λ 1, 1069a 19—24; dazu o. 4.215b).

[37] Diese Ausdrücke stehen in der Pros-hen-Stelle met. Γ 1003b 6. 14, allerdings mit λέγεσθαι verbunden.

[38] So jetzt auch Krämer, *GS* 345, dem ich die Formulierung des letzten Satzes entnehme (vgl. o. S. 327 A. 72).

Schematisch sähe das für M(aterie) und F(orm) etwa so aus: M : F (des ποσόν) = M : F (des ποιόν) = M : F (der Substanz)[39]. Man kann auch von da noch weitergehen, wenigstens in zwei Gliedern: M : F (der φθαρτά) = reine M : reine F[40].

8.124 Zum Seinsmodus der Prinzipien: Dynamis und Energeia als Transzendentalien

Die vier Prinzipien reduzieren sich im Grunde auf zwei, Hyle und Form[41], deren Abwandlungen in allen Seinsbereichen durch den Pros-hen-Bezug auf die ‚Hyle im Ursinn' bzw. auf die ‚Form im Ursinn' zur Einheit zusammengefaßt werden. Diese Zusammenfassung beruht, wie mehrfach gesagt, auf der ‚Ähnlichkeit' der einzelnen Manifestationen miteinander und mit jenem letzten Bezugspunkt, der μία ἀρχή. Worin besteht nun näherhin diese ‚Ähnlichkeit', d. h. läßt sich ein Indiz angeben, wodurch jeweils das ‚Hyle-artige' und das ‚Form-artige' festgestellt werden kann?

[39] Wenn man die Kategorien mehr als Pros-hen-Struktur sieht, kann man die Reihenfolgen der nachgeordneten Glieder beliebig ändern, wenn mehr als ‚Reihe' (vgl. o. 4.215b), bleibt die Abfolge fest. Das ist auch für die nachfolgende Skizze zu beachten. Das Gleichheitszeichen bedeutet hier ‚wie': Es gründet sich auf den *Zusammenhang* der Pros-hen- bzw. Reihen-Struktur, der o. 4.211/212 besprochen ist. Skizze:

reine M	:	reine F
	=	
M	:	F (der φθαρτά)
	=	
M	:	F (des ποιόν)
	=	
M	:	F (des ποσόν) usw.

Vgl. zu Möglichkeit und Grenze solcher Skizzen o. 194 u. ö.

[40] Hier macht sich die Problematik bemerkbar, daß die Reduktion auf das εἶδος und die auf die ὕλη *in umgekehrter Richtung* verlaufen (vgl. o. 7.823). Trotzdem darf man auch mit dem Zwiebegriff Materie—Form solche Proportionsgleichungen bis zum letzten Prinzip hin bilden. — Wenn man von hier auf die Gegensatz-Systoichien (o. 4.44, 4.61, 4.63) zurückblickt, springt in die Augen, daß es sich dabei um Proportionsgleichungen handelt: ταὐτόν : ἕτερον = ἴσον : ἄνισον = ὅμοιον : ἀνόμοιον = ἕν : πλῆθος. Vertikal

ἕν	:	πλῆθος
	=	
ταὐτόν	:	ἕτερον
	=	
ἴσον	:	ἄνισον
	=	
ὅμοιον	:	ἀνόμοιον usw.

[41] Daß Aristoteles die Form-, Bewegungs- und Ziel-Ursache in eins sieht, ist bekannt. Hier in Λ 4/5 wird die Zielursache nicht erwähnt und die Bewegungs- mit der Form-Ursache gleichgesetzt (1070b 30—34). Dafür tritt die Steresis ziemlich stark hervor, die wir aber im Folgenden nicht zu berücksichtigen brauchen. Es genügt also, wenn wir nur mit Hyle und Form rechnen.

Dieses Indiz liegt im Zwiebegriff von δύναμις und ἐνέργεια, welchen Aristoteles in Λ 5 eng mit der ‚analogen' Identität der Prinzipien verknüpft[42]. Die Energeia ist jeweils der Seinsmodus der Form und des Synolon, die Dynamis der Hyle[43]. Obwohl sich Aristoteles sehr knapp ausdrückt, wird doch ersichtlich, daß Dynamis/Energeia in mannigfachen Abwandlungen als umfassende Transzendentalien das gesamte Sein (außer dem unbewegten Beweger und dem νοῦς ποιητικός) durchwirken[44].

Ausführlicher als hier im Λ äußert sich Aristoteles in met. Θ 6, wo er den Zwiebegriff Dynamis/Energeia durch eine Fülle von Proportionen aus den verschiedensten Kategorien und Bereichen beschreibt[45]. Er erklärt die Dynamis nicht direkt, sondern zunächst durch ihren Bezug zur Form; dann weiter das Verhältnis beider zueinander auch nicht direkt, sondern durch die erwähnten Proportionen, etwa so: ‚Energeia ist der Dynamis entgegengesetzt, und ihr Verhältnis zueinander ist so wie Hermes : Holz = wachend : schlafend usw.'[46]. Auch hinter dieser umfangreichen Proportionsgleichung des Θ steht, obschon es nirgends ausgesprochen wird, eine Pros-hen-Beziehung, welche das Ganze ermöglicht und trägt: Alle Einzelfälle von ἐνέργεια gründen im *Actus purus*, von δύναμις in der ‚reinen Möglichkeit', die als ‚Urgegensatz' Dynamis/Energeia einander gegenüberstehen. Dasselbe meint die kurze Bemerkung in met. E 2, Dynamis und Energeia seien Grundgegebenheiten alles Seins[47]. Explizit durchgeführt hat Aristoteles nur die Zurückführung auf die reine Energeia (z. B. in Λ 6ff), aber auch das Gegründetsein in der reinen Dynamis haben wir mit hinreichender Sicherheit aufweisen können[48].

Wir werden also, um wieder zum Λ zurückzukehren, bei der Untersuchung des Zwiebegriffs Materie — Form auf das Paar Dynamis — Energeia hingewiesen, bei der Betrachtung von Dynamis — Energeia hinwiederum zurück auf Materie — Form[49]. Dynamis und Energeia

[42] 1071 a 3—17. Den zweiten Teil des Abschnitts (a 11—17) übergehen wir, da Aristoteles hier nach Erörterung der allein wichtigen immanenten Dynamis (a 3—11) auch noch die transeunte Dynamis bespricht, die für unsere Frage ohne Belang ist. Zur Unterscheidung dieser beiden Hauptbedeutungen von δύναμις vgl. met. Θ und Stallmach 21—54. [43] 1071 a 8—11.

[44] 1071 a 7 wird die Gleichung Wein : Essig = Fleisch : Mensch = Dynamis : Energeia angedeutet, deren Glieder innerhalb der Substanzkategorie verschiedenen Stufen angehören. In andere Kategorien führen a 10 σκότος und κάμνον als Beispiele der Steresis.

[45] Θ 6, 1048 a 30—b 9; zur Erklärung neben den Kommentaren Stallmach 41—43.

[46] Vgl. den Anfang der genannten Θ-Stelle.

[47] E 2, 1026 b 1 f. In der scholastischen Philosophie gehören *actus* und *potentia* neben den Kategorien u. a. zu den Fundamentalbestimmungen des *ens qua ens* (o. 7.813/814).

[48] o. 7.823. Vgl. u. 8.27 über Hyle als Relationsbegriff.

[49] 1071 a 3—5. 7—11.

sind nämlich die Seinsmodi all der Strukturen und ‚Gegebenheiten', die wir bisher als Hyle und Form kennengelernt und auch so bezeichnet haben; d. h. alles, was Hyle ist, manifestiert sich als δυνάμει ὄν, sämtliches ‚Formhafte' als ἐνεργείᾳ ὄν[50]. Ob diese Gleichsetzung sich auch umkehren läßt oder nicht[51], ist von zweitrangigem Interesse, jedenfalls mündet nunmehr die Frage nach dem Wesen der aristotelischen Hyle ein in die Frage nach dem Wesen der aristotelischen ‚Möglichkeit', auf die wir weiter unten noch einmal zurückkommen[52].

Die eingangs gestellte Frage, ob die sublunare und die supralunare Materie letztlich eine Einheit bilden, muß bejaht werden. Offen ist noch, welche Art von Einheit vorliegt, ‚dem Genus nach' oder ‚der Analogie nach'. Hierüber soll das nächste Kapitel entscheiden.

8.13 Die Einheit des aristotelischen Kosmos und das Verhältnis von ὕλη τοπική und πρώτη ὕλη zueinander

8.131 Die Einheit des aristotelischen Kosmos

Aristoteles will trotz des Chorismos zwischen Sub- und Supralunar selbstverständlich den Kosmos als Einheit verstanden wissen, denn eine radikale dualistische ‚Trennung' wäre philosophisch ganz unfruchtbar. Aristoteles würde dann denselben Fehler begehen, den er Platons ‚Ideenchorismos' und Speusipps ‚episodischer' Prinzipienlehre vorwirft: Ein beziehungsloses Nebeneinander von Seinsbereichen zu schaffen, das nichts erklärt und selber völlig sinnlos ist. Freilich ist es leichter, diese Einheit zu postulieren als im einzelnen dann anzugeben, worin sie nun wirklich besteht, weil hierbei die bekannten Schwierigkeiten der aristotelischen Ätherlehre[53] erneut zum Austrag kommen. Mit quantitativ-mechanischen Kategorien läßt sich dies alles überhaupt nicht verstehen: Erstens ist bei ‚rein physikalischer' Betrachtungsweise — sowohl antiker wie moderner — die Sonderstellung des Äthers, der doch ein Körper unter Körpern ist, nicht zu erweisen[54]. Zweitens: Ist der ‚Chorismos' des Äthers erst einmal — aus welchen Gründen auch immer — angenommen, dann ist in ‚mechanischer' Sicht wiederum keine wechselseitige Beziehung beider Teile mehr denkbar. Jedoch verwickelt sich die aristotelische Ätherlehre gar nicht in diese Schwierigkeiten, weil sie qualitativ-eidetisch begründet ist: So wird

[50] Vgl. 1071a 8—11.
[51] Bemerkungen dazu u. 8.23 (vgl. auch Sach-Index s. v. *Möglichkeit 2a*).
[52] u. 8.23.
[53] Vgl., auch zum Folgenden, die langwierigen Erörterungen o. 5.3 über die Seinsweise des Äthers und damit die der ὕλη τοπική.
[54] o. 5.322a/b.

der ‚Chorismos' ermöglicht und trotz des ‚Chorismos' die ‚Wechselwirkung'. Der Äther wirkt zwar auch mechanisch auf den sublunaren Bereich ein (‚einseitige' ἁφή), aber hauptsächlich doch eidetisch durch die ‚maßgebende', vorbildliche Vollkommenheit seiner kontinuierlichen Kreisbewegung, und er erfährt eine ‚Gegenwirkung', indem der sublunare Bereich den Äther ‚nachahmt'. Man kann also von einer Art ‚ordo amoris' zwischen Supralunar und Sublunar sprechen, worin das Verhältnis des unbewegten Bewegers zur Welt (ὡς ἐρώμενον κινεῖ) in gewisser Weise wiederkehrt. Und es ist in der Tat eine Wechselwirkung, denn der unbewegte Beweger ‚bedarf' letztlich der Welt, der Äther des sublunaren Bereiches als eines ‚strebenden' Gegenübers[55].

8.132 Die Einheit der kosmischen Prinzipien und die ὕλη τοπική als Idealmaterie

Es scheint müßig, darüber zu diskutieren, ob die beiden Materie-Prinzipien des aristotelischen Kosmos (πρώτη ὕλη — ὕλη τοπική) ‚dem Genus nach' oder ‚analog' eins sind, weil Aristoteles ja klar die sublunaren und die supralunaren Prinzipien durch die Einheit ‚dem Genus nach' verbindet und umgekehrt bei der ‚analogen' Einheit mit keinem Wort die Bereiche über und unter dem Mond erwähnt[56]. Aber es gibt Gründe, diesen Befund nicht ungeprüft hinzunehmen, und so fragen wir, worin Einheit und Verschiedenheit beider Prinzipien denn eigentlich genau besteht:

Dem Äther werden ja positiv nur zwei Eigenschaften zugeschrieben: α) Körperlichkeit, die kaum mehr zu sein scheint als mathematische Extensio[57]; β) Ortsbewegung. Beginnen wir mit Letzterem:

Die aristotelische Wertfolge der Bewegungsarten gibt der Ortsbewegung (φορά) vor allen anderen Bewegungen (γένεσις καὶ φθορά, ἀλλοίωσις, αὔξησις καὶ φθίσις) eine Priorität in jeder Beziehung, auch dem ‚Sein' nach: Ortsbewegung (und damit Ortsbewegtes) kann ohne Werden usw. (bzw. Werdendes usw.) ‚existieren', aber nicht umgekehrt[58]. Demgemäß hat die δύναμις bzw. ὕλη ‚der Ortsveränderung' ontologische Priorität vor der δύναμις (ὕλη) des Werdens und Ver-

[55] Alles Nähere o. 5.41/42, *Kosmologie und Metaphysik* 167—170.

[56] o. 8. 11/12.

[57] Vgl. o. 5.322a, auch über die dem Äther zugeschriebenen Reibungseffekte, die eine gewisse Festigkeit und Härte voraussetzen. Die Qualitätslosigkeit des Ätherkörpers hat in der Folgezeit zu divergierenden Erklärungsversuchen geführt: So nennen ihn z. B. manche Doxographen einen ‚immateriellen Körper' (Moraux 1227). S. ferner die Bemerkung weiter unten.

[58] Vgl. o. 5.22 und phys. 260a 20—261a 28, bes. 260b 26—29 οὐδεμία γὰρ ἀνάγκη οὔτε αὔξεσθαι οὔτε ἀλλοιοῦσθαι τὸ φερόμενον, οὐδὲ δὴ γίγνεσθαι ἢ φθείρεσθαι· τούτων δὲ οὐδεμίαν ἐνδέχεται τῆς συνεχοῦς μὴ οὔσης, ἣν κινεῖ τὸ πρῶτον κινοῦν. Wieweit Aristoteles hierbei einem Zirkelschluß erliegt, indem er die Rangfolge der Bewegungen an der ‚Ordnung' des Kosmos abliest und dann wieder die

gehens usw. Diese Rangfolge von ‚Früher' und ‚Später' gilt aber nicht für jede Ortsbewegung schlechthin, sondern nur für die rein-kontinuierliche Kreisbewegung (des Äthers), während die diskontinuierlichen geradlinigen Bewegungen (der sublunaren Elemente) stets mit Werden und Vergehen verbunden sind[59]. Entsprechend ist auch die Wertfolge der diesen Bewegungen zugrunde liegenden Arten von δύναμις oder ὕλη zu verstehen: Die δύναμις (ὕλη) der kontinuierlichen Kreisbewegung (ὕλη τοπική), die ein Aufhören der Bewegung ausschließt und nur mehr noch eine δύναμις (ὕλη) hinsichtlich der Bewegungsrichtung (sc. eines kreisförmig bewegten Körpers) ist[60], hat Seinsvorrang vor der ὕλη γεννητή[61], die zugleich ὕλη diskontinuierlicher geradliniger Bewegung ist. Schematisch läßt sich dies so darstellen[62]:

a) ὕλη τοπική
b) γεννητὴ καὶ φθαρτή
c) ἀλλοιωτή
d) αὐξητὴ καὶ φθιτή

Jede der vier Arten impliziert die vorhergehenden Arten: Eine ‚Selbständigkeit' der vorgeordneten gegenüber den nachfolgenden Arten ist zwischen b, c und d nicht ausreichend bezeugt[63] und darf auch nicht ohne weiteres angenommen werden, weil trotz einer gewissen (vor allem logischen) ‚Unabhängigkeit' des substantiellen Werdens von den

kosmische Ordnung und die Existenz des Äthers aus der Bewegungshierarchie herleitet, soll jetzt nicht besprochen werden.

59 Für diese bekannte aristotelische Lehre genügt es, auf vorst. Anm. und o. S.325 zu verweisen.

60 o. S.325.

61 H 1, 1042a 32—b 6. 4, 1044b 6—8. Θ 8, 1050b 16—18. 20—22. Λ 2, 1069b 24—26.

62 Das Schema nach Ross zu Z 10, 1036a 9. Ross ordnet so an: b) ἀλλοιωτή, c) αὐξητή, d) γεννητή. Aber trotz 1050b 17 scheint es unmöglich, einen qualitativen Wechsel anzunehmen, der nicht Werden und Vergehen voraussetzt (vgl. die folgende Anm.). Deshalb wird das substantielle Werden und Vergehen, welches das Hauptcharakteristikum des sublunaren Bereiches ist, vor die akzidentellen Veränderungen gesetzt (vgl. Joachim 122). Wachstum hingegen setzt wieder Qualitätsänderung voraus, nicht umgekehrt (vgl. erneut Joachim 122, der auf phys. 260a 29ff und gen. corr. 321b 35—322a 4 hinweist; die Physik-Stelle verwendet Ross a. O. im gleichen Sinne).

63 Die von Ross zu 1036a 9 genannte Stelle Θ 8, 1050b 17f belegt die Unabhängigkeit von c) gegenüber b), es ist aber ganz unklar, welche Art von Sein sich qualitativ ändern kann, ohne zugleich insgesamt vergänglich zu sein. Nur Thomas macht einen Erklärungsversuch (1872 Marietti): Der Mond werde ab und zu von der Sonne beschienen (qualitativer Wechsel), sei aber unvergänglich. Ob nach Aristoteles der Mond wirklich sein Licht von der Sonne borgt (so vielleicht gen. an. 777b 25) oder wie die Sonne und die anderen Himmelskörper völlig ἀπαθές ist, bleibt fraglich. Aber selbst wenn man Thomas' Beispiel auf Aristoteles übertragen dürfte, reicht es natürlich doch nicht hin, die *ontologische* Unabhängigkeit der ἀλλοίωσις von γένεσις und φθορά zu begründen.

akzidentellen Veränderungen (der Qualität oder Quantität) und der Qualitätsveränderung vom Wachstum alle drei Arten immer nur zusammen vorkommen (und zwar im sublunaren Bezirk). Dagegen hat, wie gezeigt[64], die ὕλη τοπική absolute Priorität vor den drei anderen Arten: a ‚kann sein ohne', ‚wird nicht mitaufgehoben durch' b—d, jedoch b—d ‚können nicht sein ohne', ‚werden mitaufgehoben durch' a.

Dies ist nahezu das einzige Mal, daß Aristoteles innerhalb der verschiedenen Arten von Hyle ganz präzise eine Rangfolge feststellt[65]. Daher wollen wir noch etwas dabei verweilen:

Der Vorrang der ὕλη τοπική hängt sehr eng zusammen mit der ausgezeichneten Stellung, welche die Himmelskörper im System des Aristoteles innehaben[66]. Nachdem Aristoteles den Ideen und den Mathematika die ‚Subsistenz' (οὐσία) abgestritten hat, ersetzen die Gestirne als mittlere Seinsschicht von οὐσίαι gleichsam den platonischen κόσμος νοητός oder zumindest einen Teil davon. Infolgedessen ist die ὕλη τοπική ein Prototyp von Materie im Raum-Zeitlichen, eine ‚Ideal-Materie'[67].

Zur sublunaren Materie steht die τοπική, wie sich aus alledem erneut ergibt, im Verhältnis von ‚Früher' und ‚Später'. Da es für Glieder einer Reihe, die in der Rangfolge von ‚Früher' und ‚Später' zueinander stehen, nach aristotelischer Lehre kein gemeinsames Genos gibt[68], wird man auch für ὕλη γεννητή und τοπική kein Genos im strikten Sinne ansetzen dürfen. Ein Oberbegriff für beide Arten ergibt sich genauso wie bei anderen derartigen Reihen (z. B. ‚Sein' und ‚Einheit'): Die vorgeordneten Glieder sind ‚allgemein', sofern sie ‚früher' sind[69], d. h. die ὕλη τοπική ist καθόλου τῷ προτέραν εἶναι. Deswegen ist die Einheit ‚dem Genos nach', die Aristoteles zwischen der sublunaren und der supralunaren Materie annimmt, sehr weit zu fassen, eben als Analogie[70]: sublunare Materie : sublunare Form = Sternmaterie : Sternform, wobei die zwei Materien und die zwei Formen untereinander jeweils durch Pros-hen-Beziehung miteinander verbunden sind.

Man möchte also in der ὕλη τοπική eine Zwischenstufe des Weges sehen, der von der sublunaren *prima materia* zum allgemeinsten Hyle-

[64] o. A. 61.

[65] Vgl. u. über die ὕλη γεννητὴ καὶ φθαρτή.

[66] Vgl., auch zum Folgenden, *Kosmologie und Metaphysik* passim und o. 5.3.

[67] Der Ausdruck soll keine Assoziationen mit der platonischen ‚Ideenmaterie' hervorrufen, sondern nur die Priorität der τοπική bezeichnen. Über platonisch-akademische Ideen-Materie und aristotelische Hyle o. 2.5 u. ö.

[68] Alles Nähere o. 4.21, bes. 4.213, 4.214d Ende.

[69] S. vorst. Anm.

[70] Damit greifen wir die Deutung auf, die Ps.-Thomas, freilich ohne nähere Begründung, der Stelle gen. corr. 335a 28—32 gibt (o. S. 680 A. 8).

Prinzip führt, aber es ergeben sich dabei einige Schwierigkeiten, weil die ὕλη τοπική nicht glatt aus der sublunaren Hyle durch Subtraktion einiger Bestimmungen gewonnen werden kann:

α) Die geradlinige Bewegung (sublunar) und die kreisförmige (supralunar) verhalten sich disjunktiv zueinander und lassen sich nicht aufeinander zurückführen. Indes mag ein Ausweg darin liegen, daß in der sublunaren geradlinigen Bewegung schon viel unvollkommene Kreisbewegung enthalten ist (Kreislauf der Elemente), die durch Negierung der geradlinigen Bewegung zu reiner Kontinuierlichkeit gebracht werden kann.

β) Trotz mancher Tendenzen zum Körperlichen hin ist die *prima materia* des sublunaren Werdens unkörperlich[71]. Es wäre also ein Rückschritt zu größerer Bestimmtheit hin, wenn die Äthermaterie körperlich wäre. Aber nichts zwingt zu dieser Annahme, denn es darf vermutet werden, daß die ὕλη τοπική des Äthers ihre Körperlichkeit (genau wie die sublunare Hyle) erst durch das Eidos erhalten hat.

Mit diesen Vorbehalten läßt sich eine *Via subtractionis* von der *prima materia* (Möglichkeit zu Ortsbewegung mit Stillstand, Werden und Vergehen) zur ὕλη τοπική (Möglichkeit zur Ortsbewegung ohne Stillstand = Möglichkeit zu Bewegungsrichtung) denken[72].

Prima materia und τοπική können beide unter der Bezeichnung ὕλη αἰσθητή zusammengefaßt werden. ὕλη αἰσθητή bedeutet natürlich nicht ‚sinnlich wahrnehmbare Hyle', sondern ‚Hyle einer sinnlich wahrnehmbaren Substanz' (αἰσθητὴ οὐσία)[73]. Die Himmelskörper gelten ja als οὐσίαι αἰσθηταί, obgleich infolge ihrer völligen Qualitätslosigkeit es dunkel bleibt, von welcher Art αἴσθησις sie denn erfaßt werden sollen[74]; man könnte sie genausogut οὐσίαι νοηταί nennen[75]. Auf jeden Fall ist die ὕλη τοπική als ‚Dynamis der Bewegungsrichtung' nur ‚noetisch' zu begreifen, desgleichen natürlich auch die sublunare ὕλη αἰσθητή, das Substrat des Werdens. Die ὕλη αἰσθητή ist also eine Stufenfolge von νοητά, die von größerer zu immer geringerer Bestimmtheit fortschreitet. Wie geht von der τοπική aus der Weg weiter?

Da Aristoteles nichts darüber sagt, sind wir auf Vermutungen angewiesen: Von der unkörperlichen δύναμις der Ortsveränderung

71 Vgl. u. 8.26.

72 Vgl. o. 7.62, 7.823 über die verschiedenen Erkenntnis- und bes. Subtraktionswege.

73 Vgl., auch zum Folgenden, o. 7.12, 7.72 Ende. In dem Ausdruck ὕλη γεννητὴ καὶ φθαρτή bedeuten die Partizipien ja auch nicht ‚erzeugbar und vergänglich', sondern (ὕλη) τῆς γεννήσεως καὶ φθορᾶς: u. a. m. Obwohl dies alles längst bekannt ist, schien, um Mißverständnisse zu vermeiden, ein Hinweis nötig.

74 Sogar das Licht der Himmelskörper ist nach Aristoteles nicht ihr eigenes Licht, sondern durch Reibungswärme in der benachbarten sublunaren Schicht entstandenes Feuer.

75 Daß die Himmelskörper eigentlich νοητά sind, betont richtig Joachim XXXIVf.

bzw. Bewegungsrichtung wird die Ortsbewegung subtrahiert und so die völlig amorphe reine Möglichkeit, die Hyle im Ursinn, erreicht[76].

Joachim hat bei der ὕλη τοπική auf die reine Extensio der Geometrie (ὕλη νοητή) verwiesen und in der τοπική gleichsam eine bewegte ὕλη νοητή sehen wollen[77]. Dieser anregende Gedanke läßt sich nur durchführen, wenn man die Körperlichkeit des Äthers hinnimmt und nicht weiteranalysiert. Die Dürftigkeit der Belege gestattet keine ganz exakte Entscheidung, aber mir scheint die oben vorgeschlagene Deutung plausibler, zumal auch im sublunaren Bereich beim Zurückgehen auf die πρώτη ὕλη nirgends die reine Extensio als Zwischenglied erscheint[78].

Aristoteles hat also nur ein einziges Hyleprinzip in seinem Kosmos angenommen. Das entspricht seinem in anderem Zusammenhang geäußerten methodischen Grundsatz, nicht mehr Prinzipien als unbedingt nötig anzunehmen[79] und seiner Kritik an der ‚episodischen' Seinserklärung des Speusipp, die ja besonders in der Vielzahl der ὕλαι zum Ausdruck kam[80]. Die Hierarchie der kosmischen Hyle des Aristoteles ist aber leider von seiner Äthertheorie abhängig und dadurch mit allen philosophischen Fragwürdigkeiten belastet, die seinem fünften Element anhaften. Das wird sich zeigen, wenn wir nun an wenigen ausgewählten Beispielen die Fortwirkung der aristotelischen Ätherlehre und der Zweiheit von sublunarer und supralunarer Materie betrachten.

8.14 Bemerkungen zur ideengeschichtlichen Fortwirkung der Lehre von den zwei kosmischen Materien[81]

8.141 Antike

Die Lückenhaftigkeit, Unklarheit und Fragwürdigkeit der aristotelischen Äthertheorie und der sich daraus ergebenden Lehre von

[76] Wir hätten hier also — mit oder ohne den letzten Schritt zur ‚reinen Hyle' — eine ‚Reihe' vor uns (vgl. o. S. 690f, dann bes. o. 4.213), deren vorgeordnete Glieder jeweils in den nachgeordneten impliziert (‚enthalten') sind und bei der jedes nachgeordnete Glied gegenüber dem nächst-vorgeordneten ein ‚Plus' aufweist. Wenn es sich auch bei näherem Zusehen als sehr schwierig erweist, die Natur dieser ‚Implikation' und des ‚Plus' genauer zu fassen (die Schwierigkeit ergibt sich aus der wesenhaften Unbestimmtheit der ὕλη bzw. δύναμις), so kann man doch nicht daran zweifeln, daß es sich um eine ‚Reihen-'Struktur handelt.

[77] Joachim XXXIV.

[78] Über die Stellung der ὕλη νοητή im Rahmen des Hyle-Prinzips u. 8.22.

[79] Z. B. cael. 302b 27—30. Dieser Grundsatz kehrt im Mittelalter wieder, z. B. bei Duns Scotus und Ockham.

[80] Vgl. Theiler, *Entstehung* 102 A. 58. Über Speusipps Prinzipien-Konzeption und die Einstellung des Aristoteles dazu o. 2.3, ferner 2.52.

[81] Die folgenden knappen Andeutungen stützen sich für die Antike ganz auf P. Moraux' vorzüglichen RE-Artikel *Quinta essentia*; s. auch von dems., RE *Xenarchos von*

sublunarer und supralunarer Materie hat bei Anhängern und Gegnern der aristotelischen Anschauungen in Altertum, Mittelalter und Neuzeit immer wieder heftige Diskussionen ausgelöst:

Während Straton, die Stoiker und Xenarch von Seleukeia die Ätherlehre ablehnen, bejaht sie der Verfasser von De mundo, der aber gleichzeitig die Welt als Harmonie sieht und nicht an einen Dualismus der kosmischen Prinzipien denkt[82]. Alexander Aphrodisiensis verteidigt gegen (Platon,) die Stoa und Xenarch scharfsinnig die aristotelische Position, ohne deren Schwierigkeiten zu übersehen[83]; so geht er unter anderem auch auf das Materieprinzip ein:

Gelten die vier von Aristoteles für die physischen Körper aufgestellten Ursachen, insbesondere die Hyle als Substrat, auch für den Kreiskörper? Wenn nicht, wäre er kein physischer Körper. Aber ein mathematischer Körper kann er auch nicht sein, weil er im Gegensatz zu jenen bewegt und beseelt ist. Also ist er doch ein physischer Körper. Wenn man in der Hyle nur das Substrat von Gegensätzen sieht, ist sie nur auf den sublunaren Bereich, nicht auf den Äther anwendbar. Läßt man dagegen die Bestimmung τῶν ἐναντίων δεκτικόν weg und definiert sie allgemeiner und weiter als ἔσχατον ὑποκείμενον ἀρρύθμιστον καθ' αὑτό, dann kann sie beide Teile des Kosmos umfassen. Die Differenz beider Materien komme nicht durch ,Unterschiede' der Form an einem Substrat zustande, denn sie haben ja kein gemeinsames Substrat; d. h. die zwei Materien seien nicht zusammengesetzt (quaest. 1, 10). Den letztgenannten Punkt entwickelt Alexander in quaest. 1, 15 ausführlicher, um nachzuweisen, daß beide Materien in ihrem ,Wesen' voneinander verschieden seien. Er läßt dabei freilich offen, wie man sich dann noch die Einheit des Kosmos denken kann und soll.

Von der weiteren Entwicklung ist noch die ausführlich und heftig geführte Fehde zwischen Johannes Philoponus und Simplicius erwäh-

Seleukeia (1967) 1423—1429. 1432—1435. Vgl. ferner aus der einschlägigen Theophrast-Literatur P. Steinmetz, *Die Physik des Theophrastos von Eresos*, 1964 (zutreffende Kritik von H. B. Gottschalk, Gnomon 39, 1967, 17—26, bes. 23f). Reale, *Teofrasto*, 1964, 37ff. 148ff (157 A. 93 Lit.). 165ff. Eine ausführlichere Behandlung des Themas müßte auch Duhems und Festugières Arbeiten stärker heranziehen. Vgl. einstweilen die kurzen Hinweise *Kosmologie und Metaphysik* 182—185.

[82] De mundo bietet Kap. 6/7 eine interessante Mischung aristotelischer und stoischer Elemente: Einerseits wird der Gestirnbereich stark vom sublunaren Bezirk abgetrennt und Gott ,transzendent' aufgefaßt (bezeichnend die Homer-Zitate über den olympischen Götterhimmel), andererseits wird Gott wieder als immanente ,Ordnung' des Kosmos verstanden. Insgesamt scheint der Verfasser mir dabei trotz recht vieler stoischer Gedanken (Weltharmonie) und Wendungen im wesentlichen die Auffassung wiederzugeben, die schon Arist. met. Λ 10 vertritt: Gott ist oberstes ,transzendentes' Bezugsglied der Ordnung und dadurch zugleich ,immanentes' Prinzip der gesamten Ordnung.

[83] Baeumker 296—300. Moraux 1238, 41—1239, 60.

nenswert, die jedoch für unser spezielles Problem nichts wesentlich Neues erbringt[84].

8.142 Mittelalter

Wir wählen unter den Befürwortern der aristotelischen Ätherlehre Thomas von Aquin, unter den Gegnern Wilhelm von Ockham zu kurzer Betrachtung aus. Thomas übernimmt die Lehre des Aristoteles und gestaltet sie etwas aus, löst indes fast keine der Hauptschwierigkeiten, die wir bei Aristoteles festgestellt haben[85]. So kommt er z. B. auch hinsichtlich unserer speziellen Frage nach der Zweiheit bzw. Einheit des Materieprinzips nicht weiter und sagt nur unbestimmt: non est eadem materia corporis caelestis et elementorum, nisi secundum analogiam, secundum quod conveniunt in ratione potentiae[86]. Wilhelm von Ockham widmet in seinem Sentenzenkommentar eine Quaestio der Frage ‚*utrum in caelo sit materia eiusdem rationis cum materia istorum inferiorum*'. Er betont zwar die Einheit der Materie im Kosmos, beläßt aber doch den Himmelskörpern eine relative Unzerstörbarkeit: Sie können nur von Gott, aber nicht von einem *agens creatum* umgestaltet werden[87].

Selbst die Gegner der aristotelischen Äthertheorie konnten, solange das antike Weltbild fortbestand, sich von der dualistischen Betrachtung des Kosmos nicht freimachen. Dies war erst möglich, als die moderne Naturwissenschaft die Sonderstellung der Himmelskörper beseitigte.

8.143 Neuscholastik

Trotz aller modernen Erkenntnisse der Naturwissenschaften und dem Bemühen vieler Scholastiker, diese philosophisch fruchtbar zu machen, hat sich die (letztlich aristotelische) Äthertheorie und der

[84] Vgl. Moraux 1243, 1—1245, 56; von Simplicius' Äußerungen am wichtigsten cael. 119, 7—144, 4, bes. 131ff. — S. ferner Wolfgang Wieland, *Die Ewigkeit der Welt (Der Streit zwischen Johannes Philoponus und Simplicius)*, in: Festschrift Gadamer, Tübingen 1960, 291—316; Walter Böhm, *Johannes Philoponos*, 1967, 300—336 (*Christliche Kosmologie*; hier die wichtigsten Texte in deutscher Übersetzung).

[85] Die Texte und wichtigsten Erläuterungen bei Litt 54—90. Für die Auswertung bleibt noch viel zu tun.

[86] s. th. 1, 66, 2 corp. Der Artikel ist überschrieben *Utrum una sit materia informis omnium corporalium.*

[87] In II sent. q. 22, in: Opera plurima IV (Lyon 1494/96; Nachdruck London 1962). Résumé dieser Quaestio bei Duhem, *Système* VI (Paris 1954) 611—614; 613f über die Entwicklung der Äthertheorien im Mittelalter. Lehrreich ist es, neben Ockhams Erörterungen u. a. die von Duns Scotus (Duhem VI 360—364) oder die des Cusanus (docta ignorantia 2, 11 [12]) zu stellen.

kosmische Dualismus unter mancherlei Verkleidung in gewissen konservativen scholastischen Veröffentlichungen zählebig bis in unser Jahrhundert herübergerettet. Teilweise erklärt sich dies daraus, daß man auch in der modernen Physik zeitweilig einen ‚Weltäther' annahm — einen feinen Stoff im Weltraum, der die Fortpflanzung des Lichtes ermöglichen sollte — und die Gleichheit des Wortes ‚Äther' auch einen sachlichen Zusammenhang mit den alten Äthertheorien suggerierte. So unterscheidet eine Cosmologia von 1892 eine materia ponderabilis der Körper und eine materia *imponderabilis*, den feinen Weltäther im Weltenraum[88]. Während eine Kosmologie von 1921 noch sagt: materia aetherea, si sit (!) aether imponderabilis et incorruptibilis[89], spricht die gleiche Kosmologie in der nächsten Auflage 1925 schon viel vorsichtiger von materia corporis incorruptibilis, *si aliquod sit huiusmodi*[90]. Trotz dieser Einschränkungen hält die neuere Auflage[91] — wie auch andere Kosmologien[92] — am Weltäther und seiner Kausalität fest[93]. Wie es um die Einheit des Materieprinzips im Kosmos steht, wird nicht erörtert.

8.2 Die Seinsweise des Hyle-Prinzips und seiner Manifestationen

8.21 Prima materia und ‚Hyleprinzip': ‚physische Materie'—‚metaphysische Materie'

Die Betrachtung der Äthertheorie hat zu folgenden Unterscheidungen geführt: α) die Sternenmaterie; β) *prima materia* als unterstes Substrat sublunaren Werdens und Vergehens; γ) das völlig amorphe Hyleprinzip (reine Möglichkeit), auf welches hin sowohl α) wie β) bezogen sind, so daß Sternenmaterie und *prima materia* als bereits etwas bestimmte Erscheinungsweisen des gänzlich unbestimmten Hyleprinzips zu gelten haben.

Die Distinktion zwischen *prima materia* und ‚Hyleprinzip' nimmt Aristoteles nirgends ausdrücklich vor, und doch ergibt sie sich mit

[88] J. J. Urraburu S. J., *Cosmologia* (= Institutiones philosophiae, 3), Vallisoleti 1892, 447f.

[89] Vinc. Remer S. J., *Cosmologia*, [4]Rom 1921, 91.

[90] V. Remer S. J. — P. Geny S. J., *Cosmologia*, [5]Rom 1925, 97f.

[91] [5]89f = [4]83f: Der Äther sei ein agens naturale universale.

[92] Hoenen, *Cosmologia*, [2]Rom 1936, 316—321.

[93] Vgl. weiter H. Pohl S. J., *Der Weltäther* (Philos. und Grenzwissenschaften VII 5), Innsbruck 1951, dazu die Rezension von R. Puigrefagut, *A la constitutión de la materia por el ‚éter cósmico'*, Pensamiento 8 (1952) 493—508.

Notwendigkeit aus seinen Gedankengängen. Bevor wir darauf eingehen, vorab noch eine Bemerkung zur Terminologie[94]:

Der Begriff ‚erste Materie' wird in der modernen Literatur oft in einem viel weiteren Sinne als bei Aristoteles verwendet: Heute, da die Schranken des aristotelischen Kosmos gefallen sind, das Gegensatz-Substrat-Schema kaum mehr relevant ist und schließlich auch alle Arten von ‚geistiger Materie' keine Rolle mehr spielen, erhält die Frage nach der hinter allem Körperlichen stehenden ‚Materie' sofort eine umfassendere Bedeutung als früher: Es ist zugleich die Frage nach dem Materie-Prinzip überhaupt. Dieses allem Körperlichen zugrundliegende Prinzip wird nun des öfteren ‚*prima materia*' genannt, auch außerhalb der engeren Neuscholastik[95]. Die ‚*prima materia*' bei Aristoteles dagegen gilt allein für den sublunaren Bereich und ist als ‚Substrat von Gegensätzen' untrennbar mit dem Begriff der ‚Wechselwirkung' und des ‚Werdens' verbunden. In dieser Hinsicht ist sie nicht mehr ganz unbestimmt, sondern schon festgelegt. Wir gebrauchen *prima materia* nachfolgend nur in diesem Sinne des ‚alleruntersten' Substrats sublunaren Werdens[96].

Was zwingt dazu, *prima materia* und ‚Hyleprinzip' zu unterscheiden?

a) Die *prima materia* weist durch ihre eigene Eingeschränktheit über sich hinaus, und die ὕλη τοπική zeigt positiv, daß der Hyle die Bestimmung ‚Substrat von Gegensätzen' fehlen kann, ohne daß sie aufhört, ὕλη zu sein und so bezeichnet zu werden. Gäbe es diese Beschränkung und damit die kontrastierende ὕλη τοπική nicht, dann wäre nur der weniger sichere Weg übrig, den Begriff der *prima materia* in sich und aus sich zu analysieren und hinter ihn schrittweise bis auf die ‚reine Möglichkeit' zurückzugehen. Dabei bliebe stets fraglich, wie weit Aristoteles diese analytischen Schritte ausdrücklich mitvollzogen und gebilligt hat.

b) Durch das Mittel der ‚Kontrastierung' kommen wir noch weiter: Die unbewegte ὕλη der Geometrie als ‚reine Ausdehnung' und die unkörperliche ὕλη der Logik[97] zeigen, daß Bewegung und Körper-

[94] Wie wir den Begriff *prima materia* verwenden, ergibt sich schon längst deutlich aus dem Voraufgehenden. Aber es mag angebracht sein, hier nochmals darauf hinzuweisen.

[95] So z. B. von Aloys Wenzl, etwa in seinem Vortrag: *Der Grenzbegriff der „materia prima" und die Frage seines ontologischen Bedeutungsgehaltes im Weltbild der Physik*, SB München 1958, 1.

[96] Es ist hierbei unwichtig, daß Aristoteles selber das Wort πρώτη ὕλη noch nicht konsequent und eindeutig für das absolut unterste Substrat verwendet, sondern auch für das relativ unterste, bei dem er jeweils mit seiner Analyse stehenbleibt, z. B. für ‚Elemente' und Homoiomere; vgl. o. 3.25.

[97] Hier könnten auch noch andere Arten von unkörperlicher Hyle = Dynamis genannt werden, vgl. 8.272.

lichkeit nicht konstitutive Eigenschaften der ὕλη sind. Es bleibt also ein Hyle-Prinzip, ein ‚letztes ἐξ οὗ' übrig, das man nur noch als ‚reine Möglichkeit' bezeichnen kann.

c) Während Physik α und gen. corr. auf das unterste Substrat des Werdens abheben[98], wird in met. Z 3 durch Negation aller Bestimmungen das Hyleprinzip der ‚reinen Möglichkeit' gewonnen[99]. Hier in Z 3 ist also das umfassende Hyle-Prinzip belegt, das wir zuerst indirekt aus seinen Manifestationen erschlossen hatten[100].

Dieser Unterschied von *prima materia* und Hyle-Prinzip bei Aristoteles ist seit langem bekannt, wurde aber meist nicht befriedigend interpretiert, hauptsächlich deshalb, weil man die platonisch-aristotelische ‚Seinsstufung' und damit das Verhältnis eines umfassenden Seinsprinzips zu seinen verschiedenen Ausprägungen nicht klar genug erkannte. Führt man sich das Schichtungsmodell und die abgestufte Wirkungsweise der Prinzipien vor Augen[101], dann verschwinden viele der Schwierigkeiten, die man angesichts der polaren Charakteristika der Hyle empfand und empfindet. Es ist dann auch nicht mehr nötig, die ὕλη von Z 3 und die *prima materia* als ‚metaphysische' und ‚physische' Materie einander — gleichsam in *einer* Ebene — gegenüberzustellen[102]: Gewiß ist die *prima materia* dem physischen Werden zugeordnet, während die von Z 3 aus ganz anderen Gedankengängen erwächst, aber beide Arten sind weder ‚physisch' noch ‚metaphysisch': Vielmehr ist die *prima materia* eine (wenn auch wichtige) Erscheinungsform unter anderen des in Z 3 herausgearbeiteten Hyleprinzips, die spezielle Manifestation dieses Prinzips im sublunaren Bereich. Damit ist nun der Weg frei, die verschiedenen Arten von ὕλη in ihrem wechselseitigen Verhältnis zusammenfassend vorzuführen.

8.22 Die verschiedenen Arten von Hyle und ihr Verhältnis zueinander

Wir greifen die beiden großen Gruppen der

ὕλη αἰσθητή und ὕλη νοητή

zu näherer Behandlung heraus[103], wobei an die o. S. 690 vorgeführte Einteilung der ὕλη αἰσθητή angeknüpft wird[104]:

98 Zu α 7, wo die πρώτη ὕλη in den Blick gefaßt wird, und der Hyle-‚Definition' α 9, 192a 31f, die wahrscheinlich nicht die πρώτη ὕλη, sondern die οἰκεία ὕλη meint, s. o. 3.12, 3.151. — Aus H 1, 1042a 27f läßt sich nichts für unsere Frage entnehmen, vgl. o. 3.152.

99 Z 3, 1029a 16—27, erläutert o. 7.823a.

100 Über das πλῆθος-Prinzip von met. Γ o. 4.6.

101 Zur Seinsschichtung und Abstufung der Prinzipien u. 8.27 u. ö., vgl. Sach-Index s. v. *Stufung*.

102 So der o. 1.16 besprochene Aufsatz von J. de Vries.

ὕλη αἰσθητή
a) τοπική
b) γεννητὴ καὶ φθαρτή
c) ἀλλοιωτή
d) αὐξητὴ καὶ φθιτή

Wie gezeigt, hat die ὕλη τοπική (a) absolute Priorität vor den drei anderen Arten (b—d), wohingegen b—d untereinander höchstens eine logische Priorität aufweisen, aber ontologisch auf gleicher Stufe stehen[105]. Im Hinblick auf die Stellung der ὕλη τοπική könnte man sagen, daß Aristoteles die Stufung der Hyle ‚von oben her' denkt und begründet sein läßt. Wie ordnet sich die ὕλη νοητή diesem Bild ein?

Ross ergänzt das obige Schema, indem er die ὕλη νοητή zufügt:

A) ὕλη νοητή
B) ὕλη αἰσθητή
a) b) c) d)

Er schließt auch richtig aus Stellen wie met. Z 10, 1036 a 9—12, daß die ὕλη νοητή (sc. der Mathematik) stets in der αἰσθητή enthalten ist, aber nicht umgekehrt. Es kommt aber alles darauf an, was hier ‚enthalten sein' heißt[106]: Aristoteles sagt ausdrücklich, daß die reine Extensio zwar logische, aber nicht ontologische Priorität besitzt[107]. Auch die ὕλη νοητή der Logik ist nicht ‚früher dem Sein nach'. Also hat nach dem Willen des Aristoteles die ὕλη νοητή durchaus nicht dasselbe Verhältnis zur αἰσθητή wie die τοπική zur sublunaren Hyle, und man kann nur unter Vorbehalt mit Ross der ὕλη νοητή die oberste Stelle im Schema anweisen.

Freilich kann hiergegen eingewendet werden, daß das Gewicht der ‚Sache selbst' zu einem anderen Ergebnis führt als es Aristoteles will: Da die aristotelische Abstraktion kein empiristisch-nominalistisches ‚Sammeln' ist, sondern apriorische ‚Intuition', kommt den ‚Abstraktionsobjekten' kein geringeres Sein zu als den Seienden mit οὐσία-Rang, und so ergibt sich aus der logischen Priorität der (beiden Arten von) ὕλη νοητή zwangsläufig die ontologische: Welchen Seienden auch Aristoteles auf Grund seiner Substanzlehre das Prädikat οὐσία ver-

[103] Die Bezeichnungen πρώτη, ἐσχάτη, οἰκεία, ἴδιος ὕλη geben (mit wenigen Schwankungen des Gebrauchs) den ontologischen ‚Platz' der betreffenden Hyle innerhalb des Bereiches der sublunaren ὕλη αἰσθητή an; der *‚ordo cognoscendi'* (bei Aristoteles in Ansätzen greifbar) würde umgekehrt verlaufen. Diese Terminologie *‚secundum ordinem essendi'* überschneidet sich nicht mit der Einteilung in αἰσθητή, νοητή usw. Vgl. dazu auch Cencillo, dessen Ausführungen o. 1.17 besprochen sind.

[104] Ross zu Z 10, 1036 a 9.

[105] o. 8.132, wo auch der Zeugniswert der von Ross herangezogenen Stelle Θ 8, 1050 b 17 bestritten wird.

[106] Alles Nähere o. 7.43.

[107] M 2, 1077 b 12 f.

leiht oder nicht, die αἰσθητά werden durch die Extensio ‚konstituiert', das Art-Eidos durch das Genos[108].

Trotzdem: Es bleibt der Einspruch des Aristoteles gegen die Seinspriorität der ὕλη νοητή bestehen, und es ist, zumal über die ‚Körperlichkeit' der ὕλη τοπική Zweifel herrscht[109], nicht möglich, ὕλη τοπική und νοητή in einem Seins-Aufbau zu vereinen. Es handelt sich vielmehr, wie überhaupt in der aristotelischen Ontologie[110], um zwei verschiedene Ansätze des Aristoteles hinsichtlich des mittleren Seinsbereiches, welche sich schematisch etwa so darstellen lassen:[111]

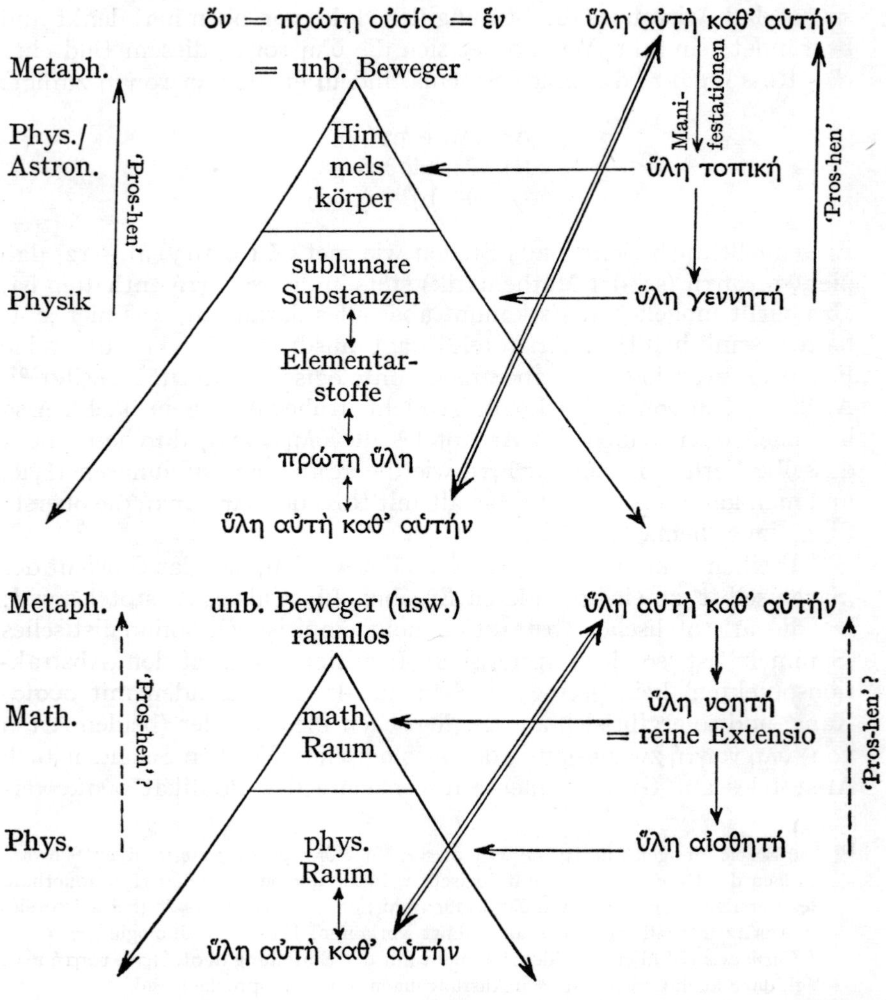

[108] Vgl. o. 7.71. [109] o. 8.132. [110] Vgl. *Kosmologie und Metaphysik* 170—172.

[111] Für die folgenden Schemata ist zu vergleichen, was o. 4.453 über das aristotelische ἕν festgestellt wurde.

Wie bereits mehrfach betont wurde, kann man die beiden Pyramiden nicht zur Deckung bringen oder ineinandersehen, man kann sie aber auch nicht ganz voneinander trennen: Die Himmelskörper gehören dem physischen Raum an, würden also ontologisch unterhalb der Mathematika rangieren, sind aber ja nach der Lehre des Aristoteles ewige, aktuelle οὐσίαι, während er den mathematischen Objekten das Substanzsein abspricht. Andererseits steht die Mathematik und ihre Gegenstände qua Wissenschaft und Erkenntnistheorie höher als die Astrophysik (bzw. Astronomie) und deren Objekte. Diese Schwierigkeiten im ‚mittleren Bereich' lassen sich nicht dadurch beheben, daß man zwischen ontologischer und logischer Reihenfolge unterscheidet, denn in beiden Pyramiden sind beide Betrachtungsweisen untrennbar miteinander verbunden.

Dieser pyramidale Seinsaufbau des Aristoteles setzt die platonische Seinspyramide fort[112], natürlich mit den bekannten Einschränkungen: Vollen Seinsrang besitzen nur die drei οὐσίαι unbewegter Beweger, Himmelskörper, physische Substanzen (bzw. deren Art-Eidos), und um diese drei ‚Aktualitätszentren' gruppiert sich das übrige Sein als ‚Latent-Sein' (δυνάμει ὄντα), das auf eigentümliche

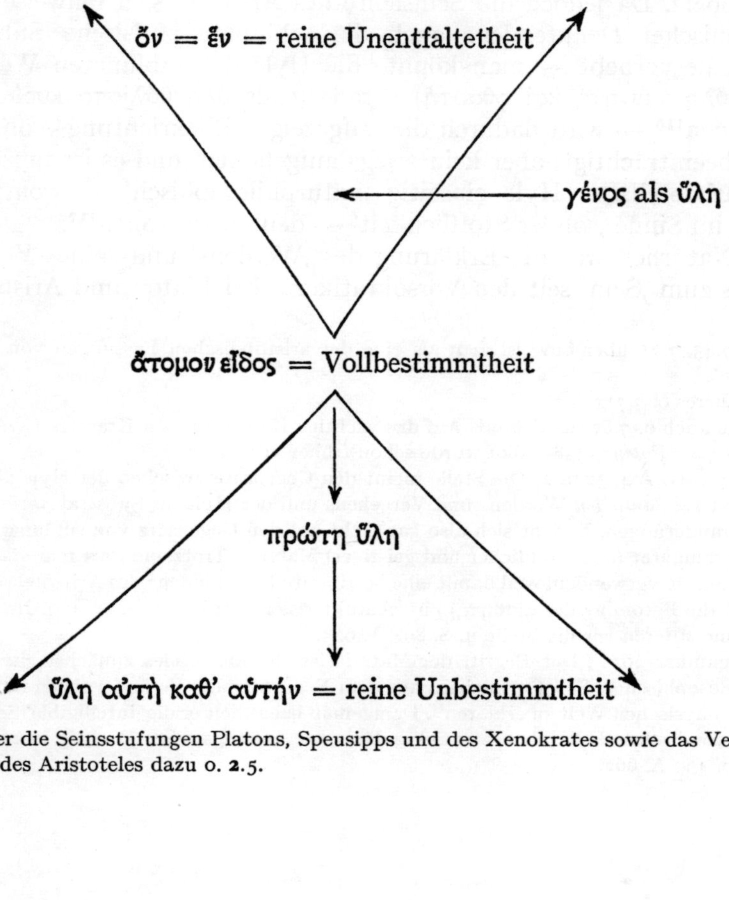

112 Über die Seinsstufungen Platons, Speusipps und des Xenokrates sowie das Verhältnis des Aristoteles dazu o. 2.5.

Weise zwischen Defizienz (gegenüber der οὐσία) und apriorischer Idealität schwebt[113]. Zu diesem Bereich des Idealen gehören auch die Genera oberhalb des Atomon Eidos, die Aristoteles als ὕλη νοητή bezeichnet, weil sie δυνάμει im Art-Eidos enthalten seien. Schematisch dargestellt s. Schema S. 701.
Unterhalb des Atomon Eidos paßt das Schema ohne weiteres zu den beiden voraufgegangenen. Die umgekehrte Pyramide oberhalb bezeichnet die Unentfaltetheit der Allgemeinbegriffe (d. h. die Ausdehnung ihres Umfangs) und ihr gegenüber der Einzelsubstanz ‚potentielles' Enthaltensein in der Definition des Art-Eidos, bis hinauf zum obersten Sein (zur obersten Substanz), das allem Nachgeordneten gegenüber ‚reine Unentfaltetheit' ist[114]. Natürlich widerstreitet diese gegenläufige Bewegung nicht der aristotelischen (oder auch der platonischen) sich nach oben verjüngenden Seinspyramide, sondern bildet ihre notwendige Ergänzung[115].

Aus dem bisher Vorgeführten läßt sich klar ersehen, daß Aristoteles die Stufung der Hyle im wesentlichen ‚von oben her' denkt, d. h. die oberen Formen der Hyle ‚begründen' die unteren. Dies entspricht — wie die Schemata zeigen — dem ‚platonischen' Grundzug seiner Ontologie. Da jedoch die Seinslehre des Aristoteles in teilweise antiplatonischer Denktendenz auch die sublunare physische Substanz stark hervorhebt — man könnte die Hyle des sublunaren Werdens (die ὕλη γεννητὴ καὶ φθαρτή) geradezu als ὕλη μάλιστα κυρίως bezeichnen[116] — wird dadurch die aufgezeigte Blickrichtung ‚von oben her' beeinträchtigt, aber keineswegs aufgehoben, und es ist unrichtig, die aristotelische Hyle einseitig ‚naturphilosophisch' — womöglich noch im Sinne ‚solider Stofflichkeit' — deuten zu wollen[117].

Natürlich war die Erklärung des ‚Werdens' und seines Verhältnisses zum ‚Sein' seit den Vorsokratikern, bei Platon und Aristoteles

[113] o. 7.43, 7.71 über δυνάμει εἶναι als eine der aristotelischen Fassungen von ‚Idealsein'.

[114] Näheres o. 7.71.

[115] Vgl. auch o. 7.823 dε Schluß. Auf das wichtige Kap. III 6 von Krämers *UGM* (*Das Eine als Potenz*; 338—369) wurde schon früher verwiesen.

[116] gen. corr. A 4, 320a 2. Die Stelle meint den Gegensatz zwischen der Hyle als Substrat *substantiellen* Werdens und Vergehens und der Hyle als Substrat *akzidenteller* Veränderungen, bezieht sich also gar nicht auf den Gegensatz von sublunarer und supralunarer (oder sinnlicher und geistiger) Materie. Trotzdem darf man das Zitat einmal so verwenden, weil damit eine bestimmte Denktendenz des Aristoteles (nämlich die Betonung der αἰσθητή) gut charakterisiert wird (vgl. u. S. 794). Im selben Sinne zitieren wir die Stelle u. S. 804 A. 625.

[117] Baeumker 291: „Der Begriff der Materie ist für Aristoteles zunächst ein naturphilosophischer. Er ist erwachsen aus dem Bedürfnis, die Veränderungen innerhalb der physischen Welt zu erklären". Demgemäß behandelt er die ‚intelligible' Seite der aristotelischen Hyle als etwas Sekundäres nur anhangsweise. Wichtig hierzu z. B. o. S. 439 A. 662.

ein Zentralthema der Philosophie, und jegliches Nachdenken über das ‚Materielle' führte eo ipso auf das Phänomen des ‚Werdens'[118]. Aber das war schon bei den Vorsokratikern nicht speziell ‚Naturphilosophie' im modernen Sinne einer philosophischen Spezialdisziplin, sondern zugleich ‚Metaphysik' und ‚Theologie'. Dasselbe gilt für Platon und die Akademiker, deren ‚zweites Prinzip' zudem weit über das Materiedenken der Vorsokratiker hinausgeht und alle Beschränkungen auf ‚Naturphilosophie' usw. hinter sich läßt[119]. Obschon Aristoteles hieran manche Abstriche vornimmt, ist sein Hylebegriff, wie oben immer wieder gezeigt wurde, letztlich genauso umfassend wie der platonische, den er fortsetzt, und genauso ‚metaphysisch', von den Frühschriften bis zu den spätesten. Man kann also nicht mit Baeumker u. a. sagen, der aristotelische Materiebegriff sei ‚zunächst' naturphilosophisch gewesen und habe dann erst gleichsam seine ‚intelligible' Seite hinzuerworben, aber auch nicht umgekehrt — im Sinne Jaegers —, der aristotelische Hylebegriff habe sich von platonischer Universalität immer mehr fortentwickelt und naturphilosophisch verengt. Nachdem auf diese Weise erneut die einseitig ‚naturphilosophische' Interpretation der aristotelischen Hyle abgewehrt worden ist, darf andererseits die ‚idealistische' Auffassung nicht extrem übersteigert werden: Selbstverständlich ist die aristotelische Hyle auch stark ‚naturphilosophisch' ponderiert und sie zeigt auch Tendenzen zu solider Stofflichkeit[120] — woran Straton und die Stoa anknüpfen konnten, um ihren sehr folgenreichen ‚verfestigten' Materiebegriff auszubilden —; aber bei Aristoteles ist dies alles in eine geistphilosophische, ‚idealistische' (im Sinne Platons) Gesamtkonzeption des Seins überhaupt und der Materie eingebettet.

Die Seinsmodi der Hyle: ‚Möglichkeit' und ‚Notwendigkeit'

Da die aristotelische Hyle einerseits als ‚Möglich-Seiendes' (δυνάμει ὄν, δυνατόν), andererseits als ‚Notwendig-Seiendes' bezeichnet, mithin offensichtlich zwei einander völlig entgegengesetzten Seinsweisen zugeordnet wird, müssen die aristotelischen Begriffe von Möglichkeit und Notwendigkeit hier soweit vorgeführt werden, daß der Sinn dieser widersprüchlichen Bestimmungen erkennbar wird.

118 Vgl. o. 3.1/2, 6.22 u. ö.
119 o. 2.51 u. ö.
120 o. 6.4, u. 8.26.

8.23 Möglichkeit[121]

8.231 Zur Problemlage

Die Modalanalyse ist ein zentrales Thema jeder Ontologie[122] und besitzt auch für die aristotelische Philosophie grundlegende Bedeutung. Gleichwohl hat man bis vor etwa dreißig Jahren — gemäß dem allgemeinen Desinteresse an Modalanalyse — den Seinsmodi bei Aristoteles, insbesondere dem Möglichkeitsbegriff, keine rechte Aufmerksamkeit gewidmet. Stattdessen begnügte man sich damit, den aristotelischen Möglichkeitsbegriff unreflektiert hinzunehmen (die Neuscholastiker) oder ihn rigoros abzulehnen (Neukantianer, ‚kritische Realisten' u. a.)[123]. Gerade die Leidenschaftlichkeit der Ablehnung, die aus den verschiedensten philosophischen Lagern kommt, verrät aber, wie bedeutsam das kritisierte Objekt ist, so daß sich an ihm gleichsam die Geister scheiden. Höhepunkt dieser negativen Haltung und zugleich ihre Überwindung waren die Arbeiten Nicolai Hartmanns[124]; Höhepunkt, weil Hartmanns ausführliche und scharfsinnige Kritik letztlich vom ‚kritischen Realismus' und Neukantianismus herkommt, Überwindung, weil Hartmann den historischen Befund und die wichtigeren Textbelege genau in den Blick faßt und so zu einer philologisch-exakten Erarbeitung des aristotelischen Möglichkeitsbegriffes aus den Quellen anregt. Diese hat dann Josef Stallmach in seinem Buch von 1959 geleistet[125] und die Hartmannsche Fehlinterpretation korrigiert, indem er den aristotelischen Möglichkeitsbegriff nicht als rein-modalen (so Hartmann), sondern (wieder) als seinskonstitutiven Faktor des Werdens, d. h. aber: als ontologische Ursache, versteht. Damit widerlegt er zugleich auch die Kritiker aus der Zeit vor Hartmann. Und da zudem unter anderem Heinrich Beck 1961 die Modalanalysen Hartmanns vom systematischen Standpunkt aus neu durchdacht und besonders hinsichtlich des Möglichkeitsbegriffes stark modifiziert hat[126], können wir hier auf eine Ausein-

[121] Das Folgende knüpft an das o. 1.113 Gesagte an, wobei Wiederholungen nicht zu vermeiden sind.

[122] Vgl. N. Hartmann, *Möglichkeit und Wirklichkeit*, ²1949, Vorwort.

[123] Vgl. o. 1.113 über Lotze, Lange, Hertling, Baeumker, Heidel, Natorp u. a. (Verweise).

[124] *Der Megarische und der Aristotelische Möglichkeitsbegriff*, SB Berlin 1937 = Kl. Schr. 2, 85—100. *Möglichkeit und Wirklichkeit*² 1—14. 181—189.

[125] *Dynamis und Energeia*, 1959. Vgl. die Besprechung Gnomon 35 (1963) 556—559, wo weitere Einzelheiten und Lit. zu finden sind.

[126] *Möglichkeit und Notwendigkeit*, 1961; dazu J. de Vries, Scholastik 37 (1962) 405 bis 407. Becks Untersuchung läßt Hartmann ausführlich zu Wort kommen und widerlegt ihn dann durch maßvolle, klare und überzeugende Kritik. Auch wer Becks neuscholastische Position nicht teilt, kann viel von ihm lernen.

andersetzung mit den modernen Gegnern des aristotelischen Möglichkeitsbegriffes und eine Erörterung dieses Begriffes verzichten[127].

[127] Zu der bei Stallmach und im Gnomon 1963 genannten Literatur sind noch folgende Arbeiten nachzutragen: Enrico Berti, *Genesi e sviluppo della dottrina della potenza e dell' atto in Aristotele*, Studia Patavina 5 (1958) 477—505 (Interessant, aber in bezug auf ihre entwicklungsgeschichtliche Tendenz nicht überzeugend; vgl. Reale, *Concetto* 327). — Giovanni Reale, *La dottrina aristotelica della potenza, dell' atto e dell' entelechia nella metafisica*, in: Studi di filosofia e di storia della filosofia in onore di Francesco Olgiati, Milano 1962, 145—207. Reale gibt an Hand sämtlicher Belege aus der ‚Metaphysik' eine erschöpfende Behandlung der zentralen Rolle, welche der Zwiebegriff in der aristotelischen Seinslehre spielt: Von den zwei δύναμις-Bedeutungen gründe sich die ‚metaphysische' Bedeutung (δύναμις = ‚Möglichkeit' = Materie) auf die erste Kategorie (der ‚Substanz'), die ‚kinetische' Bedeutung (δύναμις = ‚Bewegungsprinzip') auf diejenige Akzidens-Kategorie, in welcher sich die betreffende Bewegung abspiele. Die zwei Bedeutungen ließen sich weder aufeinander zurückführen noch entwicklungsgeschichtlich erklären, sondern seien zwei — gleichzeitige — Aspekte des aristotelischen Seinsdenkens, die durch die *Analogie* miteinander verbunden seien: „*potenza* è il *principio* (attivo o passivo) del movimento rispetto al movimento stesso e *potenza* è la *materia* rispetto alla forma" (a. O. 206; vgl. die *Conclusioni* ebd. 205—207 und das Résumé *Concetto* XVI). Reale widerlegt überzeugend die Entwicklungshypothesen von Gohlke und Wundt (und damit de facto auch die von Berti, s. o., und Bärthlein, s. nachstehend) und hat auch prinzipiell darin recht, wenn er beide Bedeutungen im Denken des Aristoteles als etwas *Gleichzeitiges* beieinander sehen will, also mehr systematisch als analytisch-entwicklungstheoretisch interpretiert; vielleicht ist seine Lösung auch *inhaltlich* richtig. Wie man sieht, kommt er zu ähnlichen Ergebnissen wie Stallmach (den er nicht kennt; auch im Kommentar zur Metaphysik zitiert er ihn im Lit.-Verzeichnis, geht aber, soviel ich sehe, nirgends auf ihn ein). — K. Bärthlein, *Untersuchungen zur aristotelischen Modaltheorie*, Arch. f. Gesch. d. Philos. 45 (1963) 43—67 (gegen Stallmach, entwicklungsgeschichtlich; nicht überzeugend, vgl. Reale, *Concetto* 326). — Inge Bandau, *Vermögen und Möglichkeit in der Ontologie des Aristoteles*, Diss. Köln 1964. Die Verf., die Berti und Reale nicht kennt, versucht den Übergang von δύναμις = ‚Vermögen, Bewegungsanfang' zu δύναμις = ‚Möglichkeit' tiefer zu verstehen: „Da es nicht genügen kann, den Weg, den die δύναμις im Denken des Aristoteles geht, selbst als solchen nachzuzeichnen (hierbei ist Stallmach nach Ansicht der Verf., S. 184, stehen geblieben), sondern die vollständige Erkenntnis dieses Wandels auch die Erkenntnis seines Grundes verlangt, soll der 4. und letzte Teil die Frage nach diesem Grund zum Thema haben: als dieser Grund wird sich ebenfalls ein Wandel entdecken, nämlich der Wandel des Seins zur Anwesenheit der Anwesenheit, d. i. der Unverborgenheit schlechthin" (6f). Die Frage nach dem Grund ist sehr berechtigt, die Lösung jedoch — die sich ganz in Heideggerscher Denkweise (und Diktion) hält — philologisch unter anderem deshalb nicht einsichtig, weil die Verf. den Weg von Platon zu Aristoteles und den aristotelischen Seinsbegriff nicht zutreffend faßt: Das aristotelische Sein ist nicht mehr und nicht weniger ‚reine Präsenz' als das platonische. Eine ausführliche Widerlegung dieser Thesen ist hier weder möglich noch notwendig. — J. Stallmach, *Vertritt Aristoteles Metaphysik IX 5 selbst den megarischen Möglichkeitsbegriff?*, Arch. f. Gesch. d. Philos. 47 (1965) 190—205. — Alle diese Arbeiten können wir deshalb hier übergehen, weil wir es ausschließlich mit der *einen* Bedeutung von δύναμις zu tun haben, nämlich mit δύναμις = ‚Möglichkeit' = ὕλη. — Trotz eigenwilliger Interpretation teilweise beachtenswert Uwe Arnold, *Die Entelechie. Systematik bei Platon und Aristoteles.* (Überlieferung und Aufgabe II.) Wien-München 1965, Sach-Index s. v. *Möglichkeit.*

Indes bedürfen zwei Punkte, die in der neueren Diskussion zu wenig beachtet worden sind, noch eines Hinweises, weil sie für den Hylebegriff große Bedeutung haben:

1. Wir verstehen auf Grund von Stallmachs Ergebnissen die Rolle der δύναμις und damit der ὕλη (als des ‚Trägers' der δύναμις) im teleologischen Zusammenhang des Werdens. Das scheint aber nur für die Hyle zu gelten, sofern sie bereits überformt ist — scholastisch gesprochen: für die *secunda materia*[128] —, während das unterste Substrat des Werdens *(prima materia)* oder gar das Hyle-Prinzip als ‚reine Möglichkeit' ein leerer Begriff, eine Fiktion ohne Realität zu sein scheint. Die Kritik hat denn auch meistens weniger an der ‚*secunda materia*' als an diesem Begriff der ‚reinen Möglichkeit' angesetzt.

2. In der aristotelischen Philosophie gibt es δυνάμει ὄντα, die außerhalb von Werden und Vergehen stehen, also auch keine ‚Verwirklichung' im Sinne des Werdensprozesses erfahren: μαθηματικά, die genera oberhalb des Atomon Eidos, die Formalobjekte der Wissenschaften, kurz, alles ‚Idealsein' außer dem unbewegten Beweger und den Himmelskörpern. Hiervon wurde die Seinsweise der Mathematika bzw. ihrer reinen Extensio (ὕλη νοητή) und diejenige der Genera (ὕλη νοητή) ausführlicher betrachtet und festgestellt, daß sich unter der Hülle des δύναμις-Begriffs ein Idealsein von nahezu platonischer Geltung verbirgt. Der aristotelische δύναμις-Begriff ist also vielschichtig und umfassender, als er meist beschrieben wird. Da wir für diese zweite Art von δυνάμει ὄντα auf vorhergehende Kapitel verweisen können[129], bleibt nur noch die ‚reine Möglichkeit' des Hyleprinzips zu behandeln.

8.232 Die ‚reine Möglichkeit' des Hyleprinzips

Innerhalb der gestuften ‚Ordnung' des Werdens und Vergehens gibt es bei Aristoteles keine Möglichkeit zu Beliebigem, sondern immer nur eine Möglichkeit zu ganz Bestimmtem, wie Aristoteles oft sagt: Jede Art bringt nur Artgemäßes hervor, keine Stufe der Überformungen kann übersprungen werden usw. Kurz: Jede Möglichkeit ist eng umgrenzt[130].

128 Der Ausdruck δευτέρα ὕλη o. ä. ist bei Aristoteles nicht belegt, und ich weiß nicht, wann er im Griechischen aufgekommen ist: Vielleicht schon im Peripatos, wenn man einer Bemerkung des Simplicius glauben darf, cael. 134, 10: ‚Johannes Philoponos sieht in der (ersten) Materie einen Körper', ὃ δεύτερον ὑποκείμενον οἱ Περιπατητικοὶ καλοῦσιν.

129 o. 7.43, 7.71 u. ö.

130 Stellen bei Stallmach 72f. Vgl. auch K. Oehler, *Ein Mensch zeugt einen Menschen*, Sonderdruck 1963, 37—65. S. auch unten die ‚Stufen' der ὕλη (8.27), die ja zugleich auch Stufen der δύναμις sind. — Im Gegensatz zu dieser aristotelischen Schichtenfolge der Überformungen nimmt ja die (neu-)scholastische Lehre vom Werden an,

Hieran ändert sich nicht viel, wenn wir von den höheren Stufen der Überformung *(secunda materia)* zur *prima materia*, dem untersten Substrat des (sublunaren) Werdens, fortschreiten. Denn auch die *prima materia* ist keineswegs beliebige Möglichkeit, sondern ebenso eingeschränkt wie die Möglichkeit der höheren Stufen: Sie ist Substrat von Gegensätzen und hat hierbei nur die Wahl innerhalb der beiden Disjunktionen Warm — Kalt und Feucht — Trocken, weil sie direkt Substrat nur der Elemente ist und alle höheren Stufen nur indirekt durch das Medium der Überformungen hindurch von ihr getragen werden[131]. Dies kann nicht oft genug wiederholt werden, denn die mittelalterliche Scholastik hat dann zum Teil diese Überformungen beseitigt und die *prima materia* an jedem Werdevorgang (auch der ‚höheren' ὄντα) direkt beteiligt, wodurch natürlich die in der *prima materia* liegende Möglichkeit ins Ungemessene erweitert wurde. Bei Aristoteles verhält es sich, wie gesagt, ganz anders: Im Gegenteil, die höheren Stufen (Elemente und Homoiomere) haben eine vielfältigere Auswahl und dadurch ‚Möglichkeit' als die *prima materia*.

Sobald wir aber bis auf das allgemeinste Hyleprinzip (ὕλη αὐτὴ καθ' αὑτήν) zurückgehen, treffen wir ‚reine Möglichkeit' als den Seinsmodus dieses Prinzips an. Von den verschiedenen *Viae subtractionis*, die möglich sind[132], nehmen wir die bestbezeugte in met. Z 3 als Beispiel: Ausgeschlossen werden dort von der ‚Hyle an sich' alle positiven Seinsbestimmungen (Kategorien), aber auch die Negationen dieser Bestimmungen, um die völlige Unbestimmtheit der Hyle möglichst scharf herauszuarbeiten. Was übrigbleibt, ist nicht Nichts[133], sondern die ‚Bestimmbarkeit an sich, Möglichkeit an sich'. Es ist für die Erkenntnis sehr schwer, diese reine Bestimmbarkeit der Hyle von der überkategorialen ‚Seinsfülle' der obersten Substanz und weiter vom puren Nichts zu unterscheiden; seit Platon ringt man darum, und noch bei Plotin und im späteren Neuplatonismus wird das Problem eindringlich behandelt. Gleichwohl, man hat in der Antike — bei Platon, Aristoteles und danach bis zum Neuplatonismus — dem menschlichen νοῦς und seiner νόησις zugetraut, trotz aller Schwierigkeiten reine Aktualität von reiner Potentialität und vom Nichts unterscheiden zu können[134].

daß bei jedem Werden (auch der höchstdifferenzierten Substanzen) jeweils ein Rückgang auf die ‚*prima materia*' stattfindet, also die aristotelische Einengung der δύναμις nicht gegeben ist. Vgl. Jos. Gredt, *Elementa philosophiae Aristotelico-Thomisticae*, I ([7]1937) § 253, 2.

[131] Vgl. die Analyse des Elementarbereiches o. 3.2, **6**.

[132] o. 7.823a.

[133] Z 3, 1029a 17f erwägt Aristoteles einen Augenblick den Gedanken, die Subtraktionsmethode könne zum Nichts führen, verwirft ihn dann aber gleich wieder.

[134] o. 7.823dε.

Es bleibt jetzt noch näher zu bestimmen, was unter der ‚reinen Möglichkeit' des Hyleprinzips eigentlich zu verstehen ist:

Man könnte an Hand einer modernen Modalitätentafel, z. B. der von Heinrich Beck[135], die aristotelische ‚reine Möglichkeit' zu fixieren versuchen, aber das geht nicht an, weil Aristoteles nicht sagt, wie weit sich die Indifferenz seiner ‚reinen Möglichkeit' erstreckt und wie sie sich somit zu Notwendigkeit, Kontingenz und Unmöglichkeit verhält[136]. Hierfür müßte auch De interpretatione 13 erneut behandelt und zu der Dynamis/Energeia-Lehre der Physik und Metaphysik in Beziehung gesetzt werden, was jetzt nicht geschehen kann. Man kann daher nur mit Z 3 sagen, daß die ‚reine Möglichkeit' des Hyleprinzips sämtlichen kategorialen Bestimmungen vorausliegt, u. a. der Körperlichkeit und der Bewegung[137].

Logisch gesehen ist also die ‚Hyle an sich' passive Bestimmbarkeit. Auch sagt Aristoteles an nicht wenigen Stellen, daß die Materie ‚passiv' sei[138]. Wie vereinbart sich dies mit der Tatsache, daß die Hyle oft sehr aktiv verfährt, ja geradezu als Widersacher der Form erscheint[139]?

Man hat erstens hier die Unterscheidung von Hyleprinzip und *secunda materia* anwenden wollen und — in Anlehnung an Thomas von Aquin — dem Hyleprinzip völlige Passivität (‚reine Möglichkeit', passive Potenz), der *secunda materia* mit fortschreitender Konkretisierung und Überformung immer stärkere Aktivität (aktive Potenz) beigelegt[140]. Diese Erklärung glaubt die Rolle der Materie bei der Gestaltung des Seins beschränken zu können, indem sie alle entscheidenden Handlungen und Kräfte allein der Form zuschreibt. Hierbei wird aber erstens übersehen, daß die mannigfachen Tätigkeiten der *secunda materia* gerade nicht von der Form her zu verstehen sind, sondern auf ein Gegenprinzip verweisen, welches der Form widerstrebt und sich zugleich nach ihr sehnt, welches blindlings kausal-mechanisch wirkt und doch sich dem Telos an- und einpaßt usw. Wie sollen all diese Aspekte zwar den Manifestationen des Hyleprinzips, aber nicht diesem Prinzip selbst zukommen?

135 S. 26—30.

136 Am ehesten käme von Becks Modalitätsstufen die ‚Möglichkeit im weiteren Sinne' (Symbol $\underset{\cdot}{+}$) in Frage, bei der noch nicht entschieden ist, ob zusätzlich zur Seinsmöglichkeit auch die Nichtseins-Möglichkeit besteht (das wäre dann M^{+}_{+}), oder ob nur Möglichkeit zum Sein (unter Ausschluß der Nichtseins-Möglichkeit) = Notwendigkeit (M^{+}_{-}) besteht. Vgl. Beck S. 26.

137 Z 3 wird ausdrücklich nur ποσόν genannt, aber auch alle anderen Kategorien werden negiert. Durch die Subtraktion von ὕλη νοητή, τοπική, πρώτη werden dem Hyle-Prinzip Extensio, Ortsbewegung und γένεσις abgesprochen.

138 Vgl. u. 8.25; weitere Stellen Sach-Index s. v. *passiv 2*.

139 Vgl. Sach-Index s. v. *Aktivität 1*, *Notwendigkeit 1*, *Teleologie 1 d*.

140 So die o. 1.11/12, 1.16 besprochenen ‚neuscholastischen' Interpreten.

Also muß auch das Hyle-Prinzip als solches ‚Aktivität' usw. besitzen, wobei freilich dieses ‚Besitzen' schwierig zu bestimmen ist: Es heißt natürlich nicht, daß den Prinzipiaten und dem Hyle-Prinzip auf seinen verschiedenen Stufen die Bestimmungen ‚Aktivität' usw. in gleicher (synonymer) Weise zukommen: Vielmehr liegt auch hier eine analoge Beziehung vor, bei welcher das erste Prinzip die nachgeordneten Glieder überragt: Die ὕλη αὐτὴ καθ' αὑτήν ist Quelle der kausalmechanischen und dysteleologischen, aber auch der die Form erstrebenden Bewegungen und Wirkungen, ohne selber so wie die Prinzipiate bewegt zu sein, ähnlich wie — in der Hierarchie der Formen — der nicht-ortsbewegte unräumliche Beweger Quelle aller im Raum stattfindenden Vorgänge (Ortsbewegung u. dgl.) ist. Zur Verdeutlichung dieses Verhältnisses darf man — mit gebührender Vorsicht — die platonisch-akademische Prinzipienlehre[141] oder auch den Neuplatonismus (z. B. Plotin) vergleichen, wo die Prinzipien zum Teil ‚in sich' und ‚an sich' nicht so beschaffen sind, wie sie sich gegenüber dem Nachgeordneten auswirken und ‚erscheinen'. Man muß eben hierbei immer das Verhältnis von ‚Früher' und ‚Später', von Prinzip und Prinzipiat im Auge behalten. So erklärt sich das Paradoxon, daß das aristotelische Hyleprinzip als ‚reine Unbestimmtheit' zugleich Aktivität und Bewegung aus sich hervorgehen läßt. Dadurch wird es überhaupt erst zum Prinzip, denn einem absolut und schlechthin Passiven kann — selbst wenn man nicht in Kategorien moderner Kausalität denkt — keine Kausalität zugeschrieben werden, die wirklich etwas erklärt und mehr ist als leerer Begriff.

Zweitens: Selbst die dem Werden entzogene ‚intelligible Hyle' ist nicht rein ‚passiv', denn sie regt die Spontaneität des νοῦς an und grenzt die Beliebigkeit der νόησις ein[142].

Eine völlige Passivität der aristotelischen Hyle würde auch der vorsokratischen und platonischen Tradition widersprechen, von welcher der Hylebegriff des Aristoteles getragen wird[143]: Platons zweitem Prinzip wird ausdrücklich die ‚Bewegung' zugeschrieben (womit eine ungeordnete, ateleologische Bewegtheit gemeint ist), ähnlich auch den

[141] Während man das bei Platon nur *indirekt* an den Lehren selbst ablesen kann (und dabei allerdings zu gesicherten Ergebnissen kommt), äußert sich Speusipp auch *direkt* darüber. Er rückt *beide* Prinzipien (ἕν und πλῆθος) über Sein und Wert hinaus, „weil das Prinzip noch nicht (sc. im Sinne der deductio von ‚oben' nach ‚unten') von solcher Art ist wie jene Dinge, deren Prinzip es ist" (Speus. ap. Iambl. c. m. sc. IV p. 15, 9f Festa); ausführlicher über die Stelle o. 2.3 (z. B. 2.33).

[142] Die Aristoteles-Forschung neigt teilweise dazu, die Erkenntnis-Objekte aktiv auf uns ‚eindringen' zu lassen, während dies für die νοητά der Abstraktion nicht gelten soll. Hierin macht sich ein ‚realistischer' Seinsbegriff bemerkbar, der den (‚soliden') ‚Dingen' zuviel, den ‚abstrakten' νοητά zuwenig Aktivität und Macht (d. h. Leben) zugesteht.

[143] Wir kommen u. 8.254 nochmals darauf zurück.

zweiten Prinzipien Speusipps und des Xenokrates[144], und bei den Vorsokratikern ist ‚Materie' (bzw. ihre Vorstufen) trotz ihrer Nähe zum ‚Trägen' und trotz aller Variationen nirgends ein absolut unbestimmtes und ganz passives ἐξ οὗ[145] — wie es das aristotelische Hyleprinzip nach der angeführten Interpretation sein soll —, sondern ein Etwas von ganz eigener Geltung und Wirksamkeit.

Wenn man so die aristotelische Hyle an das platonisch-akademische und überhaupt das griechische Arche-Denken anschließt, werden alle Paradoxien und Widersprüche, welche die neukantianische und kritisch-realistische Auslegung zwischen dem ‚leeren Begriff' einer ‚reinen Möglichkeit' und der ‚konkreten aktiven Materie' aufgetan hat, aufgehoben und fallen dahin[146]. Das aristotelische Hyle-Prinzip ist — dies läßt sich nur noch bildlich sagen — nach allen Seiten offene ‚reine' Möglichkeit, ein Urgrund, in welchem die Wirklichkeiten schlummern, und zugleich aktive Quelle aller Bewegungen, die ateleologisch verlaufen und doch stets die teleologische Überformung erstreben.

Dieses komplexe Gebilde hat Aristoteles nach seiner Weise ohne Rücksicht auf vordergründige Begriffs- und Systemkonsequenz so beschrieben, herausgearbeitet und gedeutet, wie es ‚gegeben' zu sein schien[147]. Eine andere Frage ist, ob er terminologisch so weit war, diese ‚Gegebenheit' hinreichend zu fixieren, besonders was den Begriff der ‚reinen Möglichkeit' betraf. Zu diesem gibt es immerhin Ansätze:

Aristoteles unterscheidet in De interpretatione zwischen drei Arten von Seiendem bzw. von Seinsmodi: a) ‚reine Energeia' ohne Dynamis: unbewegter Beweger (und Intelligenzen?); b) Energeia und Dynamis: vergängliche Körpersubstanzen; c) τὰ δὲ οὐδέποτε ἐνέργειαί εἰσιν ἀλλὰ δυνάμεις μόνον (23 a 25 f). Was er hier mit den δυνάμεις μόνον gemeint haben könnte, hat man mittels einer nicht ganz klaren Stelle aus met. Θ 6 zu erklären versucht[148]:

In met. Θ 6 werden die vielfachen Bedeutungen der ‚Transzendentalien' δύναμις/ἐνέργεια vorgeführt, wobei Aristoteles von der Möglichkeit, die im Bereich von Werden und Veränderung gleichsam ‚von selbst' ihre Verwirklichung erfährt, die Möglichkeit/Wirklichkeit

[144] Vgl. o. 2.25, wo weitere Hinweise.

[145] Vgl. die von Fränkel, *Dichtung und Philosophie* ²604 f genannten Stellen; prinzipiell aufschlußreich z. B. S. 229.

[146] Vgl. nur o. 2.5, 4.6.

[147] Tugendhat spricht im Anschluß an Husserl von ‚phänomenalem Tatbestand': Dazu u. S. 805 A. 632.

[148] Wir übergehen die an De interpretatione erinnernde Dreiteilung von met. 1065 b 5 f: ἔστι δὲ τὸ μὲν ἐνεργείᾳ μόνον τὸ δὲ δυνάμει τὸ δὲ δυνάμει καὶ ἐνεργείᾳ. Das mittlere Glied fehlt in A^b und an der Parallelstelle der Physik, ist für die Argumentation (der Physik) ganz überflüssig und sieht (zumal ein μόνον o. ä. fehlt) ganz nach Dittographie aus (vgl. Ross zu 200 b 26).

des ἄπειρον, des κενόν u. dgl. unterscheidet[149]: Diese ‚Grenzwerte' haben als solche keine aktuelle Existenz ‚für sich' wie irgendein Gewordenes — das haben nur die ihnen beliebig nahekommenden Näherungswerte —, aber die Erkenntnis kann sie in einem ‚begrenzten' Begriff fassen und ihnen so ‚gesonderte' Aktualität verleihen[150].

Diese vereinzelten Belege für einen Begriff der ‚reinen Möglichkeit' kann man nur dann auf das Hyleprinzip übertragen, wenn man gewisse Ähnlichkeiten, die es mit einem ‚Grenzwert' hat, extrem vereinseitigt und darüber die wesentlichen Unterschiede übersieht[151].

Aristoteles hat also sehr wahrscheinlich das Seinsprinzip ‚Hyle' im angegebenen Sinne als ‚reine Möglichkeit' betrachtet, aber für diese ‚reine Möglichkeit' noch keinen Terminus geprägt[152].

8.233 ‚Möglichkeit' und Teleologie

δύναμις im Bereich des Werdens ist immer ‚Möglichkeit' auf eine ‚Wirklichkeit' hin, γένεσις εἰς οὐσίαν. Diese Wirklichkeit verkörpert sich in der Wesensform (εἶδος), auf die sich alles Werdende (δυνάμει ὄν) hinentwickelt, die also zugleich das Ziel (τέλος) jeder Entwicklung ist[153]. Das Werden auf ein Telos hin vollzieht sich nicht nur ‚horizontal' innerhalb des individuellen Seienden (Same — Kind — Mann) und innerhalb einer Art (Mensch) bzw. eines bestimmten homogenen Seinsbereiches (Elemente), sondern es durchwirkt auch ‚vertikal' die gesamte Seinsstufung von ganz ‚unten' (*prima materia* bzw. Elementarkräfte oder anorganische Homogenkörper) bis zum unbewegten Beweger als der höchsten Ziel-Ursache des gesamten Seins[154].

Man hat nun neuerdings versucht, die Geltung der aristotelischen Teleologie stark einzuschränken, indem man erstens behauptete, sie sei von Aristoteles nicht als Strukturgesetz des *Seins* gemeint gewesen,

149 1048b 9—11 ἄλλως δὲ καὶ τὸ ἄπειρον καὶ τὸ κενόν, καὶ ὅσα τοιαῦτα, λέγεται δυνάμει καὶ ἐνεργείᾳ (das Folgende ist dann textlich unsicher und gehört auch nicht mehr direkt zu unserem Thema). Wichtig ist, daß auch die ἐνέργεια hier erwähnt wird. Welche weiteren Beispiele Aristoteles mit τοιαῦτα andeuten will, weiß ich nicht, da die von den Kommentatoren genannten Beispiele Maximal-Zahl, Zeit, Bewegung noch unter das ἄπειρον fallen.

150 1048b 14f τὸ δ' ἄπειρον οὐχ οὕτω δυνάμει ἔστιν ὡς ἐνεργείᾳ ἐσόμενον χωριστόν, ἀλλὰ γνώσει (sc. ἐνεργείᾳ ἐσόμενον χωριστόν). Ich folge hier Schwegler. Zum anschließenden Satz vgl. Ross.

151 Zu ‚Grenzwert' und ‚Grenzbegriff' o. 1.15.

152 Vgl. zum Vorstehenden auch Cencillo 55—62.

153 Das Werden auf ein Telos hin hat vor allem Stallmach herausgearbeitet.

154 Vgl. die zusammenfassenden Bemerkungen über die aristotelische Seinsstufung u. 8.27 (dort weitere Verweise), ferner u. S. 712 A. 160.

sondern als *subjektives ,Als-Ob'* der Naturerklärung (etwa wie ein Kantsches ,regulatives' Prinzip)[155]; und indem man zweitens zwar für das einzelne Seiende (bzw. die Art) ein Telos zugab, aber einen *teleologischen Gesamtzusammenhang* leugnete[156]. Während die erste These allgemeinem Widerspruch begegnete[157] und als abgetan gelten kann, hat die zweite teilweise Zustimmung gefunden[158]. Wenn sie zuträfe, hätte dies erhebliche Konsequenzen:

Da τέλος und ὕλη (δύναμις) bei Aristoteles notwendig aufeinander bezogen sind, müßte man aus dem Fehlen eines *teleologischen* Zusammenhangs schließen, auch die ὕλη wirke nicht *durchgehend* durch die gesamte Seinsstufung als deren Aufbaugesetz, sondern nur in den einzelnen ὄντα als solchen. Das Sein des Aristoteles wäre also bruchstückhaft, ,episodisch', wie Aristoteles es stets Speusipp vorwirft[159]. Oder man müßte die wechselseitige Abhängigkeit von τέλος und ὕλη preisgeben und — da die umfassende Wirksamkeit des ὕλη-Prinzips nun einmal feststeht — annehmen, einer durchgehenden Hyle-Wirkung stehe eine jeweils nur begrenzte τέλος-Wirkung gegenüber: Damit spräche man Aristoteles die Vorstufe eines materialistischen Monismus zu.

All diese Vermutungen sind jedoch überflüssig, weil für Aristoteles sich ein — zwar nicht rigoros more geometrico deduzierter, aber doch deutlich erkennbarer — teleologischer Zusammenhang des *gesamten* Seins nachweisen läßt. Dies kann hier im einzelnen nicht entwickelt werden und braucht es auch nicht, weil in den vorhandenen Arbeiten schon ein für unsere Zwecke ausreichender Nachweis geführt worden ist[160]. Wir rechnen also in diesem Abschnitt und überhaupt in vorliegender Untersuchung mit einer *durchgehenden teleologischen Seinsordnung des Aristoteles*. Alle weiteren Fragen, die mit δύναμις =

[155] Wieland § 16 *Zum Teleologieproblem* S. 254—277. Düring schließt sich ihm de facto an, indem er das τέλος (genauso wie die ὕλη) als ,Reflexionsbegriff' versteht (516f), d. h. als rein subjektive Arbeitshypothese bzw. Einteilungsgesichtspunkt.

[156] Wieland bes. 259. 273ff.

[157] Z. B. bei Tugendhat, Gnomon 1963, 543—555, bes. 552f, und bei Wagner, Komm. 337—360 bes. 354—358 (Besprechung von Wielands Buch), 478—483 (Kommentar zu phys. β 8). Dürings prinzipiell in die gleiche Richtung gehende Auffassung, die aristotelischen ἀρχαί seien ,*Reflexionsbegriffe*', wird o. **1**.18 als verfehlt erwiesen.

[158] Tugendhat 552. Wagner, Komm. 355. Düring weicht hier von Wieland ab (z. B. 241. 435).

[159] Speusipps Seinsstufung o. **2**.3; Aristoteles' Verhältnis dazu o. **2**.3, **2**.52.

[160] Vgl. von der zahlreichen Literatur z. B. die klassischen Darstellungen Zellers und Mansions. Vielleicht ist aber angesichts der modernen Kritik an Aristoteles' Teleologie doch eine Neubesinnung erforderlich, zumal da man in den letzten Jahrzehnten — in extremer Abneigung vor dem ,System'-Begriff — sich scheute, bei Aristoteles von ,Seins-Stufung' und ,Ordnung' zu sprechen. Vgl. die Andeutungen o. **5**.422—423, *Kosmologie und Metaphysik* 167—170 (Einzelnes auch *Scala naturae* **6**).

ὕλη zusammenhängen, können wir beiseitelassen[161] und zum Begriff der ‚Notwendigkeit' übergehen.

8.24 Notwendigkeit[162]

8.241 Vorbemerkungen und Zusammenfassung der Ergebnisse

Von der voraristotelischen Bedeutungsentwicklung des komplexen Wortfeldes ‚Notwendigkeit' werden nur die für Aristoteles wichtigen

[161] Dazu gehört u. a. die Frage, ob δύναμις und ὕλη *umkehrbar identisch* sind oder nicht. Wenn wir von den logischen Schriften absehen, müssen wir die Frage *bejahen*: Vgl. u. 8.27 über *Hyle als Relationsbegriff* und M 3, 1078a 30f διττὸν γὰρ τὸ ὄν, τὸ μὲν ἐντελεχείᾳ τὸ δ' ὑλικῶς. Reales Bedenken gegen die Gleichsetzung (Komm. II 81f) verstehe ich nicht ganz: Bei Aristoteles gibt es doch *entsprechend der Stufung der* ὗλαι selbstverständlich auch eine Stufung der δύναμις, wie sich mit Sicherheit aus dem Gesamt seiner Naturphilosophie, zudem aus Stellen wie β 3, 195b 12—16 (vgl. Wagners Übersetzung) erschließen läßt. Und wenn Aristoteles z. B. Θ 7 den Begriff δύναμις auf die οἰκεία ὕλη (also die nächstuntere Schicht) einzuschränken scheint, so will er an dieser Stelle (wie an anderen) nur die ‚spezifische' Ursache betonen: Natürlich enthalten die unteren Schichten die ‚Möglichkeit' zu *allen* oberen Schichten, nur eben nicht direkt, sondern *indirekt*. — Damit ist auch gesagt, daß bei Aristoteles nirgendwo ein Ansatz zu jener Trennung von δύναμις und ὕλη vorliegt, wie sie manche Scholastiker (z. B. Thomas) vollziehen: Denn diese schränken, um die Seinsweise der unkörperlichen, aber noch teilweise ‚kontingenten' Intelligenzen bestimmen zu können, die Konvertibilität von *potentia* und *materia* ein: Sie haben dabei einen engeren, sozusagen ‚stofflicheren' Materie-Begriff als Platon und Aristoteles. Für Aristoteles bestand kein Anlaß zu einer solchen Einschränkung (über die ‚Intelligenzen' bei ihm o. 4.452). — Vgl. noch Cencillo 58.

[162] Hier nur die wichtigste neuere Literatur: Zeller II 2^4, 329—333. Baeumker 117 bis 125. 269—281 (von Schreckenberg 121 A. 121 übersehen). William A. Heidel, *The Necessary and the Contingent in the Aristotelian System*, Chicago 1896 (anregend, aber im Historischen wenig ergiebig; vgl. auch o. S. 14 A. 55). Wilhelm Gundel, *Beiträge zur Entwicklungsgeschichte von Ananke und Heimarmene*, Gießen 1914 (über Platon 42—51, Aristoteles 51—58; verbesserungsbedürftig). Jaques Chevalier, *La notion du nécessaire chez Aristote et chez ses prédécesseurs, particulièrement chez Platon*, Paris 1915 (hinsichtlich der hypothetischen Notwendigkeit nicht immer präzise genug). Le Blond, *Logique et méthode*, Index s. v. *nécessaire*; ders., zu part. an. A, 134—136. 139. 163. 166 (trotz kleinerer Unschärfen im ganzen wichtig). Helene Weiss, *Kausalität und Zufall in der Philosophie des Aristoteles*, Basel 1942, 75—86. 92. 164ff. Mansion Index 350 s. v. *nécessité*, bes. Kap. VIII *Les obstacles à l'activité de la nature* (282—314), d. h. *La nécessité* (282—292) und *Le hasard* (292—314), dazu S. 114—116 (klassische, leider zu wenig beachtete Darstellung). Ross, *Analytics* zu An. post. B 11, bes. S. 645—647 (dort weitere Verweise). Solmsen 103f. 108—112. 454. Klaus Bartels, *Das Techne-Modell in der Biologie des Aristoteles*, Diss. Tübingen 1963 (erschienen 1966), bes. 13—19. 59—78 (arbeitet mit vorbildlicher Klarheit die mechanistische ‚absolute Notwendigkeit' der Materie und die teleologische ‚hypothetische Notwendigkeit' sowie die Wechselbeziehung beider Arten von Notwendigkeit heraus; dort auch weitere Lit., unter der Le Blond und Mansion nachzutragen sind). Ders., *Der Begriff Techne bei Aristoteles*, in: *Synusia* (Festgabe W. Schadewaldt), 1965, 278—281. (Bartels' Arbeiten lernte ich erst nach Fertigstellung vor-

Anwendungsarten kurz aufgeführt, die sich teilweise überschneiden[163]:

1. Die von der ‚Natur' ausgehende ἀνάγκη zwingt alle Naturwesen in ihren Bann: Die Erde muß Gras wachsen lassen, ob sie will oder nicht. Die Lebewesen müssen u. a. essen, trinken, schlafen und sterben[164]. Diese ‚Notwendigkeit' heißt gelegentlich auch νόμος[165].

2. ἀνάγκη als Gesetz, das den Kosmos und das Sein überhaupt zu einer ‚Ordnung' zusammenbindet, begegnet sowohl im nichtphilosophischen Bereich, wo es mit dem Götterwillen identisch ist oder neben bzw. über diesem steht[166], als auch in philosophischen Texten z. B. bei Pythagoreern (Philolaos), Parmenides, Empedokles (?) und den Atomisten[167].

Wenn es auch methodisch nicht angeht, die spätere bei Platon und Aristoteles begegnende Differenzierung des Anankebegriffs genauso bereits im 5. Jh. vorfinden zu wollen, so scheint doch der Anankebegriff auch hier schon deutlich zwei Aspekte zu haben, einen mehr ‚geistigen' und einen ‚stofflicheren': Die ἀνάγκη der natürlichen Elementarvorgänge streift an Kausalmechanismus, die Begriffe ‚Götterwille', ‚Schicksal' und die ἀνάγκη z.B. des Philolaos (= ἁρμονία) und des Empedokles (?) an eine ‚geistige' Ordnung eidetischer Kausalität.

3. Platon erklärt in den bekannten Darlegungen des Timaios das Weltgeschehen dualistisch aus dem Widerspiel von ἀνάγκη und νοῦς. Ananke ist die blind mit ‚mechanischer Willkür' wirkende Eigengesetzlichkeit des Stoffes, die vom νοῦς ‚durch Überredung besiegt' und so veranlaßt wird, als ‚Mitursache' (συναίτιον) unter Leitung des

liegender Untersuchung kennen, als meine Ansichten über die aristotelische ἀνάγκη, die mit den seinigen fast ganz übereinstimmen, bereits feststanden; bei der nachträglichen Überarbeitung konnte ich meine Darlegung mit Hilfe seiner Erörterungen und z. T. Formulierungen des öfteren straffen und präzisieren.) Die Arbeit von H. Schreckenberg (*Ananke. Untersuchungen zur Geschichte des Wortgebrauchs*, München 1964; Zetemata 36), die den Notwendigkeits-Begriff in philosophischen und außerphilosophischen Texten von der Frühzeit an behandelt, geht nicht speziell auf Aristoteles ein und muß überhaupt nach der philosophischen Seite hin ergänzt und modifiziert werden. Über die hypothetische Notwendigkeit des Aristoteles und ihren platonischen Ursprung vgl. außer den genannten Untersuchungen von Heidel, Chevalier, Le Blond, Mansion und Bartels vor allem Zeller II 1^5, 765—768. II 2^4, 331 mit A. 1. Baeumker 267—270. Dirlmeier EN 283. 336 (dort auch die Belege). Theiler zu De anima 115. 144. Schramm (Zitate s. u.).

163 Ob ἀνάγκη von einer stark ‚konkreten' Grundbedeutung wie ‚Joch, Fessel(ung) usw.' ausgegangen ist, wie Schreckenberg nachzuweisen sucht, mag hier auf sich beruhen. Kritisch zu Schreckenbergs Thesen u. a. Klaus Rüter, *Lexikon des frühgriechischen Epos* s. v. ἀνάγκη 768, 28—33. 36—43. 769, 3—6.

164 Belege nicht-philosophischer Texte seit dem 5. Jh., Schreckenberg 50—71.

165 Schreckenberg 67. 101f.

166 Schreckenberg 72—81.

167 Schreckenberg 103—119. Einzelnes daraus (Diogenes von Apollonia, 117—119) haben wir weggelassen.

νοῦς möglichst viel ‚zum Besten zu führen'. Die Ananke ist also ein negatives Gegenprinzip, und doch ist der Nus auf sie angewiesen[168]. Gegenüber vereinzelten modernen Auslegungen der ‚Notwendigkeit' des Timaios[169] muß, um Mißverständnisse zu vermeiden, im Sinne der richtigen — und auch üblichen — Deutung zweierlei möglichst scharf unterschieden werden:

a) Mit ἀνάγκη bezeichnet Platon (im Timaios) die νοῦς-freie Eigengesetzlichkeit der Materie, die in manchem dem Grund-Folge-Verhältnis unserer physikalischen ‚Naturgesetze' nahekommt[170].

b) Diese Eigengesetzlichkeit (ἀνάγκη) der Materie kann der Nus nicht aufheben, sondern er bedient sich ihrer für seine vernünftigen Zwecke. Die Materie ist demgemäß condicio sine qua non (οὗ οὐκ ἄνευ) für das Wirken des Nus und (untergeordnete) ‚Mitursache' (συναίτιον) des Weltgeschehens[171]. Für dieses Verhältnis zwischen Materie und Nus gebraucht Platon jedoch nie das Wort ἀνάγκη: Erst Aristoteles führt den Terminus ‚hypothetische Notwendigkeit' (ἀνάγκη ἐξ ὑποθέσεως) ein (Schema: Wenn das Telos X zustandekommen soll, dann muß ‚notwendig' die Materie Y vorhanden sein). Es ist deshalb unmöglich, in der ἀνάγκη des Timaios ganz oder zum Teil die ‚hypothetische Notwendigkeit' des Aristoteles zu sehen, d. h. sie mit οὗ οὐκ ἄνευ bzw. συναίτιον zu identifizieren.

Die ἀνάγκη des Timaios (und von Nomoi 889 C1) stellt aber nur eine Seite des platonischen Notwendigkeits-Begriffes dar und darf nicht für das Ganze genommen werden. Wie bei den Vorsokratikern und in nicht-philosophischen Texten des 5. Jhs. das Gesetz der Seins- und Weltordnung ἀνάγκη genannt wird (s. o.), so erwartet man auch bei Platon, daß die von den Ideen (Prinzipien) gelenkte Seinsordnung (κόσμος, τάξις) ‚Notwendigkeit' d.h. strenge Gesetzlichkeit, in sich birgt. In der Tat finden sich an zwei Stellen Hinweise hierauf: ἀνάγκη im Schlußmythos des Staats ist umfassendes Seinsgesetz[172]. Nomoi 818 A/B wird von ‚menschlichen Notwendigkeiten' eine ‚göttliche Notwendigkeit' unterschieden, unter welcher das (mathematisch faßbare) Gesetz der Seinsordnung zu verstehen ist; gegen dieses Gesetz kann auch die Gottheit nicht ankämpfen[173].

[168] Besprechung der Timaios-Stellen und Lit. bei Schreckenberg 119—122: Zur richtigen Beurteilung der ἀνάγκη des Timaios ist unbedingt auch Cornford (bes. 160—177) zu vergleichen.

[169] Z. B. Baeumker 117—125.

[170] Der moderne Naturgesetz-Begriff kann selbstverständlich nur mit Einschränkung herangezogen werden, s. Cornford 160—177, bes. 164f.

[171] Belege für οὗ οὐκ ἄνευ Dirlmeier EN 283, für συναίτιον ib. 336.

[172] Staat 616B—617C. 621A, ertragreich besprochen von Schreckenberg 81—101.

[173] Vgl. Gaiser 390. Anders, aber weniger treffend, Gundel 50f.

ἀνάγκη bezeichnet also bei Platon hauptsächlich den blinden Mechanismus der Materie, daneben aber auch zweitens die auf den Prinzipien (Ideen) beruhende Gesetzlichkeit der Seinsordnung[174].

4. Aristoteles setzt beide Bedeutungen fort:

a) ἀνάγκη als ateleologisches Wirken der *Materie*; hierunter fällt — für uns Moderne befremdlich — sowohl der Kausalmechanismus unserer physikalischen Naturgesetze wie auch alles ‚Zufällige', unerwünschte Neben- und Gegenwirkungen, Mißbildungen, schließlich sogar auch noch die Individuation. Diese Notwendigkeit gilt ‚schlechthin' (ἁπλῶς) und absolut, weil die Materie unter denselben Gegebenheiten immer (ausnahmslos) auf dieselbe Weise reagiert[175].

b) ἀνάγκη als die auf der Form beruhende ‚Notwendigkeit': Diese Notwendigkeit gilt insofern *unumschränkt*, als kein Eidos als solches jemals verlorengeht oder neu entsteht, aber ihre Wirkungsweise stuft sich nach den einzelnen Seinsschichten ab: Der unbewegte Beweger hat als reine Energeia keinerlei Kontingenz in sich und ist absolut notwendig[176]. Dasselbe trifft auf den Gestirnbereich zu, obwohl dieser hinsichtlich der Bewegungsrichtung kontingent ist[177]. Im Gegensatz zur individuellen Notwendigkeit der Beweger und der Gestirne gibt es im sublunaren Raum die ‚Notwendigkeit' des Art-Eidos, das sich inmitten des individuellen Werdens und Vergehens durchhält und sich immer wieder neu an der Materie und zum Teil gegen sie durchsetzt[178].

[174] Die gleiche Doppeldeutigkeit hat εἱμαρμένη, vgl. Politikos 272 E (zerstörender, ateleologischer Mechanismus) mit Timaios 41 E—42 D (s. Cornford, wo auch weitere Stellen; Weltgesetz). Vgl. ferner Gundel 42—47.

[175] Das leuchtet unmittelbar ein, wenn man an unsere kausalmechanischen Naturgesetze denkt. Das Verhalten der Materie ist aber bei den Vorgängen, die Aristoteles ‚zufällig usw.' nennt, in keiner Weise anders.

[176] Λ 1072 b 7—11. — Die Intelligenzen von Λ 8 haben wir nicht erwähnt: Aristoteles schreibt ihnen keine Dynamis zu, aber ihre Absolutheit ist herabgemindert, da sie dem ersten Beweger unterstehen (o. **4**.214a, **4**.452).

[177] Es fällt aber auf, daß Aristoteles nirgends direkt den Notwendigkeitsbegriff auf die Gestirne anwendet. Vgl. Mansion 284.

[178] Auch hierfür ist kein eindeutiger Beleg vorhanden, denn die Stellen, die man allenfalls so verstehen könnte, sind auf die ‚hypothetische Notwendigkeit' zu beziehen (z. B. gen. an. Ε 1, u. **8**.244). Man kann sich also für die ‚Notwendigkeit der Form' nur auf die — durch die Formen garantierte — ‚Welt-Ordnung' (s. zu dieser die nachst. Anm.) berufen, daneben noch auf die bei Aristoteles nicht selten belegte Vorstellung, daß die Form die Materie ‚überwindet', κρατεῖ (vgl. o. S. 537 A. 82). — Natürlich kann man die auf die *Wesensform* bezogene bedingte Notwendigkeit ‚finale Notwendigkeit' nennen und natürlich ist sie überhaupt nur möglich, weil die Materie das Telos liebend *erstrebt*, aber man sollte diese Art von bedingter Notwendigkeit trotzdem nicht mit einer ‚Notwendigkeit der Form' verwechseln, weil bei ihr über die Notwendigkeit, mit welcher das Telos = Eidos eintritt, *nichts* gesagt wird. Ein wenig unscharf hierin Chevalier 142, Le Blond, *Logique et méthode* 84—93, zu part. an. Α S. 136.

Die von der Form herkommende ‚Notwendigkeit' ist nur ein anderer Ausdruck für das die Welt-‚Ordnung' (τάξις) durchwaltende Gesetz, das sich auf die ewige, kontinuierliche Kreisbewegung des Äthers und über diese hinaus auf den unbewegten Beweger gründet[179]. Wie verhält sich diese Form-Gesetzlichkeit zur mechanischen Notwendigkeit der Materie? Im sublunaren Bezirk ist es eine wechselseitige Abhängigkeit: Die Form bedarf der Materie und bedient sich ihrer und ihrer mechanischen ἀνάγκη, um sich selber als Telos verwirklichen zu können. Dieses Angewiesensein der Form auf die Materie drückt Aristoteles in der dritten Art von Notwendigkeit aus,

c) der ‚hypothetischen Notwendigkeit', welche die Materie als ‚notwendige' Vorbedingung für das Werden des Telos bezeichnet.

Die ‚Notwendigkeit', mit welcher sich die Form der Materie bedient, ist kein mechanischer ‚Zwang', sondern eidetisch-qualitatives Erstrebtwerden; denn die Materie — obwohl einerseits ateleologisch — ‚sehnt sich' zugleich nach der Form, um durch sie vollkommener zu werden[180]. Dieses Streben des Unvollkommenen zum Vollkommenen hin, worin sich die von der Form ausgehende Notwendigkeit zeigt, setzt sich über den sublunaren Bereich hinaus fort, da die sublunaren αἰσθητά den kreisbewegten Ätherkörper ‚nachahmen' und dieser wiederum den unbewegten Beweger ‚nachahmt'. Die auf der Form beruhende ‚Notwendigkeit' ist also eine Hierarchie des Strebens[181]. Umgekehrt bedarf die Kreisbewegung der Gestirne des sublunaren Seins, um sich verwirklichen zu können[182]; des weiteren die Fixsternbewegung der Planetenbewegung[183]; und schließlich der unbewegte Beweger des Kosmos[184]. Beim Verhältnis Gestirne : sublunares Sein oder Fixsternsphäre : Planetensphären kann man durchaus noch an eine hypothetische ‚Notwendigkeit' denken; auch beim Verhältnis Beweger : Kosmos möchte ich dies nicht ausschließen[185]. Man darf also in der ‚hypothetischen Notwendigkeit' den Ausdruck inniger Wechselwirkung zwischen Materie und Form, Unvollkommen und Vollkommen, mechanischer Notwendigkeit der Materie und Notwendigkeit der Form im Kosmos sehen.

179 Zur Welt-‚Ordnung' (τάξις) und ihrer ‚Notwendigkeit' gen. corr. B 11, 338a 5—b 5 (Joachim), o. 4.212—214, 5.4, u. 8.271 u. ö.; *Kosmologie und Metaphysik* 167, Gnomon 1965, 360.

180 Über das Streben der Materie nach der Form vgl. o. 2,25, 8.233, u. 8.25 u. ö. (Sach-Index s. v. *Teleologie 1d*).

181 o. 5.422.

182 Vgl. cael. B 3.

183 Vgl. ebenfalls cael. B 3.

184 Dies ist in der aristotelischen Bewegungslehre impliziert. Vgl. auch Darlegungen wie die 5.432.

185 Man müßte dann den bedingenden Satz jeweils etwas anders formulieren: ‚wenn (da) es einen unbewegten Beweger gibt' u. ä.

Diese drei Arten von Notwendigkeit werden nun an Hand der wichtigsten Textstellen verdeutlicht werden[186]. Dabei interessiert u. a. die gleiche Frage, die wir schon oben beim Möglichkeitsbegriff gestellt haben: Ist die ‚mechanische‘ ἀνάγκη der Materie als solcher zuzuschreiben oder vielmehr gewissen Formkräften? Das heißt, wie weit kommt schon dem Materie-Prinzip eine Art ‚Notwendigkeit‘ zu und wie weit erst den ‚überformten‘ Manifestationen des Prinzips?

Da Aristoteles an manchen Stellen die in met. Δ 5 vorgenommene Unterteilung des Notwendigkeits-Begriffes voraussetzt, besprechen wir diese vorweg.

8.242 Die Vielfachbedeutung von ‚Notwendigkeit‘ (Δ 5, 1015 a 20—b 15)

Aristoteles unterscheidet drei Hauptbedeutungen[187]:

1. οὗ ἄνευ οὐκ, angewendet auf a) Lebenkönnen (z. B. muß man atmen) oder b) auf Sein oder Werden eines ‚Guten‘ (z. B. ‚muß‘ man irgendwohin fahren, um eine Geldsumme zu bekommen).

2. τὸ βίᾳ ὅτι παρὰ τὴν ὁρμὴν καὶ τὴν προαίρεσιν. Gegenüber diesen spontanen Bewegungen ist es ἐμποδίζον καὶ κωλυτικόν.

3. τὸ μὴ ἐνδεχόμενον ἄλλως ἔχειν. Die letzte Definition ist auch auf die beiden ersten anwendbar und begreift sie in sich[188].

Aristoteles fährt fort: Aus den angegebenen Beispielen sieht man, daß das Notwendige den Grund seiner Notwendigkeit entweder in einem anderen außer sich, oder in sich selbst haben kann[189]. In letzterem Sinn notwendig, also allem äußeren Zwang enthoben, sind die ewigen und unveränderlichen Wesen: Sie sind dies, weil sie schlechthin einfacher Natur sind, sich also nicht das einemal so, das anderemal so verhalten können: Was aber nie anders sein kann als es ist, kann auch nie fremder Gewalt ausgesetzt, nie βίᾳ und παρὰ φύσιν sein, sondern ist, was es ist, durch innere Notwendigkeit[190].

Diese Einteilung ist lückenhaft und zum Teil unklar gegliedert: So fehlt z. B. die mechanische ἀνάγκη der Materie, die bei Aristoteles so oft erwähnt wird. Als Beispiel für die ‚absolute Notwendigkeit‘ des μὴ ἐνδεχόμενον ἄλλως ἔχειν werden u. a. ἄττα ἀΐδια καὶ ἀκίνητα genannt. Darunter kann man nicht (wie Schwegler 203) die Sterne

[186] Die Notwendigkeit βίᾳ = παρὰ τὴν ὁρμήν übergehen wir, weil sie für unser Thema unwichtig ist. Der Versuch von Gundel 54 f, sie unter die hypothetische Notwendigkeit einzureihen, überzeugt in keiner Weise.

[187] Die gleichen drei Arten in knapper Zusammenfassung met. Λ 7, 1072 b 11—13 (s. u.); weitere Stellen bei Ross. Vgl. auch Schwegler 3, 202 f, dem ich einige der folgenden Formulierungen entnehme.

[188] 1015 a 20—b 6.

[189] b 9—11.

[190] b 11—15.

verstehen, weil diese zwar ἀίδια, aber nicht ἀκίνητα und damit nicht völlig frei von Kontingenz sind; an die mathematischen Sachverhalte ist wegen b 14 nicht zu denken, obwohl diese von Aristoteles öfter ἀίδια, ἀκίνητα und ἀναγκαῖα genannt werden[191]. Vielmehr sind — darauf deutet auch b 14 — noetische Substanzen wie die unbewegten Beweger gemeint[192]. Das stimmt zu der schon zitierten Stelle aus Λ 7: Wie alles sich Bewegende ist auch der Ätherkörper kontingent, wenn auch nur hinsichtlich der Bewegungsrichtung, nicht dem Sein nach; der unbewegte Beweger aber οὐκ ἐνδέχεται ἄλλως ἔχειν οὐδαμῶς und ist somit ‚schlechthin notwendig'[193]. Der Terminus der ‚absoluten Notwendigkeit' wird hier offenbar ausschließlich vom *Actus purus* gebraucht, was seinen guten Sinn hat. Da das Wort ἁπλῶς aber unscharf ist — es bezeichnet nur den Gegensatz zu jeder ‚bedingten' oder ‚eingeschränkten' Notwendigkeit —, ist es nicht verwunderlich, wenn die ‚absolute Notwendigkeit' auch von der (ausnahmslosen!) mechanischen Notwendigkeit der Materie gebraucht wird; s. u. *8.244*a.

8.243 Die ‚unbedingte' (mechanische) Notwendigkeit ist nicht alleinige Ursache der Naturprozesse (Physik β 8, 198 b 10—32)

Der aristotelische Notwendigkeitsbegriff hängt eng mit der Teleologie zusammen, und so kommt Aristoteles nacheinander in β 8 auf die Zielgerichtetheit des Naturgeschehens, in β 9 auf die Notwendigkeit in der Natur zu sprechen. Zu Beginn von β 8 macht er sich den ganz modern anmutenden Einwand, ob man nicht der Natur fälschlich Zielstrebigkeit unterschiebe, indem man hinter mechanischen Kausalabläufen eine Absicht vermute: Z. B. wächst das Korn, weil es regnet, aber es regnet nicht, damit es wächst; das Korn fault auf der Tenne, weil es daraufregnet, aber es regnet nicht darauf, damit es fault; bestimmte Glieder und Körperteile von Mensch und Tier sind nicht von vorneherein speziell auf den Zweck angelegt, den sie erfüllen, sondern aus einer Fülle von Varianten und Mutanten blieben (durch Selektion) diejenigen am Leben, die am besten ihrer Umwelt angepaßt waren[194]. Aristoteles weist dann diesen Einwand ab und sucht die

[191] Auf die Notwendigkeit der Mathematik und der Logik gehen wir nicht ein, obwohl sie ontologisch wichtig ist.

[192] Der Plural ἀίδια καὶ ἀκίνητα berechtigt nicht zu irgendwelchen Schlüssen, da Aristoteles von der Frühzeit bis in die späten Schriften die oberste Seinsschicht bald singularisch, bald pluralisch faßt (vgl. o. 4.41/42).

[193] 1072 b 4—11 (Jaegers Text). Die Bezeichnung ‚schlechthin notwendig' (ἁπλῶς ἀναγκαῖον) für den unbewegten Beweger ergibt sich schlüssig aus der Kombination von b 10 mit b 13.

[194] 198 b 16—32. Vgl. Cornford 165 f. Eine interessante Parallele bei Kant *KdU* B 279 ff. 329 ff.

Teleologie in der Natur zu stützen[195], worauf wir nicht eingehen. Uns interessiert vielmehr, mit welchen Ausdrücken Aristoteles jene nicht-zielstrebigen Vorgänge der Natur beschreibt: ἐξ ἀνάγκης (198 b 18f. 24), ἀπὸ τοῦ αὐτομάτου (b30), συμβαίνει (b21. 23. 29), συμπίπτει (b27). Er unterscheidet hierbei nicht zwischen Organisch und Anorganisch, denn ἀνάγκη ist der Ablauf ‚Wasser verdunstet und steigt auf, kühlt sich ab und fällt nieder (δεῖ)' ⟶ ‚Getreide verfault (wächst; συμβαίνει)', als auch der Selektionsprozeß, der die Tiere und ihre Gliedmaßen immer ‚zweckmäßiger' macht. Zur Not könnte man b30 ἀπὸ τοῦ αὐτομάτου von b24 ἐξ ἀνάγκης trennen, weil in b30 die spontane Entstehung eines großen Artenreichtums gemeint ist, dagegen b24 ganz eng nur auf die Zwangsläufigkeit der Selektion selbst bezogen werden könnte, aber es wird auch ohnedem klar, daß an unserer Stelle Notwendigkeit und Zufall miteinander verbunden, ja sogar identisch sind[196].

Die referierte Ansicht haben nach 198 b12 ‚alle' Vorgänger des Aristoteles, wobei nicht an Platon, sondern nur an die Vorsokratiker gedacht ist. Diese erklären also die Naturvorgänge nur kausal-mechanisch: Und selbst wenn sie einmal eine andere Ursache wie φιλία καὶ νεῖκος (Empedokles) oder den νοῦς (Anaxagoras) annehmen, spielt sie neben der mechanischen Ursächlichkeit keine Rolle (198 b14—16). Wie längst gesehen[197], folgt Aristoteles hier Platon, nach dessen Worten die ‚Materialisten' alle Naturvorgänge κατὰ τύχην ἐξ ἀνάγκης (Nomoi 889C1) ablaufen lassen, wo doch die Seele ‚früher' ist als der Körper (892A5) und z. B. νοῦς, τέχνη, νόμος ‚früher' als die Körperqualitäten hart, weich, schwer und leicht (892B3—5). Platon sucht den Materialismus zu überwinden, indem er das Sein auf die Idee hin ausrichtet, läßt aber dem Bereich der Materie und der ἀνάγκη seine volle Eigenständigkeit, so daß stets das Streben der raum-zeitlichen Dinge zur Idee begleitet, behindert und durchkreuzt wird von den ‚irrationalen, zufälligen' Gegebenheiten der Materie und der ‚Notwendigkeit'[198].

Was uns Modernen hieran schwer einleuchtet, ist die Gleichsetzung von Notwendigkeit mit ‚zufällig' und ‚irrational', halten wir doch den Kausalmechanismus in der Natur für den Inbegriff von Gesetz und Ordnung. Für Platon und Aristoteles gab es jedoch Struktur und Ordnung nur von der Idee bzw. der Form her.

[195] 198b 32—199b 33.
[196] Vgl., auch zum Folgenden, Cornford 166ff.
[197] Z. B. von Cornford a. O. Dort alle einschlägigen Platon-Stellen, am wichtigsten Nomoi 888E—890B und 891C—892C, referiert von Cornford 167.
[198] Dieser ganz summarische Hinweis auf den Timaios bedarf der Ergänzung durch Cornford 173—177. 203—210. 361—364 sowie durch die Ausführungen o. 2.223b.

8.244 Die bedingte Notwendigkeit: Der Mechanismus im Dienste des Telos[199]

a) Das Kapitel β 9 handelt, wie erinnerlich, περὶ τοῦ ἀναγκαίου, πῶς ἔχει ἐν τοῖς φυσικοῖς (β 8, 198 b 11). Gleich zu Beginn wird die ἀνάγκη ἐξ ὑποθέσεως von der ἀνάγκη ἁπλῶς unterschieden (199 b 34 f). Da letztere nicht ausdrücklich von der Betrachtung ausgeschlossen, andererseits die ‚bedingte Notwendigkeit' 200 a 5 ff abgehandelt wird, liegt es nahe, die ‚Notwendigkeit schlechthin' auf das unmittelbar folgende Beispiel (199 b 35—200 a 5) zu beziehen, in dem Aristoteles ohne Namensnennung die abzulehnende Ansicht von Empedokles und Anaxagoras (o. *8. 243*) exemplifiziert, daß die Notwendigkeit im Ablauf des Werdensprozesses selber liege: Z. B. entstehe eine Mauer deshalb, weil alles Schwere nach unten, alles Leichte nach oben tendiere und deshalb die Hausteine ganz unten, die Lehmziegel in der Mitte, das Holz oben darauf lägen[200].

Diese undifferenzierte ‚Notwendigkeit schlechthin' der mechanischen Naturkausalität[201] entmächtigt nun Aristoteles, indem er sie dem Telos unterordnet: Das Werden kann nicht ohne diese Materialien stattfinden, wird aber nicht durch sie verursacht, es sei denn im Sinne der Materialursache (d. h. eben: der condicio sine qua non), sondern wahre Ursache ist nur das Telos, im Falle der Mauer das Bewahren und Schützen[202]. Am Standardbeispiel der Säge wird das besonders gut illustriert. Auf die Frage ‚warum ist die Säge das, was sie ist?' antwortet Aristoteles: ὅπως τοδὶ καὶ ἕνεκα τουδί (200 a 10 f). Dieses Ziel jedoch kann sie unmöglich (ἀδύνατον) erreichen, wenn sie nicht aus einem ganz harten Material wie z. B. Eisen besteht. Das Telos ist also ganz und gar auf das Material angewiesen[203], aber dieses kann ohne Telos überhaupt nichts werden. Es besteht daher eine wechselseitige Abhängigkeit mit einem starken Übergewicht des Seins auf der Seite des Telos[204], da ja, wie festgestellt, nur das Material als *Voraussetzung* ‚notwendig' ist, aber niemals das Telos als ‚notwendige' *Folge* aus den materiellen Gegebenheiten hervorgeht[205]. Er fährt fort: τὸ δ' οὗ ἕνεκα

[199] Am klarsten darüber Bartels 13—19. 64—70. Ders., *Synusia* 280 f.

[200] Dazu Bartels 56—58.

[201] ἁπλῶς meint hier, wie man sieht, nicht dasselbe wie in met. Δ 5 (o. 8.242). Wir kommen u. 8.244 b darauf zurück. [202] 200 a 5—7, allgemeiner 7—10.

[203] 200 a 12 f ἀνάγκη ἄρα σιδηροῦν εἶναι, εἰ πρίων ἔσται καὶ τὸ ἔργον αὐτοῦ. Vgl. 200 a 24—29 das Beispiel vom Hausbau (das z. B. part. an. A 1 wiederkehrt), bes. 24 ἀνάγκη, 28 ὅλως μὴ ὄντων (sc. τῶν ὡς ὕλης ἀναγκαίων) οὐκ ἔσται οὔθ' ἡ οἰκία οὔθ' ὁ πρίων.

[204] 200 a 32—34 ἄμφω μὲν τῷ φυσικῷ λεκτέον αἱ αἰτίαι, μᾶλλον δ' ἡ τίνος ἕνεκα· αἴτιον γὰρ τοῦτο τῆς ὕλης ἀλλ' οὐχ αὕτη τοῦ τέλους. Vgl. 200 a 16 ff, bes. 20—22.

[205] 200 a 13 f ἐξ ὑποθέσεως (= ὡς ὕλη) δὴ τὸ ἀναγκαῖον, ἀλλ' οὐχ ὡς τέλος. Modern gesprochen: Die Materie ist ‚notwendige', aber nicht ‚zureichende' Bedingung

ἐν τῷ λόγῳ (200 a 14f), was er dann 200 a 34ff noch ausführlicher behandelt. λόγος ist die Definition, welche die Wesensform des Dinges und damit das von der Materie ‚erstrebte' Ziel repräsentiert.

Eine weitere Seite der ‚bedingten Notwendigkeit' muß noch erwähnt werden, welche Aristoteles hier nicht weiter ausführt, die uns aber part. an. A 1 u. ö. wieder begegnen wird: Wenn das Telos gegeben ist, ist nicht nur am Anfang ein spezifisches Material ‚notwendig', sondern auch eine bestimmte Ordnung in den ‚Aktionen', die zur Verwirklichung des Telos führen (200 b 1—4)[206].

Fassen wir zusammen: Aristoteles versteht hier in β 9 unter Notwendigkeit den Umstand, daß jedes Telos zu seiner Verwirklichung *erstens* auf eine bestimmte Materie und *zweitens* auf eine bestimmte Ordnung der zur Verwirklichung führenden ‚Bewegungen' angewiesen ist (ohne hiervon hervorgebracht zu werden, d. h. ohne hiervon letztlich seinsabhängig zu sein). Wenn er in diesem neuen Sinne von der Notwendigkeit der ὕλη spricht[207], hat dies somit eine völlig andere Bedeutung als wenn die Vorsokratiker direkt oder in den Referaten bei Platon und Aristoteles von ἀνάγκη sprechen. Platon hat im Phaidon diese bedingte Notwendigkeit klar ausgesprochen, im Timaios weitergedacht[208], aber erst Aristoteles hat sie in systematischer Begriffsarbeit als eine der Hauptbedeutungen von ἀνάγκη der undifferenzierten Notwendigkeit seiner Vorgänger gegenübergestellt.

b) Eine weitere Klärung der ‚hypothetischen Notwendigkeit' bringt part. an. A 1, 639 b 21—640 b 4[209]: Beim natürlichen Werden sind — wie bei der Techne[210] — (hauptsächlich) zwei Ursachen im Spiel, die Bewegungsursache und die Finalursache, wobei die Finalursache (die auch die Formursache unter sich begreift) als Ziel des Werdens Richtung und Eigenart jedes einzelnen Schrittes bestimmt, den das Werdende auf eben dieses Ziel hin tut. Also ἡ γένεσις ἕνεκα

für das Zustandekommen des Telos (Telos → Materie, aber nicht: Materie → Telos).

206 Geordnet sein muß *erstens* Art, *zweitens* Reihenfolge und *drittens* Grad derjenigen ‚Bewegungen', „durch die der Stoff schließlich zu dem je herzustellenden Gegenstand geformt wird" (Bartels 15). Vgl. auch u. 8.244b zu part. an. A 1.

207 200 a 9 ἀναγκαία φύσις ist dasjenige Spezifikum des Materials, das es zur notwendigen Voraussetzung für ein bestimmtes Telos macht, z. B. die Härte des Eisens im Hinblick auf ‚Säge' (vgl. Ross z. St.).

208 Vgl. Cornford 174f.

209 Wir besitzen in part. an. A eine allgemeine Einleitung in die ‚Naturwissenschaft', in der wir knapp ausgesprochen finden, worin Aristoteles die Prinzipien des Naturgeschehens sieht und wie er sich infolgedessen die methodische Erforschung dieses Geschehens vorstellt. Da Schramm 149—244 das gesamte so bedeutsame Kapitel methodisch streng durcherklärt hat, können wir uns, zumal wir met. Δ 5 und phys. β 8/9 schon betrachtet haben, sehr beschränken und dabei stark vereinfachen.

210 Zur Analogie Physis—Techne vgl. das Nachstehende, ferner o. 1.112 u. ö.

τῆς οὐσίας ἐστίν, ἀλλ' οὐχ ἡ οὐσία ἕνεκα τῆς γενέσεως (640 a 18 f). Wo kann man in diesem teleologischen Geschehen von ἀνάγκη sprechen?

Indem Aristoteles — ähnlich wie in phys. β 8 — die Methode ‚fast aller' seiner Vorgänger verwirft, die bei der Naturerklärung den Begriff der Notwendigkeit undifferenziert verwendet hätten[211], unterscheidet er das ‚Notwendige schlechthin' vom ‚Notwendigen ἐξ ὑποθέσεως'. Ersteres wird den ἀίδια zugewiesen, letzteres allem Werdenden im Bereich von Natur und Techne. Die Kenntnis dieser Unterscheidungen setzt Aristoteles voraus. Wir können nach met. Δ 5 zufügen, daß er mit der ‚Notwendigkeit schlechthin' das μὴ ἐνδεχόμενον ἄλλως ἔχειν der unbewegten Beweger meint, die als ‚einfache, reine Wirklichkeiten' unveränderlich und deshalb ‚schlechthin notwendig' sind[212]. Mit dieser strengsten Art von Notwendigkeit, die weder Voraussetzungen noch Ausnahmen kennt, befaßt sich Aristoteles hier nicht weiter.

An unserer Stelle kehren also zwei der drei in Δ 5 abgegrenzten Arten von Notwendigkeiten wieder. Zudem hat der Terminus ἀναγκαῖον ἁπλῶς die gleiche Bedeutung wie dort (absolute Notwendigkeit der reinen Form), während er in phys. β 9 für den undifferenzierten Notwendigkeitsbegriff des Empedokles und des Anaxagoras verwendet wird (absolute Notwendigkeit der Materie = kausalmechanisches Verhalten der Materie)[213].

Im Mittelpunkt steht hier wie in phys. β 9 die ‚hypothetische Notwendigkeit': ‚*wenn* ein Haus oder ein anderes Telos zustandekommen *soll*', ‚*dann muß notwendig*' a) ‚eine Materie von ganz bestimmter Beschaffenheit vorhanden sein' ‚und b) erstens dies entstehen bzw. sich ändern (sich bewegen), zweitens dies, usw. bis hin zu dem Ziel, um des willen jedes einzelne (Ding in den vorhergehenden Phasen) wird und ist' (639 b 26—30). Und da er in b 27 nur ein Beispiel der Techne genannt hatte, fügt er hinzu ‚ebenso verhält es sich mit dem Werden in der Natur' (b 30)[214].

[211] 639 b 21—23. Vgl. zum Folgenden durchweg Schramm 164 ff.

[212] Vgl. o. 8.242, 8.244 a.

[213] Bei der Unbestimmtheit von ἁπλῶς hält es schwer, aus dieser Diskrepanz Schlüsse zu ziehen. Man könnte höchstens denken, Aristoteles habe zunächst den ungeschiedenen ‚unbedingten' Notwendigkeitsbegriff seiner Vorgänger insgesamt abgelehnt, um seine eigene ‚bedingte Notwendigkeit' einzuführen, dann aber doch wieder dem ἀναγκαῖον ἁπλῶς eine Wirkungsstätte im Bereich der ἀίδια eingeräumt. Dann wäre Δ 5 und part. an. A 1 eine Fortführung des in phys. β 8 Gesagten. Von den meisten Forschern wird zwar phys. β als früh, part. an. A als spät betrachtet, jedoch auch met. Δ früh (d. h. etwa in die gleiche Zeit wie phys. β) datiert. Will man sich nicht mit der Annahme eines späteren Einschubs (Kap. 5) in met. Δ helfen, so muß man beide Bedeutungen von ἀναγκαῖον ἁπλῶς *nebeneinander* bestehenlassen, was ja ohne weiteres geht.

[214] Vgl. Bartels 15. — Der folgende Abschnitt bis 640 b 4 und darüber hinaus müßte eigentlich noch hinzugenommen werden, wir verzichten aber darauf, da er uns

Wie sieht nun näherhin die unter b) genannte Ordnung von ‚Bewegungen‘ aus, durch welche die vorgegebene Materie schrittweise zum Telos geführt wird[215]? Dies wollen wir am Modell der Techne verdeutlichen: Für die Verfertigung eines Gegenstandes muß der Hersteller nicht nur wissen, 1. *welche* Materialien und Werkzeuge er insgesamt beim Produktionsprozeß braucht, sondern auch 2., *wie* diese Materialien und Werkzeuge *reagieren*, modern gesprochen, welche physikalischen und chemischen Eigenschaften sie haben.

Diese Eigenschaften der Stoffe nennt Aristoteles δυνάμεις ποιητικαί (‚Dispositionen, Wirkungen in einem anderen hervorzubringen‘) bzw. δυνάμεις παθητικαί (‚Dispositionen, selbst Wirkungen von einem anderen zu erfahren‘)[216]. „Jedem wahrnehmbaren Körper kommen solche auf die Wechselwirkung zwischen Körpern bezogene Eigenschaften zu[217]. Jeweils eine aktive und passive Disposition sind wechselseitig aufeinander bezogen: z. B. die des Feuers, Wasser zu erwärmen, und die des Wassers, vom Feuer erwärmt zu werden[218]. Die in diesen Positionen festgelegten Wechselbezüge sind *absolut unveränderlich* und *unausweichlich:* Der Fall kann nicht eintreten, daß das Feuer das Wasser, statt es zu erwärmen, abkühlte oder daß eine Wechselwirkung überhaupt nicht stattfände[219]. ‚Sobald das Wirkende und das Wirkung Erfahrende unter den in dem Bezug festgelegten Bedingungen (Ort, Zeit, Art und Weise) einander nahe kommen, müssen sie *notwendig unverzüglich* das eine auf das andere wirken bzw. von dem anderen Wirkung erfahren‘[220]. Das in unserem Zusammenhang wesentlichste

speziell nichts lehrt, und verweisen auf Schramms Erläuterungen (167—190). Auch part. an. Α 1, 642a 1—b 4 übergehen wir, weil nur der Schluß 642a 31—35 über das bis jetzt Vorgetragene hinaus etwas Neues bringt, aber in so verkürzter Form und schwieriger Formulierung, daß wir uns für denselben Tatbestand an klarer formulierte Stellen halten wollen. Zu part. an. 642a 1ff vgl. Schramm 227—239, zum Atmungs-Beispiel (unabhängig von Schramm und präziser als dieser) Bartels 61f. 63.

215 Eine Andeutung dazu schon o. S. 722 mit A. 206. Im Folgenden schließen wir uns eng an Bartels 5—19. 59—64 (dort auch jeweils die Belege) an, dem wir auch eine Reihe von Formulierungen entnehmen (vgl. auch ders., *Synusia* 278—281).

216 Dies und das Folgende wörtlich nach Bartels 11f (mit kleinen Auslassungen, Hervorhebungen und Zusätzen). Vgl. zur aristotelischen Theorie des ποιεῖν — πάσχειν auch Joachim 148—175; mehr Belege für δύναμις τοῦ ποιεῖν bzw. τοῦ πάσχειν bei Bonitz 206a 36—b 12.

217 cael. Α 7, 275b 4—6.

218 Vgl. Δ 15, 1020b 28—30. 1021a 14—19.

219 Wie aus den u. A. 221 zitierten Stellen Θ 2, Θ 5 und De interpr. 13 hervorgeht, schließen die Dispositionen der *Stoffe* (δυνάμεις ἄλογοι) — anders als die Fähigkeiten der τέχναι und der Wissenschaften — keine *Wahl* zwischen *zwei* Möglichkeiten ein: Sobald die nötigen Vorbedingungen gegeben sind, *muß notwendig* die Wechselwirkung eintreten und zwar *eine ganz bestimmte* und keine andere. Vgl. auch Schwegler zu met. III 2, 1 und IX 2, 3.

220 Hier zieht Bartels die Stellen Θ 5, 1048a 5ff, gen. an. Β 4, 740b 21—24 (bes. klar), longaev. 3, 465b 14—16, mot. an. 8, 702a 10—15 zusammen.

Kennzeichen der aktiven und passiven Dispositionen ist, daß ihre Wirkungen nicht durch feste Maßverhältnisse begrenzt sind, daß sie ἄλογοι δυνάμεις sind im Gegensatz gerade zur Techne, die ‚in bestimmtem Verhältnis wirkende Fähigkeit' ist[221]. Der Technit läßt jedes Werkzeug immer nur bis zu dem Grad wirken, als es ‚in Hinsicht auf den herzustellenden Gegenstand' angemessen ist. Der Koch z. B. erhitzt die Speisen gerade so weit, daß sie eben gar kochen, aber nicht anbrennen[222]. Das Feuer dagegen, *dem jede Zielsetzung gleichgültig ist*, müßte, sich selbst überlassen, die Speisen so lange weiter erhitzen, bis entweder das Essen völlig verbrannt ist oder es selbst keine Nahrung mehr findet, d. h. bis der Bezug zwischen beiden durch das Verschwinden des einen aufgehoben ist".

Diese Dispositionen sind also α) auf *eine* Wirkung fixiert, die β) — bei Vorliegen der erforderlichen Bedingungen — *ausnahmslos* und *mit absoluter Notwendigkeit* eintritt und γ) *ziel-indifferent* (a-teleologisch) verfährt. Aristoteles spricht ihnen denn auch eine *‚absolute Notwendigkeit'* (ἀνάγκη ἁπλῶς, ἀναγκαῖον ἁπλῶς) zu[223], die genau der ausnahmslosen (mechanischen) Kausalität der modernen Naturgesetze entspricht.

Diese *ateleologische Eigengesetzlichkeit der Materie*[224] ist *unumstößlich*, das heißt, sie kann durch niemanden und durch nichts geändert oder gar gebrochen werden[225]. Wie läßt sie sich also mit der — von Aristoteles gelehrten — durchgehenden *Zielstrebigkeit* (Teleologie) der Natur und der Techne vereinbaren? Das kann man wiederum am besten an der Techne verdeutlichen[226]:

„Dem Herstellenden sind *zwei* Größen — tatsächlich nicht einzelne Größen, sondern Größenkomplexe — fest gegeben:

1. Der herzustellende Gegenstand, mit allen seinen Bestimmungen, und

2. eine nahezu unbegrenzt hohe Zahl von Bezügen, in denen notwendige Wechselwirkungen festgelegt sind".

„Die Aufgabe des Herstellers ist, das vorgegebene Ziel vermittels dieser ebenfalls fest gegebenen Bezüge, denen jede Zielsetzung gleichgültig ist, zu verwirklichen. Die *einzige* Weise, auf die der Herstellende diese *absolut notwendigen* Bezüge — *die selbst ja in keiner Weise ver-*

[221] Θ 2, 1046a 36ff. interpr. 13, 22b 36ff. Auch Θ 5, 1047b 35ff wird die Unterscheidung von δυνάμεις μετὰ λόγου und δυνάμεις ἄλογοι klar durchgeführt.

[222] gen. an. Δ 2, 767a 15—23. Vgl. gen. an. Β 6, 743a 26—34.

[223] So oben β 9 in der Kritik an Empedokles und Anaxagoras (8.244a), im eigenen Namen u. 8.244c.

[224] Wir sprechen vorerst undifferenziert von ‚Materie' und stellen uns dabei irgendwelche *Stoffe* vor. Um was es sich näherhin handelt, wird u. 8.244d, 8.245 geprüft.

[225] Dieser Tatbestand verbürgt, wie wir noch sehen werden (u. 8.245, 8.252), den unaufhebbaren *Dualismus* der aristotelischen Seinslehre.

[226] Das Folgende wörtlich nach Bartels 17f und *Synusia* 280f.

ändert werden können — auf das Ziel beziehen und ihm dienstbar machen kann, ist *die Zusammenordnung einer größeren Zahl dieser Bezüge in bestimmter Ordnung auf dieses Ziel hin.* Das geschieht in der Analyse. In der Analyse ordnet der Technit die einzelnen Bezüge in solcher Weise auf das Ziel hin zusammen, daß die Einzelwirkungen in ihrer Gesamtwirkung, in der richtigen Ordnung aufeinander folgend und ineinander greifend, den herzustellenden Gegenstand zuletzt tatsächlich hervorbringen. Die *einzelnen Wirk-Bezüge* bleiben in dieser Zusammenordnung *unverändert* erhalten; dem Ziel werden sie lediglich *durch die Weise ihrer Anordnung* (ihrer Reihenfolge, dem Zeitpunkt ihres Einsetzens und Aussetzens, die Dauer und Stärke ihrer Wirksamkeit usw.)[227] dienstbar gemacht. Die Tätigkeit des Techniten läßt sich geradezu so beschreiben, daß er nach einem Plan — der in der Kalkulation aufgestellt wird — durch Annäherung von Stücken, die fähig sind, bestimmte Wirkungen auszutauschen, aneinander in bestimmter Ordnung Wirkbezüge herstellt, sie eine Zeitlang bestehen läßt und — immer nach Maßgabe des Plans — durch Entfernung der Stücke voneinander wieder aufhebt. Da die Gesamtheit der Bezüge in dieser Zusammenordnung ein organisches Ganzes bildet, in dem jede einzelne Wirkung ihren besonderen, vom Ziel her bestimmten Platz und ihre besondere Funktion hat, können wir zutreffend von einer ‚Organisation' der Wirkungen auf das Ziel hin sprechen und sagen, daß der Technit die Einzelwirkungen auf das Ziel hin ‚organisiere'"[228].

„Jedes einzelne Glied des Herstellungsprozesses gehört damit *gleichzeitig zwei entgegengesetzt bezogenen Kausalketten* an:

1. Der *‚mechanistischen'*, durch *absolute Notwendigkeit* bestimmten Kausalkette, und

2. der *‚teleologischen'*, durch *bedingte (hypothetische) Notwendigkeit* auf das Ziel bezogenen Kausalkette.

Der *teleologische Zusammenhang schließt den mechanistischen ein,* da die zweckmäßige Tätigkeit des Techniten die durch absolute Notwendigkeit bestimmten Bezüge voraussetzt. Die Darstellung des *mechanistischen* Zusammenhangs allein ergibt, für sich genommen[229], eine *geschlossene Kausalkette,* da die absolut notwendigen Bezüge ja auch in der Organisation auf ein Ziel unverändert erhalten bleiben. Sie erklärt jedoch nur einen Teilaspekt des gesamten technischen Prozesses; die vorrangige, planmäßige Zusammenordnung (‚Organisation') der Bezüge auf das Ziel bleibt in ihr völlig außer acht. Erst die Dar-

[227] Näheres dazu und Belege bei Bartels 15.

[228] Es folgt bei Bartels 18 (vgl. 10f) das instruktive Beispiel vom Wasserkochen. — Das nachstehende wörtliche Zitat ist Bartels 18f entnommen.

[229] Bartels verweist hier auf das Beispiel vom Wasserkochen.

stellung beider Zusammenhänge nebeneinander gibt eine zureichende Erklärung eines teleologisch bestimmten Prozesses. Denn jede *einzelne* Reaktion gehört zwar einerseits dem durch absolute Notwendigkeit bestimmten Zusammenhang an; die *Stelle* aber, die sie in dieser Kausalkette einnimmt und überhaupt die gesamte *Anordnung* und Organisation des Prozesses ist vom Ziel her bestimmt und daher auch ausschließlich vom Ziel her erklärbar"[230].

Die an der *Techne* festgestellten Verhältnisse gelten *genauso* auch für die *Natur* (φύσις), denn beide Bereiche besitzen für Aristoteles *von allem Anfang an* und *grundsätzlich* die gleichen Aufbaustrukturen (z. B. die ἀρχαί und ihre Beziehungen zueinander).

Die viel behandelte *Analogie Physis—Techne* besagt also nicht, daß Aristoteles etwas *,sekundär'* von der einen auf die andere Seite *übertragen* habe (Physis ⟶ Techne oder Techne ⟶ Physis), sondern sie meint eine *ursprüngliche Struktur-Identität*. Aristoteles greift nur deshalb einen der beiden Bereiche, die Techne, als ,Modell' heraus, weil bei der Techne die Bewegungsursache in *jedem* Falle vom Bewegten getrennt ist[231] und somit die Aufbaugesetze *deutlicher* auf der Hand liegen als bei natürlichen Vorgängen[232]. Der eben genannte Unterschied zwischen Techne und Physis (Trennung von Bewegungsursache und Bewegtem immer in der Techne, nur teilweise in der Physis) und eine

[230] Vgl. nochmals die prägnante Zusammenfassung *Synusia* 278—281, aus der wir den Schluß herausgreifen: „Der *einzelne* Bezug bleibt auch in dieser Verknüpfung (sc. der Organisation) unverändert erhalten. Auf das Ziel bezogen und von ihm her bestimmt ist nur die *Ordnung*, in der die einzelnen Bezüge zusammengeordnet sind. Hier erklären sich die festgestellten Abhängigkeitsverhältnisse (vgl. S. 280): Die *einzelnen* Bezüge sind dem Herstellenden zuerst in der *kategorischen* Form (wenn A vorausgeht, folgt B) gegeben, die *hypothetische* (wenn B sein soll, muß A sein) ist davon abgeleitet (sc. also ist die Analyse von der Fertigung abhängig); die *Zusammenordnung* der Bezüge wird zuerst in der Analyse bestimmt, hier ist die Ausführung in der Fertigung das zweite. — Der Herstellende bestimmt in der Analyse die Zusammenordnung der Bezüge, die den herzustellenden Gegenstand erzeugt, und setzt sie in der Fertigung tatsächlich ins Werk: Das ist der allgemeine Begriff, der dem aristotelischen Schema der Herstellung zugrunde liegt".

[231] In der Physis ist ja bei der *Erzeugung* der Lebewesen die Bewegungsursache (Erzeuger bzw. sein Same) *außerhalb* des Bewegten, nur bei den anderen Naturvorgängen (Qualitäts-, Quantitäts- und Ortsänderung) ist sie *im* Bewegten: Bartels 34—37 (der 37f gut darauf hinweist, daß doch noch ein Unterschied besteht: Der Erzeuger reproduziert sich selbst und damit die Form, der Technit produziert die Form, die er als *Gedanke* in der Seele besitzt).

[232] Die in der vorliegenden Untersuchung schon immer vertretene Auffassung, die aristotelische Analogie von Physis und Techne stelle eine *prinzipielle* und *ursprüngliche Struktur-Gleichheit* dar und sei nicht erst durch vordergründige ,Übertragungen' entstanden, legt — unabhängig — in präziser Beweisführung auch Bartels 1—4. 20—47, bes. 20—22 und 43—47 (vgl. ders., *Synusia* 276f) dar (s. o. S. 9 A. 30). Diese Übereinstimmung wird vielleicht die unreflektierte Rede vom ,technomorphen' Denken des Aristoteles und entsprechend von seiner ,techno-morphen' Hyle-Konzeption zum Verstummen bringen, vgl. o. 1.112, 1.35d.

zweite, kleinere Differenz, die sich aus der ersten ergibt (Fehlen der Analyse bei der Physis)[233], beeinträchtigen nicht die erwähnte *Identität der Struktur* beider Bereiche, die sich in folgenden zwei Bestimmungen zusammenfassen läßt: „Beide Prozesse, der Naturprozeß wie der Prozeß der Herstellung durch Techne sind

1. auf ein *Ziel* gerichtet, das vor Beginn des Prozesses fest vorgegeben ist, und geschehen

2. in *Materialien* (und vermittels solcher Werkzeuge), die eigene, von diesem Ziel und von *jeglicher Zielsetzung überhaupt unabhängige Bestimmungen* haben, Wirkungen aufeinander auszuüben bzw. voneinander zu erfahren"[234].

Wie bei der Techne, so steht also auch bei der Physis jedes an einem teleologischen Prozeß beteiligtes Stück Material (ὕλη) in einem *zweifachen Kausal-Bezug:* a) in einem *ateleologischen, mechanistischen* Grund-Folge-Verhältnis (*absolute Notwendigkeit*); b) in einer Zuordnung auf das vorgegebene Ziel hin (*,teleologische', bedingte Notwendigkeit*). Das Verhältnis beider Bezüge zueinander wird im folgenden noch einmal kurz zur Sprache kommen (c).

c) Die beiden Ursachen des Naturgeschehens: Zielgerichtetheit und Kausal-Mechanismus[235]

Wir haben im Vorstehenden gesehen, wie Aristoteles die Naturprozesse aus zwei Ursachen erklärt, einerseits vom *,Ziel'* (τέλος) her und andererseits auf Grund von *mechanistischen* (absolut notwendigen) *Reaktionen der Materie*. Beide Ursachen sind prinzipiell unabhängig voneinander und stehen einander scharf gegenüber: Denn wenn auch die Natur so weit wie möglich die Reaktionen der Materie auf ein Ziel *hinordnet* (*bedingte* Notwendigkeit), so bleibt doch die *völlige Eigenständigkeit* und der *mechanistische Charakter* dieser (*absolut* notwendigen) Reaktionen davon ganz *unberührt*.

Es sei nochmals wiederholt, daß es hier um *drei* Faktoren geht: 1. Ziel (τέλος, οὗ ἕνεκα); 2. zielindifferente, *absolut notwendige*, mechanistische Reaktionen der Materialien (ἀνάγκη ἁπλῶς, ἀναγκαῖον ἁπλῶς); 3. Geordnetsein (Ordnung, Organisation) der Materialien auf das Ziel hin (*bedingte* Notwendigkeit; ἀνάγκη ἐξ ὑποθέσεως; auch *,teleologische'* Notwendigkeit). Aristoteles stellt nun die drei Faktoren nicht terminologisch exakt dar, weil er meist *beide* Arten von Notwendigkeit (Nr. 2 und 3) undifferenziert als ἀνάγκη (ἀναγκαῖον) bezeichnet, so daß man dem Zusammenhang entnehmen muß, welche

[233] Bartels 33—38; vgl. auch 43—47. S. auch o. A. 231 über eine weitere Differenz.

[234] Bartels 32.

[235] Vgl. dazu durchweg Bartels Kap. 4 (*Erklärung des Naturprozesses aus ,beiden Ursachen'*), 59—78.

von beiden gemeint ist[236]. Für uns hier sind *drei* Kategorien von Fällen erwähnenswert:

α) Bedingte Notwendigkeit — absolute Notwendigkeit

Beide Arten von Notwendigkeit werden an drei Stellen *ausdrücklich* voneinander unterschieden[237]. Hiervon übergehen wir part. an. A 1, 642 a31—36 (Beispiel von der Atmung)[238] und erwähnen zunächst gen. an. Δ 3, 767 b8—15: Die auf dem Art-Eidos beruhende Teleologie wird eigentlich nur durch männliche Nachkommen verwirklicht[239]. So gesehen sind weibliche Nachkommen bereits eine unteleologische Abweichung, freilich eine Abweichung, „die für die Natur notwendig ist" (sc. zur Arterhaltung, also doch wieder *teleologisch* notwendig). „Die eigentliche Mißgeburt dagegen ist nicht notwendig im Hinblick auf das ‚Worum-willen' und auf die Zielursache, sondern auf Grund eines bloßen Sich-so-Treffens[240] notwendig; denn hier (sc. beim Sich-so-Treffen) muß man die Ursache der Mißbildung suchen". Schließlich gen. an. E 1, 778 b16—19: „*Augen* hat jedes Lebewesen (sc. einer bestimmten Art) aus Notwendigkeit (denn das gehört zur Wesensbestimmung der betreffenden Art von Lebewesen); eine bestimmte Augen*farbe* zwar auch aus Notwendigkeit, aber nicht auf Grund einer *solchen* Notwendigkeit (sc. wie die erstgenannte), sondern auf andere Weise: weil es (sc. das betreffende Lebewesen) nämlich darauf angelegt ist, die und die Wirkungen hervorzurufen und zu erleiden". Die erstgenannte Notwendigkeit ist die teleologische (= hypothetische) Notwendigkeit, Form: ‚wenn dies und dies Lebewesen sein soll, dann muß es Augen besitzen' (sonst würde ihm ein *wesentlicher* Teil fehlen). Die Augenfarbe dagegen ergibt sich aus den materiellen Reaktionen (ποιεῖν — πάσχειν) innerhalb des Lebewesens von selbst (d. h. auf Grund *absoluter* Notwendigkeit)[241].

[236] Vgl. Bartels 63f. — Beide Arten gemeinsam ἀνάγκη zu nennen, hat insofern eine gewisse sachliche Berechtigung, als in der ‚Ordnung auf das Ziel hin', d. h. in der *hypothetischen* Notwendigkeit, jeweils unverändert die *absolut* notwendigen Wechselbezüge der Materialien *eingeschlossen* und ‚aufgehoben' sind; deshalb gehört ja auch in einem teleologischen Naturprozeß *dasselbe* Stück Material gleichzeitig *zwei* Kausalreihen an, einer *teleologischen* (= hypothetische Notwendigkeit) und einer *mechanistischen* (= absolute Notwendigkeit); vgl. o. S. 726. Trotzdem muß man in der undifferenzierten Terminologie des Aristoteles beide entgegengesetzten — und letztlich unvereinbaren — Blickrichtungen so weit wie möglich voneinander trennen.

[237] Vgl. Bartels 64, dem wir auch Formulierungen verdanken.

[238] Vgl. dazu o. S. 723 A. 214.

[239] sc.: weil nur Männer das Eidos rein verkörpern, Frauen dagegen nur eine unvollkommene (‚nicht durchgekochte') Variante der Männer darstellen; vgl. u. 8.246a.

[240] κατὰ συμβεβηκός: Damit sind die *absolut notwendigen* Bezüge der beteiligten Materialien gemeint. Wieso man diese κατὰ συμβεβηκός nennen kann, darüber u. S. 758f mit A. 396.

[241] Vgl. auch das Vorhergehende 778b 10—16.

Die drei Stellen stimmen nur in dem einen, mehr äußerlichen Punkt überein, daß sie beide Arten von Notwendigkeit explizit erwähnen und voneinander abheben, beziehen sich aber auf grundsätzlich verschiedene Tatbestände[242]:

In dem — nicht vorgeführten — Atmungsbeispiel part. an. A 1 wird gezeigt, wie *ein und derselbe* Vorgang (Atmung) und *jede* Phase dieses Vorgangs *sowohl* zielgerichtet (= *bedingt* notwendig) ist *als auch* mechanistisch (= *absolut* notwendig)[243].

An den beiden anderen Stellen (gen. an. Δ 3 und E 1) geht es jeweils um *zwei* verschiedene Fakten, von denen das erste *hypothetisch* notwendig, also teleologisch bestimmt ist, das zweite allein auf Grund *absoluter* Notwendigkeit, d. h. rein mechanistisch abläuft. Und da in der hypothetischen Notwendigkeit stets absolute Notwendigkeit mit eingeschlossen ist, kann man auch sagen: Im ersten Vorgang jeweils wirken absolute Notwendigkeit und Telos, Materie und Form zusammen, im zweiten handelt allein die absolute Notwendigkeit, d. h. die Materie. An beiden Stellen wird also der *Übergang* von *ziel-gebundenem* zu *ziel-freiem* Wirken der *Materie* (= Mechanismus, = absolute Notwendigkeit) deutlich.

Über dieser wesentlichen Gemeinsamkeit zwischen den zwei Belegen aus gen. an. darf man nicht übersehen, daß besagter *Übergang* jedesmal einen *anderen* Charakter hat: In gen. an. E 1 konstituiert die Materie (absolute Notwendigkeit) im Dienste eines *teleologischen* Prozesses etwas vom Telos Vorgeschriebenes (das Auge), *daneben* aber auch *in eigener Regie* (also *zielfrei*) an *demselben* Gegenstand etwas, was nicht mehr vom Telos geplant ist, die Augen*farbe*. Abgekürzt kann man sagen: Das ‚*Wesentliche*' stellt die Materie unter Führung des Eidos (= Telos) her[244], das ‚*Nebensächliche*' ohne Eidos in eigenständigem Vorgehen. Darauf kommen wir unten zurück[245]. In gen. an. Δ 3 dagegen handelt es sich um *zwei verschiedene* Gegenstände, deren einen die Materie in *zweckgebundenem* Wirken herstellt (Frau), deren anderen in *zweckfreiem* (Mißgeburt). Der Maßstab der Unterscheidung liegt hier darin, ob das so erzeugte Produkt *für die Erhaltung der Art* erforderlich ist oder nicht[246]. Auch darauf wird unten nochmals eingegangen[247].

[242] Den Unterschied hat Bartels 60—64 gesehen, er soll aber hier noch schärfer herausgestellt werden, weil für unser Thema im Folgenden viel darauf ankommt.

[243] Erneut sei auf die Behandlung des Atmungs-Beispiels durch Bartels 61—63 hingewiesen.

[244] D. h. sie läßt ihre absolute Notwendigkeit dem Arrangement der bedingten Notwendigkeit einordnen. In diesem ‚läßt' steckt ein wichtiges Problem, das wir u. **8**.246a Ende, **8**.246b/c, **8**.247 erörtern.

[245] **8**.246b.

[246] Vgl. zu diesem Kriterium u. unter γ).

[247] **8**.246a.

β) Telos — absolute Notwendigkeit[248]

Telos und absolute Notwendigkeit — was de facto dasselbe bedeutet wie bedingte Notwendigkeit und absolute Notwendigkeit — stellt Aristoteles an vielen Stellen einander gegenüber. Dabei geht es — wie beim Atmungsbeispiel (s. oben) — jedesmal darum, daß die *gleichen* Geschehnisse und Abläufe *einesteils* (vom Anfang her betrachtet) *mechanistisch* ablaufen, *andererseits teleologisch* (vom Ziel her gesehen). Wir erwähnen zunächst aus dem Techne-Bereich das instruktive Beispiel von der Lampe: „Dasselbe kann zugleich um eines Zieles willen sein und aus Notwendigkeit. Denn das Licht durchdringt den Leuchter einmal aus Notwendigkeit, da seine Teilchen kleiner sind als die Poren des Leuchters, ..., zugleich aber auch um eines Zieles willen: damit wir nicht (im Dunkeln) fallen"[249]. Aus der Natur nennen wir nur gen. an. B 6, 743 a36—b18[250]: Die aktiven Kräfte des Elementarbereichs sind Warm und Kalt. Die Natur gebraucht beide Kräfte, die ‚notwendig' (ἐξ ἀνάγκης) das Vermögen (δύναμις) haben, diese oder jene Wirkung hervorzubringen, „aber bei der Entwicklung der Embryonen erwärmen sie (bzw. kühlen sie ab) ⟨nur⟩ um eines Zieles willen" (a36—b2). D. h. bei der Entwicklung eines Lebewesens handeln die Elementarkräfte „⟨im gleichen Augenblick und an der gleichen Stelle⟩ einesteils aus Notwendigkeit, anderenteils um eines Zieles willen"[251]. Und am Schluß der Stelle zusammenfassend: „Von all diesen Vorgängen muß man, wie bereits oben gesagt, feststellen, daß sie einerseits aus Notwendigkeit geschehen, andererseits nicht aus Notwendigkeit, sondern um eines Zieles willen" (b16—18)[252]. Alle weiteren einschlägigen Stellen

[248] Obwohl schon allein die Antithese τέλος-ἀνάγκη dafür spricht, daß die *absolute* Notwendigkeit gemeint ist (denn τέλος und ‚teleologische Notwendigkeit' bedeuten praktisch dasselbe, vgl. Bartels 63), ist es nicht ausgeschlossen, daß Aristoteles vielleicht an einer der ‚τέλος-ἀνάγκη'-Stellen eher an die *bedingte* Notwendigkeit denkt, etwa so: Dem τέλος als Hauptursache (αἰτία) wird die Materie als Mitursache (συναίτιον), notwendige Bedingung (ὧν οὐκ ἄνευ) — kurzum, als ‚*nur*' hypothetisch Notwendiges gegenübergestellt. Solche Belege lassen wir indes ganz außer Betracht. (Nähere Nachprüfung dieser Frage erwünscht.)

[249] An. post. B 11, 94b 27—31, übersetzt von Bartels 19.

[250] gen. an. B 6 handelt von der Entwicklung des Embryos, enthält aber auch eine Reihe allgemeinerer Erwägungen, u. a. über πρότερον (742a 19—b 17) und eine Auseinandersetzung mit Demokrit über die ‚Ursachen' in der Natur (742b 17—35). — 742a 32 wird die Material-Ursache knapp und treffend τὸ χρήσιμον καὶ ᾧ χρῆται τὸ τέλος genannt, also ‚brauchbares Mittel zum Zweck'. Es ist vielleicht kein Zufall, daß der Terminus ἀναγκαῖον hier nicht erscheint. — 742b 18 ἀνάγκην ist nicht terminologisch gemeint, sondern Aristoteles sagt nur, daß der (statistische) Hinweis auf die stetige Wiederkehr eines bestimmten Naturvorganges an sich noch keine Begründung dieses Vorganges enthalte (!).

[251] b 3f τῇ μὲν ἐξ ἀνάγκης ποιούντων (sc. τοῦ θερμοῦ καὶ τοῦ ψυχροῦ)..., τῇ δ' ἕνεκά τινος.

[252] Vgl. dazu auch Bartels 60f.

hat Bartels zusammengestellt und analysiert, so daß wir uns hier mit einem Verweis auf ihn begnügen können[253].

γ) Wie weit reicht die teleologische Gebundenheit der absoluten Notwendigkeit?

Im Anschluß an die oben besprochenen Stellen aus gen. an. Δ 3 und E 1 müssen wir uns noch deutlicher vergewissern, bis zu welchem Punkt Aristoteles die absolute Notwendigkeit dem Telos unterordnen, d. h. in eine Kausal-Kette der *bedingten* Notwendigkeit einfügen will. Denn ohne Kenntnis dieser Grenze können wir nicht exakt bestimmen, wo das ziel-freie Wirken der Materie beginnt, das uns besonders interessiert (u. *8.246*). Wir halten uns an die Stellen, an denen Aristoteles zur Erklärung der Naturprozesse nur die ‚bedingte Notwendigkeit' nennt, ohne die ‚absolute Notwendigkeit' zu erwähnen[254]:

Aus den Stellen ergibt sich nun, daß „die Form- und Zielursache, auf die die bedingte Notwendigkeit stets bezogen ist, hierbei in *zweierlei* Weise als Ursache bestimmend sein kann:

1. sind in der Definition jeder Art oder Gattung bestimmte art- bzw. gattungsspezifische Kennzeichen festgelegt, die jedes Lebewesen dieser Art oder Gattung besitzen muß: so z. B. für das Lebewesen überhaupt die Wahrnehmung, für die Vögel Flügel usw.;

2. muß jedes Lebewesen zu seiner Erhaltung und der Erhaltung der Art bestimmte Leistungen, Lebensfunktionen erfüllen, wie z. B. Nahrungssuche und -verwertung, Ausgleich des Wärmehaushalts usw., zu denen es bestimmter Organe bedarf.

Die bedingte Notwendigkeit, die auf das Ziel bezogen ist, kann sich dementsprechend auf *ein in der Wesensform der Art oder Gattung gegebenes Merkmal* oder auf eine der genannten *Leistungen* beziehen".

Auch ohne daß wir die Belege hier einzeln vorführen[255], ist deutlich, daß diese Kriterien ausreichen, im *organischen* Bereich der Natur *telos-gebundenes* klar von *ziel-freiem* Wirken der Materie abzugrenzen.

Bevor wir nun aber dazu übergehen können, das ateleologische Verhalten der Materie speziell zu betrachten, müssen wir noch kurz überlegen, wie es im *anorganischen* Bereich um Teleologie und damit um die bedingte Notwendigkeit steht.

[253] Bartels 70—78: *Erklärung aus bedingter und absoluter Notwendigkeit verbunden.*

[254] Das Folgende nach Bartels 64—70 (*Erklärung aus bedingter Notwendigkeit allein*); die Formulierungen S. 64f, die Beispiele für ‚bedingte Notwendigkeit auf die Wesensform bezogen' S. 65f, für ‚bedingte Notwendigkeit auf Leistungen bezogen' S. 65—70.

[255] Sie sind besprochen bei Bartels, s. vorst. Anm.

d) Teleologie und bedingte Notwendigkeit im anorganischen Bereich?

Die Entstehungsprozesse der Techne und der *organischen* Physis[256] gehen, wie wir im Vorstehenden sahen, stets von *zwei* Gegebenheiten aus: 1. Telos (z. B. Produkt der Techne, Lebewesen); 2. *Materialien*, die auf Grund bestimmter ‚irrationaler Dispositionen' (δυνάμεις ἄλογοι)[257] zielfrei (a-teleologisch) und mit absoluter Notwendigkeit Wirkungen ausüben (ποιεῖν; δύναμις ποιητική) und solche erfahren (πάσχειν; δύναμις παθητική). Während das Telos hier übergangen werden kann, bedürfen die *Materialien* und ihre *Dispositionen*, die wir bisher als solche hinnahmen, einer Erörterung. Es geht dabei hauptsächlich um *drei* Fragen:

α) Was ist eigentlich *inhaltlich* mit ‚*Materialien*' und ‚*Dispositionen*' gemeint?

β) Ist dieser Bereich in sich *homogen* und *geschlossen*, so daß er *durchweg* von absoluter Notwendigkeit und Ziellosigkeit bestimmt wird, oder kann man auch in ihm wieder ‚Ziel' und ‚Material', Zielstrebigkeit und Kausal-Mechanismus unterscheiden?

γ) Läßt sich dementsprechend die undifferenzierte Gleichung ‚ὕλη = mechanistisch wirkendes Material' aufrechterhalten?

Eine Beantwortung dieser Fragen ist dadurch erschwert, daß Aristoteles sich ihnen nur nebenbei widmet und besonders über β) und γ) so gut wie nichts äußert, und daß einige Bemerkungen in meteor. 4, die hierhergehören, wegen der immer noch unsicheren Verfasserfrage[258] nur hilfsweise herangezogen werden können.

α) Die *Materialien* der *Techne* kann man sich unschwer vorstellen: Beim Hausbau (aristotelisches Lieblingsbeispiel) sind es anorganische (Steine usw.), z. T. auch organische (Holz) Baustoffe, hinzu kommen Werkzeuge und Hilfsmittel verschiedenster Art; bei Krankenheilung (auch dies ein bevorzugtes Exempel des Aristoteles) sind es eingegebene Heilmittel (anorganische und organische), äußerliche Applikationen (warme Umschläge) usw. In den Prozessen der *organischen Natur* geht es fast ausnahmslos[259] um organische Stoffe, sowohl beim

[256] Auch wenn immer von ‚Physis' schlechthin gesprochen wurde, war de facto stets die *organische* Natur gemeint. Das gilt auch für Bartels' Untersuchung, die sich ja laut Thema auf die *Biologie* beschränkt und deshalb auch nicht den anorganischen Bereich speziell in den Blick faßt.

[257] Der Ausdruck ‚irrational' soll sowohl die ‚unvernünftige' Ziellosigkeit (λόγος ~ εἶδος = τέλος) wie auch die ‚Disproportioniertheit' (λόγος = *ratio* = Proportion; vgl. o. **8**.244 b, bes. S. 724 f) der Wirkungen jener δυνάμεις ἄλογοι kennzeichnen.

[258] Vgl. dazu o. **6** Anfang.

[259] Einzige Ausnahme ist die anorganische Erde als Hyle für das Werden der Pflanzen (vgl. S. 792 A. 567).

substantiellen Werden (z. B. Menstrualblut als ὕλη der Zeugung)[260] als auch bei den akzidentellen Veränderungen (z. B. beim Wachstum die τροφή als *materia ex qua*, das Fleisch des Körpers als *materia in qua*)[261].

Diese — voneinander höchst verschiedenen — Materialien, Hilfsmittel, Werkzeuge usw. werden *deswegen* der absoluten Notwendigkeit zugeordnet, weil sie bestimmte (‚physikalische' oder ‚chemische') Dispositionen (δυνάμεις) besitzen, die ohne Rücksicht auf irgendein Ziel *völlig automatisch* und *mechanisch* wirken. Alle derartigen ‚Dispositionen' führt nun Aristoteles auf die vier Ur-δυνάμεις Warm, Kalt, Feucht und Trocken zurück, die somit — da Aristoteles seine Reduktion nicht über sie hinausführt, sondern ausdrücklich bei ihnen stehenbleibt — *letzter* Ausgangspunkt *sämtlicher mechanistischer Reaktionen* im Naturbereich sind[262]. Zwei der vier δυνάμεις gelten als ‚aktiv' (ποιητικά), nämlich Warm und Kalt, zwei als ‚passiv' (παθητικά), Feucht und Trocken.

β) Damit ist eigentlich auch schon die Frage, ob man *innerhalb* des anorganischen Bereiches eine *eigene* Art von Zielstrebigkeit feststellen kann, negativ beantwortet. Trotzdem wollen wir die Indizien, die *für* eine Teleologie des Anorganischen sprechen, kurz mustern: Das Anorganische ist nicht strikt ‚homogen', sondern schichtet sich

260 Wie die anderen bei der Zeugung beteiligten Faktoren (z. B. Same, Vegetativseele, Wärme und Kälte) in das Strukturschema des teleologischen Prozesses einzuordnen sind, legt Bartels 107ff präzise dar. Zu Wärme und Kälte s. gleich unten.

261 Zu diesen beiden Materien des Wachstums Joachim 113, wo weitere Verweise. — Auch bei den zwei anderen Arten der akzidentellen Veränderung (Qualitätsänderung und Ortsbewegung) sind außer der Substanz als Substrat (bzw. Hyle) noch andere Hilfsfaktoren beteiligt, z. B. das Medium, in dem die Ortsbewegung stattfindet; und dgl. mehr. Näheres Eingehen ist nicht erforderlich, weil das Grundsätzliche sowieso klar ist.

262 Die Einzelheiten brauchen hier nicht entwickelt zu werden. Vgl. neben den Ausführungen o. **6** (bes. **6**.11) vor allem Joachim (an den im Index 299 s. v. *Dry-moist*, 300 s. v. *Heat* and *Hot-Cold* genannten Stellen, bes. 204—207, dazu 132—136 über die Assimilation der Nahrung; u. ö.; die Richtigkeit von Joachims Darstellung wird durch den Umstand, daß er meteor. 4 als echt ansieht und oft heranzieht, keineswegs beeinträchtigt), Solmsen, Index s. v. *Hot, Moist, Powers*, Bartels passim (vor allem 120f über Warm, Kalt und Feucht bei der Zeugung); Ausgangspunkt wie immer Bonitz unter den Stichwörtern (θερμόν ξηρόν ὑγρόν ψυχρόν), ferner die Indices der Oxf. Transl. (z. B. von part. an. unter *Elementary Forces, Heat, Hot-Cold*; gen. an. unter *Heat*). — Die anderen physikalischen Eigenschaften wie hart — weich, elastisch usw. betrachtet Aristoteles als *Sekundär*-Qualitäten und führt sie auf die vier genannten *Primär*-Qualitäten zurück (Joachim zu gen. corr. B 2; ‚leicht' und ‚schwer' gehören überhaupt nicht zu den δυνάμεις ποιητικαί/παθητικαί, vgl. Joachim 204). Außer diesen Qualitäten, die alle den *Tastsinn* (ἁφή) betreffen, gibt es natürlich noch die den anderen Sinnesorganen zugeordneten Qualitäten, die jedoch für unser Problem keine Rolle spielen.

in die drei Stufen *prima materia*/bzw. vier Grundkräfte[263] — Elemente — anorganische Homoiomere, von denen die obere jeweils als ‚Form', die untere(n) als ‚Materie' gelten[264]. Nicht nur die anorganischen Homoiomere, sondern bereits die Elemente gelten als οὐσίαι, besitzen also eine Wesensform (εἶδος). Zudem scheinen die anorganischen Homoiomere teilweise auch *Ziel* anorganischen (‚chemischen') Werdens (πέψις) zu sein[265]. Das alles ändert aber nichts daran, daß im *anorganischen* Bereich von einer *Teleologie im vollen Wortsinn nicht* gesprochen werden kann: Die Wesensformen der Elemente und Homoiomere bezeichnen nur das jeweilige ‚Mischungsverhältnis' (λόγος τῆς μίξεως) der vier Grundkräfte, stellen also nicht mehr als *Zusammenfassungen* dieser δυνάμεις dar, keine eigentliche *Organisation* oder *Hinordnung* der Grundkräfte auf ein *von ihnen verschiedenes* Ziel hin[266].

Dieses Bild bestätigt sich noch von einer anderen Seite: Obwohl Aristoteles die drei obengenannten Stufen des Anorganischen trennt und mit seinem ὕλη-εἶδος-Begriff beschreibt, setzt er sich dann doch wieder über all diese Unterschiede hinweg, indem er die *Elemente* und zum Teil auch die *anorganischen Homoiomere durch die* für sie charakteristischen *Grundkräfte ersetzt,* wobei die δυνάμεις sowohl ‚substantiell' wie ‚akzidentell', ‚konkret' wie ‚abstrakt' sind[267].

Und so treten anorganische Homoiomere und Elemente, meist aber statt ihrer die vier δυνάμεις als ausnahmslos zielfrei und automatisch mit absoluter Notwendigkeit wirkende Faktoren des Naturgeschehens auf. Es ist denn auch nur konsequent, wenn Aristoteles für die Zustände *innerhalb* dieses Bereiches weder den Begriff τέλος noch den der ‚hypothetischen Notwendigkeit' gebraucht[268]. Sooft die

[263] Die Übersetzung von δυνάμεις ist schwierig, vgl. o. S. 520 A. 5. Ich werde neben dem in **6** verwendeten Terminus ‚Qualitäten' hier auch ‚Disponiertheiten' und ‚Kräfte' sagen.

[264] Für dies und das Folgende Belege und weitere Verweise *Scala naturae* 221—225.

[265] Letzteres findet sich allerdings nur in meteor. 4 angedeutet (vgl. o. **6**.221), kann aber als genuin-aristotelische Lehre angesprochen werden, ohne daß unsere Ausführungen davon berührt würden.

[266] Natürlich werden die δυνάμεις durch die Strukturformel gebunden — sonst gäbe es ja keinen Unterschied zwischen anorganischen *Stoffen* (z. B. Metallen und Gesteinen) und *frei* wirkenden δυνάμεις —, aber diese Bindung ist nichts prinzipiell anderes als die δυνάμεις selber, und so wirken denn auch die anorganischen Homoiomere als Ganzes in keiner Weise weniger automatisch und qualitativ anders als die in ihnen gebündelten δυνάμεις. S. gleich nachstehend im Text.

[267] Näheres dazu o. **6**.13.

[268] Auch die Bemühungen von meteor. 4, den anorganischen Bereich von ‚oben' her in den Griff zu bekommen, bestätigen nur seinen durchgehenden Mechanismus; hierin widerspricht meteor. 4 also nicht der üblichen Anschauung des Aristoteles von den automatisch wirkenden δυνάμεις. — Im übrigen würde sich an dem Kausalmechanismus dieses Bereiches nichts ändern, selbst wenn man ihn teleologisch (als bedingte Notwendigkeit) *formulieren* würde: Denn was immer man da als *Ziel* hinstellt,

anorganischen Stoffe bzw. ihre δυνάμεις Bestandteil eines regelrecht teleologischen Prozesses (bzw. einer Kausal-Kette der ‚bedingten Notwendigkeit') sind, dann liegt das Ziel stets *außerhalb* des anorganischen Bereiches; so bei Produkten der Techne oder des organischen Werdens. Auch der teleologische *Kreislauf der Elemente* hat sein Ziel nicht im Anorganischen selbst, sondern in der *Weltordnung als ganzer*[269].

γ) Hier wäre nun die dritte der oben gestellten Fragen anzuschließen. Sie soll jedoch im nächsten Abschnitt gesondert behandelt werden, dem wir uns — indem wir die Untersuchung der ‚hypothetischen Notwendigkeit' hiermit beenden[270] — gleich zuwenden wollen.

8.245 Schließt das Materie-Prinzip als solches absolute Notwendigkeit ein?

Hat die an der Techne und der organischen Natur abgelesene Gleichung ‚mechanistisch wirkende Faktoren = Hyle' auch noch dann Gültigkeit, wenn man die Reihe der Überformungen bis zum Hyle-Prinzip selbst zurückgeht? Beruhen nicht vielmehr — da Grundkräfte und Elemente nicht ‚konkret vorkommen' — die automatischen, zielfreien Reaktionen auf ganz bestimmten körperlichen Stoffen (d. h. irgendwelchen *Homoiomere*), welche erst durch die *Wesensform* (εἶδος) zu dem gemacht werden, was sie sind? Dieser Meinung ist offensichtlich Baeumker 270:

kommt *sowieso* durch das starr-einseitige Wirken der δυνάμεις ποιητικαί/παθητικαί *automatisch* und *von selber* zustande.

269 Zu diesem Kreislauf o. 3.21, 5.42, *Kosmologie und Metaphysik* 169. Die Formel der ‚hypothetischen Notwendigkeit' müßte für diesen Fall also lauten: ‚Wenn — im Sinne der Weltordnung — das sublunare Geschehen ewig so weitergehen soll, müssen die Elemente kreisförmig ineinander übergehen'. — Auch die Bemerkungen *Scala naturae* 225 mit A. 21 sollen nur besagen, daß das Anorganische der *Gesamt*-Teleologie des Kosmos eingeordnet ist, nicht aber, daß es *in sich* teleologisch bestimmt sei.

270 Natürlich gäbe die ‚hypothetische Notwendigkeit' noch viel Stoff zum Nachdenken. Nur *ein* Problem: Warum bewegt sich Aristoteles nirgends über den Rahmen des ‚wenn'-‚dann'-Satzes hinaus? Weder verfolgt er a) das ‚dann' über das unmittelbar gegebene Material zurück, noch b) sagt er etwas über den Grad der Notwendigkeit, mit welcher das Telos (das ‚wenn') eintritt. Ersteres (also a) mag damit zusammenhängen, daß das ὑπόθεσις-Schema, worauf besonders M. Schramm hingewiesen hat, letztlich aus der Logik stammt und Aristoteles eine unendliche Kette von Prämissen scharf ablehnt (An. post. A 19—22, B 12. Vgl. Schramm 173. Man müßte dieser Frage an Hand von gen. corr. B 11 und met. E 3 noch einmal nachgehen). b) In der Techne hängt dies ‚sein sollen' vom Menschen ab und davon, wie viel ihm am Telos liegt. Es steht ihm jeden Augenblick frei, zu bauen anzufangen, weiter zu bauen, damit aufzuhören oder das schon Gebaute wieder einzureißen. Er kann also nach Belieben die Ursachenkette beginnen bzw. in Gang halten oder nicht. Das heißt: Das Wie jedes einzelnen Schrittes steht ihm nicht frei, wohl aber das ‚Ob'; er ist Herr über ‚wenn', aber nicht über ‚dann'. Beim Ziel *organischen* Werdens ist diese

„Wenn Aristoteles auch der Materialursache eine Kraft, und zwar eine mit Notwendigkeit sich betätigende Kraft, beilegt, so hat er nicht die unkörperliche letzte Grundlage alles körperlichen Seins im Sinn, sondern einen bestimmten körperlichen Stoff. Jene letzte Grundlage dagegen ist für ihn wie für Plato etwas alles Aufnehmendes, in sich Unbestimmtes und Kraftloses". Von den Ergebnissen naturwissenschaftlicher Beobachtung werde er jedoch gezwungen, jene ‚unbestimmte letzte Grundlage', welche „ein unfruchtbares Phantasiegebilde" sei, aufzugeben und sich an die vollbestimmte körperliche Materie zu halten, welcher er dann die Aktivität der mechanischen Kausalität verleihe. Dies alles sei „eine sachgemäße Konzession, welche die wissenschaftlichen Bedürfnisse der Naturerklärung unvermerkt dem unzureichenden philosophischen Standpunkt (sc. des Aristoteles) abgerungen haben" (271). Er schränkt also Aktivität und (absolut notwendiges) mechanistisches Wirken auf die vollbestimmten Substanzen (d. h. die *secunda materia*) ein.

Wenn das zuträfe, würde der ateleologische Kausalmechanismus im Naturgeschehen letztlich nicht von der Materie, sondern von der Form verursacht[271]: Es stünden sich also nicht Form als Ziel-Prinzip und Materie als Prinzip der Ziellosigkeit gegenüber, sondern eine *höhere* Form einer *niederen* — was wichtige Konsequenzen für die Deutung der aristotelischen Ontologie insgesamt hätte: Denn so erhielte der aristotelische *Dualismus* eindeutig *monistische* Züge[272].

Indessen läßt sich diese Ansicht nicht halten. Denn wir sahen vorhin[273], daß trotz aller ‚Überformungen' (durch Elemente und Homoiomere) im gesamten anorganischen Bereich die vier Ur-δυνάμεις Warm, Kalt, Feucht und Trocken letzte ‚Träger' der mechanistischen Reaktionen und zugleich *eben diese Reaktionen selber* sind. Die vier Grund-Kräfte sind von allem Anfang an als solche vorhanden und lassen sich nicht weiter reduzieren. Wie man sie nun ontologisch ein-

Freiheit stark eingeschränkt, weil die Physis, *sofern die Weltordnung erhalten bleiben soll,* dafür sorgen muß, daß das Art-Eidos *nicht verloren geht*, sich also mindestens in *einem* Exemplar fortpflanzt. Man kann das wieder als ‚*hypothetische* Notwendigkeit' formulieren (‚wenn die Weltordnung eingehalten werden soll, muß jedes Eidos sich fortpflanzen'), sollte sich aber darüber klar sein, daß infolge der Unverbrüchlichkeit der Weltordnung auch das ‚dann' einen gewissen *Zwang* einschließt: Es ist der Zwang des vom unbewegten Beweger her auf die εἴδη einwirkenden Weltgesetzes = ‚Eidos-Zwang' (vgl. dazu o. S. 716 A. 178), der wichtig ist, obwohl er von Aristoteles nicht ausdrücklich thematisiert wird.

271 Baeumker 271: „Jene notwendige Wirksamkeit geht bei Aristoteles nicht von der absolut formlosen Materie aus, sondern von der durch eine Form bereits bestimmten".

272 In *dieser* Hinsicht ist Baeumker, obwohl er auch das ‚rein passive' Hyle-*Prinzip* betont, der monistischen Aristoteles-Deutung Jaegers und Stenzels recht nahe, für welche Hyle mit der ‚letzten Form' identisch ist (vgl. o. 1.15).

273 o. 8.244d.

ordnen soll, hängt davon ab, welche Stellen man in den Vordergrund rückt[274]: a) In der ‚kanonischen' Lehre von gen. corr.[275] vereinigt sich die *prima materia* (als Hyle) mit je zweien der vier Grund-Kräfte zu einer Element-Substanz (οὐσία)[276]. Wenn auch die Rolle der Grundkräfte dabei nicht exakt nach dem Schema der vier Ursachen festgelegt werden kann[277], so ist doch sicher, daß sie *nicht* das εἶδος darstellen. εἶδος ist vielleicht die das Element als solches konstituierende Strukturformel[278]. b) In den biologischen Schriften tritt die *prima materia* zurück, und die vier Elementar-Kräfte spielen eine selbständige Rolle[279], so daß nun zwei davon (Feucht und Trocken)[280] oder alle vier[281] als Hyle erscheinen[282]. Im ersten Fall werden Feucht und Trocken von den beiden anderen Kräften, Warm und Kalt, geprägt; Warm und Kalt sind aber nicht selbst schon Eidos, sondern ‚Werkzeuge' im Dienste des Eidos, ob dieses nun in der Mischungsformel des Homoiomeres oder — beim Lebendigen — eine Stufe weiter in der Seele gesehen wird[283]. Im zweiten Fall sind die vier Kräfte Materie des Homoiomeres-εἶδος (= Mischungsformel)[284] oder letztlich auch wieder der Seele und dgl.

In der letztgenannten Lehre (b) sind die vier δυνάμεις, ob sie ὕλη oder ‚Werkzeuge' heißen, eindeutig *Erscheinungsweisen der ‚Materie'* im Gegensatz zur Form. Da sie aller Überformung *voraufliegen* und mit dem Gegensatz ‚Konkret'—‚Abstrakt' nicht zureichend erfaßbar sind, werden sie von Baeumkers Argumenten gar nicht betroffen.

Schon dies genügt also, die Thesen Baeumkers zu entkräften. Wir wollen aber doch im Sinne Baeumkers eine weitere Frage stellen — eine Frage, die unten wiederholt werden wird:

Darf man die wesentlichste Eigenschaft der δυνάμεις, nämlich Zielfreiheit, Automatismus oder dgl., auf das hinter ihnen stehende

[274] Ich gebe hier *Scalae naturae* 222 A. 9 wieder (mit einer kleinen Korrektur, s. u.).

[275] Stellen Joachim Index s. v. *Elements*.

[276] οὐσίαι heißen die Elemente z. B. cael. 298a 29f.

[277] *Scala naturae* 2 dachte ich unter Verweis auf Joachim 207, sie könnten *causae efficientes* sein. Aber diese Bezeichnung trifft, *falls überhaupt*, nur auf Warm und Kalt zu (vgl. Joachim a. O.). Deshalb möchte ich jetzt lieber auf eine Kennzeichnung verzichten.

[278] Vgl. o. **6**.222b.

[279] Z. B. part. an. A 2/3; vgl. bes. 648b 9f.

[280] respir. 477b 23f; vgl. o. **6**.211.

[281] part. an. 646a 16f.

[282] Vgl. o. **6**.21.

[283] part. an. 652b 10—13: Das Warme dient der Seele. gen. an. 740b 31: Die Seele gebraucht Wärme und Kälte als Werkzeuge. Vgl. auch Bartels 118—121.

[284] Wenn man die vier Elementarqualitäten als Hyle paarweise auseinandernehmen darf (die part. an.-Stelle sagt nichts Näheres darüber), könnte man schon an das Element-Eidos (d. h. die Element-Mischungsformel) denken. Aber darauf kommt nichts an.

Hyle-Prinzip[285] zurückprojizieren oder *muß* man es sogar vielleicht? Die Antwort kann nur lauten: Man muß es, weil man — sofern die Relation Prinzip-Prinzipiat überhaupt einen Sinn haben soll — nicht eine Bestimmung, die das *Wesen* des Prinzipiats ausmacht, dem Prinzip *undifferenziert absprechen* kann. Das heißt nun andererseits natürlich nicht, daß man sie ihm *undifferenziert* (gleichsam ‚synonym') *zuspricht*. Vielmehr kommt sie beidem (dem Prinzipiat und dem Prinzip) auf *analoge* Weise zu[286]. Man kann sogar die Analogie so weit fassen und das Prinzip so entschieden über seine Prinzipiate hinausrücken, daß man die Bestimmungen der Prinzipiate nicht auf das Prinzip anwendet. *Das schließt aber dann nicht aus, sondern gerade ein, daß das Prinzip Prinzip eben dieser Eigenschaften in seinen Prinzipiaten ist,* d. h. *es besteht gerade in diesen Punkten eine notwendige Wesensbeziehung zwischen Prinzip und Prinzipiat.* Wie das gemeint ist, haben wir an Platon und besonders an Speusipp gesehen: Die Prinzipien sind selbst über Sein und Wert erhaben und verursachen doch Sein und Wert in allem ihnen Nachgeordneten usw.[287]. Demgemäß brauchen wir auch hier das Hyle-Prinzip *selbst* nicht mit der Bezeichnung ‚kausalmechanisch' zu charakterisieren und können doch sagen: *Es ist Prinzip aller zielfreien, mechanistischen, mit ‚absoluter Notwendigkeit' stattfindenden Vorgänge in der Natur.* Baeumker hat bei seiner überscharfen ‚Trennung' von Prinzip und Prinzipiat nicht genau genug das zwischen beidem bestehende Verhältnis durchdacht und nicht die genannte Prinzipien-Konzeption der Akademie beachtet[288], der Aristoteles hier und sonst verpflichtet ist[289].

Aber auch die unter a) genannte Lehre, nach welcher die *prima materia* erst durch das *Hinzutreten* von zweien der vier Elementarkräfte zu einem Element und zu einem mechanistisch wirkenden Etwas wird[290], berechtigt nicht, dem Materie-Prinzip die ateleologische Wirk-

[285] Es ist dabei gleichgültig, *wie* man die Reduktion vollzieht: ob man — doch noch der ‚kanonischen' Lehre folgend — zuerst zur *prima materia* und von da zum allgemeinsten Hyle-Prinzip gelangt oder ob man — wahrscheinlicher — von den δυνάμεις aus direkt auf das letzte Hyle-Prinzip zurückgeht.

[286] Wie man diese Analogie näherhin formulieren soll, mag hier offen bleiben. Vgl. auch nachstehend im Text.

[287] Näheres o. 2.3.

[288] Freilich standen zu Baeumkers Zeit für die betreffenden Lehren Platons und Speusipps weniger Testimonia zur Verfügung als heute, und Merlans Scharfsinn hatte noch nicht das Sach-Problem erhellt.

[289] Vgl. 2.52, ferner 8.25.

[290] In der Philosophiegeschichte wird als Lehre des Aristoteles über den stofflichen Elementarbereich meist nur *diese* Version (a) berücksichtigt, und das hat einen gewissen Sinn, wenn man an die innere Konsequenz und Kohärenz des Systems denkt. De facto spielt aber bei ihm die andere Version (b) die größere Rolle, und es ist auch noch nicht ausgemacht, welche der beiden Formen philosophiegeschichtlich wirksamer war.

samkeit zu bestreiten und sie erst den überformten Stoffen zuzubilligen oder sie gar von der Form abzuleiten. Eine Herleitung von der Form ist schon deshalb nicht möglich, weil die vier Elementarkräfte zwar — vielleicht als ‚Mittel' oder als ‚Werkzeug' — an der ersten Formung *beteiligt* sind, aber selbst nicht die Form darstellen[291]. Diese ‚Prägung' der *prima materia* durch die vier δυνάμεις kann nur *deshalb* erfolgen, weil die *prima materia ihrem Wesen nach von vorneherein* auf die vier Elementarkräfte und deren *mechanistische* Wirksamkeit *angelegt* ist. D. h., die in der *prima materia* eingeschlossene ‚Seins-Möglichkeit' (δύναμις) ist *nichts rein Passives*, das die mechanistische Aktivität erst *sekundär von außen* erhält, sondern *schließt den Automatismus* der vier Grundkräfte bereits *in sich*[292]. ‚In sich schließen' und ‚Angelegtsein' bezeichnen die Wesensverwandtschaft zwischen dem Prinzip und seinen ‚konkreten' Wirkungen, ohne die (notwendige) Differenz zwischen beidem verschwinden zu lassen. Die — oben besprochene[293] — Dialektik von *Identität* und *Differenz* zwischen *Prinzip* und *Prinzipiat* zeigt sich dann noch in verstärktem Maße, wenn man von der *prima materia* weiter auf das letzte Hyle-Prinzip zurückgeht, das man zwar vielleicht nicht *selbst* als ‚automatisch wirkend', ‚absolut notwendig' und dgl. bezeichnen kann, das aber auf jeden Fall, wie schon vorhin gesagt, *Prinzip aller automatisch, mechanistisch, ziel-los, mit ‚absoluter Notwendigkeit' ablaufenden Vorgänge in der Natur* ist.

Diese Feststellungen werden dadurch bestätigt, daß nach Aristoteles' Ansicht in der Seinsstufung von ‚oben' nach ‚unten' Formbestimmtheit und Zielstrebigkeit kontinuierlich schwächer werden, Kausalmechanismus und Hyle zunehmen, bis hin zur ‚Hyle an sich' als dem Ursprung alles Mechanismus. Explizit durchgeführt ist dieser Gedanke zwar nur in meteor. 4[294], aber er steht, wie eine Reihe von Indizien zeigt, im Hintergrund der gesamten aristotelischen Ontologie[295], so daß man meteor. 4 hier unbedenklich heranziehen darf[296].

[291] S. o. 8.244d, ferner S. 738.

[292] Natürlich erschöpft sich die δύναμις der πρώτη ὕλη nicht in diesem *Angelegtsein auf Mechanismus*, sondern es stellt nur *eine* Seite der δύναμις dar, deren andere Seite ein *Angelegtsein auf das Telos* bedeutet. Vgl. darüber u. 8.246a Ende, auch 8.246b/c, 8.247.

[293] Vgl. das Vorstehende in 8.245.

[294] Vgl. o. 6.222b.

[295] Vgl. die Hinweise o. S. 555 A. 175 und u. 8.252, 8.271.

[296] Wie Aristoteles über den blinden Automatismus des Materiebereiches ‚da unten' denkt, zeigen auch gelegentliche Äußerungen über die anorganischen Homoiomere. Sie sind ja die mechanistisch wirkenden Materialien in den Prozessen der Techne und organischen Physis (s. o.) und bleiben, wenn ein solches Produkt zerfällt oder sonstwie etwas ‚schiefgeht', unter allen Umständen als eine Art ‚eiserner Bestand' der Natur übrig, indifferent gegenüber jeglicher Zielsetzung (gen. an. 735b 34—36. meteor. 4, 1, 379a 23. 11, 389b 10—12; daß diese ‚Indifferenz' nicht *absolut* gemeint ist, wird u. 8.246a Ende, 8.246b/c, 8.247 dargetan). Ihre Wesensform (und damit

8.246 Die ziel-freien (a-teleologischen) Wirkungen der Materie[297]

Als Ergebnis der vorhergehenden Erörterungen dürfen wir festhalten, daß die Materie *ihrem Wesen nach* Ursache aller *ziellosen mechanischen* Vorgänge in der Natur ist. Während wir bisher mehr die teleologischen Prozesse der Techne und der organischen Physis betrachtet haben, in denen die ‚absolut notwendigen' Automatismen der Hyle der vom Eidos her erfolgenden teleologischen Planung eingeordnet sind[298], geht es uns jetzt um diejenigen Situationen, in welchen dieses *Miteinander* von Hyle und Telos *nicht ganz* oder *überhaupt nicht* besteht[299]. Man kann die hergehörigen Vorgänge etwa so gruppieren[300]:

a) Die Materie verursacht ‚Fehlleistungen' in den teleologischen Prozessen

Die Materie ist nicht nur allgemein Ursache der mehr oder minder großen Unvollkommenheit der einzelnen Seinsschichten und Substanzarten[301], sondern sie bewirkt auch, daß teleologische Prozesse nicht so gelingen, wie es vom Eidos = Telos vorgesehen ist, und zwar in der Techne wie in der Natur[302]:

ihr Telos) erschöpft sich in der ‚Inhaltsangabe' durch die Strukturformel (vgl. dazu **6**.222b) und fällt andererseits nahezu mit der *akzidentellen* Qualitätskategorie zusammen (εἶδος = πάθος = ποιόν), vgl. wiederum o. **6**.222b und **9**.

297 Vgl. dazu insgesamt Mansion Kap. VIII *Les obstacles à l'activité de la nature* (282 bis 314).

298 Vgl. o. **8**.244. S. dazu auch Baeumker 267f. 272f (vgl. nachst. Anm.). Wir kommen darauf noch einmal u. **8**.246a Ende, **8**.246b/c, **8**.247 zurück, wenn wir fragen, *wieso* es eigentlich zu einer Unterordnung des Mechanismus unter das Telos kommen kann.

299 Baeumker 271: „Betrachten wir die der Materie eigene notwendige Wirkung in Beziehung zu der zweckstrebenden Tätigkeit, welche von der Form ausgeht, so kann jene in dreifacher Weise sich äußern: *mit*wirkend, *selbst*wirkend und *gegen*wirkend". Die bislang untersuchten Fälle betrafen die *Mit*wirkung, nun geht es um ihre *Selbst*wirkung und *Gegen*wirkung, die Baeumker 273—281 behandelt (Selbstwirkung 273—279, Gegenwirkung 279—281); vgl. dazu auch Baeumker 281—291 *Die Materie als Individuationsprinzip*.

300 Eine sachgerechte Einteilung ist schwierig, weil die Übergänge fließend sind und die Gesichtspunkte sich überkreuzen.

301 Vgl. dazu u. **8**.252.

302 Baeumker 280 zitiert phys. β 8, 199a 33—b 4 als Beleg für die Tatsache, daß „sich sowohl auf dem Gebiete der Kunst, wie auf dem der Natur, derartige Fehlversuche finden". So ist es auch von Aristoteles gemeint. Die Frage ist nur: Was ist die Ursache des Versagens? Die Erörterungen in der Umgebung der Stelle (welche de facto mit einem Gegenüber von Eidos = Telos und Hyle = ateleologisches Prinzip rechnen) und der Hinweis in der Stelle selbst auf die ‚Mißbildungen' (b 4ff; b 5—7 gehört übrigens zum Gedankengang dazu), die ja durch die *Materie* verursacht werden (Belege im Nachstehenden), zeigen, daß Aristoteles die *Materie* als Grund des Versagens ansieht. Dazu passen freilich die Beispiele 199a 33—35 nicht recht, denn der ‚falsch schreibende Grammatiker' oder ‚der Arzt, der das Heilmittel nicht

So liegt es, wie Aristoteles ausdrücklich sagt, an der *Ungleichmäßigkeit* der *Materie*, wenn die in der Ordnung des sublunaren Geschehens festgelegten Lebenslängen und Entwicklungsstadien der einzelnen Lebewesen nicht genau eingehalten werden und manchmal schneller, manchmal langsamer ablaufen[303]. Worum es sich näherhin handeln mag, kann man sich — vereinfacht — etwa so vorstellen:

Alle Vorgänge in den belebten oder unbelebten Substanzen des sublunaren Bereiches beruhen letztlich auf den Wechselwirkungen der vier Elementarkräfte, d. h. auf dem Einwirken von Warm (und Kalt) auf Feucht und Trocken[304]. Hierbei gibt es nun *zwei* Möglichkeiten: *Erstens.* Sobald das Warme *in ausreichendem Maße* vorhanden ist, so daß es sich am Feuchten und Trockenen ‚durchzusetzen' (κρατεῖν) vermag, kommt es zum ‚Garkochen' (πέψις) des Feuchten und Trockenen, d. h. zu einem ‚positiven' Prozeß (Werden einer Substanz, Wachstum, Erhaltenbleiben)[305]. *Zweitens.* Ist dagegen *zu wenig* Wärme vorhanden, so stellt sich etwas ‚Negatives' ein[306]: α) Ein ‚positiv-aufbauender' *Prozeß* (Werden, Wachstum) wird verlangsamt, in seiner

richtig eingibt' bezeichnen nicht ein Versagen des *Materials* (das wäre z. B. die Feder oder das Heilmittel u. dgl.), sondern (zwar nicht der teleologischen Kalkulation, wohl aber) der vom Telos gelenkten *causa efficiens* o. ä. Die Kommentatoren äußern sich nicht dazu. — Der Terminus σπέρμα 199b 7 bildet dagegen keine Schwierigkeit, ob man ihn mit Wagner, Komm. 481 auf das weibliche Menstruationsblut bezieht (vgl. Bonitz 691b 40ff; nicht echt-aristotelische Lehre) oder nicht.

303 gen. corr. Β 10, 336b 21—23 *ἀνωμάλου* γὰρ *οὔσης τῆς ὕλης* καὶ *οὐ πανταχοῦ τῆς αὐτῆς* ἀνάγκη καὶ τὰς γενέσεις ἀνωμάλους εἶναι καὶ τὰς μὲν θάττους τὰς δὲ βραδυτέρας (Joachim 262f). gen. an. Δ 10, 778a 4—9 βούλεται μὲν οὖν ἡ φύσις τοῖς τούτων (sc. τοῦ ἡλίου καὶ τῆς σελήνης) ἀριθμοῖς ἀριθμεῖν τὰς γενέσεις καὶ τὰς τελευτάς, οὐκ ἀκριβοῖ δὲ *διὰ τὴν τῆς ὕλης ἀοριστίαν* καὶ διὰ τὸ γίγνεσθαι πολλὰς ἀρχὰς αἳ τὰς γενέσεις τὰς κατὰ φύσιν καὶ τὰς φθορὰς ἐμποδίζουσαι πολλάκις αἴτιαι τῶν παρὰ φύσιν συμπιπτόντων εἰσίν. Zum sachlichen Zusammenhang dieser Stellen o. 5.42, *Kosmologie und Metaphysik* 167. Es sei hier noch einmal daran erinnert, daß ἀόριστος ein Wesensmerkmal der Hyle ist (vgl. Bonitz s. v. ἀόριστος passim; unter den dort aufgeführten Stellen darf auch Γ 5, 1010a 3 nicht übersehen werden).

304 Ausgezeichnete, klare Darlegung dieser Vorgänge bei Joachim 205—207, an den ich mich für das Folgende halte. — Eine Monographie über dieses Thema, welche vor allem die biologischen Schriften gründlich auszuwerten hätte, ist ein Desiderat.

305 Belege Bonitz unter πέσσειν, πέψις, dazu unter ἕψειν, ὀπτᾶν, πεπαίνειν (jeweils mit Zubehör), wo auch die ältere Lit. (vor allem Ideler); vgl. auch Oxf. Tr. von part. an. Index s. v. *Concoction, Heat*, von gen. an. Index s. v. *Concoction, Earthy matter.* Sacherklärung bei Joachim a. O., Düring *CT* (Index unter den genannten Stichwörtern), *Aristoteles* 383.544; s. auch o. 6.221, wo in A. 82 die wichtigsten Belege von κρατεῖν aufgeführt sind. — S. ferner u. S. 745 A. 319.

306 Von den zahlreichen hergehörigen Stichwörtern sind am wichtigsten ἀπεψία, σήπειν, σῆψις; vgl. ferner (alphabetisch) αὔανσις, μαραίνειν, μολύνειν (μωλ-), ξηραίνειν, στάτευσις, ὠμός (jeweils mit Zubehör). Wenn man das Verhältnis dieser Begriffe zueinander, auf das ich nicht eingehen kann, näher bestimmen will, ist Joachim 206 der beste Leitfaden.

Qualität beeinträchtigt, oder er unterbleibt ganz. β) Etwas durch einen ‚positiven' Prozeß *Zustandegekommenes* (d. h. etwas ‚*Vorhandenes*') erfährt eine Minderung (z. B. Krankheit) oder wird zerstört (Tod).

Von den ‚negativen' Wirkungen, um die es hier ja geht, zählen wir die letzterwähnten (β) kurz auf: Gewichtsverlust (φθίσις)[307], Krankheit[308], Altern[309] und Tod[310] bzw. ‚Vergehen' überhaupt[311]. Sie

[307] Joachim 136, vgl. 134 f.

[308] Formel: τὸ ἀσύμμετρα εἶναι τὰ θερμὰ καὶ τὰ ψυχρὰ τοῦ μὴ ὑγιαίνειν (sc. αἰτία), τὸ σύμμετρα εἶναι τοῦ ὑγιαίνειν (An. post. 78b 18—20; dasselbe sagen z. B. phys. η 3, 246b 5. 21, vgl. Bonitz unter σύμμετρος, ἀσύμμ.). Sehr instruktiv das gesamte Kapitel gen. an. E 4, das über das Grauwerden der Haare bei Menschen handelt und dabei νόσος, γῆρας und πήρωσις gleichermaßen auf ἀπεψία mangels Wärme zurückführt: Z. B. 784a 30—b 1 ἡ δὲ δι' ἡλικίαν τῶν τριχῶν πολιότης γίγνεται δι' ἀσθένειαν καὶ ἔνδειαν θερμότητος. καὶ γὰρ ἡλικία πᾶσα ῥέπει ἀποκλίνοντος τοῦ σώματος ἐν τῷ γήρᾳ ἐπὶ ψύξιν· τὸ γὰρ γῆρας ψυχρὸν καὶ ξηρόν ἐστιν. δεῖ δὲ νοῆσαι τὴν εἰς ἕκαστον μόριον ἀφικνουμένην τροφὴν ὅτι πέττει μὲν ἡ ἐν ἑκάστῳ οἰκεία θερμότης, ἀδυνατούσης δὲ φθείρεται καὶ πήρωσις γίγνεται ἢ νόσος. b 3ff, wo auch der wichtige Ausdruck σῆψις erscheint. Die Gleichsetzung von γῆρας und νόσος mit ἀπεψία wird auch noch deutlich 784b 23ff: Wer durch Krankheit grauhaarig wurde, kann nach der Genesung die frühere Haarfarbe wiedererhalten. αἴτιον δ' ὅτι ἐν τῇ ἀρρωστίᾳ, ὥσπερ καὶ τὸ ὅλον σῶμα ἐν ἐνδείᾳ φυσικῆς θερμότητός ἐστιν, οὕτω καὶ τῶν ἄλλων μορίων καὶ τὰ πάνυ μικρὰ μετέχει τῆς ἀρρωστίας ταύτης. περίττωμα δὲ πολὺ ἐγγίγνεται ἐν τοῖς σώμασι καὶ ἐν τοῖς μορίοις· διόπερ ἡ ἐν ταῖς σαρξὶν ἀπεψία ποιεῖ τὰς πολιάς. ὑγιάναντες δὲ καὶ ἰσχύσαντες πάλιν μεταβάλλουσι καὶ γίγνονται ὥσπερ ἐκ γερόντων νέοι· διὸ καὶ τὰ πάθη συμμεταβάλλουσιν. Dann der bemerkenswerte Schlußsatz b 32—34 ὀρθῶς δ' ἔχει καὶ λέγειν τὴν μὲν νόσον γῆρας ἐπίκτητον, τὸ δὲ γῆρας νόσον φυσικήν· ποιοῦσι γοῦν νόσοι τινὲς ταὐτὰ ἅπερ καὶ τὸ γῆρας. Vgl. ferner Bonitz s. v. νόσος, gen. an. ed. Drossaart Lulofs Index s. v. νόσος. Für eine genauere Behandlung dieser Fragen verweist Aristoteles auf seine Schrift περὶ αὐξήσεως καὶ τροφῆς (z. B. gen. an. 784b 3 u. ö., s. Bonitz 104b 16—28), die jedoch nicht erhalten ist. — Der lange Abschnitt über Tierkrankheiten hist. an. Θ 18—27 geht entsprechend dem deskriptiven, nicht-aitiologischen Charakter der Schrift auf unser Problem nicht ein.

[309] Vgl. vorst. Anm., dazu Bonitz s. v. γῆρας, gen. an. ed. Drossaart Lulofs Index s. v. γῆρας (bes. 780a 17—b 12. 785a 16—25). S. ferner De longitudine vitae 5 passim, bes. 466a 18—22 τὸ ζῷόν ἐστι φύσει ὑγρὸν καὶ θερμόν, καὶ τὸ ζῆν τοιοῦτον, τὸ δὲ γῆρας ξηρὸν καὶ ψυχρόν, καὶ τὸ τεθνηκός· φαίνεται γὰρ οὕτως, ὕλη δὲ τῶν σωμάτων τοῖς ζῴοις ταῦτα, τὸ θερμὸν καὶ τὸ ψυχρόν, καὶ τὸ ξηρὸν καὶ τὸ ὑγρόν. ἀνάγκη τοίνυν γηράσκοντα ξηραίνεσθαι. 466b 14 τὸ δὲ γῆρας ξηρόν ἐστιν. b 21f τῆς τε γὰρ αὐξήσεως ἡ θερμὴ ὑγρότης αἰτία καὶ τῆς ζωῆς. respir. 18, 479a31f.

[310] Hauptstellen De iuvent. et senect. 4, 469b 6ff über die im Herzen zentrierte σύμφυτος θερμότης φυσική, bes. b 8f ζῶντα μὲν φαίνεται θερμά (sc. τὰ ζῷα), τελευτῶντα δὲ καὶ στερισκόμενα τοῦ ζῆν τοὐναντίον. b 11—15 ἐργάζεται καὶ πέττει τῷ φυσικῷ θερμῷ τὴν τροφὴν πάντα (sc. Körperteile), μάλιστα δὲ τὸ κυριώτατον (sc. das Herz). διὸ τῶν μὲν ἄλλων μορίων ψυχομένων ὑπομένει τὸ ζῆν, τοῦ δ' ἐν ταύτῃ φθείρεται πάμπαν διὰ τὸ τὴν ἀρχὴν ἐντεῦθεν τῆς θερμότητος ἠρτῆσθαι πᾶσι. b 18—20 ἀνάγκη τοίνυν ἅμα τό τε ζῆν ὑπάρχειν καὶ τὴν τοῦ θερμοῦ τούτου σωτηρίαν, καὶ τὸν καλούμενον θάνατον εἶναι τὴν τούτου φθοράν (vgl. auch das Folgende). respir. 8 ganz, bes. 474a 25—28. 474b 13—23. 17/18 (= De

alle beruhen wie bereits oben gesagt wurde und die Belege zeigen, auf einem Schwinden der substanz-eigenen Wärme (οἰκεῖον θερμόν) und einem daraus resultierenden ‚Nicht-Kochen'.

Diese Erklärung der Vorgänge ist wenig mehr als eine *Beschreibung*, und so ist die Frage nach den tieferen *Gründen* und der *ontologischen Bewertung* noch offen. Wir deuten die Antwort nur an und beginnen mit dem Letzteren: Ob φθίσις und φθορά ‚teleologisch' und ‚naturgemäß' sind oder nicht, hängt davon ab, wie man das Telos versteht: Beschränkt man es auf das *Individuum*, so laufen freilich Abnehmen und Vergehen dem Telos zuwider. Von da her erklären sich wohl entsprechende Äußerungen des Aristoteles[312]. Blickt man dagegen auf den für das sublunare Geschehen kennzeichnenden und vom Telos her geforderten Kreislauf von Werden und Vergehen, so sind φθίσις und φθορά notwendig, damit die teleologische Weltordnung erfüllt wird, also *zielbedingt* (= *bedingt notwendig*)[313]. Dementsprechend ist auch das Nachlassen der Wärme, das diese ‚negativen' Prozesse auslöst, zumindest nicht *anti*-teleologisch, ja sogar im Hinblick auf das sublunare Gesamt-Geschehen (d. h. das Telos) *notwendig*. Und da die Wärme trotz einer gewissen Priorität vor den anderen Elementarkräften doch nur kausal-mechanisches ‚Werkzeug' im Dienste des Eidos ist und somit dem Bereich der *Hyle* zugehört[314], kann man sagen: Bei φθίσις und φθορά wirkt die Hyle *a*-teleologisch, aber nicht *anti*-teleologisch oder gar als κακόν[315].

vita et morte), 478b 22—479b 7. Vgl. auch die gesamte Umgebung der Stellen, Ross' Kommentar und Paraphrase (auch in der Einleitung), Ross, Einleitung 40—43 über θερμότης φυσική als Quelle der Lebensvorgänge. S. ferner Bonitz s. v. θάνατος.

311 Soweit es sich um die φθορά eines organischen Ganzen handelt, vgl. die in vorst. Anm. (und in A. 308/309) zitierten Stellen. Zu φθορά im allgemeinen s. die Belege bei Bonitz s. v., die Sacherklärung bei Joachim 88—105. 246ff u. ö. (vgl. Index s. v. *Coming-to-be*). Quintessenz für *jegliches* Vergehen — ob organisch, ob anorganisch — ist: πᾶσι μὲν οὖν ἡ φθορὰ γίνεται διὰ θερμοῦ τινος ἔκλειψιν. Das Endergebnis von φθορά (bzw. θάνατος), d. h. die Zerfallsprodukte, sind feuchtere und trocknere anorganische Stoffe: gen. an. 735b 35f λείπεται γὰρ τὸ ὕδωρ καὶ εἴ τι μικρὸν γεῶδες (wenn der Samen an der Luft zerfällt). Sehr deutlich drückt im Sinne des Aristoteles den Tatbestand meteor. 4, 1 und 4, 11 aus: 4, 11, 389b 9—12 ἔχοντα μὲν τὴν φύσιν θερμὰ καὶ αἷμα καὶ γονὴ καὶ μυελὸς καὶ ὀπὸς καὶ πάντα τὰ τοιαῦτα, φθειρόμενα δὲ καὶ ἐξιστάμενα τῆς φύσεως οὐκέτι· λείπεται γὰρ ἡ ὕλη, γῆ οὖσα ἢ ὕδωρ. 4, 1, 379a 1—26 enthält einen präzisen Bericht über die φθορά (= σῆψις), woraus zitiert sei a 8f διὸ ὑγρὰ πρῶτον, εἶτα ξηρὰ τέλος γίγνεται τὰ σηπόμενα und a 23 τέλος γῆ καὶ κόπρος.

312 Z. B. cael. 288b 16.

313 Vgl. nur Bonitz unter φθορά und Joachim 94—98 (bes. 97). 254—262, vgl. 191—193. Mansion 188 u. ö. (Index 351 κατὰ et παρὰ φύσιν). Solmsen 327—335.

314 Vgl. dazu **8**.245. Joachim 249f. S. auch Bartels 119 u. ö. über den Werkzeug-Charakter des Warmen.

315 Vgl. dazu auch u. **8**.252.

Wenden wir uns den unter α) gemeinten Phänomenen zu: Von *zeitlichen Unregelmäßigkeiten* eines Werdeprozesses, an denen die ,Unregelmäßigkeit' (ἀνώμαλος; vgl. ἀοριστία) der Materie schuld sei, sprechen die eingangs zitierten Stellen aus gen. corr. B 10 und gen. an. Δ 10[316]. Damit kann nur gemeint sein, daß die zur Verfügung stehende Materie (Feucht und Trocken bzw. Erde und Wasser) in ihrem Mischungsverhältnis nicht ganz ,normal' ist (d. h. von einer Qualität etwas zu viel oder zu wenig enthält) und somit die vom Telos eingesetzte ,Wärme' eine etwas längere oder etwas kürzere Zeit als normal braucht, um des Stoffes ,Herr zu werden' (κρατεῖν) und ihn garzukochen (πέσσειν). Da es dabei, wenn auch *zeitlich* ungenau, doch immerhin zum vorgesehenen Ziel kommt[317], muß man annehmen, daß das ,angemessene Verhältnis'[318] zwischen Wärme und ,Hyle' (= Trocken/Feucht/Kalt) zwar innerhalb enger Toleranzen ein wenig verschoben wurde, aber *im wesentlichen erhalten blieb.*

Wenn nun aber das Verhältnis sich so stark zuungunsten des Warmen verändert[319], daß das Warme die Hyle nur noch teilweise oder überhaupt nicht mehr ,bezwingt' (κρατεῖ), geschieht der ,positive' Prozeß zum Telos hin nur unvollkommen oder gar nicht.

Am deutlichsten kann man das an der *Zeugung der Tiere* erkennen[320], die Aristoteles wie alles andere Werden vermittels seiner Lehre

[316] Vgl. das Vorstehende (8.246a Anfang).

[317] Jedenfalls wird an den genannten Stellen nicht direkt von einem regelrechten ,Versagen' der γένεσις gesprochen, und es ist auch vom Zusammenhang her nicht notwendig. Doch kommt darauf nichts an: Denn selbst wenn solche Fälle mitgemeint wären, würde es sich doch — wie die zeitlichen Ungenauigkeiten — um *Ausnahmen* handeln, durch welche die Regeln der Weltordnung nur bestätigt werden.

[318] Belege für σύμμετρον/συμμετρία bei Bonitz 117b 4—6. 13—16. 716a 22—26. 41—48; vgl. auch Bartels 120f. Zum Sachlichen s. die nachst. Anm.

[319] In den von Bartels 120f besprochenen Belegen werden prinzipiell *zwei* Möglichkeiten gestörter συμμετρία ins Auge gefaßt: a) Es ist *zu wenig* Wärme da, um die Hyle gar zu kochen. b) Es ist *zu viel* Wärme da, so daß die Hyle *verbrannt* wird. Bei der Erörterung der Einzelfälle wird aber dann in gen. an. immer nur an die *erste* Möglichkeit gedacht (nämlich: zu wenig θερμόν, welches οὐ κρατεῖ τῆς ὕλης). Das stimmt auch, so weit ich sehe, mit *sämtlichen* anderen Schilderungen ,negativer' Prozesse bei Aristoteles zusammen, die *stets* dadurch ausgelöst werden, daß die *innere* Wärme *abnimmt* (daß *sekundär* — als Folge dieses Abnehmens — dann *äußere* Wärme noch zusätzlich ins Spiel kommt, hat nichts zu sagen und ist bestimmt von Aristoteles in gen. an. nicht gemeint). Ich kann also nicht sagen, an welche konkreten Fälle Aristoteles bei der zweiten Möglichkeit denkt. — Die Begriffe συμμετρία (zwischen Warm und ὕλη) und κρατεῖν (sc. τῆς ὕλης, vom θερμόν) widersprechen sich nicht, sondern meinen dasselbe: Die ,Symmetrie' bedeutet natürlich nicht *Gleichheit* von Wirkung und Gegenwirkung (dann geschähe nämlich gar nichts), sondern ein *angemessenes ,Übergewicht'* (κράτος) des Warmen.

[320] Grundlegend für das Folgende Lesky 125—159 *(Die Zeugungs- und Vererbungslehre des Aristoteles)*, bes. 146—159 *(Das aristotelische Vererbungssystem)*. S. dazu Bartels 107—121 *(Das Techne-Modell in Aristoteles' Zeugungslehre)*, dessen klaren Formu-

vom Gegensatz-Substrat-Schema, von den vier Ursachen und von Potenz/Akt erklärt. Das Männliche übernimmt dabei die Rolle der Form- und Bewegungsursache, das Weibliche die der *Material*-Ursache (ὕλη)[321]. Zeugungsbeitrag des Männlichen ist der Samen, des Weiblichen das Menstrualblut (τὰ καταμήνια)[322]. Bei der Zeugung überträgt der Same die Wesensform (εἶδος) und den ‚Ursprung der Bewegung' *(causa efficiens)* vom Männlichen in den weiblichen Körper hinein; er gibt den Anstoß zur Bildung des Embryo aus dem dort vorhandenen *Stoff*, den Katamenien, und prägt diesem die *Form des Erzeugers* auf.

Um das Verhalten der Hyle im Zeugungsprozeß richtig zu verstehen, muß man bedenken, daß trotz ihrer gegensätzlichen Funktion *(causa formalis — causa materialis)* sowohl Sperma wie Katamenien vom ‚gleichen' Ausgangsmaterial herkommen, nämlich vom *Blut*. Der Körper assimiliert sich die von außen aufgenommene Nahrung in einem Koch-Prozeß (πέψις), um daraus Fleisch, Knochen usw. zu bilden. Ergebnis dieses Assimilations-Prozesses ist das Blut (die ἐσχάτη τροφή), das potentiell (δυνάμει) bereits Fleisch, Knochen, Sehnen usw. ist (aber noch ununterschieden, alles in einem), sich durch den ganzen Körper verteilt und nun an der Stelle, wo es gebraucht wird, jeweils aktuell (ἐνεργείᾳ) zu Fleisch, Knochen, Sehnen usw. wird[323]. Kurz: Das Blut ist ‚potentiell der gesamte Körper', es ist ‚Hyle von allem', was im Körper ist[324]. Derjenige Teil des Blutes, der vom Körper, nicht als Nahrung und dgl. gebraucht wird, also überschüssig ist dient nun zur Zeugung: Während der Mann vermöge seiner höheren Körperwärme diesen Blut-Überschuß weiter zu Samen (σπέρμα) ‚verkocht'[325], ist der weibliche Körper aus Mangel an Wärme nicht dazu

lierungen ich mich zum Teil eng anschließe. Unter Verweis auf diese beiden Darstellungen hebe ich nur die Hauptlinien hervor.

321 Belege bei Drossaart Lulofs, Ed. von gen. an. Index s. v. εἶδος und ὕλη, Bartels 108 A. 3; vgl. auch Lesky 125f. Das Folgende nach Bartels 108f. — Ob vor Aristoteles schon Pythagoreer die Antithese ‚Form-Stoff' auf den Zeugungsvorgang anwendeten (wie Lesky 29, 127 nach Wellmann erwägt), ist sehr fraglich (ablehnend Düring 545 A. 230, wo auf Burkert verwiesen ist).

322 gen. an. A 19, 726b 30ff. Vgl. hierzu (und im Folgenden zu allen Fragen des Menstrualblutes) die in Drossaart Lulofs' Index s. v. καταμήνια genannten Stellen, ferner Leskys Index s. v. *Katamenien*.

323 Belege Bonitz 16b 3—14. Vgl., auch zum Nachstehenden, Lesky 128ff, Bartels 111f.

324 Instruktive Stelle part. an. Γ 5, 668a 4ff, z. B. a 5f παντὸς εἶναι τοῦ σώματος ὕλην τὸ αἷμα, τοῖς δ' ἀναίμοις τὸ ἀνάλογον. a 12f δεῖ γὰρ καὶ τὸ αἷμα διὰ παντὸς καὶ παρὰ πᾶν εἶναι, εἴπερ τῶν μορίων ἕκαστον ἐκ τούτου συνέστηκεν. a 21 παντὸς ὕλη πέφυκε τοῦτο. a 26f τὸ αἷμα καὶ τὸ ἀνάλογον τούτῳ δυνάμει σῶμα καὶ σάρξ ἢ τὸ ἀνάλογόν ἐστιν. (Interessant auch ib. der Vergleich mit der Bewässerung eines Gartens und mit dem Bau von Fundament-Mauern aus einzelnen Steinen.)

325 Im männlichen Körper findet also eine doppelte πέψις statt: Nahrung→Blut→Sperma.

in der Lage, so daß sein Blut-Überschuß auf der Stufe ‚Blut' stehenbleibt, eben als Menstruationsblut. Die Katamenien sind also sozusagen ‚halb-gares' Sperma, das Sperma ist ‚gares' Menstruationsblut. Mit anderen Worten: Sperma und Katamenien sind einander *‚analog'*, d. h. „sie stehen im aristotelischen System der vergleichenden Organologie an derselben Stelle"[326].

‚Analogie' meint hier wie auch sonst bei Aristoteles *Funktionsgleichheit*. Die Gleichheit der Funktion ergibt sich in unserem Falle schon daraus, daß Sperma und Katamenien denselben Ursprung haben, nämlich das Blut. Im männlichen Körper geht beim Koch-Prozeß Blut → Samen die Fähigkeit des Blutes, zu allen Körperteilen zu werden, nicht verloren, so daß der Same wie das Blut potentiell „Hand, Gesicht usw. und der ganze Körper" ist, all dies zugleich und noch ununterschieden[327]. Es ist also ein und dieselbe Fähigkeit, die das Blut die Organe des Erzeugers, und den Samen, welcher Überschuß des Blutes ist, die Organe des Erzeugten, d. h. des Embryo bilden läßt; und die Ähnlichkeit zunächst wenigstens des Vaters mit dem Sohn erklärt sich nun einfach daraus, daß der Same, der Überschuß des Blutes, im Embryo eben dasselbe wirkt wie das ernährende Blut im Erzeuger selbst[328]. *Wie der Same sind* auch *die Katamenien potentiell alle Organe des Körpers*[329]. Same und Katamenien sind also beide auf das gleiche Ziel gerichtet: „Der Same bewegt, wenn er in die Gebärmutter eintritt, die Katamenien in derselben Bewegung, in der er selbst bewegt wird und jene (die Katamenien) bewegt werden"[330]. Aristoteles meint hier und an anderen Stellen mit dem Begriff ‚Bewegung' die *Tendenz* (δύναμις) des Blutes und seiner Überschüsse (z. B. des Samens) auf das Ziel (τέλος), d. h. auf die Bildung eines Körpers und all seiner Teile, hin; ob diese Bewegung noch im Körper des Erzeugenden selbst (beim ‚Nähren') oder erst im Embryo als Erzeugungskraft zum Tragen kommt, ist dabei gleichgültig[331]. Diese Tendenz (das Angelegtsein, Gerichtetsein) wird vom männlichen Körper auf den Samen übertragen[332]. *In der gleichen Weise überträgt der weib-*

[326] Bartels 112 (mit Verweis auf S. 81ff). Vgl. Lesky 129—134. — Das Folgende nach Bartels 112f.

[327] gen. an. A 19, 726b 15ff. Weitere Stellen bei Bartels 112 A. 1.

[328] gen. an. A 19, 726b 13—24.

[329] gen. an. B 3, 737a 22—24. B 4, 738b 3f. 740b 18—20 (auch das Folgende wichtig). B 5, 741b 7f.

[330] gen. an. B 3, 737a 20—22. κινεῖσθαι ist zunächst passivisch zu verstehen (vgl. a 19 κινουμένου), kann aber dann auch medial übersetzt werden. a 22 κἀκεῖνο fehlt nur in Γ² (zweite Rezension der griechisch-lateinischen Übersetzung Wilhelms von Moerbeke) und darf nicht, wie Drossaart Lulofs im Apparat zweifelnd vorschlägt (‚fort.del.'), getilgt werden, zumal es sachlich unentbehrlich ist. Vgl. zu beiden Fragen oben im Text das Folgende.

[331] Näheres Bartels 116f.

[332] gen. an. B 3, 737a 20—22.

liche Körper eine solche Zielgerichtetheit auf die Katamenien[333]. Wenn die Katamenien nicht ihrerseits schon vor der Befruchtung auf ein Telos angelegt wären, könnte der Same gar nicht in ihnen jene teleologische Bewirkung in Gang setzen, die zu einem neuen Lebewesen führt. Oder anders gewendet: Nur weil Same *und* Katamenien von vorneherein *parallel zueinander* auf ein Ziel hin tendieren, vermag der Same in den Katamenien einen zielstrebigen Prozeß auszulösen[334].

Diese Lehre[335] schließt einen bestimmten Begriff von *Stoff* (ὕλη) ein, auf den wir jetzt schon hinweisen wollen: Die Katamenien als *Hyle* können zwar nicht aus sich allein ohne Einwirkung des Samens einen Nachkommen hervorbringen[336] und sie erfahren vom Samen eine ‚Einwirkung' (πάθος), sind also ihm gegenüber irgendwie ‚passiv' (παθητικόν)[337], aber das ist nur eine *sehr relative Passivität*, denn sie sind, wie wir soeben zeigten und unten noch sehen werden[338], *aktiv* an der Ausbildung des Embryo *mitbeteiligt*. Das Verhältnis Same—Katamenien wird also nicht durch eine einseitig gerichtete Wirkungsreihe Same ⟶ Katamenien bezeichnet, sondern stellt ein spannungsreiches *Miteinander* und *Gegeneinander* dar. Das stimmt genau zu dem Bild, das sich im Lauf vorliegender Untersuchung für die aristotelische Hyle *insgesamt* ergeben hat: Sie ist das *aktive Gegen-Prinzip* des Eidos[339]. Man darf deshalb nicht mit Erna Lesky zwischen den Stel-

[333] Dies ergibt sich bereits aus den o. S. 747 A. 329 angegebenen Stellen, nach denen die Katamenien (genauso wie der Same) potentiell alle Körperteile sind: Diese Potenz kann ihnen nämlich nur von demjenigen weiblichen Körper mitgegeben worden sein, dessen ‚Überschuß' sie darstellen. Genau das sagt auch die oben zitierte Stelle aus gen. an. B 3: Wie das Sperma als Überschuß (περίττωμα) eines bestimmten Körpers dessen ‚Bewegung' übernimmt (737a 18—20), so übernimmt auch das Menstruationsblut als περίττωμα des weiblichen Körpers dessen Bewegung (dies ist der Sinn von 737a 22—25 καὶ γὰρ ἐκεῖνο περίττωμα κτλ. im Argumentations-Zusammenhang). Der καὶ γάρ-Satz a 22 ff schließt genau an das von Drossaart Lulofs verdächtigte κἀκεῖνο a 22 an, hinge also nach dessen Tilgung in der Luft (wie sich an der Oxf.-Tr. zeigt, die ohne Anmerkung κἀκεῖνο wegläßt).

[334] So ist die vorhin wiedergegebene Formulierung des Aristoteles in gen. an. B 3, 737a 20—22, zu verstehen.

[335] Die Lehre ergibt sich folgerichtig aus den von Aristoteles gemachten Prämissen: Wichtigste Prämisse ist, *sowohl* Sperma *wie* Katamenien als Überschüsse des Blutes zu betrachten. Daraus folgt (gemäß der aristotelischen Auffassung vom Blut), daß *beides* zielgerichtet ist, d. h. einen neuen Körper gleichsam präformiert in sich schließt. Andere Prämissen sind Teleologie, Dynamis-Begriff usw. — Auf die innere Notwendigkeit, mit der sich diese Lehre aus den aristotelischen Voraussetzungen ergibt, weise ich deshalb hin, damit nicht der Eindruck entsteht, als werde sie allein aus gen. an. B 3 gewonnen: Sie ist von gen. an. B 3 und dessen Deutung völlig unabhängig.

[336] Z. B. gen. an. B 3, 737a 27—34 u. ö.

[337] Vgl. die o. S. 746 A. 321 genannten Stellen, dazu Drossaart Lulofs' Index s. v. παθητικός und πάθος.

[338] Vgl. das Nachstehende.

[339] Einzelheiten und Hinweise in der Zusammenfassung u. 8.25. Dort wird auch dargelegt, wie verschiedene Komponenten die Aktivität der Hyle in sich schließt (tele-

len, an welchen die biologische Hyle als Aufnehmendes und παθητικόν charakterisiert wird, und denen, wo sie als aktiver Werdefaktor erscheint, einen ‚Bruch' konstatieren bzw. nicht eine ‚Entwicklung' vom ‚passiven Substrat' zur ‚aktiven Kraft' annehmen[340]. Erna Lesky orientiert sich dabei an der Hyle-Interpretation von Baeumker, die schon früher widerlegt wurde[341] und deshalb hier nicht mehr besprochen zu werden braucht.

Obwohl Aristoteles die Einwirkung des Samens auf die Katamenien nicht nur als *quantitativ-mechanische* Übertragung einer bestimmten Wärmemenge auf ein anderes Quantum des Feucht/Kalten (bzw. Trocken/Kalten) verstehen möchte, sondern dem Vorgang eine gewisse Wendung ins *Qualitativ-Eidetische* gibt[342], begnügen wir uns hier der Einfachheit halber zunächst mit dem quantitativen Aspekt des Vorgangs, sehen darin also eine Auseinandersetzung des *Warmen* (= Samen) mit den Katamenien, die — außer einer gewissen Wärme — vor allem Feucht/Kaltes (= Wasser), daneben auch Trocken/Kaltes (= Erde) enthalten dürften. Je mehr nun der Same, der ja allein das Eidos übermittelt[343], sich mit seiner Wärme an den Katamenien ‚durchsetzt' (κρατεῖ)[344], desto ‚zielgerechter' wächst der Embryo heran; je mehr umgekehrt die Samenwirkung (d. h. das Warme) von den Katamenien ‚unterdrückt wird' (κρατεῖται), desto ‚zielloser' verläuft alles:

Äußerste Ziellosigkeit (A-teleologie) liegt vor, wenn zwar Samen und Katamenien zusammentreffen, es aber aus absolutem Mangel an Wärme überhaupt nicht zur Befruchtung und zum Wachsen eines Embryos kommt (ἀγονία)[345]. Auf der anderen Seite findet dann ein

ologisches Streben, ateleologische Wirksamkeit). Die gleichen Komponenten treten natürlich auch im biologischen Bereich in Erscheinung (s. das Folgende).

340 Lesky 150—154, bes. 153, wo sie sich für ihre Auffassung ausdrücklich auf Eucken und Baeumker beruft.

341 Vgl. o. 8.245.

342 Vgl. neben Lesky 152 vor allem Bartels 113—119: Aristoteles macht an Techne-Vergleichen deutlich, daß der Same nicht als ‚warme Masse' in die Katamenien *eingeht*, sondern *von außen her* die ‚Form' und die Bewegung vom Erzeuger auf das Erzeugte überträgt, und daß er dabei sich seiner eigenen Wärme bedient, sie aber zugleich schon ‚programmgerecht' einsetzt. Der Same entspricht also dem *Werkzeug* der Techne, genauer: einem losgelösten, selbständigen Werkzeug nach Art automatischer (programmierter) Werkzeugmaschinen (gut Bartels 117f).

343 Z. B. gen. an. B 3, 737a 28—30 τὰ καταμήνια σπέρμα, οὐ καθαρὸν δέ· ἓν γὰρ οὐκ ἔχει μόνον· τὴν τῆς ψυχῆς ἀρχήν. u. ö.

344 Belege für κρατεῖν (die aus gen. an. noch vermehrt werden könnten) o. S. 537 A. 82.

345 Vgl. gen. an. Δ 2, 767a 22—28 (—35) und andere von Bonitz s. v. ἄγονος, ἀγονία, ἀτεκνία, ἄτεκνος genannte Stellen. Z. B. wird in einer Untersuchung über die verschiedenen Gründe der ἀγονία (gen. an. 747b 16ff) u. a. dies als Ursache genannt, daß die Männer (infolge Krankheit) ‚feucht-kalten Samen' ejakulieren, ὑγρὸν καὶ ψυχρὸν προίενται (b 29f).

vollkommen teleologischer Prozeß statt, wenn der Same über ausreichende Wärme verfügt, um sich völlig gegenüber den Katamenien durchzusetzen und infolgedessen einen Nachkommen schafft, der erstens *männlichen* Geschlechts ist und zweitens *in allem seinem Vater gleicht*[346]. Zwischen diesen beiden Extremen liegen nun eine Reihe von Zwischenstufen, bei denen der Same wegen *zu geringer* Wärme die Hyle nicht ganz bewältigt, d. h. ‚gar kocht'. Aristoteles nennt sie ‚Mißbildungen' (τέρατα) und ‚Verstümmelungen' (πηρώσεις)[347]. So ist schon ein Kind, das dem Vater unähnlich ist, τρόπον τινὰ τέρας[348], „weil die Natur bereits hierbei irgendwie von der Norm abgewichen ist"[349]. Eine solche Abweichung ist auch der *weibliche* Nachkomme[350]: τὸ θῆλυ ὥσπερ ἄρρεν ἐστὶ πεπηρωμένον[351]. Und schließlich gibt es die regelrechten *Mißgeburten*, die so gut wie nichts mehr mit dem betreffenden εἶδος zu tun haben[352].

Wenn wir uns der rigorosen Teleologie anschließen, die in manchen der eben zitierten Äußerungen des Aristoteles anklingt, müssen wir ausnahmslos *alle* Abweichungen vom Vater (von der allergeringsten bis zur völligen Mißgeburt) als zielfreie Wirkungen der Materie ansehen, d. h. *allein* auf Grund der *absoluten* Notwendigkeit erklären. Für die Mißbildungen (im vollen Sinne des Wortes) geht eine solche Erklärung auch an[353], nicht aber für die Fälle, in denen ein — nach heutigen Begriffen — ‚gesundes' Exemplar der betreffenden Art entsteht: Denn dem Vater ‚unähnlich' ist *jeder* Nachkomme, sofern er ein *Individuum* sui generis ist, d. h. nicht mit dem Vater *zusammenfällt*[354]. Man kann also nicht jede ‚Unähnlichkeit' für ateleologisch halten, ohne damit zugleich die Zielgerichtetheit jeglicher Zeugung von Nach-

[346] Z. B. gen. an. Δ 3, 767b 15—22.

[347] Vgl. Bonitz s. v. πηροῦν usw., τέρας. πηροῦν wird auch von νόσος und ἀγονία gebraucht.

[348] Z. B. gen. an. Δ 3, 767b 5f; b 6 wird zwar von οἱ γονεῖς gesprochen, damit ist aber letztlich a potiori der Vater gemeint, vgl. 767b 20—22 u. ö. — Zur Ähnlichkeit der Kinder mit den Eltern vgl. u. S. 751ff.

[349] gen. an. Δ 3, 767b 6f παρεκβέβηκε γὰρ ἡ φύσις ἐν τούτοις ἐκ τοῦ γένους τρόπον τινά. (γένος muß hier so prägnant übersetzt werden, da es den im Art-Eidos festgelegten *Typus* meint; vgl. Oxf.Tr. ‚type').

[350] Z. B. gen. an. Δ 3, 767b 8, b 21 κρατούσης (sc. τῆς τοῦ ἄρρενος γονῆς) ἄρρεν τε ποιήσει καὶ οὐ θῆλυ.

[351] gen. an. B 3, 737a 27f. Vgl. über die aristotelische Lehre von der biologischen Minderwertigkeit der Frau gegenüber dem Mann Lesky 134. 150 (Weiterbildung bei Thomas).

[352] gen. an. Δ 3, 767b 13—15 (auf die Stelle gehe ich gleich noch ein).

[353] Den regelrechten τέρατα widmen wir u. S. 753—755 noch eine Bemerkung.

[354] Wir brauchen hier nicht in eine philosophische Erörterung über die *identitas indiscernibilium* einzutreten, weil faktisch in der Natur jedes *numerisch* verschiedene Individuum auch in anderer Hinsicht verschieden ist — was Aristoteles natürlich wußte.

kommen, des auf den Individuen basierenden Kreislaufs von Geburt und Tod, der Konstanz der Arten und damit die aristotelische Weltordnung insgesamt in Frage zu stellen. Das Gleiche gilt für *weibliche* Nachkommen, ohne die es keine Erhaltung der Arten gibt.

Es geht also hier *erstens* um die *Individuation, zweitens* um die *Geschlechtsverschiedenheit*. Letzteres Problem hat Aristoteles klar gesehen und eindeutig entschieden: Ein weiblicher Nachkomme entsteht zwar durch einen ateleologischen Vorgang, indem nämlich der Samen von den Katamenien ‚überwältigt wird'[355], dieser Prozeß ist aber ‚notwendig' für die Erhaltung der Art, d. h. *bedingt notwendig* um des Telos willen[356]. Im Gegensatz dazu sind die wirklichen τέρατα nicht mehr teleologisch bedingt, sondern nur Ergebnis eines mechanistischen Prozesses[357]. Wie man sich diesen im einzelnen vorzustellen hat, ist unsicher: Auch hier wird offenbar der Same von den Katamenien überwältigt, doch so, daß dabei alle ‚eidetischen' Struktur-Kräfte verlorengehen.

Das Problem der *Individuation* wird im biologischen Bereich, wie wir schon sahen, bei der Lehre von der *Vererbung* akut[358]. Aristoteles nimmt an, daß im Samen jedes individuellen Erzeugers verschiedene Bewegungskomponenten (κινήσεις) bzw. Kräfte vereinigt sind, von denen je eine Individuum (Sokrates, Koriskos usw.), Geschlecht (männlich), Art (Mensch) oder Gattung (Lebewesen) repräsentiert[359]. Jede dieser Kräfte ist um so stärker, je näher sie dem Individuum steht, um so schwächer, je weiter sie davon entfernt ist, wobei sich etwa diese Reihenfolge ergibt: Individuum — Geschlecht — Art — Gattung[360]. Aristoteles begründet die verschiedene Stärke der ‚Valenz' damit, daß

355 Aus dem Kap. gen. an. Δ 1, das ja ganz den Ursachen der Geschlechtsdifferenzierung gewidmet ist, vgl. z. B. 766b 15—18 κρατῆσαν (sc. τὸ τοῦ ἄρρενος σπέρμα) μὲν οὖν εἰς αὑτὸ ἄγει, κρατηθὲν δ' εἰς τοὐναντίον μεταβάλλει ἢ εἰς φθοράν. ἐναντίον δὲ τῷ ἄρρενι τὸ θῆλυ, θῆλυ δὲ τῇ ἀπεψίᾳ καὶ τῇ ψυχρότητι τῆς αἱματικῆς τροφῆς. Dergleichen öfter. Vgl. auch die Bemerkung u. S. 752 über die Vererbungskomponenten der Katamenien.

356 Deutlich ausgesprochen gen. an. Δ 3, 767b 8—13 (der Sinn von 9 ἀναγκαία, 12 ἀνάγκη ergibt sich aus 9 δεῖ γὰρ σώζεσθαι κτλ. und dem Gegenbild b 13—15). Vgl. auch Bartels 64 und o. 8.244c α.

357 gen. an. 767b 13—15, wegen seiner Wichtigkeit nochmals wörtlich zitiert: τὸ δὲ τέρας οὐκ ἀναγκαῖον πρὸς τὴν ἕνεκά του καὶ τὴν τοῦ τέλους αἰτίαν, ἀλλὰ κατὰ συμβεβηκὸς ἀναγκαῖον, ἐπεὶ τήν γ' ἀρχὴν ἐντεῦθεν δεῖ λαμβάνειν.

358 Wir schließen uns an die maßgebende Darstellung von Lesky 148—158 an, die durch die einseitige Auffassung des aristotelischen Hyle-Begriffs (dazu o. S. 748f) in ihrem Wert nicht beeinträchtigt wird.

359 gen. an. Δ 3, 767b 20—768a 2 (auch alles Folgende in Δ 3 ist von großer Wichtigkeit).

360 767b 24ff. Die Reihe Individuum—Art—Gattung ergibt sich eindeutig; das Geschlecht ist wohl zwischen Individuum und Art einzureihen.

das Individuum οὐσία sei (die anderen Komponenten demnach nicht)[361]; er betont also hier (wie an anderen Stellen) den οὐσία-Rang des *Individuums* vor der Art im Gegensatz zu jener zweiten Tendenz seines Substanzdenkens, bei welcher das *Art-Eidos* als eigentliche οὐσία angesprochen wird[362]. Es wirkt hier aber bestimmt noch ein anderer aristotelischer Gedanke mit herein, nämlich die Lehre vom ‚*epigenetischen*' Charakter der Embryonalentwicklung: Der Embryo entwickelt nicht allgemeine (Lebewesen) und spezielle Züge (Pferd) gleichzeitig (wie es die sog. Präformationstheorie behauptet), sondern er bildet zuerst die allgemeinen Charakteristika aus und wird dann immer spezieller[363]. Da Individual- und Geschlechtstyp sich also am spätesten herausbilden, müssen die entsprechenden Bewegungskomponenten am stärksten sein, sonst verlören sie mit der Länge der Zeit ihre Wirkung.

Im Samen des Erzeugers liegen aber noch mehr Bewegungskomponenten beieinander, nämlich außer der des Erzeugers noch diejenigen seines Vaters und seines Großvaters usw. in aufsteigender Linie[364]. Auch hier gilt wieder dieselbe Regel wie oben: Je weiter man sich vom Erzeuger entfernt, desto schwächer wird die entsprechende Komponente im Samen.

Aristoteles hat ganz offensichtlich auch in den *Katamenien* dieselben Komponenten unterschieden, also erstens Individual-, Geschlechts-, Art- und Gattungs-Typ[365], zweitens Erzeugerin, ihre Mutter, Großmutter usw.[366].

Was nun beim Zusammentreffen von Samen und Katamenien geschieht, soll hier nur kurz angedeutet werden[367]: Die Komponenten des Samens und der Katamenien stehen sich — in gleichsam spiegel-

[361] 767b 32—35 γεννᾷ δὲ καὶ τὸ καθ' ἕκαστον καὶ τὸ γένος, ἀλλὰ μᾶλλον τὸ καθ' ἕκαστον· τοῦτο γὰρ ἡ οὐσία· καὶ γὰρ τὸ γιγνόμενον γίγνεται μὲν καὶ ποιόν τι, ἀλλὰ καὶ τόδε τι — καὶ τοῦθ' ἡ οὐσία.

[362] Für die beiden Tendenzen braucht man nicht die ‚Kategorien' und die ‚Metaphysik' einander gegenüberzustellen, weil sie auch in der Metaphysik *beide* vorhanden sind und sich ständig durchkreuzen (vgl. z. B. die Erklärer zu met. Z, bes. Schwegler).

[363] Lesky 149 verweist auf gen. an. 736b 2f. Vgl. auch *Scala naturae* 238 A. 74, wo mit aller Vorsicht das moderne ‚biogenetische Grundgesetz' verglichen ist, das ja in seiner ersten Fassung bei von Baer noch nicht mit dem Evolutionsgedanken verbunden ist (ib. wäre der Verweis auf Lesky 149 nachzutragen). Über die ‚klassische Alternative' zwischen Epigenesis-Theorie und Präformations-Theorie vgl. Lesky, Index s. v. *Epigenese* und *Präformation*, bes. S. 141.

[364] 768a 14—18, dazu 21 ὁμοίως δὲ καὶ ἐπὶ τῶν ἄνωθεν. Ob Aristoteles vielleicht auch noch die *weiblichen* Vorfahren des *Erzeugers* einbeziehen wollte, ist unklar. Vgl. die entsprechende Lücke bei den *männlichen* Vorfahren der *Mutter*.

[365] Das spricht er nicht direkt aus, es ergibt sich aber mit absoluter Sicherheit aus der Tatsache, daß er die männlichen und weiblichen Komponenten einander genau spiegelsymmetrisch zuordnet. Vgl. das Nachstehende.

[366] gen. an. 768a 19—21. Auch hier fällt auf, daß er die *männlichen* Vorfahren der *Erzeugerin* nicht berücksichtigt; vgl. A. 364.

[367] Vgl. gen. an. Δ 3 ganz, dazu Lesky 148ff.

symmetrischer Entsprechung — paarweise gegenüber und wirken nach *zwei* Regeln aufeinander[368]:

1. Männlicher Individual-Typ und (bzw.) Geschlechts-Typ *überwinden ganz* (κρατεῖν) die entsprechenden weiblichen Komponenten oder werden von ihnen *ganz überwunden* (κρατεῖσθαι). Es kommt also jeweils ein Glied der Gegensatzpaare (ἀντικείμενα) ‚männlich — weiblich', ‚individueller Vater — individuelle Mutter' ganz zur Geltung. Daraus erklärt sich ebenso die gleichgeschlechtliche Ähnlichkeit (Sohn — Vater, Tochter — Mutter) wie die gekreuzt-geschlechtliche (Sohn — Mutter, Tochter — Vater). Für den Geschlechtstyp gilt nur diese strikte Alternative, für den Individualtyp hingegen ist auch noch eine zweite Lösung möglich:

2. Die männliche ‚*schwächt*' (λύειν) die weibliche Komponente oder wird von ihr geschwächt (λύεσθαι). Die geschwächte Komponente weicht nun in der Linie der väterlichen bzw. mütterlichen Aszendenz zurück und zwar um so weiter, je mehr sie geschwächt ist. So kommt die gleich- oder gekreuzt-geschlechtliche Ähnlichkeit mit den männlichen Vorfahren väterlicherseits bzw. den weiblichen Vorfahren mütterlicherseits zustande.

Das Ausweichen kann soweit gehen, daß der Nachkomme überhaupt nicht mehr seinen Vorfahren gleicht, sondern mit ihnen nur noch die Art-Merkmale (‚Mensch') gemeinsam hat[369]. Dabei denkt Aristoteles offensichtlich nicht an ein Aufsteigen in der Linie der Vorfahren bis ins Unendliche, sondern an die obengenannte Aszendenz Individuum ⟶ Art ⟶ Gattung. Deshalb kommt er im selben Kapitel auch auf die regelrechten ‚Mißbildungen' zu sprechen, die er aus einem Zurückweichen der Komponenten bis zur *Gattung* erklärt: „Wenn die Bewegungskomponenten (κινήσεις) geschwächt werden und die Hyle nicht bezwungen wird", bleibt der Embryo auf der ersten = allgemeinsten Entwicklungsstufe stehen, nämlich auf derjenigen der Gattung[370]. So kommt es dann, daß Menschen mit tierähnlichen oder Tiere mit menschenähnlichen Teilen und dgl. entstehen[371].

An dieser Vererbungslehre ist für uns bemerkenswert, daß — wie schon oben hervorgehoben — die Hyle nicht nur *passiv* die Wirkungen des Samens hinnimmt, sondern *aktiv* dem Samen *entgegenwirkt* und dadurch die Gestaltung des Embryos mitbestimmt[372]. Ohne diese aktive Einwirkung der Hyle käme es nicht nur nicht zu weiblichen

[368] Die Regeln formuliert Aristoteles selber 768b 7—10.
[369] 768b 8—15.
[370] 769b 11—13 τέλος γὰρ τῶν μὲν κινήσεων λυομένων τῆς δ' ὕλης οὐ κρατουμένης μένει τὸ καθόλου μάλιστα — τοῦτο δ' ἐστὶ τὸ ζῷον. Wir werden uns gleich noch zu fragen haben, was diese Stelle über die Eigenwirkung der Hyle aussagt.
[371] 769b 13ff.
[372] Instruktiv wird die Gegenwirkung der Katamenien geschildert 768b 15—25.

Nachkommen, ohne die es ja keine Fortpflanzung gibt, sondern auch nicht zur geringsten Abweichung vom Vater, d. h. nicht zu einer *Individuation.* Denn obwohl die ‚Individual-Komponente' im Samen des Erzeugers einem Individual-Eidos recht nahekommt, so ergäbe die *vollkommene* Verwirklichung dieser Komponente eine ontologische Ungereimtheit: Denn ein Individuum ist *als solches* nicht wiederholbar, d. h. es kann nicht zu einem ‚Typus' werden oder es ist eben kein Individuum mehr. Mit anderen Worten: Die Individual-Komponente in der *Vererbungs-Lehre* kann der Natur der Sache nach kaum etwas zum Problem der *Individuation* beitragen. Vielmehr entsteht das Individuum jeweils durch die ‚Abweichungen' von der oder die ‚Zusätze' zu der männlichen Individuations-Komponente, welche die Katamenien durch ihre Gegenwirkung hervorrufen[373].

Was gibt die Vererbungslehre für die Abgrenzung zwischen zielgebundener und zielfreier Wirksamkeit der Hyle aus? Wir sahen bereits, daß Aristoteles die Entstehung weiblicher Nachkommen als notwendig für die Arterhaltung ansieht, d. h. teleologisch erklärt. Das Gleiche muß auch für die übrigen ‚Abweichungen' vom Vater, d. h. für sämtliche männlichen Individuen gelten, sofern sie noch *innerhalb der Art* verbleiben, d. h. nicht als ‚Mißbildungen' über die Art hinausgehen; denn die Mißbildungen hält Aristoteles ja — wie bereits oben betont — für ateleologisch. Aus dem Gesagten ist aber immer noch nicht der *genaue* Grund ersichtlich, weshalb es zu Mißbildungen kommt. An der zitierten Stelle gen. an. 769 b 12 heißt es nur, daß τῶν μὲν κινήσεων λυομένων τῆς δ' ὕλης οὐ κρατουμένης Mißbildungen entstehen[374]. Mit derselben Formulierung könnte man aber auch die Entstehung weiblicher Nachkommen oder sonstiger ‚Abweichungen' begründen. Wo liegt also die Grenze? Einen Fingerzeig für die Antwort liefern die Bestimmungen, mit denen Aristoteles — trotz aller aktiven Mitwirkung der Hyle — doch dem Sperma die *ontologische Priorität* verleiht: Es allein bringt εἶδος bzw. ψυχή in die Verbindung mit ein[375] und *seine* Bewegungskomponenten (κινήσεις) sind von vorneherein ‚wirklich' (ἐνεργείᾳ), während die der Katamenien zunächst nur ‚der Möglichkeit nach' (δυνάμει) existieren[376]. Daraus darf man entnehmen, daß die Gegenwirkung der Katamenien *nur insoweit und solange teleologisch ist, als sie sich der vom Sperma übermittelten Art-Struktur* (εἶδος) *einpaßt* und *sich von dieser leiten läßt. Nur* innerhalb dieses Rahmens und des von ihm gegebenen Wirkungsanstoßes können die in den Katamenien angelegten (weiblichen) Bewe-

[373] Wir kommen u. 8.246b anläßlich von gen. an. E darauf zurück.

[374] Aristoteles gibt m. W. an keiner anderen Stelle eine detailliertere Begründung der Mißgeburten als sie hier vorliegt.

[375] s. o. S. 749f.

[376] gen. an. 768a 11—14. b 5—7.

gungskomponenten zur ‚Wirklichkeit' (ἐνέργεια) kommen und sinnvoll wirken. Geht jedoch die Gegenwirkung über das Eidos hinaus (d.h. macht sie seine Strukturwirkung ganz zunichte), dann kommt es zur ziellosen Mißbildung, d. h. erst hierin ist mit Sicherheit *ein zielfreies Wirken der Hyle* zu sehen.

Wir haben uns einen Überblick über die ‚Fehlleistungen' in der Natur zu verschaffen versucht, wobei die Abgrenzung schwankend ist und sich nach dem richtet, wie strikt man Telos und teleologisches Geschehen faßt. Immerhin ließen sich eine Reihe von Phänomenen feststellen, bei denen nicht alles so abläuft wie es ‚sollte'. Diese Erscheinungen führt man üblicherweise auf die Hyle zurück, und wir schlossen uns dem an. Wir wollen jetzt, bevor wir diese Tätigkeit der Hyle zu *beurteilen* versuchen, aber doch noch einmal fragen, ob man nicht die Hyle zu Unrecht für diese Erscheinungen verantwortlich macht:

Denn Ursache *aller* Fehlleistungen ist ja ein Mangel an Wärme: Dieser kann, wie Aristoteles ausdrücklich sagt, entweder von einer *Schwäche des Warmen* herrühren, oder vom *quantitativen* Übergewicht des Kalten[377]. Wenn man das Warme dem Eidos zuordnet, kann man also fragen: Ist nicht an manchen ‚Fehlleistungen' statt der Hyle nicht vielmehr die Schwäche der Form schuld? Die Frage muß man verneinen, denn das Warme ist genauso *Werkzeug* (ὄργανον) im Dienst der Physis wie das Kalte, Feuchte und Trockene, das man der ‚Hyle' zuordnen könnte: Das Warme gehört also (wie etwa ein Feuer in der Techne) zu den unabänderlichen kausal-mechanischen Wechselbezügen, mit denen die Physis bei ihren teleologischen Prozessen zu rechnen hat. Mit anderen Worten: Das Warme *als solches* ist im gleichen Maße automatisch wirkende Hyle wie die ihm gegenüberstehenden anderen Kräfte. Trotzdem scheint ein Rest zu bleiben: Wenn zuwenig Warmes vorhanden ist, so liegt es vielleicht letztlich an einer mangelhaften *Organisation* des teleologischen Prozesses durch die Natur, also doch wieder am Telos? Auch darauf kann man wieder antworten: Solche Versehen der ‚Kalkulation' geschehen nur im sublunaren Bereich, dessen Unvollkommenheit durch die *Hyle* (sc. des Werdens und Vergehens) verursacht wird.

Wir können also auf jeden Fall die ‚Fehlleistungen' der Hyle zuschreiben. Wie ist diese Wirksamkeit der Hyle zu *beurteilen?* Wie schon mehrfach gesehen, ist das Verhalten der Hyle grundsätzlich ateleologisch, ein automatischer Mechanismus ohne Rücksicht auf das Telos. Wenn dieser Automatismus (= absolute Notwendigkeit) in bestimmten Fällen zu unerwünschten ‚Fehlleistungen' führt, kann man die Hyle nicht *ihrem Wesen nach* als κακόν bezeichnen: Vielmehr ist

[377] gen. an. 768b 25—27.

das ‚Schlechte' nur ein *Nebenprodukt* des — *prinzipiell wert-neutralen* — ateleologischen Wirkens der Hyle[378]. Wohl aber deutet der Umstand, daß die Hyle sich in einen teleologischen Prozeß eingliedern läßt, auf einen *teleologischen Aspekt der Hyle selbst*[379]. Er ist in den höher differenzierten Gebilden besser greifbar (z. B. in den zielgerichteten κινήσεις der Katamenien), kann aber auch für den unteren Stoffbereich nicht geleugnet werden: So wirken die vier Elementarkräfte zwar immer automatisch-mechanistisch, lassen sich aber doch vom Telos als ‚Werkzeuge' benutzen. Dieses ‚Vollendungsstreben' der Materie haben wir ja auch sonst noch bei Aristoteles festgestellt[380] und an die Akademie angeknüpft[381]. Was gemeint ist, wird erneut an Platons schönem Bild im Timaios deutlich: Die kausal-mechanische ἀνάγκη (sc. der ‚Materie') läßt sich vom ‚Geist' *überreden* (πειθώ), an der teleologischen Gestaltung der Welt mitzuwirken.

b) Die Materie bewirkt einen ziel-freien ‚Überschuß'

Wir gehen zunächst kurz auf die Fälle ein, in denen Aristoteles selbst ein ähnliches Wort verwendet, nämlich περίττωμα. Bei biologischen Vorgängen entstehen immer wieder ‚Überschüsse' (περιττώματα) verschiedenster Art[382]. Grundsätzlich kommen sie *alle* durch den Kausal-Mechanismus der ‚absoluten Notwendigkeit' zustande, sind also — mindestens zunächst — zweck-frei. Einen Teil von ihnen verwendet die Natur nun doch noch (gleichsam ‚sekundär') zu einem Zweck, so den Überschuß des Blutes im weiblichen Organismus (d. h. die Katamenien) für die Zeugung, die Tinte der Tintenfische zu deren Schutz usw.[383]. Bei einem anderen Teil ist aber keine ‚Funktion' erkennbar, also eine Zweckerklärung unmöglich, so daß man sich allein mit der Erklärung ‚aus absoluter Notwendigkeit' begnügen muß, wie Aristoteles ausdrücklich sagt: „Die Physis verwendet zwar in einigen Fällen auch die Überschüsse zu einem Nutzen; man darf jedoch deswegen nicht in allem einen Zweck suchen, sondern vieles entsteht mechanisch mit (absoluter) Notwendigkeit aus bestimmten Voraussetzungen"[384], geht also allein auf die zielfreie Wirkung der Hyle zurück.

[378] Vgl. dazu u. 8.252.

[379] Dieser wird gut gesehen von Chevalier 142, Le Blond, *Logique et méthode* 88f, zu part. an. A 136.

[380] Vgl. o. 5.42, 8.233.

[381] 2.25.

[382] Vgl. Bonitz s. v. περίττωμα, bes. 586b 16ff.

[383] Vgl. Bartels 76—78 die Stellen unter Nr. 20—22 und 24.

[384] part. an. Δ 2, 677a 15—19. Vgl. Mansion 289, dazu auch Bartels 78 unter Nr. 23. Aristoteles sagt das bei Behandlung der *Galle*: Die Funktion solcher und ähnlicher Körper-Sekrete mußte ihm unklar bleiben, da beim Fehlen der modernen wissenschaftlichen Hilfsmittel (man denke nur an das Mikroskop) die genaue Einsicht in

Eine zweite Art von ‚Überschuß' (der aber keinen besonderen Terminus erhält) begegnet in gen. an. E. Dort bespricht Aristoteles die ‚äußerlichen' Eigenschaften (Farbe, z. B. der Augen, Haare, Federn; Höhe und Tiefe der Stimme), durch die sich die Tiere voneinander unterscheiden[385]. Aristoteles fragt nun, welche dieser Eigenschaften ‚teleologisch' erklärt werden können, welche nicht[386], und entscheidet: Was zur Definition eines Lebewesens gehört (also ‚wesentlich' ist), entsteht und existiert um eines Zieles willen, alles übrige entsteht und existiert *allein* aus ‚absoluter' Notwendigkeit, d. h. auf Grund rein mechanischer Vorgänge: „Augen hat jedes Lebewesen aus (teleologischer = bedingter) Notwendigkeit (denn das gehört zur Definition des betreffenden Lebewesens)[387], *eine bestimmte Augenfarbe* zwar auch aus Notwendigkeit, aber nicht auf Grund einer *solchen* (sc. teleologischen) Notwendigkeit, sondern auf andere Weise, weil es (das Lebewesen) nämlich darauf angelegt ist, die und die Wirkungen auszuüben und zu erfahren", d. h. *weil* und *sofern* es in seinen körperlichen Vorgängen *rein automatisch* reagiert[388]. Hier wird gesagt, daß die *unwesentlichen* Bestimmungen, also die Akzidentien (συμβεβηκότα), allein durch den Automatismus der Hyle-Wirkungen zustande kommen[389].

die eigentlich physiologischen Vorgänge praktisch unmöglich war. Deshalb durchschaute er auch nicht ganz, daß es bei *allen* Lebewesen ‚Abfälle' des Stoffwechsels gibt und geben muß, wenn das Lebewesen am Leben bleiben soll, daß also auch *diese* περιττώματα einen ‚Zweck' erfüllen.

385 Zum Folgenden Baeumker 276f. Vgl. auch Bartels 62. 64. Die Partien aus gen. an. E verdienten eine ausführlichere Untersuchung, die aber hier nicht geleistet werden kann.

386 Vgl. das leitmotivische ἕνεκά του (778a 31. b 11).

387 Vgl. o. 8.244cγ über die ‚bedingte Notwendigkeit', die auf die Wesensform bezogen ist.

388 gen. an. 778b 16—19 ὀφθαλμὸν μὲν γὰρ ἐξ ἀνάγκης ἕξει (τοιόνδε γὰρ ζῷον ὑπόκειται ὄν), τοιόνδε δὲ ὀφθαλμὸν ἐξ ἀνάγκης μέν, οὐ τοιαύτης δ' ἀνάγκης ἀλλ' ἄλλον τρόπον, ὅτι τοιονδὶ ἢ τοιονδὶ ποιεῖν πέφυκε καὶ πάσχειν. Übersetzung nach Bartels 64. Subjekt in πέφυκε ist wohl nicht das ‚Auge' (so Oxf.-Tr.), sondern das gesamte Lebewesen.

389 Dasselbe wird wohl auch 778a 34—b 1 gesagt. Der Satz ist klar, aber etwas umständlich: a 34f οὔτε δ' ἐπ' ἐνίων πρὸς τὸν λόγον συντείνει τὸν τῆς οὐσίας. συντείνειν ‚tendieren' wird hier wohl unpersönlich gebraucht, ‚gibt es eine Tendenz, ein Streben', wofür Bonitz keine Parallele bietet. Normal wäre ἔνια (sc. παθήματα) συντείνει, und danach πρὸς τέλος τι wie öfter, vgl. Bonitz. Nun heißt es aber πρὸς τὸν λόγον τὸν τῆς οὐσίας, da die Definition als Wesensbestimmung zugleich das Ziel des Werdens formuliert, denn alles Werden hat ja eine οὐσία zum Ziel, vgl. part. an. A 1 und 778b 5f τῇ γὰρ οὐσίᾳ ἡ γένεσις ἀκολουθεῖ καὶ τῆς οὐσίας ἕνεκά ἐστιν, ἀλλ' οὐχ αὕτη τῇ γενέσει (ferner b 2—5). Da der λόγος τῆς οὐσίας nicht alle Propria explizit enthält, ist der vorsichtige Ausdruck συντείνει πρός am Platz. Zu übersetzen: „bei einigen Eigenschaften ist keine Beziehung zur Wesensdefinition vorhanden". a 35 ὡς gehört wohl zu γιγνομένων und drückt den subjektiven Grund aus. Zu ἐξ ἀνάγκης gezogen würde es etwas abschwächen,

Für ‚wesentlich' hält hier Aristoteles diejenigen Bestimmungen, die *allen* Individuen derselben Art gleichermaßen zukommen[390]: Wenn z. B. *alle* Mitglieder einer Art *blaue Augenfarbe* besäßen, wäre das eine wesentliche Bestimmung und müßte der Wirkung des *Telos* zugeschrieben werden[391]. Es ist dabei nicht ganz klar, ob Aristoteles den *Funktions*begriff genausoweit reichen läßt wie den Telos-Begriff, also in besagtem Fall dann der ‚blauen Augenfarbe' auch eine Funktion zuweisen würde, oder ob er auch Bestimmungen, die für das ‚Funktionieren' eines Körperteils entbehrlich sind oder zu sein scheinen (wie die Augenfarbe), doch für ‚wesentlich' ansieht, wenn sie *alle* Individuen der Art besitzen. Und es ist ferner nicht deutlich, ob er, wenn z. B. die Augenfarbe innerhalb der Art wechselt, zwar die *Wahl* der Farbe für unwesentlich hält, trotzdem aber die Tatsache, daß *alle* Augen überhaupt *Farbe* besitzen, als wesentlich betrachtet, oder nicht. Wenn man eine Vermutung wagen darf[392], so hat Aristoteles *alle* gemeinsamen Eigenschaften der Art (bei wechselnder Farbe also ‚Farbe überhaupt' usw.) für wesentlich gehalten[393], teleologisch und zugleich funktional erklärt.

Wie dem auch sei: Die ‚individuellen' Eigenschaften werden auf jeden Fall *nur* durch die mechanische ‚absolute' Notwendigkeit der Hyle bewirkt. Zwar wird hier in gen. an. nur über einige ‚äußerliche' Eigenschaften gesprochen[394], aber es hindert nichts, diese Auffassung auf die gesamte Körperstruktur auszudehnen und zu sagen: *Gerade das, was an einem Lebewesen individuell ist, wird allein von der Hyle gestellt.* Das erinnert an die anderen Äußerungen des Aristoteles, nach denen nicht die Form, sondern die *Hyle Individuationsprinzip* ist[395].

aber nicht viel: Vgl. das häufige ὡς ἐξ ὕλης = ἐξ ὕλης. Aber auch in diesem Falle müßte man γιγνομένων kausal auffassen, so daß sich an der Übersetzung kaum etwas ändert.

390 gen. an. 778a 30—32. 33f γένος wird hier wie sonst in den biologischen Schriften in einem ziemlich weiten Sinn gebraucht, steht also auch für die ‚Art' (Oxf. Tr. ‚kind').

391 778a 32—34.

392 Auch Bartels 62. 64 sagt nichts hierüber.

393 Vgl. E 6, bes. 785b 30—33 (anders gelagert, aber als Hinweis dafür wichtig, wie Aristoteles auch in unserem Fall sich die Lösung gedacht haben mag).

394 Vgl. auch die Einzelerörterungen in E 1ff, so E 3 (bes. 782a 24ff bis zum Schluß), 4 und 5 über die Haare, E 6 (z. B. 786a 4ff) über die Hautfarbe, B 7 über Höhe und Tiefe der Stimme, E 8 über die Zähne (789b 2ff prinzipiell interessant). All diese Stellen gehen aber nicht noch einmal mit gleicher Intensität wie E 1 auf die grundsätzlichen Fragen ein. So bleibt es bei der Feststellung: Die individuellen Eigenschaften γίγνεσθαι συμβαίνει μὴ ἕνεκά του, ἀλλ' ἐξ ἀνάγκης καὶ (hier = ‚d. h.') διὰ τὴν αἰτίαν τὴν κινητικήν (E 8, 789b 19f).

395 Vgl. Baeumker nicht nur 276f, sondern auch 281—291 *(Die Materie als Individuations-Prinzip)*, wo die einschlägigen Stellen genannt und im wesentlichen zutreffend beurteilt sind. Vgl. ferner die Sach-Index s. v. *Individuation 1a* genannten Stellen.

Von der Art-Form aus gesehen ist eben alles Individuelle genauso ‚akzidentell' (συμβεβηκός) wie jede beliebige ‚unwesentliche' Eigenschaft[396]. Man hat sich das im biologischen Bereich mithin so zu denken: Die Hyle erfüllt mit ihrem mechanischen Wirken ‚zunächst' den vom Telos = Art-Eidos gegebenen Strukturplan, geht aber dann, sobald die *auf die Art-Struktur beschränkte* Planung des Eidos aufhört, darüber hinaus und schafft *in ‚blindem' Automatismus* das Individuelle. Dieser Befund, an dem auch (scheinbar oder wirklich) anderslautende Äußerungen des Aristoteles[397] nichts zu ändern vermögen, hat unabsehbare Konsequenzen für die gesamte aristotelische Philosophie[398], von denen hier nur *eine* angedeutet sei: Die kausal-mechanische ‚absolute Notwendigkeit' der Hyle kann unmöglich ihrem Wesen nach κακόν sein, wenn sie hier, wo der Systemzwang seiner eigenen Philosophie Aristoteles zur Beschränkung der Eidos-Wirksamkeit nötigt, *an die Stelle des Eidos tritt* und das *Individuum* schafft, das — auch für Aristoteles — Träger *aller* Handlungen in der Welt ist.

c) Die Materie wirkt ‚stellvertretend' für das Telos

Man hätte schon unter a) und b) manchmal das Wirken der Hyle als eine Art ‚Eintreten für das Telos' auffassen können, weil die Hyle überall dort *ergänzend aushilft,* wo Aristoteles infolge der Grenzen seines Systems nicht mehr direkt ein Telos wirken lassen kann und doch ein letztlich teleologischer Prozeß stattfinden muß. Diese ‚teleologische Aushilfsfunktion' der Hyle zeigt sich noch deutlicher in mindestens einem weiteren Fall:

Während die Tiere sich im allgemeinen durch Befruchtung fortpflanzen (Lebendgebärende, Eierlegende, Larvenerzeugende), geschieht bei den zwei niedersten Tier-Arten, den Ostrakoderma (Mol-

[396] Vgl. die Bemerkung E 2, 1027a 13—15 (vgl. E 4, 1027b 33f) über die ὕλη als Ursache des συμβεβηκός, dazu die Kommentare (z. B. Schwegler 4, 25); hier wären auch Stellen wie gen. an. 767b 14 zu beachten. S. auch Bonitz s. v. συμβαίνειν 714a 20ff über die Konnotationen des Begriffs συμβεβηκός, u. a. über die (hier nicht hergehörenden) συμβεβηκότα καθ' αὑτά = *propria*. Auch über die Berührungen der ὕλη mit τύχη und αὐτόματον wird jetzt nicht näher gesprochen. Sie ergeben sich daraus, daß αὐτόματον mit ‚absolut notwendig' identisch ist, und daß vom Standpunkt einer teleologischen Form-Metaphysik aus jegliche ‚Ordnung' nur auf das Telos gegründet sein kann und somit alle nicht-teleologischen Vorgänge als ‚Zufall' erscheinen. Über τύχη und αὐτόματον grundlegend Ross, *Physics* 38—41 (und Kommentar zu den ib. genannten Stellen) und Mansion 292—314, wichtig ferner die Untersuchungen von H. Weiss, *Kausalität und Zufall in der Philosophie des Aristoteles*, Basel 1942 (Nachdruck 1967) und von D. M. Balme, *Aristotle on Nature and Chance*, Class. Quart. 33 (1939) 129—138; zuletzt dazu Bartels 38—43.

[397] Vgl. o. 8.246a über die Individual-Komponente im Sperma. Manche anderen Äußerungen hat Baeumker (und nach ihm auch Robin) unrichtig aufgefaßt, was jetzt nicht entwickelt werden kann; vgl. o. A. 395.

[398] Vgl. auch die Bemerkungen u. 8.253.

lusken außer Tintenfischen) und den ‚Zoophyten'[399] die Erzeugung teilweise ‚spontan' (sog. generatio spontanea), indem allein durch die *mechanische* Einwirkung der (Sonnen-)Wärme auf *Schlamm* und dgl. die Bildung derartiger Lebewesen ausgelöst wird[400]. Hier ersetzt eindeutig die automatische Wirksamkeit der Hyle den sonst vom Eidos des Erzeugers ausgehenden Struktur-Impuls.

Der zweite Fall betrifft die Bewegung der Elemente im Kosmos: Es spricht einiges dafür, die *‚natürliche Bewegung'* der Elemente (z. B. Aufsteigen des ‚leichten' Feuers, Herabfallen der ‚schweren' Erde) der ‚absoluten Notwendigkeit' der Hyle zuzuschreiben[401], und man kann auch ihre *Umwandlung ineinander* sehr weitgehend *mechanisch* aus der Wärmeeinwirkung der Sonne erklären, desgleichen die meteorologischen Vorgänge insgesamt[402]. Das alles hindert aber nicht, daß der Kreislauf der Elemente und damit auch die anderen meteorologischen Kreisläufe letztlich *teleologisch* begründet sind, da sie die Vollkommenheit der Himmelsumdrehung ‚nachzuahmen' streben und dadurch — wie die Lebewesen — eine Unsterblichkeit ‚der Art nach' zu erlangen suchen[403]. Diese Vorgänge bezeugen also nicht eine *zielfreie Eigenwirkung* der Hyle, sondern *den in einen teleologischen Prozeß hineingebundenen Automatismus* wie in allen teleologischen Naturprozessen. Mit anderen Worten: Die Reaktionen der Hyle sind hier nicht nur *absolut* notwendig, sondern auch *bedingt* notwendig.

8.247 Schluß

Die Hyle ist *ihrem Wesen nach* Prinzip aller ‚absolut notwendigen' Automatismen in der Natur. Diese Mechanismen sind grundsätzlich

[399] Vgl. Bonitz unter ὀστρακόδερμα. Die Stichwörter für die (modern so genannten) ‚Zoophyten', für die Aristoteles keinen zusammenfassenden Namen kennt, sind *Scala naturae* 232 A. 35 aufgeführt.

[400] gen. an. Γ 11, 761 b 23—762 a 32. 763 a 25 ff. Vgl. auch Bartels 41.

[401] β 8, 198 b 16—23, bes. 18—20: ‚Aus Notwendigkeit' geschieht a) Aufsteigen des Wasserdampfes, b) Abkühlung und Kondensation zu Wasser, c) Herunterfallen des Wassers. An. post. B 11, 95 a 1—3: Der Stein fällt κατὰ φύσιν καὶ ὁρμήν = ἐξ ἀνάγκης nach unten. ‚Leichtigkeit' und ‚Schwere' reduziert Aristoteles nicht auf die vier Elementarqualitäten (Warm, Kalt, Feucht, Trocken), und man könnte deshalb meinen, sie würden von der Wesensform (sc. der betreffenden Elemente) bewirkt. Wir haben aber gesehen, wie wenig das Eidos der Elemente über das ‚Materiehafte' hinausführt (o. **8**.245), und es besteht deshalb kein hinreichender Grund, ‚Schwere' und ‚Leichtigkeit' der Hyle *als solcher* abzusprechen und von der Form herzuleiten. Vgl. Mansion 236, Solmsen 275—286 *(Heavy and Light)*, dazu seinen Index s. v. *Heavy*. S. auch Baeumker 273—275, dessen Darstellung allerdings zu sichten und präzisieren wäre. Über die ‚natürliche Bewegung' der Elemente Solmsen 253—265, bes. 253—259, ferner an den im Index s. v. *Elements, Movement (natural)* genannten Stellen.

[402] gen. corr. B 10. meteor. A 2. 3. 9. B 2. 4. Vgl. o. **5**.42 und *Kosmologie und Metaphysik* 169. S. auch Solmsen, Index s. v. *Transformation*.

[403] Belege o. **5**.42 und *Kosmologie und Metaphysik* 169 f.

ziel-frei und *wert-neutral,* werden aber fast immer in eine Beziehung zum Telos gesetzt und erhalten so einen Wert-Akzent: Einerseits lassen sie sich einem zielgerichteten Prozeß einordnen (‚teleologisches Streben' der Hyle), andererseits können sie diesen Prozeß hemmen oder ganz zunichte machen. Im letzteren Sinn ist die Hyle für Aristoteles das *Hemmende* in der Natur schlechthin[404]. Diese Fehlleistungen reichen aber nicht aus, die Hyle *prinzipiell* als κακόν anzusehen[405]. Wie wenig eine Identifizierung von Hyle und κακία angeht, zeigt sich daran, daß in den Fällen, in denen die teleologische Planung und Struktur nur bis zu einem bestimmten Punkt reicht und dann aufhört[406], dann die Hyle an die Stelle des Eidos tritt, es *vertritt* und — obwohl sie auch da *stets* mechanisch wirkt — *teleologisch ‚aushilft'*.

Wie auch immer man die ‚absolute Notwendigkeit' der Hyle axiologisch beurteilt, eines steht unverrückbar fest: Aristoteles erkennt eine von Form und Telos *völlig unabhängige* Wirksamkeit der Materie an[407]. Es liegt also hier ein ontologischer *Dualismus* vor, der durch keine Interpretation relativiert oder wegerklärt werden kann. Damit wollen wir unsere Erörterung über den aristotelischen Notwendigkeitsbegriff abbrechen[408]:

Es wurde o. *8.232* gezeigt, daß das Hyle-Prinzip aktive Seinsmöglichkeit ist. Jetzt ergibt sich, daß es Ursprung aller mechanischen Naturvorgänge ist. Der folgende Abschnitt wird diese Ergebnisse abrunden und erneut die heute noch geläufige Vorstellung widerlegen, die aristotelische Hyle sei etwas wesentlich Passives.

[404] Vgl. Ausdrücke wie μηδενὸς ἐμποδίζοντος (verwirklicht sich das Telos sehr rasch) o. ä. und dazu Mansion 291 mit A. 39.

[405] Vgl. u. 8.252.

[406] Über diese Grenzen des Telos bei Aristoteles s. o. 8.246a—c, ferner u. 8.252.

[407] Vgl. z. B. Mansion 289 „Aristote reconnaît l'existence d'une nécessité brute provenant de la matière et indépendante en soi de la finalité (mais s'accordant parfois avec elle dans ses effets)".

[408] Es gäbe hier noch mehr Probleme zu besprechen, aber das würde zu weit führen. Nur zwei Andeutungen: a) Manche der allgemein-philosophischen Entscheidungen des Aristoteles im Naturbereich werden noch einsichtiger, wenn man sein ‚Techne-Modell' zur Verdeutlichung heranzieht: Die Techne duldet keine Abweichung vom *Bauplan* wie Geschlechtertrennung oder individuelle Eigenschaften (Individuelles kommt durch die Eigenheiten des *Materials* zustande), Fehlschläge gehen auf ungeeignetes Material (bzw. Handwerkszeug) zurück und bei der Herstellung entsteht ‚Abfall', der manchmal doch noch verwendet wird (werden kann), manchmal nicht. Die Ansätze von Bartels 107ff müßten noch weitergedacht werden. b) Auf zentrale philosophische Fragen wie ‚Notwendigkeit und Freiheit' (Gottes bzw. des Menschen), ‚Notwendigkeit und Vorsehung', ‚Schicksal' usw. konnte im Vorstehenden noch nicht einmal andeutungsweise eingegangen werden.

8.25 Passivität und Aktivität der aristotelischen Hyle

8.251 Hyleprinzip passiv — überformte Materie (secunda materia) aktiv?

Die aristotelische Hyle gilt weithin, auch noch in der neuesten Literatur, als etwas Passives[409]. Für eine solche Deutung kann man sich auf eine ganze Reihe von Belegen stützen, in denen Aristoteles unmißverständlich die Hyle ‚passiv' nennt[410] und ebenso klar der Form die aktive Rolle im Kreislauf des Werdens und Vergehens verleiht[411]. Das Gewicht der Stellen scheint so groß zu sein, daß sogar Ernst Bloch bei der Rückbesinnung auf die historischen Wurzeln seiner eigenen ‚aktiven' Materie die aristotelische Hyle als wesentlich passiv ansieht und ihre Umdeutung zur aktiven Kraft erst in nach-aristotelischer Zeit (Ansätze bei Straton und Alex. Aphr.; besonders dann die Araber und Bruno) feststellen zu können glaubt[412]. Niemand wird sich über diese aristotelischen Zeugnisse einfach hinwegsetzen und die aristotelische Hyle extrem als ‚Mutterschoß' interpretieren, welcher selbständig — fast ohne der Formen zu bedürfen — alles Seiende hervorgebiert. Andererseits aber ist die Aktivität des aristotelischen Hyle-Prinzips so offenkundig, daß man fragen muß: Was hat Aristoteles unter der ‚Passivität' der Materie verstanden und in welcher Hinsicht ist sie ‚passiv', in welcher ‚aktiv'?

Zweifellos ist sie ‚passiv', sofern sie nicht aus sich die Form hervorbringen und sich selbst in Energeia überführen kann. Vielmehr muß die Form die Materie zur Wirklichkeit ‚entbinden'. Dies kann sie aber nur, wenn eine in ganz bestimmter Weise auf die betreffende Form hin präformierte Materie vorliegt. Ist das nicht der Fall, dann ist die Form genauso ‚ohnmächtig' wie es die Materie ohne das Wirken der

409 Als Beispiele für viele: Stallmach (Zitate s. folg. Anm.). Gaiser 315f (nicht überzeugend). Krämer, *UGM* 327 A. 500. Düring 195 A. 71 (offenbar anders 543. 545; ?).

410 Stellen bei Baeumker 265 A. 8. Joachim 250. Stallmach 36. 44. 49 A. 35. 171—181 (bes. entschieden spricht sich Aristoteles in den bei Stallmach 44 und 171f gesammelten Belegen aus). Vgl. auch die ‚passiven' Elementarqualitäten im unteren Stoffbereich, o. **6**.112.

411 Man erinnere sich u. a. nur an das Argument ἄνθρωπος ἄνθρωπον γεννᾷ (dazu Stallmach 174—180; Oehler, *Ein Mensch zeugt einen Menschen*, Sonderdruck 1963, 37—65).

412 *Avicenna und die Aristotelische Linke*, 1963 (Edition Suhrkamp), bes. S. 31—33. An anderen Stellen kommt er der richtigen, ‚aktiven' Interpretation der aristotelischen Hyle schon näher (z. B. S. 67; die ebd. genannte ‚quantitative Grundlage' der qualitativen Veränderungen ist jedoch nicht aristotelisch). Blochs sehr anregende Schrift erfordert kritische Benutzer, da sie bei der Betrachtung der antiken Philosophie — um diese allein geht es hier — zu Einseitigkeiten neigt: Z. B. ist der ‚Theismus des reinen Nus' und dessen ‚Abtrennung vom Stoff' bei Aristoteles (32) gewiß nicht im Sinne eines absoluten Chorismos gemeint (vgl. *Kosmologie und Metaphysik*), wie überhaupt Bloch den Transzendenzbegriff der antiken Philosophie auch da ins ‚Räumliche' übersteigert, wo er mit Sicherheit nicht so gemeint war.

Form ist. Die Form kann — im sublunaren Bereich — nicht sein und werden ohne die Materie, die in höchst aktiver Weise in den Werdeprozeß eingreift und ihn entscheidend mitbestimmt. Wir haben diese notwendige und ausschlaggebende ‚Mitbestimmung' der Materie unter anderem anläßlich des Möglichkeitsbegriffes (o. *8.232*) und des Notwendigkeitsbegriffes (o. *8.245/246* u. ö.) untersucht. Dabei wurde die Frage erörtert, die sich jetzt erneut stellt: Gilt womöglich Aktivität und Bewegung allein für die ‚überformte' *secunda materia*, während das absolut formlose Hyle-Prinzip passiv ist? Die Antwort lautet hier wie dort: Es ist philosophisch unmöglich, von einem Prinzip eine bestimmte Eigenschaft zu negieren, die all seinen Prinzipiaten wesentlich zukommt[413]. Der Umbruch von den aktiven Hyle-Manifestationen zu einem passiven Hyle-Prinzip ist undenkbar.

8.252 Hyle als Störfaktor im Weltgeschehen (ὕλη und κακόν)

Obwohl wir schon mehrfach darauf hingewiesen haben[414], daß es durch die Einwirkung der Hyle im Ablauf des Weltgeschehens immer wieder zu Störungen kommt, müssen wir dieser Frage nochmals ein paar Bemerkungen widmen, weil eine Entscheidung hierüber für die Beurteilung der aristotelischen Philosophie insgesamt wichtig ist[415].

Man kann an dem Problem *zwei* Aspekte unterscheiden:

a) Sind die auf die Hyle zurückgehenden ‚Fehlleistungen' im Weltlauf nur kleine Unvollkommenheiten, welche der Vollkommenheit des Ganzen keinen Eintrag tun, oder ist es mehr?

b) Zeigt sich die Hyle nur *manchmal ungeeignet* für die Mitwirkung im teleologischen Geschehen, so daß sie *per accidens* etwas Schlechtes bewirkt, oder ist sie ihrem *Wesen* nach κακή, wie das oberste Eidos ἀγαθόν ist?

a) Die erste Frage läßt sich leicht beantworten: Aristoteles betrachtet das kosmische Geschehen *im ganzen* als teleologische Ordnung, mithin als *prinzipiell gut*[416]. Da aber nun einmal das Sein nicht nur

[413] Dafür sei nochmals auf die prinzipiellen Erwägungen o. 8.245 (und die ib. erwähnten Bemerkungen Speusipps) hingewiesen.

[414] o. 5.421, 6.221, 8.244—246. Die dort genannten Belege werden um des systematischen Zusammenhanges willen z. T. jetzt noch einmal aufgeführt.

[415] Wie bedeutsam die Beziehung des Seinsprinzips zum Wert für das ganze System eines Philosophen ist, ist allgemein bekannt. Darauf aufmerksam gemacht hat z. B. Merlan, *Monismus*. In dieser Hinsicht ist auch die Arbeit von F. P. Hager, *Die Materie und das Böse im antiken Platonismus*, Mus. Helv. 19 (1962) 73—103 nützlich, während sie in bezug auf ontologische Fragen und in der Beurteilung Platons anfechtbar ist.

[416] Für die Teleologie des Aristoteles nenne ich nur ganz wenige Untersuchungen: Außer den Gesamtdarstellungen der aristotelischen Philosophie und den schon klassischen Arbeiten von Theiler und Mansion ist noch immer wichtig Rudolf

in dem — absolut guten — göttlichen Nus besteht, sondern von diesem Nus weiteres Sein abhängt, welches ontologisch und axiologisch weniger vollkommen ist als die Nus-Gottheit, und da ferner das nachgeordnete Sein nicht homogen ist (mit einem bestimmten Anteil des Guten), sondern in sich nach Sein und Wert mannigfach *gestuft* ist, gibt es mit Notwendigkeit *Abstufungen* in der (‚objektiven') Zielstrebigkeit der Natur. Deshalb darf auch der Philosoph nicht pauschal überall in derselben Weise ein Telos voraussetzen, sondern er muß sein Vorgehen nach den einzelnen *Gegenstandsbereichen* differenzieren[417]. Und er muß ferner damit rechnen, daß die Teleologie auch in den Bereichen, in denen sie deutlich feststellbar ist, durch andere Faktoren durchkreuzt und *gestört* werden kann. Nimmt man das alles zusammen, ergeben sich etwa *zwei* Kategorien von Fällen:

α) Im Kosmos nimmt von oben nach unten die Teleologie ab, so vom Äther-Bezirk zum Raum unter dem Mond[418], und *innerhalb* der beiden Bereiche ist es ähnlich: Die (von ‚außen' gerechnet) ‚erste' Äther-Sphäre verhält sich am meisten teleologisch, die anderen Sphären nach ihr immer weniger[419]. Und bei den sublunaren ὄντα wird die teleologische Struktur der einzelnen Substanzen immer undeutlicher, je weiter nach ‚unten' man von den Lebewesen[420] über die Pflanzen[421]

Eucken, *Die Methode der aristotelischen Forschung*, 1872, Kap. III S. 67—121 (*Die Zweckidee* usw.). Beachtenswert auch Le Blond, *Logique et méthode* Index s. v. *finalité* und Bartels passim. Nach dem Teildruck zu urteilen, ist wegen ganz einseitiger philosophischer Vorentscheidungen (z. B. Kant, Hegel, Psychologismus) als historische Untersuchung unbrauchbar P. van Schilfgaarde, *De Zielkunde van Aristoteles*, Diss. Amsterdam 1938.

[417] Neben dieser ‚subjektiven' Seite (d. h. dem *Erforschen* der Teleologie, der teleologischen Natur-*Erklärung*) wurde im Satz vorher betont, daß die Teleologie für Aristoteles eine ‚*objektive*' Gegebenheit ist, weil man das neuerdings bestritten hat (vgl. o. **8**.233).

[418] Vgl. o. 5.3 (bes. 5. 31) und *Kosmologie und Metaphysik* passim. Besonders instruktiv ist hier Λ 10, 1075a 16—25. — Zur größeren teleologischen Geordnetheit der Sterne vgl. Theophr. met. 11b 17f μάλιστα δ' ἂν δόξειεν ἔχειν τήν τε τάξιν τῶν μὲν αἰσθητῶν τὰ οὐράνια (die einschränkende Bemerkung von Ross z. St. beruht auf seiner Konjektur γε für τε; dagegen mit Recht auch Reale, *Teofrasto* 206). Diese Vorrangstellung der Sterne bei Theophrast ist unabhängig von der Frage, ob Theophrast noch an der aristotelischen Äther-Theorie festhielt oder nicht (Steinmetz hat das mit unzureichenden Gründen bestritten, was Gottschalk, Gnomon 39, 1967, 23 zutreffend kritisiert; auch unsere Stelle 11b 17 bietet keine Handhabe für Steinmetz' Hypothese, weil schon Aristoteles die Sterne allenthalben als αἰσθητά bezeichnet, *Kosmologie und Metaphysik* 158 mit A. 11/12).

[419] Vgl. o. 4.214b, 5.43.

[420] Aristoteles spricht zwar m. W. nicht direkt darüber, daß in der *Scala naturae* von den höheren zu den niederen Tieren die Teleologie der betreffenden Tierarten immer schwerer zu erkennen ist, aber das versteht sich fast von selbst, da nach unten zu die psycho-physischen *Funktionen*, an die sich ja die teleologische Erklärung hält, weniger und undeutlicher werden (vgl. *Scala naturae* 4, wo u. a. auch Stellen zur ‚Pflanzenähnlichkeit' der niederen Tiere, bes. der sog. Zoophyten).

zu den anorganischen Stoffen[422] kommt. Die anorganischen Stoffe wirken ja mit ateleologischem Automatismus und Mechanismus (‚absolute Notwendigkeit') und können deshalb als ‚zielfreie Kräfte' (δυνάμεις ἄλογοι) schlechthin bezeichnet werden[423]. Das verträgt sich durchaus damit, daß *jede* Art von Lebewesen (einschließlich der Pflanzen) *als Art* durch den ‚Kreislauf' von Geburt und Tod und die anorganischen vier Elemente durch den Kreislauf ihres wechselseitigen Überganges ineinander die kontinuierliche Kreisbahn der Sterne nachahmen und somit die Gesamtteleologie des Kosmos erfüllen helfen[424].

Der Grad teleologischen Verhaltens hängt für Aristoteles nun offensichtlich mit dem *räumlichen Abstand* zusammen, den die betreffenden Seinsschichten oder Substanzen von ‚oben' (d. h. vom Ort des obersten Prinzips[425]) haben: So besitzen διὰ τὸ πόρρω τῆς ἀρχῆς ἀφίστασθαι die sublunaren Substanzen im Gegensatz zu den supralunaren kein individuelles ewiges Sein, sondern Sein nur durch das ewige Wer-

[421] β 8, 199b 9f ἔτι καὶ ἐν τοῖς φυτοῖς ἔνεστι τὸ ἕνεκά του (vgl. 119a 23—30) ἧττον δὲ διήρθρωται. S. auch Theophr. met. 10b 21—24 ἔτι δ' ἐν τοῖς φυτοῖς καὶ μᾶλλον τοῖς ἀψύχοις . . . τίνος ἕνεκα ταῦτα ζητήσειεν ἄν τις.

[422] Über die *organischen* Homoiomere gen. corr. 321b 29—32 ἡ γὰρ ὕλη ἑτέρα οὖσα δήλη μᾶλλον τοῦ εἴδους ἐνταῦθα (sc. bei den Anhomoiomere) ἢ ἐπὶ σαρκὸς καὶ (= ‚d. h.') τῶν ὁμοιομερῶν (bei den *organischen* Homoiomere = Geweben); vgl. Joachim z. St. Auch die *anorganischen* Homoiomere bezieht ein meteor. 4, 12, 390a 3f τὸ γὰρ οὗ ἕνεκα ἥκιστα ἐνταῦθα δῆλον ὅπου πλεῖστον τῆς ὕλης; vgl. die Umgebung der Stelle, wo gesagt wird, daß der Zweck sich am klarsten bei den Anhomoiomere zeigt (z. B. Hand), weniger klar bei den organischen Homoiomere (Fleisch usw.) und am undeutlichsten bei den anorganischen Homoiomere bzw. den Elementen (Wasser usw.). Selbst wenn die Passage nicht von Aristoteles stammen sollte, gibt sie doch bis in alle Einzelheiten etwas wieder, was genausogut bei ihm stehen könnte (vgl. o. **8**.244d, **8**.245 Ende, u. γγ).

[423] Näheres vgl. o. 8.245, wo auch gezeigt wird, daß diese Verhaltensweisen und Wirkungen vom *Hyle*-Prinzip verursacht werden. — Eine interessante Bemerkung Η 4, 1044b 12 τὸ δ' οὗ ἕνεκα ἴσως οὐκ ἔστιν (bei der Mondfinsternis).

[424] Vgl. *Kosmologie und Metaphysik* 169f, o. 5.422/423.

[425] Ob oberstes Prinzip der Fixsternhimmel oder der unbewegte Beweger ist, interessiert hier nicht: denn Aristoteles hat auf jeden Fall (nicht nur den Fixsternhimmel, sondern) auch den unbewegten Beweger de facto (wenn auch vielleicht *letztlich* entgegen seiner philosophischen Intension) ‚ganz oben' *lokalisiert*: Vgl. *Kosmologie und Metaphysik* 173—177 (wo u. a. über cael. Α 9 und phys. Θ 10), dazu *Weltbild und Seinslehre* 73f. Eine dort nicht gebrachte Aristoteles-Stelle, welche die *Verräumlichung des unbewegten Bewegers* überdeutlich zeigt, sei hier nachgetragen: In mot. an. wird die Erkenntnis, daß jedes bewegte System einen ruhenden Stützpunkt (*innerhalb* und einen weiteren) *außerhalb* seiner selbst braucht (Kap. 2), auch auf den bewegten Gesamtkosmos angewandt und in ganz *mechanisch-physikalischer* Weise der unbewegte Beweger als der gesuchte *Stützpunkt* ‚*außerhalb*' vorgeschlagen (Kap. 3 ganz; 4, 699b 32—700a 25. Trotz des Abbiegens 700a 20f kann man nicht von einem unverbindlich-aporetischen Erwägen sprechen, und selbst wer hierin keine *positive Lehre* des Aristoteles erblicken möchte, muß zugeben, daß die *räumlich-physikalische Denkweise* des Aristoteles in bezug auf den unbewegten Beweger hier mit aller Klarheit sichtbar wird — quod erat demonstrandum).

den der Art[426]. Die teleologische Stufung *innerhalb* des Ätherbezirks erklärt Aristoteles ebenso[427], und auch für den sublunaren Raum scheint er ähnliche Vorstellungen gehabt zu haben[428].

Damit ist aber das Problem nicht gelöst, denn man fragt sich weiter: *Warum* bewirkt der Abstand vom obersten Prinzip (gleichsam ‚proportional') eine Verminderung der Teleologie? An ein *mechanisches* Schwächerwerden der Wirkung kann man — wenn überhaupt — noch am ehesten im Ätherbereich denken, weil dort vom ersten Himmel den anderen Sphären eine mechanische Drehung mitgeteilt wird[429], aber eine solche Auffassung stößt hinsichtlich der Seinsstufung insgesamt und der sublunaren Substanzen auf große Schwierigkeiten: Denn man müßte sich dann die teleologische Kausalität zwischen dem jeweiligen Prinzipiat und seinem obersten Prinzip als eine Art *materieller* Verbindung vorstellen, die um so schwächer würde, je mehr *Stoff*schichten (ὕλη) sich dazwischenschieben oder dgl. Dafür spricht nichts[430], wohl aber vieles dagegen: Denn die *entscheidende* Kausalität der aristotelischen Seinsstufung ist die Teleologie, ein *immaterielles* Liebesstreben von ‚unten' nach ‚oben' zum Vollkommenen hin[431]. Aristoteles hat also das allmähliche ‚Nachlassen' der Teleologie trotz aller Zugeständnisse an *räumlich-mechanische* Denktendenzen nicht plump-stofflich ver-

[426] gen. corr. 336b 30f mit Umgebung (dazu Joachim). Hierher gehören auch die *Kosmologie und Metaphysik* 174 aufgeführten Äußerungen aus cael., nach denen etwas desto ‚besser' und ‚göttlicher' ist, je weiter ‚oben' im Kosmos es sich befindet: Das ist nur die ‚positive' Umkehrung des oben zitierten Gedankens von der Abnahme des Telos. — Die bekannte Stelle gen. an. B 1, 731b 24—732a 1 entwickelt genau dieselben Vorstellungen, sagt aber nichts über den *Grund*, weswegen die Vollkommenheit sich abstuft (z. B. eben durch den Abstand von der ἀρχή o. dgl.).

[427] cael. B 10. B 12. 291b 28ff. 292a 22ff. 292b 17—25.

[428] Vgl. die Stellen über die Schichtung der vier Elemente (o. 4.214c 4, 5.431). In cael. B 12, 292b 1—10 vergleicht Aristoteles die Reihen der Äthersphären mit der Reihe Mensch—Tier—Pflanze. Dabei dachte er wohl nicht nur an die Stufung der Vollkommenheitsgrade im allgemeinen, sondern auch an die Beziehung zum kosmischen ‚Oben'. Denn vom Menschen bis zu den Pflanzen kehrt sich die nach ‚oben' ausgerichtete Haltung bis in ihr Gegenteil um (*Scala naturae* 233 A. 57) und zugleich nimmt der Anteil der mehr ‚oberen' Elemente (θερμόν, ὑγρόν) ab, derjenige des untersten (Erde = ‚trocken' und ‚kalt') zu (Belege o. S. 373 A. 312, u. S. 768f und besonders S. 788 A. 545), so daß also die *Scala* in *zweifacher* Weise von den Extremen des ‚Oben' und ‚Unten' her bestimmt wird. — Vgl. auch Bonitz s. v. ἄνω 68b 1—32, s. v. κάτω 379b 11ff.

[429] Auf Einzelheiten dieser verwickelten Verhältnisse kann hier nicht eingegangen werden; vgl. die Bemerkungen o. 5.41/42, 5.431. In cael. B 10 scheinen solche Erwägungen greifbar zu werden.

[430] Immerhin erwähnt Theophr. met. 5b 10—18 nebenbei die Möglichkeit, daß das oberste Prinzip nicht bis zu den sublunaren Dingen ‚durchzudringen' vermag, verwirft sie aber gleich. Daß er dabei an *Aristoteles* denkt, ist unerweislich und unwahrscheinlich. Es kann sein, daß er gar nicht einen *bestimmten* Philosophen meint, sondern ein Beispiel fingiert.

[431] Vgl. o. 5.422/423 und *Kosmologie und Metaphysik* 167—170.

standen, als ,versickere' die (irgendwie ,materielle') Telos-Kraft auf ihrem Weg nach unten infolge der hemmenden Kraft des Stoff-Mediums, das sie durchdringen muß[432].

Und doch gründen sich die teleologischen Unterschiede im Kosmos auf die *Materie* (wenn auch natürlich auf andere Weise als eben angedeutet). Am deutlichsten zeigt sich das an der *Dreistufung* der οὐσίαι. Aristoteles deduziert zwar diese Seins- und Werthierarchie nicht *direkt*, aber es ergibt sich eine *indirekte Ableitung* aus dem Umstand, daß jeweils ein *Plus an ὕλη* (bzw. *δύναμις*) hinzutritt: Vom Beweger zu den Sternen die *ὕλη (δύναμις) τοπική*, von den Sternen zu den sublunaren ὄντα die *ὕλη des Werdens und Vergehens*[433]. Das bedeutet zugleich eine Zunahme der *Kontingenz* und des *Übels*, denn δύναμις ist ja immer binär Möglichkeit des ,Seins' und des ,Nicht-Seins'. Während diese Doppelheit bei der ὕλη τοπική sich nicht bemerkbar macht[434], bringt die sublunare ὕλη in allen Arten von μεταβολή die Möglichkeit des *,Versagens'* (im weitesten Sinne) mit sich: Ein *Werden* kommt nicht richtig zustande oder ein Gewordenes *vergeht*; eine positive Qualität wird *nicht erworben* oder *geht verloren*; der Körper *wächst nicht* (bzw. bleibt nicht auf seinem Stand), sondern *schwindet dahin*. Man kann nun noch unterscheiden zwischen Möglichkeiten, die gemäß den Rhythmen des sublunaren Geschehens *unter allen Umständen* realisiert werden *(jede* lebende — und anorganische — Substanz *vergeht* auch im besten Falle — d. h. selbst wenn keine Störung eintritt — nach einer festgelegten Lebensspanne *unweigerlich)*, und solchen, deren Realisierung *fakultativ* ist (Krankheiten, Störungen, Unglücksfälle in bezug auf Substanz, ποιόν, ποσόν treten sporadisch auf)[435], und man kann ferner überlegen, durch welche Faktoren und Anlässe die Möglichkeit jeweils verwirklicht wird[436] — das alles ändert nichts an der *Tatsache* dieser Möglichkeiten, und daran, daß *sie* und *alle aus ihnen resultierenden κακά auf der ὕλη beruhen. Die Hyle ist also Ursache der Kontingenz alles Sublunaren*[437].

432 Andere Bilder, die man verwenden könnte, sind ,abgebremst, aufgesogen, absorbiert, aufgeschluckt werden, verrinnen' usw.

433 Vgl. dazu o. 4.213.

434 Näheres über den problematischen Status der ὕλη τοπική und darüber, wie Aristoteles sie gegen ein ,Versagen' absichert, o. 5.325.

435 Vgl. auch u. β).

436 Auch dazu s. u. β).

437 Vgl. dazu Stallmach Kap. 5—10 *(Die Struktur der ontologischen Möglichkeit)*, bes. Kap. 10 *(Das Nichtsein — Können des aus Möglichkeit Verwirklichten)*. — Natürlich kann man erwägen, ob nicht auch die sublunaren εἴδη auf die Kontingenz (d. h. den Kreislauf von Werden und Vergehen) zugeschnitten sind, aber das ändert nichts daran, daß nach allem, was wir wissen, die *wesentliche* Ursache dieser Kontingenz die *Hyle* ist.

Gegenüber diesem klaren Befund lassen sich die teleologischen Unterschiede *innerhalb* der beiden Seinsschichten nicht so leicht von der Hyle her begründen; überhaupt nicht bei den Äthersphären[438], nur zum Teil bei den Substanzen unter dem Mond: Denn die vier Elemente bilden zwar eine Wert-Abfolge[439], besitzen aber ‚dieselbe' Materie, nämlich die πρώτη ὕλη[440]. Und da Aristoteles auch sonst ihre Wertunterschiede nicht begründet, sind wir auf Vermutungen angewiesen[441]. Die *Scala naturae* ist insofern auch *materiell* abgestuft, als vom Menschen bis zu den niederen Tieren und Pflanzen im Körper der Anteil an Feuer (Warm) und Wasser (Feucht) zurückgeht, der an Erde (Trocken — Kalt) zunimmt[442]. ‚Erde' ist nun für Aristoteles nicht nur geringerwertig als ‚Feuer' und ‚Wasser', sondern Aristoteles sieht offenbar in ihr etwas ‚*Materielleres*' als im Wasser oder gar im Feuer; dies ergibt sich mit großer Wahrscheinlichkeit aus dem Gesamt seiner Lehre und einigen Einzel-Indizien:

αα) Die Behauptung des Aristoteles, daß die ‚unteren' Elemente sich zu den ‚oberen' wie Materie zu Form verhalten, orientiert sich vor allem an der — auf den Kosmos angewendeten — Vorstellung vom ‚Umfaßten' (περιεχόμενον) und ‚Umfassenden' (περιέχον bzw. πέρας)[443], hat also mit dem ‚Stoff'-Begriff ursprünglich nur wenig zu tun. Trotzdem darf man annehmen, daß Aristoteles — unter dem Einfluß der stets naheliegenden Gleichung ‚Materie = massiver Stoff' — die Elementenreihe auch als Fortschreiten zum immer Materielleren = Stofflicheren verstand.

ββ) Diese Ideenverbindung wurde noch durch eine andere Überlegung bestärkt: Wie man das oberste τέλος = ἀγαθόν = εἶδος im Kosmos ‚ganz oben' ansiedelte, so lag es nahe, die Materie als das

438 Vgl. 4.214b, 5.324, 5.43.

439 Dazu o. 4.214c 4.

440 Auch wenn man die ‚entsprechenden' vier Elementar-Kräfte mit berücksichtigt, die ja ungefähr die gleiche Rangfolge bilden (Warm und Feucht vor Trocken und Kalt), kommt man zu keinem anderen Ergebnis, weil bei keiner Version der Elementen-Lehren die Elementarkräfte *Hyle* der Elemente sind, sondern stets auf *gleicher* Ebene mit den Elementen *konkurrieren*. S. 6.1, *Scala naturae* 222 A. 9 (auch part. an. 646a 16f macht da keine Ausnahme).

441 Vielleicht hat Aristoteles ihre Lage im Kosmos, d. h. ihre Entfernung vom unbewegten Beweger und ihr räumliches Verhältnis zueinander, als ausreichende Begründung angesehen? Vgl. o. 4.214c 4. Natürlich kann man (wie man es bei den Äthersphären tun muß) den Grund für die Qualitätsdifferenzen auch im jeweiligen *Eidos* sehen, aber das sollte man erst dann versuchen, wenn die Erklärungsmöglichkeiten von der Hyle aus erschöpft sind.

442 Zu Mensch und Lebewesen Belege o. S. 373 A. 312 (vgl. S. 766 A. 428), zu den Pflanzen respir. 13, 477a 27f. b26f. gen. an. Γ 11, 761a 24—32. b 13. an. Γ 13, 435b 1f.

443 S. erneut o. 4.214c 4, 5.431.

Gegenprinzip des Telos[444] ‚ganz *unten*' zu lokalisieren, d. h. irgendwie mit der *Erde* zu verbinden[445].

γγ) Schließlich wirkt noch herein, daß auch die ‚unteren' Teilstufen der *Scala naturae*, bei denen das Telos abnimmt[446] und damit eo ipso die ὕλη zunehmen muß[447], auf das *kosmische* ‚Unten' bezogen werden und (unabhängig davon?) einen immer größeren Anteil an ‚Erde' in sich haben[448].

Die Verbindung dieser Ideen (dazu womöglich noch weitere Assoziationen) bewirkte, daß Aristoteles dazu tendierte, das ‚Unten' des Kosmos und der Seinsstufung zu assoziieren und mit diesem ‚Unten' die ὕλη = Erde zusammenzubringen.

Deutlich ausgesprochen findet sich die vorstehend geschilderte Anschauung meteor. 4, 12, in einem Kapitel, das, wenn es nicht von Aristoteles verfaßt sein sollte, doch *völlig* aus seinem Geist geschrieben ist[449]. Statt es ausführlich zu zitieren (was an sich erforderlich wäre), fasse ich 389 b23—390 b2 zusammen: Die Seinsstufung ist eingespannt zwischen die ‚reine Form' und die ‚reine Hyle'; je mehr man nun in der Schichtung Lebewesen — Anhomoiomere — organische Homoiomere — anorganische Homoiomere — Elemente nach ‚unten' geht, desto ‚mehr' wird die ὕλη und desto undeutlicher werden εἶδος/τέλος: τὸ γὰρ οὗ ἕνεκα ἥκιστα ἐνταῦθα δῆλον ὅπου πλεῖστον τῆς ὕλης (390 a3f), nämlich ‚ganz unten'[450].

[444] Vgl. o. **8**.244, u. β) über den stehenden Gegensatz Telos — Hyle bei Aristoteles.

[445] Über die Vorstellung von der Erde als einem Gegenpol zum Geistigen müßte man zusammenfassend handeln, beginnend mit der frühgriechischen Literatur (vgl. z. B. Fränkel, *Dichtung und Philosophie*² 298f), wobei auch Hades, Tartaros u. dgl. einzubeziehen wären. Aus der späteren Fortwirkung ist ein repräsentatives mittelalterliches Beispiel besprochen *Weltbild und Seinslehre* 74.

[446] Vgl. o. **8**.252αα Anfang.

[447] Aus der prinzipiellen Höherwertigkeit des Eidos = Telos gegenüber der Hyle (deutlich ausgesprochen z. B. gen. an. 732a 3—5; und öfter) darf man generell schließen, daß einer Abnahme des *Wertes* eine Abnahme des *Eidetischen* und eine Zunahme des *Hyletischen* parallel geht. Und da in der *Scala* Abnahme von Wert und Eidos = Telos belegt ist, ist die Folgerung erlaubt, daß im gleichen Maße die Hyle zunimmt (was sich hinwiederum mit der — ebenfalls belegten — Zunahme des ‚Erdartigen' ineinssetzen läßt).

[448] Vgl. o. S. 768 A. 442, u. S. 788 A. 545, wo jeweils Belege und Hinweise.

[449] Vgl. o. **6** Anfang, **6**.222.

[450] In dem kurzen wörtlichen Zitat aus meteor. 4, 12 und in der Umgebung der Stelle (vgl. o. **6**.222a) sowie ähnlich in den o. S. 764f A. 421/422 zitierten Belegen wird auf die *Erkennbarkeit* des Telos abgehoben. Das beeinträchtigt aber nicht unsere Schlüsse, denn *Erkennbarkeit* und *Vorhandensein* des Telos gehen für Aristoteles ineinander über (aus meteor. 4, 12 zu ersehen, gilt aber auch darüber hinaus). Man darf also als Lehre des Aristoteles verbuchen, daß in der Seinsstufung die teleologische Struktur nach ‚unten' abnimmt, auch wenn sie nie ganz verschwindet (vgl. o. **6**.222b zu meteor. 4).

Auf diese Vorstellung *des Aristoteles* — so dürfen wir doch wohl jetzt sagen[451] — haben wie nicht selten bei ihm[452] mythologische Einflüsse und populäre Anschauungen so stark eingewirkt, daß sie seinen philosophischen Intentionen schadeten: Die *quantitativ-solide* ‚Stofflichkeit' widerspricht seinem *qualitativen* Hyle-Begriff[453] oder auch — anders ausgedrückt — der *Geistigkeit* seines Hyle-Prinzips (bzw. hier: der *prima materia*). Und die axiologischen Differenzen im sublunaren Bereich überdecken die Tatsache, daß in *einer* Hinsicht *alle* sublunaren Substanzen gleich unmittelbar zum Göttlichen sind, nämlich darin, daß sie mit ihrem Kreislauf von Werden und Vergehen das Ewige *nachahmen*[454].

β) Obwohl das Naturgeschehen *im wesentlichen* teleologisch verläuft und auch so erklärt werden kann[455], gibt es doch nicht wenige Erscheinungen und Vorgänge, die sich einer solchen Erklärung entziehen: Sie nennt Aristoteles τὸ ἀπὸ τύχης, τὸ αὐτόματον oder τὸ ἀναγκαῖον (τὸ ἐξ ἀνάγκης). Von diesen Begriffen[456] haben wir das ἀναγκαῖον o. *8.24* ausführlich gewürdigt und dabei festgestellt[457]: Die Materie wirkt ihrem Wesen nach *mechanisch-automatisch* ohne Rücksicht auf ein Ziel (Telos). Diese kausal-mechanischen Wechselbezüge der Hyle, die als solche unabänderlich und ausnahmslos sind, passen sich im allgemeinen den teleologischen Prozessen ein und helfen sie zustande zu bringen, sie ‚verursachen' aber auch Störungen dieser Abläufe und Fehlleistungen. Man kann sich nun fragen, ob die jeweilige Materie vielleicht nur *Anlaß* der Fehlentwicklungen ist und die *tieferen Ursachen* dafür eigentlich woanders liegen[458], kommt aber nicht um

451 Natürlich ist dabei manches kombiniert, aber es stimmt zu allen Indizien, die wir haben, und fügt sich bruchlos einer bestimmten Denktendenz des Aristoteles ein, die von den Interpreten oft vergessen wird. — Die Konnotationen von ‚Erde' kann man sich gut an Bonitz' Artikeln γεώδης und γῆ verdeutlichen.

452 Vgl. über diese ‚Milieubedingtheiten' des aristotelischen Denkens o. 1.35 und *Weltbild und Seinslehre* Einleitung. In der eben vorgeführten Anschauung des Aristoteles treffen u. a. drei Komponenten zusammen: a) die kosmologische Denkform; b) die Denkform der Werthierarchie (alle Seinsdifferenzen durchgehend axiologisch bestimmt); c) populäre Materie-Vorstellung (Materie = solider Stoff).

453 Über weitere Denktendenzen bei Aristoteles, die einer Quantifizierung seines Hyle-Begriffs Vorschub leisten, s. u. 8.26.

454 In der *Tatsache* der ‚Nachahmung' *als solcher* stimmen sie überein, das *Wie* der Nachahmung dagegen richtet sich nach dem Vollkommenheitsgrad des betreffenden sublunaren Dinges und ist jeweils verschieden. Vgl. dazu (außer 4.21, 8.24/25, 8.27 passim) zuletzt K. Gaiser, *Das zweifache Telos bei Aristoteles* (*Naturphilosophie bei Aristoteles und Theophrast*; 4. Symposium Aristotelicum 1966, Heidelberg 1969), bes. 105.

455 Vgl. die Bemerkung o. 8.252a Anfang u. ö.

456 Über τύχη und αὐτόματον s. die kurze Bemerkung o. S. 759 A. 396.

457 Vgl. bes. das Résumé 8.247.

458 Solche Fragen wären z. B.: Darf (Muß) man diese Fehlleistungen der Materie zur Last legen oder nicht vielmehr der mangelhaften ‚Organisation', die von der Geist-

die Tatsache herum, daß *Aristoteles* selber *in der Materie* den letzten Grund dieser Erscheinungen sieht[459]. Diese Ansicht ist, wenn schon nicht aus anderen Gründen, so doch mindestens *deshalb* plausibel, weil alle Fehlleistungen, Störungen usw. von der *Kontingenz* (mangelhaften Vollkommenheit) der Welt unter dem Mond herrühren und diese Kontingenz wiederum auf der Hyle beruht, nämlich auf der ‚ὕλη des Werdens und Vergehens', welche *stets* die ‚δύναμις des Seins *und zugleich* des *Nicht*-Seins' in sich schließt[460]. Auf jeden Fall verleiht Aristoteles der Hyle eine *völlig eigenständige Wirksamkeit*, die vom Telos zwar benutzt, aber in keiner Weise geschwächt, umgebogen oder sonst verändert werden kann. Diese Eigenwirkung der Hyle zeigt sich nicht nur darin, daß sie mit dem Telos zusammenwirkt (es befördernd oder es hemmend), sondern darin, daß sie darüber *hinausgeht* und in Bereichen, die nach Aristoteles nicht mehr vom Eidos = Telos gedeckt sind, *an die Stelle des Telos tritt* und in eigener Regie *positive* Wirkungen hervorbringt, die für die Weltordnung *unerläßlich* sind (Individuen)[461] oder sich ihr zumindest einpassen (generatio spontanea)[462]. Wie die Beispiele zeigen, kann man das Aufhören der Eidos-Wirkung (und dementsprechend das ‚Aushelfen' der Hyle) nicht nur an *den* Stellen beobachten, wo die aristotelische Teleologie im ganzen ihre Grenzen findet, nämlich nach ‚unten' zu (niederste Tiere), sondern auch im teleologisch-strukturierten Bereich der hochdifferenzierten Lebewesen überall da, wo die aristotelische — von Platon überkommene — Konzeption des Eidos-Begriffes nur die Art-Struktur deckt, demgemäß alle *individuellen* Züge nicht mehr erfaßt und so dem ateleologischen Wirken der Hyle überlassen muß: Das *ateleologische Eigenwirken* der Hyle führt also zwar manchmal zu negativen Nebenwirkungen, kann aber nicht *seinem Wesen nach* als κακόν bezeichnet werden. Im Gegenteil, das Eigenwirken läßt sich sogar — ohne seine Wesensart zu verlieren — vom Telos in teleologische Prozesse einordnen, und man darf deshalb auch von einem ‚*Streben der Hyle nach der Form*' sprechen[463].

Natur, d. h. vom Eidos ausgeht? Beruht nicht die natürliche φθίσις und φθορά auf der *Ordnung* des sublunaren Bereiches und der Welt im ganzen, d. h. doch wieder auf etwas *Geistigem*, so daß die Materie also auch hierbei nur ausführendes Organ im Dienste des Telos wäre? Vgl. o. 8.245 und S. 766f.

459 Das ergibt sich aus dem in 8.246 vorgelegten Material.

460 Vgl. z. B. 5.1, 8.23, 8.271c u. ö.

461 Vgl. dazu o. 8.246a/b; dort auch über das Entstehen weiblicher Nachkommen, die Aristoteles dann doch — gleichsam ‚sekundär' — noch auf das Eidos/Telos bezieht; vgl. auch 8.246c über den Kreislauf der Elemente, den Aristoteles m. E. eindeutig einem Telos unterordnet.

462 S. o. 8.246c.

463 Vgl. o. 2.25, 3.143, 8.244, 8.246a Ende (s. auch 8.246b/c) u. ö., wo jeweils weitere Hinweise.

Somit liegt in der aristotelischen Hyle-Eidos-Lehre ein entschiedener *ontologischer Dualismus* vor, dem kein ebenso entschiedener *axiologischer* Dualismus entspricht[464]. Die Teleologie ist zwar allenthalben begrenzt[465], aber das Sein ist prinzipiell gut und die Hyle *als solche* ist nicht κακόν.

b) Damit ist auch die zweite der eingangs gestellten Fragen schon beantwortet: Die Hyle bewirkt *per accidens* gelegentlich Schlechtes, ist aber selbst ihrem Wesen nach nicht ‚schlecht' (κακή).

Dieselbe Auffassung von Sein und von Hyle-Prinzip hat auch Theophrast: Wie Aristoteles prüft er kritisch die teleologische Naturerklärung, hält aber im ganzen an ihr fest[466]; das Sein wird durchgängig von zwei Prinzipien bestimmt, ist jedoch seiner Natur nach ‚gut'[467], und die Hyle bewirkt nur nebenbei Schlechtes[468].

[464] met. Λ 10 Schluß spricht nicht gegen den Dualismus des Aristoteles, genauso wenig wie seine anderen ‚Gottesbeweise' bzw. ‚Aufstiege zur Form'.

[465] Daß Aristoteles seine Teleologie kritisch begrenzt und absichert, hat Wieland richtig gesehen; nur zieht er daraus dann den falschen Schluß, daß Aristoteles in ihr etwa wie Kant nur ein subjektives ‚Als-ob' sehe, nicht eine ‚*objektive*' und *umfassende Seinsgesetzlichkeit*.

[466] Dies muß gegenüber der letzten Behandlung von Theophrasts Metaphysik bei Reale, *Teofrasto* mit allem Nachdruck betont werden. Eine ausführlichere Behandlung von Reales Theophrast-Deutung an anderer Stelle behalte ich mir vor; hier nur soviel: Reales Meinung, Theophrast habe hinsichtlich der Teleologie eine Abkehr von Aristoteles vollzogen (157—160 u. ö.), überzeugt nicht, weil a) schon Aristoteles die Teleologie nicht mit blinder Konsequenz durchgeführt, sondern kritisch eingeschränkt hat (was Reale natürlich weiß, aber zu wenig in Rechnung stellt); hierin bietet also Theophr. met. 7a 19—22. 10b 16—24. 11a 13—18. 11b 12ff *grundsätzlich* nichts Neues über Aristoteles hinaus. b) Die von Reale als Belege für Theophrasts mechanistische Naturerklärung genannten Stellen 7a 22ff und 10b 24ff stehen in *aporetischen* Partien, und Theophrast nennt dort mit offensichtlicher Distanzierung (7a 22 πλὴν εἰ; 10b 26 statt Ross' ᾗ entweder ἤ oder ἦ zu lesen und als Frage zu interpungieren) Ansichten, die er *selber nicht* vertritt. Reale hat hier also den aporetischen Charakter von Theophrasts Erörterungen nicht genügend beachtet. c) Die Polemik gegen Speusipp (11a 18ff), der das Gute im Sein zu sehr einschränke, und die Behauptung τὰ μὲν οὖν ὄντα καλῶς ἔτυχεν ὄντα (11a 25f) zeigen doch eindeutig, daß für Theophrast trotz aller Distanzierung von *unkritischer* Teleologie das Sein *prinzipiell gut* ist (Reales Schluß 158f, Theophrast spreche hier gar nicht seine wahre Meinung aus, wird gerade durch den Zusammenhang widerlegt). d) Überhaupt kann jemand, der Kap. 9 im Zusammenhang durchinterpretiert, schwerlich zur Ansich kommen, hier vollziehe sich ein Bruch mit Aristoteles: Methodische Bedenken, eine gewisse Gewichtsverlagerung, das ist alles. e) So braucht man auch die teleologischen Äußerungen Theophrasts in den Pflanzenschriften (z. B. caus. pl. 1, 1, 1. 1, 16, 11; vgl. Zeller II 2, 826 A. 1) nicht mit Reale, *Teofrasto* 160 A. 90 für ‚sinnentleert' zu halten, sondern kann sie ernst nehmen. — In *Der chemische Traktat* 308 (mit Anm. 138/139, wo auch Lit.-Hinweise) habe ich hinsichtlich der Teleologie den Unterschied zwischen Aristoteles und Theophrast stärker betont als jetzt hier (und vielleicht etwas zu stark), aber nicht einen Bruch zwischen beiden Philosophen konstatiert.

[467] 11a 25f, vgl. vorst. Anm.

[468] Theophrast bekämpft 11a 19—21 die Auffas-

Wichtig sind auch die Beziehungen nach rückwärts zur *Akademie*[469]. Hier bietet sich für die aristotelische Bewertung der Teleologie Platons Timaios zum Vergleich an: Sein und Welt sind *prinzipiell* gut, müssen aber mit dem kausal-mechanischen Wirken eines Gegenprinzips (ἀνάγκη) rechnen, weshalb die Welt nicht *schlechthin* vollkommen sein kann, sondern nur so vollkommen *wie unter den gegebenen Umständen möglich*. Denselben Befund darf man für die platonische Prinzipienlehre, also für die platonische Ontologie insgesamt annehmen. Ähnlich mag auch Xenokrates gedacht haben, während Speusipp andere Wege geht[470]. Was das Verhältnis des Materie-Prinzips zum κακόν angeht, so scheinen Platon (und Xenokrates) dazu geneigt zu haben, beides eng miteinander zu vereinigen, wenn auch bestimmt nicht so undifferenziert, wie es ihnen Aristoteles in seiner Kritik vorwirft[471]. Aristoteles wendet u. a. dagegen ein, daß man die Mitwirkung der Hyle und ihr Streben nach dem Telos nicht mit ihrer κακία vereinigen könne, und zeigt damit noch einmal *e contrario*, worum es ihm bei seiner eigenen Hyle-Konzeption geht und weshalb *er* die Hyle nicht mit κακόν verbindet. Anregend für unser Problem sind die Äußerungen Speusipps im Iamblich-Referat: Er trennt ja die zwei Prinzipien so stark von ihren Prinzipiaten, daß er sie über Sein und Wert, die erst jeweils in den Seinsschichten erscheinen, hinaushebt[472]. So ist die Hyle *wertfrei*, und κακόν erscheint erst auf den nachgeordneten Seinsstufen (auf den zwei letzten von vier) und auch da nicht als etwas *Wesentliches* (οὐ προηγουμένως), sondern nur als *Nebenergebnis* von Störungen in den (teleologischen) Naturprozessen (sozusagen einer ἀπειψία)[473]. Wenn man nun genau dieselbe Ansicht bei Aristoteles wiederfindet[474], darf man vermuten, daß Aristoteles, auch wenn er hinsichtlich des *Form*-Prinzips Speusipp gerade *nicht* folgt, sondern mit der Gleichsetzung von höchster Form und höchstem Gut an Platon (und Xeno-

sung πολὺ δὲ πλῆθος εἶναι τὸ κακόν, οὐκ ἐν ἀοριστίᾳ δὲ μόνον καὶ οἷον ὕλης εἴδει, hat also die in οὐκ ἐν κτλ. genannte Ansicht offensichtlich selbst vertreten (so auch Ross zu 11a 20).

469 Zur Frage des Übels bei Platon hervorragend H. Herter, *Bewegung der Materie bei Platon*, Rh. Mus. 100 (1957) 327—347, eine Arbeit, die leider in der Forschung zu wenig beachtet wird. Vgl. auch F. P. Hager, *Die Materie und das Böse im antiken Platonismus*, Mus. Helv. 19 (1962) 73—103 (nützlich für die axiologischen Fragen, in ontologischer Hinsicht weniger ergiebig; Platons Dualismus wird nicht zutreffend beurteilt).

470 Vgl. die Zusammenfassung 2.51, wo weitere Hinweise.

471 Eine Hauptstelle N 4, 1091b 30—1092a 6 (dazu die Kommentare). Vgl. o. 2.243d und 2.42.

472 Näheres o. 2.33 passim.

473 Iambl. c. m. sc. IV p. 18, 1—12, bes. 9—12; dazu o. 2.33 S. 230ff.

474 Vgl. auch Iambl. p. 18, 11f die Ausdrücke ἐκπίπτειν und μὴ κατακρατεῖν und dazu o. 2.33 bes. S. 233f.

krates) anknüpft, *hinsichtlich der axiologischen Bewertung der Hyle Speusipp verpflichtet ist und weniger Platon oder Xenokrates.* Das läßt sich noch durch ein weiteres Indiz bestätigen; Speusipp lehnt es u. a. deswegen ab, die Hyle als κακόν zu bezeichnen, weil sie die Form = das Positive ‚aufnehme' und deshalb selbst etwas Positives sein müsse[475]. Das erinnert genau an die obengenannte Polemik des Aristoteles gegen Platon und Xenokrates, die angebliche κακία der Hyle lasse sich nicht mit ihrem teleologischen Streben zur Form vereinigen, und man darf vermuten, daß Aristoteles hier wie auch sonst bei seiner Kritik an Platon und Xenokrates sich Argumente Speusipps zu eigen gemacht hat[476]. Dies tut er aber gerade bei denjenigen Punkten, in denen er Speusipp näher steht als den beiden anderen Akademikern.

8.253 Individuation, Hyle und Geschichtlichkeit

Indem wir so die Hyle als zweites Prinzip mit eigener Kraft und Geltung ernst nehmen, wird der aristotelische Seinsaufbau richtig verständlich:

Er ist keine fast monistische Stufenfolge, an deren Spitze sich die reine Form befindet, während ihr als Widerpart ein fast ans Nichts streifendes ‚Nichtsein' gegenübersteht[477], sondern ein Spannungsgefüge, das zwischen die Pole Form und Hyle eingespannt ist, wobei die beiden Gegensätze mit verschiedener Intensität aufeinander wirken.

Erst durch diesen dynamischen Dualismus[478] erklärt sich eigentlich das Werden und Vergehen: Ein statisches Hyle-Prinzip reiner Passivität hätte nichts zur Erklärung des ‚Geschehens' beigetragen — trotz der causa efficiens, die Aristoteles gegen Platon in den Vordergrund rückt, und Aristoteles wäre dann in dieselbe Seinsstatik verfallen, die er Platon vorwirft[479].

Die Hyle ist also nicht negativ-indifferent das ‚Nicht-Haben' der Form, sondern ‚Formverlangen' und somit — da nach Möglichkeit je eine höhere Form erstrebt wird — das Vollkommenheitsstreben des Unvollkommenen; am schönsten hat dies Aristoteles phys. α 9, 192 a 3—25 formuliert. Die sprachliche Form der Negation, mit welcher das Wesen der Hyle bezeichnet wird (ἄμορφον, ἄπειρον, ἀτελές usw.), ist also zugleich Ausdruck der Sehnsucht zum Vollkommenen. Deutlich sichtbar ist dieses Streben, wie schon öfter gesagt, im Kreislauf der Elemente und in der endlosen Kette von Werden und Vergehen,

[475] Bei Iambl. p. 15, 23—16, 10, bes. 16, 2—9.

[476] Dazu o. 2.52b Anfang.

[477] So Stallmach: von oben nach unten nimmt die reine Negativität des ‚Fehl' (= Steresis)zu. Zur Steresis vgl. unten.

[478] Vgl. dazu o. 1.15, 8.245 u. ö.

[479] Wichtig Gaiser 198—200; dort weitere Verweise.

womit das sublunare Sein die Ätherbewegung nachahmt[480]. Träger des ‚Verlangens' und damit die eigentliche ‚Triebfeder' dieses riesenhaften kyklischen Prozesses ist die Hyle[481]. Da man diesen Kreislauf ‚Geschichte' nennen kann, ist also die Hyle der Faktor des Geschichtlichen im aristotelischen Sein[482].

Dieses Vollkommenheitsstreben der Hyle ist, wie gleichfalls bereits hervorgehoben wurde, die aristotelische Umwandlung des platonischen Motivs von der ὁμοίωσις θεῷ[483], und man hat deshalb zu Recht in diesen platonischen Gedanken die Vorform der aristotelischen Steresis gesehen[484]. Bei der Untersuchung der ‚platonisierenden' Systoichienlehre von met. Γ/K konnte die enge Verbindung der Steresis mit der zweiten (πλῆθος-)Systoichie gezeigt und dieser Gedankenkomplex bis auf Platon und den akademischen Schulbereich zurückverfolgt werden[485].

Die aristotelische Hyle ist aber noch in einem weiteren, sehr wesentlichen Sinn Antrieb des Geschehens und der Geschichte — als Individuationsprinzip[486]. Diese Funktion der Materie — die unzweideutig bezeugt ist — ergibt sich sofort aus der Tatsache, daß Aristoteles seinen Formbegriff noch ganz platonisch denkt und deshalb mit der Besonderung der Form auf der Höhe des Atomon-Eidos innehält. Er verwickelt sich dabei in nicht geringe Schwierigkeiten[487], aber das Faktum bleibt: Die Materie ‚individuiert' und verhilft damit der Form zur ‚konkreten' Verwirklichung. Von der Form (bzw. dem Telos) nicht legitimiert, schafft sie die Wirklichkeit des τόδε τι und somit das geschichtliche Geschehen, das vom Individuum getragen wird.

8.254 Zusammenfassung und Ausblick

Man fragt sich, warum diese stets bekannten Einzelzüge der aristotelischen Hyle nicht schon längst das klischeehafte Bild von der

[480] Vgl. o. 5.422/423.

[481] Vgl. o. 2.25 gegen Ende, 3.14.

[482] Das ‚zweite Prinzip' des Aristoteles verursacht noch in einer anderen Weise das kosmische Geschehen: Während die Fixsternbewegung allein ein ständig mit sich selbst identisches Geschehen bewirkt, bringt die Planetenbewegung das Moment des ἕτερον, also den Wechsel von Werden und Vergehen hinein. Es läßt sich von Platon aus wahrscheinlich machen, daß die Planetenbewegung dem ‚zweiten aristotelischen Prinzip' zugehört, also eine Art ‚Hyle-Element' im Ätherbereich ist. Hierbei muß auch erneut der kyklische Verlauf des kosmischen Geschehens mit den anderen Äußerungen des Aristoteles über Geschichte verglichen werden (wichtige Anregungen hierzu bei Gaiser).

[483] *Kosmologie und Metaphysik* 170, vgl. 5.422.

[484] Vgl. o. 2.25, 4.64.

[485] o. 4.52, 4.64.

[486] Besprechung der einschlägigen Stellen bei Robin, *Aristote*, 1944, 90—98.

[487] Mehrfach ausgesprochen von Hartmann, Kl. Schr. 2, 233—235 u. ö.

‚passiven' Hyle korrigiert haben, ja wie es überhaupt zu diesem Bild kommen konnte, hinter welchem sich dann die ‚aktiven' Charakteristika immer mehr verbargen und zurücktraten[488].

Die erste Ursache liegt schon bei Aristoteles selber, der, um den ‚substantiellen' Materie-Begriff der Vorsokratik (bes. das Apeiron Anaximanders) abzuwehren, so stark ‚Passivität' und ‚Möglichsein' der Hyle betont (s. o.), daß man fast übersehen kann, wie in der aristotelischen Hyle — durch die Vermittlung Platons und der Akademie — das vorsokratische ἀρχή-Denken unvermindert weiterlebt. Die Hyle des Aristoteles ist eine Metamorphose des ‚vorsokratischen' Materie-Prinzips, den aristotelischen Problemstellungen anverwandelt und in neue Zusammenhänge hineinverwoben, aber voll ungebrochener Kraft. Das haben die antiken Aristoteles-Erklärer noch besser empfunden als die mittelalterlichen Denker, auf deren Denkhaltung in dieser Frage auch noch religiöse Motive einwirkten: Man konnte nicht die Materie zu einem Gegenprinzip Gottes werden lassen (so zum Teil die Averroisten) und interpretierte deshalb den aristotelischen Materie-Begriff mehr auf Passivität hin, indem man alle Aktivität nur der *secunda materia* und damit der Form verlieh (z. B. Thomas). Diese scholastische Deutung hat auch Hertling und Baeumker stark beeinflußt. Hinzu kam, daß um 1870—1890 sowohl die Materialisten wie ihre Gegner, die ‚kritischen Realisten' Hertling und Baeumker, in Anlehnung an den damaligen Stand der Naturwissenschaften (so wie man ihn auffaßte) sich die Materie nicht anders denn als träge und schwere Masse vorstellen konnten. Von dem Begriff der ‚Körperlichkeit' vermochte man bei historischen Untersuchungen allenfalls noch zu abstrahieren, wenn man sich darum bemühte (Hertling, Baeumker), aber von dem der ‚Passivität' letztlich nicht[489].

Heute ist — ganz unabhängig von der religiösen Einstellung jedes Beurteilers — die reservatio mentalis der Scholastiker hinsichtlich der Materie praktisch gegenstandslos, und die moderne Physik hat den Begriff des passiven ‚starren Wirklichkeitsklötzchens' längst überwunden. Mithin ist der Blick freigeworden, die klar aufweisbaren ‚aktiven' Züge der aristotelischen Hyle unvoreingenommen zu sehen und zu würdigen[490].

Das hat für die ideengeschichtliche Einordnung der Hyle des Aristoteles einige Konsequenzen, zunächst was das Verhältnis zu Platon und der Akademie betrifft. Baeumker hat im Timaios den Raum als

[488] Vgl. o. S. 762 A. 409 die Zitate aus neuester Literatur.

[489] Bezeichnend hierfür ist, daß Baeumker 263 die Stelle phys. α 9 über das Formverlangen der Materie (A. 9 die Fortwirkungen dieses Gedankens) bespricht, aber keinerlei Konsequenzen daraus zieht.

[490] Freilich darf nun nicht umgekehrt — etwa zugunsten moderner systematischer Absichten — die Aktivität der aristotelischen Hyle überinterpretiert werden.

unbewegte ‚primäre Materie' von der chaotisch bewegten ‚secundären Materie' trennen wollen[491] und auch das zweite Prinzip von *De bono* ganz offensichtlich passiv aufgefaßt[492]. Beides hat die neuere Platon-Forschung widerlegt und sowohl die Chora des Timaios als auch das zweite Prinzip von *De bono* als aktiv wirkende Ursache erwiesen[493]. Man hat ferner — was vielleicht noch schwerer wiegt — erkannt, daß auch in Platons Schülerkreis, der alten Akademie, das zweite Prinzip als aktive Kraft verstanden wurde, so z. B. von Xenokrates, dessen weitreichender Einfluß auf Aristoteles von der Forschung immer deutlicher herausgearbeitet wird[494]. Da somit die platonisch-akademische Materie und die aristotelische Hyle unabhängig voneinander ‚aktiv' interpretiert sind, ist die Konvergenz äußerst wichtig, und beide Deutungen stützen einander. Es wäre auch sehr merkwürdig gewesen, wenn Aristoteles, der seinen Hyle-Begriff eng an das platonisch-akademische zweite Prinzip anknüpft[495], ohne Not in einem so wesentlichen Punkte von Platon abgewichen wäre.

Auch die nacharistotelische Entwicklung erhält so neue Aspekte: Der Materialismus Stratons, die kraftbewegte Materie des Eudemos[496], der materialistische Monismus der Stoa, bei welchem die Kraft-Materie alles selbständig aus sich heraustreibt[497], und der Naturalismus des Alexander von Aphrodisias lassen sich nun noch besser als Ausprägung schon bei Aristoteles vorhandener Denktendenzen begreifen. Die mittelalterlichen arabischen Ausleger des Aristoteles, Avicenna und beson-

491 138ff. 178f.

492 Jedenfalls ist bei Baeumker 196—206 nirgends von einer Aktivität des zweiten Prinzips die Rede.

493 S. o. **2**.223b, **2**.243d, **2**.25. Gaiser 390: „Jedenfalls aber ist das zweite Prinzip bei Platon — sowohl der ‚Raum' im Timaios als auch die ‚Unbestimmte Zweiheit' in den Lehrvorträgen — als aktiv tätige Ursache beschrieben". Krämer, *UGM* 327—329.

494 Vgl. o. **2**.25, **2**.4 (bes. **2**.43 Schluß), **2**.51. Es mag auch hier noch einmal unter Verweis auf die methodischen Überlegungen o. **2**.21 u. ö. betont werden, daß für die ideengeschichtliche Anknüpfung des aristotelischen Hyle-Begriffs nach rückwärts die ‚Akademie' (d. h. Platons Schülerkreis) ausreicht, also Platon selber für die Argumentation nicht notwendig ist. Auf vorliegenden Punkt angewendet: Auch wer die Chora des Timaios für passiv hält und die ‚unbestimmte Zweiheit' von *De bono* anders deutet oder ganz leugnet, kann die Aktivität des *akademischen* zweiten Prinzips nicht bestreiten.

495 o. **2**.52, ferner **4**.6. — Der bei Platon und in der Akademie sehr eng mit dem zweiten Prinzip verbundene Begriff des ‚Mehr-Weniger' wirkt in der aristotelischen Biologie nach, wie Krämer dargetan hat: *Grundbegriffe akademischer Dialektik in den biologischen Schriften von Aristoteles und Theophrast*, Rhein. Mus. 111 (1968) 293—333.

496 Baeumker 295 A. 3. Vgl. fr. 51 Wehrli und Wehrlis Komm. zu fr. 31—123 (S. 87 bis 89) und fr. 47—52.

497 Vgl. Baeumker 364. S. Sambursky, *Physics of the Stoics*, London 1959, umgearbeitet z. T. enthalten in: S. Sambursky, *Das physikalische Weltbild der Antike*, Zürich 1965.

ders Averroes, hatten also mit ihrer sehr dynamischen Interpretation der aristotelischen Materie durchaus nicht unrecht[498].

8.26 Materie und Körperlichkeit

Das in met. Z 3 erscheinende allgemeinste Hyle-Prinzip ist unkörperlich, wie Aristoteles ausdrücklich sagt. Auch darüber, auf welcher Stufe der Abwandlungen und Erscheinungsformen[499] dieses Prinzips die Körperlichkeit beginnt, gibt es in der Forschung keine Kontroversen: Die *prima materia* als unterstes Substrat des (sublunaren) Werdens ist unkörperlich; erst die aus *prima materia* und je zwei Elementar-Qualitäten bestehenden Elemente sind Körper[500]. Trotzdem bedarf das Verhältnis der *prima materia* zur Körperlichkeit, d. h. zu den vier Elementen[501], einer kurzen Betrachtung, die neben dem qualitativen einen — bisher nicht beachteten — quantitativen Aspekt der *prima materia* zutage bringen wird.

8.261 Der Kreislauf der Elemente und die prima materia: Ein eidetisch-qualitatives Verhältnis

Das gemeinsame Substrat, an welchem die Elemente ineinander übergehen (*prima materia*), ist als solches weder physischer Körper noch reine Extensio (mathematischer Körper)[502], sondern die unkörperliche ‚Möglichkeit', ein bestimmter physischer Körper zu werden[503]. In dem Augenblick, in welchem sie zu einem bestimmten Element wird, erhält sie zugleich das dem betreffenden Element zukommende Volumen und die entsprechenden Qualitäten wie Dichte, Schwere usw.[504]. Der Übergang der Elemente ineinander beruht also nicht auf ‚Verdichtung' bzw. ‚Verdünnung', ‚Zunahme'—‚Abnahme' usw. eines ‚Grundstoffes' — etwa mittels porenartiger Vacua —, sondern allein auf dem Wechsel der Wesensform an dem gleichen (‚an sich'

498 Vgl. die Hinweise im ‚Ausblick', u. 9.

499 Die beiden Arten von ὕλη νοητή lassen wir im Folgenden ganz unberücksichtigt, die ὕλη τοπική wird unter 8.262 nur im Vorbeigehen erwähnt.

500 Baeumker 238f.

501 Es mag daran erinnert werden, daß bei Aristoteles die *prima materia* unmittelbar nur die Elemente aufbaut, also nicht direktes Substrat aller Seinsschichten ist, wie die Scholastik lehrt (o. S. 706 A. 130).

502 cael. 305a 22—30. — Gegen die Deutung, daß die *prima materia* ein ἄποιον σῶμα wie bei den Stoikern sei, wenden sich Plotin II 4 [12] 8, 1—12, 37. III 6 [26] 7, 1ff u. ö., Simplic. phys. 227, 23ff.

503 gen. corr. 329a 33 (dazu Joachim 198—200).

504 gen. corr. 320b 22—25, bes. 23f ἡ αὐτὴ (ὕλη) καὶ μεγέθους καὶ πάθους ἐστίν.

unkörperlichen) δυνάμει ὄν, das groß und klein, schwer und leicht usw. ,werden kann' und es dann jeweils durch die Form auch wird[505]. Das, was wir heute ,Volumen' oder ,Masse' nennen, ist nicht eine Eigenschaft der ,Materie' als solcher, sondern einzig und allein der Form. Diese enge Verbindung aller quantitativen Körpereigenschaften mit der Form geht so weit, daß auch die quantitative Zu- und Abnahme desselben (lebenden) Körpers (Wachstum und Schwund) nur von seinem formalen Strukturplan her verstanden werden kann[506]. Alle quantitativen Bestimmungen in der Natur werden mithin auf Qualitativ-Eidetisches zurückgeführt.

Die *prima materia* ist also, um das noch einmal zu präzisieren, überhaupt nichts ,Stoffliches', ,Gummiartiges', ,Urschleimartiges', ,Gallertartiges', das mit wechselnder ,Intensität' (oder gar ,Dichte') den Bereich alles Körperlichen (den Kosmos) ausfüllen würde. Um Mißverständnisse auszuschließen, vermeidet man besser strikt diese und ähnliche Bilder — auch das der ,Intensität'[507] —, welche die aristotelische *prima materia* dem stoischen ,Urstoff'[508] bedenklich naherücken[509]. Auch philosophische Anschauungen neuerer Zeit verdunkeln vielleicht mehr den eindeutigen aristotelischen Befund, statt ihn nachzeichnend schärfer zu konturieren[510].

8.262 Der quantitative Aspekt der Hyle: Hyle und ,Masse'

Die eben geschilderte qualitative Auffassung der *prima materia* entspricht den Intentionen des Aristoteles und wird deshalb mit Recht

505 Sehr klar wird dies an der Stelle phys. 217a 20—b 11 ausgesprochen, auf die mit Nachdruck hingewiesen sei, bes. b 8—10 καὶ τὸ μέγεθος καὶ ἡ μικρότης τοῦ αἰσθητοῦ ὄγκου οὐ προσλαβούσης τι τῆς ὕλης ἐπεκτείνεται, ἀλλ' ὅτι δυνάμει ἐστὶν ὕλη ἀμφοῖν. Vgl. Solmsen 139 mit A. 88.

506 Joachim 127—130.

507 Joachim 124 beurteilt die aristotelische Materie völlig richtig, gebraucht aber dann ein sehr mißverständliches Bild: „We must rather conceive of ὕλη as a material capable of filling space with all possible degrees of intensity, or capable of expanding and contracting without a break in its continuity".

508 Baeumker 369.

509 Vgl. o. A. 507.

510 Z. B. verweist Joachim 124 im Anschluß an die o. A 507 zitierte Auffassung von der aristotelischen Hyle auf Kants in den ,Antizipationen der Wahrnehmung' beschriebenes ,Reales' (Ross spricht dies Joachim nach, *Physics* S. 595). Kant meint mit seinen ,Antizipationen' (*KdrV* B 207—218), daß „in allen Erscheinungen das Reale, was ein Gegenstand der Empfindung ist, intensive Größe, d. i. einen Grad" habe (B 207). Er will gegenüber der quantitativ-mechanischen Naturbetrachtung, nach welcher das „Reale im Raum einerlei sei und sich nur der extensiven Größe, d. i. der Menge nach unterscheiden könne" (B 215), den qualitativen Gesichtspunkt der Intensität, eine dynamische Theorie des Stoffes, die ohne das Leere auskommt, als möglich erweisen (B 215f). Dies alles erinnert irgendwie an die aristotelischen Gedanken über *prima materia*, weist aber andererseits wieder so deutliche Unterschiede auf, daß man auf diesen Vergleich verzichten sollte.

in der Sekundär-Literatur allgemein als ‚die' aristotelische Lehre von der *prima materia* aufgeführt. Es gibt jedoch Denkansätze bei Aristoteles, welche in eine ganz andere Richtung weisen, nämlich auf eine körperliche Materie nach Art der stoischen ‚Urmaterie'. Vier Punkte erwähnen wir, von denen indes nur der letzte stringente Beweiskraft hat:

a) Die Porentheorie

Die qualitative Deutung der Hyle ist bei Aristoteles verquickt mit der Lehre, daß die Körper homogene Kontinua seien. Diese Verbindung ist nicht streng notwendig, liegt aber von der Sache her so nahe, daß eine Änderung der einen Lehre fast automatisch die andere mit umgestalten muß. In meteor. 4 wird nun gelehrt, daß die Körper von winzigen Kanälen (πόροι) durchzogen seien, durch welche sie aufeinander wirken; auch an anderen Stellen werden andeutungsweise πόροι genannt[511]. *Wenn* die Porentheorie von meteor. 4 echt-aristotelisches Gedankengut ist, dann stellt sie eine interessante Abweichung von der ‚qualitativen' Materie dar:

Zwar sind die ‚Poren' in meteor. 4 keine Vacua wie bei Straton und in den Problemata — d. h. die qualitativen Unterschiede der Körper lassen sich (noch?) nicht einfach durch ‚Verdichtung' und ‚Verdünnung' desselben Urstoffs erklären —, aber die homogene Kontinuität der Körper beginnt sich schon aufzulösen und damit die rein qualitative Betrachtung der Materie. Wie die Entwicklung historisch im einzelnen verlaufen ist, ist unsicher: meteor. 4 kann ein Zwischenstadium auf dem Weg von der ‚qualitativen' zur ‚quantitativen' Materie sein. Es ist aber auch möglich, daß Aristoteles diese Konzeption von meteor. 4 als eine mehr quantitativ ponderierte Theorie gleichberechtigt neben seine ‚qualitative' Hyle-Lehre stellte, so wie er die δυνάμεις der biologischen Schriften (und von meteor. 4) neben seinem Gegensatz-Substrat-Schema gelten ließ[512].

b) Die vier ‚körperlichen' Elementarkräfte

Auf die eben genannten vier Elementarkräfte Warm — Kalt — Feucht — Trocken muß noch einmal gesondert hingewiesen werden: Denn sie pendeln, wie wir sahen[513], zwischen Abstraktheit und Konkretheit, Körperlichkeit und Unkörperlichkeit. Und da sie zu dem nicht mehr weiter reduzierbaren materiellen ‚Grundbestand' des aristotelischen Kosmos gehören, bringen sie eo ipso ein Element der

[511] Vgl. *Der chemische Traktat* 306 (Lit.). [512] Näheres o. **6**.1, **6**.3, **6**.4.
[513] o. **6**.13.

,Stofflichkeit' und des ,Quantitativen' in die anders geartete, ,qualitative' Hyle-Konzeption des Aristoteles hinein. Mit dieser Andeutung begnügen wir uns hier, da wir die vier Elementarkräfte schon ausführlich behandelt haben[514].

c) Der kosmische λόγος τῆς μίξεως als Strukturformel ,materieller' Weltordnung

In dem Abschnitt über die Äthertheorie des Aristoteles wurde die kosmische Proportionsformel erörtert, die Aristoteles in meteor. A 3 entwickelt[515]. Sie besagt, daß alle Elemente im Kosmos immer ,gleichstark' vertreten sein müssen, damit nicht ein Element (besonders Feuer) die Oberhand gewinnen und die anderen vernichten kann; sie garantiert also die Ewigkeit des Kreislaufs der vier Elemente und dadurch des sublunaren Werdens und Vergehens überhaupt. Wichtig für den Hyle-Begriff ist nun, wie Aristoteles diese Proportion formuliert: Nur im Vorbeigehen spricht er von Gleichheit der δύναμις (,Kraft, Valenz')[516], sonst von der Proportion der ὄγκοι, neben denen auch πλῆθος und μέγεθος genannt werden. Ob man ὄγκος mit ,Volumen' oder — weniger wahrscheinlich — mit ,Masse' übersetzt[517], ist für meteor A 3 nicht so wichtig: Auf jeden Fall ist keine den vier Elementen gemeinsame Größe gemeint, sondern ein Spezifikum des einzelnen Elementes, das wie alle anderen individuellen Charakteristika der Elemente von der Wesensform getragen wird. Aristoteles denkt also auch bei diesem Gesetz vom Gleichgewicht der Elemente im Kosmos qualitativ-eidetisch.

Dieser Gedanke des kosmischen Gleichgewichts, der letztlich von Heraklit herkommt[518] und nach Aristoteles in mannigfachen Metamorphosen weiterlebt[519], ist eine Strukturformel, welche die *geistige* ,Ordnung' des Weltlaufs verkörpert. Und doch hat sie eine Rückwirkung auf den aristotelischen Materie-Begriff: Die *prima materia*, das Substrat der Elemente, ist als solche durchaus nicht an ein bestimmtes Quantum Wasser, Erde, Feuer usw. gebunden, sondern könnte — innerhalb der Grenzen des Kosmos — auch Substrat ganz willkürlicher Elementumwandlungen sein, die das Gleichgewicht völlig

514 Vgl. erneut die beiden letzten Anmerkungen, dazu o. 8.245 (auch 8.244, 8.246 u. ö.).
515 o. 5.23, meteor. 339b 30—340a 18.
516 340a 14; hierbei hat er die Lehren anderer Philosophen (des Empedokles ?) im Auge, während er in bezug auf seine eigene Theorie nicht δύναμις gebraucht.
517 Vgl. o. 5.23, u. 8.262d.
518 Zum kosmischen Gleichgewicht bei Aristoteles, Platon und den Vorsokratikern (bes. Heraklit) vgl. Solmsen (Index s. v. *Balance*; dazu S. 166 mit A. 26), der aber, soviel ich sehe, auf meteor. A 3 nicht direkt eingeht.
519 So in De mundo und bei Seneca, Naturales quaestiones.

zerstören würden. Daran wird sie aber durch diese Proportion gehindert: Es kann also z. B. außerhalb des festgelegten Wasserquantums[520] praktisch kein Wasser aus Luft oder aus Erde entstehen; und so verhält es sich auch bei den anderen Elementen. Da nun sowieso der sublunare Bereich scharf gegen den Ätherraum abgegrenzt ist, wird die Wirkungsmöglichkeit der *prima materia* in jeder Hinsicht stark eingeengt:

Sie kann nur zu einem der vier Elemente werden und zwar im Rahmen der vier genau festgelegten ‚Kontingente' von Erde, Wasser, Luft und Feuer. Diese Restriktionen bringen die *prima materia* einem körperhaften ‚Stoff' nahe, denn die Bestimmung, daß die unkörperliche ‚Möglichkeit' der *prima materia* innerhalb unseres Kosmos sich nur in ewig vorgeschriebenen Quanten verwirklicht und ‚ist', bedeutet de facto: In unserem (sublunaren) Kosmos sind alle ‚Stoffe' und damit ‚Stoff' überhaupt strikt begrenzt. Nur ein Faktum rettet die *prima materia* noch davor, ganz in starre Körperlichkeit überzugehen: Die Umwandlung der Elemente ineinander. Aber auch dies verliert an Gewicht, denn Aristoteles unterwirft das Substrat alles Körperlichen noch einer weiteren einschneidenden Beschränkung:

d) Das Axiom: ‚Es gibt keine Hyle außerhalb unseres Kosmos'

Aristoteles kommt auf die Frage, ob es nur einen einzigen Kosmos gebe (nämlich unseren) oder mehrere κόσμοι, an drei Stellen zu sprechen[521], von denen nur eine, cael. A 9, für den Hyle-Begriff wichtig ist[522]:

Nachdem er in cael. A 8 die Einzigkeit der Welt hauptsächlich mit seiner Theorie der natürlichen Bewegungen und Örter zu beweisen versucht hat, wendet er in cael. A 9 seine Lehre von Materie und Form auf diese Frage an:

Wie man bei allen Natursubstanzen und Erzeugnissen der Techne zwischen der stets gleichbleibenden reinen (Art-)Form und deren

[520] Natürlich ist der Betrag dieses Quantums — einmal angenommen, daß er sich berechnen läßt — nach der Vorstellung des Aristoteles ein Mittelwert mit bestimmten Toleranzen nach beiden Seiten, je nach den Jahreszeiten usw.

[521] Inmitten der Abhandlung über das ἄπειρον geht Arist. phys. 203b 22—30 nur beiläufig darauf ein, vgl. Solmsen 167f. — met. Λ 8, 1074a 31—38: Da nur die Hyle Individuationsprinzip ist, gibt es von hylefreien reinen Formen nur je ein Individuum, d. h. einen einzigen ersten Beweger (einen einzigen zweiten Beweger usw. bis zum untersten Sphärenbeweger); folglich kann es nur ein einziges (erstes, zweites usw.) Bewegtes geben, d. h. keinen Kosmos außer dem unserigen (Merlan, *Movers* 12f).

[522] Zu cael. A 8/9 Solmsen 169—171. 257f. Die Erläuterungen des Simplicius bieten hier nichts Interessantes.

vielfachen individuellen Ausprägungen in der Materie unterscheidet, so müßte das im σύνολον ‚Kosmos' enthaltene εἶδος ‚Kosmos' noch mehrfach in individueller Materie ausgeprägt sein, so daß es mehrere Kosmos-‚Individuen' geben würde (277 b 27—278 a 23). Eine solche Individuation ist nur dann möglich, wenn dem Eidos eine entsprechende Hyle zur Verfügung steht, in die und durch die es sich vereinzeln kann: ὅσων ἐστὶν ἡ οὐσία ἐν ὑποκειμένῃ τινὶ ὕλῃ, τούτων οὐδὲν ἐνδέχεται γενέσθαι μὴ ὑπαρχούσης τινὸς ὕλης (278 b 1—3)[523].

Das Eidos ‚Kosmos' kann sich jedoch nicht über unseren *einen* Kosmos hinaus individuieren, da ausnahmslos ‚alle Hyle' schon in unserem Kosmos eingeschlossen liegt, gleichsam restlos in ihn ‚verbaut' und somit ‚aufgebraucht' ist: οὗτος (ὁ κόσμος) ἐξ ἁπάσης ἐστὶ τῆς ὕλης, ὥσπερ ἔστιν (278 a 27 f)[524]. Unter ὕλη versteht Aristoteles, wie das Folgende klar zeigt, ganz stofflich-konkret die σώματα φυσικὰ καὶ αἰσθητά[525], d. h. zunächst die vier sublunaren Elemente (und deren Kombinationen), dann auch den Ätherkörper.

Der Beweis 278 b 21—279 a 11 lautet: Außerhalb der Fixsternsphäre kann es keinen Körper geben, weil diesem keine natürliche Bewegungsart (bzw. ein natürlicher Ort) zugewiesen werden könnte, denn allen ‚fünf' denkbaren natürlichen Bewegungsarten (bzw. den natürlichen Örtern) ist bereits ein Körper zugeordnet; es gibt keinen ‚natürlichen Ort' außerhalb unseres Kosmos, und es könnten auch nicht zwei Körper die gleiche natürliche Bewegungsart haben. Schluß: ἐξ ἁπάσης ἄρ' ἐστὶ τῆς οἰκείας ὕλης ὁ πᾶς κόσμος· ὕλη γὰρ ἦν αὐτῷ τὸ φυσικὸν σῶμα καὶ αἰσθητόν (279 a 7—9). Und εἷς καὶ μόνος καὶ τέλειος οὗτος οὐρανός ἐστιν (a 10 f)[526].

Diese mit allen Schwierigkeiten aristotelischer Bewegungslehre und Kosmologie behaftete Theorie, daß unsere Welt allen ‚Stoff' enthalte, erscheint schon in *De philosophia* fr. 19 a[527] und hat in Gedankengängen des Timaios[528] ihren Ursprung. Die Verbindung mit Platon warnt davor, daraus allzu weittragende Konsequenzen für den Hyle-

[523] Die Beispiele 278a 28—35 können wegbleiben.

[524] Vgl. weiter 278 b 4—8 εἰ μὴ ἐκ μορίου αὐτῆς (sc. τῆς ὕλης) συνέστηκεν ἀλλ' ἐξ ἁπάσης, ... οὔτ' ἂν εἴη ἄλλος οὔτ' ἂν ἐνδέχοιτο γενέσθαι πλείους, διὰ τὸ πᾶσαν τὴν ὕλην περιειληφέναι τοῦτον (sc. τὸν κόσμον).

[525] 278 b 8 f λείπεται ἄρα τοῦτο δεῖξαι, διότι ἐξ ἅπαντος τοῦ φυσικοῦ καὶ αἰσθητοῦ συνέστηκε σώματος (sc. οὗτος ὁ κόσμος). b 21—23. Vgl. b 23—279 a 7 mehrfach σῶμα o. ä.

[526] Zum Motiv der ‚Vollkommenheit' und seiner Beziehung zur Einzigkeit der Welt vgl. Solmsen 309 f.

[527] fr. 19 a Ross: Der Kosmos ist ὅλος, ἕνεκα τοῦ σύμπασαν τὴν οὐσίαν εἰς αὐτὸν ἐξανηλῶσθαι. Der Terminus οὐσία (stoisch ?) zeigt, wie solid und ‚stofflich' ὕλη in dieser Theorie verstanden wird.

[528] Timaios 32 C—33 B (dazu Stenzel, *ZuG* 84, Cornford 52 f). 92 C εἷς οὐρανὸς ὅδε μονογενὴς ὤν (dazu Stenzel 130). Das Motiv der ‚Einzigkeit' der Welt bei Platon

Begriff zu ziehen, aber das Axiom darf auch nicht unterschätzt werden, denn es gewinnt in der zum Teil kosmologisch verengten Ontologie des Aristoteles größere Bedeutung als bei Platon, zumal auch die (keineswegs unwichtige) ὕλη νοητή des Aristoteles doch hinter den unkörperlichen Erscheinungsformen des platonischen zweiten Prinzips in den Schatten tritt. Deshalb darf man für Aristoteles konstatieren:

Der Lehrsatz von der Beschränkung der Hyle auf den einen, scharf abgegrenzten Kosmos engt — zusammen mit der konstanten ‚Proportion' der Elemente — die im Hyle-Begriff enthaltene ‚Möglichkeit' des Werdens so ein, daß die unkörperliche *prima materia* fast entbehrlich scheint, eben weil sie nur in (quantitativ und qualitativ) völlig stereotyper Ausprägung vorkommt. Natürlich kann Aristoteles nach wie vor nicht auf sie verzichten, da er ja den kyklischen Wechsel der Elemente ineinander beibehalten und erklären will. Aber darüber hinaus erklärt und vermag die *prima materia* nicht viel, und wir stehen bei den eben besprochenen Gedankengängen dicht vor einem soliden ‚Stoff'-Begriff oder auch einem ‚Masse'-Begriff, denn man könnte das Axiom fast auch so ausdrücken: ‚Die Masse (= *quantitas materiae*) unseres Kosmos bleibt konstant'[529]. Wieder einmal zeigt sich, wie die zeitgebundene Enge der aristotelischen Kosmologie und Naturphilosophie manche Zentralbegriffe von Aristoteles' Metaphysik in einer Weise beeinflußte, die seinen Intentionen zuwiderlief; denn sein Materie-Begriff ist qualitativ-eidetisch gemeint und behält auch trotz einiger ‚quantitativer' Aspekte (s. o.) bei Aristoteles diesen Charakter. Aber eine gewisse Zwiespältigkeit bleibt, die dann in der Folgezeit — etwa bei der Stoa — zum Austrag kam[530].

8.27 ὕλη als ‚Relationsbegriff'[531]

Man bezeichnet die aristotelische Hyle gern als ‚Relationsbegriff'[532], und es lohnt sich, diesem Terminus nachzusinnen, weil sich

und Aristoteles ist außerphilosophischer, religiöser Herkunft und liegt darum aller logischen Beweisbarkeit vorauf. Es wäre zu prüfen, wieweit die Lehre von unendlich vielen Welten bei Demokrit und Epikur mit der Andersartigkeit religiöser Anschauungen im Zusammenhang steht.

[529] Das über die Antike handelnde Kapitel bei Jammer, *Masse* (S. 5—37) ist ganz unzureichend.

[530] Auch der Platonismus ist nicht ganz unschuldig an der späteren Quantifizierung der Materie, vgl. o. 2.33 S. 236ff und u. S. 812 A. 16.

[531] Beste Zusammenstellungen der Belege auch heute noch Bonitz s. v. ὕλη 786b 1 bis 787a 26 und Zeller II 2^4 323—327, die im Folgenden stillschweigend vorausgesetzt werden.

[532] Diese Redeweise ist so verbreitet, daß sich Belege dafür erübrigen.

an ihm in nuce die *gesamte* Problematik der aristotelischen Hyle wiederholt. Um nichts zu präjudizieren, vermeiden wir jede voreilige Festlegung des Terminus ‚Relationsbegriff' und warten das Ergebnis der folgenden Einzelbetrachtungen ab. Auch die Einteilung und Reihenfolge der Beispiele in *8.271* und *8.272* schließen *keinerlei Vorentscheidung* ein (etwa über die *systematische* oder *historische* Entwicklung des Relationsbegriffes ὕλη bei Aristoteles), sondern sind nach *praktischen* Gesichtspunkten vorgenommen worden: Es handelt sich um eine reine Materialsammlung, die jeder Leser nach Gutdünken umarrangieren kann[533]. Erst in den darauf folgenden Abschnitten *8.273*ff wird dann eine *Wertung* des Materials versucht.

8.271 ὕλη als Strukturbegriff der aristotelischen Seinsstufung

Aristoteles denkt sich wie die Akademie[534] das Sein als *hierarchische Stufenfolge*. Obwohl er hierbei im ganzen und im einzelnen viel von der Akademie übernimmt[535], gestaltet er das Überkommene zu etwas ganz Eigenem um. Diese aristotelische Konzeption von Seinsstufung wollen wir unter Verweis auf früher Gesagtes[536] stichwortartig resümieren und zugleich die Rolle der Hyle in der Seinsschichtung charakterisieren. ὕλη tritt in der aristotelischen Seinsstufung auf *zwei* Arten in Erscheinung:

erstens in jeder einzelnen Schicht als Gegenüber der Form (gleichsam ‚horizontal');

zweitens dient sie zur Bezeichnung des Verhältnisses *zwischen* den Stufen (‚vertikal').

Natürlich überschneiden sich beide Gesichtspunkte ständig, weil Hyle auch als ‚Gegenüber' der Form immer zugleich auch das ‚Substrat' der Form ist; aber es hat doch einen gewissen praktischen Wert, sie auseinanderzuhalten, und die ‚Relationalität' von Hyle für beide Fälle getrennt zu prüfen.

[533] Z. B. kann man sich schon darüber streiten, ob die Dichotomie ‚innerhalb der Seinsstufung' — ‚außerhalb der Seinsstufung' sinnvoll ist, zumal dann die beiden Rubriken Heterogenes unter sich begreifen, aber ich bin trotz mancher Bedenken dabei geblieben, weil jede andere Einteilung mindestens ebenso problematisch ist.

[534] Zu den Seinsstufungen der Akademiker vgl. o. 2, zusammenfassend 2.243b (Schemata) und 2.51.

[535] Vgl. dazu o. 2.52. Einige Bemerkungen darüber auch in *Kosmologie und Metaphysik* 180.

[536] Vgl. o. bes. 2.52, 4.212—214 und Sach-Index s. v. *Stufung*; s. ferner *Kosmologie und Metaphysik* passim (Dreistufung der Substanzen), *Scala naturae* passim (Stufung im ‚toten' Elementarbereich, Seelenschichtung, *Scala* der belebten Natur). Dor Einzelheiten und Belege; im Folgenden tragen wir nur wenige Belege nach, die an den genannten Stellen noch nicht angeführt sind. Wichtig z. B. Bonitz s. v. ζῷον 310b 16ff.

Wir beginnen mit der letztgenannten Fragestellung (Hyle ‚vertikal') und fassen von den Teilbereichen der aristotelischen Seinsstufung, die man am besten *gesondert* betrachtet,

a) zuerst den stofflichen *Elementar-Bereich* ins Auge. Er enthält folgende Stufen: *prima materia* (bzw. Grundkräfte) — Elemente — Homoiomere — Anhomoiomere — Gesamtkörper — Seele. Aristoteles sieht hierin eine Schichtenfolge von Überformungen, indem die jeweils höhere Stufe ‚Form' der ihr nachgeordneten Schichten und umgekehrt die niedere Schicht ‚Materie' (ὕλη) der nächsthöheren ist. Die obere Stufe ist nicht nur *ontologisch*, sondern auch *axiologisch* der niederen vorgeordnet; zudem stellt sie das ‚Ziel' (τέλος) dar, das von der niederen Stufe erstrebt wird. Jede Stufe (außer der ersten und letzten) ist also, je nachdem von wo aus man sie betrachtet, ‚Materie' oder ‚Form' bzw. beides zugleich. Die Relation ‚Materie'—‚Form' ist mithin — wie schon betont — nicht fest fixiert, sondern wiederholt sich von Stufenpaar zu Stufenpaar, schematisch dargestellt:

Seele	F_5
Gesamtkörper	$F_4 = M_5$
Anhomoiomere	$F_3 = M_4$
Homoiomere	$F_2 = M_3$
Elemente	$F_1 = M_2$
prima materia (Grundkräfte)	M_1

An dem Schema des Elementar-Bereiches sieht man deutlich die ‚Relationalität' der Hyle[537], aber auch, daß die Relationalität nicht beliebig weitergeht: Es gibt eine Stufe, die Materie, aber nicht Form ist, und eine, die Form, aber nicht Materie ist. Dieser Befund wird sich auch bei der aristotelischen Seinsstufung im Ganzen ergeben.

Auch dieser aristotelische Gedanke einer Schichtenfolge von Überformungen geht auf platonisch-akademische Anregungen zurück[538]. Dem wollen wir jedoch jetzt und im Folgenden nicht nachgehen (zumal es für die Erklärung der *aristotelischen* Lehre als solcher nicht viel erbringt), sondern uns immanent auf Aristoteles beschränken und dabei alle Details vermeiden. Nur *ein* Punkt verdient einen Hinweis:

[537] Dieser Terminus ist so durchsichtig, daß man ihn unbedenklich verwenden kann, obwohl er von N. Hartmann im Rahmen seiner bekannt einseitigen Modal-Lehre geprägt wurde und dadurch selbst vorbelastet ist.

[538] Zu denken ist an die Lehre der akademischen sog. ‚Elementen-Metaphysik', daß in der als ‚Reihe' betrachteten Seinsstufung die vorgeordnete Schicht jeweils *Form* der nachgeordneten ist; diese Lehre wurde offenbar vor allem an der *Dimensionenfolge* abgelesen, wo ja eine regelrechte mathematische Reihe vorliegt, die vorhergehende Dimension (als ‚Element') ‚in' die nachfolgende eingeht und zugleich die nächste Dimension formgebend ‚begrenzt' (πέρας). Näheres dazu o. 2.244b; zur

Von den genannten Stufen des Elementar-Bereiches kommen nur zwei als *selbständige Substanzen* vor, die beseelten Gesamtlebewesen (oberste Stufe bzw. die beiden obersten Stufen) und die *anorganischen* Homoiomere. Hiervon erscheinen erstere nicht als Hyle einer höheren Form[539], wohl aber letztere. So darf man sagen, daß die anorganischen Homoiomere, weil sie auch als selbständige οὐσίαι auftreten (können), in anderer Weise Hyle sind als die übrigen Stufen, die für sich keine Subsistenz im Sinne der aristotelischen οὐσία haben[540]: Sie sind ἐνεργείᾳ ὄντα, die durch Überformung in den Verband des Lebewesens aufgenommen werden und dadurch zur Hyle, also einem δυνάμει ὄν, werden; sobald das Lebewesen vergeht, machen die anorganischen Homoiomere sich wieder selbständig (d. h. sie werden zu οὐσίαι = ἐνεργείᾳ ὄντα). Die anderen Stufen (z. B. organische Homoiomere, Anhomoiomere) existieren *nur* im Rahmen der größeren Gesamtheit und vergehen auch wieder zugleich mit diesem Gesamt (vgl. u.).

b) An die Elementar-Stufen schließen sich an die Stufung der Seelenteile (Vegetativ-, Sinnen-, Geist-Seele) und die Reihe der Lebewesen von den Pflanzen bis zum Menschen (*Scala naturae*)[541]. Beide Reihen bilden zwar — wie die Elementarstufen — eine Rangfolge dem Wert nach, zeigen aber — anders als diese — kaum Ansätze zu einer durchgehenden Teleologie und werden nicht durch den Zwiebegriff ὕλη (δύναμις) — εἶδος (ἐνέργεια) charakterisiert[542]: Deshalb lassen wir sie hier außer Betracht. Wohl aber wendet Aristoteles die Relation Hyle — Eidos auf die Schichtung der vier Elemente im sublunaren Kosmos an und auf die Stufung der Äthersphären im Raum über dem Mond[543]. Da es sich in beiden Fällen um das Verhältnis selbständiger Substanzen zueinander handelt, die nicht (wie die anorganischen Homoiomere) ihr οὐσία-Sein in einem größeren Ganzen aufgeben, sondern selbständig bleiben, scheint es sich um einen ‚weiteren, formaleren' Gebrauch der Relation zu handeln, der auf folgenden Gedanken beruht: α) ‚Begrenzendes' = Form, ‚Begrenztes' = Materie, eine aus vor-philosophischen Populär-Anschauungen stammende Vorstellung, die noch durch die πέρας-Lehre der platonischen Metaphysik philo-

Fortwirkung dieser Gedanken in den ‚reihenhaften' Stufungen des Aristoteles ausführlich o. 4.212—215, was wir hier nicht wiederholen.

539 Vgl. u. b).

540 Auch diese Feststellung müßte noch weiter differenziert werden, weil die Seinsweisen z. B. der Anhomoiomere und der *prima materia* natürlich nicht dieselben sind, aber darauf brauchen wir hier nicht einzugehen.

541 Hierüber *Scala naturae* 3—6. Auf die übergreifenden Ordnungsstrukturen, in denen der Mensch steht, kann hier nicht eingegangen werden.

542 Vgl. *Scala naturae* 230f. 239—243.

543 Näheres o. 4.214c 4 (Elemente), 4.214b (Äther), 5.431 (Äther und Elemente).

sophisch untermauert wird[544]. β) ‚je höher im Kosmos' = ‚desto wertvoller', eine Verbindung von Wertgedanken und Raumbildern[545].

Schließlich scheint Aristoteles auch noch das Verhältnis sublunarer Bezirk : Äther, auch wenn er nicht direkt die Ausdrücke ὕλη und εἶδος gebraucht, doch als eine Art Materie-Form-Relation verstanden zu haben: Denn die Sterne sind Telos für den Bereich unter dem Mond, wie dann — in Wiederholung der Beziehung — die unbewegten Beweger Telos für die Gestirne sind[546]. Nimmt man nun das oben über die Schichtung der Elemente und Äthersphären Gesagte sowie die enge Verbundenheit von Telos und Eidos bei Aristoteles hinzu, dann liegt die Materie-Form-Relation ganz nahe[547].

Wir gehen nun zu der *zweiten* Erscheinungsform von Hyle in der Seinsstufung über[548]: Hyle *innerhalb* der einzelnen Seinsstufen. Es kommen dabei nur die *zwei* Seinsschichten des Sublunaren und Supralunaren in Frage:

c) Im Bereich *unter dem Mond* kann man wiederum Hyle unter *zwei* Aspekten betrachten: Man kann α) *erstens* von der ὕλη einer *individuellen* οὐσία (wobei die οὐσία etwas Unbelebtes oder etwas Lebendiges — Mensch, Tier, Pflanze — ist) oder etwas abstrakter von der ὕλη einer bestimmten *Art* (z. B. des Menschen im allgemeinen)[549] sprechen. Damit knüpfen wir an die oben a) vorgeführte Seinsstufung an, gehen aber dann doch darüber hinaus, indem wir speziell die Beziehung zwischen der vorletzten Stufe (differenzierteste Materie = ἐσχάτη ὕλη) und dem εἶδος betrachten[550]. β) *Zweitens* kann man den

544 Vgl. dazu **4**.214b, **5**.431 u. ö.

545 *Kosmologie und Metaphysik* 174. 182, *Scala naturae* 233 A. 57. Dazu die Stellen, an denen die Vollkommenheit der höheren Tiere und des Menschen, die ja nach dem kosmischen ‚Oben' tendieren, damit begründet wird, daß die Tiere, je vollkommener sie sind, desto weniger Erde (Trockenes) und desto mehr Flüssigkeit (Wasser), Luft und ‚Feuer' enthalten: gen. an. B 1, 732b 31f τελεώτερα δὲ τὰ θερμότερα τὴν φύσιν καὶ ὑγρότερα καὶ μὴ γεώδη. 733a 3ff. a 11f ζωτικὸν γὰρ τὸ ὑγρόν, πορρωτάτω δὲ τοῦ ἐμψύχου τὸ ξηρόν (und das Folgende). B 6, 745b 15—20 (Mensch enthält von allen Lebewesen am wenigsten Erde). Γ 1, 751a 30—752a 8 passim (Eierfarbe der Vögel und Fische vom Warmen, Feuchten und ‚Erdartigen' [γεῶδες] aus erklärt). Diese Betrachtungsweise ist in gen. an. oft bemerkt worden. Vgl. dazu o. S. 373 A. 312, S. 768 A. 442 (wo Belege und Hinweise).

546 Vgl. o. **5**.422/423 und *Kosmologie und Metaphysik* 167—170.

547 Ganz nahe kommt meteor. A 3, 340b 14—19 τὸ γὰρ ὑπὸ τὴν ἄνω περιφορὰν σῶμα οἷον ὕλη τις οὖσα καὶ δυνάμει θερμὴ καὶ ψυχρὰ καὶ ξηρὰ καὶ ὑγρά κτλ. (s. auch die Stelle aus cael. B 1, die o. **5**.431 ausgewertet ist). Vgl. ferner o. **4**.212/213 über die Dreistufung der Substanzen und ihren ‚Reihen'-Charakter.

548 Die beiden Arten, wie ὕλη in der aristotelischen Seinsstufung auftritt, sind o. S. 785 genannt.

549 Man denke an die ὕλη αἰσθητὴ ὡς καθόλου, wie sie o. **7**.34/35 geschildert ist.

550 Dabei müßte vor allem die *Individuation* zur Sprache kommen, über welche die knappen Bemerkungen **8**.246a, **8**.253 u. ö. zu vergleichen sind. Das Problem der

für den sublunaren Bereich zentralen Begriff der ‚Veränderung‘ (μεταβολή) zum Ausgangspunkt nehmen und entsprechend den verschiedenen Arten der Veränderung eine Reihe der Materien bilden: ὕλη γεννητή — ὕλη ἀλλοιωτή — ὕλη αὐξητή, wobei jedes nachfolgende Glied alle vorhergehenden impliziert[551].

d) Im Ätherbereich gibt es nur eine einzige homogene Art von Materie, eben Äther als ὕλη τοπική[552], die mit je einem εἶδος zusammentritt zur οὐσία einer bestimmten Sternsphäre. Man kann nun der eben genannten Reihe der Materien noch die ὕλη τοπική anfügen und kommt so zu einer lückenlosen Implikationsfolge: ὕλη τοπική — ὕλη γεννητή usw.

Nach diesem kurzen Überblick über das Auftreten von ὕλη in der aristotelischen Seinsstufung bleibt zu fragen: Verbirgt sich hier hinter einem *homonym* verwendeten Wort ὕλη eine unreduzierbare Pluralität von ‚Materien‘ oder berechtigt etwas dazu, all diese verschiedenen Verwendungsweisen von ὕλη zu einer Einheit zusammenzufassen? Mehrere Gründe sprechen für Letzteres:

α) Die verschiedenen Hyle-Arten des aristotelischen Kosmos von der ὕλη τοπική bis zur ὕλη αὐξητή fügen sich — wie wir soeben bereits sahen — notwendig zu einer *Reihe* zusammen, deren Glieder eine strikte Ordnung des ‚Früher‘ und ‚Später‘ bilden[553]. Schon dadurch ist der Zusammenhang der Hyle-Arten genügend garantiert. Im Hinblick auf andere Reihen läge es nahe, über die ὕλη τοπική hinaus die Reihe fortzusetzen und durch ein ‚erstes‘ Glied abzuschließen, nämlich durch die ὕλη αὐτὴ καθ' αὑτήν als oberstes Hyle-Prinzip[554].

β) Die bei der ‚horizontalen‘ Betrachtungsweise sich ergebenden Hyle-Eidos-Verhältnisse des sublunaren Bereiches und diejenigen des Ätherbereiches lassen sich durch die Proportionsgleichung (ἀναλογία) miteinander verbinden, etwa so: ‚sublunare Hyle: sublunares Eidos wie Äther-Materie: Sphären-Eidos‘. Rechtsgrund für die Gleichsetzung ist der Umstand, daß sich die Hyle zu ihrem jeweiligen Eidos

Individuation betrifft ja mehr die Lebewesen (und da am meisten die höheren Tiere und Menschen) als die anorganischen Homoiomere, weil deren ἐσχάτη ὕλη aus den Elementen besteht, ihr εἶδος aus der ‚Mischungsformel‘ (λόγος τῆς μίξεως). — Alle anderen Fragen, die mit der Stufe ‚Gesamtkörper‘ verbunden werden können, übergehen wir hier; vgl. u. 8.272a über die kategoriale Auffächerung des Hyle-Eidos-Verhältnisses.

551 Näheres o. 8.132; s. auch u. 8.272a.

552 Näheres zum Wesen des Äthers o. 5.3. Die ‚Homogenität‘ dieses merkwürdigen Stoffes läßt sich ja nur *negativ* beschreiben als Freisein von sämtlichen physikalischen Eigenschaften außer Ausgedehntheit und Ortsbewegung.

553 Zur ‚Reihe‘ der ὕλαι vgl. o. 8.132 (s. auch o. 4.214 Schluß).

554 Zu dieser ‚Ergänzung‘ der Reihe vgl. o. 8.132; zur Stellung des ersten Gliedes in solchen Reihen s. o. 4.213 (ferner 4.214/215).

funktionell immer gleich verhält: Sie ist ‚der Möglichkeit nach‘ (δυνάμει) das, was die Form ‚der Wirklichkeit nach‘ ist (ἐνεργείᾳ). Wir können (und müssen) also diese Proportionen sämtlich auf eine *Ur-Proportion* gründen: ‚... wie ὕλη αὐτὴ καθ' αὑτήν (= reine Möglichkeit): εἶδος αὐτὸ καθ' αὑτό (= reine Wirklichkeit)‘[555].

γ) Von den ‚*vertikalen*‘ Anwendungsweisen der Hyle (ὕλη = ‚nachgeordnete Seinsstufe‘) lassen sich die Stufen des Elementar-Bereiches als ‚Reihe‘ verstehen, bei welcher die ‚späteren‘ Glieder als materielle *Bauteile* in die sie *überformenden* vorgeordneten Schichten eingehen[556]. Auch hier kann man wieder den Zwiebegriff δύναμις/ἐνέργεια anzuwenden versuchen, aber es handelt sich um eine andere Möglichkeit als beim Verhältnis der hochdifferenzierten Individual-Materie (vorletzte Stufe des Elementar-Bereiches) zur Wesensform (= Seele, letzte Stufe des Elementarbereichs). Denn während diese zwei letzten Stufen *inhaltlich* sich ‚entsprechen‘[557], so daß man sie einfach als Möglichsein (δύναμις) und Wirklichsein (ἐνέργεια) *derselben* Substanz einander gegenüberstellen kann, ist das bei den nachfolgenden Schichten nicht mehr der Fall: Die jeweils untere Schicht ist *materieller Bauteil* der nächsthöheren, aber nicht deren *ultima materia* (d. h. deren ‚inhaltsgleicher‘ δύναμις-Aspekt), und die nächsthöhere Schicht erscheint zwar als ‚Form‘, aber diese ‚Form‘ existiert nicht als *Wirklich*-Seiendes, sondern ist weiter in einen noch größeren Zusammenhang hineingebunden und stellt diesem größeren Ganzen gegenüber ein δυνάμει ὄν dar. Wir erhalten somit eine Stufung von δυνάμει ὄντα, deren ἐνέργεια erst mit der Schicht der Homoiomere (bei anorganischen Stoffen) oder mit derjenigen der Seele (bei belebten Substanzen) erreicht wird. Ja außer diesen beiden Schichten der anorganischen Homoiomere und der Seele vermag keine der Stufen jemals als solche ‚in Wirklichkeit‘ (ἐνεργείᾳ) zu existieren[558]: Es handelt sich also bei den Elementen, organischen Homoiomere und Anhomoiomere um δυνάμει ὄντα, die niemals in ἐνεργείᾳ ὄντα über-

[555] Alles Nähere zu dieser Funktions-Analogie, die, wenn sie philosophisch sinnvoll sein soll, sich auf ein oberstes Paar gründen muß (also in eine regelrechte ‚Reihe‘ einmündet), s. o. **3**.122b/c, 7.823c, **8**.12 (vgl. auch **4**.211, **8**.11).

[556] Vgl. o. **4**.241c 1. Zur Vorstellung vom ‚Baustein‘ als einem Charakteristikum von ὕλη s. *Scala naturae* 231.

[557] Vgl. die Stellen, an denen ἐσχάτη ὕλη und εἶδος als ἓν καὶ ταὐτόν bezeichnet, also in bestimmter Hinsicht miteinander identifiziert werden (s. o. **1**.152), und das pretiöse, aber instruktive Beispiel vom ‚Leichnam‘ als einer vom εἶδος verlassenen, aber noch kurzfristig konservierten ἐσχάτη ὕλη (**6**.222c). Vgl. auch o. **1**.178.

[558] Die wenigen Äußerungen des Aristoteles, daß auch die Elemente οὐσίαι seien, können wir übergehen, weil Aristoteles sehr wohl wußte, daß die Elemente ‚chemisch rein‘ nicht konkret vorkommen und die konkret begegnenden ‚Elemente‘ in Wahrheit anorganische Homoiomere sind. Vgl. dazu o. **6**.12, **6**.132.

gehen, und um ,Formen', denen wesenhaft keine ἐνέργεια zukommt[559]. Natürlich sind nicht nur die ἐσχάτη ὕλη, sondern auch die nachfolgenden (,Bauteil'-)Stufen auf die οὐσία *angelegt* (δυνάμει), in welcher sie zur ,Wirklichkeit' und damit zur Erfüllung kommen, aber Materie und δύναμις werden desto *unspezifischer*[560], je weiter man von der *ultima materia* zur *prima materia* hin geht. Die Abstufung von ὕλη/δύναμις, welche Aristoteles explizit untersucht hat[561], kann man schematisch etwa so darstellen[562]:

↑ Seele	F_5	εἶδος/ἐν.		
Gesamtkörper	$M_5 = F_4$	ὕλη/δύν.		keine ἐνέργεια
Anhomoiomere	$M_4 = F_3$	ὕλη/δύν.		
organ. Homoiomere	$M_3 = F_2$	ὕλη/δύν.		
anorgan. Homoiomere		ὕλη/δύν.	εἶδος/ἐν.	
Elemente	$M_2 = F_1$	ὕλη/δύν.	ὕλη/δύν.	keine ἐνέργεια
prima mat. (Grundkräfte)	M_1	ὕλη/δύν.	ὕλη/δύν.	

Schwieriger ist jedoch die ,vertikale' Verwendung von ὕλη bei der Schichtung der *Elemente* und der *Äthersphären* zu erklären: Denn hier werden die jeweils nachgeordneten Stufen nicht in die vorgeordneten ,eingebaut' und sie erhalten auch nicht ihre ,Wirklichkeit' (ἐνέργεια) erst von daher, sondern sind selbst schon Wirklich-Seiende. Gewiß besitzen infolge der *Reihen*-Natur der beiden Schichtungen (bes. derjenigen der Äthersphären) die jeweils ,früheren' Glieder einen besonderen Vorrang (des Wertes, des Telos und dgl.) vor den ,späteren' Gliedern und das erste Glied vor der gesamten Reihe[563], und die *räum-*

[559] Von daher wird erst so richtig deutlich, wie sehr das Möglich-sein der *materiellen Bestandteile* der ,wirklichen' οὐσία und das Möglich-sein der im ,wirklichen' Art-Eidos enthaltenen Genera einander ähneln; vgl. das spiegelsymmetrische Schema o. 8.22.

[560] Der Übergang vom Spezifischen zum Allgemeinen verläuft nicht kontinuierlich: Bei der hochspezialisierten Materie des organischen Bereiches ist die Wahl-Möglichkeit (δύναμις) sehr eingeschränkt, bei den anorganischen Homoiomere und den Elementen verbreitert sie sich stark (sie können viele Verbindungen eingehen), dagegen verengt sie sich wieder bei der *prima materia*, die nur eines von *vier* Elementen werden kann (oder eines von *drei*, da sie ja stets schon in einem Element ,verbaut' ist). Vgl. o. 8.232.

[561] Vgl. zur Stufung der Materien met. H 4, 1044a 15ff mit den Kommentaren, bes. Schwegler; zur Schichtung der δύναμις erneut o. 8.232.

[562] Ob man im Schema zwischen anorganischen und organischen Homoiomere ein Materie-Form-Verhältnis ansetzen soll, ist fraglich: Aristoteles muß so etwas angenommen haben (vgl. seine Ansicht über die Nicht-Konkretheit der Elemente und die Konkretheit der anorganischen Homoiomere), aber er hat es nicht ausgesprochen. Wir wollen demgemäß, auch um keine Diskrepanz zwischen diesem Schema und dem auf S. 786 zu schaffen, die beiden Arten von Homoiomere *in dieser Hinsicht* zusammennehmen.

[563] Vgl. die Beschreibung dieser aristotelischen Reihen o. 4.213 (vgl. auch 4.214/215).

liche Anordnung der Stufen suggeriert — unter dem Einfluß populärer Anschauungen sowie platonischer Lehren — eine Materie-Form-Relation[564], aber man kommt nicht um die Feststellung herum, daß das ὕλη-εἶδος-Verhältnis hier *formaler* und *lockerer* gefaßt ist als bei der Stufung des Elementar-Bereiches[565]. Diese Feststellung bildet einen passenden Übergang zu den Materie-Form-Relationen ‚außerhalb' der aristotelischen Seinsstufung, die uns das Problem der *Relationalität* der Hyle noch deutlicher zeigen werden.

8.272 Andere ὕλη-εἶδος-Relationen[566]

Das Materie-Form-Verhältnis tritt nicht nur in den eben genannten Zusammenhängen, sondern auch in anderen auf. Wenn wir diese nunmehr beschreiben, soll nicht der Eindruck entstehen, als handele es sich um ‚sekundäre' *Erweiterungen* oder *Übertragungen* eines ‚ursprünglichen' Gebrauchs. Denn wie schon gesagt referieren wir jetzt in *8.272* ebenso wie vorher in *8.271* nur *neutral* den *doxographischen Befund* und kommen erst nachher *8.273*ff zu einem Urteil darüber, *ob* bei der ὕλη Erweiterungen und Übertragungen stattgefunden haben *oder nicht*. Deshalb schließen auch *Einteilung* und *Reihenfolge* des hier in *8.272* Gesagten kein Präjudiz ein und sind *vertauschbar:*

a) Im Bereich der Substanz erscheint die Hyle nicht nur als *Individualmaterie* (ἐσχάτη ὕλη), sondern auch sonst in mannigfaltiger Weise: So ist, um mit der *ersten Kategorie* (οὐσία) zu beginnen, Materie des substantiellen Werdens beim Menschen und höheren Tieren das Menstruationsblut (καταμήνια), bei den anderen Tieren das Ei usw.[567], während der männliche Same *causa efficiens* ist und zugleich auch die

[564] Vgl. o. 8.271b; Näheres 4.214b, c 4, 5.431. Während bei der Ätherstufung mit einigen Einschränkungen (z. B. ist die ‚Gegenbewegung' der Sonne unabdingbar notwendig für den sublunaren Kreislauf von Werden und Vergehen) doch eine Art von teleologischem ‚Aufgehobensein' aller Sphären in der ersten Sphäre (sc. der Fixsterne) nachzuweisen ist, geht dies bei den Elementen kaum an, weil deren *Kreislauf* — der eine *Rückverwandlung* der ‚höheren' in die ‚niederen' Elemente einschließt — das Wesen des sublunaren Geschehens ausmacht und zugleich die höchste Art von Vollkommenheit darstellt, welche dem Bereich unter dem Mond vergönnt ist.

[565] Vgl. auch o. 8.271b.

[566] Der Titel ist absichtlich vage gehalten. Man hätte vielleicht auch von „Hyle ‚außerhalb' der aristotelischen Seinsstufung" sprechen können, aber das träfe nur zum Teil zu.

[567] Vgl. Bonitz 869a 29ff (Ei). Bei den ‚larvenerzeugenden' Tieren (σκωληκοτόκα) ist es die ‚Larve' (σκώληξ), die Aristoteles als ein unvollkommenes Ei betrachtet. Bei den Pflanzen war die Erde, die dem Samen Nahrung gibt, *causa materialis*, denn vom Befruchtungsvorgang bei Pflanzen wußte die Antike (trotz beachtlicher Ansätze bei Aristoteles und besonders bei Theophrast) nichts Sicheres; vgl. Λ 6, 1071b 29—31. gen. an. 733b 23ff. 738b 34—36. 762b 9ff (mehr bei Bonitz 840a 40—b 53).

causa formalis vertritt[568]; damit hängt es zusammen, daß Aristoteles überhaupt das weibliche Tier als ὕλη bezeichnet[569].

Aristoteles wendet die Materie-Form-Relation nicht nur auf die Substanz-Kategorie an (γένεσις — φθορά), sondern auch auf diejenigen Akzidens-Kategorien, bei denen ‚Veränderung' (κίνησις, μεταβολή) stattfindet, nämlich auf ποιόν, ποσόν, πού[570]. Es gibt also eine ‚Materie der Qualitätsveränderung'[571], eine ‚Materie der Quantitätsveränderung'[572] und eine ‚Materie der Ortsveränderung' (ὕλη τοπική)[573]. Wir haben bereits gezeigt, wie sich diese drei akzidentellen μεταβολαί und die substantielle γένεσις und die vier entsprechenden ὕλαι zueinander verhalten und daß sie eine reihenhafte Ordnung bilden[574]. Jetzt wollen wir noch zusätzlich darauf hinweisen, daß Bindeglied zwischen den drei (bzw. vier) Materien der ‚Substrat'-Begriff ist, also das triadische Werde-Schema des Aristoteles[575]: Substrat der γένεσις ist die entsprechende ὕλη γεννητή (die καταμήνια und dgl., s. o.), Substrat der akzidentellen Veränderungen eine *vollbestimmte Substanz,* die dann *in bestimmter Hinsicht* (z. B. κατ' αὔξησιν) eine Veränderung erfährt. Natürlich können sich alle drei akzidentellen μεταβολαί an derselben Substanz ereignen (am selben *Material-Objekt*), sie meinen aber jeweils einen anderen Aspekt an der Substanz (d. h. ein anderes *Formal-Objekt*). Anders gewendet: Die (materiell)

568 Belege bei Lesky 132—141. 150—159, Bartels 107—121. Vgl. auch die Bemerkungen o. **8**.246a u. ö.

569 Vgl. dazu o. **6**, ferner die Bemerkung unten.

570 cael. Δ 4, 312a 12—15 φαμὲν δὲ τὸ μὲν περιέχον τοῦ εἴδους εἶναι, τὸ δὲ περιεχόμενον τῆς ὕλης. ἔστι δ' ἐν πᾶσι τοῖς γένεσιν αὕτη ἡ διάστασις. καὶ γὰρ ἐν τῷ ποιῷ καὶ ἐν τῷ ποσῷ ἐστὶ τὸ μὲν ὡς εἶδος μᾶλλον, τὸ δ' ὡς ὕλη. gen. corr. A 1, 314b 26—28 ἢ καὶ φανερὸν ὅτι μίαν ἀεὶ τοῖς ἐναντίοις ὑποθετέον ὕλην, ἄν τε μεταβάλλῃ κατὰ τόπον, ἄν τε κατ' αὔξησιν καὶ φθίσιν, ἄν τε κατ' ἀλλοίωσιν. A 4, 320a 2—5 ἔστι δὲ ἡ ὕλη μάλιστα μὲν κυρίως τὸ ὑποκείμενον γενέσεως καὶ φθορᾶς δεκτικόν, τρόπον δέ τινα καὶ τὸ ταῖς ἄλλαις μεταβολαῖς, ὅτι πάντα δεκτικὰ τὰ ὑποκείμενα ἐναντιώσεών τινων (dazu Joachim 110). met. H 1, 1042a 32—b 8 (sehr wichtige Stelle über ὕλη als Substrat von φορά, αὔξησις und ἀλλοίωσις), wozu die Kommentare (Schwegler, Bonitz, Ross).

571 Aristoteles hat keinen Terminus dafür, aber es spricht nichts dagegen, sie einfach ὕλη ἀλλοιώσεως zu nennen.

572 Aristoteles sagt einmal gen. corr. 321a 7 μεγέθους ὕλη (die ὕλη τοῦ μεγέθους in der Mathematik ist etwas anderes, o. 7.451c), gebraucht aber m. W. nirgends eine spezifischere Bezeichnung wie ὕλη αὐξήσεως oder dgl. Über ‚ὕλη αὐξήσεως καὶ τροφῆς' alles Nähere bei Joachim zu gen. corr. A 5. Hierher gehören auch die Stellen, wo Aristoteles das Blut als ‚Materie' bzw. ‚Nahrung' des Körpers bezeichnet (gen. an. 751b 1 usw.; Bonitz 16b 6—14).

573 Die Benennungen dieser Art von Hyle sind o. **5**.325 zusammengestellt.

574 Vgl. o. **8**.132 (auch **8**.271c). Näheres zu den drei Arten von ‚Veränderung' bei Joachim 110. 118—120 (dort weitere Verweise, wozu jeweils die Kommentare einzusehen sind).

575 Das zeigt deutlich die oben angeführte Stelle aus H 1, bes. 1042a 33 τὸ ὑποκείμενον. Vgl. die Kommentare z. St., vor allem Bonitz.

gleiche Substanz kann in verschiedenen Hinsichten Substrat für Veränderungen κατὰ τὸ πού, ποιόν oder ποσόν sein. Das Substrat ist natürlich im Hinblick auf die neue Bestimmung, die es erhalten soll, ein δυνάμει ὄν.

Die transkategoriale Geltung des Materie-Form-Verhältnisses (bzw. der δύναμις-ἐνέργεια-Relation)[576] wird durch die schon früher besprochenen Stellen Λ 4/5 und Θ 6[577] nochmals so deutlich bestätigt, daß man nicht mehr daran zweifeln kann. Um so verwunderlicher ist es dann, daß Aristoteles an einer Stelle (H 4, 1044 b 8—20) auf akzidentelle Veränderungen der Qualität den Terminus ὕλη anzuwenden ablehnt und nur von ὑποκείμενον sprechen will. Offenbar denkt er hier — im Gegensatz zu seinen anderen Äußerungen — einseitig nur an die ‚konkrete' Materie substantiellen Werdens und Vergehens[578]; d. h. er hat die auch aus der gen. corr.-Stelle (A 4) ersichtliche Tendenz, die Materie des substantiellen Werdens als die Materie ‚im eigentlichen Sinne' anzusehen, verabsolutiert.

b) Der Bereich der mathematischen/geometrischen Gegenstände gehört in der Akademie zum ‚normalen' Seinsaufbau dazu. Aristoteles übernimmt dieses Lehrstück von der Akademie und beläßt den Mathematika einen Platz in seiner Dreistufung des Seins, nimmt ihnen aber den οὐσία-Rang und ersetzt sie damit de facto durch die substantiellen Äthergestirne[579]. Die geometrischen Figuren versteht nun Aristoteles als Synola von ‚Form' und reiner Extensio, welch letztere er ὕλη νοητή nennt. Diese Hyle ist etwas räumlich Ausgedehntes, das von der ‚Form' begrenzt wird; Substrat-Gedanke und besonders der δύναμις-Begriff treten stark zurück[580].

Noch weniger mit der Seinsstufung hat eine *zweite* Art von ὕλη νοητή zu tun[581]: Aristoteles denkt sich das zum Art-Eidos gehörende genus proximum (und wohl genauso auch die höheren genera) als einen im Eidos *‚der Möglichkeit nach'* (δυνάμει) enthaltenen Bestandteil.

576 Zur Frage, ob ὕλη und δύναμις umkehrbar identisch sind, vgl. die Bemerkung S. 713 A. 161, alles Nachstehende und Sach-Index s. v. *Möglichkeit 2a*.

577 S. o. 8.12.

578 Das Problem wird von den modernen Kommentatoren zu H 4 nicht scharf genug gesehen: Natürlich unterscheidet Aristoteles im Z (Ross zu 1029 a 2. 1038 b 5) und sonst a) das Substrat des substantiellen Werdens (= ὕλη) und b) das Substrat akzidenteller Veränderung (= vollbestimmte οὐσία), aber er setzt dann eben doch, wie die oben angeführten Stellen zeigen, ὕλη mit Substrat schlechthin gleich.

579 Vgl. dazu *Kosmologie und Metaphysik* 170—173.

580 Mit diesem knappen Hinweis muß es hier sein Bewenden haben: Ausführlich ist die ὕλη νοητή der Mathematik behandelt o. 7.4; dort auch über die δύναμις der mathematischen Gegenstände.

581 Zur ὕλη νοητή der Begriffe o. 7.71; zu den vergeblichen Versuchen, beide Arten von ὕλη νοητή miteinander zu verknüpfen, s. o. 7.72.

Neben δύναμις spielt auch der Substrat-Begriff dabei noch eine Rolle[582].

Hier sei die Verwendung des Zwiebegriffs von Materie und Form in der aristotelischen Seelenlehre angefügt. Zwar spricht Aristoteles, wie wir sahen, bei der Stufung der Seelenteile nicht von ὕλη und εἶδος, wohl aber sagt er an. Γ 5 vom obersten Seelenteil, dem νοῦς: Wie es in allen Gegenstandsbereichen ὕλη = δυνάμει ὄν (∼ πάσχειν, γίγνεσθαι) gebe, das durch die (Form- bzw.) Wirk-Ursache (∼ ποιεῖν) zu einem ἐνεργείᾳ ὄν gemacht werde[583], so müsse es auch in der Geist-Seele einen ὕλη-artigen und einen form-artigen νοῦς geben[584]. Hier spielt der Substrat-Begriff gar keine Rolle, und alles ist auf den Gegensatz von δυνάμει ὄν (πάσχειν) — ἐνεργείᾳ ὄν (ποιεῖν) abgestellt.

c) Die übrigen Verwendungsweisen von ὕλη fügen wir in zwangloser Folge an:

α) Die Aussage in an. 412 b 20, das Auge sei Materie der Sehkraft (ὁ δ' ὀφθαλμὸς ὕλη ὄψεως), erklärt sich aus dem Zusammenhang: Aristoteles vergleicht das Verhältnis der Seele (= ἐντελέχεια) zu ihrem Körper mit dem einer bestimmten Seelenfunktion (ἐντελέχεια; z. B. ὅρασις) zu ihrem betreffenden Organ (z. B. Auge). Wenn die Funktion ausfällt, verliert auch das Organ sein Wesen und seine Existenz[585]. Welche Vorstellungen hier den Terminus ὕλη hervorgerufen haben, ergibt sich aus dem Vergleich mit dem Verhältnis ‚Gesamtkörper : Seele' von selbst; am wichtigsten davon dürfte der δύναμις-Begriff sein.

β) In gen. an. E 7 spricht Aristoteles von der Stimme bzw. dem Laut (φωνή) der Tiere und erwähnt dabei auch den Menschen, der als einziges Lebewesen ‚Sprache' (λόγος) besitzt; „die Stimme (Laut) aber ist Materie der Sprache"[586]. Die Stimmäußerung als solche, wie sie bei den Tieren vorkommt, entbehrt meist der Artikulation und gibt zwar etwas kund (δηλοῦν), hat aber keine ‚Bedeutung' (σημαίνειν, σημαντικόν)[587]. Insofern ist sie noch nicht ‚Sprache': Denn zur *Sprache*

[582] Vgl. erneut o. 7.71. Die Vorstellungen von ‚Substrat' (das näher eingegrenzt wird) und vom ‚Teil' (der enthalten ist) schließen nur scheinbar einander aus: Man denke an das körperliche Substrat einer οὐσία, das dann Teil eben dieser οὐσία wird.

[583] Aristoteles denkt offenbar an den sublunaren Bereich des Werdens und Vergehens, in welchem überall ὕλη und εἶδος feststellbar sind (Hicks zu 430a 10).

[584] an. Γ 5, 430a 10—17.

[585] Vgl. an. 412b 10—413a 3 mit den Kommentatoren, bes. Hicks 315—319, Theiler 108.

[586] 786b 20—22 λόγῳ χρῆσθαι μόνους τῶν ζῴων (sc. τοὺς ἀνθρώπους), τοῦ δὲ λόγου ὕλην εἶναι τὴν φωνήν. Es empfiehlt sich, hier λόγος im weiteren Sinne mit ‚Sprache' wiederzugeben, nicht wie in interpr. 16b 26ff mit ‚Satz'. — Die Stelle Z 12, 1038a 5—8 (dazu Schwegler 4,112f) ist anders gemeint und gehört nicht in unseren Zusammenhang.

[587] interpr. 16a 28f δηλοῦσί γέ τι καὶ οἱ ἀγράμματοι ψόφοι, οἷον θηρίων, ὧν οὐδέν ἐστιν ὄνομα (vgl. den Kontext, s. nachst. Anm.). Über den Unterschied zwischen Tierlaut und menschlicher Sprache handeln auch hist. an. Δ 9, 535a 27—536b 23, bes. 536a 32ff (vgl. 488a 31—b 1), ferner part. an. B 16/17, 659b 27—660b 5

werden die Lautäußerungen erst durch die Artikulation und vor allem dadurch, daß sie etwas ‚bedeuten', d. h. *Zeichen für Bewußtseinsinhalte* (τῶν ἐν τῇ ψυχῇ παθημάτων σύμβολα) sind (welche wiederum die ‚Dinge', πράγματα, abbilden)[588]. Dieser Verweis auf die Bewußtseinsinhalte stellt die geistige, ‚ideelle' Seite an der Sprache dar, die Laute dagegen sind die Materie (ὕλη) der Sprache[589]. Wenn auch der Terminus εἶδος hier nicht explizit genannt wird, kann man doch sagen, daß bereits Aristoteles die Materie-Form-Relation auf die Sprache anwandte, was in Linguistik und Sprachphilosophie bis heute nachwirkt[590]. Der Grund, warum Aristoteles hier den Terminus ὕλη verwendet, liegt auf der Hand: Die Laute als Material werden vom Eidos zu einem ‚sinnvollen' Gebilde strukturiert wie das Material eines technischen Fertigungsprozesses oder einer natürlichen γένεσις[591].

γ) EN 1137 b wird die Diskrepanz zwischen der Allgemeinheit eines Gesetzes und der individuellen Natur jedes unter es fallenden Einzelfalles besprochen; diese Diskrepanz liegt in der Natur der Sache, (b 19) εὐθὺς γὰρ τοιαύτη ἡ τῶν πρακτῶν ὕλη ἐστίν. Gemeint sind mit ὕλη offenbar die konkreten Gegebenheiten und Situationen, mit denen jeder Handelnde zu rechnen hat und mit denen auch der Richter zu rechnen hat, der vom allgemeinen Gesetz her die einzelne

und polit. A 2, 1253 a 9—18 (sachlich genau dasselbe, wenn auch die Wörter σημαίνειν und δηλοῦν anders verwendet sind als in interpr.). Siehe außerdem Problem. X 38. 39. 40 (∼ XI 55). XI 57, jeweils mit Flashars Komm.

588 Vgl. den gesamten Abschnitt interpr. 16 a 3—17 a 7, bes. 16 a 3 ff. a 19 ff. a 26 ff. 16 b 26 ff. 33 ff.

589 Man könnte einwenden, hier in einer ‚biologischen' Schrift weise Aristoteles gewiß nicht auf die geistige Seite der Sprache (ihr σημαίνειν) hin; vielmehr meine er mit φωνή (= Sprach-‚Materie') die *unartikulierte* Lautäußerung, mit λόγος die *artikulierte*. Das εἶδος bestünde dann also nicht in etwas Geistigem, sondern in der *phonetischen Artikulation*. Gegen eine solche Deutung erheben sich aber schwere Bedenken: a) Auch die Tiere können schon Laute artikulieren, sofern sie physiologisch dazu in der Lage sind (Lunge, freie Zunge, Lippen usw.). Trotzdem sind die von ihnen erzeugten Laute und Lautkomplexe keine ‚Wörter' (ὀνόματα; s. nochmals interpr. 16 a 28 f), weil sie keine Bewußtseins-Inhalte ‚bezeichnen' (σημαίνειν). Der Wesensunterschied zwischen Tier-‚Sprache' und Menschen-‚Sprache' liegt also allein in diesem σημαίνειν, nicht in der Artikuliertheit (der stärkere Grad von Artikuliertheit beim Menschen kommt höchstens noch als *zusätzliches* Argument hinzu). b) Ein kurzer Hinweis auf etwas ‚Geistiges' überrascht in den biologischen Schriften keineswegs (vgl. nur *Scala naturae* 238 f mit A. 72. 79. 80) und schon gar nicht in der sehr spekulativen Untersuchung gen. an. (wo sich u. a. ja die berühmten Stellen über den νοῦς und den Anteil der Natur am Göttlichen finden).

590 Man spricht auch heute noch von ‚Form' (form usw.), nennt aber den Gegenbegriff statt ‚Materie' öfter ‚Substanz' (substance usw.) — mit bezeichnender Umdeutung des klassischen Wesens- und Substanzbegriffes.

591 Über die Unterschiede der Bereiche und die Berechtigung, sie durch ein ‚wie' analog zusammenzusehen, s. u. 8.273.

Handlung prüfen möchte; also: „denn so vielgestaltig ist eben das Gebiet des sittlichen Handelns"[592].

Wir schließen hier an polit. H 4, 1325 b40—1326 a5: „Wie auch den anderen Handwerkern, z. B. dem Weber oder Schiffbauer, das für die Herstellung des Objekts geeignete Material zur Hand sein muß (und je besser das Material vorbereitet ist, desto hervorragender ist das Ergebnis des Fertigungsprozesses), so muß auch dem Staatsmann und Gesetzgeber das spezifische, passende Material zur Verfügung stehen"[593]. Es geht um die Planung eines Ideal-Staates, und der Planer braucht das richtige Material (Bevölkerung, Territorium, Verkehrsmöglichkeiten usw.), um daraus den idealen Staat bauen zu können; wie ὕλη gemeint ist, ergibt sich aus dem Techne-Vergleich. Es besteht also eine Ähnlichkeit mit der Stelle aus den EN, weil beide Male ein ‚Stoff' (= Untersuchungsgegenstand) einer Geiststruktur (∼ εἶδος) gegenübersteht und durch sie geprägt werden soll. Der Unterschied liegt darin, daß dort nicht unter idealen Bedingungen ein Gesetz zu formulieren ist, sondern ein ‚allgemeines' Gesetz auf die Mannigfaltigkeit des Konkreten angewendet werden soll.

δ) Zum Schluß die Belege für ὕλη = ‚Gegenstand einer Wissenschaft, Thema einer Untersuchung': EN 1094 b11f[594]. 1098 a28[595]. 1104 a3[596]. met. K 4, 1061 b22[597]. Auch hier kommt man mit der üblichen Vorstellung vom ‚Stoff' aus, der durch einen Akt der Form-

592 Vgl. u. δ die Stellen für ὕλη = ‚Gegenstand einer Untersuchung' und dgl. Vielleicht hat Dirlmeier etwas Ähnliches gemeint, wenn er übersetzt: „denn so ist nun einmal die Fülle dessen, was das Leben bringt". — Der entsprechende Gegenbegriff zu ἡ τῶν πρακτῶν ὕλη dürfte τὸ τῶν πρακτῶν τέλος (z. B. EN A 1, 1094a 18. mot. an. 6, 700b 25. 27) sein.

593 ὥσπερ γὰρ καὶ τοῖς ἄλλοις δημιουργοῖς, οἷον ὑφάντῃ καὶ ναυπηγῷ, δεῖ τὴν ὕλην ὑπάρχειν ἐπιτηδείαν οὖσαν πρὸς τὴν ἐργασίαν (ὅσῳ γὰρ ἂν αὐτὴ τυγχάνῃ παρεσκευασμένη βέλτιον, ἀνάγκη καὶ τὸ γιγνόμενον ὑπὸ τῆς τέχνης εἶναι κάλλιον), οὕτω καὶ τῷ πολιτικῷ καὶ τῷ νομοθέτῃ δεῖ τὴν οἰκείαν ὕλην ὑπάρχειν ἐπιτηδείως ἔχουσαν.

594 λέγοιτο δ' ἂν ἱκανῶς, εἰ κατὰ τὴν ὑποκειμένην ὕλην διασαφηθείη. „Die Darlegung wird dann befriedigen, wenn sie jenen Klarheitsgrad erreicht, den der gegebene Stoff gestattet" (Dirlmeier).

595 τὴν ἀκρίβειαν μὴ ὁμοίως ἐν ἅπασιν ἐπιζητεῖν (χρή), ἀλλ' ἐν ἑκάστοις κατὰ τὴν ὑποκειμένην ὕλην καὶ ἐπὶ τοσοῦτον ἐφ' ὅσον οἰκεῖον τῇ μεθόδῳ. „Doch wollen wir . . . Genauigkeit nicht in gleicher Weise bei allen Gegenständen erstreben, sondern in jedem Fall nur so, wie der gegebene Stoff es gestattet und bis an die Grenze hin, die dem Gang der wissenschaftlichen Untersuchung gemäß ist" (Dirlmeier).

596 πᾶς ὁ περὶ τῶν πρακτῶν λόγος τύπῳ καὶ οὐκ ἀκριβῶς ὀφείλει λέγεσθαι, ὥσπερ καὶ κατ' ἀρχὰς εἴπομεν ὅτι κατὰ τὴν ὕλην οἱ λόγοι ἀπαιτητέοι. „Von einer Untersuchung über ethische Fragen darf nur umrißhafte Gedankenführung, nicht aber wissenschaftliche Strenge gefordert werden. Wir haben ja schon eingangs ausgesprochen, daß die Form der Untersuchung, die wir verlangen dürfen, dem Erkenntnisgegenstand entsprechen muß" (Dirlmeier).

597 1061 b 21f ἡ μαθηματικὴ δ' ἀπολαβοῦσα περί τι μέρος τῆς οἰκείας ὕλης ποιεῖται τὴν θεωρίαν.

gebung (= wissenschaftlichen Untersuchung) geistig durchdrungen wird (vgl. wiederum die Techne-Beispiele). Die Frage liegt nahe, ob nicht — wie bei der Mathematik — schon der *Stoff* der betreffenden Wissenschaft ein *Abstrakt*-Gegenstand (also ein νοητόν) ist, aber darauf geht Aristoteles in der EN und in met. K 4 nicht ein.

Damit beenden wir unseren Überblick über das Material[598].

8.273 ὕλη als Relationsbegriff und Seinsprinzip

Was wir aus den Beispielen der vorhergehenden beiden Abschnitte schließen können, sagt Aristoteles mehrfach ausdrücklich: Hyle ist nichts *inhaltlich Fixiertes*, sondern *Glied einer Relation*[599], die — fügen wir hinzu — anscheinend beliebig oft ‚*wiederholt*' und ‚*übertragen*' werden kann. Diesem Befund gegenüber sind verschiedene Deutungen möglich:

a) Man kann auf Grund der Wiederholbarkeit und Übertragbarkeit die Relation formalisieren und Materie somit als Variable einer Funktion verstehen, etwa so: ‚Materie' verhält sich zu ‚Form' wie das ‚Woraus' (ἐξ οὗ) zum ‚Wozu' (εἰς ὅ) oder dgl. Wie man sieht, kann man die Formalisierung in aristotelischen Termini (ἐξ οὗ) vollziehen, und an sich ist gegen ein solches Vorgehen noch nicht viel einzuwenden. Bedenklich wird es aber, wenn man den Hyle-Begriff ganz zu einem Leer-Schema (bzw. einer Leer-Stelle) verblassen läßt, und vollends falsch, wenn man ihm dann jeden ‚objektiven' Seinsbezug bestreitet und ihn als rein subjektiven Hilfsbegriff der Forschung deutet (W. Wieland). Diese Deutung der aristotelischen ἀρχαί krankt u. a. daran[600], daß sie von der unrichtigen Alternative ‚Ding' — ‚subjektiver Begriff' ausgeht und dann folglich, da sie — zu Recht — eine ‚dinghafte' Interpretation der aristotelischen ἀρχαί ablehnt, sie als subjektive Topoi der Forschung erklären muß. Die aristotelischen ἀρχαί sind aber keines von beidem, sondern *Seins-Prinzipien*, die nicht den Seinsmodus von Dingen besitzen und doch objektive Seins-

598 Über die Frage, ob Aristoteles im Syllogismus die Prämissen als ὕλη der Conclusio aufgefaßt hat, vgl. Mansion 290 A. 35. Ross zu An. post. B 11, *Metaphysics* I 126f, *Physics* 511f. Die Stellen β 3, 195a 18f (ἐξ οὗ) und Δ 2, 1013b 20f (ἐξ οὗ) kommen dem so nahe, daß man die Frage bejahen sollte. Bindeglied zwischen dieser und den anderen Anwendungen des Begriffes ὕλη wäre dann die stark verallgemeinerte Formel vom τὸ ἐξ οὗ (‚Ausgangspunkt, Basis' usw.); auch den δύναμις-Begriff könnte man hilfsweise heranziehen.

599 Ich wiederhole die wichtigsten Belege: phys. β 2, 194b 9 τῶν πρός τι ἡ ὕλη· ἄλλῳ γὰρ εἴδει ἄλλη ὕλη (dazu Wagner, Komm. 457f). met. H 2, 1043a 12f ἡ ἐνέργεια ἄλλη ἄλλης ὕλης καὶ ὁ λόγος. Dazu die o. **8**.272a, b Ende genannten Stellen aus an. Γ 5 und met. Λ 4/5 usw.

600 Wir müssen uns hier auf Stichworte beschränken: Näheres o. **1**.18, **3**.13; vgl. auch die dort zitierten Einwände Tugendhats und Wagners.

Strukturen darstellen, also dem erkennenden Subjekt vorgegeben sind.

Damit muß man zugleich auch die modernen Vorstellungen von ‚inhaltlich' und ‚formal' revidieren, bevor man sie auf Aristoteles anwendet: Natürlich ist ‚ὕλη' ‚formaler' als ein Stück Holz, das der δημιουργός bearbeitet, und ‚ἐξ οὗ' ist ‚formaler' als ‚ὕλη'; und es ist, wie bereits gesagt, nicht unrichtig, angesichts der ὕλη/εἶδος (δύναμις/ἐνέργεια)-Relationen von ‚Funktion', ‚Funktionalbegriff' usw. zu sprechen und Darstellungsweisen ‚formaler' Natur anzuwenden[601]. Nur darf man nicht ‚formal' mit ‚rein subjektiv' oder ‚seinsentleert' gleichsetzen. Zwar kann man das Hyle-Prinzip je nach dem Problemzusammenhang ‚individueller' oder ‚allgemeiner' fassen, man bewegt sich dabei aber innerhalb des ‚objektiv gegebenen' Seins, d. h. erkennt stets *Seins-Strukturen*. Anders ausgedrückt: Für Aristoteles ist die Erkenntnis auch des formalsten Prinzips eine ‚Abstraktion' im *antiken* Sinne, d. h. eine *Intuition* (νόησις) von etwas *Bewußtseinsunabhängigem*[602]. Das unserer Erkenntnis so vorgegebene *Seinsprinzip* ‚Hyle' tritt bald mehr, bald weniger ‚abstrakt' auf, aber durch die höhere Abstraktheit wird es nicht ärmer an Sein, nicht zu einem leeren Begriff. Vielmehr zeigt sich — in der gesamten antiken Philosophie — bei jeder Reduktion auf ein Seinsprinzip (d. h. die reine Form oder die reine Hyle) das eigentümliche Paradoxon, daß mit fortschreitender Analyse die ἀρχή für das *begrifflich-diskursive* Denken immer bestimmungs- und inhaltsärmer wird und doch *ontologisch* die *gesamte Fülle* des Seins in sich schließt: Das ‚Abstrakteste' ist also zugleich auch das ‚Konkreteste'[603].

Die eben angedeutete Reduktion auf die reine Hyle besagt folgendes: Die Hyle-Form-Relationen stehen nicht gleichwertig nebeneinander, sondern bilden im großen und ganzen eine *Rangfolge*. Sie verweisen also auch nicht zu ihrer Begründung stets auf eine andere Hyle-Form-Relation und so fort ins Unendliche (infiniter Regreß), sondern gründen letztlich alle in einer *Ur-Relation ‚Hyle an sich* (reine Hyle)' : *‚reine Form'*. Das Kriterium, das uns die Berechtigung gibt, diese Relationen miteinander zu verbinden, liegt im *Funktions*-Begriff: Alles, was dieselbe Funktion hat (δυνάμει ὄν, Substrat, ‚Material'; im Gegensatz dazu ἐνεργείᾳ ὄν usw.), wird zusammengesehen und gemäß dem Grad der δύναμις usw., den es besitzt, in einer (reihenhaften) Rangstufung angeordnet. Das hierbei beteiligte Erkenntnis-

[601] Auf die aristotelischen Funktionalbegriffe und ihre sprachliche Form (ἐξ οὗ, ἐν ᾧ, εἰς ὅ usw.) sollte man noch einmal eingehen. Dabei wäre auch das wichtige Kapitel An. post. B 11 (Ross z. St.; Ross, *Metaphysics* I 126f, *Physics* 511f) zu analysieren, das in vorliegender Untersuchung nicht herangezogen wird.

[602] Zum Wesen der aristotelischen Abstraktion s. o. 7.11, 7.42/43, 7.5, 7.61 u. ö.

[603] Vgl. dazu o. 7.823dε.

verfahren ist der Aufstieg κατ' ἀφαίρεσιν = *per subtractionem*, die sog. ‚Abstraktion' des Aristoteles[604]. Aus dem Gesagten erhellt, daß dieser Aufstieg nicht zu einem leeren Grenzbegriff führt, mit dem der infinite Regreß nur rein formal abgeschnitten würde[605], sondern — es läßt sich wiederum nicht anders ausdrücken — zu einem *Seinsprinzip*, das *Seinsfülle* in sich birgt[606].

Trotz allem scheint eine starke Diskrepanz zu bestehen zwischen der ‚formalen' Allgemeinheit und Unbestimmtheit des Prinzips selber und manchen von den inhaltlich-konkreten Einzelwirkungen, die man ihm zuschreibt. Dies veranlaßt manche Interpreten, den aristotelischen Hyle-Begriff als nur scheinbare Einheit zweier ganz heterogener Teile zu sehen, zwischen denen eine unüberbrückbare Kluft bestehe: ‚abstraktes' Hyle-Prinzip — ‚konkrete' Materie[607]. Sie mindern dabei die ontologische Relevanz des Hyle-Prinzips so stark herab, daß es hinter den ‚konkreten' Einzel-Materien beinahe verschwindet[608].

Das Problem und die daran geknüpften Lösungsversuche erscheinen in einem ganz anderen Licht, wenn man das Verhältnis zwischen Seins-*Prinzip* und den zugehörigen *Prinzipiaten* näher bedenkt[609].

604 Ausführlich zu all diesen Fragen an den Sach-Index s. v. *Analogie 2, Hyle 4b, Weg zum Prinzip 3c, 7* genannten Stellen.

605 Der infinite Regreß wird für alle vier Ursachen abgelehnt α 2, 994a 1—11, speziell für die Hyle 994a 3—5. Vgl. ferner 994a 19—b 9 mit Ross' Komm.; gute Inhaltsanalyse des Kapitels bei Ross und bei Schwegler 3, 106f. Wichtig hierzu auch Λ 10, 1075b 24—27 (Ross z. St. verweist weiter auf Β 999b 5 und Κ 1060a 26; vgl. auch Schwegler 4, 293 und Ross, *Physics* 527). Zum infiniten Regreß als aristotelischer Argumentationsform s. die Bemerkungen von Oehler, Gnomon 40 (1968) 651 A. 1 (der die ὕλη — anders als die reine Form — doch wohl nicht als ‚formalen Grenzbegriff' versteht; falls doch, gelten die obigen Bemerkungen über die aristotelischen ἀρχαί auch für ihn) und die Monographie von Herbert Stekla, Diss. Frankfurt 1966 (= Beih. 22 zur Zeitschr. philos. Forsch., Meisenheim 1970). Im selben Kapitel findet sich auch noch die — nicht zwingend aus dem Zusammenhang herauswachsende — wichtige Bemerkung 994b 27, daß der Begriff vom Unendlichen selbst nicht unendlich sei (οὐκ ἄπειρόν γ' ἐστι τὸ ἀπείρῳ εἶναι), d. h. eine begrenzte Anzahl von Merkmalen hat. Auf die Hyle angewendet: Man kann auch das *an sich* Unbestimmte und deshalb Unerkennbare begrifflich bestimmen und erfassen.

606 Das gilt auf jeden Fall für das Hyle-Prinzip (vgl. auch das Folgende), wie auch immer man über das oberste Formprinzip denkt. Jedoch hat mich Oehlers Versuch, den aristotelischen Beweger-Nus als abstrakten „Grenzbegriff, formal, ohne inhaltliche Bestimmung" zu deuten (zuletzt Gnomon 40, 1968, 641—653, bes. 650—652) nicht überzeugt; dagegen einleuchtend Krämer, *Theologie*.

607 So z. B. Hertling und Baeumker, ferner manche Neuscholastiker unseres Jahrhunderts, vgl. o. 1.11/12, 1.16.

608 Vgl. z. B. die Auffassung K. H. Winners, o. S. 46 A. 202. — Gegenüber diesen Deutungen kommt Wieland dem Richtigen insofern näher, als er die aristotelische Materie als etwas *Einheitliches* und *Geistiges* versteht; leider begründet er sie dann aber vom (empirischen) *Subjekt* her und macht sie dadurch *ontologisch irrelevant*.

609 Die folgenden Andeutungen beanspruchen natürlich keineswegs, diese schwierige Frage philosophisch zureichend zu erfassen und zu durchdringen. Sie sollen nur auf

Dieses Verhältnis bewegt sich zwischen zwei Extremen:

α) Das Prinzip ist der *Inbegriff* dessen, was seine Prinzipiate sind, und droht ständig in seinen Prinzipiaten aufzugehen bzw. mit ihnen zusammenzufallen: So alle Prinzipien, die den gleichen *Namen* tragen wie ihre Prinzipiate, z. B. die platonischen Ideen[610], das aristotelische Eidos usw.[611]. β) Damit die Vermischung von Grund und Begründetem vermieden wird, rückt man das Prinzip über seine Prinzipiate hinaus: So besonders deutlich Platons ἕν, Speusipps ἕν und πλῆθος. Speusipp geht dabei von der Überzeugung aus, daß „das Prinzip noch nicht von der Art (τοιαύτη) ist wie jene Dinge, deren Prinzip es ist"[612]. Platon und Speusipp wollen damit bestimmt nicht die Verbindung zwischen Prinzip und Prinzipiat gefährden, sondern sicherstellen, daß das Prinzip mehr ist als ein etwas überhöhtes Prinzipiat, und Seinsüberlegenheit sowie eine gewisse Indifferenz gegenüber seinen Wirkungen zeigt[613].

Für die Beurteilung des aristotelischen Hyle-Prinzips empfiehlt es sich, *beide* Gesichtspunkte zu vereinigen: *Einerseits* müssen natürlich die Wirkungen im *Wesen* des betreffenden Prinzips *angelegt* sein, sonst wäre es philosophisch sinnlos, bestimmte konkrete Erscheinungen als Wirkungen eines bestimmten Prinzips verstehen zu wollen: So geht es z. B. nicht an, Aktivität der Hyle *in concreto* und Passivität des Hyle-Prinzips selbst scharf zu trennen und gegeneinander auszuspielen, indem man etwa meint, Aristoteles sei bei der konkreten An-

Gesichtspunkte hinweisen, die für die Beurteilung der aristotelischen Seinsprinzipien m. E. unentbehrlich sind, in der philologischen Literatur aber bisher wenig oder gar nicht beachtet wurden. Instruktiv darüber auch die knappen Bemerkungen Krämers, *UGM* 360, auf die ich erst nachträglich aufmerksam wurde.

610 Am meisten gilt das natürlich für die Ideen von Ding-Klassen. Auf die genannte Verwechslungsmöglichkeit gründet sich ein großer Teil der aristotelischen Ideen-Kritik. Nicht unschuldig an dieser Problematik ist die Gepflogenheit der griechischen Philosophie-Sprache, die Prinzipien durch substantivierte Adjektive (τὸ καλόν = ‚Prinzip des Schönen', τὸ ἀγαθόν = ‚Prinzip des Guten' usw.) zu benennen: So wird der Eindruck erweckt, als handele es sich um ‚Einzeldinge', die denselben Seinsmodus besäßen wie ihre nachgeordneten Prinzipiate; vgl. dazu die Andeutungen o. **6**.132.

611 Instruktiv hierzu α 1, 993 b 23—31: Das Prinzip der Wärme ist selbst am wärmsten, das von allem Wahren selbst am wahrsten (b 25 fällt der Ausdruck συνώνυμον). Die Kommentare dazu gehen leider der Frage nicht nach.

612 Speus. ap. Iambl. c. m. sc. IV p. 15, 9f Festa. Vgl. ib. p. 18, 1—3. Alles Nähere o. **2**.3 (bes. **2**.33). ‚noch nicht' im oben wiedergegebenen Speusipp-Zitat bedeutet: In der ‚deduktiven' Richtung von ‚oben' nach ‚unten' weist das Prinzip ‚noch nicht' manche Eigenschaften auf, die dann auf den nachgeordneten (‚späteren') Stufen erscheinen.

613 Platon spricht ja sogar davon, daß die vorgeordnete Schicht (d. h. das Prinzip) ohne die von ihr abhängigen Schichten (d. h. die Prinzipiate) ‚sein könne' (Argument des συναναιρεῖσθαι); darüber o. **2**.244a. Wie weit Speusipp diese Lehre übernommen hat, ist unsicher, vgl. **2**.32 Ende; auf jeden Fall werden bei ihm, wie gesagt, die Prinzipien über ihre Prinzipiate hinausgerückt.

wendung seines (passiven) Hyle-Prinzips durch den Zwang der Einzelprobleme veranlaßt worden, die Hyle immer mehr mit Aktivität auszustatten[614]. Eine genauere Prüfung des aristotelischen Befundes und ein ideengeschichtlicher Umblick zeigt jedoch, daß die aristotelische Hyle ihrem *Wesen* nach *aktiv* ist, daß somit also kein Bruch zwischen Prinzip und Prinzipiat besteht. Es fragt sich nur, wie das angemessen zu beschreiben ist: Soll man sagen ‚Das Hyle-Prinzip ist aktiv' oder ‚Das Hyle-Prinzip ist Prinzip von Aktivität'?

Damit sind wir schon beim *zweiten* Gesichtspunkt angelangt: Wenn man nicht das Prinzip in seiner Prinzipien-Natur gefährden will, darf man nicht ohne methodische Absicherung dem Prinzip schlechthin und undifferenziert diejenigen Eigenschaften zuerkennen, die seine Prinzipiate besitzen[615]. Demgemäß wird man sich fragen, ob die Hyle, wenn sie dysteleologisch wirkt, selbst ein κακόν ist[616], oder ob sie selber bewegt sein muß, um Bewegung verursachen zu können[617], und dgl. mehr. Jede dieser Fragen muß man — unter Berücksichtigung der beiden genannten Gesichtspunkte — gesondert beantworten, und man wird in manchen Fällen die Eigenschaften des Begründeten direkt bis zum Grund ‚verlängern'[618], in anderen diese Eigenschaften dem Prinzip gleichsam ‚indirekt' und ‚aussparend' zuschreiben[619]. Diese scheinbare Inkonsequenz rechtfertigt sich daraus, daß das ungemein komplexe Verhältnis zwischen Prinzip und Prinzipiat sich nicht auf einen einfachen Nenner bringen läßt, ohne daß die Sachlage sogleich verzerrt wird[620].

Wir haben vorhin auf Platon und Speusipp verwiesen, und es ist kein Zufall, wenn bei Erwägungen über Seinsstufung, Prinzip, Prinzipienwirkung und dgl. die Lehren der Akademie sich zum Vergleich anbieten. Denn dort wurde gerade diese Problematik zum ersten Male systematisch aufgegriffen, durchdacht und in verschiedenen Seinsentwürfen einer Lösung näherzubringen versucht[621]. Auch zu den eingangs behandelten Fragen gibt die akademische Tradition wichtige

614 So z. B. Hertling und Baeumker. Vgl. o. **8**.25.

615 Dazu Sach-Index s. v. *Prinzip* 1c.

616 Vgl. o. **8**.252.

617 S. o. A. 614.

618 So ist die Hyle als Prinzip aller δυνάμει ὄντα (und alles Bestimmbaren) auch selbst reine δύναμις (reine Bestimmbarkeit; vgl. o. **8**.23), sie wirkt erkenntnishindernd und ist selber ἄγνωστον (7.12, 7.823).

619 So bei Dysteleologie (bzw. κακία), Bewegtheit. S. die obigen Anm. 616/617.

620 Wie schon oben gesagt, bedürfen diese Bemerkungen noch weiterer Vertiefung.

621 Vgl., auch zum Folgenden, aus dem Akademie-Abschnitt bes. **2**.242—244, **2**.3, **2**.43, **2**.51.

Hinweise[622]: Man sieht, wie das gesamte Sein ‚horizontal' und wohl auch ‚vertikal' von einer Relation ‚Form' — ‚Formbares' bestimmt ist, die sich — abgewandelt — ständig wiederholt und in einer ‚Ur-Relation' (den beiden obersten Prinzipien) verankert ist. Die Relata der Relation und noch mehr die letzten Prinzipien (z. B. ἕν — ἀόριστος δυάς) haben viel ‚formaleren' Charakter als die aristotelischen Prinzipien und stehen auch in einem viel formaleren Zusammenhang (mathematisierende Elementen-Metaphysik) als jene und sind doch keine subjektiven Konstruktionen (Topoi), sondern ‚objektive' *Seinsprinzipien*.

Die Lehren der Akademie werden auch beim nächsten Punkt sich als hilfreich erweisen:

b) Wir weisen noch auf eine weitere Interpretationsmöglichkeit hin, welche die bisher vorgeführte Deutung *ergänzt* oder selbständig *neben sie* tritt: Man nimmt nämlich nicht selten an, Aristoteles habe im Bereich der sinnlichen Körpersubstanzen das Hyle-Eidos-Verhältnis als *phänomenalen Tatbestand* erkannt, zum Schema verabsolutiert und vom ursprünglichen Beobachtungsbereich, wo es sachlich einen Sinn hatte, dann — mehr oder minder unberechtigt — auf alle möglichen anderen Bereiche *‚sekundär übertragen'*[623]. Die umfassende Wirksamkeit der Hyle würde also kein ursprünglich organisches *Ganzes* darstellen, sondern wäre in Wirklichkeit ein durch *additive* Erweiterungen erst allmählich zustandegekommenes *Konglomerat*.

Diese Vorstellung läßt sich aber nicht halten: Gewiß hat Aristoteles bei der Umschichtung des ‚gemein-akademischen' Seinsaufbaus zu seiner eigenen Stufung in einem *zeitlich-historischen* Vorgang bestimmte Materie-Arten der Akademie *aufgegeben* und durch eigene Materie-Arten *ersetzt*, dazu noch *ganz neue* Arten *eingeführt*[624], was

[622] Die Vernachlässigung dieser ideengeschichtlichen Bezüge und grundsätzlichen Anregungen hat bei der Deutung der aristotelischen Prinzipien Schwierigkeiten entstehen lassen, die sich durch einen Blick auf die Akademie von selbst erledigt hätten. Das gilt zum Teil auch für den Streit um das Objekt der aristotelischen Metaphysik (o. 4).

[623] Diese Übertragungs- und Erweiterungstheorie findet sich bei Interpreten ganz verschiedener Richtung, welche die aristotelische Hyle de facto auf ‚sinnliche Materie' beschränken (u. a. Hertling, Baeumker, Lange, Krämer, Winner). Dabei sehen sie gelegentlich im Techne-Bereich (z. B. Hertling, Baeumker, Lange) oder im Biologischen (vgl. Le Blond) einen wichtigen Ausgangspunkt der aristotelischen Hyle-Spekulation, schreiben also Aristoteles ein ‚techno-morphes' oder ‚bio-morphes' Denkmodell zu. Vgl. zur Frage der Denkmodelle o. 1.35, wo vor allem hinsichtlich der Techne-Physis-Beziehung gesagt wird, daß Aristoteles da nichts ‚überträgt' (weder in der einen noch in der anderen Richtung), sondern *von vorneherein* in beiden Bereichen dieselben Geist-Strukturen annimmt und dies im Anschluß an Platon (und die Akademie), für den Natur und Techne gleichermaßen von der Idee (bzw. den Prinzipien) her bestimmt sind, also letztlich *eins* sind.

[624] Näheres über diese Umschichtung o. 2.52.

man grob vereinfachend als ‚Verengung' und ‚Erweiterung' und dgl. bezeichnen könnte. Das bedeutet jedoch nicht, daß er die akademische Ganzheit *erst* verlor und sie *dann* durch ‚sekundäre Übertragungen' vergeblich wiederzugewinnen suchte, sondern: Er entwickelte sein Konzept innerhalb eines ‚akademischen' Rahmens, den er — bei allen kleinen *und großen* Veränderungen — *im wesentlichen unangetastet ließ*. Das *umfassende Hyle-Prinzip*, in dem alle einzelnen Materie-Arten gründen und das zusammen mit der reinen Form den End- und Bezugspunkt aller Materie-Form-Relationen bildet, steht also am *Anfang* des aristotelischen Hyle-Denkens, nicht am *Ende*, und es ist eine *Konzeption des Aristoteles auf dem Boden und aus dem Geiste der platonisch-akademischen Metaphysik*, nicht eine Erfindung systematisierender Interpreten.

Wenn man das bedenkt, wird man die ὕλη αἰσθητή des Werdens und Vergehens nicht überbewerten oder gar verabsolutieren[625], sondern sie an die ihr zukommende Stelle im Rahmen des gesamten Hyle-Prinzips rücken. Diese aristotelische Hyle ist — wie das akademische zweite Prinzip — sowohl in den ‚abstraktesten' wie in den ‚konkretesten' Arten, im ganzen wie im einzelnen *ausnahmslos* nichts Stoffliches, sondern ein *geistiges* Prinzip, ein νοητόν[626]. Dieses Faktum wird im folgenden Abschnitt noch einmal zusammenfassend gewürdigt werden.

8.28 Schluß: Hyle als Seinsprinzip

Es ist bereits in der Einleitung prinzipiell erörtert[627] und in den Einzeluntersuchungen der voraufgegangenen Abschnitte immer wieder herausgestellt worden, was unter der aristotelischen Hyle zu verstehen ist: ein ‚Seins-Prinzip' (ἀρχή) diesseits (oder ‚jenseits') von — einem extremen, d. h. unplatonischen — ‚Idealismus' und ebenso von ‚Rea-

625 o. S. 702 A. 116, S. 793 A. 570 wird die Stelle aus gen. corr. A 4 zitiert, wo Aristoteles diese Hyle des *substantiellen* Werdens und Vergehens als die ‚eigentliche' Materie bezeichnet. Er meint dort die Kategorie der Substanz im Gegensatz zu den Akzidentien, aber man könnte ohne weiteres im Sinne einer bestimmten Denktendenz des Aristoteles die ὕλη αἰσθητή als ‚eigentliche' Materie im Gegensatz zur ὕλη τοπική, ὕλη νοητή usw. bezeichnen; wichtig die Bemerkung o. S. 794.

626 Vgl. dazu o. 7.12 und 7.35, wo besonders betont wird, daß auch die αἰσθητὴ ὕλη nicht ‚sinnlich wahrnehmbare Materie' heißt und ist, sondern ὕλη τῶν αἰσθητῶν bedeutet (ebenso bezeichnen die Adjektive γεννητή und wohl auch νοητή den *Bereich*, in welchem die betreffende Hyle-Art gilt) und —wie alle anderen Hyle-Arten — *als solche* nicht sinnlich wahrgenommen, sondern nur durch Abstraktion = Wesensschau (νόησις) erkannt werden kann. Vgl. zu den dort genannten Stellen auch noch H 1, 1042a 12f mit Schweglers Bemerkung (4, 136).

627 o. 1.12, 1.13 Ende, 1.2, 1.3 passim.

lismus'. Sie ist ,Seins-Prinzip', das bedeutet: Sie ist ein Wirk-Faktor sui generis, zwar der Form an Rang nachstehend, aber in keiner Weise auf sie reduzierbar (etwa als ,*reiner* Relationsbegriff' d. h. ,Form der nächstniederen Stufe'), weder direkt noch indirekt: Die Seinsstufung des Aristoteles besitzt also eindeutig *dualistischen* Charakter[628]. Die Hyle wirkt in ihren Prinzipiaten, erschöpft sich aber nicht in ihnen, sondern übersteigt sie und besitzt somit ein ,An-sich'[629]. Man kann sie also nicht zu etwas ,Nur-Begrifflichem' formalisieren (ob man dies ,Grenzbegriff', ,Topos' oder sonstwie nennt)[630], aber natürlich auch nicht zu einem ,Ding' verfestigen[631]. Man muß daher, um sie zutreffend zu charakterisieren, die schon öfter kritisierte Alternative von ,Ding' und ,Nur-Begriff' aufheben. Dadurch wird es möglich, über den ,Ding'-Begriff hinaus — der auf die Seinsweise des Raum-Zeitlichen eingeengt und womöglich noch am Bild des ,Wirklichkeitsklötzchens' orientiert ist — auch anderen Seinsgegebenheiten ,Realität' zuzusprechen. Wie man diese ,Realität' des weiteren beschreibt, ist schwierig: Man kann ,Seins-Strukturen' sagen, oder auch ,Idealsein', wofern man ,Idealsein' nicht modernistisch abwertet und verblassen läßt[632]. In diesem Sinne gilt also: Das Hyle-Prinzip und all seine Manifestationen sind eine uns vorgegebene ,Realität'[633], die als solche unabweisbar ist.

Diese Grundgegebenheit des Seins ist uns natürlich nicht auf einmal und adäquat gegeben, sondern es bedarf mühevoller und immer

628 Solange die Aristoteles-Forscher nur den Vorrang des aristotelischen Eidos (= *causa finalis* = *causa efficiens*) vor dem Materie-Prinzip herausstellen (so z. B. Reale 24ff), bewegen sie sich durchaus noch im Rahmen einer historisch-zutreffenden Aristoteles-Deutung. Darüber hinaus geht etwa Owens, wenn er von einer ,Pros-hen-Einheit der vier aristotelischen Ursachen' spricht (458 n. 21), also de facto alles auf die ,Form' reduzieren will (vgl. auch 465 n. 38). Man kann das Form-Sein ,pros-hen' auf die höchste Form beziehen (vgl. o. 4.211/212) und die Weisen des Materie-Seins auf die oberste Materie (o. 7.823, 8.22), aber nicht die oberste Materie auf die oberste Form: Hier bleibt — wie bei Platon und in der Akademie — ein Ur-Gegensatz bestehen. Vgl. Sach-Index s. v. *Dualismus*.

629 Vgl. zum Prinzipiellen 8.245, 8.252 (dazu 2.3) u. ö.

630 s. o. 1.15, 1.18, 8.273 u. ö.

631 Vgl. o. 4.12 über Owens.

632 Tugendhat, Gnomon 1963 nennt diese Gegebenheiten ,Seinsstrukturen' (z. B. 550) oder ,phänomenale' Gegebenheiten bzw. Tatbestände (547. 550. 553). Bei letzterem Ausdruck lehnt sich Tugendhat offenbar an Husserl an (vgl. 547 A. 1 über die ,phänomenologische Analyse'; 555), besonders an den Husserl der *Logischen Untersuchungen* (1900/1901). Wie Tugendhat als Husserl-Forscher natürlich selbst am besten weiß, ist Husserl später seit seinen *Ideen zu einer reinen Phänomenologie usw.* (1913) mehr und mehr unter Kants Einfluß geraten. Selbst wenn das für seine Frühperiode noch nicht so gelten sollte, kommen wir, wie ich meine, bei einem ,phänomenalen' Tatbestand nicht zu etwas Bewußtseinsunabhängigem. Und da von hier der Weg zur ,Fiktion' und zum ,hypostasierten Begriff' nicht weit scheint, vermeidet man besser die Termini ,phänomenal' oder ,phänomenologisch'.

633 Vgl. auch o. 1.173 über Cencillos treffende Formulierung: „(Die *prima materia*) ist eine Realität, aber kein Ding (es realidad pero no cosa)" (s. auch 1.179).

fortgesetzter Seinsanalyse, um sie herauszuarbeiten: Wir haben gesehen, wie Aristoteles z. B. in met. Γ und Z 3, in phys. α, gen. corr. und in den biologischen Schriften auf je verschiedenen Wegen[634] sich diesem Etwas nähert: Überall wird nur ein Aspekt davon in den Blick gefaßt, aber zugleich ist an den einzelnen Stellen das Hyle-Prinzip auch in seiner Gesamtheit gegenwärtig.

Auch die Methoden sind verschieden, mit denen die Hyle herausgehoben werden soll: die logisch-ontologische Analyse nach den Systoichien in met. Γ, die Sprachanalyse in phys. α, die kategoriale Subtraktionsmethode in met. Z 3 u. a. m. Aber hinter der Vielfalt der Methoden und Zugangswege steht *ein* einziges Ziel: die Hyle als komplexes, einheitliches ‚zweites Prinzip' des Aristoteles.

Der reiche Inhalt dieses Prinzips ist in den vorhergehenden Abschnitten aufgezeigt worden, aber es wurde auch ersichtlich, wie diese Inhalte mit zwingender Notwendigkeit auf eine Einheit konvergieren. Paradox gesagt: Das Prinzip der zur Form strebenden Ungeformtheit hat ein unverwechselbar eigenes ‚Gesicht'.

Aristoteles hat nirgends eine umfassende Synopsis des Hyle-Prinzips gegeben und es doch unzweifelhaft als Einheit verstanden wissen wollen: Diese Einheit verträgt sich mit seiner ‚Aporetik', denn sie ist eine ‚dynamische' Einheit, wie denn das gesamte aristotelische System ein ‚dynamisches' System ist, nichts Starres, fertig Abgeschlossenes, sofort adäquat und restlos Erfaßbares, sondern ein lebendiges Ganzes mit elastischen und doch scharfen Konturen und Gliederungen. So ist auch die aristotelische Hyle stets ‚sie selbst' und kann doch in immer neuer Annäherung dauernd noch präziser gefaßt, begriffen und erläutert werden.

Der erkennende Geist, der νοῦς des Betrachters, spielt hierbei, wie der Abschnitt über die Abstraktion gezeigt hat[635], eine nicht geringe Rolle. Er bedient sich bestimmter ‚Vorgegebenheiten' wie ‚Sprache', ‚Geschichte' und ‚Denkformen' (z. B. Techne-Modell, ‚biologische' Denkform), bleibt aber nicht bei ihnen stehen oder in ihnen befangen, sondern dringt durch sie hindurch zu ‚den Sachen selbst' vor[636]. Diese ‚Sachen', d. h. Sein und Seins-Prinzipien, entläßt er natürlich nicht in willkürlicher Konstruktion aus sich, aber er wird auch nicht nur passiv vom ‚objektiven' Sein affiziert[637], so daß er womöglich gar ‚a posteriori' hinter den ‚Dingen' herhinken würde. Vielmehr besagt die ‚Korrespondenz' von νοῦς und νοητά, daß der

[634] Vgl. auch noch Tugendhats Hinweis (548) auf met. Λ 1/2, 1069b 3—34 (dazu o. 3.16).

[635] o. 7.

[636] Näheres über diese ‚Vorgegebenheiten' und den — problematischen — Begriff der ‚Sache selbst' o. 1.3.

[637] So deutet Oehler Erkennen und νοῦς bei Aristoteles, vgl. o. 1.2 (S. 51), dazu 1.36.

νοῦς die νοητά aus dem objektiven Sein ‚heraushebt', indem er sie in sich selber vorfindet und aktualisiert[638]. Der menschliche Geist hat also bei Aristoteles ein Apriori — nicht anders als bei Platon. Mithin wird die im Sein ‚gegebene' Einheit des Hyle-Prinzips vom erkennenden νοῦς *uno intuitu* erfaßt, bestätigt und garantiert[639].

Zum Schluß noch ein Hinweis auf die kaum gewürdigte Tatsache, daß die aristotelische Hyle in mancher Hinsicht mehr ‚Prinzipien'-Charakter aufweist als die aristotelische Form[640]: Während die Form durch die Verlagerung des Schwergewichts auf das Art-Eidos sehr ins Einzelne differenziert wurde und den Einzeldingen — mit denen sie ‚gleichnamig' ist — sehr nahe steht[641], entgeht die Hyle, eben weil sie mit den Einzeldingen nicht ‚gleichnamig' ist, der Gefahr allzugroßer Zersplitterung. Auch ist historisch gesehen der Zusammenhang des aristotelischen Eidos mit umfassenden ἀρχαί im Sinne der Vorsokratiker weniger deutlich als bei der aristotelischen Hyle: Die Vorsokratiker kannten nach aristotelischer Darstellung die ‚Wesensform' nicht, und der ‚prinzipielle', umfassende Formbegriff der platonischen Idee wird von Aristoteles sehr heftig bekämpft. Dagegen liegt für die Hyle eine starke Vorsokratiker-Tradition vor, die auf Aristoteles stark einwirkte, und das zweite platonisch-akademische Prinzip hat Aristoteles weniger kritisch eingeschränkt als die Ideenlehre; er hat es vielmehr in den meisten wesentlichen Punkten fortgesetzt.

So stellt die aristotelische Hyle eine umfassende ἀρχή dar, welche in zweifacher Hinsicht an die Vorsokratiker anknüpft, zur Hauptsache indirekt über Platon und die Akademie, aber auch direkt. Sie bildet also auf ihre eigenständige Weise einen Teil der Kontinuität griechischen Arche-Denkens, welches bei den Vorsokratikern anhebt und nach Aristoteles weitergeht. Entgegen der — letztlich von Nietzsche herrührenden — Vorstellung von einem scharfen ‚Bruch' zwischen den Vorsokratikern und Platon erkennt man in letzter Zeit immer mehr, welch starke Bande Platon (und seine beiden Prinzipien) mit seinen Vorgängern verknüpfen. Es zeigt sich nun, daß auch Aristoteles in diese Tradition hineingehört. Er philosophiert wesentlich auf dem Boden und im Rahmen der platonisch-akademischen Ontologie, aber eben dadurch und unabhängig davon auch im Rahmen der bedeutenden Tradition griechischer Arche-Philosophie.

[638] Vgl. o. 7.43 u. ö., Gnomon 37 (1965) 361, *Weltbild und Seinslehre* Abschn. 4.
[639] o. 7.823.
[640] Den unbewegten Beweger lassen wir außer Betracht, ebenso den Seinsbegriff.
[641] Vgl. o. 6.12.

9 Ausblick

Die vorstehenden Darlegungen haben versucht, die aristotelische Hyle gegenüber verengenden Auslegungen wieder als umfassendes, das gesamte Sein durchwirkendes Seins-Prinzip erkennen zu lassen: als ‚reine Möglichkeit' und doch zugleich aktives Gegenprinzip der Form, das nicht von der Form abgeleitet werden kann. Das Sein war dabei als Stufenfolge vielfältiger Überformungen aufgefaßt worden.

Diese zunächst rein aus Aristoteles erarbeitete Deutung konvergierte dann mit den Ergebnissen, welche die neueren Untersuchungen der platonisch-akademischen Prinzipienlehre erbracht haben, und ermöglichte so die Herleitung wesentlicher Züge der aristotelischen Hyle aus dem platonisch-akademischen zweiten Prinzip. Gerade durch die vertiefte und verstärkte Anknüpfung an Platon und die Akademie konnte zugleich der originär aristotelische Charakter des Hyle-Prinzips um so deutlicher sichtbar gemacht werden.

Die Interpretation der aristotelischen Hyle als eines einheitlichen Prinzips weitab von aller ‚Stofflichkeit' ist durchaus nicht einseitig und extrem ‚idealistisch', wie eine empiristische Kritik meinen könnte, sondern läßt die vielen im Konkreten aufgesuchten Besonderungen des ‚Materiellen' als Erscheinungsweisen, Prinzipiate des gleichen Prinzips verstehen und so überhaupt erst philosophisch relevant werden. Diese Besonderungen wurden gründlich untersucht und gewürdigt, weil Aristoteles ihnen einen bedeutenden Teil seines Denkens über Materie widmete und weil zudem die Folgezeit sich gerade für diese Seite der aristotelischen Hyle besonders stark interessierte.

Damit stehen wir vor der Frage, welche ideengeschichtliche Nachwirkung die aristotelische Fassung des Materie-Problems gehabt hat. Wir vereinfachen die vielschichtige Entwicklung der Deutlichkeit halber sehr stark[1]:

[1] Beiseitegelassen werden z. B. die Äther-Materie (über sie einiges in *Kosmologie und Metaphysik* 182—184), der antike Atomismus u. a. m., z. B. auch das Weiterwirken antiken Materie-Denkens in den Naturwissenschaften (dazu außer Crombie bes. Stephen Toulmin—June Goodfield, *The Architecture of Matter*, London 1962; sehr populär gehalten, aber instruktiv). — Die folgenden Bemerkungen sollen bewußt pointiert einige übergreifende Gesichtspunkte darbieten, die für die nacharistotelische Entwicklung des Materie-Begriffs äußerst wichtig sind, aber bisher in der Literatur nicht zu Wort kamen: Baeumkers Kapitel über Stoa und Neuplatonismus sind als doxographische Bestandsaufnahme auch heute noch nützlich, lassen aber

Es gibt seit Platon *zwei* Haupttypen der antiken Reflexion über ‚Materie‘:

1. Die eine Denkweise sieht in ‚Materie‘ ein ‚geistiges‘ Seinsprinzip von umfassender Wirksamkeit: Z. B. das platonisch-akademische ‚zweite Prinzip‘.

2. Für die andere Richtung ist Materie etwas Ähnliches wie oder dasselbe wie: Stoff, Körperliches, Solides, Masse. Man denke an die Stoa.

Wenngleich in der lebendigen Denkbewegung der Ideengeschichte beide Typen meist nicht rein, sondern in mannigfacher Vermischung miteinander und mit weiteren Elementen auftreten, sollte man doch an ihnen festhalten, weil sich so die fluktuierende Entwicklung des Materie-Begriffs als dialektisches Pendeln zwischen beiden polaren Extremen begreifen läßt:

Beginnen wir mit Typus 2:

Schon bei Aristoteles finden sich neben seiner im ganzen ‚idealistischen‘ Haltung Denktendenzen, die auf eine Verhärtung und Vergröberung des Hyle-Begriffs vorausweisen:

a) Da Aristoteles die Hyle positiv zur Welterklärung heranzieht, konkurriert sie allmählich mit dem Eidos um den Rang der ‚Substanz‘: Aristoteles nennt noch die Hyle nur gelegentlich und mit Einschränkungen οὐσία[2], die Stoa hingegen verabsolutiert diese Tendenz, indem sie die Materie zur Substanz (οὐσία) schlechthin macht.

b) Im gleichen Maße, wie die Hyle Substanzcharakter erhält, sinkt die Wesensform zur akzidentellen Bestimmung herab: Substantielle Wesensform (εἶδος, τί ἐστιν) und die Akzidenskategorie ‚Qualität‘ (ποιόν) haben von Natur aus eine starke Affinität zueinander, die seit Platon auch thematisiert wird[3]. Philosophisch bedeutsam wird die Frage bei Aristoteles im unteren Stoffbereich der Elemente und Elementarkräfte, wo Form (εἶδος) und qualitatives Akzidens (πάθος) kaum mehr auseinander zu halten sind[4]. Während Aristoteles noch durch eine Teleologie ‚von oben her‘ diese Defizienz des Anorganischen auszugleichen und auch im stofflichen Elementar-Bereich Wesen und akzidentelle Eigenschaft zu scheiden versuchte[5], ließen dann die Stoiker die Wesensform zum ποιόν an der substantiellen Hyle ver-

die großen Linien hinter den Einzelheiten verschwinden. Die neuere Literatur hat zwar einzelne Autoren (Plotin) und Richtungen (Platonismus) klärend durchforscht, aber das Ganze kaum in den Blick gefaßt.

[2] Baeumker 254f.

[3] Hierher gehört z. B. die Erörterung über τόδε τι und τοιόνδε im Timaios usw.

[4] o. 6.222b.

[5] o. 6.222b (man beachte dort die Einschränkungen!).

blassen. Ähnlich denken die Peripatetiker Straton, Boethos und Alexander von Aphrodisias[6].

c) In den naturwissenschaftlich-biologischen Einzeluntersuchungen tritt die Hyle als ‚konkreter Stoff' so stark hervor, daß das unkörperliche Hyle-Prinzip ganz aus dem Blick kommt und entbehrlich erscheint.

d) Eine wichtige Form naturwissenschaftlicher ‚Stofflichkeit' sind die vier selbständig handelnden Elementar-Qualitäten (Warm, Kalt, Feucht, Trocken) in den biologischen Schriften (und meteor. 4), die ganz ‚konkret' gefaßt werden, also de facto mit einem der Elemente (bzw. einem Homoiomeres) zusammenfallen. Es wurde gezeigt, daß es sich hierbei um eine letztlich vorsokratische Tradition handelt, die nicht durch die platonisch-akademische und spezifisch-aristotelische Philosophie (mit Substanzlehre und dgl.) hindurchgegangen ist und — der Komplexität vorsokratischen Denkens entsprechend — durch einengende Antithesen wie ‚substantiell — akzidentell', ‚körperlich — unkörperlich' usw. nicht erfaßt werden kann[7]. Das dem schulmäßigen Schematisieren zuneigende Denken der nach-aristotelischen Zeit mußte jedoch dieser Tradition, mit deren ursprünglichen innersten Triebkräften es nur mehr wenig anzufangen wußte, entnehmen, daß Hyle etwas Konkret-Stoffliches darstelle und daß die Grundqualitäten der Körperwelt ihrerseits schon Körper seien. Die Lehre der Stoa von der Körperlichkeit der Qualitäten hat hieraus wichtige Anregungen geschöpft[8].

e) Die (platonisch-)aristotelische Lehre von der Begrenztheit und Einzigkeit der Welt und der in ihr enthaltenen Element-Quanten impliziert eine ‚körperliche' Materie und ist fast soviel wie ein Gesetz von der Erhaltung der Masse (*quantitas materiae*)[9]. Die Stoa übernimmt diese Gedanken und formuliert das Axiom, daß die gesamte als Körper gedachte Materie des Kosmos, ungeworden und unvergänglich, ‚weder mehr noch weniger wird'[10].

Diese Ansätze zu einer körperlichen, ‚soliden' Materie bei Aristoteles[11] wurden, wie schon angedeutet in der Zeit nach ihm sofort wirksam, in seiner Schule und außerhalb:

[6] Diese pauschale Zusammenfassung der drei Peripatetiker wird weiter unten differenziert werden. [7] o. **6**.132, **6**.4.

[8] Man hat bisher diese Tradition bei der Erklärung stoischer Gedankengänge nicht genug gewürdigt, ja ihren Einfluß direkt geleugnet. Ansätze zur richtigen Beurteilung bei S. Sambursky, *Physics of the Stoics*, 1959, 1 ff, wo freilich die ideengeschichtlichen Verknüpfungen noch mancher Korrektur bedürfen. [9] Näheres o. **8**.262 d.

[10] Zeno fr. 87 (SVF I 24) ἡ μὲν οὖν τῶν ὅλων (ὕλη) οὔτε πλείων οὔτε ἐλάττων γίνεται. 88. Chrysipp. fr. 597. 599 (SVF II 184 f).

[11] Man könnte noch weitere anfügen: z. B. mußte die von Aristoteles hervorgehobene Analogie zwischen Techne und Physis, je ferner man dem platonischen Naturbegriff und dem ursprünglichen Sinn dieser Analogie rückte, desto mehr ‚naturalistisch'

Während Theophrast kurz auf die Schwierigkeiten des aristotelischen Hyle-Begriffs hinwies, ihn aber beibehielt (met. 8 a 8 ff), gab Straton Wesensform, Teleologie sowie den unbewegten Beweger auf und gelangte zu einem Monismus, der in den ‚materiellen' Kräften (Warm, Kalt usw.; schwer, leicht) die einzigen Ursachen des Weltgeschehens sah — Rückkehr zu einem Materialismus, wie ihn ja bereits Platon (z. B. Phaidon, Gesetze 892 B, Sophistes 245 E—246 E) bekämpft und überwunden hatte[12]. Spätere Peripatetiker wie Boethos und Alexander von Aphrodisias — die zum Teil unter stoischem Einfluß stehen — folgen nicht der Radikalität Stratons, lassen aber doch in nominalistisch-naturalistischer Denkweise die Wesensform stark hinter der substantiell gefaßten Materie zurücktreten[13].

Ohne die gedankenreiche Philosophie der Stoa vorschnell durch Klischeebegriffe charakterisieren zu wollen[14], darf und muß man sie doch als materialistischen Monismus bezeichnen: Wirklich ist allein die körperlich-stoffliche Materie, die zwei Aspekte hat, einen statischen (passive Ausgedehntheit und Solidität) und einen dynamischen (Kraft). Die ‚Kraft' (πνεῦμα) ist nicht wesensmäßig vom passiven ‚Stoff' verschieden, sondern in jeder Hinsicht identisch mit ihm. Das stoische System kann also auch ‚dynamischer Materialismus' genannt werden[15].

Die durch den Naturalismus des Peripatos seit Straton und durch die Stoa bewirkte Verfestigung des aristotelischen Hyle-Begriffs zum ‚Stoff' hatte in der Ideengeschichte unabsehbare Folgen, welche bisher kaum erforscht sind:

Vom dritten vorchristlichen Jahrhundert an war die gesamte antike Reflexion über Materie vom (peripatetisch-)stoischen ‚Stoff'-Begriff (dessen dynamischen Aspekt man freilich fast immer beiseite ließ, s. u.) beeinflußt. Selbst Philosophen, die — wie die Neuplatoniker — auf Platon und einen idealistisch interpretierten Aristoteles zurückzugehen versuchten und letztlich ein unkörperliches Hyle-Prinzip vor Augen hatten, konnten sich von der Vorstellung einer alles beherr-

mißverstanden werden: Die Natur geht wie die Techne von einem greifbaren ‚Stoff' aus, und die Techne ‚ahmt' einfach die Natur ‚nach'.

12 Über Straton Wehrli zu fr. 32—39. 42—49, ferner H. B. Gottschalk, *Strato of Lampsacus: Some Texts* (Proceed. Leeds Philos. and Liter. Soc., Liter. and Histor. Section, XI 6, 1965) S. 150.

13 Vgl. Ueberweg-Praechter[12] 559f. 564f.

14 Neben den Arbeiten von Grumach, Moreau, Pohlenz, Sambursky u. a. behält Baeumkers Kapitel über die Stoa (326—370) immer noch seinen Wert und sollte öfter herangezogen werden.

15 S. Sambursky, *Physics of the Stoics*, 1959, stellt die stoische Naturphilosophie vom Begriff des ‚dynamischen Kontinuums' aus dar. Das ontologische Problem von Materie und Form, Monismus/Dualismus usw. wird kaum berührt (z. B. S. 18); in dieser Hinsicht ist kein Fortschritt über Baeumker (den Sambursky nicht nennt) hinaus erreicht, im Gegenteil.

schenden ‚Körpermaterie' nicht ganz befreien[16]. Die Kirchenväter stehen einesteils unter dem Einfluß stoischer Gedanken, zum andern kommen noch verschiedene religiöse Motive hinzu, die einem — womöglich dualistisch gefaßten — unkörperlichen Hyle-Prinzip entgegenstehen und eine ‚Verfestigung' des Materie-Begriffs befördern[17].

Das Mittelalter übernimmt weithin diese einseitige und vergröberte Auffassung von Materie als einem trägen, soliden Etwas[18] und überliefert sie an die Neuzeit. Hier hat sie nicht nur im Massenbegriff der klassischen Physik, sondern auch im philosophischen Materie-Begriff in oft trivialisierter und populärer Form zum Teil bis in unser Jahrhundert fortgewirkt[19].

[16] Freilich darf man dabei nicht vergessen, daß auch *innerhalb des Platonismus selbst* gewisse Denktendenzen und Ausdrucksweisen die Verfestigung des Materie-Begriffs begünstigten: So die plastischen Metaphern, mit denen Platon im Timaios, Speusipp und Xenokrates (vgl. o. S. 236ff, wo Verweise) das zweite Prinzip beschreiben. Für den späteren Platonismus macht mich W. Haase auf die Bilder von der ‚παχύτης *(crassitudo)* des Körpers, Fleisches u. ä.' (z. B. Plotin. 5, 1 [10] 5, 10f [Hinweis von H. J. Krämer]. Mar. Victorin. Explan. in Rhetor. M. Tullii Ciceronis I 1 p. 155/156 und 160, 17 Halm. Porphyr. De antro nymph. p. 64, 15 N. Greg. Naz. or. 38, 12 = PG 36 col. 324C. Ders., carm. II 1, 45, 37 = PG 37 col. 1356. Noch Mich. Psellus, Scripta min. I p. 337, 25f Drexl) und vom ‚Bodensatz der Welt' (Orac. Chald. p. 61 Kroll = Synes. De insomn. p. 161, 15 Terz. = PG 66 col. 1297b. Lydus De mens. p. 6, 13 Wünsch, vgl. Julian. or. V 175B und 179D. Mar. Victor. Adv. Arium IV 11 = PL 8 col. 1121B = I p. 532 Hadot. Macrob. In Somn. Scip. I 12, 15. I 14, 15) aufmerksam. Vgl. W. Haase, *Weisheit—Licht—Klarheit (Motivuntersuchungen zur platonischen und aristotelischen Tradition)*.

[17] Vgl. Gilson-Boehner, *Christliche Philosophie*, ³1954, 79f zu Origenes, 98f Basilius, 203 Augustin. Alle Einzelheiten werden übergangen, vor allem der so schwierige Begriff der ‚geistigen Materie' bei Augustin (vgl. die folgenden Anm.).

[18] Eine Monographie, wie es Baeumker für die Antike ist, fehlt für das Mittelalter. Einige interessante Belege bei Jammer, *Masse* 36f (Einzeldeutung und geschichtliche Einordnung unzureichend). Zur weiteren Orientierung über das mittelalterliche Materie-Denken im allgemeinen J. de Vries, Scholastik 32 (1957) 161—185. Vgl. ferner die einschlägigen Teile von P. Duhem, *Le système du monde*, die — verstreuten und knappen — Hinweise bei Gilson-Boehner³ (z. B. 316ff. 366—368. 488—493. 585. 620), A. C. Crombie, *Augustine to Galileo (Science in the Middle Ages)*, ²1961, und die Philosophie-Geschichten. S. auch die beiden Arbeiten von Allan B. Wolter, *The Ockhamist Critique*, in: *Concept of Matter* 124—146, und J. A. Weisheipl, *The Concept of Matter in Fourteenth Century Science*, ebd. 147—171 (dazu die dort genannte Lit.). Am bekanntesten dürfte der Gegensatz zwischen Thomas und Bonaventura sein: Während Thomas Materie nur als Substrat des körperlichen Seins ansieht und deshalb eine ‚geistige Materie' (der Engel) ablehnt, faßt Bonaventura die reine Möglichkeit der Materie viel weiter (II sent. 3, 1, 1, 2, ad 3): materia in se considerata nec est spiritualis nec corporalis usw., womit man bezeichnenderweise Arist. met. Z 3 verglichen hat, s. E. Gilson, *Bonaventura*, ²1960, 277f.

[19] Diese allgemein bekannten Entwicklungen werden hier nicht verfolgt. Auch die überreiche Sekundärliteratur wird nicht genannt, mit einer Ausnahme: F. A. Langes *Geschichte des Materialismus* (bis ca. 1870 reichend, auch heute noch sehr lesenswert).

So beeinflußte und bestimmte die auf Peripatos und Stoa zurückgehende ‚stoffliche' Auffassung von Materie das philosophische Denken von Antike, Mittelalter und Neuzeit in einem geradezu ungeheuren Ausmaße.

Mächtig entgegengewirkt hat dieser Denktendenz die ‚platonisierende' Richtung (Typ 1, o. S. 809), die in der Materie ein unkörperliches, umfassendes Seinsprinzip sieht, wie es im platonisch-akademischen ‚zweiten Prinzip' vorliegt. Aristoteles hat sein Hyle-Prinzip ebenso ‚idealistisch' verstanden, aber seine Lösung des Materie-Problems hat als ganze nur sehr wenig Nachfolger gefunden, am ehesten vielleicht noch bei manchen neuplatonischen Kommentatoren (besonders Simplicius). Mit anderen Worten: Die ‚idealistische' Komponente im Hyle-Denken des Aristoteles hat fast überhaupt nicht fortgewirkt. Stattdessen gilt es, die vom platonisch-akademischen Materie-Prinzip auf das antike und mittelalterliche Denken ausgegangenen Impulse zu verfolgen:

Auszugehen ist hierbei natürlich nicht nur — wie früher — vom Timaios allein, sondern von der platonisch-akademischen Prinzipien-Lehre insgesamt, welche durch die Untersuchungen der neueren Zeit in wesentlichen Zügen aufgehellt worden ist[20]. Es liegen auch bereits einige Arbeiten vor, die in diesem Sinne mehr oder minder speziell das Materie-Problem bis in die Spätantike verfolgen[21], so daß nunmehr eine Synthese gewagt werden kann, welche Baeumkers Kapitel über den Neuplatonismus ersetzt[22]. Vermutlich ergeben sich daraus auch Folgerungen für das Mittelalter: Nachdem man in den letzten zwanzig Jahren das platonische Erbe des Mittelalters — auch in seinem sogenannten ‚Aristotelismus' — tiefer durchdacht und ideengeschichtlich

[20] Vgl. die Untersuchungen von Robin, H. Gomperz, Stenzel, Merlan, Wilpert, de Vogel, Krämer, Gaiser u. a.

[21] Knappe Auswahl: Die Entretiens Hardt III und V, bes. z. B. W. Theiler, *Gott und Seele im kaiserzeitlichen Denken*, III 65—91, H. Dörrie, *Die Frage nach dem Transzendenten im Mittelplatonismus*, V 193—223 (Diskussion 224—241). de Vogel, *Apeiron*. Merlan passim. J. M. Rist, *Plotinus on Matter and Evil*, Phron. 6 (1961) 154—166. Ders., *The Indefinite Dyad and Intelligible Matter in Plotinus*, Class. Quart. NS 12 (1962) 99—107. P. P. Matter, *Zum Einfluß des platonischen ‚Timaios' auf das Denken Plotins* 1964 (dazu Page, Gnomon 38, 1966, 767—770). F. P. Hager, *Die Materie und das Böse im antiken Platonismus*, Mus. Helv. 19 (1962) 73—103. Theiler, *Einheit*. Krämer, *UGM*.

[22] Hierbei wird u. a. auch Chalcidius' Abschnitt De silva (Timaeus cc. 268—355 p. 273—346 Wasz.) ideengeschichtlich ausgewertet werden können, nachdem eine kritische Ausgabe vorliegt und die Quellenanalyse große Fortschritte gemacht hat: J. M. C. van Winden, *Chalcidius on Matter*, Leiden 1959 (dazu Mensching, Gnomon 34, 1962, 687—692; vgl. ders., Gnomon 37, 1965, 33). Waszink, Praefatio der Ausgabe LXXVII—LXXXII (vgl. Mensching, Gnomon 37, 1965, 32—36).

bestimmt hat[23], kann man jetzt noch einen Schritt weitergehen und feststellen, daß von den ‚neuplatonischen' Zügen des mittelalterlichen Platonismus nicht wenige auf Platon selber und seine unmittelbaren Schüler zurückgehen. Diese Kontinuität des Platonismus, die viel weiter reicht als früher angenommen, gibt der mittelalterlichen Bezeichnung ‚Platonici' einen überraschend neuen Sinn: Gewiß haben die mittelalterlichen Denker in diesen etwas vagen Begriff auch alle möglichen neuplatonischen Quellen eingeschlossen, damit aber zugleich viel mehr vom ‚genuinen' Platon mit gemeint, als sie selbst wußten.

Die vorstehende Betrachtung, in welcher die beiden Typen des ‚stoischen' und des ‚platonischen' Materie-Denkens skizziert wurden, suchte an Hand einiger wesentlichen Züge die Entwicklung des Materie-Begriffs nach Aristoteles bis in die Spätantike zu umreißen. Die Detailforschung wird dieses Bild nun weiter ausgestalten, aber vorerst wohl an den — methodisch hilfreichen — zwei polaren Typen im ganzen festhalten. Natürlich sprengt die Vielfalt ideengeschichtlicher Entwicklung letztlich jede schematische Einteilung und Vereinfachung, und so begegnen immer wieder wichtige Fragestellungen, die beiden ‚Typen' gemeinsam sind. Eine davon soll noch einmal kurz erwähnt werden, das Problem der ‚Aktivität' oder ‚Passivität' der Materie:

Wir haben mehrfach betont[24], daß sowohl das platonisch-akademische zweite Prinzip wie die aristotelische Hyle etwas ‚Aktives' ist, das seine Aktivität nicht von der Form erhält, sondern aus sich selber besitzt. Dies gilt es ideengeschichtlich weiterzuverfolgen: Ernst Bloch hat bei der Rückbesinnung auf die historischen Grundlagen seiner eigenen aktiven, schöpferischen Materie besonders auf die Araber und Bruno hingewiesen und Vorstufen bei Straton und Alexander von Aphrodisias erkannt. Die Tradition der (von Bloch so genannten) ‚aristotelischen Linken' ist aber viel reicher: Sie hebt bei den Vorsokratikern an, bezieht Platon und Aristoteles, Peripatetiker (Straton, Eudemos, Alexander) und die Stoa ein, im Mittelalter nicht nur die Araber und Bruno, sondern z. B. auch Bonaventura[25]. Es kommt nun darauf an, bei den einzelnen Denkern differenzierend zu untersuchen, was sie mit ‚Aktivität' der Materie meinen und wie sich diese Gedanken jeweils in das Gesamt ihrer Philosophie einordnen. Dabei dürften manche Anregungen Blochs sich bestätigen, andere zu berichtigen sein.

[23] Bahnbrechend Hirschberger, *Geschichte der Philosophie* I passim; vgl. zum Prinzipiellen das Vorwort VI f.

[24] Vgl. o. 8.25 und den Sach-Index s. v. *Aktivität, Notwendigkeit 1, 5, Teleologie 1d, 2c.*

[25] Vgl. E. Gilson, *Bonaventura*, ^{2}1960, Kap. 10: *Die Lebewesen und die Keimkräfte*, S. 325—343 (sehr wichtig, auch für Aristoteles; die Stoa ist nicht berücksichtigt).

Unsere Untersuchungen haben sich bemüht, den aristotelischen Materie-Begriff neu zu durchdenken und damit eine neue Bewertung des gesamten antiken Denkens über Materie einzuleiten. Die hierbei gewonnenen Ergebnisse haben zunächst historischen Wert, sind aber auch — und dies ist viel wichtiger — für die heutige philosophische Diskussion um die letzten Grundlagen des körperlichen Seins bedeutsam. Philosophie und Physik müssen in wechselseitigem Gespräch klären, ob und wieweit der Begriff ‚Materie' auch heute noch einen philosophischen Sinn hat und was man überhaupt damit meint[26]. Auch die Philosophie des Materialismus muß dabei ihren Materie-Begriff kritisch bedenken[27]. Für diese Grundlagen-Diskussion ist aber die aus der historischen Rückbesinnung sich ergebende systematische Begriffsklärung unentbehrlich. Nicht darauf kommt es an, den Materie-Begriff des Platon und der Akademie, des Aristoteles und der Antike wider alle Erkenntnis der modernen Wissenschaft populär-unkritisch weiterzutradieren, sondern darauf, daß der Materie-Begriff einer antiken Vergangenheit erst historisch richtig gesehen wird, ehe man ihm zustimmt oder ihn ablehnt. Als Vorarbeit im Dienste dieser systematischen Diskussion heutiger Philosophie möchte unsere philologisch-historische Untersuchung verstanden werden.

[26] Vgl. von allgemeinverständlichen Darstellungen z. B. L. Barnett, *Einstein und das Universum*, 1952 (Lit.; viele Neudrucke). W. Heisenberg, *Physik und Philosophie*, 1959, bes. 119ff. 178ff. A. Wenzl, *Die philosophischen Grenzfragen der modernen Naturwissenschaft*, 1960 (Lit.). Ders., *Der Grenzbegriff der ‚materia prima' und die Frage seines ontologischen Bedeutungsgehaltes im Weltbild der Physik*, SB München 1958, 1. Ders., *Der Begriff der Materie und das Problem des Materialismus*, ib. 1958, 3. — Wichtig auch die Bemühungen von neuscholastischer Seite: N. Junk, *Das Ringen um einen neuen Materie-Begriff*, Schol. 16 (1941) 521—533. W. Büchel, mehrere Arbeiten, z. B. in: Philos. Naturalis 3 (1955), 5 (1958), Schol. 31 (1956), 33 (1958). N. A. Luyten, *Réflexions sur la notion de matière*, Tijdschrift voor Philosophie 21 (1959) 225—242. Ders., *Philosophisches zum Materie-Begriff*, Philos. Jb. 69 (1961/62) 125—133. A. M. Krąpiec, *Die Theorie der Materie in physikalischer und philosophischer Sicht*, Philos. Jb. 69 (1961/62) 134—176. J. de Vries, *Philosophische Grundlagen der exakten Wissenschaften*, Schol. 37 (1962) 321—340. S. auch den mehr systematischen Teil in *Concept of Matter* 173ff.

[27] Auch eine nur kurze Erwähnung der Belege und der Sekundärliteratur an dieser Stelle hätte den Rahmen vorliegender Arbeit quantitativ gesprengt und zu unsachlichen Verzerrungen geführt, weswegen ich darauf verzichtet habe.

Literatur

1) Abgekürzt zitierte Literatur

Ausgaben, Kommentare, Übersetzungen, Handbücher usw. werden hier in der Regel nicht aufgeführt. Eigene Arbeiten des Verfassers werden ohne Verfassernamen zitiert: a) Der chemische Traktat des Aristoteles (Meteorologie IV), in: Synusia (Festgabe W. Schadewaldt), 1965, 289—322. b) Kosmologie und Metaphysik bei Aristoteles, in: Parusia (Festgabe J. Hirschberger), 1965, 155—187. c) Besprechung von Cencillo, Hyle, in: Gnomon 35 (1963) 462—465. d) Besprechung von J. Stallmach, Dynamis und Energeia, in: Gnomon 35 (1963) 556—559. e) Besprechung von Oates, Aristotle and the Problem of Value, in: Gnomon 37 (1965) 354—362. f) Weltbild und Seinslehre bei Aristoteles, Antike und Abendland 14 (1968) 72—91. g) Die Scala naturae und die Schichtung des Seelischen bei Aristoteles, in: Beiträge zur Alten Geschichte und deren Nachleben (Festschrift Franz Altheim) I (Berlin 1969) 220—244.

Arpe, Curt: Das τί ἦν εἶναι bei Aristoteles, Diss. Hamburg 1937

Aubenque, Pierre: Aristoteles und das Problem der Metaphysik, Zeitschr. philos. Forschung 15 (1961) 321—333 (Aubenque 1961)

Aubenque, P.: Le problème de l'être chez Aristote. Essai sur la problématique aristotélicienne, Paris [2]1966 ([1]1962) (Aubenque, *Problème*)

Baeumker, Clemens: Das Problem der Materie in der griechischen Philosophie. Eine historisch-kritische Untersuchung, Münster 1890 (Nachdruck Frankfurt/Main 1963) (Baeumker; Baeumker, *Problem der Materie*)

Baeumker, C.: Selbstdarstellung, in: Die deutsche Philosophie der Gegenwart in Selbstdarstellungen, II (1921) 31—60 (Baeumker, *Selbstdarstellung*)

Bartels, Klaus: Das Techne-Modell in der Biologie des Aristoteles, Diss. Tübingen 1963 (erschienen 1966) (Bartels)

Bartels, K.: Der Begriff Techne bei Aristoteles, in: Synusia (Festgabe W. Schadewaldt), 1965, 275—286 (Bartels, *Synusia*)

Becher, Erich: Deutsche Philosophen, 1929 (darin über F. A. Lange und C. Baeumker)

Beck, Heinrich: Möglichkeit und Notwendigkeit. Eine Entfaltung der ontologischen Modalitätenlehre im Ausgang von Nicolai Hartmann, Pullach 1961 (Pullacher philos. Forschungen 5)

van der Berg, I. J. M.: L'abstraction et ses degrés chez Aristote, Proceedings 11th Internat. Congress of Philosophy, vol. XII (1953) 109—113

Berger, H. H.: Aristoteles' formulering van het voorwerp van de metafysiek, Tijdschrift voor Philosophie 24 (1962) 215—241 (Berger, *Voorwerp*)

Berger, H. H.: „Wegnemen" en „scheiden". Aristoteles' verdeling van de theoretische wetenschapen, Tijdschrift voor Philosophie 25 (1963) 207—278 (deutsche Zusammenfassung 276—278)

Berti, Enrico: La filosofia del primo Aristotele, Padova 1962 (Università di Padova. Pubblicazioni della Facoltà di Lettere e Filosofia, 38) (Berti, *La filosofia*)

Berti, E.: L'unità del sapere in Aristotele, Padova 1965 (Pubblicazioni della Scuola di perfezionamento in filosofia dell' Università di Padova, 3) (Berti, *L'unità*)

Burkert, W.: Weisheit und Wissenschaft — Studien zu Pythagoras, Philolaos und Platon, 1962 (Erlanger Beiträge zur Sprach- und Kunstwissenschaft, 10)

Cencillo, Luis: Funciones del concepto de ‚materia' en el Corpus Aristotelicum, Revista de Filosofía (Madrid) 15 (1956) 209—226 (Cencillo, *Funciones*)

Cencillo, L.: Cuestiones sistematicas entorno a tres nociones de materia prima en el Corpus Aristotelicum, Pensamiento 12 (1956) 473—484 (Cencillo, *Cuestiones*)

Cencillo, L.: Tres problemas planteados por el concepto aristotelico de hyle, Emerita 25 (1957) 1—13 (Cencillo, *Tres problemas*)

Cencillo, L.: Hyle. Origen, concepto y funciones de la materia en el Corpus Aristotelicum, Madrid 1958 (Consejo Superior de Investigaciones Cientificas. Instituto ‚Luis Vives') (Cencillo; Cencillo, *Hyle*)

Chen, Chung-Hwan: Das Chorismos-Problem bei Aristoteles, Diss. Berlin 1940 (Chen, *Chorismos*)

Chen, Chung-Hwan: Universal Concrete. A Typical Aristotelian Duplication of Reality, Phronesis 9 (1964) 48—57 (Chen, *Universal Concrete*)

Cherniss, Harold: Aristotle's Criticism of Plato and the Academy I, Baltimore 1944 (Nachdrucke 1946 und New York 1962) (Cherniss; Cherniss, *Criticism*)

Cherniss, H.: The Riddle of the Early Academy, Berkeley/Los Angeles 1945 (Nachdruck New York 1962), deutsch: H. Ch., Die ältere Akademie. Ein historisches Rätsel und seine Lösung, Heidelberg 1966 (Cherniss, *Riddle*; in Klammern die Seitenzahlen der deutschen Ausgabe)

Cherniss, H.: A Much Misread Passage of the Timaeus (Timaeus 49C7—50B5), Am. Journ. Philol. 75 (1954) 113—130 (Cherniss 1954)

Cherniss, H.: The Relation of the Timaeus to Plato's Later Dialogues, Am. Journ. Philol. 78 (1957) 225—266 (Cherniss 1957)

Chevalier, Jacques: La notion du nécessaire chez Aristote et chez ses prédécesseurs particulièrement chez Platon, Paris 1915

Claghorn, G. S.: Aristotle's Criticism of Plato's ‚Timaeus', Den Haag 1954

Cohen, Hermann: Vorwort zu: F. A. Lange, Geschichte des Materialismus und Kritik seiner Bedeutung in der Gegenwart, Leipzig 1887

Colle, G.: Aristote, La Métaphysique. Traduction et commentaire par G. C., Buch I (Louvain-Paris 1912). II/III (1922). IV (1931)

The Concept of Matter in Greek and Medieval Philosophy, ed. by Ernan McMullin, Notre Dame, Indiana (Notre Dame UP) 1963 (Paperback edition 1965) (*Concept of Matter*). Darin u. a. enthalten: L. J. Eslick, The Material Substrate in Plato, 39—58. J. J. FitzGerald, „Matter" in Nature and the Knowledge of Nature: Aristotle and the Aristotelian Tradition, 59—78. J. Owens, Matter and Predication in Aristotle, 79—95, mit dem ‚Comment' von N. Lobkowicz 96—99. N. Luyten, Matter as Potency, 102—113, mit Comment von E. McMullin, Response von N. Luyten und Discussion 114—123.

De Corte, M.: La définition aristotélicienne de l'âme, Revue Thomiste 45 (1939) 460—508

Décarie, Vianney: L'objet de la Métaphysique selon Aristote, Montreal/Paris 1961 (Université de Montréal. Publications de l'Institut d'études médiévales. 16)

Dirlmeier, Franz: Aristoteles, Jahrb. Bistum Mainz 5 (1950) 161—171 (Dirlmeier 1950)

Dirlmeier, F.: Zum gegenwärtigen Stand der Aristoteles-Forschung, Wien. Stud. 76 (1963) 52—67 (Dirlmeier 1963)

Dönt, Eugen: Platons Spätphilosophie und die Akademie. Untersuchungen zu den platonischen Briefen, zu Platons „Ungeschriebener Lehre" und zur Epinomis des Philipp von Opus, SB Wien, philos.-hist. Klasse, 251, 3 (Wien 1967)

Dörrie, Heinrich: Xenokrates, RE IX A 2, 1512—1528 (1959; Gesamtband erschienen 1967)

O'Donoghue, Dermot: Aristotle's Doctrine of ‚The Underlying Matter'. A. Study of the First Book of the Physics, Philosophical Studies (Saint Patrick's College, Maynooth, Ireland) 3 (1953) 16—39

Düring, Ingemar: Aristotle's De partibus animalium. Critical and Literary Commentaries, Göteborgs ... Handlingar, Sj. F. Ser. A. Band 2. Nr. 1, Göteborg 1943 (Düring, *PA*)

Düring, I.: Aristotle's Chemical Treatise (Meteorologica, Book IV), Göteborgs Högskolas Årsskrift 50 (1944: 2), Göteborg 1944 (Düring, *CT*)

Düring, I.: Aristoteles. Darstellung und Interpretation seines Denkens, 1966 (Düring; Düring, *Aristoteles*); Ders., Artikel ‚Aristoteles', RE Suppl. XI (1967)

Duhem, Pierre: Le système du monde, 7 Bände, Paris 1913—1956

Elders, Leo: Aristotle's Theory of the One, 1961

Eslick, L. J.: s. (The) Concept of Matter

Festugière, A.-J.: La révélation d'Hermès Trismégiste. IV Le dieu inconnu et la Gnose, Paris 1954

FitzGerald, J. J.: s. (The) Concept of Matter

Fränkel, Hermann: Dichtung und Philosophie des frühen Griechentums, ([1]1951) [2]1962 (Fränkel, *Dichtung und Philosophie*)

Fränkel, H.: Wege und Formen frühgriechischen Denkens, [2]1960 (Fränkel, *Wege und Formen*)

Gaiser, Konrad: Platons Ungeschriebene Lehre, ([1]1963) [2]1968 (Gaiser). Darin: S. 441 bis 557 Testimonia Platonica. Quellentexte zur Schule und mündlichen Lehre Platons (*TP*)

Gaiser, K.: Quellenkritische Probleme der indirekten Platonüberlieferung, in: Idee und Zahl. Studien zur platonischen Philosophie, Abh. Heidelberg, philos.-hist. Klasse 1968, 2 (Heidelberg 1968) 31—84 (Gaiser, *QP*)

Gómez Nogales, Salvador: Horizonte de la metafísica aristotélica, Madrid 1955 (Facultades de teologia y de filosofia del Colegio Maximo S. J. de Oña. Estudios Onienses, serie II vol. II)

Gomperz, Heinrich: Platons Selbstbiographie, 1928

Gomperz, H.: Platons philosophisches System, in: Proceedings of the 7th International Congress of Philosophy (Oxford 1930), ed. by G. Ryle, Oxford 1931, 426—431 (Gomperz, *System*). Die englische Urfassung dieses Vortrags ist abgedruckt in: H. Gomperz, Philosophical Studies, Boston 1953, 119—124 (Gomperz, *Ph. St.*)

Gottschalk, H. B.: The Authorship of Meteorologica, Book IV, Class. Quart. 55 (N. S. 11) 1961, 67—79

Gundel, Wilhelm: Beiträge zur Entwicklungsgeschichte von Ananke und Heimarmene, Gießen 1914

Guzzoni, Alfredo: Die Einheit des „ὂν πολλαχῶς λεγόμενον" bei Aristoteles, Diss. masch. Freiburg 1958 (Guzzoni, *Die Einheit*)

Guzzoni, A.: Dell' intrinseco movimento della ‚filosofia prima' di Aristotele, Il Pensiero 6 (1961) 164—188 (Guzzoni, *Dell'intrinseco movimento*)

Hager, F. P.: Die Materie und das Böse im antiken Platonismus, Mus. Helv. 19 (1962) 73—104 (Hager, *Die Materie und das Böse*)

Hager, F. P.: Die Vernunft und das Problem des Bösen im Rahmen der platonischen Ethik und Metaphysik, Noctes Romanae 10 (1963) (Hager, *Die Vernunft und das Problem des Bösen*)

Hager, F. P.: Zur philosophischen Problematik der sogenannten ungeschriebenen Lehre Platos, Studia Philosophica 24 (1964) 90—117 (Hager; Hager, *Zur philosophischen Problematik*)

Hambruch, Ernst: Logische Regeln der platonischen Schule in der aristotelischen Topik, 1904

Hammer-Jensen, Ingeborg: Das sogenannte IV. Buch der Meteorologie des Aristoteles, Hermes 50 (1915) 113—136
Hanhoff, L. O.: Wesen und Formen der Abstraktion nach Thomas von Aquin, Philos. Jahrbuch 71 (1963) 14—37
Hartmann, Nicolai: Grundzüge einer Metaphysik der Erkenntnis, ⁴1949 (Hartmann, *Grundzüge Met. Erkenntnis*)
Hartmann, N.: Zur Grundlegung der Ontologie, ³1948 (Hartmann, *Grundlegung*)
Hartmann, N.: Möglichkeit und Wirklichkeit, ²1949
Hartmann, N.: Einführung in die Philosophie, ¹1950 (viele Nachdrucke)
Hartmann, N.: Kleinere Schriften II (Abhandlungen zur Philosophie-Geschichte), 1957
Herter, Hans: Die Treffkunst des Arztes in hippokratischer und platonischer Sicht, Sudhoffs Archiv 47 (1963) 247—290 (Herter, Sudh. Archiv)
von Hertling, Georg: Materie und Form und die Definition der Seele bei Aristoteles. Ein kritischer Beitrag zur Geschichte der Philosophie, Bonn 1871 (Hertling)
v. Hertling, G.: Erinnerungen aus meinem Leben, I. II (1919/1920) (Hertling, *Erinnerungen*)
Hirschberger, Johannes: Geschichte der Philosophie I⁴ (1960) II² (1955) (Hirschberger; Hirschberger, *Gesch. d. Philos.*)
Hirschberger, J.: Paronymie und Analogie bei Aristoteles, Philos. Jahrbuch 68 (1960) 191—203 (Hirschberger, *Paronymie*)
Hirschberger, J.: Gottesbeweise. Vergängliches — Unvergängliches, in: Denkender Glaube, herausg. von J. Hirschberger und J. G. Deninger, Frankfurt 1966 (Hirschberger, *Gottesbeweise*)
Husik, Isaac: Arbeiten zusammengestellt o. 1.14

Ideler, I. L.: Aristotelis Meteorologicorum libri IV, 2 Bände, 1834/1836
Isnardi Parente, M.: A proposito di καθ' αὑτό e δυνάμει in Aristotele, Phys. A 8—9, 191 a 23 a 34, Riv. filol. 96 (1968) 129—148

Jaeger, Werner: Aristoteles, (¹1923) ²1955
Jammer, Max: Das Problem des Raumes. Die Entwicklung der Raumtheorien, Darmstadt 1960 (Jammer, *Raum*)
Jammer, M.: Der Begriff der Masse, Darmstadt 1964 (Jammer, *Masse*)
Joachim, H. H.: Aristotle's Conception of Chemical Combination, Journ. Philol. 29 (1904) 72—86 (Joachim, Journ. Philol.)
Joachim, H. H.: Aristotle, On Coming-to-be and Passing-away, Oxford 1922 (Joachim)

Kapp, Ernst: Sokrates der Jüngere, Philol. 79 (1924) 225—233
Krämer, Hans Joachim: Arete bei Platon und Aristoteles. Zum Wesen und zur Geschichte der platonischen Ontologie, Abh. Heidelberg, philos.-hist. Klasse 1959, 6, Heidelberg 1959 (Neuausgabe Amsterdam 1967) (Krämer, *APA*)
Krämer, H. J.: Der Ursprung der Geistmetaphysik. Untersuchungen zur Geschichte des Platonismus zwischen Platon und Plotin, (¹1964) ²1967 (Krämer, *UGM*)
Krämer, H. J.: Die platonische Akademie und das Problem einer systematischen Interpretation der Philosophie Platons, Kant-Studien 55 (1964) 69—101 (Krämer, *Die platonische Akademie*)
Krämer, H. J.: Retraktationen zum Problem des esoterischen Platon, Mus. Helv. 21 (1964) 137—167 (Krämer, *Retraktationen*)
Krämer, H. J.: Über den Zusammenhang von Prinzipienlehre und Dialektik bei Platon. Zur Definition des Dialektikers Politeia 534 B—C. Philologus 110 (1966) 35—70 (Krämer, *Prinzipienlehre und Dialektik*)
Krämer, H. J.: Zur geschichtlichen Stellung der aristotelischen Metaphysik, Kant-Studien 58 (1967) 313—354 (Krämer, *GS*)
Krämer, H. J.: Die grundsätzlichen Fragen der indirekten Platonüberlieferung, in:

Idee und Zahl. Studien zur platonischen Philosophie, Abh. Heidelberg, philos.-hist. Klasse 1968, 2 (Heidelberg 1968) 106—150 (Krämer, *GF*)

Krämer, H. J.: 'Επέκεινα τῆς οὐσίας. Zu Platon, Politeia 509 B, Arch. Gesch. Philos. 51 (1969) 1—30 (Krämer, *'Επέκεινα*)

Krämer, H. J.: Grundfragen der aristotelischen Theologie, Theologie und Philosophie 44 (1969) 363—382. 481—505 (Krämer, *Theologie*)

Kraus, Paul: Jābir ibn Hayyān. Contribution à l'histoire des idees scientifiques dans l'Islam, Bd. II: Jābir et la science grecque, Kairo 1942 (Mémoires . . . 42) (Kraus, *Jābir*)

Kremer, Klaus: Der Metaphysikbegriff in den Aristoteles-Kommentaren der Ammonius-Schule, Diss. Frankfurt 1961 = Baeumkers Beiträge 39, 1 (Kremer, *Metaphysik-Begriff*)

Lange, F. A.: Geschichte des Materialismus und Kritik seiner Bedeutung in der Gegenwart, ^{1}1865 (^{2}1873—1875 und danach öfter); zitiert nach der einbändigen Ausgabe, herausg. von H. Cohen, Leipzig 1887 u. ö.

Le Blond, Jean-Marie: Logique et méthode chez Aristote. Etude sur la recherche des principes dans la physique aristotélicienne, Paris 1939 (Thèse Paris) (Le Blond, *Logique et méthode*)

Le Blond, J.-M.: Aristote. Philosophe de la vie. Le livre premier du Traité sur les parties des animaux; Texte et Traduction, avec Introduction et Commentaire par J.-M. Le Blond, S. J., Paris 1945 (Le Blond, zu part. an. A)

Leisegang, Hans: Denkformen (^{1}1928) ^{2}1951

Lesky, Erna: Die Zeugungs- und Vererbungslehren der Antike und ihr Nachwirken, Abh. Ak. der Wiss. u. der Literatur Mainz, geistes- und sozialwiss. Klasse 1950, 19, Wiesbaden 1950 (Lesky)

Litt, Th.: Les corps célestes dans l'univers de Saint Thomas d'Aquin, Louvain/Paris 1963 (Philosophes médiévaux VII)

Lloyd, A. C.: Genus, Species, and Ordered Series in Aristotle, Phronesis 7 (1962) 67—90

Lobkowicz, N.: s. (The) Concept of Matter

Lugarini, Leo: Aristotele e l'idea della filosofia, Firenze 1961 (Pubblicazioni dell'Istituto di Storia della filosofia dell'Università degli studi di Milano, dirette da Mario dal Pra, 5) (Lugarini; Lugarini, *Aristotele*)

Mainberger, Gonsalv: Die Seinsstufung als Methode und Metaphysik. Untersuchungen über „Mehr und Weniger" als Grundlage zu einem möglichen Gottesbeweis bei Platon und Aristoteles, Freiburg (Schweiz) 1959 (Studia Friburgensia N. F. 24)

Mansion, Augustin: Introduction à la physique aristotélicienne, Louvain/Paris ^{2}1946

Merlan, Philip: Beiträge zur Geschichte des antiken Platonismus, Philologus 89 (1934) 35—53. 197—214 (Merlan, *Beiträge*)

Merlan, P.: Aristotle's Unmoved Movers, Traditio 4 (1946) 1—30 (Merlan, *Movers*)

Merlan, P.: From Platonism to Neoplatonism, (^{1}1953) ^{2}1960 (Neudruck 1968 mit neuer Vorrede) (Merlan; Merlan, *PN*)

Merlan, P.: Abstraction and Metaphysics in St. Thomas' Summa, Journ. Hist. Ideas 14 (1953) 284—291 (Merlan, *Abstraction*)

Merlan, P.: Metaphysik: Name und Gegenstand, Journ. Hell. Studies 77 (1957) 87—92 jetzt auch in: *Metaphysik und Theologie des Aristoteles*, herausg. von F.-P. Hager (Wege der Forschung 206), Darmstadt 1969, 251—265 (mit kleinem Nachtrag). (Merlan, *Metaphysik*)

Merlan, P.: Ὂν ᾗ ὄν und πρώτη οὐσία: Postskript zu einer Besprechung, Philos. Rundschau 7 (1959) 148—153 (Merlan, Ὂν ᾗ ὄν)

Merlan, P.: Monismus und Dualismus bei einigen Platonikern, in: Parusia (Festgabe J. Hirschberger), Frankfurt 1965, 143—154 (Merlan, *Monismus*)

Merlan, P.: ΤΟ 'ΑΠΟΡΗΣΑΙ 'ΑΡΧΑΙΚΩΣ (Arist. Met. N 2, 1089 a 1), Philol. 111 (1967) 119—121 (Merlan, 'Απορῆσαι)

Merlan, P.: Besprechung von Krämer, UGM, in: Philos. Rundschau 15 (1967) 97—110 (Merlan, Ph. R.)

Merlan, P.: Zwei Bemerkungen zum Aristotelischen Plato, Rhein. Mus. 111 (1968) 1—15 (Merlan, *ZB*)

Moraux, Paul: Alexandre d'Aphrodise. Exégète de la Noétique d'Aristote (Bibliothèque de la Faculté de Philosophie et Lettres de l'Université de Liège, Fasc. 99), Liège/ Paris 1942 (Moraux, *Alexandre*)

Moraux, P.: L'évolution d'Aristote, in: Aristote et Saint Thomas d'Aquin. Journées d'études internationales (Louvain 1957) 9—41 (Moraux, *L'évolution*)

Moraux, P.: Quinta essentia, RE XXIV 1171—1263 (1956), mit Addenda ib. 1430 bis 1432 (1962) (Moraux)

Morel, G.: De la notion de principe chez Aristote 23 (1960) 487—511. 24 (1961) 497 bis 516

Muskens, Georgius Laurentius: De vocis ἀναλογίας significatione ac usu apud Aristotelem, Diss. Nijmegen, Groningen 1943

Neumark, David: Arbeiten zusammengestellt o. 1. 14

Natorp, Paul: Thema und Disposition der aristotelischen Metaphysik, Philosophische Monatshefte 24 (1888) 37—65. 540—574 (Natorp, *Thema und Disposition*)

Oehler, Klaus: Die Lehre vom noetischen und dianoetischen Denken bei Platon und Aristoteles, 1962 (Oehler)

Oggioni, Emilio: in: La Metafisica, tradotta da Pietro Eusebietti, con una introduzione storica analitica e filosofica a cura di Emilio Oggioni, Padova 1950 (Pensiero e civiltà I 3). Oggionis Introduzione umfaßt ca. 425 großformatige, enggedruckte Seiten!

Owen, G. E. L.: Logic and metaphysics in some earlier works of Aristotle, in: Aristotle and Plato in the Mid-fourth Century, Göteborg 1960, 163—190 (Owen, *Logic and metaphysics*)

Owens, Joseph: The Doctrine of Being in the Aristotelian Metaphysics, ([1]1951) [2]1963 (Owens)

Owens, J.: Matter and Predication, s. (The) Concept of Matter (Owens, *Matter and Predication*)

Patzig, Günther: Die Entwicklung des Begriffs der Usia in der ‚Metaphysik' des Aristoteles, Diss. masch. Göttingen 1950 (Patzig, *Usia*)

Patzig, G.: Theologie und Ontologie in der ‚Metaphysik' des Aristoteles, Kantstudien 52 (1960/61) 185—205 (Patzig; Patzig, *Theologie und Ontologie*)

Philippe, M. D.: 'Αφαίρεσις, πρόσθεσις, χωρίζειν dans la philosophie d'Aristote, Revue Thomiste 48 (1948) 461—479

Preiswerk, Andreas: Das Einzelne bei Platon und Aristoteles, Leipzig 1939 (Philologus Supplement 32, 1)

Raible, Wolfgang: Aristoteles und der Raum. Untersuchung des aristotelischen Toposbegriffes, Diss. Kiel 1965

Reale, Giovanni: Il concetto di filosofia prima e l'unità della metafisica di Aristotele (Pubblicazioni dell'Università Cattolica del Sacro Cuore), Milano [1]1961, [2]1965 (verbessert), [3]1967 (= [2]1965, mit Zusatz einer ‚Avvertenza alla terza editione' p. XIX—XXII) (Reale; Reale, *Concetto*)

Reale, G.: La dottrina aristotelica della potenza, dell'atto e dell'entelechia nella Metafisica, in: Studi di filosofia e di storia della filosofia in onore di Francesco Olgiati, Milano 1962, 145—207 (Reale, *La dottrina*)

Reale, G.: L'impossibilità di intendere univocamente l'essere e la ‚tavola' dei significati di esso secondo Aristotele, Riv. filos. neoscol. 56 (1964) 289—326 (Reale, *L'impossibilità*)

Reale, G.: Teofrasto e la sua aporetica metafisica. Saggio di ricostruzione e di interpretazione storico-filosofica con traduzione e commento della „Metafisica", Brescia 1964 (Reale, *Teofrasto*)

Reale, G.: Aristotele, La Metafisica. Traduzione, introduzione e commento di G. R., 1.2, Napoli 1968 (Filosofi Antichi 1.2) (Reale, Komm.)

Rivaud, Albert: Le problème du devenir et la notion de la matière dans la philosophie grecque depuis les origines jusqu' à Théophraste, Thèse Paris, Paris 1905

Robin, Léon: La théorie platonicienne des idées et des nombres d'après Aristote. Étude Historique et Critique, Paris 1908 (Nachdruck Hildesheim 1963) (Robin; Robin, *Théorie*)

Robin, L.: La théorie platonicienne de l'amour, Paris 1908

Robin, L.: Études sur la signification et la place de la physique dans la philosophie de Platon, Revue Philosophique de la France et de l'Etranger, 43e année (tome 86) 1918, 177—220. 370—415 = L. Robin, La pensée hellénique des origines à Epicure, ([1]1942) [2]1967, 231—336. Wesentliche Auszüge daraus bei Wippern. (Robin, *La physique*)

Robin, L.: Platon, Paris 1935

Robin, L.: Aristote, Paris 1944

Robin, L.: Les rapports de l'être et de la connaissance d'après Platon (Vorlesungen 1932/1933), Paris 1957 (Robin, *Les rapports*)

Schramm, Matthias: Die Bedeutung der Bewegungslehre des Aristoteles für seine beiden Lösungen der zenonischen Paradoxie, 1962 (Schramm)

Schramm, M.: Aristotelianism: Basis and Obstacle to Scientific Progress in the Middle Ages, History of Science 2 (1963) 91—113 (Schramm, *Aristotelianism*)

Schreckenberg, Heinz: Ananke. Untersuchungen zur Geschichte des Wortgebrauchs (Zetemata 36), München 1964

Schulz, D. J.: Das Problem der Materie in Platons ‚Timaios', Bonn 1966 (Abh. zur Philos., Psych. und Pädagogik 31)

Sinnige, Th. G.: Matter and Infinity in the Presocratic Schools and Plato, Assen 1968 (Philosophical Texts and Studies 17)

Skemp, J. B.: ὕλη and ὑποδοχή, in: Aristotle and Plato in the Midfourth Century, Göteborg 1960, 201—212

Soleri, Giacomo: Evoluzione e struttura della Metafisica aristotelica, Rivista filos. neoscol. 42 (1950) 462—477 (Soleri, *Evoluzione e struttura*)

Soleri, G.: Temi e problemi aristotelici in alcune recenti pubblicazioni, Rivista di studi classici 4 (1956) 124—141 (Soleri, *Temi e problemi*)

Soleri, G.: Orizzonte della Metafisica Aristotelica, Sapienza 11 (1958) 29—60. 135—166 (Soleri, *Orizzonte*)

Solmsen, Friedrich: Aristotle's System of the Physical World. A Comparison with his Predecessors, Ithaca 1960 (Solmsen; Solmsen, *System*)

Solmsen, F.: Aristotle's Word for Matter, in: Didascaliae (Studies in Honor of A. M. Albareda O. S. B.), New York 1961, 395—408 (Solmsen, Festschrift Albareda)

Stallmach, Josef: Dynamis und Energeia, 1959

van Steenberghen, Fernand: Erkenntnislehre, Einsiedeln/Zürich/Köln 1950

Stenzel, Julius: Zahl und Gestalt bei Platon und Aristoteles, ([1]1924) [3]1959 (Stenzel, *Zahl und Gestalt*; Stenzel, *ZuG*)

Theiler, Willy: Die Entstehung der Metaphysik des Aristoteles, Mus. Helv. 15 (1958) 85—105; jetzt auch in: *Metaphysik und Theologie des Aristoteles*, herausg. von F.-P. Hager (Wege der Forschung 206), Darmstadt 1969, 266—298 (Theiler, *Entstehung*)

Theiler, W.: Einheit und unbegrenzte Zweiheit von Plato bis Plotin, in: Isonomia (Berlin 1964) 89—109 (Theiler, *Einheit*)

Topitsch, Ernst: Vom Ursprung und Ende der Metaphysik. Eine Studie zur Weltanschauungskritik, Wien 1958
TP s. K. Gaiser, Platons Ungeschriebene Lehre
Tricot, J.: Aristote, La Métaphysique I/II, ²1953
Tugendhat, Ernst: ΤΙ ΚΑΤΑ ΤΙΝΟΣ, Freiburg-München 1958
Tugendhat, E.: Rezension von W. Wieland, Die aristotelische Physik, in: Gnomon 35 (1963) 543—555 (Tugendhat; Tugendhat 1963; Tugendhat, Gnomon 1963)

de Vogel, C. J.: La dernière phase du platonisme et l'interprétation de M. Robin, Studia Varia Carolo Guilelmo Vollgraff oblata, 1948, 165—178 (de Vogel, *La dernière phase*)
de Vogel, C. J.: Problems Concerning Later Platonism, Mnemos. IV 2 (1949) 197—216. 299—318 (de Vogel, *Problems*)
de Vogel, C. J.: Examen critique de l'interprétation traditionelle du Platonisme, Revue de Métaphysique et de Morale 56 (1951) 249—268 (de Vogel, *Examen critique*)
de Vogel, C. J.: On the Neoplatonic Character of Platonism and the Platonic Character of Neoplatonism, Mind N. S. 62 (1953) 43—64 (de Vogel, *Neoplatonic Character*)
de Vogel, C. J.: Platon a-t-il ou n'a-t-il pas introduit le mouvement dans son monde intelligible?, Proceedings 11th Internat. Congress of Philosophy, vol. XII (1953) 61—67 (Vogel, *Platon a-t-il*)
de Vogel, C. J.: A la recherche des étapes précises entre Platon et le Néoplatonisme, Mnem. IV 7 (1954) 111—122 (de Vogel, *Étapes*)
de Vogel, C. J.: La théorie de l'ἄπειρον chez Platon et dans la tradition platonicienne, Revue philos. de la France et de l'Etr. 149 (1959) 84ème année 21—39 (de Vogel, *Apeiron*)
de Vries, J.: Zur aristotelisch-scholastischen Problematik von Materie und Form, Scholastik 32 (1957) 161—185 (de Vries 1957)

Wagner, Hans: Zum Problem des aristotelischen Metaphysik-Begriffes, Philos. Rundschau 7 (1959) 129—148 (Wagner)
Wagner, H.: Aristoteles, Physik-Vorlesung, übersetzt von Hans Wagner (Aristoteles, Werke . . . 11), Berlin-Darmstadt 1967 (Wagner, Komm.)
Weiss, Helene: Kausalität und Zufall in der Philosophie des Aristoteles, Basel 1942
Wieland, Wolfgang: Die aristotelische Physik. Untersuchungen über die Grundlegung der Naturwissenschaft und die sprachlichen Bedingungen der Prinzipienforschung bei Aristoteles, 1962
Wilpert, Paul: Zwei aristotelische Frühschriften über die Ideenlehre, 1949
Wilpert, P.: Die Elementenlehre des Platon und Demokrit, in: Natur, Geist, Geschichte (Festschrift A. Wenzl), 1950, 99—118 (Wilpert, *Elementenlehre*)
Wippern, Jürgen (Herausgeber): Das Problem der ungeschriebenen Lehre Platons. Beiträge zum Verständnis der Platonischen Prinzipienphilosophie (Wege der Forschung, Bd. 186), Darmstadt 1970. Enthält u. a.: E. Berti, Giornale di metafisica 19, 1964, 546—557. E. Berti, Rivista critica di Storia della Filosofia 20 (1965) 231—235. H. Cherniss, Teile aus *Riddle*. H. Gomperz, *System*. H. J. Krämer, *Prinzipienlehre und Dialektik*. L. Robin, *La physique*. de Vogel, *La dernière phase* und *Problems*.

2) Literatur zur aristotelischen Hyle (Auswahl)

Vgl. insgesamt oben Abschnitt 1.1 der Arbeit. Die im vorstehenden Verzeichnis der abgekürzt zitierten Literatur genannten Untersuchungen werden hier nicht noch einmal aufgeführt, siehe dort unter Baeumker; Berg; Berger; Cencillo; Chen, *Universal Concrete*; Claghorn; Concept of Matter; Donoghue; Hager; Hertling; Husik; Jammer;

Lange; Moraux, *Quinta essentia*; Neumark; Philippe; Raible; Reale, *La dottrina*; Rivaud; Schulz; Sinnige; Skemp; Solmsen, Festschrift Albareda; Stallmach; de Vogel, *Apeiron*; de Vries. Außerdem ist noch Folgendes erwähnenswert:

Frère Augustin-Gabriel: Matière intélligible et mathématique, Laval Théologique et Philosophique (Québec) 17 (1961) 173—196 (historischer Teil über Aristoteles). 18 (1962) 177—210 (systematischer Teil)

Baeumker, Clemens: Herr Fr. Gundisalv Feldner und mein „Problem der Materie in der griechischen Philosophie", Philos. Jahrb. 11 (1898) 182—189

Demos, R.: Aristotle's Conception of Matter, Class. Weekly 39 (1946) 135f

Doebele, J.: Is Aristotle's Substrate of Change Basically Ambiguous?, Philos. Studies (Saint Patrick's College, Maynooth, Ireland) 11 (1961/62) 158—173

Engel, G.: Über die Bedeutung der ὕλη bei Aristoteles, Rhein. Mus. 7 (1850) 391—418

Fehrenbach, B.: Chora und Aisthesis im platonischen Timaios, Diss. Freiburg 1954

Herter, Hans: Bewegung der Materie bei Platon, Rhein. Mus. 100 (1957) 327—347

King, H. R.: Aristotle without Prima Materia, Journ. Hist. Ideas 17 (1956) 370—389

Klowski, J.: Das Entstehen der Begriffe Substanz und Materie (sc. bei den Vorsokratikern), Arch. Gesch. Philos. 48 (1966) 2—42

Owens, Joseph: The Aristotelian Argument for the Material Principle in Bodies, in: Naturphilosophie bei Aristoteles und Theophrast (Verhandlungen des 4. Symposium Aristotelicum, Göteborg 1966, herausg. von I. Düring), Heidelberg 1969, 193—209

Reagan, J. T.: The Material Substrate in the Platonic Dialogues, Diss. Saint Louis-University, Saint Louis 1960 (Mikrofilm UB Bonn)

Reitz, J.: Die Aristotelische Materialursache, Philos. Jahrb. 7 (1894) 281—294. 8 (1895) 158—171. In Bd. 9 (1898) 120 steht: „Erklärung. Von der Fortsetzung der im Jahrgang 1894 dieser Zeitschrift begonnenen Abhandlung von J. Reitz: ‚Die Aristotelische Materialursache' wurde Abstand genommen, da eine auffallende Übereinstimmung derselben mit Prof. Baeumkers ‚Problem der Materie' sich herausgestellt hat. Die Redaction."

Šanc, Franciscus (S. J.): Sententia Aristotelis de compositione corporum e materia et forma in ordine physico et metaphysico in elementis terrestribus considerata, Zagreb 1928

Scherler, Johannes: Darstellung und Würdigung des Begriffs der Materie bei Aristoteles, Diss. Jena, Potsdam 1873

Schuster, J. B. (S. J.): Eine neue Deutung des Aristotelischen Hylebegriffs, Scholastik 10 (1935) 31—54

Solmsen, F.: Aristotle and Prime Matter (A Reply to H. R. King), Journ. Hist. Ideas 19 (1958) 243—252

Voisine, G.: Le système de la matière et de la forme, Revue de philosophie 22ème année (tome 29) 1922, 586—607

de Vries, J.: Zur Sach-Problematik von Materie und Form, Scholastik 33 (1958) 481 bis 505

Williams, Donald C.: Form and Matter, Philos. Review 67 (1958) 291—312. 499—521

Winner, Karl-Heinz: Die dualistische Interpretation des Seienden, aufgezeigt am aristotelischen Verständnis der πρώτη ὕλη, Diss. München 1967

REGISTER

1. Stellen-Index; 2. Namen-Index; 3. Sach-Index

Die Register ergänzen einander, so daß in Zweifelsfällen stets auch die anderen Indices zu Rate gezogen werden müssen. — Besonders wichtige Stellen sind *kursiv* gedruckt.

1. Stellen-Index

463 = Seite 463; 463 A. 794 = Anm. 794 auf Seite 463; 463, — A. 794 = Seite 463 Text und Seite 463 Anm. 794. — Die Schriften eines Autors sind alphabetisch geordnet.

2. Namen-Index

3. Sach-Index

Verweise beziehen sich, wenn nicht anders gesagt, auf den Sach-Index (z. B., → 6' = ,vergleiche Nr. 6' eines Index-Artikels). Die *griechischen* Wörter sind nach dem *lateinischen* Alphabet geordnet. Abkürzungen: A(nmerkung), Ar(istoteles), ar(istotelisch), gg. = gegen, Ggs. = Gegensatz, H(yle), Mat(erie), m(it), Pl(aton), pl(atonisch), Pr(inzip), Sp(eusipp), sp(eusippisch), u(nd), X(enokrates), x(enokrateisch), zw(ischen), → = ,siehe, vergleiche', ~ = ,hat zu tun mit, ist verbunden mit' o. dgl., > ,wird zu, hat Einfluß auf' o. ä., < ,leitet sich her von, wird beeinflußt von' o. ä.

ἀρχή: ἀρχαί der Math. 590f.; — ar. H. Teil der griech. ἀ.-Tradition 807, → Prinzip; — ἐπὶ τὰς ἀρχάς → Analyse; — ἀπὸ τῶν ἀρχῶν → Synthese; — Substanz als ἀ. bei Ar. → Verdringlichung

argumentum ex parte motus, a. ex gradibus perfectionum → Weg zum Prinzip 2

Aristoteles (sehr knappe Auswahl, → die einzelnen Stichwörter, wo jeweils Verweise);

1) einzelne Schriften: a) ‚biolog.' Schriften 73—75, nicht ‚spät', sondern ‚früh' 74, wichtig für ontolog. Probleme (u. a. H.) 45; b) Metaphysik: ar. Met. schließt verschiedene Denkansätze ein (z. B. ΓΚ—ΖΗΘ), bildet aber doch (dynam.) Einheit 272f.; — insbes. ‚Bruch' zw. ΓΕΚ u. den übrigen Met.-Büchern nicht nachweisbar 447—460: ΓΕΚ Ableitungssystem — sonst nicht? 447, Abstraktion u. καθόλου in ΓΕΚ noch ‚seinserfüllt'? 448, ΓΕΚ noch reine Ggs.-Lehre ohne Substrat? 448—453, ΓΕΚ Paronymie — sonst ἀναλογία? 453—456, ΓΕΚ letztes H.-Pr. vorhanden — sonst nicht? 456—458, → Entwicklung 2; — über die pl.-ak. Tendenzen von ΓΚ s. unten → 4a; — met. Κ dem Inhalt nach ar. u. von ΒΓΕ (mindestens z. T.) unabhängig 404f., Κ ebenso ‚ontolog.' wie ‚theolog.' (gg. Muskens, Merlan, z. T. Owens) 405—410; c) ‚naturwiss.' Schriften von Cencillo zu wenig verwertet 46 A. 200; d) Echtheit von meteor. 4 umstritten, aber H.-Begriff von meteor. 4 ‚ar.' 519f.; e) vgl. insgesamt → Chronologie, Entwicklung;

2) System; obwohl Ar. je nach den einzelnen Pragmatien ‚isolierend' denkt (75 A. 324), gibt es ein ar. → ‚System': ar. Stufung des Seins u. der H. (~ Pl., Ak.) 260—270 (Zusammenfass.); — Ar. lehrt eine vielfach differenzierte (→ Chorismos), stark → kosmolog. (vgl. → Kosmos) u. → räumlich ponderierte, um die → Substanz zentrierte, (z. T.) → ‚reihenhaft' geordnete → Stufung des → Seins (vgl. → Möglichkeit) = des → Wertes, deren 2 Seins- bzw. Wert-Pr.ien (→ Beweger, Dualismus, Form, Hyle, Prinzip) in abgestufter Wirkungsweise (→ Prinzip, Stufung) mit 2 Arten von → Kausalität, nämlich einerseits mit → Kausalmechanismus (→ Notwendigkeit) andererseits m. → teleolog. → Liebesstreben, die Seinsschichtung zusammenfassen u. strukturieren; — die u. a. diese Stufung untersuchende philos. Grundwissenschaft ist demgemäß zugleich Ontologie, Theologik, Substanz-Wiss. u. Pr.ien-Wiss. (→ Metaphysik); die Seinsstufen sind zugleich νοητά u. bilden mit anderen νοητά ‚außerhalb' der Seinshierarchie eine Stufung der νοητά (→ Abstraktion, Möglichkeit 1 b, νόησις, νοητόν), die der Geist (→ νοῦς) auf verschiedenen Erkenntniswegen (→ Weg zum Prinzip) durchläuft, wobei er das Sein (innerhalb u. außerhalb der kosm. Stufung) auf seine Pr.ien zurückführt (→ Analyse, ὂν ᾗ ὄν, Pros-hen, Weg zum Prinzip); — die ar. Seinsschichtung u. ihre Pr.ien sind im ganzen qualitativ-eidetische (→ Qualität) Geiststrukturen (vgl. 51), zeigen jedoch gelegentlich Tendenzen zum Quantitativen (→ Qualität) u. zur → Verdinglichung; — der menschl. Geist (auch der des Philosophen) geht von allerlei ‚Vorgegebenem' (Dinge, Geschichte, Mythos, Sprache, communis opino; → Tradition) aus, bleibt aber nicht dabei stehen, sondern ergreift → spontan durch das Vorgegebene hindurch die → ‚Sachen selbst'' indem er sich zugleich nach innen wendet (→ νοῦς 1); — Ar. ist also weder ein rein subjektivistischer → ‚Idealist' noch ein → ‚Realist', der scharf → Begriff (bzw. Erkenntnis) u. Ding gegenüberstellt u. den Geist passiv den Dingen anheimgibt;

3) Wege der Ar.-Deutung (Forschungs- u. Problemgeschichte): → Abstraktion 6, Begriff 1, Hermeneutik, Metaphysik 1, Möglichkeit 4, Prinzip 2e;

4) Ar. < Pl., Ak.: a) met. ΓΕΚ (vgl. o. → 1b): ‚pl.-ak.' Tendenz von ΓΚ im ganzen sicher 460f., im einzelnen nicht leicht verifizierbar 461—472, jedenfalls Terminologie (nicht direkt u. explizit ὕλη u. ὑποκείμενον) u. Denkschemata stark ‚ak.' 272, die Lehre selbst der Sache nach letztlich ar.: α) typ.

35; β) ‚Synonyma': ἀνάγκη → Notwendigkeit; — δυνάμει ὄν → Möglichkeit; — ὑποκείμενον → Substrat; → schlecht, usw.; γ) ‚Opposita': εἶδος → Form; → gut; → νοῦς; → Teleologie, usw.; — vgl. met. Θ 6, wo δύναμις nicht direkt, sondern vom Opp. ἐνέργεια aus erklärt wird 59 A. 249; δ) H. phänomenolog. von Ar. beschrieben z. B. phys. α, met. Z 3, gen. corr. A 3, 317b 13ff. B 1, 328b 31ff. (vgl. 59 A. 247), → Stellen-Index, Näheres → 3—6; ε) zu den mod. Deutungen der ar. H. → Aristoteles 3 (Verweise);

3) die Vielfachbedeutung von H. 40—45 (Cencillo), 681, *784—804*; a—e im Kosmos, f—h ‚außerhalb' des Kosmos: a) ar. Seins-Stufung eingespannt zw. die 2 Pole der reinen Form (unb. Bew.) ‚oben' u. der reinen H. (H.-Pr.) ‚unten', wobei von ‚oben' nach ‚unten' die Form (Sein, Wert, Telos, Wirklichkeit) ab-, die H. (‚Nichtsein' = Kontingenz, Unwert) zunimmt u. zwar von Supra- zu Sublunar, innerhalb des Ätherbereiches u. innerhalb des sublun. Raumes jeweils von ‚oben' nach ‚unten' (Elementar-Bereich, Scala naturae), wobei Ar. diese Hierarchie stark räumlich denkt u. die Pr.ien lokalisiert, den unb. Beweger oben, das H.-Pr. = Erde unten, Belege u. Näheres → Form 1, Raum 2a, 2c, Teleologie 1bγ, vgl. 438 (H. bewirkt nicht direkt Rangstufung der sublun. εἴδη, geht aber mit ihr parallel), 547 (H. mit Homoiomere ‚unten' identifiziert, die ‚eisernen Bestand' an Stoffen bilden), 681 (Früher-Später-Verhältnis der Stufen u. ihrer H.); b) H. — Form als Strukturbegriff der ar. → Stufung des Seins: jeweils obere Stufe: untere St. = Form: H., Näheres → Raum 2b; vgl. unten → 3eγ unter δδ; c) H. ∼ oberste Seinsschicht: in Stufe der unb. Beweger spricht Ar. nicht von H. (bzw. δύναμις) 433—440 (Vermutungen; Vergleich des ar. Systems m. den pl.-ak. Systemen); d) H. im Ätherbereich (ὕ. τοπική): ὕ. τοπική 497—503, 691 (ar. ‚Ideal'-Mat., vgl. 253 A. 870), Näheres → Äther 3; — viell. 2 Arten von ὕ. τοπ. zu unterscheiden: α) sublun. ὕ. τ. m. Möglichkeit zu geradliniger Bewegung u. Stillstand, β) supralun. ὕ. τ. m. Kreisbew. u. Mögl. verschiedener Bew.-Richtung 502f., s. unten → 3eγ unter δδ; e) H. im sublun. Raum: α) H. als unterstes → Substrat des Werdens: unterstes Substr. in ‚biolog.' Schriften (im weit. S.) u. meteor. 4 die 4 Elementar-Qualitäten (→ Element 2) od. sogar die → Homoiomere, in den anderen Schriften (cael. ΓΔ, gen. corr., meteor. A; ‚klass.', ‚kanon.' Lehre) die prima mat. *298—309*; — Umwandlung der Elemente ineinander (zentrale Lehre der ar. Ontologie) beruht auf prima mat. 299; — prima mat. = Substr. des *sublunaren* Werdens genau zu unterscheiden vom allgemeinsten H.-Pr., das auch ὕ. τοπική, νοητή usw. einschließt (s. unten → 4b) 35f., 309, 665f., 696—698, d. h. prima mat. ist eine Erscheinungsform (unter anderen) des obersten H.-Pr.s 698; — Ggs. prima mat. = unterstes Substr. — differenzierte, ‚spezifische' H. (ὕ. οἰκεία καὶ ἴδιος) 35, 41, vgl. unten 3eβ; — in ar. Stufung der H. kein Überspringen von Stufen: bei Werden u. Vergehen Rückgriff auf eine der ‚nächstniederen' Stufen (bzw. Materien), d. h. die höheren Schichten basieren auf den Homoiomere (Elementen), die Elemente auf der prima mat. 41, 706f., in scholast. Stufung dagegen wird stets auf die prima mat. zurückgegangen 41 m. A. 175, 706f. m. A. 130, vgl. → materia; — Seinsweise: unkörperlich 692 u. ö. (s. unten → 6dα), ‚der Mögl. nach' physik. Körper 304, existiert als solche nicht aktuelle 304 (vgl. → Möglichkeit 2a), nur in einer Hinsicht bestimmt, sc. als Substrat von Ggs.en (Wechselwirkung) 309, als (fast) ‚reine Möglichkeit' mit sich selbst identisch, dagegen verschieden nach ihrer aktuellen Ausprägung (Einheit u. Differenz) 306, kann, weil (fast) bestimmungslos, vom Geist nur indirekt erfaßt werden 305, vgl. unten → 5a; — Terminologie: πρώτη ὕλη s. o. → 1bα; — ὕ. γεννητὴ καὶ φθαρτή ≠ ‚erzeugbare (erzeugte) u. vergängliche (vergangene) H.' (sie ist als solche ungeworden u. unvergänglich, vgl. auch unten → 6e), sondern = ὕ. τῆς γεννήσεως καὶ φθορᾶς 692 A. 73, 804 A. 626; β) ‚differenzierte' H. (vgl. auch → α): Unterschied zw. mat. ultima (ἐσχάτη ὕ.) = indiv. Mat. einer Substanz, u. mat. propria (ὕ. οἰκεία καὶ ἴδιος) = ‚spezif. Mat.' (aus der eine Substanz entsteht bzw. in die

sie vergeht, vgl. → α u. unten → γ zur H. der Zeugung) 45; — Identität u. Verschiedenheit von ἐσχάτη ὕ. u. εἶδος 30 A. 117, 45, 550, 788, 790 m. A. 557, vgl. 26—30 (Stenzel), Ident. u. Unt. an ‚biolog.' Beispielen (Leichnam od. dgl.) aufzeigbar, weil der Leichn. ἐσχάτη ὕ. ohne Wesensform (d. h. leeres σχῆμα) ist 45, 550, → Exemplum 1; γ) H.-Form-Relation transkategorial, d. h. erscheint in allen Kategorien, in denen ‚Veränderung' stattfindet: Substanz, Qualität, Quantität, Art 301, 515 A. 227, 681, 788f., *792—794*, vgl. u. → 4b; αα) Substanz: s. generell o. → α (ὕ. γεννητὴ καὶ φθαρτή), auch → β; — H. der Zeugung → Katamenien, weiblich, Zeugung (auch → Vererbung), Blut als H. von allem Körperlichen → Blut, weiter → Homoiomere; ββ) Qualität 690, 793 m. A. 570/571, ferner → Form 1, Substrat 1, 2; γγ) Quantität: ar. Lehre vom Wachstum 368, 742, H. des Wachstums 734, 793; δδ) H. des Ortes *793 m. A. 571, 573*: Ar. versteht darunter die ‚δύναμις zur Ortsbewegung' (793 A. 570; vgl. → 3dα), offenbar aber auch (cael. Δ 4; 793 A. 570) das Strukturgesetz der ar. Seinsstufung Oberes : Unteres = Form : H. (s. o. → 3b); δ) H. ~ Objekt der Physik s. unten → 3gα; f) ὕλη νοητή: Synopse (Verwandtes—Trennendes) der 2 Arten von ὕ. ν. (α math. H., β genus als H.) 645, 647—649, 794f.; — ὕ. ν. zu wenig berücksichtigt bei Baeumker 18, Winner 46 A. 202; α) Math.: Termini ὕλη νοητή, ἡ τῶν μαθηματικῶν ὕ. 601; — ≠ ar. ‚Raum' (τόπος = ‚georteter Platz', → τόπος) 602—604 (vgl. aber 123f.), ≠ math. od. physik. ‚Raum' 127f., ~ διάστασις ‚Ausdehnung' 604f., = ὕ. τοῦ μεγέθους (bzw. μέγεθος) d. h. = absolute math. Ausdehnung 606—609, = unbestimmtes kontinuierl. Quantum (ποσὸν καὶ συνεχές) 584, 601 u. ö., in einer, 2 od. 3 → Dimensionen 584; — wird aus einem Körper durch Eliminieren von Begrenzung u. αἰσθητὰ πάθη gewonnen (δ 2) 123f., kann als solche noetisch erfaßt werden 598f.; — Stufen der math. H.: αα) math. H. im Sinnlichen latent vorhanden, ββ) noetisch ‚aktuelle' math. H. als durch die Form bestimmbare 609; — math. H. nur → Individuations-Pr. für math. Synola (z. B. indiv. Kreis), also für math. Form (u. Mathematika) unwesentlich? 610f., od. für math. Form (u. Math.) wesentlich? 611—613, Ursachen für diese Unstimmigkeiten 615 (vgl. u. gβ); — Weiteres → Mathematik(a); — ar. ὕ. ν. ≠ Chora des pl. Tim., weil ὕ. ν. außer ‚reiner Extensio' keine physikal. Eigenschaften besitzt 127f.; β) ‚logische' ὕ. ν. 26—29 (gg. Stenzel), *639—647*: γένος als ὕ. = δυνάμει ὄν soll (als ar. κοινωνία τῶν γενῶν) die Einheit des ar. Art-Eidos (bzw. der Wesensdefinition) erhalten 641—643, ontol. Geltung der Genera bei Ar. schwankend 644—647, oberste Substanz (unb. Beweger) als reine ὕ. ν.? 646f.; — g) Abstraktionsstufen von H. (‚indiv.'/‚konkrete' — ‚verallgemeinerte' H.): die in a—f u. h genannten H.-Arten sind zugleich νοητά = Abstraktions-Objekte bzw. -Stufen, aus denen durch Abstraktion noch weitere ‚abstrakte' H.-Arten (bzw. H.-Stufen) gewonnen werden könnten, → Abstraktion 3, 4, Möglichkeit 1b u. unten → γ; 3 Fälle wichtig: α) H. ~ Objekt der Physik: da Bewegung H. voraussetzt 571, bezieht Physik = Wiss. vom bewegten Seienden (570f.) die H. mit ein 571—577 u. zwar, da nur das Allgemeine wissenschaftlich faßbar ist (571f.), eine ‚allgemeine H.' (ἤδη ἡ ὕλη ὡς καθόλου) 572—581, ~ scholast. mat. sensibilis communis; β) H. ~ Objekt der Math.: Ar. tendiert danach, auch bei den Math. ‚indiv. Synolon' (m. indiv. ὕ. ν. = mat. intelligibilis indiv.) u. ‚allgem. Synolon' (m. allgem. ὕ. ν. = mat. intell. communis) zu unterscheiden 612; vgl. auch o. → fα; γ) Abstraktionsstufen der H.: αα) ‚indiv. Material (indiv. Techne-Produkt)', s. o. → 3eβ, unten → 6bγ, vgl. 681; — verallgemeinertes ‚Material' einer bestimmten Gruppe (z. B. Art) von Lebewesen, Techne-Pr., s. o. → gα; — ‚Material' überhaupt von ‚Lebewesen, Techne-Pr.' überhaupt, vgl. etwa → Analogie 2b; — ‚Materie' (ὕλη) jedweder ‚Form'; — das ‚Woraus' (ἐξ οὗ), s. → formal; ββ) andere Abstraktionsstufen von H. s. unten → 5bβ; h) weitere H.-Arten: α) Auge H. der Sehkraft 795, β) Stimme (Laut) H. der Sprache 795f., γ) ἡ τῶν πρακτῶν ὕ. 796f., δ) ὕ. ‚Gegenstand,

Thema‘ einer wiss. Untersuchung 797f., ε) Prämissen als H. der Conclusio 798 A. 598;

4) die Einheit in der Verschiedenheit, H. als umfassendes Seins-Pr. (a, b, c überschneiden sich): a) reihenhafte Stufen-Ordnung der H.-Arten (→ Stufung 2d; Verweise) 35f., 40f. (sublunare — supralunare H.), 152, 375, 457f., *689—703*: H.-Arten des ar. Kosmos in reihenhafter Seins- u. Wertstufung des Früher—Später angeordnet (ὕ. τοπική — γεννητή καὶ φθαρτή — ἀλλοιωτή — αὐξητὴ καὶ φθιτή) 689—693, wobei die vorgeordneten Glieder (bes. die ὕ. τοπική) die Allgemeinheit der Seins-Priorität besitzen 691f.; — diese Reihen-Ordnung der H. wird durch die Erkenntnis-Wege zur H. bestätigt, → c; b) H. als Seins-Pr. *660—670*, *675—677*, *798—807* u. ö.: H. ist → Relations-Begriff 23—26 (Jaeger), 27f. (Stenzel), 30 A. 118 (Ross, Owens), 33 A. 137 (Merlan), 38f., 284—289, *784—804* (bes. 798 A. 599; vorgeführt o. → 3), u. als solcher wiederhol-, übertrag- u. formalisierbar 798f., trotzdem kein rein subjekt. Hilfsbegriff bzw. ‚Leerschema‘, sondern ‚objektive‘ Seinsstruktur 798f., die (in Rangfolge angeordneten) H.-Form-Relationen gehen nicht ins Unendliche fort (→ regressus in infinitum) 799, sondern gründen in Ur-Relation ‚reine H. — reine Form‘ 799, d. h. in den obersten Seins-Pr.ien H. — Form 799f., → Analogie 2a; — H. als umfassendes ‚geistiges‘ Seins-Pr. 32, 545 A. 117, 678, 702f., *804—807*, nicht auf Form reduzierbar (gg. Owens) 805 m. A. 628 (Weiteres → Dualismus 2), H.-Pr. je allgemeiner, desto ‚formaler‘ u. ‚funktionaler‘ (vgl. o. → 3gγ unter αα), aber doch kein leerer → Formal- bzw. → Funktional-Begriff 682—686 (vgl. 284—289, bes. 288, 686—688), formal-abstrakt u. schließt doch ontolog. Seinsfülle u. Konkretheit ein 799f., keine dinghafte Seinsweise u. doch nicht Nichts 46, 279 A. 4 (O'Donoghue), kein bloßer → ‚Grenzbegriff‘, sondern unabweisbare Realität sui generis 46, 805 (→ Realität 1, wo Verweise, ferner o. → 3eα, unten → 6), a- od. prae-kateg. Sein (äußerster Bezugspunkt, der auch allen Negationen voraufliegt) 663f., nicht nur gegeben, sondern auch ‚aufgegeben‘ 805f., auf verschiedenen Wegen erreichbar (s. o. → 2a, unten → 5b) 806, vom νοῦς erfaßt u. garantiert 55, 806f.; — ar. H. geht also weit über das ‚Sinnliche‘ hinaus (‚Ideal-Materien‘ prima mat., ὕ. τοπική, νοητή usw.) u. gipfelt in übergreifendem ‚noet.‘ H.-Pr. (gg. Krämer) 439f. m. A. 662 (vgl. 36, 253 A. 870), H.-Pr. wurde auch nicht an sinnl. Körper-Substanzen entwickelt u. von da sekundär auf andere Bereiche übertragen (so einige Interpreten, 803 A. 623), sondern von vornherein umfassendes Seins-Pr. (νοητόν) m. Ausprägung in vielen (Seins-)Bereichen (< pl.-ak. Seins-Pr.) 803f. m. A. 625/626;

→ Prinzip 1c, 2c, zu den Wesenszügen (Funktionen) des ar. H.-Pr.s vgl. unten → 6, zur Herkunft < Pl., Ak. s. unten → 7; c) zu den Wegen, die Einheit der H. in der Vielheit aufzufinden, s. unten → 5b;

5) H. u. Erkenntnis: a) H. u. Erkenntnis 18, 38, 39 A. 164, 166, 46; ar. H. (weil unbestimmt u. unbegrenzt) an sich unerkennbar 38, 39 A. 166, 52, 304f. (prima mat.), 561—563 (vgl. 774), aber die (z. T. geformten = bestimmten) H.-Besonderungen (gewisse Ausnahmen: math. Synola 610, 613, Individuen 562f., → Individuum) sind noetisch erfaßbar 562, 660, u. auch zum H.-Pr. selbst gibt es Erkenntnis-Zugänge (gg. Rivaud 20f., Jaeger 23—25) 562, 660f., ~ der Begriff des ἄπειρον ist selbst begrenzt 674 A. 579; — sämtliche Ausprägungen der H. etwas ‚Gedachtes‘ (νοητόν), keine einzige ‚sinnlich wahrnehmbar‘ 42, 580, 692 (vgl. 562f.); — gehört die H. zur Wesensdefinition eines Dinges? 551, 561; b) Erkenntnis-Wege zum H.-Pr. → Analogie 2, Weg zum Prinzip 3; zusätzlich: α) transkateg. ἀναλογία (681—683), innerkateg. Reduktion (καθόλου λέγειν, 682f.) u. ‚Pros-hen-Reduktion‘ Akzidens — Substanz (683) zeigen eine (durch ἀναλογία ausgedrückte) Pros-hen- bzw. Reihenordnung der H. auf 683—688; β) Beteiligung der H. bei abstrakter Erkenntnis der Wesensformen 655—658: αα) αἰσθήματα mit ‚ὕ. νοητή‘ = Bildlichkeit des wahrgenommenen Gegenstands im Bewußtsein (→ Sinneswahrnehmung) 656, ββ) φαντάσματα m. ‚Vorstellungs-

raum' (u. gedachter Quantität) verbunden 656, γγ) → Bilder begleiten νόησις, werden aber dann von ihr ‚übersehen' 655f., vgl. → Form 4;

6) Wesenszüge u. Wirkungsweisen der H.: wichtig Trennung von Pr. u. Prinzipiat: Verhältnis H.-Pr.—Prinzipiat schwankt zw. (zu) großer Nähe (Pr. ‚Inbegriff' der Prinzipiate, 801f.) u. (zu) großer Distanz (Pr. über Prinzipiate hinausgerückt, 801f.), → Prinzip 1c, so bei Prinzipiaten Dynamis (Mögl.), (Un-) Erkennbarkeit, Dysteleologie (κακία), Bewegtheit 802 m. A. 618/619 (vgl. das Folgende); Charakteristika von H. oft negativ formuliert ἄμορφον, ἄπειρον, ἀτελές usw. 774; a) H. = Dynamis, → Möglichkeit 2, 4, vgl. → Nichtsein, Sein 4a; — diese Mögl. ist ambivalent u. schließt u. a. sowohl das teleolog. Vollkommenheitsstreben (→ Teleologie 1c) wie auch den kausalmechan. Automatismus der 4 Elem.- Qualitäten ein, → b u. Notwendigkeit 1; — die (u. a. in α 9 vorgenommene) ontolog. u. axiolog. Aufspaltung in H. (relativ nicht-seiend; Gutes erstrebend) u. Steresis (absol. nicht-seiend; Schlechtes) hält Ar. nicht fest, d. h. diese Antithesen liegen in H. selbst (∼ Pl., Ak.) 294f. (vgl. 755f., 760f.); b) H. Ursache des Kausalmechanismus u. des Schlechten (κακόν): α) → Kausalmechanismus, Notwendigkeit 1, dazu: Stoffe besitzen automat. wirkende Eigenschaften (→ δυνάμεις ἄλογοι), aktive (ποιητικαί) od. passive (παθητικαί), die absolut unveränderlich u. unausweichlich reagieren 724—726, 728, 733—736, der Kausalmech. beruht auf den 4 Elem.-Kräften Warm Kalt Feucht Trocken 734 (die nicht Form/überformt, sondern ‚H.' sind 737f.) u. muß der hinter den 4 Kräften stehenden prima mat. (sowie dem letzten H.-Pr.) zugeschrieben werden 738—740; — diese Tatsache garantiert den unaufhebbaren → Dualismus der ar. Seinslehre 725 A. 225 (Verweise), 737 u. ö. (vgl. aber auch 772); β) → schlecht 4, dazu: H. verursacht Kontingenz, d. h. kosmische Wert-Stufung von oben nach unten (→ Wert, wo Verweise), u. bewirkt in der prinzipiell guten Seins-Ordnung des Ar. (763f.) durch ihr an sich wertneutrales ateleolog. Verhalten per accidens Schlechtes 755f., 760f., 770f. u. ö. (Näheres → Notwendigkeit 1, schlecht 4, vgl. → ἀνώμαλος), obwohl sie selbst ihrem Wesen nach nicht ‚schlecht' ist (→ schlecht 4, vgl. → Prinzip 1c); — H. ∼ Planetenbewegung? 518; — H. ∼ Eigenschaften ‚schwer'—‚leicht' → schwer; γ) kausalmech. Wirkungen der H. u. a.: indiv. Akzidentien (συμβεβηκότα außer den Propria) 284 A. 22, 757—759, überhaupt das Individuelle 757—759; — über H. als Individuations-Pr. → Individuation; c) H. ∼ Aktivität: H. als Ursache nicht nur des teleolog. Strebens (→ a), sondern auch des Kausalmechanismus (→ b) nicht passiv, sondern aktiv, Näheres → Aktivität; — diese Aktivität äußert sich u. a. als ‚Kampf' zw. den 2 Pr.ien (→ κρατεῖν), u. die H. wirkt so als Triebfeder des Weltgeschehens, d. h. der Geschichte 774f.; d) H. ∼ Körperlichkeit:

α) H.-Pr. u. prima mat. unkörperlich u. unstofflich 26f., 46 A. 202 (gg. Winner), 110 A. 162, 122 A. 237 u. 126 A. 257 (gg. Claghorn), 692, *778f.*, erhält die physikal. Eigenschaften einschließlich des Volumens (auch → schwer — leicht?) von der Form (eidetisch-qualitat. Verhältnis) *778f.*; β) daneben gibt es ar. Denktendenzen zu einem quantitat. H.-Begriff 26f., *680—684*, *809f.*, → Qualität 1b:

αα) → Porentheorie? 780; ββ) 4 ‚körperliche' Elem.- Qualitäten 780f., 810, → Element 2, 3b; γγ) Gesetz vom Gleichgewicht der Elemente im Kosmos 781f., → Gleichgewicht; δδ) Lehre, daß es keine H. außerhalb unseres Kosmos gebe 782—784, 810, → Masse; εε) Betonung des Naturwiss.-Biolog. bei Ar. 810; ζζ) H. ∼ οὐσία 809 (∼ Stoa), ηη) Wesensform konvergiert m. Akzidens der Qualität 809f. u. ö., → Form 1; vgl. → Verfestigung 2; e) H. unbegrenzt u. unbestimmt (ἄπειρον, ἀόριστον) 38, ungeworden u. unvergänglich 38; f) H. ∼ Unerkennbarkeit s. o. → 5;

7) ar. H. < Vorsokr. u. pl.-ak. 2. Pr.: a) ar. H. < 3 Arten von Mat.-Tradition 63, α) Vorsokr. direkt 519—558 passim, β) Vorsokr. über Pl. u. Ak. 64 A. 273, 557, γ) vor allem Pl. u. Ak. 36, 83f., 130, 152, *260—270*, 439f.

(X.), 678, 701, 803f.; zu α) β) → Vorsokratiker 2a, zu γ) das Folgende b—d; — eine mögliche system. (nicht: histor.) Brücke zw. pl.-ak. 2. Pr. u. ar. H. ist der πλῆθος-Begriff von ΓΚ, aber er ist für die Herleitung des ar. H.-Pr.s < pl.-ak. 2. Pr. nicht erforderlich (Näheres → πλῆθος 1); b) isolierte Verknüpfung der ar. H. mit einem pl. Dialog (Soph., Tim.) erbringt wenig (zum Tim. → c) 95, eher die mit Pl.s De bono 84, aber für die ideengeschichtl. Herleitung der ar. H. < pl.-ak. 2. Pr. ist Pl.s innerschul. Lehre (De bono) nicht erforderlich, sondern es reicht die Anknüpfung an Sp. u. X. (d. h. ‚alte Ak.') aus 90f., 94 A. 58, 143 A. 349, 155f., 172, 273 A. 992; c) H. ~ Tim.: α) prima mat. u. Chora des Tim. trotz recht vieler Ähnlichkeiten (125 A. 252) u. weniger Unterschiede (125 A. 253: eigentl. nur ‚Räumlichkeit') nicht identifizierbar, weil die Ähnlichkeiten eher oberflächlich sind, die Unterschiede wesentlich (qualit./unausgedehnt — quant./ausgedehnt) 126—130; — also (trotz gen. corr., 123) keine direkte Verbindung zw. beiden (gg. Chaghorn, Düring, Schulz) 122—130, 264, isol. Vergleich Tim. ~ ar. prima mat. zu ersetzen durch umfassenden Vergleich pl. (-ak.) 2. Pr. ~ ar. H.-Pr. 130 (s. unten → d); β) math. ὕ. νοητή des Ar. ≠ Chora, weil ὕ. ν. außer ‚reiner Extensio' keine physikal. Eigenschaften besitzt, u. ≠ (math. od. physik.) ‚Raum' 127f. (etwas anders phys. δ 2, 123f.); d) pl.-ak. 2. Pr. ~ ar. H. *260—270* passim, Einzelnes: α) αα) ar. Seins-Hierarchie auf 3 Stufen reduziert u. kosmolog. ponderiert (~ X. u. Tim.; anders Pl. De bono u. Sp.): Idealbereich — Sterne — Sublunares 261; ββ) oberstes Pr. νοῦς (~ X.) u. Weltbeweger (~ X.) 262; Mittelbereich Mathematika (~ Pl., entsubstantiiert) od. (subst.) Sterne (~ X.) 262; γγ) entsprechend der ar. Seinsstufung sublun. H., Stern-H., H. der Math., wobei die subl. H. der Stern-H. ontolog., der Math.-H. gnoseolog. nachgeordnet ist 262; δδ) im noet. Bereich keine H. thematisiert 263 u. Stellung des H.-Pr.s im Seinsaufbau schwer fixierbar (wohl ‚unten' wie ‚oben') 263; εε) ar. prima mat. = sublun. H.-Pr. (≠ umfass. H.-Pr.) nicht spezifisch mit Tim. (Chora) verbunden 264; β) ar. Neigung zum Differenzieren der H. (οἰκεία ὕ. usw., ~ Sp.) führt nicht zum Zerfall von H.-Pr. u. Sein, sondern durch (Funktions-)Analogie (~ Sp.), ‚Reihung' u. Teleologie ergibt sich — anders als bei Sp. — ein einziges H.-Pr. (das viele διαφοραί einbegreift) u. eine einzige (deutl. kausal strukturierte) Seins-Ordnung 265—268; γ) bei H. ~ Notwendigkeit, ~ Aktivität, ~ κακόν, ~ Körperlichkeit Beziehung Ar. ~ Ak. aufgewiesen 268; δ) ar. H. setzt trotz aller Änderungen (H. des Idealbereichs aufgegeben; ὕ. τοπική, math./log. ὕ. νοητή neu geschaffen) u. Eigenständigkeit des ak. 2. Pr. fort 268f. u. zwar öfter die ak. κοινή 269 (die stark < Pl.!), ein wenig speziell Pl. (ar. ἀνάγκη der H. ~ ἀν. des Tim.; H. die Formen ‚aufnehmend' ~ Tim. ὑποδοχή), mehr X. (kosmol. System, oberster Seinsbereich) u. Sp. (Differenzierung der Seinsschichten; Analogie) 269; — Einfluß des pl. Tim. (direkt od. über X.) betrifft nicht H. speziell, sondern Gesamt-Konzeption einer kosm. 3-Pr.ien-Lehre 269f.;

vgl. generell → Akademie 4a, Platon 4, Speusipp 4, Xenokrates 5; e) H. als Glied der griech. ἀρχή-Tradition 20 (Rivaud), 807, u. doch Ar. selbständig gegenüber dieser Tradition 64; — Relevanz der ar. H. für heutige Philosophie 18, 815

hyletisches Plus → Elementen-Metaphysik 1a, 2, 3a

ὑποδοχή Terminus für Pl.s Chora, → Chora 2, für Sp.s Mat. 220f., → Speusipp 3c

ὑποκείμενον bei Ar. zugleich = (Aussage-)Subjekt (→ Subjekt) u. = Substrat (→ Substrat): Lehre von der Hyle als letztem Aussage-Subjekt (met. Ζ 3 u. ö. 663f., 666f.) vielleicht am ambivalenten ὑ.-Begriff orientiert 663f.; — met. Γ ὑποκειμένη φύσις deutet auf → Substrat-Begriff von Γ/Κ 450 A. 720

ὑπόληψις 61 A. 259

250; b) Kontinuität griech. ἀρχή-Denkens von Vorsokr. bis Ar. 64 m. A. 273, 82f., dabei die dichter. Kosmogomien (z. B. Hesiod) wichtig 82 A. 4; c) Pr. — Besonderungen des Pr.s bzw. Pr. — Prinzipiate (vgl. → 2c): sachl. u. terminolog. Identität u. Differenz eines (ak., ar.) Seins-Pr.s von Modernen nur schwer zu beurteilen *150f*; — Verhältnis Pr. — Prinzipiate (*800—802*) bewegt sich zw. 2 Extremen: α) Pr. Inbegriff der Prinzipiate, viell. sogar mit ihnen gleichnamig (z. B. pl. Idee, ar. Eidos) 524, 801f. m. A. 610/611, wegen zu großer Nähe Gefahr des Zusammenfalls 801f.; β) Pr. über Prinzipiate hinausgerückt (vgl. Pl.s ἕν, Sp.s ἕν — πλῆθος) 801f. m. A. 612/613, wegen zu großer Distanz Gefahr des Auseinanderfallens 801f.; — Eigenschaften der Prinzipiate können einem Pr. nicht undifferenziert abgesprochen (∼β) 708, 739f., 763 od. zugesprochen (∼α) werden 709, 739f.: das Pr. besitzt die Eigenschaft ‚analog' (so wohl Ar. mit → ‚Aktivität' der H.) 709, 739, od. es ‚besitzt' zwar die Eigenschaft selber nicht, ruft sie aber in den Prinzipiaten hervor (Pl., Sp., Plotin; Ar. viell. bei ‚H. u. κακόν', → schlecht?) 709, 739f.; — das Verhältnis Pr.-Prinzipiat bes. problemat. bei Frage ‚2. Pr. u. κακόν' 773f. u. ö., → schlecht; — auch bei Hinausgerücktsein des Pr.s ist Pr. nicht absolut von den Prinzipiaten ‚getrennt', sondern in Prinzipiaten ‚enthalten' 187f., 567f., vgl. → Chorismos 2; d) problemat. Stellung eines vom 1. Pr. (Form) unabhängigen 2. Pr.s (Mat., H.) in einem auf das 1. Pr. (∼ Sein, Erkennen, Wert) gegründeten ‚Idealismus' (Pl. Sp. X. Ar.) 93f.; e) oberste Seins-Pr.ien nur schwer angemessen zu beschreiben 266 m. A. 957 (Verweise), vgl. → 3a; — der Weg zum 1. Pr. (vollste Bestimmtheit) u. der zum 2. Pr. (Unbestimmtheit) ähneln einander (Ar., Albinus, Plot., Simplic.) 679f., ebenso die Bestimmungen des 1. u. die des 2. Pr.s 676 m. A. 590, vgl. → Weg zum Prinzip 4;

2) Ar. (vgl. o. → 1): Problematik der ar. ἀρχαί *58—81* passim; a) Arten von Pr.ien: in met. Γ 4 Arten von Pr., Pr.ien α) des Seienden als solchen, β) der Substanzen, γ) der Ggs.e, δ) der Logik 417, die → Metaphysik untersucht die log. Pr.ien (δ) 425 sowie die Pr.ien insgesamt (α—δ) 378f. m. A. 334, über den Zusammenhang zw. α, β u. γ → Metaphysik 2a, b; — Einteilung in α') oberste Pr.ien der Wiss. (‚principia cognoscendi' Bonitz), β') die 4 Ursachen u. Steresis (‚pr. realia') problematisch *60 m. A. 253*; — in vorlieg. Buch nur die 4 Ursachen u. Steresis berücksichtigt (vgl. allenfalls → Widerspruch); b) ‚Beweise' für die ar. Pr.ien: obwohl die ar. Pr.ien als letztes Unabgeleitetes weder streng definierbar noch strikt (= apodiktisch) beweisbar sind, sind sie nichts Unwissenschaftlich-Unverbindliches (vgl. unten → 2e), sondern können (von einer un-apodiktischen Grundwiss. = der → Metaphysik) wissenschaftl. behandelt u. aufgewiesen werden 60f. (gg. Aubenque, Owens, Ross, Wieland), 323 A. 54 (Lugarini, Berti; gg. Aubenque); — ‚Aufweise' der ar. Pr.ien (Zusammenfassung von α—γ 60f.): α) aus der Art u. Weise unseres Sprechens (d. h. aus der Sprache), aber nicht sprachbefangen u. sprachhörig, sondern → Sprache an der Sache messend 290—292 (phys. α 7; *271* über phys. α 5 u. gen. corr. A 3); β) in met. A u. ö. aus der Betrachtung der philos. Vorgänger, → Problemgeschichte, bzw. aus der vorgegebenen Problemsituation u. Tradition, → Tradition; γ) in Λ 1/2 triad. Ggs.-Substrat-Schema (H.-Form-Steresis) nicht aus Sprach-Analyse, sondern aus Sach-Analyse von μεταβολή entwickelt 298; weiter sind δ) alle Erkenntnis-Aufstiege zum 1. Pr. u. zum 2. Pr. (Näheres → Weg zum Prinzip) u. ε) die Äther-Beweise (→ Äther 1) Pr.ien-‚Aufweise'; c) Einheit u. Differenz der ar. Pr.ien, Pr. — Prinzipiate (s. o. → 1c): α) allgemein (vgl. unten → β): Differenziertheit u. Einheit eines ar. Pr.s (auch H.) 679—686, 689—693; — Differenzen: Individuen innerhalb einer Art, Stufen des ‚Früher'—‚Später' (z. B. Elemente — Hom. — Anhom. — Lebewesen), verschiedene Kategorien 681; Einheit: transkateg. ἀναλογία 681—683, innerkateg. Reduktion (καθόλου λέγειν) 682f., → Pros-hen-Reduktion

von Akzidens zu Substanz 683, supra- u. sublunare Pr. ien im Kosmos ,dem Genos nach' dieselben 679f., gehören einer → ,Reihen'-Ordnung des ,Früher'—,Später' an 689—693; — Pr.ien wirken in Seins-Schichtung abgestuft 555; — Pr. u. Prinzipiate beim Pros-hen gleichnamig 333; — ar. Seins-Pr. formal-abstrakt gefaßt u. schließt doch ontolog. Seinsfülle u. Konkretheit ein 798—800, kein leerer → ,Grenzbegriff', d. h. kein formaler Abschluß des unendlichen → Regresses 800 (→ unten 3a, formal 1, Funktion 1; zu Pl. u. Ak. 802f.), aber auch keine ,Dinge' (→ Verdinglichung), sondern: die 4 ar. ἀρχαί sind *Seins-Pr.ien* 49 (→ Beweger 3, Form 1, Hyle 4b); — in der (,reihenhaften') ar. Seins-Stufung ist das ontisch Vorgeordnete als Seins-Pr. (= erstrebtes Telos) zugleich ,allgemein' 350—352, u. es verkörpert den gemeinsamen Wesenszug der Reihe am Vollkommensten (kein Ggs. zum ,Hinausgerücktsein' des Pr.s s. o. → 1cβ) 352f.; β) Hyle (vgl. o. → α; → Hyle): Einheit u. Differenz der ar. H. 32, 265—268, 457f., 533—551 u. ö., → Hyle 3, 4; — Unterschied von H.-Pr. u. Prinzipiaten nicht genug beachtet 17 (Hertling, Baeumker usw.), 32 (Neuscholastiker), 35f. (Cencillo), dieser Unterschied wichtig z. B. bei ,H. u. κακόν', s. o. → 1c u. Hyle 6;— H. als umfassendes Seins-Pr. < pl.-ak. 2. Pr. ~ griech. Pr.-Denken (→ Hyle 4b, 7, bes. 7d) verkannt von Baeumker 17, Jaeger 25f., Merlan 33 A. 137, zu wenig aufgezeigt von Cencillo 46, Winner 46 A. 202; d) Wirken der ar. Pr.ien: Ar. betont zwar die 4 Ursachen (505f. u. ö.; 420 in ΓΕΚ) u. darunter bes. die Beweg.-Ursache (causa efficiens; 506ff.), aber die 4 Pr.ien reduzieren sich de facto auf 2 (Form = Telos = c. effic.; H.): in ,gegenstrebiger Fügung' der ar. 2-Pr.ienlehre (72f.) ringen die 2 Pr.ien miteinander 72 A. 310 (→ κρατεῖν) u. drängen doch zur Vereinigung 72 A. 311 (→ Liebesstreben); — unb. Beweger Pr. des gesamten Seins 411, 418—420, u. zwar nicht nur als oberstes Glied einer → Reihe 420, sondern vor allem als reine Form = oberstes Telos einer → teleolog. Strebebewegung = ob. Beweg.-Ursache 419f. (auch in ΓΕΚ 418—420); — Sterne als kausal-mech. u. zugleich teleolog. Prien 505—512;

zu H. u. den ak. 2. Pr.ien → Hyle, Akademie 2, Platon, Speusipp, Xenokrates; allgemein → Beweger 3, Liebesstreben 1a, Kausalität 2, Teleologie 1b; e) mod. Deutungen der (Kritik an den) ar. Pr.ien: ar. Pr.ien (Form — H.) seien eigentlich nur subjektive begriffliche Hilfsmittel 9ff. (Hertling), 12—14 (F. A. Lange), 17f. (Baeumker), 20 (Rivaud), 25 (Jaeger), die Ar. sekundär zu ,Realitäten' verdinglicht habe 9ff. (Hertling), 10f. (Lotze), 12—14 (Lange), 17f. (Baeumker);— ar. Pr.ien als ,Dinge' gedeutet von Owens (48 A. 206, 319, 399 A. 430), Merlan (321f.), Winner (48 A. 206), als ,Hypostasierungen' (d. h. ,Dinge') kritisiert von Winner 46 A. 202; — die Auffassung, daß die ar. Pr.ien nicht (,wahre') Seins-Pr.ien, sondern nur (sachlich unverbindliche, ,brauchbare') Einteilungsgesichtspunkte (Hilfsmittel der Forschung, τόποι, Funktionalbegriffe, Reflexionsbegriffe) seien (Wieland, Düring; 47—49), wird kritisiert von Tugendhat, Wagner 47—49, von Oehler 48 A. 204; — nach Düring nicht nur H.-Pr., sondern auch unb. Beweger ,Reflexionsbegriff' 49 A. 211, ebenso das τέλος 712 A. 55;

Vgl. die mod. Kritik aus ar. Möglichkeitsbegriff (→ Möglichkeit 4), zur Beurteilung solcher Kritiken → Begriff 1, auch o. → 2cα; f) Erkenntnis der ar. Pr.ien: Rolle des νοῦς bei Auffindung der Pr.ien H. — Form 240; — alles Weitere → Weg zum Prinzip 2—4;

3) Pl., Ak., vgl. generell o. → 1, 2; a) Pl.: pl. Pr.ien vielfältig differenziert *147—176* u. doch wieder einheitlich *176—199*, → Platon 2c—e; — Einzelnes: im pl. → Ableitungssystem wirken auf jeder Stufe ,dieselben' Pr.ien abgewandelt 184, 191, inhaltlich verschieden, funktional dieselben 198, sind also ,Funktional'-Begriffe, aber mit ontolog. Relevanz u. Wahrheitsanspruch, u. trotz ihrer Allgemeinheit keine rein formalen Leerschemata 198 A. 604 (s. o. → 2cα, → formal 1, Funktion 1), Identität in der Differenz von Pl. durch ,Analogie'-Begriff gefaßt? 199 m. A. 605; — Identität u. Verschiedenheit der 2 plat. Materien (,oben' u.

ponderiert d) der W. vom kontingenten Sein zum absoluten Sein des unb. Bewegers (Akzidentien — Substanz, Sensibilia — Sterne/Math. — unb. Bew.), d. h. der Pros-hen-(Reihen-)Aufstieg (→ Pros-hen 2b) = ὂν-ᾗ-ὂν-Aufstieg (→ ὂν ᾗ ὂν 2), bei dem jeweils das Unvollkommene subtrahiert (→ Abstraktion 1, 3, 4), das Vollkommene noetisch erfaßt wird (→ Abstraktion 1, νόησις) 356, 391—394, 621f., 626—630 (631—636 ~ pl.-ak. W.e zum 1. Pr.), 658f.; e) vgl. auch noch die Äther-Beweise, → Äther 1; f) im weiteren gehört hierher die Abstraktion der Wesensformen der αἰσθητά, → Form 4, Hyle 5bβ;

3) Ar., W.e zum 2. Pr. (Hyle): ar. H.-Pr. ‚an sich' unerkennbar 304f. (prima mat.), 562 (→ Hyle 5a), aber doch auf verschiedenen Erkenntnis-W.en (mehr indirekt) faßbar (zu a—c) 79, 304f., *660—670*, *675—677*, 806: a) Via per subtractionem (κατ' ἀφαίρεσιν) 43f., 46, 79, 562, 661—667, 675—677, 799f. (vgl. unten → d): α) Lebewesen — Anhomoiomere — Homoiomere — Elemente/El.-Qual. — prima mat. — H.-Pr. 661, 666 m. A. 530, 706f., — El.-Qual. (— prima mat.) — H.-Pr. 738f. m. A. 285, — prima mat. — ὕλη τοπική — H.-Pr. 691—693, — ὕ. αἰσθητή — (math.) ὕ. νοητή 40—44 u. ö., → Hyle 3fα; vgl. unten → d; β) phys. Körper — math. Extensio — unausgedehntes Bestimmbares (phys. δ 2, met. Z 3) 661f. (vgl. 123f., 606f.); γ) Subtraktion aller Seinsbestimmungen (Kategorien des Akzidens u. Kategorie der Substanz) führt zur (akategorialen) ‚H. an sich' 662—667, 675—677, 707; b) W. ‘κατὰ θέσιν’? 667: ar. H.-Pr. ‚positiv' aus seinen Manifestationen zu erschließen 667; c) Via per analogiam (κατ' ἀναλογίαν) 79, *285—288*, 561, *667—670*, 681—683 (vgl. 799f.): α) (‚horizontale') ἀναλογία zw. Techne u. Physis 668 u. β) (‚vertikale') ἀν. zw. differenziertem (Techne) u. weniger differenziertem (Homoiom., Elem.) Sein 668f. führt vom konkreten ‚Material' zum geistigen H.-Pr. 669, α) u. β) zusammen auch in phys. α 7 285—288, Näheres → Analogie 2b, transkateg. ἀν. 681—683; d) Reduktion der Arten von ‚Vielheit' auf πλῆθος in ΓΚ ist (Pros-hen- bzw. Subtraktions-)W. zum H.-Pr. 421—430, bes. *428f.*, 562, ~ a) u. c), vgl. unten → 4, 7b;

4) Ar., W.e zum 1. Pr. ~ W.e zum 2. Pr.: W. zum Form- bzw. H.-Pr. per subtractionem 385, 682f., per analogiam 681—688; — Verhältnis zw. W. zum 1. Pr. u. W. zum 2. Pr. bei Ar. u. Pl. 421—430 (Ggs.-Systoichien, vgl. o. →3d); — W.e zum 1. Pr. (vollste Bestimmtheit) u. zum 2. Pr. (Unbestimmtheit) ähneln einander (Ar., Albinus, Plotin, Simplic.) 676f.;

5) Pl., Platonismus, W.e zum 1. Pr. (Hen): a) Pl.: Erkenntnis des 1. Pr.s (Hen) schwierig 659, aber doch einige W.e zum Hen möglich, belegt vierfacher Aufstieg 200f., α) raum-zeitl. Dinge ‚wollen sein wie' die Idee (Phaidon), β) ekstatisch-erotischer Aufschwung der Seele zum Unbedingten (Symposion, Phaidros, Höhlengleichnis), γ) Sensibilia werden auf Pr.ien zurückgeführt (innerschul. Lehre), δ) der Dialektiker gelangt über ὑποθέσεις zum ἀνυπόθετον (Phaidon, Staat; auch Sympos., Politikos); ε) Zusammenhang zw. α—δ: wesenhafte Verbindung zw. δ u. β (seit Robin 1908) u. zw. δ/β u. γ (seit Cornford 1932) längst erkannt 200f., zw. β—γ u. α wahrscheinlich 202, also Ineinander von Reduktionen ‚objektiver' Seinsstufen auf Pr.ien u. innerseelischen ‚dialekt.' Aufstiegen, mit denen das Unvollk. liebend das Vollk. erstrebt 202, d. h. Ineinander von teleolog.-erotischen u. methodisch-strukturellen Aufstiegen 202; ζ) Methode der Aufstiege: bei diesen Aufstiegen (zumindest in β—γ) wird per subtractionem verfahren 175, *631—634* u. ö. (→ Abstraktion 5), viell. auch per analogiam, vgl. → b, Analogie 3; b) platonist W.e zum 1. Pr. (Viae ad deum) 636—638: α) Via per analogiam 636, β) Via eminentiae 636, γ) eine weitere ‚positive' Methode 636, δ) Via negationis bzw. subtractionis (u. a. Albinus, Clem. Al., Plotin, Ps.-Dionys.) 560f., 636—638, die jeweils ausdrücklich an Pl. angeknüpft werden 636, bα < Sonnengleichnis (~ aβ), bβ < Sympos. (also < aβ), bδ < Phaidros (also < aβ);

Reinhart Maurer

Platons ‚Staat' und die Demokratie

Historisch-systematische Überlegungen zur politischen Ethik

Groß-Oktav. XVI, 349 Seiten. 1 Tafel. 1970. Ganzleinen DM 78,—

Interpretationen und aktuelle Auseinandersetzungen um Platons ‚Staat'.
Vor dem Hintergrund moderner Diskussionen wird die praktische Philosophie Platons und Aristoteles' dargestellt. Daran knüpfen sich Überlegungen zu Grundfragen der Politik, politischen Ethik und Metaphysik, vor allem die Problemkreise: Gleichheit — Freiheit, Aristokratie — Demokratie — Diktatur, ontologische und axiologische Ermöglichung von Praxis betreffend.

Jürgen Deininger

Der politische Widerstand gegen Rom in Griechenland

217 bis 86 v. Chr.

Groß-Oktav. XVIII, 279 Seiten. 1971. Ganzleinen DM 48,—

Neben den Zusammenhängen zwischen Opposition und Sozialgefüge, den Entwicklungsphasen des Widerstands und dem Kampf zwischen Feinden und Freunden Roms in Griechenland gilt das Augenmerk der Sicht des Polybios und ihrer persönlichen Bedingtheit.
Teil I: Der Widerstand in der Oberschicht (bis 168 v. Chr.) — Teil II: Der Widerstand in den unteren Schichten (bis 86 v. Chr.)

Walter de Gruyter · Berlin · New York

RUPRECHT PAQUÉ

Das Pariser Nominalistenstatut

Zur Entstehung des Realitätsbegriffs der neuzeitlichen Naturwissenschaft

(Occam, Buridan und Petrus Hispanus, Nikolaus von Autrecourt und Gregor von Rimini)

Groß-Oktav. VIII, 337 Seiten. 1970. Ganzleinen DM 64,—

(Quellen und Studien zur Geschichte der Philosophie. Hrsg. von PAUL WILPERT †, Band 14)

Monographie über eine wichtige „Sprachregelung" der Pariser Universität im Hinblick auf den für die neuzeitliche Wissenschaft und Politik entscheidenden geistesgeschichtlichen Umbruch des 14. Jahrhunderts. — Grundlegung des auf die Trennung von Sprache und Wirklichkeit, von Innen- und Außenwelt, von Subjekt und Objekt aufbauenden neuzeitlichen Realitätsbegriffs in der „Sprachlogik" der spätmittelalterlichen Suppositionslehre und in dem den Universalienstreit abschließenden konzeptualistischen Nominalismus des englischen Theologen und Logikers Wilhelm von Occam und des französischen Aristoteles-Kommentators Johannes Buridan. Untersuchung der griechisch(-arabischen) und christlichen Herkunft des neuen, auf bildhaftem Vorstellen und Wahrnehmen gründenden Denkens, das durch den bis zu Kopernikus und Galilei verfolgbaren Einfluß der Schriften Buridans, insbesondere auf die neugegründeten Universitäten Prag, Wien, Krakau und Heidelberg langsam über ganz Europa verbreitet wird.

Das Statut ist (entgegen Moody und Boehner) doch gegen Occam und den Occamismus gerichtet. Zentrale Stellung der „suppositio personalis" bei Occam und Buridan. Erklärung von Buridans Doppelstellung als Anhänger Occams und Verfasser des Statuts durch Hinausgehen über Occam und diplomatisch-doppeldeutige Formulierungen, die auch fremde Kritik auffangen. Nachweis der Nichtunterzeichnung des Statuts durch Buridan. Sinnerklärung des bisher ungeklärten Zitats im sechsten Absatz. Widerlegung von H. Elies Heranziehung des „complexe significabile" Gregors von Rimini. Klärung der Stellung Autrecourts. Entstehung der beiden Realitätsbereiche Descartes' „in statu nascendi" bei Occam. Die „res singularis" „außerhalb des Bewußtseins" und ihre Verankerung im vorstellenden Subjekt als Grundlage der späteren Naturwissenschaft und des neuzeitlichen Realitätsbegriffs.

Walter de Gruyter · Berlin · New York